U0901096

榆林年鉴

YULIN YEARBOOK

2013

榆林市人民政府主办
榆林市地方志办公室编

陕西出版传媒集团
陕西人民出版社

图书在版编目(CIP)数据

榆林年鉴. 2013／霍光平主编. —西安：陕西人民出版社，2014

ISBN 978-7-224-11170-5

Ⅰ. ①榆… Ⅱ. ①霍… Ⅲ. ①榆林市-2013-年鉴 Ⅳ. ①Z524.13

中国版本图书馆CIP数据核字(2014)第136069号

榆林年鉴（2013）

编　　者　榆林市地方志办公室
出版发行　陕西出版传媒集团　陕西人民出版社
　　　　　(西安北大街147号　邮编：710003)

印　　刷　西安市建明工贸有限责任公司
开　　本　889mm×1194mm　16开　34.25印张　146插页
字　　数　2158千字
版　　次　2014年8月第1版　2014年8月第1次印刷
书　　号　ISBN 978-7-224-11170-5
定　　价　298.00元

榆林年鉴编纂委员会

主　任：高中印

副主任：兰新哲　张耀明　霍光平

委　员：郭培才　苏志中　李自川　卢　林　白建琴　李子州
柴小平　张　明　张生平　王建东　高永东　康文伟
赵　勇　常少明　赵建宏　高德树　张林生　张小明
王宏岩　秦林惠　谢　军　高　峻　张国华　李　峰
姜良强　苗　丰　黄建军　辛耀峰　杨志先　李永奇
刘维平　李晓媛　温江城　刘生胜　方虎城　杨怀智
王　华

榆林年鉴编辑部

榆林市地图

审图号：陕S(2012)008号

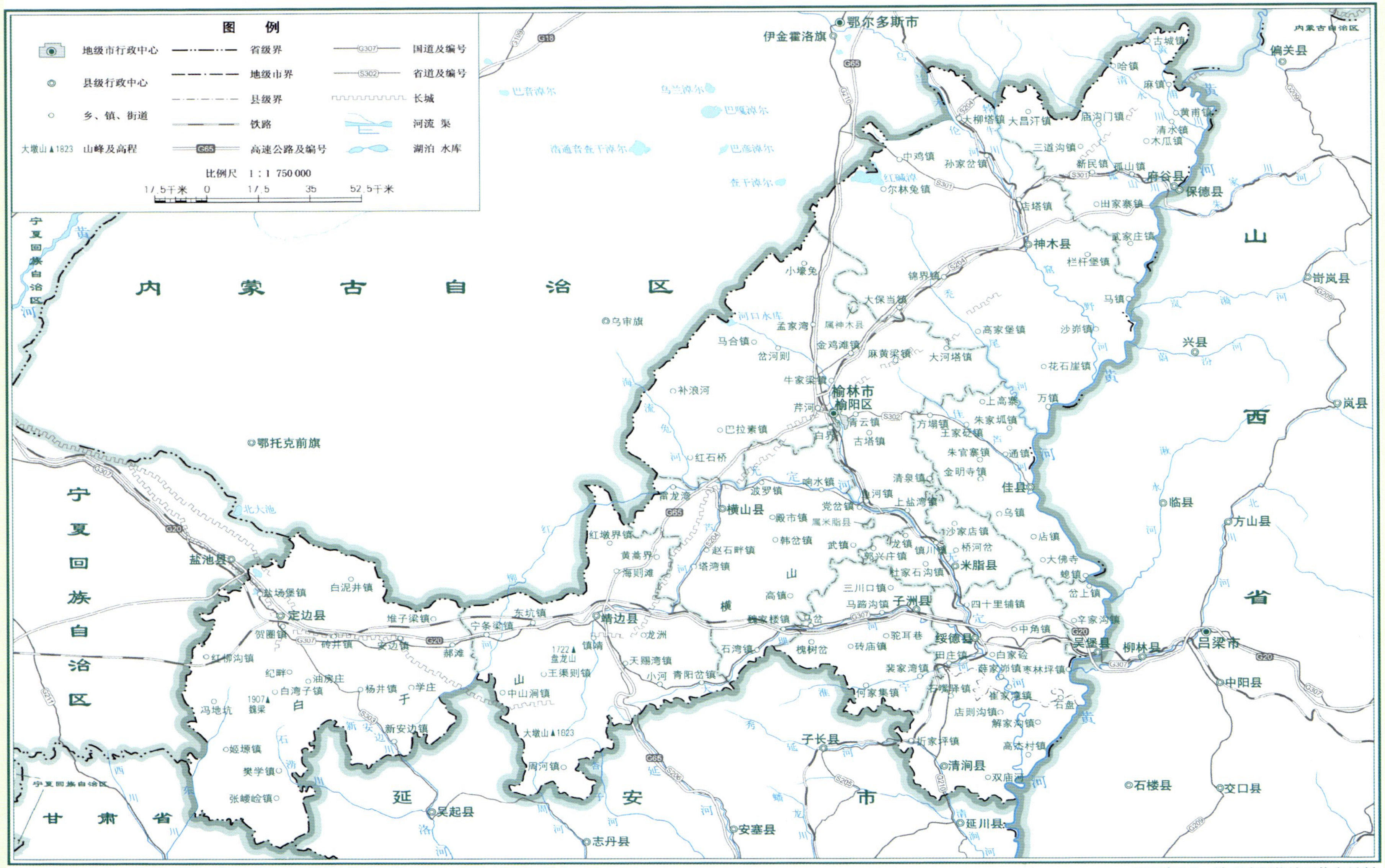

2012年3月 陕西省测绘地理信息局制

审图号：陕S(2012)008号
2012年3月 陕西省测绘地理信息局制

◆ 2012年9月28-29日，省委书记赵乐际（左三）深入榆林市调研项目建设情况

◆ 2012年4月18日，省长赵正永（右一）一行到榆林市羊老大集团有限公司调研

◆ 2012年8月22-23日，中宣部副部长申维辰（左一）到榆阳区、佳县等地考察调研文物保护及文化事业发展情况

◆ 2012年9月5-6日，国家发改委原副主任、中国中小企业协会会长李子彬（右二）来榆调研中小企业发展情况

◆ 2012年3月8-9日，中央财经领导小组办公室副主任、中央农村工作领导小组办公室副主任唐仁健（前左二）来榆，就退耕还林和集体林改、农民专业合作社和农业产业化发展等“三农”热点问题进行调研

◆ 2012年6月16日，中央党史研究室主任欧阳淞（右三）来榆林调研

◆ 2012年11月24日，省委常委、常务副省长娄勤俭（前左四）在为期5天的第十九届杨凌农高会上检查指导榆林市展区

◆ 2012年10月11-13日，省委副书记孙清云（左三）在榆林市榆阳区、横山县、神木县及榆林高新区、榆林学院等地调研

◆ 2012年6月4-6日，省委常委、省纪委书记郭永平（右二）来榆考察调研反腐倡廉制度建设工作情况

◆ 2012年6月3日，省委常委、延安市委书记姚引良（右三）率延安市党政代表团到榆林市榆阳、米脂、清涧等县区考察城市建设、生态治理、红色文化等工作

◆ 2012年4月27日，副省长景俊海（前中）调研榆林市南城墙项目

◆ 2012年6月1日上午，陕西省委第一巡视组一行5人在巡视专员、代理副组长张秀英的带领下到榆林学院调研指导工作

◆2012年7月23日，省委常委、省政法委书记、省高级人民法院院长安东（前中）来榆检查防汛救灾工作

◆2012年3月28-29日，副省长郑小明（前中）来榆考察扶贫和医疗卫生工作

◆ 2012年2月17日，2012年“春风行动”大型免费人力资源招聘洽谈会在榆林高新区举行，市委书记胡志强（前左一）检查调研招聘情况

◆ 2012年4月17日，市长陆治原（前右二）深入榆林高新区城市路桥、学校、房地产、产业项目等建设工地调研项目建设工作

◆ 市委常委、组织部部长尉俊东（中）深入府谷调研基层党组织建设情况

◆市委常委、常务副市长高中印（前中）在府谷调研重点项目建设及工业企业、民生社会事业发展情况

◆ 市委常委、副市长万恒（左二）检查沿黄公路建设情况

◆ 市委常委、政法委书记钱劳动（右一）检查指导市公安局工作

◆ 市委常委、靖边县委书记马宏玉（右二）检查东坑乡现代农业基地工作

◆ 市委常委、军分区政治委员刘坤（左一）在乡镇武装部检查调研

◆ 市委常委、市委宣传部部长陈宁（左二）在子洲县大窑焉村看望贫困户

◆ 市委常委、市委秘书长刘春桥（中）深入横山县波罗镇检查工作

◆ 市委常委、府谷县委书记张惠荣（前右三）调研资源转型项目

◆ 市人大常委会主任会议组成人员视察榆横一体化项目推进工作

◆ 副市长王长安（右二）检查现代农业基地建设情况

◆ 副市长艾保全（左一）接收榆林市创建省级园林城市考核验收达标鉴定书

◆ 副市长、榆神开发区管委会主任姜国璋（前右二）视察新能源项目

◆ 副市长张海峰(右二）赴子洲县调研基层党组织建设情况

◆ 副市长毛中胜（中）调研靖边县小河会议布展陈列工程

◆ 副市长马秀岚（女）检查煤博会现场

◆ 副市长、榆林高新技术产业开发区管委会主任李文明（前右二）检查调研高新区项目实施情况

◆ 市政协主席刘汉利（前左四）带领市政协常委视察城区道路建设工作

◆ 2012年1月5—8日，榆林市召开第三届人民代表大会第四次会议

◆ 2012年1月6—9日，榆林市召开第三届委员会第四次会议

◆ 2012年4月19日，第十次陕北能源化工基地建设榆林座谈会在榆林隆重举行

◆ 2012年10月16日，榆林市第三届产学研合作峰会在西安举行

◆ 2012年11月1日，陕西省“三北”防护林工程建设暨全面治理荒沙工作大会在榆林召开

◆ 2012年9月12日，中国镁业分会第十五届年会暨成立十周年大会在榆林召开

◆ 2012年12月13日，省委宣讲团在榆举办党的十八大精神报告会

◆ 2012年2月9日，召开全市旅游工作会议

◆ 2012年6月26日，市委书记、市人大常委会主任胡志强（前左四），市长陆治原（前右三）率领榆林市委委员、候补委员一行45人，赴延安市开展以转变干部作风为主题的学习培训活动

◆ 2012年4月25日，榆林高新区举行基础设施和社会事业项目集中开工仪式

◆ 2012年11月1日，陕西省全面治理荒沙启动仪式在榆林举行

◆ 2012年10月16日，榆林市职业技术学院正式挂牌成立

◆2012年5月4日，榆林市重大社会事业项目暨融资开发项目集中开工仪式在高新区举行

◆ 2012年4月19日，榆林城区20个学校建设项目集中开工

◆ 2012年9月29日，榆林至绥德高速公路正式通车

◆ 2012年7月6日，陕西第三大能源集团公司——陕西榆林能源集团有限公司挂牌成立

◆ 2012年5月15日，榆林城区2012年市政道路项目集中开工仪式在榆举行

◆ 2012中国·榆林第三届春季汽车房产博览会开幕

◆ 2012年9月26日，纪念陕北盐田开发10周年暨中盐榆林60万吨年真空制盐项目投产典礼在榆举行

◆ 2012年4月18日，延长石油煤油共炼试验示范项目开工仪式在靖边举行

◆ 2012年4月7日，榆林代表团在西安隆重举行第十六届西洽会榆林市投资环境说明会暨项目集中签约仪式

◆ 2012年3月29日，榆林市保障性住房项目集中开工

◆ 2012年9月1日，第七届榆林国际煤炭暨能源化工产业博览会榆林煤炭延伸产业及非煤产业项目推介暨签约仪式

◆ 2012年3月1日，榆林市举行万名干部下基层启动仪式

◆ 2012年11月1日，小河会议旧址雕像揭幕暨“中共中央小河纪念馆”开馆仪式在靖边县小河乡小河村举行

◆ 2012年6月16日18时37分，神舟九号飞船整流罩部分残骸坠落在我市境内

◆ 2012年7月19日，横山县举行西南新区第一批入区项目开工仪式

◆ 2012年7月17日，佳县七大重点项目集中开工仪式在榆佳工业园区举行

◆ 2012年3月5日，榆林市举办“学雷峰创文明”城市活动启动仪式

◆ 2012年10月17日，榆林市举行第四届道德模范表彰大会

◆ 2012年5月15日，榆林市首届大学生科技创意·创新·创业大赛在榆林学院举行

◆ 2012年6月28日，由中央宣传部、中央文明办主办，中央电视台综艺频道激情广场栏目组在榆林市镇北台举办“爱国歌曲大家唱”文艺晚会

◆ 2012年4月19日在靖边举行延长石油煤油共炼试验示范项目开工仪式

◆ 2012年10月17日晚，《大美榆林》大型实景水影首场演出在榆溪河滨河公园举行

◆伦敦奥运会女子摔跤自由式63公斤级比赛中，榆林姑娘景瑞雪喜获银牌

◆2012年伦敦残奥会女子50米仰泳S4级别比赛中榆林市选手白娟获得铜牌

◆ 榆林市青年残疾人运动员杨倩在2012年伦敦残奥会上助力女子乒乓球团体赛获得金牌

◆ 2012年5月25日，首届陕北婚礼婚俗文化艺术节举行

◆ 位于榆林大道上的榆林市区首座城市高架桥

◆2012年8月30日，“刘彪慈善基金会成立暨救助项目启动仪式”新闻发布会在北京人民大会堂举行

◆ 2012年11月10日，纪念路遥逝世20周年系列活动暨征文颁奖仪式在榆举行

◆ 2012年4月28日，中国·榆林第三届秋季汽车博览会在榆举行

◆ 2012年榆林榆阳机场全年旅客吞吐量超过百万

◆ 榆林市公安局组织反恐演练

◆ 2012年9月3日，第五届榆林国际美食节开幕

◆ 府谷县公安局在7·21特大洪灾时全力抢救百姓生命财产

供稿单位主审（按篇目顺序排列）

杨飞雁	沈晨虹	琚向荣	刘万忠	刘仲平
张自明	任怀业	马维骥	李自川	胡统金
王文斌	白生海	白永贵	李子州	韩林平
艾生莲	霍世宏	陈保平	常启豹	尚明军
呼延刚	李长瑞	杜海峰	苏志中	王宏斌
秦林惠	赵贵祥	李怀珠	霍光平	张万英
苗保柱	李孝南	张　明	周　宁	郝　凯
梁　曦	雷建新	田继光	杨能海	洪小军
常子林	郭培才	卢　林	闫锡槐	艾礼贵
白建琴	姜世忠	张　宇	王永平	白云社
马志武	王维明	刘振怀	李建文	闫护森
赵　勇	张林生	郝林平	赵军锋	廉　涛
王建东	高永东	王建伟	常　伟	王双孝
王永胜	刘　瑜	王海洋	王　勇	赵　勇
龚国明	樊鹏飞	姜凤北	李延平	王　峰
杨树伟	白武华	万玉林	麻占平	柴小平
李保才	贺　晔	张生平	王连祥	李奴平
胡少华	高建平	姚建明	朱　罡	岳　青
张可以	李　军	王宏岩	韩志平	边俊校
刘占和	康文伟	封　斌	张小明	齐艳萍
陈雄龙	陈应新	赵建宏	刘前林	刘兆京
贺定森	孙宏哲	王永飞	王建军	安宝宽
李晓宏	康建晖	张锦华	姚继君	苏文彪
刘玉荣	李翠霞	葛爱军	刘晓舟	孙中庆
杨　涛	贺　强	谢　军	常少明	李　强
赵红星	王金鑫	龙　云	高德树	周　滨
张振国	朱　勇	郭应正	张　秘	高树翔
张雁冰	高　峰	李爱珍	贾正兰	王世英
徐亚平	刘建勋	高生举	贺加明	乔春玲
曹雨生	秦　伟	张小龙	马小莉	白玉仁
黄文选	乔万荣	王玉虎	苗　丰	黄建军
辛耀峰	杨志先	李永奇	刘维平	李晓媛
温江城	刘生胜	王　华	杨怀智	方虎城

编辑说明

一、《榆林年鉴》是由榆林市人民政府主持编纂的按年度连续出版的大型综合性、实用性、资料性工具书，所刊资料带有官方公报性质。《榆林年鉴》旨在全面系统地介绍榆林市改革开放和社会主义现代化建设中取得的新成就、出现的新情况和新问题，为各行各业提供信息咨询服务，为各级领导提供决策依据，为续修地方志储备资料。同时，也为国内外各方人士了解、认识榆林发挥媒介作用。

二、《榆林年鉴》(2013)卷为总第14卷。内容及卷首彩页部分均反映本市2012年的发展历程。市级各部门、各单位领导人名录，均以2012年12月31日在职为准。特载、附录、宣传彩页中涉及的领导职务及相关资料则以参加相关活动时间为准。

三、《榆林年鉴》(2013)卷设类目、分目和条目3个层次。设25个类目，类目下设若干分目，分目下设若干条目。条目是记载信息的基本单位。条目标题统一用黑体并在标题前后加【】号。

四、本年鉴的条目，由市直各部门、各县区和有关中、省驻榆单位负责撰写初稿。作者撰写的稿件，均经过了各自单位领导人的阅审，以示负责。作者署名于条目或分目、文章之后的()内，各单位的审稿人列名单于卷首。在特载、专记、大事记、榆林概貌、附录等类目中，通过网络、报纸、杂志、书籍搜集摘录了部分资料，因作者难以联系，请相关作者看到后主动联系我们以付稿酬。

五、有关的综合性统计数据，与市统计部门公布的数据进行了校核。"统计资料"栏目，由榆林市统计局整理供稿。由于统计口径的缘故，某些数据与有关业务部门使用的数据可能不尽一致，采用时，请予注意。

六、《榆林年鉴》(2013)卷的编辑出版得到了全市各级党政机关、企事业单位、中省驻榆各单位及社会各界的大力支持和热情关怀。在此，我们表示最衷心的感谢。《榆林年鉴》在文字加工和校对方面，难免存在一些错误，恳请广大读者来函、来电反馈批评意见。

目 录
CONTENTS

中国共产党榆林市委员会
YULIN MUNICIPAL COMMITTEE OF THE CPC

榆林市人民代表大会常务委员会
THE STANDING COMMITTEE OF YULIN MUNICIPAL PEOPLE'S CONGRESS

榆林市人民政府
YULIN MUNICIPAL GOVERNMENT

中国人民政治协商会议榆林市委员会
YULIN MUNICIPAL COMMITTEE OF THE CPPCC

司　法
JUSTICE

军 事

MILITARY AFFAIRS

经济调节·市场监督

ECONOMIC REGULATION&MARKET SUPERVISION

陕晋蒙接壤区域中心城市建设
CONSTRUCTION OF REGIONAL CENTRAL CITIES

榆林国家能源化工基地建设
NATIONAL ENERGY CHEMICAL LNDUSTRY BASE CONSTRUCTION

现代特色农业基地建设

CONSTRUCTION OF MODERN CHARACTERISTIC AGRICULTURE BASE

商品流通
COMMERCIAL CIRCULATION

金融·保险·证券
BANKING & INSURANCE & SECURITIES

社会事业
SOCIAL UNDERTAKINGS

人民团体
PEOPLE' S ORGANIZATIONS

民主党派
DEMOCRATIC PARTIES

社会组织
SOCIAL ORGANIZATION

人　物
FIGURES

县区概况
BRIEF ACCOUNTS OF COUNTIES/DISTRICTS

周边地市概况
OVERVIEW OF THE SURROUNDING CITIES

统计资料

STATISTICAL DATA

附　　录

APPENDICES

省委书记赵乐际来榆林调研

9月28日至29日，省委书记赵乐际深入我市榆阳区、横山县等地调研。他强调，要继续保持良好发展势头，持续推广利益共建共享机制，营造和谐稳定社会环境，努力让群众得到更多发展带来的实惠。市委书记胡志强、市长陆治原陪同调研。

中煤甲醇醋酸系列深加工及综合利用项目是省“十二五”规划的重点工程。赵乐际来到榆横工业园考察项目建设进展，听取总体规划、产业配套和节约用地等介绍，了解工艺流程、技术水平和销售前景，得知项目建设能有效促进煤炭资源深度转化、有力带动地方经济快速发展时，赵乐际十分高兴。他说，中煤集团在陕西真干实干、搞得好，希望充分发挥资金、人才、技术、管理等优势，加快工程建设进度，力争早日投产，同时要加强产品研发、延长产业链条，在企业发展壮大中为榆林发展培育新的竞争优势。

羊老大服饰公司是全省最大的纯羊毛防寒服生产企业。赵乐际走进位于榆林高新区的羊老大服饰公司，察看原料、设计和加工过程，了解产品的市场定位和价格，询问吸纳就业和职工收入情况等。他说，陕北羊绒毛资源丰富，有制作服饰的传统和产业基础，羊老大在企业改制重组中发展起来、做成品牌，满足了群众需求、促进了就业增收。希望羊老大服饰公司密切跟进市场变化，紧盯不同消费群体，加强与国内外知名企业合作，完善经营机制，强化高端服饰研发生产，不断提高企业核心竞争力。

横山县横山镇马家梁村是我市陕北白绒山羊科学养殖示范园。赵乐际察看羊子舍饲圈养情况，了解羊子品种、所用饲料和防疫情况，并与养殖户交谈。“现在存栏多少?”“86只。”“年出栏多少?”“70多只。”“收入有多少?”“利润10万多元。”

赵乐际对他们提出的“说羊话、念羊经、发羊财、喜洋洋”的思路给予肯定。在马增政家新盖的房子里，赵乐际看到房屋宽敞明亮，天然气、太阳能等设施一应俱全，他高兴地说，现在这里农民的生活条件和城市一样了。在马家梁村委会办公室，赵乐际还检查了升级晋档、科学发展活动，了解了党建特派员的工作，要求村上深化活动、把羊养好，促进村民增收致富、过上好日子。

横山县波罗镇杨沙畔村去年通过建立利益共享机制实现了村矿和谐。赵乐际了解村矿成立联合党支部等共建共治共享措施，与市县乡村干部群众和煤矿代表座谈利益共享机制建立前后的变化。看着大家洋溢着幸福的笑脸，他说，实践证明利益共享机制是个好机制，有利于推动科学发展，有利于改善群众生活，有利于促进社会和谐，我们一定要建立制度、长期坚持，一定要大力推广、不断完善，争取让群众实现共富。赵乐际指出，利益共享机制的出发点和落脚点是科学发展、和谐发展，要村矿一体、共同努力，维护发展、推动发展。要引导村民发展种养等产业，加强劳务输出，依靠自身奋斗实现富裕。煤矿要加强安全生产，加大技术改造、安全设施等方面的投入，实现安全和谐发展。

陕汽东方新能源汽车项目集新能源汽车、专用车的研发生产和技术应用为一体。赵乐际来到榆阳区麻黄梁工业集中区了解生产情况，在公司总装车间察看重型卡车装配过程，询问生产能力、设计工艺和技术创新以及专用车改装生产等。他说，陕汽是我的基层党建联系点，在当前宏观经济环境趋紧的背景下，希望企业科学应对市场变化，千方百计克服困难，加快结构调整和产品研发，在渡过难关中增强发展后劲。

在调研中，赵乐际强调，榆林把握主题主线、坚持稳中求进，各项工作有力有序有效，主要经济指标较快增长，十分不易。要坚持一手抓稳增长、一手抓新增长点，协调拉动、优化结构，培育更多市场主体，保持经济合理增速，化解下行风险。要把增收富民作为最紧迫任务，增加城乡居民收入，搞好新一轮扶贫开发，进一步加强安全生产和质量监管，扎实推进民生事业，营造和谐稳定社会环境。要深入挖掘陕北文化特别是革命文化，进一步梳理历史、丰富资料，加强红色遗存保护，充分发挥以史鉴今、资政育人的作用。要坚持生产发展、生活富裕、生态良好统一，深入推进"三年植绿大行动"，搞好节能减排、环境整治等工作，集约节约用地，走人与自然和谐发展之路。要围绕迎接、学习、贯彻党的"十八大"，营造良好氛围，夯实基层基础，改进工作作风，不断提高党建工作科学化水平。

调研正直中秋、国庆"双节"前夕，赵乐际每到一处，都向干部群众祝贺节日、送上祝福。

（来源：榆林新闻网）

赵正永到羊老大集团公司调研

4月18日，省长赵正永、副省长李金柱一行在市委书记胡志强、市长陆治原的陪同下，到榆林市羊老大集团有限公司调研。

赵正永一行先后来到羊老大集团公司的工艺裤车间、研发部、裁案车间、纺缝车间，详细了解"羊老大"系列羊毛绒产品的生产流程、市场销售及新品研发等情况，与一线工人亲切交谈，询问她们的生产、生活及工资福利待遇等情况。赵正永说，一线劳动者为社会创造了巨大价值，最光荣，最应受到尊重，各级政府和企业应当采取有效措施，调整好各种社会利益关系，使一线劳动者工资收入与全省经济发展同步增长。

赵正永指出，纺织和服装加工等行业在解决榆林就业、产业结构调整等方面发挥着积极作用。他希望羊老大集团公司能够积极应对市场变化，努力提高管理水平，加大新产品研发力度，牢固树立品牌意识，扎实推进品牌战略，全力提升企业的经济效益和社会效益。同时，要充分考虑提供原材料养殖户的利益，形成合作共赢的利益关系。

（来源：榆林新闻网）

在市委三届二次全会第二次全体会议上的讲话

中共榆林市委书记　胡志强

（2012 年 12 月 31 日）

同志们：

市委三届二次全会认真学习贯彻了党的十八大、中央经济工作会议和省委十二届二次全会精神，听取了市委常委会工作报告，审议通过了市委《关于改进领导干部工作作风的规定》和《全市开展模范机关创建活动意见》，全面部署了 2013 年经济工作。希望大家围绕会议精神，切实抓好贯彻落实。下面，我代表市委常委会就明年和今后一个时期的重点工作再讲几点意见。

明年全市工作的总体要求是：以科学发展观为指导，深入贯彻落实党的十八大、中央经济工作会议、省委十二届二中全会精神，按照建设幸福榆林总体目标要求，强力推进“一中心两基地”建设，解放思想、凝心聚力、科学谋划、创新工作，着力破解发展中的不平衡、不协调、不可持续问题，着力提高经济、政治、文化、社会、生态文明和党的建设科学化水平，着力提升统筹发展和管理经济社会的能力和水平，全力以赴完成好既定各项工作任务，为打造全省新的增长极和率先在全省全面建成小康社会奠定坚实基础。

一、深入学习贯彻落实党的十八大精神

十八大精神是指导今后五年工作的总纲，认真学习、宣传、贯彻党的十八大精神，是当前和今后一个时期首要政治任务。从这次全会开始，全市各级要把工作重心转移到落实十八大部署上来，按照中央五位一体的总布局，结合实际，突出重点，全力推进，努力建设幸福榆林。

一是开展干部轮训，用十八大精神武装全市领导干部。要分期分批举办市委委员、候补委员，县级领导班子正职专题研讨班，市委组织部和市委党校要继续分期分批举办县处级领导干部学习十八大精神专题培训班，同时指导县区委组织部、党校开展科级干部轮训，使十八大精神扎根于榆林广大干部头脑中、思想中。各级领导要带头学，学深一步，带头宣讲十八大精神。要坚持学以致用、用以促学，增强贯彻自觉，增强发展自信，提高推动科学发展和解决现实问题的能力。

二是开展调查研究，梳理榆林在“三不”中存在的突出问题。要把贯彻落实十八大精神与本县区、本部门、本单位实际紧密结合，开展调查研究。我们要全面建成小康社会，在各项指标对比中还有很多“短板”，我们提出建设幸福榆林，实际工作与人民群众对幸福的期盼还有不少差距，这些课题就是我们各级领导干部调查研究的主题、重点。老百姓最迫切最需要的是什么，推进工作的困难、矛盾是什么，工作的思路、措施是什么，调查研究要带着这些问题进企业、进农村、进社区，去搞“三问三解”，找第一手资料，掌握最真实的社情民意，带着十八大精神边调研边宣讲，在解决问题中得到贯彻落实，借十八大的东风强力推进我们的各项工作。

三是开展党的群众路线教育实践活动，筑牢建设幸福榆林的群众基础。开展以为民务实清廉为主要内容的党的群众路线教育实践活动，是十八大作出的战略部署，中央、省委将进行专门安排。我们要高度重视、提前谋划，围绕保持党的先进性和纯洁性建设这条主线，借鉴学习实践科学发展观、先进性教育等活动的成功做法，做好思想、组织、调研等方面的准备，结合今年的干部作风整顿和五个集中整治，查找影响党群干群关系的表现和原因，弄清楚党员干部中存在的问题，为教育实践活动顺利开展打好基础，通过开展活动在密切党和群众的血肉联系、提高做好新形势下群众工作能力等方面取得实效。让幸福榆林成为全市人民共同的目标、共同的追求。各级党委领导干部要身体力行，工作方案明确后要亲自部署。

二、举全市之力打造新的增长极

省委、省政府明确提出将榆林打造为全省新的增长极，对我们来说，既是压力，也是机遇。我们作为国家能源化工基地，为国家作贡献是应该的；作为陕西第二增长极，为全省做贡献也是应该的。有贡献就有价值，有价值就有地位，有地位就能争取中省更多的政策和支持。全市上下要心往一处想，劲往一处使，创新工作，合力攻坚，举全市之力打造新的增长极，为陕西全面建设西部强省作出新的更大的贡献。

一是审慎分析发展面临的形势。中央经济工作会议指出，明年世界形势依然错综复杂，真正走出危机仍需时日，经济低迷将成为全球经济新常态。在这一背景下，明年我市能否保持较快的经济增长，审慎分析我们面临的形势,可以说有喜有忧。喜在哪里?就是国务院先后批准和正式编制的《“三西两东”区域能源开发利用总体规划》、《陕甘宁革命老区振兴规划》、《呼包银榆经济区发展规划》、《吕梁山片区区域发展与扶贫攻坚规划》,都将榆林列入规划范围,明确要将榆林打造成国家的煤炭基地、油气基地、电源基地、现代煤化工产业示范基地,为榆林培育新生增长点、保持持续快速发展注入了强大动力。对于上级政策规划,各县区、各部门要认真研究,寻找契机,主动搞好对接。还有一大批重大项目前期工作基本就绪,有的具备开工条件,有的可以投入运营,招商引资成果和科技合作成果丰硕,煤炭资源整合基本完成,明年将会释放一定的产能,这些都是优势。忧在何处?就是经过近年来的快速发展,我们积累了一些矛盾和问题,加之现在我市发展资源环境约束趋紧,既要应对复杂形势,保持稳中求进,又必须主动调整结构,转变发展方式,形成了矛盾,如何处理好这个矛盾,对我们各级各部门就是一个严峻考验。当然发展中还有很多两难选择,包括发展和稳定、公平和效率,要逐步学会理解和正确处理这些问题。普遍性的问题和个性的问题,特别是资源型城市特有的矛盾和问题,我们都要研究,把矛盾解决好了,就能推动工作。

二是积极主动争取省上的政策支持。省委、省政府非常重视榆林发展,继2008年出台27条支持榆林的政策到期后,已安排研究制定支持榆林未来几年发展的新政策,努力打造新的增长极,提高榆林经济发展水平。各县区、各部门都要从自身实际出发,以有为换有位,主动争取省上各厅局的政策支持,及时跟踪掌握最新信息,并抓住和利用好政策,加快自身发展。市级相关部门要抓紧做好对接工作,力争新政策有力、有效。省上明年经济增速确定为12.5%,是经过各方面反复讨论过的,是一个自加压力的指标。经过市委常委会研究,我们明年经济增速确定为11.5%,压力也很大。我们要挖掘潜力,树立大局意识,解决发展中的问题,全力完成既定目标,争取最好的成绩。

三是加快推进“一中心两基地”建设。中心城市建设,要坚持规划引领,加快构建科学合理的城市格局。要加快中心城市道路桥梁、城区水系、公园广场、拆迁改造、公用设施建设,强力启动地下管网建设,消灭臭水沟。全力推进老城区、高新区、西南新区、空港新区、东沙新区、芹河新区建设。深入开展“四城联创”,建成省级文明城市,推进国家卫生城市创建,启动国家园林城市和国家环保模范城市创建。启动机场扩建、会展中心、体育中心、文化艺术中心等项目建设,进一步完善城市功能。以人为本,推进智慧城市、低碳城市建设,倡导精细化管理,提升城市品位。什么是中心城市?大家都要认真思考一下。中心城市不是几何图形上的中心,和一个城市的功能定位、影响力有关系,是人才聚集、先进产业聚集、文化和历史传统的聚集地等等。榆林的真正优势是国家级能源化工基地,有以能化产业为特色的国家级高新区,有一批煤炭转化项目处于全国领先水平,门类齐全、创新活跃,各种所有制都在这里发挥作用,人才和科技也会在这里汇集。因此城市的功能要与此相适应,城市的服务水平要更高,城市的市民素质也要更高。虽然我们城区的基本功能还很差,但发展势头很好,也会越来越好。要加快城镇化步伐,推进县城和重点镇建设,有序推进有条件农民进城落户,在有条件的地方集中资金、标准化地建设市政公共服务设施,发展特色支撑产业,加快新农村社区化建设,促进城乡基本公共服务均等化。城镇化建设有重大意义,是中国转型的要求、是扩大内需的要求、也是为人民谋福祉。对我们来讲,榆林正在起步,一定要起好步。要高度重视规划,把产业和城镇的规划一并考虑到位,起点要高;要重视就业,把农民往企业转移;要做好市场运作,靠项目、靠企业、靠金融工具、靠创新理念,要靠产业支撑。

能源化工基地建设,要抓住国内外经济调整的契机,利用倒逼机制的市场效应,加快我市转型升级步伐,延伸产业链条,着力提高转化产业在能源产业中的比重,提高循环经济在转化产业中的比重,提高非能化产业在工业结构中的比重。要加快推进产业园区建设,完善基础设施,加快项目建设,形成主业突出、特色鲜明,错位发展、优势互补园区发展格局。要加强对产业园区的考核,对不能胜任的领导坚决予以调整。要强力推进重点项目建设,完善项目推进机制,一个市级领导包抓一个项目,要严格落实责任,到项目一线帮助解决具体问题,一揽子负责到底。要建立环境保障问责机制,强化投资环境投诉案件查处力度,各县区、各部门要密切合作,研判解决好阻工问题,努力营造良好的建设环境。

现代特色农业基地建设,一是主导产业要清晰,支持政策要明确,发展精深加工,打造优势品牌,提高产业化、集约化水平;二是要加快建设政府服务农业的体系,做自己最应该做的事,注重规划,突出科技,讲生态,讲可持续。三是要坚持企业带动,壮大龙头企业,创新农业经营体制,稳步推进土地流转,强化农业专业合作组织建设,集中扶持种养大户,实现规模化生产、规模化经营,同时要同农民提高收入水平联系起来,农民增收是关键。四是要示范推广,依托现代农业园区示范带动,关键在推广上下工夫,不能只示范不推广。地膜玉米推广的就很好,明年要推广到100万亩。五是要创新发展模式,探索农业担保、确权质押等信贷模式,通过多户联保、金融打包、产业订单,破解融资难题,促进农民增收。

三、率先在全省全面建成小康社会战略构想

党的十八大报告进一步明确提出,到2020年全面建成小康社会宏伟目标,实现国内生产总值和城乡居民人均收入比2010年翻一番。市委常委会在深刻领会十八大精神和省委十二届二次全会精神,深化市情认识的基础上,提出我们应自加压力,实干创未来,率先在全省全面建成小康社会的战略构想。这也是建设幸福榆林阶段性的具体任务,是人民容易感受得到的幸福指数。

经过对小康社会6大类23项指标进行测算,2011年全市小康社会实现程度为70.3%，低于全省77.8%和全国83%的平均水平。23项指标中我市城镇调查失业率、基尼系数、恩格尔系数、人均住房使用面积、5岁以下儿童死亡率、耕地面积指数6项指标已经实现；人均GDP、城镇人口比重、城乡居民收入比、基本社会保障覆盖率、高中阶段毕业生性别差异系数、居民人均可支配收入、平均预期寿命、公民自身民主权利满意度、社会安全指数、居民文教娱乐服务支出占家庭消费支出比重、平均受教育年限和环境质量指数等12项指标可以提前实现；R&D经费支出占GDP比重、第三产业比重、地区经济发展差异系数、文化产业增加值占GDP比重、单位GDP能耗5项指标差距较大。全面小康指标体系非常直观，短板在哪里一目了然，5项差距较大的指标真实反映了我们发展中存在的突出问题，也更容易让我们各级各方面理解，形成共鸣和共识。正视这些问题，提高认识，将我们的工作重点放在这些短板上，集中精力、财力、物力，动员一切力量予以突破，就有可能取得胜利。

按照"十二五"规划，全市地区生产总值、人均GDP、财政总收入、地方财政收入、城乡居民收入等六项指标到2015年就可以实现翻番，就能完成国内生产总值和城乡居民人均收入比2010年翻番目标。这也极大地支持了率先实现小康战略的构想。

当然，困难是有的，畏惧困难的人也有，我们不希望畏惧困难的人担当重任。有些同志遇到困难不学习、不研究，不假思索就给予否定、摇头，这是不行的。我们要实事求是，又要态度积极，要付出点辛苦，要敢于担当。我们随后要进一步深入调研，制定有效措施，包括用党的组织纪律予以保证。我们要以科学的态度，也要有点勇气、有点精神，要有奋进的精神状态，这是我们贯彻党的十八大精神、为人民群众谋福祉的最大体现。

对一些县区和部门来讲，恰是难得的发展机遇。各级各部门要把握机遇，迎接挑战，把思想和行动统一到市委、市政府的部署和要求上来，完善发展思路、强化措施，破解难点，集中攻坚，在"率先"上下工夫，在"全面"上求实效。会后，要立即行动起来，组织专门力量，研究制定我市《率先在全省全面建成小康社会的实施意见》。《意见》要科学合理，切实可行，分解年度目标任务，夯实责任，明年上半年要把基础工作做好。

四、全面提升经济社会管理水平

近年来，随着经济快速增长跨越发展，全面提升经济社会管理水平已显得十分迫切。全面提升经济社会管理水平，这个概念很大，也涉及方方面面，干部和群众都感受很深。

（一）坚持创新驱动提升经济管理水平。

提升招商引资水平。榆林发展到现阶段，招商引资重在选商、重在提质、重在实效。各县区要充分挖掘自身优势，抓住央企进陕机遇，大气魄、大手笔搞好规划和对接，包装项目，以商招商，争取技术含量高、产业链条长、带动效应强的大型项目落地。要眼光向外，面向港澳台等发达地区，有针对性地招商，培育开放型经济发展新优势。要以会招商，通过西洽会、农高会等国内外有影响的博览会，宣传推介榆林。各县区工业园区要成为招商引资的主力军，以园区为平台争取项目，加快发展。抓好招商引资工作，就抓住了我们的未来。可持续靠他，调整结构靠他，保就业靠他，干部有没有能力也要靠他来检验。现在工作有了很大起色，北京招商会就开得很好。但还没有普遍重视起来，一把手要亲自抓。招商引资工作与考核挂钩、与干部使用联系的政策一定要落实到位。

提升民营经济服务水平。市上已出台的支持民营经济发展的各项政策，各级各部门要落实好，同时针对国务院新36条和中央经济工作会的要求，我们还将进一步出台支持措施。民间资本和民营企业是榆林的宝贵财富，是我们的重要优势，发挥好其在经济社会各个领域中的作用具有战略意义。要尊重民营企业家，树立服务民营企业是办公事不是办私事的理念，落实好服务民营企业的工作机制，要如同为中央企业和省属企业服务一样，解放思想，不要这也不行，那也不行，上级政策已经很明确。要引导他们解放思想、更新观念，建立现代企业制度，加强管理，吸引人才，提升水平；帮助他们搞好银企对接，通过融资推介会、银企座谈会、中小企业发展促进基金等形式，为中小企业发展搭建融资平台。我想再要求的具体一点，各位县区长要亲自召开有关部门参加的专项会议，帮助民营企业解决实际问题。也可以登门服务，一个县区长要服务10户企业。副县长也要具体包抓，逐渐形成服务民营企业的常态化。逐步规范民间借贷行为，用好用活民间资本，吸引民间资本进入能源深度转化、战略性新兴产业、现代特色农业、现代服务业、城市建设、基础设施等领域，发展混合所有制经济，为经济建设注入活力。

提升科技创新水平。科技创新，企业是主体，关键是用好政策，建好平台，搞好服务，创新工作。要围绕国家级可持续发展实验区建设，加快实施科技创新和创业工程，完善企业自主创新激励机制，鼓励企业加大研发投入，构建产学研合作的技术创新体系。启动市科技产业园建设，发挥好榆林国家级高新区科技引领作用，大力加强核心技术和关键共性技术研发，突破技术瓶颈，推进产业技术升级。加强技术推广服务平台和技术市场建设，实施科技直通车工程，构建多层次的技术推广体系。加大信息化建设投入，加快信息化在全社会的应用，实现业务协同和信息共享。

提升生态建设和管理水平。要把生态文明融入经济和社会发展全过程，积极探索资源开发与生态建设融合发展的路径，推进绿色发展、循环发展、低碳发展。继续开展"三年植绿大行动"，加强采空塌陷区综合治理和工矿区环境整治，健全生态补偿机制。抓好主体功能区、重点区生态规划，明确禁止开发、限制开发区域，做到可持续发展。突出抓好兰炭、铁合金、化工、电力四大高耗能行业，强化标准规范，淘汰落后产能，推广新技术新设备，促进能耗水平整体下降。规范县城和工业园区垃圾处理场、污水处理厂运营，加快中水循环再利用。大力发展循环经济，逐步形成高附加值、低能耗、低污染、低排放的产业循环发展模式。抓好降耗减排工作，关键是发挥好倒逼机制的作用，狠下决心，严格管理，不动摇，不留情面。节约集约利用资源，建立国土空间开发保护制度，健全耕地保护长效机制，提高土地利用效益；加强水源地保护和用水总量管理，大力发展高效节水灌溉，建设节水型社会。

提升改革创新水平。改革的实质是利益格局的调整，一定要保证人民群众的利益不减少。约束和规范很重要，社会动员力很重要。城投、能投、榆能、榆天化都具有典型性，各种滋味都尝了尝。后勤改革、医改没有哪一项是容易的。城市管理体制，一些中心任务的工作机制很难落实。设置管理办法总是给自由裁量权留足空，把权和利看得很重，甚至当成为官价值所在。没有团结稳定的局面，没有干事创业的氛围，没有一定的干部基础，想实现改革是艰难的，相反就容易得多。我们多数时候多数干部是好的，关键在干部。当前要加快国有企业战略重组，榆能集团要加大整合后的工作融合，制定好发展战略，理顺集团与分支企业关系，加强现代企业管理，规范煤炭、电力、能化三个主营业务板块，打造成我市大型能化企业。深化投融资体制改革，加快城投、能投、矿业集团改革发展，积极探索发行私募股权基金及利用BT模式融资撬动民间资本等多种渠道的融资模式，做大融资总量。组建成立文投集团，加大市场化运作，完善文艺团体机制，打造榆林的旅游文化品牌。深化医药卫生体制、财政体制、机关后勤体制、三公经费等综合改革，加快便民服务网络建设，县乡便民服务中心实现全覆盖，村级便民服务室覆盖率达到90%。政府可以探索逐步把财政预算向社会公开，中央有这方面的要求，我们也可以通过公开加强对公共财力的监督，提高财政管理水平。

提升区域协调发展水平。进一步完善市级扶持、中省企业援助、县区对口帮扶“三位一体”的南部县帮扶机制，加大资金投入，拓宽帮扶领域，从项目、技术、人才和资源配置等多方面倾斜扶持；鼓励走出南部，转移发展，拓展发展空间，促进南北融合发展；鼓励比学赶超，错位发展，特色发展，推进翻身造血项目建设。南部县要充分调动主观能动性，不能不创新，不能自卑，要自力更生，开动脑筋，深挖潜力，奋起直追，努力缩小南北差距，提升南部经济在全市的比重。只有发展起来了，腰杆才能硬起来，才不会落伍。

（二）完善公共服务，提升民生管理水平。

坚持把新增财力80%以上投向民生，健全基本公共服务体系，不断提高人民群众幸福指数。

要强化公共服务，提高服务水平。完善就业服务体系，落实中省企业当地用工机制，促进以高校毕业生为重点的各类群体就业，让更多的人能就业、有收入。优先发展教育，加快推进义务教育均衡发展，全市实施十五年免费教育。加快中等职业教育资源整合，组建以榆林职业技术学院为龙头的区域性职业教育集团。深入实施重点文化惠民工程，加快推进重大文化事业项目建设，着力构建覆盖城乡、惠及全民的公共文化服务体系；改造提升娱乐、文化旅游、民间艺术品等传统文化产业，加快发展创意、网络文化等极具活力和潜力的新兴文化产业。举办好榆林国际民间艺术节、榆林国际能源及能化装备与技术博览会，这方面我们有优势、有基础，但要重新策划、提高水平，提高影响力。加强城乡基层医疗服务体系建设，不断提高医疗技术水准，加强重大疾病预防，全面提高群众健康水平。

创新民生制度。完善城乡低保制度，落实好医疗、失业、养老等保险制度，推进城乡医疗保险省级统筹，实现从制度全覆盖到人群全覆盖，推动由补缺型向普惠型转变。建立市场配置和政府保障相结合的住房制度，加强保障性住房建设和管理，改善困难家庭居住条件。积极应对人口老龄化，大力发展老龄服务事业，探索城乡不同区域居家养老、社区养老、集中养老多种模式。加大扶贫开发、移民搬迁力度，结合当地实际引导好板块化、社会化、市场化扶贫。

（三）创新体制机制，提升社会管理水平。

创新社会管理工作机制，实现街道（乡镇）工作重心向社区管理服务转移，建立新型社区管理体制。妥善处理人民内部矛盾，健全党和政府主导的维护群众权益机制，畅通和规范群众诉求表达、利益协调、权益保障渠道。完善社会稳定风险评估机制，严格落实重大矛盾纠纷排查化解制度和“五个一”包案责任制，完善人民调解、行政调解、司法调解三大调解机制。深入推进和谐矿区建设，依法处理征地拆迁、企业改制、军转待遇等方面的突出问题。加快“诚信榆林”建设，形成重信誉、守信用、讲信义的良好氛围。加强流动人口和特殊人群管理，实施社区矫正试点工作和社会闲散青少年、留守儿童关爱工程，加大对吸毒人员的管控，帮助刑释解教人员更好地融入社会。要重视关心有心理和精神疾病的患者，防范意外事件的发生。

深化平安建设，完善治安防控体系建设，依法打击各类违法犯罪，形成防范、打击、管理、调解、服务于一体的工作新格局。加强以安全矿井和文明矿山为重点的公共安全体系建设，文明矿山建设要抓紧制订方案，尽快推动起来，加快以科技为支撑的标准化矿井建设，以人为本的企业文化建设，履行社会责任、注重可持续发展的生态环境建设。加强食品药品监管，完善突发事件应急管理机制，提高突发事件的预防预警、应急处置和应急保障能力，坚决遏制重特大安全事故发生。严格落实安全生产责任制，对因工作不力、失职渎职引发的安全事故，要严肃追究相关人员责任。

五、全面提高党的建设科学化水平

要围绕加强党的执政能力建设、先进性和纯洁性建设这条主线，全面推进思想、组织、作风、反腐倡廉和制度建设，按照十八大提出的“自我净化、自我完善、自我革新、自我提高”要求，提高党的工作整体水平，为转型跨越发展、建设幸福榆林提供坚强组织保证。

一是充分发挥党的核心领导作用。我们党是各项事业发展的领导核心，坚持党的领导是一切工作必须牢牢把握的首要前提。要严格遵守党章和党的纪律，高举旗帜不动摇，进一步坚定信念、坚持方向、坚守目标、坚信人民，在任何情况下都保持清醒头脑、站稳政治立场。坚决接受中央和省委的领导，在政治上思想上行动上始终与中省保持高度一致，落实中省决策部署，做到有令必行、有禁必止。要加强市委全委会自身建设，着力推进学习型、服务型、创新型党组织建设，做到民主议事，科学决策，切实提高科学执政、民主执政、依法执政的能力，提高谋划发展、公共服务、社会管理、维护稳定的能力，提高依法办事、应急管理、舆论引导、群众工作的能力。要发挥党委统揽全局、协调各方的作用，严格按照组织原则和党内生活准则办事，严格遵守党的纪律，确保各方面紧贴中心、步调一致开展工作，凝聚四大班子抓发展的合力。

二是加强党对经济工作的领导。市委要始终坚持以经济建设为中心，及时跟进国内外形势变化，研究制定符合实际的政策措施。要抓大事、议大事，善于从战略和全局思考问题，善于靠制度和机制推进工作，重点解决关系经济社会发展的突出问题和部门无法独立解决的难点问题，把握好推动发展与促进和谐的关系，协调好各领域、各方面、各层次的关系。

要加强基层组织建设。深入开展农村党组织“升级晋档、科学发展”，社区党组织“文明社区、和谐家园”，“两新”组织“双强六好”三项活动，建立基层组织建设经费保障制度、村（社区）干部关怀激励机制，将经费供应、工作报酬与工作业绩挂钩。

要加强干部队伍建设。完善民主推荐、公开竞争等干部选拔任用机制和程序，重视在实践中培养、考察、锻炼干部，加大对基层干部、年轻干部、妇女干部、党外干部的培养选拔力度，推进科级干部交流轮岗，关心大学生村官成长。完善干部考核评价机制和领导班子研判制度，注重考核和研判结果的运用，引导全市形成干事创业的良好氛围。

要加强党管人才工作。创新人才工作思路，提高各级各部门对人才工作的认识，出台培养、引进和使用人才的政策，努力营造人尽其才的环境，制定人才工作考核指标体系和考核办法，使人才工作成为一项有计划、有指标、有考核的经常性、长期性工作，改变我市人才工作滞后现状。近日市委常委会就人才工作进行了专题研究，即将出台一系列政策措施，将召开专门会议安排部署，请大家重视起来，抓好落实。

三是加强干部作风建设。这是一个老话题，却是一个新任务。中央和省委都已经制定了《规定》、《意见》，中省领导带头执行，国际国内媒体舆论、社会群众反响强烈。榆林的干部作风整顿初见成效，但依然存在不少问题，这次全会表决通过了市委《关于改进领导干部工作作风的规定》，制度有了，重在执行，执行得怎么样，要让百姓评价，让外来客商评价。中省市的新要求大家都要自觉遵守，不要不以为然，现在监督的力量很大，包括媒体都在监督。市级领导、县区和市直部门主要领导要以身作则、率先垂范、取信于民。要扎实开展模范机关创建活动，以推进机关单位勤政、廉政、文化、文明、和谐、法治“六项建设”为主要载体，全面提升干部队伍的整体素质、为民服务的能力，树立勤政廉政的机关形象，让“讲真话、干实事，敢作为、勇担当，言必行、行必果”成为全市干部作风主流。两办督查室要对执行情况进行专项检查，纪检监察机关对执行情况进行经常性监督，违反规定的必须严肃处理。我们已有一批市级部门机关建设很有特点，作风有了很大改变，如市检察院、市财政局、市地税局、市水务局等，大家要互相学习，共同提高。模范机关创建活动就是改进干部作风的延伸和深化，务必取得新的成效。“玻璃门”、“弹簧门”的问题，能不能得到有效解决，对创建活动就是个检验。

四是推进反腐倡廉建设。党的十八大对反腐倡廉作出了新的安排部署，一系列举措也显示了中央反腐的坚强决心。任何一级党组织、一个领导干部、一名党员，必须要自觉维护党的纪律、执行党的纪律。要坚持标本兼治、综合治理、惩防并举、注重预防方针，抓住重点领域和关键环节，按照“改革 + 制度 + 科技”的办法，出台一批符合榆林实际的反腐倡廉新制度，深化惩防体系建设。坚持有案必查、有腐必惩，严肃查办违纪违法案件，严厉惩处腐败分子。严格执行述职述廉、谈话、诫勉、询问、质询等制度，推进党务、政务、司法、办事公开，强化对权力运行的监督和制约。严格执行党风廉政建设责任制，狠抓党风廉政建设任务的责任分解、责任落实、责任考核、责任追究，切实履行好“一岗双责”，努力实现干部清正、政府清廉、政治清明。

五是加强民主法制建设。要加强人大工作，支持人大及其常委会充分发挥国家权力机关作用，依法行使立法、监督、决定、任免等职权。要推进依法治市，深化行政体制改革，加强对权力运行的制约和监督，建设职能科学、结构优化、廉洁高效、人民满意的服务型政府。要支持政协工作，围绕团结和民主两大主题，推进政治协商、民主监督、参政议政制度建设，更好协调关系、汇聚力量、建言献策、服务大局。要加强同民主党派的政治协商，把政治协商纳入决策程序，坚持协商于决策之前和决策之中，广纳群言、广集民智，增进共识、增强合力，增强民主协商实效性。要巩固和发展最广泛的爱国统一战线，充分发挥统战、工商联、工青妇、各协会和老干部的作用，加强同各界人士的团结合作，凝聚起建设幸福榆林的强大合力。

同志们，榆林正处在转型跨越的重要历史时期，在阔步前进的道路上，充满着新机遇，面临着新挑战，寄托着新希望。让我们更加紧密地团结在以习近平同志为总书记的党中央周围，认真贯彻落实十八大精神，凝聚力量，改革创新，为全面推进幸福榆林建设，率先在全省全面建成小康社会而努力奋斗。

（来源：市政府经济发展研究中心）

政府工作报告

——2013 年 1 月 6 日在榆林市第三届人民代表大会第四次会议上

榆林市人民政府市长　陆治原

各位代表：

现在，我代表市人民政府向大会报告工作，请予审议，并请市政协委员和其他列席人员提出意见。

一、2012 年工作回顾

2012 年，面对复杂的经济形势，我们认真贯彻落实中省和市委关于稳增长的一系列决策部署，准确研判，沉着应对，果断采取"五抓五促"工作措施，保障全市经济平稳运行、社会和谐稳定，圆满完成了市三届人大三次会议确定的各项目标任务。预计，全市实现生产总值 2707 亿元，增长 11.5%；完成全社会固定资产投资 1725 亿元，增长 25.1%；完成财政总收入 666 亿元，增长 19.3%，其中地方财政收入 220 亿元，增长 22.1%；城镇居民人均可支配收入、农民人均纯收入分别达到 23705 元、7510 元，增长 14.4%、15.2%；完成社会消费品零售总额 270 亿元，增长 16.2%。县域经济发展取得新突破，神木县有望成为西北五省第一个生产总值过千亿元的经济强县。

(一)加强调控，工业经济在困难和压力中平稳增长。强化对重点行业、重点企业的运行监测和服务，及时果断采取电价补贴、贷款贴息、减收运费、销售奖励和暂缓征收煤炭价调基金等一系列超常规措施，帮助兰炭、金属镁等 7 个行业、400 多户规上企业渡过难关，全市工业经济企稳回升。预计，全市煤炭产量达到 3.19 亿吨，增长 15.8%；天然气 121.8 亿立方米，增长 7.8%；原油 1193 万吨，增长 6.8%；原油加工 337.2 万吨，增长 9.6%；原盐 112.7 万吨，增长 109%；兰炭 2000 万吨，增长 29%；发电量 430 亿度，增长 8.4%；金属镁 28.9 万吨，增长 29.6%。预计，全年实现规模以上工业总产值 3000 亿元、增加值 1900 亿元，分别增长 19.4%、13.8%。

(二)多措并举，重点项目投资和开工率创历史新高。强化项目包抓"五个一"工作机制，实行县处级后备干部包联、重点项目进展媒体公示等创新举措，集中开工了能化产业、城区学校等 7 批 149 个项目。全年确定的 100 个重点建设项目共完成投资 670 亿元，占计划任务的 108%。华电榆横煤制芳烃、府谷 30 万吨合成氨及 52 万吨尿素等 16 个项目建成或基本建成。

(三)创新转型，转变发展方式取得初步成效。科技创新取得积极进展，组织实施了兰炭和金属镁产业链升级、红枣良种和农作物种子选育等重大科技攻关项目，一批制约产业发展的关键技术取得突破；榆林高新区升级为国家级高新区，榆神工业区建成国家新型工业化示范基地。"数字榆林"建设步伐加快，市信息化基础资源综合服务平台开通运行。新能源产业进展良好，国华靖边 20 兆瓦光伏发电、华能定边分布式风电二期等 10 个新能源项目建成，新增装机容量 42.6 万千瓦。旅游产业发展势头强劲，全年接待游客 1170 万人次，实现旅游综合收入 58.5 亿元，分别增长 73%、98%；神木红碱淖和二郎山升级为国家 4A 级景区。

(四)强基提质，粮食生产实现"九连丰"。全市粮食作物播种面积达到 706.7 万亩，粮食总产量 154 万吨。特色产业不断发展壮大，玉米、糜子、谷子、大豆 4 大类作物再创 10 项全国高产纪录；羊子饲养量突破千万只大关，生猪、家禽饲养量分别达到 250 万只和 1100 万只。农业产业化水平全面提升，建成省级农业园区 20 个、市级 31 个、县级 43 个，辐射带动农户 20 万户，实现了县区全覆盖；流转土地 122.7 万亩，较上年增加 21 万亩。农业基础设施得到改善，新修基本农田 10.2 万亩，发展节水灌溉 8.8 万亩，新建、加固、维修淤地坝 876 座，完成农业综合开发土地治理 5.5 万亩。

(五)统筹发展，市域一体化进程步伐加快。城市规划进一步完善，榆林中心城区详规实现全覆盖。路网建设取得新突破，榆林大道、东山大道、沙河大桥等 27 个路桥项目建成通车，城区交通压力得到有效缓解。市政公用设施明显改善，平安巷、太和巷、昌平巷等 104 条巷道改造工程全部完工；新增供水管网 61.7 公里，城区供水普及率达到 96%；新增供气管网 76 公里，气化率达到 83%；新增供热管线 25.5 公里，新增供热面积 113 万平方米。城市品位进一步提升，完成了 44 条道路、5 个广场及河滨公园、榆溪河西岸的绿化和景观提升改造工程，东沙生态公园基础设施建设基本完工。创新城市开发模式，空港生态区、西南新区、芹河新区、东沙新区组团式开发建设拉开序幕。"四城联创”全面推进，省级园林城市创建通过验收，省级环保模范城市通过技术评估。城乡统筹扎实有效，横山撤县设区工作进入民政部审批阶段；锦界、东坑两个省级示范镇建设完成投资11.4亿元；11万农民进城落户，全市城镇化率达到50.36%。区域经济发展协调推进，创建了市级帮扶、南北县区责任帮扶、中省企业援助的“三位一体”振兴南部新模式，市级和北部县区投入振南资金4.5亿元，投资额是“十一五”以来的总和，带动各方投资近10亿元，创历年新高。

（六）改善民生，人民群众得到更多实惠。民生建设投入力度进一步加大，经费保障机制更加完善，用于改善民生的资金达到新增财力的85%。教育事业优先发展，在全省率先实行义务教育“零收费”；新建、改扩建幼儿园124所；榆林城区20个学校项目集中开工建设，高新小学、市三幼等5所学校建成投用；榆林职业技术学院正式挂牌。医疗卫生事业稳步推进，我市荣获“2012全国医改最具影响力城市”称号；县区公立医院综合改革试点全面启动，实行了药品零差率销售和“三统一”管理；新农合筹资标准由每人每年300元提高到350元，为全省最高水平；市二院迁建项目主体、榆阳医院主体工程建成封顶。文化事业加快发展，考古发现神木石峁遗址为国内史前最大城址，统万城入选《中国世界文化遗产预备名单》，市县两级图书馆、文化馆、博物馆全部免费开放，乡镇文化站建设任务全面完成。社会保障体系日益完善，城镇养老、医疗、失业、工伤、生育五大保险参保人数分别达到21.6万、67.2万、17.1万、24.2万和23.9万人；城乡居民社会养老保险标准由每人每月60元提高到100元，参保人数达到152.8万人；城市低保标准由每人每月300元提高到350元，农村低保标准由每人每年1840元提高到2020元，农村“五保”供养补助标准由每人每年4200元提高到4700元；全市发放70周岁以上老人生活保健补贴资金1.18亿元。保障性安居工程稳步推进，开工建设各类保障性住房3.6万套，建成21006套；改造农村危房8000户。移民搬迁工程进展顺利，开工建设白于山区和黄河沿岸土石山区移民搬迁住房10382户，主体完工2978户，荣获全省移民搬迁工作一等奖。劳动就业成效明显，全市新增城镇就业2.6万人，城镇登记失业率为3.8%；培训农民工23万人，有序转移农村劳动力63.5万人。

（七）基础先行，发展保障能力明显提升。交通体系日趋完善，榆绥高速建成通车，榆佳高速建设进展顺利，沿黄公路一期工程路基全线贯通，清石大桥建成通车，新建、改建农村公路678公里；榆阳机场成为西北五省第一个旅客吞吐量突破百万人次的支线机场。水源工程建设加快推进，王圪堵水库大坝及供水管线主体工程全部完工；黄河东线大泉引水工程完成项目建议书；榆林城区及南六县县城供水工程全面推开；新建农村安全饮水供水工程527处，解决了18万人的饮水困难问题。电力保障能力进一步提高，330千伏大保当、220千伏有色上网等12个输变电工程建成投运；农网升级改造工程全面完成。

（八）加大力度，生态环境持续好转。“三年植绿大行动”全面推进，生态林业“八大工程”、“五个百万亩基地”建设等重点林业工程取得显著成效，完成造林绿化投资19.25亿元，投资额创历史新高，植树造林116.5万亩，林木覆盖率达到32%。水保生态建设成效明显，完成水土流失治理1220平方公里，红碱淖被列入全国湖泊生态环境保护范围，我市被授予“全国节水型社会建设模范市”称号。节能减排扎实推进，榆林城区、各县城区垃圾处理率分别达到89.3%、60%，污水处理率分别达到73.8%、69%；榆林城区空气质量好于二级天数达到335天，预计单位GDP能耗下降3.7%，二氧化硫、化学需氧量、氨氮三项指标分别下降2.35%、1.68%和1.6%。

（九）深化改革，发展活力进一步增强。重点领域改革加快推进，组建成立了陕西榆林能源集团有限公司；国有资产监管不断加强，实现国有资本收益8.3亿元；国库集中支付改革深入推进，县区试点工作全面铺开；投融资体制改革取得新成果，城投公司二期债券成功发行；西南新区管理体制基本理顺；神木县神木镇和佳县王家砭镇被列入国家第三批改革发展试点镇。招商引资主动性得到提高，累计引进项目118个，合同引资1970亿元，其中战略性新兴产业和现代农业等非煤产业项目占到签约项目的80%，全年外贸进出口总额达到5500万美元。非公有制经济发展加快，增加值达到980亿元，占到全市生产总值的36.2%。金融服务能力进一步提升，金融机构各项存款余额达到2855亿元、贷款余额1794亿元，存贷余额均居全省第2位；榆阳区民生村镇银行开业运营，招商、海通2家证券公司和太平、嘉禾等4家保险公司入驻我市。

（十）创新管理，政府行政水平显著提高。平安榆林创建深入开展，矛盾排查化解、领导包案、干部下访接访和责任追究等机制不断完善，全面实现“一控两降”目标；安全监管能力得到强化，果断有效地处置了一批突发事件；社会治安综合治理成效明显，公众社会治安满意率进一步提高。“村矿和谐”建设深入推进，共建共享机制初步建立。政府自身建设得到加强，自觉接受人大、政协、人民群众和新闻媒体的监督，全年办理人大代表建议99件、政协委员提案367件，办复率均达到100%；政务服务便民网络体系建设加快推进，县区便民服务中心全部建成投运，乡镇和村（社区）便民服务中心覆盖率分别达到93.8%、43%。政府采购工作不断规范，重点行业领域监管力度进一步加大，公务用车专项治理工作取得成效，第四批、第五批行政审批改革任务全面完成。

各位代表，2012年成绩的取得来之不易。这是省委、省政府和市委正确领导的结果，是市人大、市政协监督与支持的结果，是全市上下团结一心、奋力拼搏的结果！在此，我代表市人民政府，向广大干部群众、驻榆部队指战员、武警官兵、公安干警致以崇高的敬意！向大力支持政府工作的各位代表、委员和社会各界人士表示衷心的感谢!

回顾一年的工作,我们深切体会到:必须坚持科学发展观,以转变发展方式为主线,着力优化产业结构,构建现代产业体系,全面推动资源型城市转型升级;必须坚持城乡、南北和区域统筹协调推进,促进市域一体化发展;必须坚持以人为本,集中财力办大事,着力解决行路难、上学难、看病难等人民群众最需、最急、最盼的事情,让公共财政的阳光普照广大人民群众;必须把政府自身建设放在突出位置,转变作风,自我加压,埋头苦干,始终保持昂扬向上、锐意进取的精神状态,着力激发干部干事创业的热情;必须倍加珍惜团结协作的工作氛围,始终坚持市委领导,主动接受人大、政协和社会各界的监督,推动全市经济社会持续健康发展。

在总结成绩的同时,我们也清醒地认识到,发展中不平衡、不协调、不可持续的问题仍然突出:主要是城乡居民收入、产业结构和南北县区经济发展不平衡;经济增长与社会发展不协调,群众出行难、上学难、看病难、就业难、住房难等问题仍未得到有效解决;水资源短缺、生态环境承载力不强、科技创新能力不足、高层次人才和技能工人短缺制约着可持续发展;各种社会矛盾多样多发,创新社会管理任务繁重;政府自身建设需进一步加强,一些干部思想观念、工作作风还不适应转型跨越发展和建设服务型政府的要求。对此,我们必须高度重视,不回避、不推卸、不护短,主动适应发展要求,采取有力措施,切实加以解决。

二、2013 年工作的指导思想和目标任务

2013 年是贯彻落实党的十八大精神的开局之年,也是实施"十二五"规划的关键之年。保持全市经济平稳较快发展任务仍然艰巨而繁重,我们必须进一步坚定信心,抢抓机遇,开拓创新,锐意进取,真抓实干,为率先在全省全面建成小康社会奠定坚实的基础。

根据市委三届二次全会精神,今年政府工作的指导思想是:以邓小平理论、"三个代表"重要思想和科学发展观为指导,认真贯彻落实党的十八大精神,按照中央经济工作会议和省委十二届二次全会的总体要求,深刻把握"稳中求进"总基调,全面实施"创新引领、主动转型"战略,围绕"一中心两基地"建设,着力推进产业结构调整,加快构建现代产业体系;着力加强基础设施建设,增强经济社会发展保障服务能力;着力集约节约利用资源和改善生态环境,扎实推进生态文明建设;着力统筹城乡区域,加快市域经济协调发展;着力保障和改善民生,全面提升群众生产生活水平;着力深化改革开放,增强发展活力,拓宽发展空间,面向大关中,引领陕甘宁,融入环渤海,打造陕西经济增长第二极。

预期目标是:地区生产总值增长 11.5%,达到 3200 亿元;全社会固定资产投资增长 20%,达到 2070 亿元;财政总收入增长 16.5%,达到 776 亿元,其中地方财政收入增长 15.9%,达到 255 亿元;城镇居民人均可支配收入增长 18.1%,达到 28000 元;农民人均纯收入增长 19.8%,达到 9000 元;社会消费品零售总额增长 15.6%,达到 312 亿元;居民消费品价格指数涨幅控制在 4% 以内;人口自然增长率控制在 7‰以内;城镇登记失业率控制在 3.8% 以内。

实现今年经济社会发展目标,必须牢牢把握以下五个着力点:

一是抢抓机遇,灵活调控,实现稳中求进。准确研判和把握国际金融危机形成的倒逼机制,紧紧抓住国家扩大内需、国内市场潜力巨大的有利机遇,深度发掘《陕甘宁革命老区振兴规划》、《呼包银榆经济区发展规划》等国家级规划和省上实施"一市一策"的利好政策,因势利导,顺势而为,稳中求进。稳,就是继续加强经济运行调控,保持国民经济平稳运行,推动城乡居民收入稳定增长,着力稳定物价水平。进,就是尊重经济规律,依靠改革创新,在不断转变经济发展方式和优化经济结构中,实现有质量、有效益、可持续的发展。

二是优化结构,转变方式,促进主动转型。坚持存量调结构、增量优结构,推动科技创新,分业施策,促进一二三次产业融合发展,构建现代产业体系,推进低层次资源开发向高端化资源经济转变、单一性资源产业向多元化产业结构转变、资源驱动式增长向创新型发展转变。强工业,下大气力推动精细高端煤化工产业发展,不断提高煤油气盐资源采收率、就地转化率和综合利用率,壮大能源化工主导产业;大力发展兰炭、铝镁合金等特色优势产业;改造提升羊毛防寒服等有基础的轻工产业;积极培育煤机制造、新能源等有条件的新兴产业。优农业,大力发展现代特色农业,加快农业产业化进程,打造优质特色农产品大市。提三产,依托能化经济优势,积极发展现代物流、金融、商贸等服务产业,壮大文化旅游产业,着力提升三产比重。

三是城镇带动,统筹区域,推进协调发展。有序推进农业人口市民化,着力提高城镇化水平和质量,推动城乡区域一体化发展。做美城市,突出重点完善路网,搞好配套完善功能,强化管理提升形象,引领市域一体化发展;做强县城,以拉大框架、扩容提质为重点,增强承载力;做大集镇,坚持规划引领、产业支撑,把重点镇建设成为示范带动作用强的农村集聚中心。统筹南北,完善统筹区域发展一体化的体制机制,推动公共服务资源均衡配置,不断缩小南北差距,提升发展的协调性。

四是保护生态,改善环境,建设美丽榆林。树立"既要金山银山、更要绿水青山"的理念,大力推进资源节约型、环境友好型社会建设,提高生态文明水平。产业发展生态化,以环境污染低、产业融合高、经济效益好为基点,大力发展循环经济和低碳经济,全面推行清洁生产,实现在保护中开发、在开发中保护,走出一条生态与经济良性互动的发展之路。生态建设产业化,把建设美丽榆林与富裕榆林结合起来,大力推进林业生态建设,实现大地增绿、林业增效、环境增容。环境治理人本化,加强生产和生活污染防治,努力建设天蓝、地绿、水清的美好家园。

五是改善民生，创新管理，维护和谐稳定。在改善民生和创新管理中加强社会建设，维护社会公平正义，促进社会和谐稳定。解民忧，把人民群众对美好生活的向往作为政府工作的目标，坚决落实"两个80%"的硬指标，持续推进各项民生工作，下工夫解决好人民群众最关心、最直接、最现实的利益问题，在学有所教、劳有所得、病有所医、老有所养、住有所居上持续取得新进展，使发展成果更多、更公平地惠及全市人民。强管理，注重源头治理，完善体制机制，妥善协调社会各方面的利益关系，不断提高社会管理和服务水平。

三、2013年重点工作

围绕上述指导思想和目标任务，今年重点抓好以下八项工作：

（一）转变发展方式，提高经济发展质量和效益。

进一步做大做强能化产业。释放煤炭产能，加强煤矿安全生产调度，确保第一轮整合矿井投产，合理有序开采边角煤，提高回采率。扩大油气产能，大力推广应用注水、注气等新工艺和新技术，提高采收率。大力发展地方特色载能产业，不断提高兰炭、电石、金属镁、聚氯乙烯产量。加快发展新型化工产业，按照以煤为主、循环链接、综合利用的思路，引进技术，狠抓技改，着力搞好本土化试验，重点在塑料制品、铝镁合金材料、煤焦油加氢发展上取得新进展；加快推进神华陶氏综合利用、中煤甲醇醋酸下游产品深加工及综合利用、延长靖边能源化工综合利用等重大转化项目建设，打造国内一流、国际知名的高端能化基地。全年生产煤炭3.5亿吨、原油1250万吨、加工原油400万吨、天然气150亿立方米、原盐140万吨、兰炭2500万吨、发电500亿度、甲醇200万吨、电石150万吨、聚氯乙烯100万吨、金属镁40万吨。

加快发展装备制造业和新能源产业。促进装备制造业有序发展，推动榆林汽车产业园、榆神工业区装备制造园等园区建设；引进大型装备制造企业，大力发展煤化工设备、煤机制造产业，打造汽车、煤机装备制造产业集群。积极培育新能源产业，加快2.4万吨有色多晶硅项目建设，建成国华神木墩梁风电、中电靖边李家梁风电等4个新能源项目。靖边建成全省首个新能源装机容量突破百万千瓦的县。

大力发展轻工业。启动建设榆横纺织工业园区，提升以防寒服、羊毛羊绒服装、皮革为代表的传统轻纺工业，做好国家羊毛防寒服产业基地的培育和申报工作。重点支持雕塑工艺品、剪纸、刺绣等名优特色产业，大力扶持粉条、红枣、海红果、豆类等农副产品加工业。充分利用我市高岭土资源优势，积极培育陶瓷产业，加快神木陶瓷建筑材料项目建设。

积极发展文化旅游产业。深入挖掘榆林红色文化、边塞文化、黄土文化等文化潜力，全面推进陕北文化生态保护试验区建设，全力打造白云山、红碱淖等旅游景区。推动文化产业建设和旅游项目开发深度融合，加快榆林古城，北郊红石峡、镇北台景区等重大项目前期工作。制定扶持政策，组建成立榆文投公司，吸引民营企业参与文化旅游项目开发。加快靖边统万城、米脂杨家沟、横山波罗古城、府谷府州古城、神木杨家城五大景区建设，开发靖边丹霞地貌、吴堡横沟温泉等文化旅游资源。扎实推进市文化中心、体育中心、工人文化宫、镇北台文化广场等重大文化项目建设。

提升产业园区辐射带动能力。按照"布局集中、土地集约、产业集聚"的原则，坚持基础设施建设与产业开发并重，完善各产业园区水、电、气、路等基础设施，打造特色产业集群，形成互补优势。促进资金、土地向园区倾斜，项目、产业、科技、人才向园区集聚，发挥引领示范带动作用。推进榆林高新区和榆神工业区"二次创业"，加快榆神工业区申报国家级经济技术开发区工作，力争榆林高新区、榆神工业区工业总产值分别达到250亿元、180亿元。

提高科技创新能力。扎实推进国家级可持续发展实验区建设，加快国家创新型城市创建工作。推进榆林高新区科技孵化基地建设。加大人才引进和本土人才培养力度，深入实施科技创新、创业工程，开展产学研合作，组织实施面煤制兰炭、金属镁冶炼与加工、陕北白绒山羊良种繁育、马铃薯专用品种选育等重大科技专项。加快推进"两化融合"实验区建设，完善市级信息化基础资源综合平台，推动城市"一卡通"、"无线城市"和"数字社区"建设，启动榆林智慧城市建设；积极推进农村信息化服务体系建设。

（二）加快城镇建设，推进城乡区域协调发展。

增强中心城市辐射带动能力。重点做好六方面工作：一是加快城区路网建设。全面打通城区断头路，榆林大道二期、长城路至河滨路连接线、建榆南路等12条道路建成通车；完成新建北路、航宇路、人民路等道路改造任务，建设十字道路立交天桥；建成中心城区一环、二环道路，开工建设绕城快速通道西环线工程。二是完善市政公用服务设施。启动南北两个汽车站搬迁工作；新增公交线路3条，新投放公交车50辆；实施梅花楼、鸳鸯湖公园、凌霄塔广场、普惠泉片区景观和榆林老街北段改造工程；启动7万吨水厂建设，新增供热面积60万平方米、供气用户2万户。三是加大绿化美化亮化力度。建成东沙生态公园、榆溪河中心公园、沙河公园，开工建设榆林大道南北入口广场、大墩梁森林公园，启动建设三岔湾湿地公园和榆阳河、沙河、芹河综合整治项目。四是推进平房片区改造。按照政府主导、市场运作的原则，制定完善征地、迁建、安置补偿相关政策，选择条件相对成熟的片区，积极稳妥推进。五是加快城市新区建设。加大榆林高新区南区建设力度，两年内完成建设任务；坚持规划先行、基础跟进的原则，加快推进空港生态区、西南新区、芹河新区、东沙新区建设。六是提升城市管理水平。对中心城区实施精细化、规范化、网格化管理，推进国家级卫生城市、省级文明城市创建工作，启动国家园林城市和国家环保模范城市创建工作。

提升城乡统筹发展水平。加快榆横一体化进程,协同推进中心城区、高新区和西南新区基础设施、产业建设,积极推进横山撤县设区工作;强化神木、靖边、绥德三个副中心城市建设,加快神木、靖边撤县设市工作进度。按照集中财力、捆绑使用的原则,高标准建设神木县神木镇、佳县王家砭两个国家级改革发展试点镇和锦界、东坑两个省级重点示范镇;启动建设12个市级重点示范镇、12个市级新型农村示范社区。不断完善各项配套政策,加快有条件农村居民进城落户。力争全市城镇化率提高到51%。

促进区域协调发展。进一步完善市级帮扶、南北县区责任帮扶、中省企业援助帮扶的"三位一体"振兴南部帮扶机制,加大市级支持力度,认真执行北部县区地方财政收入的1%用于对口帮扶南部县的政策,积极落实中省企业对口帮扶政策。大力实施项目振南,加快启动实施一批翻身造血项目,增强自我发展能力。加快南部县工业园区建设,重点抓好水、电、路、气等基础设施建设。统筹推进南部县文化旅游、民生工程和生态环境建设,加快发展南部县农业特色产业,择优扶持南部农业名优品牌。同时,推动北部县区内部的协调发展。

(三)坚持项目带动,切实增强经济发展内生动力。

狠抓重点项目建设。全市共安排重点建设项目100个,总投资5417亿元,年度完成投资700亿元。全力推动杭来湾煤矿、华电榆横电厂一期等58个续建项目建设,开工建设大海则煤矿、华能榆神热电联产等42个项目,确保在2013年陕北能化基地座谈会期间集中开工一批重大项目,建成或基本建成陕煤50万吨电石、陕西有色榆林铝镁合金等27个项目。做好60个重大项目的前期工作。抓住建设陕北大型煤炭基地的契机,加快项目"路条"争取和核准步伐。结合国家投资方向,精心谋划储备包装一批具有较强带动力的重大项目。健全项目包抓包联推进机制,推行项目建设观摩制度,加强项目建设的督查考核,强化环境保障问责。

加大交通建设力度。铁路方面,加快准神铁路红进塔至红柳林、小纪汗煤矿、府谷煤炭、榆横铁路专用线二期建设,做好蒙西至华中铁路运煤通道榆林段、府谷至兴县铁路榆林段、神瓦铁路、神靖铁路等项目前期工作,积极争取开通榆林至西安动车。公路方面,榆佳高速建成通车,开工建设神佳米高速,推进绥清高速前期工作;加快大柳塔至石马川、店塔至红碱淖、神木至盘塘一级公路和清涧至石楼二级公路建设,全线贯通沿黄公路。机场方面,做好榆阳机场扩建前期工作。

破解要素瓶颈制约。切实加大土地统征储备工作力度,积极争取用地指标,加快推进城乡建设用地增减挂钩试点工作,稳步推进工矿废弃地整治试点,提升土地集约节约利用水平。抓好资金落实,努力争取上级资金支持,吸引民间资金参与项目建设,深化银企对接,支持企业直接融资。加快重点水源工程建设,王圪堵水库主体工程建成通水,黄河东线大泉引水工程开展可行性研究工作。积极探索打造低电价区,有效降低载能产业生产成本。

(四)夯实基础地位,推进农业农村经济健康发展。

加快推进农业产业化发展。粮食播种面积达到740万亩左右,粮食总产量140万吨。做大主导产业规模,推广地膜玉米100万亩、小杂粮标准化生产基地100万亩,新建红枣基地11万亩,发展设施蔬菜2万亩;羊子饲养量达到1080万只、生猪260万头、家禽1100万只,奶牛存栏2.6万头。充分发挥现代农业园区示范带动作用,大力倡导科技兴农,加快定靖农业示范基地建设,新建省级现代农业园区10个、市级20个。支持农业龙头企业做大做强,择优扶持重点龙头企业50户。大力发展农民专业合作组织,进一步创新产销模式。继续实施一村一品示范项目,新建省级一村一品示范村50个。实施农产品品牌战略,重点打造羊肉、马铃薯、红枣、小杂粮和大漠蔬菜五大区域公共品牌。积极扶持开发沙产业。稳步有序推进土地流转,推广定边确权颁证经验。

大力改善农业农村基础设施条件。认真抓好农田水利基本建设,全年新建基本农田10万亩,完成土地治理5万亩,发展节水灌溉8.75万亩;加快病险水库除险加固及水毁工程建设,全面提高防汛水平;力争黄河粗泥沙集中来源区拦沙一期工程获得国家发改委可行性研究审批。强化人工影响降雨工作,扩大增雨面积,提高增雨质量。推进农村能源建设,新建"一池三改"户用沼气5000户,推广节柴灶3050台、太阳能热水器6000台。全面提升农村供电质量,确保农村安全用电、放心用电。完成县乡公路改造200公里,改建通村公路800公里。全面启动实施"户户通"工程,实现城乡广播电视全覆盖。

加大扶贫开发力度。按照移民搬迁与发展现代农业、小城镇建设、防灾减灾、推进农民进城就业创业"四个结合"的总体思路,实施7570户、2.9万人扶贫移民搬迁工程,使搬迁群众生计有稳定保障、生产生活方式发生根本性改变,做到搬得出、留得住、能致富。启动实施《吕梁山片区区域发展和扶贫攻坚开发规划》。推进205个整村推进、连片开发贫困村建设。积极探索开展多渠道的社会扶贫。全年实现8万贫困人口脱贫。

努力提升农民收入水平。拓宽农民增收渠道,努力实现农民收入增速高于经济发展速度。整合财政支农资金,加大三农投入,落实各项强农惠农富农政策,增加农民转移性收入。积极推进农村产权制度改革,完善各种生产要素流转市场,在依法、自愿、有偿和加强服务的基础上,有效盘活农村存量资产,创造条件让农民拥有更多财产性收入。大力发展劳务经济,有序输出农民进城务工60万人,增加农民工资性收入。加快培养职业农民,发展家庭农牧场,增加农民经营性收入。

(五)保障改善民生,着力推进和谐榆林建设。

全力办好人民满意的教育。从今年开始,在全省率先实行"十五年免费教育"。新建、改扩建幼儿园67所,实现全市所有建制村、城镇小区幼儿园全覆盖。加快榆林城区学校建设,城区范围内"十二五"规划剩余的16所中小学校全部开工建设,市一中高中部、市十二小、市五幼等10所学校秋季投入使用。神木、靖边、榆阳、定边实现"双高双普",府谷建成教育强县。强化职业教育工作。合理配置教育资源,促进均衡发展。加强中小学骨干教师队伍建设,发放教书育人津贴,提升教育软实力。

千方百计扩大就业。实施更加积极的就业政策,大力发展劳动密集型产业、服务业和中小企业,鼓励劳动者多渠道、多形式就业。充分发挥大项目拉动就业的作用,从今年开始,来榆投资企业,特别是央企和省企,当地用工比例不低于60%。继续加强政策支持和就业指导,重点做好高校毕业生、退伍军人、城镇困难人员、进城落户农村居民的就业工作。大力开辟城市社区公益性岗位,切实解决"零就业"家庭、下岗失业人员、"4050"人员、残疾人等群体的就业问题。鼓励自主创业,以全民创业促充分就业。加强职业技能培训,提升劳动者就业创业能力,增强就业稳定性。全年新增城镇就业2.6万人。

统筹推进社会保障体系建设。坚持扩面提标的原则,继续扩大城镇养老、医疗、失业、工伤、生育保险覆盖面,加快推进医疗保险市级统筹,推动养老保险、医疗保险从制度全覆盖迈向人群全覆盖,将事业单位纳入工伤保险统筹。完善城乡低保制度,提高城乡低保对象及"五保"户保障水平。及时足额发放70周岁以上老人生活保健补贴资金。从今年开始,榆林城区环卫工人全部免费乘坐公交车。开工建设佳县、横山中心敬老院,开展社区"居家养老"服务试点。启动建设市社会福利院精神病区、市儿童福利院二期工程。加强拥军优属工作,积极创建"双拥"模范城市。

加大保障性安居工程建设力度。全市新开工建设各类保障性住房和棚户区改造住房30139套。加快红山片区保障性住房建设进度,启动南郊四级梁和芹河新区保障性住房建设。加强保障性住房管理,确保质量安全可靠、管理科学规范、分配公正公平。加快普通商品住房建设,扩大有效供给;加大房地产市场监管力度,推动房地产平稳健康发展。规范物业管理市场,提升物业管理水平和服务质量。

全面提高群众健康水平。按照"广覆盖、高水平、低费用、重保障"的要求,加强城乡医疗卫生服务体系建设。加快市一院改扩建,完成市二院部分搬迁,启动市三院(传染病医院)建设,组建市儿童医院。加大对县级公立医院建设的支持力度,每个县区至少建成一所二级甲等医院。鼓励民间资本建立专科医院。深化医疗卫生体制改革,新农合筹资标准提高到每人415元,比全省平均水平高出50元,推进药品"三统一"工作向市级公立医院延伸。认真落实计划生育政策,稳定低生育水平,降低出生人口性别比。大力推进全民健身事业,办好市十三运会。实施碘盐配给惠民工程,完成"食盐安全村"创建任务。

加强和创新社会管理。全面实施重大决策社会稳定风险评估暂行办法,有效规避、预防社会群体性不稳定因素。用群众工作统揽信访工作,深入排查化解矛盾纠纷,健全领导干部接访、下访、回访和包案长效机制,依法规范信访秩序。健全完善共建共享机制,维护矿区和谐稳定。强化行政、司法和人民调解工作,发挥中介组织、行业协会和民间公益性组织参与社会管理的重要作用。加强城市社区建设,积极探索县城城市管理体制机制创新,提升社区管理服务水平,着力打造和谐社区。关爱农村留守儿童、妇女和老人,实施流动人口融入工程,加强对重点人群、弱势群体的人文关怀和服务救助。强化安全发展理念,严格落实安全生产责任和监管措施,切实消除交通、煤矿、建筑和危险化学品等领域的安全隐患。强化食品药品监管,整合食品检测资源,成立市食品药品检测检验中心,保障群众饮食用药安全。努力完善一体化社会治安防控体系和公共安全体系,加大对黑恶势力、邪教组织、"两抢一盗"的打击力度,开工建设绥德、府谷等6个县的戒毒康复中心。完善应急体系,不断增强应急救援和保障能力。

(六)改善生态环境,全面加快美丽榆林建设。

切实加强生态环境建设。抓住我市被列入《京津风沙源治理规划》核心区域的重大机遇,加快推进"三年植绿大行动",完成植树造林100万亩、人工种草100万亩。启动全面治理荒沙三年行动,力争三年内全市剩余的50万亩流沙实现固定或半固定。强化封山禁牧和森林防火工作,巩固植树造林成果。抓好红碱淖湿地自然保护区建设。认真实施好国家水土保持、沟道拦泥坝、小流域坝系等水保工程,加快无定河全线综合整治工程建设,完成水土流失治理1200平方公里。以"清洁水源、清洁家园、清洁田园、清洁能源"为目标,以生态村镇创建为抓手,下工夫整治农村环境。

强力推进节能减排。严格执行节能减排目标责任制、一票否决制和"环保三同时"制度,建立健全节能减排统计监测体系,重点抓好兰炭、建筑、化工、电力四大行业以及重点企业节能减排工作,6月底全面完成兰炭资源整合工作。全面实施新建项目节能评估和审查制度,火电、水泥、焦化等行业新增生产能力与淘汰落后产能相结合,新上项目落实等比例淘汰任务。继续推行焦化行业清洁生产,加快推进30万千瓦以上发电机组脱硝工程建设。积极推进低碳经济试点,加快榆横工业区省级低碳示范园区、靖边低碳示范县和低碳示范企业建设。积极开展碳排放权、排污权、水权交易试点工作。

健全和完善生态文明制度。实施主体功能区战略,控制开发强度,规范开发秩序,逐步形成人口、经济、资源环境相协调的空间发展格局。探索建立矿产资源开采、地质环境恢复治理、土地复垦与生态修复同步规划、同步实施机制。加快建立资源开发生态补偿机制,开展矿山资源开发生态恢复治理保证金征收前期调研准备工作。严格执行"开发一块、绿化一片"能化企业造林制度,通过企业冠名等方式,落实企业社会责任。全面启动神木、府谷采煤沉陷区治理试点工作。加快煤矿采空区治理规划编制，按照先搬后采的原则，将移民搬迁作为煤矿核准和验收的前置条件，实现移民搬迁与煤矿项目同步设计、同步实施。

（七）深化改革开放，增强经济社会发展活力。

加快推进重点领域改革。积极争取设立省级综合配套改革试验区，探索建立成长型资源城市主动转型的体制机制。全面推进公共资源交易管理改革，构建全市统一的公共资源交易平台。深化"两集中、两到位"行政审批制度改革，加快市行政服务中心建设。大力推进事业单位分类改革。全面启动县区国库集中支付，在市县两级推进公务卡改革。按照构建公共财政目标和集中财力办大事的要求，改革财政基数预算办法，实行专项工作"零基数"预算。改革工程招投标管理办法，让权力在阳光下运行。全面启动省级金融综合改革试点建设工作，积极争取组建榆林银行，推进村镇银行和小额贷款公司健康发展，进一步规范民间融资行为，防范化解金融风险；支持企业发行债券，积极培育上市公司。

加大招商引资力度。创新招商引资模式，组织策划专题招商活动，重点围绕高端化工、新型能源、装备制造、新型材料、轻工行业、文化旅游等领域开展招大引强工作，推进招商引资向选商引资转变。健全和完善招商工作领导责任、市县两级联席会议、干部包联包抓项目落地等制度，加强招商引资考核工作。充分利用好西洽会、煤博会等招商平台，切实做好签约项目落地工作。力争全年招商引资到位资金达到530亿元。

不断发展壮大非公经济。深入贯彻落实中省各项扶持非公经济发展的政策，鼓励和引导民间资本进入交通、水利、金融、市政、教育、医疗等领域。继续实施"千家培育百家成长工程"，支持民企战略重组，建立以行业为主的大型企业集团，发展壮大混合所有制经济。进一步完善服务体系建设，积极搭建服务平台，引导融资担保、人才培训、科技创新等专业机构以及行业协会、中介组织等社会机构为民企服务。力争全市非公经济增加值占生产总值的比重达到37%，新增从业人员1万人。

（八）创新行政管理，努力建设人民满意的政府。

坚持依法行政。严格依照法定权限和程序行使权力、履行职责，切实把各项行政行为纳入依法行政的轨道。完善重大事项集体决策、专家咨询、社会公示听证和效果评估制度，促进政府决策科学化、民主化、法制化。自觉接受人大法律监督和政协民主监督，坚持重大事项向市委、人大报告，向政协通报制度。完善行政执法责任制和执法过错追究制，加强行政复议、行政应诉和行政仲裁工作，进一步规范行政执法行为。扎实开展"六五"普法宣传教育，增强全民法治意识，加快推进依法治市进程。

推进政务公开。认真贯彻落实政府信息公开条例，不断拓宽公开的领域和范围，完善新闻发言人和定期向人民报告制度，扩大《榆林市人民政府公报》公开范围。加快推动部门预算公开工作，市政府组成部门和直属机构今年原则上全部公开部门预算和"三公"经费，让人民群众知道政府花了多少钱，花到哪儿去了，办了什么事。加强电子政务建设，实现部门之间信息互通和资源共享，积极推行网上审批和电子化政府采购。加强政府网站建设，更加重视舆情研判、引导和处置，及时回应民声民意，妥善处理各种合理利益诉求。

提高执行能力。把上级和市委的重大决策部署以及市人大的决定决议，逐项逐事落实到人、到岗，明确谁主管、谁负责，确保每项工作有人抓、有人管。严格实行首问首办责任制、限时办结制等行政效能建设八项制度，加强行政效能监察，加大行政问责力度，切实提高行政效能。定期跟踪督查各县区、各部门的重点工作。强化考核工作，狠抓工作落实。

改进工作作风。不断增强转型发展的紧迫感和责任感，提升干事创业的锐气和朝气，始终保持奋发有为的精神状态。坚持真抓实干，敢于负责，勇于担当，遇事不怕、不躲、不推，做到对组织负责，对人民负责，对工作负责。认真贯彻落实市委《关于改进领导干部工作作风的规定》，大力精简会议和文件，开短会、讲短话、发短文，切实改进会风文风。加强和改进调查研究，认真开展"三问三解"活动，轻车简从、减少陪同、简化接待，推行市级领导下乡吃机关灶制度；密切联系群众，着力解决群众反映强烈的问题，以良好的作风和务实的行动赢得广大人民群众的信任。

加强廉政建设。牢固树立过紧日子的思想，坚持艰苦创业、勤俭办事，把有限的资金用在发展经济和改善民生上，今年各级政府公务支出仍然"零增长"。严禁超编超标配备使用公务车。深入推进执法纠风专项治理，强化审计监督，严肃查处发生在工程建设招投标、经营性土地招拍挂、政府集中采购等重点领域的腐败问题，坚决纠正损害群众利益的不正之风。开展模范机关创建活动，加强廉政文化建设和廉政教育，认真落实"一岗双责"，全力营造干部清正、政府清廉、政治清明的"三清"风尚。

各位代表，我们的所有工作、所有努力、所有奋斗，归根结底都是为了全市人民生活得更加幸福、更加自豪、更有尊严。榆林正处在加快转型跨越、建设幸福城市的重要历史时期。让我们紧密团结在以习近平同志为总书记的党中央周围，在市委的坚强领导下，认真贯彻落实党的十八大精神，万众一心，顽强拼搏，攻坚克难，开拓进取，转变作风，真抓实干，为率先在全省全面建成小康社会而努力奋斗！

《政府工作报告》名词解释

1.“五抓五促”工作措施:为了确保2012年榆林经济企稳之势,市委市政府在全市经济工作座谈会上提出的具体工作部署,即:抓经济调控、抓产能释放、抓产品促销、抓固投增长、抓资金筹措、促项目落地、促民生改善、促消费需求、促统计工作、促神木县生产总值过千亿及县域经济发展。

2. 项目包抓“五个一”工作机制:市委、市政府为全力推进项目建设而确定的重大举措,即一个项目、一名领导牵头、一个班子服务、一个部门负责、一套实施方案。按照《榆林市重点项目推进考核办法》,项目完成情况与项目推进单位、责任人、包抓领导工作实绩挂钩,统一考核,严格兑现奖罚。

3. 城市“一卡通”项目:是城市数字化、信息化建设的一部分,其主要目标是建设全市通用的一卡通网络系统。

4.“四城联创”:是指以创建国家卫生城市、省级环保模范城市、省级园林城市和省级文明城市为目标的联合创建工作。

5. 药品“三统一”管理:是指以省为单位,以政府为主导,对医疗机构药品实行全程的统一采购、统一价格、统一配送管理。“统一采购”是首要环节,包括“统一采购范围、统一采购目录、统一采购方式”;“统一价格”是中心环节,包括“统一作价方法,统一销售价格”;“统一配送”是关键环节,包括“统一配送企业、统一配送费用,统一配送指标”。

6.“三年植绿大行动”:是指贯穿身边增绿和增加农民收入两条主线,坚持统筹规划、分步实施,因地制宜、分类指导,依靠科技、提高质量,政府主导、全民参与的基本原则,三年造林300万亩,到2014年,全市造林保存面积达到2300万亩,森林覆盖率提高到35%以上。

7. 生态林业“八大工程”:包括环城防护林带工程、城区绿化工程、飞播治沙工程、千里绿色长廊建设工程、能源企业绿化工程、千村万户绿化工程、河流水系绿化工程和林业产业化建设工程。

8. 林业“五个百万亩基地”:包括百万亩樟子松基地、百万亩长柄扁桃基地、百万亩优质红枣基地、百万亩“两杏”基地、百万亩沙棘基地。

9.“两个80%”的硬指标:省政府规定要把新增财力的80%和财政支出的80%用于民生建设。

10.“一控两降”:“一控”是指控制集体上访事件的发生;“两降”是指降低信访总量,降低重复上访数量。

11. 资源节约型社会:是指整个社会经济建立在节约资源的基础上,建设节约型社会的核心是节约资源,即在生产、流通、消费等各领域各环节,通过采取技术和管理等综合措施,厉行节约,不断提高资源利用效率,尽可能减少资源消耗和环境代价,满足人们日益增长的物质文化需求的发展模式。

12. 环境友好型社会:是一种人与自然和谐共生的社会形态,其核心内涵是人类的生产和消费活动与自然生态系统协调可持续发展。

13.“两化融合”:是信息化和工业化的高层次深度结合,是指以信息化带动工业化、以工业化促进信息化,走新型工业化道路;两化融合的核心是信息化支撑,追求可持续发展模式。

14.“无线城市”:是指使用高速宽带无线技术覆盖城市行政区域,向公众提供利用无线终端或无线技术获取信息的服务,提供随时随地接入和速度更快的无线网络,从而使在现有的第二代移动通信网络上不能使用、未来第三代移动通信网络上效果不够理想的高速度的新业务、新功能被开发出来。是城市信息化和现代化的一项基础设施,也是衡量城市运行效率、信息化程度以及竞争水平的重要标志。

15.“数字社区”:是指通过数字化信息将管理、服务的提供者与每个住户实现有机连接的社区。这种数字化的网络系统,使社会化信息提供者、社区的管理者与住户之间可以实时地进行各种形式的信息交互,基于现代网络浏览器的先进性以及多态的表现性,加上各种网络多媒体技术的应用,从而营造出了一个丰富多彩的虚拟社区。

16. 智慧城市:是指新一代信息技术支撑、知识社会下一代创新环境下的城市形态。智慧城市基于物联网、云计算等新一代信息技术以及社交网络等工具和方法的应用,实现全面透彻的感知、宽带广泛的互联、智能融合的应用以及以用户创新、开放创新、大众创新、协同创新为特征的可持续创新。

17.“路条”:是指国家发改委办公厅同意开展该工程前期工作的批文。

18. 一村一品:是指在一定区域范围内,以村为基本单位,按照国内外市场需求,充分发挥本地资源优势、传统优势和区位优势,通过大力推进规模化、标准化、品牌化和市场化建设,使一个村(或几个村)拥有一个(或几个)市场潜力大、区域特色明显、附加值高的主导产品和产业,从而大幅度提升农村经济整体实力和综合竞争力的农村经济发展模式。

19."一池三改":是一个特定的专业概念,即沼气建池与改圈、改厕、改厨相结合,使人畜粪便、厨房污水均进入沼气池,达到无害化处理,从而实现家居温暖清洁化、庭院经济高效化和农业生产无害化的生态家园富民计划的目标。

20."户户通"工程:是为贯彻中央领导指示精神,尽快解决广大农村地区群众长期无法收听收看广播电视的问题,经中宣部批准,由国家广播电影电视总局组织实施的直播卫星广播电视新服务。

21."十五年免费教育":是指在全市范围内实施义务教育"零收费"的基础上,免除学前幼儿保教费和高中阶段学生学费,民办幼儿园和民办普通高中就读学生按照同类公办学校免除学费标准给予减免。

22."双高双普":就是"高质量、高水平普及学前教育及普通高中阶段教育"的简称。这是由《国家中长期教育改革和发展规划纲要(2010—2020年)》确定的教育发展方针。

23. 社区"居家养老"服务:是指以家庭为核心、以社区为依托、以专业化服务为依靠,为居住在家的老年人提供以解决日常生活困难为主要内容的社会化服务。服务内容包括生活照料与医疗服务。主要形式有两种:由经过专业培训的服务人员上门为老年人开展照料服务;在社区创办老年人日间服务中心,为老年人提供日托服务。服务对象一般为"三无"老人。是在我国已逐步进入老龄社会,老年人口的不断增多的形势下,对养老福利模式进行积极探索的成果。

24."两抢一盗":是指抢劫、抢夺、盗窃(包括入室盗窃和盗窃机动车)三类多发性侵财案件。

25."环保三同时"制度:根据我国《环境保护法》第26条规定:"建设项目中防治污染的措施,必须与主体工程同时设计、同时施工、同时投产使用。防治污染的设施必须经原审批环境影响报告书的环保部门验收合格后,该建设项目方可投入生产或者使用。"这一规定在我国环境立法中通称为"三同时"制度。它适用于在中国领域内的新建、改建、扩建项目(含小型建设项目)和技术改造项目,以及其他一切可能对环境造成污染和破坏的工程建设项目和自然开发项目。

26."两集中、两到位"行政审批改革:按照《行政许可法》和政府职能转变的要求,对政府行政审批程序的规范和整合,是构建行政公共服务平台、提高办事效率的重要手段。其内涵是:把部门行政许可职能向一个科室集中,部门行政许可职能科室向行政服务中心集中,部门行政许可项目进入行政服务中心到位,部门对窗口工作人员授权到位。

27."千家培育百家成长工程":是指重点扶持一批成长性好、有发展潜力的中小企业迅速做大做强,为大企业发展提供后备力量。在全市工业中小企业中优选100家成长性好、科技含量高、带动性强的中小企业,纳入市"百家成长"企业库管理,集中扶持,促其做大做强,成长为大型工业企业。选择1000家自主创新能力强、市场前景广、特点突出的中小企业,纳入市"千家培育"企业库管理,由市县区按照市里模式重点培育,促其加快发展,成长为区域内有影响的中小企业。

28."三公"经费:是指公务出国经费、公务购置车辆及运行费、公务接待费三项公务经费。

(来源:榆林日报)

西部大开发“十二五”规划

国家发展改革委

（2012 年 2 月）

为全面贯彻落实党中央、国务院关于实施新一轮西部大开发的战略部署，促进区域协调发展，依据《中共中央国务院关于深入实施西部大开发战略的若干意见》（中发〔2010〕11 号）和《中华人民共和国国民经济和社会发展第十二个五年规划纲要》，编制西部大开发“十二五”（2011—2015 年）规划。

第一章 发展基础

“十二五”时期，是深化改革开放和加快转变经济发展方式的攻坚时期，是深入实施西部大开发战略和全面建设小康社会的关键时期，必须深刻认识并准确把握国内外形势新变化新特点，紧紧抓住和用好重要战略机遇期，推动西部大开发再上一个新台阶。

第一节 重大成就

“十一五”时期，是极不平凡的五年。面对国际金融危机、重大自然灾害以及复杂多变的国内外形势，在党中央、国务院的坚强领导和全国人民的大力支持下，西部地区各族干部群众深入贯彻落实科学发展观，艰苦奋斗、不懈努力，国家不断加大投入力度，西部大开发取得了巨大成就。西部地区综合经济实力显著增强，2010 年主要经济指标比 2005 年翻了一番以上。基础设施建设取得突破性进展，综合交通运输网骨架初步形成，新增公路通车里程、新增铁路营业里程分别达到 36.5 万公里和 8000 公里。生态建设和环境保护成效显著，重点生态工程进展顺利，主要污染物排放量明显减少，环境质量进一步改善。特色优势产业快速发展，资源优势逐步转变为经济优势，自我发展能力显著增强。社会事业取得长足进步，“两基”攻坚计划全面完成，社会保障覆盖面进一步扩大。人民生活水平明显提升，城乡居民收入比 2005 年分别增长 80.0% 和 85.7%，城乡面貌发生历史性变化。广大干部开拓创新意识明显增强，各族群众精神风貌昂扬向上。西部地区已经站在新的历史起点上。西部大开发不仅有力地促进了西部地区的发展，也为全国发展开辟了更为广阔的空间。实践充分证明，党中央、国务院关于实施西部大开发的战略决策是完全正确的。

专栏1:“十一五”西部地区主要指标实现情况

指标	2005年		2010年		“十一五”年均增长(%)	
	西部	全国	西部	全国	西部	全国
年末总人口(万人)	35914	130756	36069	134091	0.1	0.5
地区生产总值(亿元)	34086	184937	81409	401202	13.6	11.2
地方财政收入(亿元)	2465	15101	7873	40613	26.1	21.9
进出口贸易总额(亿美元)	451	14219	1284	29740	23.3	15.9
全社会固定资产投资(亿元)	17645	88774	61892	278122	28.5	25.7
城镇居民人均可支配收入(元)	8783	10493	15806	19109	12.5	12.7
农村居民人均纯收入(元)	2379	3255	4418	5919	13.2	12.7
铁路营业里程(万公里)	2.7	7.5	3.5	9.1	5.3	3.9
公路里程(万公里)	120.3	334.5	156.8	400.8	5.4	3.7
高速公路里程(万公里)	1.05	4.10	2.13	7.41	15.1	12.6
“两基”覆盖率(%)	91.5	95	100	100	【8.5】	【5】
每十万人口高等学校在校学生数(人)	1210	1613	1812	2189	8.4	6.3
卫生机构人员数(万人)	133.3	542.7	207.2	819.7	9.2	8.6
化学需氧量排放(万吨)	396.2	1414.2	366.8	1238.1	【-7.42】	【-12.45】
二氧化硫排放(万吨)	896.8	2549.2	817.4	2185.1	【-8.85】	【-14.29】
森林覆盖率(%)	14.42	18.21	17.05	20.36	【2.63】	【2.15】

注:森林覆盖率为2008年年底普查数据;为5年累计变化率;主要经济数据增速除地区生产总值为可比价外,其余均为现价;2010年人口数为当年人口普查数据推算数,2005年为在年度人口抽样调查基础上根据人口普查数据修订。

第二节　主要问题

西部大开发以来特别是“十一五”时期,西部地区经济社会发展取得长足进步,但与东部地区发展的绝对差距仍在扩大,交通基础设施落后、水资源短缺和生态环境脆弱的瓶颈制约仍然存在,经济结构不合理、自我发展能力不强的状况仍然没有根本改变,贫困面广量大、基本公共服务能力薄弱的问题仍然突出,加强民族团结、维护边疆稳定的任务仍然繁重,西部地区仍然是我国区域发展的“短板”,是全面建设小康社会的难点和重点。西部地区的繁荣、发展和稳定,事关各族群众福祉,事关我国改革开放和社会主义现代化建设全局,事关国家长治久安,事关中华民族伟大复兴。必须从全局和战略高度认识西部地区特殊重要的战略地位和承担的特殊使命,把深入实施西部大开发战略放在区域发展总体战略优先位置,给予特殊政策支持。

第三节　战略机遇

“十二五”时期,西部地区处于大有作为的重要战略机遇期。从国外看,世界经济格局正在发生深刻变化,全球区域经济一体化深入推进,生产要素在全球范围内加快流动和重组,有利于西部地区积极参与国际分工,全面提升内陆开放型经济发展和沿边开发开放水平。从国内看,一是我国经济发展方式加快转变,扩大内需战略深入实施,经济结构深刻调整,有利于西部地区充分发挥战略资源丰富、市场潜力巨大的优势,积极承接产业转移,构建现代产业体系,增强自我发展能力;二是西部地区投资环境和发展条件不断改善,各族干部群众求发展、奔小康的愿望更加强烈,有利于西部地区进一步解放生产力,加快推进工业化、城镇化进程;三是我国社会主义市场经济体制不断完善,集中力量办大事的制度优势更为突出,中央不断加大支持西部地区发展的政策力度,有利于在根本上缩小区域发展差距,实现共同富裕。

第二章 指导思想、基本原则和主要目标

第四节 指导思想

高举中国特色社会主义伟大旗帜,以邓小平理论和“三个代表”重要思想为指导,深入贯彻落实科学发展观,按照中央关于新形势下深入实施西部大开发的战略部署,以科学发展为主题,以加快转变经济发展方式为主线,进一步解放思想、开拓创新,进一步加大投入、强化支持。更加注重基础设施建设,着力提升发展保障能力;更加注重生态建设和环境保护,着力建设美好家园和国家生态安全屏障;更加注重经济结构调整和自主创新,着力推进特色优势产业发展;更加注重社会事业发展,着力促进基本公共服务均等化和民生改善;更加注重优化区域布局,着力培育新的经济增长极;更加注重体制机制创新,着力扩大对内对外开放,推动西部地区经济社会又好又快发展,促进民族团结和谐,共同建设美好家园,为实现全面建设小康社会目标打下坚实基础。

第五节 基本原则

——坚持经济结构战略性调整。要把解放和发展社会生产力作为根本任务,着力解决对经济发展全局影响较大的结构性问题,加快转变经济发展方式,积极承接产业转移,不断增强经济发展内生动力。既要保持一定的发展速度,又要在“好”上做文章,切实做到在发展中促转变,在转变中谋发展,实现又好又快发展。

——坚持科技进步和创新。要深入实施科教兴国战略和人才强国战略,充分发挥科技第一生产力和人才第一资源作用。把增强自主创新能力作为战略基点,大力推进制度和政策创新,积极构建比较完善的创新体系和现代产业体系。

——坚持保障和改善民生。要把保障和改善民生作为西部大开发的首要目标,着力解决涉及群众切身利益的问题,促进基本公共服务均等化,不断提高城乡居民生活水平。大力推进民族团结进步,维护社会稳定,使各族群众共享改革发展成果。

——坚持建设资源节约型和环境友好型社会。要深入贯彻节约资源和保护环境基本国策,加大生态建设和环境保护力度,努力构筑国家生态安全屏障,加强土地、能源、矿产、水等资源的节约和管理,强化节能减排,积极应对气候变化,实现全面协调可持续发展。

——坚持深化改革开放。要深化重点领域和关键环节改革,加快构建有利于科学发展的体制机制,增强发展活力和动力。进一步扩大对内对外开放,大力发展内陆开放型经济,提升沿边开发开放水平。

第六节 主要目标

——经济保持又好又快发展。区域比较优势充分发挥,资源有效利用,特色优势产业体系初步形成,自我发展能力显著提高,经济增速高于全国平均水平。

——基础设施更加完善。综合交通运输网络初步形成,重点城市群内基本建成2小时交通圈,基本实现乡乡通油路,村村通公路,群众出行更加便捷。铁路营业里程新增1.5万公里,道路交通、通信基础设施进一步完善。水利基础设施明显加强,供水、防洪减灾能力显著增强,新增生活垃圾无害化处理能力12万吨/日。

——生态环境持续改善。重点生态区综合治理取得积极进展,森林覆盖率达到19%左右,森林蓄积量增加3.3亿立方米,草原生态持续恶化势头得到遏制,水土流失面积大幅减少。单位地区生产总值能源消耗(不含西藏自治区)下降15%左右。主要污染物排放总量显著减少,其中,化学需氧量排放量减少4.5%,二氧化硫排放量减少3.5%,氨氮排放量减少6.8%,氮氧化物排放量减少3.4%。

——产业结构不断优化。第一产业就业人口比重明显下降,农业综合生产能力明显提升。第二产业竞争力显著增强,初步建成全国重要的能源、资源深加工、装备制造以及战略性新兴产业基地。第三产业发展壮大,吸纳就业能力明显提高。单位工业增加值用水量降低30%,农业灌溉用水有效利用系数提高到0.53。

——公共服务能力显著增强。义务教育、医疗卫生、公共文化、社会保障等方面与全国的差距逐步缩小。九年义务教育巩固率达到90%以上。城乡三项基本医疗保险参保率提高3个百分点,新型农村养老保险和城镇居民养老保险实现全覆盖。

——人民生活水平大幅提高。城乡居民收入增速高于全国平均水平。城镇化率超过45%。城镇保障性住房覆盖面达到20%以上。就业更加充分,城镇登记失业率控制在5%以内。贫困人口显著减少。

——改革开放深入推进。体制机制改革取得明显成效,政府职能加快转变,社会管理能力明显加强,投资环境进一步优化。对内对外开放水平和质量不断提升,全方位开放新格局基本形成。

第三章 重点区域

严格落实全国主体功能区规划,因地制宜、分类指导、突出重点、稳步推进,坚持一手抓重点经济区培育壮大,一

手抓老少边穷地区脱贫致富；一手抓资源合理开发利用，一手抓生态建设和环境保护，有序有力有效推进西部大开发。

第七节　重点经济区

坚持以线串点，以点带面，依托交通枢纽和区域中心城市，着力培育经济基础好、资源环境承载能力强、发展潜力大的重点经济区。积极推进工业化和城镇化协调发展，促进产业集聚布局、人口集中居住、土地集约利用，形成西部大开发战略新高地，辐射和带动周边地区发展。积极推进重庆、成都、西安加强区域战略合作。

专栏2：重点经济区

成渝地区：全国统筹城乡发展示范区，全国重要的高新技术产业、先进制造业和现代服务业基地，科技教育、商贸物流、金融中心和综合交通枢纽，西南地区科技创新基地。

关中—天水地区：全国重要的先进制造业和现代农业高技术产业基地，科技教育、商贸中心和综合交通枢纽，西北地区重要的科技创新基地，全国重要的历史文化基地。

北部湾地区：我国面向东盟国家对外开放的重要门户，中国—东盟自由贸易区的前沿地带和桥头堡，区域性物流基地、商贸基地、加工制造基地和信息交流中心，重要的临海石化、钢铁基地。

呼包银榆地区：全国重要的能源化工基地、农畜产品加工基地、新材料和原材料产业基地，北方地区重要的冶金和装备制造业基地。

兰西格地区：全国重要的新能源、盐化工、石化、有色金属和农畜产品加工产业基地，区域性新材料和生物医药产业基地。

天山北坡地区：我国面向中亚、西亚地区对外开放的陆路交通枢纽和重要门户，全国重要的综合性能源资源生产及供应基地，现代化农牧业示范基地，西北地区重要国际商贸中心、物流中心和对外合作加工基地。

滇中地区：我国连接东南亚、南亚国家的陆路交通枢纽，面向东南亚、南亚对外开放的重要门户，全国重要的烟草、旅游、文化、能源、商贸物流基地和区域性资源精深加工基地。

黔中地区：全国重要的能源原材料基地、以航天航空为重点的装备制造基地、烟草工业基地、绿色食品基地和旅游目的地，区域性商贸物流中心。

宁夏沿黄地区：全国重要的能源化工、新材料基地，清真食品及穆斯林用品和特色农产品加工基地，区域性商贸物流中心。

藏中南地区：全国重要的农林畜产品生产加工、藏药产业、旅游、文化和矿产资源基地，水电后备基地。

陕甘宁革命老区：全国重要的能源化工基地、现代旱作农业示范区、黄土高原生态文明示范区，国家重点红色旅游区。

第八节　农产品主产区

充分发挥光热水土资源和生物资源丰富优势，结合特殊自然条件，构建以农产品主产区为主体，以其他农业地区为重要组成的农业发展战略格局。鼓励和支持农产品主产区集中发展粮食、棉花、油料、糖料、畜产品等大宗农产品；其他农业地区大力发展优势特色农业，形成一批农产品产业带，引导加工、流通、储运设施建设向优势产区聚集。切实做好农村土地整治。建设一批现代农业示范区。

第九节　重点生态区

根据全国主体功能区规划和西部地区生态地理特征，在生态脆弱、生态系统重要的地区，严格控制工业化城镇化开发，适度控制其他开发活动，缓解开发活动对自然生态的压力。坚持保护优先和自然恢复为主，加强重点生态区综合治理，增强涵养水源、保持水土、防风固沙和保护生物多样性等功能，加快构建生态安全屏障体系。加强统筹规划，整合各类资源，从分散治理向集中治理、从单一措施向综合措施、从偏重数量向提升质量转变。巩固生态工程建设成果，完善政策和相关配套设施，把生态建设与发展替代产业、增加农民收入结合起来。创新管理体制机制，形成生态建设制度保障。

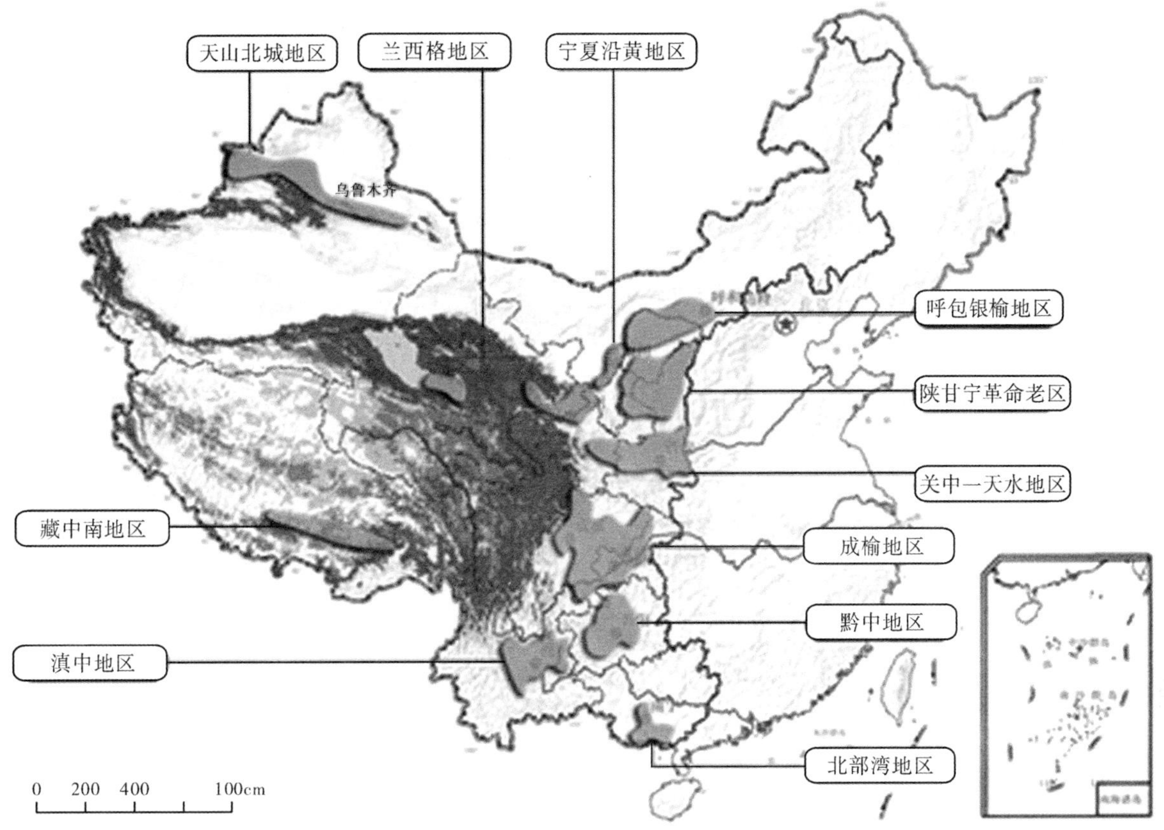

图1 重点经济区布局

专栏3:重点生态区

西北草原荒漠化防治区:内蒙古草原、宁夏中部干旱带、石羊河流域、黑河流域、疏勒河流域、天山北麓、塔里木河上游等荒漠化防治区。开展以草原恢复、防风固沙为主要内容的综合治理,加强沙区林草植被保护、草原禁牧休牧轮牧工作,以及牧区水利设施、人工草场和防护林建设。

黄土高原水土保持区:陕西北部及中部、甘肃东中部、宁夏南部及青海东部黄土高原丘陵沟壑区。启动实施黄土高原地区综合治理规划,开展以防治水土流失为主要内容的综合治理,大力开展植树造林、退耕还林、封山育林育草、淤地坝建设,加强小流域山水田林路综合整治。

青藏高原江河水源涵养区:祁连山、环青海湖、青海三江源、四川西部、西藏东北部三江水源涵养区。开展以提高水源涵养能力为主要内容的综合治理,保护草原、森林、湿地和生物多样性,扎实推进三江源国家生态保护综合试验区、祁连山水源涵养区和西藏等生态安全屏障保护与建设。

西南石漠化防治区:贵州、云南东中部、广西西北部、四川南部、重庆东部喀斯特石漠化防治区。开展以恢复林草植被为主要内容的综合治理,加大退耕还林、封山育林育草和人工造林力度,因地制宜发展草食畜牧业,加强基本口粮田和农村能源建设。

重要森林生态功能区:秦巴山、武陵山、四川西南部、云南西北部、广西北部、西藏东南部高原边缘森林综合保育区。开展以森林生态和生物多样性保护为主要内容的综合治理,加强自然保护区、天然林资源、野生动植物和湿地保护。

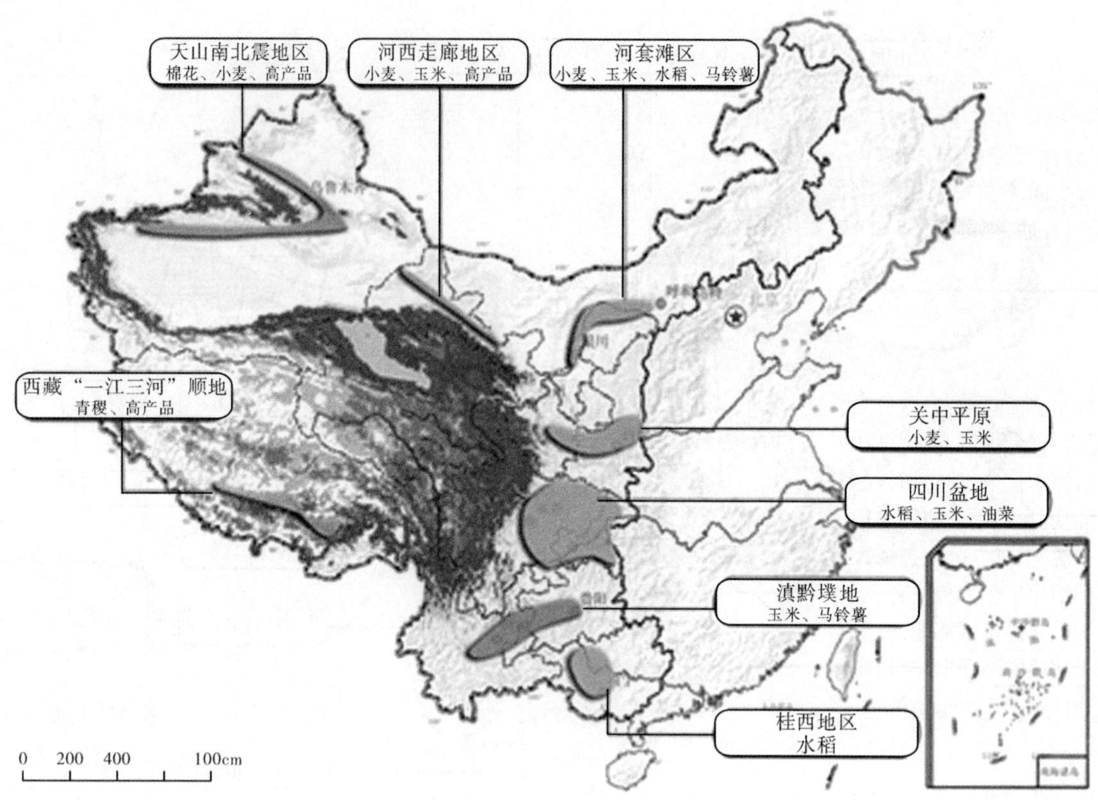

图2　农产品主产区

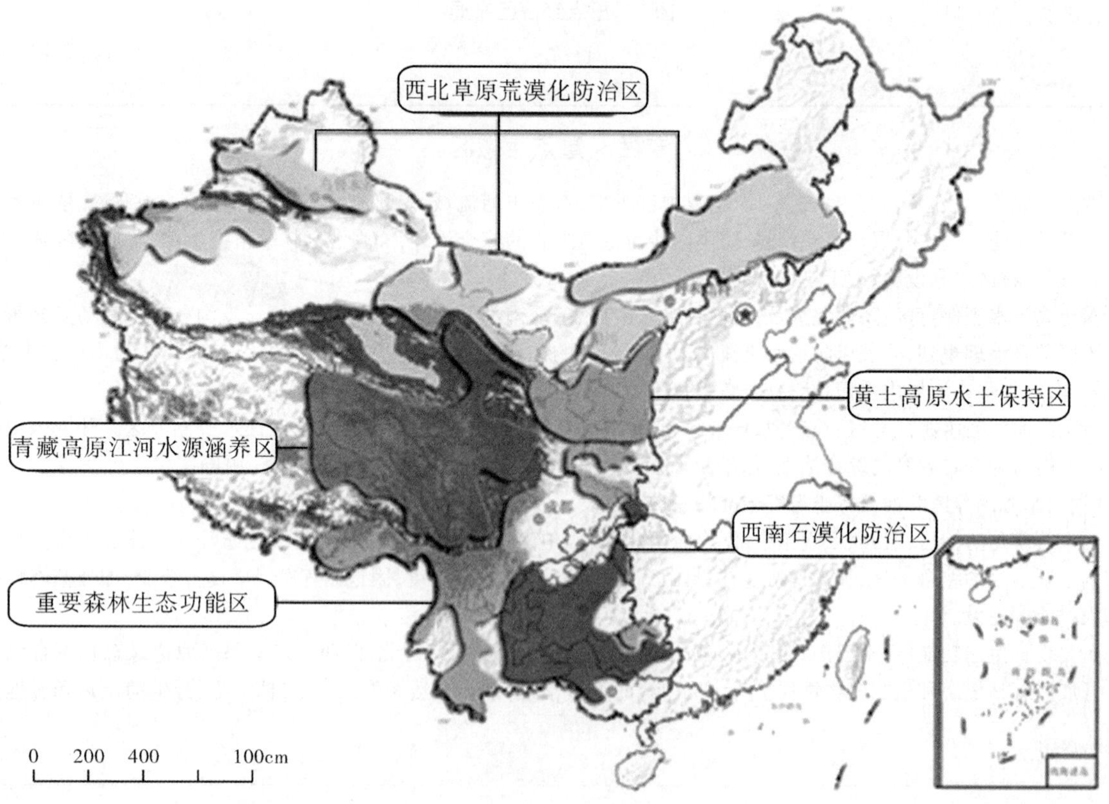

图3　重点生态区

第十节 资源富集区

西部地区水能、石油、天然气、煤炭、稀土、有色金属等能源矿产资源储量大,周边国家和地区能源矿产资源丰富,可再生能源开发利用潜力很大,生物资源多种多样。按照着眼长远、统筹规划、加强勘探、合理开发的要求,建设一批重要的能源矿产资源基地和产业聚集区,不断提高能源矿产资源供应能力和产业风险应对能力,维护国家经济安全。统筹资源合理开发利用与生态环境保护、基础设施建设和区域经济社会发展,培育大型企业集团,推进通道建设,推动资源开发利用方式转变,构建现代资源开发利用产业体系。

专栏 4:重点能源资源富集地区

鄂尔多斯盆地:重点加大煤炭、石油、天然气、煤层气、页岩气等资源的勘查开发力度,着力推进大型煤电基地建设,适度有序发展石油化工和煤化工产业。

塔里木盆地:重点加强油气资源勘探开发,加快石油和天然气产能建设,提高西气东输能力,适当扩大石油天然气化工规模,提升加工利用水平,建设库尔勒石油天然气化工基地。

川渝东北地区:重点加大天然气、页岩气资源勘查力度,增加天然气后备储量,支持开发大中型天然气田,建设天然气精细化工和大型复合肥、氮肥生产基地。

天山北部及东部地区:重点推进吐哈、准东、伊犁河谷煤炭东运、煤电一体化和煤化工基地建设,加快阿尔泰山铜镍及铅锌等资源开发,建设有色金属加工生产基地。

攀西——六盘水地区:重点开发利用煤、铁及钒钛、铜、铅锌、稀土等矿产资源,加强矿山整合,建设攀枝花——西昌钢铁、钒钛加工基地和六盘水、毕节、黔西南煤炭综合利用基地。

桂西地区:重点推进铝、锰资源的开发利用和深度加工,延伸加工产业链,提高产品生产技术水平,建设百色生态型铝产业示范基地。

甘肃河西地区:重点加强镍钴铜、钨钼及铁钒铬等资源综合开发利用和深度加工,延伸产业链,建设金川、酒泉、嘉峪关金属综合加工利用基地。

柴达木盆地:重点加强盐湖资源综合开发利用,扩大钾肥生产能力,发展氯碱化工、金属镁及锂、硼产品,构建循环经济产业链,建设柴达木资源综合开发利用基地。

第十一节 沿边开放区

充分发挥西部地区地缘优势,依托国际大通道,积极开展与周边国家高层次、宽领域、多形式的经济技术合作,拓展优势资源转换战略的实施空间。制定和实施特殊开放政策,加快重点口岸、边境城市、边境(跨境)经济合作区和重点开发开放试验区建设,探索沿边开放新模式。培育和建设一批富有活力的边境重点口岸、边疆区域性中心城市,形成边境地区要素集聚高地,带动沿边地区整体发展。

专栏 5:重点沿边开放地区

向北开放重要桥头堡:深化内蒙古与俄罗斯、蒙古等国家的经贸合作与技术交流,发挥内引外联的枢纽作用。

向西开放门户:深化新疆与中亚、西亚、南亚及欧洲国家的合作,加快与内地及周边国家物流大通道建设,发挥上海合作组织作用。

东盟合作高地:以广西为核心,建设并完善与东盟合作平台,在中国——东盟自由贸易区中发挥更大作用,增强参与国际经济合作和竞争的能力。

向西南开放重要桥头堡:深化大湄公河次区域合作,加强云南与东南亚、南亚、印度洋沿岸国家合作,建设西南出海战略通道。

第十二节　特殊困难地区

全力实施集中连片特殊困难地区开发攻坚工程，制定实施扶持集中连片特殊困难地区跨越式发展的指导意见。把六盘山区、秦巴山区、武陵山区、乌蒙山区、滇桂黔石漠化区、滇西边境山区及大兴安岭南麓山区等特殊困难地区和已明确实施特殊政策的西藏、四省藏区、新疆南疆三地州作为扶贫攻坚主战场，编制实施片区区域发展与扶贫攻坚规划。创新扶贫开发模式，加快改善贫困地区基本生产生活条件，加快贫困地区经济结构调整和农村各项社会事业发展，加大对口帮扶和社会扶贫工作力度。继续加大整村推进、以工代赈、易地扶贫搬迁等扶贫开发力度，逐步提高扶贫标准。探索新的开发机制，加大政策扶持和资金投入力度，稳定解决扶贫对象温饱，逐片解决贫困问题，加快脱贫致富步伐。制定支持革命老区发展指导意见，组织编制川陕、左右江等革命老区发展规划。

第四章　基础设施

继续把基础设施建设放在优先位置，加快构建适度超前、功能配套、安全高效的现代化基础设施体系。完善综合交通运输网络，强化西部地区全国性综合交通枢纽建设，全面加强水利、能源通道和通信等基础设施建设。建立西部大开发重大项目储备库，每年新开工一批重点工程。

第十三节　强化铁路建设

加快西部地区与东中部地区联系的区际通道建设，重点建设西部地区连接长三角、珠三角和环渤海地区的出海通道，以及西南地区连接西北地区的南北通道。加强与东北亚、中亚、东南亚、南亚地区互联互通的国际通道建设。强化现有线路扩能改造，有序发展高速铁路，建设西安至兰州、西安至成都、成都至贵阳等一批客运专线，兰新第二双线、成兰铁路、成昆铁路扩能等区际干线，蒙西至华中地区等煤运通道，拉萨至日喀则、格尔木至敦煌等西部干线。研究建设川藏铁路。根据发展实际，有序推进重点城市群城际轨道交通建设。加快形成西部地区铁路路网主骨架，路网规模达到5万公里左右，复线率达到50%以上，电化率达到60%以上。

专栏6：重点铁路工程

区际干线：建成兰新第二双线、拉萨至日喀则铁路，建设郑州至重庆、银川至西安等快速铁路，规划建设成都至康定、拉萨至林芝、格尔木至库尔勒、敦煌至格尔木、黄桶至百色、柳州至肇庆、哈密至额济纳、黔江至张家界至常德、北京至呼和浩特等铁路，以及渝怀复线、包兰铁路银川至兰州段复线、焦柳线怀化至柳州电化、阳平关至安康复线、洛湛铁路南段复线、宝中铁路复线等。

国际铁路：规划建设中吉乌铁路、巴彦乌拉至珠恩嘎达布其铁路、玉溪至磨憨铁路、霍尔果斯口岸站，实施包头至白云鄂博铁路、南宁至凭祥铁路等扩能改造。

煤运通道：强化“三西”煤炭外运通道，完善大秦铁路集疏运工程，建设蒙西地区至华中地区的运输通道；加快形成蒙东煤炭外运通道，建设锡林浩特至乌兰浩特铁路、巴彦乌拉至阜新铁路以及锡林浩特至多伦至丰宁铁路复线。

区域开发性新线：规划建设兰州至合作铁路、北屯至准东铁路、哈密至罗布泊铁路、哈密至将军庙铁路、长春至太平川至白音胡硕铁路。

运输枢纽：建设西安、兰州、乌鲁木齐、成都、昆明等集装箱中心站，建设成都北、重庆兴隆场、西安新丰镇、南宁南、贵阳南等路网性编组站。

第十四节　完善公路网络

强化路网衔接和综合交通运输体系建设，打通省际“断头路”，建设北京至昆明、北京至拉萨、青岛至银川、连云港至霍尔果斯、上海至西安、上海至成都、杭州至瑞丽、广州至昆明等国家高速公路，基本建成国家高速公路网西部地区路段。加强国省干线公路改造，现有国道基本达到三级及以上标准，二级及以上公路比重超过80%。重点建设连接东中部地区的公路干线和通往东南亚、南亚、中亚和东北亚等周边国家的国际运输通道，与相邻国家连接的重要公路运输通道基本实现高等级化，显著提升口岸公路和国边防公路通行能力及服务水平。具备条件的乡镇通沥青（水泥）路、行政村通公路，除西藏外80%以上的行政村通沥青（水泥）路，基本实现具备条件的乡村通班车。

第十五节　优化民航布局

优化机场网络结构，加强枢纽机场和干线机场建设，完善支线机场布局，形成以成都、西安、重庆机场为区域枢纽，乌鲁木齐、昆明机场为门户枢纽，支线机场为支撑的机场网络体系。新建一批对改善边远地区交通条件、促进旅游等资源开发及应急保障具有重要作用的支线机场,加快现有支线机场改造和扩建,进一步完善现有支线机场设施设备。积极推进民航空中交通管制设施建设。鼓励发展通用航空。

专栏7:机场建设布局

西南机场群:建设昆明西南门户枢纽机场,强化成都、重庆机场的区域性枢纽功能,提升贵阳、拉萨等干线机场能力,改扩建重庆、铜仁、腾冲、拉萨、林芝、南充等干支线机场,迁建泸州、宜宾等支线机场,新建武隆、巫山、那曲、乐山、稻城、红原、遵义、毕节、六盘水、黄平、泸沽湖、红河、沧源、澜沧等支线机场,研究建设成都新机场。

西北机场群:建设乌鲁木齐西北门户枢纽机场,加强西安机场区域性枢纽功能,改扩建西安、西宁、银川、库尔勒、和田、乌鲁木齐、榆林、兰州、敦煌、庆阳、格尔木、哈密等干支线机场,迁建延安、汉中、安康、天水、且末、富蕴等支线机场,新建果洛、莎车、石河子、张掖、金昌、夏河、陇南、德令哈等支线机场。

北方机场群:发挥呼和浩特机场的区域带动作用,改扩建呼和浩特、海拉尔、赤峰、通辽等干支线机场,新建霍林郭勒、扎兰屯、乌兰察布等支线机场。

中南机场群:完善南宁等机场区域枢纽功能,改扩建南宁、桂林、柳州等干支线机场,新建河池等支线机场。

第十六节　加快发展水运

进一步改善长江干线和西江航运干线通航条件,基本实现嘉陵江、右江航道梯级渠化和红水河全线复航,形成有效沟通东中部地区的内河高等级航道体系。推进重庆长江上游航运中心建设,加快内河主要港口和地区重要港口建设,促进高等级公路、铁路与内河港口的无缝衔接。进一步完善沿海港口布局,初步形成煤炭、原油、铁矿石和集装箱的合理运输体系。

专栏8:水运通道

长江上游:研究实施长江干线水富至宜宾段三级航道工程,适时实施三峡水库库尾航道整治,建设嘉陵江、乌江、岷江航电枢纽和高等级航道。

西江上游:建设西江航运干线扩能工程及船闸项目,建设右江鱼梁、老口航运枢纽,加快红水河、龙滩、右江百色枢纽通航设施建设。

澜沧江:改善澜沧江等国际河流航运条件。

内河港口:加快规模化、专业化港区建设,拓展港口功能。

沿海港口:结合沿海石油石化企业扩能与布局和大型钢铁基地布局,配套建设相应码头。建设钦州港、防城港港、北海铁山港深水航道等工程。

第十七节　加强水利建设

加强水利规划,完善防洪减灾、水资源合理开发利用、农村水利和水土保持生态建设体系。突出防洪重点薄弱环节建设,加强中小河流治理、病险水库除险加固、大中型病险水闸除险加固和山洪灾害防治,加快西北、西南地区跨界河流重点河段整治。加强水资源配置工程建设,加快推进西南地区水源工程建设;在充分节水和严格保护生态环境的前提下,科学规划建设跨流域、跨区域调水工程,解决西北地区资源型缺水问题。适时开展南水北调西线工程前期工作。做好黄河黑山峡河段开发及大柳树水利枢纽工程建设的前期协调工作。加快推进大中型灌区和大型灌溉排水泵站更新改造,在水土资源匹配较好的地区合理建设一批新灌区,加强小型农田水利工程建设,根据牧区水资源承载能力发展高效节水灌溉饲草料地。开展水土保持与水生态修复,推进水土保持综合治理。加强水资源管理,全面实行最严格的水资源管理制度,加强用水总量控制与定额管理,发展高效节水产业,淘汰高耗水的落后产能,合理调配生活、生产和生态用水,大力推进节水型社会建设。

专栏9:重点水利工程

重大水利枢纽:加快建设重庆金佛山、观景口,四川小井沟,云南小中甸,陕西南门沟,新疆克孜加尔、阿尔塔什等大型水利枢纽工程,积极推进西藏拉洛,黄河古贤,西江大藤峡,内蒙古文得根、扎罗木德,贵州夹岩、黄家湾、马岭,云南德厚、阿岗、车马碧,青海蓄集峡等水利工程前期工作。

重点调水工程:加快推进甘肃引洮等工程建设,开工建设新疆布尔津河西水东引、陕西引汉济渭、云南牛栏江滇池补水等工程,推动内蒙古引绰济辽、甘肃白龙江引水等工程前期工作。

灌区建设与续建配套工程:积极推进内蒙古尼尔基水库灌区、绰勒水库灌区,宁夏沙坡头灌区,四川武引灌区二期、升钟灌区二期,广西乐滩水库灌区建设。加快大型灌区节水改造力度。

民生水利工程:继续推进农村饮水安全工程建设,基本完成病险水库和老化失修严重、存在重大安全隐患的病险水闸的除险加固任务。加强小型农田水利、重点地区中小河流治理等工程建设。

第十八节　畅通能源通道

加快原油及成品油管网建设,积极推进陆路原油进口通道及配套干线工程建设,完善成品油输送管网。建设中哈、中俄、中缅等国际油气管道和新疆独山子、甘肃兰州等石油储备基地。大力发展天然气管网,建设西气东输三线、四线工程,扩大西气东输管道输送能力。完善西部地区区域性管网建设,满足生活生产需要。开展青藏天然气管道等工程项目前期论证,适时启动实施。继续加大西电东送力度,推进跨区域输电工程建设,优化完善区域和省级电网,全面提高综合供电能力和可靠性。积极推进西南地区电力交换枢纽建设。

专栏10:油气管网重点工程

原油管网:建设中哈原油管道二期、独山子—乌鲁木齐管道、中缅原油管道皎漂—瑞丽—昆明、昆明—重庆段等陆路进口通道及配套干线工程,兰州—成都、长庆—呼和浩特等国内增输及上产原油管道工程。

天然气管网:建设中亚天然气管道C线,完善西北通道;加快建设中缅天然气管道工程,完善西南通道;新建陕京四线及支线;完善川气东输通道。

第十九节　提高信息化水平

加强综合信息基础设施建设,推进电信网、广播电视网、互联网"三网融合"发展,促进信息化和工业化深度融合。重点建设城乡宽带网络、无线通信、下一代互联网、卫星通信等综合信息基础设施,推进电子政务建设,积极发展电子商务,加强地理信息资源开发利用,推进远程教育、远程医疗服务。建立和完善电信、邮政普遍服务补偿机制。提高农村和边远地区的信息网络普及水平,力争行政村基本通宽带,已通电的20户以上自然村和重要交通沿线通信信号基本覆盖。强化邮政基础网络,完成空白乡镇邮政局所补建,推进村邮站和信报箱建设,提高邮政普遍服务水平,基本实现村村通邮。加强信息资源社会化综合开发利用,完善涉农信息服务体系,提升新农村综合信息服务水平。加强网络信息安全保障,构建信息安全防护体系。

第五章　生态环境

树立绿色、低碳发展理念,加大生态建设和环境保护力度,从源头上扭转生态恶化趋势。加强环境综合治理,强化节能减排,大力发展循环经济。健全防灾减灾体系,增强抵御自然灾害的能力。

第二十节　建立生态补偿机制

按照谁开发谁保护、谁受益谁补偿的原则,加快建立生态补偿机制。通过提高生态建设和环境保护支出标准及转移支付系数等方式,加大中央财政对重要生态功能区均衡性转移支付力度,建立省级财政对省以下生态补偿转移支付体制。进一步完善青海三江源、南水北调中线水源区、国家级自然保护区等生态补偿试点,启动祁连山、秦岭——六盘山、武陵山、黔东南、川西北、滇西北、桂北等生态补偿示范区建设。进一步完善水、土地、海洋、矿产、森林、草原等各种资源税费政策和征收管理办法,研究建立资源型企业可持续发展准备金制度。逐步建立区域间生态补偿机制,鼓励和引导下游与上游地区、开发与保护地区、生态受益与生态保护地区之间开展生态补偿。积极探索水权交易、碳汇交易等市场化生态补偿模式。加快研究制定生态补偿条例。

第二十一节　实施重点生态工程

巩固和发展退耕还林、退牧还草成果,在重点生态脆弱区和重要生态区位继续安排退耕还林(草)任务。完善和落实退牧还草政策,调整工程建设内容,综合治理退化草原,恢复草地植被。启动草原自然保护区建设工程。加快编制实施科尔沁退化草地治理,甘孜高寒草地生态修复、伊犁河谷草地保护等重点草原生态保护工程规划。继续推进天然林保护、京津风沙源治理、石漠化综合治理和防护林体系建设。开展三峡、丹江口、刘家峡等库区生态综合治理,加快三峡库区周边绿化带建设。稳步推进生态移民,强化安置地生产生活条件建设。开展生态文明示范工程试点,促进人与自然和谐发展。稳步推进三江源等生态保护综合试验区建设。加强西藏生态安全屏障、青海三江源自然保护区、青海湖流域、祁连山水源涵养区、甘南黄河重要水源补给区和迪庆“两江”流域生态环境保护与建设,推进塔里木盆地周边和准噶尔盆地南缘等防沙治沙重点生态工程建设。继续实施碳汇造林项目。加大对外来入侵物种的防治力度。

专栏 11:重点生态工程

退耕还林:新增退耕地造林任务,配套实施宜林荒山荒地造林、封山育林。重点安排在江河源头、湖库周围及石漠化严重等生态地位重要区域,并向山洪地质灾害易发区和国家扶贫开发工作重点县倾斜。

退牧还草:重点安排划区轮牧和季节性休牧围栏建设任务 5 亿亩,退化草原补播改良任务 1.5 亿亩,配套建设一定规模人工饲草地和舍饲棚圈,适当扩大岩溶地区草地治理试点范围。

石漠化治理:逐步扩大石漠化综合治理试点县规模,通过加强林草植被保护和建设、合理开发利用草地资源等措施,加大石漠化治理力度。

京津风沙源治理:继续实施并完成一期规划剩余任务,着手编制二期工程规划并启动实施,对沙尘源区与路径加强区进行有效治理。

天然林资源保护二期:长江上游、黄河中上游地区继续停止天然林商品性采伐,内蒙古重点国有林区进一步调减木材产量,对森林进行有效管护,加强公益林建设和森林经营。

防护林体系建设:开展“三北”防护林体系建设五期和长江、珠江流域及沿海等防护林建设,增加林草植被,形成生态屏障。

水土流失综合治理:在长江中上游、黄河中上游和珠江上游水土流失严重地区,积极开展坡耕地水土流失治理、淤地坝建设、小流域综合治理和水土保持生态修复,新增水土流失治理面积 14.48 万平方公里。

生态移民:对生活在生态条件恶劣、不适宜人类生存地区的农村人口实施搬迁,达到保护自然生态、改善生产生活的双重目标。其中,安排巩固退耕还林成果专项资金生态移民任务约 74 万人。积极支持宁夏中南部地区生态移民。

第二十二节　加强环境保护

继续推进重点流域和区域水污染防治,加快黄河中上游、珠江、南水北调中线水源区、三峡库区及上游以及云南滇池水环境保护和综合治理,对青海湖、博斯腾湖、艾比湖、洱海、抚仙湖、草海等湖泊采取预防性保护措施,进一步加强澜沧江中上游、东川小江、塔里木河、黑河、石羊河、疏勒河、渭河、乌梁素海等流域综合治理。严格饮用水水源地保护,提高饮用水水质达标率,确保饮用水安全。加大地下水污染防治力度。建立健全工业污染防控体系,加强造纸、印染、化工、制革、食品等行业及重金属排放企业污染治理,推进固体废弃物综合利用及污染防治。加强化学品环境管理。积极推进排污权有偿使用和交易试点。支持乌鲁木齐、兰州、呼和浩特、成渝城市群等重点城市大气污染治理。大力推进农村环境综合整治,加强农业面源污染治理,推进农村有机废弃物处理利用和无机废弃物收集转运。

第二十三节　加大节能减排力度

加强资源节约和管理。合理控制能源消费总量,严格实行主要污染物排放总量控制,有效降低能源消耗强度和二氧化碳排放强度。坚持开发节约并重、节约优先,加强用水总量控制和定额管理,强化能源、矿产资源综合利用,提高资源开采回采率和综合利用率。严格控制高耗能、高排放行业低水平重复建设,坚决淘汰浪费资源、污染环境和不具备安全生产条件的落后产能,促进产业结构优化升级。实施节能减排重点工程,突出抓好工业、建筑、交通运输、公共机构等重点领域节能。全面推进电力、钢铁、石化、有色、建材等重点行业脱硫脱硝设施建设，提高现有设施运行效率。大力发展循环经济，推进资源再生利用产业化。积极推进甘肃和青海柴达木循环经济试点，组织开展重点资源富集区、城市、行业和园区循环经济试点并扩大试点范围。稳步开展城市矿产示范基地建设。积极应对全球气候变化。

专栏 12：循环经济和低碳试点

循环经济试点地区：积极推进甘肃循环经济示范区和重庆（三峡库区）、贵阳、榆林、石嘴山、石河子循环经济试点建设，建立城市循环经济发展的基本模式。开展六盘水、包头、鄂尔多斯、乌海、长寿、金昌、白银等资源型城市试点，建设一批循环经济示范城市。

循环经济试点行业：在钢铁、有色、煤炭、电力、化工、建材、轻工、机械制造、农产品加工等重点行业开展循环经济试点。

循环经济试点园区：建设四川西部化工城、内蒙古蒙西高新技术工业园区、青海柴达木循环经济试验区、青海西宁经济技术开发区、陕西杨凌农业高新技术产业示范区、重庆长寿化工产业园区、重庆永川开发区、广西贺州循环经济产业示范区、云南昆明循环经济园、宁夏石嘴山经济技术开发区、宁夏宁东能源化工基地、新疆库尔勒经济开发区等循环经济产业园区。

低碳省区和低碳城市试点：积极推进陕西、云南、重庆和贵阳开展低碳试点建设，建设一批低碳产业示范园区，探索促进低碳产业发展的体制机制，推进低碳技术研发、示范和产业化。

第二十四节　做好防灾减灾

坚持防治结合、以防为主的方针，开展灾害易发区地质灾害调查和危险性评估，针对危害严重、稳定性差、不能或不宜搬迁避让的灾害隐患点，以工程措施为主进行重点治理。对于工程治理方案难以有效治理或治理成本过高的灾害隐患点，实施生物措施治理或搬迁避让工程。建立省、市、县、乡四级监测、预警、应急指挥体系，加强应急指挥装备的配备，充实专业救援救助力量，在灾害高风险区内的城镇和人口密集、经济发达的城市规划建设综合避难场所。加强救灾物资储备体系建设。强化综合防灾减灾教育，提高防灾减灾意识。建立健全综合防灾减灾管理体制和运行机制，全面提高综合防灾减灾能力和灾害风险管理水平。做好汶川、玉树、舟曲灾后恢复重建，支持汶川地震灾区发展振兴规划实施，提升灾区可持续发展能力。

第六章　特色优势产业

发挥比较优势，深入实施以市场为导向的优势资源转化战略，坚持走新型工业化道路，大力提升产业层次和核心竞争力，建设国家能源、资源深加工、装备制造业和战略性新兴产业基地。

第二十五节　加快发展现代能源产业

推动能源生产和利用方式变革，调整优化能源开发布局，重点建设鄂尔多斯盆地、蒙东、西南、新疆等国家重点综合能源基地，构建安全、稳定、经济、清洁的现代能源产业体系，提升能源保障水平。

加大大型煤炭基地勘查力度，加快建设陕北、黄陇、蒙东、神东、宁东和新疆等煤炭基地，优化发展云贵煤炭基地，重点建设一批现代化露天煤矿和千万吨级安全高效矿井。鼓励发展清洁、高效、大容量燃煤机组，加快大型坑口燃煤电站和电力外送通道建设，推进煤电一体化发展。加强煤层气、页岩气开发利用。科学布局煤制天然气、煤制液体燃料、煤基多联产示范升级项目，有序推进产业化发展。

加强石油天然气资源勘探，实施精细开发，重点推进塔里木、准噶尔、鄂尔多斯、四川盆地等重要的油气资源战略接续区建设，稳定国内石油产量，促进天然气产量快速增长。依托国内和进口石油资源，优化原油加工布局，建设一批千万吨级炼油基地，促进上下游一体化发展。积极发展石油天然气化工，建设和完善一批大型石化基地。

大力发展可再生能源和新能源。在保护生态和做好移民安置的前提下积极发展水电，制定和完善流域水电开发规划，有序推进西南地区和黄河上游重点流域大型水电站建设，因地制宜建设中小型水电站。积极推进甘肃河西等西北地区及内蒙古大型风电基地建设，加强并网外送配套工程建设，鼓励风电就地转化利用。因地制宜发展光伏发电，重点利用沙漠、戈壁及无耕种价值的空闲土地，集中建设若干座 50－100 兆瓦规模的大型光伏电站。通过在偏远地区建设小型光伏电站等方式，解决无电地区人口用电问题。根据国家有关规划要求，稳步推进广西等地区大型核电站建设。做好铀矿资源勘探工作。积极发展生物质能、地热等其他新能源，加强青藏高原可燃冰勘探和开发利用研究。

专栏13:现代能源产业布局

煤炭开发与转化:建设陕北、黄陇、神东、宁东、蒙东、云贵及新疆等大型煤炭基地,建设陕北、彬长、准东、鄂尔多斯、宁东、陇东、锡林郭勒、呼伦贝尔、贵州等大型煤电基地,有序开展煤制天然气、煤制液体燃料和煤基多联产示范,稳步推进产业化发展。

石油天然气开发及加工:建设塔里木和准噶尔盆地、鄂尔多斯盆地等石油生产基地,鄂尔多斯、川渝和塔里木以及青海等天然气生产基地,克拉玛依—独山子、兰州、乌鲁木齐、昆明等炼油基地,克拉玛依—独山子、兰州、彭州等石化基地,达州、长寿等天然气精细化工基地。

水电开发:科学规划建设金沙江中下游、雅砻江、大渡河、澜沧江中下游、黄河上游和雅鲁藏布江中游河流(段)水电基地。在科学论证的基础上,有序开展金沙江上游、澜沧江上游、通天河、怒江等流域水电开发前期工作。

风电:建设蒙西、蒙东、甘肃酒泉、新疆哈密等千万千瓦级风电基地。

第二十六节　优化调整资源加工产业

加大矿产资源勘查力度,实施国家战略矿产资源勘查储备计划,实现找矿突破,增加资源储量,形成一批重要矿产资源开发后备基地。积极推进矿产资源开发整合和重点资源富集区建设,促进资源开发与当地经济发展、人民群众增收相结合。积极利用国外资源,拓展我国资源安全供应渠道。推动钢铁企业兼并重组,提高产业集中度,改造提升酒钢、包钢、重钢、攀钢钢铁基地,积极推进防城港钢铁基地建设。加强有色金属等资源综合加工利用,延长产业链,推进冶电联营,在资源富集地区建设一批深加工产业基地。做好稀土资源战略储备,实施更为严格的保护性开采政策和生态环境保护标准,逐步形成合理开发、有序生产、高效利用、技术先进、集约发展的稀土行业持续健康发展格局。推进青海、新疆、西藏盐湖资源综合利用,加快发展并形成若干大型钾肥生产基地,优化发展氯碱、磷化工等基础化工原料,大力发展精细化工。加快淘汰落后水泥产能,提升现有新型干法水泥生产线节能减排标准,有序发展新型建材产业。着力推动轻纺工业结构调整和产业升级,重点发展纺织服装业。推动酿酒、制糖等食品加工业发展,着力打造贵州遵义和四川宜宾、泸州白酒“金三角”生产基地以及贺兰山东麓、河西走廊葡萄酒文化长廊。

专栏14:资源深加工产业布局

钢铁:建设广西防城港钢铁基地、四川攀西钒钛资源综合利用基地,推进重庆、昆明、贵阳等城市钢厂搬迁和酒钢、包钢、水钢、八钢升级改造。发挥云南等沿边省区区位优势,就近利用境外资源,研究建设铁矿深加工项目。

有色金属:推进陕西钼钛、甘肃河西地区镍钴铜、宁夏钽铌铍、青海铝电联营及钠镁锂、云南铝电联营及钛锡、贵州锰钛深加工基地建设,稳步发展西藏中部地区铜铬产业,建设藏青工业园区。

非金属矿产资源:建设云南、贵州大型磷化工基地;推进青海柴达木、新疆盐湖等资源综合开发,积极发展钾肥及盐碱化工。

稀土:推进内蒙古包头稀土高新区稀土深加工基地建设。

纺织服装:建设新疆、陕西、四川棉纺织,新疆、内蒙古、宁夏、青海毛绒纺织,四川、重庆、广西、陕西、云南丝绸,四川、重庆、甘肃化纤纺织基地。建设陕西西安现代纺织产业园、新疆石河子和阿克苏纺织城、宁夏银川生态纺织园项目。

第二十七节　改造提升装备制造业

提高基础工艺、基础材料、基础元器件研发和系统集成水平以及重大技术装备自主化、成套化和产业化,推动装备产品智能化。支持企业技术改造和创新,增强新产品开发能力和品牌创建能力。重点发展清洁高效发电装备,智能输配电、石化成套装备、钻井设备、工程机械、重型装备、数控机床、汽车摩托车等装备制造业,形成一批竞争力较强的重大装备制造业基地和国家级研发生产基地。大力发展高端装备制造产业,重点发展支线飞机和通用飞机及配套为主的航空装备、轨道交通、新一代卫星、运载火箭及其应用,以及国防军工专用制造装备。加快构建军民结合、寓军于民的装备科研生产体系,推动国防科技与民用科技互动发展、双向转移。积极发展以节水灌溉、耕种播种、收获加工、牧草加工等为重点的农用机械制造业。

专栏15:重点装备制造业布局

发电、输变电成套装备:建设重庆、西安、德阳、成都、自贡、宜宾、昌吉、银川、南宁、西宁等重大电力装备生产基地。

大型机械及轨道交通装备:建设包头、柳州、重庆、西安、宝鸡、天水、石嘴山、昆明、贵阳、泸州、资阳等工程机械、轨道交通装备及配套生产基地。

石化成套装备:建设德阳、兰州、宝鸡、西安、榆林、克拉玛依等石油化工设备及石油钻探设备生产基地。

汽车及汽车零部件:建设重庆、成都、西安、柳州、包头、乌鲁木齐等汽车产业基地。

数控机床:建设重庆、银川、西安、宝鸡、成都、天水、昆明、贵阳、西宁等数控机床研发生产基地。

航空航天:建设西安阎良国家航空高技术产业基地,成都、贵阳、安顺民用航空产业基地和重庆两江新区国防军工专用制造装备基地;建设西安国家民用航天产业基地。

第二十八节　积极培育战略性新兴产业

加快结构调整和自主创新,有选择地发展战略性新兴产业,尽快形成产业竞争新优势。加强政策支持和规划引导,强化核心关键技术研发,形成一批发展潜力大、带动能力强、比较优势突出的高技术产业链、集聚区和产业基地。新能源产业要重点推广太阳能利用技术和光伏发电应用,开发风电关键零部件,发展高效率、低成本太阳能电池等产品,建设大型风电装备、光伏产品研发生产基地。新材料产业要大力发展稀土功能材料、稀有金属材料、高性能膜材料、新型墙体材料、特种玻璃、功能陶瓷、半导体照明材料等新型功能材料,积极发展高品质特殊钢、新型合金材料等先进结构材料,提升碳纤维等高性能纤维及其复合材料发展水平,开展纳米、超导、智能等共性基础材料研究。节能环保产业要重点发展高效节能、先进环保的技术、装备及产品,加快资源循环利用关键技术产业化,推进城市矿产、再制造产业发展,加快节能环保服务体系建设。生物产业要重点开发数字医用设备、生物医用材料与人工组织器官等核心技术和系列产品,推进基因治疗药物、新型疫苗和诊断试剂、现代中药等创新药物和特色生物医学工程产品产业化。着力培育生物育种产业,积极推广绿色农用生物产品。新一代信息技术产业要重点发展集成电路、元器件、电子材料、多语言软件等核心基础产业,发展新一代移动通信、平板显示、数字电视、下一代互联网核心设备和智能终端,促进物联网、云计算的研发和产业化。新能源汽车产业要重点开发动力电池、驱动电机、电子控制系统等关键技术,发展混合动力和纯电动汽车等。

专栏16:战略性新兴产业布局

新能源:建设乌鲁木齐、酒泉、重庆、成都、德阳、包头、西安、银川、昆明、六盘水等地风电装备、光伏产品研发生产基地,开发2.5兆瓦级以上风电机组、太阳能光伏电池、生物质液体燃料技术,建设云南、广西等生物质能源研发生产基地。

新能源汽车:建设重庆两江新区、成都、柳州新能源汽车基地和西安比亚迪汽车产业园。

节能环保:建设重庆、成都、宝鸡等环保安全成套装备生产基地。

新一代信息技术:建设重庆、成都、绵阳、西安、昆明、天水、贵阳等电子信息产业基地。

生物:建设重庆、成都、兰州、西安、杨凌、贵阳、昆明、通辽、桂林等生物医药产业基地。

新材料:建设内蒙古稀土功能材料,陕西钨钼钛锆稀有金属材料、超导材料、生物医药材料,甘肃镍及镍钴合金材料,宁夏钽铌铍和光伏材料,重庆铝镁轻合金材料,四川光伏材料、高性能纤维材料,贵州钛及钛合金材料,云南稀贵金属材料及催化材料产业基地。

第二十九节　大力发展现代服务业

把推动服务业大发展作为产业结构优化升级的战略重点,加快发展生产性服务业,积极发展生活性服务业,营造有利于服务业发展的政策和体制环境,努力提高服务业的比重和水平。完善金融组织体系,支持政策性银行、国有商业银行、股份制商业银行、邮政储蓄银行、保险公司等金融机构在西部地区设立分支机构,支持壮大地方金融机构规模实力。规范发展多种所有制形式的中小银行以及证券公司、期货公司、财务公司、融资租赁公司、基金管理公司等非银行金融机构,支持融资性担保机构从事中小企业担保业务,加强资本市场建设,拓宽融资渠道。加快构建现代物流体系,积极发展现代运输方式和第三方物流,建设大型物流枢纽,发展全国性、区域性和沿边口岸物流中心。大力推进县城超市和配送中心、乡镇和村连锁农家店以及邮政三农服务站等流通网络建设,支持农产品批发市场和农贸市场升级改造,完善农产品现代流通体系。大力发展信息咨询、人力资源服务、科技服务、商务服务、工程设计、服务外包和家政、养老、健身及社区服务等服务业。加强市场监管,规范房地产市场秩序,促进房地产业平稳健康发展。依托丰富旅游资源,深入挖掘文化内涵,加强资源整合,积极发展文化、生态、休闲、度假旅游,提升旅游服务水平,打造富有西部特色的旅游产品体系。加强旅游基础设施建设,鼓励旅游公共服务主体多元化,促进旅游公共服务建设和运营市场化。重点培育一批跨区域精品旅游线路,形成一批国内著名和国际知名的旅游目的地。实施红色旅游二期规划,完善景点景区配套基础设施,提升陈列布展水平。大力发展具有地方和民族特色的文化创意、影视制作、演艺娱乐、出版发行和会展等文化产业,培育一批有特色、有品牌、有实力的文化骨干企业,建设一批文化产业基地和产业园区。

第三十节　有序承接产业转移

按照市场导向、优势互补、生态环保、集中布局的原则,有序承接国内外产业转移。要把承接产业转移与优化调整自身产业结构、建立现代产业体系结合起来,形成东中西部地区合理的产业分工格局。支持东部地区企业通过多种方式与西部地区企业建立长期的合资合作关系。实行差别化的产业政策,在财税、金融、投资、土地等方面给予必要的政策支持,积极引导劳动密集型、资源加工型和资金技术密集型产业向西部地区有序转移。统筹规划产业园区建设,把产业园区作为承接产业转移的重要载体和平台,引导转移产业向园区集中,促进产业园区规范化、集约化、特色化发展。继续做好西部地区承接产业转移示范区建设。鼓励东西部地区共建产业园区,支持对口支援产业合作园区建设。支持西部地区资源型城市通过承接产业转移培育后续产业,实现转型发展。支持符合条件的产业园区适当扩区调位,支持符合条件的省级开发区申请升级为国家级开发区。严把环境保护和资源节约关,防止落后和过剩产能向西部地区转移。

第七章　美好新农村

加大农业农村建设投入力度,大力推进农业现代化,切实改善农民生产生活条件,建立有西部特色的农产品生产加工体系,建设农民幸福生活美好家园。

第三十一节　加快发展现代特色农业

加强农田水利建设,加快中低产田改造,建设基本口粮田,推进旱涝保收高标准农田建设,大力推广良种良法,加快推进农业机械化,确保粮食面积稳定、产量稳步提高。强化农业补贴和主产区投入,建设高产稳产商品粮生产基地。推进农业结构调整,优化生产布局,促进农产品向优势产区集中。加快发展设施农业,推进蔬菜、水果、茶叶、蚕茧、烟草、花卉等作物标准化生产。全面落实扶持生猪生产的政策措施,稳定生猪生产,保护生猪养殖积极性,保障市场供应。发挥陕西杨凌农业高新技术产业示范区和甘肃河西走廊星火产业带高效节水示范工程作用,推进现代农业、旱作节水农业和节水灌溉工程建设。推进农业产业化经营,扶持一批大型龙头企业和农民专业合作社,提升农业产业化水平。支持良种繁育体系建设,加强基层农技推广、动植物疫病防控和农产品质量安全监管。

专栏 17:农业产业提升促进工程

新增千亿斤粮食生产能力工程:加强水利设施、基本农田、良种繁育和技术推广体系等建设,将四川、内蒙古、云南、陕西、广西等省区 164 个产粮大县建设成为国家级商品粮基地。

特色优势产业推进工程:实施名优品牌推进战略,加大政策扶持力度,不断提高区域性优势产业、地方性特色产品的知名度和市场份额。

山地高效立体农业工程:在西南丘陵山地及青藏高原东南缘地区因地制宜调整农作物种植结构,实行间种、套种、混种、复种、轮种,形成多作物、多层次、多时序的立体交叉种植结构。

现代种业工程:重点在甘肃、四川建设国家级制种基地,在种子生产优势区建设区域性良种繁育基地、畜禽水产品种资源场及良种场,建设国家重点保护农业野生植物、水生生物自然保护区和水产种质资源保护区。

现代农业示范工程:发挥陕西关中、四川盆地、黔南低热河谷、宁蒙沿黄灌区、河西走廊、青海东部农业区等地区气候和资源优势,以及新疆生产建设兵团农业科技优势,培育一批现代农业产业强县,建成全国重要的优质特色农产品供应基地。

节水灌溉工程:加强高效农田节水技术的综合集成,建设新疆、新疆生产建设兵团、甘肃中东部、宁夏中部干旱带、阴山北麓等节水灌溉和旱作节水示范基地,新增高效节水灌溉面积2000 万亩,推广旱作节水技术,适当发展设施种植业,力争亩均节水达到80 立方米以上。

“五小水利”工程:加快推进农村小塘坝、小水窖(池、柜)、小堰闸、小泵站和小渠道工程建设,启动实施西南五省区小型水利设施建设规划。

第三十二节　振兴牧业经济

加大牧区基础设施建设力度，加快实施游牧民定居工程和牧区饮水安全工程，改善牧民生产生活条件，切实提高牧民收入水平。稳步开展牧区水利试点，建设一批节水灌溉饲草示范基地。加快转变牧业发展方式，优化生产布局，推进传统放牧向舍饲、半舍饲和划区轮牧、季节性休牧相结合的方式转变。在内蒙古东部、新疆伊犁和阿勒泰等草原水土条件较好地区，积极推行划区轮牧，发展规模化、现代化草原畜牧业。在青藏高原东部、内蒙古中部、新疆天山南北坡、黄土高原等地区适度发展草原畜牧业，在贵州、云南稳步发展草地畜牧业。全面实施草原生态保护补助奖励机制。完善草原承包经营制度，加快推进草原承包到户和基本草原划定。加大沙化草地和黑土滩治理力度，加强鼠虫害生物防治。

专栏 18：牧区重点工程

牧区水利：在水土条件较好牧区，因地制宜建设小型水利设施和饲草基地。

牧业支撑保障：加快畜牧良种和牧草良种基地建设，有效防治草原鼠虫害和毒害草，加强草原防火工程建设。

牧区畜牧业转型示范：启动实施内蒙古及周边牧区草原畜牧业提质增效示范工程、新疆牧区草原畜牧业转型示范工程、青藏高原牧区特色畜牧业发展示范工程，支持肉牛（羊）标准化养殖小区（场）等建设，提高生产能力和水平。

牧业产业化：加快发展新疆、青海、西藏、宁夏、四川、云南畜产品加工业，重点支持内蒙古、新疆、宁夏形成千万吨鲜奶、百万吨肉类和万吨羊绒生产加工能力。

游牧民定居：加快西藏、青海、四川、云南、甘肃、新疆、内蒙古等 7 省区的游牧民定居房、牲畜棚圈（暖棚）、饲草基地、贮草棚、青稞基地建设，争取到 2015 年未定居的游牧民全部实现定居。

第三十三节　提高林业发展水平

加大造林绿化力度，增加森林资源总量。加强森林经营，努力提高森林蓄积量和林地生产力。加快发展现代林业，努力构建林业产业体系，增加林业产值。继续实施重点地区速生丰产用材林、生物质能源林建设，积极发展林产工业和木材精深加工。依法合理利用林地资源，开发特色林下种养业，发展森林旅游。继续深化集体林权制度改革，全面启动国有林场改革，探索推进内蒙古等重点国有林区改革。完善森林生态效益补偿基金制度，健全造林、抚育、保护、管理投入补贴制度。在有条件的地区发展林浆纸一体化产业。

专栏 19：林业重点产业

木本粮油生产：以提高产量和优化品种结构为重点，在广西、四川、贵州、云南、陕西、新疆、甘肃等省区建设油茶、核桃、板栗、枣、柿子、油橄榄等木本粮油基地，加快山区综合开发步伐。

速生丰产用材林：重点在内蒙古东部、云南南部、秦巴山、武陵山等地建立高效木材生产基地，增强木竹等原材料供应能力。

林产化工业：在广西、四川、重庆、贵州、云南等省（区、市）发展松香、松节油、紫胶、香精香料深加工，提高产品档次和质量。

林下经济：充分利用林下空间资源发展种植业、养殖业，实现林草、林药、林畜、林禽等多种模式相结合。

林浆纸一体化：利用西南地区林竹资源，建设林浆纸一体化生产加工基地。

第三十四节　拓宽农民增收渠道

拓展农业广度和深度，挖掘农业内部增收潜力，提高农业生产直接收入。鼓励发展庭院经济、休闲农业、乡村旅游和农村服务业，提高农民家庭经营收入。积极发展非农产业，引导农产品加工业在产区布局，促进农民就地就近转移就业。加强农民和农民工技能培训，加大“阳光工程”、“雨露计划”等农村劳动力转移培训工程实施力度。扶持发展劳务中介组织，着力打造劳务品牌，大力发展劳务经济。加快实施西部农民创业促进工程，扩大试点范围，建设四川南充、重庆合川等一批创业基地和创业园。探索农村集体和农户在当地资源开发项目中入股，增加农民财产性收入。落实强农惠农富农政策，大力增加转移性收入。

第三十五节　建设农民幸福家园

加强新农村建设规划，实施水路电气房和优美环境“六到农家”工程。全面解决农村饮水安全问题，大力推进集中式供水及配套排水。加快通乡通村道路建设，同步推进村庄内外道路硬化，全面提高通达率、通畅率和管理养护水平。加快推进新一轮农村电网改造和城乡用电同网同价，加强农村电气化县建设，适当发展小水电、太阳能、风能等可再生能源，解决不通电行政村用电问题。因地制宜推进农村沼气建设，加强农作物秸秆气化炉和省柴节煤炉（灶、炕）改造，带动改水、改厨、改厕、改圈。优化居民点布局，统筹村庄建设，推动农村危房改造。加强农村污水、垃圾处理，改善村容村貌，建设农村新型社区。

专栏 20:“六到农家”工程

农村饮水安全:推进建设集中式供水设施，全面解决农村居民饮水安全问题。

农村公路:加快乡村道路改造，新建农村公路 45 万公里。

农村供电:用 3 年左右时间对未改造的农村电网进行全面改造，供电区域基本实现“户户通电”，基本解决西藏、青海、四川、云南、新疆等省区远离电网、居住分散的约 120 万无电户、500 万无电人口用电问题。

农村沼气:继续推进农村户用沼气、大中型沼气和气化站建设，使 50% 以上的适宜农户用上沼气。

农村安居:统一规划，扩大农村危房改造规模，完成农村困难家庭危房改造约 500 万户。

农村清洁:加强农村污水、垃圾收集处理，开展农村环境集中连片整治，加强植树绿化，改善村容村貌。

第八章　城镇化与城乡统筹

按照统筹规划、合理布局、完善功能、以大带小的原则，遵循城市发展客观规律，坚持大中小城市和小城镇协调发展，促进城镇化和新农村建设良性互动，加强城镇化管理，不断提升城镇化的质量和水平。

第三十六节　增强中心城市辐射带动作用

优化城市布局，拓展发展空间，完善城市功能，集约节约用地，推进城市基础设施一体化建设和网络化发展。充分发挥重庆直辖市和其他省会城市辐射带动作用，全面提升城市综合承载能力，有序扩大人口规模，提高建成区人口密度，强化产业功能和服务功能，全面提升经济实力和现代化水平。在关中、川南、渝西、黔中、滇中、宁夏沿黄、北部湾等有条件的地区，培育壮大一批城市群，科学规划城市群内各城市功能定位和产业布局。支持西安—咸阳、成都—德阳—绵阳、永川—合川—江津、贵阳—安顺、酒泉—嘉峪关、乌鲁木齐—昌吉—五家渠、呼和浩特—包头—鄂尔多斯等城市一体化发展，推进贵安等新城新区规范建设。编制实施贵州毕节试验区发展规划。

专栏 21:西部地区重点城市新区建设

两江新区:建成统筹城乡综合配套改革试验的先行区，我国内陆重要的先进制造业和现代服务业基地，长江上游地区的金融中心和创新中心，内陆地区对外开放的重要门户，科学发展的示范窗口。

西咸新区:打造区域性中心城市核心区和现代田园城市，重点发展高新技术、先进装备制造业、临空产业、仓储物流业、生态文化旅游业和高端现代服务业。

天府新区:建设西部地区重要的科技创新中心，建成以先进制造业为主、高端服务业聚集、宜业宜商宜居的现代化新城区、内陆开放型经济战略高地和全国统筹城乡发展示范区。

兰州新区:承接东部地区产业转移的先导区，黄河上游生态修复与未利用土地综合开发示范区，内陆欠发达地区统筹城乡发展、扩大城乡就业和新型城镇化的试验区，实施向西开放战略的重要平台。

贵安新区:建成以航空航天为代表的特色装备制造业基地、重要的资源深加工基地、绿色食品生产加工基地和旅游休闲目的地，区域性商贸物流中心和科技创新中心，建成黔中经济区最富活力的增长极。

第三十七节　培育中小城市和特色鲜明的小城镇

加强城市规划和建设，积极发展和壮大中小城市，强化产业功能，吸引人口集聚，增强城市综合承载能力。大力发展一批基础条件好、发展潜力大、吸纳人口能力强的中心镇，适当扩大人口规模和容量，因地制宜推动小城镇整合。以特色产业为依托，建设一批交通节点型、旅游度假型、加工制造型、资源开发型、商贸流通型等特色鲜明的小城镇，形成层次分明、结构合理、互动并进的城镇化发展格局。启动实施百县中心镇建设工程，加大投入力度，加强县城和中心镇基础设施建设。积极稳妥推进户籍管理制度改革，支持符合条件的农业转移人口在城镇落户，并享有与当地居民同等权益。支持新疆生产建设兵团加快城镇化建设进程。

第三十八节　提升城镇综合承载能力

加快城镇基础设施建设。优先发展城市公共交通，加快城市快速干道建设，在符合条件的城市安全有序地建设轨道交通，形成路网完善、市政道路与城际道路互联互通的城市道路体系，积极推进城市公共交通向县城和重点乡镇延伸。支持发展热电联产，加大管网改造力度，提高集中供热率。加强中小城市、工业集中区、重点城镇供排水、供暖、供气、道路等公用设施建设，实现市政公共设施基本配套。实施城镇污水处理设施及配套管网建设工程，推进垃圾集中处理设施建设，加强运营管理。建立高效的城市公共安全保障体系，提高突发事件应急处置能力。科学实施城镇绿化，提高绿地分布均衡性。注重文化传承与保护，改善城镇人文环境。

第三十九节　统筹城乡发展

坚持以工促农、以城带乡的发展方针，促进公共资源在城乡之间均衡配置、生产要素在城乡之间自由流动，推动城乡经济社会融合发展。统筹推进土地利用和城乡规划，优化城乡空间布局。统筹推进基础设施和公共服务建设，支持有条件的城镇将城市道路、供水供气和垃圾处理等基础设施和服务向农村地区延伸，积极推进城乡基础设施一体化发展。以教育、医疗、就业、养老等社会事业为重点，加大农村投入，促进城乡基本公共服务均等化。统筹推进产业发展和就业，促进城乡产业互动发展，发展农村服务业和农产品加工业，健全统一规范灵活的人力资源市场，促进平等就业。统筹推进城乡社会管理，创新城乡管理体制机制，加强城乡治安、市容卫生、交通秩序等综合整治。进一步推进成都、重庆国家统筹城乡综合配套改革试验，在鄂尔多斯、延安、防城港等具备条件的地区开展省级统筹城乡综合配套改革试点。

第九章　科教和人才

深入实施科教兴国战略和人才强国战略，坚持优先发展教育，大力提高科技创新能力，完善人才开发机制，为西部大开发提供人才智力支撑。

第四十节　优先发展教育

统筹发展各级各类教育。积极发展学前教育，重点支持农村地区乡村幼儿园建设，特别是利用闲置小学校舍建设幼儿园，基本普及学前一年教育。促进义务教育均衡发展，巩固提高九年义务教育普及成果，完善农村义务教育经费保障机制。优化中小学布局，促进农牧区和边远地区适当集中办学，办好必要的教学点。推进义务教育学校标准化建设工程，加强边境地区学校建设。进一步加强校车安全管理，确保校车安全运行。稳步推进寄宿制学校建设，逐步提高寄宿生生活费基本补助标准。实施农村义务教育学生营养改善计划。继续实施农村义务教育阶段学校教师特设岗位计划，实行教师全员培训制度，提高中小学教师素质。支持西部师范院校扩大免费师范生的范围。基本普及高中阶段教育，推动普通高中多样化发展。大力发展职业教育，加强中等职业教育基础能力建设，支持建设一批职业教育实训基地，推动东西部地区合作，逐步实行中等职业教育免费制度。实施教育扶贫工程。加快民族地区教育发展，支持西藏、新疆等民族地区实施双语教育，积极稳妥推进民汉合校，办好内地少数民族班(学校)。优化高校布局结构，办好一批有特色、高水平大学，支持西部地方高校特色优势学科专业发展。新增高校招生计划向西部地区倾斜，扩大东部地区高校在西部地区招生规模。发展特殊教育。大力推进教育信息化建设。

专栏22:教育发展重点工程

教育信息化:支持农村学校信息基础设施建设,使农村中小学75%以上的班级配备多媒体远程教学设备。农村地区有计算机教室的中小学达到50%以上,促进国家优质教育资源共享。

农村义务教育阶段学校教师特设岗位计划:公开招募高校毕业生到国家级扶贫开发工作重点县、原“两基”攻坚县、边境县、民族自治县县以下农村义务教育阶段学校任教。

民族教育发展计划:支持一批民族地区教育基础薄弱县普通高中建设,扩大培养能力。加强民族地区双语教师培训,支持民族院校建设。

西部高等教育振兴计划:支持地方高校建设,重点加强实验室、图书馆等办学设施建设,着力提高教育质量。加大东部高校对口支持西部高校计划实施力度。

教育扶贫:支持大中城市职业学校定向招收集中连片特殊困难地区学生接受教育并优先推荐就业。先行在广西、甘肃、宁夏等省区开展试点。

边境地区学校建设:支持边境地区重点口岸所在县及乡镇建设义务教育学校、普通高中和中等职业学校。

农村学前教育:支持农村地区充分利用中小学富余校舍和社会资源,改扩建或新建乡村幼儿园,对农村幼儿园园长和教师进行培训。

第四十一节　增强科技创新能力

优化科技资源配置,加快构建以企业为主体、市场为导向、产学研相结合的技术创新体系。完善科技创新平台体系,加强重点实验室、工程(技术)研究中心、工程实验室以及企业技术中心建设,继续开展国家与地方联合创新平台建设。推进实施国家科技重大专项,开展新一代信息技术、煤化工、稀土新材料、新能源、生物技术、航天育种等领域科技联合攻关,攻克一批产业发展的共性技术和开发一批新产品。加强气候变化、生态环境、冰川冻土、生物质资源等基础科学研究和前沿技术研究。统筹军民结合、军地结合、寓军于民的国防科技创新体系协调发展。深化科技体制改革,促进全社会科技资源高效配置和综合集成。

第四十二节　建设创新型区域

整合创新资源,集聚创新要素,建设特色鲜明、优势突出的区域创新体系。支持关中—天水、成渝等重点经济区加快构建创新型区域,支持西安、成都、绵阳等城市建设创新型城市,发挥引领示范、辐射带动作用。构建区域创新网络,推动建立企业和科研机构、高等院校共同参与的区域创新战略联盟,促进企业之间、企业与高等院校和科研院所之间的信息传递、知识流动和技术转让。发挥国家高新技术开发区和经济技术开发区优势,加强科技体制改革和创新基地建设,完善技术创新服务平台,培育一批具有较强国际竞争力的高新技术龙头企业。强化支持企业创新和科研成果产业化的财税金融政策,培育和发展创业投资,营造区域创新政策和体制机制环境。大力实施知识产权战略,在重点领域掌握一批核心技术专利。完善创新成果交易转化市场体系。

第四十三节　推进人才开发

深入贯彻国家中长期人才发展规划纲要,落实重大人才政策和重大人才工程,抓好培养、引进、使用和激励人才各项工作,实施西部大开发重点人才开发工程,着力培养重点领域急需紧缺人才和少数民族人才,形成有利于各类人才脱颖而出、充分施展才能的选人用人机制。加快创新型科技人才培养与引进,围绕特色优势产业发展,建设一支高层次、高技能专门人才队伍。扩大干部交流规模,提高干部交流层次,继续做好中央和国家机关、经济发达地区与西部地区干部双向交流和挂职、任职锻炼工作。加大党政领导干部、企业经营管理人员和专业技术人员的教育培训力度,积极支持西部地区人才培训、公务员对口培训和基层干部培训。鼓励和引导各类人才到西部地区建功立业。加强人才国际交流合作,大力引进国外智力。积极发挥浙江大学中国西部发展研究院在西部开发中的智力支撑作用。

专栏23:重点人才开发工程

"西部之光"访问学者培养工作:每年从西部地区选拔240名左右具有副高以上专业技术职称的人员,到国内著名高校、科研院所、医疗卫生机构进行为期1年的学习研修,选派部分特别优秀的访问学者到国(境)外学习研修。

博士服务团选派工作:每年从中央和国家机关、著名高校、科研院所、医疗卫生机构、国有重要骨干企业、部分金融机构和东部地区选派140名左右具有博士学位的专业技术人才到西部地区进行为期1年的服务锻炼。

西部地区管理人才创新培训工程:扩大中国西部开发远程学习网覆盖范围,建设三期项目。采取远程培训、面授和实地考察相结合的形式,为西部地区重点地州市培养当地经济建设急需的高层次管理类人才。每年培训2万人。

东部城市对口支持西部地区人才培训计划:组织北京、上海、深圳等东部地区13个城市为西部地区培训特色优势产业和战略性新兴产业发展以及基本公共服务均等化方面急需的管理类人才和业务骨干1.6万人。

边远贫困地区、边疆民族地区和革命老区人才支持计划:引导优秀教师、医生、科技人员、社会工作者、文化工作者到边远贫困地区、边疆民族地区和革命老区工作或提供服务;每年重点扶持培养1万名急需紧缺专业技术人才。

第十章 民生事业

加快推进以保障和改善民生为重点的社会事业建设,建立覆盖城乡居民的公共服务体系,提高财政保障能力,着力推进基本公共服务均等化。加强和创新社会管理,切实维护社会和谐稳定。

第四十四节 千方百计扩大就业

实施更加积极的就业政策,大力拓宽就业渠道,不断扩大就业规模。支持发展吸纳就业能力强的服务业、劳动密集型产业和中小企业、微型企业。完善就业政策,促进大中专毕业生、农村转移劳动力、城镇就业困难人员就业和退伍军人就业安置工作。建立健全政府投资和重大项目建设带动就业机制。完善鼓励自主创业政策,健全创业公共服务体系,加强创业企业孵化基地建设,统筹安排劳动者创业所需的生产经营场所,促进各类群体以创业带动就业。加强公共就业服务体系建设,健全人力资源市场,规范发展中介就业服务,完善就业援助制度,多渠道开发公益性岗位。有序组织劳务输出,开展对外劳务合作。

第四十五节 完善社会保障体系

坚持广覆盖、保基本、多层次、可持续的方针,加快推进覆盖城乡居民的社会保障体系建设。实现新型农村养老保险制度和城镇居民社会养老保险制度全覆盖。完善城镇职工养老保险制度,实现基础养老金全国统筹和社会保险关系跨地区转移接续。健全覆盖城乡居民的基本医疗保障体系,做好各项医保制度的平衡和衔接。全面加强县乡就业和社会保障服务设施建设。建立健全城乡困难群众、特殊群体、优抚群体的保障机制,合理确定最低生活保障标准,逐步提高优待抚恤标准,加强老年人、孤儿、残疾人、流浪未成年人福利服务。大力发展社会福利和慈善事业,增强社会慈善意识,积极培育慈善组织,落实公益性捐款的税收优惠政策。加大保障性安居工程建设力度,加快城市棚户区和国有工矿区、林区、垦区棚户区改造,切实增加中低收入居民住房供应。加快农村教师、乡镇卫生院卫生技术人员周转房建设。加大农村危房改造支持力度,加强农房设计、农房抗震、建筑节能等方面的技术指导与监督检查。

第四十六节 增强医疗卫生服务能力

深化医药卫生体制改革,建立健全基本公共卫生服务网络,扩大国家基本公共卫生服务项目,实施重大公共卫生服务专项。加强妇幼保健能力建设,做好出生缺陷干预和农村孕产妇住院分娩工作。积极预防重大传染疾病、慢性病、职业病、地方病和精神疾病。增强突发重大公共卫生事件应急处置能力,逐步建立农村医疗急救网络。加快农村三级医疗卫生服务网络和城市医疗卫生服务体系建设,加强基层医疗机构急需的全科医生培养,落实鼓励全科医生长期在基层服务政策。逐步提高城镇居民医保和新农合人均筹资标准及保障水平,缩小城乡差距。完善药品供应保障体系,在政府举办的基层医疗卫生机构全面实施国家基本药物制度,积极稳妥推进公立医院改革。推进城市三级医院对口支援城乡基层医疗卫生服务机构,继续实施万名医生支援农村卫生工程。支持中医药和民族医药事业发展。

专栏 24:基本公共医疗卫生重点工程

基本医疗保障体系建设:提高城乡三项基本医疗保险参保率,提高筹资和保障能力,实现全民享有基本医疗保障。

公共卫生服务体系建设:改善卫生监督、精神卫生、农村应急救治等专业服务机构基础设施条件。

医疗服务体系建设:推进基层医疗卫生机构标准化建设,提高县级医院(含中医院)服务能力,加强省级妇儿专科医院、边远地区地市级综合医院建设。

全科医生培养基地建设:建成一批标准化全科医生培养基地,通过转岗和规范化培训培养一批全科医生。

医药卫生信息化建设:推进基层医疗卫生信息化建设。建设三级医院与县级医院远程医疗系统,加强公立医院信息化建设。

第四十七节　全面做好人口工作

加强计划生育服务工作,提高出生人口素质,稳定低生育水平,采取有效措施缓解人口出生性别比偏高问题。完善计划生育家庭奖励扶助、“少生快富”工程和计划生育家庭特别扶助三项制度,建立健全人口和计划生育利益导向政策体系,提升计划生育家庭发展能力。落实计划生育免费基本技术服务,逐步扩大国家免费孕前优生健康检查试点范围,降低出生缺陷发生风险。加强流动人口计划生育服务管理。继续加强西部地区县乡人口和计划生育服务体系、人口信息化建设,实施基层技术服务人员培训工程,推进计划生育优质服务。积极应对人口老龄化。

第四十八节　繁荣文化事业

坚持中国特色社会主义文化发展道路,大力推进社会主义核心价值体系建设,促进民族文化交流,建设中华民族共有精神家园。进一步加强公共文化基础设施建设,以农村和基层为重点,实施广播影视和文化惠民工程,推动开展全民阅读活动,基本建成公共文化服务体系,建立健全基层公共文化服务体系经费保障机制。本着经济实用原则有序实施地市级图书馆、文化馆、博物馆建设工程,以及县及县以上城镇数字影院建设。大力推进以文艺骨干、文化大户为重点的文化人才队伍建设,加强对基层文化活动积极分子的培养和扶持。加强文物和非物质文化遗产保护工作,实施西部文化和自然遗产保护专项工程。深入挖掘民族传统文化资源,促进优秀传统文化传承、创新和发展。深入开展历史文化名城、名镇、名村及民族特色村寨保护与发展工作。加强基层公共体育设施和民族特色体育场馆建设,打造环青海湖国际自行车赛、宁夏银川国际摩托车赛、内蒙古赛马等特色体育竞技活动品牌,促进群众性文化体育活动发展。加快文化“走出去”步伐,扩大对外文化交流,构建以优秀民族文化为主体、吸收外来有益文化的对外开放格局。

专栏 25:基本公共文化重点工程

西新工程:提高西藏、新疆等边疆少数民族地区广播电视有效覆盖面和质量。加强少数民族语言广播影视节目的译制、制作、播出及传输能力建设。加强民族语言广播网站建设。

广播电视村村通工程:完善农村基层广播电视和无线发射台站基础设施建设,全面提高农村广播电视入户率。全面实现 20 户以下已通电自然村通广播电视,基本实现“户户通”。

农村电影数字放映工程:培育发展多种所有制形式的农村电影院线公司和农村电影放映队,基本实现每个行政村每月放映一场公益电影和中小学生每学期观看两场爱国主义教育影片。

东风工程:加强少数民族语言新闻出版能力建设和基层宣传发行能力建设,巩固新闻出版发行阵地。

文化信息资源共享工程:整合传播数字化的文化资源,完善文化信息资源服务网络。加强“双语”特色多媒体资源库建设。

地市级公共文化场馆建设:对设施不达标的地市级公共图书馆、文化馆进行新建和改扩建,重点建设一批博物馆。

第四十九节　创新社会管理

加强社会管理法制、体制和能力建设,全面提高社会服务管理水平,扎实推进民族团结进步,维护社会和谐稳定。完善社区治理结构,构建社区综合管理和服务平台,强化城乡社区自治和服务功能。继续加强社会组织建设和管理,培育各类民间服务性组织,发挥其在联系社区、沟通民意方面的作用。健全社会治安防控体系,加强社会治安综合治理。建立健全突发事件应急体系。支持维稳力量建设。认真贯彻党的宗教工作基本方针,提高依法管理宗教事务水平。

第五十节　加快民族地区发展

认真贯彻落实中央支持西藏、新疆跨越式发展和长治久安的各项政策措施,推动四川、云南、甘肃、青海等省藏区经济社会发展,加快内蒙古、广西、宁夏等民族地区发展。不断加大中央投入力度,不断加大对口支援、对口帮扶力度,确保各族人民物质文化生活水平不断提高。支持发展民族特色产业,着力保障和改善民生,优先解决特困少数民族贫困问题,进一步加大对人口较少民族支持力度。充分发挥新疆生产建设兵团在新疆的特殊作用,进一步支持兵团建设和发展。积极开展民族团结进步创建活动。深入实施"兴边富民"行动计划,改善基础设施和生态环境条件,支持边境贸易和民族特需品发展。

第十一章　改革开放

坚持改革开放,进一步增强发展动力和活力。解放思想,转变观念,努力在重要领域和关键环节实现改革的新突破,全面提升对内对外开放水平,建立有利于西部地区又好又快发展的体制机制。

第五十一节　深化重点领域和关键环节改革

深化行政管理体制改革,推进政府职能转变,健全科学的决策机制,提高行政效能。深化垄断行业和国有企业改革,支持和引导非公有制经济发展,加快形成多种所有制经济平等竞争、共同发展新格局。鼓励金融机构及金融监管部门结合西部地区实际,创新金融产品,促进西部地区资本市场发展。有序推进土地管理制度改革,实施差别化土地政策。健全社会信用体系。完善资源性产品价格形成机制,推进资源税改革。继续深化电价、水价等价格改革,理顺煤电价格关系,实行阶梯式水价,开展水权交易,深化小型水利工程产权制度改革。

第五十二节　加强区域互动合作

加强与中东部地区的合作,广泛开展基础设施、生态建设、环境保护、特色农业、矿产资源开发利用、重大装备制造、现代服务业等领域的互动合作和项目对接,引导和支持各类生产要素在更大范围流动配置,促进区域间形成合理的产业分工格局。支持区域一体化进程,鼓励有条件的地区在电力、煤炭、天然气、油品供应和运输以及水资源利用和环境保护等方面开展合作。加强优质果品等农产品主产区与东中部地区销售渠道合作,建立长期稳定的合作关系。依托亚欧大陆桥、西南大通道、长江水道等重要通道,支持内蒙古与京津冀、贵州广西与珠三角、重庆与长三角地区开展合作,构筑区域合作新格局。培育西江上游、兰新线经济带。健全合作机制,发挥区域性合作组织作用。

第五十三节　加快发展内陆开放型经济

全面推进西部地区对内对外开放,加强综合交通运输通道建设,打造重庆、成都、西安、昆明、南宁、贵阳等内陆开放型经济战略高地。积极推动宁夏形成我国面向阿拉伯、伊斯兰国家开放的重要窗口。依托中心城市和城市群,加强对外经贸合作,开拓国际市场,提升外贸规模,扩大外商投资优势产业领域,培育形成一批生产加工基地、服务外包基地、保税物流基地。支持符合条件的地区申请设立海关特殊监管区域,积极推进重庆两路寸滩和西永、四川成都、广西钦州、陕西西安等海关特殊监管区域建设。继续支持办好中国东西部合作与投资贸易洽谈会、中国西部国际博览会、中国—东盟博览会、中国—亚欧博览会,充分发挥其对内对外开放和区域合作平台的载体功能与带动辐射作用。

第五十四节　推动沿边地区开发开放

实施更加积极主动的开放战略,加大向西开放力度,不断拓展新的开放领域和空间,全面提升沿边开发开放水平。抓紧制定实施沿边地区开发开放指导意见和规划,加快推进重点口岸、重点开发开放试验区和外贸转型升级示范基地建设。制定相关政策措施,推动边境(跨境)经济合作区加快发展,推动中国—哈萨克斯坦霍尔果斯国际边境合作中心加快建设。培育一批边境地区中心城市,打造沿边对外开放桥头堡和经济增长极。进一步加强沿边口岸和城镇基础设施建设,构建沿边地区与国内中心城市和周边国家的交通、能源资源大通道。充分利用两个市场、两种资源,把"引进来"与"走出去"结合起来,拓宽优势资源转换的实施空间,依托内地广阔市场、投资能力和制造业体系,发展面向周边的特色外向型产业群和产业基地,加强多双边经贸合作,进一步扩大出口规模。引导、鼓励和支持西部地区企业大力发展服务贸易,积极参与对外投资和承接服务外包。加快实施国家自由贸易区战略,深化与周边国家的务实合作,实现互利和共同发展。充分利用中国与东盟、上海合作组织等区域合作平台,广泛参与大湄公河次区域合作和南亚、中亚区域经济合作,构筑全方位对外开放新格局。

专栏 26:沿边开发开放区建设

特殊经济区建设:加快新疆喀什、霍尔果斯经济开发区建设,实施特殊经济政策,促进产业集聚,提升自我发展能力。加快建设边境(跨境)经济合作区,扩大与周边国家的经贸往来。

开发开放试验区建设:加快建设广西东兴、云南瑞丽、内蒙古满洲里等重点开发开放试验区,增强参与国际经济合作和竞争的能力。研究建立二连浩特等重点开发开放试验区。

重点边境口岸城镇建设:支持广西龙州、靖西,云南勐腊、河口,西藏吉隆,新疆阿拉山口、塔城,内蒙古策克、甘其毛都等一批边境城镇口岸设施和市政基础设施建设,建设边民互市贸易区、出口产品加工区等园区,提高通关能力,畅通边境口岸城镇与周边国家沿边地区经贸合作和技术交流。

第十二章　规划实施

西部地区具有特殊重要战略地位,要以更大的决心、更强的力度、更有效的举措,进一步加大对西部地区的支持力度。加强指导协调,调动各方面积极性,推动规划顺利实施,确保本规划目标的实现。

第五十五节　强化政策支持

各部门、各单位要认真贯彻落实党的十七届五中全会和《中共中央国务院关于深入实施西部大开发战略的若干意见》(中发〔2010〕11 号)精神,根据中共中央办公厅、国务院办公厅《关于贯彻落实 < 中共中央、国务院关于深入实施西部大开发战略的若干意见 > 重要政策措施分工方案》的通知(中办发〔2010〕36 号)要求,按照职能分工,各司其职、各负其责,进一步完善扶持政策,研究制定具体落实意见和实施细则,充分发挥部门优势,共同做好工作。进一步加大资金投入,中央财政均衡性转移支付、专项转移支付和中央财政性投资向西部地区倾斜,提高中央专项建设资金投入西部地区的比重,充分体现促进区域协调发展的政策取向。进一步体现项目倾斜,实行差别化的产业政策,支持在西部地区优先布局建设能源资源加工转化利用项目,增强经济增长内生动力和自我发展能力。探索利用政策性金融手段支持西部地区发展。

第五十六节　精心组织实施

西部各省、自治区、直辖市人民政府要切实根据本规划要求,结合当地实际,将本规划确定的主要目标、重点任务与国家有关专项规划、区域发展规划以及本地区经济社会发展"十二五"规划衔接好,分解落实各项任务。加强年度计划与本规划的衔接,年度目标要充分体现本规划提出的发展目标和重点任务。充分发挥市场配置资源的基础性作用,有效引导社会资源,合理配置公共资源,保障本规划的有效实施。东中部地区要积极支持配合做好本规划的实施工作,加强经济合作,支持西部地区发展。东中部地区在参与和支援西部大开发时,要进一步提升对口支援、对口帮扶的深度和水平,支持企业、人才到西部地区创业发展。充分发挥人民军队在参加和支援西部大开发中的优势和积极作用。

第五十七节　加强指导协调

国务院有关部门要按照本规划确定的总体目标和发展重点,在有关专项规划编制、政策措施实施、重点项目安排、体制机制创新等方面给予积极指导和支持。对有关重大任务、重点工程和重要项目,要纳入有关专项规划,做好实施的前期工作,不失时机的加以推进。要通力协作、密切配合,积极研究制定新的政策举措,构建齐抓共管的工作格局,形成支持西部大开发新的合力。国家发展改革委要加强综合协调与服务,加强对落实中央重大决策部署和有关政策措施的监督检查,对本规划进展和实施中出现的重大问题及时向国务院报告。

第五十八节　做好评价考核

按照科学发展观和正确政绩观的要求,建立健全对本规划实施的监测评估制度,强化对实施情况的跟踪分析。根据《中华人民共和国国民经济和社会发展第十二个五年规划纲要》和《全国主体功能区规划》要求,实行分类管理的考核政策,强化对结构优化、民生改善、资源节约、环境保护、基本公共服务和社会管理等目标任务完成情况的考核,考核结果纳入对地方政府的综合评价体系。国家发展改革委要适时组织开展对规划执行情况的全面评估,并将评估结果报国务院。

陕西省人民政府关于印发 陕甘宁革命老区振兴规划实施方案的通知

（陕政发〔2012〕40号　2012年9月17日）

各设区市人民政府，省人民政府各工作部门、各直属机构：

现将《陕甘宁革命老区振兴规划实施方案》印发给你们，请认真贯彻实施。

陕甘宁革命老区振兴规划实施方案

为深入贯彻落实《陕甘宁革命老区振兴规划》（以下简称《规划》），推动我省延安市、榆林市、铜川市，渭南市富平县，以及咸阳市旬邑县、淳化县、长武县、彬县、三原县、泾阳县等革命老区全面振兴，特制定本实施方案。

一、工作目标

三年初见成效。到2015年，国内生产总值达到8000亿元；城乡居民收入超过西部地区平均水平，贫困人口大幅减少；国家重要能源化工基地、国家重点红色旅游区初步建成，可持续发展能力明显增强；基础设施建设、生态建设和环境保护取得重大进展，节能减排和资源综合利用水平不断提高，节水型社会建设迈出实质性步伐。

八年全面振兴。到2020年，国内生产总值比2015年翻一番，达到16000亿元；现代能源产业体系在全国具有较强竞争力，非能源化工产业基本完备；生态环境与经济社会发展协调统一、人与自然和谐相处的黄土高原生态文明示范区建设取得显著成效；民生持续改善，城乡居民收入大幅增加，人民生活水平和质量显著提高；社会建设明显加强，基本公共服务达到全国平均水平，与全省同步实现全面小康目标。

二、总体要求

（一）统筹推进、重点突破。老区各级政府和省级各有关部门要结合全面贯彻省第十二次党代会精神，认真组织学习《规划》，按照《规划》确定的空间布局、战略定位和发展重点，狠抓各项工作落实。要从解决最紧迫、最突出、最重要的问题入手，抓住主要矛盾，争取率先突破。

（二）突出创新、大胆探索。陕甘宁革命老区是新一轮西部大开发确定的重点经济区，肩负着探索资源开发与生态建设融合发展路径的重要责任。要充分用好支持政策，大胆探索，创造性地实施好《规划》，走出一条革命老区和生态脆弱地区经济发展与生态文明建设相互促进、相得益彰的新路子。

（三）抢抓机遇、自力更生。老区各级政府是《规划》实施的责任主体，要充分发挥主观能动性，既要积极争取国家和省上政策支持，又要大力弘扬延安精神，抢抓机遇、不等不靠、自力更生，奋力推动老区实现全面振兴。

（四）脚踏实地、务求实效。要科学组织实施《规划》，量化分解指标，夯实工作责任，强化目标考核，既要注重经济发展，又要注重生态环境保护；既要注重争先进位、跨越发展，又要遵循自然规律、经济发展规律，切实推动老区又好又快发展。

三、重点任务

（一）建设国家重点红色旅游区。以陕北文化生态保护实验区建设为契机，加强革命遗址保护与修复，加强旅游基础设施建设，促进旅游与文化有机融合，打造国内一流的红色旅游板块。

1. 做优做强以延安为中心的红色旅游景区。以革命圣地延安为龙头，系统整合陕北区域的红色文化资源。充分挖掘延安城市文化底蕴，切实提升城市形象，着力完善城市旅游综合服务功能，到“十二五”末基本建成特色鲜明、吸引力强、服务功能较为完善的旅游目的地城市。加强对延安革命纪念地系列景区、马栏—安吴革命旧址、照金革命根据地旧址，以及榆林市、富平县红色旅游系列景区的改造提升，完善通信、供水供电、污水垃圾处理、标识导引系统以及住宿、餐饮、购物、娱乐、休闲等配套设施，提升综合服务能力。加强旅游线路的衔接与整合，特别是《规划》提出的延安—延川—安塞—清涧—绥德—米脂—佳县—吴堡转战陕北线、延安—庆阳—固原—吴忠—榆林边区体验线、泾阳—淳化—旬邑—铜川—富平革命遗迹线等线路的衔接，形成以延安为核心的陕甘宁红色旅游网络。加强景区与高速公路、高等级公路连接线建设，增加西安至延安动车班次，争取开通西安至榆林动车，形成以高等级公路为主体，铁路、民航为补充的快捷旅游通道。加强红色旅游与历史人文、自然生态、乡村民俗旅游的协同开发，丰富旅游产品体系，全面提升旅游产业竞争力。（省旅游局牵头，省发展改革委、省住房城乡建设厅、省交通运输厅、省文化厅、省文物局、西安铁路局等配合）

2. 大力发展红色文化产业。加强非物质文化遗产保护，深度挖掘红色文化资源，大力弘扬优秀传统文化、红色革命文化。以延安红色文化为依托，以重大文化旅游项目为载体，以内容和艺术创新为动力，通过实施延安革命遗址群首批保护项目、东方红广场、延安红色旅游大型歌舞剧、佳县东方红文化产业园、照金红色旅游景区、爷台山红色旅游景区等重大文化项目，形成独具特色的文化产业集群。加快文化创意、影视制作、演艺娱乐、新闻出版等文化产业发展。鼓励文化企业以资本为纽带，跨区域、跨行业兼并重组，培育一批有特色、有实力的骨干企业。扶持“大戏、大片、大剧、大作”的策划与创作生产，提升文化创新能力和产业竞争力，形成具有持续影响力的红色文化品牌。（省文化厅牵头，省发展改革委、省广电局、省新闻出版局、省文物局、省旅游局等配合）

（二）建设国家重要能源化工基地。按照“珍惜资源、深度转化”的总要求，统筹各类能源资源开发建设，深入实施“三个转化”，加快推进能源科技创新，构建安全、稳定、经济、清洁的现代能源产业体系。

1. 稳步提高煤炭、石油、天然气产能。加快建设陕北大型煤炭示范基地，发展壮大彬长旬煤炭基地，抓好铜川老矿区挖潜改造，2015 年老区煤炭产量达到 5 亿吨以上。积极推动煤炭资源整合，促进煤矿企业兼并重组。加大油气资源勘探力度，开拓新区块，积极推广新工艺新技术，进一步提高采收率，2015 年老区石油、天然气产量分别达到 4000 万吨和 440 亿立方米。（省发展改革委牵头，省工业和信息化厅、省国土资源厅、省国资委等配合）

2. 加强能源资源深度转化。鼓励老区发展清洁、高效、大容量燃煤机组，加快建设已规划的大型煤电机组，加快推进锦界三期、府谷段寨等外送电源项目，建成国家“西电东送”重要基地。依托神华陶氏榆林循环经济煤炭综合利用项目、中煤榆横煤制甲醇及深加工项目、延长石油靖边能源综合利用项目、延长延安煤油气资源综合利用项目、神华甲醇下游加工项目、咸阳彬长旬煤制烯烃等重大转化项目，加强先进煤技术应用，建设国家高端能源化工基地。实施榆林、延安炼油厂扩能改造工程，建设延安、榆林千万吨级炼化基地。加强对煤层气、页岩气、致密砂岩气、油页岩的综合利用，鼓励煤矸石发电和热电冷联产，推动二氧化碳捕集、利用和封存。（省发展改革委牵头，省科技厅、省工业和信息化厅、省国土资源厅等配合）

3. 大力发展再生能源和新能源。加大榆林、延安等地风能资源开发利用，加快建设陕北百万千瓦风电基地。支持榆林靖边，延安安塞，咸阳彬县、长武等地太阳能光伏发电项目建设，2015 年老区风电、太阳能发电装机容量分别达到 200 万千瓦和 70 万千瓦。加快榆阳新能源产业园、靖边太阳能光伏示范园等新能源项目建设，因地制宜发展分布式能源，实现集中式开发与分布式开发并举。以沼气建设为重点，努力提升农村可再生能源利用水平，力争到 2015 年老区农村户用沼气覆盖率达到 90% 以上。（省发展改革委牵头，省工业和信息化厅、省农业厅等配合）

（三）建设黄土高原生态文明示范区。在促进老区经济发展的同时，着力保护好生态环境，强化节能减排，大力发展循环经济，积极探索生态文明建设新路径。

1. 加强生态建设。继续实施“三北”防护林、天然林保护、退耕还林等重点生态工程，严格控制森林采伐，提高老区植被覆盖率。大力实施《黄土高原地区综合治理规划大纲（2010—2030 年）》，以水土保持和土地整治、森林植被保护和建设、草食畜牧业发展为主要措施，以小流域为单元，实施综合治理，推进治山、治水、治沙、治穷同步进行。近期全面推进横山、米脂、宜君、延川等示范县建设。（省林业厅牵头，省发展改革委、省水利厅、省农业厅、省国土资源厅等配合）

2. 强化环境保护。探索建立完善矿产资源开发生态补偿制度，促进废弃矿区生态环境治理与修复。以重点流域治理和大气环境质量改善为重点，加强对重点污染企业排污的监控监管，实现污染控制从“末端治理”向“源头控制”转变。推广使用有机肥和生物农药，减少化肥、农药、农膜的使用，减少农业面源污染。（省环境保护厅牵头，省国土资源厅、省水利厅、省农业厅等配合）

3. 加大节能减排力度。严格执行节能减排约束指标，实施污染企业“全防全控”治理工程，推进清洁生产和达标排放，2015 年前现有单机 50 兆瓦以上火电机组脱硫设施全部建成，300 兆瓦及以上火电机组建成脱硝设施；对新建项目依法开展节能评估审查，并在项目设计、施工及投用过程中对节能落实情况加强监督检查。支持榆林循环经济试点建设，加强对榆神、榆横、董家河等工业园区循环化改造，逐步实现废物交换利用、能量梯级利用、废水循环利用和污染物集中处理。（省发展改革委牵头，省环境保护厅、省工业和信息化厅等配合）

4. 强化水资源节约。加强现有灌区节水改造，推广渠道防渗、管道输水、喷灌滴灌等技术，全面抓好农业节水，2015 年新增节水灌溉面积 330 万亩。大力调整工业结构，在新建工业项目中推行最先进的节水工艺，严格落实节水“三同时”制度。加快传统产业节水技术改造，逐步淘汰落后的高耗水工业、设备和产品，提高重复用水率，减少新鲜用水量，努力降低万元工业增加值用水量。积极发展污水处理回用，加强雨水、微咸水和矿井疏干水等非常规水源的开发利用。推广使用节水器具，加强城市管网改造，降低供水管网漏损率，建设节水型城镇。加快水价改革步伐,工业和服务业用水实行超计划累进加价,城市居民生活用水逐步推行阶梯式水价,农灌用水实行定额内享受优惠水价、超定额累进加价。(省水利厅牵头,省农业厅、省工业和信息化厅、省住房城乡建设厅、省发展改革委等配合)

(四)加强基础设施建设。把老区基础设施建设放在重要位置予以推进,统筹交通、水利、能源通道、通信等建设,为老区全面振兴提供有力保障。

1. 加快综合交通运输体系建设。加快延安—黄陵—铜川、咸阳—旬邑等高速公路,西安—宝鸡—兰州客运专线,蒙西—华中、西安—平凉等铁路煤运通道建设,规划建设西安—银川铁路、西安—阎良—富平—铜川等城际铁路,构筑对外骨干交通网络,提升运输保障能力和服务水平。加快店塔—红碱淖公路、西安至禹门口高速与西铜高速连接线、富平—耀州—照金—旬邑红色旅游干线、国道210线铜川老市区—新市区过境路改线等项目建设,提高道路通行能力。加强农村公路建设,提高农村公路覆盖广度和通达深度。加快延安机场迁建工作,改扩建榆林机场,积极启动府谷、定边机场建设,加快构建区域综合交通运输体系,形成立体交通网络。(省发展改革委牵头,省交通运输厅、省国土资源厅等配合)

2. 加强水利工程建设。统筹做好老区重点水源、城乡供水、防洪保安、灌区改造、水土保持等工程建设。加快延安南沟门、延川引黄、咸阳亭口等重点水源工程建设进度,积极开展黄河大泉引水、东庄水库等前期工作,满足城镇化建设用水需求。开展水土保持与水生态修复,推进水土保持综合治理。加强对渭河、延河、无定河、泾河等河流的综合治理,统筹做好堤防建设、河岸绿化、污染治理等工作,逐步实现"洪畅、堤固、水清、岸绿、景美"目标。(省水利厅牵头,省发展改革委、省环境保护厅、省林业厅等配合)

3. 加大电网和能源输送管道建设力度。加强与国家电网的沟通协调,加快推进陕北—潍坊、彬长—临沂、靖边—连云港特高压输电通道等项目建设,提高老区电力外送能力。适应新能源发展需要,加强风电、太阳能光伏发电并网外送配套工程建设。大力发展智能电网,提高电力系统信息化、自动化和互动化水平。加快渭南—富平、咸阳—彬县—长武等支线输气管道建设,全面推进"气化陕西"工程向老区延伸。(省发展改革委牵头,省级有关部门配合)

(五)大力发展特色优势产业。在大力发展能源化工产业的同时,加快发展现代旱作农业、能源装备制造、矿产资源加工等特色优势产业,培育多元产业结构,增强老区可持续发展能力。

1. 现代旱作农业。加强土地整治,突出高标准基本农田、治沟造地和"坡改梯"建设,不断提升耕地质量,增加耕地有效面积。因地制宜兴建一批小水窖、小水池、小塘坝、小泵站、小水渠等"五小水利"工程,加强高效农田节水技术的综合集成,实现蓄水与节水并举。到2015年,力争建成旱作节水农业核心示范区25万亩。依托现代农业示范园,加强农业新技术应用,推进老区优质粮、果、蔬、畜农产品的产业化经营,扶持发展大型农产品加工企业,建设全国优质苹果加工基地、西北地区优质小杂粮基地和西北地区高端畜产品加工基地。(省农业厅牵头,省水利厅、省国土资源厅等配合)

2. 装备制造。支持老区围绕能源化工产业基地建设,大力发展煤炭、石油和天然气采掘输送设备,煤化工和石油化工辅助设备,风电、光电发电和输变电设备,石油机械和矿用机械配套件,专用汽车及关键基础零部件等装备制造产业。省上加大对老区装备制造业发展扶持力度,在项目核准、资金支持等方面予以倾斜。鼓励省内大型装备制造业企业赴老区投资建厂、兼并重组。(省工业和信息化厅牵头,省发展改革委、省财政厅、省国资委等配合)

3. 矿产资源加工。加强新技术、新工艺应用,延伸矿产资源价值链。加快陕西有色榆林新材料产业园等重点项目建设,带动多晶硅、铝镁合金深加工。加快老区岩盐勘探开发,重点开发建设榆佳、榆神、榆(鱼)米绥三大盐化工区,打造聚氯乙烯、有机氯产品、纯碱深加工、氯酸盐和金属钠五大产业链。加快淘汰落后水泥产能,大力发展新型节能环保材料。(省发展改革委牵头,省工业和信息化厅、省国土资源厅等配合)

4. 物流金融业。依托老区区位和产业优势,积极发展低成本、高效率、多样化、专业化的物流服务业。加快延安农产品物流中心、榆林能化物流中心、铜川建材物流中心、泾河新城西部核心物流基地等项目建设,着力将物流业培育成老区新的支柱产业。加强老区金融基础设施建设,争取在榆林设立煤炭交易中心,建设全国有影响力的能源金融商务区。(省发展改革委、省金融办牵头,省商务厅等配合)

(六)加快推进城乡统筹。进一步引导生产要素在城乡之间自由流动、公共资源在城乡之间均衡配置,促进城乡融合发展。

1. 提升城镇综合承载力。加强延安、榆林、铜川中心城区建设,强化商业和服务功能,弱化生产功能,置换发展空间。支持延安按照"中疏外扩、上山建城"的思路搞好城市建设,加快延安新区建设;支持榆林推进榆横一体化,加快经济技术开发区、西南新区、空港新区发展,构建"一城三区"城市框架;支持铜川加快新区发展,不断拓展城市发展空间。加强延安、榆林、铜川三市公共交通快速干道建设,有效缓解交通拥堵,积极推动公共交通向县城和重点镇延伸。支持发展热电联产,加大管网改造力度,提高集中供热率。加强延安、榆林、铜川三市绿化,增加城市公共绿地。加强县城、工业集中区、重点镇供排水、供暖、供气、道路等基础设施建设,促进农村人口向城镇集聚。(省住房城乡建设厅牵头,省发展改革委、省国土资源厅、省交通运输厅等配合)

2. 建设美好新农村。加强老区新农村建设规划,实施水、电、路、气、房和优美环境"六到农家"工程,建设老区农民幸福新家园。鼓励有条件的农村居民尤其是在城镇有稳定工作和住房的农民工进城落户。认真贯彻落实中央扶贫开发工作会议精神,组织实施好《六盘山片区区域发展与扶贫攻坚规划(2011—2020年)》,加快实施陕北白于山区和黄河沿岸土石山区移民搬迁工程。按照城市社区标准规划建设移民搬迁小区,统筹考虑农民生产生活设施、公共服务设施和公益事业配套。(省发展改革委牵头,省住房城乡建设厅、省人力资源社会保障厅、省扶贫办、省水利厅、省农业厅、省交通运输厅、省环境保护厅等配合)

3. 促进城乡统筹发展。加快推动延安率先实现城乡统筹,积极争取将延安确定为国家综合配套改革试验区,在全国革命老区中走在前列。支持神木、府谷等条件较好的地方先行先试,探索建立城乡互促共进机制。加快彬县—长武—旬邑、铜川—富平、横山—榆林、米脂—绥德等城乡统筹示范带建设。在试点地区和重点区块,逐步统一城乡规划、产业布局和基础设施建设,探索建立有利于统筹城乡发展的土地、户籍等体制机制,推进城乡社会管理一体化。(省发展改革委牵头,省住房城乡建设厅、省国土资源厅、省公安厅等配合)

(七)促进基本公共服务均等化。以保障和改善民生为重点,加强各项社会事业建设,加快建立健全覆盖全体城乡居民的基本公共服务体系。

1. 优先发展教育。加快学前教育发展,2015年前老区每个县(区)建成一所符合国家标准的公办幼儿园,每个乡(镇)建成一所公办幼儿园,幼儿园覆盖全部行政村。改善城镇幼儿园办学条件,支持利用农村闲置校舍改建幼儿园,支持农村小学利用现有富余校舍增设附属幼儿园。增加对幼儿园的经费投入,2015年实现学前一年免费教育,2020年基本实现学前三年免费教育。巩固提高“两基攻坚”成果,促进老区义务教育均衡发展。改善山区寄宿制学校住宿和食堂条件,认真实施农村义务教育学生营养改善计划。深入贯彻实施《校车安全管理条例》,保障学生上下学交通安全。依托县城和重点镇优化普通高中布局,基本普及高中阶段教育。加强职业教育基础能力建设,创新办学及培养模式,推进校企合作,提高学生的职业技能和就业创业能力。支持延安大学、榆林学院和榆林职业技术学院等院校发展。(省教育厅牵头,省发展改革委、省财政厅等配合)

2. 增强医疗卫生服务能力。加强老区市、县两级综合医院、中医院建设,进一步抓好乡镇卫生院、村卫生室和社区卫生服务中心建设,实现县、乡、村三级医疗卫生服务网络全覆盖。鼓励和引导社会资本举办医疗机构,放宽准入条件,形成多元办医格局。加强以全科医生为重点的基层医疗卫生队伍建设,支持省内三级医院与老区县级医院、县级医疗卫生机构与重点镇卫生院通过“结对子”、对口帮扶等形式加强合作,提高县乡医疗卫生机构医护人员专业技能和服务水平。加大对老区公共卫生事业投入力度,完善重大疾病防控等专业公共服务网络,支持县级卫生监督、妇幼保健、急救和疾控等机构建设。深入实施“母亲健康工程”和“优生促进工程”,加强对老区农村已婚育龄妇女免费健康检查和治疗。(省卫生厅牵头,省发展改革委、省财政厅、省人口计生委等配合)

3. 提高社会保障水平。加大对老区社会保障资金补助力度,继续完善城乡基本养老保险、基本医疗保险制度,稳步提高统筹层次和补助标准,加快从制度全覆盖迈向人群全覆盖。进一步健全工伤、失业、生育保险制度,支持发展企业年金、职业年金。逐步提高城乡居民最低生活保障水平,健全最低生活保障标准与物价上涨联动机制。加大优待抚恤支持力度,妥善解决老红军、老党员和军人、烈士遗属的生活困难。加强对残疾人、孤儿、流浪乞讨等人员的救助与帮扶。(省人力资源社会保障厅、省卫生厅、省民政厅、省财政厅等按职能分工负责)

4. 繁荣文化事业。完善市级“三馆”和县(区)文化馆、图书馆、影剧院等公益性文化设施,加大乡镇(街道)文化站、村(社区)文化活动室标准化建设力度,深入推进广播电视村村通、文化信息资源共享、农村电影放映、农家书屋等惠农工程,到2015年,老区90%的城市街道办事处和社区建起文化活动中心,90%的乡镇建起综合文化站,基本实现广播电视村村通,全面建成覆盖乡镇的文化信息资源共享工程服务网络,与农村远程教育网络实现共建共享,每个行政村基本建成一个农家书屋、每月免费放映一场电影。加强文物、非物质文化遗产、自然遗产和历史文化名城(镇、村)保护。(省文化厅、省发展改革委、省广电局、省新闻出版局、省住房城乡建设厅、省文物局等按职能分工负责)

四、保障措施

(一)加强组织领导。省上成立《规划》实施工作领导小组(具体名单附后),领导小组办公室设在省发展改革委。领导小组各成员单位要结合各自职能,完善支持政策,加强协作配合,在政策实施、产业发展、资金投入、体制创新等方面给予积极支持,合力推进《规划》实施。延安、榆林、铜川、咸阳、渭南等市要结合本地实际,切实加强对《规划》实施的组织领导,进一步细化工作措施,确保各项任务落到实处。

(二)狠抓项目建设。老区各级政府和省级有关部门要把项目建设作为推动《规划》实施的重要抓手,结合“十二五”规划实施,切实加强项目策划和项目储备,扎实抓好项目前期工作,争取一批大项目、好项目尽快开工。对老区重大项目,省上将优先纳入省级年度重点项目建设计划,并优先予以审批。

(三)加强分析评估。省发展改革委要加强对《规划》实施工作的综合协调和督促检查,及时研究解决工作中出现的问题。同时,要会同延安、榆林、铜川、咸阳、渭南等市适时开展《规划》实施情况的分析评估,并定期将工作落实情况报告省政府和国家发展改革委。

(来源:陕西省政府门户网)

陕西省人民政府关于印发第十次陕北能源化工基地建设座谈会纪要的通知

（陕政发〔2012〕31号　2012年6月14日）

各设区市人民政府，省人民政府各工作部门、各直属机构：

现将《第十次陕北能源化工基地建设座谈会纪要》印发给你们，请认真贯彻实施。

请省发展改革委加强协调，督促延安、榆林两市认真落实好座谈会精神，及时研究解决工作中存在的问题，定期将有关重点工作落实情况报省政府。

第十次陕北能源化工基地建设座谈会纪要

2012年4月15日至19日，省政府召开了第十次陕北能源化工基地建设座谈会。会议在延安、榆林两市分别召开，省委副书记、省长赵正永出席会议并作重要讲话，省委常委、常务副省长娄勤俭，副省长李金柱分别主持延安、榆林座谈会，省委常委、延安市委书记姚引良，副省长祝列克参加部分活动，省级有关部门和延安、榆林市负责同志，两市县（区）及中省市有关企业负责人参加会议。会议期间，举行了延长集团轻烃综合利用等项目开工仪式，检查了陕煤化集团黄陵矿业2100万吨煤焦化等项目及移民搬迁工作进展情况，神华、延长等6家中省市企业汇报了支持延安发展及基地重大项目安排意见，省级有关部门及延安、榆林市分别作了表态发言，省级有关部门还分别与延安、榆林市政府签订了能源化工重点园区、重大工程建设推进协议书。会议在全面总结基地十年建设巨大成就的同时，分析研究了当前基地发展中面临的问题，明确提出了延安三年经济结构调整打好攻坚战、榆林优化投资发展环境实现可持续发展的工作要求，重点安排部署了今年及今后一个时期基地工作。现纪要如下：

一、经过十年的不懈努力，陕北能源化工基地建设取得了巨大成就

会议认为，基地建设十年来，全省各级各方面在扩大产能的同时，深入实施“三个转化”战略，坚持政府引导和市场配置资源相结合，树立生态优先和惠民富民理念，推动基地步入科学发展轨道。特别是胡锦涛总书记2008年视察基地并作出“珍惜资源、深度转化”的指示后，全省上下进一步抓产能、促转化，基地建设迈出更大的步伐，带动陕北走出了一条经济快速崛起之路、城乡协调发展之路、生态民生和谐发展之路，将资源优势转化为经济优势的持续发展之路，使这片黄土地焕发出新的活力，实现了五大历史性转变。

一是实现了产业发展由工业化程度较低区域到全国现代能源化工基地的转变。陕北历史上以农业为主，工业化水平很低，基本没有工业企业。经过十年来的开发建设，煤炭产量突破3亿吨大关，成为国家大型煤炭示范基地；油气当量达到5428万吨，成为全国第一油气大省；先后建成30多个重大转化项目，引入20多个世界500强企业，煤电化、煤油气盐化工及新型煤电载能等产业链条不断延伸；大中型煤矿全部实现综合机械化开采，新建火电均为单台不低于60万千瓦的超临界、超超临界空冷机组，现代煤化工项目甲醇建设规模均在100万吨以上，并采用当今国际国内先进技术，坚持循环经济模式，实施资源综合利用，基本做到了“吃干榨尽”。昔日的革命老区成为备受瞩目的现代能源化工基地。

二是实现了资源利用从无序开发管理到有序科学管理的转变。基地开发建设以来，我省按照政府主导、市场运作模式，不断加大资源勘探力度，基本摸清了煤炭等资源家底。坚持由政府控制资源配置一级市场，完善资源配置管理政策，有效地保护了整装资源未被肢解。严格依据规划实施开发，先后编制完成了基地及榆神等11个矿区、榆横等8个园区总体规划，基地生态保护等专项规划及低热值燃料综合利用等产业规划。深刻总结国内外能源发展经验，确定了“三个转化”的发展战略，极大地提升了能源资源的开发利用效率。科学管理资源产生了良好的经济社会效益，国家发改委和国土资源部均给予高度评价，中央也予以充分肯定。昔日的能源"黑三角"成为国家二十一世纪重要的能源接续地。

三是实现了经济社会发展从全省落后地区到增长最快、持续性最长板块的转变。在资源有序高效利用的带动下,陕北经济社会快速崛起,成为新世纪以来全省经济发展的最大亮点。经济总量由2003年的280.9亿元达到2011年的3403亿元,增长了12倍以上;财政收入由63.3亿元达到915.5亿元,增长了14倍以上;城镇居民可支配收入由5544元达到20609元,农民人均纯收入由1573元达到6235元,分别增长了近4倍。延安在全省率先建立城乡居民养老及医疗保险制度、实现农村安全饮水和实行免费义务教育,并开启了加快产业转型的新路径。榆林十年来经济增速基本保持全省第一,已着力推动步入可持续发展轨道。昔日的落后地区成为全省增长最快、持续性最长的区域板块。

四是实现了生态环境由局部好转向总体好转的历史性转变。在加快发展的同时,更加重视生态环境保护。积极推进集约化发展,对小煤矿、小炼油进行优化整合,对小火电实施关小上大。坚持较高的环境准入门槛,凡进入基地的重大项目技术装备均达到国际国内先进水平,从源头上控制了污染。大力实施绿化强制达标,按照开发一块、绿化一片的要求,全面开展了区域性绿化工作。加强采煤沉陷影响区居民搬迁,将搬迁费用纳入项目概算,确保实现先搬后采。把新能源开发作为对大型企业集团的刚性要求,促进新能源取得突破性进展。陕西遥感植被覆盖图显示,2010年绿色版图向北延伸400公里。有关研究表明,陕北地区生态服务价值呈增加趋势,生态环境质量整体得到提高。昔日尘埃满天、沟壑纵横的陕北高原成为绿染大地、生机盎然的能源新都。

五是实现了民营经济从低水平粗放扩张到高端化抱团发展的转变。陕北民营经济由小到大、由弱到强,成为基地建设的重要力量。府谷镁业、融和化工、鑫义能化等均由多家民营企业组建而成,项目投资量大、技术先进。府谷镁业集团整合了119家民营兰炭企业,提出力争把镁业做到世界第一;神木融和化工集团投资30多亿元,以甲醇和电石为原料实施下游精细化工深加工;特别是北元化工集团由10个陕北民营企业家与陕煤化集团合资组建,建成了全国规模最大的100万吨聚氯乙烯项目,形成了"北元化工"发展模式,充分展示了陕北民营企业转变发展方式的胆略和气魄。

会议在认真研究分析的基础上,指出了当前基地建设存在的问题。一是随着基地的快速发展,各方面的利益诉求有所滋长,个别方面出现对自身利益期望值过高的倾向。二是投资环境需要改善,重点建设项目土地、水资源、环境等要素保障还应进一步落实,审批、协调、管理等服务保障仍需下大气力提升。三是基础配套建设滞后,随着重大项目的加快推进,重点工业园区的水、电、路、排污及外送通道等配套设施还远不能满足发展需要。四是资源约束进一步显现,煤炭资源探明储量近年来徘徊不前,石油资源储备不足严重制约石油工业发展,水资源短缺日益成为基地发展的短板。这些问题必须引起高度重视并着力加以破解。

二、按照产业转型和可持续发展的要求,进一步提升陕北能源化工基地建设水平

会议指出,面对未来,陕北的发展更有潜力和机遇。国家"十二五"煤炭工业规划将陕北确定为大型煤炭示范基地,西部大开发"十二五"规划明确在我省建设的七大能源基地基本都布局在陕北,最近下发的陕甘宁革命老区振兴规划又将延安、榆林全部纳入。各级各方面要抓住难得机遇,运用有利条件,继续坚持"三个转化"战略,加快产业转型和优化升级,大力发展实体经济,推动基地建设跃上新台阶。

一是以"三个转化"战略为统揽,紧紧依靠能源科技创新,构建现代能源化工产业体系。坚持把"三个转化"作为基地建设的指导思想,在已有的基础之上,瞄准国际国内先进技术,着力推动化工产业高端化、电源建设大型化、载能工业特色化。要大力发展现代煤化工及其下游深加工产业,构建从烯烃、芳烃等基础化工原料到醇、醚等基本化工原料再到塑料、橡胶等终端化工产品的全产业链,实现由初级产品加工向精细化工产品加工转变。要按照煤电一体化模式,加快推进电力工业"上大压小",以百万千瓦超超临界空冷发电机组为主,建设全国最大的百万千瓦机组集群,打造高效、节水、减排的现代化煤电基地。要继续实施兰炭、电石、铁合金等特色产业升级改造工程,大力培育多晶硅、铝镁合金等优势产业,构建产业链条完整、资源循环利用、生态环境友好的新型载能工业基地。

二是以加快产业转型为根本,坚持能源化工与非能源化工产业并举,着力培育新的经济增长点。吸取资源性城市转型的经验教训,不断优化产业结构,切实加快产业转型,实现能源化工与非能源化工产业协调发展。要紧紧依托能源化工产业,进一步做大做强装备制造业,突出输变(配)电设备、石油天然气钻采设备、煤炭开采洗选设备、大型化工设备、风电设备等专项,并向全方位提供各种装备制造服务延伸,实现由生产型制造向生产型与服务型制造并重转变。围绕工业化城镇化的加快推进,不断提升现代服务业水平,重点通过创建旅游城市和优化服务提高旅游业的比重。发挥陕北自身优势,大力发展现代农业,进一步巩固农业的基础地位,对山地苹果、设施蔬菜、良种繁育和规模化养殖等予以倾斜扶持。要以加工业为重点发展非公经济,增加轻工业的比重,争取做成具有品牌效应的轻工集团。

三是以神华陶氏项目落地为契机,抓好改变陕北乃至陕西面貌的大项目,努力建设创新投资的高地。进一步实施项目带动战略,不断加大重点项目建设力度,切实做到在建项目按计划推进,开工项目实质性实施,前期项目强有力推动。要加快实施延安煤油气综合利用、中煤煤制烯烃、华电煤制芳烃、榆横煤洁净转化利用等重大转化项目，力争神华陶氏等改变陕北乃至陕西面貌的大项目实质性开工建设。神华陶氏项目无论是作为单体外资企业还是现代化工产品转化均填补了国内空白，相关市县要做好充分准备，一路绿灯，全力服务，为该项目尽快落地实施创造一流条件。各有关方面要积极督促神华集团加大投入，加快进度。通过神华陶氏项目的引进建设，努力把基地打造成为创新投资的高地。同时，把项目建设作为投资增长的有力抓手，采取多种方式筹措资金，确保项目资金连续供给，争取完成更多的投资量。

四是以大型企业集团为引领，加大招商引资力度，不断扩大经济的外向度。充分发挥中省大型企业集团的引领作用，紧紧抓住我省组织实施的“央企进陕”发展活动，全方位开展招商引资工作，不断提升对外开放水平。要扩大对国外开放，一方面引进国际化大企业和大项目，一方面鼓励省内企业利用自身优势，加大同有关国家的能源资源合作，积极参与境外油气、煤炭、电力等领域的勘探开发和投资并购。要扩大对省外、市外开放，只要符合准入条件的，都想方设法吸引到基地发展，不断增强基地的发展活力。要有开放包容的姿态，从政府自身做起，从每一个县区做起，主动营造稳定、健康、放心的政策和发展环境。要把民间资本利用好，大力发展民营经济，鼓励支持民营企业推进体制创新，进一步促进国有企业和民营经济互惠双赢。

五是以生态环境保护为前提，努力建设绿色能源产业，积极推进可持续发展。强化能源开发过程的环境保护，完善煤炭分级利用体系，推进煤炭洗选和煤矸石、矿井瓦斯等衍生物综合利用，对新建火电机组及煤转化项目同步安装运行高效除尘、脱硫、脱硝设施。高度重视生态环境治理，认真落实采煤沉陷影响区居民搬迁的有关规定，进一步加强保水采煤、充填式开采等方面的研究，加快矿区生态环境治理和棚户区改造。继续实施绿化强制达标，原则上新建能源化工项目绿化率应达到20%以上，新建煤矿项目绿化率纳入竣工验收内容，电源、化工、新能源等新建项目绿化率由省级相关部门单独验收。加大节能减排工作力度，把节能减排作为刚性指标，不能因此使基地发展受到限制。充分利用陕北的风力、太阳能等资源，大力发展风电、太阳能光伏等绿色新能源产业，改善能源生产结构，缓解传统能源资源压力。

六是以十大园区和十大工程建设为抓手，实行责任分担和联合推进，进一步提高园区承载能力和项目建设水平。全省“十二五”能源规划“十大园区”和“十大工程”基本布局在基地，这是促进基地持续发展的重要抓手，也是加快基地建设的巨大动力，省级有关部门、延安、榆林两市及园区管委会要分工协作，整体推进。延安、榆林两市作为第一责任人，要做好土地、水资源、环境等要素保障和协调，切实抓好项目建设及管理。省级各有关部门要做好各自保障要素落实和相关业务指导，在规定时间内办结业主有关申请报文，指导协助业主做好向国家部委的申报工作。园区管理机构要做好园区建设和施工现场的综合治理，协调征地拆迁、维护群众利益等事宜，完善水电路及其他公用工程等配套设施。项目业主要按计划完成投资和工程量，确保项目按时建成投运。各级各方面要按照职责分工，加快制定完善园区发展规划，积极主动地创新服务、完善配套和强化管理。要把“十大工程”落实到项目，分解到年度，抓紧组织启动实施。

七是以推进城乡统筹为目标，着力保障和改善民生，不断提高广大群众的幸福指数。利用好省委、省政府支持延安率先实现城乡统筹及进一步促进榆林跨越发展等政策机遇，积极推进城镇化进程，统筹做好扶贫搬迁、农民进城、重点镇及保障性住房建设。启动实施“气化陕西”二期工程，推动气化重点向乡镇转移，让更多群众享受到清洁能源。大力实施城市热电惠民工程，加快新一轮农村电网升级改造，全面推进新农村电气化县建设。进一步健全就业服务体系，支持农村劳动力向能源产业转移，不断提高就业质量。扎实开展“三问三解”活动，注意深入平时很少去的偏远地方，积极帮助群众解决实际困难。省地质调查院应在陕北设立分支机构，加强对地下水资源、采空区的调查。延安、榆林两市要按照规划对资源地群众的居住地实施保护，各个企业都要给予支持，保障群众利益不受损害。

三、进一步优化发展环境，为基地产业转型和可持续发展创造更加良好的条件

会议指出，资源的储量是有限的，资源的利用不能仅满足于当代人，应该让子孙后代永续加以利用。各级各方面要加倍珍惜资源，合理利用资源。同时，把规范政府行为和提高服务质量作为投资环境建设的基本前提，把强化诚信教育和优化市场秩序作为投资环境建设的重中之重，把创新工作方式方法作为投资环境建设的重要保障，为基地产业转型和可持续发展创造更加良好的条件。

一是倍加珍惜资源，进一步科学合理利用资源。首先，坚持以“三个转化”为标准引进项目；其次，充分考虑各方利益诉求，保障和推动地方与企业发展；再次，在资源配置中，坚持走市场化的路子；第四，资源持有要讲诚信，特别是省属企业持有的资源，必须用于转化项目的合作，不得随意、强行向已有转化项目的企业要求入股。央企和省属企业一定要融于地方经济，努力带动地方发展和民生改善。在今后落地项目中，若大企业愿意吸纳地方参股，市、县只能有一方入股，且股权不超过20%，以利于大企业实施资源转化。

二是继续坚持政府引导和市场对接相结合，最大限度地提高资源利用率。要合理控制能源消费总量，抓紧建立省、市、县三级能源消费总量控制目标分解落实机制和工作机制，逐步建立能源消费总量预测预警体系，有效监督调控能源消费总量。要提高产业准入门槛，从水资源、煤耗、能效、环境、土地、绿化等方面确定产业准入条件，新建项目必须严格执行。要科学规划和配置资源,继续坚持资源开发、规划先行的原则,严格按规划推进项目建设,保障大型整装资源完整有序开发。要加大资源勘探开发力度,不断提高储采比,解决资源储备不足的问题。

三是坚持以优质服务为先导,全面优化投资环境。要规范政府行为,提高服务质量,融管理于服务之中,多说怎么办少说不能办。要强化诚信教育,优化市场秩序,教育群众充分认识只有发展才能得到更多实惠,教育企业充分考虑和切实保障群众利益。要创新工作方式方法,理顺资源开发利益分配机制,鼓励地方和企业共建共享共赢。各个企业特别是陕北的电力系统,要借鉴中石油与延长集团的合作模式,通过成立股份公司共谋发展。要搭建地企沟通交流和矛盾化解的平台,推进基地社会管理创新。同时,加快完善水源、道路、污水处理等园区基础设施,为项目建设搞好公共服务。

四是各个方面群策群力,共同促进基地产业转型和可持续发展。省级各有关部门要密切配合,明确责任,加大支持协调力度,协同推进基地可持续发展特别是延安经济结构调整。延安三年经济结构调整由省发展改革委牵头,要定期召集有关部门帮助解决存在问题,必要时向省政府汇报。支持榆林跨越发展的若干意见到期后研究制定新的支持政策,可进一步出台针对神木等发展较快县(区)的政策。陕北两市要自加压力,积极行动,落实好规划和目标,落实好省委、省政府提出的要求。大型企业集团要加大投资力度,加快项目建设,积极推动基地建设;要主动支持延安经济结构调整,原则上省属大企业都要在延安有所行动,并带动社会其他企业包括民营企业共同支持延安发展。

(来源:陕西省政府门户网)

大事记

2012年大事记

1月

1日

由江苏省人民政府和中国书法家协会共同主办的全国性书法高端奖项,“第三届林散之奖书法双年展”在南京揭晓,全国共4人获奖。榆林市青年书法家张胜伟以巨幅行书《岳阳楼记》荣获“林散之大奖”。此奖项自设立以来全国仅有17位书法家获奖。

4—7日

政协榆林市第三届委员会第三次会议在市委会议中心召开。全市各界300多位政协委员围绕全市改革发展稳定的重大战略决策和人民群众普遍关心的热点、难点问题,建言献策,履行政协职能。会议应出席委员368人,实到349人。市政协主席刘汉利,市政协副主席张自明、王世英、李瑞、高岖、张北平、麻宝玉,秘书长张万英出席了会议。

刘汉利代表政协榆林市第三届委员会常务委员会向大会作工作报告。他指出2011年市政协深入贯彻落实科学发展观,牢牢把握团结、民主两大主题,组织动员各党派团体和全体委员,切实履行政治协商、民主监督、参政议政职能,圆满完成了各项任务。他强调,2012年,是榆林贯彻落实市第三次党代会提出的“加快大转型、实现新跨越、建设幸福榆林”的开局之年、关键之年。市政协要为建设富裕、民生、生态、文化、和谐的幸福榆林作出新贡献。

三届二次会议以来,广大政协委员、各民主党派、各人民团体和政协各专门委员会,围绕全市中心工作和人民群众关注的热点、难点问题,提出提案521件,经审查,立案450件,占提案总数的86.3%。

5—8日

榆林市第三届人民代表大会第三次会议在榆林人民大厦举行。大会主席团常务主席、大会执行主席胡志强、陆治原、赵政才、曹世玉、郭宝成、鲍振明、杨东明、邵胜凯、王丽华、王延生主席台前排就座。大会应到代表385名,实到356名,符合法定人数。代市长陆治原代表市人民政府向大会作政府工作报告。报告全文分为四个部分:一、2011年经济社会发展回顾;二、2012年经济社会发展的基本思路、指导思想和目标任务;三、2012年经济社会发展的重点工作;四、完成2012年目标任务的保障措施。

会上书面印发,并经代表表决通过《关于榆林市2011年国民经济和社会发展计划执行情况与2012年国民经济和社会发展计划(草案)的报告》《关于榆林市2011年财政预算执行情况与2012年财政预算(草案)的报告》。

17日

省高院院长安东一行到本市定边县法院进行慰问调研。在听取定边县法院负责人汇报后,安东强调审判“五进”是人民法院人民性的重要体现,各级法院要加大审判“五进”和调解工作力度,实现法律效果、社会效果和政治效果的统一。

18日

副省长祝列克在省直有关部门负责人的陪同下,深入本市米脂、吴堡等县企业和乡村慰问困难企业职工及农村贫困户。

祝列克了解企业困难职工的生活情况,并送上慰问金和慰问品。并要求企业要在政府的支持下,做好技术改造这项工作,进一步扩大销售网络,确保企业生产能力不断提高;同时要做好职工的保障工作,尤其要在住房、医疗等方面给予关怀。

20日

市教育局、市语委办命名榆林实验小学、榆林经济开发区第一小学为语言文字规范化示范学校,这是本市首批市级语言文字规范化示范学校。

24—29日

“2012大唐西市春节文化庙会暨榆林民俗文化展演”在隋唐丝绸之路的起点——西安大唐西市举办。榆林作为活动的主宾城市,为西安市民献上具榆林风情特色的绥德唢呐、定边说书、靖边跑驴、横山老腰鼓、清涧道情、府谷二人台、炖羊肉、杂粮饭、剁荞面、大红枣等地方风味食品和特产。本次榆林民俗文化展演成为大唐西市文化庙会的最大亮点。

29 日

神东煤炭集团锦界煤矿 2 号主运系统带载投入运行。2 号主运系统主要担负 3—1 煤一盘区的运输任务，原煤经一盘区集中胶运大巷通过 2 号煤仓直接进入 4—2 煤 2 号主运大巷胶带机。当 1 号主运系统发生故障或检修时，二、四盘区原煤可通过分煤系统进入 2 号主运系统。该系统的投入运行标志着该矿年产 2000 万吨矿井正式建成。

2 月

2 日

中华慈善总会和中慈国际交流中心为响应国家卫生部门鼓励社会资金进入医疗卫生事业的号召，在全省建立的首家透析中心——"中慈血液透析中心"项目落户榆林，由中慈国际交流中心捐赠北方医院血液透析机 34 台，价值 800 多万元。该项目每年能服务近万名患者，可为每位患者节省 1 万多元的治疗费用。

6 日

神木县医院荣获全市县级医院综合考评第一名。

5—8 日

由中央财经领导小组办公室一局局长杨尚勤带队，国家发改委小城镇中心和省社科院、省发改委相关负责人组成的调研组深入本市神木县和部分乡镇进行实地考察，详细了解全市统筹城乡发展和城镇化发展的具体做法。

7 日

中国散文学会跟踪全国 2011 年全年的散文创作，评选出 10 篇优秀作品列榜。榆林日报文艺部主任马建绪（笔名马语）创作的长篇散文《消失在酒馆里的岁月》榜上有名，排名第九。此次入选排行榜前十位的作家有：余秋雨、梁衡、陈忠实、王蒙等。《消逝在酒馆里的岁月》同时入选《散文选刊 2011 年度佳作》一书。

17 日

2012 年榆林市首场大型人才招聘会——"春风行动"大型免费人力资源招聘洽谈会在榆林高新区举行，全市的 159 家企业涉及商贸服务业、建筑业、能源化工、零售和批发等行业，提供近 8000 个就业岗位。第三产业已成为实现就业的主力，占用人需求的 85%。

25 日

在浙江杭州举行的全国第三届大学生艺术展演动中全国 31 个省（市、自治区）的 400 多所高校 7000 余名师生参加比赛。榆林学院合唱团与北大、人大、复旦等名牌大学的合唱团同台竞技。榆林学院合唱团以独特的原生态声腔，在声乐无伴奏下合唱歌曲《黄河船夫曲》《想你哩》，获得声乐专场二等奖。

3 月

8—9 日

中央财经领导小组办公室副主任、中央农村工作领导小组办公室副主任唐仁健一行就榆林退耕还林和集体林改、农民专业合作社和农业产业化发展等"三农"热点问题在榆林深入调研。

28 日

中国人民大学教授、著名经济学家、中央政治局第 22 次集中学习报告人黄卫平做客"榆林大讲堂"，就当前宏观经济走势与"两会"精神解读进行专题讲座。

29 日

2012 年榆林市所有保障性住房举行集中开工仪式。全市市本级及 12 个县区的 32 个保障性住房建设项目同步开工，开工建设各类保障性住房 31500 套。

同日

市委书记胡志强在榆会见世界 500 强企业——美国康家集团商业食品总裁保尔·梅斯，双方就进一步推进榆林马铃薯种植、储运、精深加工项目落地等相关事宜深入交换了意见。

4 月

1 日

国家教育部基础教育一司司长高洪带领调研组来榆林市调研农村中小学布局调整工作。调研组深入绥德、榆阳两县区 3 个乡镇的 5 所学校（幼儿园），通过实地查看、问卷调查、走访群众等方式，重点调研农村教育资源配置模式、学生上学距离及交通安全、学校寄宿生管理、家长经济负担等方面存在的困难和问题。

5 日

《榆林文史》第十二辑由市政协文史委编辑发行，该书通过大量的事实、翔实的资料，推出纪念辛亥革命 100 周年、纪念中国共产党成立 90 周年、人物春秋、岁月珍藏、文苑撷英、往事回首、史海拾遗等几大栏目。

5—9 日

第十六届中国东西部合作与投资贸易洽谈会在西安举行。榆林代表团在本届西洽会上围绕"加快大转型，实现新跨越，建设幸福榆林"的战略要求，重点在能源化工、新能源、新材料、生物质能、装备制造、特色农产品加工、文化旅游、城市建设、商贸物流、现代服务等方面策划、包装、征集、筛选出一批合作前景好、科技含量高、产业链条长的大项目招商引资，重点开展"三会、一展、八项投资促进活动"。

7 日，榆林代表团在西安举行第十六届西洽会榆林市投资环境说明会暨项目集中签约仪式，现场签订 58 个各类投资合作项目，总投资 665 亿元，引资 664 亿元。本届西洽会榆林共签约 68 个项目，总投资 1180 亿元，引资 1179 亿元，项目总投资额和引资额分别比上届西洽会增长 19% 和 21%。

13 日

文化部正式批准本省设立国家级陕北文化生态保护实验区。陕北文化生态保护实验区是指在延安、榆林两市辖区内由其原居民自主，政府主导，社会参与，对其存活的非物质文化遗产和与之相关的物质文化遗产及其生存环境采取有效的、整体性的保护措施。榆林市有国家级非物质文化遗产项目9项,省级非遗项目40项,市级非遗项目108项,县级非遗项目229项;有国家级非遗项目代表性传承人8个,省级代表性传承人22个,市级代表性传承人206个;有文物遗存13883处,馆藏文物58448件(组);有国家级文物保护单位13处,省保单位75处,市保单位94处,县保单位214处。

同日

省委决定张惠荣同志任中共榆林市委常委、中共府谷县委书记。

同日

榆林城市越野赛在高新区举办,全市各单位、社会团体共57支队伍2000余名体育爱好者分别参加了男子6公里、女子4公里公路跑城市越野比赛。市公安局的宋春林与榆林学院的高克莲分获领导干部男子组、女子组一等奖,榆林学院的赵永刚和鱼芳青分获干部职工男子组、女子组一等奖。

14—15日

水利部黄河水利委员会副总工程师刘晓燕一行深入本市王圪堵水库、府谷岩溶水水源地、神府开发区锦界污水处理厂、瑶镇水库和窟野河取用水工程现场,通过实地查看和听取汇报的方式对榆林市水利水保建设情况进行调研。详细了解本我市境内黄河支流的水文情况和红碱淖缺水的现状。

15—17日

由农业部主办,农业部乡镇企业局和陕西省农业厅承办的“全国休闲农业创意精品西北区推介活动暨美在长安休闲农业节”在西安举行。本市《兰花花》剪纸作品获得金奖,神木县陕北民俗文化大观园的园区创意获银奖,横山县新开沟村的“潼海休闲农业产业示范园”获园区设计银奖。

16日

环保部西北督查中心主任赵浩明在省环保厅副厅长王新荣陪同下,就榆林市能源化工基地建设中的环境保护深入督查调研。

同日

中央电视台新闻纪录电视制片厂资深导演邹德昌来靖边执导拍摄20分钟时长的高清人文纪录片《统万城》。该片由陕西师范大学中国历史地理研究所所长候甬坚撰稿,央视资深摄影记者李红旗拍摄。

16—22日

以“杏花飘香、魅力榆阳”为主题的榆阳区第二届杏树赏花文化节在榆阳区古塔镇韩家梁启动。活动中举行摄影采风和杏花文学笔会,有陕北民歌演唱会、榆林小曲、陕北说书,以及陕北大秧歌助兴表演和文学、书画、作品展览、特色农产品展示、乡村美食文化等多项活动。

18—19日

省政府在榆林召开第十次陕北能源化工基地建设榆林座谈会。省委副书记、省长赵正永出席会议并作重要讲话,副省长李金柱主持座谈会。神华集团、延长石油集团和府谷煤化工集团汇报了项目建设情况,榆林市政府、陕北能源化工基地建设领导小组办公室汇报了有关工作,省国土资源厅、环保厅、水利厅负责人就支持榆林发展作了表态发言,省发改委、省国土资源厅、省环保厅、省住建厅、省水利厅与榆林市人民政府共同签订了陕西省“十二五”能源化工“十大园区”和“十大工程”建设推进协议书。省长赵正永围绕“优化发展环境,实现可持续发展”的主题作重要讲话。

18日

省长赵正永、副省长李金柱一行到榆林市羊老大集团有限公司调研。赵正永一行深入到公司的工艺裤车间、研发部、裁案车间、绗缝车间,详细了解“羊老大”系列羊毛绒产品的生产流程、市场销售及新品研发等情况,赵正永指出各级政府和企业应当采取有效措施,调整好各种社会利益关系,使一线劳动者工资收入与全省经济发展同步增长。

同日

延长集团筹建的首个煤油共炼工业化重点科研示范项目、陕西省科技统筹创新工程——延长石油集团煤油共炼试验示范项目举行开工典礼。该项目系石油替代和煤炭清洁利用产业领域,利用褐煤或低阶煤与渣油的良好协同效应生产轻质油品。项目计划总投资16.8亿元,占地197.58亩。建设规模为45万吨/年煤油共炼试验示范装置,主要建设内容包括:每年45万吨加氢裂化装置、6104立方米每小时制氢装置、每年22.5万吨备煤系统。

20日

中央电视台《新闻联播》头条《我国将斥资六千亿建4亿亩高标准基本农田》,报道了榆林市榆阳区小纪汗乡大纪汗村的土地整治工程项目。大纪汗村地处毛乌素沙漠边缘,村子里的沙丘地只能种植红柳等作物。经科研人员反复试验,将砒砂岩粉碎和沙子按不同配比混合在一起,形成适合不同农作物生长的土壤。大纪汗村一期土地整治的2300多亩沙丘地变成可耕地,并搞起规模化种植。这是多年来央视《新闻联播》在头条首次报道本市新闻。

同日

本市举办迎五一“创建杯”职工乒乓球邀请赛,赛期两天,共有36支代表队参赛。

21日

榆林市首家社区LOGO(标志)产生。榆阳区乡企城社区为适应社会发展,结合社区自身特点,集思广益,广泛参评,在近百个设计作品中征求群众意见,评选出最能代表社区自治理念的logo(标志)作品。

23日

经国务院批复同意《陕甘宁革命老区振兴规划》正式发布,榆林市能源化工、现代农业、基础设施等领域被纳入规划。这是本市首次正式进入国家级区域规划。

同日

在全省基层农业技术推广人员技能大赛上本市代表队夺得团体大赛一等奖(第一名)。

23—5月23日

榆林市首届大型图书展在市区举行,来自吉林、陕西等地的多家国内出版社携600万余册图书集中在榆阳区南门口安置大厦一楼向市民展出,同时还向陕西正大技师学院、榆林学院、榆林市福利院等6家单位共赠送了价值12万元的图书。

23—24日

陕西省纪委、省监察厅从4月开始,在各市区举行十七大以来全省反腐倡廉建设成果展巡回展出。23日、反腐倡廉建设成果展在榆林进行为期两天的巡展。

24日

榆林职业技术学院神木校区与德国高校、神木县招商服务局与德国梅尔布施市经济促进局合作备忘录签约仪式在神木举行。三方就"榆林职业技术学院神木校区与德国汉堡应用科技大学"合作意向、"榆林职业技术学院神木校区与尤利斯—里博职业技术学院"合作意向、"神木县招商服务局与德意志联邦共和国梅尔布施市经济促进局"合作意向签约。

25日

举行2012年度"五一劳动奖章"获得者表彰大会。市清洁大队等10个单位荣获"榆林市五一劳动奖状",贺伟等30人荣获"榆林市五一劳动奖章"。截止2012年底,榆林全市共有各级劳模1011人(其中全国劳模17人,全国五一劳动奖章获得者11人,省(部)级劳模282人,市级劳模671人,市五一劳动奖章获得者30人)。

同日

榆林市劳动模范协会正式成立。市劳模协会第一届理事会共确定理事81名。

同日

榆林高新区举行项目集中开工仪式。本次集中开工建设项目30个,总投资170多亿元,年度计划完成投资40亿元,主要包括市政、道路、桥梁等公用基础设施项目10个,社会事业项目10个,房地产类项目10个。

26日

省委常委、副省长江泽林到榆林市调研保障性住房建设工作,分别到定边县保障性住房新乐小区和榆阳区第四期经济适用房、第二期廉租住房、第一期公共租赁住房小区项目施工现场,详细了解本市保障性住房建设进展情况。

26日

神东煤炭集团举行"情铸神东,牵手幸福"员工集体婚礼,100对新人喜结良缘。截止2012年年底,神东公司共成功举办九届青年集体婚礼,575对新人参加。

27日

副省长景俊海来本市调研文物保护和旅游产业发展工作并听取了工作汇报。先后到榆林市上郡博物馆、南门瓮城、钟楼和民俗博物馆等地,详细了解本市文物保护和旅游产业发展情况。

27日

榆林市服装龙头企业陕西羊老大服饰股份有限公司的"羊老大"商标,在国家工商行政管理总局商标局公布在商标案件管理中认定的410件全国驰名商标的羽绒服装、防寒服、服装类别上被认定为中国驰名商标。这是本市获得的第一件中国驰名商标,实现中国驰名商标零的突破。

28日

国内首台一次性容纳30名员工防爆车落户神东,可满足矿井区队一个台班员工出入井作业。之前神东使用的防爆车最多容纳20人,远远满足不了矿井生产的需要。为此,神东与太科院在原防爆车的基础上,经过开发研制出可容纳30人的新防爆车,一次性可容纳30人,。

28—30日

2012中国·榆林第三届春季汽车房产博览会在本市高新区举办。此次博览会吸引53家汽车厂家、100多个汽车品牌和来自全国各地的10多家房产商参展。展览期间,举行文艺演出、车模走秀、摄影大赛等活动。

29日

在全国工人先锋号集体评选中,神木汇森凉水井矿业有限责任公司综采队被中华全国总工会评为2012年全国"工人先锋号"称号。

29—5月1日

举办榆林市青少年运动会。全市近500名运动员进行了水上项目、摔跤、游泳、举重四个大项118个小项目的争夺。榆阳区代表队包揽了游泳项目乙组和丙组的团体第一名。靖边县代表队获水上比赛团体第一名。子洲县代表队包揽男女组举重团体第一名。男子组和女子组摔跤团体第一名分别由神木县代表队和靖边县代表队获得。

5月

4日

榆林市举行纪念建团90周年暨第十一届"榆林市十大杰出青年"颁奖典礼。由共青团榆林市委、榆林市青年联合会、榆林日报社、榆林电视台联合开展的第十一届"榆林市十大杰出青年"经过申报推荐、初审、测评、考察、公示、定审等6个环节,组委会综合考虑决定授予王倩等10名同志为第十一届"榆林市十大杰出青年"和"榆林市青年突击手标兵"荣誉称号,授予王渊等10名同志为第十一届"榆林市十大杰出青年"提名奖和"榆林市青年突击手"荣誉称号。

同日

榆林重大社会事业项目暨融资开发项目集中开工仪式在高新区举行。14个项目总投资121亿元,包括8个社会事业项目,5个融资地产开发项目和一个城市产业经营项目。社会事业项目包括榆林城西城墙保护工程、榆林职业技术学院图书信息大厦和成人教学楼、榆林市检察院综合大楼、榆林计划生育保健服务楼、榆林统建大楼、榆林市民兵训练基地、绕城快道北段。融资开发项目有榆林明珠CBD、榆溪王家楼装备库置换项目、宏景国际大厦、航宇大厦、榆溪雅园商住开发项目。城市经营项目是"气化榆林"工程,主要负责给榆横、榆神两大工业园区和周边居民供应天然气,该项目将打造成本市首家上市公司。

9日

著名经济学家、香港中文大学教授郎咸平在榆林人民大厦举行大型演讲《2012我们走向何方》,这是继上年6月份后郎教授第二次来榆林演讲。郎咸平以深入浅出的手法、细致入微的分析、诙谐风趣的风格和翔实的数据,给榆林人民上了生动的一课。

10 日

由中国作协,鲁迅文学院,神木县委、县政府主办的梦野组诗《神木》暨诗集《在北京醒来》在北京召开研讨会。中国作协党组成员、书记处书记李敬泽讲话,中国作协副主席高洪波出席,鲁迅文学院副院长白描主持研讨会。梦野是出生于陕北神木的“70后”著名诗人,系中国新乡土派诗歌最具代表性人物之一。

11 日

府谷机场的选址意见获国家民航局批复许可。将建于府谷县城西北10公里处的桑园梁,距离神府高速新区连接线18公里,定位为服务于陕北能源化工基地的民用、支线运输机场。作为全国“十二五”期间计划新建的50个机场之一,府谷机场初步论证飞行区等级标为4C级民用支线机场,机场跑道长2600米—3000米、宽45米—48米,项目初步估算总投资为12.5亿元。

同日

榆林市区南郊发现一处明代墓葬群,由5座墓葬组成。墓葬的整体框架清晰可见,均是坐东向西,1座居东,其他4座以西并列分布,其中,4座为砖石墓,1座为土圹墓。有1座墓葬为合葬墓。墓葬距今有450多年的历史。

12 日

国家财政部下达2012年湖泊生态环境保护资金预算的通知,红碱淖成为本省第一个被列入全国湖泊生态环境保护项目的湖泊,将予以重点保护。该项目从2012年开始将连续实施3年,国家财政部计划每年划拨资金1亿元,县地方财政每年配套1亿元,3年总投资共计6亿元。

15 日

举行榆林城区2012年市政道路项目集中开工仪式,榆林大道、开光路、长城南路延伸段等13个市政道路项目建设工程全面开工。开工的13条道路均是本市城区内城市路网的重要组成部分。对拉大城市框架,形成城市快速环道,完善红山与西沙、东沙与南郊、西沙与高新区之间的路网体系,解决主要堵车地段的交通瓶颈问题,彻底改善城市交通状况,具有十分重要的作用。

18 日

国家工商行政管理总局为神木县颁发了“神木兰炭”地理标志证明商标注册证书,这是全国第二个以一次性能源为原料的工业产品地理标志商标。

19 日

由杨明芳、杨进合著的大型陕北方言词典《陕北语大词典》由陕西师范大学出版社出版发行。陕北话的大量词语被记载在先秦典籍、汉魏文章、唐宋诗文、金元杂剧、明清小说、古代辞书和其他杂著中。《陕北语大词典》的问世,在语言、文学、艺术、民俗、旅游等诸多领域的实践和理论研究中产生深远的影响。

21 日

陕西省纪念常黎夫同志诞辰100周年座谈会在西安召开。

同日

定边县和绥德县被省政府命名为省级卫生县城。省政府向全省通报命名决定,两个县各奖励5万元。

同日

根据真实史料改编,由广电总局电影频道节目中心、中央新闻电影集团、八一电影制片厂联合打造、八一厂著名导演安澜执导的电影《延安电影团》在米脂县举行首映式。影片讲述了上海著名进步影人吴印咸、袁牧之、钱筱璋等在周恩来的策划和安排下辗转来到延安,建立中国共产党第一个电影机构——延安电影团,克服缺少资金、设备等不利因素,拍摄了万余米胶片、几万张照片,记录了党中央、八路军、晋察冀抗日军民艰苦卓绝的八年抗战的故事。

23—29 日

榆林摄影界首次举办大规模跨省、跨国交流活动——榆林、秦皇岛、韩国清州——中韩艺术摄影作品联展在榆林世纪广场举行。共展出中韩摄影家以两国三市“自然风光”为内容的150幅摄影作品。

24—29 日

榆林市举行系列活动纪念毛泽东《在延安文艺座谈会上的讲话》发表70周年。其中有系列书画摄影展、文艺晚会、座谈会。由全国40家媒体近百名编辑、记者组成“红星璀璨——2012全国媒体红色之旅”大型采访团走访榆林诸多红色旅游景点。

25—27 日

首届陕北婚礼婚俗艺术节暨榆林首届集体婚礼在榆林镇北台脚下举行。

28 日

米脂古城老街等10条街道从全国申报的300多条历史街区里脱颖而出,成功入选第四届“中国历史文化名街”,这是我省首条入选“中国历史文化名街”的古街。老街是米脂古城的主要街巷景观,由十字街连接的东大街、北大街组成,店铺林立,生机盎然,众多保存比较完整的窑洞四合院分布在大街两侧。窑洞四合院的主格局为“明五、暗四、六厢窑”式,建筑风格在全国具有典型性,古街内有很多文化遗存。

29 日

陕西煤矿安全装备检测榆林分中心揭牌仪式在本市举行。该中心是在全市设立的第一家煤矿专用设备、仪器检测专业机构。可开展煤矿主通风机、主提升机、主排水泵、空气压缩机等“四大机械”检测、矿井通风阻力测定、煤矿用胶带输送机检测等25项检测项目,同时具备新增检测检验项目“皮带安全性能”“电缆阻燃性能”“矿用防爆柴油机无轨胶轮车综合性能”的三大类5个项目检测能力。

30 日

市委常委、市长陆治原在榆林会见冀东发展集团有限责任公司董事长张增光,并出席冀东发展集团子公司唐山冀东水泥股份有限公司与吴堡黄河水泥公司、山东临朐胜潍特种水泥公司股权转让协议签字仪式,唐山冀东水泥公司与米脂昌盛水泥公司合作框架协议签字仪式。

6 月

1 日

中国少年先锋队榆林市第一次代表大会在榆举行。团省委副书记、省少工委主任段小龙出席会议并作了重要讲话。会上表彰了张乐谦等 25 名榆林市“优秀少先队员”、白一夫等 14 名榆林市“优秀少先队辅导员”。

同日

本市发放第一张机构信用代码证。中国人民银行征信中心开始发放“经济身份证”。这是本市金融机构向社会发放的第一张机构信用代码证，有效期为 5 年。

3 日

省委常委、延安市委书记姚引良率延安市党政代表团到本市榆阳、米脂、清涧等县区考察城市建设、生态治理、红色文化等工作。

同日

市公车治理领导小组办公室对市、县党政机关和市属企业 20 辆超标公务用车进行首批公开拍卖。拍卖的 20 辆超标公务车，包括媒体曝光的 9 辆超标车和市上自查自纠的 11 辆超标车，其中小轿车 9 辆(国产 7 辆，进口 2 辆)，越野车 11 辆(国产 2 辆，进口 9 辆)。230 余人参加竞拍，19 辆拍卖成交，拍卖收入 555.9 万元，1 辆流拍。

4—6 日

省委常委、省纪委书记郭永平带领省纪委有关负责同志，来榆林考察调研反腐倡廉制度建设工作情况，召开陕北片深化反腐倡廉制度建设工作推进会。

5 日

榆神工业区 27 个基础设施项目、9 个产业类项目集中开工，总投资 55.9 亿元。新开工的 27 个基础设施项目，涉及清水工业园区和大保当新区道路、供水设施、污水处理、公益设施和移民安置等项目，总投资 29.3 亿元。9 个产业项目主要有超高功率针状焦、矿用工程装备制造、废旧轮胎裂解生产、沙棘深加工、玻璃钢夹砂管等项目，总投资 26.6 亿元。该批产业项目都是民营企业投资，也是资源深度转化和非能源产业项目。

6 日

市长陆治原会见美国怀俄明州吉列市市长汤姆·莫菲一行。并与吉列市签订建立友好城市关系意向书。

11 日

榆林市无定河、窟野河、皇甫川、清涧河、秃尾河等 5 条河流纳入国家编制出台《全国中小河流治理和病险水库除险加固、山洪地质灾害防御和综合治理总体规划》的全国中小河流治理规划。12 个县区全部纳入山洪地质灾害防治及易灾地区生态环境综合治理规划。

6—7 日

国际先进煤技术应用交流会议是由美国怀俄明州、澳大利亚昆士兰州共同发起，旨在推进煤炭转化科技进步，促进技术转化应用。美国怀俄明州代表团到榆林市考察，旨在共同探索和推广先进煤技术的应用，促进资源的深度开发。

12 日

陕西文化投资集团董事长段先念来榆考察，市委书记胡志强会见考察组一行。在考察组考察期间就文化产业发展等议题召开座谈会。陕文投集团提出关于《榆林文化产业概念策划方案》的汇报，旨在让榆林从“能源之都”向“文化新城”转变。

13—15 日

陕西省作家协会、中共神木县委、神木县人民政府共同牵头，举办“人文神木·陕西诗会”暨陕西省青年文学协会成立大会。中国作协党组成员、书记处书记李敬泽，省文化厅厅长余华青，陕西新闻出版局局长薛保勤，省作协党组书记雷涛和我省著名作家、省作家协会主席贾平凹出席大会。

14 日

榆林市全面健身活动中心举办国际男篮顶级赛事——美国 NCAA 全明星男子飞鹰篮球队挑战 CBA 青岛双星队。飞鹰队阵容中有来自 2011 年 NCAA 联赛总冠军的康乃狄克大学队球员，青岛队由身高 2.12 米的前国手薛玉洋领衔出战。

14—16 日

军地共建“书香榆林”李广彦画展及慈善捐助活动在榆林举行。共展出当代实力派画家李广彦历时 10 年创作的作品 86 幅，内容涵盖人物、花鸟、动物、走兽、青铜器等 8 类题材。李广彦在活动现场向省残疾人福利基金会榆林分会捐款 10 万元，捐赠字画 10 幅。

15 日

市政府放心早餐工程启动仪式在高新区举行。市委常委、常务副市长高中印授予榆林市四海食品配送有限公司“榆林市政府放心早餐工程实施企业”牌匾。公司生产基地面积为 12000 平方米，其中有生产车间 8 个，早餐生产线 8 条，食品配送中心 1 个。在榆林城区范围内设置早餐销售点 120 个，覆盖城区 80% 以上的面积，日均销售早餐近 6 万份。

同日

上午 11 时 03 分，榆林“中赢夸父”户外登山队的 6 名登山爱好者成功登顶海拔 6178 米的青海玉珠峰。

16 日

中共中央党史研究室主任欧阳淞来到被誉为“西北革命策源地”的绥德师范学校参观考察。

同日

神舟九号飞船整流罩部分残骸坠落在本市境内。全市共搜索整流罩残骸 33 块，安装在整流罩中的“黑匣子”1 个，在第一时间被相关部门技术人员取走，没有对群众人身财产安全以及供电设施、工矿企业等造成任何损伤。

21 日

市委常委、市长陆治原在榆林会见全国工商联副主席、金花企业集团总裁吴一坚，双方就金花集团在榆投资的事宜等交换意见。金花集团表示将会把项目打造成体现国际化、品牌化及特色化，并集金融、商务、办公、住宅、餐饮、娱乐、休闲和文化为一体的商业综合体。

22 日

中央编办督促检查司司长田玉萍一行来榆林市调研本市积极推进行政

管理体制改革,强化机构编制管理工作,优化人力资源配置,提高人员工作效能,全力保障全市经济社会跨越发展的情况。

25日

陕北侏罗纪煤田首次发现煤层气,这一发现打破上世纪80年代神府煤田发现以来,普遍认为陕北侏罗纪煤层没有瓦斯的论断。

26日

市委书记胡志强率全体市委委员、候补委员赴圣地延安学习考察。胡志强等参观了中央大礼堂等革命旧址,听取并学习党的"七大"会议在我党历史上的重大意义。认真听取中国延安干部学院李瑞芳老师现场专题讲授"刘少奇与《论共产党员的修养》"和中国延安干部学院王健老师题为《延安时期的党群关系》专题讲授。认真学习了王诚安教授的专题讲座——《延安时期党内优良传统及典型案例分析》。

28日

中共榆林市委召开全市纪念建党91周年暨创先争优活动表彰大会,回顾党的光辉历史,弘扬党的优良传统,全面总结创先争优活动成果,安排部署全市各级党组织向米脂县高西沟村党支部学习活动。

同日

由中央宣传部、中央文明办主办,中央电视台综艺频道《激情广场》栏目组走进榆林,在榆林市镇北台广场举办《激情广场爱国歌曲大家唱——陕西·榆林篇》群众歌咏活动。28日下午3时,榆林电视台一套现场直播。

同日

"清涧红枣"成功注册国家地理标志证明商标。

7月

2日

榆林机场开通榆林—(经停西安)—重庆航线,由东航执飞,每日一班。

3日

国家环保部生态司自然保护区管理处调研组到榆林调研红碱淖湿地保护情况及生态环境现状。调研组对红碱淖湿地补给的7条河流及周边生态环境进行实地勘查,详细了解红碱淖水位严重下降和水质变差的原因。结合调查原因本市制定红碱淖湖泊生态环境保护"保水、补水、治水、修复"十年规划。

3—4日

呼和浩特市市长秦义率领党政代表团来榆林考察。代表团参观考察本市国华锦能电厂、神木北元化工、中煤榆林能化等项目和榆林展览馆。市长陆治原与秦义一行座谈,秦义提议从2012年开始举办"呼包银榆经济区发展峰会",陆治原表示赞同。

4—9日

榆林市举办首届青年创业大赛。比赛面向1977年后出生的榆林各高校、中等职业学校在校生和毕业生;在外就读的榆林籍高校、中等职业学校在校生和毕(肄)业生;全国各地有志于在榆林创业人员和榆林籍在外创业人员。所有进入复赛的创业项目,由大赛组委会推荐至邮储银行榆林市分行申请创业贷款,贷款额度一般不少于10万元。

4日

国家发改委西部开发司副司长欧晓理做客"榆林大讲堂",就《西部大开发"十二五"规划》《陕甘宁革命老区振兴计划》和即将出台的《呼包银榆经济区发展规划》进行深入分析和解读。

6日

按照省政府组建陕西第三大能源集团的决策部署,由榆神煤炭公司、煤炭运销集团、煤炭出口集团、资源勘探公司、盐田开发公司、煤炭物资经销公司等6家市属能源类企业整合组建的陕西榆林能源集团有限公司在西安揭牌成立。省长赵正永与省委常委、常务副省长娄勤俭共同为榆林能源集团公司揭牌。该公司是截至2012年榆林市最大的国有独资能源集团公司。该集团公司将重点围绕资源勘查转化、煤炭开采与运销、发电与热力供应、煤炭出口4个板块,打造具有重大影响力的大型煤电、煤化能源产业集团。

9日

市委组织部、团市委与北京大学团委签约,在本市建立北京大学在我省的首个青年就业创业基地。参加见习的15名人员是由来自北京大学的在读本科生、硕士、博士研究生组成,见习时间为1个月。

10日

环保部环境监察局副局长郭伊均带领国家减排核查组一行就榆林市2012年上半年污染减排工作进行核查。

11日

榆林中学晋升为陕西省示范高中。"省级示范高中"是陕西省普通高中的最高荣誉。

11—12日

铜川市副市长曹远勃带领考察团一行31人深入榆林市靖边和定边两县,就两县移民搬迁工作进行实地考察。

12日

由中国书法家协会主办的2011中国书法年度"佳作奖"上,本市书法家张胜伟等全国15位书法家的15件作品获奖。中国书协主席张海为张胜伟颁奖。

同日

2012年伦敦残奥会中国体育代表团中陕西省共有8名运动员获得参赛资格,其中榆林市2名肢体残疾运动员白娟和杨倩入选伦敦残奥会中国体育代表团名单。

17日

总投资261亿元的佳县七大重点项目集中开工仪式在榆佳工业园区举行。七大重点项目分别为:陕西有色天宏新能源有限责任公司总投资210亿元一期建设年产2.4万吨多晶硅项目、榆林东冠化工有限公司总投资34.9亿元建设年产60万吨纯碱120万吨真空盐项目、榆林佳县天宝科工贸有限公司总投资8.4亿元建设日处理100万方液化天然气项目、榆林华创化工有限责任公司总投资4.2亿元建设年产60万吨兰炭尾气配套新建1

×30兆瓦机组发电项目、榆林市佳县明盛服装有限公司总投资1.2亿元建设年产120万套服装项目、佳县东奥牧业有限责任公司总投资1亿元建设年出栏5万头生猪养殖项目、榆林春辉房地产开发有限责任公司总投资1.3亿元建成四星级金龙大酒店项目。

18日

榆林境内明长城是我国明长城的重要组成部分和世界文化遗产长城的一部分,具有重要的历史、科学艺术和社会价值。由省文物局、市政府联合主办的陕西省长城保护工程启动暨镇北台长城博物馆开馆仪式在榆林市镇北台举行。

19日

横山县总投资近18.9亿元的8个项目举行西南新区第一批入区项目集中开工仪式。开工建设的重点项目既有服务新区发展的政府办公、商住项目,也有民生项目。其中,华诚商住小区项目总占地面积14万平方米(210亩),计划总投资6.4亿元;横山县创新商务中心项目总占地面积1.16万平方米,计划总投资0.78亿元,项目建成后将成为新区商务中心;白界乡政府办公大楼项目总占地面积2万平方米,计划总投资5500万元;伟业新天地商住小区项目占地面积6.38万平方米,计划总投资2.47亿元,;天裕星世纪商住小区项目建筑面积10.04万平方米,计划总投资2.68亿元,建成住宅楼8栋,分两期实施;鼎盛商住小区项目总占地面积3.73万平方米,计划总投资2.8359亿元;惠民庭苑商住小区项目总占地面积5.04万平方米,计划总投资1.25亿元;紫瑞花园住宅小区项目总占地面积4.47万平方米,计划总投资1.89亿元。

19日

陕北最大的县级博物馆——神木县博物馆正式开馆。博物馆总投资1.1亿元,建筑面积8600平方米,展厅面积3145平方米。馆藏文物1万余件,馆内设有恐龙厅、古代文明展厅、汉画像石专题展厅、杨家将专题展厅、县情展厅及临时展厅六大展厅,从多角度、多侧面向公众揭示神木及陕北历史文物的丰富文化内涵,展现农耕文化和草原文化交融共进的发展历程。同日,中国古动物馆科普教育基地和陕西省考古研究院神木工作站也挂牌成立。

21日

由陕西作家钟平创作、作家出版社出版的长篇小说《天地之间》,由文艺报社、作家出版社、中共榆林市委宣传部联合在北京人民大会堂举行研讨会。小说取材于晋陕蒙"黑三角"污染治理、环境变迁等事件,以环保为主线,反映了"在环境保护中谋求可持续和谐发展"的主题。

23日

省委常委、省委政法委书记、省高院院长安东来榆检查防汛救灾工作。安东实地察看了红石峡水库、榆溪河道防汛工作和防汛抢险物资储备情况,并召开了防汛工作座谈会。

27日

由教育部、商务部、中华全国供销总社和陕西省政府共同主办的第三届全国"农校对接"洽谈会在西安举办。榆林市首次组织代表团携14大类50余种特色农产品参会。

30日

由市水务局干部姬晓东编剧、榆林九歌文化传播有限公司和西部电影集团联合摄制的数字电影《美丽村官》,荣登全国流动数字电影放映周冠军宝座。该片是一部以解决本市150万农村群众饮水困难为背景,反映这一民生工程通过四年实施取得显著成就的主旋律电影。

8月

4日

榆林林业学校被教育部确定为国家中等职业教育改革发展示范学校,在陕西省申报的13所中等职业学校中名列第一。

9日

在伦敦奥运会自由式摔跤女子63公斤级决赛中,榆林姑娘景瑞雪获得银牌。

9—10日

由中国植物学会植物园分会、中科院植物园工作委员会主办的2012中国植物园建设与发展研讨会在榆阳区卧云山植物园举行。中国植物园分会理事长张佐双致欢迎辞,并向本市林业战线退休干部、高级工程师、"绿圣"朱序弼老先生颁发了"中国民办植物园建设杰出贡献奖"。

11日

榆林书画苑揭牌仪式暨书画展在榆林步行街举行。画苑展出刘文西等多位书画名家的上百幅书画作品。

12—15日

由中央联席会议办公室副主任、国务院参事王石奇,国家信访局来访接待司巡视员张艳明率领的中央信访督导组来榆深入绥德、榆阳、神木、府谷等县区实地督查检查信访工作。

15日

榆林能源集团有限公司与中信银行西安分行在榆林签订战略合作协议,中信银行将在未来3年内为榆林能源集团提供首期100亿元人民币规模的综合性融资服务。

16日

陕西省社会科学院学术委员会副主任、研究员、陕西省有突出贡献专家、陕西省科学院区域发展咨询中心主任、注册高级咨询师、陕西省决策咨询委员会委员张宝通教授做客榆林大讲堂,以《打造新龙头引领陕甘宁融入环渤海——陕甘宁振兴规划与榆林持续跨越发展》为题做了专题讲座。

同日

在北京举行的中国医院管理突出贡献奖、优秀院长、医院科技创新表彰大会上,神木县医院院长王强成为全国100名受表彰的院长中的一员,也是全省唯一获此殊荣的县级医院院长。

17日

西京见义勇为医疗救助基金启动仪式在榆举行。该基金重点对在陕西省范围内的见义勇为伤残人员和家庭比较困难的见义勇为人员及其家属提供医疗救助。西京见义勇为医疗救助基金依托西京医院医疗救助基金,将见义勇为纳入社会救助体系，加大对见义勇为者保护力度。该基金由本市民营企业家邢鹏飞每年捐助100万元，基金捐助期限为5—10年，累计捐助1000万元。

同日

由陕西省书法家协会陕北工作委员会主办，延安、铜川、榆林三市书法家协会承办的第二届陕北书法艺术大展在榆林举行。共选出139幅入展作品。其中行草作品61幅，楷书作品29幅，隶书作品36幅，篆书篆刻作品13幅。

21日

由榆林学院化学与化工学院闫龙博士主持申报的国家自然科学基金项目"粉煤灰负载氧化钛基三维电极处理兰炭废水及宏观动力学研究"通过专家评审，并经国家自然科学基金委员会批准，获青年科学基金立项资助，资助经费25万元。榆林学院首次获得国家自然科学基金项目资助。

22—23日

中宣部副部长申维辰一行到榆阳区镇北台、红石峡，佳县白云山实地考察调研榆林市文物保护及文化旅游事业发展情况，并充分肯定了本市近年来经济社会文化等方面所取得的重大成就。

24日

神木县栏杆堡镇境内砂岩上发现十多个"鸡爪"脚印，疑似恐龙脚印化石。

25—29日

由中国畜牧兽医学会养羊学分会主办，中共横山县委、横山县人民政府承办的主题为"展示羊产业辉煌成就、共谋羊产业发展大计"2012年全国羊产业经验交流与学术研讨会暨中国·横山首届绒山羊节在榆林市横山举行。

国际养羊组织、国家农业部、全国畜牧总站、中国畜牧协会及省农业厅、科技厅、畜牧兽医局、畜牧总站等相关领导，全国各省、市、自治区的中国畜牧兽医学会养羊学分会专家学者近500人参加研讨会。

27日

在伦敦奥运会上，由本市体育运动学校培养、输送的摔跤运动员景瑞雪，在63公斤级比赛中为中国队获得一块银牌。市委、市政府在市委会议中心召开大会，隆重表彰在第三十届伦敦奥运会上取得优异成绩的榆林奥运健儿景瑞雪和为培养优秀运动员做出突出贡献的先进集体、先进个人。

31日

由香港科技大学、西安交通大学专家教授组成的考察团来榆林市考察煤化工、金属镁等产业发展，与本市举行产学研合作研讨会。

9月

1—3日

第七届榆林国际煤炭暨能源化工产业博览会在榆林召开，来自国内外的2000多位嘉宾客商和500多家企业代表及榆林市各县区、工业区3000多名代表参加了博览会。此次煤博会重点展示榆林区位优势、资源优势、市场优势以及近年来的建设成就。大会邀请国内外500多家知名企业，集中宣传、展示国内外煤产业先进技术与科技成果，促进参展商更多地参与国内外交流与合作，更好地引进国内外先进技术和管理经验，提高煤炭产业的国际竞争力。大会期间，组委会以论坛、讲座等形式，就如何加强政府与企业、国内与国外、研发与市场、投资与融资、生产企业与配套供应商之间合作问题进行深度探讨，进一步促进产学研、国内外等多层面、多形式的交流与合作。并举办榆林煤炭延伸产业及非煤产业项目推介暨签约仪式。共签约建设项目5个，金额48.9亿元

3—13日

第五届榆林国际美食节在榆林市凌霄广场举行，活动为期10天。特邀全国巡回美食团并汇集本地的名优特色食品，参展企业100余家，展位150个，展区面积2400余平方米，展示国内外食品200余种，参展人员300余人，著名的泰国昆虫宴、印度飞饼、朝鲜打糕、韩国铁板鱿鱼、巴西烤肉、台湾地区小点心和海南鲜椰等名优食品悉数参展。

3日

召开全国三北防护林体系建设四期工程总结表彰暨五期工程启动大会，大会表彰奖励了全国生态建设突出贡献奖先进集体、先进个人。榆林市神木县林业局获得"全国生态建设突出贡献奖先进集体"荣誉称号，石光银治沙集团有限公司董事长石光银、靖边县绿源治沙有限公司董事长牛玉琴、定边县秀海荒山治理有限责任公司总经理杜芳秀、定边县荣兰荒漠治理有限责任公司总经理王志兰、子洲县林业局局长胡志友等5人获得"全国生态建设突出贡献奖先进个人"荣誉称号。

3日

榆林市清涧籍小将杨倩在残奥会乒乓球女子单打TT10级比赛中获得银牌。

3—4日

省政协副主席李进权带领省政协社会和法制委部分委员到榆林市榆阳区、横山县等地进行实地视察调研基层社会矛盾化解工作。

5—6日

国家发改委原副主任、中国中小企业协会会长李子彬一行来榆林调研中小企业发展情况。市政府主持召开中国中小企业产业投资基金募资路演及中小企业发展座谈会。中国中小企业协会有关负责人就中小企业产业投资基金进行路演。

6日

陕北秧歌剧《米脂婆姨绥德汉》获得第二十届中国曹禺戏剧文学奖（第四届中国戏剧奖·曹禺剧本奖）。

7日

由陕西省延安精神研究会联合陕西省委党校、市延安精神研究会共同举办的"纪念延安整风运动七十周年"理论研讨会在榆林市召开。

同日

在伦敦举行的第十四届残奥会S4级50米仰泳决赛中，榆林市绥德籍残疾运动员白娟获得铜牌。

8日

在伦敦残奥会乒乓球女子团体TT6—10级别的决赛中，榆林市清涧

籍小将杨倩与队友合作,以3:0战胜土耳其队夺得金牌,这是本市运动员获得的首枚残奥会金牌。

9日

2012年度全国国防后备力量建设新闻人物评选颁奖典礼在湖北省武汉市举行。获得全国新闻人物称号的共有10人,中共榆林市委书记、榆林军分区党委第一书记胡志强当选。胡志强是西北五省区唯一获得此项荣誉的市委书记。

同日

由中国文物学会文物音像委员会、中国书画艺术研究院主办,榆林展览馆、北京墨耕堂画院承办的"古今书画鉴赏暨田原作品展"在榆林展览馆举行。

10—12日

由全国人大教科文卫委员会副主任李志坚带领的调研组来榆林市调研,详细了解本市城市建设和旅游文化建设情况。13日

榆林机场PBN飞行程序实地验证试飞取得圆满成功,榆林机场正式成为西北地区首家运行PBN飞行程序的机场。

PBN飞行程序即基于性能的导航,包括RNAV(区域导航)和RNP(所需导航性能)两种导航规范,是优化空域结构、扩大空域容量的重要途径。通过PBN的实施,将在飞行安全性、系统容量、机场运行效率和空域使用等方面得到显著提高,使航空飞行摆脱地面导航设施布局的限制,从而使有限的机场空域内能够增加更多的航线。

13—15日

青海省海东地委副书记、行署专员金长华率海东地区考察团,考察榆林市文化建设、城市规划及工业园区建设情况。

12—14日

由中国有色金属工业协会镁业分会和市政府主办,省镁工业协会、府谷县政府、神木县政府、横山县政府协办的中国镁协第十五届年会暨成立十周年大会在榆林召开。

15日

中国工程院院士、陕西省首席科学家、西安建筑科技大学校长、陕西循环经济工程技术院院长徐德龙,带领西安建筑科技大学、陕西循环经济工程技术院9名教授和博士组成的专家团,考察陕西省镁业集团股东企业——陕西省府谷县天宇矿产实业集团有限责任公司的镁及镁合金循环经济产业基地。

17日

华能陕西靖边电力有限公司靖边龙洲风电场一期4.95万千瓦工程CDM(清洁发展机制)项目在联合国成功注册。

21日

高尔夫全国巡回赛在榆林市举行,原副省长吴登昌出席开球仪式,全国各地的40余名球手参加了比赛。来自苏州的陈礼龙以74杆获得冠军,榆林队员王维海、西安队员李保平分别夺得亚军和季军。

21日

市政府新版门户网站正式开通运行。市政府新版门户网站设置"走进榆林""政府信息公开""网上办事""政民互动"4个主栏目和新闻类、政务专题类等其他栏目,整合了市政府各相关单位的政府信息公开和办事服务类事项,涵盖需要社会公众广泛知晓的政府信息,提供了与企业和人民群众密切相关的行政许可、非行政许可审批和服务类事项的办事指南、办事流程及相关的资料表格下载等内容,加强了与公众的互动交流,畅通了民意征集和网上投诉举报的渠道。

22—25日

榆林市举办2012中国·榆林第三届秋季汽车博览会,共有榆林以及周边地市的36家主流汽车品牌经销商前来参展,吸引逾十万人参观,成交400余辆。

24日

榆林市扶贫开发协会成立大会在榆举行。市委书记胡志强、中国扶贫开发协会副会长谷永江、省扶贫办主任郭汉文出席会议。

27日

榆林高新技术产业园区成功晋升为国家级开发区,成为省内7个国家高新区之一。国家高新区建设动员大会暨授牌仪式在西安举行,全国政协副主席、科技部部长万钢,省长赵正永出席。

25日

主题为"聚民商、强榆林"的榆林市招商会暨第三届榆商大会在西安举行。大会共签约风情小镇建设、圁水旅游圣境名园、限价商品房、羊毛羊绒产业基地、轻纺工业加工园、钢化玻璃生产、100兆瓦光伏发电、通达国际广场建设、汽车总动员主题文化街区、榆阳区元阳文化博物院、红枣综合开发与深加工、农林产品深加工转化、20万件羊绒衫加工等项目31个,总投资261.5亿元,其中合同项目13个,总投资84.4亿元;协议项目11个,总投资105.5亿元。

27日

纪念陕北盐田开发十周年暨中盐榆林盐化有限公司年产60万吨制盐项目投产典礼在榆阳区鱼河盐化工业园举行。中盐榆林盐化有限公司是中国盐业总公司控股的二级企业,是国家食盐定点生产企业,拥有目前国内最先进的生产装置。60万吨真空制盐项目投产后,该公司总产能达到年产120万吨。新项目总投资5亿元,日产盐3000吨,可实现年产值6亿元,实现利税1亿元。

28—29日

省委书记赵乐际到榆林市榆横工业园、羊老大服饰公司、横山县横山镇马家梁村、波罗镇杨沙畔村、陕汽东方新能源专用汽车有限公司等央企厂矿、乡镇实体深入调研。赵乐际肯定榆林把握主题主线、坚持稳中求进,各项工作有力有序有效。但要把增收富民作为最紧迫任务,扎实推进民生事业。要搞好节能减排、环境整治等工作,集约节约用地,走人与自然和谐发展之路。

29日

榆林至绥德高速公路正式建成通车。榆绥高速公路是本市神府煤田北煤南运的第二条高速通道,也是陕西"2367"高速公路网的重要组成路段。项目于2010年3月开工建设,历时一

年半，全长118.809公里，北起榆阳区牛家梁镇，南至绥德县石家湾镇史家湾村，与榆神高速、青银高速及在建的榆佳高速相接，途经榆阳、横山、米脂、绥德等4县区13个乡镇127个行政村和4个国有林场，沿线经济活跃、村镇密集、厂矿企业众多、人口稠密，共设9个互通式立交，密集度居全陕西高速公路之首。

10月

12日

榆林市创办的第一所大学——榆林职业技术学院正式挂牌。省委副书记孙清云、副省长朱静芝、市委书记胡志强为榆林职业技术学院揭牌，市长陆治原一同揭牌并讲话。

榆林职业技术学院是经省政府批准、教育部备案，由市政府主办的一所全日制普通高等职业技术学院。学院坐落于榆林市高新产业园区内，占地720亩，建筑面积18万平方米。学院开设煤矿开采技术、矿山机电、应用化工技术、机电一体化技术、电厂热能动力装置、化工设备维修技术、矿井通风与安全、矿山测量8个专业，2012年完成招生2000多名。

12日

榆林市创建省级园林城市考核验收通过。省住房和城乡建设厅副厅长、省园林城市考核验收团团长张文亮向榆林市颁发了省级园林城市考核验收鉴定书。省考核验收团专家组通报对本市创建省级园林城市的考核验收意见，专家们认为，近年来，榆林市委、市政府以科学发展观为指导，以加强生态保护、改善人居环境为目标，按照推进跨越发展，构建和谐榆林，建设中国经济强市、西部文化大市、塞上生态名市的发展战略，“创园”工作投入大、变化快、标准高，成效显著，探索出了在大漠深处建设园林城市的路子和成功经验，各项指标达到了省级园林城市标准。

16日

以“科教引领、创新转型、合作共赢”为主题的榆林市第三届产学研合作峰会在西安举行，省委副书记孙清云出席峰会，省委副秘书长杨志刚、省科技厅厅长奚正平、省教育厅副厅长郭立宏以及在陕的19所高校、省属6所工研院的主要负责人出席了会议。本届峰会架起榆林与西安高校、科研院所的合作桥梁，使榆林的资源优势、产业优势与高校、科研院所的科技优势、人才优势充分对接。

榆林产学研合作机制实施以来，先后与西交大等40多所高等院校签订科技合作和项目协议，与国内外500多名专家合作交流，形成合作研发、技术转让、科技服务、共建工程技术研究中心、委托培养人才、建设科技园区、资源共享合作等多种合作模式。政府累计投入4000余万元，实施科技合作项目342个，取得重大创新成果250多项，建成科技示范基地10多个，建立工程技术研究中心13个、重点实验室9个，为企业进行技术诊断160多次，培育高端人才560多名。

17日

《大美榆林》大型实景水影首场演出在榆溪河滨河公园举行。演出分《塞上明珠·沧桑史诗》和《能源朝阳·绿韵家园》上下两篇。《大美榆林》大型实景水影通过传统手法的歌舞情景表演与现代手法的声光电以及喷泉水影效果的有机结合，采用全新的表现方式，反映榆林悠久的人文历史、淳朴的民俗风情、美丽的自然山水和繁荣的现代文明。

同日

纪念李鼎铭先生逝世65周年暨《李鼎铭研究文集》出版座谈会在米脂县举行。

19日

清(涧)石(楼)公路黄河大桥正式竣工通车。清石黄河大桥是陕西省向东的第11个出口、榆林市向东的第5个出口。大桥起始于清涧县高杰村镇辛关渡口，横跨黄河，与山西省石楼县相接。主桥长629米，路基宽12米，为预应力砼连续钢构，二级公路技术标准，设计车速40公里/小时，汽车荷载为公路Ⅱ级，桥下净高100米，满足Ⅳ级通航标准，尚属“黄河第一高桥”。

19日

由市委组织部、市人力资源和社会保障局、市科协共同主办第六届“榆林青年科技奖”表彰大会在榆林学院举行，马伟等23名在我市各个行业做出突出贡献的青年科技工作者受到表彰奖励。“榆林青年科技奖”每两年评选一次，自2002年创设以来，先后有111名青年科技工作者获此殊荣。

22日

由市政府、商务部中国国际电子商务中心、国际商报社联合主办的榆林特色农产品贸易博览会在西安举行。全市70多家生产厂商的五大类200多种绿色有机农产品展出，吸引全国各地的60多家采购商，其中有沃尔玛、华润万家、人人乐流通业巨头。期间举办“现代特色农业品牌和关联产业发展”高端论坛。

同日

市委书记胡志强在榆林会见前来考察本市光伏产业的美国客商和陕西有色金属控股集团有限责任公司负责人一行，双方就建立合作关系、共同开发推进多晶硅项目、实现互利共赢深入交换了意见。

25日

榆林市工商联举行工商业联合会(总商会)第一次会员代表大会。截至2011年底，全市非公经济组织发展到12.8万户，其中民营企业7698户，从业人员达到53万人，非公经济占GDP比重达到36.1%，缴纳税费占全市财政总收入的30%，全市拥有各类商会67个，发展会员7346名。大会选举贾正兰为市工商联第一届执委会主席、市总商会会长，选举贺振强等18人为市工商联第一届执委会副主席，选举王凤君等17人为市总商会第一届执委会副会长。

26日

市委宣传部与市延安精神研究会共同召开延安精神纪念日座谈会。

26—29日

主题为“加快旅游产业升级，扩大旅游消费规模”的第五届陕西旅游商品博览会在西安举办。榆林市展区位于陕西旅游专题馆中的红色旅游展区,本市代表团携78家旅游生产企业参会。共有40个展位。本市横山县三洋农牧科技有限公司横山羊肉,清涧县清涧石板文化开发公司清涧石板画,佳县益民现代农业开发有限公司"枣缘红"红枣酒获得本届旅博会"旅游商品展示金奖";府谷县西汾酒厂海红果酒,吴堡县老张家挂面合作社空心手工挂面,子洲天赐中药材有限责任公司黄芪饮品,神木县四妹子农产品开发有限公司四妹子杂粮,定边县合家福食品有限责任公司合家福土月饼,靖边县康美农特产品加工厂苦荞健茶,绥德县老闫家炒货有限责任公司老闫家南瓜子等获得本届大会组委会授予的"旅游商品展示银奖"。本市被授予"最佳组织奖""最佳展示奖"等多项奖励。

11月

1日

陕西省全面治理荒沙启动仪式在我市小纪汗乡转龙湾村举行。副省长祝列克宣布陕西省全面治理荒沙启动。陕西省全面治理荒沙三年行动,涉及榆林、延安、渭南3市9个县(区),从2012年到2014年,计划全面治理300万亩荒沙,其中治理50万亩流动沙地,改造150万亩半固定沙地,巩固100万亩固定沙地,使固定沙地比例达到94%以上。

同日

小河会议旧址雕像揭幕暨"中共中央小河纪念馆"开馆仪式在靖边县小河乡小河村举行。1947年,举行纪念毛泽东、周恩来等老一辈无产阶级革命家转战陕北时,在靖边小河生活战斗了47个日日夜夜,吹响全国解放战争由战略防御转入战略进攻的号角。2007年榆林市制定小河会议旧址维修方案。2012年,对小河会议旧址进行彻底维修和布置。并安放了毛泽东等15位伟人塑像。

8日

定边县海子梁乡农民、治沙英雄石光银,代表全县14516名党员出席党的十八大。

同日

陕西省纪念马文瑞诞辰100周年座谈会在西安召开。省委常委、省委政法委书记张勃兴、安启元、李溪溥等老领导和省人大常委会副主任吴前进、省政协副主席王晓安出席。会上全面回顾了马文瑞同志的生平业绩和卓越贡献。并呼吁党员干部学习马文瑞的革命精神和崇高风范。

11日

由半月谈杂志社、中国名牌杂志社联合举办的第三届品牌生活榜2012年旅游文化榜获奖名单揭晓,清涧县被评为"中国十佳最具投资潜力文化旅游目的地",成为陕西省唯一获此殊荣的县。

12日

国务院正式批准《呼包银榆经济区发展规划》。规划范围包括内蒙古自治区、宁夏回族自治区两地的部分区域,包括陕西省的榆林市。《规划》将榆林市定位为国家历史文化名城,国家重要的能源、煤化工基地,国家循环经济试点市,商贸物流中心,现代特色农业基地;在建设节水型社会中,将推动榆林市创建国家节水型城市;在打造国家综合能源基地中,进一步明确了打造陕北煤炭基地、油气基地、电源基地、现代煤化工产业示范基地;在发展特色优势产业中,将培育榆林成为国家重要的绿豆、小米等小杂粮产业带,推进农业产业化基地建设;支持榆林有色金属及其深加工行业发展;依托榆林重点产业园区,推进装备制造业的集聚发展;将榆林打造为区域物流节点城市,推进榆林文化产业园区发展;在加强基础设施建设中,加快实施榆林市王圪堵水利枢纽工程,开展大柳树水利枢纽工程前期工作,适时启动黄河碛口水利枢纽工程论证工作,深入做好引黄工程的前期工作;加快太中银铁路定边—银川(中卫)段建设;加快榆林机场扩建工程,新建府谷旅游支线机场;在扩大对外开放与区域合作中,把榆林市打造为内陆开放型经济高地。

16日

陕西省作家协会、榆林市文联和清涧县委、县政府联合在清涧县举行纪念活动,纪念路遥逝世20周年。

同日

榆林市召开国家二类城市语言文字工作评估反馈会。省语委城市语言文字工作评估验收组实地检查本市党政机关、新闻媒体、学校、公共服务行业等4个领域的26个单位,召开座谈会20场次,查阅档案资料135卷,专家组认为榆林市现阶段语言文字的社会应用符合《国家通用语言文字法》和我省《实施办法》的规定和要求,基本实现"普通话初步普及,汉字社会应用基本规范"的工作目标,通过评估验收并可授予"普通话初步普及,汉字社会应用基本规范"达标城市称号。

17日

国家文物局公布新的《中国世界文化遗产预备名单》,靖边统万城进入名单。为今后统万城申报我国世界文化遗产奠定了良好基础。

19日

定边发现大型优质侏罗纪煤田,煤层埋藏在1300到1700米之间,其岩煤层稳定,约有5—6层可采煤层,最厚的煤层约有3.5米,属优质长焰煤。

20日

在第二届陕粤港澳经济合作活动周上。陕西农副特产精品展在香港会展中心开馆,榆林展馆向粤港澳三地企业界精心筛选推介了能源化工、装备制造、节能环保、商贸物流等类别20多个重点项目,受到香港企业界的普遍关注。

20—24日

在第十九届杨凌农高会上,榆林代表团携马铃薯、小杂粮、地方酒、手工艺品等十八大类260多个参展品种参展,参展企业120多家,为历年最多。榆林代表团在农高会上共签约37个项目,成交21亿元,创下历年新高。共获得20项后稷奖和4项后稷特别奖。并获得本届农高会优秀成交奖、优秀组织奖及优秀展示奖。

21日

西北农林科技大学与本市签订协议,合作共建榆林马铃薯试验示范站。

"西北农林科技大学榆林马铃薯示范站"试验用地100亩。试验示范站围绕陕西马铃薯产业发展需求,以提升马铃薯产业的科技含量和科技水平为出发点,进行马铃薯新品种、新技术的试验示范与推广,为陕西省马铃薯产业提供技术支撑,建成全国一流的马铃薯试验示范站。试验示范内容共5项,分别为开展马铃薯良种选育示范试验,脱毒种薯工厂化快繁技术研究与示范,高产、优质、高效综合配套栽培技术集成与示范,加工技术研究与示范,马铃薯产业技术人才培养与农民技术培训。

24日

榆林小曲应邀参加第四届北京传统音乐节,在"四方水土四方乐"压轴专场音乐会上精彩亮相。榆林小曲演员王艳和梁梅表演《九连环》《洗菜心》等传统曲目,受到了与会专家学者的肯定和赞赏。

26日

在北京召开的全国"讲理想、比贡献"活动总结表彰大会上,陕煤地质一八五队队长姚建明荣获全国"讲理想、比贡献"科技标兵称号。在陕北能源基地开发建设中,姚建明发挥学科带头人的作用,先后主导参与西湾、大保当、小保当、孟家湾、尔林兔煤田等重大地质勘探工程,大力推进新技术、新方法、新工艺在地质找矿工作中的应用,在大口径钻探、冻结造孔、井下巷道钻探等方面取得突出成就。

25—27日

由市文联、市慈善协会主办,榆林市大漠秦风艺术书画院承办的"大爱榆林·慈善笔会"活动在榆举行。活动邀请到著名书法、篆刻艺术家权希军,央视著名主持人赵忠祥以及李墨祖、姜乃军等书画名家亲临现场。展厅内,共展出作品30余幅。

26—30日

"白云山杯"2012年全国武术散打冠军赛在榆举行,开幕式上,影视功夫明星甄子丹到场助阵。来自全国各地市、行业体协和大专院校的40余支代表队共400余名运动员、教练员参加,包括多名世界冠军和全国冠军。比赛分为男子12个级别、女子7个级别,采用单败淘汰赛制。在男女总共19个冠军的争夺中,陕西代表队获2金2银3铜,28日、由榆林大地影视文化投资制作有限公司、中视影视制作有限公司、北京时代东华影视传媒有限公司联合摄制的电视连续剧《燃烧的花朵》在榆林人民大厦举行新闻发布会暨开机仪式。该剧投资方代表以及全体主创人员和来自省内外20余家媒体记者参加了新闻发布会。

电视剧《燃烧的花朵》以上世纪三十年代的榆林为背景,讲述在榆林只手遮天的"榆林王"高德昌与孤女"羊粪蛋"杨芬在抗日战争爆发后,割舍个人感情、投身战争、守卫家乡的感人故事。本剧既有情感戏的纠葛缠绵,又有战争剧的恢弘大气,是一部表现黄土高原女人炽烈情感和人生成长的年代爱情传奇剧。该剧导演曾晓欣曾执导过电视剧《守望幸福》《我们的八十年代》《百花深处》等影视作品。剧中男女主角分别由著名演员于震和安以轩扮演。

29日

国家科技部委托陕西省科技厅组织有关专家,对佳县承担实施的《佳县千亩矮化密植有机红枣基地建设》和《佳县无公害舍饲养羊科技示范推广》项目进行鉴定,专家组认为项目完成合同规定的任务,同意通过验收。《佳县千亩矮化密植有机红枣基地建设》和《佳县无公害舍饲养羊科技示范推广》项目是国家科技部2010年下达的国家级星火计划重点项目,佳县农业科技培训中心和佳县科技开发中心共同组织实施。项目总投资506万元,截至2012年底完成红枣矮化密植和有机红枣配套栽培技术,新建矮化密植有机红枣示范园1200亩,引进新优红枣品种17个,建立有机红枣矮化密植栽培技术推广体系。修订了陕西省地方标准《有机鲜食红枣》和《有机红枣育苗技术规程》等4个佳县地方标准。

30日—12月1日

中国工程院副院长谢克昌带领"能源金三角发展战略研究"项目组来榆调研能源化工发展情况。

12月

1日

中国文学回望与思考——纪念路遥逝世20周年座谈会"在北京中国现代文学馆举行。由中央电视台著名节目主持人倪萍主持首都各界纪念作家路遥逝世20周年座谈会。同时举行"纪念路遥中国名家书画作品展"。

3日

榆林市邮政管理局揭牌成立仪式在市高新技术产业园举行。

6日

《中国国情国力》杂志社和中国行业企业信息发布中心在山东省烟台市举行了2012年中国西部最具投资潜力百县(市、镇)暨全国工业重点行业"双十"企业研究报告发布会,神木县凭借雄厚的经济实力、良好的发展水平、强劲的发展活力和巨大的发展潜力,蝉联"中国西部最具投资潜力百县",并由上年的第七位晋升到第五位。

10日

中郡县域经济研究所在北京发布第十二届全国县域经济基本竞争力百强县名单,神木县以进位速度第一的绝对优势,综合竞争力由上年的第36位跃居第26位,稳居西北第一位。

12日

由中国艺术摄影学会、中唱文化传媒有限公司、CCTV—7栏目组联合举办的"红摄之旅"系列活动赴米脂县采风。中国艺术摄影学会主席杨元惺等艺术家和中央电视台摄制组先后来到该县石沟镇善家沟村周萍英剪纸馆、杨家沟扶风寨、姜氏庄园采风参观。拍摄了以杜君为首的米脂婆姨剪纸场面、体验了陕北农家劳动、品尝了陕北面食饸饹,拍摄了以"米脂婆姨绥德汉"为主题的专题片,在CCTV—7播出。

17日

人民网《榆林视窗》(网址:http://sn.people.com.cn/GB/346489/in-dex.html)开通,为展示"美丽榆林"

搭建了更高的平台。《榆林视窗》是人民网陕西频道为榆林市专设的宣传窗口,旨在展示榆林经济发展的显著成果、科教文卫各行业日新月异的崭新面貌、榆林人民幸福生活的喜乐场景。

18 日

2012 年度“感动陕西”人物评选揭晓,佳县农民、被称为黄河“最美船工”的任凤祥从 20 名候选人中脱颖而出,与另外 9 人一起当选 2012 年度十大“感动陕西”人物。

20 日

由中国文联和中国书协共同主办的唯一国家级书法艺术最高奖—兰亭奖之“第四届全国书法大赛”评选揭晓,本市书法家张胜伟的一幅行书作品入选“佳作奖”。这是作者继入选第二届、第三届兰亭奖之后再一次入选兰亭奖。也是全市在最近两届兰亭奖上唯一入选的书法家。

同日

榆林榆阳机场携手首都航空开通呼和浩特—榆林—海口(往返)航线。该航线由首都航空公司执行,每周二、四、六各一班。

27 日

榆林仲裁委员会成立大会举行。榆林仲裁委的成立是市委、市政府顺应法律和政策要求作出的重大决策。榆林仲裁委员会第一届委员会主任由榆林市委常委、常务副市长高中印担任,委员会副主任由丁汝忠、丁成年、苗保柱担任,在北京、西安、榆林等行政单位、法律界、大专院校聘请专家学者 60 人担任第一届仲裁委员会仲裁员。

28 日

国内开发的最大吨位的梭车—SC20/258 型 20 吨矿用梭车,落户神东煤炭集团。作为机电一体化的高技术产品,该梭车用于房柱式采煤、巷道掘进或边角煤块开采时与连采机配套,是连采机和破碎机之间短距离运输的车辆,整车综合性能及技术均达到国际先进水平。

(李又春)

2012 年榆林十大新闻

根据市委宣传部统一安排，市记协组织榆林日报、榆林电视台、榆林晚报及陕西日报驻榆林记者站等有关新闻单位，评出 2012 年榆林十大新闻，现予公布。

1. 一批重大能源化工项目开建或投产

全市全年共安排能源化工重点项目 49 个，计划投资 397 亿元，完成投资 462 亿元。华电榆横煤制芳烃示范、陕西有色榆林铝镁合金、府谷 30 万吨合成氨及 52 万吨尿素、中石化榆林储油库、子洲县天然气液化、华能定边狼尔沟分布式风电、靖边祭山梁风电等一批重大项目建成或基本建成。延长石油集团煤—油共炼试验示范、榆电阳光聚四氢呋喃、神木鑫义 15 万吨石脑油重整、延长安源 100 万吨煤焦油加氢等一批重大能化项目开工建设。

2. 榆林被列入 3 个国家级区域规划

获国务院批复，榆林被列入 3 个国家级区域规划，即《西部大开发“十二五”规划》《陕甘宁革命老区振兴规划》和《呼包银榆经济区发展规划(2012—2020)》。一个地级市被同时列入 3 个国家级区域规划，在全国也属少有，为榆林在更高水平、更宽领域发展创造了新的机遇和条件。

3. 榆林高新区晋升“国家级”

榆林高新技术产业园区经国务院 8 月 27 日正式批准由省级开发区升级为国家级，从而成为全市首个、全省第五个国家级高新区。榆林高新区位于市区西南郊，规划核心区和拓展区共占地 28.4 平方公里，目前已形成以能源化工、装备制造、新能源为主导的特色能化产业体系，是榆林建设国家级能源化工基地的核心区和榆林区域中心城市建设的重要承载区。

4. 粮食生产实现“九连丰”

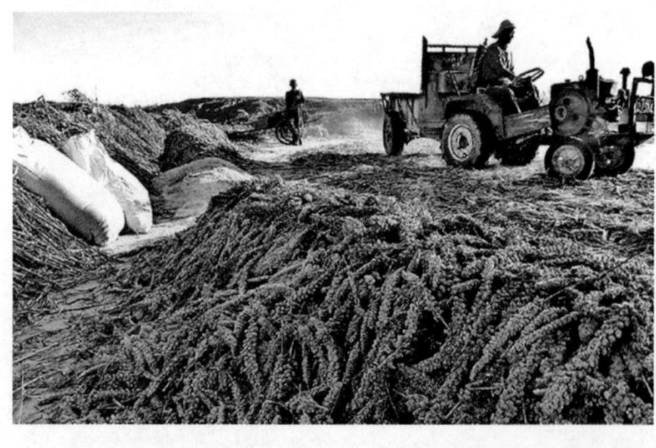

我市强力推进现代特色农业基地建设，强科技，重推广，兴水利，重设施，农业综合生产能力大幅提升，粮食增

产，农民增收。2012 年全市粮食平均亩产 218 公斤，较上年增长 7.3%，粮食总产量达 153.99 万吨，较上年增长 8.4%，再创历史新高，实现了 2004 年以来粮食生产“九连丰”。

5. “三年植绿大行动”首战告捷

今年是榆林开展“三年植绿大行动”的第一年，也是我市历史上造林绿化资金投入最多的一年，达 19.25 亿元。全年以生态林业“八大工程”和“五个百万亩基地”建设为重点，完成植树造林 116.5 万亩，全市林木覆盖率达到 32%。

6. “四城联创”活动全面启动

年初，市委、市政府先后召开榆林创建省级文明城市动员大会和创建国家卫生城市、省级环保模范城市和省级园林城市工作大会，“四城联创”活动全面启动。一年来，创建工作成效明显，其中创建省级园林城市通过考核验收，创建省级环保模范城市通过专家技术评估。

7. 榆林城区道路建设成效显著

榆林城区道路建设取得重大成果。在 40 个道路桥梁建设项目中，已开工 32 个，开工道路总里程 36.65 公里，其中建成通车或基本建成、具备通车条件的项目 22 个；今年开工、明年可建成的项目 10 个；打通文化北路、开光路和文

化南路等多条“断头路”。全年完成投资 21 亿元，极大地缓解了城区交通拥堵问题。

8. 在全省率先实施 15 年免费教育

市委常委会议于 12 月 21 日研究通过了《榆林市免收普通高中学费和教育保育费的实施意见》。这是继今年全市实现九年义务教育“零收费”之后的又一项惠民政策，每年将直接惠及学生 14.2 万名。至此，我市中小学、幼儿园适龄人口免费教育年限在全省率先达到 15 年。

9. 考古发现石峁遗址为国内史前最大城址

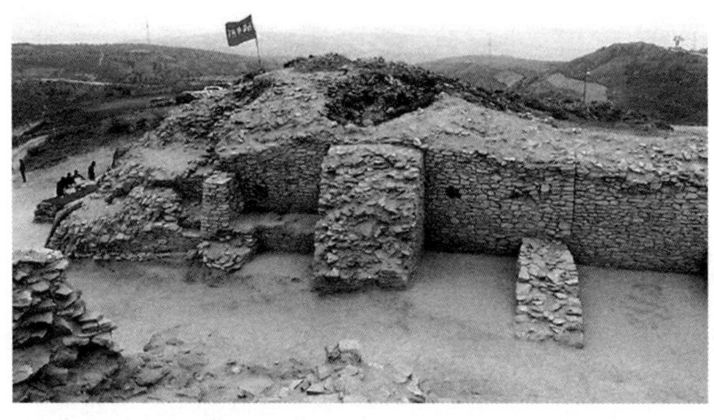

经中国考古学会、国家文物局等考古专家 10 月在神木县石峁遗址发掘现场联合考察认为，这一遗址面积约为 425 万平方米，是目前中国史前时期规模最大城址，对于进一步探索中华文明起源等具有重要意义。石峁遗址规模

宏大的石砌城墙及数量庞大的古玉器，显示出它在北方文化圈中的核心地位。

10.3 名榆林健儿在奥运会和残奥会上夺得一金两银一铜

在2012年伦敦奥运会和残奥会上，我市3名运动健儿取得一金两银一铜的骄人成绩。榆林姑娘景瑞雪在奥运会自由式摔跤女子63公斤级决赛中喜获银牌，清涧县16岁小将杨倩和绥德县姑娘白娟在残奥会上夺得一金一银一铜，成为我市运动健儿在奥运会和残奥会上夺牌最多的一年。

地理环境与自然资源

【政区历史沿革】 据史料记载，夏商时，榆林市的部分地方（神木、府谷、佳县等地）在雍翟族境内，周代为雍州白翟的一部分，战国时为秦国上郡地。公元前221年秦统一六国，秦始皇分天下为三十六郡，上郡是其中一个。

三国时期，上郡、西河郡为匈奴占据，未设置郡县。东晋时期，匈奴王赫连勃勃在统万城（今靖边白城子）建立大夏国。公元427年，北魏灭大夏，设立统万镇，太和十二年（公元488年）改设夏州。

隋开皇三年（公元583年），仍设夏（治统万）、长（治长泽，今靖边境内）、绥（治龙泉，今绥德县城）、银（治儒林，今横山境内）四州；大业元年（公元605年）将绥州改称上州，三年撤销州制，设立朔方、雕阴二郡。

隋末唐初，榆林市为地方豪族梁师都占据，自称梁国，僭皇帝位。贞观二年师都被灭，唐复设银、绥、夏三州，均属关内道管辖。开元十二年（公元724年）在本区东北部增设麟州（治所今神木杨家城）。天宝元年（公元742年）撤州设上郡（今绥德）、银州郡（今党岔）、朔方郡（今白城子）、新秦郡（今杨家城）。乾元元年（公元758年）撤郡，复设绥、夏、银、四州。元和十五年（公元820年）宥州治所由内蒙古鄂托克旗迁到今定边境内。后唐庄宗李存勖以府谷县升州（今之府谷）。

五代时期州县设有夏州（领朔方、德静、宁朔三县，均在今靖边境内）、银州（领真乡、开光、儒林三县，在今米脂、佳县境内）、麟州（领新秦、连谷、银城，在今神木境内）、府州（今府谷）、绥州（领绥德、龙泉、延福、城平、大斌五县，在今绥德、清涧、吴堡、子洲境内）。

北宋时，榆林市属永兴军路（初名陕西路），绥州、宥州被西夏占据，未设郡县，熙宁三年（1070年）收复，元符十年（公元1096年）后，得失无常。宋高宗南渡后，又沦为金有，属鄜延路的一部分，设绥德州、晋宁军（葭芦砦），大定二十二年（公元1182年）撤军设绥德州、晋宁州（二十四年改葭州）。元代绥德州、葭州属延安路，绥德州领清涧、米脂二县，佳州领神木、府谷二县。明成化七年（公元1471年），在长城一带设置榆林卫，孝宗弘治十八年（公元1505年）九月设立东路神木道，领葭州、府谷、神木三州县，中路榆林道领绥德、米脂、清涧、吴堡四州县，西路靖边道领保安（今志丹）、安定（今子长）、安塞三县，包括榆林市的定、靖、横三县。

清雍正年间，设有榆林府和绥德直隶州两个省辖行政区。辛亥革命后，1913年废府州制度，设榆林道。后又废道，各县由省直辖。中央红军到达陕北后，1937年陕甘宁边区政府成立，本市除榆阳区外，各县先后解放，在原苏维埃政权的基础上建立人民政府，设置绥德、三边两个分区，分别管辖绥德、米脂、佳县、横山、吴堡和靖边、定边、安边（后撤销）。1944年1月10日从绥德、米脂、清涧、横山四个县各划出一部分成立子洲县，属绥德分区。当时，神木、府谷之东区设神府特区，归晋绥边区管辖。1949年6月1日榆林城和平解放，撤销三边分区，设榆林分区，管辖榆林、定边、靖边、横山、神木、府谷六县。1950年5月成立绥德、榆林两个专区。1956年10月撤销绥德专区，将所辖绥德、米脂、佳县、吴堡、清涧、子洲六县并入榆林专区，子长、延川并入延安分区。1958年将十二县并为榆林（横山）、神木（府谷）、靖边、定边、绥德（吴堡、清涧、子洲）、米脂（佳县）六县。1961年所并各县恢复原制。1968年将榆林专员公署改为榆林地区革命委员会，为一级政权机构。1979年改为榆林地区行政公署，为省人民政府的派出机关。1988年9月2日，榆林县改为县级榆林市。2000年7月1日，榆林地区行政公署撤销，设立地级榆林市，原县级榆林市改为榆阳区。

【位置、面积】 榆林市位于陕西省最北部，与晋、内蒙古、宁、甘四省区交界，东经107°28′～111°15′，北纬36°57′～39°34′。东隔黄河与山西吕梁、忻州相望，西连宁夏银南、甘肃庆阳，北临内蒙古鄂尔多斯市，南接陕西延安。黄河沿东界南下，涉境441公里，明长城沿东北、西南走向，斜跨700公里。地域东西长385公里，南北宽约263公里，总面积43578平方公里。

【地貌】 榆林地区南部为陕北黄土梁峁丘陵区北端，北部为毛乌素沙地南缘，中间有一个较宽的过渡交错地带，地貌南北差异表现为营力类型和地表组成物质的差异，东西差异表现为地形发育不同。

一、山文地势

1. 山文，本区山文地较少，除白于山、横山等低山外，还有几条梁地。

白于山：为东西走向的厚层黄土覆盖的梁伏山地，位于北纬37℃12′~37℃22′之间，主梁东西延伸130公里，是无定河及其右侧支流与南部洛河、延河、清涧河的分水岭。由于红柳河、芦河溯源侵蚀使梁地脊线在二河发源处稍稍向南弯曲。在定边、靖边两县中部，梁顶面较平缓，海拔1600~1800米，是全区地势最高处，一道道横梁（东位向梁地）以墕（当地称崾山先）相连。主要山梁有：魏梁（海拔1907米，位于定边县白湾子乡）为全区最高点；马鞍山（海拔1875米，以其形而得名，位于定边县红柳沟镇）；花风子岭（即鹰窝山鹰窝之脑，海拔1823米，位于定边县杨井乡）；大墩山（海拔1823米。位于靖边县水路畔乡）；白于山峰（海拔1823米，位于靖边县新城乡）；老虎脑山（海拔1730米，位于靖边县乔沟湾乡）。进入延安地区境内后梁顶高度降低，梁峁相连，到子洲南缘，清涧北端再次延入本区。已是大峁深墕断续相连，主要的山峁有九里山（海拔1282米，位于清涧县石嘴驿乡）。

白于山南北两坡极不对称，北坡短，多土崖峭壁，南坡长，波浪式向南逐渐下降，多缓斜梁涧及残塬地。白于山梁长沟深，相对切割深度300~400米，沟谷底部呈"V"形，谷坡坡度45~75度，上部较阔，谷坡坡度25~45度，状似喇叭。由主梁分出的次一级长梁分别向东、南、北等方向延伸，阶梯式逐级由海拔1800米降到1500米左右，成为一些河流上游河段的分水梁地，梁面坡度10~25度，坡面坡畔流水及重力侵蚀活跃，水土流失较为严重。

白于山北侧的三边洼陷地带，在白于山与毛乌素沙带之间形成三边盆地（当地称三边滩）由几条向北延伸的低平梁地（主要是八里洼梁地和柠条梁）将其分成为定边滩（定边人称之为西滩）、安边滩（定边人称之为东滩）和靖边滩3个相对独立各具特色的浅缓盆地，白于山南形成1个相对侵蚀较弱的地带，侵蚀程度从东向西减弱，有两条梁地与白于山呈"π"字排列，西面一条是子午岭北端，为泾、洛两河区域的分水岭，其西边多为残塬沟壑，沟道深切，东西一条是崂山，北端为洛河东部分水岭；其东为峁梁丘沟壑区。两梁之间为梁涧沟壑区。

白于山对本区西部自然环境起着极为重要的制约作用。夏季它阻拦南来温热气流，使北部滩地更加干旱，秋冬季节它阻拦北来寒潮，使其南部减轻冻寒危害，冬春季节它阻拦强劲的西北风，在北部滩地产生风管效应形成西风，成为毛乌素沙地的巨大屏障。

横山：芦河与黑木河、大理河的分水岭，是白于山东段向东北方向的延伸部分，也是黄土覆盖的梁状山地，梁地平均海拔1400~1600米。横山山脉在横山境内呈西南~东北向延伸约60公里。主要山岭有：万药山（海拔1601米）、大墩梁（海拔1535米，位于石湾镇）、牛信山（海拔1447米，位于艾好峁乡）、庙梁圪堵（海拔1406米，位于韩岔乡）、五龙山等。横山南跨大理河与白于山相连，大墩梁与小南山（又名阳洼山，位于大理河南岸，海拔1534.9米）相对峙，大理河形成峡谷（青阳岔附近）；北越无定河谷与长城梁地相通。横山与其西侧的长城梁地（芦河与黑河子，九房沟的分山岭）、柠条梁、八里洼梁、定边城西毛乌素沙带大致平行，而且彼此间距、海拔度一致，反映出它们形成过程与白于山有密切关联。横山是本区第二高地，白于山与横山之间形成南高北低，其东南地势北高南低的状态。横山阻拦西部风沙，在芦河河谷产生风管效应，南风频率增大，并有西南风，由于相对高度偏低，阻拦作用不像白于山山脉明显。双城附近由于白于山风营力作用，西风与西北毛乌素沙地的西北风汇合，大风较多，风沙向北东方向移动，风沙分布向南突出。

长城梁岭：位于榆林、神木西部，东北~西南走向。连绵130余公里，一般海拔1200~1400米，由于受到窟野河、秃尾河、榆溪河等河流的分割，为断续出现的梁岭地，长城依其顶东西贯穿，主要梁岭有：木独石犁（海拔1448.7米，位于神木县中鸡乡）。长城梁岭的形成过程与横山相关联。它是本区东部内陆寸草滩地分布的南界；在各河流未切穿时它是西北内陆湖滩区与南部外流区的分水岭，是原始成片沙地的南缘；由于风沙逐步越过岭脊而下，在梁涧墕部及脊风坡多数原来的黄土梁被沙所覆盖，迎风坡和梁顶多成光板（没表土）地，形成本区的一种特殊地貌－沙盖黄土梁地。

无定河东侧分水岭，即无定河和东部直接入黄小支流的分水岭，故简称无黄分水岭。大致南北走向，延伸100余公里，榆林双山与长城梁岭交结。梁顶高度从北向南逐渐降低，大致海拔1100~1300米左右，高出当地地形100米左右。无黄分水岭从榆米佳3县交合点以南，地理意义较明显，其东距黄河比其西距无定河近且侵蚀基准低，所以河流沟道深切，加之降水偏多，水土流失严重，黄河沿岸海拔800米以下新黄土已全部侵蚀，基岩及第三纪红土大量出露，由于已无土可蚀，水土流失量反较无定河流域稍少。

毛乌素沙带：是自定边盂沙沙窝至靖边高家沟的东西走向连绵沙带，位于北纬37°35′~37°46′之间。带宽一般1~3公里，与盆地相对高差一般20~30米。沙带基地为白垩纪、早第三纪红色沙页岩或湖积物，上覆厚层流沙，沙带中心多为格状沙丘，高度一般7~15米，两侧为新月形沙丘链，高度一般3~7米。毛乌素沙地为北部古湖盆下湿滩地与白于山前盆地的分水线，北多为盐湖和咸湖，其南无海子分布。

另外本区还有几条较小的相连的

梁地如芦河与黑河，九房沟分水梁地（主要山梁有高墩沙1485米，黄小梁，高峰子、砖梁等，为白于山北涧地分布东界），黑河、二道河、红墩河发源地连线的低缓沙梁地（为西部滩地，盆地的东界），窟野河和其东各河分水梁地（北段为本区沙地的东界），乌兰木伦河与考考乌素河的分水低缓梁地（为本区寸草滩地分布东界）等。

2. 地势：本区地势从西北向东南缓倾，平均高度1347米（最高魏梁海拔1907米，最低的无定河口，海拔560米）。从山高来看，白于山，横山山脉及长城岭连线构成了本区地势脊线，其西北地势南高北低（榆溪河及其东部各河由北向南流）。其东南地势北高南低。但该线两侧地势海拔1600～1800米，为本区最高一级台阶，本台阶上，河道河谷深切，一般切深100～150米；白于山山脉以北、横山山脉以西（即三边高原区和白于山北覆沙梁涧区）海拔1300～1500米，为第二级台阶，该台阶上西部无河流，东部除芦河外，一般河流切割较浅（约50米左右）；横山山地以东，长城梁岭以北风沙草滩区，海拔100米以上为本区第三级台阶，榆溪河、秃尾河、窟野河切穿滩地，切深50～100米；黄土丘陵沟壑区海拔1000～1100米，沟壑纵横，梁峁起伏，相对高差一般为100～120米，为最低台阶。河流在同一台阶一般比降较少，在台阶跳跃段一般比降较大。

本区地势台阶排列方式对本区地貌形态分布有着极为明显的影响，西部由于侵蚀基准相对更低，加之降雨减少，降水面蚀较东部弱，河流、沟道融蚀较东部为强而侧蚀较东部弱，所以沟谷为“V”型，且夹角较少（芦河川除外）。群众称“深沟窄圪崂”较多。而东部可见“U”型河谷，沟谷虽呈“U”型但夹角较大。

横山山地以西，由于南高北低，相对阻挡减缓，西北向风力使风沙只能局限在北部，而西侧芦河河谷深切，迎风向相对高度增加，减风作用亦较为明显。横山山脉以东，由于北高南低，长城梁岭相对高度较低，不能阻挡强劲的西北风。越过后西北风可顺势而下，同风沙南移迅速。

二、地貌类型

1. 风沙地貌：本区北部属于毛乌素沙地的南缘，中小地貌类型多样，中地貌类型有风沙滩地貌、沙化黄土地貌、白于山前风沙盆地。(1)风沙滩地貌：分布于榆林、神木长城以北和定边、靖边、毛乌素沙带以北。主要小型地貌型有：①风沙梁岗，一般相对高度5～30米，宽几米至几十米。梁岗上巨厚的流沙形成多种沙丘和沙丘链，高大沙丘链往往连接围成沙窝，个别地方基岩黄土裸露、形成裸岩、光板地并有风蚀残丘残墩分布。②风沙滩地。滩地平坦、中心低洼，多数形成湖沼（当地俗称海子）大小不一，多为椭圆形，逶迤相连，寸草丛生，滩面沙粒基本固定。榆林、神木靠近长城梁岭个别滩地势较高，称为高滩。因河流发育，滩面遭到切割或有丘分布或刻蚀强烈，未能形成阶梯，称为破滩、干滩、风沙沟滩等。(2)风蚀沙化黄土地貌：分布在长城梁岭及横山西侧和白于山北侧，主要小型地貌有：①风蚀梁峁，即黄土裸露，植物难以生长的光板梁地。②沙化梁峁，即原有黄土丘陵上披有流沙薄厚不等，沟渠积沙较厚形成沙湾。③沙化河川，即被沙土堆积形成沙链或沙丘的河川，河床多为沙质，漫滩宽阔，河流摆动。④风沙涧地，靖边、横山北部的涧地被风沙侵蚀，涧地中间沙丘分布，涧地四周梁地风蚀、冲蚀强烈，多为光板地。(3)白于山前风沙盆地，分布在定边、靖边、白于山和毛乌素沙带之间的狭长地带，主要小地貌类型有：①盆滩地：滩面宽平，形状为不规则长方形，从西向东有砖井滩（或称定边滩）、安边滩和靖边滩，基本是无流区。安边滩由于八里河冲积、洪积作用，南北高差较大。靖边滩东西两侧被红柳河和芦河切穿，盆滩面受到破坏；②梁岗；有八里洼、柠条梁和杨桥畔三道梁地，呈南北走向，除杨桥畔梁被芦河切穿，其余两道梁地均与毛乌素沙带相接。梁面海拔高度一般为1400～1500米，高出盆滩面50～100米，梁面宽平，东西宽5～10公里，梁面多已沙化，沙丘起伏。

本区是典型风沙地貌形态，沙丘大小不等，形态各异，高度3～30米。根据形态特征有新月形沙丘及新月形沙丘链，格状沙丘及格状沙丘链，沙垄、沙滩和平缓沙地；根据植被及利用情况有固定沙丘（植被覆盖率30%以上）、半固定沙丘（植被覆盖率15～30%）、流动沙丘（植被覆盖率15%以下）和固定平沙地（多为耕地）。典型的风蚀地形为风蚀梁、残丘、残廓。黄土梁峁迎风口风蚀剧烈，磨蚀硬质峰壁形成许多条痕称风蚀擦痕；被侵蚀成墩柱的孤立的土堆称风蚀残廓，有的风蚀残廓下伏有沙质，稍久廓塌成小丘，称风蚀残丘。

2. 黄土地貌：本区黄土地貌从大地貌类型来看，属黄土丘陵沟壑地貌。根据形态特征形成7个复合地貌类型。①黄土梁状低山，即白于山地。②黄土残塬沟壑：分布在定边县西塬梁面海拔高度1600～1700米，黄土层厚可达100～200米，沟坡25°～75°，塬面较小如姬塬、刘峁塬、罗庞塬等都不足50平方公里，塬面宽度2°～5°，边缘5°～15°。③黄土梁涧地貌，主要分布于白于山东南北三侧周围，梁顶海拔高度1500～1600米，相对切割深度100～200米，梁缓涧宽，相间分布。涧地底部宽平，边缘个别涧地受河川径流切割，称之为“破涧”。涧大小不一，40里长涧，席麻湾涧，龙洲涧等大涧，面积有10～20平方公里。④黄土梁峁沟壑地貌，主要分布在横山山脉周围，包括横山中部、子洲西部，梁峁海拔高度1200～1400米，相对切割深度150～200米，梁多峁少，沟壑发育，正负地貌之比1:1，沟密度4～5公里/平方公里。峁状坡度10°～20°。沟坡坡度35°～45°，流水侵蚀及边坡重力侵蚀严重，滑坡较为普遍。⑤黄土峁状丘陵沟壑地貌，分布于米脂、绥德、清涧的较大范围内，峁多梁少，沟壑发育，地面破碎，正负地貌比2:3，沟壑密度6～3公里/平方公里，峁坡坡度多为10°～25°，沟坡坡度多为25°～45°。流水及重力侵蚀严重，沟、沟中、下段多切入基岩，沟底常有一级冲积、洪积阶地。土石丘陵沟壑地貌，主要分布于黄河沿岸的狭长地带，石山戴土帽，梁壑深峻，梁峁顶端海拔高300～1000米，相对切割深度150～200米，沟谷狭，岩石裸露，沟坡坡度35°～75°⑦河川地貌：主要分布在黄河及较大河流两则。较大河流中上游阶梯发育，一般有三级阶地分布，下游多呈狭谷。

【地质】 榆林地区在大地构造上属华北地台的鄂尔多斯台斜、陕西台凹的中北部，东北部靠近东胜台凸。是块古老的地台，未见岩浆岩生成和岩浆活动，地震活动极少。

一、地层

本区地层平缓，微向西倾斜，倾角一般小于5°，东北部倾斜角较大也不超过10°，基岩出露于深切河谷及受到侵蚀强烈的黄河沿岸一带，由东向西出露地层逐渐由老变新，由薄变厚。出露最老地层为中奥陶系地层，其余大部分为中生代岩系。第三系地层不整合或假整合于中生代地层之上，第四系黄土及松散堆积物，广泛覆盖老岩层之上。

1. 古生代地层，本区出露最老岩层是中奥统马家沟群，见于府谷海则庙乡黄河岸边，未见底，厚度不详。其上是中石炭统本溪组上石炭统太原组、下二迭统下石盒子组，上二迭统上石盒子组、上二迭统千峰组。

2. 中生代地层，三叠系地层覆于二迭系地层之上，在本区分布较广，出露在府谷城、神木城、鱼河堡、马岔、子长连线以东，下三迭统有刘家河组和尚沟组；中三迭统有纸坊组；上三迭统有延长群，包括铜川组、瓦窑堡组、永坪组和胡家村组。

侏罗系地层出露范围比三叠系更大；大致在中鸡、孟家湾、横山镇、青阳岔连线以东，有下侏罗统富县组、侏罗系下中统延安组，中侏罗统直罗和安定组。上侏罗统地层本区全缺。

白垩系地层是本区出露基岩分布最广泛的地层，假整合或不整全于侏罗系地层之上。全区中白恶统和上白恶统地层缺，下白垩统最低层宜君组和顶部洛川组缺，只有志丹群，也仅有其中间的罗汉洞组、环河华池组和洛河组。

3. 新生代地层，老第三系地层只在定边西北部可见渐新统清水营组浅红色、棕色砂岩、砾岩。

第三新生代系地层假整合于老第三系或中生代岩层之上，只有上新统三趾马红土层（又称保德红土），呈不连续窝状分布。

第四系地层以黄土为主，还有积沙、石砾层、类黄土堆积物等，分布广、厚度大，包括下更新世到全新世各个时期不同成因的堆积层。

二、构造特征

本区地质构造大致以巴图湾、张家畔、志丹一线为界，以东是陕北单斜翘起构造，以西是陕甘宁凹陷向斜构造。

在陕北单斜构造上，其上有东北～西南向带状隆起和凹陷相间排列构造，东部分布平行排列的一系列鼻状构造。

陕甘宁拗陷向斜构造中，凹线大致从盐场堡至姬塬南北线，本区地层向西微微倾斜，由于地处鄂尔多斯台向斜内部无明显的大断层，仅在青阳岔、吴堡、府谷北部见有小范围、短距离的断层。受区域构造体系的控制，岩层中普遍发育北、北东与东、东西的“）（”型共轭裂隙构造。

三、地质发育简况

鄂尔多斯地台，基底是前震旦纪（距今6亿年以前）沉积岩经吕梁运动变质硬化而成。自震旦纪在继续沉积的同时，局部地区上升剥蚀，逐步形成地台的盖层。之后经长期剥蚀，到中奥陶纪（距今4.7亿年左右）又发生海浸，到了晚石炭世（距今3亿年）鄂尔多斯仍不稳定，海陆交互。到二叠纪（距今2.25亿～2.7亿年）经海西运动，吕梁山脉、六盘山脉、秦岭山岭相继升起，形成了鄂尔多斯独立的内陆盆地沉积单元，海水退出，再未发生海浸。

中生代，鄂尔多斯主要表现为内陆湖盆沉陷。在早三叠纪到中三叠纪（距今1.95亿～2.25亿年），由于湖盆中心偏南，本区范围内表现为湖沼与河流发育的近湖陆地景观。到晚三叠世初期（距今1.95亿年），山西背斜和秦岭迅速上升，湖盆中心北移，形成陕北湖盆，在晚三迭世完成了陕北湖盆的形成、发展和衰弱的整个过程，景观变化由湖滨（东部有河流发育）、浅湖、半深湖再到浅湖、湖滨沼泽。三叠纪末（距今1.8亿年）受印支运动的影响，整个鄂尔多斯抬升，沉积间断。到早侏罗世（距今1.65亿～1.8亿年）后期鄂尔多斯又开始拗陷，直到中侏罗世（距今1.5亿～1.65亿年）本区范围又成浅湖（局部短时间成半深湖）、湖滨（北部在后期为近湖河流发育陆地）景观。晚侏罗世（距今1.35亿～1.5亿年）燕山运动影响地壳升起，发生剥蚀，由于六盘山的升起，鄂尔多斯内陆湖盆分成了陕北盆地和六盘山以西湖盆地。白垩纪（距今0.7亿～1.35亿年）受四川运动影响，鄂尔多斯进一步抬升，结束了内陆湖盆沉积的历史，升降运动强烈。早白垩世（距今1亿～1.35亿年）低洼地方堆积了河相沙砾岩，晚白垩世（距今0.7亿～1亿年）本区范围继续抬升，普遍遭受剥蚀。到了新生代，第三纪（距今0.02亿～0.7亿年）本区以抬升遭受剥蚀为主，只在渐新世（距今0.4亿～0.5亿年）时西陕甘宁拗陷低处接受陆相沉积，之后又经受剥蚀，到上新世（距今0.02亿～0.14亿年）地壳略有下沉，到高温多雨的陆地环境中低洼处接受沉积，并产生强烈的淋溶作用。之后，地壳又略有上升，流水汇集冲刷，本区水系雏形基本形成。

第四纪（距今200万年以后）本区地质发育在黄土堆积与侵蚀的同时水系也发生变化。早期以吉兰太古湖和河套古湖为中心，榆林地区各雏形河流汇入古湖。稍后，白于山、横山、长城梁岭上升，形成分水岭，东南侧地势南倾，河流汇入汾渭古湖和黄河中游断陷谷地。到了中更新世，禹门口和三门峡被切穿，黄河全线贯通，侵蚀基准骤然下降，除西北部古湖盆地保留有零散的内陆流域外，水系均倒向东南，形成黄河支流。

转引自《榆林地区志》

榆林地区主要河流地表径流地下水补给量

河　名	站　名	地下水补给流量（立方米/秒）	年平均流量（立方米/秒）	地下水补给径流占总径流百分比（%）
黄　河	吴　堡	3.95	990.00	39.90
皇甫川	皇　甫	0.38	6.48	5.90
孤山川	高石崖	0.40	3.49	11.50
窟野河	温家川	7.36	24.80	29.70
秃尾河	高家堡	10.40	13.70	75.90
佳芦河	申家湾	1.19	3.32	35.80
无定河	赵石窑	17.40	21.20	82.10
	川　口	33.20	48.80	68.00
海流兔河	韩家峁	3.28	3.36	97.60
芦　河	横　山	2.17	3.58	75.70
榆溪河	榆　林	11.40	11.70	97.40

【河流、水资源】

一、河流水文

本区是陕西省唯一有内陆河及湖泊的地区，外流水系属黄河中游水系。

1. 外流水系

黄河中游河段为陕晋界河，从河曲到无定河口流经本区东界270公里，河谷深切100～200米，形成峡谷，河道海拔高度由府谷皇甫川口820米降至无定河口570米，落差250米，平均比降0.742‰。黄河从河曲至皇甫川口曲流发育，滩渍河较多，皇甫川口至马镇河道较平直；马镇以南呈一向西凸出的弧形，有窟野河、秃尾河、佳芦河、乌龙河等较大河流汇入，河谷宽阔，川滩完整；吴堡以下河道曲折，盘塘以上黄河峡谷稍宽，2000米以上，府谷县个别河湾处可达3000米。有漫滩及三级阶地发育，河床宽50～100米，漫滩高出水面3米，宽100米，盘塘至佳县谷面宽500～1000米，河床宽300～500米。在凸岸及支流汇入处断续分布着极不发育的漫滩及一级阶地，漫滩一般高出水面7～9米，宽100～500米，一级阶地高出水面12～15米，切割强烈，宽度不大，以上阶地仅留残迹，多为基岩梁岗。佳县以下峡谷底宽400～1300米，河床较窄200～400米，漫滩及一级阶地分别高出水面5～8米、12～15米，宽为100～300不等，阶面平坦，为黄河沿岸农田和村镇集中分布地区。

境内有大小53条河流汇入黄河，均较短小，较大的河流主要是四川四河：皇甫川、清水川、孤山川、石马川、窟野河、秃尾河、佳芦河、无定河。汇入黄河的河流以黄河为侵蚀基准，流向由西北向东南（其中无定河上游流向三折），支流呈树枝状并从下游到上游增多。较大的河流下游为基岩峡谷，比降较大，支流少而短直；中游一般河谷宽阔，漫滩阶地发育，河道宽浅，较大的支流多在中游汇集。上游多发育在老谷涧上，河流深切成黄土（部分底切入基岩）峡谷，比降大，多跌哨，流向受古地形的谷、涧走向控制，支流较多，但一般较直。

无定河是本区最大河流，发源于定边县长春梁东麓，流经定边、靖边、横山、榆林、米脂、绥德、清涧等7县、河道全长491公里，平均比降1.8‰，境内流长442.8公里，流域面积30260平方公里，境内面积20302平方公里，占全区总面积的47.3%。从源头到河口、河谷、河道差异明显。无定河有55条流域面积大于10平方公里的支流，其中流域面积大于100平方公里的有芦河、榆溪河、大理河、淮宁河4条。这4条河流比降大，从源头而下，河谷逐渐变宽，在和无定河汇合处形成“Y”型河川，川宽地平。

白于山南麓是洛河、延河、秀延河的发源地，河谷深切，狭窄而直。秀延河从子长马家砭入本区清涧县自西而东在清涧县城转向东南流入延川县后注入黄河，境内河长28.7公里，占全河长的20.6%，境内流域面积514.5平方公里。中游河段，河谷较宽，在清涧城以上200米，以下稍窄为100米。有漫滩及一、二级阶地发育。

2. 内陆水系

本区内陆水系主要有八里河和注入红碱淖的河流两个较大的水系，另外在北部古湖盆风沙滩地区的滩心外有内陆湖沼（海子）公布，周围可能有些较小的季节性河。

八里河是陕西省最大的内陆河，上源为谷山涧和阳山涧，均发源于定边县东南白于山地，在谢家庄汇合后称八里河，北流至马家洼以东消失，河长约44公里，流域面积1373.4平方公里，境内1300.4平方公里，以水口为界分上、下游，上游为白于山北麓梁涧区，河流比降较大，河谷切入古涧谷20～60米，由于古涧谷较窄，几乎全部变为河谷，宽达300～400米，沟内地下水出露而汇成河流，下流为安边盆地平原，河流比降小，河床曲折宽坦，左右摆荡，安边附近河床宽20米左右，漫滩较窄；由于长期引洪灌溉，愈往下游，河床高出地面形成悬河。

红碱淖是陕西省最大的内陆湖泊，有12条河流注入，由于地处沙漠之中，河流短，补给条件差，均为季节性河。较大的有蟒盖河、齐盖素河（亦称七格芦河）、尔林兔河、前庙河等。

①河流补给：全区多年平均地表径流总量35.101亿立方米。其中自产径流量26.792亿立方米，入境客水3.309亿立方米。径流补给以大气降雨为主，亦有春季融水补给，初春融水和雨季沟道侧渗水常常形成间歇河，地下水补给率较大，一般占年径流量30—80%，特别是长城以北的风沙区，地下以潜水补给为主，补给率达50—80%，是全省最高的地区。河水流量

榆林地区地下水资源表

分区名称	分区面积（平方公里）	地下水资源（亿立方米）	可开采量（亿立方米）
风　沙　区	17618	12.93	5.74
土石山区	3464	3.4	
黄土丘陵沟壑区	10167	3.07	
河源梁涧区	6713	1.05	5.74
合　　计	42962	20.45	
山丘区与风沙区重复量		0.55	
全　　区		19.9	5.74

较为稳定。

②地表径流的时空分布：季风气候影响使本区河流具有夏季泛溢河流的一般特征。径流年内分布很不均匀，总的来看夏半年为丰水期，汛期径流占年平均径流量的54%～89%，冬半年为枯水期，全区各河年径流过程线都表现为不明显的双峰型，一般在3月出现较小的春汛之后，进入夏季枯期，随雨季到来出现大的夏秋汛（7—9月），过后便是冬季枯水期，两个汛期（3、7、8、9四个月）河流径流量占全年径流量的8.1%～44.5%，越向北部，河流年径流过程线的双峰型更明显。

降水量的年际变化大，导致了各河系径流的年际变化的不稳定性，由于各河下垫面、气候等因素的差异，年际变化情况也有差异，各河最大与最小径流量比值一般为3～5。年径流量的变差系数一般介于0.27～0.4之间。

主要水系径流量地域分布极不平衡，无定河的径流量最大，年平均径流量15.3亿立方米，比仅次于其的窟野河（7.67亿立方米）大一倍，第三大河秃尾河径流量（4.35亿立方米）比居第四位皇甫川（2.07亿立方米）大一倍多，年平均径流量大于1亿立方米的还有孤山川（1.12亿立方米），佳芦河（1亿立方米），而石马川仅0.145亿立方米。受集水面积及降水量的影响，较大水系中也有各河段径流的不平衡性。全区年平均自产径流深度62.36毫米，分布极不平衡，其趋势由西南向东北递增。

3. 河流泥沙

全区水土流失面积36900平方公里，占总土地面积的85.9%，全区平均土壤侵蚀模数12200吨/平方公里年，

地域差异明显。窟野河神木至温家川区间（1347平方公里）土壤侵蚀模数达44800吨/平方公里年，为全国和世界罕见。

河流输沙量大，而且以粗沙为主，是黄河粗沙重要来源地之一。年平均输入黄河泥沙量5.13亿吨，占黄河三门峡年输沙总量（16亿吨）的32.1%，占陕西省黄河流域输沙量（8.3亿吨）的61.8%。其中粒径大于0.05毫米的粗沙（2.49亿吨）占48.54%，占黄河粗沙量（7.32亿吨）的34%，占陕西省入黄河粗沙（3.77亿吨）的66%。

主要河流含沙量多在180～300公斤/立方米。窟野河、无定河等主要大河上含沙量从上游到下游逐渐增大，一些支流如大理河、芦河等从上游到下游逐渐减少。河流输沙量年内分配高度集中，7、8月是河流含沙量最大时期，输沙量一般占全年的80%以上。6～9月平均输沙量占年平均输沙量的90%以上。各河输沙量的季节动态是：夏季最多，秋季次之，冬季最少，冬夏相差数十倍。

4. 冰情

本区正当寒潮南下通道，寒潮势力强大，最大一次寒潮连续降温可达19～25°，各地日最低气温≤0℃的日数173～203天，河流冬季结冰，小河一般封冻，大河干流一般只出现岸冰并有行凌，冰凌一般1～3平方米，很少超过10平方米，冰厚一般不超过1米。冰凌的年际变化明显。受气温影响，愈北、愈往河流上游，结冰日期愈早，解冻日期愈晚，封冻日期愈长。南部一般小河封冻日数在80天以下，北部一般在90天以上。

二、地下水特征

1. 类型及其分布特征

根据含水介质和水力特征等条件，本区地下水分几个类型：第四纪松散层孔隙潜水，这是贮量较多、开发利用价值最好的地下水类型，根据分布及水文地质条件可分为：①河谷区潜水：主要赋存于无定河、榆溪河、海流兔河、秃尾河、乌兰木仑河等河川的一级阶地和高漫滩中。②平原区潜水：主要分布于定靖平原。③沙漠滩地区潜水：主要分布于榆林、定边、靖边3县的北部地区。由大小不等的滩地及沙漠组成。定边沙漠区含水层主要为上更新世冲积湖粉细沙，局部为中沙质亚砂土。由于基地起伏和古河流湖沼变迁的控制，含水层岩性及厚度变化均较大。富水性相差亦很悬殊。单井涌水量大者每日可达1000吨以上，小者不足1吨，一般沙漠中部的一些洼地，含水层相对稳定，补给条件好，容易形成富水地段。近河谷区，因地下水排泄较快，水位埋深大，富水性较差，水质一般较好，榆林沙漠滩区地形四周高，中间低，有利于大气降水补给，含水层主要由松散粉细沙组成，厚度在40—80米之间，下伏适水性弱的泥岩、黄土层，形成相对的隔水层，具有较好的贮水结构，成为本区潜水最富集的地区。硬地梁、红墩界至小纪汗一带，水位埋深在0.6～5.3米之间，单井涌水量每日可达1002～3123吨，塘湖、金鸡滩一带，水位埋深在0.6～5.3米之间，单井涌水量每日509～962吨，榆溪河、海流兔河以及无定河两侧，由于沟谷切割，含水层被切开，地下赋存条件从上游到下游越来越差，单井涌水量为每日1～9吨。④黄土斜坡区潜水；主要分布于定靖平原

的南部以及横山、榆林、神木、府谷等县的部分地段,其次第四纪黄土裂隙潜水,主要分布于长城以南广大梁峁地区,含水层为更新统黄土层,因地形破碎无统一含水层,赋存条件差,排泄条件好,潜水极为贫乏且分布零星,地下水位深,一般只作人畜饮用,无开采价值。中生界基岩裂隙孔隙潜水,全区普遍分布,含水层白垩、侏罗、三叠系基岩风化裂隙,其厚度及埋深随地形起伏变化较大。富水性因风化裂隙、构造裂隙及岩性状况也有很大差异,河谷及洼地,含水层较厚,富水性好,水位较高,单孔涌水量最大可达150吨/日,其他地方含水层薄,富水性差,水位埋深大,个别地方有水渗出。承压水,全区分布广泛,但分散不连续,受地层控制,裂隙具有成层及多层性,越往深部,风化作用越弱,水质差,变化大。

2. 补给及其动态

本区潜水主要是降水补给,补给量与降水(降水量及降水强度、气温)、地貌条件(汇水面积、含水层、上覆岩层的透水性能等)及植被状况有关,局部地区地表水及灌溉水也参与潜水补给。深层地下水径流系统的径流方向,与本区地势从北向南、从西北向东南倾斜的趋势相适应,浅层往往与各水系具体情况相适应。北部沙漠滩地区,地形四周高,中间低,地表沙层厚,下覆透水性弱的泥岩,黄土层,有利于降水补给及储水,较大的滩地汇水面积大,潜水量丰富,滩中心低洼处常因地下水位高出地面而形成海子。

榆林地区主要海子情况表

海子名称	所在地			面积(km^2)	平均深度(m)	蓄水量(万 m^2)	水化学类型	利用情况
	县(市)	乡镇	村					
红碱淖	神木	尔林兔		54	20	81000	咸	养鱼
小淖	神木	中鸡	红碱淖	3			咸	养鱼
宫泊海子	神木	瑶镇	河湾	2			微咸	养鱼
活鸡素海子	神木	中鸡	解家河	1			微咸	养鱼
窝兔采当海子	神木	瑶镇	窝兔	1			微咸	养鱼
庙壕海子	神木	瑶镇	窝兔	1			微咸	养鱼
巴下采当海子	神木	尔林兔	巴下采当	2			微咸	养鱼
纳林采当海子	神木	中鸡	纳林采当	1.5			微咸	养鱼
依肯特拉海子	神木	小林兔	依肯特拉	1			微咸	养鱼
康家界海子	神木	大保当	高家圪堵	1.5			微咸	养鱼
摆言采当海子	神木	大保当	摆言采当	2			微咸	养鱼
大海子	神木	马合	马合	1.5	2~5		淡	养鱼、农灌
贾明九达海子	定边	马合	马合	1	2~3		淡	养鱼、农灌
花马池	榆林	盐场堡	盐场堡	1.64	0.1	16.3	盐	采盐
波罗池	榆林	盐场堡	波罗池	1.37	2.00	27.4	盐	采盐
苟池	榆林	周台子	杨凤梁	4.43	0.54	239.2	盐	采盐
公布井	榆林	周台子	公布井	1.36	0.43	58.5	盐	采盐
明水湖	榆林	白泥井	明水湖	1.75	3	35	盐	采盐

全区潜水综合补给量为14.84亿立方米/年。其中可采量是5.74亿立方米,据榆林、靖边、定边三县北部风沙区128眼井,1979年1月~1984年12月观测结果,潜水动态可分为上升区、下降区和基本稳定区三种情况。上升区:(主要分布在靖边王渠则一带的山涧盆地)。面积很小,仅有80平方公里。最大上升值为1.17米,平均每年上升0.39米,上升的主要原因是西芦河猪头山水库建成蓄水,地下水排泄受阻引起。下降区:主要分布在

定边县城关、白泥井、安边、砖井等井灌集中区，面积274平方公里。最大下降值为3.99米，平均每年下降1.33米，其原因主要是井灌区集中，过量开采，地下水补给量小于排泄量所致；基本稳定区：主要分布于定边、靖边、榆林其余的广大地区。面积8916平方公里，占总控制面积的96%，这些地方井灌零星分布，只占总面积的1.5%，地下水动态仍然只受自然因素的制约，水位变差很小，基本处于稳定状态。

承压水的补给源，一是潜水渗透或与承压水含水层出头接触入渗补给；二是邻区承压水的侧向补给。径流方向受地层（含水层及顶、底板）倾斜方向控制，与全区地层起伏倾斜变化一致。

三、湖泊

榆林地区湖泊分布在北部内陆流域，是古湖盆或废弃河床堆积残留的沙质洼地汇聚地下渗水和天然降水而成。本区湖泊、沼泽俗称海子，因分布于沙区，又称沙海子，定边西北部盐湖俗称池，因多数出产食盐，又称盐地。现在全区有大小海子264个，其中：榆林130个，神木57个，靖边52个，定边23个，横山2个。红碱淖位于神木县尔林兔乡，陕蒙边界处，是本区及全省最大的湖泊，为中型湖泊，水质微咸。其他海子最大不超过5平方公里，为小型湖泊，许多小海子积水多则成湖，少则成泽，有些是秋冬成湖，春夏成泽。全区1~5平方公里水面的海子18个，0.1~1平方公里水面的海子28个，小于0.1平方公里水面的海子218个。全区4平方公里水面以上的海子共18个。

根据形成过程，地形及水化学特征，除红碱淖外，可分为5个海子群。

1. 定边北部盐水海子群，指定边县入毛乌素沙带以北的海子，共18个，海子总水面14.2平方公里。以盐地为主的13个海子占海子数的72%，水面13.3平方公里，占整个水面94%，另外5个分布在毛乌素沙带边缘，受沙带渗水补给，稀释为咸水或微咸水。该海子群13个盐池为陕西省唯一的湖盐矿藏区，最大的盐池—苟池，位于周台子乡西端，面积4.43平方公里，椭圆形，平均水深0.54米，池心水深1米多，积水约239.22万立方米，5个咸水海子一般用于农田灌溉，当地群众积长期经验，用拉沙压碱，挖沟排盐，淡水洗盐方法，防治盐碱，维持农业生产。

榆林地区海子群情况表

项目 \ 特征 \ 海子群 \ 县别	合计	定边北部盐池群	定边东部咸水海子群	毛乌素沙带海子群		风沙涧地海子群		榆神滩心海子群		红碱淖海子群	
		定边	定边	定边	靖边	靖边	横山	榆林	神木	神木	红碱淖
海子数	264	18	2	3	50	2	2	130	55	2	–
>1.0km^2	18	5	–	–	–	–	–	2	9	2	–
0.5~1.0km^2	7	4	0	–				2	1	–	
0.1~0.5km^2	21	4	1	–			1	2	13	–	
0.01~0.1km^2	40	5	1	3	10	1	1	7	12	–	
<0.01km^2	178	0	0	–	40	1		117	20		
总水面（km^2）	94.41	14.2	0.65	0.06	0.70	0.03	0.17	7.96	14.41	57	54.00
总积水量（万m^3）	92942.2	763.46	7.5	12.5	44.8	1.00	61.34	1154.4	1697.2	8160	81000
水化学类型		咸-盐	咸	淡水		淡~微咸		淡~微咸		咸	咸
利用方式		采盐	农灌	农灌		农灌		渔、农灌		渔、农灌	渔
形状		长条椭圆	长条椭圆	圆、椭圆		不规则		椭圆、圆			似三角形

2. 定边东部咸水海子群，指分布定边县东部，毛乌素沙带以南滩地的海子，有蒙海子和30里井海子两个，都在石洞沟乡东部，面积分别为0.125平方公里和0.025平方公里，平均积水量分别为5万立方米和2.5万立方米。该海子群水面，水深及水化学特征时令变化大，雨季湖水增加扩大，为微咸水，旱季湖水减少，为咸水，现在都用于农灌，夏季往往因蒸发和灌溉抽水而枯，在农灌方面与定边北部盐水海子群咸水海子相类似，但盐碱程

度明显降低。

3. 毛乌素沙带淡水海子群，分布东起靖边海子滩，西止定边城关的毛乌素沙带之上，从地势来看，湖面高于南部白于山前平原滩地和北部沙滩地。共有海子53个，形状多为锅底形，以沙漠潜水补给为主，多为淡水，海子水面、积水量随气候的年际、季节变化而变化。该海子群普遍较小，最大的明水海子，位于靖边县东坑乡，面积仅0.05平方公里；且东密西疏，东端海子数最多40个。西端海子数最少仅1个；另外，靖边县海子滩，滩地低洼，并与内蒙古大片滩地相通，似滩以涧，康家海子等特征上与该海子整体略有差异，水质微咸，带有风沙地涧海子和风沙滩海子的某些特征。

4. 靖边、横山北部风沙涧地微咸水海子群，分布在靖边、横山北部风沙地中，靖边县红墩界乡和横山县白界乡各2个，4个海子形态各异，大小不一，水质微咸或淡水，年际及季节变化大。

用于农灌，时有干枯。

5. 榆林、神木北部风沙滩中心海子群，在榆林、神木以长城梁岭以北风沙滩地中心低洼处，是积水而成的海子，共185个，镶嵌在海流兔河、榆溪河、秃尾河、窟野河4条河流域内，该海子群数量多，分布集中。根据分布情况又可分为榆林和神木两个海子群。榆林刀兔海子，位于小壕兔乡，水面0.233平方公里，蓄水最深7米，最浅1.2米，平均积水量近100万立方米。榆林沙海子既资农灌，又宜殖水产，已放养鱼苗的海子有刀兔海子、大坟滩海子、阿尔蝉乌素湖等近20个左右，养殖水面7000～8000/亩，闹牛海子、前海子、东海子等50个左右海子用于农灌，利用海子水灌溉面积数千亩。另外，有些海子，如贾明达海子，大海子等盛产芦苇。神木县除红碱淖、小淖外，大保当、中鸡、瑶镇，尔林兔4乡镇共有海子56个，最大的海子是宫泊尔海子，巴哈采当海子和摆言采当海子，面积都为2平方公里，都是本县较大的渔场。

6. 红碱淖海子群：包括红碱淖、小淖两个海子。红碱淖总面积54平方公里，平均水深15～16米，最大深度20米，总蓄水量8.1亿立方米，水质微咸，宜于养鱼，盛产鲤鱼，鲫鱼。1958年，创办国营渔场，现年产鲜鱼约10万公斤。湖边出碱土，可熬制微红色烧碱，故名红碱淖。

小淖（毫赖海子）面积3平方公里，位于红碱淖东北，特征与红碱淖相似。

转引自《榆林地区志》

【土壤】 一、地带性土壤的分布。根据过渡性特点和侵蚀残存的地带性土壤的分布和土壤成土条件，榆林地区土壤大体可分北部草原土壤地带和南部草原森林草原土壤地带。界线大致为东北起府谷古城，经神木、榆林、横山3县城到靖边王渠则，再延白于山麓抵定边红柳沟出境。草原土壤地带由安边为界，可分为西部荒漠草原条件下淡灰钙土和东部干草原条件下淡栗钙土两个区；草原化森林草原土壤地带根据南北水热条件和成土过程的差异大致东起佳县，经米脂（县城）、周家砭到青阳岔再延白于山脊一线为界，该线以北为草原沙黑垆土，东南为草原化森林草原黑垆土。地带性土壤是一定的生物植被下形成的，剖面为ABC型。但几千年不合理的土地利用，植被遭受破坏，地带性土壤也侵蚀殆尽。据1982年土壤普查资料，全区残存地带性土壤占全区总面积的3.3%。

二、非地带性土壤及其分布。全区共有非地带性土壤10类5583.59万亩。占全区土壤总面积的96.7%，强烈的土壤蚀（风蚀和水蚀）母质出露，经耕种熟化而形成的土壤，根据母质性状有风沙土、黄绵土、新土、红黏土、紫色土、石质土6类共5371万亩，土壤母质特性明显，成土过程重新开始、剖面AC型，在耕种熟化和侵蚀对抗消长中，土壤性状有变化，在林草植被下有生草化过程，在保护较好的地方，还会发生淋溶淀积过程向地带性土壤方向发育。在水分参与下形成的非地带性土壤沼泽土、水稻土、潮土和盐土4类，面积212.59万亩，分别有潴育、淹育、潜育和聚盐过程，土壤剖面为ABCG或P型，受水分条件和人为改良耕种影响，土壤发育变化的方向不定（盐土除外）。

1. 风沙土：面积1760.5万亩，主要分布长城沿线榆林、横山、神木、靖边、定边5县北部及府谷西北部，米脂、佳县2县北部亦有少量分布。受沙的风蚀和再堆积的作用，成土作用微弱且很不稳定，只有表层结皮，腐殖质积累极少。分流动风沙土、半固定风沙土、固定风沙土3个亚类。3个亚类相嵌分布流动风沙土在长城沿线特别是东部沿线特别是东部长城梁地南坡和沙丘地带相对集中。流动风沙土1属1种，半固定风沙1属2种（半固定土、沙坨土）；固定风沙土根据人为利用耕种熟化等分3属3种（固定风沙土、耕种风沙土、耕灌风沙土）。

2. 黄绵土：面积3188.4万亩，分布在长城沿线以南广大地区。仅本身1个亚类，根据质地分风沙壤质黄绵土（大致在沙黑垆土分布区）和轻壤质黄绵土（大致黑垆土亚类分布），黄绵土耕作熟化和水土流失相互对抗的效用受地形影响明显，根据地形部位分塬、坡、台、涧，地形部位与质地结合共分8个土属，并进一步根据利用情况及其特征共分25个土种。

3. 新积土：面积243万亩，主要分布地较大河流沿岸川道地及较大沟道地上。母质为冲积、洪积物及人工堆垫物，以黄土性物质为主，全部呈石灰性反应，属石灰性新积土亚类，分沙壤质新积土、沙砾质新积土、轻壤质新积土和黏质新积土4个土属55个土种。

4. 红黏土：面积218.8万亩，除定边县外各县均有分布，但在黄河沿岸土石丘陵区集中分布。2个亚类2属6种，第三纪红土母质上发育的土壤为红黏土属分2种；老黄土母质上发育的土壤为红色土土属分4种。

5. 紫色土：面积19万亩。母质为紫色砂页岩风化残存物，仅石灰性紫色土1个亚类，主要分布在榆林、横山、子洲的沟坡下部或高阶地和北部沙区石质梁地，分砂砾质石灰性紫色土和泥质石灰性紫色土2个土属5个土种。

6. 石质土:面积仅3.2万亩,母质为砂页、泥岩风化残存物并残留第三纪土中心的钙质结核,主要分布在黄河沿岸土石丘陵区,仅1个亚类1属1种。

7. 沼泽土:面积65.52万亩,分布在北部6县,特别是古湖盆滩地低洼处,土壤沼泽化过程明显,土壤剖面有泥炭层或蓝色潜育层或锈色淀积层。分沼泽土、腐泥沼泽土、泥炭沼泽土、草甸沼泽土和盐化沼泽土5个亚类,除沼泽土亚类分沼泽土和脱沼泽土2个土属外,其他4个亚类各只1属,共21个土种。

8. 水稻土:面积3.72万亩,是在种植水稻,使土壤处淹水条件下形成的特殊的农业土壤,分布在榆林、神木、横山、靖边等县河谷川水地,沟滩地以及下湿盐碱地上。分淹育性水稻土、潴育性水稻土和潜育性水稻土3个亚类,分别分1属2种。

9. 潮土:面积109.64万亩,分布在自然草甸及土壤地下水条件好的地方,绝大部分被开垦耕种,分布在全区河川沟道、涧地及湿滩地。是全区较好的农业土壤。其主要特征是剖面中有灰色锈纹和锈斑,同一发生层次的质地、颜色较均匀。分潮土、湿潮土、盐化潮土3个亚类。潮土亚类,为典型潮土,根据成土母质条件分风沙潮属(1种)和冲积潮土属(10种)。湿潮土分布于榆林、神木湿滩地、沟滩、河漫滩上。有明显的潜育化过程,土体下部具有灰蓝色、灰白色、黑色或褐色的条带、斑块或层次。分2属2种。盐化潮土亚类,分布在除吴堡以外各县的下湿滩地、河漫滩地、低川地、沟坝地和部分中川地、沟台地上。根据盐分分3属,分别根据盐渍程度分轻、中、重3个土种。

10. 盐土,面积33.71万亩。全区盐土主要分布在定边、靖边的盐碱滩地。榆林、横山、神木的下湿滩地,无定河、榆溪河沿岸川道也有零星分布。分盐土(1属1种)、草甸盐土(3属6种)沼泽盐土(2属2种)、苏打盐土(1属1种)和残余盐土(土壤普查时并入盐土亚类)5个亚类。

三、区域土壤分布规律。区域土壤分布中,岩成土分布主要受地貌制约。受成土母质的南北差异,在草原土壤地带有风沙土,高亢处有黄绵土。梁地上有零星紫色土。在沙黑垆土上分布为沙壤质黄绵土,黑垆土(亚类)分布区为轻壤质黄绵土。石质土仅分布在黄河沿岸,红黏土从东向西减少,定边完全没有。水成(包括半水成)土壤的分布受地形和地下水条件的影响,并有不同程度的盐渍化现象,程度从西北向东南逐渐降低,盐分组成受地球化学规律支配从西北向东南由氯化物、硫酸盐、重碳酸盐向碳酸盐变化。但盐土分布仅在灰钙土分布区。1. 草原土壤地带土壤的分布规律:草原土壤分布地带风蚀沙化严重,长城以北滩地沙梁(沙丘)相间分布,地下水较丰富,水成、盐成土壤分布较多。在滩地以滩地中心(或海子)为圆心向四周沙丘呈环状分布,从内向外在淡栗钙土区,依次是沼泽土~草甸沼泽土~盐化沼泽土(或水稻土)~固定风沙土(或淡栗钙土)~半固定风沙土~流动风沙土;在淡灰钙土区,依次是沼泽盐土~草甸盐土~盐化潮土~新积土~风沙土。在滩涧梁地以风沙土为主,紫色土、黄绵土零星嵌在其中。在长城沿线风沙黄土梁地,黄绵土与风沙土相间分布,规律不明显。2. 森林草原土壤地带土壤的分布规律:森林草原地带土壤因黑垆土侵蚀殆尽,以黄绵土为主。从梁峁顶部到沟谷底部,依次是黄绵土(坡黄绵土台黄绵土或梯黄绵土)~红色土~红黏土(亚类)新积土(黄河沿岸有石质土,西部梁涧区黄绵土)。根据地貌发育情况,越往西,越排在后的土带越窄,相对位置越低。甚至消失。在定边、靖边南部梁涧区从坡黄绵土直接到涧黄绵土,残塬以黑垆土为主。3. 河川地土壤分布规律:受河流影响,河川地土壤分布以河床为中线向两岸呈长条状分布。在内陆河流从河床向岸上土壤分布依次是盐化沼泽土(较少)~草甸沼泽土~潮土~风沙土(或黄绵土)。在风沙区河流从河床向岸依次是草甸沼泽土~湿潮土~盐化潮土(河流中段多分布水稻土,局部地段出现盐土)~潮土~耕灌(耕种)风沙土~半固定(流动)风沙土。在黄土丘陵沟壑区河川土壤分为从河床向两岸依次是:草甸沼泽土或盐化潮上~潮土~新积土(由沙砾质~沙壤质~壤质过渡)~台黄绵土~坡黄绵土。

【植被】

一、干草原

这是本区的地带性植被,主要分布于佳县经米脂、靖边(青阳岔)再沿白于山南麓以北地区较高亢的地貌部位。根据地形条件可分丘陵干草原和梁塬干草原两类,前者面积414.27万亩,包括:分布干草原地带东部的干草原,主要有长芒草草原、冷蒿草原、艾蒿草原等群系;分布于南部森林草原地带梁峁顶部的干草原,主要有铁杆蒿草原、艾蒿草原、白草草原、白羊草草原等群系,后者面积117.78万亩,分布在白于山及其两侧梁塬上,主要有百里香草原、甘草草原等群系。

长芒草草原:是本区代表性干草原群系。由于广泛开垦,仅小面积分布在黄土梁顶部,沟坡边缘等高亢向阳的环境以及沙区未复沙的黄土梁上。长芒草草原种类组成比较简单,约有种子植物60种左右,旱生植物居多,长芒草是稳定建群种,并常以兴安胡枝子、茵陈蒿、铁杆蒿、艾蒿和百里香等分别构成建群种。其他优势植物有糙隐子草、阿尔泰紫苑、短花针茅等。群落总盖度50%左右,但有时不到15%,草群低矮,一般高4~50厘米,产草量较低,群落中牲畜喜食的牧草较多,如糙隐子草、冰草、兴安胡枝子、冷蒿。

冷蒿草原:是长芒草草原遭破坏、草场退化、土壤干燥演变而成,菊科旱生小半灌木冷蒿为建群种,群系由70余种植物组成,除建群种冷蒿以外,优势种有长芒草、糙隐子草、短花针茅、多根葱等,群落总盖度40%~50%,或分小半灌木和低草两个亚层。冷蒿是优良牧草,但草群低矮,产草量低,牧业价值不大,可作羊的春季牧场。

铁杆蒿草原:主要分布在南部森林草原地区及干草原地区黄土丘陵沟壑区的阴坡、半阴坡,常以长芒草草原和艾蒿草原复合存在。本群系以半灌木铁杆蒿为主,建群种或以铁杆蒿和艾蒿为共建种形成群落。组成植物约50种,优势种有长芒草、河朔荛花、艾蒿、厚穗赖草等,伴生植物主要有兴安胡枝子、细叶远志、黄鼠草、柴胡、甘遂等。草群总盖度一般30% ~40%,可作羊的冬季及早春牧场。

百里香草原:主要分布在白于山分水岭上部或梁峁顶部。以百里香加冷蒿为其主要类型,群落的种类组成约55种。除百里香、冷蒿以外,优势种主要有长芒草,兴安胡枝子等。群落总盖度30% ~40%,草蒿3~5厘米,由于百里香成小丘状分布,群落的水平结构上常具有镶嵌性,百里香草原是分布区内的主要牧场之一,产草量不高,但草的质量好,百里香为芳香植物,羊食之可增肉的香味。

二、落叶阔叶灌丛

本区落叶阔叶灌木种类30余种,大部分呈散生状态,灌木林面积830.18万亩,灌丛主要有黄蔷薇、柠条、沙棘、沙樱桃、黑格兰、河朔荛花、酸枣、沙柳、紫穗槐等10余个群系,其中较为常见的是柠条灌丛、沙棘灌丛、酸枣灌丛和沙棘、沙柳灌丛等5种。柠条灌丛:分布在古湖盆沙滩地以南的广大地区,柠条灌丛392.5万亩,占灌丛总面积的47.5%。除柠条为建群种以外,其他灌木有扁核木、麻黄、酸枣、锦鸡儿属其他灌木等。主要草本植物有长芒草、铁杆丛、白草、胡枝子、艾蒿、茵陈蒿、百里香等。群落总盖度40% ~80%,灌木层高度0.5~2米。柠条灌木是优良的水土保持林,同时又是良好的薪炭林和纺织材料,也是较好的放牧草场。沙棘灌丛,分布于本区偏南地区,沙棘(酸刺)喜温耐旱,适应性强,在群落中占绝对优势,其他灌木可见黄蔷薇、木本铁线连,北京丁香、柔毛绣线菊等。草本(包括半灌木)植物主要有长芒草、白羊草、柴胡、铁杆蒿、甘草、隐子草、异叶败酱、兴安枝子等。灌丛总盖度80%以上,灌木层盖度60%以上,灌丛层高度1.5~2.5米,本灌丛是良好水土保持林并具有改良土壤的作用,也是良好的牧地和薪炭林。沙棘果营养价值高,可以生食或加工饮料、酿酒。沙柳灌丛:以沙柳、乌柳为建种的群落,分布广泛,为沙地天然或人工群落,面积403.5万亩,占灌丛总面积的48.6%,其他主要灌木有沙棘等,草本植物主要有拂子茅、沙旋复花、籽蒿、油蒿、寸草苔、苦马豆、醉马草、披针叶黄芪等。灌丛总盖度为60%以上。灌木层盖度50% ~80%,灌木层高度1~3%米。沙然更新好,是良好的固沙植物,沙柳条是优良的编织建筑材料,沙柳枝叶是良好的燃料、饲料。

三、落叶阔叶林

本区乔木林树种不足50种,现存乔木林多是人工栽植而成的,面积359.61万亩,主要有油松、侧柏、杨、柳、榆、刺槐及多种果树等。①杨树林:面积138万亩,全区分布,主要伴生植物有隐子草、蒿类和耐旱禾草,郁闭度30%左右。杨树在本区适应性好、速生,是较好的用材、农田防护和四旁植树树种。②柳树林:面积93.4万亩,全区分布,主要伴生植物有蒿类、禾草蒺藜等,郁闭度50%左右,旱柳是本区较好的用材树种,以生产柳椽和截取栽子为主。③槐树林:面积70.8万亩,一般郁闭度40%左右,主要分布南部森林草原地区。刺槐是水土保护林,旱荒山造林地乔木先锋树种,亦是一种优势树种。在阴坡生长较好,在稍北地区及南部梁峁顶部,阳坡易成"小老头"树,削茬易灌丛化。④榆树林:面积16.5万亩,郁闭度30%左右,全区广泛分布,榆树是本区较好的用材树种,耐旱耐瘠并较为速生。

四、沙生植被

沙生植被是长城沿线以北风沙区最具有优势的植被,但亦有地带性草原植被的烙印,群落中多有草原的植物。沙生植被面积600万亩,主要包括下列主要群系:1. 先锋群聚:在流动沙地常见的先锋群聚有:沙米群聚、沙旋复花群聚、牛心朴子群聚和沙生型鸡爪芦苇群聚。这些先锋群聚分布零散,种类组成简单,为一年生和根蘖、根茎植物、覆盖度小,演替迅速,不稳定。2. 沙竹群系:沙竹是大型根茎禾草,匍匐生长,地茎长数十米,约每0.1米的节上生不定根和不定芽;地下茎长数十米,由沙竹形成的群落多以先锋群落分布在流动沙丘及部分半固定、固定沙丘上,种类组成极为简单,常形成种群,伴生植物有沙米、籽蒿等。总盖度5% ~10%,沙竹是大牲畜的优良牧草。3. 籽蒿半灌丛:籽蒿(白沙蒿)是菊科半灌木固沙植物,种子可食,可以在风沙区严酷的生长条件下茂盛生长,由于人为破坏,保存甚少,半灌丛总盖度5% ~20%,群落结构分化不明显,除籽蒿外伴生植物仅十余种,主要是柠条、沙生针茅、沙米、沙竹、蓼子木等。4. 油蒿半灌丛:油蒿(黑沙蒿)是菊科半灌木固沙植物种,子可食,是典型的沙生植物,耐旱、耐瘠、抗沙埋,适应沙区气温的急剧变化,油蒿半灌丛生长繁茂。以油蒿占绝对优势,高40~90厘米,总盖度30% ~60%,伴生植物种类主要有沙竹、沙米、泡泡豆、厚穗穗草、兴安胡枝子、牛心朴子、踏郎、苦豆子、沙芦草、长芒草,另外有阿尔泰狗娃花、远志、冷蒿、隐子草等。5. 踏郎半灌丛:踏郎是豆科多年生小灌木,已大量人工种植,适应性强,有固沙、改良土壤的作用,枝叶可作饲料。除建群种踏郎外,伴生植物有十余种,主要有油蒿、籽蒿、冷蒿、绵蓬等,总盖度60%左右,高10~40厘米。6. 臭柏灌丛:臭柏是常绿灌木,匍匐生长,密集生长,一般生长在起伏平缓的固定沙地,有时也分布在高大沙丘顶部。臭柏丛是原始的沙生灌丛,林下土壤有明显的森林土壤性质,植被种类组成复杂,结构复杂,林下往往有一些喜温草本植物,如黄精、柴胡、细叶百合、茜草等,建群种为臭柏,伴生植物主要有:白草、柴胡、硬质早熟禾、冷蒿、寸草、麻黄、隐子草、狗尾草、地锦等。群落结构分化明显,可分为灌木和草木(半小灌木)两层,又各分两个亚层,并有一些层间植物，如茜草、细叶铁线连，黄花铁线连等，群落总盖度60%～90%，灌木层盖度60%～80%。7、白羊草草原：南部沟道河川的一个主要群系，是南部较好的牧草地，白羊草优势明显，伴生植物以杂草为主，有针茅、隐子草、达乌里胡枝子、砂珍棘豆、蒿类等。群落总盖度60%～80%，草群平均高度6～10厘米。另外沙生植被还有苦豆子群系、花棒灌丛、油蒿、柠条灌丛，达乌里胡枝子群系、沙蓬群系、沙柳锦鸡儿群系、狗尾草群系等。

五、草甸

本区草甸公布普遍，北部主要分布在下湿滩地草甸，表现出不同程度的盐生性；南部主要分布在沟道河川，表现出旱生性。根据南北草甸差异可分滩地草甸（面积195.6万亩）和丘陵草甸（面积180.2万亩）两类。丘陵草甸主要有黄背菅草甸、达乌里胡枝子草甸、茵陈蒿草甸、蒙古蒿草甸、苔草草甸等群系，滩地草地主要寸草苔草甸、芨芨草草甸、拂子茅草甸、冰草草甸等群系。

寸草苔草甸，是北部沙滩地一个主要群系，是北部良好牧场，寸草苔占绝对优势，分布均匀，伴生植物以多年生杂草为主，有鹅绒萎陵菜、金戴戴、碱茅、蒲公英、水麦冬、马蔺海乳草，小龙胆等20余种。群落总盖度70%～95%，草群平均高度5～8厘米。地表常形成直径40厘米、高10厘米左右的小草丘，丘距0.4～1米左右。

六、盐生植被

本区北部、西北部及西部无流或内流地区，盐碱分布较多，其上发育了盐生植被，主要有碱蓬群系，盐爪爪群系和白刺群系，另外有灰绿碱蓬群系（定边波洛池边）、海蓬子群系（苟池边），骆驼蓬群系等。1. 碱蓬群系：主要分布在盐湖、碱湖周围，种类组成简单，以藜科角果碱蓬和翅碱蓬为建群种，常常两种碱蓬成为单纯植丛，生长密集，主要伴生植物有：鸡爪芦苇、黄瓜补血草、剪刀股、金戴戴、碱地蒲公英等。碱蓬营养价值低，食草畜可少量进食。2. 盐爪爪群系：是定边盐湖滨盐生植被的优势群落，以藜科尖叶盐爪爪为建群种或共建种，伴生种有：黄花补血草、红砂、碱蓬、芨芨草、小果白刺等。群落总盖度30%～60%，草群高度10～30厘米，盐爪爪营养价值极低。3. 白刺群系：主要分布在盐渍化沙地上。白刺是藜科丛灌木，分枝密集，高30厘米左右，基部积沙形成白刺，均匀分布，形似坟堆，高1～3米，直径2～5米。白刺果可食，白刺群系以白刺为建群种，主要伴生植物有枸杞、厚穗赖草、黄花补血草、翅碱蓬等。

七、沼泽及水生植被

本区北部分布有大量湖泊沼泽，河流较多，形成了沼泽及水生植被。全区有沼泽近40万亩，沼泽植被主要有香蒲沼泽、芦苇沼泽、沼针蔺沼泽、杉叶藻沼泽、荆三棱藨草沼泽等群系。香蒲沼泽分布在水深0.2～1米的低湿滩地、洼地、水床边缘等，白狭叶香蒲、小香蒲和蒙古香蒲等几种共同或单独形成建群种，伴生植物有芦苇、荆三棱、沼针蔺，并常有狐尾藻、轮藻等藻类植物，总盖度95%，草群高度1米左右，香蒲可作编织，造纸原料，叶可作饲料，花粉入药，蒲绒可作填充植物。芦苇沼泽分布水深1米左右的海子浅滩、沟渠两岸、洼地等，以芦苇为单优建群种，伴生植物有香蒲、荆三棱、沼针蔺等。总盖度80%，草群高1～2米。芦苇可作造纸、编织、人造纤维原料。本区还有100余亩水域发育着水生植被，分别由几种眼子菜、狐叶藻、金鱼藻、轮藻及水毛茛等水生植物结合起来形成不同群落。

转引自《榆林地区志》

【**自然保护区**】 解放初，本市有天然臭柏林45万亩，后因人为的破坏，天然臭柏林减少到12万亩，近年来加强了自然保护区的建设力度，加大管护力度，增加投入，使臭柏林增加到17.1万亩，自然保护区内的林木覆盖度由15%提高到平均35%。

截至2005年，本市已建立的市级自然保护区有2个，即横山臭柏自然保护区、榆阳区臭柏自然保护区，县级自然保护区3个，即神木臭柏自然保护区，府谷杜松自然保护区、神木红碱淖湿地自然保护区（神木红碱淖湿地自然保护区属环保部门管理，其余的自然保护区均属林业部门管理）。自然保护区总面积42629公顷（占榆林市国土总面积的1%），其中，横山县臭柏自然保护区面积6666公顷；神木臭柏自然保护区面积11402公顷；府谷杜松自然保护区面积6368公顷；红碱淖湿地自然保护区面积11260公顷。三个臭柏自然保护区承担着17.1万亩天然臭柏的保护管理（神木11.6万亩，横山3万亩，榆阳2.5万亩）。杜松自然保护区承担着1.5万亩的天然杜松龄的保护管理。

【**湿地自然保护区**】 陕西省无定河湿地省级自然保护区于2009年12月16日由陕西省人民政府批复设立。位于横山县无定河沿岸，西起榆靖高速公路无定河大桥以东1公里处，东至横山县党岔镇马坊村（地理坐标：东经109°05′—109°40′，北纬38°00′—38°05′之间），长72千米。涉及横山县的党岔、白界、响水、波罗、雷龙湾、横山6个乡镇及白界、雷龙湾、二石磕三个国有林场和石马洼农场及榆阳区南部少部分地域（占不到5%）。湿地总面积11480公顷，核心区面积1433公顷，实验区面积6881公顷。

无定河地处中温带大陆性季风气候区，陕西省北部毛乌素沙地南缘，滩涂面积大，河流两侧地形开阔，水体污染较轻，水质良好，现分布各类野生动植物350余种，动物有浮游生物、底栖动物、环节动物、鱼类、两栖类、爬行类、鸟类和哺乳类各个类群170余种，植物从藻类到维管束植物180余种，有浮漂、沉水、挺水、湿生、中生到旱生各个类型，香蒲沼泽、芦苇沼泽、怪柳灌丛、稻田、河道漫滩是湿地的主要景观类型，特殊的自然环境，特别是河谷湿地资源为鸟类繁衍生息创造了良好的条件，仅鸟类达70多种。有国家一级保护野生动物遗欧、黑鹳、白肩雕等，国家二级保护野生动物大天鹅，白琵鹭、灰鹤、鸳鸯等，陕西省省级重点保护野生动物苍鹭、大白鹭、草鹭、豆雁、斑头雁、斑嘴鸭、赤麻鸭、绿头鸭等。

红碱淖县级湿地自然保护区建立于1997年,范围涉及神木县尔林兔镇、中鸡镇,保护区总面积11260公顷。其中,湖水水面积5515公顷,草本沼泽面积1080公顷。固定半固定沙地及农田面积4665公顷。红碱淖湿地自然保护区是陕西省目前最大的天然内陆淡水湖泊。盛产鲤、鲫、鲢等14种淡水鱼,水生物丰富,为水禽栖息提供了丰富的食物资源,水体污染较轻、水质良好。每年春、秋季在此歇息的水鸟有大天鹅、白琵鹭、班嘴鹈鹕、银鸥、鸬鹚、豆雁、绿头鸭、班嘴鸭等二十几种,数量达到4万多只,每年夏季在此繁殖的水鸟有遗鸥、红嘴鸥、须浮鸥、赤麻鸭、苍鹭、反嘴鹬、黑翅长腿鹬、风头麦鸡等十几种,数量达8000多只。近年来连续发现世界濒危物种,国家一级重点保护鸟类遗鸥在此栖息繁殖。2001年发现参与繁殖的遗鸥亲鸟70多对。2002年发现参与繁殖的遗鸥亲鸟150多对。2003年发现参与繁殖遗鸥亲鸟700多对,繁殖幼鸟500多只。2004年发现参与繁殖的遗鸥亲鸟1500多对,估计可繁殖幼鸟1000余只,可以确认红碱淖湿地自然保护区是我国遗鸥重要的繁殖地。此外,在这里分布的主要野生植物有芦苇、白草、香蒲、冰草、水蒿、灰条等十多种。覆盖度达35%,适合鸟类等野生动物栖息繁殖。

【煤炭资源】 榆林是煤炭资源富集区,是国家规划的大型煤炭建设基地之一。全市含煤炭面积占总土地面积的54%,煤炭资源的预测储量为2714亿吨,探明储量为1460亿吨,占全省已探明储量的86%,占全国已探明储量的12%。精查232.55km^2、详查191.04km^2、普查194.98km^2、找煤841.43km^2。榆林煤的储量相当于50个大同矿区、100个抚顺矿区,与俄罗斯的顿巴斯煤田和库兹巴斯煤田,德国的鲁尔煤田,美国的波德河煤田和阿拉契亚煤田,波兰的西里西亚煤田并称世界七大煤田。

榆林煤炭的形成是在漫长的地壳发展过程中,经历了三次聚煤作用,从而形成了三个不同地质时代的煤田,即石炭二叠纪煤田、三叠纪煤田、侏罗纪煤田。

石炭二叠纪煤主要分布在黄河沿岸的府谷、吴堡一线,主要可采煤层11层,单层最大厚度15.47米。煤类主要为气煤、肥煤、焦煤。探明储量70.49亿吨,其中:府谷矿区探明储量54.74亿吨,精查1.74km^2、详查44km^2,普查9km^2。吴堡矿区探明储量15.75亿吨,精查、详查15.75km^2。

三叠纪煤主要分布在子洲、米脂一线,总储量为0.33亿吨。其余县区由于埋深超过1500米,不具备开采条件。

侏罗纪煤主要分布在榆、神、府、横四县区,含煤面积24561平方公里,可采煤层14层,主采煤层5层,煤层单层最大厚度12.5米,每平方公里地下储煤1000万吨。探明储量1357.33亿吨,精查230.88km^2、详查147km^2,普查185.95km^2、找煤793.5km^2。煤类主要为长焰煤、不粘煤和弱粘煤。煤质具特低灰(7%—9%)、特低硫(小于0.8%)、特低磷(0.006%—0.035%)、中高发热量(6800—8200大卡/千克)的特点,是优质低温干馏、工业气化和动力用煤,是理想的环保用煤,在国内国际市场上有较强的竞争力。同时侏罗纪煤液化性能好,如榆神矿区2—2煤液化转化率为89.44%—92.35%,油产率为53.49%—60.94%,3—1煤的煤液化转化率为89.36%—92.16%,油产率为53.63%—63.93%。按照规划,煤田划分为神府矿区、榆神矿区、榆横矿区和定靖矿区。其中:①神府矿区探明储量431.13亿吨,精查达到155.17亿吨、详查43.14亿吨,普查40.29亿吨、找煤192.53亿吨。②榆神矿区探明储量470.41亿吨,精查达到74.65亿吨、详查103.86亿吨,普查133.6亿吨、找煤158.3亿吨。③榆横矿区探明储量455.79亿吨,精查达到1.06亿吨、普查12.06亿吨、找煤442.67亿吨。④靖定区属找煤区域。

【石油天然气资源】 榆林市石油天然气储量丰富,其中石油资源储量10.3亿吨,属鄂尔多斯侏罗纪地质储层,天然气截至目前探明面积37万平方千米,探明储量4.118万亿立方米,是至今我国陆上最大的整装气田鄂尔多斯气田的主力储区。

随着榆林能源重化工基地建设的不断推进,榆林的石油化工产业也在逐步发展壮大,全市范围内共有生产井3369口,榆林石油资源勘探开发由中央和地方企业两部分组成:一是中石油长庆分公司第三第四采油厂负责开发靖安油田,目前原油生产能力为300万吨,项目初勘工作已完成,储量申报和开采申请已经国土资源部批准,进入开发阶段,现已在本市境内形成原油生产能力150万吨。二是本市地方企业开发目前为采运炼的格局,形成年产100万吨,年加工能力150万吨,主要产品是:柴油、汽油、液化气。

榆林天然气资源主要由中石油长庆油田公司勘探开发,现已形成年100亿立方米的生产能力,建成年处理天然气50亿立方米的亚洲最大天然气净化厂。榆林还是西气东输的主要气源地和周转站,陕北天然气主要供应:北京、西安、银川、榆林、靖边、乌审旗,从2003年10月起开始西气东输送气,已建成运营的输气管线有陕西—北京,总长680KM;靖边—西安,总长488.5KM;靖边—银川,总长310KM;横山—榆林,总长42KM。市内气田区域内建成输气干线28条总长283KM,主干线4条总长108KM已全部竣工。

【盐资源】 榆林是陕西省唯一的产盐区,除没有海盐外,岩盐、湖盐、井盐、土硝盐均有。湖盐,分布于定边县,储量6千万吨。井盐和土硝盐,分布于子洲马蹄沟及榆阳区上、下盐湾、镇川杨正沟等地。岩盐,榆林岩盐田为目前已发现全国最大的岩盐田,盐田范围北起红碱淖,南至清涧,西至青阳岔,东至黄河边,含盐面积2.5万平方公里;盐层平均厚度120米,最大厚度370米(绥德崔家湾);探明储量8855

亿吨,预测储量6万亿吨,占全国岩盐总储量的26%。榆林岩盐资源的潜在价值达33.2万亿元,是全国最大盐湖——青海察尔汗盐湖潜在价值的2.2倍,是全省煤、气、油等其他资源潜在价值总和的3倍。榆林岩盐矿物主要为块状石盐、钾石盐和硬石膏,有少量光卤石和钾铁盐,部分为含钾石盐。矿石品级大部分属工业一级品,氯化钠含量为81.46%—99.8%,平均在90%以上。硫酸钙含量为1.5%—5%,其他有害组分含量甚微,为全球岩盐矿床史上罕见的精品矿床。榆林拥有国家定点食盐生产企业两户,定边长城盐化有限公司开采湖盐资源,利用深水结晶和粉洗工艺生产工业盐与食用盐,年产量15万吨。中盐榆林盐化有限公司在镇川开采岩盐资源,利用真空制盐工艺生产工业盐和食用盐,年产量14万吨。还有神木北元化工公司、米脂金泰氯碱公司利用工业盐和岩盐卤水生产聚氯乙烯。

【旅游资源】 陕西省旅游局2003年组织的资源普查报告显示:榆林市旅游资源种类多,内容丰富,是陕北旅游资源的重要组成。资源普查表明,共有单体1005个,分属7个主类、21个亚类、73个基本类型。其中有5级单体4个,4级单体29个,3级单体100个,2级单体165个,1级单体250个,等外单体457个。榆林旅游资源自然类型相对贫乏且类型单一,有单体21个,分属3个主类、8个亚类、15个基本类型,但级别较高,优良级资源占42.86%,具有开发潜力。人文类旅游资源数量众多,绝对数量较大,品位高,特色鲜明,开发潜力巨大,有单体984个,数量占97.9%,分属4个主类、13个亚类、58个基本类型(类型占79.5%,基本类型覆盖度达67.4%);在主类中,建筑与设施类资源占优势(单体461个,占人文资源单体总数的46.8%,占所有资源单体总数的45.87%),其次是遗址遗迹类(336个单体,占人文资源单体总数的37.2%,占所有资源单体总数的36.42%),优良率为12.6%,普通级占41.36%,等外级占46.04%。榆林代表性的旅游资源有:匈奴国都——统万城。位于靖边县东北,是世界目前唯一的、保存基本完好的匈奴王国都城遗址,是世界遗产级资源,是研究五世纪草原民族建筑艺术、探讨从大夏至西夏延续5个世纪地区文化和历史的考古旅游胜地;大漠神湖——红碱淖。位于神木县西北,毛乌素沙漠东南沿,是全国最大的内陆沙漠淡水湖,世界最大的遗鸥繁殖地;万里长城第一台——镇北台。位于榆林城北3公里处,属全国重点文物保护单位,有长城"三大奇观之一"和"万里长城第一台"之称,两侧有同期所建的款贡城和明代易马城遗址;塞上碑林——红石峡。位于榆林城北3公里的红石崖上,这里自然景观和人文景观及底蕴十分丰富,奇山秀水、石窟古刹、长城要塞、摩崖石刻、水利设施混成一体;西部圣山——白云山。位于佳县城南5公里处的黄河之滨,是全国著名风景名胜区和西部第一道教名山,集中国传统文化、宗教文化、黄河文化、黄土文化、民族文化于一身,内涵丰富,形式多样,其雕塑艺术具有浓厚的地方色彩和较高的艺术价值,白云山道教音乐是道教音乐四大流派中最具有地方特色的一派,被誉为白云神韵,圣境仙乐,在解放战争期间,毛主席来过白云山,留下的传奇故事具有很强的市场开发价值。

(来源:《榆林地区志》)

2012年榆林市国民经济和社会发展统计公报

榆林市统计局

(2013年3月12日)

2012年,面对复杂严峻的国内外经济形势,市委市政府全面贯彻落实科学发展观和党的十八大精神,准确研判,沉着应对,果断采取"五抓五促"举措和"促销、增产、稳市场"等具体工作措施,积极应对市场变化,迎难而上,共克时艰,化挑战为机遇,变压力为动力,坚持稳中求进,积极推行各项宏观调控措施,使全市经济在多年持续高速增长的背景下依然实现了平稳增长,社会保持和谐稳定。

一、综合

初步核算,全年实现生产总值2769.22亿元,比上年增长12.0%,经济总量连续八年位居全省第二,经济增速超全国4.2个百分点。其中,第一产业增加值125.88亿元,增长5.9%;第二产业增加值2027.87亿元,增长13.6%;第三产业增加值615.47亿元,增长8.8%。人均生产总值82549元,约折合13133美元,是全省平均水平的2.1倍。

生产总值及增速

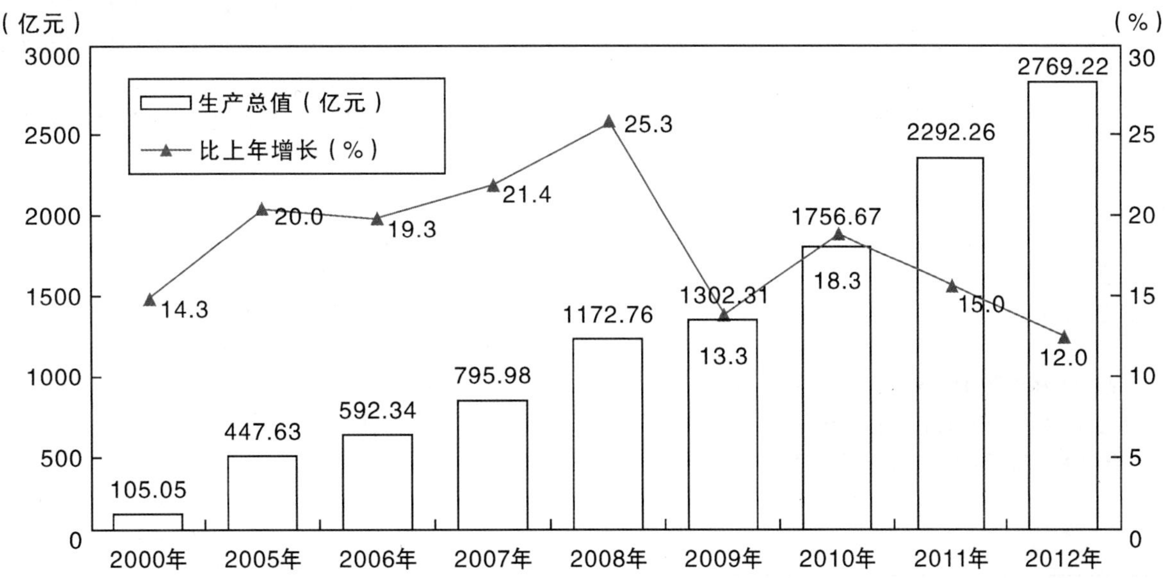

全年非公有制经济增加值1042.15亿元,占GDP比重37.6%,比上年提升1.5个百分点。

二、农业

全年农林牧渔业实现增加值125.88亿元,比上年增长5.9%。农林牧渔业总产值209.72亿元,增长5.8%。在总产值中,种植业产值109.48亿元,增长7.0%;畜牧业产值85.60亿元,增长4.1%;林业产值5.94亿元,增长13.2%;渔业产值0.84亿元,增长3.5%;农林牧渔服务业产值7.86亿元,增长6.9%。

年末全市耕地总资源1439.55万亩,常用耕地面积870.94万亩。

全年粮食播种面积706.74万亩,粮食总产量153.99万吨。其中,夏粮产量5.26万吨;秋粮产量148.73万吨。蔬菜产量63.64万吨。粮食生产实现九连丰。

生产总值三次产业构（%）

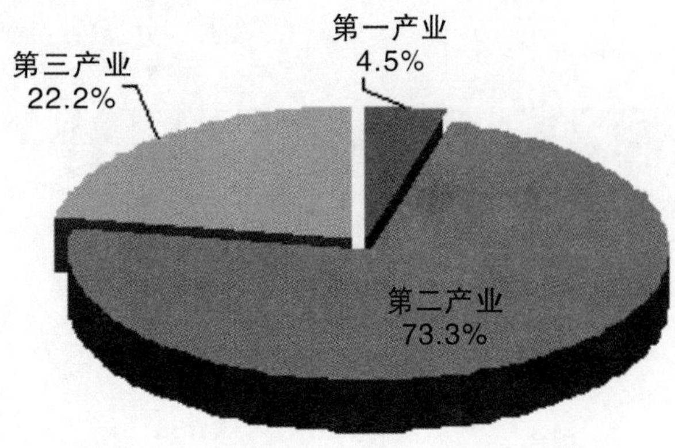

主要农业产品产量

产品名称	产品产量(吨)	比上年增长(%)
粮　食	1539900	8.4
玉　米	666510	2.7
高　粱	15470	13.8
谷　子	67243	1.3
糜　子	17986	43.7
荞　麦	37798	108.6
豆　类	145028	11.9
#绿　豆	29622	-7.1
薯　类	511082	11.3
#马铃薯	429665	-5.5
油　料	84884	21.6
蔬　菜	636375	8.2
水　果	716014	2.1
苹　果	162871	9.14
红　枣	485082	-0.7

全年造林面积116.60万亩，比上年增长7.1%。其中，人工造林101.10万亩，飞播造林15.50万亩。

全年水产品产量6491吨，增长9.8%

畜牧业生产情况

指标名称	单位	生产量	比上年增长(%)
肉类总产量	吨	171509	4.3
#牛　肉	吨	5446	4.5
猪　肉	吨	99722	5.3
羊　肉	吨	55973	2.5
蛋类总产量	吨	49862	3.7
奶类总产量	吨	85405	2.6
#牛　奶	吨	82339	5.7
羊　绒	吨	1738.13	20.1
羊年末存栏	万只	598.69	1.8
出　栏	万只	346.26	2.1
猪年末存栏	万头	100.38	3.9
出　栏	万头	138.15	5.5
大牲畜年末存栏	万头	26.45	-4.2
出　栏	万头	5.89	1.8
家禽存栏	万只	560.71	4.8
出　栏	万只	504.11	7.4

三、工业和建筑业

全年完成工业总产值3126.88亿元，比上年增长17.5%；工业增加值1991.41亿元，增长13.6%。其中，全市621户规模以上工业企业实现总产值2999.17亿元，增长17.9%；增加值1952.01亿元，增长13.8%。规模以下工业企业实现总产值127.71亿元，增长9.3%；增加值39.40亿元，增长9.3%。规模以上重工业企业完成产值2959.37亿元，增长17.7%，占规模以上工业总产值的98.7%；轻工业完成产值39.80亿元，增长36.7%，占规模以上工业总产值的1.3%。

全年规模以上工业中，五大支柱产业总产值2799.48亿元，比上年增长15.7%；占规模以上工业总产值的93.3%。其中，煤炭开采洗选业完成产值1397.95亿元，增长16.9%；石油和天然气开采业完成产值609.38亿元，增长7.2%；石油加工、炼焦业完成产值435.75亿元，增长22.5%；化学原料及化学制品制造业完成产值130.88亿元，增长25.1%；电力热力的生产和供应业完成总产值225.53亿元，增长15.8%。

全市614户规模以上直报工业企业，实现主营业务收入1928.30亿元，比上年增长11.6%；利润总额508.40亿元，下降6.9%；税金总额224.80亿元，下降2.0%；亏损企业亏损额14.60亿元，增长11.5%。

在统计的18种主要工业产品中，有14种产品产量比上年增长，其中8种产品增速超过20%。

主要工业产品产量

产品名称	产品产量	比上年增长(%)
原煤(万吨)	28355.95	11.8
原煤(万吨)	32004.79	16.7
#地方(万吨)	17037.75	16.9
原油(万吨)	1161.27	7.3
原盐(万吨)	104.80	150.3
洗煤(万吨)	2463.14	47.7
精甲醇(万吨)	132.28	0.1
天然气(亿立方米)	128.16	6.1
聚氯乙烯(万吨)	52.68	56.5

产品名称	产品产量	比上年增长(%)
原油加工量(万吨)	338.44	11.0
兰炭(万吨)	1960.95	29.9
电石(万吨)	145.43	33.5
合成氨(万吨)	1.96	-2.0
氮肥(万吨)	1.53	-1.0
水泥(万吨)	390.49	29.6
玻璃(万重量箱)	793.02	-5.6
铁合金(万吨)	25.16	-0.9
发电量(亿度)	438.29	9.9
火电(亿度)	437.42	9.9
金属镁(万吨)	30.56	26.6
氢氧化钠(烧碱)(万吨)	50.71	34.1

全年完成建筑业总产值156.15亿元,比上年增长23.1%,其中,建筑工程产值149.70亿元,增长25.2%。全年实现建筑业增加值36.46亿元,增长15.0%。房屋建筑施工面积961.40万平方米,增长48.0%,房屋建筑竣工面积438.27万平方米,增长68.6%。

四、固定资产投资

全年全社会固定资产投资1771.23亿元,比上年增长28.5%。其中,固定资产投资1493.97亿元,增长31.6%;房地产开发企业投资52.49亿元,增长80.2%。在固定资产投资中,第一产业投资30.38亿元,增长11.0%,其中农业投资10.37亿元,增长1.6%;第二产业投资955.55亿元,增长22.0%,其中采矿业投资404.26亿元,增长18.2%,制造业投资420.10亿元,增长50.7%,电力、燃气及水的生产和供应业投资101.19亿元,增长70.7%,建筑业投资30.00亿元,下降58.9%;第三产业投资508.04亿元,增长45.6%,其中交通运输、仓储和邮政业投资85.24亿元,下降23.5%;批发和零售业投资20.91亿元,增长1.7倍;信息传输、计算机服务和软件投资2.19亿元,下降80.2%。

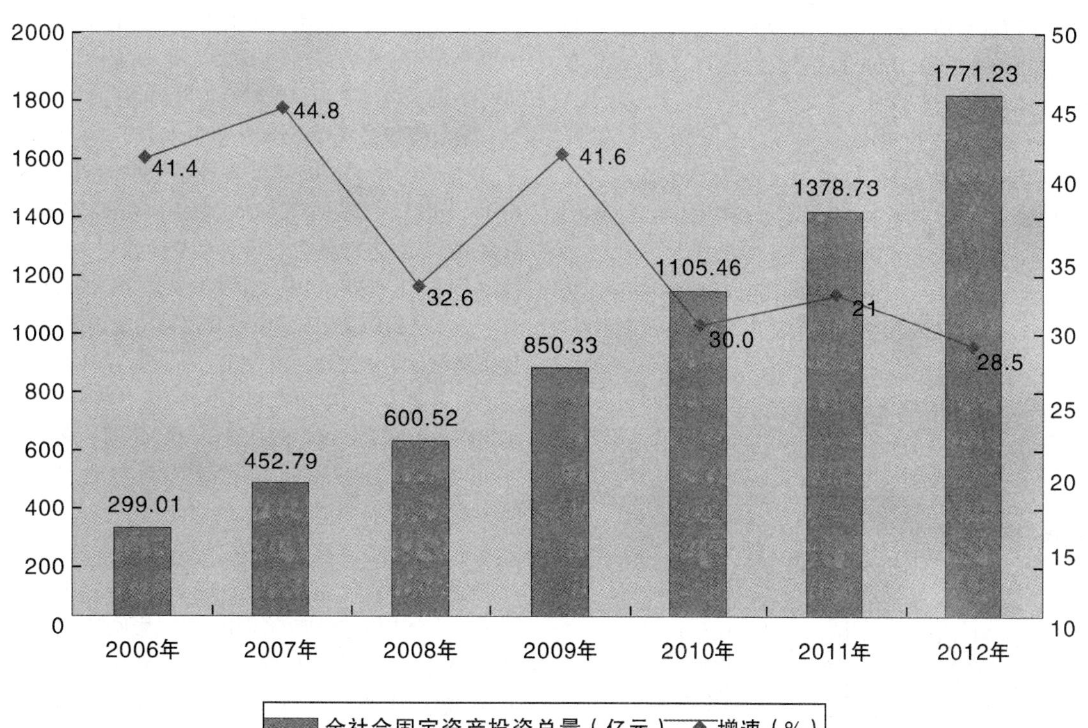

图1 重点经济区布局

商品房销售面积121.95万平方米,增长25.4%;商品房销售额48.90亿元,增长11.5%。

五、交通和邮电

年末全市公路总里程29048公里,比上年增加790公里。在总里程中,高速公路860公里,国道675公里,省道635公里,农村公路26878公里。在农村公路中,县道2640公里,乡道3479公里。

铁路运输中,货运量11916.52万吨,比上年增长

8.1%，货物周转量1743115.32万吨公里，增长9.7%，客运量305.22万人，比上年增长39.1%；公路运输中，货运量9613.00万吨，增长21.3%，货物周转量7936122万吨公里，增长18.4%，客运量7533人次，增长3.9%，旅客周转量487736万人公里，增长6.3%；民航运输中，货邮量2267.40吨，增长73.1%，吞吐量为106.63万人，增长17.1%。

年末民用汽车保有量达到75.20万辆（包括三轮汽车和低速货车11.07万辆），比上年末增长11.7%，其中私人汽车保有量61.84万辆，增长12.2%。民用轿车保有量31.85万辆，增长27.6%，其中私人轿车28.99万辆，增长28.8%。进口车辆2.77万辆，增长42.1%，其中进口轿车2.75万辆，增长41.8%。

全年完成邮电业务收入38.18亿元，比上年增长16.4%。其中，邮政业务收入2.01亿元，增长14.7%；电信业务收入36.17亿元，增长16.5%。邮政业全年完成邮政函件业务161万件，订销报刊累计3838万份，订销杂志累计163万份，邮路长度达到5407公里，农村投递线路29705公里。全市固定及移动电话用户总数达到451.11万户，其中固定电话51.39万部，移动电话399.72万部。

六、贸易和物价

全年全市社会消费品零售总额270.22亿元，比上年增长16.3%，其中餐费收入30.30亿元，增长11.1%，商品零售239.90亿元，增长17.0%。

批发业实现销售额1243.90亿元，增长10.9%；零售业实现销售额260.30亿元，增长31.1%；住宿业实现营业额13.60亿元，增长27.6%；餐饮业实现营业额35.90亿元，增长22.9%。

居民消费价格指数上涨3.3%，商品零售价格指数上涨2.3%，农业生产资料价格指数上涨2.5%。

居民消费价格指数

类　别	上年价格=100
居民消费价格指数	106.6
食　品	111.9
烟酒及用品	103.8
衣　着	98.6
家庭设备用品及维修服务	101.8
医疗保健及个人用品	102.0
交通和通讯	109.3
娱乐教育文化用品及服务	106.2
居　住	111.2

七、旅游

年末全市共有旅行社48个，星级以上饭店32家，对外售票的景点15个。全年共接待国内外游客1170万人次，比上年增长73.3%。入境游客2029人次，其中外国游客1917人。旅游收入58.50亿元，增长98.3%。

八、财政、金融和保险业

全年财政总收入666.00亿元，比上年增长19.3%；地方财政收入达220.00亿元，增长22.1%。全市财政支出398.30亿元，增长26.0%。

年末金融机构各项存款余额2252.82亿元，比年初增加408.31亿元，增长22.1%；各项贷款余额1548.08亿元，增加368.69亿元，增长31.3%。

年末全市证券开户数25617户，其中2012年新开户4566户。证券市场各类证券交易量137.69亿元。

全市有各类保险公司30家，全年保费收入24.76亿元，比上年增长11.8%。其中，财产险收入15.92亿元，增长7.0%；寿险收入8.85亿元，增长21.5%。各类保险公司累计赔付支出9.70亿元，增长28.8%。其中财产赔付支出8.63亿元，增长19.6%；寿险赔付支出1.07亿元，增长340.8%。保险深度0.9%，保险密度705元/人。

九、教育和科学技术

全市共有各级各类学校1348所，其中，高等学校2所；中等专业学校8所；普通中学217所；职业中学21所；小学549所；幼儿园542所；特殊教育学校9所。

全市各级各类学校累计招生177327人，毕业187026人，在校学生数576705人。在校学生中，小学218110人、初中107615人、高中87368人、职中（高职）35718人、特殊教育553人。各级各类学校共有专任教师38766人，代课教师597人。小学、初中入学率分别达99.8%和99.7%。

全年共组织鉴定（评议）、登记科技成果35项，其中科技成果综合水平达到国内领先7项。获“2012年度陕西省科学技术奖”1项；申请专利639件，其中发明专利103件，实用新型专利170件，外观设计专利366件。授权专利144件，其中发明专利23件、实用新型专利77件、外观专利44件。技术交易合同登记额8.25亿元。

十、文化、卫生和体育

全市文化产业增加值17.76亿元，比上年增长27.9%。全市有艺术表演团体14个，影剧院13个，文化艺术馆13个，艺术学校1个，公共图书馆12个，文化站226个，博物馆13处，娱乐场所172个，网吧241个。文化“三下乡”活动共下乡送戏185场、送电影68215场。

全市有广播调频台18座，电视转播台19座。广播综合人口覆盖率96.5%；电视综合人口覆盖率96.3%。全市有线电视用户465087户，数字电视用户430815户。

全市共有医疗卫生机构4993个，已建成三级甲等综合医院2个，三级乙等综合医院1个，二级综合医院20个。共有妇幼保健机构12个，中医医院15个，专科医院15个。共有病床15762张，卫生专业技术人员17792人乡镇卫生院、村卫生室和社区卫生服务中心覆盖率达到100%以上。参加新型农村合作医疗278.39万人,参合率达97.1%。

全年共举办大型全民健身活动210次,其中,市级举办、承办大型体育活动22次。承办全国武术散打锦标赛,全国45支代表队280多名顶级水平的选手进行各个级别的比赛,这是我市承办的又一次高规格、高水平、大规模的国家级体育赛事。

全年共派出374名运动员参加了省年度比赛,共获得金牌72枚、银牌41枚、铜牌51枚,是我市有史以来参加比赛人数最多、参赛项目最全的一届省年度比赛。由我市培养选送出去的优秀运动员景瑞雪,在第30届伦敦奥运会上,获得女子自由式摔跤63公斤级比赛银牌,创造了我国这个项目级别奥运会最好成绩。此外,我市运动员杨倩获得残奥会女子乒乓球项目金银牌各一枚,白娟获得残奥会女子50米仰泳项目铜牌,是我市运动健儿在奥运会和残奥会上夺牌最多的一年。

预计全市体育彩票销售额达2.73亿元,比上年增长17.0%,连续6年居全省第二。

十一、水利水保

全年完成水利水保投资25.57亿元。比上年增长15.6%。治理水土流失面积1241.40平方公里,新建6条小流域坝系工程;新建、加固、维修淤地坝989座。新修基本农田10.71万亩,发展节水灌溉面积8.86万亩。本年农村饮水安全达标人口新增20.75万人,年末农村饮水安全达标人口达到228.46万人。

十二、环境保护和安全生产

全年榆林城区二级以上天数335天,比上年增加1天,其中达到一级标准天数为50天,比上年增加8天。全市各监测断面无劣V类水质,其中无定河米脂断面水质由四类改善为三类。集中式饮用水源地水质达标率为100%。

全年共发生各类生产安全事故842起,比上年下降1.4%。死亡233人,下降6.4%;受伤238人,下降3.4%;直接经济损失6463.07万元,同比上升1.5%。发生一次死亡3—9人较大事故5起,死亡25人。未发生一次死亡10人以上的工矿商贸企业生产安全责任重大事故和一次死亡30人以上特别重大安全责任事故。

十三、人口

2012年末,全市常住人口335.69万人,出生率11.39‰,死亡率6.09‰,自然增长率5.30‰。全市城镇化率51.3%。

十四、人民生活和社会保障

全市城镇居民人均可支配收入24140元,比上年增加3419元,增长16.5%。居民家庭人均总收入为24716元,增加3505元,增长16.5%。其中,工资性收入15118元,增长16.1%;经营性收入2964元,增长19.3%;财产性收入3098元,增长19.3%;转移性收入3535元,增长11.3%。人均生活消费支出14527元,增长14.8%。

城镇居民人均可支配收入

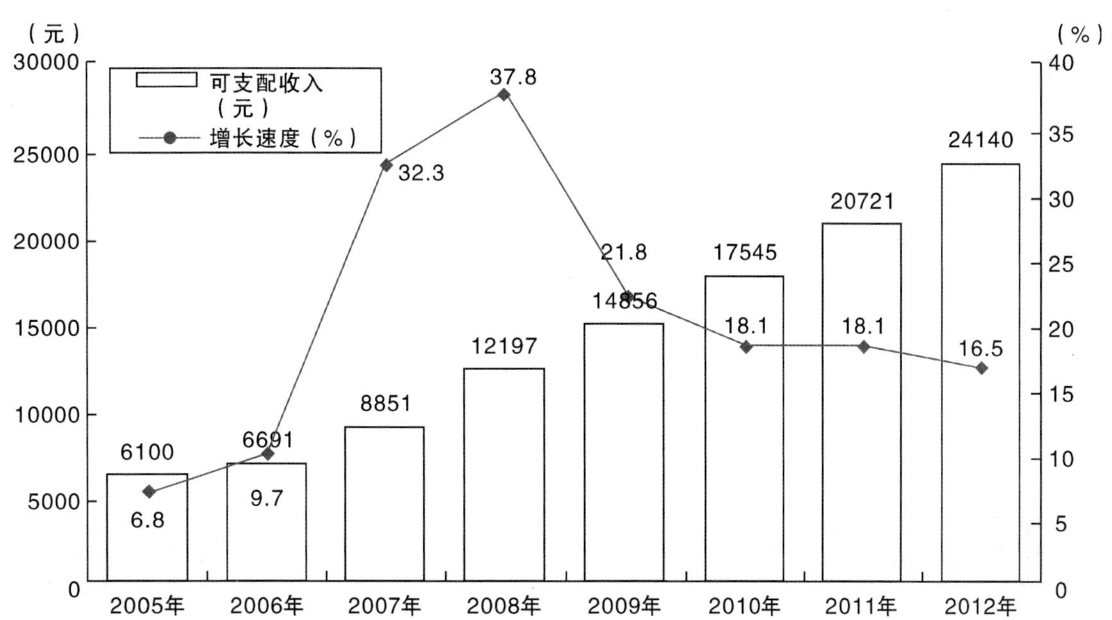

全市农民人均纯收入7681元,比上年增加1161元,增长17.8%。其中,工资性收入2532元,增长11.8%;家庭经营性收入4058元,增长17.9%;财产性收入419元,增长50.0%;转移性收入672元,增长26.0%。人均生活消费支出7223元,增长45.2%。

农民人均纯收入

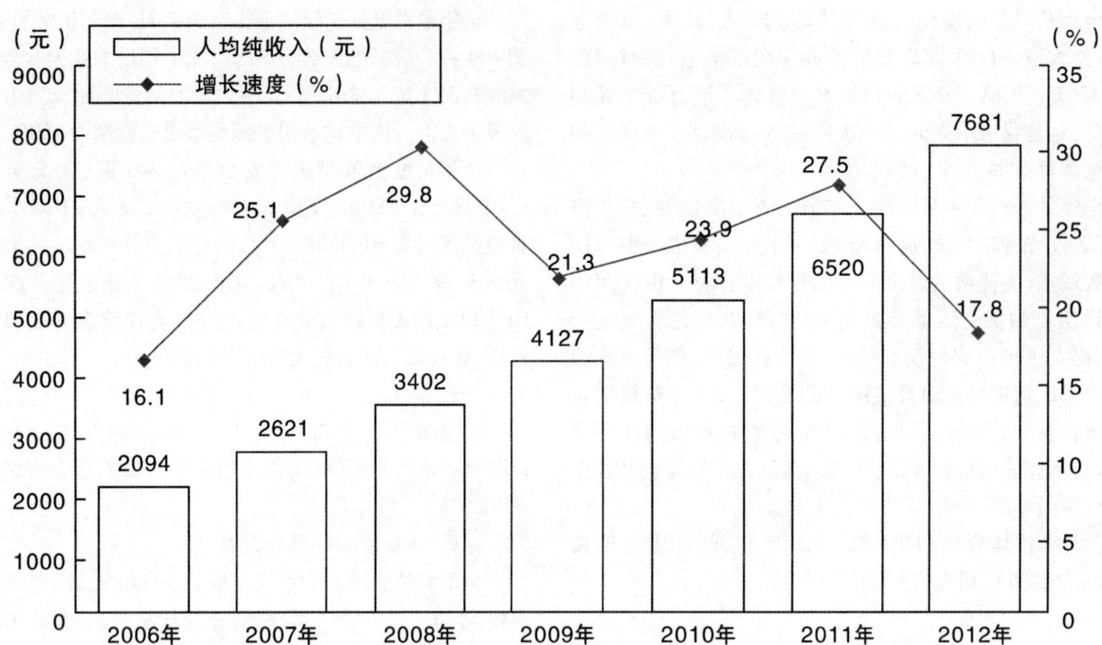

年末城镇登记失业率3.6%,已参加社会保险人数157.06万人。其中参加医疗保险67.27万人;参加养老保险22.21万人;参加失业保险17.07万人;参加生育保险23.95万人;参加工伤保险26.56万人。

注:1. 本公报部分指标为初步统计数。

2. 生产总值、各产业的增加值绝对数按现价计算,增长速度按不变价计算。

(李 鼎)

2012 年榆林气候公报

说　明

1. 文中所用的平均值按 WMO(世界气象组织)规定，以 1981－2010 年各气象要素的平均值为常年平均值。

2. 资料统计时段为 2012 年 1 月 1 日—12 月 31 日。

3. 根据榆林市气候特点，将我市划分为西北部和东南部，西北部为长城沿线 6 县区，即府谷、神木、榆阳、横山、靖边、定边；东南部为佳县、米脂、子洲、绥德、吴堡、清涧 6 县区。

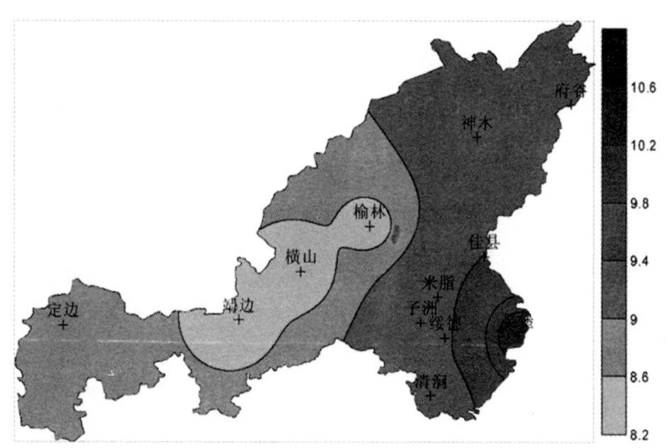

图 1　2012 年榆林市平均气温分布图(单位:℃)

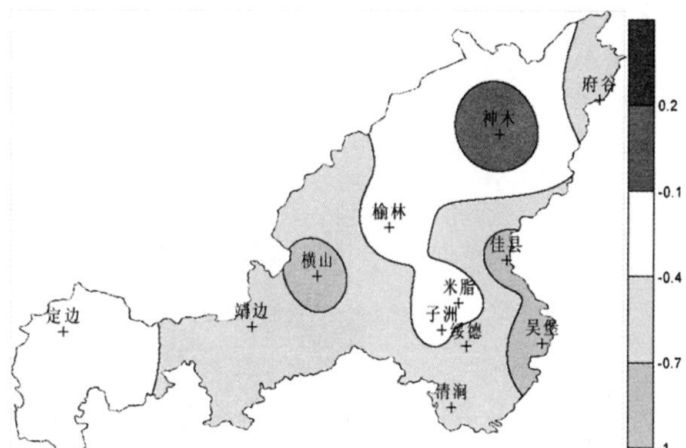

图 2　2012 年榆林市平均气温距平分布图(单位:℃)

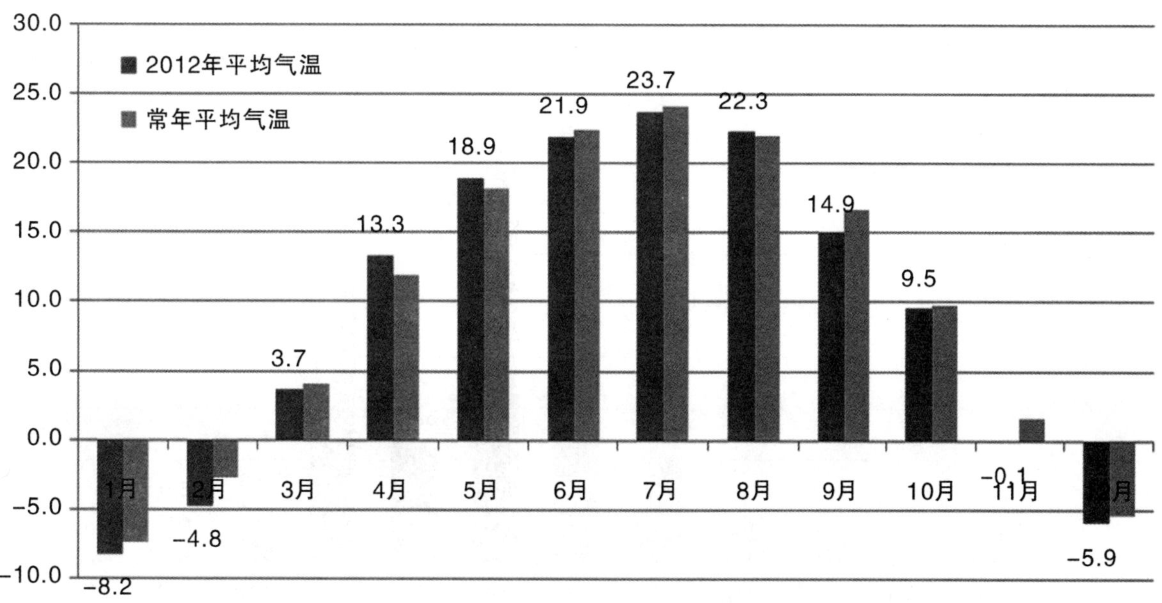

图 3　2012 年榆林市逐月平均气温与常年同期对比图(单位:℃)

摘 要

2012年榆林市气候特点:气温偏低、降水偏多、光照充足,气象灾害相对较少。年平均气温9.1℃,为近十年最低年份,较2011年偏低0.2℃,较常年偏低0.5℃;年总降水量525.5毫米,为近十年雨量最多年份,较2011年偏多26.3毫米,较常年偏多30%;年日照时数2810.9小时,较2011年偏多147.4小时,较常年偏多127.8小时。春季无倒春寒天气发生,农作物生长期未出现低温冻害;6月中旬出现阶段性干旱;7月下旬,出现了罕见的暴雨天气过程,27日-28日榆阳、佳县日降雨量连续两天达暴雨标准,佳县日降水量216.4毫米,突破1969年来历史极值;全年大风沙尘天气、大雾天气、冰雹日数较常年偏少,强度偏弱。

本年度作物生育期光、热、水等气候条件较为适宜,农业生产获得大丰收,全市生态植被良好,空气质量达标。气象灾害主要表现为干旱、暴雨、冰雹等,给人民生活、工农业生产、交通运输造成一定影响。

一、基本气候概况

1. 气温

2012年全市年平均气温9.1℃,较2011年偏低0.2℃,较常年偏低0.5℃,为近十年最低年份。西北部年平均气温8.3~9.3℃,与常年相比,神木偏高0.1℃,横山偏低0.9℃,定边、榆林、靖边、府谷偏低0.2~0.5℃;东南部年平均气温9.2~10.6℃,清涧、绥德、佳县、吴堡偏低0.7~1.0℃,米脂、子洲偏低0.1~0.3℃。

全市全年未出现37℃以上高温天气,年极端最高气温33.5~36.4℃,年极端最高气温极值36.4℃,7月11日出现在米脂县;年极端最低气温-20.2~-23.7℃,年极端最低气温极值-23.7℃,12月23日出现在横山县。

2. 降水

2012年全市平均总降水量为525.5毫米,较2011年偏多26.3毫米,较常年偏多30%,为近十年雨量最多年份。全市仅清涧(463.8毫米)偏少2.2%;佳县、府谷、神木、榆林、米脂、吴堡六县区年降雨量突破500毫米,其余县区在420毫米以上;佳县年降雨量782.6毫米,突破了历史极值。

西北部年降水量427.6~577.9毫米,最多府谷577.9毫米(较常年同期偏多42.3%),最少定边427.6毫米(较常年同期偏多31.7%),榆林566.8毫米(偏多47.8%);东南部年降水量454.8~782.6毫米,各县区均比常年偏多,佳县782.6毫米偏多最多(偏多95.6%),其次为吴堡577.3毫米,其余县区在454.8~501.3毫米之间。

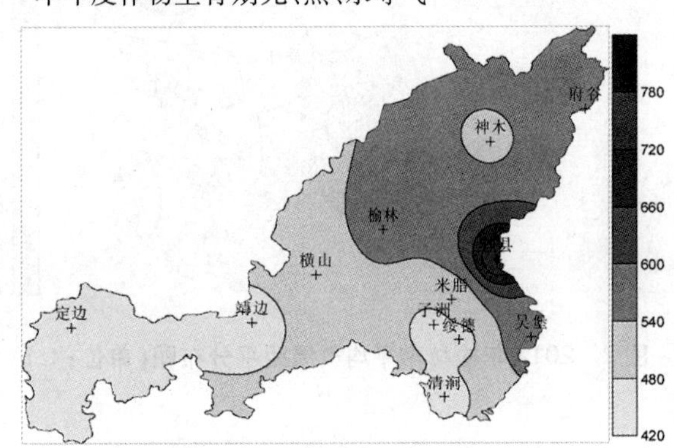

4 2012年榆林市降水量分布图(单位:mm)

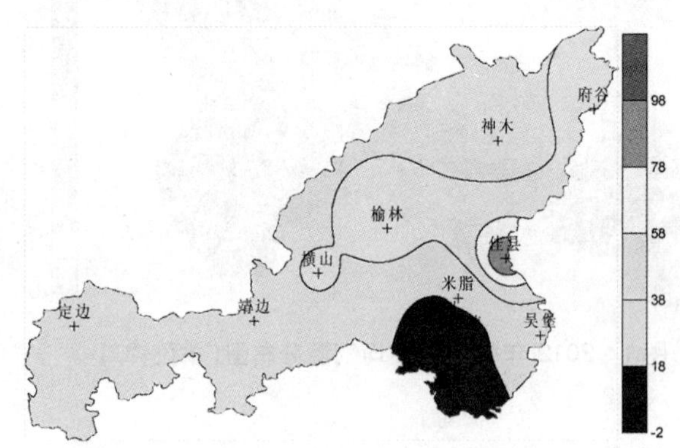

图5 2012年榆林市降水量距平百分率分布图(单位:%)

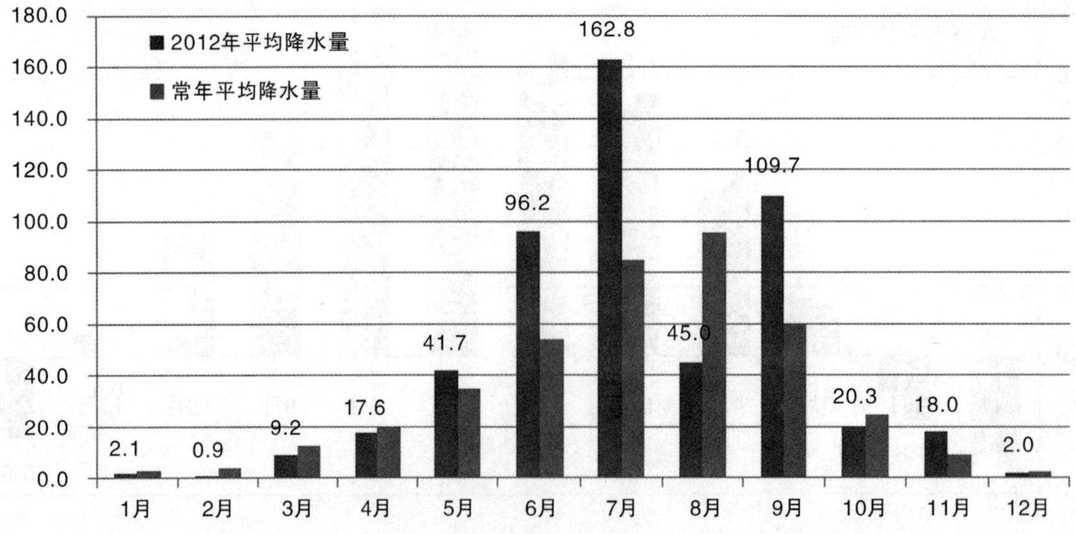

图6 2012年榆林市逐月平均降水量与常年同期对比图(单位:mm)

3. 日照

2012年全市平均年总日照时数为2810.9小时，较2011年偏多147.4小时，较常年偏多127.8小时，为近十年第三多年份。年总日照时数米脂县最多，为3100.6小时，吴堡县最少，为2566.1小时；其中府谷、佳县、吴堡3县区偏少，其余各县区偏多，榆林年总日照时数2992.2小时，偏多最多（偏多321.6小时），其次为神木偏多286.8小时、定边偏多270.8小时、米脂偏多256.1小时。

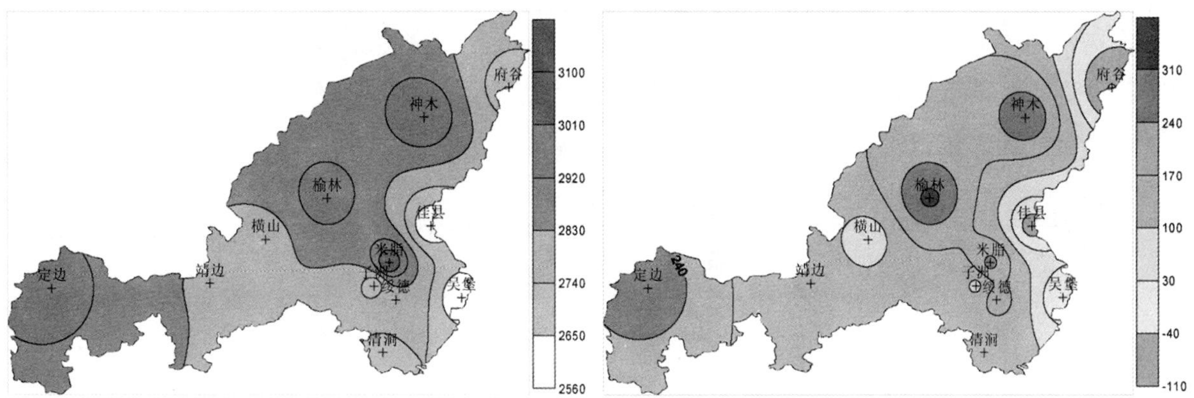

图7　2012年榆林市日照时数分布图（单位：小时）　图8　2012年榆林市日照时数距平分布图（单位：小时）

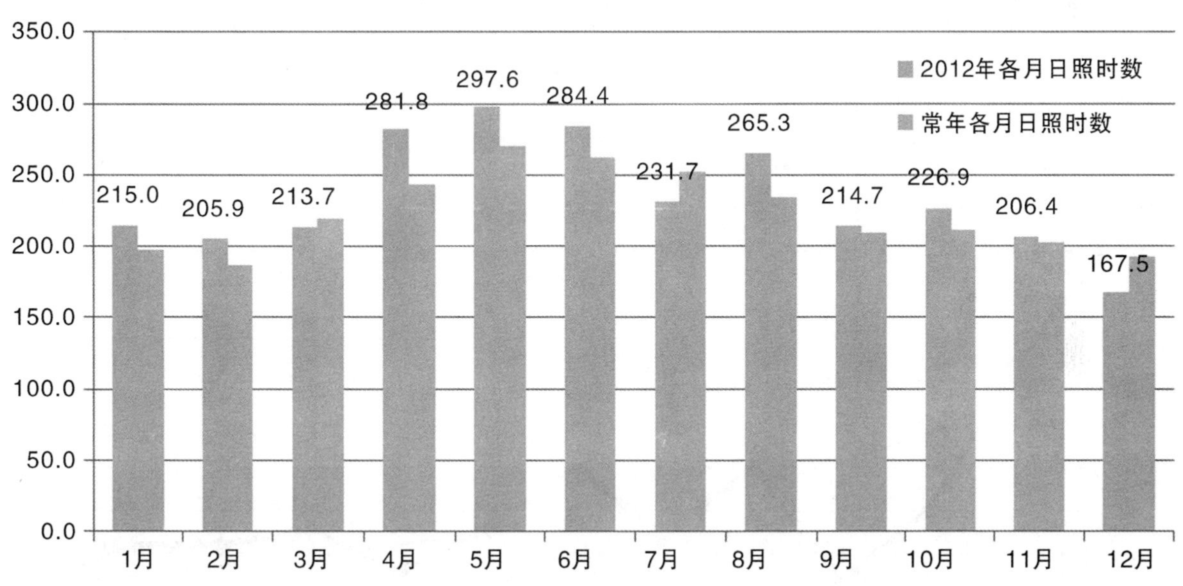

图9　2012年榆林市逐月日照时数与常年同期对比图（单位：小时）

二、主要天气气候事件

1. 干旱

2012年干旱主要表现为冬春干旱和初夏干旱。1－4月，全市平均降水量为89.5毫米，比常年同期（118.5毫米）偏少2.4成。1－4月全市降水呈持续偏少状态，全市平均降水量1月偏少2成、2月偏少8成、3月偏少3成、4月偏少1成。十二县区前四月降水总量，除佳县接近常年略偏少（偏少0.3成），靖边偏少4成，其余县区偏少0.7～3.5成。

2月份全市平均降水量为0.9mm，较历史同期偏少8成，定边、靖边、榆林全月无降水，全市大部分县区降水偏少5～8成；3月份全市平均降水量为9.2mm，较历史同期偏少3成，全市出现明显的冬春干旱。

6月中旬，全市气温逐渐升高，6月13日、6月18日、6月22日多个县区出现了35℃以上的高温天气，初夏阶段性干旱随之发生。6月18日，各县区固定测墒地块出现厚度3～6厘米的干土层，全市除榆阳、神木、子洲、吴堡外，大部分县区10～20厘米土层土壤相对湿度在15～30%之间，干旱较为严重。6月27－29日，各县区普降大雨，全市除神木、府谷外过程降雨量均在41毫米以上，有效解除了前期旱情，对农田作物和经济作物的生长较为有利。

2. 大风

2012年全市出现大风日数(十二县区总和)139天,西北部县区达94天,东南部县区45天,全市平均12天。府谷全年出现大风37天,为全市最多;绥德29天,为全市次多;横山27天,榆阳15天,定边11天,其他县区为1~4天;子洲大风日数全市最少,全年仅出现1天。

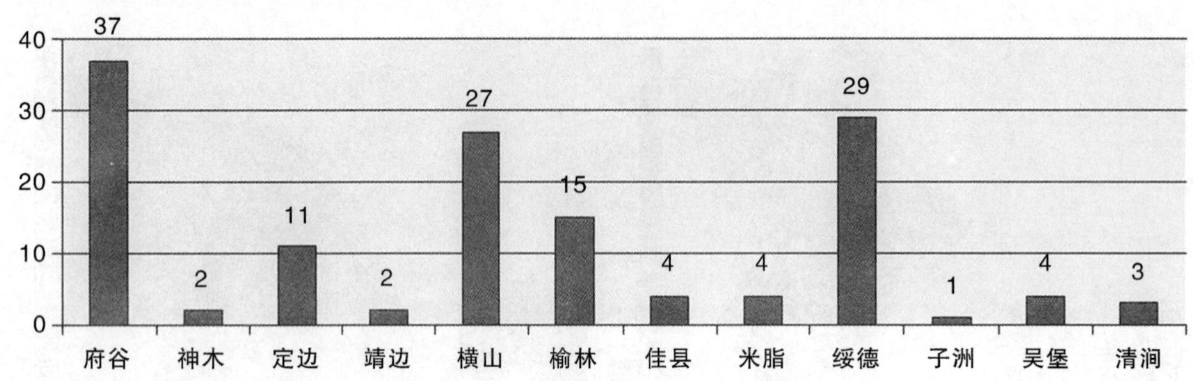

图10 2012年各县区大风日数统计图(单位:天)

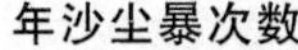

3. 沙尘暴、扬沙

2012年全市出现2个沙尘暴日(5月中旬),定边、榆阳2站次达到沙尘暴标准,与常年相比,全市沙尘暴日数为2000年来最少年份。本年度扬沙天气,西北部县区多于东南部县区,定边、靖边扬沙日数全市最多,分别为28天、8天,府谷、榆林、横山各3天,神木、佳县、绥德1~2天,米脂、子洲、吴堡、清涧四县区无扬沙天气出现。

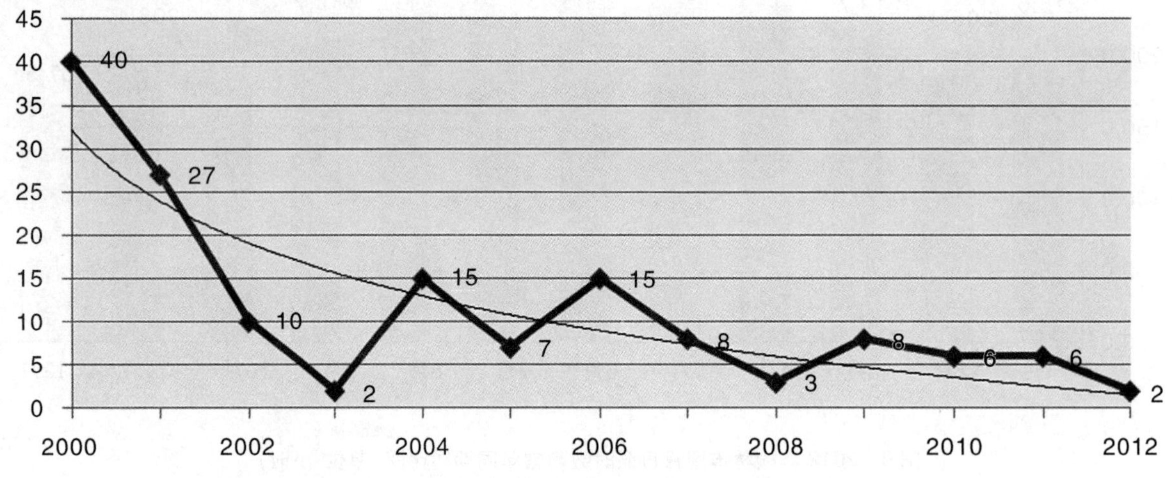

图11 2000年以来榆林市沙尘暴变化统计(单位:天)

5月10日18时27分至19时16分,定边测站出现沙尘暴,能见度为800米;5月11日19时榆林测站出现扬沙天气,20时后达到沙尘暴标准。

本年度扬沙天气主要出现在4-5月份,全年全市平均5天,扬沙天气为近十年较少年份。根据地面观测记录,4月份全市出现扬沙天气次数相对较多,主要发生在西北部县区。4月2日,自西向东出现了大风天气,靖边最大风速达18.9m/s,定边、靖边、榆阳三县区观测到扬沙;18日,横山、榆林、神木等地出现扬沙;24-26日,受冷空气过境影响,西北部县区再次遭到风沙的袭击。卫星遥感监测显示,4月2日11时全市沙尘面积达16994.4平方公里,24日11时沙尘面积达28714.5平方公里,26日14时沙尘面积达12999.6平方公里。

5月11日下午至夜间,全市出现大风扬沙天气。定边(17时35分)、靖边(18时24分)、横山(19时14分)、榆阳(19时22分)四县区先后出现扬沙天气,持续至夜间逐渐结束。5月18日,府谷县17时出现大风扬沙天气。

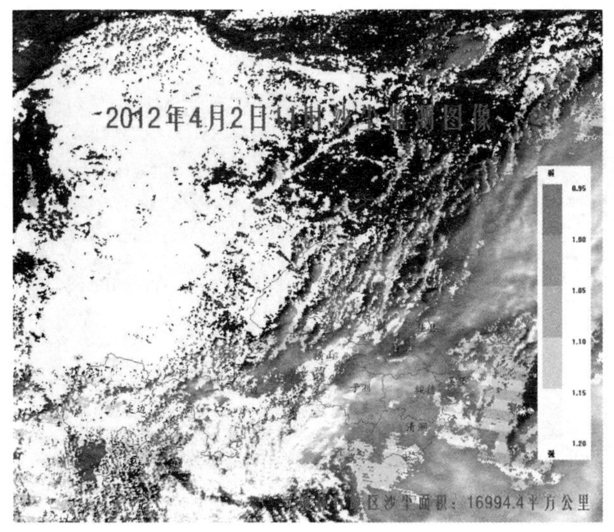

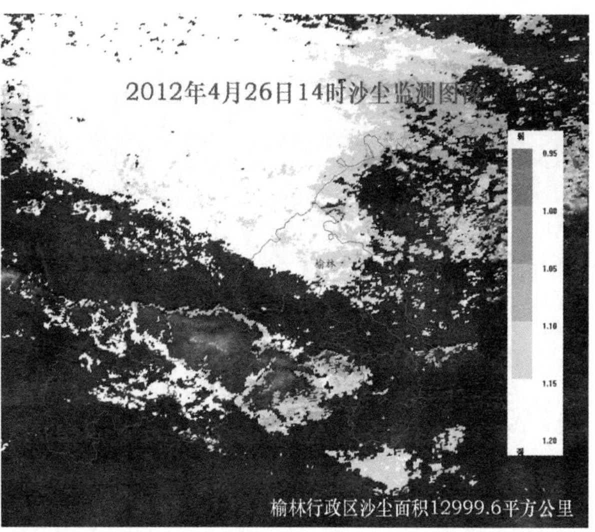

图12 2012年沙尘天气遥感监测图像(4月2日、4月26日)

4. 高温

2012年全市未出现37℃以上连续性高温天气。极端最高气温36.4℃,7月11日出现在米脂县,低于2011年极值,是2000年以来极端最高气温第三低的年份(2011年36.9℃,2008年36.8℃),6月13日首次出现35℃以上高温天气。

榆林、神木、定边、靖边、绥德5县区年极端最高气温低于35℃,其余县区高于35℃。全年共出现7个高温日(6月13日、6月18日、6月22日、7月2日、7月10日、7月11日、7月12日),子洲(6月13日、7月12日)出现35℃以上高温日2天。

5. 冰雹

2012年全市气象观测站内出现10个降雹日,与常年比较属较少年份,相比2011年多3天,其中神木3天,定边2天,府谷、榆林、佳县、吴堡、横山各1天。降雹最早4月23日出现在榆林,最晚7月10日出现在神木。

本年度冰雹天气主要出现在6月份,受其影响府谷、子洲、靖边、神木、定边等县的部分乡镇出现不同程度的灾害。6月1日12到13时,府谷海则庙6个行政村遭受冰雹、短时强降水袭击;6月3日16时到17时,子洲何家集镇、老君殿镇、裴家湾镇、淮宁湾镇先后遭到冰雹袭击;6月7日15点左右,靖边县镇靖乡枣刺梁突降冰雹,19点30分,神木县大保当镇出现冰雹天气;6月18日,定边县白泥井乡出现冰雹天气,造成瓦窑坑、先锋村、海子梁、兔蒿峁、南场子、团结等村庄的西瓜、玉米等作物受灾;6月21日13时至14时,靖边县镇靖、杨米涧、大路沟等乡镇先后遭遇短时强降水和冰雹袭击。

6. 暴雨

2012年共出现暴雨日6天,暴雨15站次,多于2011年2天8站次。暴雨主要发生在6月27日、7月21日、7月27、7月28日、8月17日、9月1日。

6月27日,定边日降雨量52.8毫米;7月21日,府谷、神木出现暴雨,日降雨量分别为121.2毫米、70.7毫米;7月27－28日,榆林、佳县降雨量连续两日达到暴雨级别,横山28日出现暴雨;8月17日,清涧出现暴雨,日降雨量51.2毫米;9月1日,靖边、横山、米脂、子洲、绥德、吴堡六县区均出现暴雨天气,日降雨量在52.7～66.1毫米之间。

受西太平洋副热带高压外围西南暖湿气流影响,7月27日至28日,全市普降大到暴雨,榆阳区、佳县日降雨量连续两天达暴雨标准。过程降雨量,佳县279.1毫米,占到该县全年总降水量的70%,榆林157.2毫米,横山63.6毫米,神木、米脂、清涧31.1～38.8毫米,其余县区14.3～28.0毫米。此次降水过程,暴雨中心主要位于我市榆阳、佳县境内,24小时降雨量佳县达大暴雨标准,榆阳、横山达暴雨标准。27日,佳县1小时最大降水量48.5毫米,日最大降水量216.4毫米,是1969年有气象资料以来最大值。乡镇雨量最大的是佳县王家砭226.6毫米,榆阳刘千河211.6毫米。根据统计,此次暴雨过程是历年同期有气象观测记录以来出现的最强暴雨过程。全市179个乡镇暴雨监测站,27站大暴雨,48站暴雨,49站大雨,42站中雨。

受西路冷空气和西南暖湿气流的共同影响,8月31日晚至9月2日,全市再次出现本年度范围较大的降雨天气。9月1日,靖边(52.7毫米)、横山(58.6毫米)、米脂(66.1毫米)、子洲(62.0毫米)、绥德(55.6毫米)、吴堡(58.3毫米)六县区日降雨量达到了暴雨级别,我市多个乡镇同时出现了大到暴雨。

据民政部门统计,7月27－28日、8月31－9月1日暴雨洪涝造成农作物受灾、房屋倒塌、库坝损毁、道路中断、人员受伤失踪等重大灾害,经济损失惨重,影响较大。

冲毁的道路（佳县）

城市内涝（榆林）

水淹的工地（佳县）

马路被洪水淹没（榆林）

图13　2012年7月27—28日暴雨受灾情况

7. 大雾

2012年全市共出现雾日(浓雾日数总和)141天,少于2011年152天,多于近10年平均值140天,是近10年大雾日数第6多年份。大雾天气主要出现在东南部县区,全市雾日最多绥德县28天,吴堡、子洲、米脂、清涧、佳县11～19天;西北部县区榆林最多12天,靖边本年度无雾日出现,定边、神木、府谷、横山2～9天。大雾天气给交通带来不利影响,同时不利于空气中污染物的扩散,对空气质量造成影响。

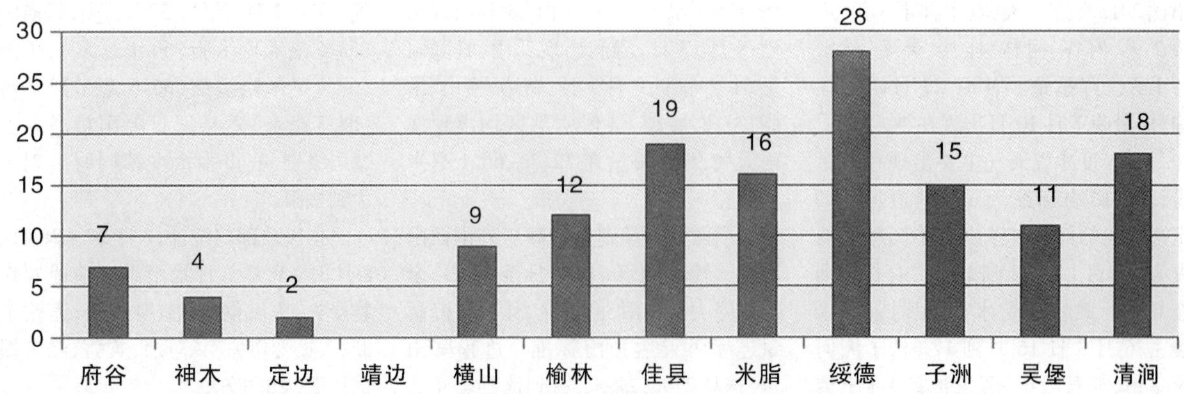

图14　2012年各县区大雾日数统计图(单位:天)

8. 雷暴

2012年全市雷暴日数(十二县区总和)358天,全市平均30天,多于近10年平均值(316天)和常年平均值(281天),是近10年雷暴日数第3多年份(2006年397天、2003年363天)。十二县区雷暴日数最多台站府谷43天,最少子洲18天,米脂、横山、榆林、佳县、神木31～42天,定边、清涧、吴堡、靖边、绥德20～29天。

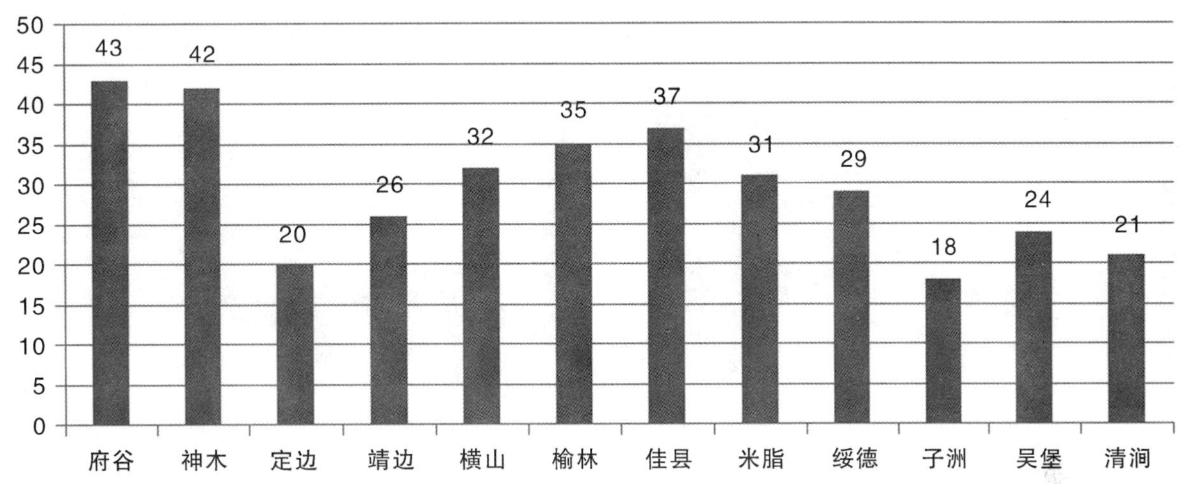

图15　2012年各县区雷暴日数统计图(单位:天)

三、气候影响评价

1. 气候对农业生产的影响评估

2012年4月23至24日,第一场透墒雨如期而至,全市各地普降小到中雨,8个县区降水量超过10毫米,绥德县降水量达20.8毫米,各县区玉米、马铃薯等农作物均适时入种。

5月份,全市平均气温19.0℃,高于历年同期1.1℃,全市平均降水量41.0毫米,比历年同期偏多3成。各县区气温均高于历年同期,大部分县区降水偏多,对于春播作物的出苗和生长极其有利。

6月中旬,气温持续偏高,降水偏少,出现阶段性干旱,多个县区土壤湿度下降,并有干土层出现。6月27－29日,各县区普降大雨,全市除神木、府谷外,过程降雨量均在41毫米以上,有效解除了前期旱情,补偿了农田作物和经济作物的需水量。

7－9月全市降水偏多,温度、光照、水分条件均满足农作物生长发育。7月下旬出现的暴雨天气,造成部分农田积水,农作物被水淹没,灾害天气给作物生长造成了一定的影响。

图16　长势喜人的玉米、马铃薯(拍摄地:米脂、定边)

本年度春季无倒春寒天气，作物生长期内无冻害出现，雨水充沛，气候条件良好，无重大影响农业生产的气象灾害发生。据农业部门统计，2012年全市农业总播种面积895.8万亩，其中粮食播种面积775.8万亩，马铃薯294万亩、玉米186.5万亩、大豆91万亩，油料60万亩，蔬菜43万亩，瓜果13.6万亩。2012年全市粮食总产量达196.4万吨，较2011年增产18.8万吨，其中夏粮产量5.3万吨，秋粮产量191.1万吨，粮食产量连续九年保持在百万吨以上。

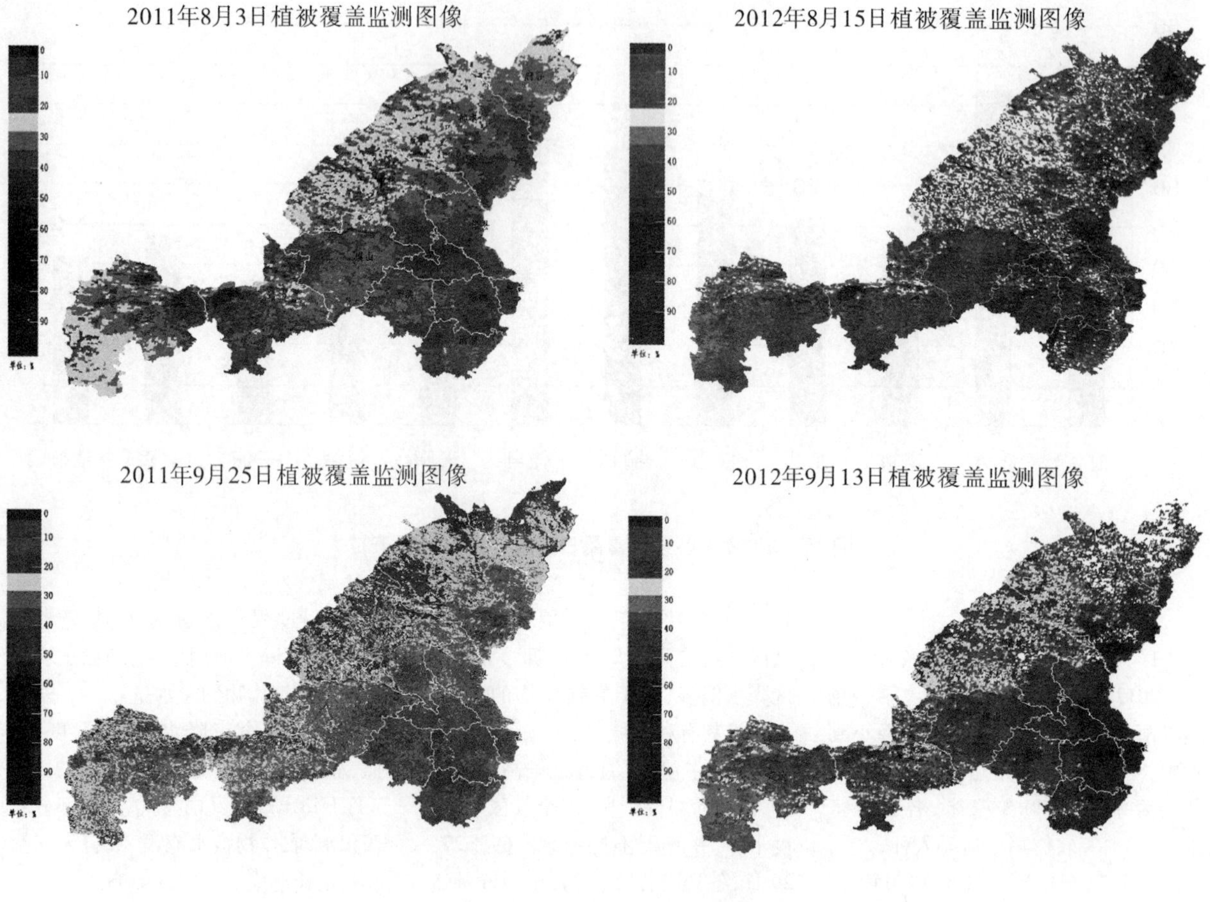

2011年8月3日植被覆盖监测图像

2012年8月15日植被覆盖监测图像

2011年9月25日植被覆盖监测图像

2012年9月13日植被覆盖监测图像

图17　2012年8月、9月与2011年同期植被长势对比

2. 气候对生态植被的影响评估

本年度，全市降水充沛，为近十年来雨量最多年份，气温、光照适宜，满足作物、植被各时期的生长发育。据卫星遥感监测，本年度全市生态植被变化显著，植被长势明显好于2011年，植被覆盖度总体呈增长趋势。全市长城沿线以南地区植被覆盖度较高，东南部县区植被长势整体好于西北部县区。

3. 气候对大气环境的影响评估

2012年全市风沙天气较少，降水量偏多，全年空气质量整体好于去年。根据环保部门监测：2012年我市城区环境空气质量优良天数为335天，优良率91.5%，其中Ⅰ级优天数50天，城区环境空气质量在全年大部分时间段内处于良好以上状态，优良天数较上年有所上升。城区空气综合污染指数2.16，比2011年下降2.26%，达到了近年最好水平。

酸雨变化分析：酸雨是指PH值小于5.6的大气降水。由于人类生产活动和生活造成的，其主要来源于石油和煤的燃烧及汽车尾气、工业生产废气的排放。出现酸雨表明大气中硫化物、氮氧化物含量较高。

根据全市3个酸雨站2012年1－12月酸雨观测记录分析，榆阳区、米脂无酸雨，神木6、7、8、9月共出现8次酸雨，分别为：6月27日、7月29、7月30日、8月13日、8月16日、8月31日、9月1日、9月25日。

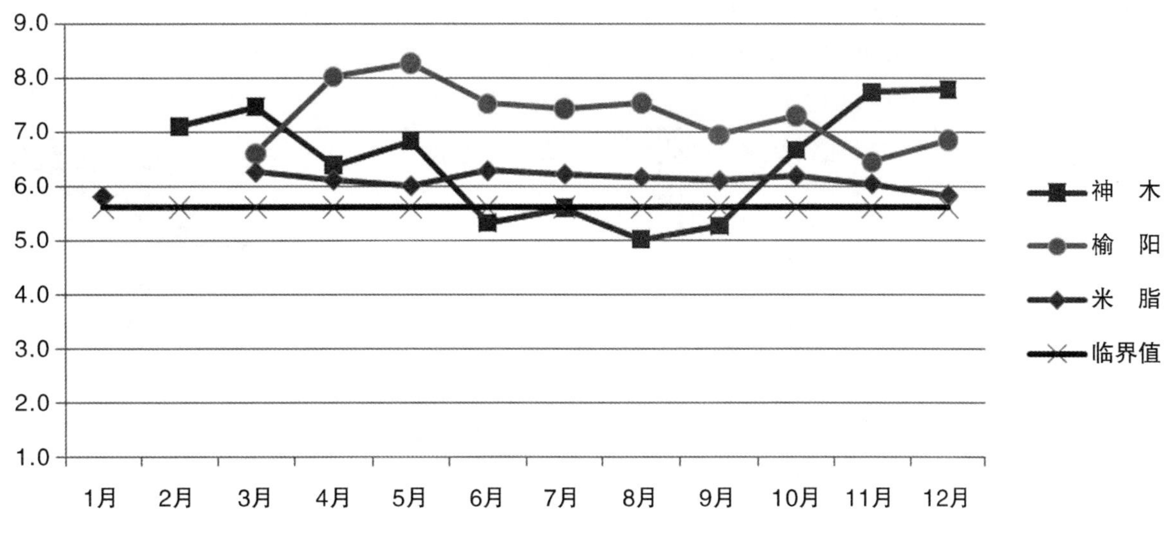

图18　榆林市2012年逐月酸雨PH值监测图

2009—2012年,全市三个酸雨监测站酸雨年平均PH值监测结果表明,榆阳变化较小,神木呈下降趋势,米脂不稳定变化。2012年与2011年相比,神木大气降水酸性增强,在工农业生产中应高度重视对大气环境的污染,做到早预防、早治理。

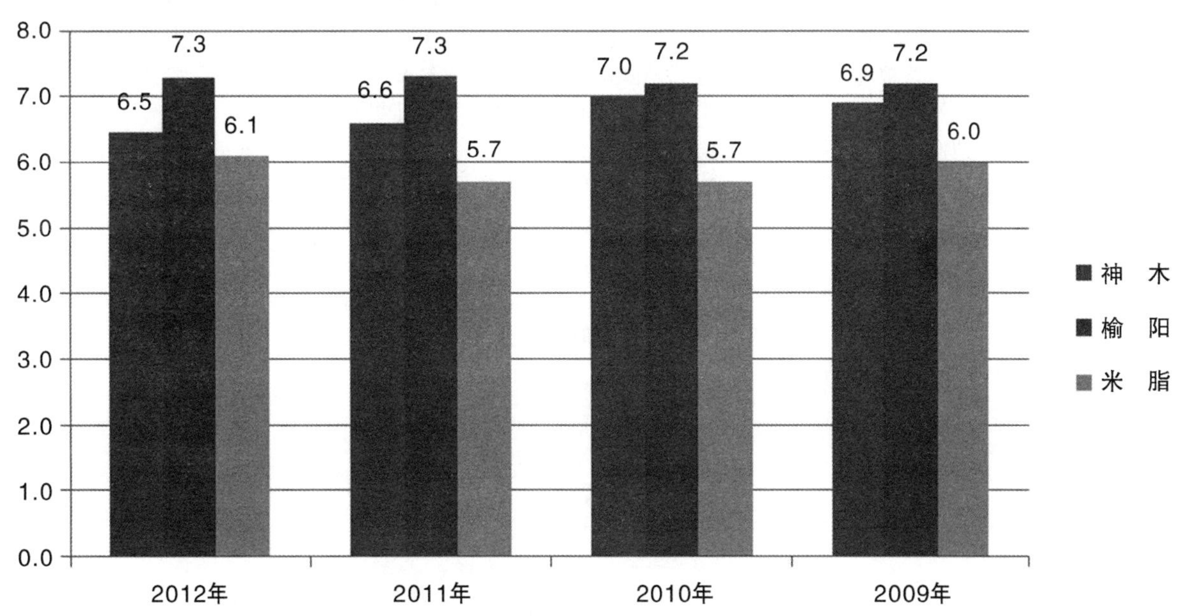

图19　2009年至2012年酸雨年平均PH值对比图

4. 气候对水环境的影响评估

(1)空气湿润指数分析

湿润指数指降水量与蒸发量之比,是判断某一地区气候干、湿程度的指标。本年度全市降水较常年偏多,全市平均湿润指数32.5%,略高于2011年(31.8%),各县区湿润指数分布在24.2~40.8%之间,最低值高于上年,最高值低于上年。西北部县区湿润度平均增加5.9%,东南部县区接近上年略偏低。

(2)红碱淖水体变化分析

遥感监测红碱淖水体变化分析表明:2012年,红碱淖面积仍在萎缩,水体面积为32.88平方公里,较2011年同期减少1.02平方公里。1986—2012年的26年间,该湖泊已经有43%的湖水面积消失。

从红碱淖水体面积变化趋势来看,湖水面积的萎缩在近些年有加快的迹象。根据神木县1986—2012年的年降雨量和湖水面积变化:近10年的2003年、2007年、2010年及2012年,神木县降雨量相比上年有明显的增加,但是相应年份红碱淖的水体面积仍呈现出减少的趋势,表明近年来红碱淖水体面积减少与当地气象条件没有明显关系。

5. 气候对地质环境的影响评估

根据国土部门统计,2012年全市共发生两起造成人员伤亡的地质灾害事件。

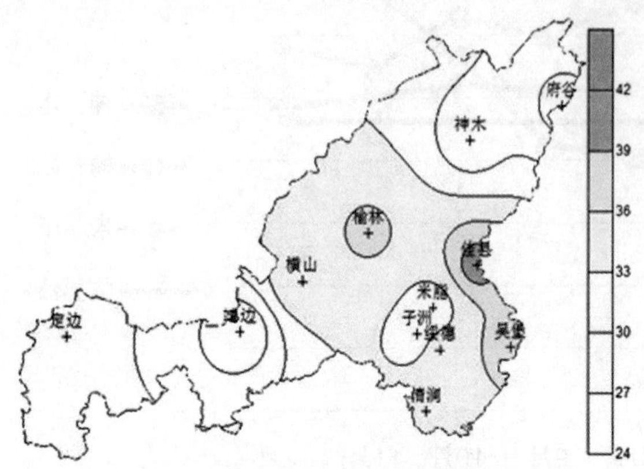

图20 榆林市2012年湿润度指数分布图(单位:%)

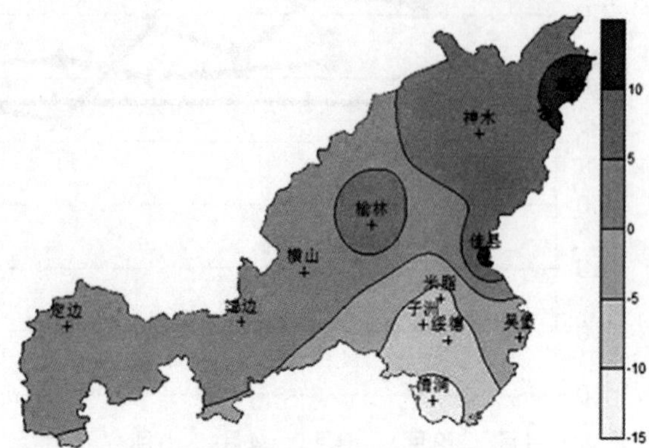

图21 榆林市2012年润度指数与上年差值图(单位:%)

4月23日13时许,清涧县城境内210国道路西钟楼山突然发生山体崩塌事故,停靠在路边的两辆小轿车被崩土埋压。经现场勘查,被埋的一辆车内驾驶员被压,经过施救,被埋伤者救出送往医院,抢救无效死亡。事发前期,4月11—12日清涧出现2.9毫米的降雨,上旬无降水,3月份也仅有12毫米的降雨量,因此,山体崩塌与气候的关系不大。

8月6日凌晨2点40分,定边县杨井镇沙渠子村发生山体崩塌,村民武怀珠一家7口人被崩塌山体掩埋,事故造成5人死亡2人受伤。据气象资料分析,定边县6—7月总降雨量207.7毫米,比常年同期偏多9成。其中6月降雨量131.2毫米,7月降雨量76.5毫米。事发所在地杨井镇,6月降雨量为78.3毫米,7月降雨量130.1毫米,连续的降雨使得山体土壤含水量增加,承受力下降,降雨可能成为引发山体崩塌的因素之一。

四、2013年气候趋势展望

据省气候中心预测,2013年1—10月,全市平均气温较常年正常略偏高,总降水量比常年偏多。春季第一场透墒雨出现日期偏早,初夏汛雨出现日期较常年同期偏早。

冬季(1—2月):全市降水量偏多。

春季(3—5月):全市降水正常略偏多。3月份偏多,4月份偏少,5月份正常略偏多,第一场≥20.0毫米的透墒雨降水过程,开始日期偏早,预计出现在四月上旬。

夏季(6—8月):全市降水偏多。6、7月份正常略偏少,8月份偏多。初夏汛雨出现日期接近常年同期偏早。

秋季(9—10月):全市降水偏多。预计多雨时段出现在9月中旬到10月上旬。

区域中心城市建设总述

【概况】 榆林市位于陕西省最北部，地处陕甘宁蒙晋五省区接壤的中心地带。地域东西长385公里，南北宽约263公里，总土地面积43578平方公里。全市辖1区11县，总人口364.5万。榆林城是中国北方地区保存较为完整、为数不多的古城之一，是国务院1986年公布的第二批国家级历史文化名城。据记载，明洪武二年（1369年），榆林开始筑城。明成化六年（1470年），延绥巡抚余子俊筑榆林卫城。明成化九年（1473年），延绥治所由绥德迁到榆林。明万历三十五年（1607年），延绥巡抚涂宗俊修筑镇北台。改革开放前，老城区面积只有2.4平方公里左右，主要街道是大街。八十年代中期，西沙建设拉开序幕。九十年代中后期，长城路（三街）、南郊、肤施路开始开发建设。2000年地改市以后，榆林城市建设步入发展快车道。到2012年，榆林建成区面积63.6平方公里，人口40.9万。

【机构演变】 2000年撤地设市前，榆林市区城市建设的主要职能在原县级榆林市，即现在的榆阳区。撤地设市后，在原榆林地区建设局的基础上，上划榆阳区建设局和公用事业局的大部分职能，组建榆林市建设委员会，下设建设、规划、房产三个局，形成了“一委三局”的机构框架。2005年7月，根据榆林城市发展的需要，决定撤销市建委，把原市建委的建设、规划、房产三个局改革为市政府的三个职能局。2007年8月，成立榆林市城市管理综合行政执法局。2010年3月，由原市城市建设局和房产管理局合并组建榆林市住房和城市建设局，并将原市城市建设局部分职能调整到市城乡建设规划局。由市住房和城市建设局、市城乡建设规划局、市城市管理综合行政执法局共同参与城市规划建设管理工作。

【城市规划】 根据2008年第四版城市总体规划，城市规划范围为榆林市区7个街道办事处，榆阳区的榆阳镇、金鸡滩镇、牛家梁镇、小纪汗乡、芹河乡、青云乡、鱼河镇、横山县白界乡的全部行政辖区，以及横山县波罗镇靠近市区的部分行政辖区范围，总面积2214平方公里。中心城区范围为7个街道办事处和榆阳区的榆阳镇、牛家梁镇、小纪汗乡、芹河乡、青云乡、横山县白界乡靠近市区的部分行政辖区范围，总面积400平方公里。到2020年，中心城区人口规模为80万人，城市建设用地总规模为95.86平方公里。

【城市建设】 榆林市第四版总体规划中，提出建设“能源新都、历史名城、大漠绿洲、宜居城市”目标。2011年，市委市政府把全市经济社会“两基地一中心”的发展目标战略性地调整为“一中心两基地”（区域中心城市、能源化工基地和现代特色农业基地），提出中心城区建设“一年打基础、两年见成效、三年大变样”的总体要求和“新区带动、板块推进、拉大框架、组团发展”的城市建设思路。建设道路桥梁、园林绿化、城市广场、亮化美化、垃圾处理、污水处理、环境卫生、供水、供气、供热等工程。2005年，榆林城区启动政府划拨土地建设经济适用住房项目。2007年，榆林城区“1112”工程正式实施。2006年着手开展廉租住房制度建设调研并于2007年启动建设，将人均住房面积8平方米以下的城市低保家庭纳入保障范围。截止到2012年底，共建成主次干道78条，总里程129.47公里，占规划主次干道总长度的74.1%，建成桥梁20座。榆阳机场于2001年立项，2008年建成通航，已开通北京、上海、广州、西安、成都、银川、昆明、太原等大城市航线，成为陕西第二大空港。通过“借地生绿、租地造绿、扩地增绿、庭院植绿、见缝插绿、拆墙透绿、河道治理、垂直绿化”等多种措施，以公园建设和河道绿化为重点，以道路绿化、绿地广场和园林式单位小区建设为支撑，并向城市外围扩展，建设城市防护林带。对建成的78条主次干道实施了景观绿化，建成公园3个、广场8个、街头绿地及小游园27处、园林式居住区35个、省级园林式单位21个，开工建设150.3公顷东沙生态公园，占地114.3公顷的榆溪河滨河公园完成方案设计，启动大墩梁森林公园建设，建成区绿化覆盖率36.21%，绿地率32.14%，人均公共绿地面积10.23平方米。2012年，榆林省级园林城市通过达标验收。对全长7公里的榆溪河城区过境段实施综合治理，建成总面积129.08公顷的绿地，其中包括48.51公顷的连续水面，形成“一池清水、两条绿带”的榆溪河经济、文化、生态走廊。2003年起，先后对全长2公里多的榆林老街南北段进行综合整治，主要实施街道、两侧店铺及巷道、牌楼、部分古楼的恢复治理，重现明清建设风貌。北门改造计划于2013年建设完成。2011年，市委市政府决定启动普惠泉梅花楼片区整治工作，2012年完成31公顷范围内的前期规划和方案设计工作。2012年，市委、市政府组建榆林中心城区河道开发建设办公室，负责中心城区400平方公里范围内所有河道以及河道两侧各500米内的开发、建设和管理工作，总的设想和目标是：做大做强榆溪河、榆阳河、沙河、芹河、青云河、古塔河城区过境段，特别是四个两河交汇金三角区域的水面和湿地。建成以红石峡、普惠泉、钟家沟、秦庄梁为主的供水水源地，供水管网656.7公里，日供水能力5.4万吨，供水普及率96%，水质综合合格率98%以上。建成天然气供气管网624.5公里，基本形成覆盖城区的供气网络，天然气居民用户累计13.7万多户，燃气普及率83%。共有3个热电厂（南郊电厂、北郊电厂、开发区电厂）、3个热力公司（南郊热力公司、东沙热力公司、开发区热力公司），建成供热管网220多公里，供热转换站90座，集中供热面积783万平方米。所有主次干道和绝大部分巷道全部实现亮化，亮灯率98%以上，路灯总数40459盏。建成投用日处理污水3万吨的污水处理厂，污水处理率80%。启动污水处理厂二期扩建工程、污泥处置工程和污水处理提标工程。建成日处理能力600吨的榆林城区垃圾处理场，城区生活垃圾无害化处理率89%。所有市政道路和6米以上巷道推行全天清扫保洁，清扫保洁面积820万平方米。建成垃圾收集站40个，环卫工人休息场所24个，公厕203座。

（李又春）

榆林建设国家能源化工基地综述

上世纪80年代榆林巨大的乌金财富被发掘后，从此能源化工资源成为榆林的“明珠”，开启日后的创富时代。为更好地利用这些资源，1998年经原国家计委批准，榆林成为全国唯一的国家级能源化工基地。

在榆林能源化工基地建设的十多年间，几个重要的关键词成为榆林助推基地腾飞的主要思路。

【关键词：两区六园】

榆林资源丰富，且极易开采。上世纪90年代，一些榆林的“地方军”和“游击队”开始开煤矿、打油井，出现“村村点火、处处冒烟”的局面，一大批“五小”企业兴起，造成煤炭、石油等资源的严重浪费。

在之后的十多年间，特别是批准榆林能源化工基地规划以来，榆林多次对“五小”企业实施关闭、整合，引导、鼓励企业延长产业链，增加附加值，提高科技含量，一改原来的“大上项目”为“上大项目”，使一批煤电、石油化工等大项目落户榆林。

为了让榆林成为具有国际竞争力的能源化工基地，必须要将这些大企业向园区集中，重要工业向基地集中。从2003年开始，榆林大规模招商引资，引进先进的管理方式、服务理念，做到投资集中、专业集成、经营集约，吸引项目入驻园区，初步形成榆林经济开发区、神府经济开发区，榆神煤化工业园区、榆横煤化工业园区、府谷煤电化工业园区、绥米佳盐化工业园区、靖边煤油气综合利用产业园及吴堡煤焦化工业园区的“两区六园”格局。

两区崛起，六园争辉。数十亿元的基础设施建设投资，油气盐煤、风能、太阳能等大项目竞相入园，如今的榆林地图逐渐变成一幅工业园区建设图。

【关键词：三个转化】

有人算过一笔账：若煤炭直接销售的增加值是1，那么发电后附加值为3，加工成载能工业品后效益可增加5至10倍，若转化为化工产品创造的附加值就是原煤的数十倍。

能源基地开发必须走深加工的路子。在能源化工基地建设中，榆林坚定不移地走“三个转化”之路，即将煤向电转化，煤电向载能工业品转化，煤油气盐向化工产品转化。现在的榆林已初步形成原煤——发电、原煤——兰炭——电石或铁合金、原煤——兰炭——煤焦油——清洁燃料油、原煤——甲醇——低碳烯烃、原煤——煤制油、原煤（天然气）——甲醇——醋酸或二甲醚等下游产品、原盐——烧碱、聚氯乙烯等循环型能源化工产业体系，大大提升了资源的附加值。

“三个转化”已被榆林人民广泛接受，今天的榆林人不再以资源输出为尊，而是以资源就地转化利用为荣。

【关键词：循环经济】

没有废弃的垃圾，只有放弃的资源。府谷一循环经济企业，拥有年产30万吨金型焦及其配套发电、水泥、甲醇、焦油深加工产业链的循环经济项目，年处理44万吨废水可新增效益200多万元，废气多联供发电可节约8万吨原煤，废渣和回收的灰尘通过凝石水泥车间变成高质量的建材产品……经过一个完整循环，将上游的废气、废料作为下游的原料，每吨180元的原煤就可升值近7倍。

循环经济就是这种以资源的高效利用和循环利用为核心，以“减量化、再利用、资源化”为基本原则，以“低消耗、低排放、高效率”为主要特征，符合可持续发展理念的经济增长模式。发展循环经济，为榆林能源化工基地建设中存在的产业结构单一、生产模式简单、缺乏规划无序开发、低水平重复建设、资源浪费、环境污染严重等问题找到突破口。

一个基地，十年成就。经过十年的努力，榆林能源化工基地建设的成就有目共睹，带动区域经济社会的跨越发展。

大型能源供应基地现雏形

经过十多年建设，全市工业化进程明显加快，2010 年完成规模以上工业增加值 1952.01 亿元，较上年增长 13.8%。

十年来，累计建成各类重点项目 70 个，完成投资 1260 亿元，投资在 100 亿元以上的在建、前期大型产业项目达 12 个。榆林能源化工基地已成为国家“西煤东运”的源头、“西气东输”的腹地和“西电东送”的枢纽。建成全国第一个亿吨级安全高效绿色煤炭基地——神东矿区，建成被誉为“世界第一矿”的大柳塔煤矿和世界首个百人千万吨级煤矿的哈拉沟煤矿等数个具有国际先进水平、高产高效的千万吨级特大型煤矿，榆林成为继鄂尔多斯市之后全国第二个煤炭产量过亿吨的地级市。引进中石油、中石化和延长石油集团等大型国有石油天然气开发企业，建成并开通“靖——西”“陕——京”“长——宁”“长——呼”和“西气东输”五条天然气外输干线和市内支线，天然气 90% 以上外输。建成神木锦界 460 万千瓦、府谷庙沟门 260 万千瓦等大型“西电东送”项目。2009 年油气当量和原煤产量在全国所占份额分别达到 6.47% 和 7.06%，为保障国家经济社会快速发展起到重要作用。

园区和项目建设快速推进

在初步构建起“两区六园”格局的基础上，又引进一大批重点项目和先进技术，能源化工产业发展园区化承载、集约化发展格局初步形成。先后建成锦界 460 万千瓦、庙沟门 260 万千瓦、清水川 230 万千瓦 3 个大型煤电一体化项目，金泰氯碱 10 万吨聚氯乙烯、神木化学 60 万吨煤基甲醇、煤化科技 10 万吨煤基甲醇、兖州煤业 60 万吨煤基甲醇、锦界 50 万吨煤焦油轻质化、北元化工 10 万吨聚氯乙烯、榆林卓越能源化工 15 万吨醋酸等重大转化项目和兰炭、电石、煤焦油深加工等一大批煤化工项目。2012 年完成投资 342 亿元，预计有 11 个能源化工项目建成投运，可新增煤炭产能 750 万吨、电力装机容量 69.75 万千瓦、醋酸产能 20 万吨、氯酸钠产能 5 万吨、单晶硅产能 1500 吨。

初步形成深度转化产业链

榆林初步形成循环型能源化工工业体系，正在探索走出一条科技含量高、经济生态效益好、自然资源优势充分发挥的新型工业化道路。2009 年建成产能达到：煤基甲醇 130 万吨、天然气制甲醇 61 万吨、聚氯乙烯 20 万吨、醋酸 15 万吨、兰炭 2194 万吨、电石 200 万吨、煤焦油深加工 50 万吨、电力装机 630 万千瓦。

基地核心竞争力大幅提升

成功研发侏罗纪煤低温干馏技术并出口国外，兰炭产业占据国内主导地位。建成国内首个真正意义上的煤电一体化项目国华锦界电厂，建成国内已投产的最大煤制甲醇装置兖州煤业榆林 60 万吨甲醇项目，延长靖边煤油气综合利用项目被联合国确定为“清洁煤技术示范推广项目”，世界最大的单体多联产煤化工项目神华陶氏煤炭资源综合利用项目落地榆林，引进拥有国内首个自主知识产权的兖矿 100 万吨煤间接液化示范项目，能源化工基地核心竞争力居于国内领先地位，资源开发正从煤、油、气、盐等初级原料输出向电力、化工产品、高附加值载能产品输出转变。

先后引进美国陶氏化学、法国液化空气集团、中石油、中石化等世界 500 强企业和鲁能、兖矿、华能、大唐、中盐等大型企业集团，神华、华电、中煤等企业，确定了未来十年在榆发展思路、投资计划和重大项目布局，并启动了部分项目。大型企业集团的引领作用日益增强，能源化工产业“大区域布局、大项目策划、大集团引领、大集群推进、大生态建设”的发展格局基本形成。榆林市也被批准为第二批国家循环经济试点市、国家可持续发展实验区。

新能源产业发展高点起步

西京——榆林阳光能源项目成功生产出第一批单晶硅棒，鲁能靖边风力发电、国电定边繁食沟风力发电项目将于年内建成，华能靖边龙洲风力发电一期 4.95 万千瓦工程、华电 5 兆瓦金太阳示范工程和国电 5 兆瓦金太阳示范工程举行了开工仪式，大唐定边张家山风力发电项目一期 4.95 万千瓦工程获得核准，商洛比亚迪公司榆阳区光伏电站一期 5 兆瓦项目列入国家金太阳示范工程。靖边太阳能光伏产业示范园区规划获得批复，榆林新能源产业园区规划编制完成。神木、靖边、定边、府谷、横山进入 2009 年中国新能源产业百强县。

区域经济带动作用凸显

榆林能源化工基地批准建设以来的十余年，是榆林经济增长速度最快的时期。初步预算，2010 年全市生产总值预计将达 1600 亿元，是 2000 年 105 亿元的 15.2 倍；地方财政收入 115 亿元，是 2000 年的 18.7 倍，神木、府谷、靖边等县进入全国百强县。2009 年，全市生产煤炭 2.09 亿吨，原油 852 万吨，天然气 100.7 亿立方米，甲醇 129.8 万吨，发电量 293.5 亿度。完成能源化工产值 1338 亿元，占全市工业总产值的 93%，实现增加值 781 亿元，占全市地区生产总值的 60% 以上，对财政的贡献率达到 70% 以上。

（来源：榆林市国土资源网）

榆林市现代特色农业发展的顶层设计

一、发展的背景

榆林市位于陕西省北部，东经107°28′～111°15′、北纬36°57′—39°34′。与内蒙古、山西、宁夏接壤，总土地面积43578平方公里，占陕西省总土地面积的21.2%。全市辖12个县(区)。全市总人口374.55万人，其中农业人口为293.91万人。全市属干旱、半干旱大陆性季风气候，地处我国北方农牧交错的过渡带上，地貌类型的最大特征是南部属黄土高原的丘陵沟壑区，北部为毛乌素沙漠南缘的陕北长城沿线风沙草滩地区，南治土、北治沙，是其经典的农业发展和环境保护方略。现将现代特色农业的发展提升为榆林市南北区域经济协调、矿区经济和广大农区经济协调、城乡利益协调的大政方针之一，是有其深刻背景的。

(一)国家经济社会和谐发展的战略需求

1. 西部大开发的国家发展战略需要　特色农业是西部农业开发的重点。发展特色农业，可以进一步加强农业基础地位，加快西部地区农业和农村经济发展步伐，为发展西部经济和缩小东西部差距创造条件。

2. 工农互助、工农和谐的需要　据调查测算，榆林市城乡差别、工农差别有继续扩大趋势；同时，本市已经初步具备加大对农村发展的财政支持能力，且以能源为主的一批企业，已经具备相当的实力，采取以工补农、工农互助的政策机遇，时机已经成熟。逐步缩小城乡之间的发展差距，让农民和城市居民一样能够公平地享受经济发展和社会发展的成果，这即是发展的必然趋势，也是和谐社会建设的必备基础。

3. 国民经济整体跨越式发展的需要　利用榆林市丰富的农业资源，依托现代工业优势，因地制宜地发展特色农产品和产业，培育具有区域特色的农业产业带和产业群，可以实现农业资源多层次、多途径的开发利用，满足多样化、优质化的市场需求，有利于开辟新的市场空间，促进榆林市农业结构的优化和升级，为榆林市整体经济的跨越式发展做出新的贡献。

4. 生态文明建设的需要　特色农产品对于资源和生态环境有着特殊的要求。发展特色农业要遵守自然规律和经济规律，兼顾生态效益和经济效益，发展既能够合理利用和有效保护资源，又具有显著经济效益的特色农产品，调动农民保护和建设生态环境的积极性，实现对农业资源的可持续利用，提升榆林市的生态文明程度。

5. 关注民生和新农村建设的需要　榆林市农民增收困难的问题比较突出。通过发展特色农业，建设一批规模化的特色农产品生产基地，可以带动加工、储藏、运输等相关产业的发展，形成区域性的支柱产业，把独特的资源优势转化为经济优势，开辟新的就业渠道，增加就业机会，实现农民增收目标，推进新农村建设。

(二)榆林市具有发展现代特色农业的自然条件

根据对榆林市自然资源的系统分析和综合评价，榆林市具有如下农业资源特点和发展优势：

1. 丰富的土地资源，为现代特色农业的全面发展提供了多元化的选择余地。榆林市国土总面积43578平方公里，居全省第一；耕地总资源1474万亩，人均占有耕地5.3亩，均居全省第一；常用耕地面积750万亩，居全省第一；红枣面积150万亩，产量10万吨，均居全省第一；人工种草面积保存面积923万亩，居全省第一；羊子饲养量646万只，居全省第一。具有现代特色农业规模化综合发展的潜在资源优势。

2. 光热资源丰富，水热同期，利于农作物光合产物的积累和品质保障。年均日照时数2594～2914小时，光资源是我陕西省之冠。年平均气温7.9℃～11.3℃，≥10℃积温2847.2～4147.9℃。年均降水量316.4～513.3毫米。特殊的气候资源形成了陕北羊子、榆林薯业、大漠蔬菜、大明绿豆、三边荞麦、陕北杂粮、清涧黄河滩枣、子洲黄芪和米脂小米等特色农产品品牌，奠定了现代特色农业产业化发展的基础。

3. 现有科技成果和生产水平展示良好的发展基础和前景。榆林市在黄土高原治理、防风固沙林营造等方面曾取得很大成就，在杂粮出口方面也取得一定进展和经验。在2007年321亩玉米示范田平均亩产突破1100公斤，其中靖边黄家峁村112亩平均单产1234.3公斤，创百亩连片全国单产最高纪录。570亩布尔班克马铃薯平均亩产达到4768.5公斤，超过了世界马铃薯先进生产国家的平均单产水平；其中60亩平均亩产达到5136公斤，突破了亩产万斤大关，创全国马铃薯单产最高纪录。实践证明：榆林现代特色农业发展潜力巨大，前景广阔。

(三)快速发展的能源化工和城镇经济给特色农业发展提供了财力保障

1. 能源化工园区和广大农区经济的有机结合，在不发达地区,特别在生态环境恶化地区率先实现,以工促农、工农互助、工农和谐具有重大的政治和经济意义。

榆林能源经济的强大实力,为以工补农提供了条件和可能。2006年榆林国家能源化工基地建设实现工业总产值552亿元,增长38.6%,居全省第二,工业对全市经济的贡献率高达73.2%。至“十一五”末,形成2亿吨煤炭、1000万吨石油、120亿立方米天然气、100万吨盐、1000万千瓦电力、1000万吨载能材料的生产能力,成为国家西煤东运、西气东输、西电东送的重要基地。榆林正成为“国际知名、国内一流”的国家级能源化工基地。强劲的现代工业经济可以为现代特色农业发展提供强有力财力支撑。

2. 城镇经济的快速发展,为农村劳动力的顺利转移,农业产业链的延伸,提供了新的就业机会和发展载体。

快速成长的城镇经济为以城带乡提供了农工商一体化的平台。通过区域中心大城市建设的新突破,带动城市经济和农村经济的提升与跨越。顺应榆林市装备制造、精细化工、特色加工、现代服务业、房地产、观光文化旅游六大产业的兴起。“十一五”末,中心城市经济总量占国民生产总值20%以上,GDP突破200亿元大关,成为榆林经济结构调整的主力军和重要经济支柱。榆林城镇经济的发展必将为农村劳动力的转移,农村产业结构的升级换代,带来机遇和活力。

至2005年底城镇人口已达58.89万人,城市化率达到16.8%。2005年榆林市GDP为285.10亿元,全市工业总产值从1980年的1.7亿元上升到2005年174.3亿元,年平均增长率21%。初步具备了以工补农、以城带乡的经济能力。

(四)榆林市社会主义新农村建设为特色农业的发展提供了新的切入点

榆林市以现代农业为标志的社会主义新农村建设工程正式启动。2006年全市“三农”投入16.6亿元,是2005年“三农”投入的1.5倍,创历年之最。社会主义新农村建设“百村示范工程”,开局良好。农村“五通”工程基本完成,乡镇和村通油路率分别达到83%和25%。2006年提出了振兴南部经济66111工程计划,上马了一批富民强县工程,市对县区各项财政转移支付资金5.8亿元,比上年增加1.4倍。在社会主义新农村的建设过程中,把现代特色农业发展作为主要工作抓手,在政治和体制保障上具有强大的优越性。

榆林进入全面发展的黄金机遇期,形势喜人。但是,榆林自身快速发展过程中许多矛盾凸现,如南北区域经济、城乡收入、工农结构“三大失衡”,导致诸多现实矛盾在不断加大;农村基础设施落后、生态环境脆弱问题仍然存在,导致人与自然、经济发展和生态环境建设矛盾难以缓解;对于刚刚起步的榆林现代农业建设来说,任务更多、路程更长,担子更重,只有高起点规划,规模化聚集,企业化运作,才能实现工农业并举,经济和生态协调。

综上所述,正是榆林的农业资源优势和难得的历史机遇决定了我们做出发展现代特色农业的选择。

二、发展的思路与原则

(一)基本思路

响应国家西部大开发战略、黄土高原综合治理战略、农业综合开发战略、建设社会主义新农村战略,积极配合市委、市政府决定的多项兴农工程,通过现代特色农业发展的新突破,实现新农村建设和生态文明的跨越。发挥榆林现代工业和城镇集结的经济实力,积极贯彻落实以工补农、以城带乡政策,依靠各级政府的大力协调和支持,以特色农业资源为基础,以科技为依托,以企业为龙头,以农民为主体,广泛动员企业与社会参与互动。全面贯彻科学发展观,广泛应用生态经济和循环经济理念和方法,尊重自然规律、经济规律和社会和谐发展规律,采用现代旱区农业技术、现代适用生产资料和现代新型组织管理模式,对农村基础设施、农业生产和组织方式、农民生活方式进行一轮彻底改造,努力实现该市农业资源配置的科学化,农业生产方式的设施化,农产品数量和质量的特色化、有机化和规模化,农业生产组织管理的企业化,农户居住的相对聚集化,生态环境的美化、亮化,农村整体的文明化。逐步把榆林市建设成为我国农牧交错带沙产业开发、黄土高原治理、能源矿区和旱作农区互助互利、玉米制种、羊产业开发的国家级现代农业示范区。

(二)基本原则

1. 坚持永续发展原则

以人为本,树立科学发展观,遵循旬环境的理念,不以牺牲生态环境为代价,合理开发、利用和保护自然资源,实行资源开发与环境保护并重,实现经济、社会、生态协调发展。

2. 坚持市场导向原则

在农业发展中,不论是商品基地建设、区域支柱产业和主导产品的确定,还是特色农业的培育与发展,都必须以市场为导向。要适应市场多样化、优质化的消费需求,立足国内市场,积极开拓国际国内两个市场,重点发展商品率高、市场需求强的特色农产品。

3. 坚持合理布局原则

要考虑特色农业生产条件的独特性和消费需求的特点,坚持在适宜区域进行生产,并做到规模适度,确保产品特性。发挥优势,突出特色,科学规划、合理布局、规模开发,推进优势农产品区域布局,逐步形成优势产业群和产业带。

4. 坚持产业化开发原则

要遵循现代特色农业产业集聚化发展规律,充分利用榆林资源优势,通过政府引导和市场选择,形成以大公司、大企业集团为核心,中小企业群协作配套的产业集群来引领和带动广大农村特色农业产业的跨越式发展。

5. 坚持科学技术是第一生产力原则

努力提高榆林特色农业科技创新能力、转化能力和储备能力。加快科技成果转化,用先进适用技术和高新技术改造传统农业,以生物技术、信息技术的发展推动农业由数量型增长向质量型增长转变,提高农业增长的科技含量,实现农业产业的不断升级换代。

6. 坚持统一规划,分类指导,保证重点,突出亮点,分步实施原则。

榆林地区农业生态条件苛刻,地貌地类复杂,农业的立地条件差异明显,故其现代农业的发展,只有统一规划,分类指导,有针对性地研究和解决不同区域类型的重大技术和产业问题,才能扬长避短、大见成效,有力地推动区域特色经济的健康成长和优势产业的发展壮大。

三、发展的重点内容

(一)种植业发展规划

1. 马铃薯规划

榆林市作为中国和陕西省马铃薯主要产区之一,每年栽培面积达 18 多万 hm^2,年产马铃薯 280 万 t,占全国和全省的 5% 和 50%。成为榆林市主要的粮菜兼用作物和经济作物,更是当地群众赖以生存的主要食物。加快发展马铃薯产业对于保障区域粮食安全,培育区域优势主导产业,促进当地农民增收具有重要意义。

规划内容:

(1)组建榆林市马铃薯脱毒种薯开发中心,由其负责全市脱毒微型薯的繁殖供应,各县(区)负责原种的繁殖供应,各乡镇负责合格种薯的繁殖供应,建立健全全市马铃薯脱毒种薯繁殖体系。

(2)建立三大商品薯生产基地。

(3)积极示范、引导、扶持以加工和种植为主的"一村一品"模式村 100 个。

(4)整合和扩张马铃薯全粉加工企业 5 个,实现马铃薯加工的多样化和规模化。

2. 榆林市小杂粮产业规划

榆林市是陕西省乃至全国小杂粮主要出口地区之一。小杂粮品种多,质量好,营养丰富,价值高。可出口的小杂粮有荞麦、绿豆、红小豆、豇等十多种,其中绿豆、荞麦、红小豆等一直是国内外市场上的名牌产品,深受中外客商的喜欢,并且远销日本、韩国、东南亚及西欧等国家和地区,是榆林市的创汇大户,在榆林粮食生产中占有重要地位,将小杂粮做成大产业对整个榆林农业经济的发展和农民的增收具有重要的作用。

规划内容:

(1)小杂粮品种选育中心建设。

(2)名特优商品生产基地建设重点建设 200 万亩优质商品生产基地,其中大明绿豆 50 万亩、荞麦 40 万亩、各类杂豆 30 万亩、糜谷 50 万亩、其他 30 万亩。

(3)龙头企业建设?年产量达到 20 万吨,商品转化率达到 80%。

3. 作物良种繁育基地规划

种子产业化是农业产业化的基础工程和关键。种子产业化的核心是实现繁育、生产、销售一体化,实现大规模的商品化生产和经营。利用现有的科研力量和种子加工繁育基地,通过引进、改良、扩繁和示范,推进榆林优质作物品种更新换代,为榆林现代特色农业的良性发展提供技术支撑。

规划内容

(1)杂交玉米种子基地

(2)马铃薯脱毒种薯繁育基地

(3)优质小杂粮良种繁育基地

(4)瓜菜良种繁育基地

(二)设施农业规划

设施农业是现代农业的标志、是特色农业实现现代化生产的主要方式之一,是农业经济效益上台阶的必然发展趋势,也是榆林城乡居民日常生活的主要保障。榆林独特的气候资源和洁净的生态环境,是发展现代特色设施农业得天独厚的条件。

规划内容:

1. 蔬菜生产基地建设:

2. 无公害蔬菜生产基地建设

3. 标准化日光温室建设

4. 积极引进推广大田和设施高效栽培新技术、新品种,并配备必要的检测仪器设备。

5. 积极扶持发展日光温室生产为主的"一村一品"模式村 80 个。

(三)草畜业发展规划

畜牧业是现代农业生产体系的重要组成部分,其发展上联种植业、下带加工业,关联带动能力强,对于推进农业产业结构调整、有效解决农村经济结构性矛盾、提高农业经济效益具有十分重要的作用。改革开放以来,榆林市畜牧业取得了长足发展,畜牧业综合生产能力明显提高,畜牧业已经成为该地区农村经济的支柱产业和农民增收的重要来源。为了落实党的"十七"大决策精神,充分发挥本地区畜牧业发展的优势,促进畜牧业与本区域生态平衡相互协调发展,有必要制定科学的畜牧业发展规划,为做大做强本地区畜牧业奠定基础。

规划内容:

1. 畜牧业规划

(1)绒山羊生产基地建设

(2)肉羊生产基地建设

(3)奶牛生产基地建设

(4)生猪生产基地建设

2. 草业规划

(1)退化草地的改良

(2)人工草地的建设

(四)杂果业发展规划

1. 红枣生产基地建设

2. 仁用杏生产基地建设基地

(五)生态环境建设规划

根据榆林生态环境区域特点,科学、客观的进行治理规划，是榆林现代特色农业和社会经济可持续发展的重要保障措施。

规划内容：

(1)水土保持林的建设

(2)防风固沙林的建设水

(3)草业生产基地的建设

四、规划的目标

通过对榆林市实施现代特色农业发展示范行动，实现农村经济实现跨越式发展，农业生产条件彻底改善，农业结构不断优化升级，农业综合生产能力显著提高，农村生态条件明显改观，农民增收渠道进一步拓宽，农民持续增收，农户经济实力显著增强，生活水平不断提高。

今后5—10年榆林现代农业跨越发展的主要目标是：在全省(国)率先实现特色农业产业化、农村城镇化、农民知识化、体制市场化、环境文明化。

(一)种植业发展目标

1. 马铃薯发展目标

根据榆林市土地资源和马铃薯生态适应性特点，马铃薯发展目标为：

到2010年，在南部丘陵区建设150万亩高淀粉加工用薯生产基地；在西部白玉山区建设120万亩外销高产型商品薯生产基地；在北部风沙滩区建设50万亩早熟菜用型和快餐食品加工专用薯生产基地。马铃薯生产全部实现品种良种化、种薯无毒化，单产稳定在1500公斤/亩以上，商品薯加工和外销达70%以上。

2. 榆林市小杂粮产业发展目标

针对榆林市小杂粮发展规模、区域适应性、居民膳食结构的改变及市场需求，榆林市杂粮规划目标为：

到2010年，建成200万亩优质商品生产基地。其中大明绿豆50万亩、荞麦40万亩、各类杂豆30万亩、糜谷50万亩、其他30万亩。商品转化率达到80%。

(二)设施农业发展目标

根据榆林城市化水平及区内外市场需求，设施农业发展规划目标为：

——蔬菜生产面积稳定在80万亩左右，总产量达到50万吨。

——无公害蔬菜生产基地建设面积达到20万亩。

——标准化日光温室建设面积达到5—10万亩。

使优质绿色蔬菜生产成为榆林的重要支柱产业，将其建成北方农牧交错区最大的蔬菜生产基地

(三)草畜业发展目标

针对榆林市畜牧业发展的特点、草场资源、居民膳食结构、市场需求，草畜业发展目标为：

1. 养殖业发展目标

——到2010年绒山羊饲养规模达到300万只，羊绒产量1000万吨；肉羊饲养规模达到700万只，羊肉产量达到10万吨；舍饲羊集成配套技术推广普及率达到95%以上。

——到2010年全市奶牛存栏达到3万头以上，良种比例由现有的10%左右增加到30%左右，改良奶牛达到40%，牛奶产量达到6.12万吨；肉牛存栏15万头，出栏10万头，头均产肉量增加到130千克。

——到2010年猪饲养量达到350万头，出栏率130%以上，禽饲养量1300万只

2. 草业发展目标

——到2010年累计改良草地面积1000万亩；

——到2010年累计人工种草保存面积1000万亩。

(四)杂果业发展目标

针对榆林杂果在国内外的区位优势和区域适宜性特点，规划目标为：

红枣总面积200万亩以上，总产鲜枣20万吨。

新建仁用杏基地100万亩。

(五)生态环境建设目标

针对榆林特殊的地理位置、农牧交错区的经济发展特征、现代特色农业及社会经济可持续发展的要求，规划目标为：

林木覆盖率由25%提高到50%，净增25个百分点；水土流失治理面积达到3.56万平方公里，治理度达75%；现有260万亩荒沙得到有效治理，300万亩老化、退化低质林分得到改造提高。

五、区域布局

根据适宜性原则和适度规模原则，对榆林市现代特色农业的产业化布局，提出了如下初步草案。

(一)种植业发展布局

1. 马铃薯布局

主要布局在榆阳、神木、定边、靖边、横山、佳县、米脂、吴堡、绥德、清涧、子洲。

2. 特色小杂粮优势区域布局

——荞麦优先发展地区：靖边新城、高家沟、杨米涧、王里湾；定边砖井、郝滩、姬塬、王盘山。

——谷子、糜子优先发展地区：靖边王渠则、中山涧；定边贺圈、红柳沟、石洞沟、杨井。

——绿豆优先发展地区：横山、佳县、榆阳、神木、米脂、绥德、子洲等县。

(二)草畜业发展布局

1. 羊产业

建立以榆阳、横山、靖边、定边、府谷、神木、绥德、佳县等县区部分乡镇为重点的优质白绒山羊生产基地，在全市12县区的重点乡镇建立肉羊生产基地。

2. 草产业

建成北部风沙草滩区，包括榆阳、神木、府谷、横山、靖边、定边6县区59个乡镇及周边地区的青贮饲料和规模商品草生产基地；建成南部丘陵沟壑区，包括绥德、米脂、佳县、吴堡、清涧、子洲6县及北6县区部分乡镇共163个乡镇以紫花苜蓿为主的优质牧草基地，实现榆林市种植业以种粮为主向种草为主的转变，草业成长为全市农业农村经济的重要主导产业。

3. 奶牛业

坚持高起点起步，高科技支撑，外向型发展，积极建设奶牛养殖小区，扩大奶牛养殖规模，建立以榆阳、神木、靖边、定边为重点的奶牛养殖基地，把奶牛业培植为榆林市新的优势特色产业。

4. 肉牛业

坚持高起点起步，以现代先进科学技术为支撑，建立以榆阳、神木、米脂、府谷、靖边、定边、绥德、佳县、横山等县区部分乡镇为重点的优质肉牛生产基地。

5. 猪禽业

突出发展标准化笼养鸡，标准化暖棚养猪，加快品种更新换代，积极推广三元杂种和配套系品种，发展家庭适度规模养殖。建立以榆阳、靖边、横山、定边、神木、佳县、米脂、绥德为重点的猪禽生产基地。

（三）杂果业发展布局

以黄河沿岸为主，西延到无定河流域丘陵区的米脂、子洲、横山等县的100个乡镇，到2010年，全市红枣面积达到200万亩，总产鲜枣20万吨；组建深加工龙头企业3个，完善佳县、清涧红枣批发市场，并在绥德新建1个大型红枣批发贸易中心，在全国范围内新建销售网点160个，切实把红枣产业做大做强做好。

（四）设施农业的布局

依托榆林市现代能源化工产业的优势，在榆林市农业立地条件最好的无定河川道和和北部长城沿线绿洲农业区率先建立现代设施农业区，建设规模10万亩。

（五）生态环境建设布局

1. 中北部风沙草滩区

在全面保护好现有植被的基础上，以治理流动、半固定沙地为重点，有步骤地改造现有老化林地林分质量，加大常绿树种比例，坚持乔灌草、多树种相结合，人工造林、飞播造林、封沙育林相结合，加快治理进度，提高治理成效，构筑本市北部稳固的防护区域，建立西部地区具有区域特色的治沙示范区。

2. 西南部白于山区

该区域土地广阔、地多人少，植被稀少，以退耕还林工程建设为重点，集中连片，营造柠条、沙棘、紫穗槐相结合的水土保持林，平缓地块栽植山杏、大扁杏与灌木相结合的混交林。

3. 中南部丘陵沟壑区：

该区人口密度最大，土壤质地较好，具有栽植桑、仁用杏和梨、果等经济树种的适生条件。以小流域为单元、山水田林路、沟坡梁峁涧综合治理，在坚持生态优先的原则下，因地配置经济树种，建立黄土高原典型治理模式。

4. 东部黄河沿岸土石山区

该区土地瘠薄，水土流失最为严重，温湿条件较好，是红枣栽培的优生区，主要建设红枣生产基地，同时，营造油松、侧柏、柠条相结合的水土保护林，建立黄河沿岸综合治理模式。

六、战略措施

以保障榆林现代特色农业建设规划目标的实施为核心，从提升科技水平、加快基础设施及产业链、加强组织领导、建立健全法规、发挥市场调节、拓宽融资渠道、完善决策机制、强化公众参与等方面采取切实可行的措施，全面落实规划提出的各项目标和任务。

（一）现代特色农业发展的能力保证

1. 科教保障措施

科技是实现榆林现代特色农业发展规划目标的技术保障措施，通过人才培育基地工程、科技创新战略和技术推广模式的实施，能够实现榆林现代特色农业。

（1）虚拟科教园区的组建

科教园区的建设主要依托西北农林科技大学、榆林学院、榆林治沙所、榆林职业技术学院已有的技术优势和学科基础，按照有限目标，突出重点，勇于创新的原则，长远规划，重组改造，用重大项目将有关单位或相近学科联合起来，形成合力，采用项目首席专家负责制及招标聘任制的办法，实行开放、流动、竞争、协作的运行机制，出产业化大成果，出实用型组装技术。

经过努力，力争建成4个具有区域特色的研究开发中心。即农业生物技术育种中心、旱作农业节水灌溉研究中心、水土保持与生态环境保护创新中心、农产品深加工研究中心。为榆林现代特色农业发展提供强大的技术支撑。

（2）推动六大科研领域的技术集成与创新。

——生物技术在榆林现代农业开发上的应用

——信息技术在榆林现代农业管理上的应用

——旱区农业可持续发展研究

——特色农副产品的精深加工技术研究

——生态环境修复关键技术研究

——新型农业生态经济体系研究

（3）建立政府推动下以大学依托，基层农技力量为骨干的农业科技推广新模式

结合榆林市农技推广工作的现状及西北农林科技大学和榆林学院的功能定位，构建榆林市区域性工作平台，向上凝聚和吸纳大学和国内外的农业科研成果。横向接受省农业厅和榆林市的统筹协调和指导，根据区域性农业发展和农民的实际需求，组装集成重大农技推广项目。向下整合和引领全省农业科技推广力量，建立以大学专家和成果为依托，以项目为纽带，以基层各类推广部门为骨干的重大项目关键技术推广团队；依托地方场地设施等资源优势，逐步建立和完善大学和各地市级农科所纵向一体、对接互动的农业科技创新示范基地。

2. 资金保障

拓展保障现代特色农业发展的多元融资渠道。本规划在实施过程中，市政府每年应投入一定数量的资金用于现代特色农业的建设，并力求按照规划的近期、中期、远期目标给予保证。同时，有关主管部门要充分利用市场经济环境所提供的条件，多渠道筹集社会资金，增加对现代特

色农业建设的投资力度，保证达到预期的规划建设目标。主要措施有：

(1)加大财政投入力度

政府在制定现代特色农业发展的经济政策的同时，要积极与国家、省重点建设工程项目靠拢，多途径争取国家、省重点建设工程资金的支持。在创建期间，各级政府要切实增加现代特色农业生产的投入，将现代农业发展规划建设资金列入本级预算，并保持每年按一定比例增长。加大政府对重大建设项目的投入，编制重点项目年度投资计划和财政预算。

(2)市场化资金筹措

要坚持以改革的思路、用市场化的手段，建立多元化的投融资机制，鼓励和支持社会资金投向现代特色农业建设。要运用市场机制，进行体制创新，项目开发创新，利用多渠道多形式的投资方式，充分吸引社会资金参加项目建设。以项目功能建设来引导资金投入，把资本投入获取利润和项目建设形成的生态功能紧密结合起来：一是转让项目开发权或经营权。二是农村集体与企业共同开发。集体以土地入股，企业投入建设资金，双方按出资比例折股共同组建股份公司。

(3)建立建设专项基金

从政府财政中预算，设立现代特色农业规划项目的转向建设资金。

(二)基础设施建设与产业链工程保障

1. 继续强化基础设施建设

——乡村公路联网工程

——水源与水利工程

——农田基本建设工程

2. 逐步启动现代特色农业产业链工程

积极培育龙头企业，建立企业集群基地。发展现代特色农业，必须重点培育和壮大一批起点高、有竞争力、带动力强、效益好的龙头企业，创立名牌产品，参与国内外市场竞争。引导现代特色农业龙头企业以资本运营为纽带，整合资金、技术、品牌、人才等要素，开展兼并和联合，引进国外先进人才、技术、设备和资金，组建大型特色农业企业集团。鼓励龙头企业以多种利益联结方式，打破行业界限、地域界限、所有制界限，带动农户和基地发展。为此，一是要提高政府的制度创新能力，加快产权制度的改革和现代企业制度建设步伐，完善家庭联产承包责任制和农村土地产权制度，使市场主体真正独立；实施城乡经济社会统筹发展战略，逐步消除城乡之间的制度差别，形成统一开放、竞争有序的市场体系。二是加强农业产业化经营组织载体制度创新。三要抓好利益分配机制、风险分担机制和利益表达机制。其中利益表达机制是核心，通过公司与农户协商，建立企业与农户合作灵活多样的方式，提高利益共同体的紧密程度。

初拟的农业产业链工程为：

——农牧良种产业链工程

——马铃薯产业链工程

——羊子产业链工程

——红枣产业链工程

——设施农业规模化开发工程

——农特产品加工与产业链建设

(三)政策与体制保障

1. 组织领导保障

市政府成立现代特色农业建设领导小组及领导小组办公室，协调规划的整体实施。各县(区)、乡(镇)建立相应的建设机构，上下协调。市直各有关部门建立行政责任制，明确各部门在建设过程中的权责利关系，强化部门之间的横向耦合。

2. 管理体制保障

(1)建立目标责任制。根据规划的阶段性目标和要求，把规划目标分解落实到各级政府的国民经济和社会发展规划及年度计划，实行年度考核制度，将规划目标完成情况列为各级政府和干部的政绩考核重要内容。

(2)健全经济社会环境综合决策机制。以规划为基础，统一制订国民经济和社会发展规划、城镇总体规划、产业发展规划和土地利用规划。建立与完善专家咨询、部门联合会审、公众参与等各项制度，提高决策的民主化和科学化水平。大学、研究所及政研部门要组织生态市建设的课题攻关，提供前期可行性论证和相关政策制定，为决策层提供充分的依据。

3. 政策法规保障

现代特色农业规划作为榆林市现代农业发展的导向性文件，编制完成后由市人民代表大会或其常务委员会会议审议批准使之具有法律意义，保证规划的权威性和连续性。

4. 建立新的土地使用权转换机制

针对农村人口向城市转移中出现的"空壳村"的现实，制定农户土地股权转让机制，土地流转要与结构调整、发展特色农业相结合，与推进规模经营相结合，吸引工商企业参与土地流转，投资农业，使土地逐步向农业企业、专业大户、种田能手转移，改变土地分散、难以形成规模优势的局面，为现代集约化和规模化农业发展提供机制上的保障。

5. 加快建立以工促农、以城带乡的长效机制。

首先，要逐步扩大公共财政覆盖农村的范围，建立健全财政支农资金稳定增长机制。各级人大和审计机关要把落实"三个高于"(即财政支农资金要高于上年、国债和预算内资金用于农村建设的比重要高于上年，其中直接用于改善农村生产生活条件的资金要高于上年)的要求作为审查财政预决算和执行财经纪律的主要内容，从法律和制度层面上确保对农村的投入比重逐年提高，建立各级财政支持现代特色农业投入稳定增长机制。其次，国家对基础设施建设投入的重点转向农村。在落实"三个主要用于"(即财政新增教育、卫生、文化等事业经费主要用于农村，国家基本建设资金增量主要用于农村，政府征用土地出让收益主要用于农村)的同时，提高耕地占用税税率，新增税主要用于"三农"。抓紧制定将土地出让金一部分收入用于农业土地开发的管理和监督办法,依法严格收缴土地出让金和新增建设用地有偿使用费,土地开发项目要将小型农田水利设施建设作为重要内容,建设标准农田。第三,针对榆林市煤炭、石油等能源化工经济快速发展情况,根据生态经济发展规律和生态补偿机制,构建通过税收、财政转移支付机制。

(李文春)

榆林市2012年城乡居民生活总述

2012年榆林市社会经济在国内外形势持续走低的环境下,市委、市政府的带领广大人民群众沉着应对、砥砺奋进,经济发展稳中有进。鼓励城镇居民大力发展财产性收入,多措并举刺激、引导经济良性发展。城镇居民人均可支配收入24140元,同比增长3419元,增长16.5%,家庭总收入达到人均24716元,同比增加3505元,增长16.5%。坚持以农业增效、农民增收为目标,积极贯彻落实各项扶持农业生产的政策措施,不断加大支农惠农力度促进农民增收。农民人均纯收入和去年相比有大幅度提高,人均达到7681元,超过全省平均水平1918元,增速17.8%。

一、城镇居民收入情况分析

1. 工资性收入人均15118元,同比增加2100元,增长16.1%。作为本市城镇居民收入主要构成项的工资性收入能够继续保持稳定的增长,主要是得益于2012年本市对机关事业单位的政策性增资以及由此而带动的其他企事业单位的工资上涨。

2. 经营性收入人均2964元,同比增加480元,增长19.3%。虽然2012年上半年受复杂多变的内外部环境影响,本市经营户生意受到一定影响,但下半年,本市采取多种稳经济,促增长措施,经营户生意好转,收入稳定增长。

3. 财产性收入人均3098元,同比增加566元,增长22.4%。作为本市居民财产性收入的三个主要来源,利息收入增速最高,增速83.5%。出租房屋收入保持高速稳定发展,增速35.8%。而股息与红利收入受宏观经济影响,出现负增长。但总体来说,财产性收入在本市城镇居民收入构成中所占比重由上年同期的11.9%上升到12.5%,对本市城镇居民收入增长的拉动作用越来越大。

4. 转移性收入人均3535元,同比增加358元,增长11.3%。其中离退休人员的养老金或离退休金上涨21.3%,是本市城镇居民转移性收入的主要增长点。近年来,由于本市不断加大对低保、医疗、养老、教育等的财政投入力度,提高相关补贴标准,从而保证了转移性收入的持续增长。

二、城镇家庭总支出

2012年本市城镇居民家庭总支出18623元8%,,同比增加2395元,增长14.8%。其中城镇居民人均消费性支出14527元,同比增加1877元,增长14.8%。八大类消费支出呈现全面稳步增长的态势。

其中食品支出和教育文化娱乐服务支出分别增长了16.9%和12.1%,增速保持稳定。衣着消费和医疗保健支出增长显著,增速分别达到31.4%和25.8%。居住、家庭设备用品和服务、交通和通迅三项只是略有增长,增幅均不超过10%,分别为5.7%、9.5%和2.4%。其他商品和服务类支出上涨较快,增速为19.9%。

三、农民人均纯收入结构与分析

1. 人均工资性收入继续保持增长趋势。2012年农民人均工资性收入2532元,比上年同期增加268元,增长11.8%。促进工资性收入增长的主要原因是:

(1)2012年本市各行业农民工工资普遍上涨。

(2)2012年本国范围内提高最低工资标准,提高了农民务工收入。

(3)随着经济复苏回暖,本市近年来乡镇企业、非公有制经济发展迅速,在本地企业打工或者提供服务的收入也能增加,2012年本市农民在本县区域内收入达1895元,增速26.2%,占工资性收入的比重为74.8%。

2. 农民人均家庭经营性纯收入居农民收入主导地位。家庭经营性纯收入4058元,同比增加615元,增长17.9%,占人均纯收入的比重为52.8%。增长的主要原因:

①从产业结构看:第一产业现金收入为3360元,同比增加511元,增长17.9%。其中:农业收入2490元,增加453元,增长22.2%;牧业收入812元,增加30元,增长3.8%;二、三产业纯收入分别为71元和627元,分别增长31.1%和16.4%。

②从农作物播种面积看:2012年全市夏粮、秋粮播种面积分别为25.92万亩、680.81万亩,夏粮播种面积比上年同期减少1.18万亩,秋粮面积增加8.49万亩。

③从农作物产量看:2012年本市雨水充沛,粮食喜获丰收。全年粮食产量153.99万吨,比上年同期增加11.96万吨。

④从畜牧业产量看:2012年猪存栏量100.38万头,比

去年增长3.92%，羊存栏量598.69万头，比上年同期增加1.79%。

3. 财产性收入增速最高。本市2012年财产性收入为419元，同比增长50.0%。主要原因：一是今年本市农村放贷活跃，利息收入增长迅猛。二是大部分外出打工农户将土地出租，推动2012年租金收入达到2011年的2倍。三是在市场需求增加，产品价格上涨等有利因素带动下，榆阳、神木、府谷、靖边、定边等县农民的集体分配股息和红利、其他股息红利、其他投资收益有很大程度的提高。

4. 转移性收入大幅增长。2012年本市农村居民转移性纯收入达到672元，同比增加138元，增长26.0%。主要原因：一是有新型养老保险的实施，使得老年人得到更多的养老保障。二是加大了对贫困人群的补贴力度，纳入低保的人员较去年有大幅增长。三是外出务工人员寄回或带回的现金增幅较大。四是粮食直补、退耕还林还草补贴等其他优惠政策的持续实行，促使农民的转移性收入持续增加。

四、农村居民支出结构与分析

1. 生产费用支出大幅增长。2012年本市家庭经营人均生产费用3778元，同比增加1873元，增长98.3%。其中，农业生产费用支出1229元，增长79.6%，牧业生产费用2151元，增长191.8%，这两项占家庭经营费用支出的比重为89.5%，是农民生产费用的主要支出。

2. 生产消费支出较快增长。2012年本市农村人均生活消费支出八大项结构普遍上涨，其中医疗保健支出涨幅接近1倍。其原因主要是：

①随着收入水平的不断提高和消费观念的更新，通讯现代化程度的快速提高，农民消费结构得到了进一步优化，生活质量逐步提升，由过去的温饱型，逐步向注重生活质量、关注生存方式转化。

②本市大部分生活消费用品价格高于陕西省其他地市，其中房价、餐饮、衣物、房租等价格更是高于有些地市1倍以上。

（李又春）

榆林市"四城联创"总述

2006年10月，市委、市政府启动创建省级卫生城市和环保模范城市，将两项创建工作列入榆林市22项重点工作之中。同时，为深入推进榆林市"双创"工作，市委、市政府研究成立榆林市"双创"领导小组及其指挥部，下设办公室，具体负责榆林市"双创"工作的组织、协调、指导、监督、检查、考评、验收、奖惩等工作，由市政府副秘书长兼任办公室主任，组织、人事部门从相关职能部门抽调了14名副县级领导担任副主任和处长，抽调50名工作人员搞双创工作，充实"双创"工作队伍。为进一步加强创建队伍的组织领导，2012年3月2日，市委、市政府将原临时机构榆林市"双创办"更名为榆林市中心城区创建工作办公室，调整为常设机构，正县级建制，事业编制20名，领导职数1正3副，内设6个科，科级职数6正2副，于2012年12月4日召开了机构转型大会，实现创建机构平稳转型。从2012年6月开始，市委、市政府进一步创新创建工作理念，将榆林中心城区划分为90个创建网格，推行了创建工作网格化管理工作的新模式。为此，市政府为市创建办新增加临编工作人员218名，其中：创建网格工作人员169名，创建业务工作人员69名。

市创建办负责国家卫生城市（2010年启动）、国家园林城市（2012年11月启动）、省级环保模范城市、省级卫生城市、省级园林城市（2011年启动）创建工作，市创文办负责省级文明城市的创建工作。本市已成功摘得省级卫生城市（2009年9月通过考核验收）、省级园林城市（2012年10月通过考核验收）的桂冠。正在深入推进国家卫生城市、国家园林城市和省级文明城市创建工作，启动国家节水型城市创建工作。具体创建国家卫生城市、国家园林城市、省级卫生城市、省级园林城市、省级环保模范城工作情况如下：

创建省级卫生城市情况依靠"一车四线"机制推动创卫。"一车"就是双创宣传直通车。"四线"即是组织保障线，各级组建了指挥决策机构；财政保障线，三年共计投资双创经费45.97亿元，其中市本级财政投入15.4亿元，社会投资30.57亿元。在双创工作经费保障方面，市财政设立专户，专人管理，简化办事手续，缩短办事周期，特事特办；执法保障线，成立城市管理综合执法局，配备160多人的执法队伍。建立以综合执法为主体，公安、卫生、工商、环保、交警等部门密切配合的执法联动机制；督查督办保障线，建立市委督查室、市政府督查室、市效能办、市双创办、新闻媒体、人大代表和政协委员组成的"六位一体"双创督查督办体系。实施五大工程建设完善城市功能，一是实施市政软硬件建设工程，二是实施市场建设工程，三是实施环卫设施建设工程，四是实施了绿化工程建设，五是实施亮化工程建设。同时，开展四项整治改变市容环境，一是开展街巷整治，建立大街小巷包抓责任制，二是开展临街建筑整治，三年共拆除临街建筑13万平方米，完成44条路段1320幢临街建筑的刷新改造，三是开展交通秩序整治，四是开展市容市貌整治。

通过五个体系建设提升公共卫生水平。一是建设健康教育体系，二是建设传染病防治体系，三是建设病媒生物防制体系，四是建立了“六小”行业执法管理体系，五是建立食品和饮用水执法管理体系。

突出三项综合治理改善城市环境质量。一是综合治理空气污染。通过开展禁烧烟煤、推进锅炉改造、开展机动车尾气治理和施工扬尘及餐饮业油烟污染治理工作，中心城区烟尘控制区面积达到74平方公里，超出创卫指标2.32倍。二是综合治理水污染。重点通过清除淤泥、衬砌河堤、绿化美化堤岸等对榆溪河、榆阳河进行了治理。纳入处理的污水占城区日排污水量的67%，生活污水集中处理率达到80%以上。三是开展噪声污染综合治理。实施划定了机动车禁鸣区域，开展建筑工地和工业企业噪声监管，不断完善噪声达标区管理制度。

加强三个薄弱环节，保证机关单位和城乡结合部达标。一是开展单位社区达标行动。二是开展窗口单位环境卫生整治行动。三是开展城中村、城乡结合部综合治理行动。

创建省级园林城市工作情况 2010年，本市启动省级园林城市创建工作以来，研究制定《榆林市创建省级园林城市实施方案》、《榆林市创建省级园林城市2011—2012年主要任务分解方案》等一系列政策性文件，实行严格的问责制和一票否决制，严格执行创园工作任务、时间、标准、人员、措施“五落实”制度。

一是强化规划编制管理。按照城市“三统筹”原则，编制了《榆林市城市绿地系统专项规划》，确立了以“山、河、城、绿”为生态基础网架，构筑了“一心两带、三城四楔、五枢六园、七里沙绿、八景再现、九片城翠、十里碧野”的生态结构体系；坚持先规划后建设、无规划不建设，严格执行城市园林绿化重点工程规划方案论证制度，坚持以人为本、以乡土树种为主、以乔木为主、以植物造景为主的原则，研究制定了树种规划，科学优选适地适生树种；出台了《榆林市绿化管理办法》、《榆林市城市绿线管理实施细则》等规范性文件，建立城市绿线管理制度，严格实施“绿色图章”管理制度，严格审查建设项目配套绿化指标，科学划定阳光广场、世纪广场、火车站广场等已建成公园绿地的绿线和规划确定的各类城市绿地的绿线。

二是加快园林绿化建设。2012年以来，参加城区义务植树活动的市民累计达到62万人次，共栽植乔木510.6万株，绿化面积达到8万亩，造林区域的林草覆盖率达到85%以上。在加大建设的基础上，不断加大园林绿化管护力度。坚持“三分建、七分管”的园林绿化理念，建立健全了养护管理领导机构、考核细则、质量标准、作业要求等一系列管理制度，按照“定人、定路段、定标准、定责任”的原则，实行道路、公园、绿地绿化管护责任包保制，做到了建一块、管一块、精一块，保持了园林绿化的良好景观。截至创园验收时，建成区绿化覆盖率36.21%，绿地率32.14%，人均公共绿地面积10.23平方米。

三是开展市县联创。以市带县，市县联创，推进全市省级园林县城创建工作，目前，全市有神木、府谷、靖边县创建成为省级园林县城，其他各县也都开展了创建工作，2014年内实现全市省级园林县城全覆盖。

四是注重人文资源保护，加强榆林古城、古树名木保护。已基本完成了古城道路交通系统改造、巷道改造、各类地下管网的改造和配套建设、历史街区店铺改造、三座古楼和四个牌楼的修复、部分城墙的修复、部分四合院的修复、凌霄塔的保护和修复、无量寺等历史古迹和寺观园林的保护和修复，再现了“南塔北台、六楼骑街、中古城”明清古城风貌。组织力量对市区的古树名木进行全面普查登记，建立完整的古树名木档案，同时，严格执法管理，有效杜绝破坏古树名木行为的发生。

五是严格督查督办考核。按月、按季度进行检查、打分、排序，对成绩显著的表彰奖励并挂红牌，对不积极、工作差的挂黑牌并在榆林日报、榆林电视台公开曝光。年终，对各级各部门的创园工作进行严格考评和奖惩兑现。

创建省级环保模范城市情况 2007年，本市启动了创建省级环保模范城市工作，通过实施“蓝天、碧水、宁静、固废、生态、安全、节能减排、环保能力”八大工程，榆林中心城区的生态环境发生了翻天覆地的改观。一是实施蓝天工程。榆林城区空气质量逐年改善，2007年开展自动监测以来，城区好于二级的天数分别达到278天、312天、336天、333天、334天和335天。其中，由2007年没有一级天数增加到2011年的50天，创有监测记录以来最好水平，在全省10个地级城市中排名第四。同时，提前一年建成榆林城区PM2.5监测系统，从试运行情况来看，达标率在85%左右。二是围绕实现“碧水”目标，以保障饮水安全为重点，加大城市集中式饮用水源地保护力度，取缔搬迁红石峡水源保护区内违章建筑物5处、排污口11个。编制完成《榆林市榆阳泉、普惠泉水源地区划保护实施方案》和保护区内住户搬迁、违章建筑拆除、围网隔离、警示标牌设立等工作，投资2000万元，建设了榆林城区污水处理厂污泥处理设施；投资600多万元，购置垃圾渗滤液处理车1台，日处理能力达80吨，处理后出水水质达到国家污水综合排放一级标准；完成了榆林市第二污水处理厂建设前期工作，城区生活污水处理率70%以上。新建无定河、榆溪河、窟野河三条河流出境水质自动监测站，对出境水质进行实时监测。无定河、窟野河、秃尾河三条河流8个出境监测断面水质全部达到功能区划要求。三是加强城市噪声管理。修编完成榆林城区噪声功能区划，将噪声整治融入“文明工地”、“文明机关”、“文明小区”创建活动之中。加强交通噪声污染治理，城区27条主次干道划定双向禁鸣区域，设置禁鸣标志，2010—2012年，榆林城区区域环境噪声平均值分别为50.9分贝、53.2分贝和53.3分贝，交通噪声平均值分别为67.8分贝、67.8分贝和66.3分贝，均达到创模标准要求。四是推进固废处置工程建设。建成投运榆林市医疗废弃物处置中心，制定出台《榆林市医疗废物集中处置管理办法》，对全市医疗废物实施集中处置，日处理4.5吨，新建生活垃圾处理场11座，新增处理能力1626吨/日，生活垃圾无害化处理率达89%。五是实施生态工程。截止2012年底，全市受保护地面积已达到369.52万公顷，占国土资源面积的5.65%，为实现生态美的目标更近一步。六是安全防范工程。近三年，全市先后开展环保专项执法检查38次，累计出动执法人员2.8万人次，检查企业1.2万家次，立案查处1200家，挂牌督办78家，限期治理436家，罚款8000多万元，打击环境违法行为，保障全市环境安全。七是节能减排工程。2012年，全市单位GDP能耗均下降3.6%，圆满完成省上下达的年度节能降耗任务。单位GDP用水量连续3年低于全省平均水平且逐年下降。

（杨　磊）

民生建设总述

2012年，是“十二五”规划实施的关键之年，榆林市坚持科学发展前进的方向，切实保障和改善民生，把社会事业放在优先发展地位，全力推进教育、科技、卫生、文化和体育等领域的发展，加快完善公共服务体系建设，实现全市经济、社会互为基础、互为保障、相互协调、快速推进的良性发展局面。

教育事业成就卓越，科技创新能力提升

榆林始终坚持“教育强市”战略，不断加快教育事业发展，增加教育投入资金，不断改善办学条件、优化整合教育资源，切实巩固提高“普九”成果，推进素质教育，教师队伍建设水平和教育管理水平明显提升。

2012年，全市财政性教育经费支出96.6亿元，比上年增加23.61亿元，增长32.3%，占全市生产总值的3.5%，比上年提高0.3个百分点，有力支撑了榆林教育综合实力的稳步提升。一是大力推进学前教育，全市累计启动202个幼儿园新建、改扩建项目，其中城区新建项目15个，新增加学位22110个，有效缓解了城区入园难的问题，全市学前一年、两年、三年毛入园率分别达到91%、87%和86%。二是大力推进标准化学校建设，府谷县建成“双高双普”县，同时通过省级教育强县前期评估，榆林中学、府谷三中和佳县中学分别通过省级示范高中、省级标准化高中和市级标准化高中评估验收，榆林二幼和神木二幼建成省级示范幼儿园。三是有力推进教师队伍建设，2012年全市统一招聘新任教师564名、特岗教师253名，有效缓解了教师年龄、学科结构不合理的问题。四是不断提高教师队伍教学水平，全年完成各类培训任务3.7万人次，开展中小学青年教师学科能力竞赛，组织实施“名优教师队伍建设工程”，评选认定市级教坛新秀418名、市级教学能手200名，有84名教师获得省级教学能手称号。五是全市高等教育发展又上新水平，榆林职业技术学院经过5年来的筹建正式挂牌开始招生，填补本市高等职业教育院校的空白。六是义务教育均衡发展，九年义务教育巩固率达98.7%，比上年提高0.25个百分点。七是全市高考成绩再创历史新高，一、二本上线人数达到11499人，比上年增加798人；上线率达到33.35%，比上年提高4.53个百分点。八是普通话普及取得成效，本市高标准通过国家二类城市语言文字工作评估验收。

2012年，榆林市以科技创新为动力，增大科技投入引领发展。科技支撑和引领全市经济社会发展作用日益突出，科技创新能力又迈新台阶。全市财政性科学技术支出4.8亿元，同比上年增长34.7%。出台《关于加快推进科技创新的二十条意见》，整体规划组建兰炭、煤化工、盐化工、金属镁、装备制造、轻纺、新能源、羊子、旱作农业、红枣等10个产业技术联盟，并通过奖励和减免税费、加强与高校的产业研发合作等多种形式，鼓励企业进行科技创新。全市R&D经费内部支出2.9亿元，比上年增长1.1亿元，同比增长59.5%。全年共组织鉴定（评议）、登记科技成果35项，其中科技成果综合水平达到国内领先7项，获“2012年度陕西省科学技术奖”1项。申请专利639件，授权专利144件，技术交易合同登记额8.25亿元。

社会保险覆盖范围继续扩大，社会救助体系不断健全

近年来，本市大力推进社会保障制度建设，健全养老保险制度，完善医疗、工伤、失业、生育保险制度体系，积极推动商业保险参与社会保障体系建设，构建社会保障多元化格局，努力谋求适应民生的多元化需求。一是五项社会

保险基金当年支出额大幅增长。2012 年,全市五项社会保险基金当年支出额达 24 亿元,比上年增长了 1.4 倍,充足的保障基金为社会保险发展奠定了坚实的基础。二是各项社会保险参保人数不断增加。截至 2012 年底,全市城镇基本养老保险参保人数为 22.2 万人,比上年末增长 15.6%;城乡居民社会养老保险参保人数为 153.3 万人,比上年末增长 17.5%;城镇职工基本医疗保险参保人数为 31.1 万人,比上年末增长 7.6%;工伤保险参保人数为 26.6 万人,比上年末增长 13.7%;生育保险参保人数达 23.9 万人,比上年末增长 16.6%,社会保险覆盖范围进一步扩大。

实施更加积极的就业政策,坚持就业培训与配套服务并举。

2012 年,全市新增就业人数 2.56 万人,各类技能培训人数达 15.6 万人,均创历史新高;城镇登记失业率持续下降,年末城镇登记失业率为 3.59%,比上年末下降 0.31 个百分点。2012 年,全市民政经费实际支出 15.9 亿元,比上年增长 6%。不断提高低保标准。城乡低保标准分别调整为 350 元/月 · 人、168 元/月 · 人,比上年提高 16.7% 和 21%,位居全省第一。加大对困难群体的救助。全年共救助城乡低保对象 38.55 万人,比上年增长 4%,困难群体基本生活进一步得到改善。加大老龄事业投入,优抚政策落实到位,积极争取社会力量投入老龄事业发展。2012 年,全市共投入老龄事业经费 176 万元,全市共有 18.8 万老人享受补贴,补贴金额 1.13 亿元,其中省级资金 3733.58 万元、市级配套资金 3355.72 万元、县区配套资金 4227.75 万元。特别是神木县高龄老人补贴从 2008 年开始已经下延到 70 周岁。老年人在神木县内免费乘坐公交车、免费到景点旅游年龄下延到 60 周岁,这些措施规定都走在全省乃至全国的前列。社会福利设施进一步完善。各种社会福利收养性单位的床位数 5621 张,比上年增长 3.7%,收养性社会福利单位收养人数 4547 人,比上年增长 10.2%。城镇社区服务设施进一步完善,全市拥有城镇社区服务机构数共计 145 个,收养性社会福利单位 72 家。

社会经济发展持续增长,人民生活水平稳步提高

榆林市认真落实科学发展观的要求,按照国家启动内需拉动的总体战略,进一步转变经济发展方式,努力克服世界经济不利因素对经济运行的影响,实现平稳较快发展。2012 年,榆林市实现地区生产总值 2769.22 亿元,比上年增长 12%,人均 GDP 达 82549 元,比上年增长 20.8%。全社会固定资产投资总额 1771.2 亿元,同比增长 28.5%,社会消费品零售总额 270.2 亿元,同比增长 16.3%。

提高和改善人民生活水平,始终是榆林经济发展的出发点。随着榆林经济持续健康快速发展,城乡居民收入逐年提升,生活水平大幅提高,人民群众切实分享到经济发展的成果。城乡居民收入稳步增长。2012 年,全市城镇居民家庭人均可支配收入 24140 元,农村居民家庭人均纯收入 7681 元,分别比上年增长 16.5%、17.8%。居民居住环境进一步改善。城镇居民人均住房建筑面积 29 平方米,比上年减少 0.8 平方米;农村居民人均住房面积 33.6 平方米,比上年增加 3.7 平方米。居民的生活质量稳步提高。2012 年,居民消费水平达 10970 元,同比增长 26%;城镇居民家庭每百户拥有移动电话 224.6 部、家用电脑 71.8 台,分别比上年增长 13%、63.7%;家用小汽车每百户拥有量 31.1 辆,比上年增长 74.3%,增幅明显;城镇居民人均旅游消费支出 423.7 元,比上年增长 54%。

文化事业欣欣向荣,体育事业蓬勃发展

本市大力推进发展繁荣文化事业、建设西部文化强市的战略,紧紧抓住推动文化大发展大繁荣的出发点和落脚点,以保障群众基本文化权益为目标,以实施文化惠民工程为抓手,以建设文化设施为载体,让人民群众在文化共建中共享文化成果。2012 年,全市广播覆盖率达 96.5%,比上年提高 0.2 个百分点,电视覆盖率达 96.3%,比上年提高 0.2 个百分点,有线电视入户率达 47%,比上年增加 7 个百分点;全市有公共图书馆 12 个,藏书 106.9 万册,同比增长 4.2%;有艺术表演团体 14 个、影剧院 13 个、文化艺术馆 13 个、艺术学校 1 个、文化站 226 个、博物馆 13 个、娱乐场所 172 个、网吧 241 个。文化"三下乡"活动全年下乡送戏 185 场、送电影 68215 场。近年来,榆林市大力推动文化产业发展,以深化文化体制改革为动力,全面提升文化产业发展的内动力和竞争力,2012 年全市文化产业实现增加值 17.76 亿元,比上年增加 4.24 亿元,同比增长 27.9%,占全市 GDP 比重为 0.64%,同比提高 0.03 个百分点,表现出强劲的发展势头。

2012 年,榆林市围绕建设体育强市目标,突出幸福榆林和体育民生,以人为本、科学发展,体育事业呈现出全民健身势头好、竞技体育成绩好的局面。2012 年,全市投入体育事业经费 2000 多万元,同比增长高达两位数。输送运动员参加国际国内比赛成绩创历史新高。由本市培养选送的优秀运动员景瑞雪,在第 30 届伦敦奥运会上,获得女子自由式摔跤 63 公斤级比赛银牌,创造了我国这个项目级别奥运会最好成绩。其他输送运动员在年度全国性大赛中共取得 7 枚金牌,在省年度比赛中,共获得金牌 72 枚、银牌 41 枚、铜牌 51 枚。各县区向市体校输送运动员 77 人,市上向省队输送 45 人,累计达 168 人。首次成功承办"2012 年全国武术散打冠军赛"。裁判员队伍建设得到加强。举办裁判员、教练员培训班 3 期,邀请省体育局有关专家授课,共培训二级足球裁判员 33 人、二级羽毛球裁判员 45 人、足球教练员 32 人。群众体育活动蓬勃开展。开展各级各类活动 210 余次,参与活动人数 20 余万人。

医疗卫生整体水平提高，人口保持在低水平增长

榆林加快推进医疗卫生事业改革发展，健全医疗卫生服务体系，致力于解决民生热点问题，大力推动城乡医疗卫生资源均等化，努力构建和谐医患关系，缓解人民群众“看病难”“看病贵”问题。2012 年，全市财政投入卫生经费 24.3 亿元，比上年增长 33.5%。全市拥有医疗卫生机构 4993 个，卫生技术人员 1.78 万人，其中执业医师（助理）5230 人，卫生机构床位 1.58 万张，分别比 2011 年增长 -4%、12.7%、6.3% 和 10.9%（卫生机构数减少是乡镇合并后机构也随着合并）；医院病床使用率达 77.5%，同比提高 3 个百分点，医疗卫生服务能力明显增强。居民健康水平提高，妇幼保健工作平稳推进，孕产妇死亡率控制在 2.21/10 万，同比下降 5.14/10 万，甲乙类法定报告传染病发病率控制在 261.65/10 万，同比下降 13.53/10 万，新生儿死亡率控制在 2.8‰之内。公共卫生水平稳步提升，农村卫生厕所普及率达 40%，已改水受益人口占农村人口比重为 55%，饮用自来水人口占农村人口比重为 77%，分别比上年提高 2、0.2 和 9 百分点。

不断完善计划生育利益导向政策体系，坚持以稳定低生育水平、提高出生人口素质为目标，力促人口长期均衡发展。根据 2012 年榆林市 1% 人口抽样调查主要数据公报显示：我市常住人口为 335.69 万人，与 2011 年相比，增加 0.45 万人，增长 1.19%。全市常住人口性别比（以女性为 100，男性对女性的比例）为 109.1，比上年下降 0.24；出生婴儿性别比为 107.92，比上年下降 1.58，人口性别结构矛盾得以减缓。2012 年，榆林人口出生率 11.39‰，死亡率 6.09‰，人口自然增长率为 5.3‰，三项指标比上年均有小幅提升，显示出随着榆林经济社会的快速发展，常住人口回升，人口出生率和死亡率略有上升，但仍然保持在低生育水平内，人口发展态势保持良好。

社会治安得到有效治理，公众安全感切实增强

榆林全面加强公安队伍建设，健全优化交巡警合一防控体系，切实保障人民群众的“平安需求”，2012 年刑事案件立案 1.56 万起，比上年增加 3.7%，其中未成年人刑事案件作案人员占全部刑事案件作案人员比重 5%，比上年下降 1 个百分点，呈平稳下降趋势。进一步提高执法水平，全年治安案件查处 1.8 万起，比上年增加 13.3%，为推动榆林经济社会科学发展、促进社会和谐提供了有力安全保障。

榆林人民群众维权意识增强。2012 年，全市拥有执业律师 227 人，同比增长 1.3%；法律援助中心共 13 家，法律援助人员 78 名，法律援助案件 2580 件，接受法律援助 2754 人次。为保障社会、经济持续健康发展，采取一系列行政管理措施，严控各种安全事故，2012 年全市火灾事故损失 2841.8 万元，比上年下降 3.6%。交通事故损失金额达 524.7 万元，比上年下降 20%，增强公众安全感。

2012 年，榆林市坚持把保障和改善民生作为社会发展工作的根本着力点，以更加坚定的决心、有力的举措、完善的制度贯彻落实科学发展观，真正把科学发展观转化为推动社会事业又好又快发展的强大力量，进一步完善社会管理体制，有效改善社会事业薄弱环节和领域，稳步提升基本公共服务均等化水平，有力促进了社会和谐发展。

（李又春）

生态榆林建设总述

生态建设是榆林经济发展的“生命线”，榆林市数十载坚持不懈“南治土、北治沙”，遏制了黄沙侵蚀，新植了层层翠绿，生态环境大为改观。据统计，榆林的植被覆盖率在新中国成立之初是 0.9%，2005 年末，植被覆盖率为 22.6%，在 56 年间，全市植被覆盖率平均每年提升 0.387%。截至 2012 年底，通过卫星云感环境监测系统分析比较，本市植被覆盖率达到 30.7%。短短 6 年的时间，植被覆盖率提高 8.1%。

榆林大地主色调变绿

2010 年 8 月 12 日至 13 日，三北防护林体系建设现场会在榆林市召开，国家林业局局长贾治邦在讲话中充分肯定了陕西省生态林业建设取得的巨大成效，深刻总结了榆林市三北工程建设积累的宝贵经验。他说，榆林市通过坚持不懈地推进三北防护林体系建设，区域生态环境明显改善，黄土高原和榆林沙区的生态面貌大为改观，生态状况

实现了“整体恶化、局部好转”向“整体好转、局部良性循环”的历史性转变，绿色成为榆林大地的主色调。

近年来，榆林市林业取得长足的发展，经过多年治理，特别是国家实施西部大开发战略以来，以退耕还林、天然林保护、三北防护林等国家林业重点工程的全面启动为标志，先后实施绿色通道、环城防护林带建设、能源企业绿化、千村万户绿化等生态林业工程，全市生态环境建设进入一个以可持续、全面推进跨越发展的新阶段，集体林权制度改革工作基本完成，全市生态环境得到明显改善，社会、经济面貌发生翻天覆地的变化。

环境变好产业壮大

截至2012年底，全市林木覆盖率达到30.7%，造林保存面积达到2007.5万亩；860万亩流沙中有740万亩得到固定和半固定；累计治理水土流失面积2.15万平方公里，初步实现了“土不下山，泥不出沟”的目标。同时，以红枣为主的特色林业产业蓬勃发展，全市以红枣为主的经济林达到260万亩，年产鲜枣30万吨，榆林红枣的栽植面积和产量占全国的十分之一和全省的三分之二，枣区人均红枣收入占到总收入的70%；以柠条、刺槐为主的水保林达到200万亩，以农田防护林为主的活立木蓄积达400万立方米；山杏、大扁杏栽植面积近100万亩，年产值1亿多元，全市林业总产值约20亿元。

通过生态环境建设，北部风沙区的风沙危害大大减轻，860万亩流沙有740多万亩得到了固定、半固定，实现了区域性的荒漠化逆转，出现了沙退人进的可喜局面。水土流失治理面积2.15万平方公里，占水土流失面积的58%，土壤侵蚀模数大幅度下降；年减少入黄泥沙量2.4亿吨，比上世纪50年代减少45.2%。森林面积的增加，减少了空气中可吸入颗粒物含量，提高了空气质量。2012年，榆林城区空气质量好于二级的天数达到319天，其中一级天数达到50天，创历史最好纪录。人居环境大大改善，促进了人与自然的和谐。全市林业建设实现了经济、生态、社会效益协调发展，社会经济面貌发生了翻天覆地的变化。

新绿护田农民致富

全市防护林体系初具规模，总长1500公里，造林175万亩的长城、北缘、环山、灵榆防风固沙林带基本建成；沙漠腹地建起万亩以上的成片林300余块，新植针叶树100万亩，全市防沙治沙的档次和水准大大提高，滩、川、塬、涧地区受风沙危害的150万亩农田全部实现林网化，基本形成带片网结合的防护林体系，有效降低自然灾害对农牧业的影响。农业综合生产能力显著提高，农业和农村经济稳步增长，全市形成170万亩玉米、160万亩红枣、320万亩小杂粮、280万亩马铃薯和8万亩设施蔬菜的生产规模。旱地春玉米、地膜花生、谷子等6大类作物连创39项全国高产纪录，2012年全市粮食产量达到154万吨；榆林成为全省马铃薯第一大市、第二大“粮仓”；全市羊子饲养量达到944.95万只。农民可支配性收入增加，农民生活水平稳步提高。

三年植绿榆林变样

2012年8月，省委书记赵乐际在本市视察工作时指出：“榆林是国家能源化工基地，更应是生态绿化的典范，榆林要高度重视生态绿化工作，要把生态绿化工作作为一项长期的首要工作来抓，把造林绿化工作与干部考核挂起钩来，进一步加大造林绿化工作力度，推动生态环境保护建设上台阶，力争把榆林建设成名副其实的塞上生态名市。”为了贯彻赵乐际书记的指示精神，市委、市政府决定在全市开展“三年植绿大行动”植树造林活动，规划从2012年秋季到2014年，用3年时间完成造林300万亩，通过实施榆林环城防护林带、城区绿化、千里绿色长廊建设等八大生态林业重点工程，加快五个百万亩造林基地建设进程；主要交通干线、河流两侧绿化林带和市区环城林带基本建成；城市建成区绿地率达到32%以上，人均公共绿地面积达到8.5平方米以上，力争使榆林的生态环境“一年一变化，三年大变样”。

为了确保“三年植绿大行动”顺利实施，早规划、早动员、早行动，11月4日，市委、市政府举行了“三年植绿大行动”启动仪式；11月初，由市林业局牵头编制的《榆林市三年植绿大行动实施方案》，经市政府常务会议和市委常委会议研究通过并正式下发，新一轮造林绿化的高潮已经掀起。

“十二五”期间，榆林市在巩固退耕还林、三北防护林、天然林保护等工程项目成果的基础上，以更新改造为主要手段，继续实施十大生态林业工程，每年完成造林100万亩，建设樟子松、长柄扁桃、红枣、两杏、沙棘五个百万亩造林基地，使全市造林保存面积达到2400万亩以上，林木覆盖率达到36.7%，在全市初步建成一个乔灌草相结合、针叶阔叶树相结合、自然景观优美的比较稳定的区域性防护林体系，有效遏制土地沙化和水土流失，实现道路水系林带化、城镇乡村园林化。

（李又春）

榆林市创建省级文明城市工作综述

榆林市开展省级文明城市创建工作以来,通过扎实开展"创建文明城市,建设幸福榆林"、"文明榆林我建设,榆林文明我幸福"等系列主题活动,全面加强思想道德建设,扎实推进群众性精神文明创建活动。2012年,全市"平安榆林"创建全面展开,"干部作风整顿"、"万名干部下基层"、"创先争优"活动取得显著成绩,全市1000余家单位积极创建省、市、县级文明单位,文明矿山、文明工地、文明景区、文明交通、文明餐桌、文明社区、文明乡村、文明户等创建工作有序推进,营造团结奋进、开拓创新的良好氛围,"创文"工作取得明显成效。

提升精神文明建设水平

通过一系列主题活动,全面提升精神文明建设水平。

广泛开展"迎十八大,讲文明、树新风"、"修四德、行六礼,做文明有礼的榆林人"系列活动,营造出喜庆热烈、文明和谐的社会氛围。

开展"科学发展、成就辉煌"宣传教育,继续开展"三唱三颂"活动,承办《爱国歌曲大家唱——陕西·榆林篇》大型文艺活动的录制和播出工作。

农村精神文明建设体系得到完善,开展了以村容村貌综合整治为重点的"文明乡村行动",开展"文明村镇"、"十星级文明户"、"五好文明家庭"、"好公婆、好媳妇"评选表彰活动。

在全市各级各类文明单位中深入开展"一堂(道德讲堂)、一队(志愿者服务队)、一牌(文明提示牌)、一传播(文明传播)"和弘扬践行"陕西精神"活动。

深化公民道德建设

公民道德建设是创建文明城市的重要内容。通过公民道德教育实践活动、专项教育治理、评比表彰活动、广泛宣传教育活动,全力提高公民道德水平。

深入开展"修四德、行六礼,做文明有礼的榆林人"活动。积极组织道德模范、身边好人、文明礼仪宣传队、陕北说书曲艺宣传队,进学校、进基层、进广场、进社区宣讲道德规范和文明礼仪,组织"窗口"行业系统开展以道德讲堂为主题的公民道德教育实践活动,35万群众受到教育和影响。

开展道德领域突出问题专项教育和治理活动。本市印发《开展道德领域突出问题专项教育和治理活动实施方案》,举办首期"百校千师"德育骨干队伍培训班,举办"用道德良心,做放心食品"食品安全专项整治活动,并发出了"用道德良心,做放心食品"倡议书。

开展道德模范的评选、推荐、表彰和学习宣传活动。在好人榆林·第四届榆林市道德模范表彰会上,40名道德模范和20名美德少年受到表彰。

开展公民道德宣传活动。举办"百城万店无假货"活动启动仪式,启动"文明诚信市场"创建活动,组织12支志愿服务小分队集中开展"说文明话,办文明事,行文明路,做文明人,创文明城"志愿服务活动,向过往市民发放宣传品7万余份,发放倡议书2万多份,摆放宣传展板40多块。

强化未成年人思想道德建设

为加强未成年人思想道德教育,本市积极推动校园文明阵地建设。开展"学习雷锋,做美德少年"、"童心向党"、"三关爱"、"文明伴我成长"等系列活动。组织开展"诵中华经典,做有德之人"、"爱祖国、爱家乡"、"网上祭英烈"、"向国旗敬礼"网上签名寄语和"日行一善"、"日思一过"等教育实践活动。积极参加第三届优秀童谣征集活动,举办"放飞梦想·欢庆六一"少儿文艺晚会和"少儿故事大王"比赛;举办榆林城区"文明伴我成长"少儿才艺大赛。

2012年底,全市48家市级以上爱国主义教育基地全部对未成年人免费开放,接待未成年人3万多人次。

大力提升文明城市创建工作

加大"创文"宣传力度,在《榆林日报》开辟"四城联创"、"与文明同行,和创建相伴"、"创建省级文明城市访谈""身边好人"等专栏,在榆林电视台开办《创建周刊》《文明榆林曝光台》,开通文明热线,建立榆林文明网,加入中国文明网网站联盟,对榆林精神文明建设和省级文明城市创建工作进行集中宣传报道。

开展文明礼仪传播活动。设计文明榆林标志,制作"创文"公益广告9个,组织"创建省级文明城市,做文明有礼的榆林人”陕北说书26场,发放文明礼仪和道德规范书籍3万册,设立户外大型创文广告牌匾126块,悬挂各类宣传条幅500多条,播出创建文明城市公益广告2万次,组织文明短信传递300万条等。组织编写《榆林精神》《创建文明城市宣传手册》《榆林市民手册》《榆林创文工作指导手册》,创作《榆林美》《榆林盛开文明花》等主题歌曲。开展创建文明城市专项行动。实施“文明交通”行动,强化交通文明执法检查,采取问卷调查和宣传教育等方式,增强文明出行意识;实施城乡文明行动,在全市农村大力开展“三改(改厕、改圈、改灶)、三化(净化、美化、绿化)、一提升(提升人居环境)”村容村貌整治活动,各县区累计投入3000万元,新建、改造农贸市场110个,建设垃圾收、运设施6000个,修建无害化厕所17300座,粉刷墙壁47万平方米,投入人力34万人次,清理垃圾22万吨。实施文明旅游行动,规范旅游景点文明管理,引导文明旅游、文明出行。启动文明餐桌行动,制作文明餐桌桌牌2万个、文明餐桌落地牌1000个、宣传挂图5万张。开展“用道德良心,做放心食品”食品安全专项整治活动。积极倡导十大文明行为,呼吁大家摒弃不良陋习。

(李又春)

榆林高新区升级为国家级高新区

2012年8月27日,国务院正式批准榆林高新技术产业园区从省级开发区升级为国家级,成为陕西省第五个国家级高新区。榆林高新技术产业园区前身为榆林经济开发区,是省政府1999年2月批准设立的省级开发区,2010年12月更名为榆林高新技术产业园区,同时启动了国家级高新区申报创建。

园区位于榆林市区西南郊,规划核心区和拓展区共28.4平方公里,经过十余年的开发建设,榆林高新区形成以能源化工、装备制造、新能源为主导的特色能化产业体系,成为榆林建设国家级能源化工基地的核心区和榆林区域中心城市建设的重要承载区。高新区是榆林市综合配套改革试验区,管委会享有一级财政,行使市一级经济管理及部分行政管理权限。实行“一站式”办公,全流程服务。

“十一五”期间,榆林高新区各项主要经济指标增速均在20%以上。2012年,园区完成生产总值220亿元,完成固定资产投资125亿元,实现工业总产值190亿元,财政总收入45亿元。2012年,榆林高新区引进中石油、中石化、神华、中煤、兖矿、美国陶氏、法国液空等一批全球500强企业,其中不乏收入超百亿元企业。根据规划,到“十二五”末,榆林高新区科工贸总收入将突破千亿元,达到1500亿元;工业总产值突破1000亿元;财政总收入突破百亿元,力争达到120亿元,主要经济社会指标位居陕西省开发区前列,达到全国百强县水准。

榆林高新区从省级升级国家级,对于国家进一步优化西北地区国家高新区整体布局,实现区域均衡协调发展,加快集聚创新资源,打造陕北地区科技创新高地;对于全面加快国家能源化工基地建设和陕甘宁蒙晋区域中心城市建设都具有极其重要的意义。

榆林是一个新兴的资源型发展城市,科技基础较为薄弱,未来十年,将是榆林市经济从传统的资源型转变的关键时期。创建国家级高新区,有利于加快提升能化产业层级,逐步实现能源产业向非能源产业、粗加工向精深加工转变。有利于榆林发展循环经济和低碳经济,推进节能减排,加强对生态修复研究和环境保护,全面支撑榆林加快推进资源型城市转型的步伐,实现可持续发展。

陕北与关中地区相比,科教人才资源相对较少,缺乏带动区域发展的“排头兵”。成为国家级高新区,有利于集聚高水平研发机构、高素质人才。投资商来到榆林,不仅看重资源优势,更注重高新技术、人才资源储备,高新区升级后,能享受到国家政策、税收方面的优惠,相信榆林能改变仅依靠能源发展的道路,未来科技创新将成为该地区发展的强大动力。进而能改善创新创业环境,促进城市、社会和经济转型,提升榆林城市形象。

(李又春)

榆神工业区建成国家新型工业化示范基地

2013年2月2日工业和信息化部召开国家新型工业化产业示范基地创建工作会议，批准建立北京中关村科技园区等首批62个国家新型工业化产业示范基地，榆林市榆神工业区成功入选，被确认为新型能源化工类“国家新型工业化产业示范基地”，这是榆神工业区继1月份升级为国家级经济技术开发区后，再次获得国字号“招牌”。

经过十几年的艰苦努力，榆神工业区大力实施科教引领、人才强区、优势促进三大战略，走出一条“产业转型升级、科技提升创新、低碳绿色引领、资源综合利用、和谐保障发展”之路，成为榆林市对外开放的窗口、科技创新的示范地，是陕西开放型经济发展的重要力量。

作为国家新型工业化产业示范基地，榆神工业区充分发挥政策、资金、项目的引导和带动作用。作为陕北能源化工基地的核心载体，榆神工业区坚持走新型工业化道路，同时立足地方资源优势和现在基础，坚持走新型工业化道路，全力做好产业规划布局、自主创新的技术改造，“两化”融合、注重资源深度转化，节能环保、安全生产、公共服务平台建设等方面的工作；努力改造提升传统产业，培育壮大战略性新兴产业，完善新型能源化工产业配套和服务环境，加快转变经济发展方式，增强体制机制活力，提高发展质量和水平，实现集约发展、高效发展、绿色发展，切实起到示范使用，使示范地成为榆林市带动工业转型升级、推动工业由大变强的重要载体和骨干力量。

榆林市被授予“全国节水型社会建设模范市”称号

2012年10月31日，水利部水资源司、陕西省水利厅联合组成榆林市节水型社会建设试点验收工作组，对榆林市节水型社会建设试点工作进行了验收。验收组认为榆林市按照水利部关于节水型社会建设试点验收工作要求，完成试点建设自评估，通过专家评估，具备全国节水型社会建设试点验收条件，并授予榆林市“全国节水型社会建设示范市”称号。

榆林市地处毛乌苏沙漠南缘，境内煤、油、气、盐等矿产资源极其丰富，被称为中国的“科威特”。但榆林市水资源十分短缺，多年平均水资源总量为32.01亿立方米，水资源可利用总量为12.75亿立方米，每亩耕地拥有水量405立方米，人均占有水量889立方米，预计到2020年，总缺水量将达到5.2亿立方米。2006年榆林市被水利部确定为全国第二批节水型社会建设试点城市。2009年，榆林市通过了水利部委托黄委会组织的试点中期评估。2012年2月，受水利部委托，省水利厅与黄委水调局联合组织完成了验收前的技术评估工作。

项目启动后，榆林市制订了《榆林市节水型社会建设规划》，按照水利部整体要求，紧密结合实际，综合利用行政、经济、法规、技术、工程多重措施，努力建设以节水型农业、工业、服务业为重点的社会产业体系，积极培育以城市、企业、社区为主体的节水型社会组织体系，形成了政府调控、市场引导、公众参与的节水型社会管理体系。经过五年的努力，10项节水指标全面提升，全市万元地区生产总值和工业增加取水量分别下降至31.9立方米和10.4立方米，居全省和全国首列。农业灌溉水利用系数提升到0.51，工业水重复利用率提高到72.3%，公共管网漏失率降至11.9%以下，节水器具普及率提高到71.9%，污水处理率达到77.8%。

榆林市高度重视节水型社会建设试点工作，建成了水资源管理体系、经济结构体系、工程技术体系和节水行为规范体系等四大体系，实现了取用水总量控制、效率控制、水生态环境保护以及水资源综合管理的各项目标，建设了一批具有示范和推广意义的重点节水示范工程，建立了节水型社会建设运行机制，规划目标全面完成。项目建设中确立了以用水方式转变加快推动经济发展方式转变、服务经济社会发展大局的战略思路，形成了集取水、供水、用水、节水、排水及其回用为一体的水资源综合管理体系，探索出了资源型缺水地区发展能源化工产业、建设国家能源基地的模式，全面推进了农业、工业、服务业和城镇生活的节水工作。这些经验和亮点为陕西乃至全国节水型社会建设起到了良好的示范和带动作用。

陕西能源集团有限公司组建成立

陕西省委、省政府为了进一步深化国有企业改革，优化资源配置，加快产业结构调整，于2012年7月6日批准成立陕西榆林能源集团有限公司。公司是由榆神煤炭公司、资源勘探公司、盐田开发公司等6家市属能源类企业整合组建，是继陕西煤化集团、陕西能源集团之后的我省第三大能源集团。集团公司重点围绕资源勘查转化、煤炭开采与运销、发电与热力供应、煤炭出口4个板块，打造具有重大影响力的大型煤电、煤化能源产业集团。

省长赵正永作重要讲话并与省委常委、常务副省长娄勤俭共同为榆林能源集团揭牌，副省长李金柱宣读省政府对陕西能源集团有限公司的批复文件，市长陆治原出席揭牌仪式。

榆林能源集团旨在做大做强本市地方能源产业，提高本市能源类企业的规模效益和核心竞争力。集团重点围绕资源勘查转化、煤炭开采与运销、发电与热力供应、煤炭出口四个版块。采取一业主导，多元支撑煤电并重，煤化并举；调整产业结构，延伸产业链条；产业发展与资本运作相结合。依托陕北煤盐资源综合优势，持续发展煤炭主业，加快发展煤盐化工产业和新能源产业，形成一体化优势互补、深度转化的产业格局。打造具有重大影响力的大型煤电、煤化能源产业集团，发展目标是到“十二五”末，煤炭产能达到5000万吨以上，实现营业收入500亿元以上。火电控投装机容量200万千瓦，完成煤化工转化项目煤制甲醇、合成氨、捣固焦建设，实现营业收入500亿元以上。

集团从打造全国知名企业和一流品牌的高度，科学制定发展规划，选优配强干部队伍，着力增强经营能力，扎扎实实按照省委、省政府的要求和意图推进发展，争取创造出更好的业绩。在支持国有企业发展的同时，准备大力发展民营企业，鼓励其联合组建大型资本集团，积极参与国企改革战略性重组，最终实现国有与民营经济平等享受支持政策，公平参与市场竞争，同步实现做大做强的良好格局，共同为全省发展做出新的更大贡献。

（李又春）

榆林职业技术学院正式挂牌

2012年10月12日榆林市创办的第一所大学——榆林职业技术学院正式挂牌。榆林职业技术学院是经省政府批准、教育部备案，由市政府主办的一所全日制普通高等职业技术学院。省委副书记孙清云、副省长朱静芝、市委书记胡志强为榆林职业技术学院揭牌，市长陆治原一同揭牌。榆林职业技术学院的成立，填补了本市高等职业教育的空白，对于提升本市职业教育办学层次、优化职业教育布局、加快榆林跨越转型发展起到了十分重要的推动作用。

学院坐落于榆林市高新产业园区内，占地720亩，建筑面积18万平方米。学院现开设煤矿开采技术、矿山机电、应用化工技术、机电一体化技术、电厂热能动力装置、化工设备维修技术、矿井通风与安全、矿山测量8个专业，2012年完成招生2000多名。

榆林职业技术学院坚持正确的办学方向，围绕本市“一中心两基地”建设，突出特色办学，大力实行工学结合、校企合作的培养模式，加强与工业、农业园区对接，积极开展“订单培养”，不断提升就业质量和就业水平；要不断扩大办学规模，提高办学水平，用现代化的理念和方式，创办一流的职业技术学院，努力培养促进地方经济发展的高素质、高层次专业技术人才。

榆林市荣获"2012 全国医改最具影响力城市"称号

2012 年 8 月 26 日,中国公立医院服务创新榜暨中国医改政府支持榜在京发布。榆林市人民政府等 25 家地方政府和部门荣登 2012 中国医改政府支持榜,榆林获得"2012 全国医改最具影响力城市"的称号。榆林市人民政府副市长马秀岚参加了会议并领取奖牌。这次评选是由人民日报社人民网舆情监测室、清华大学经济管理学院医疗管理研究中心联合,经过地方自荐、指标考核、网上投票、专家评议等过程,评出上榜单位名单。

医改启动实施以来,榆林市认真贯彻落实中央、陕西省总体部署,紧紧围绕"保基本、强基层、建机制"基本思路,因地制宜、积极探索,走出一条符合本地医疗卫生实际、符合群众健康利益的医药卫生体制改革新路子,为人民群众安全、有效、方便、价廉享受医疗服务创造了条件。统筹推进五项重点改革,取得了阶段性成果。榆林市率先实行新农合市级统筹,全市居民参加三项基本参保人数超过 335.6 万人,覆盖率达到 95% 以上;2010 年 4 月 10 日,开始基本药物零差价率销售在公立基本卫生机构实现全覆盖,"三统一"实施以来药品价格平均下降 30%;投资 5 亿元,支持了 11 所县级医院、222 所中心乡镇卫生院、3922 所村级卫生室和社区卫生服务中心建设以及设备购置,覆盖城乡的基本医疗卫生服务体系的服务能力大幅提升。三年来,榆林市初步探索出了具有榆林特色的医改路子,涌现出神木"全民免费医疗"、府谷"双补双管四结合"、米脂"国定贫困县率先实行药品零差率销售"、靖边"县镇一体化五统一管理"等一批改革模式。榆林市医改工作走在陕西省前列,连续两年受到省政府表彰奖励。

这一称号既是对本市三年来深化医药卫生体制改革工作的肯定,也是对全市医改工作的鼓励和鞭策。下一步榆林市将按照国家、省"十二五"医改规划和重点工作安排,突出健全全民医保体系、巩固完善基本药物制度和基层医疗卫生机构运行新机制、积极推进公立医院改革等主要任务,扎实工作,努力创新,大胆突破,力求榆林在推动经济跨越发展、成为陕西经济重要增长一极的同时,在推动医改等民生工作上也走在全省乃至全国前列。

神木石峁遗址为国内史前最大城址

中国考古学会、国家文物局、陕西省文物局、中国社科院考古研究所、国家博物馆等 40 余位考古专家,最近对神木县石峁遗址发掘现场联合考察认为,神木石峁遗址是截至 2012 年底中国史前时期规模最大城址,在陕北黄土高原绵延的山梁上,这一遗址规模宏大的石砌城墙与以往发现的数量庞大的石峁玉器,显示出石峁遗址在北方文化圈中的核心地位。这一规模巨大的史前城址,堪称北方石筑城址考古的重大突破,初步发掘成果令人惊叹和震撼,为中国文明起源的探索提供了全新资料和视野。专家们就遗址的保护和下一步考古发掘、研究,纷纷各抒己见。

距今 4000 年左右的石峁遗址,位于神木县高家堡镇石峁村的秃尾河北侧山梁上,北距长城 10 公里,于 1976 年首次被发现,2006 年被公布为全国重点文物保护单位。2011 年以来,陕西省考古研究院及榆林地区文物部门联合组队,通过两年多的系统调查和发掘,全面了解其分布范围和保存现状,发掘了外城的东门址,其体量巨大、结构复杂、技术先进,发现了壁画、玉器和大量龙山晚期至二里头早期的陶器残片等重要遗物。初步认定石峁城址应当始建于龙山中期,延续至龙山晚期至二里头早期阶段,石峁遗址属于龙山晚期至夏代早期之间的一个超大型中心聚落。确认了陕西神木石峁遗址为目前国内最大的史前遗址。考古队在此发现了保存相当完整、基本可以闭合的石砌城墙及城门、角楼和疑似"马面"等附属设施。调查发现,石峁石城分为外城和内城,内城墙体残长 2000 米,面积约235万平方米；外城墙体残长2.84千米，面积约425万平方米。考古队初步判断，这些石墙与石峁遗址龙山晚期至夏代早期遗存年代一致，其规模远大于年代相近的良渚遗址（300多万平方米）、陶寺遗址（270万平方米）等已知城址，是截至2012年底所知国内规模最大的新石器晚期城址。

2012年10月15日，陕西省考古研究院、榆林市文物勘探工作队、神木县文体局在神木县共同举办了“神木石峁遗址专家座谈会”。中国考古学会理事长张忠培先生、国家文物局考古处、陕西省文物局、中国社会科学院考古研究所、国家博物馆、部分省级考古研究机构和北京大学等高校的文物考古专家40余人，考察了石峁遗址发掘现场，并围绕遗址的学术价值和意义、遗址的保护及下一步考古工作和研究的开展，做了深入研讨。与会学者纷纷用“震撼、兴奋、石破天惊”等词语来评价这一重大考古发现。

著名考古学家李伯谦认为，石峁遗址的发现，为中国文明起源形成的多元性和发展过程提供了全新的研究资料。神木县文体局局长项世荣认为，石峁古城可能就是在由古国、方国向帝国过渡阶段形成的，是原始古城群落里的都城。由此看来，有关专家说其是黄帝部族的居邑并非臆断，也许黄帝生活在这一带。

（李文春）

统万城入选《中国世界文化遗产预备名单》

2012年4月，国家文物局正式启动中国世界遗产预备名单更新评选工作。专家委员会按照国际要求，采取书面与实地评估相结合的方式，从全国71个申报项目中，评选出45个世界文化遗产预备项目。榆林市统万城与其他包括古建筑、考古遗址、文化景观、文化线路、近代工业遗址等45个项目成功入选新版中国世界文化遗产预备名单。这些申报项目分布在全国28个省、直辖市、自治区及香港特别行政区，充分体现了评选世界文化遗产的代表性、平衡性、可行性原则。11月17日，国家文物局公布新的《中国世界文化遗产预备名单》，公布这45个旅游项目。

匈奴曾在欧亚大陆驰骋近千年，作为一个古老的游牧民族，匈奴千年前广泛分布在中国北方和中亚，甚至游猎至欧洲左右了欧亚大陆的历史，其文明却湮没在历史之中。作为目前唯一确认的匈奴都城——统万城，是1600年前东晋十六国时期的大夏国首都，位于陕西省靖边县红墩界乡白城则村，在民族史、建都史以及考古和艺术等方面都具有重要价值。

（李文春）

红碱淖被列入全国湖泊生态环境保护范围

2012年3月9日，国家财政部下达了2012年湖泊生态环境保护资金预算的通知，红碱淖成为陕西省第一个被列入全国湖泊生态环境保护项目的湖泊予以重点保护。从2012年起，该项目将连续实施3年，国家财政部计划每年划拨资金1亿元，县地方财政每年配套1亿元，共计完成投资6亿元。

红碱淖作为全国最大的沙漠淡水湖，对黄河中上游能源化工区、毛乌素沙漠和鄂尔多斯高原生态系统、水资源调节和气候环境的稳定起着极其重要的作用。但近年来，由于矿产资源开发、降水量减少等原因，湖水面临着持续萎缩的严酷现实，实施抢救性保护刻不容缓。延缓红碱淖水位的下降速度是做好红碱淖湖泊生态环境项目的前提，也是整个项目至关重要的一步。此次红碱淖被列入全国湖泊生态环境保护项目，对于统筹协调各方面关系，有效保护红碱淖及周边区域生态环境具有重大意义。

近年来红碱淖水位日益下降，保护水源，加强对红碱淖周边和湖区的管理刻不容缓。因地制宜，建立红碱淖长期水位观察系统，采取措施为红碱淖补水。相关资金、政策等全力跟进，建立健全红碱淖景区水源保护的实体机构，竭尽全力推进项目进程，严格规划设计，立足长远，科学推进，加大资金的利用效率，对污水处理厂的建设等会加快进度，确保各项建设都能合理、高效、有序推进，确保达到预期效果。

（李又春）

神木红碱淖和二郎山升级为国家4A级景区

2012年8月14日发布的全国旅游景区质量等级评定委员会公告中，神木县红碱淖、二郎山被批准为国家4A级旅游景区。这是继2011年佳县白云山成功创建榆林市首家国家4A级旅游景区以来取得的又一成绩。截至2012年底，全市已有白云山、红碱淖、二郎山3家国家4A级旅游景区。

红碱淖、二郎山于2010年启动创建国家4A级旅游景区，依照国家标准《旅游景区质量等级的划分与评定》，地方政府先后在景区旅游交通、游览、卫生等方面共投入资金5000多万元，经过数十次的整改提高，通过了最终评审，成功晋升为4A级旅游景区。

榆林探测到大量优质石盐

2012年10月15日，榆林市国土资源局提交的《陕西省陕北奥陶纪盐田榆林市石盐资源核心区地质普查报告》的矿产资源，已经陕西省国土资源厅备案。《普查报告》证实榆林涵盖南六县的石盐资源核心区石盐矿石总量23215.65亿吨，氯化钠总量21368.46亿吨，属品质优异、厚度大、分布稳定的巨大型盐矿床。

本次普查工作是在榆林市委、市政府的高度重视下，在市、县国土资源局和榆林盐田开发公司等部门单位的大力参与下，广泛走访正在生产和勘查的开发企业，全面收集已完成勘查工程的原始资料和评审备案后的盐矿报告，充分利用榆林市扶南资金完成的石盐矿勘查钻井资料，汇总了近20年各类盐矿地质勘查成果，委托西安矿产地质研究所编写完成。

普查工作确定榆林石盐资源核心区主要分布在佳县、吴堡、米脂、绥德、清涧诸县全部，子洲县大部，以及横山县、榆阳区、神木县东部，面积为12886.75平方公里，主要含盐层位为马五6亚段，厚度平均为198.24米；氯化钠平均品位含量90%以上，有害杂质少，质量优异，各项指标能满足食用盐及工业用盐要求，适用于水溶法开采。

（中国日报网）

延安、榆林油气资源潜力依然巨大

在陕北这片古老而苍茫的大地上，世世代代的陕北人为了生活而努力辛苦劳作着。然而，由于自然条件恶劣，在靠天吃饭的传统农业社会，这里的日子持续贫苦，有旧时文人写下充满悲悯情怀的《七笔勾》。不过，和恶劣的自然条件形成鲜明对比的是，这里的地下几乎全是宝藏！丰厚的煤、油、气、盐资源吸引了世人关注的眼光，甚至有媒体对这一区域冠以“中国科威特”的美称！

自1905年中国大陆第一口油井在延安市延长县诞生以来，石油工业在陕北大地上已经走过100多年的风风雨雨。特别是进入新世纪以后，凭借着大地的慷慨馈赠，陕北经济迅猛发展，陕北人民的生活水平日渐提升。在陕北，特别是延安市，油气资源已经成为当地的经济命脉。同样，在榆林，全市财政收入的18%依赖于地下的油气资源。

延长、长庆“双雄竞技”

曾几何时，陕北的“油老板”与“煤老板”一样声名赫赫。通过掠夺式石油开采方式，他们在迅速鼓了个人腰包的同时，也造成了石油资源的浪费和环境污染问题。2005年，经过整合之后，“油老板”彻底退出历史舞台。现在陕北进行石油勘探和开采的企业，主要是中国石油的长庆油田、中国石化的中原及华北等分公司以及陕西延长石油集团。其中，中国石化只是在延安市甘泉县和安塞县北部等地有少量的石油生产，在陕北其他地区尚处于勘探阶段，因此，陕北油气勘探开发领域，实际上呈现出延长油田和长庆油田“双雄竞技”的局面。

1982年7月，为了促进延长油矿的发展，经陕西省政府和石油工业部共同研究，确定了“以油养田、采炼结合、滚动发展”的方针并给予优惠政策。在各级地方政府的有力支持下，企业自筹资金加快自我改造，使石油年产量再次得到明显提升，1984年产量达到11.9万吨，1990年提升为40万吨。1990年后，在广泛采用丛式井、定向井钻井技术等先进技术之后，2004年产量达到620多万吨。2005年9月14日，原延长油矿管理局所属的8个石油生产单位和陕北各县的14个钻采公司重组为延长油田股份有限公司，为陕北石油持续、科学勘探开发奠定了基础，当年石油产量就达到了838.2万吨，之后几年连续增长，到2011年，达到1210万吨。

长庆油田作为央企下属油田，在陕北石油开发方面屡创佳绩。从近几十年发展曲线看，长庆油田的石油产量增长情况和延长油田比较类似。值得一提的是，长庆油田2000万吨的年采油量中，有近一半来自于延安辖区内的作业区，另有相当一部分来自榆林市辖区，并且主要是由石油储量为2亿吨的安塞油田和储量为3亿吨的靖安油田生产的。这两个油田也是我国最早开发和最大的低渗透油田，安塞油田经济有效的开发技术还被誉为“安塞模式”在全国推广。2012年，按照长庆油田规划，在2011年突破4000万吨的基础上，再用两年时间，长庆人要拿下5000万吨年油气当量，建设一个名副其实的“西部大庆”。

鄂尔多斯盆地油气产量已达5300万吨

据有关资料介绍：陕北延安、榆林两市处于鄂尔多斯盆地伊陕斜坡的构造位置上。鄂尔多斯盆地北起阴山，南抵秦岭，西自贺兰山、六盘山，东达吕梁山，面积37万平方公里。第三次全国油气资源评价结果表明：鄂尔多斯盆地石油总资源量约为85.88亿吨，天然气总资源量为10.7万亿立方米，是中国油气产品增储的主力油气区和国家油气资源的战略接替区之一。据初步统计，目前盆地内累计探明石油储量40多亿吨，天然气约4万亿立方米，已成为中国陆上第三大油气田(区)。

目前延长油田和长庆油田已开采的石油产量和实际探明储量相比，数量还是很少。

上世纪90年代以来，延长石油实施以延安为轴心的“东扩、西进、南下、北上”大勘探战略，先后发现了12个油田，每年新增地质储量都在5000万吨以上，包括国家未审定的储量在内已累计探明石油地质储量超过20亿吨，截至2010年年底，累计生产的石油仅为1亿多吨，采出程度仅5%左右，后备石油资源还比较丰富，有进一步发展和稳产的资源基础。

从开发数据上分析，长庆油田累计探明石油储量约24亿吨，累计生产石油也仅1.8亿吨左右，继续发展和稳产的资源基础同样牢固。

鄂尔多斯盆地油气储层是典型的“低渗、低压、低产”储层，勘探开发难度较大。百多年来，特别是上世纪70年代以来，延长石油和长庆油田针对鄂尔多斯盆地这种储层地质及开发特征，结合企业自身特点，分别走自主研发与对外合作相结合和自主研发为主与对外合作为辅的路线，在长期的实践中不断总结和改进，形成了具有各自特色的勘探开发系列技术，各自闯出了有效开发“三低”油气藏的路子。2011年，鄂尔多斯盆地油气产量达5300万吨油气当量，为国家石油工业和社会经济发展做出了重要贡献。

陕北的石油开采率仍有提升的空间。据了解，延长油田主要产区的平均石油采收率大多徘徊在15%左右，最高的不过30%，而世界石油平均采收率约为40%，即使在我国，油田目前的石油平均采收率也在30%左右，其中大庆油田最高，达到了40%～50%，因此，陕北油田的石油开采率明显偏低。随着科技进步，采收率的进一步提升，必将带来石油产量新的突破。

从天然气后备资源上看，鄂尔多斯天然气资源量年为10.7万亿立方米，到2011年年底实际累计探明量约4万亿立方米，陕北地区常规天然气储藏量也非常丰富。

这一区域还新发现了非常规天然气——页岩气。2011年4月24日，在素有“美水之乡”的甘泉县，延长石油下寺湾油气区柳评177井压裂试气并成功点火，成为我国第一口陆相页岩气生产气井；5月30日，延长石油又对新57井实施压裂并成功产气。这标志着延长石油在页岩气勘探开发领域取得了重大突破，对中国新型能源开发将产生重要而深远的影响。

科学规划开发油气资源

虽然从油气资源的总量来说，陕北开发潜力非常巨大,但在保证可持续发展的大前提下,科学规划剩余油气资源的勘探开发仍然非常必要。

中国地质大学能源学院教授、博士生导师姜在兴在一篇《以科学的政策促进剩余油气高效利用》的文章中指出,政府应该在源头上提出一系列政策性解决方案,有针对性地制定区域政策、市场准入政策、技术政策、环保政策、税收政策、对外合作政策以及剩余油气储备政策等,通过宏观调控与微观指导,为石油企业营造良性的、有效的勘探开发环境。

他认为,首先在区域政策上,稳定东部,联合中部,突破西部,使西部成为我国重要的能源接替区和安全的能源通道,对于不同区域实施科学的准入和开发政策,为了提高油气资源开采阶段的效率和更好做到内部生产阶段的"节流工作",国家应鼓励与剩余难动用储量的开发相关的重大项目的研究,对技术型企业实施有利的准入政策,不论规模大小,广泛集资,并且将新技术作为准入的首要标准。

其次在技术方面,国家鼓励引进、开发新技术,目的在于加大油气伴生资源综合利用和提高油田采收率技术开发,随着技术的进步,将现有剩余难动用储量转变为可动用储量,减少勘探开发成本,进而实施内部节流。

在环保政策方面,必须严格遵守有关环境保护方面的法律法规,在保障生态环境不被破坏的前提下,开发剩余油气资源,防止造成污染环境以及危及人身安全的事故发生,营造良好的勘探开发氛围。

在税收政策方面,通过一定的税收优惠政策,合理分配中央与地方的资源收益比例,并建立政府投资机制,由政府监控资金周转,用于鼓励新区、新领域油气资源的勘探。

除了政府的科学规划,采油企业在可持续发展方面同样大有可为。近年来,无论是延长石油还是长庆油田,在利用科技实现科学发展方面都成效显著。

以延长石油为例,该企业提出将科技与产业紧密结合,着力解决制约企业发展的技术瓶颈。在油气产业上,加快特低渗透油气田勘探开发技术的集成创新,重点围绕高效注水、二氧化碳压裂、化学剂驱油以及天然气水平井开发和陆相页岩气高效开发等等,加快技术研发与现场试验,努力形成自有勘探开发技术体系。延长石油基本形成一套适合特低渗透油气田勘探开发的技术体系,推进了油田开发方式的转变,保持了千万吨级油田的稳产增产,有效保障了国家能源供应。

陕北的油气资源是丰富的,潜力是巨大的,只要在科学规划、合理开采的前提下,就有理由相信,这些资源不仅会造福当代百姓,必将惠及子子孙孙。

(来源:榆林新闻网)

榆林之魅力

历史上的榆林以贫穷、落后著称,今天的榆林因资源丰富、发展迅速闻名,一跃成为陕西乃至全国经济发展的热土,万众瞩目的焦点。这一对比的巨大反差,也使榆林备受争议。

当然,对榆林,人们尽可从不同的角度发表不同的看法,作出不同的评价。那么,榆林的魅力在哪里呢?

掂一掂榆林的分量——自然资源得天独厚

榆林,面积43578平方公里,360万人。

榆林被誉为"中国的科威特",目前已发现八大类48种矿产,尤其是煤、油、气、盐等能源矿产富集一地,组合配置好,为国内外所罕见。榆林每平方公里土地拥有近10亿元的地下财富,矿产资源潜在价值超过40万亿元,堪称"聚宝盆"。

煤炭:预测储量2714亿吨,探明储量1447亿吨,占全国已探明储量的10.8%,产量占全国产量的7.95%;

天然气:预测储量6万亿立方米,探明储量1.18万亿立方米,产量占全国产量的11.65%;

石油:预测储量10亿吨,探明储量3亿吨,产量占全国产量的5.3%;

岩盐:预测储量6万亿吨,探明储量8854亿吨,占全国已探明各类盐总量的26%。

榆林耕地面积1546万亩,日照充分,大风日数多,太阳能和风能资源较为丰富。平均每天日照时间近8小时,全年日照时数2600—2800小时,年太阳能总辐射量5000—5200兆焦耳/平方米,太阳能资源较为丰富。榆林长城沿线的测风塔10米高平均风速为5米/秒左右,风功率密度可达150瓦/平方米,具备开发建设大型风电场的条件。

榆林还是著名的革命老区、历史文化名城,万里长城第一台镇北台、世界上唯一遗存的匈奴都城统万城、西北地区最大的道教建筑群白云山道观、中国最大的沙漠淡水湖红碱淖、陕西最大的摩崖石刻红石峡……除了令人眼馋的矿产资源,榆林还有着无可比拟的人文地理资源、文化艺术矿藏。

榆林,富庶的榆林。

看一看榆林的成就——陕西经济重要一极

过去的榆林,一直是"贫穷""封闭""落后"的代名词,"吃粮靠返销,生活靠救济"。榆林人出门在外,常有一种莫名的自卑感。现在,外地许多人一说起榆林,"那个地方有的是扬眉吐气(羊、煤、高岭土、天然气),发展快。"同时认为榆林人大都很有钱,有人还演绎出榆林人买房"买一柱柱(一单元)""捎着买两套"等故事,把富起来的榆林人的神态刻画得绘声绘色、惟妙惟肖。

与当年不同,如今的榆林人确实令人刮目相看。

统计显示,"十一五"期间,榆林市的主要经济增长指标都好于全国、西部、全省水平。经济总量占全省比重由"十五"末的11.4%提高到2011年的18.4%,5年提高7个百分点,上升为全省第二(次于西安)、西部地级市第三(次于包头和鄂尔多斯)、西部地级和地市级以上市第九位。经济增长速度连续8年居陕西第一,这表明榆林进入全省经济"第一增长方阵",成为新的重要"一极"。

——2010年,榆林原煤、原油和天然气产量分别占到全国总产量的7.9%、4.8%和11.4%,油气当量占到全国的6.6%,成为全国第一能源生产大市。

——2011年,全市生产总值首次突破2000亿元大关,占全省经济总量的份额由上年的17%提高到18.5%。

——2012年,全市实现生产总值2769亿元,增长12%,占全省净增加量的四分之一。

"十一五"期间,榆林城乡居民收入增速较快,农民人均纯收入和城镇居民人均可支配收入先后超过全省平均水平,2010年分别达到5113元和16800元,农民人均纯收入增速位居全省第一。

作为典型的传统农业地区,榆林现代特色农业也颇具规模。近年来,榆林大力发展现代特色农业,绿豆、小米、羊子等18项特色产业面积、产量均居全省第一,马铃薯、玉米、小杂粮等刷新多项全国高产纪录。红枣系列产品占到国内市场份额的20%,羊绒产量占省内总量的80%,羊肉占省内市场份额的40%,"大明绿豆"占日本绿豆市场份额的27%。榆林粮食产量实现"九连增",成为"陕西第二大粮仓",被认为是"陕西现代农业的希望所在"。

榆林还是中国首批爱心城市、陕西第二大交通枢纽,教育、医疗、社会保障、植树造林等事业发展走在全省前列,陕甘宁蒙晋区域中心城市建设初具规模,以创建国家卫生城市、省级环保模范城市、省级园林城市和省级文明城市"四城联创"取得成效,一个卫生、文明、环保、从容、魅力的新榆林正在崛起。神木、府谷两县还跃入全国百强县行列。

榆林,神奇的榆林。

说一说榆林的思路——发展目标更为高远

饱受贫穷折磨的榆林人,曾把吃饱肚子当做自己最大的梦想,许多党政领导都把"脱贫"作为施政纲领和目标。经过改革开放30多年的发展,"跨越发展""幸福榆林""国家级"等已成为当下榆林人耳熟能详的"关键词"。

同所有资源型城市的发展轨迹一样,在经历粗放式发展后,面对城乡收入增长不平衡、产业结构发展不平衡、南北县区经济发展不平衡、经济增长与社会发展不协调等现实问题,榆林着力打破传统资源型城市发展的桎梏和魔咒,主动转型、及早转型。2008年,榆林提出要从单纯的战略资源型城市迈向区域型中心城市。2009年,提出"科教引领、创新转型"战略,要求以科教催生创新、以创新推动转型,支撑榆林在更高层次上跨越发展。2011年末,市第三次党代会提出"加快大转型、实现大跨越、建设幸福榆林"战略构想,将建设富裕、民生、生态、文化、和谐榆林作为未来5年的主要奋斗目标,发展理念由单纯追求GDP向人民生活幸福转变。2012年,市政府贯彻落实中省和市委关于稳增长的一系列决策部署,采取"五抓五促"工作措施,保障全市经济平稳运行、社会和谐稳定,完成市三届人大三次会议确定的各项目标任务。

改革开放以来,胡耀邦、江泽民、胡锦涛、温家宝等党和国家领导人先后来榆林视察,对榆林寄予厚望。2008年11月,省委常委会专门就促进我省经济的重要增长极——榆林的跨越发展问题进行研究,使榆林成为陕西除省会西安外唯一享受如此"待遇"的市。随后,省委、省政府还专门出台《关于进一步促进榆林跨越发展的若干意见》。

市委、市政府带领全市人民一心一意谋发展搞建设的同时,还多次在北京、西安等地召开发展研讨会、规划座谈会,谋求更深层次、更广领域、更高水平的发展。目前,榆林已经被纳入《呼包银榆经济区发展规划(2012—2020年)》《西部大开发"十二五"规划》《吕梁山区连片贫困区发展规划》《陕甘宁革命老区振兴规划》等国家级区域规划布局,现正在拟订的《"三西两东"区域能源开发利用总体规划》《宁鄂榆能源金三角规划》等国家级规划也涉及榆林。2010年,榆林市直接推动研究制定国家兰炭产业标准,显示较高的科技和制度创新能力。榆林还是国家能源化工基地、国家级陕北文化生态保护实验区、国家循环经济试点市,榆林高新区今年也跻身国家级高新区行列。

榆林,奋进的榆林。

听一听榆林的心声——人民群众的新期盼

回首成就,辉煌壮丽;展望未来,榆林如何在新的历史起点上继续振翅腾飞,榆林的干部群众又有着怎样的期盼?

卢智德（市决策咨询委员会主任）：榆林，可以用“魅力四射”来形容，因为榆林资源富集，历史悠久，区位优势明显，加之榆林人勤劳、淳朴、豪爽，现在想干事、能干事、干成事的氛围浓厚，我相信只要我们走好“创新转型、结构调整”这步棋，榆林的未来一定更加美好。

武首鹏（市政协委员、市委党校教授）：过去，外地人心目中的榆林经济贫穷、生态蛮荒、文化科技水平落后。现在，许多人认为榆林富了，但是生态蛮荒和文化科技落后的印象仍然没有改变，榆林的富有是靠卖资源富起来的。

赵广裕（星元医院职工）：全民治沙、封山禁牧、退耕还林，实现了榆林生态建设从生存需要到提高生活品质需要的重大转折。书香榆林、特色文化大市、文明城市建设，实现了榆林文化从单纯的地域文化印象到打造现代人文环境的伟大变革。榆林在生态和文化领域的觉醒，足以证明这是一个有远见、有潜力、有魅力的城市。

“给自然留下更多修复空间，给农业留下更多良田，给子孙后代留下天蓝、地绿、水净的美好家园。”党的十八大报告中以这种罕见的动情的叙述，表达了党和国家对环境保护的高度重视和关切。同时，十八大报告第一次提出“文化强国”战略思想，把文化建设提升到一个新的历史高度。这为榆林全力推进生态文明建设和文化大市建设指明了方向。

强胜智（靖边县红墩界镇联合村支书、大学生村官）：榆林的魅力和希望，过去是、现在仍然是“实干”两字。我们在贫穷的时候不言放弃、敢于坚持，现在经济条件好了，群众对干部的要求也高了。我们不能骄傲自满，一定要从小事做起，注重实干，一步一个脚印向前攀登。

刘宏伟（子洲县三川口乡桃园山村农民）：我是一个残疾人，身高比普通人矮，但我的能力并不比谁差。现在党的政策好，我要通过自己的诚实劳动来致富，同时带动其他人一起致富。现在我的鲜粉销售产业越做越大，在西安、银川及我市各地都有市场。我对自己的生活充满信心，也对榆林的未来充满信心……

榆林，希望的榆林。

（来源：榆林新闻网）

榆林挺进：第四个国家级经济区

——国务院正式批准《呼包银榆经济区发展规划》

“天下黄河富河套，富了前套富后套。”自古以来，河套地区土壤肥沃，灌溉系统发达，适于作物生长，被称为“塞外米粮川”。而河套地区在世界大江大河里堪称绝无仅有的地形，便利了当时文化的传播，也成就了著名的河套文明。

2012 年 11 月 22 日，《呼包银榆经济区发展规划》批准后，加之已经批准和正式编制的《“三西两东”区域能源开发利用总体规划》《陕甘宁革命老区振兴规划》《宁鄂榆能源金三角规划》，四个国家级区域规划在空间布局上基本覆盖历史上美丽富饶的河套地区，将构筑新时代“大河套”的繁荣与文明。

历史机遇

2010 年国家进入西部大开发的第二个十年。第二个十年的主要任务包括培育新的经济增长极，促进西部大开发向纵深发展。而《呼包银榆经济区发展规划》就是在实施新一轮西部大开发的这种大背景下产生的。

早在 2010 年中央 11 号文件《中共中央国务院关于深入实施西部大开发战略的若干意见》中明确指出：“支持呼（和浩特）包（头）银（川）经济发展”，当时文件中并没有将榆林市列入规划范围。

而经济区的初步定位，是中国重要的能源和矿产资源富集区，也是重要的生态功能区，对保障中国能源安全和生态安全意义重大。同时，在这个经济区内，能源化工行业是区域的主导产业，转变经济发展方式，加强产业结构调整，治理生态环境，促进资源地区经济转型和建设节水型社会发展等等。

“得知这一消息后，省上组织人员进行分析，从该经济区的定位，加上地理位置的因素，缺少了榆林市是不完整的。”省发改委一工作人员回忆。

但是，当时 2010 年中央 11 号文件已经明确提出呼包银经济区，想争取增添榆林市纳入这一规划范围，困难可想而知。

对于陕西来讲，榆林市能进入这一国家层面的规划，那将是千载难逢的发展机遇，省上立即组织省发改委和榆林市相关人员准备充分材料，向国家发改委西部司作了多次汇报。

“多次汇报之后，西部司确实同意，榆林市的确与呼包银有许多相似的发展问题。国家发改委办公会上反复讨论，终于将榆林市纳入了规划范围。”

随后,国家启动了呼包银榆经济区规划的编制工作。

蓄势待发

2011 年 4 月 8 日,呼包银榆经济区发展规划征求意见座谈会在榆林市召开。在这次会议上,国家发改委西部司副司长欧晓理强调,经济区是中国重要的能源接续区,处于早期快速成长阶段,但是也面临着发展方式粗放、产业结构单一、生态环境恶化等资源型地区相似难题。规划将着力推动经济区主动转型,在大力发展能源化工产业的基础上,大力发展非能源产业,建立现代产业体系,避免走"先发展、后转型"的老路,在全国率先构建资源型地区经济转型示范区。

事实上,近几年,榆林的发展轨迹按照《榆林资源型城市转型规划》战略,其发展轨迹与呼包银榆经济区的发展定位是一致的,并且榆林市已经初步在资源型地区经济转型取得成果,基础设施建设加强,生态环境有所改善,基本公共服务水平提高,人民生活质量提高,从发展势头来看,榆林将逐步成为陕西经济第二极。

榆林经济实力大幅提升,2012 年地区生产总值达到 2769 亿元,人均 GDP 突破 1.2 万美元。

人民生活水平稳步提高

2012 年城镇居民人均可支配收入 24140 元,农民人均纯收入达到 7681 元。民生工程扎实推进,彻底消灭了无电村,55%的建制村通油路、水泥路,167 万农村人口的安全饮水和 2 万多户困难群众的住房问题得到解决,全市 50.6 万贫困人口实现脱贫。

城乡区域互动并进,初步形成了覆盖城乡的规划体系,三个副中心城市和县城建设稳步推进,一批特色鲜明、功能完善的小城镇迅速壮大。

生态环境和基础设施持续改善。西包铁路复线、太中银铁路和青银、包茂高速榆林段建成通车,榆阳 4C 级机场建成投运,高速公路总里程居全省首位,铁路总里程达到 776 公里,开通了北京、乌鲁木齐等城市的列车和上海、昆明等 9 条航线,制约榆林发展的交通瓶颈问题有效缓解。节能减排降耗控制目标全面完成,榆林被确定为国家循环经济试点市和国家可持续发展实验区。

"在国家区域规划实施与新一轮西部大开发中,榆林凭借自身发展基础,将获得广阔的发展空间,在全国的发展地位必将全面上升。"陕西省社科院学术委员会副主任张宝通说,作为陕甘宁经济区的龙头会持续跨越发展,其经济总量逼近西安。

但凡经济圈,总需要有一两个"领头羊"发挥核心辐射作用。而榆林市发展现状已经为其在呼包银榆经济区发挥中心城市的龙头带动作用,打下了坚实的基础。

这一思路也与此后获准的《规划》中对呼包银榆城市群提出,榆林要依托资源优势,推进特色产业升级,增强辐射带动作用,形成特色鲜明、功能完善的现代化城市相呼应。

规划引领

2012 年 10 月 8 日,国务院正式批准《呼包银榆经济区发展规划》。《规划》的实施将为陕西开放型经济建设增加新的平台。

这次《规划》将榆林市定位为国家历史文化名城,国家重要的能源、煤化工基地,国家循环经济试点市,商贸物流中心,现代特色农业基地。进一步明确要将陕北打造成国家的煤炭基地、油气基地、电源基地、现代煤化工产业示范基地;支持榆林发展以金属镁为代表的有色金属及其深加工产业,推进西部装备制造业向榆林集聚和发展。

与此同时,《规划》还为榆林市打造内陆开放高地指明了发展方向和路径,提出"支持经济区内现有陆港、空港的建设,完善其功能,充分发挥其在内陆开放中的作用;支持经济区内符合条件的地方按程序申请设立综合保税区等海关特殊监管区域;把呼和浩特市、包头市、银川市和榆林市打造成为内陆开放型经济高地"。

而这一规划目标恰恰与榆林市"十二五"规划纲要中未来五年的战略定位:榆林将建成陕西经济社会发展的重要一极和面向大关中、牵手陕甘宁、辐射大西北、连接环渤海的中国内陆开放开发战略新高地不谋而合。

"榆林一个市受益四个国家级规划,这在全国也是少有的。并且每个规划的侧重点不一样。如《呼包银榆经济区发展规划》侧重于对能源化工资源进行整合,《陕甘宁革命老区振兴规划》侧重于对老区的支持,强调基础设施建设等等,这些都确保榆林在可持续发展的道路上再次提速。"

从概念到落地,《呼包银榆经济区发展规划》助推榆林迈入新的发展阶段。

(来源:《陕西日报》)

十六大以来榆林腾飞发展的十年

党的十六大以来榆林的十年发展，那令世人瞩目的辉煌成就，足以谱写成一曲雄宏壮丽的赞歌，而其中最闪亮的篇章，无疑就是能源化工基地建设的勃然兴起。基于此，全市生产总值从2002年的111.4亿元，跃升到2011年的2210亿元。

十年历练毛乌素沙漠巨龙腾空

榆林能源化工基地是以当地丰富的能源矿产资源为依托，集资源开发与加工转化为一体，以发展能源化工产业为主导的能源化工基地。榆林能源化工基地经过10多年的建设，特别是十六大以来的跨越发展，取得显著成就，成为国内外知名企业和重大项目的集聚地、区域经济跨越发展的主要支撑点、陕西新的经济增长极、全国重要的能源输出地。

十年来，榆林能源化工基地已形成以煤炭、石油、天然气、岩盐采掘为基础，以电力、化工、建材为主导的七大产业体系和“两区多园”的发展格局。2011年，重点能化项目完成投资373亿元。重大转化项目取得突破，榆炼180万吨催化裂化装置技改工程、北元100万吨聚氯乙烯和靖边、定边天然气液化项目、榆天化140万吨甲醇一期工程、省有色60万吨铝镁合金等项目顺利推进，甲醇、聚氯乙烯、合成氨等化工产品新增产能均创近年来新高。产业园区建设加快推进，榆林高新区固定资产投资和GDP均突破百亿元，榆神工业区基础设施和重大产业项目建设取得较大进展，总投资210亿元、年产2.4万吨的多晶硅项目落户榆佳工业园，米脂鄂尔多斯盐化工项目稳步推进。

2011年，全年原煤产量达到2.8亿吨，增长8.8%；原油1092万吨，增长11.2%；原油加工量309万吨，增长18.3%；兰炭1500万吨，增长56.2%；天然气123亿立方米，增长11.8%；发电量400亿度，增长15.4%。全年实现工业增加值1540亿元，增长16.3%，稳居全省第一。

调结构转方式基地建设后劲十足

十年来，榆林能化基地建设始终贯彻科学发展观，逐步形成深度转化产业链，建立以原煤—发电、原煤—兰炭—电石或铁合金、原煤—兰炭—煤焦油—清洁燃料油、原煤(天然气)—甲醇—醋酸、原盐—烧碱、聚氯乙烯等循环型能源化工工业体系，探索出一条科技含量高、经济生态效益好、自然资源优势充分发挥的新型工业化道路，基地核心竞争能力进一步提升。资源开发正从煤、油、气、盐等初级原料输出向电力产品、化工产品、高附加值载能产品输出转变。引进了美国陶氏化学、法国液化空气、中石油、中石化等世界500强企业和鲁能、兖矿、华能、中盐、陕投、省有色等大型企业集团，神华、华电、中煤、陕煤、延长等企业确定未来十年在榆发展思路、投资计划和重大项目布局，并启动部分项目。大型企业集团的引领作用日益增强，能源化工产业“大区域布局、大项目策划、大集团引领、大集群推进、大生态建设”的发展格局基本形成。

新能源产业发展高点起步。西京—榆林阳光能源项目成功生产出第一批单晶硅棒，鲁能靖边风力发电、国电定边繁食沟风力发电、华能靖边龙洲风力发电一期4.95万千瓦工程等项目相继建成，为榆林市发展开辟出一条新的金光大道。

科学筹划园区承载能化建设脊梁

园区的高度决定能化基地建设的高度，园区的承载力展示能化基地建设发展的上限。十年来，榆林市始终致力于打造园区经济，充分发挥园区的带动作用，为能化基地建设不断注入新的活力。

近年来，本市加强提升工业园区综合承载能力，加快各工业园区基础设施建设，全面理顺园区管理体制，完善融资、技术、人才等服务体系，优化园区发展环境。做大做强重点园区，推进榆林高新区和榆神工业区“二次创业”，榆林高新区、榆神工业区全年分别完成生产总值154亿元、70亿元，分别完成固定资产投资110亿元、60亿元；力争将榆林高新区升格为国家级高新开发区，将榆神工业区升格为国家级经济技术开发区。强化产业分工协作，实现园区优势互补和错位发展。建立健全推动园区发展的激励机制，提高园区投资强度、项目密度和产业集聚度，把园区建成产业发展、企业成长、创业就业的重要平台。

砥砺奋进能化基地将再谱华章

2012年，榆林市按照“大集团引领、大项目支撑、园区化承载、集群化推进”的模式，继续深入实施“三个转化”战略，加快建设榆神、榆横两大工业区和16个工业集中区，全力推进一批重大项目，进一步壮大煤炭、电力、油气、化工、载能五大产业，强力推进世界级能源化工基地建设。

全市地区生产总值2769亿元；全社会固定资产投资1771亿元。全年共安排重点能化产业项目49个，年度计划完成投资337亿元；全力推进小纪汗煤矿、榆横煤洁净综合利用等24个续建项目，新开工建设延长西湾煤化工综合利用等38个项目的前期工作。按照“抓整合、抓技改、抓调整、抓质量”的思路，全力推进“企业质量管理年”活动，完成技改投资180亿元。加快煤炭资源整合，强力推进煤矿标准化建设；在油气行业推广应用注水、注气等新工艺和新技术，努力提高油气采收率；加快兰炭、电石、金属镁等特色产业升级改造，全面释放产能，提高市场竞争力。

全年原煤产量3亿吨，同比增长16.7%；原油1161万吨，增长7.3%；原油加工量338万吨，增长11%；天然气128亿立方米，增长6.1%。

（来源：《榆林日报》）

神木跃居全国百强县第26位稳居西北第一位

2012年12月10日，中郡县域经济研究所在北京发布第十二届全国县域经济基本竞争力百强县名单，神木县以进位速度第一的绝对优势，综合竞争力由上年的第36位跃居第26位，稳居西北第一位（此次评价采用2011年指标）。与此同时，“神木现象”与“幸福江阴”“增城模式”“晋江经验”“双流模式”一起，成为中国县域经济十年发展的五大典型范例。

中郡县域经济研究所在《中国县域经济十年发展报告》中指出，神木县依托资源优势，紧抓西部大开发和陕北能源化工基地建设的历史机遇，加快建设“民生神木、创新神木、民主神木、人文神木、生态神木”，大力发展现代民生经济，走出一条在壮大县域经济的基础上，实现县域内社会、经济、文化、政治、生态统筹发展的道路，为中国县域科学发展提供了一个典型样本。

从2002年到2011年，神木县地区生产总值由33.1亿元增长到771亿元，年均递增41.8%；财政总收入由4.8亿元增长到181亿元，年均递增49.6%；地方财政收入由2.4亿元增长到45.3亿元，年均递增38.6%；农民人均纯收入由1625元增长到10798元，年均递增23.4%；城镇居民人均可支配收入由4612元增长到26064元，年均递增21.2%。县域经济基本竞争力居全国百强县第36位。

另据了解，陕西省仅有神木与府谷两县进入全国百强，府谷由2010年的69位上升为2011年的67位。

（来源：榆林新闻网）

榆林成全球金属镁主要供应地

从有关方面获悉，榆林市原镁产量从2005年起每年以超过30%的幅度递增，2012年上半年，全国原镁产量32.18万吨，其中，榆林市的原镁产量为14.4万吨，占全省产量的97.04%，占全国产量的44.75%。榆林已经成为中国乃至全球高纯度原镁的主要供应地，被业界评价：“世界镁业在中国，中国镁业在榆林！”

2002年，榆林的金属镁生产从府谷县起步，其快速发展的动力来源于由府谷民营企业首创的，以兰炭产业为基础、镁及镁合金产业为龙头，众多相关产业参与的，具有榆林特色的循环经济产业链模式。这种“善用兰炭废气转化能源生产纯镁——府谷地区独创的镁循环经济产业链模式”获得了第69届国际镁协2012年度环保奖，国际镁协开设环保责任奖近70年来，陕西省镁工业协会成为中国第一个获奖单位。

榆林市委、市政府因势利导，提出加强产业转型升级，构建现代产业体系，改造升级载能产业，推动铝、镁、硅产业发展，打造“世界镁都”的要求。近年来，全市大力实施以新兴产业带动传统产业的发展战略，利用兰炭废气转化能源生产纯镁达成有效循环经济这一新模式，围绕加快转变经济发展方式这条主线，牢牢把握国家培育和发展新材料产业的宝贵机遇，从全面构建镁金属产业技术创新和支撑服务体系入手，大力开展产学研合作创新，加快镁金属重大科技成果产业化发展及其应用，取得了丰硕的成果，受到业界瞩目。

2011年全国原镁产量为66.06万吨，其中陕西产量为25.05万吨，约占全国产量的38%，府谷一县产量19.49万吨，占全省产量的77.8%，占全国产量的29.5%。自2011年12月起，本市的原镁产量连续数月超越山西省，成为国内第一大原镁产区，占到全国产量的近50%、全球产量的近40%。2012年上半年，府谷县原镁产量10.72万吨，占全市产量的74.44%，占全省产量的72.23%，占全国总产量的33.31%。

截至2011年底，全省共有涉镁企业51户，其中原镁生产企业48户，榆林以外只有2户(渭南1户、商洛1户)，榆林市46户涉镁生产企业中，榆阳区有1户、神木县有12户、府谷县有33户。目前，榆林市获得立项审批的原镁产能在75万吨以上，已经建成的原镁生产线产能超过50万吨，并初步实现了镁工业从装备水平很低的产镁地区到现代能源化工基地的转移，资源利用从无序单一到有序的资源综合利用型的循环经济产业链转变，由原镁新兴产区到全国第一产区的转变，民营经济由松散低水平运营到抱团瞄准高尖端发展的转变。

（来源：榆林新闻网）

榆林：800里沙漠，800里粮仓

“春季干旱风沙大，秋多雨涝落霜早。”昔日的榆林，身处绵延800余里的大漠，面临特殊的自然环境，农业发展之路走得异常艰辛。十六大以来，市委、市政府立足市情，提出“矿产资源强市、特色农业富民”的发展思路，把建设现代特色农业基地作为发展榆林农业的切入点，迈开大步谋发展、转变思维创奇迹，一场绿色革命在塞北大地全面展开。

作为资源大市，如今的榆林，引以为傲的已经不仅仅是煤炭、石油、天然气，它在砥砺前行中切中科学发展之脉，凭借科技和人才之力，创造了让塞上“四季飘香”的农业硕果，迎来了省委、省政府的高度肯定——“陕西现代农业的希望在榆林”，逐渐从沟壑纵横的大山深处，走出了一条绿意盎然的农业发展之路。

大地生金

现代特色农业展风采

8月初，行走在靖边县红墩界镇的田间地头，高产马铃薯和玉米长势喜人，蔬菜大棚一字排开，绿油油的蔬菜挂满枝头，圈养的羊儿洁白肥硕，忙碌的农民洋溢着幸福的笑容，这些只是榆林现代特色农业发展的一个缩影。

面对明显滞后于工业发展的农业，2007年，市委、市政府不断探索，明确了“矿产资源富市、特色农业富民”的总体发展思路，全力以赴打好现代特色农业这张牌，与能源化工产业协同发展，让建设现代特色农业基地与建设国家能化基地两翼齐飞。2008年，本市出台《关于加快现代特色农业发展的意见》及7个产业专题规划，标志着本市现代特色农业发展正式开始实施。

为全力打造现代特色农业，实施“5695”工程，即构建“四区一带”产业布局，建设羊子、优质红枣等六大特色产业基地，打造榆林薯业、大明绿豆等九大品牌，建设生态农业五大支撑体系。与此同时，本市坚持把发展现代特色农业作为社会主义新农村建设的主导，作为农民增收的主要推手。近五年来，全市农民人均纯收入年均增长率20%以上。2008年，农民年人均纯收入首次超过全省平均水平；2011年农民人均纯收入6520元，增幅居全省第一。全市人均收入过万元的乡镇37个，行政村达705个。

凭借独特的自然和社会优势，搭乘中省市的政策“快车”，榆林的现代特色农业展现出独特的风采。截至2012年底，全市建成190万亩玉米、300万亩马铃薯、300万亩小杂粮、65万亩油料、60万亩大漠蔬菜等特色农产品生产基地。本市成为世界红花荞麦优势产区、全国小杂粮生产样板区。大明绿豆、荞麦、谷子、糜子等12类作物48个品种被评为名优小杂粮品种，获得国际国内多项荣誉，榆林农业在发展中积累自信，在开放中享誉全国。

策马扬鞭

高产创建示范喜增收

全国马铃薯生产第三大市，马铃薯、玉米、小杂粮等作物产量创多项全国最高纪录，五年五大类农作物累计高产创建面积达80万亩……近年来，一个个耀眼的“光环”，昭示着榆林开展高产创建活动以来取得的累累硕果。

2006年是本市高产创建的分水岭，在创造性开展玉米

"高产创建"活动后,毛乌素沙漠南缘这块低产之地,取得令人欣喜的成绩。2007年,国务院总理温家宝曾对本市玉米高产创建活动作了重要指示,"陕西榆林干旱少雨,创造这么高的产量,农业部要认真总结研究,在全国进行推广。"据统计,从2007年至2011年五年间,全市开展高产创建活动,累计面积80万亩;粮食产量屡创新高,2011年达到172万吨,榆林800里沙漠成为陕西省"第二粮仓",全市农业也进入了转型发展的新阶段。

高产创建成了农业产业化的"示范龙头"。全市围绕特色农产品,打造名优品牌,着力推出榆林马铃薯、榆林红枣、山地苹果、榆林小杂粮、榆林羊肉等地方品牌,提高农产品的竞争力;以畜牧业、蔬菜业为抓手,大力发展"四季农业",特色农产品在省内外市场上的占有份额大幅上升,产品产值已占种植业总产值的85%以上。

"自从成立了合作社,咱马铃薯种得轻轻松松、有声有色,卖价还翻了两番。你看看这千亩马铃薯地,眼瞅着就有盼头啊。"7月26日,定边县堆子梁镇农民张博喜滋滋地说。近年来,该镇创新种植模式,优化马铃薯品种,走出了一条专业合作社引领、全程现代化种植、品牌化示范推广的路子。如今,堆子梁镇的"小土豆"成了"金豆豆",全镇年种植面积稳定在8500亩以上,产值1677万元左右,不仅促进了农业产业化的发展,还让上万名农民鼓起了"钱袋子"。

铿锵前行

科技人才齐领跑

为了打好"科技兴农"攻坚战,近年来,本市用"加减法"思维,打出科技强农、人才支农、培训助农等一系列农业发展的"组合拳",大力推广农业科学技术,包括良种应用、测土配方施肥技术、大明绿豆及地膜覆盖配套栽培技术的推广……

2009年,榆林市现代特色农业项目暨现代农业科技示范园建设项目正式启动。在这片总规模达13.8平方公里的示范区里,连片的温室大棚整齐地排列开来。"高起点、高标准、高速度"是现代农业园区最大的特点,各类蔬菜和水果应有尽有,是名副其实的四季果园。这标志着本市现代农业发展进入一个全新阶段,科技示范园区让各种新技术、新理念逐步向各县区辐射。如今,全市12个县区现代农业科技示范园区建设正在如火如荼进行中,各类科技含量高、示范带动强的农副产业纷纷落户园区,形成强大的科技集聚效应。近年来,全市各农业部门累计承担中省市重大科技项目100多项(次),获得各项农业科技成果30余项;引进马铃薯、玉米、小杂粮、瓜菜新品种120多个,初选出优良品种43个,全市农作物良种覆盖率达到85%以上;年均推广地膜覆盖栽培、配方施肥等农业新技术546万亩,科技对农业的贡献率由"十五"末的38%提高到现在的50%左右。

科技先领跑,人才助腾飞。通过实施"走出去、引进来"战略拓展农业人才队伍,注重开发利用本地资源,鼓励各类农业企业、专业大户走出榆林,不断提升科技水平。同时,实施"引进来"战略,吸引全省乃至国内外的科技人才,借梯登高,形成人才梯队。截止2012年底,全市有高、中级农业专业技术人员818人,各类专家和人才105人,其中享受国务院特殊津贴专家5人,省有突出贡献专家8人,省"三五"人才第二层次10人,省青年科技奖获得者7人。

"十二五"期间,榆林市将以建设"陕西一流、国内知名"的现代特色农业生产基地为总目标,力争将本市打造成为红花荞麦、大明绿豆世界级优势产区;建立优质马铃薯、春玉米高产示范、玉米杂交制种、优质小杂粮、小杂粮良种繁育、旱作农业示范六大国家级生产示范基地;建立大漠蔬菜、脱毒种薯繁育、油料、山地苹果陕西省优质生产基地。

(来源:榆林新闻网)

榆林十年扶贫开发硕果累累

进入新世纪以来,榆林市以解决贫困人口温饱、增加贫困人口收入为目标,大力实施整村推进、移民搬迁、产业扶贫等项目建设,全市农村基础设施得到很大改善,特色产业发展步伐加快,农村综合发展能力显著提高,十年规划任务全面完成,扶贫开发样样红。

10年94.2万人实现脱贫

农村贫困人口大幅度减少。到2010年底,全市贫困人口由2000年底的114万人减少到19.8万人,94.2万人实现了脱贫,贫困人口占农村人口的比重从39.8%下降到6.7%,农民的生存和温饱问题已基本解决。

贫困人口收入大幅度增长,由2000年底的420元增加到2011年底的1461元。饮用自来水、井水农户达到80%,自然村通公路比例为95%、通电比例为99%,贫困人口的生产生活条件明显改善。

贫困人口能力建设实现新突破，全市实用技术培训农民136万人次，“雨露计划”项目完成劳动技能培训3.44万人。2011年首次实施贫困家庭大学生助学项目，资助763人。通过扶持达到了培训一人、转移一人、富裕一户的目标，工资性收入已成为贫困户增收的重要渠道。

十年来，以集中安置为主要形式，全市累计搬迁贫困户2.55万户、10.2万人，2011年全面启动实施白于山区移民搬迁，惠及4.4万多人，大规模移民搬迁在本市尚属首次。

扶贫开发投入创新高

据市扶贫办统计，十年来，全市累计投入各类扶贫资金42.8亿元。2011年，全市投入各类扶贫资金16.4亿元，其中财政扶贫资金达到8.8亿元，创历史新高。

特别是整村推进项目中，单村财政投资达到历史之最。十年来，全市投入扶贫开发重点村建设专项资金6.9亿元，扶持建设重点村2588个，平均每村财政投资27万元。从2009年开始，全市实施板块扶贫、连片开发项目，这一做法创新性地走在全省前列，比国务院扶贫办提出实施连片开发思路提前两年，项目集中投入、综合开发，平均每村投资达到100万元左右，成功建成13个连片开发扶贫板块；中央彩票公益金首批试点项目惠及吴堡县15个贫困村，村均投资140万元。板块扶贫让项目区贫困人口收入年均增长22.5%以上。

扶贫到户也让更多贫困户有了发展的动力。全市累计投放扶贫贴息到户贷款10.6亿元，扶持贫困户13.3万户，投放项目贷款3.3亿元，扶持企业65个，建立村级互助协会255个，扶持农户1.77万户，实施产业直补项目扶持贫困户3852户，扶持企业120个。一批专业户、专业村和“公司+基地+农户”的产业化经营模式正在逐步形成，实现了农户和市场的对接。

社会扶贫外资扶贫成奇葩

扶贫开发是全社会的一项事业，这在榆林市体现得尤为明显。2001年至2011年，全市各级党政部门和国有企业投入定点帮扶资金物资折合人民币13.3亿元，而以民营企业家为主导的“府谷现象”更是在全国引起广泛影响。

在总结“府谷现象”的基础上，实施“千企千村”扶助行动，安排1120个企业帮扶1205个低收入村。已达成投资意向3.05亿元，落实资金1.84亿元，本市参扶企业和帮扶贫困村数量居全省第一，实施北六县跨区帮扶南六县为全省首创。

外资扶贫也取得新突破，本市组织实施亚行日本政府赠款项目，利用外资使5152户贫困户脱贫致富；世行五期扶贫项目全面启动实施，已完成投资3630万元惠及95个村。这些项目的实施，调动社会各界参与扶贫、回报社会的热情，为筹集资金、引进技术、加快贫困地区脱贫致富做出重要贡献。

新时期，扶贫开发任重道远。本市扶贫开发以“两不愁、四保障”为目标，保障扶贫对象。不愁吃、不愁穿，实现义务教育、基本医疗、住房和养老有保障。确保贫困地区农民人均纯收入增幅高于全市平均水平，基本公共服务领域主要指标接近全省平均水平，推进贫困地区基础设施、公共服务、产业开发、生态建设全面发展。

（来源：榆林新闻网）

榆林跻身竞争力提升最快城市

2012年5月21日《2012年中国城市竞争力蓝皮书：中国城市竞争力报告》发布，本省铜川榆林延安跻身竞争力提升最快的前50个城市。报告显示：地级市提升领先于全国更高行政级别的城市。

据了解，值此《中国城市竞争力报告》连续发表10周年之际，2012年5月21日由中国社会科学院财经战略研究院、中国社科院城市与竞争力研究中心与社会科学文献出版社，在北京共同举办“2012年城市竞争力蓝皮书发布会。共同发布由中国社会科学院财经院研究员、社科院城市与竞争力研究中心主任倪鹏飞博士牵头，两岸四地城市竞争力专家共同携手，国内著名高校、国家权威统计部门和地方科研院所近百名专家历时大半年时间联合完成，社科文献出版社出版的《2012年中国城市竞争力蓝皮书：中国城市竞争力报告》

报告分析294个城市10年位居天津重庆广州之前综合竞争力指数发现，过去10年城市竞争力的格局是总体间差距缩小，局部内差距扩大。东南沿海在保持领先的同时内部差距缩小，内地城市竞争力提升明显，东北地区成绩斐然，中部地区城市分化严重，中心城市快速崛起。大型城市仍占主导，中小城市竞争激烈；地级市提升领先于全国更高行政级别的城市。

铜川榆林延安榜上有名

报告比较294个城市10年综合竞争力指数变化，本省榆林铜川延安跻身竞争力提升最快的前50个城市。其中榆林排名第5、铜川排名第7，位居天津、重庆、广州等城市之前，延安排名第41。

报告建议中国城市，必须走新型城市化之路，建设具有可持续竞争力的理想城市即：以人为本的宜居城市，实业发达的活力城市，多元包容的和谐城市，环境友好的生态城市，城乡一体的田园城市，自由开放的国际城市，古今交融的文化城市，交流便捷的信息城市。

（来源：榆林新闻网）

榆林：大路网带来大发展

榆林市构建“大交通”体系纪实

交通是文明之舟，是经济之脉。“十一五”以来，榆林市委、市政府坚持交通运输优先发展取向，着力构建统筹各种运输方式的“大交通”体系，铁路年外运能力突破1亿吨，公路密度达到60公里/百平方公里，榆阳4C级机场年旅客吞吐量达到90万人次，稳居陕西航空港第二的位置，快捷、高效的现代综合运输体系日趋完善，为全市经济社会实现转型跨越发展提供了强有力的交通运输保障。

大路网，助推经济社会大发展

2012年9月29日，随着榆林至绥德高速公路建成通车，榆林作为国家能源重化工基地又增添一条煤炭外运快速通道。截至2012年，榆林市境内高速公路通车里程达到860公里，占全省高速公路通车总里程的五分之一，全市有10个县区通上了高速公路。

随着太中银铁路、包西铁路复线、绥德铁路枢纽站以及红柠铁路等建成运营，到2012年年底，全市干线铁路达到859公里、专支线铁路达到150公里。公路总里程达到28377公里，其中高速公路通车里程860公里，居全省首位；干线公路1358公里，全部大修改造为三级以上油路；农村公路26158公里。榆（林）佳（县）高速公路计划2013年8月份建成通车，榆林城区绕城快速干道建设加快推进，沿黄公路年内实现全线路基贯通，清（涧）石（楼）二级公路清辛段开工在建。全市形成了以太中银、包西铁路为主动脉，以包茂、青银、榆商线市境内高速公路为主骨架，以G210、G307、S204、S301等6条国省干线公路和野大、神盘等4条地方干线公路为次骨架，以农村公路为脉络的综合交通运输体系。长期以来困扰榆林经济社会发展的交通短板，正逐步转变为竞争优势。

大手笔，谱写创新转型大篇章

2009年12月8日，榆林市政府与中铁二局以BOT模式（建设—运营—移交），投资建设的榆林至神木高速公路建成通车。作为陕西省高速公路建设由政府投资为主向社会投资为主转换的试点项目，榆神高速公路开创了全省以BOT模式成功建设高速公路的先河，被誉为政企携手、实现共赢的成功范例。近年来，榆林市坚持“不求所有、但求所用”的理念，充分利用国家收费还贷政策和有关政策导向，进一步解放思想，大胆实践，全面引入市场机制，广泛吸纳社会资本和民间资金参与交通项目建设，有效破解建设资金不足难题，保持了全市交通运输事业持续高位发展。

一花引来万花开。借鉴榆神高速公路建设成功经验，2010年，采用“企业建设，政府回购”的BT模式，引资18.4亿元，顺利完成210国道榆林城区过境公路迁建任务，并按照城市道路规划，同步配套建设了绿化、亮化、美化等工程，实现了用创新换资金、以科技促质量、抓管理出成效的预期目标。2011年，与中交集团合作，以BOT模式引资59亿元，开工建设榆佳高速公路；榆林公路局与神木县政府联合以BOT模式融资22.7亿元，开工建设店塔至红碱淖一级公路；府谷县政府以BOT模式融资48.5亿元，开工建设大柳塔至石马川一级公路等。2012年，市政府继续以BOT模式，开工建设神佳米高速公路。另外，围绕国家能源化工基地建设，坚持市县共建、多元化融资，加快推进园区公路建设和路网升等改造。

大提升，服务群众出行大民生

干线公路安全运营和通行能力明显提高。“十一五”以来，累计投入养护资金约17亿元，实施干线公路路面大修459公里、中修638公里、预防性养护177公里，改造危桥74座，将1369公里国省干线公路全部大修改造为三级以上油路，干线公路年均优良路率提高到86.83%。

农村公路成为新农村建设的最大亮点。到2011年年底，全市农村公路总里程达到农村公路26158公里，其中县道2640公里、乡道3479公里、专用公路261公里、村道16707公里、简易村道3071公里。等级公路达到22640公

榆林市总工会

2012年，全市共新组建工会组织1024个（其中基层工会联合会174个），新发展会员72380人，超额完成了年初下达任务。目前，全市共有基层工会组织8154个，会员440883人。

深入开展创先争优建功立业活动。下发了《2012年全市工会系统开展创先争优活动工作要点》，贯彻实施我市劳动竞赛五年规划，扎实推进“当好主力军、建功‘十二五’”劳动竞赛活动全面开展。全面实施了科技创新、岗位练兵、发明创造等经济技术创新工程。安排部署了全市2012年度工人先锋号、创新示范岗、创新标兵创建评比活动。组织开展榆林市第三届“供电杯”职业技能大赛，榆林市“中盐杯”职工职业技能大赛，两项技术大赛共获得陕西省技术能手6人。积极组织开展“职工科技创新成果推广年”活动，获得省职工科技创新成果一项。

开展安全生产隐患排查治理工作，全市各级工会共进行安全检查374次，查出隐患182个提出整改意见88条，采纳率99%，协助监督企业整改隐患167项，使用《限期解决问题通知书》72次，使用《撤离危险作业现场通知书》148次，避免可能造成的直接经济损失515万元。

党组书记、主席　张雁冰

市委书记胡志强（左一）看望市老街管理所困难职工

市总工会领导亲临招聘洽谈会现场指导工作

全市五一劳动奖表彰大会

为市环卫女职工送特殊疾病保险活动

榆林神华能源有限责任公司

董事长、总经理　姜重山

党委书记、副总经理　王治禄

榆林神华能源有限责任公司是在神华集团与陕西省政签订的战略合作框架协议基础上，由中国神华能源股份公与陕煤化集团府谷能源投资公司共同出资组建的国有合资司。公司于2008年4月28日挂牌成立，注册资本10亿元，中：中国神华能源股份公司出资50.1%，陕煤化集团府谷源投资公司出资49.9%，注册地在榆林市高新技术产业区。

公司主要业务是煤炭生产、加工、销售和发电，经营围包括煤炭资源和电力项目投资、开发及经营管理。公司期煤炭生产以府谷县袁家梁、郭家湾、青龙寺三块井田（面积169.28km^2，已探明资源储量13.44亿吨，可开采储10.11亿吨）为基地，规划建设年产1100万吨的郭家湾煤矿青龙寺煤矿，并配套15.0Mt/a选煤厂。

公司设有股东会、董事会、监事会、经理班子，董事是公司的法定代表人。公司设有党委、纪委，党政班子成实行交叉任职。股东大会、董事会、监事会、党委班子、经理班子各司其职，相互制约、相互监督，形成公司法人理结构的有机整体。

公司总部设生产、基建、技术、安全、经营等14个管部门，下设煤矿筹建处、运销处等9个基层单位。现有在册工1380人。

公司成立以来，在地方各级政府部门和社会各界的大力持下，通过全体干部员工共同努力，各方面工作取得可喜绩。成功实现了神华自备铁路和国铁运输网的对接，公司铁

原陕西省省长袁纯清为榆林神华公司成立揭牌（前右一袁纯清、左神华集团前董事长）

副省长李金柱（前右一）视察郭家湾煤矿筹建处

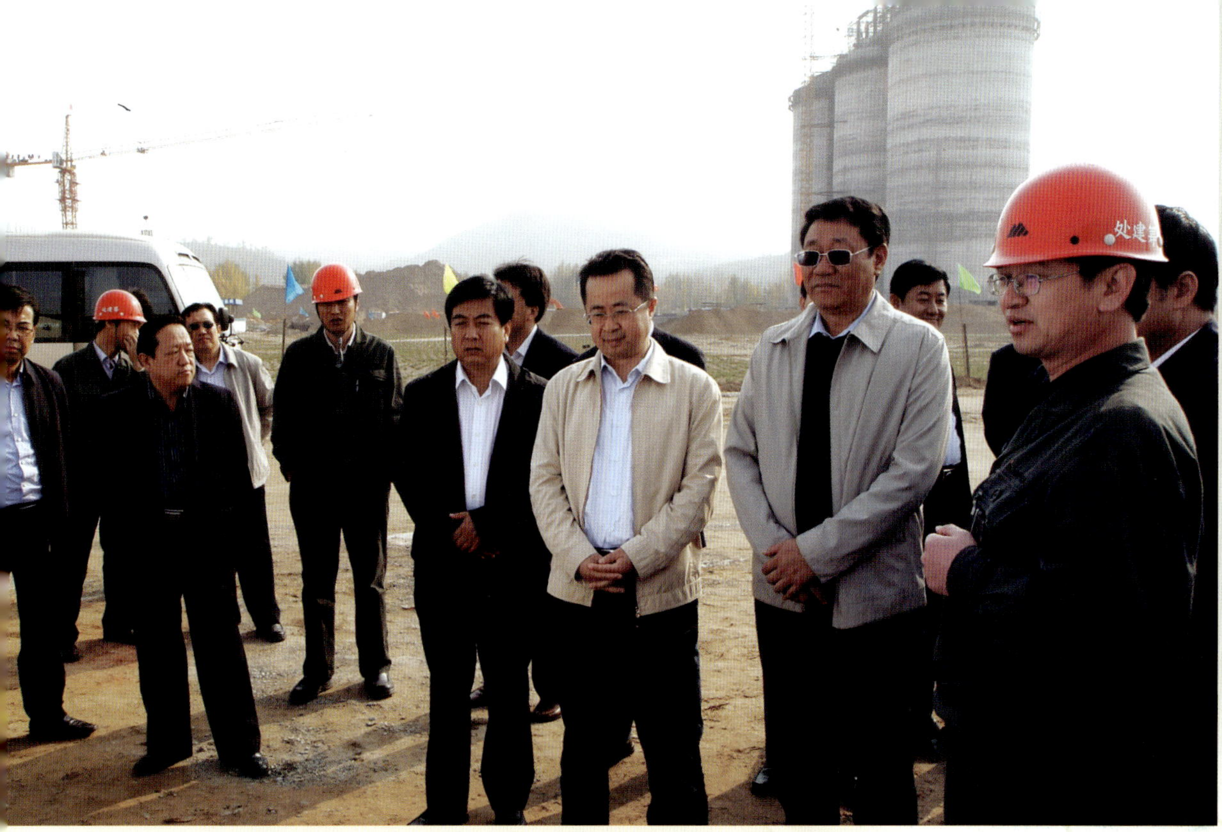

市长陆治原(右二)到煤矿调研

运输户头获得了铁道部的核准，实现了国铁运输计划单列。形成了煤炭销售“东进南下”，自动装车线与中转站台相结合，统销与地销相结合，统购与自主采购相结合的管理机制和运行模式。公司煤炭销量实现千万吨跨越，利润指标连年实现亿元增长，从2008年4月份成立至2012年底，公司累计外运煤炭8088万吨（其中外运地方煤炭1923万吨），向地方上缴税费28.5亿元。2012年，虽然受到国际国内经济环境和市场形势的不利影响，经营业绩仍然逆势上扬，销售商品煤2323万吨，上缴税费8.6亿元，在榆林市乃至陕西省众多煤炭企业中名列前茅，展示了良好的抗风险能力和榆林神华人永不服输、顽强拼搏的精神。公司已成为神华集团新的利润增长点和榆林市纳税大户，成为陕北重化工基地建设的一支生力军，为加强神华与陕西和榆林市的合作做出了重要贡献。

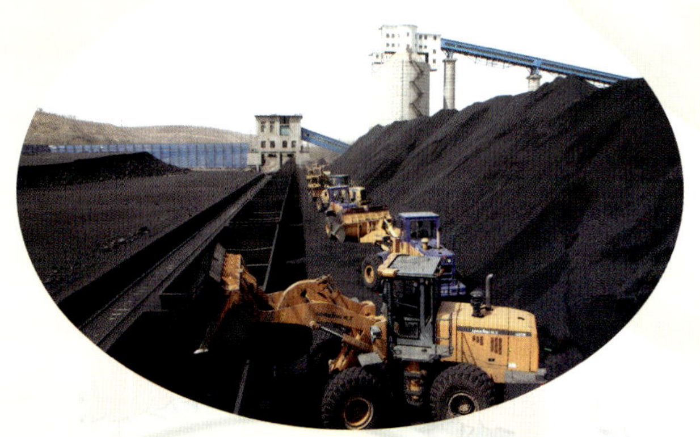

装车站作业现场

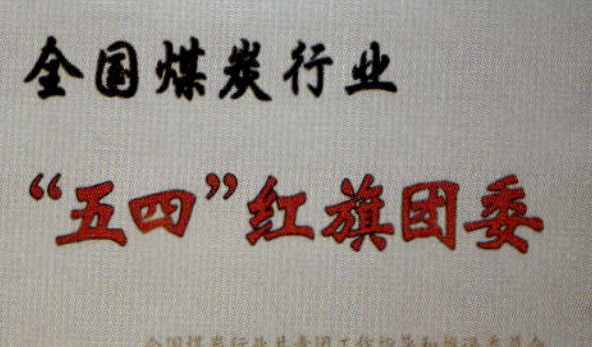

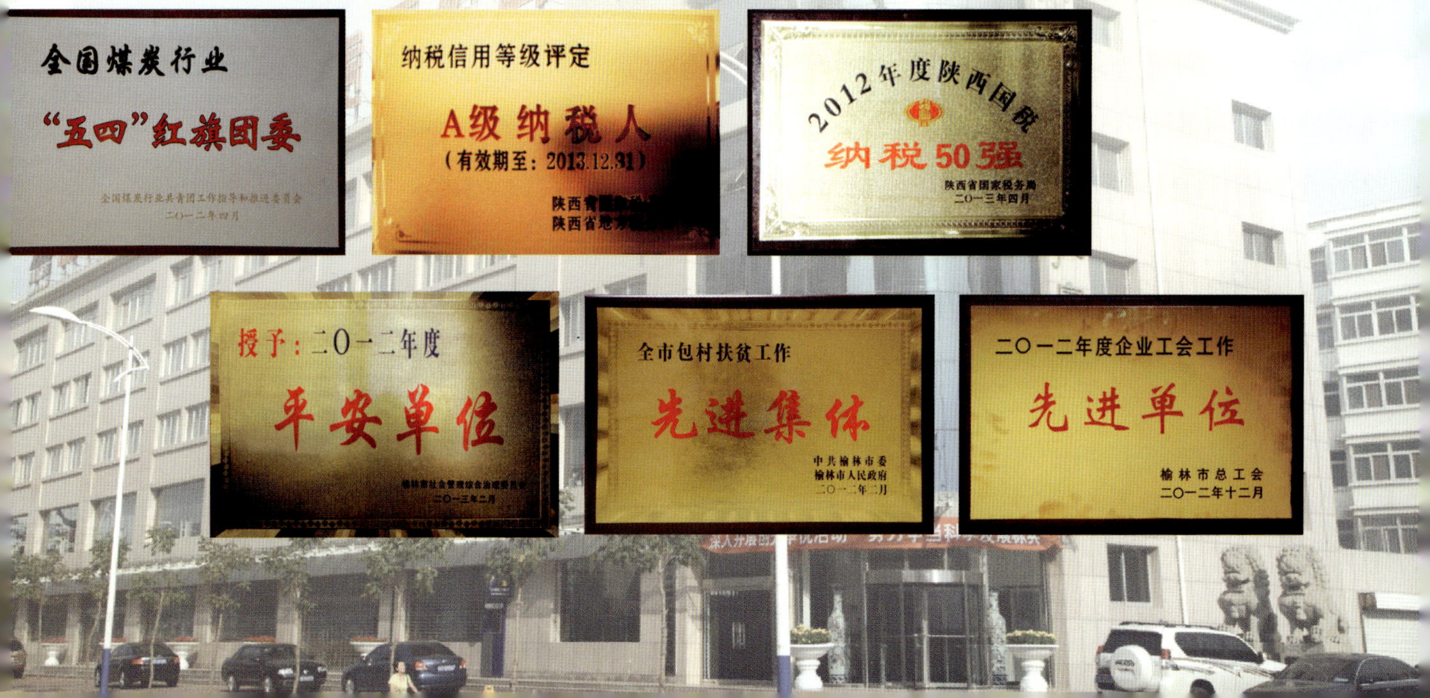
全国煤炭行业
“五四”红旗团委
纳税信用等级评定
A级纳税人
（有效期至：2013.12.31）
2012年度陕西国税
纳税50强
陕西省国家税务局
二〇一三年四月
授予：二〇一二年度
平安单位
全市包村扶贫工作
先进集体
中共榆林市委
榆林市人民政府
二〇一二年二月
二〇一二年度企业工会工作
先进单位
榆林市总工会
二〇一二年十二月

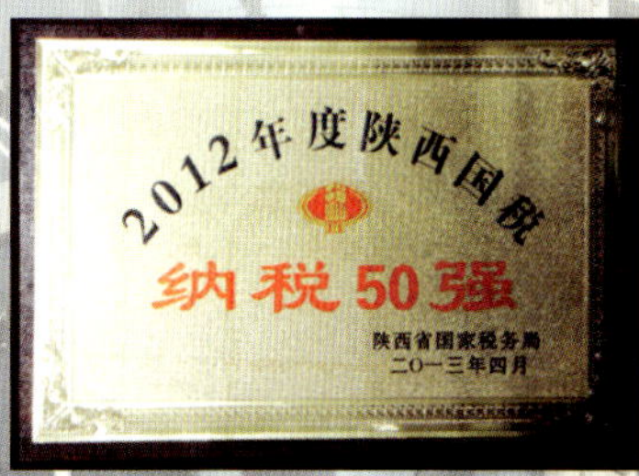

神朔铁路分公司

神朔铁路是我国“八五”计划重点建设项目之一，是神华集团以能源为主业，集煤矿、电厂、铁路、港口、航运、煤制油和煤化工为一体系统工程的重要组成部分，是我国继大秦铁路之后第二条西煤东运大通道，承担着神华自产煤炭和部分地方煤炭的外运任务。

市委书记胡志强（右）会见神华集团副总经理薛继连（左）

（一）线路状况

神朔铁路正线全长270公里，西起陕西省神木县大柳塔镇，北与包神铁路相连，南与神延铁路相接，东至山西省朔州市，与北同蒲线接轨，在神池南站与朔黄线相连。全线共19个站区，桥梁249座，隧道61座，涵渠743座，桥隧涵占线路总长的22.28%。途经陕西、山西两省的八个县市，其中陕西境内100公里，山西境内170公里。神朔铁路为国家Ⅰ级电气化重载铁路，最小曲线半径为400米，最大限制坡度12‰。

（二）建设情况

神朔铁路一期工程1988年4月开工建设，1996年7月1日建成通车。总投资76亿元，单线设计运输能力为3500万吨/年。

二期复线工程2002年3月开工建设，2004年5月建成通车。总投资23亿元，双线设计运输能力为14000万吨/年。

扩能改造工程于2007年开工，项目总投资计划33.4亿元，预计2013年底扩能改造工程基本完工，远期运输能力将达到2.2亿吨/年。

神朔铁路分公司办公楼

神华集团总经理张玉卓（右二）视察神朔铁路

神朔铁路分公司线路设备

目前，公司固定资产约80亿元。

（三）历史沿革

神朔铁路1996年7月1日正式开通运营，当时由神朔铁路运营筹备处临营。1999年7月成立中国神华神朔铁路有限责任公司，是中国神华集团公司按照现代企业制度组建的全资子公司，其前身由神朔铁路运营筹备处、神朔铁路建设办公室、神木北电务工程建设管理处、神木北建设管理处和神朔铁路王阴运输分处合并组成。2005年1月，为适应中国神华能源股份公司上市需要，神华神朔铁路有限责任公司变更注册为中国神华能源股份有限公司神朔铁路分公司。

（四）组织机构

神朔铁路分公司设18个部门，下属4个段。全公司职工8400余人。公司领导班子由8名成员组成：总经理兼党委书记1人，副总经理4人，纪委书记1人，工会主席1人，总工程师1人。

公司机关内设办公室、党委工作部、团委、纪检监察部、内控审计部、工会工作部、人力资源部、教育培训中心、财务部、计划发展部、安全监察部、运输管理部、基建工程部、企业管理部、扩能指挥部、科技与信息部、物资管理部、调度所。

公司下设机务段、河西运输段、河东运输段、综合段。其职能分别为：

机务段：主要负责机车运用、检修及机务系统单位运营管理。

河西、河东运输段：主要负责管内铁路客货运输组织，站车管理，线路、桥梁和隧道的养护维修，通信、信号和电力供电设备的运行检修。

综合段：主要负责管内房建、供暖、供水及各种铁路运输后勤保障工作。

（五）运输生产

神朔铁路自开通以来，本着“边运营、边建设”原则，煤炭运量连年翻番，运输收入成倍增长，收到明显经济效益和社会效益。运量由最初1996年完成75万吨，实现运输收入3649万元；到2010年完成运量17722万吨，实现运输收入67.9882亿元。截止2010年，开通运营十五年，累计运送煤炭11.5亿吨，实现运输收入435.36亿元。十五年间运量增长了236倍，运输收入增长了187倍。在2005年提前5年实现年运量过亿吨。在2009年成功开行万吨组合列车。走出一条超常规跨越式的发展道路。2011年运量1.95亿吨，运输收入2亿；2012年运量2.1亿吨。

公司趣运会

纪念建党九十周年歌咏比赛

公司文艺晚会

陕西华电榆横煤电有限责任公司

省委书记赵正永（右前二）出席华电榆横电厂奠基仪式

陕西华电榆横煤电有限责任公司（简称“华电榆横煤电公司”）于2007年3月28日在榆林注册成立，是由中国华电集团控股的华电煤业集团有限公司和榆林矿业集团有限公司共同出资组建。2011年，股东方增加了榆天化。参股建设王圪堵水库和榆横铁路。主要经营电力项目以及煤炭项目的开发、投资、建设和经营；电能及煤炭的生产和销售；电厂废弃物的综合利用及经营；电力技术咨询、服务、电力物资、设备采购；煤炭运销。陕西华电榆横煤电有限责任公司下设华电榆横发电厂和华电榆横小纪汗煤矿，榆横发电厂项目规划建设容量为2×660MW+4×1000MW的燃煤空冷发电机组，配套小纪汗煤矿项目规划建设1000万吨的煤矿。两项目分别于去年8月和今年2月取得国家发改委核准。电源项目计划1#机组今年6月投运，2#机组9月投运，煤矿6月底进入试生产阶段。

华电榆横煤电一体化项目是国家批准的第一个国家能源化工基地——陕北能源化工基地榆横煤化工总体规划（南区）电源布局规划建设的唯一的煤电一体化项目，是陕西省“十一五”后三年电力发展规划的重点能源项目和陕北能源化工基地煤电转化的示范项目，是榆林市落实省政府“大集团引领、大项目支撑、集群化推进、园区化承载”基本模式的典范之一。

华电榆横发电厂位于榆林市榆横美化工园区内，距离榆林市约25KM。项目规划建设2×600MW+4×1000MW级超临界空冷燃煤机组，分三期建成，一期规划2×660MW机组，投资约47.46亿元,已于2008年4月28日举行奠基仪式。榆横发电厂一期工程于今年获得国家发改委核准。一期工程选用660MW国产超临界空冷燃煤机组，涉及发电标准煤耗289g/KWh；该项目采用干除灰、干除渣、分质用水和污水零排放等节水方案，采用静电除尘、湿式烟气脱硫、低碳燃烧等环保措施，是陕西省600MW机组中首台首次采用脱硝系统的燃煤机组。在工程建设管理过程中，公司以“保达标、创国优、争鲁班、建精品”为目标，努力创建资源节约型、环保友好型。

省长娄勤俭到华电榆横发电厂视察

省委常委、副省长江泽林（右二）调研华电榆横

市委书记胡志强（中）视察华电榆横发电厂

集团公司总经理云公民（前中）视察华电榆横电厂

小纪汗煤矿是榆横发电厂的配套项目，与电厂近期规划耗煤量匹配并同步建设，是2009年省发改委安排的9个开工项目之一。项目规划建设年产1000万吨的矿井，配套建设洗煤厂和铁路专用线，计划投资69.7亿元。

小纪汗煤矿位于榆林市榆阳区小纪汗乡井克梁村。矿井采用斜井开拓，盘区条带式开采，装备两套高产高效综采工作面，三套连续采煤机掘进工作面，实现煤炭主运输皮带化、辅助运输无轨胶轮化、采掘设备现代化。遵循先进性、安全性、可扩展性和实用性原则，设计安全监控、矿压监测、工业电视监控、火灾束管监测、矿井综合自动化集成管理各大系统，实现监测监控自动化、调度指挥信息化、通讯系统数字化。严格执行环境保护、水土保持设施与主体工程同时设计、同时施工、同时投产使用的“三同时”制度，坚持开发与环境保护工程、水土保持工程、综合利用工程相结合，预防与治理相结合的综合防治体系，已发展促治理，以治理促发展，促进煤矿建设可持续发展，使环境效益、生态效益、社会效益、经济效益相统一。

选煤厂类型为矿井型动力煤选煤厂，采用块煤重介浅槽分选方法，处理能力为10.0MT/A。铁路专用线是承担煤矿至榆横发电厂发电用煤的运输通道，线路运营长度40.18KM，其中新建27.05KM。已通过省发改委核准。

文明单位

（2013—2017）

中共榆林市委

榆林市人民政府

二〇一三年二月

集团公司党组书记李庆奎（前中）到华电在榆林企业调研

华电榆横小纪汗煤矿奠基仪式

华电榆林天然气化工有限责任公司

华电榆天化公司成立仪式上，华电集团公司总经理云公民（左一）与市委书记胡志强（右一）共同揭牌

华电榆林天然气化工有限责任公司（简称“榆天化”）是中国华电集团公司旗下华电煤业集团有限公司的全资子公司。公司前身是榆林天然气化工厂，系陕西榆林地方国有独资企业，始建于1992年，1996年改制为陕西榆林天然气化工有限责任公司。2011年5月，榆林市人民政府国有资产管理监督委员会与华电煤业集团有限责任公司签署了股权交易合同，公司正式加入华电系统。同年7月，更名为华电榆林天然气化工有限责任公司。

截至2013年9月底，公司拥有总资产54亿元，职工2222人。公司本部（天然气化工厂）拥有四套天然气制甲醇装置，年生产能力51万吨。全资子公司陕西榆林凯越煤化有限责任公司（煤化工厂），在建一套60万吨/年煤制甲醇装置，计划今年年内投入试生产；控股公司榆林卓越能源化工有限责任公司，拥有一套15万吨/年醋酸装置；参股陕西华电榆横煤电有限责任公司小纪汗煤矿和榆林石化集运有限公司。

为了加快企业转型、推动产业升级，公司制定并开始实施“三步走”发展战略，通过管理改革、项目重组、战投引入，积极推进煤-化一体化产业发展，着力打造华电榆林煤化工产业基地，为国家和地方社会经济的健康可持续发展作出更大贡献。

榆天化天然气化工厂全景

原省委书记赵乐际（前左二）视察公司

原省长袁纯清（右二）出席公司140万吨煤制甲醇项目开工仪式

华电集团公司总经理云公民（前中）来公司视察

华电集团党组书记李庆奎（左四）来公司视察

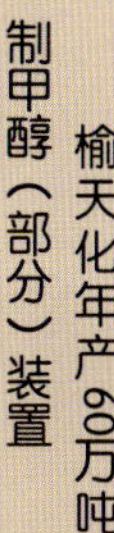

榆天化年产60万吨煤制甲醇（部分）装置

榆天化二氧化碳回收装置

榆天化天然气制甲醇装置

榆天化变压吸附装置

陕西华电榆横

陕西华电榆横煤化有限公司成立于2011年6月27日，公司主要经营煤化项目、热电项目及煤炭项目的投资建设；电厂废弃物的综合利用；煤化工技术咨询服务；电力设备物资购销。公司主要负责华电榆林煤炭资源循环经济综合利用项目的实施，该项目已经陕西省发展和改革委员会批复备案（陕发改油气【2013】622号）。规划在陕西省榆林市榆横煤化工园区建设年产300万吨煤制甲醇、100万吨/年煤制芳烃装置、配套建设年产1000万吨煤矿、下游深加工装置及综合利用背压热电装置等配套工程和辅助装置，先期建设万吨级甲醇制芳烃中试装置，致力打造国内最大的煤电化综合能源基地。项目总投资约380亿元。该项目已被列为国家发改委"十二五"煤炭深加工产业升级示范项目和科技部863重大专项"煤制清洁燃料、化工品关键技术与新型工艺研究"的子课题。

华电榆林煤炭资源循环经济综合利用项目采用清华大学开发、具有自主知识产权的世界首创流化床甲醇制芳烃技术（FMTA），以煤基甲醇制芳烃产品及其深加工为发展方向，实现煤炭资源的清洁利用，是继煤制烯烃、煤制天然气、煤制油等现代煤化工技术之后的又一创新。2011年7月7日，项目先期万吨级甲醇制芳烃中试装置正式开工建设，2012年9月11日装置中交，9月15日开始联动试车。2013年1月11日点火，13日甲醇投料顺利产出芳烃，实现一次点火成功，一次投料试车成功，一次打通全流程，完成了主反应系统72小时标定。2013年3月18日，通过国家能源局委托，中国石油和化学工业联合会组织的"流化床甲醇制芳烃（FMTA）催化剂开发"和"流化床甲醇制芳烃（FMTA）成套工业技术开发"两项科技成果鉴定。4月11日，中国华电集团公司、陕西省政府和清华大学联合主办，在北京举行了我国首创煤制芳烃技术成果新闻发布会。

煤制芳烃技术的成功研发，开创了煤基能源化工新途径，标志着具有我国自主知识产权、世界领先的煤制芳烃技术在走向产业化的道路上迈出了关键的实质性步伐，填补了我国煤制芳烃技术的空白，使我国成为国际上第一个以煤为原料生产全产业链石油化工

省长娄勤俭视察项目

市委书记胡志强视察项目

煤化有限公司

产品的国家，为推进低层次能源开发向高端化资源经济转变，促进经济社会可持续发展奠定了坚实基础。

为加快华电榆林煤炭资源循环经济综合利用项目建设进程，确保世界首套装置顺利建成投产，打造从煤—甲醇—芳烃—聚酯的煤基芳烃及下游衍生物产业链，构建煤电化一体化资源综合利用的产业集群，现已全面开展华电榆林煤炭资源循环经济综合利用项目前期工作。公司百万吨级煤制芳烃项目可行性研究报告已编制完成，工艺包开发工作已经启动；项目配套资源可可盖煤矿正在开展基建施工准备相关工作。

“流化床甲醇制芳烃（FMTA）催化剂开发”和“流化床甲醇制芳烃（FMTA）成套工业技术开发”两项科技成果通过中国石油和化学工业联合会鉴定

我国首创煤制芳烃技术成果新闻发布会在北京举办。该技术的成功研发，填补了我国煤制芳烃技术的空白，使我国成为国际第一个以煤为原料生产全产业链石油化工产品的国家

华电煤制芳烃示范项目开工

世界首套万吨级甲醇制芳烃工业试验装置全景图

陕西榆林国家农业科技园区

陕西榆林国家农业科技园区始建于2009年，2012年被批准为省级现代农业园区，2013年9月成功获批为国家农业科技园区。

园区按照“核心区→示范区→辐射区”渐进的方式进行布局，主要突出农业技术的引进、集成、组装和研发创新，努力打造“全国知名、全省一流”的国家农业科技园区。核心区位于榆林城北10公里处，规划面积13.8平方公里，由科技创新服务园、观光农业园、设施农业园、生态养殖业园、农产品加工业园、新村示范园六个产业园组成。园区重点建设马铃薯、特色养殖业、小杂粮、设施果蔬四大示范基地。通过渐进式辐射带动作用，带动陕蒙晋宁接壤区及同类生态区的农业发展。

基础设施完备。园区已建成道路41.5公里，信息网络线路29公里，天然气管线13.6公里，供水主管道25.6公里、排水管道36.2公里，已完成排污系统工程，完成了13条道路绿化和南北区入口景观的绿化。达到道路、防护林体系、给排水、网络通信、污水处理等的综合配套。

企业发展快速。已入驻企业达107家(其中科技型企业43家)，预计总投资54.5亿元，全部建成达产后可实现年产值125亿元，占榆林市农业企业总产值一半以上。其中，在建的26个项目，已完成投资20多亿元。园区主导产业总产值达13亿元，三产比例为3.7:4.1:2.2，产业融合度较好；土地平均产出达7550元/亩，是周边农村的3倍以上；提供就业岗位1000多个，就业人员人均纯收入增长15%以上。

研发平台完善。园区以西北农林科技大学、中国农业科学院、陕西科技大学、榆林学院为技术支撑单位，与省内外12家高等院校、科研院所签订了科技合作协议，建立了产学研合作关系，依托高校院所解决园区产业发展中存在的重大关键技术问题。建成农业工程技术研究中心6个，其中省级中心2个（陕西省白绒山羊和马铃薯工程技术研究中心）、市级中心4个，开展主导产业工程化研究。部分入园企业，如华大基因、陕西大地种业等科技型企业，也拥有自已的技术研发部门。

服务功能齐备。一是建成以农产品质量检测、农产品交易、农业信息、农业科技成果与产品展示、农业科技培

科技部领导视察园区

训中心为主的科技信息服务中心，服务范围覆盖榆林市12个县区。二是建成科技创业服务中心，中心可容纳60余家微小企业开展创业孵化。目前，在孵化企业达到26家，完成孵化19家。

后继发展有望。园区成立了经营开发有限公司，真正做到政府引领、科技支撑、企业运作，为园区的后继发展注入活力，公司将出资1000万元资金加入科技部“一城两区”投资结盟，带动园区之间科技金融政策联动、创新资源整合、优势产业聚集，形成大市场，创新园区社会化管理模式。

榆林春雷公司收蛋系统

生猪饲养基地

无土栽培

园区大道

设施蔬菜添亮点

白绒山羊

榆林国家农业科技园区智能温室

榆林市公安局

榆林市公安局为正处级单位，共下设15个分县局，174个派出所，1个消防支队、1个武警支队、1个森林警察支队。截止2012年年底，全市共有专项编制3334个，其中市局机关310名、交警支队363名、榆阳公安分局500名、榆横公安分局50名、榆神公安分局45名、榆庆公安分局15名、神木县公安局263名、府谷县公安局190名、定边县公安局225名、靖边县公安局238名、横山县公安局199名、绥德县公安局237名、米脂县公安局134名、佳县公安局167名、吴堡县公安局71名、子洲县公安局199名、清涧县公安局128名,实有人员（含非警公务员、正式干部、工人）3548人。

截止2012年3月底，全市共有各类辅助人员4513人（榆阳公安分局739名、榆横公安分局53名、神木县公安局1176名，府谷县公安局461名、定边县公安局336名、靖边县公安局375名、横山县公安局345名、绥德县公安局279名、子洲县公安局164名、清涧县公安局222名、佳县公安局88名、米脂县公安局185名、吴堡县公安局90名）。

省长助理、公安厅厅长杜航伟（中）视察榆林公安工作

市委书记胡志强（右二）视察公安工作

市长陆治原（右一），常务副市长高中印（右二）看望慰问基层公安民警

全市涉爆单位负责人座谈会

榆林市中级人民法院

党组书记、院长　雷建新

榆林中院下辖12个基层法院，49个人民法庭。全市法院共有1103名干警。其中，榆林中院在编机构有办公室、政治部(内设组织人事处、宣传教育处)、立案庭、刑一庭、刑二庭、民一庭、民二庭、民三庭、行政庭、审监庭、执行局（下设执行一庭、执行二庭）、审判管理办公室、研究室、司法技术室、司法警察支队、司法行政装备处、监察室、信访室，共计18个。正式干警151人，其中法官111人。领导职数设院长1人，副院长5人，纪检组长、政治部主任各1人，审委会专职委员2人，部门正副职共39人。大学本科以上学历的有132人，占单位总人数的96%，其中已取得硕士学位22人，在读硕士8人。作为一个资源型城市，榆林近年来的经济发展迅猛，与此同时，各类社会矛盾纠纷也大量凸显，法院案件受理数也大幅上升。2010年、2011年、2012年全市法院受理案件数分别为17069 件、21156件、25829件，其中市中院受理案件数分别为1838件、1927件、2214件。与2010年相比，全市法院受理案件数上升了51.3%，市中院受理案件数上升了19.7%。

院长雷建新慰问山区留守儿童

积极开展普法宣传活动

送法进警营

道德大讲堂

榆林市接待办公室

中共榆林市委副秘书长、榆林市接待办公室主任　尚明军

榆林市接待办公室党支部书记　李海如

榆林市接待办公室成立于1984年，为市委直属的事业单位，正县级建制，参照公务员管理，内设政秘科、接待一科、接待二科、接待三科、车队五个科室，在编人员22名。主要负责市委、市人大、市政府、市政协、市纪委五大班子归口的中、省来榆副厅（局）以上领导干部，兄弟地市来榆党政代表团，国内外商务考察团，学者、知名人士、新闻媒体记者的接待工作，以及我市举办的大型活动的会务接待，市上主要领导赴外考察的先遣联络服务工作。同时，对各县区接待工作负有业务指导职能。

近年来我们以“热情、周到、细致、安全、节俭”为目标，大力弘扬“敬业爱岗、无私奋献、奋发进取”的精神，统筹协调各类接待任务，建立健全各项规章制度，使我市接待工作向规范化、程序化、标准化的方向逐步迈进。圆满完成了胡锦涛、江泽民、温家宝、贾庆林、乔石、李鹏、朱镕基、李源潮、张德江、令计划、王沪宁、曾庆红、宋平、李铁映、姜春云、宋健、杨汝岱、蒋正华、程思危、卢嘉锡、布赫、陈俊生、钱正英、王忠禹等党和国家领导人来榆视察的接待任务，受到了各级领导的充分肯定和高度赞扬，全市的接待工作正在由原先安排简单食宿的单纯接待向系统性的考察参观、业务交流、会议会务等的接待工作转变，由事务型向综合型、由被动服务型向主动服务型接待转变，接待工作整体水平不断提升，为促进我市经济社会又好又快发展发挥了积极的作用。

认真总结近年来的工作，我们通过周密细致的安排、热情周到的服务，树立良好的外部形象，为榆林发展做到了“四个赢得”：即赢得支持，能妥善办理接待细节，做深、做实各项接待要素，确保接待工作“零失误”，为领导同志有限时间内高效率工作创造条件，使他们更多的了解榆林情况，在政策支持上赢得更多的机会；赢得投资，根据来宾的身份，有意识的安排介绍考察榆林的资源优势、开发潜力、招商项目等，捕捉和发现接待对象中潜在的商机，积极为企业牵线搭桥；赢得形象，为来榆林的领导和客人提供热情、细致、周到、优质、文明、高效、安全的全程接待服务，展示、宣传、推介榆林，打响“两基地一中心”品牌，提高了影响力和吸引力；赢得朋友，充分利用接待工作沟通上下、联系内外的优势，充分利用交往过程中产生的情感效应、公关效应、信息效应，打造开展经济合作的无形资源库，以换取最大效益。

重温入党誓词

演讲比赛

技能大练兵

年终总结

榆林市体育局

局长 朱 勇

榆林市体育局坚持以科学发展观为统领，紧紧围绕建设体育强市目标，突出幸福榆林和体育民生主题，统筹抓好各项体育工作，超额完成既定目标任务，被省体育局授予“体育彩票突出贡献奖”，被市政府表彰为“第三十届奥运会突出贡献单位”。

竞技体育跨越发展。由榆林市培养选送的优秀运动员景瑞雪，在第30届伦敦奥运会上，获得女子自由式摔跤63公斤级比赛银牌，创造了我国参加该项目该级别奥运会最好成绩。其他输送运动员在国家级大赛中共取得7枚金牌，20个二至八名。各县区向市体校输送运动员77人，市上向省队输送45人，累计达168人。在省年度比赛中，获得金牌72枚、银牌41枚、铜牌51枚。市年度比赛共设田径、举重、摔跤等9个项目，参加运动员达1088人，呈现出举办规模大、设置项目全、参赛人数多、影响力大的特点。11月成功承办了“2012年全国武术散打冠军赛”。邀请省体育局有关专家授课，共培训二级足球裁判员33人，二级羽毛球裁判员45人，足球教练员32人。11月，成立了榆林市青少年校园足球工作领导小组办公室并正式挂牌。市政府同意为体校加挂“榆林奥林匹克九年制学校”的牌子，增加了体校运动员文化教育和划定区域的义务教育职能。市体校国家高水平体育后备人才基地建设通过国家体育总局的新一轮认定评估。12月市政府出台了《关于进一步加强运动员文化教育和保障工作的意见》，为运动员文化教育和保障建立了政策体系和长效机制。

群众体育蓬勃开展。出台《榆林市全民健身实施计划（2011-2015）》。争取中省资金604万元，全年实施农民体育健身工程60个，城市社区全民健身器材配送工程20个，乡镇农民体育健身工程4个，全民健身示范带工程2个。同时，市本级配套资金80万元，在16个农村、15个社区及学校和1个乡镇实施了健身工程。对市区世纪广场、火车站广场等几大广场更新，重新安装健身器材252件。连续两年为群众活动站点配送音响240套。组织各级各类活动210余次，参与人数达20余万人，市本级举办了乒乓球、篮球、首届社区趣味运动会等大型活动22次。2012年，靖边县、子洲县被国家体育总局分别授予“全民健身活动优秀组织奖”、“全民健身活动先进单位”。体育社团组织达到108个；举办二级社会体育指导员培训班三期，新发展二级社会体育指导员116人，三级社会体育指导员750人，网上注册已达 1632人。

市委书记胡志强看望第三十届伦敦奥运会女子自由式摔跤63公斤级亚军获得者景瑞雪

市体育局领导班子

成功承办了中美男子篮球对抗赛、陕汽杯2012全国超级卡车大赛（榆林站）、沙漠汽车越野赛等全国性商业赛事，取得了一定的经济效益和良好的社会效益。狠抓宣传营销，不断扩大全市体彩市场，设立神木、定边、府谷三个体彩分站，全市设置网点达355个，市场占有率为35%，体育彩票销售勇创历史新高，达3.04亿元，同比增长25%，连续7年稳居全省第二。市县先后投资1800多万元对场馆进行了维修改造，为全市人民提供了良好的健身环境。

市人大常委会常务副主任曹世玉等领导视察体育局工作

市领导视察体育局工作

“白云山”杯全国武术散打冠军赛开幕仪式

榆林市委、市政府举行“榆林市参加第三十届伦敦奥运会”表彰大会

榆林市参加第三十届奥运会表彰大会合影

榆林市安全生产监督管理局

榆林市安监局成立于2001年4月，现为市政府组成部门，正处级建制（市安全生产委员会办公室设在市安监局）。主要职责是综合监督管理全市安全生产工作，负责非煤矿山、危险化学品、烟花爆竹行业安全生产监督管理工作。全局现有机关行政编制13个，实际在册人员为24人，实有人员35人（其中借调人员、临时工11人）。局机关设政秘科、综合科、职业安全监察科、矿山安全监察科、危险化学品监督科五个科室。下设市安全生产应急救援指挥中心、市安全生产监察支队、市安全生产宣传教育中心、市安全生产监测检验中心和市矿山救护队五个直属事业单位。

市委书记胡志强（前中）在煤矿调研

市长陆治原（右二）视察煤矿安监工作

全市安全生产重大隐患排查治理工作调度会

全市安全生产形式研判会

榆林市国家税务局

市委书记胡志强（左）检查指导市国税局工作

省国税局党组书记、局长牟信勇（左二）、市委常委、常务副市长高中印（左三）深入企业调研税源管理情况

榆林市国税局在省局和市委、市政府的正确领导下，坚持“为国聚财、为民收税”的工作宗旨，全面构建“机制管人、信息管税、内控促廉”的税收工作新格局，着力发挥税收职能，全力推进地方经济快速和谐发展，各项工作呈现出蓬勃发展的良好态势，被中央文明委命名表彰为全国精神文明创建工作先进单位。2012年，全市国税收入达到434.46亿元，同比增长17.47%，同比增收64.6亿元，收入总额和增收额在全省列10个市级征收单位第1位，收入总量占全省国税收入的29.7%。

该局深入推进依法治税，认真贯彻各项税收政策法规，严格执行组织收入工作原则和纪律，不断创新管理手段，大力实施税源专业化管理，开展对395户重点行业、重点税源企业的纳税评估和500多项风险数据的核查工作，提高了管理水平。全面落实税收优惠政策，汇算清缴办理减免企业所得税19.18亿元，为企业发展提供政策支持。积极推行国地税联合办税，与有关单位联合成立榆林市纳税人维权服务中心和纳税人学校，开通12366纳税服务热线和短信服务平台，为纳税人提供优质高效服务。通过在北大管理学院举办领导干部高级研修班、组织“税收业务擂台赛挑战赛”和“会计基础知识达标考试”等活动，开展全员全岗位业务培训，提升了干部队伍综合素养和能力。

市国税局领导班子

全局举办“读经典提境界”演讲比赛

榆林市委老干部局

榆林市现有离休干部1693人，其中：市级机关97人、事业单位106人，企业单位123人，县区离休人员1367人。退休干部22722人。其中：市级机关事业单位3345人，县区19427人。市委老干部局内设政秘科、离管科和退管科三个科室以及市直离退休干部党委。下属单位3个，分别为市干休所、市老年大学、市老干部活动中心。全市老干部工作的重点是落实老干部的政治和生活待遇，组织老干部发挥积极作用，为榆林的和谐稳定和持续健康发展做出贡献。

局长　胡统金

市委书记胡志强（右一）视察老年大学

市委常委、组织部长尉俊东（左一）观看老干部发挥作用成果展

市委书记胡志强（左五）视察老年大学

共青团榆林市委员会

中国共产主义青年团（简称共青团）是中国共产党领导的先进青年的群众组织，是广大青年在实践中学习共产主义的学校，是中国共产党的助手和后备军。

2012年，在团省委和市委、市政府的正确领导下，我们认真贯彻落实市委二届八次全会和团省委十一届四次全会精神，坚持以科学发展观为指导，围绕建设“中国经济强市、西部文化大市、塞上生态名市”三大目标，团结带领全市广大团员青年，解放思想，开拓创新，加强团的基层组织建设和基层工作，服务青年就业创业，不断增强共青团工作的吸引力和凝聚力，突出重点，突破难点，突显亮点，坚持服务发展不变调、投身实践不争论、紧盯目标不折腾、砥砺奋进不懈怠，团的各项工作继续保持了蓬勃发展的良好态势。

榆林市共青团与人大代表、政协委员“面对面”座谈会

“我与祖国共奋进”形势政策宣讲会陕西首场报告会

“永远跟党走”青春歌会活动现场

“献爱心、伴成长、铸未来”关爱农村留守儿童活动启动仪式

榆林市地方税务局

党组书记、局长　艾礼贵

榆林市地方税务局组建于1994年8月，现有干部职工1321人，下设4个副处级行政机构，辖12个县(区)局、105个税务所（分局、稽查局）。承担着13项地方税种(附加)和10项基金、社保费的征缴工作，担负46862个纳税(费)户的征收管理工作。市局先后两次创建成全国文明单位，全系统实现了文明单位满堂红，共建成文明单位74个，青年文明号67个，国家级巾帼文明示范岗2个，市级基层建设达标单位34个。市局成为省市党风廉政示范单位、文化建设示范单位、书香榆林示范单位、信息化建设示范单位、档案管理示范单位、规范管理示范单位，省局及市委、市政府多次在我局召开现场会，税费收入由组建初期的8000万元增长到2012年的251.38亿元，收入总量连续六年稳居全省第二。

近年来，榆林市地方税务局在省地方税务局和榆林市委、市政府的正确领导下，坚持以科学发展观为指导，按照省局"一个中心、三个重点、两个保障、一个支撑"的整体工作部署，明确责任，夯实基础，强化管理，狠抓落实，全员树立细节决定成败、制度重在落实理念，加快节奏、决不拖延理念，领导创新、中层创优、全员创业以及想干事、善谋事、会干事、能成事、不出事三大理念；着力构建了税源管理、纳税服务、税收诚信和目标责任考核、干部规范管理考核评价、班子建设考核评价"六大体系"；稳步推进了党的建设、领导班子和干部队伍建设、党风廉政建设、规范化建设、税收智能化建设、精神文明与地税文化建设；倾力打造了"阳光地税、数字地税、诚信地税、和谐地税、文化地税"五大品牌；税收征管、纳税服务、信息管税、党风廉政、规范管理、地税文化、学习型机关和思想政治等工作走在了全省地税系统前列。

政风行风建设宣传活动

国务院机关党组成员、纪检组长阎京华（左一）一行到榆林市局调研

中组部副部长王尔乘（左二）视察榆林市地税工作

省委常委、宣传部部长胡悦（中）视察地税工作

税法宣传月活动现场

参加市直工委广播操大赛

榆林市城市管理综合行政执法局

榆林市城市管理综合行政执法局是经陕西省人民政府批准（陕政发[2007]14号）成立，于2007年8月15日正式挂牌运行，是榆林市人民政府直属行政部门，具有独立行政执法主体资格。实行城市管理综合行政执法试点工作，相对集中市容环境卫生管理、城市规划管理、绿化管理、市政公用设施管理、环境保护管理、工商行政管理、公安交通管理、户外广告管理等方面全部或部分行政处罚权。

榆林市城市管理综合行政执法局内设七个科室，下设榆阳分局，西南分局，高新分局，三个分局按照区域划分具体行使城市管理综合行政执法职能，另设立榆林市公安局榆阳分局公安特勤大队，配合和协助综合执法局开展综合行政执法工作，给予警力保障和支持。

在市委、市政府的正确领导下，坚持以邓小平理论和“三个代表”重要思想为指导，以科学发展观统领工作大局，深入贯彻落实党的“十八大”、省十二次党代会、市委第三次党代会精神，紧紧围绕市委、市政府“建设幸福榆林”和“四城联创”的战略部署，突出“创建”这一工作主线，坚持深入开展创先争优活动，加强干部作风建设，积极推进党的建设和执法队伍建设，紧扣“树立亲民理念，构建和谐执法”主题，不断完善综合执法体制，更新执法理念，创新工作方法，提高工作效率，树立综合执法新形象，以推进中心城区建设，维护城市环境秩序为重点，认真履行城市管理综合执法职责。

局长王建伟在违法建筑拆除现场指挥拆除工作

按照市委、市政府立足于建设区域性中心城市目标，进一步加强城市管理工作，理顺管理体制，建立起责任明晰、运转高效的城市管理责任体系，实现了城市管理网格化、精细化，城市管理行政执法水平明显提升。打击违法违规建设，市容环境综合整治，户外广告牌匾管理，校园周边环境集中整治，流浪乞讨人员劝送和渣土运输车专项整治等工作取得了显著效果，圆满完成了2012年度各项工作目标任务。

执法人员认真开展军事训练

业务技能培训

清理野广告

市容综合整治宣传活动

清查渣土车

全体执法人员学习《执法暂行办法》

榆林市住房和城市建设局

局长　高永东

榆林市住房和城市建设局是2010年3月由原市城市建设局和市房产管理局合并组建的市政府组成部门。主要职能是负责全市保障性安居工程建设和榆林城区市政道路桥梁、公用环卫设施、园林绿化建设管理，以及房地产市场监管、房屋交易及产权管理等工作。局机关编制20人，现有39人，局长兼党组书记1人，副局长7人，纪检组长1人，总工1人，副调研员4人。局机关内设12个科室（政秘科、政策法规科、财务管理科、住房改革与发展科、住房保障科、房地产市场监管科、物业市场监管科、房政房产科、市政工程建设科、公用事业管理科、园林绿化管理科、环境卫生管理科）。局属单位18个，其中正县级2个（榆林市住房公积金管理中心、榆林城区房屋征收与补偿办公室），副县级2个（市环境卫生管理处、市园林管理处），科级14个（市广场管理所、河滨公园管理所、市政管理所、

市委书记胡志强（右二）、市长陆治原（左一）参加市政重大工程开工仪式

路灯管理所、老街管理所、自来水公司、市政工程建设管理处、房屋产权管理处、房地产交易管理所、住房保障中心、污水处理厂、投资公司、废弃物处理中心、榆川公司）。

近年来，按照市委、市政府“一中心两基地”建设目标，先后实施了一大批道路桥梁、园林绿化、城市广场、亮化美化、垃圾处理、污水处理、环境卫生、供水、供气、供热工程，城市综合服务功能和承载能力实现了历史性跨越，城市基础设施更加完善，管理更加有序。到2012年底，榆林建成区面积达63.6平方公里，人口40.9万人。共建成主次干道78条，总里程达到129.47公里,建成桥梁20座。对建成的78条主次干道实施了景观绿化，建成公园3个、广场8个、街头绿地及小游园27处、园林式居住区35个、省级园林式单位21个，建成区绿化覆盖率达36.21%，绿地率32.14%，人均公共绿地面积10.23平方米。2012年，榆林省级园林城市通过达标验收。建成供水管网656.7公里，日供水能力5.4万吨，供水普及率达96%。建成天然气供气管网624.5公里，天然气居民用户累计达13.7万多户，燃气普及率达到83%。建成供热管网220多公里，集中供热面积达783万平方米。所有主次干道和绝大部分巷道全部实现了亮化，亮灯率达到98%以上，路灯总数40459盏。建成投用了日处理污水3万吨的污水处理厂，污水处理率达到80%以上。建成了日处理能力600吨的榆林城区垃圾处理场，城区生活垃圾无害化处理率达89%。建成垃圾收集站40个，环卫工人休息场所24个，公厕203座。榆林城区共开工建设四类保障性住房20528套，已入住8606套，预计2014年全部入住。

长城南路

东沙生态公园凤凰灵台凤凰阁

文化南路沙河桥

新打通的开光路

榆林市招商服务局

局长　麻占平

榆林市招商服务局是在原市经济技术合作局、市对外开放领导小组办公室和市发改委加挂的市招商局的基础上，整合相关职能组建的，为主管全市招商引资、对外开放、经济技术协作及改善投资环境工作，于2008年1月16日，经省机构编制委员会批准设立的市政府直属事业机构。

自2008年榆林市招商服务局组建以来，共引进、签订招商项目414个，总投资5271.67亿元，引进资金5122.92亿元，平均每年增长32%。其中签订合同项目177个，合同引进资金2444.85亿元。

4年来，市招商局累计实施招商引资项目186个，实际到位资金1116.09亿元，平均每年增长46%，占我市四年来固定投资完成额28%，其中，实际利用境外资金5056万美元，新批外商投资企业9户。

招商项目引进呈现三个特征，一是结构多元化，除能源化工产业项目外，引进新能源、特色农产品加工、节能环保、装备制造、文化旅游、物流等15类产业项目，形成多头并进、多业齐举的格局；二是项目规模化，引进总投资1—5亿元项目43个，5—10亿元项目7个，超过10亿元的大项目30个；三是产业科技化，引进项目突出了循环、低碳、节能环保的特点，技术先进，资源充分利用。

副省长王莉霞（前中）视察西洽会榆林展位

市委书记胡志强（右二）了解绥德高精密金属镁板工艺

市长陆治原（前左一）视察西洽会榆林展位

局长麻占平（左一）、党组书记张常青（右二）陪同张海峰副市长检查西洽会布展工作

榆林市民政局

榆林市民政局是市政府的重要职能部门之一，内设9个行政科室：政秘科、资金管理科、基层政权和社区建设科、优抚科、救灾科、社会福利与社会事务科、社会救助科、复退军人和军队离退休干部安置管理办公室、区划地名办；7个下属事业单位：民间组织管理办公室、福彩中心、社会福利院、儿童福利院、复原军人疗养院、荣誉军人接待站、军供站；全系统共有干部职工300多人。

市民政局主要承担着社会救助和社会福利、基层民主政治建设、服务军队和国防建设、专项社会事务等四大职能。具体负责城乡最低生活保障、救灾救济、城乡社区建设、优待抚恤、退伍安置、婚姻登记、殡葬管理、行政区划、收养登记、民间组织管理、地名管理、社会福利事业、军队离退休干部管理服务和基层政权建设等20多项重要职责。

近年来，在市委、市政府的正确领导和省民政厅的精心指导下，榆林市民政局艰辛探索、锐意改革、扎实工作，各项民政工作迈出了新步伐，全市民政事业实现了新发展。城乡低保制度全面建立，实现了规范管理基础上的应保尽保；灾害应急机制逐步健全，应对灾害的快速反应能力明显提高；优抚政策得到及时落实，退役士兵安置改革工作有序进行；统筹城乡，基层民主政治建设和社区建设稳步推进；慈善福利工作快速发展，社会事务服务管理水平不断增强；一大批民生项目落地生根，纳入“民生工程”重点建设。民政自身建设实现了新提升，先后有80多名民政干部获得了民政部、民政厅的表彰奖励，其中两名同志受到了党和国家领导人的亲切接见。2012年，在全省第二十次民政会议上被评为“全省民政系统先进集体”，2009年以来，连续三年被省民政厅评为全省民政工作优秀单位。

副省长李金柱（左二）视察社会福利院

省民政厅厅长郭伯权（左二）来本市调研

市委书记胡志强（左二）看望孤儿院儿童

市长陆治原（中）视察福利院

常务副市长高中印（左）在局长呼延刚的陪同下调研老年公寓

局长呼延刚在米脂县调研『三问三解』活动

榆林监狱

陕西省榆林监狱位于神木县大柳塔镇何家塔村，是国家按照监狱布局调整政策在榆林市设立的唯一一所中度戒备型监狱。监狱始建于1994年，1999年开始押犯，承担着榆林市12个县（区）原判15年以下有期徒刑罪犯的关押和改造任务。监狱现有政治处和13个职能科室，分别是办公室、工会、监察审计室、狱政管理科、狱内侦查科、教育改造科、刑罚执行科、生活卫生科、劳动改造科、安监科、财务科、基建科和附属医疗防疫站，十一个押犯监区。在职警察266人，职工98人。建监以来，在陕西省司法厅和监狱管理局党委的正确领导下，在地方各级政府的大力支持下，榆林监狱党委带领广大警察职工，以“三个代表”重要思想为指导，深入贯彻落实科学发展观，坚定不移地贯彻执行“惩罚与改造相结合，以改造人为宗旨”的监狱工作方针，以维护社会稳定、服务和谐社会为己任，坚持把降低刑释人员重新违法犯罪率作为监狱工作的首要标准，坚持“勇创新、敢担当、争一流”的工作理念，充分发挥刑罚执行、教育改造的职能作用，将一大批罪犯改造成为自食其力的守法公民。

近年来，监狱积极致力于何家塔煤矿的建设、监狱基础建设，连续六年实现了监管安全“四无”。监狱人民警察队伍建设和监狱各项工作逐步走上了规范化，荣获省司法厅、监狱管理局多项表彰，被榆林市委、神木县委命名为“文明单位”，多次被榆林市驻神直属工委评为“党建工作先进单位”。此外，监狱充分利用自身职能优势，努力开展廉政文化阵地建设。2012年，监狱与神木县检察院联手共建了省内一流的警示教育基地。基地占地400多平方米，采用声、光、电一体化的展示方式，将“预防、教育、惩治”三位一体全面展示，以直观的图片展览、声光电影像资料、实物场景、双屏互动系统和服刑人员的现身说法等形式，为社会提供廉政教育服务。

省司法厅副厅长田萍检查指导工作

市检察院检察长梁曦参观警示教育基地

监狱开放日活动

罪犯教学楼

警官风采

警示教育基地

榆林市卫生局

市卫生局是市政府组成工作部门之一，内设政秘科、规划财务科、疾控法规科、医教监管科、基层卫生科、中医妇社科、纪检监察室等六科一室，共有编制19人。局机关的主要职能是：贯彻国家卫生改革与发展战略目标、规划和方针政策；实施中、省基本药物制度、政策；承担食品安全综合协调、组织查处食品安全重大事故责任，统一发布重大食品安全信息；统筹规划与协调全市卫生资源配置，指导区域卫生规划的编制和实施；组织实施农村卫生发展规划和政策措施，负责新型农村合作医疗综合管理；拟定社区卫生、妇幼卫生发展规划和政策措施，规划并指导社区卫生服务体系建设；负责疾病预防控制工作，拟定重大疾病防治规划与措施并组织实施防控与干预，发布法定报告传染病疫情信息；负责突发公共卫生事件预防控制与应急处置，发布突发公共卫生事件应急处置信息；指导规范卫生行政执法工作，负责医疗机构全行业监管；组织拟订医药卫生科技发展规划，指导卫生人才队伍建设工作；承担市爱卫会、市地方病防治领导小组的日常工作等。

市局共下设市第一医院、第二医院、市中医医院（第三医院、市神经精神病专科医院）、市卫生学校、市疾病控制中心、市卫生监督所、市新型农村合作医疗管理办公室、市卫生职业中专学校、市妇幼保健院、市地方病防治办、市地方病防治所、市中医研究所、市医疗事故鉴定办公室、市中心血站、市骨科医院、市脑肾病专科医院、市健康教育所和市急救指挥调度中心等18个全民事业单位。 全市共有医疗卫生机构达4993个，其中：医院92个,公立医院41个, 其中市级医院6所，县级医院35所、基层医疗卫生机构4844个,社区卫生服务中心7个、社区卫生服务站30个、乡镇卫生院228个、村卫生室4202个，疾病预防控制中心13个，卫生监督机构13个，妇幼保健机构13个，地方病防治机构3个，中等卫生学校1所，卫生职业中专学校1所。

党组书记、局长　王存田

卫生部副部长陈啸宏在绥德县考察

榆林市医院管理紧缺人才培训班在北京大学医学部开班

举行“中国人民武装警察部队医学院榆林健康教育基地”揭牌仪式

市卫生局组织医疗队赴横山开展万名干部下基层活动

榆林市食品药品监督管理局

2001年8月，榆林市食品药品监督管理局前身榆林市药品监督管理局组建成立，2006年3月，在原市药品监督管理局的基础上组建成立了市食品药品监督管理局，2009年，市食药监管局由省级以下垂直管理改为地方政府管理，被列为同级政府的组成部门。市局内设政秘科、食品许可科、食品安全科、药品市场监管科、药品安全监管科、医疗器械监管科、稽查科7个科室，下辖市食品药品检验所、市食品药品稽查大队两个直属事业单位。主要职能是在市委、市政府的领导下负责对全市药品、医疗器械的研究、生产、流通、使用进行行政监督和技术监督；负责餐饮消费环节食品卫生许可和安全监督管理；负责化妆品卫生许可、保健用品、保健食品监督管理工作。

近年来，榆林市食品药品监督管理局以保障全市人民群众饮食用药安全为工作目标，认真履行监管职责，深入开展各类专项整治，严厉打击制售假劣食品药械违法行为，进一步规范食品药品市场秩序，各项工作取得积极成效。市局先后被省局评为行政执法“先进单位”、实施食品放心工程“先进单位”等，连续四年被市委、市政府授予“为榆林经济和社会发展做出显著成绩单位”，连续三年被授予“中省驻榆先进单位”，连续四年被评为深化创建五型机关“标兵单位”称号，连续五年被评为“政风行风建设先进单位”。

副省长郑小明来榆调研食品安全

市长陆治原检查春节超市食品安全

省局李荣杰局长来榆检查指导药品市场整顿工作

局长王维明检查超市食品安全

市局全体党员赴延安接受革命传统教育

年度食品安全宣传周活动

市局举行市食品药品稽查大队成立揭牌仪式

榆林市公证处

榆林市公证处创建于1993年9月9日，直属市司法局的处级事业单位，经费实行自收自支。现有工作人员23人，编制22个。拥有执业公证员10名，其中三级公证员6名，90%以上的工作人员具有本科以上学历。内设三个业务部及综合部和财务装备部共五个部。

近年来，榆林市公证处积极参与榆林的经济建设，为政府的招投标项目、土地招拍挂、城市拆迁、房地产交易、经适房摇号等多项活动提供了优质的公证法律服务，为榆林的经济发展发挥了重要作用，深受各界的好评。成为社会信用体系及经济法治社会的诚信使者与法律卫士。先后被市委、市政府、市政法委、市文明办、市直机关工委、市司法局、省司法厅、司法部授予“人民满意的政法单位”、“市文明行业先进单位”、“市级现代化文明公证处”、“一类党支部”、“公证质量优胜单位”、“全国公证行业文明公证处”等荣誉。系市政法委指定的“法律服务示范单位”。

多年以来，榆林市公证处以全心全意为人民服务为己任，为法治和谐服务为宗旨，“内强管理、外拓证源、横向学习、跨越发展”，实现全面快速发展。拥有高素质的公证队伍和专业翻译队伍，拥有先进的现代化办公设备，并建立了公证网站，从办证登记到公证卷宗归档均实现了微机化管理。公证处实现管理动态化、卷宗规范化、档案资源化，为优质高效快捷的公证法律服务提供了保证。同时，公证处多次为贫困村、贫困户、贫困大学生、困难家庭、社会公益事业等捐款捐物，真正体现公证服务于公益事业，公证服务于经济建设，公证服务于困难群众，公证服务于文明法治，公证服务于和谐社会。

榆林市公证处本着“公证、廉洁、便民”的原则，热忱为当事人提供一系列优质高效的公证法律服务，努力为榆林经济建设、法律建设、对外交往、和谐稳定做贡献。

主任 加建中

省司法厅厅长乌永陶（前中）一行检查指导工作

公证处领导班子

全国公证行业
文明公证处
中国公证协会
二〇〇七年五月

2012年度全省公证质量
优胜公证处
陕西省司法厅
二〇一二年十二月

文明行业创建活动
先进单位
（2013—2017）
中共榆林市委
榆林市人民政府
二〇一三年二月

2011—2012年度
“五型”党组织
中共榆林市直属机关工作委员会
2013年6月

集团公司董事长、党委书记王鹏到榆林指导工作

集团公司总工、榆林公司总经理刘玉庆检查一线基层工作

榆林电力分公司党委书记马永强检查安全工作

榆阳公司首次带电作业现场

榆林电力分公司电缆施工现场

榆林电力分公司电网建设

BRANCH COMPAN

榆林市林业局

局长　康文伟

榆林市林业局的前身是陕北防沙造林局，于1953年成立，归榆林专署领导。1962年正式建制为榆林地区林业局，2000年7月改为榆林市林业局，是全市林业工作的主管部门，负责组织实施全市的林业生产及林业重点建设项目；对森林资源的保护、更新、利用进行全面的管理和监督，依法行使林业执法职能；指导、协调林业产业结构的调整，培植林业主导产业，实现林业可持续发展。

局内设有政秘科、植树造林科、发展计划与资金管理科、科技教育科、林业公安科、资源管理科等6个科室，局属事业单位一个。行政编制18名。领导职数4名，其中：局长1名，副局长3名。总工程师1名(副处级)。下属林校、林科所、林业站、种苗站、樟子松种子园、退耕办、产业办、封山禁牧队等8个单位。全市共有18个林业派出所，29个国有林场，16个国有苗圃。全市林业系统共有职工5025名，其中科技人员2352名，正高级工程师1人，高级工程师97人，工程师546人，助理工程师372人，技术员669人。

建国以来，特别是党的十一届三中全会以来，榆林市坚持以改善生态环境为目标，大力调整林业产业结构，走经济效益促生态效益和社会效益的发展路子，使治沙造林取得了辉煌的成就。截至目前，全市造林保存面积达2007.5万亩，林木覆盖率为30.7%。建成总长1500公里的长城、北缘、环山、灵榆4条大型防风固沙林带，在沙漠腹地营造起万亩以上的成片林165块，滩、川、塬、涧地区受风沙危害的140万亩农田，基本实现林网化，形成了带、片、网相结合的防护林体系，有效地控制了流沙的南移。

九十年代以来，榆林市林业局连年被评为全省造林绿化一、二等奖。1991年被国家三部委(全国绿委、人事部、林业部)同时授予全国造林绿化先进单位和全国治沙先进单位，1992年被原林业部评为三北二期工程先进集体，1998年我局被授予市级文明单位，1999年我局被评为市级社会治安综合治理模范单位、省级卫生先进单位，2000年被评为三北防护林工程建设先进集体，2001年被国家林业局、人事部评为治沙造林先进集体，2002年被评为省级文明单位，2003年3月被授予三北防护林工程建设先进集体，2003年6月人事部、国家林业局授予全国林业系统先进集体称号。在市政府每年的任务指标考核中，榆林市林业局2000、2003年度获得了二等奖，2001、2002年度均获一等奖。

近年来，为了深入贯彻江总书记“再造一个山川秀美的西北地区”的重要批示和朱总理的“十六字”治理方针，我们紧紧抓住国家西部大开发的历史机遇，重点实施退耕还林、绿色长城、绿色长廊、枣杏基地、种苗基地、天然林保护、三北四期等重点林业工程建设，使全市治沙造林取得了阶段性成效。

局领导与榆阳区领导共同检查榆阳区汽车产业绿化工程

检查靖边县五台森林公园建设

检查定边县环城林带建设

在佳县宣讲十八大

检查佳县红枣病虫害防治工作

检查神木县造林工作

检查清涧县红枣精品园建设

检查子洲县千里绿色长廊工程

检查吴堡县红枣低产园改造工程

榆林市贸促会

市委书记胡志强视察第七届煤博会展区

举办十一届外资会榆林专场项目推介会

2012年，榆林市贸促会认真贯彻落实市三次党代会和全省贸促工作会议精神，紧紧围绕加快转型、跨越发展、建设幸福榆林的奋斗目标，在巩固中求发展，发展中求突破，始终不渝地把服务于经济、服务于企业，服务于各级政府为首要职责，求真务实，攻坚克难，追求卓越，充分发挥贸促会的资源优势，以经贸活动为契机，创新务实地开展招商引资和投资贸易促进工作。2012年9月1日至3日，第七届榆林国际煤炭暨能源化工产业博览会在我市成功举办。为本届煤博会发放会刊1万多册，大会海报3万份，《工作手册》6000份，向全国发送两期《西部煤炭快报》5万份，《榆林日报》专版宣传10期，组委会编发了13期筹备《工作简报》。《中国煤炭报》《中国石化报》以及省内各大报驻榆林记者站，榆林日报、榆林电视台、榆林新闻网、榆林政府网等新闻媒体对本届煤博会进行了跟踪报道。

项目签约金额实现新突破。本次签约仪式共签约建设项目5个，共计金额48.9亿元。

（一）积极参加第十六届西洽会，成功举办了第十一届外资会榆林专场项目推介会。现场签约五项协议，项目投资总额达4.75亿元，取得了较好成果。

（二）精心组织参加了首届中国西部跨国采购洽谈会。

跨采会上成功签订了4个项目，其中合同项目1个，协议项目3个，总投资额1602万元。

（三）深入开展国内经贸活动。3月份，组织相关企业和市商务局参加了江苏昆山举行的“2012中国国际进出口产品博览会”。5月份，在上海参加了由省贸促会组织的“新浙商投资陕西恳谈会”。6月份，我会组织相关企业赴哈尔滨参加了“中国国际新材料产业项目合作洽谈会”。7月份，组织相关企业赴青海参加了青海国际清真食品及用品展览会。9月份，组织相关企业赴铜川市举办的“第二届中国孙思邈中医药养生保健产业博览会”。

2012年，榆林市贸促会共接待来访组团2个、50人次。促进出口贸易成交金额2365.8万美元，其中绿豆566万美元，硅钙1514.6万美元，活性炭245.2万美元，固体氢氧化钠41.2万美元，红枣1.8万美元。引进项目意向金额143.34亿元（人民币），促进项目合同金额111.85亿元，促进项目实际到位资金20亿元。

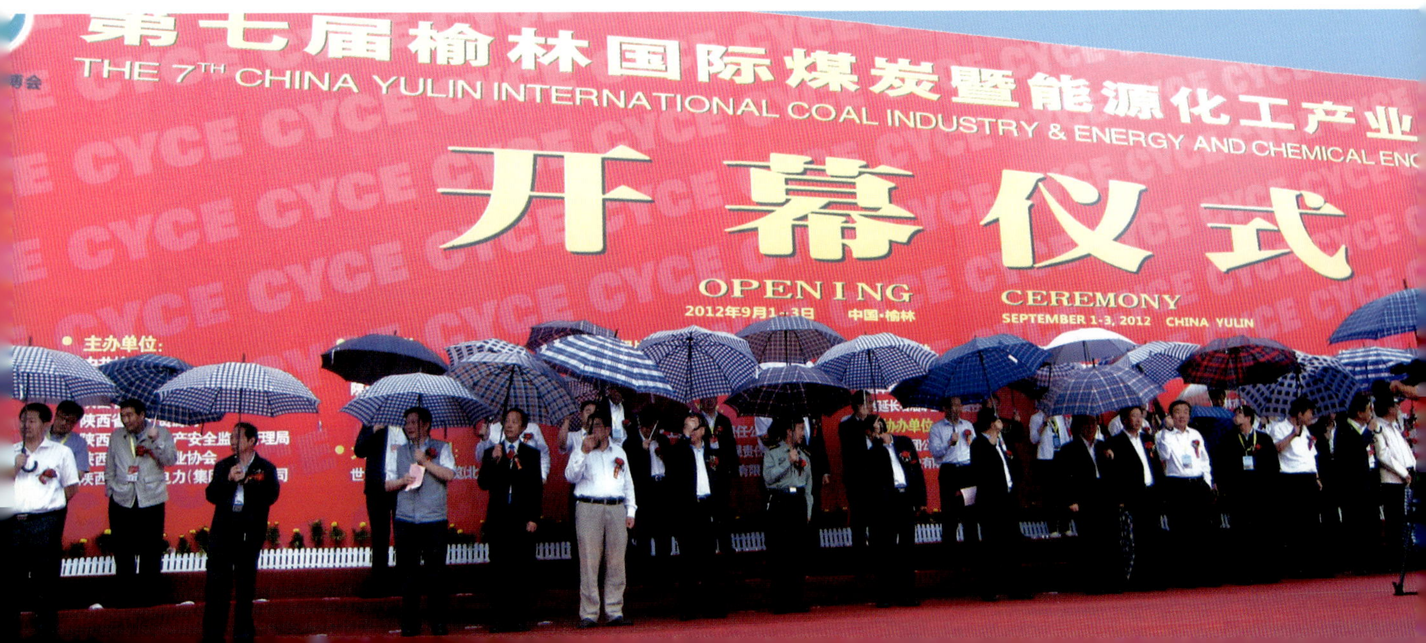

榆林市气象局

榆林市气象局成立于1950年，位于榆林市榆阳区肤施路47号，属国家事业单位，实行双重领导的管理领导体制，是同级人民政府工作部门。辖13个县区气象局，内设4个职能科室，6个直属事业单位，2个地方政府批准设立机构。全市现有职工156人，具有专业技术职称人员154人，工勤岗人员2人，其中正研级职称1人，副研级职称11人、中级职称88人、初级职称56人。

榆林市气象局主管全市气象工作，负责全市的气象探测、预报、服务和气象灾害防御、气候资源利用、气象科学技术研究等工作，并负责雷电灾害防御工作的组织管理、防雷工程设计审核、防雷工程竣工验收和组织实施人工影响天气。

在榆林市委、市政府和陕西省气象局的领导和支持下，榆林市气象局认真贯彻落实党的十八大及中省气象局长会议精神。深入贯彻科学发展观，全面推动我局现代气象业务体系、气象科技创新体系、气象人才体系建设以及管理等软实力的提高。坚持科学发展和改革创新，加快推进气象发展事业方式转变，以“火车头计划”为引擎，继续实施“两计划一行动”，加快气象现代化建设进程，深入推进气象工作政府化、气象业务现代化和气象服务社会化，公共气象服务和人工影响天气能力得到进一步提高，把保障和改善民生放在更加突出的位置，为榆林市居民生活、工农业生产、经济社会发展发挥了积极作用。

榆林——鄂尔多斯飞机人工增雨雪跨区域作业协议签字仪式

市委书记胡志强（中）检查飞机人工增雨雪基地

副市长王长安（中）视察气象工作

榆林市气象局防灾减灾中心业务平台

榆林市农业局

榆林市农业局是主管全市农业和农村经济发展的市政府组成部门，承担全市农业和农村经济发展政策落实、行政管理、行政执法、科技服务等职能。内设7个科室（政秘科、科技教育科、农业科、政策法规科、经营管理科、计划财务科和市场信息科，另有机关事务所以局机关内设机构进行管理），下属14个农业科研、教学、推广和生产单位，职工总人数667人，其中专业技术人员464人，管理人员130人，工勤人员73人。2012年以来，市农业局在省农业厅和市委、市政府的正确领导下，深入开展“大调研、大培训、大推广”“三大活动”，各项工作取得了突出成绩。

★全市粮食作物播种面积706万亩，粮食总产154万吨，实现“九连丰”；

★玉米、糜子、谷子、大豆等4类作物创造和刷新了10项全国高产纪录，高产创建面积达37.6万亩；

★全市认定无公害基地10万亩，认证无公害农产品123个，率先在全省建立了农产品质量安全追溯系统，农产品标准化生产走在全省前列；

★榆林果业高点起步，全年新建果园8万亩，改良果园22.3万亩，全市苹果总面积达50万亩，“榆林山地苹果”品牌初步形成；

★新认定省级现代农业示范园区20个，省级园区总数达到26个，实现了县区全覆盖；

★积极开展大培训活动，累计举办培训1603场次，培训农业干部3487人次、农民12万人次；

★全市农民人均纯收入达7681元，较上年增加1149元，增幅达17.6%。

农业厅厅长王宏（右三）在第十届全国农产品交易会上视察榆林展区

副省长祝列克（左）视察榆林市农产品

市委书记胡志强（右一）视察现代农业园区建设

市长陆治原（左一）视察现代农业园区建设

局长王宏岩察看山地苹果基地

召开全市旱作农业现场观摩会

玉米新品种示范

优质谷子生产基地

马铃薯标准化生产基地

榆林市

省档案局局长程怀岗检查调研工作

市长陆治原视察市档案馆新馆建设工地

常务副市长高中印视察档案工作

榆林市档案馆成立于1958年，由原地委、行署两个机关档案室合并而成，时称“榆林专区档案馆”。隶属关系几经变迁，2002年机构改革更名为榆林市档案馆（局），为市委直属事业机构，履行档案的保管、利用职能；受市政府委托，承担全市档案事业行政管理和行政执法职能。市档案馆（局）参照公务员法律管理，核定事业编制26名，馆（局）长1名，副馆（局）长3名，副调研员2员。内设政秘、业务指导、法规宣传、史料编研和收集保管五个科，实有在职人员25名。市档案馆现保管档案全宗126个，馆藏档案80249卷（建国前4398卷，建国后75851卷），资料10194册，照片档案980张。其中较珍贵的有：清朝乾隆五十六年（1791）官方“房产契典”。清朝同治年间的“谕”。清末年间“户部执照、卖官赈灾”。为了推动档案工作与全市经济社会同步发展，市委、市政府将市档案馆新馆建设列入全市重大社会事业建设项目，总投资11963万元，于2009年10月正式破土动工，新馆位于高新技术产业园区，占地面积25亩，主体建筑地下1层，地上五层，建筑总面积15570平方米，将包括档案库房、对外服务用房、档案业务和技术用房、办公及附属用房等功能区。新馆建成后将成为国内先进、中西部一流的市级国家综合档案馆。全市档案工作以科学发展观为指导，按照建设“幸福榆林”总体部署，着力构建“三个体系”，以“兰台杯”劳动竞赛为载体，以创建国家级档案馆为目标，以珍贵档案抢救为重点，以档案资源建设为核心，统筹兼顾、夯实基础。各项工作取得较好成绩，受到上级业务部门和

市委常委、政法委书记刘春桥视察档案工作

创建国家二级档案馆测评会

档案局（馆）

市委、市政府的肯定。被国家人事部、国家档案局授予“全国档案系统先进集体”，被省人事厅、省档案局授予“全国档案工作先进集体”等荣誉称号；市档案馆和府谷、米脂、神木、定边四县档案馆已通过国家二级综合档案馆测评。市档案馆被命名为市级爱国主义教育基地、政府公开信息查阅场所，得到社会各界和人民群众的认可。

抢救保护馆藏珍贵档案

开展爱国主义教育

兰台杯劳动竞赛汇报会

新馆夜景效果图

向社会宣传档案工作

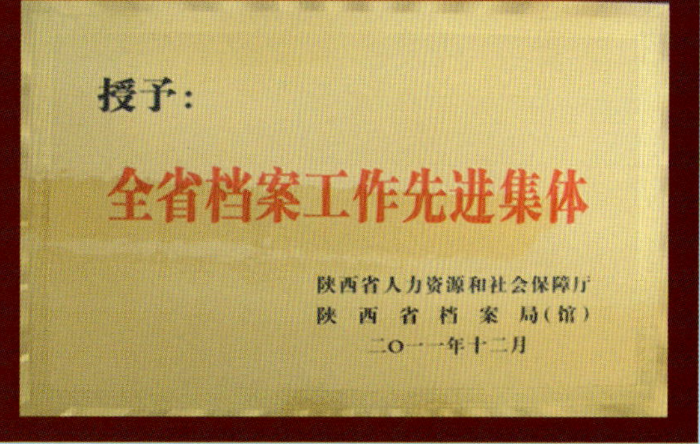

榆林市人民防空办公室

主任　邵成兴

榆林市人民防空办公室成立于1977年5月，是市政府主管人防工作的职能部门，也是市国防动员委员会的常设办事机构，属军地双重领导的准军事化管理的正处级单位，平时负责组织管理全市人民防空建设，战时组织开展人民防空袭斗争。人民防空办公室内设政秘科、工程平战法规科和指挥通信科；下设2个直属事业单位，市人防指挥信息保障中心和市人民防空执法监察支队，现共有在职干部职工45人。

近几年来，榆林市人民防空工作在市委、市政府、军分区和省人防办的正确领导和指导帮助下，以人防法律法规为依据，以“十二五”人防发展规划为统领，以胡主席主题主线重大战略思想为指导，深入贯彻落实全国全省人防会议精神，实行长期准备、重点建设、平战结合的方针，贯彻与经济建设协调发展、与城市建设相结合的原则，全市人防事业保持了稳步发展的势头，各项工作取得显著成绩，受到国家、省、市多次表彰。

榆林市人民防空办公室在新一届班子的领导下，决心以十八大精神为指导，深入贯彻落实科学发展观，围绕全市工作大局，解放思想，实事求是，转变观念，创新思路，突出重点，狠抓落实，努力开创人防工作新局面，为我市全面建成小康社会做出积极贡献。

人防办领导班子

防空洞

“准军事化”训练

机动指挥车

人防警报器检修

榆林市引黄工程建设管理局

榆林市引黄工程建设管理局是1989年由原榆林地区行政公署成立的正处级事业局，1991年原榆林地委组织部批准，成立了局党组，现为市政府直属事业机构。局机关驻定边县城西正街。局内共有人员54人，其中在职干部职工43人，在职人员中有高级职称5人，中级职称15人，初级职称4人，技师2人。内设8个科6个厂、站，均为正科级建制。榆林市引黄工程建设管理局自成立以来，坚持认真贯彻执行国家关于黄河引水、调水、水资源配置及城乡供水、地方病防治等有关政策、法规，研究提出我市的贯彻意见并组织实施；全面协调中央有关部委、跨省区有关部门及省、市、县各相关部门的工作；同时负责定边引黄工程项目的建设和管理工作。

定边引黄供水工程是我省"八五"期间兴陕项目，是一项德政工程和民心工程，也是我市一项重要的资源输入性工程。一期工程2003年正式建成投运，已连续十年向定边县城及周边区域供应生产和生活用水达2000万m^3，为县域经济健康发展做出了巨大贡献。二期工程将于2012年正式投入使用，届时可惠及定边县10个乡镇，96个行政村，22万人口，缓解受水区缺水现状，减少北部滩区氟病危害，并可大力发展节水农业灌溉，满足区域内各工业项目的用水，将为地方经济社会跨越式发展提供强有力保障。

市委书记胡志强到引黄局检查指导工作

榆林市手工业合作社联合社

榆林市手工业合作社联合社是市政府直属的集体所有制经济联合组织。2011年，在市委、市政府的领导下，在省联社的大力支持下，市手工联社以邓小平理论和“三个代表”重要思想为指导，深入贯彻落实科学发展观，发扬求真务实的工作作风，努力发挥联社“指导、维护、监督、协调、服务”的职能，较好地完成了各项工作任务。

主任 贺 晔

联合社领导班子

榆林市公安消防支队

榆林市公安消防支队组建于1986年，正团职建制，编制436人，其中干部146人，士兵290人。本届支队党委班子于2010年2月组建，支队机关设司、政、后、防四个部门，十二个科室。下辖15个消防大队，12个消防中队。现配备消防坦克、涡喷车、登高平台、高喷车等各型执勤车辆97台。

支队党委在上级党委、政府和公安机关的正确领导下，以贯彻落实党的十八大精神为中心，坚决预防和遏制重特大尤其是群死群伤火灾事故，全力维护火灾形势和部队内部安全稳定为总体工作思路，全面贯彻落实科学发展观，牢记三大政治和社会责任，忠诚履行宪法和法律赋予的神圣职责，坚持“立警为公、执法为民”，励精图治，脚踏实地，锐意进取，以服务经济社会发展、打赢消防现实斗争为牵引，不断激活动力源泉，不断夯实工作基础，圆满完成了各项工作目标任务，在火灾防控、灭火抢险救援战斗中赴汤蹈火、勇往直前，为服务榆林经济发展和维护社会稳定做出了积极的贡献。

省消防总队总队长周详（右二）视察支队工作

省消防总队政委曹德明（左一）检查指导部队建设

市委书记胡志强看望慰问支队官兵

市长陆治原慰问部队官兵

队列表演

榆林市公安交警支队

榆林市公安交警支队组建于1987年，一直实行的是“条块结合、以大块为主”的管理体制。2004年，根据市委、市政府文件精神，各县大队下划各县政府管辖。二十多年来，在市委、市政府及上级公安部门的正确领导下，坚持“抓班子、带队伍、降事故、保安全、保畅通”的基本工作思路，严格执法，热情服务，强化交通安全管理，有效预防了交通事故，在交通管理各项工作中取得了显著成绩。特别是2005年支队新一届领导班子上任以来，精诚团结、努力拼搏，交通事故四项指数全面下降，为榆林社会经济跨越发展做出了巨大的贡献，多次受到了市委、市政府和上级业务部门的肯定和表彰。2005年被榆林市公安局评为“大接访”先进单位，2005、2006、2007、2008年连续四年被评为人大建议、政协提案办理先进单位，姜茂雄支队长被市委评为“优秀党务工作者”，2005年在“创佳争优”竞赛活动中被总队评为“交警队伍建设工作先进单位”，2005年被省总队评为“预防群死伤特大交通事故专项整治活动先进单位”。2006年支队首次被公安部授予“决战七十天预防重特大事故先进集体”。2007年支队再次被公安部评为“决战七十天集中整治专项行动突出贡献先进集体”。2008年支队被评

市委书记胡志强（右二）到支队视察指导工作

市长陆治原（右二）视察城区交管工作

为“全市安全生产先进单位”、“全市目标责任考核优秀单位”。2009年支队被公安部授予“严厉整治酒后驾驶违法行为专项行动成绩突出集体”荣誉称号，被省公安厅评为“全省公安交警创佳争优竞赛活动优秀支队”，被市委、市政府授予“榆林市双创工作特殊贡献奖”荣誉称号。2010年支队被市政府评为“全市安全生产先进单位”、“五型机关标兵单位”，姜茂雄书记被评为“全市先进工作者”。2011年支队被省总队评为“全省公安交警创佳争优竞赛活动优秀支队”，被市政府评为全市道路交通安全工作先进单位。全市共有24个交警大队（包括11个县大队、5个基层大队、7个高交大队、1个机场大队），有省级文明单位一个（绥德交警大队），市级文明单位3个（支队机关、一大队、子洲大队），县区文明单位4个（三大队、高交一大队、高交三大队、神木大队）。

军事训练

市公安局局长张明检查指导公安交管工作

支队长姜茂雄深入一线督查专项整治行动

交通安全宣传日

榆林市邮政管理局

局长 马勇

榆林市邮政管理局于2012年12月3日揭牌成立，是根据《国务院办公厅关于完善省级以下邮政监管体制的通知》（国办发[2012]6号）和《陕西省人民政府办公厅关于完善省级以下邮政监管体制工作的实施意见》（陕政办发[2012]42号）相关精神，在陕西省邮政管理局的统一安排部署下和榆林市委、市政府的支持下设立的由省邮政管理局和市人民政府双重管理的邮政行业监管机构。

榆林市邮政管理局机构规格比照同级政府部门管理机构，设置办公室、普遍服务（机要通信）科、市场监管科三个内设机构。

成立市一级邮政管理局的指导思想和总体目标是：坚持行政管理体制改革的方向，进一步转变职能，强化和落实政府监管责任，健全邮政管理体系，促进行业健康发展；充分发挥中央和地方两个积极性，进一步明确和强化地方人民政府在邮政管理方面的责任；结合交通运输大部门体制改革，适应邮政业与交通运输业联系日益紧密、不断加深融合的实际，加强邮政管理部门与地方交通运输部门的协作，发挥综合运输体系的整体效能。通过改革，建立健全政府依法监管、责权关系明确、上下运转顺畅的国家邮政管理体制，为促进新时期邮政业的发展提供体制保障。

市邮政管理局的主要职责是：贯彻执行国家邮政法律法规、方针政策和邮政服务标准；研究制定本地区邮政发展规划；监督管理本地区邮政市场以及邮政普遍服务和机要通信等特殊服务的实施；负责行业安全监管、统计等工作，保障邮政通信与信息安全；承办上级邮政管理部门和地方人民政府交办的其他事项。

根据国家赋予的职责和省邮政管理局相关工作要求，榆林市邮政管理局2013年的主要工作任务是：深入学习贯彻党的十八大精神，以科学发展观为指引，以服务经济社会发展全局和满足人民群众用邮需求为出发点，以提高行业运行质量和效益为中心，尤其要注重提升邮政普遍服务能力和快递服务质量，加强各项政策法规的宣贯与实施，依法履行监管职责，为行业健康持续发展和地方经济社会发展做出应有的贡献。

省邮政管理局局长申来安与市长助理刘俊明共同为榆林市邮政管理局揭牌

省邮政管理局与市政府相关领导会谈留影

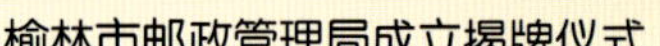

榆林市邮政管理局成立揭牌仪式

延安市邮政管理局同志来榆林工作交流留影

总支书记　李润发

经理　高源

榆林市自来水公司始建于1955年10月，属事业单位企业化管理单位，现有正式职工196人，日综合供水能力5.14万立方米，铺设DN100以上管道350公里，供水面积30平方公里，供水人口34万人，用水户36921户，供水普及率96%，水质综合合格率达99.5%，承担着榆林城区自来水生产供应、安装维修、抄表收费、水质处理、水质检测等供水经营管理。

2012年，生产自来水总量1422万m^3，各项水费收入3740万元，铺设各类各种口径管道65.7km，自来水安装进户及户表改造2421户，水质综合合格率99.5%，实现全年安全供水无事故。

公司加快城市供水设施建设步伐，完成红山供水加压站和红石峡锰处理工程建设，完成10条道路及26条巷道、人行道供水管道建设改造，完成银沙北路、文化南路、芹涧路、富康西路、校场路5处绿化用水管道安装，完成东沙生态公园和榆阳汽车产业园区12条道路供水管道安装工程，使榆林中心城区供水设施建设有了长足发展。

公司始终坚持以“服务人民群众，优化供水环境，塑造供水行业新形象”为目标，和谐奋进，扎实工作，安全生产，保障供水，推动了供水事业又好又快发展。

市长陆治原视察普惠泉水源地

副市长毛中胜春节来公司慰问

公司领导班子

榆林市公安局榆阳分局

榆阳公安分局隶属于榆林市公安局，负责榆阳区的社会治安工作。内设机构12个，全部为正科级建制，派出机构20个。分局共有在编民警512人，另有协警、治安联防员752人。分局现有领导班子成员18名，其中党委委员14名，局长助理3名，工会主席1名。

2012年，榆阳公安分局在市公安局和区委、区政府的正确领导下，紧紧围绕十八大安保这条主线，狠抓维稳措施的落实，深入开展了打防管控各项公安工作，严格队伍管理，圆满完成了各项工作任务。

一是狠抓维稳工作保稳定。制定了《十八大安保工作方案》《处置突发性事件工作预案》等工作方案、预案十余种，组织开展了输油气管线安保大检查、治安隐患大清查、反恐处突应急演练、公安民警与武警联勤武装巡逻、信访积案大化解等专项工作，全力参与了防汛救灾工作，妥善化解了涉日游行示威等涉稳事件，为十八大的顺利召开奠定了稳定的基础。

二是狠抓打击工作压犯罪。开展了“打击多发性侵财犯罪”、“集中收戒吸毒人员”、“654”严打整治大会战等一系列专项行动，有力遏制了违法犯罪的嚣张气焰。共破获各类刑事案件5861起，破获命案15起，刑事拘留1426人，逮捕947人，抓获逃犯312人，查处治安案件4510起，劳教30人，强制戒毒756人，行政拘留3010人。成功破获了“9.21”抢劫、强奸、杀人案等一批大要案件，摧毁了以雷声光为首的9人抢劫、盗窃团伙，刘晓勇为首的7人210国道抢劫团伙等一批团伙。

三是狠抓防控工作降发案。深入推进“853”工程建设，进一步夯实了各警种的巡防职责，织密了动态防控网络。一次性为巡防岗位更换了57辆普桑巡逻车，启动了6个出入城区的公安检查站，追缉、查控以及机动性大大提升。“天眼工程”建设全面启动，届时将建成分局及城区四个派出所监控中心、城区521路监控点、8个治安卡口系统及视频指挥调度系统。

四是狠抓严管工作促规范。严格落实督察督办制度，开展了民警违反“五条禁令”问题集中整治、警用车辆违规问题专项整治、“三整治三规范”集中教育整顿等一系列活动，累计发出警务督察通报11期，整改通知书16份，调查谈话25人次，诫勉谈话5人次。公安技术大楼实现了顺利搬迁入住，巡警大队、刑警防控中队办公用房得到有效整合，民警的精神面貌发生了根本转变。

原省委常委、政法委书记宋洪武一行在榆阳分局调研

市委书记胡志强一行视察榆阳公安技术大楼

区委书记王成继、区长苗丰等区上领导慰问值班民警

市公安局党委书记、局长张明视察城区治安卡点

宣传活动

被盗车辆返还大会上图为失主为榆阳公安赠送锦旗

向领导汇报工作

消防救援演练

百姓送匾

巡 逻

榆阳公安分局召开“三打击一整治”专项行动动员会

榆阳公安分局召开冬季严打动员会

榆林市水务集团有限责任公司

董事长　王永胜

总经理　许世祥

榆林市水务集团有限责任公司成立于2005年12月，是榆林市为了缓解水资源瓶颈制约、推进能源化工基地建设、扩大对外开放和招商引资、改善生态环境、加快经济社会发展，依据水利产业化和水资源商品化运营的要求组建以政府投资为主体的国有企业。

公司成立后，采取集团化局部股份制组织形式，着力构建水源工程投资、建设和经营管理体系，引入市场机制，形成多层次、多渠道的以商业银行贷款为主、吸收社会资金进行投资的新体制。公司下辖王圪堵水库有限责任公司、榆横工业园区供水有限公司，先后参股25%、49%、39%、40%组建了府谷县惠泉水务公司、吴堡县水务公司、佳县水务公司和子洲水务公司。

榆林市水务集团白手起家，全体员工奋发努力，在六年多的创业历程中，发扬“团结拼搏、艰苦创业”的精神，通过加强组织建设、制度建设和队伍建设，使各项管理走上了制度化、规范化、科学化的轨道。企业规模不断壮大、业务迅速发展，发展成有职工200多人、资产三十多亿元的集团企业。公司各项工作取得了丰硕的成果，得到了省、市领导的肯定和社会的认可。2008年9月，荣获“陕西省十佳诚信经营示范单位”称号；2009年3月，荣获“陕西省水利厅先进集体”称号；2011年，荣获榆林市“全市水务工作先进集体”、“2010年度安全生产工作先进单位”和“国资监管企业经营管理工作先进集体”称号。2011年4月，荣获陕西省“十一五”水利建设管理工作“先进集体”荣誉；王圪堵水库有限责任公司荣获2010年“仪祉杯”全省水利工程劳动竞赛先进集体荣誉；2012年集团公司获得了国家水利部“全国水利工程建设质量管理工作先进集体”和市委、市政府颁发的“五一劳动奖状”。

展望未来，水务集团公司将在市委、市政府的正确领导下，坚持科学发展，继续发扬“团结拼搏、艰苦创业”的精神，克服一切困难，认真做好全市水资源的开发、管理工作，为实现榆林水资源产业化和商品化运营，推进榆林经济发展做贡献。我们将开拓创新、锐意进取，逐步把集团公司建设成为陕西一流的现代化企业。

市人大领导班子视察公司净水厂工程

供水站

王圪堵水库公司

加压泵站

里,占公路总里程的87%。全市实现了乡乡通油路、建制村村村通公路,55%的建制村实现了通油(水泥)路,广大群众告别了祖祖辈辈的泥泞与扬尘,坑洼不平的乡间小路,变成了条条产业路、旅游路、致富路。

路通车通,城乡客运一体化全面推进。"十一五"以来,建成一级客运站2个、二级客运站6个、五级客运站60个、招呼站(点)656个,改造渡口41处、渡船(舶)28艘(只)。全市客运企业发展到13家,客运车辆1877辆;危运企业62家,危运车辆1100多辆;货运企业220家,货运车辆3.45万辆。开通客运线路762条,日发班次数约2100个,乡镇班车通达率达到100%,建制村班车通达率达到78.2%。自2008年以来,累计争取市财政补助资金6000多万元,购置公交车153辆,建成公交候车亭330座、站牌420个,为所有公交车安装了车载监控系统、视频电视、自动语音报站和公交IC卡系统,实行乘坐公交车财政资金补贴机制。目前,在榆林城区开通公交线路15条,公交车达到259辆,累计售出公交卡约27万张,公交分担率达到23%。将城区出租企业由原来的18家整合为9家,出租汽车达到1001辆,全部实行了"六统一"管理,即统一打表计价、统一标志标识(包括车体颜色、顶灯、计价器)、统一运营管理设施(GPS系统)、统一服务着装、统一服务规范、统一管理标准。

按照《榆林市"十二五"综合交通运输发展规划》,到2015年,全市铁路将实现县县通干线,矿区、工业园区连支线,基本建成7大铁路通道,铁路专支线通达各能源化工基地。基本建成"四纵四横"高速公路网,实现市县连接高速化、县际公路二级化、县乡公路等级化、乡村公路黑色化。完成榆阳机场扩建,大幅度提高航空运输能力,建成连接西安、太原、呼和浩特、兰州、银川、北京、石家庄、郑州等城市"一日到达"和榆林周边市县之间"一日往返"的交通圈。

(来源:榆林新闻网)

榆林:构建四通八达交通网络

——城市道路建设系列报道之建设篇

2012年是市委、市政府提出榆林中心城区建设"一年打基础、两年见成效、三年大变样"工作要求的第二年。在这一思路的指导下,城建工作以加快道路桥梁建设、完善城市路网结构、提高城市交通能力、解决交通拥堵问题为重点,加强组织领导,加大资金投入,强化工作措施。经过各有关部门和施工方的共同努力,18个道路桥梁项目建成通车或基本建成,是榆林城区历年来道路建设开工数量最多、投资最大、建成通车里程最长的一年。

紧锣密鼓抓落实抓进度

2012年初,本市确定由市住建局负责实施的道路桥梁项目共30个,其中新建项目24个,续建项目6个,项目总投资47亿元,年度计划完成投资26亿元。已建成通车或基本建成、具备通车条件的项目有15个;2012年开工、2013年上半年建成的项目有7个;力争年内开工的项目有8个。由榆林高新区管委会负责实施的市政道路工程7个,已建成通车的项目3个。

为了实施好2012年度的市政道路项目计划,从2011年第四季度开始,市委、市政府主要领导和分管领导就对2012年投资规模、主要的建设项目提出了明确要求。5月15日,榆林城区2012年市政道路项目集中开工仪式在榆举行,拉开榆林大道、开光路、长城南路延伸段等13个市政道路项目建设全面开工的序幕。在道路建设中,各相关部门密切配合,市住建局分管项目负责人长期坚守在施工一线,协调解决施工中出现的各种问题。各施工方在保证工程质量的前提下,配足物力和人力,加班加点赶进度。市委书记胡志强、市长陆治原经常性地过问具体工作,尤其是对重点项目,亲自确定设计方案,不断催问工作进度,并经常深入建设工地,检查指导项目建设情况。领导的重视和部门的配合,使2012年市政道路建设形成紧锣密鼓抓落实、齐心协力推进度的良好氛围。

18条大道拉大中心城区框架

2012年以来,榆林城区已建成通车和基本建成的道路项目有18个,既有南起210国道过境线、北至王则湾、纵贯榆林市区南北的榆林大道,也有连接上郡路与高新区的开光路,还有东起210国道过境线、西至长城北路的环城北路,以及文化南路沙河大桥、榆阳河大桥、开光大桥、榆林大道立交桥、东山大道一期、文化北路、富康东路、西二路西延、新二路、沙河一路、沙河三路、东岳北路、驼峰二路、长城南路延伸段、教育路等,这18条道路大桥横穿纵贯榆林城区,有的大道延伸到城市郊区,不仅大大缓解了榆林城区交通压力，而且完善了红山与西沙、东沙与南郊、西沙与高新区之间的路网体系，拉大了榆林中心城区框架。

榆林大道北段（南起高新区苏庄则路口，北至包茂高速王则湾出口）全长17公里，是市住建局负责实施的项目。7月开工建设的是苏庄则至迎宾大道段，该段全长5.7公里，分6个标段进行施工。在道路建设中，施工单位组织了强有力的施工队伍和充足的机械设备，采取24小时昼夜施工，截至2011年底全部顺利完工。该段路面宽60米，双向十车道，路中央设置10米绿化带。榆林大道南段（北起沙河桥南头，南至腾飞路）全长4.8公里，是榆林高新区管委会负责实施的项目，3月份动工建设，10月建成通车。该段主路面宽19米，分上下两幅行驶，榆林大道宛如一条腾飞的"苍龙"连通高新区、西沙新区、空港区，成为榆林有史以来投资最大、里程最长、标准最高、穿越榆林市区的南北主干道。

环城北路西起长城北路，东至新210国道过境线，全长3.56公里，是市住建局负责实施的项目。该工程于2011年10月23日开工建设，已建成通车。这条道路红线宽60米，双向八车道，它的贯通是连接东沙与西沙的又一条通道，是芹河新区的第二通道，对加快红山新区和芹河新区的建设步伐有着重大意义。

文化南路沙河大桥北起富康西路，南至沙河路，全长767米，是2012年市住建局实施的又一重点项目，大桥工程是2012年2月28日开始建设的，工程采用满堂支架施工方案，主桥上部采用变高度预应力混凝土连续箱梁结构，下部桥墩采用单薄壁桥墩结构。这座大桥的建成，成为连接城区与高新区的又一通道，大大缓解了榆林城区到高新区的拥堵现象。

加速建成210国道榆林城区过境公路

210国道榆林城区过境公路起点位于榆林城区南郊金盆滩，向北经原种场、三岔湾、青云、牛家梁，于郭家伙场与原210国道相接，路线全长37.02公里，总投资17.46亿元。该工程由市交通局负责实施，于2010年5月开工建设。为了实施好这一项目，市委、市政府决定创新融资渠道，使用BT模式（企业建设，政府回购）总承包方式进行建设。在建设期间，市政府多次召开专题会议研究解决项目实施方案、建设环境协调以及工程进度和质量等建设中面临的问题，榆阳区政府和市财政、国土、交通等部门积极支持和配合，有力地保障了项目的顺利实施。

经过各相关部门和建设施工方的共同努力，仅用一年半时间就建成了路基宽32米的六车道一级公路——210国道榆林城区过境公路。这标志着榆林市规划的绕城快速干道的东环线全面建成，它对缓解榆林城区交通压力、加快区域中心城市建设步伐具有重要意义。

（来源：榆林新闻网）

榆林机场沙漠中开出奇葩

2012年12月8日，榆林机场迎来第100万名旅客，成为西北五省区首个旅客吞吐量过百万的支线机场，这一成绩仅仅用了5年。

沙漠中的机场创造五个"第一"

2008年4月10日，第一架飞机平稳降落榆林榆阳机场跑道上，榆林新机场正式启用。一年后便成为全国业务量增速最快的支线机场。2009年7月1日引进东航过夜航班，成为西北首家有中型客机过夜的支线机场。年运输旅客突破60万人次，旅客吞吐量净增40万，同比增长165.1%，全国机场排名飙升近20位，提前6年完成原规划35万人次的运输生产指标，这样的发展势头在西北民航尚属首例，在国内支线机场中也属罕见。2010年3月1日，榆林机场首次以"过站机场"新身份引入幸福航空，成为太原—榆林—银川往返航班中转点。同年7月，携手多家航空公司倾力打造"西榆快线"。作为公司形象产品，"西榆快线"开通当月，旅客吞吐量突破9万人次，航班起降1018架次，货邮吞吐量50.4吨，创造了同比增长62.4%，65%，105.1%的发展奇迹。2012年以来，榆林机场围绕榆林市委、市政府建设"中国经济强市、西部文化大市、塞上生态名市"目标，着力实现榆林机场"百万人次"生产指标。12月，西北五省区首个旅客吞吐量超过百万的支线机场诞生。

到国内61个主要城市实现当日往返

2012年以来，榆林机场先后组织"榆林航空市场座谈会"、"榆林航线航班新闻发布会"。五年里，榆林机场旅客吞吐量增幅达8倍以上，开通北京、西安、上海、太原、银川、昆明、天津、重庆8个城市航线,依托西咸机场网络覆盖资源,通达国内61个主要城市,实现当日往返,形成以榆林为起点,辐射国内70%以上通航城市的空中交通圈,枢纽航空网络初具规模。

用心服务旅客满意度92%以上

榆林冬季气温低、雨雪多,每场大雪对机场都是考验。2012年11月15日,榆林遭遇两次强降雪。大雪过后气温骤降,道面结冰,如不及时清除将严重影响次日航班。榆林机场立即启动冬季除冰雪预案,在榆五位公司领导同百余干部员工一道浴“雪”奋战,有效避免因飞行区结冰导致航班无法正常运行情况的发生。

如果以上属乘客看不见的服务,那么乘客感受最深的是,榆林机场率先突破“30分钟停止办理乘机手续”的行业惯例,推行“20分钟停止办理乘机手续”,此举不仅方便旅客出行、也提高机场运行效率。针对中转航班,榆林机场设计了高效流程:旅客下飞机—中转柜台—候机厅—登机,均在隔离区内完成,大大缩短旅客和货物中转时间,旅客满意度92%以上。

2012年4月开始,榆林机场着手实地调研,针对场区土质、气候等条件制订绿化美化方案。相继完成场区灌溉系统建设,重新平整换土绿化面积2.5万平方米,新种草坪1.3万平方米,景观林带1万平方米,移植大树30余株,沙漠机场呈现出绿树成荫、绿草如茵的美丽景象。

(来源:三秦都市报)

榆林:加快转型跨越提升民生福祉

——二〇一二年榆林民生建设成果览阅

2012年,是榆林市加快转型跨越、建设幸福榆林的关键年,也是人民群众得到实惠最多的一年。民生建设力度进一步加大,经费保障机制更加完善,全市新增财力85%的资金用于改善和发展民生,教育、医疗、社保、住房、交通、生态、就业等民生事业取得令人瞩目的成就,为率先在全省建成小康社会奠定了坚实的基础。

生态让群众共享蓝天碧水

“三年植绿大行动”全面推进,生态林业“八大工程”、“五个百万亩基地”建设等重点林业工程取得显著成效,完成造林绿化投资19.25亿元,投资额创历史新高,植树造林116.5万亩,林木覆盖率达到32%。水保生态建设成效明显,完成水土流失治理1220平方公里,红碱淖被列入全国湖泊生态环境保护范围,榆林市被授予“全国节水型社会建设模范市”称号。节能减排扎实推进,榆林城区、各县城区垃圾处理率分别达到89.3%、60%,污水处理率分别达到73.8%、69%;榆林城区空气质量好于二级天数达到335天,单位GDP能耗下降3.7%,二氧化硫、化学需氧量、氨氮三项指标分别下降2.35%、1.68%和1.6%。

榆林市率先在全省实行十五年免费教育

2012年,本市规定从2013年春季学期起,全市在已实施九年义务教育“零收费”的基础上,将对就读于全市范围内的公办、民办全日制普通高中生免收学费,对学前两年、三年幼儿免收保教费。其中公办普通高中按省级标准化高中每生每年1600元标准免收学费,民办普通高中学生按照同级同类公办普通高中免收学费标准给予减免;公办普通高中择校生享受免费政策,不足部分学校可根据政策规定标准收取择校费,普通高中复读的学生不予免费。公办幼儿园按每生每年900元标准免收保教费,民办幼儿园按照同级同类公办幼儿园免收保教费标准给予减免。至此,我市中小学、幼儿园适龄人口免费教育年限在全省率先达到15年。

据测算,全市普通高中每年免费所需资金1.40亿元,学前两年、三年每年所需资金9341万元。这项政策的实施,每年将直接惠及14.62万名学生。

榆林“大医改”实现健康“大保障”

医疗卫生事业稳步推进,“大医改”实现健康“大保障”。2005年在神木县率先开展新农合试点,2007年启动实施城镇居民基本医疗保险制度,从2011年起,新农合市级统筹正式启动。2012年,全市参合人数达278.4万人,参合率97.06%,筹资总额为9.74亿元。截至2012年年底,全市城镇两项基本医保制度全部建立,城镇职工医保基本实现全覆盖,城镇居民医保提前实现年度扩面的目标。

2012年,榆林市荣获“2012全国医改最具影响力城市”称号；县区公立医院综合改革试点全面启动，实行了药品零差率销售和“三统一”管理；新农合报销比例由原来的50%提高到80%，筹资标准由每人每年300元提高到350元，为全省最高水平；市二院迁建项目主体、榆阳医院主体工程建成封顶。

榆林构建四通八达交通网

2012年，榆林交通步入发展快车道。9月29日，全长119公里的榆林至绥德高速公路建成通车，榆林又增添一条煤炭外运高速公路大通道，全省高速公路通车总里程将突破4000公里。榆佳高速建设进展顺利。榆佳高速全长78.58公里，是陕西省、榆林市“两纵两横一环”高速公路网规划的重要组成部分，也是榆林东出的重要通道。沿黄公路一期工程路基全线贯通。此路段分两期实施，一期从神木大峪口至清涧姚昌源段，总长302.5公里。二期包括府谷段95.4公里和清涧姚昌源以南17.8公里，整个线路在2012年全线贯通。10月19日，全长629米、高100米的清石大桥建成通车。2012年，全市新建、改建农村公路678公里。

榆林社会保障体系日益完善

社会保障体系日益完善，城镇养老、医疗、失业、工伤、生育五大保障参保人数分别达到21.6万、67.2万、17.1万、24.2万和23.9万人；城乡居民社会养老保险标准由每人每月60元提高到100元，参保人数达到152.8万人；城市低保标准由每人每月300元提高到350元，农村低保标准由每人每月1840元提高到2020元，农村“五保”供养补助标准由每人每年4200元提高到4700元；全市发放70周岁以上老人生活保健补贴资金1.18亿元。全市养老服务业初步形成了农村邻里互助养老、城区助老服务养老、民办养老机构养老和公办敬老院养老4种模式。

榆林住房安居工程惠民生

2012年，省政府下达榆林市保障性住房任务3.4万套，实际开工建设各类保障性住房3.6万套，建成21006套。截至年底，全市累计开工建设保障性住房552.98万平方米、6.8万套，完成投资80.54亿元，全市已有1.7万户、5.4万人享受到住房保障；累计发放廉租住房租金补贴1.26亿元，1.7万户、4.6万人得到货币补贴。2012年，移民搬迁工程进展顺利，开工建设白于山区和黄河沿岸土石山区移民搬迁住房10382户，主体完工2978户；改造农村危房8000户，全市住房保障工作荣获全省移民搬迁工作一等奖。

榆林以全民创业促充分就业

2012年，全市城镇新增就业25612人，下岗失业人员再就业6241人，就业困难人员实现再就业1359人，完成全年目标的105%。农民工转移就业66.5万人，创劳务经济收入49.8亿元。全市城镇登记失业率为3.46%，低于4.3%的控制目标。坚持将高校毕业生就业工作放在首位，积极引导和鼓励高校毕业生面向基层就业。继续实施大学生创业引领计划，促进更多的大学生成功创业。高度重视小额贷款工作。2012年累计发放小额担保贷款8.5亿元，扶持8938人创业，带动4.26万人就业。全面加强职业技能培训。全市技能培训人数达15.8万人，培训合格率达到85%。

榆林打通"断头路"架起"连心桥"

按照市政府"一年打基础、两年见成效、三年大变样"的工作思路,2012年,榆林城区有27个道路桥梁项目建成通车,是榆林城区历年来道路建设开工数量最多、投资最大、建成通车里程最长的一年。这27个路桥项目,包括榆林大道、开光路、环城北路以及文化南路沙河大桥、榆阳河大桥、开光大桥、榆林大道立交桥、东山大道一期、文化北路、富康东路、西二路西延、新二路、沙河一路、沙河三路、东岳北路、驼峰二路、长城南路延伸段、教育路等,纵贯榆林城区,不仅大大缓解了榆林城区交通压力,而且完善了红山与西沙、东沙与南郊、西沙与高新区之间的路网体系,拉大了榆林中心城区框架

(来源:榆林新闻网)

国家级陕北文化生态保护实验区获批

2012年5月25日,国家级陕北文化生态保护实验区暨第六批省级文化先进县授牌大会在西安举行。

副省长郑小明出席会议并作重要讲话,文化部非物质文化遗产司巡视员屈盛瑞代表文化部向陕西省政府颁发了铭牌,陕西省文化厅副厅长、省非物质文化遗产联席会议办公室主任蒋惠莉代表陕西接牌。省政府副秘书长、省委宣传部副部长孟建国,省委宣传部副部长、省文联党组书记刘斌、生态区责任单位延安、榆林两市政府和省文化先进县创建委员会成员单位负责人、各市和有关县文化部门负责人及分管县长等出席会议。大会由省文化厅厅长余华青主持。

4月13日,文化部正式批准陕西省设立"国家级陕北文化生态保护实验区",这是继陕西省国家级羌族文化生态保护实验区设立后的第二个国家级文化生态保护实验区,也是进入"十二五"文化部推进文化生态保护实验区建设工作批准设立的第一个国家级文化生态保护实验区。

3月8日,"陕北文化生态保护实验区规划纲要论证会"在北京召开,专家认为:陕北文化历史文化积淀深厚,存继状态良好,非物质文化遗产集中,具备建立文化生态保护区的基本条件。

郑小明指出,要科学规划、统筹协作、建立机制;要进一步提高文化先进县创建水平;要提高认识,注重基础,珍惜荣誉。他强调,这是推动陕西省文化建设的创新工程,也是建设文化强省的重要支撑;希望各地、各有关部门抓好落实。

黄陵县、洛南县、志丹县、柞水县、三原县、吴起县、千阳县、宝鸡市金台区等8个县(区)获得第六批"省级文化先进县"称号,省政府分别奖励各县(区)人民币20万元。大会还宣布通过定边县、泾阳县、神木县、府谷县、安康市汉滨区、蓝田县、榆林市榆阳区、高陵县、西安市灞桥区、洋县、西安市长安区等11县(区)省级文化先进县的复查。希望文化先进县(区)珍惜荣誉,充分发挥文化先进县(区)的示范、带动和引领作用。

(来源:华商报)

建设西部文化大市满足群众文化需求

——榆林市建设西部文化大市工作综述

当榆林在创造着一个又一个令人惊叹的经济发展速度时,不可避免地出现了经济强、文化弱的不平衡局面。2003年,市委、市政府明确提出,把建设具有先进时代气息和鲜明地方特色的文化大市作为全面建设小康社会的三大目标之一。

市委书记胡志强说:“文化既是凝聚人心的精神纽带,更是关系民生的幸福指标。可近年来,榆林市经济社会快速发展,文化建设明显滞后,榆林文化的现实影响力与丰厚的历史文化资源不相适应,所以,我们必须下大力气,加快文化建设,满足人民群众日益旺盛的文化需求。”基于这样的认识,榆林市在原来建设特色文化大市的基础上,提出建设“西部文化大市”的奋斗目标。

立足市情,吹响文化进军“集结号”

五千年仰韶文化、四千年龙山文化、三千年边塞文化构成了榆林丰富的历史文化资源;陕北革命的根据地、抗日战争的转折点、解放战争的出发点,让榆林拥有丰富的红色革命文化资源。

近年来,榆林市成功举办了五届榆林国际民歌艺术节,世界三大民歌演唱会、欢乐中国行——魅力榆林、陕北民歌校园行等30多项活动,陕北民歌还走进澳大利亚悉尼2008年春节品牌文化活动、美国米德兰市“中国文化音乐艺术节”,与香港宏光国乐团在香港元朗剧院联合举办《陕北信天游》音乐会,在上海之春国际音乐节上举办《中国记忆·榆林信天游音乐会》,推动陕北民歌走向全国、走向世界。陕北秧歌剧《米脂婆姨绥德汉》更是登上国家大剧院的舞台,走进中国剧院、北京保利剧院、全国政协礼堂,并在广州第九届中国艺术节上获得文华大奖特别奖,取得本市有史以来在艺术领域的最高奖项。榆林正用自己独有的魅力向世界展示着自己的文化影响力和竞争力,在发展中积累自信,在开放中彰显自信。

大力推进,遗产保护成效显著

为了加大文化遗产传承保护与开发利用,本市建立乡镇群众文保组织268个,聘请业余群众文保员609人,初步健全四级文物保护网络。完成《榆林卫城城墙保护规划》《榆林镇北台、款贡城、易马城大遗址保护方案》《统万城遗址保护规划》《波罗古堡文保规划》等8项保护规划和方案。对全市4000多件三级以上文物逐一进行文本和影像采集,圆满完成第三次全国文物普查野外调查工作,顺利通过国家验收。本市还完成南门瓮城基础加固、城楼复建、星明楼修复等工程。

几年来,全市新入选国保单位7处、省保单位44处,公布市保单位36处。整理出版《陕北民歌大全》等一批非物质文化遗产专辑,新入选国家级非遗项目9个、省级非遗项目24个,公布市级非遗项目31个。有国家级非遗项目代表性传承人8个、省级代表性传承人22个、市级代表性传承人74个。制定列入中、省名录的24个非遗保护项目规划。

不断创新,高奏文化改革进行曲

“西部文化大市”创建是一系列实实在在的行动。近年来,各县区新建文化艺术中心2个,新建和维修改造图书馆与文化馆10个、影剧院5个、博物馆1个、广播电视发射台与转播台3个,新建和维修了173个乡镇文化站建设(维修)项目,新建“农家书屋”988个,为全市823个村级文化活动室配送了设施、设备,全面完成12个县区的文化信息资源共享工程支中心建设工作,建成乡镇服务点91个、村服务点369个。完成4256个自然村“村村通”近6万套设备的建设任务;新建光缆1600公里,实现省到市、市到县广播电视信号传输的光缆化;发展有线电视用户25.8万户、数字电视用户18.2万户、广电宽带用户0.63万户,中、省广播电视节目覆盖率分别达到93.8%和94.04%。在完善文化硬件设施的同时,开展文化惠民工程,积极组织开展文化“三下乡”活动。5年来,全市共下乡送戏1万余场、送书15万余册、送电影21万余场。

为了打好文化突围攻坚战,加快文化产业发展,本市积极打造榆林特色文化品牌,先后推出曹红霞剪纸、绥德县鲍武文石雕、青涧石板画等一批知名文化产业品牌,绥德县黄土地文化旅游产业发展有限公司、陕北煤海文化传媒有限公司入选全省第二批文化产业示范基地(单位)名单。全市已初步形成文艺演出、新闻传媒、文化娱乐、音像制品、网络文化、印刷复制、民间艺术品、文化遗产等共同发展的文化产业格局。

成果丰硕,改革催生文化大发展

如果说改革是文化发展的动力,创新则是文化发展的核心。2008年,府谷二人台被列入国家非物质文化遗产保护项目后,成立府谷二人台艺术团。这个晋陕蒙接壤区唯一的一家专业二人台演出团体,不仅代表陕西省在第三届中国·呼和浩特民歌二人台大赛中一举夺得金牌,于2012年5月26日在匈牙利首都布达佩斯举行的21世纪国际艺术节"中国之夜"音乐会上,代表中国进行演出并获得成功。

这仅是榆林文化体制改革成功范例中的一个。为了使文化产业与经济协调发展,榆林市大力深化文化体制改革,积极培育市场主体,让事业变为产业。

2010年,本市7个市直文艺单位完成了改革。榆林日报社将广告、发行、印刷等经营性业务从原单位剥离出来。市民间艺术团、文工团、电影公司的转企改制顺利完成。榆林电视台完成制播分离,成立传媒集团。整合文化市场执法职能和执法队伍,在原市文化文物稽查队的基础上,成立榆林市文化市场综合执法支队。

各县区文化体制改革稳步推进。12个县区已全面完成电影公司、电影院和文艺院团的改革,32个改制企业挂牌成立。12个县区分别成立广电传媒有限公司,9个县成立文化综合执法大队。初步理顺了宣传文化系统管理体制,制定报刊、影视、音像、文化娱乐业和多媒体管理的一系列规章制度,整合了文化资源,增强了活力和竞争力。

谋划路子,谱写文化繁荣新乐章

"十二五"期间,榆林市将投入百亿资金,围绕建设"西部文化大市"宏伟目标,全面推进文化事业、文化产业和文化骨干企业"三大任务",突出抓好文化设施建设工程、文化艺术精品工程、广电事业发展工程、文化遗产保护工程、文化产业发展工程"五大工程",着力实施深化文化体制改革、加大资金投入力度、实施人才兴文战略、打造文化产业园区、强化政府主导地位"五大举措",积极建设"30个文化项目",并按照"大思路规划、大园区承载、大项目支撑、大企业推动"的发展思路,着力打造榆林创意文化产业园、陕北文化影视基地2个大文化产业基地,榆林古城文化园区、匈奴文化园区、东方红文化园区、黄土民俗文化园区等8个大文化园区,构建文艺演出业、民俗文化产业、文化节庆会展业、民间艺术品业、文化旅游业等10个大文化产业集群,形成地域特色鲜明、结构合理的文化产业发展格局,使文化产业与榆林经济协调发展,真正成为国民经济支柱产业,谱写榆林文化繁荣新乐章,推动榆林文化建设大发展。

(来源:榆林新闻网)

三年医改路　榆林亮点多

——榆林市深化医药卫生体制改革综述

自2009年深化医药卫生体制改革启动实施以来,榆林市认真贯彻落实中、省总体部署,紧紧围绕"保基本、强基层、建机制"基本思路,因地制宜,大胆创新,积极进取,探索出一条符合本地实际、符合群众健康利益的医药卫生体制改革路子。

一是立足保基本,基本医疗保障水平明显提高。全市城乡居民参保人数达335.62万人,全民基本医保惠及全市95%左右的人口。2011年7月,榆林市在省内率先实行筹资标准、补偿方案、组织管理、基金管理、监督服务、信息化管理"六个统一"的新农合市级统筹,在不增加群众负担的前提下,将筹资标准由每人每年150元提高到300元(2012年提高到350元),高出全国人均筹资标准的70元由市、县两级财政共同负担,北部六县区全部由县区财政承担,南部经济欠发达六个县,市、县财政按8:2的比例分担。通过南北县区分类别筹资和统一报销标准,实现了全市参合农民平等受益,使经济欠发达县农民共享医改成果。新农合市级统筹后,政策范围内补偿比例乡镇卫生院由原来的75%提高到90%,县级医院由原来的65%提高到80%;完全打破原来单价在40元以上药品不予补偿的规定;实现了乡镇卫生院针灸、中医汤剂、国家基本药物、孕产妇住院分娩等费用4个100%报销补偿;封顶线由原来的每年每户3万元提高到每人5万元(2012年提高到13万元)。针对当年自负费用达到和超过3万元的大病患者实行大病救助,最高可获补助20万元。2011年,全市新农合补助124万人次、7.13亿元，其中对1—6月病人二次补助6.6万人次、3489.5万元，大病救助2126人次、3643万元。新农合市级统筹制度实施顺利，农民群众得到了更多的实惠。城镇成年居民医保筹资标准从2011年的510元提高到2012年的560元，政策范围内住院费用报销比例达到70%以上，并建立了门诊统筹。

二是立足强基层，基层医疗卫生服务能力明显提高。2009年以来，累计投入4.8亿元，支持11所县级医院、62个乡镇卫生院、7个城市社区卫生服务机构和1个精神卫生服务机构建设。同时，购置了大量先进诊疗设备，极大地改善了群众的就医环境。加强以全科医生为重点的基层医疗卫生队伍建设，三年内通过转岗培训、订单定向培养等多种方式为基层培养185名全科医生。启动实施了全市区域卫生信息化建设项目，总投资5000多万元，今年6月底前建成从市到村四级联通的卫生信息网络，建设覆盖全市卫生系统各领域、各业务范畴的卫生业务应用系统。实现全市卫生政务电子化、医疗服务数字化、公共卫生管理网络化、信息服务智能化、安全保障一体化。

三是立足建机制，基层医疗卫生机构服务效率明显提高。全面完成基层医疗卫生机构管理体制、人事制度、分配制度、药品制度、经费保障制度等综合改革，初步建立起维护公益性、调动积极性、保障可持续的新机制。全市222个乡镇卫生院、7个社区卫生服务中心和大部分村卫生室实行基本药物制度、零差率销售，基层医疗卫生机构药品价格平均下降30%左右，基层群众用药负担明显下降，医务人员用药行为也逐步得到规范，彻底结束了基层医疗机构“以药补医”的历史。

四是立足重预防，公共卫生服务均等化水平明显提高。全面落实人均25元的基本公共卫生经费，实行绩效考评制度，大力开展服务项目，最大限度地预防疾病。全市农村孕产妇住院分娩率达到97.65%，儿童系统管理率达到90.75%；补服叶酸29258人次；宫颈癌检查以绥德和定边县为试点，累计检查32149人次，查出各类生殖道感染疾病7526人；孕产妇和0—6岁儿童健康管理项目正式启动；预防艾滋病、梅毒、乙肝母婴传播工作正式启动，全市共筛查新生儿72781人，筛查率均达33.87%；城乡居民健康档案建档率达到89%和71%；65岁以上老年人健康检查完成83%；13.85万名高血压、3.86万名糖尿病和4964名重性精神疾病患者得到了规范化管理。

五是立足破除以药补医，公立医院改革试点初见成效。在市级层面，突出整合资源，计划将几所市级公立医院进行整合，组建大型医疗集团。先期将市中医医院和第三医院（传染病医院、精神病医院）进行整合组建；在县级层面，突出管理创新，按照“因地制宜、南北差异”的基本思路，扎实推进管理体制、运行机制和优化服务措施等各项改革。2010年选择神木县、府谷县作为试点，2011年扩大到神木、府谷、靖边、绥德、米脂5个县。卫生部选择府谷、米脂作为卫生部及陈竺部长的联系点。公立医院改革试点工作取得积极进展：一是增加了政府投入，公立医院的公益性得到充分体现。县级公立医院财政投入由过去的单纯拨付人头经费，扩大到了基本建设、设备购置等诸多方面；二是积极探索破除“以药养医”机制。府谷、米脂率先在县级公立医院取消药品加成，实行零差率销售。三是推行绩效考核，建立人才培养激励机制，充分调动了医院和医务人员积极性。3月9日，榆林市召开全市深化医药卫生体制改革暨全面启动县级公立医院综合改革会议。榆林市委书记胡志强，省卫生厅副厅长习红，市委常委、靖边县委书记马宏玉，市人大常委会副主任杨东明，市政协副主席李瑞出席，市长陆治原讲话，市委常委、常务副市长高中印主持，副市长马秀岚安排部署全市县级公立医院综合改革工作。此次会议是榆林市医改工作启动实施以来，规格最高、规模最大的一次，各县区党委、政府主要领导，分管副县（区）长，市县有关部门及公立医院负责人约200多人参加了大会。会议就2012年医改工作及公立医院综合改革做了具体安排部署。榆林市将按照省委、省政府的统一部署和要求，通过县级公立医院综合改革，建立体制合理、机制灵活、功能完善、效率较高的服务体系，使90%左右的患者在县域内就诊，实现“小病不出乡镇，大病不出县城，预防在基层”的目标。

经过三年医改实践，榆林市涌现出了以“全民免费医疗”为特点的神木模式、以统筹医疗资源“双补双管四结合”为特点的府谷模式、以“国定贫困县率先实行药品零差率销售”为特点的米脂模式、以实行“卫生管理县镇一体化”为特点靖边模式、以“加强对医疗卫生单位的管理创新”为特点的榆阳模式，以及在全省率先启动新农合市级统筹、全市区域卫生信息化建设等工作亮点，为有效缓解人民群众“看病难、看病贵”做了多方面有益的尝试，为进一步深化医改积累了经验，锻炼了队伍，增强了信心。榆林市委、市政府决心站在新的历史起点，抓住新的机遇，在全市范围内全面深化医改工作，力争把榆林建设成为全省乃至全国医改工作的一面旗帜，切实让老百姓享受经济社会全面发展带来的实惠。

（来源：榆林新闻网）

文明花开硕果丰

——榆林市创建省级文明城市工作纪实

文明城市是一座城市综合实力的体现，更是一座城市最有价值的无形资产和最珍贵的城市品牌。对于冉冉升起的高原明珠、能源新都——榆林而言，更需要这样璀璨的荣誉。那些奋斗在创文一线上的人们，肩负着创建省级文明城市这个光荣而艰巨的任务，带领榆林人民艰辛奋斗，让文明之花硕果累累。“自2月份本市创建省级文明城市工作开展以来，半年间成绩显著。市创文办不仅明确职责，向全市各责任单位下达创文任务书，还加大宣传，在全市营造浓厚创文氛围。尤其是精心组织开展的‘十大专项活动’和‘修四德、行六礼，做文明有礼的榆林人’这些全民道德教育实践活动等工作，动员引导全市各方面力量都支持参与到创建省级文明城市工作中来，使榆林城市文明程度、市民文明素质、群众幸福感指数得到综合提升。”市文明办主任、市创文办常务副主任姬跃飞说。

创文工作全面启动

2月13日，创建省级文明城市动员大会召开，会上全面安排部署了创文各项工作，并向68家创文重点责任单位和80家常规单位发放任务书，逐条分解落实到每个责任单位。各责任单位也相继成立创文组织领导机构，制定创文工作方案和创文工作进度表，细化任务分工，夯实工作责任。

根据工作需要，榆林市创建省级文明城市指挥部办公室组建成立。创文办内设综合协调组、档案统计组、宣传教育组和三个督导组，各组的工作职责和任务分工明确。4月9日、4月16日，市创文指挥部第一次工作会议和市创文办第一次工作会议分别召开，不仅对全年的创文工作重点任务进行部署，还明确创文办下设各组的职责任务，各组实行组长负责制，切实夯实创文办工作责任，形成各负其责、加强协作的工作局面，全面展开创文各项工作。对外积极进行舆论宣传，开展各项活动，对内积极组织考察培训，学习各地创文的有效经验，不断提高工作水平。截至2012年底，共起草指挥部及创文办文件80余份，编印创文简报及专报80余期。

营造浓厚舆论氛围

创建文明城市是一项复杂的系统工程，关系到经济社会的全面发展和群众生活的点点滴滴。文明城市的创建，如果离开了群众的参与，无异于无源之水，无本之木。一直以来，市创文办都大力开展各项宣传工作，不断营造浓厚的社会氛围，引导人们自觉参与到文明城市创建当中，做文明城市创建的参与者、推动者和受益者。不仅市区各级新闻媒体可以看到“四城联创”的专题专栏，省上各类新闻媒体也有本市创建文明城市的各项消息内容，累计播发、转载的工作动态、消息报道、访谈等有1000多篇（条）。其中，《榆林日报》“四城联创”“创建省级文明城市访谈”和榆林电视台“创建周刊”等栏目更是被市民津津乐道。

“我们一家都很爱看《榆林日报》的‘四城联创’等专栏，因为能随时了解到创建的工作进度，看到榆林城一天比一天美丽，市民一天比一天过得幸福，心里十分高兴。”市民李女士说，自家3岁的小孙子也知道要尊老爱幼、使用文明用语。

录制《做文明有礼的榆林人》等文明礼仪公益宣传广告，设置大型创文公益广告牌匾60块，向单位赠阅《日常礼仪的300个关键细节》等礼仪知识读本5000余册，在各公共场所设置温馨提示语5000多条，在广场、出租车、公交车的电子屏上滚动播发创文宣传标语等3万余次，向市民编发文明短信2万余条，集中宣讲倡议书10多次……创文宣传活动轰轰烈烈地开展着，尤其是《做文明有礼的榆林人》倡议书在榆林的大街小巷广泛流传，不到半年的时间，便成为市民手中最炙手可热的读物，老幼皆知。

一座文明城市应该有它特有的精神和品质，有它独特的城市形象。面向社会公开征集的榆林城市形象宣传语活动已完成前期工作，目前，评审工作正在有序展开。榆林籍歌手王二妮首唱的《榆林美》，被广泛传诵。市民纷纷表示，《榆林美》《榆林盛开文明花》不仅充分展示出榆林深厚的历史文化底蕴和日新月异的发展变化，体现出榆林人朝气蓬勃的精神风貌，还全面提升了榆林的知名度和美誉度，增强了榆林市民的自豪感和幸福感。

开展十大专项活动

榆林人的血脉中从来就不缺少爱的基因。市创文办在开展十大专项活动以来，得到广大市民的广泛参与和社会各界的积极支持。

“弘扬雷锋精神、开展志愿服务，创建文明城市、建设幸福榆林”主题活动，是集合我市青年志愿者、学生志愿者、职工志愿者、机关干部志愿者和市民志愿者积极参与到妇女维权、卫生健康、金融法规、安全上网、劳动保障、剪纸展示等各项志愿服务活动中来的综合性关爱行动。1万多份《创建省级文明城市宣传手册》、妇女健康、家庭和谐等宣传资料和2000多个环保购物袋的发放，使市民在了解创文工作的同时，能积极加入到争当环保卫士的行列中。全市300多个志愿组织共2.4万人组成的志愿者队伍，活跃在榆林城区的各个角落，伸出助人为乐的双手，帮助着那些在困难中的人们，将爱的种子无私传播。

“文明榆林·书韵飘香”全民阅读活动为全市人民营造出读书学习的良好社会氛围，图书赠阅、平价图书展销更是为市民提供了方便。近20万人次参与的学生数字图书读书大赛的进行，以“让感恩成为一种习惯”为主题的第八届全国少年儿童书信文化节等活动的开展，不仅大力倡导文明礼仪之风、读书学习之风，还拓展了少年儿童的视野，提高他们的沟通能力和写作与绘画水平，有力地推动了青少年思想道德建设。

文明餐桌行动通过榆林城区各大优秀餐饮店的加入，首批选取市委机关食堂、榆林中学学生食堂、人民大厦、鼎上鲜等10家餐饮店为试点，在榆林城区范围内深入开展。各示范店纷纷写出承诺书，并在店内设宣传牌、文明用餐提示牌等，保证提醒顾客文明用餐、杜绝浪费。“我觉得‘文明餐桌示范店’的创建，不仅树立了文明用餐、勤俭用餐、安全用餐、合理消费的理念，还弘扬了尊重劳动、节约粮食、勤俭持家的传统美德，普及了餐桌文明礼仪，提升了餐饮业服务水平。每个人都应该积极参与。”在文明餐桌启动仪式上代表市民发言的李先生这样说。“文明交通建设”行动，是为引导广大市民切实践行“六大文明交通行为”，自觉摒弃“六大交通陋习”，坚决抵制“六大危险驾驶行为”而开展的。“我也做了一份‘文明交通建设’调查问卷，虽然大部分的问题我都知道，但也有盲区，我觉得这种活动的举办很有意义，能增加交通安全知识，让我们文明驾车。”出租车司机王波说。街头发放调查问卷2000份，网上征集有效问卷1200份，市公交公司聘用10多名文明乘车引导员，试点开展“文明乘车跟我行”活动，市客运办开展的出租车“三整治一规范”集中治理活动，文明交通行动有声有色地开展着，为市民创造出良好的城市交通环境。

传统节日是中华民族的瑰宝，榆林持续开展“我们的节日”清明、端午等节日系列活动，使广大市民的文化生活不断丰富，也有力推进了文明城市的创建。市民对“了解传统节日、过好传统节日”的活动主题表示肯定。

“激情广场——爱国歌曲大家唱陕西·榆林篇”这一活动，是“十八大”前全国举办群众性文艺演出之一，5000人的方阵队伍齐声高歌，唱出全市经济、社会、文化的发展成就，也传播了榆林人民团结进取的精神风貌。

花开遍地处处香，市创文办会同市委组织部开展党员干部“修四德、行六礼，做文明有礼的榆林人”全民道德文化教育实践活动，会同市直工委、市文广局开展“幸福榆林歌如潮”——榆林市直机关单位庆“七一”大型广场陕北秧歌、民歌会演活动，会同团市委、市文明办开展“做文明有礼的榆林人”演讲比赛和榆林城区少儿才艺大赛，会同市体育局举办“体彩杯”乒乓球比赛、羽毛球比赛和“文明榆林·幸福家园”社区趣味运动会，会同市总工会开展劳模表彰活动，会同市妇联举办“放飞梦想·欢庆六一”文艺晚会和“少儿故事大王”比赛，会同市文明办、市教育局启动“百校千师”和“日行一善”道德教育实践活动等以及开展全市“道德模范”“美德少年”“榆林身边好人”“十星文明户”“五好文明家庭”“好媳妇”“好公婆”等评选活动；举办“文明礼仪德育阵地建设”和“学习雷锋，做美德少年”网上签名寄语活动等都引领了社会新风尚，深入推进了精神文明建设、城市文明建设。4月下旬开展的以“三改、三化、一提升”“讲文明、树新风、改陋习”为主题的农村村容村貌综合整治和文明村镇创建活动，使各县区的200多个乡镇、4000个村庄“脏、乱、差”的农村环境有较大改观，其中榆阳、定边、子洲、吴堡等县区整治效果较为明显，为进一步改善农村生产生活条件，创建文明有序的人居环境，推进城乡文明建设一体化进程打下坚实基础。

“四城联创”靓榆林

生态环境和城市基础设施建设是改变城市形象最重要的手段之一，以创建国家卫生城市、省级环保模范城市、省级园林城市和省级文明城市——“四城联创”为目标的绿色榆林、文明榆林的创建活动也提前驶入快车道，逐渐深入人心。

全面实施“蓝天工程”，加大燃煤锅炉治理力度，加强建筑施工现场扬尘污染防治，着力加强水域功能区水质达标整治，制定普惠泉水源地保护区改造整体搬迁方案，取缔红石峡水源地保护区内餐饮娱乐经营项目，进一步强化建筑工地施工管理，结合“三年植绿大行动”开展园林绿化工程，开工建设东沙生态公园工程，打通市区8条断头路，开展取缔占道经营、野广告等15个专项整治活动，稳步推进有机废弃物综合处理中心、公厕等公用设施建设……“创园”“创卫”“创模”与“创文”工作犹如一盘棋一样紧密联系在一起，为榆林城区基础设施建设、环境综合整治、城市绿化水平带来脱胎换骨的变化，从而为树立榆林城市形象、提升市民文明程度起到关键性的推动作用，使建设“幸福榆林”的目标离榆林人民越来越近。

提升城市文明，构建和谐社会，榆林市省级文明城市创建工作已经上路，伴随着文明春风的吹拂，通过全市人民的不懈努力，一幅日益和谐美好的生活画卷将在这座塞上名城徐徐展开。

（来源：榆林新闻网）

榆林：从“扶南”到“振南”共同富裕不是梦

随着地下资源的开发，以神府地区为代表的榆林经济飞速发展。然而，榆林的南部六县——米脂县、佳县、绥德县、吴堡县、子洲县和清涧县，仍以农业经济为主，发展相对落后。由于自然条件、矿藏资源的迥异，“南”和“北”在榆林不再仅仅是两个表示方位的词汇，而是分别代表了贫穷和富裕。

“榆林的经济发展存在着不稳定、不平衡、不持续、不协调的问题，具体体现在南北差距、城乡差距、贫富差距三个方面。榆林今后要持续发展，必须解决好这‘三个差距四个不’的问题。”榆林市委常委、常务副市长高中印说。

2006年，榆林开始实施扶持南部发展战略。2011年，在扶南基础上，榆林市又作出振兴南部县域经济这一重大战略部署。从扶南到振南，榆林走出了一条特色鲜明的南北共同富裕之路。

五年扶南，南六县整体实力上升30位次

1998年榆林被批准成为全国唯一的国家级能源化工基地之后，煤、油、气资源丰富的北六县（区）经济迅猛发展，而资源相对匮乏的南六县则被远远地抛在了后面。据2005年的统计，当时南六县的地方生产总值只有31.14亿元，经济总量仅占全市的9.7%。地方财政收入总和仅有7601万元，仅为全市的3.2%。

怀着对榆林市南北差距越来越大的忧虑，2005年，在榆林市人大二届一次会议上，南部县刘汉君等79名人大代表联名向大会提交了《强化扶持、加快南部县工业化进程，努力缩短南北差距议案》。随后榆林市很快成立了扶持南部县加快经济和社会事业发展领导小组，《扶持南部县加快经济社会发展规划》也随之出台。自2006年起，榆林市每年都列支不少于1亿元的专项资金扶持南部六县的发展，榆林北部县区每年都一对一通过财政拨款的形式帮扶南部县共同发展。

“从2006年到2010年，市级财政累计拨付给佳县的扶持资金共计7260万元。另外，神木县每年还对口帮扶我们500万元。这些钱对佳县的发展发挥了重要作用。”11月23日，佳县发展改革局局长徐长春说。他告诉记者，佳县是一个传统的农业大县，红枣是主导产业，过去由于没有任何工业基础，连卖枣都是用麻袋装。2006年以后，在扶南资金的支持下，各类包装厂、加工厂纷纷涌现出来，红枣不仅有了精美包装，而且还被加工成了饮料、枣酒，红枣附加值得到极大提升，枣农收入也随之不断增长。

在扶南效益典型企业——佳县益民现代农业开发有限公司，记者看到，红枣在这里被加工成了香甜的枣酒，再配上各种精美的包装，一瓶售价能达数百乃至上千元。企业负责人告诉记者，2007年公司成立以后，在扶南资金的大力扶持下，发展迅速。如今，公司与3000多户枣农合作，开发了有机红枣基地4000多亩，年加工销售红枣2500吨，年产红枣酒5000多吨，年销售收入过亿元，利税3000多万元。2009年，公司生产的“枣缘红”枣酒还被全国民营经济促进会确定为人民大会堂指定用酒。

对佳县而言，扶南资金不仅富裕了枣农、助推了红枣产业的发展，更重要的是帮助寻找到一条强县道路。榆佳工业园管委会副主任崔永平说：“从2007年开始，市上安排了850万元的扶南资金连续三年勘探佳县的地下资源，结果发现我们有丰富的盐资源，综合考虑之后建立了王家坪盐化工集中区，后来改名榆佳工业园。”据他介绍，截至2012年底园区已有14家企业入驻，投资总额超过300亿元。

扶南资金“四两拨千斤”的巨大功效不仅仅体现在佳县，在其他南部县也是一样。按照榆林市发改委的统计，2006年至2010年，榆林市累计投入专项资金5.28亿元，南北对口帮扶资金4180万元，累计安排扶南项目288个，带动各方面投入超过26亿元，加上中省及其他方面的投入，

南六县固定资产投资累计超过300亿元，使得南部县整体经济实力显著增强。与2005年相比，南部县域经济整体实力全省排名平均上升了30个位次。

力度空前，榆林迈入“振南时间”

尽管榆林南六县在扶南政策的帮扶下取得了巨大成就，但相对于北部区县跨越式大发展的情形，南北差距并未缩小，反而进一步拉大，而且无法在短期内扭转。2010年，南六县GDP总量仅占全市的8%，地方财政收入总和仅占全市的1.5%，与2005年比均呈下降趋势。

“当然，我们不能因为南六县经济总量在全市的比重较小就说它不重要。榆林经济总量连续多年全省第二，这不仅仅是北部县区的贡献，也有南部县的功劳，这是不可分割的。”榆林市委常委、常务副市长高中印说。

有鉴于南北差距持续拉大的现实，2010年，在榆林市第三届人大一次会议上，张峰岗等110名代表联名提出了《关于振兴南部县域经济的议案》。该议案被会议主席团列为“二号议案”，并交付榆林市政府实施。

从2011年起，扶南工作进一步深化，全面进入“振南时间”。

榆林市首先进一步加大了资金扶持力度。一方面，将市本级专项资金由原来的每年1亿元增加到1.5亿元。在此基础上，从2012年开始，连续三年每年安排2.4亿元的贷款贴息扶持资金，支持南部各县工业园区建设。另一方面，强化南北县区对口帮扶责任。将原来的友情帮扶提升为责任帮扶，要求北部县区从2012年起每年都要拿出上一年度地方财政收入的1%，用于对口帮扶，并将该项工作纳入市委、市政府对县区年度目标责任考核体系。同时，积极引导中省大型企业帮扶，确定了每两户中省企业对口帮扶一个南部县的原则，全面构建企地共建共荣长效机制。

在政策上，榆林市也加大了对南部县的倾斜支持力度。该市在项目建设用地、用水、环境容量、天然气利用指标、煤炭资源的配置上向南部县倾斜；出台了南六县转化项目所需煤炭资源异地配置和地方政府入股北部大型煤炭开发等政策；在项目布局上，根据产业特点和要求，规划全市产业布局时，凡是南部县具备项目落地条件的，尽量倾斜安排给南六县等等。此外，榆林市还规定，各行业部门掌握的中省市各类专项补助投资，也要向南部县倾斜，并降低或取消县级配套资金标准。

从扶南到振南，南六县切切实实感受到了其中的变化。佳县发展改革局局长徐长春说：“今年市级财政给我们拨付了2720万元振南资金，并且额外拨付3700万元工业园区基础建设专项资金。同时，神木县责任帮扶2100万元。这些钱合起来比佳县一年的地方财政收入都多了！”据了解，2011年，佳县地方财政收入不过5000多万元。

为了促进榆佳工业园区建设，榆林市不仅拨付了园区基础建设专项资金，而且作为鼓励措施，对愿意入园的企业在北六县（区）配置了煤炭资源。榆佳工业园管委会副主任崔永平告诉记者：“2011年我们招商引资引进了陕西有色集团，他们计划投资210亿元生产多晶硅。建成投产以后，年创利税高达100亿元，对佳县本地税收也能达到15亿元。作为鼓励，市上就给他们划拨了煤炭开采区。”此外，榆林市还给榆佳工业园在榆阳区境内配置了一个总储量1.2亿吨的煤矿，煤矿所得收入均用于园区建设。

据悉，2012年榆林市累计安排振南扶持资金总规模达到4.556亿元，是历年来投资规模最大的一年，涉及4大类56个项目，调动社会各方面投入达13亿元。

因地制宜，打造“五个南部”

按照榆林市的规划，通过振南战略，到2015年，南六县地区生产总值要达到500亿元，年均增长29%，人均地区生产总值达到5.9万元，接近全市平均水平。财政总收入达到45亿元，其中地方财政收入超过20亿元，年均增长55%，南部县自我发展能力得到显著提高。

“围绕这个目标，经过反复调研、深思熟虑，最终我们确定了‘有为南部、特色南部、幸福南部、生态南部、和谐南部’这‘五个南部’的基本工作思路。”榆林市发改委振南办一位负责人告诉记者。“有为南部”就是要基于南六县现实条件实现错位发展；“特色南部”是指因地制宜，实现由传统经济发展模式向特色经济发展模式转变；“幸福南部”则是以中心县城和重点镇、产业园区为重点，以城乡教育、文化、体育、卫生、住房等基础设施为主要内容，努力将南部城乡建成宜居、宜业的幸福之乡；“生态南部”是指切实将保护南部生态环境作为振兴南部经济的前提和首要条件，力争到2015年使南部林草覆盖率达到45%以上；“和谐南部”是推进社会管理人性化，改善投资环境，转变政府职能，努力形成和谐稳定的良好局面。

榆林市实现南北共同富裕的前途虽然光明，但道路并不平坦。榆林市副市长王长安在2012年的一次振兴南部县域经济工作会议上就曾明确指出：虽然振南取得了较好成绩，但也存在一些不容忽视的问题。一是项目进展不平衡。部分项目建设由于征地拆迁等投资环境影响，进展比较缓慢。特别是个别县工业园区、文化旅游项目等具有重大战略意义的项目，无实质性推进。二是资金运行不规范。部分县不能认真落实市上有关规定，随意调整振南专项资金和对口帮扶资金用途，胡支乱花，违规违纪现象严重，违规资金额高达20%。三是责任落实不到位。极个别县没有将责任落实到具体单位和个人，项目与资金管理不能严格按照有关规定执行，项目监管不到位、调度不及时、协调服务意识淡薄。四是资金回收不及时。个别县对有偿资金回收的重要意义和紧迫性认识不足，回收措施不力，工作进展严重滞后。

由于缺乏有效的制约措施，榆林市2012年年初安排的中省企业帮扶南部县工作推进非常缓慢，帮扶项目与资金迟迟不能落实。同时,由于南部县经济实力差,金融机构单一,手续繁杂,工业园区的贷款任务很难落实。

2012年,国家先后出台《陕甘宁革命老区振兴规划》、《呼包银榆经济区发展规划》,榆林包括南部县,迎来了重要的战略机遇期。只要能群策群力、上下一心解决好振南过程中存在的各种问题,榆林的南北共富之路一定会越走越宽广!

(来源:榆林新闻网)

从沙进人退到局部良性循环

——榆林市建设“塞上生态名市”综述

2010年8月,三北防护林体系建设现场会在榆林召开,国家林业局局长贾治邦充分肯定了陕西省生态林业建设取得的巨大成效,深刻总结了榆林市三北工程建设积累的宝贵经验。他指出,榆林市通过坚持不懈地推进三北防护林体系建设,区域生态环境明显改善,黄土高原和榆林沙区的生态面貌大为改观,生态状况实现了“整体恶化、局部好转”向“整体好转、局部良性循环”的历史性转变,绿色已成为榆林大地的主色调。

党的十六大以来,榆林市365万人民在市委、市政府的带领下,南治土北治沙,在生态建设上创造了一个个的奇迹。半个多世纪前,这里风沙滚滚、寸草难生,如今这里绿树蔽日、浓荫匝地,实现区域性荒漠化逆转,使生态环境进入到稳定的相持阶段。

2011年,榆林市启动“三年植绿大行动”,截至2012年底,全市已完成造林79.4万亩,为塞上榆林又添新绿,其中新建樟子松基地13.34万亩、长柄扁桃基地6.3万亩、红枣基地14万亩、核桃基地2.9万亩;飞播造林20万亩;资源开采企业造林绿化7.26万亩;千里绿色长廊工程完成绿化总里程345公里,栽植3米以上的樟子松、1米以上侧柏、油松和胸径6厘米以上新疆杨等294万株;千村万户绿化工程已完成90个村庄的绿化任务;义务植树1009万株。

整体好转沙退人进
实现局部良性循环

榆林曾经沙害严重,榆林城就曾因风沙侵蚀而被迫三次南迁,到上个世纪末,这里“沙进人退”的情景仍未得到根本扭转。尤其是榆林能源化工基地建设开展以来,榆林生态不仅要面对在生态上极其脆弱的先天不足,还要承受能源开采必然造成的生态破坏,双重困惑使榆林生态建设难上加难,如何建设“塞上生态名市”成为社会各界关注的焦点。

十年前,市委、市政府发出建设“塞上生态名市”的号召,与建设“中国经济强市”“西部文化大市”并列,确定为全市经济社会发展三大目标。全市林业系统按照“一个坚持、两个转变、三个结合”的政策措施,即坚持谁造谁有,谁管护谁受益,允许继承转让;转变营林机制,转变投资模式;发展林业和农民脱贫致富奔小康相结合,发展区域经济、主导产业建设和增加财政收入相结合,改善生态环境和城乡绿化美化相结合,始终坚持生态、经济、社会可持续发展的道路。

2012年底,全市累计实施退耕还林799.52万亩,林木保存面积2092万亩,林木覆盖率达到32%,率先在全国实现由“整体恶化”向“整体好转、沙退人进、局部良性循环”的历史性转变,治沙造林已成为全国乃至世界荒漠化治理的典范;累计初步治理水土流失面积2.15万平方公里,逐步达到“土不下山,泥不出沟”的预期目标。全市初步形成以“防风固沙、蓄水保土、护田增产”为主导功能的北部风沙区防风固沙林带,绿色长城林带,绿色通道林带,农田防护林网、白于山区及黄土丘陵区水土保持林带及黄河沿岸红枣经济林带为骨架的五道绿色生态屏障。

再造青山绿水
带动群众致富

多年来,榆林人民通过退耕还林、建设三北防护林体系、义务植树、三年植绿大行动等一系列措施,整山治水,绘出青山千百万,引出无数涓涓细流滋润着塞上榆林的土地。通过十年的努力,榆林的林业产业结构得到进一步优化升级,以红枣为龙头的林业产业已经成为区域经济增长的重要支柱和农民脱贫致富的有效途径。全市红枣总面积达到155万亩,年产鲜枣30多万吨,年产值15.6亿元,榆林红枣的栽植面积和产量占全国的十分之一和全省的三分之二。山杏、大扁杏栽植面积近100万亩,年产值1亿多元。林木种苗产业勃然兴起,全市可出圃苗木种类齐全、数量可观,仅樟子松不同规格的苗木超亿株,价值8亿元以上。灌木资源开发也正在兴起,建起一批新型造纸厂、柳编厂、沙棘油提炼厂、家具加工厂、煤气锅炉加工营销企业。横山县永忠村“林牧一体化”示范初见成效,以林养牧，以牧促林，实现林业与畜牧业的互利双赢，全村人均收入4100多元。神木县等县区已规模种植耐旱、耐瘠薄树种长柄扁桃5万多亩，研究提炼柴油、发展生物质能前景广阔，具有很好的生态效益和经济效益。

三年植绿大行动 建设生态新榆林

2008年10月28日，胡锦涛总书记在榆阳区小纪汗乡考察榆林市治沙造林和生态建设情况时指出："榆林的实践表明，只要我们依靠科学，长期奋斗，就一定能够有效遏制风沙侵蚀，营造良好生态环境。希望同志们把这件利在当代、造福后人的实事办好，为建设祖国西北绿色生态屏障作出不懈努力。"

为了贯彻落实总书记的指示精神，市委、市政府提出"大生态"的发展理念，决定从2009年至2018年，投资100亿元，重点实施十大生态林业建设工程，林木覆盖率由30.7%提高到40%，红枣面积由140万亩提高到240万亩，"两杏"面积由50万亩提高到100万亩，新建100万亩长柄扁桃木本油料食用油林基地，林业总产值达到50亿元。

2011年下半年，市委、市政府又决定在全市开展"三年植绿大行动"，编制了《榆林市三年绿化大行动实施方案》，计划从2012年至2014年，投资63.35亿元，三年完成造林300万亩，到2014年底，全市造林保存面积达到2300万亩，森林覆盖率达到35%以上。建成"南部林果飘香、北部绿染沙漠、矿区绿化美化、城镇翠绿环抱"的新榆林，推动经济社会全面协调可持续发展。重点实施"环榆林城防护林带、城区绿化、千里绿色长廊建设、飞播治沙、能源企业绿化、千村万户绿化、河流水系绿化、林业产业化建设"八大生态林业工程，在全市范围内初步建成樟子松、长柄扁桃、优质红枣、"两杏"、沙棘五个百万亩造林基地。

（来源：榆林日报）

陕北绽新绿　黄河少泥沙

无定河从白于山发源，绵延491公里，到陕西清涧县河口村流入黄河。图为无定河流入黄河的情景。

修梯田是绥德县水土保持重点工程的重要内容。图为机修梯田现场。

陕西榆林地处黄河中游，人们常用一对数据来描述它：以黄河流域十五分之一面积，为黄河贡献了五分之一泥沙！无定河是榆林最大的河流，属黄河一级支流，流域面积占榆林一半，跨过8个县区流入黄河，"溃沙急流，深浅无定"。1983年开始，财政部、水利部把无定河流域列入国家八大片水土保持重点治理区之一，后来这项工程改名为国家水土保持重点建设工程，综合治理持续30年，成为陕西省实施时间最长、投资力度最大的水土保持治理项目。

数据显示，无定河每年输入黄河的泥沙减少近1亿吨，河水平均含沙量由上世纪50年代的每立方米159.3公斤减少到43.5公斤，年输入黄河泥沙减少三分之二以上。

"农民看到了现代农业的样子"

水保重点建设工程使流域治理区人均基本农田增加。不少新增农田实现了规模化、现代化耕作。无定河国家水保重点建设工程深刻改变着陕北农业的面貌。靖边县黄蒿界乡贺阳畔村属于朱掌沟小流域治理范围。1000多亩平展展的土地上，马铃薯正开着细碎的小花。鱼治文负责管理现代化的支点式移动喷灌设施。他说："我一个人指挥着就可以浇灌这1000亩地了。"原来这是一片荒沙丘陵，国家水保重点工程和现代农业设施的配套，让这片土地的收入达到每亩1万元。当了18年村干部的余治权说，

“村里外出打工的人回来成立了公司，经营这些新增耕地。我们还将办一个上万亩的农业园区。国家水保重点工程让农民看到了现代农业的样子。”

坡地改造和梯田治理是水保重点建设工程的重要内容。无定河流域有137个乡镇、2639个村、35万户，涉及人口160多万。30年来，水保重点建设工程使人均基本农田增加1.2亩。新增农田有不少都像贺阳畔那样实现了规模化、现代化耕作。靖边县的公司经营、清涧县的大户承包、绥德县的园区农业，都是新出现的农业经营形式。正如余治权所说，农民看到了“现代农业的样子”。

水土保持简单地说就是打坝、修地、种草、栽树，这都是为了保住水土、“堵”住泥沙。为了这个目的，榆林人民在千山万壑间付出的心血令人感动。山沟里要筑淤地坝，那是用黄土碾压垒砌的工程；小沟道内，用土夯成拦水土梁，叫谷坊；对于更微小的地块，他们也要利用微地形修筑挡水土坝，仿佛燕子衔泥垒窝，这被形象地称为“燕窝”。就这样一道沟一道梁拦泥蓄水，整面坡、整架山、整个小流域不留空白，千亩点、万亩区，数百平方公里连成片，让无定河流域的许多山沟实现了泥不下山、水不出沟。

榆林市国家水保重点工程办公室主任姬晓东说，在30年实践中，无定河流域水土保持工作探索出一套综合治理措施，用群众的话说就是“六化”：山顶集雨水利化，陡坡山脚林草化；缓坡地带梯田化，沟沟岔岔坝系化；田间作业机械化，农民致富产业化。

“山顶集雨水利化”，让人看到，“堵”住泥沙与集水、节水正在小流域治理中并行。米脂县石沟镇党塔村属于孟岔小流域治理范围。多年在外做贩牲口生意的李志宏，2009年回村承包了214亩地。他说，过去每亩地收一二百斤粮食，现在亩产达到一千四五百斤，再加上间种的果树收入，种地很划算。

同样的梯田，流域治理之后为什么能有这么大差别？他指着地面露出的黑色管子告诉我们：“滴灌铺设到了每一块地里。山上还修建了集雨池。”田间道路是“集雨设施”的一部分，雨水顺路流进集雨池，需要浇灌时，再通过滴灌设施送到地里。党塔附近小流域治理800多亩地，有300多亩铺设了集雨水利设施。

在绥德县龙湾小流域治理区、在榆阳区峁沟十万亩大扁杏经济林区，我们都看到了这种集雨设施。从堵住水土到集水节水，是无定河国家水保重点建设工程实施中的一个重要变化。30年来，榆林国家水保重点工程建设不仅为陕北高原增添了绿色，而且不断探索水保理念的进步。和过去相比，今天更加注重综合治理，建设高标准大示范区，生态自然修复，经济效益，预防保护和可持续发展，资源水利的合理配置和有效利用，全社会参与治理水土流失，现代科学管理。

无定河流域分河源梁涧、风沙草滩和黄土丘陵。水土保持和流域治理就在这峁梁沟岔和草滩丘陵间进行。国家水保重点建设工程改变山野，也扮靓城镇。当地同志风趣地说，水保工程打坝造地，也“造”出了不少生态公园。子洲县城北边是一座叫佛殿堂的山，属于三川口流域治理的一部分。在治理中，这里栽树种草，过去是坟地的山头，今天盖起了凉亭，成为人们休闲的好去处。清涧县城对面的笔架山，属于九里山流域治理范围。这座山按照田林路格局进行规划治理，如今这里成了清涧县城的大公园。绥德县城东北侧有一座大山叫龙湾。从1997年开始，这里成为水土保持生态综合治理示范区。现在，治理示范区已超过300平方公里。在这片已经是草木茂盛的山头，绥德县正以陕北民歌《三十里铺》为依托，建设黄土文化风情园。

既要黄河少泥沙，也要农民有钱花

流域治理与当地农业主导产业发展相结合，与农民切身利益相结合，才能取得长久效果。水土保持重点建设工程事关黄河治沙和西部生态环境。流域治理和生态建设又必须和当地农民利益结合起来，才能取得长久效果。这是30年来无定河实施国家水土保持重点建设工程的深刻体会，也成为他们始终坚持的原则。陕北农民概括为一句话：既要黄河少泥沙，也要农民有钱花。

红枣是清涧县农业主导产业。枣树成为无定河水土保持重点建设工程经济林的主要品种。这两三年来县里两条流域治理的7000多亩土地，承包给了16位大户。承包大户之一惠国海说：“在这里投资很有信心。”

无定河流域国家水保重点建设工程改变了荒山秃岭，也紧密结合各地农业主导产业发展。米脂县小流域治理曾被联合国官员称赞为“黄土高原上的奇迹”。最早治理的孟岔小流域认真贯彻水利部新的治水思路和以人为本、人与自然和谐发展的治理理念，建起了水土保持科技示范园。以孟岔村为中心连片规模经营的新品种水果型红枣已基本形成规模化主导产业。靖边县水土保持重点建设工程在一个叫高海则的地方建设基本农田4000亩，实现了马铃薯机械化作业、产业化经营、科技化栽培。高海则过去是连沙蒿都难以生存的万亩荒沙地，综合治理后，不仅沙地上种马铃薯，还种树、种草、种玉米，生态环境治理和农业生产走上了可持续发展的路子。在榆阳区，上世纪90年代峁沟小流域治理形成的10万亩大扁杏基地，现在成为这个区农业发展的新依托，他们提出了发展百万亩大扁杏的目标。

无定河流域国家水保重点建设工程还注重与农民的切身利益结合起来。他们逐步探索出让农民做主的规划运行机制。绥德县青草岭水土保持项目区去年秋天启动。按照规划，当年发展任务是栽种7000亩经济林，修1000多亩梯田。“梯田我们不愁，但7000亩经济林怎样发展，确实让我们伤脑筋。”绥德水保重点办主任刘海平说，绥德县人多地少，农民十分珍惜土地，对机修梯田很欢迎，而林草栽种好几年都跟不上。他直接到项目涉及的4个村里，和农民商量。不料，农民提出一个条件：栽什么树，要让农民做主。水保部门答应了这个条件：栽什么树，到哪里去买树苗,都听农民的,水保部门只管验收。农民完成刨坑任务,按一个坑3元当天兑现;树栽上以后,再给3元,到今年秋天成活率达到85%以上,还要按树给农民付钱。

过去,把树苗送到地头农民都不愿意栽。没有想到,措施的调整,带来了不一样的效果。项目区四个村子,延家畔、崖马沟选择栽核桃树,王家坪和张家坟则愿意种苹果。7000亩经济林的任务,很快就完成了。

绥德水保部门把这个经验总结为四句话:政府指导、统一规划、村民自主、验收付款。2012年,他们和每个村子都签订"国家水土保持重点建设工程建设项目承诺书"。刘海平说,下一步要和农民商量得更细,造梯田还是修沟道,每个规划都要听听农民的意见。

榆林水保部门还建立起一种"部门联动、项目捆绑"的工作机制。他们把这项工作概括为:政府主导、水保搭台、部门联合、项目配套、资金捆绑、各投其资、各记其功。水保部门的小流域治理走到哪里,交通和农、林、水甚至园林等部门就跟进配套到那里。

绥德县县长李晓媛说,水保重点项目改善了生态条件,为农业、林业、水利和扶贫各个方面的落实改善了条件。"项目捆绑"可以放大流域治理的社会效益,实现连片治理、规模治理,使国家水保重点建设工程取得长久效果。

"水土保持工程,要坚持下去才行"

坚持长期治理、科学治理,充分尊重农民意愿,这是无定河实施水保重点工程的体会,也是始终坚持的原则。

朱家沟、苗家墕、贾家圪台、折家坪、高山峁、牛家湾、对岔……这些名字形象地展现出陕北高原的峁梁沟岔。国家水土保持重点建设工程就是在这些沟壑中进行的。30年来,在长度0.5公里以上、超过4万条的沟道中,治理小流域619条,涉及面积1.05万平方公里。

"水土保持工程,要十年八年坚持下去才行",这是米脂县对岔村老支书张加清的体会。对岔村让我们眼睛一亮。全村246户、1002人,外出打工的不到100人。在5.1平方公里的土地上,全村人均收入去年达到11000多元。现任村支书王芝成分析了收入构成:种地收入人均2000多元,养殖收入7000多元,余下的就是在附近打点零工,也能收入2000多元。这个小村几乎家家养猪,240多户人家每年存栏4000多头猪。

老支书张加清说:"水保工程改变了农业"。这个村从上世纪80年代末开始实施国家水保重点建设工程,"最开始是修地打坝,把窄条梯田变成宽梯田,后来是退耕还林,栽树种草,现在正在建设现代农业园"。对岔村的发展说明了一个道理:流域治理要坚持不懈,水土保持必须坚持长期治理。

"水保工程改变山,还得有科学技术来管好树",清涧县解家沟乡白家川村老支书白惟元的这句话,表达的既是近20年小流域治理的体会,也是当下村里发展的期盼。白家川村前就是无定河,1993年后半年开始小流域治理。"全村人修梯田、栽树,平整了17个山头,修起了1000多亩地,栽种了枣树",他介绍,村里140多户人家,每户平均800多株枣树。登上村后最大的山头丰泰塬,满目绿色,枣树上挂满了小枣。现任村支书白元厚一边称赞枣树在盛果期,一边说着他的忧虑:"现在雨水多了,一场雨就带来了大损失,盼着科技人员能给我们解决这个问题"。

白元厚提出了一个现实问题。陕北是干旱地区,年平均降雨量只有400多毫米。雨水多起来,影响了峁梁沟壑里的红枣树。尤其是在春天开花和秋天打枣的几天,如果有一场雨,或枣花散落影响挂果,或枣子腐烂减少收成。天气变化不是一朝一夕的事情,但生态建设一定会给陕北高原的气候带来变化。这种变化首先影响的就是农业。许多农民和干部反映,不仅对流域环境要坚持科学治理,对流域气候变化也要提早研究,给农民科学指导,让那些栽起来的树能更好发挥作用。

"只要让农民做主,峁梁沟道的变化才能保持住",这是绥德县中角镇延家畔村支书延增海的体会。全村840口人,常年在村里住的只有260多口。在这样的情况下,去年秋天小流域治理开始,村里每天有80多人上山刨坑,短短一个月栽种下400亩树。"这就是因为水保重点建设工程让农民作了主。"子洲县水保重点办主任刘德清深有感触地说:"当项目推进遇到困难的时候,与农民利益贴得更近些,就能找到好办法。"该县王岔项目区有一个村叫柳树峁,农民对生态林建设和水土保持工作不支持。他们认真研究,发现生态林建设没有很好考虑农民的切身利益。于是,水保部门的同志征求农民意见,把生态林建设与经济林建设结合起来。"这样,农民看到了希望,开始积极配合起来。"刘德清说,注重以经济林和基本农田建设来带动群众生态林建设的积极性,成为他们今后规划治理的一条原则。

水土治理之后,管护跟不上,治理效果就无法显现。"在这个问题上,必须充分尊重农民,动员农民",这是榆林水保部门的深刻体会。他们一个村一个村研究方案,在统一规划下,进村入户听取农民意见,让生态林建设与经济林建设相结合,机修梯田与退耕还林相结合,经济林收益完全归农民,通过经济林和新修梯田来调动农民发展生态林和生态种草的积极性。

无定河流域的水土保持工作还没有结束。新一期国家水土保持重点建设工程在原有实施工程的基础上又新增2个县,榆林12个县区,有10个县区列入其中。新一期工程实施五年,国家将投入治理资金3.7亿元,治理水土流失面积1060平方公里。这期工程更多关注革命老区的建设,项目区将向老区倾斜。

坚持长期治理、科学治理,流域治理充分尊重农民的利益,这些来自峁梁沟岔间的认识,又将在革命老区建设中得到升华。沟沟岔岔间的绿色将在陕北高原这片红色的土地上越来越浓郁!

(来源:经济日报)

陕北:可持续发展的蜕变

——在陕北的沟沟峁峁,入眼的不是想象中的裸露黄土和沙漠,而是道旁挺拔的杨树和漫山的杜梨花。即便是在毛乌素沙漠边缘,成片的樟子松也透着绿意,向人们展示着退耕还林还草带来的巨变。

——在榆林府谷县,公路上绵延数里的载重卡车让人震撼,车上装载的是产自府谷的煤炭;一旁的煤炭专用运输铁路上,不断地响起车轮碰撞铁轨的摩擦声。当地人告诉记者,这就是陕北的日常景观,一个因能源而崛起的新陕北。

——在延安洛川县,到处是成片的苹果林,洁白的苹果花开得正艳。细看之下,有些果树的枝干上密密麻麻地系满红色标签,像一棵棵承载了希望的许愿树。一问才知,这是农技人员采集苹果生长信息的样本树。

这片曾因贫穷而让人牵挂的贫瘠之地,这片曾因孕育了新中国而举世瞩目的革命圣地,这片因发现巨量资源而快速发展也引起社会关注的经济热土,正努力探索一条可持续发展之路。

能源经济的蜕变

2011 年,陕北实现地区生产总值 3405.6 亿元,占全省生产总值的四分之一强;从 2007 年开始,榆林经济总量稳居省内第二位。曾经长期拖全省经济后腿的陕北,如今华丽转身成为陕西经济新的增长极。

陕北经济的快速发展得益于资源优势。“乌金遍地,油浪翻滚,底气十足,一‘盐’难尽。”短短 16 个字,形象真实地反映出陕北丰富的矿产资源。自上世纪 80 年代勘探发现煤油气盐等资源以来,依靠得天独厚的资源禀赋,陕北经济一路高歌猛进,飞速发展。

然而,早期无序粗放的开发利用,一度也使陕北付出了巨大的资源和环境代价。“家家点火、户户冒烟。”回忆起当年府谷县的兰炭生产小企业状况,府谷京府煤化有限责任公司总经理石栋十分感慨。同时,资源主导型经济还带来了经济结构的单一、“大而不强”、地区发展不平衡等问题。陕北的经济发展模式一度引来质疑。

如何用好地下宝库,避免重走一些资源枯竭型城市的老路,陕北在经过发现资源初期的兴奋后,开始思考长远布局。

规划控制面积 40 平方公里的靖边能源化工综合利用产业园区位于靖边沙石峁国有林场。“园区定位按照煤、油、气、盐资源综合利用、优势互补的原则,形成以能源、有机化工产品、合成材料为核心的产业链。已开工建设的项目在国内乃至亚洲实现了化工产业单套装置最大、技术装备最新、产业链最长、附加值最高,实现中国化工产业发展规模集聚和技术创新的新模式。”能源化工综合利用产业园区管委会办公室副主任马飞说。

“十一五”期间,榆林按照“两区六园”布局,引进一大批重点项目和先进技术,加强资源深度转化,提高资源利用效率,减少资源浪费和环境污染。府谷县副县长王平告诉记者:“仅府谷县就规划建设了总面积 58 平方公里的四大工业园区、8 个兰炭产业园和 3 个工业小区,引导企业实施集团化、产业化、规模化战略,大力发展循环经济。”

“现在兰炭市场低迷,如果我们的产品只有兰炭的话,企业早就死掉了。”石栋快人快语。该公司以洗选精煤生产兰炭,兰炭生产电石和硅铁,焦炉煤气用于冶炼金属镁和发电;电石、硅铁的高炉尾气煅烧石灰,石灰生产电石;镁渣、焦末生产免烧砖;电力用于各个生产项目。这条循环产业链不仅解决了环保难题,更为企业提供了可观的经济效益。榆林全市有兰炭企业 70 余家,如果全部采用清洁生产方案,不仅可以从根本上解决环境污染问题,还可以节约和获得经济效益 15.8 亿元。

除了发展循环经济将资源“吃干榨净”外,充分利用陕北的太阳能和风能资源优势发展新能源产业,也是陕北优化能源结构、实现可持续发展的重要举措。

靖边是陕西新能源在建工程最多的县之一。走进靖边光伏产业示范园区,成片的太阳能电池板在阳光下泛着灿灿银光。靖边县中小企业创业园区管委会副主任牛志强介绍,靖边属于太阳能资源二类地区,年太阳总辐射为每平方米 5200 兆焦以上,有较好的太阳能利用开发条件。园区于 2010 年 5 月开工建设,截至园区已有多家公司的项目并网发电。

在陕西鲁能靖边风电场,几十台风机迎风转动。电场厂长肖耀峰介绍,该工程始于 2010 年 5 月,全部投运后每年可向电网提供 9000 万千瓦时的清洁电能,每年可节省发电用煤 4.5 万吨,减少二氧化碳排放 8.97 万吨、二氧化硫排放 2700 吨。

循环经济的不断推进,成为实现经济发展与环境保护双赢的重要契机。环境的改善，让陕北百姓看在眼里，喜在心中：2005年，延安、榆林两市空气质量优良天数还不足250天，而到2012年则突破300天；曾经“乌烟瘴气”的府谷县全年空气质量二级以上天数突破70%，林草覆盖率19.8%。

做好农业富民文章

农业是陕北的传统产业。如何让能源经济发展的成果惠及百姓，摆脱“富财政穷百姓”的窘境，是陕北经济可持续发展的重要课题。

近年来，陕北逐步对经济发展模式的重点进行调整，从单一的发展能源重化工业到强调农业基础地位、生态建设、能源化工等综合发展。依靠雄厚的财力，大力发展现代特色农业，在有条件的县域实施“一县一业”，推动整个陕北经济结构优化、促进非资源地区经济发展，让老百姓增收致富。

在靖边县东坑镇现代农业示范园区的大棚内，不高的桃树上已经挂满了红艳艳的毛桃。“我选的是矮化新品种，一年就能挂果，而且比普通毛桃提前20天上市。像这样的毛桃，在超市里一斤能卖20元。”种植户张成兴说。

延安的经济格局有明显的南北界限。北部地区能源资源蕴藏丰富，南部地区则适宜发展农业。近年来，延安大力发展果业，洛川、富县的苹果，黄龙的核桃等，都成为当地的支柱产业。

“在洛川，不抓苹果、不懂苹果、不卖苹果的领导就是不称职的领导。”洛川县县长彭安季如此表达当地对苹果产业的重视。

洛川是经联合国粮农组织认定的世界苹果最佳优生区，全县苹果总面积50万亩，人均3.1亩，居全国之首。以一个苹果产业支撑起一个县的经济发展，全国并不多见。

为了做大做强苹果产业，洛川设立了全国唯一的苹果局，并以苹果为中心组建了苹果生产技术开发办、苹果营销流通办、苹果市场建设和环境整治办、果树研究所等一系列配套机构；全县365个村基本每村配备一名技术员；建成了中国洛川苹果信息中心，实现了集多种信息收集、发布及网络销售等多种功能于一体。2011年，洛川农民人均苹果纯收入7600元，占农民纯收入的95%以上。现代苹果产业已成为富民强县的支柱产业。

但苹果“一业独大”的现状也让彭安季不无忧虑：洛川耕地面积64万亩，苹果种植面积已有50万亩，土地资源和水资源的限制，未来可挖掘的潜力并不多，“从生产环节讲，必须立足于苹果的提质增效；从产业环节讲，必须做长苹果产业链，争取更大的市场话语权。”

继续做强、深耕苹果产业无疑是首要任务，从苹果“一业独大”向“一业引领”、实现可持续发展的转化同样迈出了有力的步伐。从2008年，洛川启动百万生猪大县建设，发展“果、畜、沼、草、水”五配套生态果园，希望走出一条“以果带畜、以畜促果、果畜结合、循环发展”的路子。在产业配套上，洛川引进苹果深加工企业，建设现代化气调（冷）库，新建了一批现代化的选果厂、果袋厂、果网厂。2011年，农业部确定在洛川建设国家级洛川苹果批发市场，规划建设10大功能区，概算投资58亿元，目标是把这个市场打造成为中国苹果产业的“航母”，带动陕西乃至全国苹果产业发展。

无论是构建“吃干榨尽”的循环模式、优化能源结构的积极探索，还是从“一业独大”到“一业引领”的现代化农业的主动转化，在探索可持续发展的道路上，陕北大地上正发生着令人欣喜的蜕变，也将在新课题与新思路的碰撞中继续积累经验、呈现特色。

（来源：榆林新闻网）

陕西榆林："黑三角"探索绿色路

新年伊始，位于陕西省最北端的榆林市，天空湛蓝，风清气爽。而以前，这里因污染严重被人称为“黑三角”。

直面新课题谋划新思路

“金三角”，是榆林头顶上的光环。超亿吨煤炭生产基地，亚洲最大的天然气净化装置，国内最大的甲醇生产基地……20多年的开发建设，作为国家“西煤东运”腹地、“西气东输”源头、“西电东送”枢纽的产能大市，榆林已成为名副其实的国家级能源重化工基地。

“黑三角”，则是榆林曾被扣上的帽子。北接风沙草滩区，南邻黄土丘陵沟壑区，生态环境脆弱得像一张纸，一捅就破。资源开发之初，以高耗能为主、缺乏治污能力的“五小企业”曾遍地开花。

环境保护是榆林发展的生命线。从2006年开始，榆林市打响了一场环境保卫战。至2009年底，全市一大批排污不达标的企业陆续关停、搬迁。进入“十二五”，面对依然严峻的环境形势，末端治理已非长久之策，如何才能走出

"头疼医头、脚疼医脚"的老路,成为摆在榆林市委、市政府和当地环保部门面前的新课题。

2011年6月,榆林市委、市政府提出"实现环境保护与经济发展'共促双赢'"。这是榆林在出台一系列规范性文件、把环境保护作为县区和部门领导班子实绩考核的重要指标、严格实行一票否决后的又一重要举措。

离开环保谈发展是"竭泽而渔",离开发展谈环保则是"缘木求鱼"。"通过环保倒逼机制,引导能源工业企业技术管理创新,进而促进地区经济发展方式的转变和区域经济布局、产业结构的调整优化。"榆林市环保局局长赵勇介绍。

让发展模式"绿"起来

走进府谷县孤山镇的恒源煤焦电化有限公司,投资约30亿元的循环经济产业链项目已投入运营。原煤经洗煤、干馏等工艺制成兰炭和冶金型焦,洗煤过程中产生的煤矸石等工业废料废气全部用来回收发电,发电产生的炉渣、炉灰用于生产粉煤灰凝石水泥,炼焦过程产生的煤气等用于生产甲醇,炼焦过程产生的煤气等用于生产甲醇,工业废水经循环污水处理车间可用于补充水源……"上游废料变成下游原料,综合开发利用后原煤增值了5.3倍。"公司负责人王乃荣说。

距离公司厂区不远处,总投资170亿元的循环经济工业小区正在破土动工。据了解,通过提出煤向电力转化、煤电向载能工业品转化、煤气油盐向化工产品转化,榆林已引导20多家企业发展循环经济。

据统计,榆林市发展能源化工产业的上游产业链条有22类,中下游产业链条有28类。以榆神煤化工园区为代表的园区基地实施产业链招商布局,通过补链和延长产业链,形成了产业集群优势和区域竞争优势。

从"跨越发展"走向"持续发展",从被动环保防治走向主动优化引导。面对"十二五"期间依然突出的资源环境矛盾,榆林以前瞻性理念为指引,在探索可持续能源经济发展之路上稳步前行。

(来源:榆林新闻网)

榆林:蓝天碧水映古城

——榆林市加强环境保护工作综述

国家能源化工基地建设给有着丰富资源的榆林带来前所未有的发展机遇,但经济快速发展的同时,环境污染等问题也日益突出。近年来,榆林市在环境保护中建立党政领导干部环保绩效考核机制、实施"三大减排"和"四大工程",使榆林昔日"黑色"的面孔换了新颜。

环保工作
考核领导的新"标尺"

随着资源的开发,环境问题严重影响着榆林市人民群众的生活质量。市委、市政府面对资源开发与环境保护之间的矛盾,把衡量一个地方领导干部政绩标准由原来的"抓资源开发,促环保发展"变为"扛环保大旗,建能源新都"。从2006年开始,本市建立了党政领导干部环保绩效考核机制,将单位GDP能耗、污染减排、辖区质量、环保重点工程、环境执法作为考核县区党政"一把手"的重要指标,并制定出台了《榆林市产业结构调整意见》《榆林市"十一五"节能降耗污染减排规划》《推进节约型社会发展循环经济的考核办法》等一系列规范性文件,用规章来约束和规范行为,推进了环保事业的发展。同时,各县区也对本地环保工作任务进一步细化分解,落实责任,环保工作全面推进。

在多年的环保实践中,全市各级领导干部形成"保护和营造环境就是保护和发展生产力"、"保护环境就是维护人民群众的根本利益"、"保护环境是社会文明进步的重要标志"等共识。以府谷县为例,昔日被称为"黑三角"污染地带,通过大治理、大调整,环境面貌发生了巨大变化,成为全国资源型地区探索环保新道路的典范,该县县委书记张惠荣也因此荣获2009年度"中华宝钢环境优秀奖",这是中国环境领域的最高奖项。

节能减排
一贯坚持的"老"目标

"行走在大街上,徜徉在河道边,看着蓝天白云,听着河水哗哗的声音,各种花草树木在微风中摆动,一派'塞上江南'景象。"榆林市老百姓切实感受到实施"四大工程"带来的实惠。蓝天、碧水、宁静、生态"四大工程"进一步改善了本市的环境质量,让天更蓝、水更清、城更靓。

2007年9月12日,市政府发出《关于榆林城区实施"蓝天工程"治理大气污染工作安排意见》,从此便拉开蓝天工

程的序幕。“蓝天工程”主要是治理大气污染,其中禁烧烟煤和锅炉改造首当其冲。通过治理,榆林城区禁烧烟煤的范围由原来的14平方公里扩大到74平方公里,城市集中供热面积由350万平方米扩大到现在的710多万平方米。市区共完成集中供热盲区224台锅炉的天然气改造,集中供热盲区燃煤锅炉拆除率达到98%,燃煤锅炉治理率达到100%。

无定河被称为榆林人的“母亲河”,随着榆林能源开发工业废水和生活污水不断排入无定河水体,无定河流域污染排放强度一度居高不下,河流的生态功能不断退化,流域内广大群众生产、生活受到严重影响。2009年,全市拉开无定河流域污染治理工作,集中解决治理无定河流域石油、天然气、煤炭重污染产业集中的地方,重点从源头上调整产业结构;同时,还建成投运了无定河河流出境断面水质自动监测站,安装废水、烟气污染在线监控设施,并与省、市监控平台联网。以饮水安全为重点,加强城市饮用水源保护,完成榆林红石峡、神木瑶镇、横山王圪堵3个水源地划定和保护工作。

噪声污染被认为是仅次于大气污染与水污染的第三大公害。本市完成榆林城区噪声功能区划修编,并配合公安、交通、城市综合执法等相关部门开展噪声集中整顿。对城区以400米为单位,形成200多个虚拟网络,按照区域特点择定文教居住区、工业区、混杂区和交通干线区,共设置5个具有代表性的测试点,按环境噪声监测规范要求,进行定期监测;对城区27条主次干道划定双向禁鸣区域,执法巡警不间断往来巡查,稽查纠正违规行为,有效控制交通噪声污染。

榆林市把节能减排工作作为调整经济结构、转变经济发展方式、推动科学发展的重要抓手和突破口,积极采取有效措施,节能减排工作取得了显著成效。

市上多次召开专题会议,安排部署淘汰落后产能、电厂脱硫、污水处理、垃圾处理场建设等环保重大事项,研究解决存在的突出问题,并出台《榆林市污染减排考核奖惩细则》等一系列有关节能减排的文件。尤其是2007年以来,全市全力实施“十大节能重点工程”、污水处理厂、垃圾填埋场等项目建设,加大节能减排工作力度。

在工程减排方面,不断加大资金投入,加快工程减排进度,不断改善生产环境,减排项目取得突破性进展。市环保部门严格“三同时”管理,要求所有新建电厂必须同步建设脱硫设施;对老电厂分批下达限期治理,要求采取循环硫化床喷钙或固硫措施,控制二氧化硫排放。同时,做好城市生活污水处理工程和工业企业废水处理工程。

结构减排是推进节能减排的又一个重要方面。让一大批高耗能企业退出市场,并大力发展循环经济。几年来,共关闭60万吨以下小兰炭企业272户2004万吨产能;关闭建材企业82户,淘汰产能7.8亿块(砖);关闭电石、硅钙企业27家,淘汰产能14.66万吨;关闭了榆林氮肥厂、府谷氮肥厂、吴堡氮肥厂3户污染严重的小化工企业。在化工行业中积极推行污染物排放最小化和资源化技术,发展循环经济,府谷县恒源煤焦电化有限公司等企业采用先进生产工艺,使上游生产废物成为后续生产原材料,有效减少废物排放。

在管理减排方面,全市先后投入大量资金建成重点污染源在线监控、城市大气质量监控和主要河流出境断面水质监测中心,纳入减排计划的37户电力、化工企业全部建成在线监测系统,并与省市环保监测平台联网;并在榆林城区和府谷、神木、定边、靖边县城建成大气自动监测站点,随时反映城市大气状况。

“四大工程”
榆林古城的新容颜

全市发展以资源节约型、清洁生产型、生态环保型为主的循环经济,积极实施好环保生态工程。府谷恒源集团近年来利用当地煤炭资源展开深层次循环经济试验探索,不断展开资源深度转化、废品再利用的探索,形成采煤、洗煤、炼焦、发电、建材、煤气、焦油精深加工的产业链条。同时,积极发展风能等新能源产业,山东鲁能集团在靖边开工建设了陕西省第一个风力发电项目。榆林城区还积极实施“绿化十大项目”,完成道路绿化,建成小区休闲绿地等工程;采取庭院绿化、退硬还绿、见缝插绿等办法,对单位和小区进行绿化,有力地推进城市绿化工作。

(来源:榆林新闻网)

榆林将率先在陕西全面建成小康社会

在榆林市委三届二次全会上,榆林市委书记胡志强提出了率先在全省全面建成小康社会战略构想。这是在深刻领会十八大精神和省委十二届二次全会精神、深化市情认识的基础上,榆林自加压力、负重前行的体现,也是建设幸福榆林阶段性的具体任务。

深化市情认识提出“率先”战略

据了解，经过对小康社会6大类23项指标进行测算，2011年榆林市小康社会实现程度为70.3%，低于陕西省77.8%和全国83%的平均水平。23项指标中榆林市城镇调查失业率、基尼系数、恩格尔系数、人均住房使用面积、5岁以下儿童死亡率、耕地面积指数6项指标已经实现；人均GDP、城镇人口比重、城乡居民收入比、基本社会保障覆盖率、高中阶段毕业生性别差异系数、居民人均可支配收入、平均预期寿命、公民自身民主权利满意度、社会安全指数、居民文教娱乐服务支出占家庭消费支出比重、平均受教育年限和环境质量指数等12项指标可以提前实现；RD经费支出占GDP比重、第三产业比重、地区经济发展差异系数、文化产业增加值占GDP比重、单位GDP能耗5项指标差距较大。

5项差距较大的指标真实反映了榆林发展中存在的突出问题。为此，榆林市将把工作重点放在这些短板上，集中精力、财力、物力，动员一切力量予以突破。而按照榆林市“十二五”规划，全市地区生产总值、人均GDP、财政总收入、地方财政收入、城乡居民收入等六项指标到2015年就可以实现翻番，这将极大地支持率先实现小康战略的构想。基于以上原因，榆林正组织专门力量，研究制定榆林市《率先在全省全面建成小康社会的实施意见》。

提升管理水平确保实现“率先”

为了确保实现率先在全省全面建成小康社会的战略构想，榆林市委提出要全面提升经济社会管理水平。

一是坚持创新驱动，提升经济管理水平。经过近年来的经济快速增长，榆林现在发展资源环境约束趋紧，要想稳中求进，全市必须坚持创新驱动，大力调整经济结构，转变发展方式。

提升招商引资水平。榆林发展到现阶段，招商引资重在选商、重在提质、重在实效。榆林将充分挖掘自身优势，抓住央企进陕机遇，大气魄、大手笔搞好规划和对接，包装项目，以商招商，争取技术含量高、产业链条长、带动效应强的大型项目落地。同时，榆林将眼光向外，面向港澳台等发达地区，有针对性地招商，培育开放型经济发展新优势。

提升民营经济服务水平。按照国务院新36条和中央经济工作会的要求，榆林将进一步出台民营经济支持措施，将把民间资本和民营企业看作榆林的宝贵财富，发挥好其在经济社会各个领域中的作用。同时，逐步规范民间借贷行为，用好用活民间资本，吸引民间资本进入能源深度转化、战略性新兴产业、现代特色农业、现代服务业、城市建设、基础设施等领域，发展混合所有制经济，为经济建设注入活力。

提升科技创新水平。榆林将围绕国家级可持续发展实验区建设，加快实施科技创新和创业工程，完善企业自主创新激励机制，鼓励企业加大研发投入，构建产学研合作的技术创新体系。启动市科技产业园建设，发挥好榆林国家级高新区科技引领作用，大力加强核心技术和关键共性技术研发，突破技术瓶颈，推进产业技术升级。加强技术推广服务平台和技术市场建设，实施科技直通车工程，构建多层次的技术推广体系。加大信息化建设投入，加快信息化在全社会的应用，实现业务协同和信息共享。

提升生态建设和管理水平。榆林将继续开展“三年植绿大行动”，加强采空塌陷区综合治理和工矿区环境整治，健全生态补偿机制。抓好主体功能区、重点区生态规划，明确禁止开发、限制开发区域，做到可持续发展。大力发展循环经济，逐步形成高附加值、低能耗、低污染、低排放的产业循环发展模式。

提升改革创新水平。榆林将加快国有企业战略重组，深化投融资体制改革，积极探索发行私募股权基金及利用BT模式融资撬动民间资本等多种渠道的融资模式，组建成立文投集团，深化医药卫生体制、财政体制、机关后勤体制、三公经费等综合改革，加快便民服务网络建设。

提升区域协调发展水平。榆林将进一步完善市级扶持、中省企业援助、县区对口帮扶“三位一体”的南部县帮扶机制；鼓励走出南部，转移发展，拓展发展空间，促进南北融合发展；鼓励比学赶超，错位发展，特色发展，推进翻身造血项目建设。

二是完善公共服务，提升民生管理水平。榆林将坚持把新增财力80%以上投向民生，健全基本公共服务体系，不断提高人民群众幸福指数。首先，强化公共服务，提高服务水平。完善就业服务体系，落实中省企业当地用工机制，促进以高校毕业生为重点的各类群体就业，让更多的人能就业、有收入。优先发展教育，加快推进义务教育均衡发展，全市实施十五年免费教育。深入实施重点文化惠民工程，加快推进重大文化事业项目建设，着力构建覆盖城乡、惠及全民的公共文化服务体系。其次，创新民生制度。完善城乡低保制度，落实好医疗、失业、养老等保险制度，推进城乡医疗保险省级统筹，实现从制度全覆盖到人群全覆盖，推动由补缺型向普惠型转变。建立市场配置和政府保障相结合的住房制度。大力发展老龄服务事业，探索城乡不同区域居家养老、社区养老、集中养老多种模式。加大扶贫开发、移民搬迁力度，结合当地实际引导好板块化、社会化、市场化扶贫。

三是创新体制机制，提升社会管理水平。首先，创新社会管理工作机制，实现街道（乡镇）工作重心向社区管理服务转移，建立新型社区管理体制。妥善处理人民内部矛盾，健全党和政府主导的维护群众权益机制，畅通和规范群众诉求表达、利益协调、权益保障渠道。其次，深化平安建设，完善治安防控体系建设，依法打击各类违法犯罪，形成防范、打击、管理、调解、服务于一体的工作新格局。

（来源：榆林新闻网）

中国共产党榆林市委员会

总　述

【概况】 2012年，榆林市委坚持以十八大精神为统领，以科学发展观为指导，围绕幸福榆林建设目标，一心一意谋发展、搞建设、抓大事，实现了经济平稳较快增长，社会大局保持和谐稳定。全年实现生产总值2800亿元，财政收入666亿元，其中地方财政收入210亿元，城镇居民人均可支配收入、农民人均纯收入分别达到23700元、7510元。

【“五抓五促”显成效】 一是保持工业稳步增长。采取“五抓五促”措施（抓经济调控、产能释放、产品促销、固投增长、资金筹措，促项目落地、民生改善、消费增长、统计申报、神木县GDP过千亿）和一系列保增长临时干预政策，主要工业品产量稳定增长，主要工业品产量持续增长，全市煤炭产量达到3.16亿吨、增长14%，天然气140亿立方米、增长，16%，原油1200万吨、增长11%，兰炭2100万吨、增长43%，发电量430亿度、增长21%，金属镁34万吨，增长40%，工业品产销率达到96%，全年实现工业增加值1900亿元，增长21.5%。同时，产业结构调整优化升级，新能源、装备制造等新兴产业加快发展。二是狠抓项目投资保障增长。集中开工“保障房、重大能化产业、城区学校、高新区基础设施、重点社会事业、城区市政、榆神工业区”等七批共149个重点项目和政府投资项目，落实“央企进陕”签约项目39个总投资4500亿元。全市确定的60个重大前期项目按计划推进，100个重点建设项目完成投资650亿元，占年度计划的105%，同比提高7.6个百分点。华电榆横煤制芳烃、陕西有色铝镁合金、榆绥高速、王圪堵水库等11个建成或基本建成；51个计划新开工项目有38个实质性开工建设，开工率75%。在重点项目建设带动下，全市固定资产投资增长势头强劲，完成全社会固定资产投资1725亿元，增长25.1%。三是发展现代农业促进增长。加快发展现代特色农业，种植马铃薯294万亩、玉米160万亩、小杂粮287万亩，羊子饲养量突破1000万只大关，占全省的52%，特色产业规模不断壮大；加快农业示范园区建设，建成各类示范园区97个，其中省级园区26个，实现了县区全覆盖，辐射带动农户20万户；旱作农业生产能力大幅提升，标准化生产取得新突破，粮食总产量达到196.4万吨，增长10.6%，实现“九连丰”，玉米、糜子、谷子、大豆等7类作物再创10项全国高产纪录。加快土地流转步伐，流转土地122.7万亩，其中规模经营面积17万亩。推进农业产业化经营，重点龙头企业发展到220家，带动农户41万户；建成农民专业合作示范社2803家，入户社员6万户，辐射带动15.3万户。农业基础设施得到改善，新修基本农田10.2万亩，发展节水灌溉面积8.8万亩，新建、加固、维修淤地坝876座，完成农业综合开发土地治理项目5.5万亩。全市农林牧渔业实现增加值37亿元，增长6.9%。

【中心城市建设】 一是加快中心城区道路桥梁建设。强力打通“断头路”，全年完成投资26亿元，开工城市道路桥梁项目32个，建成项目22个、26.4公里，2012年开工、2013年建成的项目有10个、10.25公里，全年道路桥梁项目的开工数量、开工里程、竣工数量、竣工里程、年度完成的投资数量，都是榆林城市建设史上最多的一年，有效缓解了榆林城区交通拥堵状况，赢得了社会各界和人民群众的普遍赞誉。二是扎实开展“四城联创”工作。加快城市绿化步伐，完成投资3亿多元，建成了省级园林城市建设；省级环保模范城市创建通过技术评估，国家卫生城市、省级文明城市创建工作成效明显。三是加快推进城乡一体化发展。榆横一体化稳步推进，县城和重点镇建设全面提速，锦界、东坑两个省级示范镇完成投资11.4亿元，神木镇、王家砭镇被列为全国改革重点镇，全市有8.2万农民进城落户，城乡基本公共服务均等化步伐加快，城镇化率达到50.8%。四是加大振兴南部力度。创建了市财政、中省企业和北部县区“三位一体”帮扶机制，市级和北部县区投入振南资金4.5亿元,投资额是“十一五”以来的总和,带动各方投资近10亿元,为历年之最。南部县策划实施了一批造血翻身项目,形成了县域经济增长的巨大潜力。

【民生建设】 加大十大领域民生建设投入力度,民生支出占到新增财力的85%。一是增加城乡居民收入。将公务员和事业单位津补贴一步提高到省定标准,市级和南北县区实行一个标准。二是进一步完善社会保障制度。城乡居民社会养老保险参保人数达到153万人,新农合参合率达到97.06%;城市低保标准由平均每人每月300元提高到350元,农村低保标准由每人每年1600元提高到2020元,农村五保补助标准由每人每年4000元提高到5200元,新农合筹资标准由每人每年300元提高到350元,城乡居民养老保险标准由每人每月60元提高到100元。三是推进保障性安居工程。开工建设各类保障性住房3万套,改造农村危房8000户。四是优先发展教育事业。义务教育实行零收费,营养改善计划、蛋奶工程、家庭困难寄宿生生活费补助等政策惠及学生26.46万人,榆林职业技术学院挂牌招生,城区集中开工新建、扩建20所学校,其中5所建成投用,素质教育深入推进。五是不断健全医疗卫生服务体系。全面启动县级公立医院综合改革并实施药品“三统一”管理,荣获全国医改最具影响力城市称号。六是扎实推进移民搬迁工程。精心实施白于山区和黄河沿岸移民搬迁规划、设计和布点工作,开工建设住房3353户,主体完工1180户,超计划完成年度投资任务。七是加快农村基础设施建设。新修改造农村公路454.9公里,沿黄公路一期工程路基全线贯通,清石大桥建成通车。新建农村安全饮水供水工程475处,解决16.2万人饮水困难问题。建成投运330千伏大保当、220千伏有色上网等12个输变电工程,农网升级改造工程全面完成。

【“三年植绿大行动”】 一是全面推进“三年植绿大行动”。投入资金20亿元,实施环城防护林带、千里绿色长廊、百万亩樟子松基地等六项工程,全年植树造林105.6万亩,治理水土流失面积1220平方公里。积极推进煤矿采空区综合治理,扎实推进乡村环境整治,全面开展了绿色厂矿、社区、村庄、园区创建。狠抓煤炭、石油、电力、化工等重点行业和企业节能降耗,推广节能产品和脱硫、废水回注技术应用,中心城市、县城垃圾无害化处理率分别达到89.3%、60%,污水处理率分别达到73.8%、69%;二氧化硫、化学需氧量、氨氮三项指标任务基本完成。

【社会管理】 落实维稳第一责任,全面推行“四级联包”责任机制、研判常态机制和责任追究制度,建立健全应急管理体制机制,扎实推进重点项目稳定风险评估、群体性事件应急处置和涉日维稳工作,圆满完成省十二次党代会、党的十八大安保任务。加强刑释解教等重点群体服务管理,加大社会舆情和网络舆情监管力度,加快实施“天眼”工程,严厉打击各类刑事犯罪活动,社会治安满意率、平安创建知晓率持续上升。进一步加强信访工作,规范人民调解、行政调解、司法调解“三调联动”制度、四级排查化解网络和矛盾纠纷机制建设,严格落实重大矛盾纠纷制度和“五个一”包案责任制,深入开展领导干部下访接访约访活动,抽调万民干部进村入户排查化解矛盾纠纷,一大批信访积案基本得到解决,实现“一控双降”目标。强化和规范和谐村矿建设,建立“村企联建”党支部169个,80%的生产煤矿建立了村矿和谐机制,化解村企矛盾纠纷300多起,引导督促企业积极履行社会责任,形成了村企共建共治共享新局面。

【宣传文化工作】 提高舆论引导能力,积极开展主题宣传,精心安排了党的十八大、省十二次党代会、市三次党代会等重要会议,“五抓五促”稳增长措施、中心城市建设、民生工程建设等重点工作,开展干部作风整顿、三年植绿大行动、万名干部下基层等重大活动的宣传报道,全年在中省媒体刊播新闻稿件2800多篇(条),营造浓厚的舆论氛围。加强互联网管理机构、工作机制和队伍建设,加强新兴媒体管理和网上舆情引导。启动建设省级文明城市,靖边县通过省级文明县城考评验收。深化群众性精神文明创建活动,完善农村精神文明建设体系,开展文明城市、文明村镇、文明单位、文明行业、文明家庭创建活动。加强社会公德、职业道德、家庭美德、个人思想品德建设,不断提高公民素质;积极开展道德模范评选活动,表彰40名全市道德模范和20名美德少年;弘扬雷锋精神,开展志愿服务活动。加强未成年人思想道德教育,继续为未成年人办好十件实事,推进文化环境专项整治,不断提高社会文明程度。实施文化惠民工程,推进广电支干线、光缆改造、数字电视、“村村通”等广播电视基础设施建设工程,继续开展建设工作,建成农家书屋3674家、职工书屋84家,市县区图书馆、文化馆、博物馆、文化站全部免费开放。举办纪念《讲话》发表70周年书画摄影展系列活动,组织开展文化“三下乡”活动,丰富群众的精神文化生活。实施文化精品工程,完善文艺精品资助机制,大型眉户现代戏《山沟沟里的年轻人》获省“五个一工程”奖,协助拍摄《爱了、恨了》、《五月花开》等多部电视剧和专题片。深化文化体制改革,市县文艺院团改制任务基本完成,与陕文投合作筹资15亿元成立榆文投集团公司,陕北文化生态保护实验区获得批准,本市获得全国文化体制改革先进地区称号。文化产业不断壮大,文化产业园区建设取得突破性进展,神木红碱淖和二郎山升格为国家4A级景区。

(刘自强)

中共榆林市委

书　记　胡志强

副书记　陆治原　赵政才

常　委　周树红　尉俊东

高中印　万　恒
钱劳动　马宏玉
刘　坤　陈　宁
刘春桥　张惠荣

办公室工作

【概况】 2012年,市委办公室在市委的直接领导下,围绕市委中心工作,以党的十八大精神和科学发展观为指导,以提高"三服务"工作水平为目标,不断强化内部管理,改进工作作风,努力提高服务质量,发挥协调、服务、参谋、助手作用,较好地完成了年初市委下达的各项目标任务。

【文秘工作】 一是加强调查研究。就城乡和区域统筹协调发展、发展现代特色农业和新农村建设、便民服务网络建设、民营企业发展、人才队伍建设、"三问三解"、和党的建设等方面工作赴周边地区以及县区、部门开展调研,形成20多篇调研报告,为领导谋划、决策全市工作提供科学、准确的依据。二是提高文稿质量。全年完成全市领导干部大会、全委会、市人大、市政协等会议和活动的领导讲话、文件及中、省领导来榆考察汇报材料共计480多篇、90余万字,把关修改新闻稿件100余篇。全年编办《榆林工作交流》15期,《榆办通报》32期、《送阅件》6期;三是规范公文处理。全年办理中省来文349期。办公室以文件改版为契机,严格把关以市委名义印发的每一份文件,进一步规范文件格式,提高文件印刷质量,市委文件印制完全达到规范化要求。压缩各类文件简报,全年编印榆字、榆发、榆办字、榆办发、榆函、榆办函、常委会纪要等各类文件简报356件,和2011年377件相比,压缩、减少各类文件简报21件。落实档案安全管理"十防"工作要求,收集、整理2012年度存档文件109件,向市档案局移交公开信息15件。

【信息服务】 贯彻落实中、省《关于加强和改进党委信息工作的意见》精神,全年编发《榆林信息》311期,较好地发挥了党委信息系统主渠道作用。一是突出重点抓上报信息。围绕中省和市委中心工作,收集、筛选、整理上报《信息专报》276期。二是开拓创新抓日常信息。围绕领导关注的"焦点",积极主动地为领导提供前瞻性、预见性信息,反映全市的工作动态和大政方针贯彻实施情况。编发《信息快报》20期。三是密切关注媒体报道,及时将事关榆林的重要舆情信息报送市委主要领导,编送《舆情信息》15期。四是着力提高紧急信息报送时效。与市政府应急办等部门建立紧急信息沟通协调同步报送机制,确保第一时间将市内突发事件、重大社会动态信息报送市委领导,为领导决策提供参考。全年未发生紧急重要信息迟报、漏报、误报、瞒报现象;五是启动"人民网网友"留言办理回复工作,运行四个多月来,取得显著成效。全年共办理网友留言16条(其中,处理劳资纠纷2件,为当事人挽回经济损失7万余元)。

【督查工作】 一是抓决策督查。围绕市委、市政府100项主要工作任务开展季度、半年、年终三次大型督查活动,对重点工作、重点项目建设、信访工作、万名干部下基层活动、干部作风整顿、农村矛盾排查、创建等重点工作进行督查调研,推动市委重大决策、重点工作的落实。二是提高专项查办质量。建立由党委督查室统一归口办理的专项查办案件工作机制,实行市委领导批示随即报告制度。对领导关注的重要问题或办理难度较大的批示件,开展有针对性的明察暗访、实地核查和直接查办,积极推动有关问题得到有效解决。全年共办理领导批示件204件,办结率97%。三是抓好督查反馈。在每次督查结束后,都及时形成综合材料,通过《督查情况汇报》向市上有关领导汇报,并通报全市。全年撰写《督查情况汇报》86期,《榆林督查》25期,其中《督查专报》24期。

【会议值班接待工作】 一是规范会议管理。结合工作实际,修订完善《进一步规范会议工作的通知》,对会议的审批、组织、协调、服务等各个方面做出明确的规定和要求。全年共组织承办市委常委会议19次,以市委或市委、市政府名义召开各类会议34次,和2011年召开各类会议65场次相比,精简、减少各类会议12场次。圆满完成榆林市纪念中国共产党成立91周年庆祝大会、第十次陕北能源化工基地建设座谈会、第七届煤炭博览会、共青团第三次代表大会、市工商联第一次会员代表大会、榆林大讲堂5期及省上领导来榆检查指导工作的会议协调服务任务。二是加强值班工作。严格实行秘书长主任带班、工作人员24小时值班和首问负责制度,规范工作程序,明确岗位职责,保证上传下达、信息畅通。及时对县区、部门变更的电话号码进行收集,编印出新的电话号码簿,为县区和部门之间的工作联系提供了方便。三是搞好接待工作。坚持有利公务、务实节俭、尊重民俗、杜绝浪费的原则,统筹协调各类接待任务,完成各级领导来榆的接待服务工作,高质量完成省委主要领导来榆的接待服务工作。先后接待来客99批1900人次,其中省部级领导12批次130多人。

【机要保密党务信息化建设工作】 一是确保密码通信安全畅通。加强机要密码设备的维护、检修,确保密码通信"零中断";加强岗位值守、应急演练,坚持高标准、严要求,做到日常值班"零脱岗"、电报传输"零停留"、电报办理"零差错"。全年共收发办理电报6493份,无任何差错。二是推进党委系统信息化工作。落实全省"两个中心"建设试点工作,屏蔽机房已建成投用,其余工作将按照省局要求开展。一次性完成市级和12个县(区)党委系统电子政务内网骨干网络的建设,运行良好。为了进一步做好党委系统信息化工作,积极参与中、省举办的信息化与安全保密、网络信息安全建设与管理、政务微博客运用与管理等业务培训,组织有关人员对省委和西安市委党务信息化工作进行学习考察。三是加强新形势下密码干部队伍建设。严格执行密码干部双重管理规定，县（区）密码部门主要领导任用前和新调密码干部时，需经市密码工作领导小组审查、备案后方可予以研究，全年共审查新配机要局长3名、新调密码干部3名，并及时完善了密码干部信息录入。四是强化保密工作。进一步完善办公室各项保密制度，使保密工作有章可循、有据可依。注重关键部位的保密工作，加强对打印复印传真、移动存储介质、涉密文件资料、涉密计算机、便携式计算机、涉密会议和重大活动、涉密人员保密管理和涉密载体销毁管理，确保党和国家秘密绝对安全。

【后勤保障服务】 一是督促和协助物业公司搞好服务。由市委办牵头有关部门组成的物业监督委员会每月定期召开物业管理评议会，对当月工作中发现的问题及时指出，督促物业公司予以改进，不断提高服务水平和质量；二是搞好后勤服务保障工作。切实加强机关安全保卫和消防工作，完善人防、物防和技防措施，严格车辆出入和停放管理，加强定时、定点巡逻，全年机关没有发生失盗或火警事故；积极配合信访室搞好信访接待，先后接待来访人员1400人次，保证了机关的正常办公秩序；做好会务服务工作，全年接待会议1250次，参会人员8万余人；不断改进餐饮质量，降低饭菜成本，全年接待就餐干部职工85000人次；加强车辆管理和交通安全知识教育，各种车辆安全行驶150余万公里；三是厉行节约，严格机关财务管理。实行国库集中支付，加强对各类支出项目，特别是专项支出预算的管理，严格财务审批制度，杜绝了各种胡支乱花现象；积极开展资产清查工作，规范了机关资产管理；四是积极开展公务用车专项治理工作。根据人员编制情况，核定上报了公车编制预算，按照规定，拍卖2辆超标的越野车；五是积极为干部职工办实事办好事。为干部职工提高伙食标准，组织开展机关干部职工健康体检、为干部职工“生日送鲜花、蛋糕”和“为贫困党员送温暖”等活动，参照城镇职工平均工资水平的涨幅，给机关临时工上调了工资；六是进一步加强对老干部的服务工作。为了方便老同志们了解时政，为老同志们订阅了报纸杂志，适时组织离退休人员会议，传达国家新的政策和有关文件精神。定期组织老同志进行健康体检，对生病住院的老同志进行探视、看望，积极帮助老同志报销医药费，在春节、中秋进行慰问，给老同志们送去组织关怀。

（刘自强）

中共榆林市委办公室

秘书长 刘春桥
副秘书长 杨飞雁 甄 毅
崔高兴 贾占狮
王文斌 尚明军
赵贵祥
屈占权（9月调离）
马维骥 朱飞云
康爱军 沈效功
惠大方 马福堂
调研员 沈明志 乔金星
贺 铭 贺文军
副调研员 郝子国 张震坤

督查室
主 任 冯光宏

机要局
局 长 张耀明（3月调离）
马拥军
副县级机要员 张艳萍 贺榆平

610办公室
主 任 沈明志（9月转任）
惠大方
副主任 吴卫国 杨光胜

党务信息办
主 任 朱继来
副县级督察专员 李庆华

机关事务中心
主 任 崔高兴
副主任 刘三立
副调研员 林茂霞 解二林

纪检监察工作

【概况】 2012年，全市各级党委、政府和纪检监察机关在市委、市政府的领导下，坚持标本兼治、综合治理、惩防并举、注重预防的方针，全面落实中、省、市反腐倡廉建设部署，扎实推进党风廉政建设和反腐败工作，取得新的明显成效，为加快转型跨越、建设幸福榆林提供了坚强纪律保证。

【监督检查工作】 全市纪检监察机关坚持围绕党委、政府中心工作和反腐倡廉建设整体部署，对重大决策、重要工作、重大活动跟进监督、全程参与，及时发现纠正一些偏差和问题，发挥服务、保障和促进作用。一是开展对转变经济发展方式、节能减排、环境保护等政策措施落实情况和重点建设项目的监督检查。制定《榆林市2012年加快转变经济发展方式监督检查工作要点》，确定9项监督检查工作重点，落实15个参与单位责任，集中开展监督检查5次，清理各类资金47亿多元，确保资金规范运行和项目顺利实施。对榆阳区、横山县、靖边县、米脂县等县区节能降耗措施落实和榆阳区、横山县、靖边县固定资产投资追加任务完成情况开展专项督查，对存在的突出问题下达整改意见书，限期进行整改；对11起环保挂牌督办案件和52家企业环保整改措施落实情况开展监督检查，对相关人员进行责任追究。解决阻工现象，对重点项目建设环境进行一次全面排查，成立专门工作机构，设立举报电话，由专人负责受理和处理投诉案件，坚决制止和严厉打击无理阻工行为，实现重点项目建设“零投诉、零纠纷、零阻工、零损失”。二是开展对反腐倡廉工作任务落实情况的监督检查。4月份对各县区、各部门传达贯彻中省市纪委全会精神、安排部署全年反腐倡廉责任分工情况进行检查。7月上旬至8月上旬对上半年工作任务完成情况进全面检查。9月至10月对解决发生在群众身边的腐败问题、公务用车专项治理纠正处理和反腐倡廉13项制度执行落实情况开展三项大检查。9月上中旬,市纪委组织3个检查组,分别由3名副书记带队,采取听汇报、查资料、看现场、入户走访、座谈评议等方式对重点县区和部门进行随机抽查和重点检查。9月17日至23日,市纪委监察局组织委局领导班子成员、各室主任和各县区纪委书记、监察局局长,用7天时间"县县到巡回观摩检查"12县区66个便民服务、"廉政灶"、村民监督委员会、廉政文化、廉政风险防控等反腐倡廉制度建设示范点和经济社会发展重大项目及产业园区,通过巡回观摩看亮点、学习先进促后进,相互交流、取长补短,在全市上下掀起反腐倡廉建设"比学赶超"热潮。三是开展对创建工作的监督检查。建立创建工作问责机制,联合市创建办开展监督检查2次,对创建工作后进单位通报批评,促进创建工作各项任务的落实。

【反腐倡廉宣传教育】 发挥反腐倡廉宣传教育的基础性作用。一是深入开展理想信念、党性党风党纪和政治品质、道德品行教育。举办"十七大以来陕西省反腐倡廉建设成果展榆林巡展",全市440多个单位8000余人参观展览。开展学习省委常委、省纪委书记郭永平《"官德"修养"八要"》重要文章"五个一"活动,即:各级各部门领导班子和党员干部组织一次集体学习,给每个党员干部印发一份学习资料,联系思想工作实际进行一次对照检查,每人写一篇学习体会文章,召开一次学习体会座谈会;二是开展示范教育、警示教育和岗位廉政教育。组织36个市直部门460多名党员干部观看全省廉政精品秦腔剧《太尉杨震》和话剧《两万五》。向全市党员领导干部发放《领导干部廉洁从政教育读本》。组织全市"清风伴我行"演讲比赛,评出一等奖2名、二等奖3名、三等奖5名和优秀组织奖5个;选送优秀选手参加全省"清风伴我行"演讲比赛,2名选手分别获得三等奖;三是开展廉政文化创建活动。市纪委命名表彰50个廉政文化建设先进单位。全市创作一批干部群众喜闻乐见、富有廉政内涵的文艺作品和公益广告,并组织开展"倡廉洁、树清风"优秀廉政公益广告集中展播活动;四是进一步健全反腐倡廉网络舆情信息收集、研判、处置、引导机制和报送制度。编写《榆林市网络舆情监督快讯》11期,对5个涉及党风廉政方面问题的舆情信息,迅速安排调查,作出严肃处理。10个县区建立纪检监察网站,为反腐倡廉建设营造良好舆论氛围。领导干部廉洁自律方面存在的一些突出问题得到较好解决。市纪委、市委组织部、市外事(侨务)办下发《关于在全市开展贯彻落实"两办规定"制止党政干部公款出国(境)旅游专项工作的通知》,开展为期一年的制止党政干部公款出国(境)旅游专项治理工作,全市因公出国(境)团组、人数及经费均呈下降趋势,2012年因公出国(境)任务22批34人次,同比下降12%;因公出国(境)经费支出累计145.6万元,同比下降10%。狠抓党内监督各项制度的落实。各级纪委负责人与82名下级党政负责人进行廉政谈话,与41名存在苗头性问题的县、科级领导干部进行诫勉谈话,与568名新提拔的科级以上干部进行任前廉政谈话。坚持廉政鉴定纪委常委会集体研究决定,对1251名拟提拔使用的县、科级干部作廉政鉴定。进一步健全完善领导干部任前廉政法规考试制度,更新考试范围和题库,全市组织任前廉政法规考试36批,1368人参加考试,其中县处级干部232人,科级干部1136人,24人因考试不及格被暂缓任用。

【干部作风整顿和"五个集中整治"】 深入开展干部作风整顿和"五个集中整治"活动,各级各部门从勤政到廉政,从会风到政风、行风和干部作风都明显好转,特别是群众反映强烈的干部参赌、婚丧事大操大办等明显收敛。一是把整治"吃拿卡要"不正之风作为重中之重,大力改善和优化发展环境。对事权比较集中、"万人问卷"调查中筛选出的问题比较突出、群众反映强烈的20个市级部门和单位开展重点评议,并落实整改措施。完成市级第四、五批行政审批制度改革任务,精简原有审批项目205项,精简率54.5%,其中取消169项,下放12项,合并24项。市直部门单位现有行政审批项目248项,其中保留原有项目171项,新增项目77项,行政审批更加科学、合理、规范。二是把整治党员干部婚丧事大操大办、公款吃喝、参与赌博的奢靡之风作为重要廉政纪律,努力营造风清气正社会风尚。制定《关于严禁党和国家工作人员大操大办婚丧喜庆事宜的暂行规定》,严明"八不准"纪律要求,36名县级领导干部按照规定报告婚丧喜庆事宜,全市各级领导干部家庭婚丧事大操大办现象得到遏制,也未发生使用公车问题。市、县区各级各部门普遍实行招待费限额管理,公务接待费用大幅度下降。建立公职人员参与赌博案件由公安机关及时移送纪检监察机关给予党政纪处分工作机制,开展公职人员参与赌博问题异地用警突击检查,对发现的24名干部职工参与赌博问题分别给予党政纪处分和警示训诫。三是把整治公务用车超标问题作为一个硬仗来打,绝不允许违规购置和使用超标公务车。提出并执行换届不换车规定。在5月14日、15日媒体披露本市公务用车有关问题后,再次封存超标公务车190多辆,公开拍卖严重超标车20辆,成交19辆;县区自行拍卖1辆,上缴省公车办4辆,借车退还1辆,违规车辆纠正处理工作积极稳妥有序,取得明显成效。全市登记自查上报一般公务用车2347辆,编制测算2296辆,市本级和12个县区车辆绝对数下降89辆。四是把整治建设项目招投标中的腐败问题作为突破难点,加快建立诚信廉洁的公共资源交易市场。对全市452个工程项目进行招投标,项目总造价172.12亿元,通过公开招投标节约率为5.8%,纪检监察机关全程监督,促进招投标工作的公开、公平、公正。市建规局、发改委、财政局、监察局制定《榆林市房屋建筑和市政基础设施工程招投标抽取定标意见(试行)》,对进入市建规局招标平台进行招标的房建和市政项目实行抽取定标方式,遏制围标、串标、虚假招标等违法违规行为;五是把整治“吃空饷”等慵懒散漂浮作风作为治理重点,进一步转变机关干部作风。排查慵懒散等干部作风方面案件线索333件,核查254件,党政纪处分39人,组织处理45人,警示训诫179人,通报批评127人。全市围绕10类重点对象清理纠正“吃空饷”人员2100多名。深入开展万名干部下基层“三问三解”活动,全市13655名干部对口联系基层单位5621个,走访群众399525户、1123612人,结对帮扶16578人,办实事好事15505件,排查解决矛盾纠纷2229个,建立台账2005个。

【案件查办】 坚持“有案必查,查处案件、惩治腐败是成绩,澄清事实、保护干部也是成绩”的办案工作理念,加大办案力度,强化办案措施,推进办案工作。制定《榆林市纪检监察信访件处理办法》、《榆林市纪检监察机关查办案件工作考评办法》等13项查办案件工作制度,加强案件线索集中管理和集中排查,对中、省、市领导批示的重要信访件实行提级办案或跟踪督办,限期办结、按时回报;健全完善案件协调移送、监督检查、安全管理等制度,进一步规范办案工作程序;办案实行“月统计、季通报、年考评”,考评结果作为评选纪检监察工作先进集体和先进个人的主要依据,办案后进县区不能评为纪检监察工作先进单位。1—12月份,全市纪检监察机关共受理信访举报1438件(次),初核1185件,立案960件,结案995件,党政纪处分1161人,组织处理11人,移送司法机关19人,收缴违纪资金547万元。警示训诫334人,其中警示提醒146人,诫勉督导112人,责令纠错76人,涉及县处级领导干部10人。对7月下旬以来,本市连续发生的府谷县瑞丰煤矿冒顶事故、府谷等县区洪涝灾害、榆林昌盛国际广场商业综合楼负二层整体坍塌事故进行了问责,给予府谷县2名主管副县长行政记大过处分,府谷县能源局、水利局和市执法局榆阳分局3名局长撤职处分,市能源局、市执法局2名局长免职处理,市水务局长行政记过处分。严肃查处靖边县卫生局在发放公共卫生补助经费和药品“三统一”工作中的失职渎职问题,给予县卫生局长免职和行政记大过处分,对其他5名责任人予以党政纪处分。快速查处府谷县司法局副局长学历造假违规任职问题,给予其撤职、留党察看处分,对另外2名责任人同时予以免职和纪律处分。对子洲县高考三中考点数学科目考试中错误计时问题,追究7名相关人员纪律责任,其中行政撤职1人。

【专项治理工作】 深入推进工程建设领域突出问题专项治理。继续抓住国土资源、交通运输、农林水电等重点领域,以及资质资格审批、项目决策、招标投标、土地出让、规划管理、建设实施、资金管理等重点环节,推进工程建设项目信息公开,加强工程建设项目质量安全管理,严肃查处违纪违法问题。一是按照“政府主导、管办分离,集中交易、规范运行,部门监管、行政监察”的总体思路,整合现有资源,推进统一规范的公共资源交易市场建设,督促县区政府和规划、住建等部门对新开工项目和在建项目进行了全程监控、滚动排查;二是会同规划、住建等部门对违规挂靠借用资质、出租出借资质等问题进行专项清理,严厉打击以他人名义投标、出让或者出租资质、资格证书供他人投标等违法违规行为;三是对各级发改部门审批、核准或备案,由政府投资、融资的7个市级重大建设项目、68个县级重大建设项目派出监督检查组,对项目实施进行了全程监督。深入开展党和国家工作人员参与高利放贷问题专项治理。按照省纪委要求,经市委、市政府同意,市纪委监察局在全市范围内开展了党和国家工作人员参与高利放贷问题专项治理。全市从9月初开始到11月底,对全市各级党的机关、人大机关、行政机关、政协机关、审判机关、检察机关、人民团体、事业单位和国有企业从事公务活动的公职人员违反廉政准则和有关法规,利用职权或职务影响非法集资或变相吸收公众存款高利放贷,挪用公款高利放贷,套取信用贷款、贴息贷款高利放贷,或其他非法收入以变相入股等方式高利放贷的问题进行专项治理,维护金融市场正常秩序。纠正损害群众利益的不正之风。市住建局牵头开展拆迁矛盾纠纷集中排查调处活动,全市排查拆迁信访案件173件,通过督查督办,使一批重点案件得到及时妥善处理。国土、能源、环保、监察等10部门联合开展矿产资源勘查开发秩序专项整治,查处越界采煤10起,查处非法采矿行为79起。市教育局集中治理义务教育阶段择校乱收费和以举办升学培训班、招“特长生”等名义的乱收费,查处学校乱收费问题4个,清退违规收费4万元。市交通局认真清理公路违规超期收费问题,撤销不合理公路收费站1个,查处公路“三乱”问题22个,党政纪处分和组织处理12人。市卫生局会同公安等四部门联合开展非法行医、无证行医联合检查41次,处罚117户,移交公安部门处理5件。市商务局集中开展了零售商向供应商违规收费问题清理整顿,查处大型零售企业向供应商违规收费项目8个,涉及违规资金5.6万元。市银监局对31家商业银行开展了收费专项检查,查处违规收费项目3个,涉及金额45.1万元。市农业局深入开展减轻农民负担专项治理,清退向农民违规收费10.6万元,纠正损害农民土地权益问题1件,查处强农惠农资金发放中违规问题12个,涉及金额57万元,查处哄抬农资价格、制售假劣农资坑农害农问题18个,涉及金额1.7万元。开展创建人民满意的基层单位活动,采取ICD语音外呼系统对市、县800多个单位开展政风行风民主测评。在全市电信行业开展民主评议行风活动,通过走访调查、问卷测评和集中评议,表彰4个电信公司、4个移动公司和5个联通公司;对电信行业乱收费问题开展专项治理，完善消费者投诉处理机制，集中整治电信行业违规收费、恶意误导消费者等突出问题，处理消费者投诉932件，清理资费套餐13个，涉及金额42226元。围绕群众关心的热点难点问题制播《点击榆林—政风行风大家谈》11期，70多个政府部门领导和群众共442人走进演播厅开展了互动交流，内容涉及医疗卫生、交通秩序、校园周边环境、食品安全、文明城市创建、金融系统乱收费治理、基层站所工作作风等，解决群众关心的热点、难点问题113个。

【反腐倡廉工作】 健全完善村民监督委员会制度。全市99.7%的行政村结合村委会换届再次选举产生新的村民监督委员会，通过选举连任的占63.8%，全市91%的村民监督委员会办公场所、主任素质、监督都发挥较好作用。县、乡两级对监委会成员培训14896人次，全市村民监督委员会累计列席村委会45000多次，向村委会提出意见建议56892条，被采纳46735条；组织召开民主评议会12571次，评议村干部26854名；开展专项监督10257项，质询3689次，纠正各类问题8957件，协助解决村务工作中的难点问题9863件，化解各种矛盾20954件，向乡镇纪委汇报案源线索2587条；推进党政主要领导向纪委全委会述廉制度。坚持以县区、乡镇党政“一把手”及权力相对集中、社会关注度高、群众反映强烈的部门主要负责人为重点，推行向纪委全委会述廉工作，并积极向村（社区）和基层站所延伸，开展村“两委会”和基层站所负责人向乡镇纪委或服务对象述廉活动。全年组织84名县科级领导干部、251名基层站所负责人、773名村“两委会”负责人分别向各级纪委和服务对象进行了述廉评议；三、推行公务接待“廉政灶”制度。全市98%的乡镇实行公务接待“廉政灶”制度。“廉政灶”按照“定额供餐，成本核算，经济实惠，费用公开”的原则，区别不同情况，确定接待标准，基本控制在每人每餐20元左右，不超过30元，一次接待一结账，按月公示，接受干部群众监督，形成一套比较科学、完备的公务接待登记、审批和经费管理制度。借鉴乡镇“廉政灶”做法，市财政局、地税局等30多个市直单位和89个县直部门都实行机关灶接待制度，遏制和减少公务接待大吃大喝、铺张浪费等不正之风，公务接待费用同比下降40%以上；狠抓便民服务中心建设。4月24日，市纪委在榆阳区召开全市推行便民服务制度现场经验交流会，首批命名表彰30个便民服务示范单位，促进各县区普遍掀起便民服务中心建设热潮。全市共建立便民服务机构2782个，其中乡镇（街道办）便民服务中心204个，占93.8%，村（社区）便民服务室2716个，占43%，配备代办员3300名，累计办结便民服务事项19.72万件（次）；推进廉政风险防控机制建设。在2011年深入推进试点示范工作的基础上，2012年市、县区各级各部门、各单位结合职能职责和业务工作，制定廉政风险防控机制建设方案，通过逐岗位逐环节查找廉政风险点，制定防控措施1572项，分类确定风险等级，认真开展防范教育，普遍形成机关干部和社会各界广泛参与的权力运行监督机制。

【自身建设】 以“忠诚履职、争作表率”为主题，全市各级纪检监察机关深入开展创建学习型、开拓型、务实型、“亮剑”型、高效型纪检监察机关活动，全市纪检监察干部秉公用权、廉洁执纪意识进一步增强。全市新配备县区纪委监察局领导班子成员10名，新配备市直部门纪检组长10名，市监察局配备非党副局长1名，市纪委监察局提拔正县级纪检监察员1名、室主任4名、副县级纪检监察员3名、正科级纪检监察员2名、主任科员5名、副科级纪检监察员2名。各县区纪检监察派驻机构统一管理工作稳步推进，运行情况良好。全市纪检监察系统组织269人次参加省纪委培训，组织167人次参加市纪委培训，各县区纪委监察局及市直部门纪检组自主培训8244人次。

（马鹏飞）

榆林市纪律检查委员会（榆林市监察局）

书　　记　周树红
副书记、监察局局长　张春生（7月任局长）
监察局局长　赵榆生（7月离任）
副　书　记　刘支堂　冯艳频
常委、监察局副局长　李益民　孙双喜
常　　委　曹文波
秘书长、监察局副局长　沈晨虹（3月任秘书长）
常委、办公室主任　杨明彪（9月离任）
常委、纪检监察一室主任　常文飞（9月离任）
监察局副局长　乔春玲（3月任）
正处级纪检员　马庆安（3月任）
办公室主任　段慧卿（9月任）
监察综合室主任　李自强（9月任）
宣传教育室主任　杨永华
党风廉政建设室主任　张榆平（9月任）
纠风室主任　乔建忠
执法监察室主任　姜浩年
纪检监察一室主任　折晓云（9月任）
纪检监察二室主任　安保忠
案件审理室主任　杨树武
信访室主任　李生龙
干部室主任　张崇兴
案件监督管理室主任　辛树智
副处级纪检监察员　贺　敬（9月任）　苏　强（9月任）　许　明（9月任）

组织工作

【概况】 2012年，榆林市组织工作围绕“基层组织建设年、干部作风建设年和组织工作提升年”三项活动，坚持服务全局抓大事，突破重点上水平，改革创新破难题，整体推进求实效，不断深化创先争优活动，统筹加强领导班子和干部队伍、人才队伍建设，着力创新基层组织建设，强化组织部门自身建

设,为建设和谐幸福新榆林提供组织保证。

【万名干部下基层活动】 直接面对群众,了解情况。共抽调市、县、乡三级13655名干部走进田间地头,访民情问民意,解难题办实事,实现包抓农村和社区基层组织全覆盖。共深入5621个基层单位,召开党员会议7001次、群众代表大会6716次,征集各种意见和建议近2万条。实行分类指导,抓住短板。坚持重点村重点抓,对四类村和矛盾村,采取"双联双帮"的模式,由县级领导干部带队包抓联系,帮助解决村级发展方面的突出问题;由市县组工干部直接联系,及时掌握村情村况,帮助解决基层党建方面的突出问题。突出问题村针对抓,对村级班子软弱涣散的村,安排党委系统干部包抓;对经济发展落后的村,安排经济管理部门的干部包抓;对矛盾纠纷突出的村,安排司法系统的干部包抓;对农业条件薄弱的村,安排农口系统的干部包抓;对具有典型性的村,安排市级领导包抓。强化保障措施,确保任务落实。市、县、乡、村四级分别建立"干部下基层基本情况台账""村情台账""四类村、矛盾村销号台账"、"办实事好事台账",对干部下基层情况、村级基本情况实行动态管理,按季更新。建立下基层活动督查考核机制,由组织部门牵头,成立12个督查组,采取定期督查、交叉督查、跟踪检查、明察暗访四种督查方式,加强对下基层活动的督查。坚持完善机制,推动为民服务的常态化。建立干部一线服务群众机制、党员一线承诺践诺机制和四类村、矛盾村一线挂账销号机制。

【干部队伍建设】 加强领导班子建设。对县区和市直部门领导班子进行综合研判,启动事业单位领导班子研判制度。完成省十二次党代会代表、省十二届人大代表和省十一届政协委员的推选工作。进一步完善了"三位一体"目标责任考核办法,加强平时督促检查,建立考核预警机制和考核工作约谈制度。加强后备干部队伍建设,制定《榆林市关于建立党政领导班子副县级后备干部队伍实施意见》,规范后备干部队伍建立制度。加大竞争性选拔干部力度,采取公推竞选的办法,分别在市教育系统和住建局、规划局、执法局系统内通过多轮会议推荐、当场计票亮票、现场演讲、择优筛选,产生榆林师范学校和绥德师范学校校长、榆林城区房屋征收与补偿办公室主任人选。加强干部交流轮岗工作,制定《榆林市市直机关科级公务员交流轮岗实施办法》,在市直部门科级干部中开展交流轮岗工作,市直部门正科级公务员交流轮岗共283人,占总人数的51%。干部监督管理取得明显成效。初步建立起选人用人群众满意度民主评议和民意调查制度,在全市85个市管领导班子中开展"一报告两评议"工作,将结果纳入年度目标责任考核。配合完成2012年度全国、全省组织工作满意度民意调查工作。在2012年全国组织工作满意度调查中本市的干部选拔任用工作、防止和纠正用人不正之风满意度均位居全省第二。干部能力素质进一步提升。举办党性修养、能力素质等各类主题培训班次11期,培训干部467人。开展榆林经济社会热点问题、建设法治政府、陕北文化与建设等自主选学专题班5期,培训干部900多人次。组织126人次参加省级自主选学培训。举办榆林大讲堂5期,培训2000多人次。

【基层党组织和党员队伍建设】 完成全市5293个村党支部、5376个村委会换届选举任务。建立起以党组织联建为核心的利益共享统筹发展机制、矛盾排查化解机制和抓基层、打基础的基层党建工作新机制等"三项机制",助推村级党组织升级晋档、科学发展。2012年,全市一类村党组织1878个(其中示范村党组织411个),二类村党组织2407个,一、二类村党组织占村级党组织总数的80%;三类村党组织946个,占16.5%,四类村党组织减少至62个。深入推进"文明社区、和谐家园"党建主题活动,围绕"五好"目标,科学设置了18项考核指标,对全市124个社区建立了基础档案台账。积极推广府谷"双联双管"经验,推行"管理+服务""共驻+共建""规范+提升"等管理模式,社区区域化党建格局初步形成。加强"两新"组织党建工作,创新组织设置形式,新建联合支部235个,实现规模以上两新组织的党组织全覆盖。选派950名党建指导员和联络员到两新组织开展党的工作,促进了两新组织党建工作整体水平的提升。加强农村"带头人"队伍建设,将新当选的村"两委"负责人全部轮训一遍。加强党员管理,推行府谷县"双联双管"机制,全市建立流动党员数据管理库165个、流动党员服务站140个,城乡双向互动管理的流动党员达到16955人。

【人才队伍建设】 强化人才基础性工作。在深入调研的基础上,制定出台《关于进一步加强人才队伍建设的意见》和高层次人才引进、杰出人才贡献奖评选、突出贡献专家选拔管理、人才工作考核等4个办法,配套出台11个人才工作细则,进一步完善人才的引进培养、管理使用、激励保障、创新创业、考核评优等方面的政策。加强本土人才管理,完成277名市管拔尖人才的动态考核,对2012年度全市有突出贡献拔尖人才进行评审。加大柔性引进人才工作力度。完善在外工作的榆林籍高端人才信息库,启动了开发区省级院士工作站建设,加强对已建专家工作站的管理,促使其充分发挥效益。以中省开展博士服务团选派工作为契机,分别为市农科院、市第一医院、榆林职业技术学院引进一名博士进行挂职服务。加强校企地的交流合作,建立北大青年在陕西省首个见习基地,首批选择10个党政部门和8户国有企业为在校学生假期见习提供岗位。选派22名优秀本土企业管理人才赴神东煤炭、榆林神华等中省企业挂职锻炼,促进中省企业与地方企业的合作交流。有针对性地开展人才培训。围绕食品安全、和谐医患关系、节能减排、民营融资担保、金融管理、财政体制改革、实用农业技术等方面的工作，举办专题培训班8起，培训357人。

【自身建设】 总结“讲党性、重品行、作表率，树组工干部新形象”活动。召开“讲重作”活动表彰大会，对在活动中涌现出来的先进集体和先进个人进行了表彰奖励。市委组织部获得“全省组织系统先进集体”荣誉称号，省委组织部给予集体和个人分别记三等功，组织一科科长获得中组部嘉奖。创新网络舆情工作机制，出台《关于加强全市组织系统网络舆情工作的实施意见》，在全市组织系统建立舆情工作人员队伍，初步形成覆盖市县两级组织部门的舆情监测网络。提升干部能力素质。在部机关开展以“加强党性锻炼、加强品行修养、加强业务学习，提高办文水平、提高办事能力，注重工作实效”为主要内容的“三加强两提高一注重”活动，通过组织干部参加各种辅导培训学习、深入基层调研、包抓联系矛盾村和四类村、开展公文写作和工作案例评比等活动，进一步增强干部的党性修养，提高理论水平和工作能力。

（程 超）

中共榆林市委组织部

部　　长　尉俊东（兼）
副 部 长　霍东平（5月调离）
　　　　　李博（5月任）
　　　　　崔志平
　　　　　孙从军（3月转任）
　　　　　黄志宏
　　　　　胡统金（3月任）
　　　　　贺　强（9月任）
部务委员　加建新（3月任）
　　　　　刘万忠（3月任）
调 研 员　孙从军（3月任）
副调研员　张军德　郭　云
副县级组织员　高　渤（9月调离）
　　　　　郭　彬　吕明辉
　　　　　姬世虎　琚向荣

干部教育委员会办公室
主　任　霍东平（5月调离）
　　　　黄志宏（9月任）
副主任　姜雪梅（女）

人才工作领导小组办公室
主　任　加建新
副主任　许　锐

目标责任考核领导小组办公室
主　任　尉俊东（兼）
副主任　刘万忠
　　　　高　登（9月调离）
　　　　石　剑

基层组织建设领导小组办公室
主　任　黄志宏（9月调离）
副主任　韩万胜（3月任）

年度目标考核工作

【概况】 2012年是“十二五”规划实施的关键之年，榆林市考核办按照市委、市政府的要求，不断探索符合榆林实际、体现科学发展观和正确政绩观的目标责任考核机制，完善考核办法，发挥考核的导向作用和激励约束作用，使考核成为经济社会发展、干部作风转变、党风廉政责任制落实的总抓手和助推器。

【2012年度目标责任考核】 分解细化考核指标。考核指标在部门自行申报的基础上，相关职能部门把省委省政府下达本市的目标任务、市委工作要点、市政府工作报告、市委市政府100项任务、市委市政府主要领导重要讲话和单位主要工作职责等作为考核指标分解审核依据，采取自上而下、上下结合、反复讨论、反复征求意见的方法，最终形成2012年度目标责任考核指标。加强日常督促检查。不搞考核“年底一次清”，重视过程考核，时时掌握被考核单位指标完成的动态情况。围绕目标任务分解落实、重点指标、重大项目和市委、市政府重要工作完成情况组织实施季度抽查、半年检查和重点督查，通过听取汇报、实地查看、个别谈话等方式，排查问题和隐患，对发现的问题及时向被考核单位发出《预警通报》，并向主要领导报告，推动目标任务落实。针对重点工作，适时组织和参与保障性住房、节能减排等专项工作的督查，促进目标任务的完成。以《榆林考核》为平台，交流考核信息，通报工作情况。强化预警机制和考核工作约谈制度。根据季度督查中了解到的情况和发现的问题，区别不同情况，向考核指标完成不理想和存在问题的县区和单位发出考核“四级”预警通报。完善考核评价机制。简化加减分办法，严格控制加减分项目和分值。以榆林市目标责任考核信息管理系统为平台，强化过程考核，进一步发挥职能部门作用。启动2012年度年终考核的各项准备工作。年终考核的具体操作办法、民意调查方案、社会评价方案及各类测评表格逐渐完善。县区的民意调查采用计算机辅助电话调查（CATI）方式，委托电信部门以随机抽样方式进行电话调查，市直部门的民意调查委托市统计局制订方案，建立人员数据库，规范操作。

【考核工作信息化建设】 为进一步完善年度目标责任考核体系，加强平时考核，以信息化建设促进年度目标责任考核工作。市考核办依托现代信息技术手段，通过强化对完成目标任务的过程监控，最终实现由考核向管理的提升。系统由平时考核、重点项目、综合信息报送、领导管理驾驶舱四个子系统构成。重点通过平时考核，对省上和市委市政府下达的工作任务、各部门、各单位的职能工作的推进过程进行监督和评价，起到“四两拨千斤”作用，确保榆林市全年目标的顺利实现。

（李福峰）

榆林市年度目标责任考核领导小组办公室

主　　任　尉俊东
常务副主任　刘万忠
副 主 任　石　剑

宣传工作

【概况】 2012年,全市宣传思想战线贯彻党的十七届六中全会、全省宣传部长暨精神文明建设工作会议精神和市第三次党代会精神,以邓小平理论和“三个代表”重要思想为指导,深入贯彻落实科学发展观,按照高举旗帜、围绕大局、服务人民、改革创新的总要求,坚持贴近实际、贴近生活、贴近群众,围绕市委、市政府的中心工作,服务全市改革发展稳定的大局,解放思想、真抓实干,不断深化、拓展、创新宣传思想工作,全面提升宣传思想工作水平,为建设“中国经济强市、西部文化大市、塞上生态名市”提供了有力的思想保证、舆论支持和文化条件。

【理论武装工作】 围绕党的十八大、省十二次党代会和市三次党代会精神,组织宣讲团,深入机关、企业、学校、社区开展理论宣讲工作,宣讲80多场次,直接听众4万余人。继续抓好书香榆林系列报告会,邀请黄卫平张宝通等专家,围绕经济社会环境党建等方面内容,对全市领导干部开展了形势政策教育。服务市委中心组全年集体学习12次。先后对榆阳、神木、定边、靖边、吴堡、米脂、绥德等县(区)的中心组学习进行旁听,并就学习的内容、形式等问题提出指导意见和具体要求。印发《关于加强市直各部门党委(组)中心组学习的实施意见》。

【学习型党组织建设】 2012年,全市学习型党组织建设以书香榆林建设为载体,将学习型党组织建设与书香榆林建设紧密结合,全面开展、扎实推进。年初,将各项任务层层分解落实,明确牵头单位和责任主体,为学习型党组织建设与书香榆林建设扎实深入开展提供组织保障。实施了基层文化站建设工程和文化惠农工程,大力推进公益性文化设施的免费开放,形成覆盖各级党组织和全体党员学习网络。协助办好“榆林大讲堂”,开展图书赠阅活动,向榆林儿童福利院、鱼河小学等单位捐赠价值15万元的图书,组织举办学生数字图书读书大赛活动,和市民政局等有关单位联合举办九九重阳节爱心赠书活动。书香榆林“十大阵地”建设工作有序推进。榆林军分区开展“创建书香军营、加强学习型党组织建设”活动。市总工会制定了市级“职工书屋”四年规划,6个基层“职工书屋”被全国总工会授予全国“职工书屋”示范点。各企业积极为职工搭建活动平台,购置器材,打造活动场所,为推动“书香企业”建设打下基础。市级媒体通过开办专栏、专题,为学习型党组织建设营造浓厚氛围。编发学习型党组织建设、书香榆林建设工作简报24期,每期印发260份。

【舆论引导工作】 围绕迎接党的十八大,制定印发《“科学发展成就辉煌”主题宣传报道方案》、《迎接党的十八大宣传报道意见》等文件,组织实施,营造庄重热烈、喜庆祥和的社会氛围。组织开展“万名干部下基层”、“三年植绿大行动”、“高西沟经验”等集中采访活动以及“璀璨2012红色之旅——全国媒体走进幸福榆林”大型采访活动。组织“新华社记者看榆林”集中采访活动。两次组织市级媒体开展榆林城区道路建设集中采访报道,全面宣传2012年市委市政府在城市道路建设工作上取得的瞩目成就。制定印发《贯彻落实省第十二次党代会精神宣传报道方案》等宣传方案,统筹各类媒体资源,紧紧围绕“三富一强一美”和“幸福榆林”建设等主题,以“三问三解”、三年植绿大行动、干部作风建设、省级文明城市创建、平安榆林建设等中心工作及重点活动为内容,反映各地各部门改革发展的新思路、新局面。市级新闻媒体全年共刊播新闻稿件27000余篇。编印《榆林市新闻素材亮点》,主动为中省媒体提供新闻素材,扩大宣传半径。中省媒体全年刊播宣传榆林的新闻稿件2800多篇,其中新华社、《人民日报》、《光明日报》、《经济日报》等中央主流媒体发稿300余篇(条),《陕西日报》200余篇。累计接待中省主流媒体及其他省市媒体记者50余批次、200余人次。出台了《关于加强和改进新闻宣传工作提升舆论引导能力的意见》。加强互联网管理机构建设,将原榆林市网络文化建设与管理办公室升格为正县级单位,更名为榆林市网络信息办。制定下发《榆林市舆情信息管理暂行办法》,创新舆情监测报送机制、网络舆情处置联席会议机制、一般舆情快速处置机制、重点舆情的协作督办机制“四个工作机制”。

【对外宣传工作】 加强与香港《文汇报》等媒体的联系,在香港《文汇报》、《大公报》、《人民日报》海外版等媒体共刊登稿件8篇。接待境外媒体记者来榆采访10余次。完成“感知陕西尽览人文”2012全国电视联合采访活动在榆林的采访工作,由杭州电视台、四川广播电视台、香港亚洲电视、湛江广播电视台、星空传媒等媒体在本市进行了采访,制作的五个专题片《不灭的信天游》、《守望绿色》、《统万古城》、《梦回高西沟》、《红碱淖湿地保护》,分别在中央电视台和有关省市电视台播出,进一步提高榆林的知名度和美誉度。编印《榆林采访线手册》。策划制作画册《中国榆林—寻梦之旅》。举办“2012大唐西市春节文化庙会—主宾城市榆林”活动,通过民俗传统文化展示、工艺品展示、地方小吃展示等方式,全面宣传推广榆林。举办2期新闻发言人培训班。下发《关于推动县级党委政府建立新闻发言人制度的通知》。完成市委市政府、市直各部门、各县区党委政府新闻发言人的备案登记,并全部建立电子档案。建立健全新闻发布和突发事件新闻报道机制,完善市委、市政府各部门、各县区政府三个层次的新闻发布体制。

【思想道德和精神文明建设】 实施公民道德建设工程,开展“修四德、行六礼,做文明有礼的榆林人”活动。组织开展“做文明有礼的榆林人”座谈会、研讨会、演讲比赛。开展道德领域突出问题专项教育和治理活动,召开弘扬践行“陕西精神”读书教育活动座谈会，印发《榆林市开展道德领域突出问题专项教育和治理活动实施方案》和《宣讲提纲》。举办榆林市首期“百校千师”德育骨干队伍培训班，对全市各学校的600余名德育教师集中培训。印发《榆林市“用道德良心，做放心食品”倡议书》，在食品安全领域率先开展本市第一讲“道德讲堂”。在全市开展“道德模范”、“美德少年”、“身边好人”评选表彰活动，涌现出在全国影响较大的贺军、任凤祥等一大批榆林好人。举办好人榆林第四届榆林市道德模范表彰盛典，对评选出的40名道德模范和20名美德少年进行表彰，树立“好人榆林”和“榆林好人多，好人就在身边”品牌，发挥道德模范引领作用。开展第十个公民道德宣传日活动。开展“弘扬雷锋精神、开展志愿服务，创建文明城市、建设幸福榆林”主题活动，掀起学雷锋活动的热潮，促进学雷锋活动常态化。进一步规范全市志愿服务活动，经市委、市政府同意，筹备成立榆林市志愿者服务总队和志愿服务管理科，加强志愿服务队伍指导和管理。

【省级文明城市创建】 2012年，按照工作要求，及时健全工作机构，落实工作任务，细化工作考核制度，推进各项创建工作。在《榆林日报》开辟“四城联创”、“与文明同行，和创建相伴”、“创建省级文明城市访谈”等专栏，开通文明热线，建立榆林文明网，加入中国文明网网站联盟，对本市精神文明建设和省级文明城市创建工作集中宣传报道。开展文明礼仪传播活动，通过设计文明榆林标志，向全社会发布创建省级文明城市、做文明有礼的榆林人倡议书，制作公益广告，组织“创建省级文明城市，做文明有礼的榆林人”陕北说书，发放文明礼仪和道德规范书籍，发放“创文”文化衫和宣传纸杯，设立户外大型创文广告牌匾，悬挂各类宣传条幅，组织文明短信传递等各种方式方法，提升了广大市民参与文明城市创建的热情。组织编写《榆林精神》、《创建文明城市宣传手册》、《榆林市民手册》、《榆林创文工作指导手册》和《榆林美》、《榆林盛开文明花》主题歌曲。开展创建文明城市专项行动，主要有“文明交通”行动，城乡文明行动，市容环境卫生整治行动，实施文明旅游行动，文明餐桌行动，食品安全专项整治活动，文明阵地建设行动。“文明榆林”曝光台和“随手拍”活动等，积极倡导文明行为，摒弃不良陋习。各县区文明县城创建陆续开展。靖边县通过省级文明县城考评验收，定边县推进省级文明县城创建工作并取得阶段性成果，神木县创建省级文明城市完成前期的调查研究。

【文化大市建设】 制定《中共榆林市委关于贯彻落实党的十七届六中全会精神推动文化大发展大繁荣的实施意见》。实施地方节目无线覆盖工程。开展农家书屋建设工作。实施文化信息资源共享工程，市级及所属县区图书馆、文化馆、博物馆、文化站实现全部免费开放。基本完成文艺院团的改制。组织开展文化产业调研活动，形成调研报告。和市招商局在全市精选出10个文化旅游产业项目去深圳参加陕粤港文化产业发展合作交流活动。开展文化产业重点项目申报工作，命名榆林市陕北婆姨文化产业有限公司、清涧县聚广艺雕厂等7个单位为“第一批榆林市文化产业示范单位”。起草《榆林市文化精品项目扶持试行办法》。开展“五个一工程”奖项申报工作，大型眉户现代戏《三沟沟里的年轻人》荣获陕西第十二届“五个一工程”奖。向省上报送了2012年重大文化精品和重点文艺创作资助项目。协助拍摄电视连续剧《边关烽火情》、专题片《陕北名将王兆相》等。主办召开长篇小说《天地之间》研讨会。和市委组织部共同印发《塞上文化名家创新工程实施方案》，拟每年重点资助扶持一批哲学社会科学、新闻出版、广播影视、文化艺术等方面的名家。组织召开榆林市纪念毛泽东同志《讲话》发表70周年座谈会。组织举办纪念《讲话》发表70周年文艺晚会及书画摄影展系列活动。建立由市委宣传部协调，市公安局、工商局、文广局、文化市场综合执法支队联合执法打击“四假”的工作机制。取缔一些非法出版物或非法新闻机构。

【宣传队伍建设】 加强部机关和全市宣传系统自身建设。实行日登记、周计划、月考评、年考核的工作方式，增强工作的计划性。全面考核宣传文化系统“四个一批”人才和“拔尖人才”，推荐上报2012年宣传系统“拔尖人才”。举办为期5天的全市宣传文化系统干部培训班。落实《关于加强和改进新形势下国有及国有控股企业思想政治工作的意见》，完成2011年全市国有企业政工师评选，向省上推荐上报8名企业思想政治工作人员参评高级政工师。

（刘宝军）

中共榆林市委宣传部

部长	陈宁
常务副部长	刘仲平(3月任)
副部长	孙利斌
调研员	姬世存(1月—8月)
	雷润峰
文明办主任	姬跃飞(3月任)
副调研员	王仲翔(1月—9月)
文明办副主任	王仲翔(9月任)
副调研员	温玉荣
外宣办主任	刘慧芳
文明办副主任	王洲(1月—3月)
副调研员	姬向东(9月任)
文明办副调研员	曹海峰(9月任)

创建省级文明城市工作

【概况】 2012年，市创文办在省委、省政府的领导下，在省文明委和省委宣传部、省文明办的指导下，按照创建省级文明城市的目标要求，坚持以科学发展观为指导，深入学习贯彻党的十八大精神和省委、省政府的一系列重大决策部署，开展以“修四德、行六礼，做文明有礼的榆林人”为主题的全民道德教育实践，深化省级文明城市创建活动，群众生活环境明显改善，公民道德素质和城市文明程度明显提升，本市获首批“中国爱心城市”、“全国文化体制改革先进地区”、“中华旅游文化国际旅游目的地”、“国家流通领域现代物流示范城市”、“全国地名公共服务示范市”、“全国节水型社会建设模范城市”、“全国医改最具影响力城市”、“省级卫生城市”、“省级园林城市”等荣誉称号；“国家二类城市语言文字工作”通过评估验收；创建全国文明县城1个、全国文明单位2个、全国文明村3个，省级文明县城1个、各类省级文明单位165个，各类市级文明单位711个。

【创文活动】 构建领导协调机制。启动省级文明城市创建活动以来，本市将文明创建工作纳入经济社会发展总盘子，同经济社会发展同安排、同部署、同落实，不断创新工作机制，采取领导包抓、倒排工期、季度督查、及时反馈、通报专报、约谈问责、经费保障等措施，形成文明创建常态化工作机制。一是成立领导机构。成立由市委书记、市长任组长，市委、市人大、市政府、市政协有关领导任副组长，各有关责任部门主要负责人为成员的文明创建活动领导小组。领导小组下设指挥部，市委副书记任总指挥，全面负责文明城市创建工作。二是建立市级领导包抓制度。市委印发《榆林市创建省级文明城市目标任务完成进度及领导包抓工作安排的通知》和《榆林市加强社会主义精神文明建设，推进文明城市创建领导包抓工作安排》，使每一个市级领导身上都夯实文明创建责任，提出文明创建工作进度要求。三是建立文明创建督查督办制度。制定出台《榆林市创建省级文明城市工作督查（督办）考评暂行办法》，建立“月检查、季评比、年考核”和“交办、会办、催办、督办”制度。将每一阶段考核结果和各部门阶段任务完成情况，按比例以柱状图的形式公示上墙。四是建立文明创建专报制度。对文明创建过程中的热点、难点问题以及事关群众切身利益和福祉的问题，市创文指挥部以专报的形式直接向市委书记、市长汇报。先后起草《关于改善我市城乡环境卫生面貌，实行一体化长效管理的建议》、《关于成立榆林市志愿者服务总会，全面开展学雷锋志愿服务活动的建议》、《关于加强公共文明引导，推进文明榆林建设的专报》、《关于为环卫工人办理免费公交卡的专报》等12期文明创建专报，市委书记胡志强和市长陆治原同志亲自批示，使文明创建专报提出的建议和问题全部得到落实。五是不断加大经费投入。市委、市政府不断加大对文明城市创建工作的投入力度，安排创文专项工作经费1500万元，全力支持文明创建工作。营造浓厚创建氛围。各级各类新闻媒体利用自身宣传资源和阵地优势，开设专题专栏10多个，不断强化创文宣传，基本做到市内新闻媒体天天有声有图有文章，累计播发、转载创文工作动态、消息报道、访谈等3000多篇，征集“讲文明树新风”、“做文明有礼的榆林人”等文明创建公益宣传广告60多个，在市区各大媒体滚动播出，形成舆论声势。开通榆林文明网、中国文明网榆林联盟网站。印发《榆林文明手册》、《榆林文明交通守则》和《文明城市宣传手册》等15万本。在城市主要街道设立各类道德建设、文明礼仪等公益广告牌2000多块，机关单位办公场所设置节水、节电、节约粮食等温馨提示5万多条，市区门店、商厦、广场LED屏和出租车、公交车电子屏、车载电视累计播发创文公益广告500多万次，组织编发文明短信600万余条，发放《做文明有礼的榆林人》倡议书等创文宣传资料180多万份，组织文明创建陕北说书广场宣传活动60多次。按照中央宣传部、中央文明办和省委宣传部、省文明办的统一部署，本市组织开展第四届全国道德模范学习评选和中国梦“讲文明树新风”公益广告宣传工作，展播第四届全国道德模范事迹300多次，摆放第四届全国道德模范事迹展板200套，在机场、车站、酒店、商场等公共场所设置“讲文明树新风”公益广告X展架1200个，在城市主要街道设立中国梦·“讲文明树新风”公益广告牌3200多块。加强基层文明创建。深入开展文明单位、文明机关、文明窗口行业、文明执法、文明市场、文明饭店、文明餐桌、文明公民、文明媒体、文明娱乐、文明校园、文明交通、文明工地、文明街道、文明公路、文明社区、文明军营、文明矿山、文明乡村、文明景区等二十项文明创建活动和一堂（建好用好道德讲堂）、一队（建立常态化的学雷锋志愿服务队）、一牌（设置尚德重礼提示牌）、一桌（深化文明餐桌行动）、一导（推进文明引导工作）、一礼（开展文明礼仪教育实践活动）、一做（深化“修四德、行六礼，做文明有礼的榆林人”教育实践活动）、一人（强化未成年人思想道德建设）、一传播（开展形式多样的文明传播活动）和一测评（开展城市文明程度指数测评）等“十个一”活动，扩大精神文明创建的覆盖面和影响力。

【队伍建设】 以学习宣传中国特色社会主义理论和党的十八大精神为主线，做好理论武装工作。落实各级党委（党组）中心组理论学习制度，健全了理论学习考核、激励、约束机制。市委中心学习组坚持把精神文明建设理论纳入学习计划，发挥示范带动辐射作用，推动全市理论学习活动向广度、深度拓展。2012年以来，组织开展党的十八大精神、中国梦·“三个陕西”和榆林大讲堂宣讲活动200余场次，培训各类干部9万人次，换届后县、乡、村新进班子成员实行轮训培训，开展领导干部大调研活动，各级班子执政能力全面提升。

【干部作风建设】 开展干部作风整顿和“五个集中整治”活动，集中解决阻工现象，封存拍卖违规超标车辆190多辆，清理吃空饷人员2100多人，全市干部作风明显好转，大操大办、铺张浪费明显收敛，建立健全干部作风建设长效机制，群众满意度测评普遍在90%以上。深入开展创先争优、“万名干部下基层”、“三问三解”和党的群众路线教育实践活动，建立和完善干部一线服务群众、党员一线承诺践诺、四类村矛盾村一线挂账销号等长效机制,累计为群众办实事好事15438件,化解各种矛盾2172件。

【政务改革】 推行"两集中、两到位"行政审批制度改革,不断完善许可审批制度和限时办结制度,严格实行办事"六公开",实现阳光审批,方便群众办事。开展"党员示范岗"、"行政服务示范大厅"、"巾帼文明岗"、"青年文明号"等创建活动,实行行政审批系统化管理,提高办事效率,提升窗口服务形象。执行《榆林市重大行政决策程序规定》,开展行政执法案卷评查工作和执法检查,制定落实特邀行政执法监督员、法律顾问制度。定期向社会公布重要法规文件、政务活动、政务信息,通过媒体及时向社会公开公布市政府重大决策事项、重点工作部署及完成情况,主动接受媒体和公众监督。支持人大依法行使监督职能,支持政协发挥参政议政职能,2012年以来,办理人大代表议案、建议、批评和意见104件,政协委员提出并经审查立案的提案414件,全部办理回复。

【反腐倡廉工作】 以反腐倡廉制度建设"深化提升年"活动为契机,健全并落实村民监督委员会、乡镇公务接待廉政灶、党政主要领导述廉等制度,着力构建廉政风险防控机制。深化党性党风党纪教育,落实廉政谈话、诫勉谈话、任前考试等党内监督制度,进一步规范党员干部从政行为。深入开展工程建设领域突出问题等专项治理工作,切实纠正城市拆迁、资源开发和教育、卫生、公路乱收费等损害群众利益的不正之风。狠抓案件查办工作,2012年以来,全市纪检监察机关共受理信访举报1438件,立案960件,结案995件,党政纪处分1161人,移送司法机关19人,收缴违纪资金547万元,实施警示训诫334人,全省纪检监察机关案件查办综合考核本市位居前列,人民群众对反腐倡廉工作的满意度90%以上。

【普法教育】 结合实施"五五普法"和"六五普法"工作,启动争创全省依法行政示范市创建工作。推进法律进社区活动,2012年,举办大型普法讲座95场,全民法制宣传教育的普及率80%以上。深入开展政法干警和行政执法人员核心价值观教育实践活动,加强政法队伍和行政执法队伍建设和管理。完善矛盾纠纷排查调处工作机制,组织开展大下访、大化解、大稳定矛盾纠纷排查化解活动,抽调万民干部进村入户排查化解矛盾纠纷7220件。加强法律援助和服务工作,12348法律援助专线硬件设施不断完善,2012年以来,共办理法律援助案件1185件、司法鉴定案件1384件。加强街道、社区居委会人民调解委员会服务基层群众工作。

【维护公民合法权益】 全力保障进城务工人员的基本权益,2012年完成进城农民落户8.2万人。制定下发《关于促进残疾人事业发展的实施意见》等政策措施,将残疾人事业纳入民生工程。实施文化惠民工程,保障公民基本文化权益。抓妇女维权工作,各级妇联利用"三八维权周"、"11.25反家暴日"等,开展专题宣传活动,发放妇女权益保护宣传资料5万多份,组织1.4万名妇女干部参加妇幼权益保护法律知识竞赛活动,全市15个妇女维权示范岗被申报为省级维权示范岗。强化劳动保障监察工作,组织开展整治非法用工专项行动,清理拖欠农民工工资,维护劳动者合法权益。

【基层民主建设】 探索"两新"组织建设新途径,推进"两新"组织党建工作深入开展,新建"企村联建"、"企居联建"、"协会联建"各类支部235个,选派950名党建指导员和联络员,实现规模以上"两新"组织党组织和党的工作全覆盖。深化农村"升级晋档、科学发展"活动,完成农村"两委"换届选举,一、二类村党组织扩大到80%,四类村下降到62个。深入推进"文明社区、和谐家园"党建主题活动,完善社区事务的民主决策、民主管理和民主监督制度,落实"三有一化"建设任务,通过省上达标验收。深入开展文明社区创建活动,制定和完善社区居民文明公约,启动了文明楼院、文明居民、文明家庭等多种形式的创建活动,增强社区居民的理想信念,促进社区和谐。加强和规范物业管理,为社区居民营造整洁优美的生活环境。

【推进诚信榆林建设】 完善企业信用档案,建立统一诚信信息平台和信息发布查询系统,方便群众解企业信誉度。建立规范的食品生产食品安全信用档案,落实食品分类、企业分级、监管分等的监管措施。为市区8家商贸餐饮企业颁发"百城万店无假货"示范店奖牌;在全市启动"文明诚信市场"创建活动,对成绩突出的先进单位进行表彰。健全道德评议机制,组建道德建设评议委员会,出台各类道德标准和办法,形成道德约束。

【市场监管】 规范执法行为,保障企业合法权益。建立重要商品准入制度,实现准入许可和监管并重的全程管理。狠抓保护知识产权、信用体系建设工作,采取行政执法与司法相衔接的方式,打击商业欺诈和制假售假等行为。完善市场监管公共服务体系和执法监督管理机制,逐步规范市场经济秩序,切实维护公平、有序的市场竞争环境。加强商务执法,完善执法制度,强化12312商务举报投诉服务网络体系。严厉打击扰乱市场秩序、影响市场稳定的恶性竞争、假冒伪劣充斥市场等现象。2012年以来,取缔无照经营286户,捣毁制假售假"黑窝点"2处,收缴不合格食品2万多公斤。组织开展"3.15"国际消费者权益保护日纪念活动14场,集中销毁标值155.3万元的假冒伪劣商品,确保市场安全。

【提高"窗口"行业服务质量】 不断加快便民服务体系建设,全市乡镇(街道办)便民服务中心覆盖率93.8%,村(社区)便民服务室覆盖率43%。市民对12312商务举报投诉中心、12315

消费者权益保护投诉热线、12366纳税服务热线、12358物价投诉热线等便民服务中心(热线)的认知度、认可度普遍提高。开展政风行风评议,在行政执法、窗口单位开展"三亮三比三评三创"(亮标准、亮身份、亮承诺,比技能、比作风、比业绩,领导点评、党员互评、群众评议,创群众满意岗位、创服务先进单位、创优质服务品牌)活动,加强对29家窗口行业的道德建设,提高干部群众的职业道德养成,各类"窗口"单位行风测评满意度大幅提高。2012年,各类"窗口"单位行风测评满意度普遍高于85%。

【思想道德建设】 坚持把社会主义核心价值体系融入国民教育和精神文明建设全过程。坚持把道德建设作为全市模范机关创建活动的重要载体,积极创建"勤政、廉洁、学习、文明、法治、和谐"的模范机关。深化"好公婆"、"好媳妇"、"五好文明家庭"和"十星级文明户"等群众性文明创建活动,引导干部群众将敬业、诚信、友善的基本道德规范转化为生产生活中的自觉行动。全市上下组织开展道德模范和身边好人评选表彰,推出市级道德模范60人、省级道德模范8人、"感动陕西年度人物"3人、全国道德模范候选人2人。设立1000万元"方光玉"公民道德建设基金,每年拿出100万元评选奖励13类200多名道德模范和身边好人,在首届"好人榆林"评选期间,网络投票点击量300万次,表彰首届"榆林好人"284名。开展道德模范进基层巡讲活动,编印先进事迹材料,编排道德模范事迹节目送戏下乡,学习道德模范、争当榆林好人蔚然成风。积极开展"文明餐桌"行动,举办大型图片巡展,发放海报、宣传标语和文明提示牌,开展创建示范店、示范街活动,"文明餐桌行动"覆盖城镇餐饮行业和党政机关、企事业单位、学校食堂,勤俭节约和文明消费的理念深入人心。推进道德讲堂进机关、进校园、进基层、进企业、进厂矿活动,全市建成各级各类道德讲堂300多处,累计举办道德讲堂1000多次,参与群众20多万人次。组织开展以道德教育为主题的群众性系列节庆文化活动,开展"爱国歌曲大家唱"、"修四德,行六礼,做文明有礼的榆林人"和"同心共筑中国梦·好人榆林大舞台"百场公民道德文化宣传活动,开展食品行业"共建诚信家园、同铸食品安全"、窗口行业"为民服务达标"主题教育活动,全市60所学校、企业、社区深入开展"学习雷锋、日行一善,争做榆林好人"道德教育活动,推行食品行业、公民、未成年人道德建设储蓄卡制度,发放首批道德储蓄卡10万份,对十大类道德行为进行储蓄,作为升学、求职、评优、信贷、资质年检等的有效证明。

【科技教育工作】 加大教育经费投入,逐步改善义务教育阶段学校办学条件,优化整合教育资源,切实巩固提高"普九"成果。2012年,全市财政性教育经费支出96.6亿元,比上年增加23.61亿元,增长32.3%,占全市生产总值的3.5%。学前教育扎实推进,全市累计启动202个幼儿园新建、改扩建项目,其中城区新建项目15个,新增加学位22110个,缓解城区入园难的问题,全市学前一年、两年、三年毛入园率分别为91%、87%和86%。制定出台《关于推进县域内义务教育均衡发展的规划(2012—2018年)》和《义务教育标准化学校建设实施方案》,建立各级政府统筹推进义务教育均衡发展的工作机制。在全省率先实行义务教育"零收费",2012年,共免收费用约1.5亿元,受益学生34万人,市民对义务教育的满意度75%以上。强化科普宣传,市科技馆主体工程全部完成。全市80%以上的街道、乡镇都设立科普教育活动场所,有科普志愿者3161人。每年都举行科普宣传教育活动,2012年,投入科普专项经费200万元,2013年投入科普专项经费430万元。

【文体基础建设】 实施文化惠民工程,让人民群众在文化共建中共享文化成果,全市广播覆盖率96.5%,电视覆盖率96.3%,有线电视入户率47%。全市有艺术表演团体14个、影剧院13个、文化艺术馆13个、艺术学校1个、文化站226个、博物馆13个、娱乐场所172个、网吧241个。市县两级图书馆、文化馆、博物馆全部免费开放,全市馆站免费开放总计投入经费1828万元。文化"三下乡"活动下乡送戏185场、送电影68215场。市档案馆和神木、府谷、定边、米脂县档案馆被测评为国家二级档案馆。深入开展全民体育健身活动,开展各级各类全民健身活动210余次,参与人数20余万人。全市人均体育场地面积1.19平方米。加大文化遗产保护力度,陕北文化生态保护试验区获批,统万城入选世界文化遗产预备名单,实施榆林卫城西城墙、小河革命旧址等多个文物古建修复保护工程,开展第二批非物质文化遗产项目传承人遴选工作,命名132名传承人。

【志愿服务活动】 整合全市各类志愿服务资源,组建全市志愿服务总会,出台志愿服务工作测评体系,成立志愿服务科,组织300多个志愿者组织和4万多名志愿者,开展"温暖、奉献、植绿、博爱、扬善、尚德"等每月一主题的12类"三关爱"志愿服务活动,形成了"爱心香粥"、"最美船工"、"最美校长"、"最美矿工"、"爱心企业家"、"优秀公仆"、"青春驿站"、"慈善超市"、"放心早餐"等志愿服务品牌和240个志愿服务站(点)。

【构建教育网络】 加强学校教育、家庭教育和社会教育,健全学校教育网络,把德育纳入学校和教师的考评体系,研究制定《榆林市中小学教师职业道德考核办法》,在全市推行师德建设责任制、师德师风教育、从教宣誓和师德承诺、师德考核与奖惩、师德档案建设、师德建设监督等六项制度,2012年评选表彰市级师德标兵12名,师德先进个人20名,师德建设先进集体10个。举办两期未成年人思想道德建设暨"百校千师"德育骨干队伍培训班,对全市1000多名德育老师进行集中培训。开展"美德教师"、"美德家长"

和“美德少年”评选活动。加强社区未成年人思想道德和心理健康教育阵地建设，开通榆林市周老师心理健康热线，全市51个市级以上爱国主义教育基地和20家未成年人思想道德教育实践基地全部向未成年人免费开放。建立家庭教育宣讲团，市、县（区）共举办家庭教育讲座15场，近2万名学生及家长聆听。举办“榆林市少儿故事大王赛”、“放飞梦想·欢庆六一”、“文明伴我成长”文艺晚会等，丰富少年儿童的节日活动。加大弱势儿童帮教力度，建立全市留守儿童信息档案库，社会各界积极捐资帮助弱势儿童3000多名。

【网吧监管】 倡导“文明办网、文明上网”，加强互联网上网服务场所监管，有针对性地开展网吧市场规范整顿专项行动，建立黑网吧整治协作机制。落实网吧实名制安全管理措施，依法打击网吧“黄赌毒”违法犯罪活动。出动执法检查人员1600多人次，对市区86家网吧进行巡查，责令整改45家次，对10家违规网吧进行行政处罚，网吧经营秩序总体呈良好发展态势。

【校园安全】 建立校警联动机制，加大校园安全检查力度，全面落实校园内外各项安全防范措施、技防措施和消防设施，消除安全隐患，营造良好的教学环境。加大校园周边治安巡逻整治力度，交警部门指派驻校民警深入中小学校及幼儿园开展交通法制宣传、校车安全大检查，大力查纠学校门口乱停乱放机动车，确保校园周边交通秩序良好。重点排查整治校园周边出租房屋、游戏厅、网吧等小场所，预防和减少危害校园师生案件发生，确保师生平安。治理校园周边马路市场、流动商贩违规经营等问题，坚决杜绝劣质食品、物品销售，切实保护未成人身体健康和安全。

【出版物市场整治】 深入开展“扫黄打非”、文化市场管理、新闻出版工作等专项检查，对全市各类印刷企业、出版物发行单位进行了审核年检。组织开展“净化出版市场环境、规范新闻采编秩序”专项行动，对街头摆摊设点、乱发医疗虚假广告、售卖盗版光碟、无证违规印刷等突出问题重点查处，2012年，共检查学校周边经营场所1567家次，净化出版物市场环境。

【中心城区建设】 着力推进西南新区、空港新区、芹河新区、东沙新城建设步伐，城市框架进一步拉大；加快建设城市道路、桥梁等基础设施，2012年以来，榆林城区市政公用基础设施建设完成投资29.09亿元，建成27个路桥项目，城区“断头路”基本贯通，交通拥堵状况有效缓解。完善市政公用设施，新增供水主干管网61.7公里，城区供水普及率96%；新增供气管网86公里、天然气用户20000户，气化率83%；完成东山大道等15条道路的路灯地下设施预埋工作和50条巷道的路灯亮化工作，主干道装灯率100%，亮灯率99%。新增供热主管线17.49公里。进一步加大公共停车场建设力度，制定《榆林市城区停车场建设管理办法》，不断规范城区停车秩序，截至2012年底市区共有4435个停车位，64位管理人员。发展城市公共交通，榆林城区有公交运营车辆251辆，运营线路15条（城区12条，近郊3条），公交线路总长度214.5公里，万人拥有公交车9.39标台，公交分担率23.5%。

【城市执法管理】 制定出台《榆林市城市管理综合行政执法暂行办法》，在全国率先制定评判城市综合执法的标准，规范城市综合执法行为。组织开展建筑施工领域“打非治违”专项行动和市容环境卫生、交通秩序、市场秩序、广告牌匾集中整治行动，对市区沿街门店占道经营、乱堆乱放、乱搭乱挂、乱贴乱画及环境卫生“脏、乱、差”现象进行了集中整治，市容市貌明显改善，建立健全城市管理长效机制。开展农村村容村貌综合整治和文明村镇创建活动，开展100个文明单位和100个村庄“帮扶共建”工作，深入推进“三改、三化、一提升”、“讲文明、树新风、改陋习”活动，全市农村环境卫生“脏、乱、差”现象较大改观。开展公交车、公务车、出租车、志愿者服务车辆礼让斑马线、文明过马路和不乱扔垃圾活动，将每月11日定为公民排队推进日、22日定为公民让座日，并启动开展排队日和让座日主题活动，招募200名公共文明引导员，开展公共文明引导工作，维护良好交通秩序。

【基层医疗卫生服务体系建设】 2012年以来，全市111个乡镇卫生院建设项目完成104个，启动实施乡镇卫生院“安心工程”项目。7个社区卫生服务中心和28个社区卫生服务站全部建成，建成标准化村卫生室3922个，全市所有社区卫生服务中心均纳入城镇职工医疗保险定点机构。加强卫生监督工作，强化从业人员卫生知识培训。对市管80家公共场所单位进行全面监督监测，监测合格率96%。开展以“创建卫生校园，保障师生健康”为主题的学校卫生专项综合监督和“加强行业消毒监管，保障人民群众健康安全”为主题的消毒工作专项整治，对市管23所各类学校19家餐饮具消毒服务机构、6家消毒产品经营单位进行全面督导检查。加强人口计生工作，2012年末，全市常住总人口为335.69万人，人口出生率为11.39‰，自然增长率为5.30‰，符合政策生育率为98.85%。

【社会保障体系建设】 2012年，全市新增就业人数2.56万人；城镇登记失业率为3.59%，低于4.3%的控制目标；城镇失业人员再就业6240人，就业困难人员实现再就业1359人；农民工转移就业66.5万人，创劳务经济收入49.9亿元；累计发放小额担保贷款8.5亿元。完善社会保障体系，新农合、城乡居民养老保险、城镇居民医保、城乡低保等6项标准均高于全省水平，其中新农合筹资水平全省最高，参合率97.06%；城镇养老、医疗、失业、工伤、生育五大保险参保人数154万人，城乡居民社会养老保险参保人数153万人,各项社会保险基金征缴总计34.80亿元,总支出24.0181亿元。实施保障性安居工程,全市新增廉租住房租金补贴17233户,开工建设保障性住房项目45个、29256套,竣工19095套,超额完成省上下达的住房保障目标任务。

【食品药品安全治理】 出台《榆林市食品生产加工小作坊管理办法》等文件,从生产、加工、流通、消费等环节入手,重点打击制售假劣农资行为,开展餐饮肉制品、旅游市场食品、学校食堂和毒豆芽窝点等专项整治,对榆林城区范围内的395家食品加工小作坊生产场所全部改造,责令改正及警告3400多家次,吊销许可证140多个,侦办食品案件1800多起。开展药品流通领域专项整治,严格实施药品经营许可制度,不断规范药店经营行为。对全市18家药品批发企业、714家药品零售企业进行了集中检查,检查覆盖率100%。

【建立和完善突发公共事件处置机制】 依据《榆林市突发公共事件总体应急预案》,对全市25项专项预案和86项部门预案进行汇编,修订部门预案6项,专项预案7项,全市应急预案体系基本形成。全市应急指挥中心运行正常,实现与省应急指挥平台对接,实现市、县、区以及公安、安监应急指挥系统有效连接互动,人民群众对政府预防和处置突发公共事件能力的满意度普遍提高。

【安全生产管理】 健全安全生产责任制,落实政府"一岗双责"与属地管理责任、行业部门监管责任、安监部门综合监管责任。开展交通道路、非煤矿山、危险化学品、民爆物品、烟花爆竹、建筑施工、公共聚集场所安全生产专项整治"打非治违"专项行动,遏制高危行业事故多发局面。在全市组织开展严厉打击各类非法违法生产经营建设行为、治理纠正违规违章行为专项行动。2012年,全市亿元GDP死亡率为0.086,工矿商贸就业人员10万人死亡率为3.06,道路交通万车死亡率为2.93,煤矿百万吨死亡率为0.067,各类生产事故死亡总人数均在省政府下达的控制指标范围以内。

【社会治安综合治理】 落实涉赌、涉黄重大案件督办、重大线索和治安乱点整治三项措施,严厉打击多发性侵财案件和涉众型经济案件等事关群众切身利益的犯罪活动,2012年,全市共立各类刑事案件16293起、破获刑事案件11531起。破获"两抢一盗"系列侵财案件7531起,摧毁黑恶犯罪团伙15个。抓获网上逃犯1720名,其中外省逃犯330名。破获各类毒品刑事案件496起,强制隔离戒毒2303人,缴获各类毒品44706.34克。破获经济犯罪案件645起,涉案总值12.41亿元,挽回经济损失5.64亿元。受理治安案件18514起、查处18290起、处罚违法人员23130人、行政拘留9953人、劳动教养112人,全市百名民警查处治安案件数、治安拘留人数均位居全省第一。

【生态文明建设】 坚持南治土北治沙,累计完成水土保持治理面积2.17万平方公里,建成总长1500公里的长城、北缘、环山、灵榆4条大型防风固沙林带,在沙漠腹地营造起万亩以上的成片林165块,全市林木保存面积2092万亩,覆盖率32%,生态环境呈现整体好转、局部良性循环的态势。2012年以来,启动"三年植绿大行动",着力实施"五个百万亩"造林工程,累计完成造林面积194.8万亩,治理水土流失面积1207平方公里,市区绿化覆盖率36.21%,人均公共绿地面积10.23平方米,呈现出"碧野护城、绿脉绕城、翠林拥城、清波印城"的绿城美景。启动国家循环经济试点市和国家可持续发展实验区建设,建立生态补偿机制,加强"三废"和采空塌陷区治理,实现节能减排降耗控制目标,中心城区、县城垃圾无害化处理率分别达到83%和45%,污水处理率分别为70%和50%。严格环境保护执法工作,组织开展10多个专项执法活动,检查企业1680多家次,限期治理22家、依法取缔关闭5家、挂牌督办30家,公众对城市环保满意率普遍提高。环境投资指数大于2.0%。空气质量优良,二级以上天数335天。城市水环境功能区达标率一直保持在100%。加强土地管理与执法,严格落实耕地保护责任制,完成市县乡土地利用总体规划和全市工矿废弃地复垦利用试点规划的编制工作。

(杨成林)

榆林市创文办

主　　任	陈　宁
常务副主任	沈效功　王建伟 刘仲平 姬跃飞(执行副主任)
副 主 任	李庆华　苗爱平 王仲翔　陈　军 刘竹梅　赵贵波 刘克忠　解宏斌 姜　凯

统战和对台工作

【概况】 2012年全市统战工作以邓小平理论和"三个代表"重要思想为指导,以干部作风整顿为契机,深入贯彻"同心"思想,着力推进"同心"实践,凝聚思想共识,助推幸福榆林建设,为全市经济社会发展做出贡献。

【民主党派工作】 一是协助民主党派做好成员发展工作。始终坚持"三为主"的原则,体现主体界别特色,按照比例要求做好成员发展。全年协助各民主党派发展新成员43名(民革6名、民盟12名、民建10名、民进10名,九三学社5名)。加强民主党派后备干部队伍建设,建立后备干部队伍60名,并造册登记,加强日常管理教育,对市级6个民主党派的722名成员进行登记,建立信息库,完成各民主党派资源统计工作。二是加强民主党派组织建设。协助民革、九三学社榆林市委会物色遴选班子成员，做好召开会员大会相关工作协助民进做好市委会增补委员、副主委的工作。三是做好中省民主党派有关领导来榆调研工作，邀请全国人大华侨委副主任、致公党中央副主席杨邦杰带领的致公党中央调研组，来榆专题调研生态环保产业和推进可持续发展的管理体制机制等，就全市发展生态环保产业的主要举措以及生态环保产业相关政策落实提出意见、建议。引导统战系统成员，围绕榆林“十二五”规划着力需要解决的问题和全市人民普遍关心的热点、难点问题深入开展调查研究。在市政协三届三次会议上，6个民主党派提出64个提案，内容涉及科、教、文、卫、城建等多个内容。做好民主党派志编撰工作。四是开工新建榆林市统一战线综合办公大楼—“同心楼”。在市委、市政府主要领导高度重视和市上有关部门的支持下，完成相关审批程序，于本年开工建设。“同心楼”将主要用作榆林市级各民主党派、工商联及统一战线其他单位的综合性办公大楼，并成为全市社会各界参政议政、建言献策的平台，也是展示全市统一战线多党合作成果的重要基地。“同心楼”位于榆林高新区建业大道以东，新建九层办公楼一栋，总建筑面积14455.38平方米。

【民族宗教工作】 坚持同心思想引领，以抓宗教界上层人士为切入点，以构建和谐幸福榆林为目标，引导宗教界与党同心同德、同向同行。一是着力抓好民族工作。健全全市25名少数民族干部名册，确定12名少数民族后备干部队伍，并建立信息库。全年新提拔少数民族干部5名，进一步加大少数民族干部培养选拔工作力度。加大资金投入力度，着力帮助少数民族地区发展经济，推荐定边县付翔食品有限公司为民族特需商品生产企业，实施“付翔”牌清真食品技术改造项目。项目计划总投资400万元，其中企业自筹280万元，申请补助资金120万元，项目建成后将丰富少数民族商品消费市场，带动个体私营经济的发展壮大，可解决200多名少数民族贫困户劳动就业。确定三个少数民族发展资金项目：榆林市外来少数民族群众权益保障服务试点工作站院落、巷道硬化及排水工程项目；定边县民族幼儿园道路硬化项目；定边县民族小学道路硬化及排水工程项目。经上下协调，省民委、财政厅下达民族幼儿园道路硬化项目资金20万元，修建长1500米，宽6米的水泥路。二是抓好宗教领域的维稳工作。全年组织召开3次由宗教、公安、安全等相关部门和有关县区负责人参加的宗教领域维稳工作联席会，专题研究宗教领域稳定工作。做好上海佘山朝圣的预防和处置工作确保上海佘山零朝圣目标和十八大期间宗教领域的社会稳定。开展宗教领域专项工作治理，依法开展治理基督教私设聚会点的工作，掌握基督教基本情况和私设聚会点数量，规范活动，举行市佛教协会副会长体证大师荣膺升座仪式和省佛教协会原会长许立功入灵仪式，配合组织开展一次由全市佛教界代表人士参加的讲经活动，规范法事，进一步提高佛教界代表人士的工作能力和水平。三是深入推进基层统战宗教联络员制度建设。截至2012年底市建立市、县、乡、村四级联络员6084名，选配率为100%，并建立信息库。全市176个乡镇和7个街道办事处均设立统战工作办公室，明确工作职责，健全工作制度。一些重点村还成立统战宗教工作领导小组，形成一级对一级负责的宗教管理网络，保证统战宗教层层有人抓，事事有人管的工作格局。与市财政局协调，帮助落实南六县2012年村级统战宗教联络员工作补贴37.6万元。督促北六县落实村级联络员每人120元的工作补贴，做到机构、人员、经费三落实。

【换届工作】 加强非公经济人士工作。贯彻中省《关于加强和改进新形势下工商联工作的意见》精神，结合实际，协助起草并出台本市的《实施意见》。指导县区做好工商联换届工作。起草并出台《关于县区工商联（总商会）换届工作的意见》；协助做好县区工商联换届人事安排方案的协商沟通、提名推荐、产生及人选考察和统计报表上报等工作；指导完成12个县区工商联换届工作。抓好组织领导，深入考察遴选，选配好市一届工商联（总商会）领导班子，召开市工商联（总商会）第一次会员代表大会。

【对台及海外统战工作】 参加第十六届中国东西部合作与投资贸易洽谈会。第十六届中国东西部合作与投资贸易洽谈会期间，通过省台办的协调，邀请台湾嘉义县代表团一行53人参加榆阳区重点园区及汽车产业项目推介会，榆林现代农业科技示范区、麻黄梁工业集中园、榆林汽车产园、榆阳新区作项目推介。拓宽对台交流交往渠道，组织策划重点交流项目，使全市对台交流交往工作呈现出良好的发展势头。交流规模不断扩大，交流层次逐步提升，交流范围日益拓宽。经市台办向省台办报批的考察交流团队7批98人次，随省直部门赴台考察的60多人次，交流范围涉及科技、教育、文化、卫生、农业等各个方面。其中市级领导赴台交流5人次。全市接待来榆探亲、交流、参访等台胞80多人次。加强对台宣传和涉台教育工作。2012年，榆林市组团赴台考察交流人员较多，考察团成员都带着榆林的宣传资料，向台胞台商介绍榆林的市情、资源、能源优势和投资环境等，加大入岛宣传力度。

【干部作风整顿】 按照市委、市纪委关于开展“干部作风整顿”暨“五个集中整治”活动要求，安排部署，有序推进。一是安排部署到位。及时召开机关干部作风整顿动员大会，研究制定《市委统战部关于开展机关干部作风整顿活动的实施方案》，成立干部作风整顿领导小组，就干部作风整顿提出八项具体要求。二是落实措施到位。按时召开作风整顿转段会议，全面安排第二阶段作风整顿相关工作，向每名干部发放3套自查登记表，通过实地走访联系的统战单位和统战系统成员、召开座谈会等活动，征求服务对象的意见和建议，分类梳理存在问题，查找漏洞和不足，确保工作不走过场、取得实效。三是查找问题到位。对照“五对照五检查”和“十个不准”标准，查找出干部作风方面存在学习不够深入系统、工作进取心不够强、调查研究不够深、工作效率有待提高等四个方面的问题。四是整改落实到位。针对存在问题研究制定《市委统战部干部作风整顿方案》，逐项制定整改措施，明确包抓领导，落实牵头科室、包抓责任人和整改时限。

（罗　斌）

中共榆林市委统战部

部　　长　张自明（兼）
副 部 长　丁茂贵　高生荣
　　　　　李长瑞（兼）
　　　　　贺振强（兼）
　　　　　王立轩（兼）
副调研员　高　丽

中共榆林市委台湾工作办公室
榆林市人民政府台湾事务办公室
主　任　王立轩
副主任　刘榆军

政法工作

【概况】 2012年，全市各级政法机关在市委、市政府的领导下，围绕市委政法委推出的十七项重点举措，全面推进政法工作，完成各项任务，维护社会和谐稳定。

【全市政法工作会议】 全市政法工作会议2月15日在榆林召开。会议命名表彰2011年度全市平安创建先进县以及人民群众满意的政法单位和政法干警。市委常委、市委政法委书记钱劳动向大会作题为《真抓实干务实创新努力把全市政法工作提升到一个新的水平》的报告。

【维护社会政治大局稳定】 围绕党的十八大安保工作，出台《关于进一步加强维稳信访工作的通知》，逐级明确党委书记、政府主要领导、党委副书记、党委政法委书记的维稳工作职责，建立市委常委包抓联系县区维稳工作制度和领导干部“一岗双责”制度。进一步完善“三调联动”工作机制，严格实行重大矛盾纠纷报告、管辖、领导包案、移交、挂账督办、过错责任追究六项制度和“五个一”包抓机制，确保各类社会矛盾和纠纷得到妥善解决。深入推进社会稳定风险评估工作，建立应评尽评、科学稳评、规范程序、合理运用、报备制度、督导检查、交流学习等七项工作机制，使其真正成为项目实施、政策出台的前置程序和“刚性门槛”。修订应急处置机制总体预案，组织开展预案演练，应急处置能力明显提升。组织开展重大不稳定因素排查化解专项行动，全市连续六年完成“一控两降”目标，2012年中、省交办案件全部化解，新生涉法涉诉信访案件同比下降35%，中省两会及“9.18”涉日维稳等重大节日、重点时期和重要活动期间社会大局稳定。特别是十八大期间，连续30天保持零进京非访、零进京正常访、零赴省集体访、京省零滞留，受到省委维稳办通报表扬。

【提升社会管理服务】 充实社会管理综合治理工作机构，重点强化社区建设和小区管理，努力提升管理服务水平。加快推进治安防控体系“853”工程，累计投入资金5.6亿元，建成各类视频监控探头21175个、三级图控中心22个、网格化责任巡逻区99个，投入使用省市县际公安检查站53个，各类可防性案件得到有效遏制。公安机关全年破获各类刑事案件11531起、刑事拘留5115人，查处治安案件18290起、违法人员23130名，办案总数位居全省第二，主要指标同比均有明显上升，百名民警逮捕人数、查处治安案件数、治安拘留人数位居全省第一；检察机关批捕各类刑事犯罪嫌疑人3403人，起诉4075人；两级法院受理各类案件25829件，同比上升22.09%，审执结25250件，结案率97.76%。深入开展平安创建活动，改进全市公众安全感调查办法，2012年度我市社会治安满意率91.15%，位列全省第七，首次突破90%大关。

【政法队伍建设】 注重加强思想建设，分期分批分系统对新任领导干部、庭室所队主要负责人、新招录干警集中教育培训，2012年，培训3000余人，提升政法干警的政治理论素养。注重加强业务建设，组织开展执法专项检查，加强个案督查督办，继续开展案件评查及重点案件评查剖析，2012年共评查案件1300件，调卷审查750件，全面推进公正廉洁执法工作。注重加强作风建设，严肃查处政法干警违法违纪违规行为，以“零容忍”的态度把从严治警的各项纪律要求落实到位，提升政法部门公信力。2012年组织开展为期一百天的警用车辆违规专项整治，全市警车违规问题大幅下降，尤其是市区警车闯灯压线、逆行超速、乱停乱放等行为明显减少，政法队伍作风和形象明显改观。2012年市公、检、法、司系统满意度同比均有明显上升。

【打造全市政法工作品牌】 围绕打造政法“看点工作”，建成“全市政法典型管理库”，组织召开全市政法工作现场观摩会，培育政法典型79个，涵盖市、县、乡、村等不同层面，维稳、综治、队伍建设等不同领域以及公检法司等各个系统。制定出台《政法新闻宣传奖励办法》，率先在全省设立“政法工作创新奖”，调动全市政法系统的创优争先意识，涌现出榆阳区金阳小区规范化管理、子洲县马蹄沟派出所“流动警务室”等一批先进典型和创新品牌。创造性推出涉法涉诉案件“374”化解工作新模式，省委政法委在本市召开现场会议进行交流推广。

【提高政法工作水平】 继续实施县区公检法三长“向人民报告”工作考评和县区政法工作年度目标任务考核，考核结果在全市范围内对进行排名排位通报。对全市183个乡镇（办事处）进行社会治安满意率和平安创建知晓率调查,着力调动各级各方面参与平安创建工作的积极性和主动性。市委政法委成立督查考评专门机构,建立起明察暗访长效机制,围绕政法综治维稳各项重点工作,每月暗访一次,每次连续一周,确保各项工作措施落到实处,实现了全市政法工作水平的整体提升。

(加维宏)

中共榆林市委政法委员会

书　　记　钱劳动
副 书 记　任怀业　韩　锋
　　　　　王尚雄　刘旺生
调 研 员　胡榆宏
副调研员　冯爱钦
维稳办副主任　张爱国
政治部主任　李晓燕
法学会秘书长　柴瑞武
综治办副主任　李永平　郭明雄

政策研究和农业农村工作

【概况】 2012 年,市委政研室(市农工办)在市委、市政府的领导下,紧扣科学发展主题和转变发展方式主线,围绕"加快转型发展、建设幸福榆林"目标,深入开展调查研究,积极搞好文稿服务,履行好服务发展、服务决策、服务落实的职能,发挥好参谋助手的作用。发挥农村工作领导小组办公室协调指导职能,全面贯彻落实中省农村工作会议精神和中央一文件要求,以促进农民持续增收为核心,以城乡统筹发展为途径,以农村综合改革为动力,凝心聚力,攻坚突破,为建设幸福榆林夯实基础。

【调查研究工作】 围绕市委、市政府工作部署,履行政研工作职能,突出重点工作深入开展调研,紧贴中心任务做好文稿服务。全年完成调研报告 12 篇,起草文稿 20 多篇,其中转化调研成果 2 篇。在调研报告方面:重点对农民增收问题深入开展调研,深入基层调研与座谈交流,并查阅大量资料,在综合分析榆林现状、研究发展形势的基础上,完成《关于榆林市农民增收问题的调查》,并进一步转化调研成果,成为市委、市政府决策,指导全市农民增收工作的重要依据,对推进幸福榆林建设起到重要意义。重点对神木县统筹城乡发展工作典型经验进行总结,撰写《统筹城乡发展,城乡共享共富》的调研报告,在省委《调查参阅》刊发。重点对城郊资源型农村——榆阳区什拉滩发展给予特别关注,在完成的调研报告《一个城郊村的现代化嬗变——榆阳区什拉滩村经济社会发展的调查》里,通过什拉滩村的变化反观榆林"三农"问题,重点思考并回答农民的解放问题、农民的自主问题、村级治理的民主化问题、农民就地转化问题和城乡融合问题,调研报告在《榆林日报》头版全文刊登。重点围绕"万名干部下基层"活动开展民情调研,撰写一系列民情调研文章,其中《后张兴庄给予的感受与思考》一文,发表在《当代陕西》、《调研与决策》等省级刊物。重点开展企业帮建新农村工作的调研,撰写的《民营企业帮建新农村建设的成功样本——关于榆阳区古塔乡黄家圪崂村的调查》得到副省长祝列克的批示,全文在省委政研室刊物《调查参阅》、《榆林日报》等刊登。《以"全域榆林"理念为统领,全力推进统筹城乡发展——西安市高陵县统筹城乡发展考察报告》、《从庭院经济到主导产业的华丽转身——米脂县马家铺村发展鲜桃产业增加农民收入的调查》、《榆林市农民专业合作社经济组织发展问题调研》、《大学生自主创业的调查与启示》等调研文章,分别从不同角度为领导提供决策服务。在文稿服务方面:起草《中共榆林市委、榆林市人民政府关于促进"十二五"农民收入倍增的实施意见》(榆发〔2012〕3 号)、《中共榆林市委、榆林市人民政府关于进一步加强调查研究工作的意见》(榆字〔2012〕14 号);起草《中共榆林市委、榆林市人民政府关于加快榆林市统筹城乡发展的实施意见(讨论稿)》;完成榆林市领导在宁蒙陕甘毗邻地区联席会议第九届年会上的讲话稿及系列文稿起草工作等。完成省委政研室下达的一批课题;对部门起草的 10 多个征求意见稿,进行认真研究,提出修改意见和建议。全年接待来榆调研组 11 批次,完成相关汇报材料 8 篇。

【组织开展全市调研活动】 调查研究是推进决策科学化的基本要求。根据《关于进一步加强调查研究工作的意见》精神,着重开展两方面工作。一是组织全市市级领导干部的调研活动,根据"三问三解"活动要求,起草《关于市级领导深入基层开展调研活动的通知》(榆办字〔2012〕38 号),落实 38 位市级领导干部的调研课题。市委胡书记高度重视此项工作,在市委常委会上亲自动员,率先确定自己的调研课题。活动期间,市委常委们亲历亲为,深入基层一线了解情况。调研报告形成后,多次召集有关部门座谈讨论,最终定稿。这些调研成果汇编形成《谋划科学发展,建设幸福榆林——2012 年榆林市市级领导调研报告汇编》,指导工作实践。二是组织开展全市 2011 年度党政领导干部调研评选活动,评选出一等奖 1 名、二等奖 3 名、三等奖 6 名,起草《关于表彰 2011 年度全市党政领导干部优秀调研成果的通报》(榆办字〔2012〕118 号),全市通报表彰。完成优秀调研汇编《深入调查研究,服务科学决策——2011 年度榆林市党政领导干部优秀调研成果汇编》一书。申报 2011 年度全省党政领导干部优秀调研报告评选活动,参评的 25 篇调研报告中 6 篇调研报告得到省委省政府通报表彰,其中获二等奖 3 篇、三等奖 3 篇。

【青年农民培训工作】 青年农民培训工作主要围绕实用技术、从业技能和创业本领三方面开展。实用科技培训主以特色产业关键生产技术为重点,实用技能培训以就业技能为重点,创业培训主以创业知识和技术的掌握为重点,指导县区开展培训工作。绥德县全年完成青年农民培训5.7万人次;佳县转移农村劳动力6.9万人次。神木县组织30名村干部赴杨凌进行为期一个月的系统培训;府谷县安排1000万元专项资金用于农民培训工作等。2012年全市完成青年农民培训41.7万人次,劳动力转移78.5万人次,创收突破30亿元,劳务经济占到农民纯收入的35%。劳务经济成农民增收的最大亮点。对村干部的培训,是项利国利民的奠基工程,全年组织全市5批469名干部进行培训。其中450名农村党支部书记(村委会主任)分三批次到西北农林科技大学村官培训部进行了系统培训;组织3名村长参加第十二届全国"村长"论坛;组织16名大学生"村官"参加为期7天的大学生村官基础工作能力培训班。

【机关刊物】 由市委政研室承办的市委机关刊物《新榆林》,继续保持全国"十佳"水平。《新榆林》是传达市委决策部署、指导推动全市工作的重要工具,也是交流工作经验、展示发展成就的全新平台,更是激发干事创业激情、凝聚发展合力的有效载体。着力增强《新榆林》权威性、指导性,注重拓宽展示空间,提高宣传效能,与全国一批中小城市建立稳定的刊物交流合作关系,定期向中央有关部委以及省委、省政府和省直部门领导,省内各地市委、市政府领导寄送刊物,向榆林籍及在榆工作过的领导、专家、学者和知名人士寄送刊物。2007年创刊以来,《新榆林》共出刊33期,刊发文章600余篇,字数290多万字;2012年编印《新榆林》6期。机关内部刊物《榆林调研》,截止2012年底,共编印136期,其中2012年完成13期,主要是紧扣全市转型发展、建设幸福榆林主题,刊发有针对性、时效性和内部参阅性的调研报告,为领导决策提供快捷服务。加强对"榆林政研网"管理,拓宽宣传渠道,建立快捷的调研网络平台。

【机关自身建设】 以机关作风整顿为契机,全面提高人员思想政治素质和工作效能。一是加领导班子和队伍建设。强化理论武装,组织开展民主生活会,落实党建工作责任制。二是深入开展机关作风整顿,机关工作纪律进一步好转。三是推进反腐倡廉工作。建立健全党风廉政建设责任制,强化多种形式的学习教育,巩固机关干部反腐倡廉的思想防线,增强政研队伍的凝聚力。

(李能飞)

中共榆林市委政策研究室
(榆林市农村工作领导小组办公室)

主　　任 马维骥
副 主 任 王维荣　董生前　高国平
副调研员 马素莲(女)　李永环　杨玉亮

机构编制工作

【概况】 2012年,市编办在市委的领导下,坚持以马列主义、毛泽东思想、邓小平理论、"三个代表"重要思想为指导,学习贯彻党的十八大精神,落实科学发展观,坚持解放思想、实事求是,围绕市委的中心工作和机构编制有关要求,推进党员队伍的思想建设、组织建设和作风建设,使党员干部的整体素质不断得到提高。具体工作中,以深化行政管理体制改革为突破,推进事业单位分类改革,不断创新管理方式,加大督查工作力度,全面完成全年各项工作任务,较好地为全市经济社会发展提供体制机制保障。

【行政体制改革】 深化城市建设管理体制改革。一是按照"管罚一体、权责一致"的原则,对部分城市管理职责进行调整。二是按照"责任下沉、重心下移、属地管理"的要求,理顺综合执法管理体制。三是按照"新区带动、板块推进、拉大框架、组团发展"的城市发展理念,根据中心城区的建设总体规划和市委、市政府整体部署,设立东山、空港、河道开发建设管理机构。四是调整并明确城区国土资源的管辖范围。健全工业区管理体制。健全榆神、榆横两管委会事业性组织机构,分别设立市政公用设施、市容市貌、公共服务、社会保障等机构,按照新机制运行,并赋予管委会自主运行管理的权限。实施工商质监体制调整工作。按照全省统一安排,结合榆林实际,出台工商、质监部门机构设置、编制调整意见,对市局政治部主任的转任、县区之间异地任职等方面的问题研究妥善解决。推进机关后勤管理体制改革工作。出台榆林市机关事务管理局的"三定"规定,通过调整机构、整合资源、优化职能配置,构建"大后勤"管理体制。配合市审改办完成第四、第五轮行政审批制度改革工作。改革后,共精简原有审批项目207项(含取消、下放、合并),精简率55.05%;其中取消172项,下放12项,将原有41项合并为18项。

【事业单位改革】 完成全市事业单位清理规范工作。2012年4月至5月,集中力量,集中时间,分5个工作组对市直422个事业单位和12个县区的清理规范工作进行调研、督导,宣传改革政策,努力化解存在的突出问题,按时完成清理规范工作任务,按时向省编办报送有关工作情况。深化行业体制改革。按照中、省的统一要求和部署,2012年在市政府领导下,市编办主抓、主推,组织实施农技推广服务体系改革、医疗卫生、文化、职业教育等行业体制改革工作,其中农技推广、医疗、文化改革走在全省前列。按照市委、市政府"四城联创"的工作要求,为全市"创建"工作提供好机构编制保障和服务。一是加强机构建设。分别组建市、区两级"创建"工作机构,明确人员编制、内设机构、主要职责任务等事项。二是加强榆林文明城市创建涉及的机构编制工作。三是健全和完善涉及"创建"工作的环保机构和职责体系。

【机构编制管理】 重点做好"编制实名制"管理的完善工作。强化机构编制的审核审批工作。落实"编制审批在先”原则和“五不准”规定。创新管理方式。尝试对事业单位进行“绩效评估”，将激励机制引入事业单位的日常监管。对职能丧失的事业单位实行“特殊管理”，人员只出不进。实行“两个严格标准”，规范部门和单位用人行为。坚持严格在空编范围内招录和调整人员的标准；严格用“三三制”招录和调整人员的结构标准。以年检为手段，以法人公告、数据库、档案管理为重点，加大登记管理力度。出台《榆林市事业单位年检实施办法（试行）》。完成全市2011年度事业单位法人年检工作。对年检不合格的法人事业单位进行相应处罚。并推进域名注册工作。加大督查工作力度。组织开展县区机构编制年度目标责任工作考核。实施事业单位清理规范的督查以及配合机关部门进行文化体制改革工作的督促检查。建立部门联合督查制度、督查汇报通报制度、责令纠错和处置制度、督查考核考评制度等。

【干部队伍建设】 多方式、多渠道加强干部培训教育工作。在清华大学、中国政法大学、青岛大学举办三次机构编制改革与管理培训班。邀请全国著名专家学者对单位领导及业务骨干、相关单位负责人和县区编委、编办领导干部分三批，共82人次，进行教育培训活动。组织干部积极参加市委党校组织党员干部进行的自主选学等教育培训活动。加强干部日常教育培训。以召开支部会议、专项会议、民主生活会和上党课等多种形式，传达贯彻中、省、市各项会议重要指示和精神，加强政治理论和业务知识学习。党的“十八大”召开后，及时在全系统组织学习、宣传和贯彻落实工作。积极开展调研活动。一是在研究机构编制业务时，对每一个议题进行考察调研，累计到县区和市直单位及所属事业单位进行60多次调研。二是采取市县结合、确定选题的方式，组织开展多层次、多领域广泛深入的调研活动，撰写调研报告12篇，形成《2012年市编办调研报告汇编》。开展干部作风整顿、党员纯洁性教育和“创先争优”活动，机关干部作风建设取得新成效。按照市委开展干部作风整顿、党员纯洁性教育和“创先争优”活动的要求，组织人员先后进行学习、征求意见、查找问题、制定整改方案、分解落实责任、集中整改等工作，先后印发《工作安排意见》、《阶段工作安排》、《整改工作方案》等文件。举办学习专栏3期，每人写心得体会3篇，做学习笔记10000字以上，征求意见120多人次，对机关《支部日常管理制度》等18项制度进行重新修订。通过开展作风整顿等活动，使全办工作水平进一步得到提升，工作作风得到进一步改善。

（尚建平　刘　鹏）

榆林市机构编制委员会办公室

主　　任　李自川
副 主 任　姚　瑜　罗孝文　郭向军
副调研员　吴伟梁　郭晓勇

老干部工作

【概况】 2012年是《中共中央关于建立老干部退休制度的决定》颁布实施30周年。在市委的领导下，全市各级老干部门以迎接党的十八大为主线，以开展“夕阳红”主题活动为抓手，在落实好老干部两项待遇的基础上，以离退休干部思想政治建设和党支部建设、深化离退休干部创先争优活动、离退休干部发挥作用、老干部学习活动阵地建设和退休干部服务管理等为重点，优化服务，强化管理，常化教育，全市老干部工作在各方面取得较为明显的成效。

【落实离退休干部政治待遇】 深入开展创先争优活动，离退休干部党支部建设稳步推进。按照中央关于2012年开展“基层组织建设年”的工作要求，坚持把离退休干部党组织和党员创先争优作为加强离退休干部党组织建设的重要举措。一是开展以创建“五好支部”争当“四好党员”为主要内容的创先争优活动。鼓励和支持老同志在思想政治上创先争优、在道德品行上创先争优、在教育后代上创先争优、在文化学习和活动上创先争优。结合学习推广“五老四教”主题活动经验，组织离退休干部开展“远学杨善洲，近学侯伯宇”活动。6月13日，组织市直老干部党员观看电视影《杨善洲》，进一步调动离退休干部参与创先争优活动的积极性。二是实施离退休干部党员“安家工程”。在“空白点”抓组建，在“薄弱点”抓整顿。年初召开市直单位老干部工作人员会议，印发《关于抓紧组建离退休干部党支部有关问题的通知》，全年市直单位新组建离退休干部党支部20个，初步形成离退休干部党支部、党小组纵向到底、横向到边的组织网络。加强对县区离退休干部党建工作指导，夯实离退休干部党建基础。全市（除子洲外）已建立离退休党委、党总支12个，离退休干部党支部179个、党小组11个，全市2.4万名离退休干部党员有了组织归属。三是进一步提高离退休干部党建工作水平。全年举办两期离退休干部党支部书记、委员轮训班，选送2名市直离退休干部党支部书记赴临潼参加了全省老干部党支部书记第七次培训班学习，组织部分市直离退休干部党支部书记到南京、杭州等地进行考察学习。米脂县结合实际，提出“先易后难、先城后乡、先行政事业后企业、先县内后县外”的退休干部党组织建设思路，在全县各乡镇党（工）委所管的机关及教委等单位中，以乡镇为单位，成立隶属于乡镇党（工）委管理，业务上受离退休干部党委指导的13个退休干部党支部，成为全市唯一一个行政事业单位离退休干部党组织城乡全覆盖的县区；县财政为城区每个党支部每年预算1万元的学习活动经费，县委组织部将每年收缴的离退休干部党费全额返还给离退休干部党支部，对党员离休干部订阅党报党刊费用不足部分进行全额补贴。以迎接十八大胜利召开为契机，加强离退休干部思想政治建设。全市各级老干部门创新思想政治工作方式方法，增强思想政治工作的针对性，采取理论学习报告会等形式，组织离退休干部深入学习中国特色社会主义理论体系，用最新理论成果武装老干部；组织离退休干部学党章、忆党史、弘扬党的好传统，引导老干部自觉遵守党的政治纪律，始终与党中央保持高度一致，不断提升思想政治工作水平。6月1日，市委老干部局组织市直离退休干部观看中央党校科社部秦刚教授所作的科学发展观报告录像，并传达中共陕西省委十二届党代会精神。11月22日，市委老干部局组织局属系统全体干部和市直离退休干部，举办十八大精神报告会，邀请市委宣传部雷润峰宣讲党的十八大精神，对局机关和市直离退休干部党支部学习贯彻党的十八大精神进行动员和部署，掀起学习贯彻落实十八大精神的热潮。组织市直32个离退休干部党支部开展了学习十八大暨中国共产党章程知识答题活动，参与答题人数300多人。应县区广大离退休干部要求，邀请市委宣传部雷润峰，组成十八大精神宣讲组，到县区为离退休干部进行十八大精神宣讲，引导离退休干部科学认识国际国内形势，正确理解中央决策部署，辩证看待社会热点问题，积极参与新形势下的群众思想政治工作。着力构建规范有序的长效机制，离退休干部政治待遇基本制度进一步落实。2012年春节期间，市委、市政府召开老干部春节团拜会，通报全市工作情况，市委书记胡志强、市长陆治原入户对部分老干部进行重点走访，把党和政府的温暖送到老干部的心坎上。按照胡志强书记、陆治原市长的指示，市委老干部局成功组织市直单位离退休干部参观考察神府两县重点项目建设、榆阳区老年公寓和榆林林业三年大植绿工程、市政道路建设重大工程。各县区和市直部门纷纷组织离退休干部参观考察工农业生产和建设项目。落实情况通报制度，按照中省要求，及时向离退休干部传达薄熙来、刘志军严重违纪违法案件和处理情况。为进一步推动离退休干部政治待遇基本制度的落实，着力构建规范有序的长效机制，市委老干部局出台《联系老干部制度》，局机关工作人员每人联系一名市直离退休干部和一个部门、一个县区，坚持每月至少电话联系一次、每季度至少上门走访一次所联系离退休干部，每季度至少电话联系一次、每年至少一次走访调研所联系部门和县区。部分市直部门、单位也建立在职领导联系老干部制度。联系老干部制度的实施，为广大离退休干部提供思想慰藉，推动离退休干部政治待遇基本制度的落实，增强思想政治工作的针对性和实效性。

【落实离退休干部生活待遇】 贯彻各项政策，离退休干部生活待遇全面落实。一是加强对全市离退休干部生活待遇落实的督促检查。年内对县区和市直部门、单位离退休干部生活待遇政策落实情况两次检查调研，发现问题及时解决，推动离退休干部生活待遇的进一步落实。二是下达有关经费。按时下拨企业离休干部统外项目补贴、遗属生活补助和艰苦边远地区津补贴，全年拨付离休干部医药费900万多元，离休干部医药费实现零拖欠。4月份，组织市直机关事业单位全体离休干部、市直副市级以上退休干部共186人进行健康体检，并建立健康档案。考虑到离退休干部多数居住在老城区，到市第一医院就医不很方便，市委老干部局借鉴第一条老干部就医绿色通道运行经验，与市星元医院协商，6月又在星元医院开通第二条市直老干部就医绿色通道，方便离退休干部就医。8月24日，市委老干局特邀中国太极拳协会副会长、中央人民政府驻澳门特别行政区联络办公室原副主任宗光耀和北京市安贞医院主任医师、博士生导师张维君教授，为市直单位200多名离退休干部做健康养生保健报告，帮助老干部养成良好的生活习惯，提高生活质量。三是做好走访慰问和日常服务管理工作。坚持节日走访慰问制度，组织2012年春节慰问、中秋节和国庆、重阳节慰问活动，继续开展老干部生日上门慰问，为离休干部和副地级以上退休干部生日登门送鲜花送蛋糕送祝福。坚持老干部大病住院必访，离休干部和市级退休干部住院治疗，由局领导带队，到病房看望。按照每两年开展一次走访慰问易地安置离休干部的要求，8月份组织工作人员分赴7省市看望慰问12名易地安置离休干部；同时解决榆阳、定边长期拖欠高兴其等3名易地安置离休干部的代管费问题。提高服务质量，生活困难离退休干部和临终离退休干部受到关怀。一是做好生活困难离退休干部帮扶工作。全市各级老干部门落实陕组通字【2008】31号《生活困难离退休干部党员帮扶制度》要求，深入调研、细致摸底，建立特困离退休干部名册，通过财政支持等多种渠道，想方设法筹措资金，对生病住院、生活遇到困难的离退休干部进行走访慰问。登门看望慰问原配件公司离休干部高万福等特困老干部，帮助他们解决生活困难，把党和政府的关心送到老干部手中。二是全面做好“双高期”离退休干部的管理服务和临终关怀工作。市委老干部局专门印发《关于做好离退休干部“双高期”管理服务和“临终关怀”工作的通知》，要求各部门在老干部去世后，积极做好善后工作。市局协助办理市水务局离休干部孙学功等去世老干部的后事，进一步体现对老干部尊重和安慰。创新工作思路，探索离退休干部服务管理新途径。开展利用社区资源服务离退休干部示范点工作，将榆阳区驼峰路金阳社区确定为2012年省级利用社区资源服务离退休干部示范点，为老干部就近学习、就近活动、就近得到关心照顾、就近发挥作用总结了新经验、探索了新路子。离退休干部发挥自身在老年群体中的先进示范作用，参与“文明社区、和谐家园”创建活动，带头组织社区文体活动，倡导文明新风，化解邻里纠纷，为促进社区和谐稳定做出积极贡献。市干休所适应离休干部“双高期”实际，实行工作人员包户责任制，坚持24小时值班，为住所老干部的学习和生活提供方便。

【离退休干部发挥余热】 指导、协调

老年社会组织开展活动，与市老科协、市关工委、市老年学学会、市老年慈善协会等28家老年社会组织开展活动，为有组织地发挥老干部作用搭建平台。在8月8日召开的全省老年社团工作表彰会上，市老科协、市委老干部局、靖边县委老干部局等3个先进集体和许浚、王碧玠、张芳、李春梅、王志章等5名先进个人受到大会表彰，王志章作为唯一一个先进个人代表在大会作发言。10月22日，市委组织部、老干部局联合在世纪广场举办“欢度重阳节、喜迎十八大——榆林市老干部发挥作用成果展”，集中反映干部离退休制度建立以来，特别是党的十七大以来，榆林市离退休干部在促进经济发展、加强党的建设、维护稳定大局、构建和谐社会、关心教育下一代等方面取得的新成就，从不同侧面展现广大老干部余热生辉的动人事迹和生命不息、奋献不止的时代风采。展出在广大离退休干部中引发强烈共鸣，为幸福榆林建设发挥积极推动作用。

【老年大学、老干部活动中心工作】 坚持典型引路，老年大学、老干部活动中心建设步伐明显加快。神木县投资2000多万，新建5000余平方米高标准老年活动中心，文娱设施一次性配备到位，教学室场一应俱全，于5月份正式投入运行，满足老干部的运动和娱乐需求。靖边县新建花园式老干部活动中心，建筑面积3000多平方米，2013年可投入使用。神木、靖边两县老干部活动场所建设，进一步带动和促进全市老年大学、老干部活动中心“两个阵地”建设。榆阳区、绥德县老干部活动场所开工建设；米脂县将原县人大办公区全部划拨县委老干部局，作为老干部活动场所；佳县、吴堡等县发掘现有资源，实现公共设施再利用；府谷、定边等县也已将老干部活动场所建设纳入城建总体规划，全市老年大学、老干部活动中心建设步伐明显加快。开展活动，离退休干部文化养老有效推进。开展创建省级示范中心（室）活动，全市各级老干部活动中心不断改进和完善活动方式，丰富活动内容，提高活动质量，通过将活动向街道、社区、广场等辐射，建立室外活动辅导站等多种形式，努力扩大老干部活动的覆盖面和影响力，得到广大离退休干部的一致好评。市老干部活动中心在广场、社区组建晨练点160多个，为挂靠中心的15个老年文体活动团队每个发放活动经费1000元，带动全社会老年人文体活动的开展。9月18日，全省创建老干部活动示范中心（室）活动现场经验交流会暨活动中心工作政策业务培训班在榆林举办，神木县获“全省老干部活动示范中心”荣誉称号，并在大会上交流创建老干部示范中心（室）经验。榆林市老年大学坚定不移地走规范化办学之路，不断丰富教学和活动内容，创新教学和活动形式，教育和管理质量明显提高，学员人数突破3000人。引导毕业学员在社区创办校外辅导站13个，不断延伸老年教育的成果，满足不同层次老年人接受老年教育的需求。5月12日，西北地区老年大学第十七次协作会议分会场在榆林举办，对市老年大学的规范建设、教学质量等给予评价。6月份，市老年大学全体教职员工和学员参加中央宣传部、文明办在榆林举办的“爱国歌曲大家唱”活动和榆林形象对外宣传活动。

【主题活动】 2012年是《中共中央关于建立老干部退休制度的决定》颁布实施30周年，全市各级老干部门以纪念干部退休制度建立三十周年为契机，开展“夕阳红”主题活动作为提高离退休干部工作科学化水平的重要举措，结合各自实际，精心组织，开展“夕阳红”主题系列纪念活动，迎接十八大胜利召开。4月10日，市委老干局举办了纪念干部退休制度颁布30周年市直老干部文体活动汇报演出。8月13日，市委老干部局召开纪念《中共中央关于建立老干部退休制度的决定》颁布实施30周年慰问老干部工作者座谈会，回顾总结榆林老干部工作30年的科学发展历程，并对全市从事老干部工作满10年以上的工作人员进行集中慰问。3月至9月，利用半年时间开展“一路同行——我与老干部工作”征文活动，8月21日，本市选送的陕北特色歌舞《打酸枣》，在全省“喜迎十八大、唱响夕阳红——离退休干部和老干部工作者文艺展演”中喜获金奖。“夕阳红”系列主题活动的开展，宣传党的老干部方针政策，科学总结老干部工作30年的发展历程，使党中央关于尊重、关心、照顾老干部的精神深入人心，为离退休干部工作科学发展营造良好舆论环境和社会氛围。

【自身建设】 通过深入开展作风整顿和“三问三解”活动，加强队伍建设促进业务工作的指导思想得到有效落实，局系统的思想建设、作风建设、能力建设和制度建设得到进一步加强。一是着力推进领导班子建设。局班子贯彻落实科学发展观，不断完善全局工作总体思路，健全决策和议事制度，坚持民主集中制，重要事项均提交局务会研究决定，以扩大民主，推进科学决策。二是不断增强干部队伍建设。开展集中教育和业务学习活动，执行“五个一”要求，每人一份学习计划、一册学习笔记、每天读书一小时、每月精读一本书、每半年撰写一篇学习体会，干部理论学习制度得到有效落实，促进全局干部学习业务高潮的形成，提高干部的思想境界和综合素质。针对全市老干部工作系统宣传信息工作滞后这个老大难问题，年初市委老干部局出台《关于进一步加强和改进老干部宣传信息工作的通知》，对老干部宣传信息工作提出明确要求，建立宣传信息工作通报奖励制度。全年编发《老干部工作信息》37期。邀请原榆阳区委副书记尤忠义，榆林学院中文系讲师、北师大新闻专业硕士苏晓暹，对市局全体工作人员和局属单位、各县区委老干部局文秘信息工作人员50多人进行公文写作和信息宣传工作培训。三是提高机关党建工作水平。严格组织生活，落实好民主生活会制度和“三会一课”制度，深化学习型党组织建设，增强机关党员干部的学习力、创新力。9月14日，邀请榆林市孔子文化研究会韩海燕会长为局机关及局属单位全体人员举办道德讲座。四是推进老干部工作科学化调查研究。针对本市与周边市区、市本级与个别县区离退休干部生活待遇执行标准不一引发的离退休人员群体上访，市委老干部局2012年组织两次集中调研，深入县区、深入老干部中，着力加强老干部工作理论研究，形成《关于解决当前全市离退休干部工作有关问题的汇报》，于9月18日向市委常委会进行专题汇报，计划2013年将老干部工作纳入县区和部门年度目标责任考核。市老年大学调研形成《榆林市老年大学科学发展调研报告》，就今后老年大学和老年教育的科学发展提出建设性意见。五是做好退休干部管理基础工作。按照省委老干部局要求，市县老干部们落实专人，夯实责任，全面完成退休干部四级信息库建设工作，并于12月初进行自查验收。六是做好老干部信访工作。全年接待老干部来电来信来访180多人次，做到件件有交代，事事有回音。

【其他工作】 深入开展“万民干部下基层”活动。经过与市主管部门协调，为联系点绥德县南沟村争取到农田水利建设配套资金20万元。走访南沟村群众105户，慰问特困户12户，邀请市老医协杨鹤寿、刘改芝两位专家，专程到南沟村免费义诊，免费赠送价值4000多元的药品。在全市“万民干部下基层”活动检查评比中，联系点南沟村作为先进典型受到表彰。开展扶贫包抓工作。为吴堡县冯家峁村资助项目资金1万元，帮扶困难群众15户、困难老党员3名，送去慰问金1万多元。深入开展“四城联创”活动。积极参与文明榆林创建，彻底清除创卫包抓街道驼峰路社区天顺巷环境卫生。2012年，接待西安、宝鸡、延安三市市级老领导150多人来榆参观考察，宣传榆林新成就，树立榆林新形象。

（杨　欣）

中共榆林市委老干部局

局　　长　胡统金

副局长、离退休干部党委书记　李应彪

副局长、老年大学校长　张晓明

副　局　长　张玉红

副调研员　李榆宁（女）　曹文炜

离退休干部党委副书记　白金兰（女）

副调研员　冯仲尼

市直机关党建工作

【概况】 2012年，市直机关各级党组织和广大党员干部在市委的领导下，以党的十八大精神为指导，深入贯彻落实科学发展观，围绕市委、市政府工作大局，开展“保持党的纯洁性”、“创先争优”、“机关干部作风整顿”和“万名干部下基层”等活动，发挥基层党组织的战斗堡垒作用和党员的先锋模范作用。2012年底，全市市直各机关单位共有基层党委23个，党总支27个，党支部260个，党员11124名。

【思想道德建设】 年初，制定下发《市直机关党员干部理论学习安排意见》，多次发通知、召开部署会、开展理论宣讲20多次、投入30多万元购发《理论热点18讲2012》、《党员干部党课精编12讲》和《保持党的纯洁性学习读本》等理论书籍二万余册，建立学习场地，购买学习资料，制作学习园地，建立完善“学习型党组织”的教材体系和阵地建设。

【基层组织建设】 按照中央提出的在创先争优中开展基层组织建设年活动的要求，继续深化党建目标管理，实行分类指导，评优树模，努力实行基层组织建设五个提升的工作目标。一是用分类指导的方法，进一步规范了工作管理。按照“分类指导、树立典型、抓点带面、整体提高”的工作方针，实行基层党建示范点建设，把市直306个基层党组织以机关、事业、学校和企业四大类进行分类并确定示范点，研究工作措施，制订实施方案，边推进，边总结，边推广，发挥好典型的带动引导和示范辐射作用。二是用评优树模的措施，进一步强化考核激励工作。年初，在全市机关党建工作会议上，表彰奖励米脂县直工委等五个“先进县区机关工委”、市法院等33个创建“五型机关”优秀组织奖单位、市委办等130个创建“五型机关”标兵单位、市自来水公司等25个“优秀基层党组织”和29名“优秀党支部书记”。在市直机关单位初步形成比学赶超、创先争优的党建工作氛围。三是主动管理，进一步完善基层党组织建设。按照中组部《基层组织分类定级指导意见》的通知要求，在基本掌握市直机关单位党组织基本情况的基础上，对市直286个机关、企事业单位党组织进行了分类定级。深入10多个市直单位作辅导，落实党委书记讲党课的工作任务。审批成立基层组织8个，支部换届选举5个，考核任免独立科级党支部书记、副书记31名，增补委员5名，发展预备党员139名，转正党员173名。

【机关作风建设】 市直机关单位各级党组织围绕市委确定“作风建设年”的要求，以集中整治为手段，以健全制度为保障，深入开展“机关干部作风整顿”、“万名干部下基层”和创建“省级文明城市”等活动，各级机关单位党组织营造了浓厚的廉政文化氛围，特别是窗口单位和服务行业，更突出“阳光操作”。各级机关党组织加强组织领导，狠抓工作任务落实，坚持把学习教育、边查边改，“三问三解”、联系实际，建章立制、推动工作贯穿始终。特别是狠抓“四项活动，两件事情”，开展“文明礼仪传播”、“道德模范宣传”、“社会公道教育”、“慈善公益事业”等主题实践活动，教育和引导广大市民积极投身创建活动，逐步形成全党动员、全民动手、人人参与创建工作的良好局面。市直机关单位的精神面貌大幅改观，党员干部的工作作风明显转变。

【精神文明建设】 市直工委组织市直各级党组织和广大党员干部开展一系列“实践活动”和“节日活动”。以3.5

中国志愿者志愿服务日为契机,组织市直有关单位5000人次的青年志愿者深入社区、福利院、儿童福利院等单位,开展了"弘扬雷锋精神、开展志愿服务、创建文明城市、建设幸福榆林"志愿服务月系列主题活动;4月份集中开展了"清理白色垃圾春季大行动",动员2000人次的团员青年围绕城市主要干道、背街小巷、社区、城市绿化带、公园、广场等重点地段,采取分片包干,划分责任区,分类集中行动等方式,开展捡拾白色垃圾、清除野广告等活动;组织市直200个家庭,于4月5日开展植"家庭林"活动,发挥团员青年的引领示范作用。

(柳彦明)

中共榆林市直机关工委

书　　记　王文斌
副 书 记　蒋雄国　苗凤芝
　　　　　曹应峰　任锦亮
纪工委书记　刘振泽
副调研员　郭　梅　刘春利
　　　　　折建春

榆林日报社工作

【概况】 2012年,榆林日报社紧扣"高举旗帜、围绕大局、服务人民、改革创新"的总体要求,以"调整、稳定、求实、发展"为全年工作基调,全面落实科学发展观,围绕市委、市政府中心工作,正确把握舆论导向,增强舆论引导能力,提高新闻报道水平,为榆林市改革、发展、稳定提供思想舆论支持。开展干部作风整顿活动,巩固发展文化体制改革成果,推进全媒体建设,注重机关建设,各项事业取得较好成绩。

【宣传报道工作】 继续坚持"党报性质、百姓视角、榆林特色、时代品格"的办报方针,着力推进"三贴近",报纸质量稳步提升。全年报纸宣传报道成果丰硕:本报"科学发展成就辉煌"重大主题宣传报道获得陕西省委宣传部的肯定;通讯《横山:煤炭矿区的欣喜"蝶变"》首次获得省委宣传部"走、转、改"好新闻奖,这是本市新闻界唯一获此奖项的作品;7件新闻作品获得陕西新闻奖,36件新闻作品获得榆林新闻奖;1人获得陕西省优秀新闻工作者称号,2人获得榆林市优秀新闻工作者称号。

【中心工作报道】 市三次党代会、市委三届一次全会召开后,为把全市干部群众思想和行动统一到会议精神上来,本报围绕"加快转型跨越、建设幸福榆林"这一主题,精心策划,推陈出新,刊出8篇重头系列评论,迅速掀起学习贯彻热潮;2月份起,本报在发挥"绿色榆林"专刊宣传报道时,新开设"三年植绿大行动"专栏和"三年植绿靓我榆林有奖征文"活动,全面报道本市开展植绿大行动的重大意义、进展情况以及取得的新经验、新成效;全市干部作风整顿活动开展以来,开设"整顿干部作风凝聚发展合力"和"整顿干部作风"两个专栏,推出重要稿件50多篇,推动全市干部作风整顿工作;"万名干部下基层"活动启动以来,推出"万名干部下基层"、"万名干部下基层三问三解到农家"专栏,刊发重要稿件60多篇;全市"四城联创"工作开展以来,本报陆续开设"与文明同行和创建相伴"、"服务新风感动榆林"等6个栏目,5月起本报整合栏目开办"四城联创在行动""四城联创曝光台"等5个栏目,推出"创建省级园林城市"系列报道和"创园"特刊、"四城联创"专刊,全面反映创建活动新进展、新典型和取得的良好成效,促进各项创建活动深入开展;对本市2012年的城市道路建设工作,除常规报道之外,特别策划推出"城市道路建设"系列报道等重要稿件,集中展示本市城市道路建设的新进展、新举措、新成就。

【主题报道】 在主题报道中,本报进一步强化导向意识,坚持团结稳定鼓劲、宣传为主的方针,把握团结奋进、昂扬向上的宣传基调,积极营造庄重热烈、喜庆祥和、气氛浓厚的舆论氛围。党的十八大宣传报道,是一项重要的政治任务,本社把握宣传报道节奏,统筹安排部署,做到前后呼应,层层推进,逐步升温。5月以来在要闻版启动"贯彻省十二次党代会精神迎接党的十八大胜利召开"专栏。7月,本报及时转发胡锦涛总书记7·23讲话以及系列评论员文章,掀起阶段性宣传高潮,开设"科学发展成就辉煌""喜迎十八大记者走基层"等7个栏目,浓墨重彩地为会议召开营造良好的舆论氛围。党的十八大召开前夕,本报宣传报道进一步升温,新开设"以实际行动迎接党的十八大"专栏;十八大会中,本报对会议程序性报道、重要专题报道和总书记报告等进行及时、准确的报道,并开设栏目,为学习贯彻落实十八大精神营造了良好舆论氛围。会后,本报及时跟进开设"学习贯彻十八大精神全面建设幸福榆林"、"十八大精神在榆林"、"十八大精神解读"专栏,迅速掀起学习贯彻落实十八大精神热潮。全年为此共开设专栏14个,刊发稿件300多篇(幅)。

【民生新闻报道】 按照"三贴近"要求,利用"社会民生"版面、"星期天"特刊不断加强和改进民生新闻报道。重点对收入倍增工程、社保提升工程、教育强市工程、百姓健康工程、扶贫开发工程等民生工程进行充分报道,同时对事关百姓"衣、食、住、行、用"给予特别关注,对"菜价肉价""天价机票"等进行专题报道。按照"三贴近"原则,继续深入推进"转作风、改文风、记者走基层"活动,"走、转、改"活动已经制度化、常态化。春节期间,本报组织记者深入基层一线,开展新春走基层活动,专门开设"新春走基层"栏目,集中刊发"走、转、改"报道。2月至9月期间,本报陆续安排编采人员深入基层,持续刊发大量鲜活新闻稿件。9月中旬开始,制定《关于深化"走、转、改"活动加强主题宣传报道的安排意见》,进一步明确任务要求和绩效考核倾斜政策,深入推进"转作风、改文风、记者走基层"活动。全年刊发基层稿件600多篇。

【舆论监督报道】 2012年,本报进一步加强和改进舆论监督报道,下发《关于加强舆论监督报道管理的通知》,规范舆论监督报道,适时、适度、适量、客观、公正、理性地开展社会热点引导和舆论监督,收到良好社会效果。在对榆林天价机票、榆林出租车拒载乘客、城区停车难等新闻事件中,本报客观、公正、理性地进行监督,促进问题的解决。《榆林内参》共采写编辑出版《榆林内参》25期。部分内参稿件经市领导批示,使问题得到及时有效的解决。

【典型报道】 本报结合喜迎十八大宣传报道,精心策划,对高西沟村这一老典型进行再挖掘,集中推出"走进米脂高西沟系列报道"。报道刊发后,社会反响强烈,宣传效果良好。8月,该村荣获"全国先进基层党组织"称号。对横山县创新基层党建工作、政界好官李统计、国企"铁人"张林森、林业"老兵"朱绪弼等典型事迹进行突出报道。榆林日报唱响"勿忘劳模、尊重劳模、关爱劳模、学习劳模"的主旋律,制定《关于开展劳模先进事迹宣传报道实施方案》,组织实施,对第二届感动中国的十大杰出人物陈苏社、全国先进工作者高贵生等16位劳模和先进工作者事迹进行宣传报道。

【媒体建设】 注重网络建设,扩大榆林日报网的影响力。通过加强管理、创新新闻栏目等措施,"三网两报"——榆林网(榆林日报网)、榆林塞上风网站、榆林日报社局域网和榆林日报数字报、榆林手机报均有长足进步。榆林网浏览量提前一年实现翻番目标,提前实现浏览量上升到全国前2万位的年度目标,成为全市最有影响的综合网站;塞上风网站注册网民近10万户;榆林日报社局域网在停电多、故障多的条件下,保障报纸采编系统和内部网络设备的正常运行;榆林日报数字报第一时间转发榆林日报、榆林晚报稿件,浏览量1000多IP;榆林手机报坚持"天天编发",拥有用户约2万个。广告经营任务超额完成。报社广告传媒有限责任公司超额完成社委会下达的创收目标任务,广告收入突破700万元;举办榆林春、秋季两次大型汽车房产博览会;探索性地举办商业演讲活动,特邀著名经济学家郎咸平教授来榆林做大型演讲活动。发行公司运行良好。2012年经过前三个季度的运行,原来自办发行中出现管理不严、投送不及时、亏损严重等问题,经过新一届社委会调研决定,从2012年11月1日起,将榆林日报改为自主发行、邮局代投的办法,运行良好。印务工作稳中求进。印务公司的生产经营工作取得稳步发展,全年实现收入1637多万元,对排版车间的设备进行改造、更换,新引进报纸排版软件,采购数码印刷设备,进一步寻求新的发展空间。榆林晚报影响进一步扩大。榆林晚报的各项工作得以平稳有序地开展,事业得到新的推进和发展。晚报得到社会各界的认可与欢迎,其影响力在省内外越来越大,发行量、广告额等稳步提升,已经成为榆林的主流媒体之一。

【机关建设】 围绕创建五型机关,通过理论学习和思想教育,全社上下形成好学习、讲修养、重实干、比贡献的工作氛围,懒散漂浮现象基本消失。按照市委统一部署,报社开展机关作风整顿活动,经过动员、成立机构、认真学习、征求反馈意见和最终整顿调整,全社干部进一步统一认识,实现职工作风的根本好转。抽调2名县级干部和三名科级干部到绥德县安咀村、辛庄村蹲点扶贫,为两个贫困村争取资金20多万元,解决饮水工程、农村阵地建设等问题。党风廉政建设进一步加强,机关面貌焕然一新。以落实党风廉政建设责任制为龙头,加强领导干部党性修养和作风建设,加强政治品德和道德品行教育,坚持社务公开、重大事项报告、领导干部述廉报告制度,班子成员以身作则,严于律己,勤政廉洁,自觉接受党组织和群众监督。建立健全报社党风廉政建设责任制、干部考勤制度、财务管理制度、请销假制度、舆论监督报道管理制度等一系列制度,使廉洁自律有章可依,成为每一个干部自觉遵守的行为准则。响应市上和属地有关部门要求,完成"四城联创"等其他工作任务。

(刘小奇)

榆林日报社

社长、总编辑、党委书记　白生海
纪检书记　刘绪明
副 社 长　王　浩
副总编辑　王怀军　王志诚
副 社 长　白进春

党史研究室工作

【概况】 2012年,市委党史研究室坚持以党的十八精神为指导,深入贯彻落实科学发展观,围绕党的中心工作和全市工作大局,在党史研究、资料征集和党史宣传教育等方面取得成效。

【党史研究和榆林地方党史基本著作编纂】 邀请省、市专家对《中共榆林历史》(第二卷)编纂提纲进行修订。举办全市党史基本著作编纂培训班。邀请专家作专题讲座。采取"开门办史"的方法,与榆林学院合作,组成编史团队。完成榆林地区"三反"、"五反"运动,镇反运动(包括取缔反动会道门等),抗美援朝运动,宣传贯彻《婚姻法》、改革旧的婚姻制度,过渡时期总路线的传达、贯彻,粮食统购统销,手工业的社会主义改造,资本主义工商业的社会主义改造等八个专题资料的征集和研究工作,形成专题报告,共计8万字。

【《榆林党委工作纪事》(2011年卷)编印和《组织史》(第四卷)编辑出版工作】 《榆林党委工作纪事》是一部编年体纪实性资料丛书。2011年卷全书共计70万字。《组织史》第四卷是第三卷的续编和延伸,上限始于1998年6月,下限至2007年5月,时跨8年。本室承担具体编纂工作,于2010年11月正式启动,历经两年,七易其稿,于2012年12月完成"自编本"和"上报本"书稿的编撰任务,并正式完稿,约30万字。

【开展《陕北革命故事》征编和榆林党史网组建工作】 征编《陕北革命故事》是市委部署党史研究室的工作,是加强党史宣传和转化党史研究成果的重要形式。开办榆林党史网站是在新形势下加强党史宣传教育,普及党史知识,增强宣传效果的有效手段。于11月份开办榆林党史网,网址为:http://www.yldsyjs.com,网站设网站首页、单位介绍、工作动态、党史研究、党史人物、党史管理、党史宣教、县区园地、革命遗址、执政榆林、在线投稿11个栏目。

【党史重大事件、重要人物纪念活动】 按照省、市安排,发挥参谋助手作用,参与组织马文瑞诞辰100周年,贾拓夫诞辰100周年,"中共中央在小河纪念馆"挂牌、横山县白家湾革命纪念馆揭牌等重大纪念活动,为市委整理提供党史史实依据,组织撰写一批重要党史理论文章。

【党史资料审核整理和抢救】 根据县区史志部门申请,审核《中国共产党榆阳历史》(第一卷)、"绥德师范校史馆布展方案"、《马文瑞同志生平事迹图片展——纪念马文瑞同志诞辰100周年》图片文集等涉及榆林的党史资料,并提出具体翔实的修改意见。采访整理米脂县孟士明口述"初搞责任制"、刘壮民口述"联产承包责任制"、陈智亮口述"大跃进运动"、吕汉文口述"抗美援朝"等资料。购买档案管理密集架,聘请档案专业人员予以指导,对室机关现存的党史书籍、业务档案进行全面整理归档。并对散落、丢失的档案资料进行挽救弥补,发函征集,各大图书馆购买,不断健全和丰富党史资料档案库。

【代起草市"加强党史工作的实施意见"】 为贯彻落实中央和省委党史工作"两次会议"、"两个文件"精神,召开县区史志办主任座谈会和市各界热爱党史工作者座谈会,讨论草拟市"加强新时期党史工作的实施意见"。12月初,《中共榆林市委关于加强和改进新形势下党史工作的实施意见》榆发(2012)9号正式下发各级各部门贯彻执行。

【包村扶贫和"万名干部下基层"工作】 把抓好包村扶贫建设作为全室工作的重要内容,搞好干部作风建设的一条重要举措来抓。成立包村扶贫工作领导小组,主要领导任组长,1名副调研员和2名科长具体包抓。根据村民需要确定修复坝地和人饮工程,与县区乡搞好配合,形成报告,在市级有关部门进行积极协商争取。枣树湾村人饮工程批复款15万元。双墕村新建和加固淤地坝申请资金补助的工程设计报告,报送市财政局。为确保贫困户能过上一个祥和温暖的春节,年底组织党员干部开展扶贫济困募捐活动,机关、个人共捐款1万元(个人4500元,机关5500元)。

【"创文"工作】 宣传争创文明单位的重要意义,调动干部职工的创建热情,进一步统一全室干部的思想认识,营建良好的创建氛围;加强培训,结合学习型机关建设,在党员干部中开展"学理论,比政治理论水平,学业务,比业务工作能力,学文化,比文字综合能力"的"三学三比"活动;开展创文活动。开展"文明接待"活动,文明用语,热情接待;开展爱心公益活动,全体干部积极为包村贫困户捐款献爱心;开展"创文工作,从小事做起"活动,保持办公室卫生洁净,办公场所安静、文明、秩序良好;人人树立节约办公意识;积极响应文明用餐号召,将"讲文明,树新风"和"修四德,行六礼"做文明有礼的榆林人融入到工作学习实际中。

【干部作风整顿】 按照市委的部署和要求,围绕"转变干部作风,服务转型跨越"这一主题,以解决干部队伍的思想作风、学习作风、工作作风和生活作风方面的突出问题为重点,开展"干部作风整顿"活动。在市委指导检查组的指导下,对整顿活动及时做出安排部署,成立领导小组,召开动员大会,制定下发《实施方案》。

【开展"五个集中整治"专项活动】 根据市纪委深入开展"五个集中整治"活动的要求,结合党史工作实际,着重从"严禁大操大办、公款吃喝、公车私用,严禁党员干部参与赌博,转变工作漂浮"等三个方面进行重点整治。修订完善公务接待、车辆管理等制度;采取措施,严禁党员干部参与赌博,严格要求个人操办婚丧事宜坚决执行"五不准"的规定。

(王　劲)

中共榆林市委党史研究室

主　　任	白生海(1月—6月)
	白永贵(6月任)
副 主 任	郭向军(1月—6月)
	闫春序
调 研 员	崔子义
副调研员	付建斌

档案工作

【概况】 2012年,在市委、市政府的领导和省档案局的支持下,全市档案工作以邓小平理论、"三个代表"重要思想为指导,深入贯彻落实科学发展观,围绕市委、市政府中心工作,以开展"兰台杯"劳动竞赛为载体,以创建国家二级档案馆为目标,以档案的资源、利用和保管"三个体系"建设为重点,各项工作均取得显著成绩,较好地完成全年目标任务。榆林档案工作排在全省的前列,在2012年2月召开的全省档案工作会议上,榆林市档案局被授予"全省档案工作先进集体"荣誉称号。

【国家二级馆创建工作】 市委、市政府启动创建省级文明城市工作后,市档案馆被列为"创文"工作重点部门下达专项任务。任务要求市档案馆和全市30%的县区档案馆要于2012年底前创建达标国家二级综合档案馆。市档案局向市委主管领导做专题汇报，出台《关于市县区档案馆开展创建国家级综合档案馆工作的意见》(榆办字〔2011〕33号)，成立创建领导机构，全面布置市县区的创建工作，为市县两级顺利开展创建工作提供政策支持。《意见》出台后，市局决定由神木、府谷、定边、米脂四县档案馆和市档案馆完成创建工作任务。市局抽调专人，巡回进行检查，加强督促指导，对照《市、县级国家综合档案馆测评办法》和《市、县级国家综合档案馆测评细则》的要求，逐条整改、查漏补缺，确保创建工作扎实推进。承担创建任务的档案馆都将创建任务细化分解，落实到人。在各级党委、政府的支持和广大档案工作者的辛勤努力下，经过准备、实施、自检、补漏四个阶段，府谷、米脂、神木馆于2011年通过国家验收，晋升为国家二级档案馆，市档案馆和定边馆2012年通过验收，晋升为国家二级综合档案馆，全面完成省市下达的创建任务。吴堡县档案馆通过国家三级档案馆的验收，其他各县区档案馆也陆续做好国家级档案馆的验收准备工作。

【开展“兰台杯”劳动竞赛】 在全市档案系统深入开展“兰台杯”劳动竞赛活动，振奋档案工作者的精神，夯实基础业务，提升服务水平。市局下发文件，对开展“兰台杯”劳动竞赛活动作安排部署，派出业务人员，不定期下乡督促、检查和指导，及时掌握活动的开展情况，解决活动中遇到的问题，总结推广活动中涌现出的先进典型和先进经验。举办两次业务培训班，两次档案系统技术大练兵、业务大比武，形成一种比、学、赶、超的良好工作氛围，锻造提升档案工作者的素质。

【档案法制及宣传工作】 法制工作：执法工作实现常态化，对市直200多个单位进行年检及执法检查，促进机关档案工作的法制化，标准化、规范化；完成市级第四、五批行政审批制度改革方案；列席市长办公会审议市城建档案馆制定的《城市建设档案管理办法》；参加依法行政、无纸化普法考试培训等会议9次，按照市普法办安排，组织本单位一次领导干部和公务员无纸化普法考试。宣传工作：一是利用归档月在世纪广场举办一次宣传档案法律法规的活动；二是和榆阳区档案局在广场联合举办“档案普法暨社会教育”活动，榆林电视台派记者对宣传现场进行全程采访报道，活动取得良好社会效果；三是鼓励全市档案工作者积极向《榆林档案简讯》投稿，将《榆林档案简讯》办成一个及时反映全市档案工作动态，树立先进典型，推广先进经验，交流工作心得的优良平台，拉近全市档案工作者的距离。

【机关档案工作】 贯彻落实《国家档案局9号令》，开展对各立档单位的业务指导工作，主要对市检察院、市科协、地病办、审计局、考核办、财政局等50多个单位进行指导、咨询、答疑。完成AAA级4家、AA级2家、A级2家的档案目标管理认证工作

【重点项目档案工作】 提请两办印发《榆林市重点建设项目档案验收办法》(榆办字【2012】117号)，规范验收程序。重点对陕西清水川发电有限公司、麻黄梁煤矿项目、杨伙盘煤矿项目、陕西煤业化工集团神木天元化工有限公司50万吨煤转油项目和榆林高新产业园区城市建设项目等重大建设项目档案进行指导、服务和验收。

【档案信息化建设】 录入案卷级目录2655条，文件级目录25812条，资料3023条，挂接照片档案28卷347张，完全实现利用档案管理软件查阅档案，查全率、查准率得到提高。为进一步加强档案数据库建设，和3家资深公司取经，就新馆的档案管理软件建设进行规划。上年市政府办确定本局为“政府公开信息查阅点”，本局印发《政府公开信息送交办法》，按规定程序接收榆林市委办公室、政府办公室、政协、卫生局、教育局等19个部门的现行文件517件，并按照划控等级，为群众提供查阅服务。

【丰富馆藏资源】 馆藏档案是档案馆的立馆之本，加强档案资源建设是档案事业可持续发展的基础。为把档案资源建设抓实抓好，3月，市局向市直各部门发放《关于做好到期档案移交工作的通知》，再次明确档案资料接收的原则、范围、要求和接收计划。按照接收计划，市档案馆先后接收煤炭局、统计局、政府办、三讲办、禽流感办、统战部、文化局等单位的到期档案，共计362卷，9653件。同时，还将档案资源整合纳入工作日程，接收土地局、法院、检察院、公安局、规划局等有关部门的档案目录。接收11月以前的榆林新闻视频资料，并刻录数据碟片106张；接收张志才、刘中华、葛丕德等23人名人档案；征集榆林民间文艺、陕北民歌、历代名人在榆墨迹选释等图书资料38册，并全部整理、排列、上架；拍摄档案法宣传活动、浙江省绍兴市档案局和宝鸡市档案局与市局举行的数据异地备份交接仪式活动、晋升国家级二级档案馆验收会议、档案抢救裱糊和数字化扫描录入现场、本局拍摄风土人情、名胜古迹、文艺活动等照片67张，整理剪辑归档丰富优化馆藏内容。

【档案编研工作】 历时3个月时间拍摄制作榆林市档案专题片《光辉足迹—榆林市档案事业发展纪实》；重新设计、改版《榆林档案简讯》，使之图文并茂，可看性更强，共编印10期，宣传报道全市的档案工作动态；多次到市委办、市政府办、市政协、市人大、市党史研究室等单位查阅资料约30000余条，编写完成《榆林档案志》、《榆林二十世纪图鉴》、《榆林大事记》(1978—2010)共计30余万字，图片600余张；编写完成《2011年榆林市大事记》，约20000字；向地方志办报送2011年榆林年鉴(档案工作部分)约5000字，向市直工委报送2011年榆林市党委纪事(档案局工作部分)约3000字。

【档案异地异质备份】 汶川地震造成灾区档案资料绝大部分永久性损毁，给全国的档案安全管理敲响警钟，档案的异地异质备份便作为一个新命题被提上议事日程。国家档案局为此专门下发通知，要求各级综合档案馆都要选择距离较远，安全性高的一个或一个以上国家综合档案馆，互为自身馆藏档案资料的异地异质备份基地，最大限度地确保馆藏档案资料的保管安全。市局经过协商，决定市档案馆分别与本省宝鸡市档案馆和浙江省绍兴市档案馆结对子，互为对方的异地异质备份基地。8月，宝鸡市档案馆的工作人员专程来榆，在榆林市档案局举行异地异质备份签约仪式，并将宝鸡市档案馆的备份资料箱移交榆林市档案馆保管；9月，绍兴市档案局的工作人员抵达榆林，和榆林市档案馆签订互为异地异质备份基地的协议。榆林市馆的馆藏档案资料的数字化处理正在进行，全部数字化后，将使用合适介质，复制为两份分别封存到上述两个档案馆中，最大限度地保证榆林市档案馆馆藏档案资料的保管安全。

【档案开放利用】 按规定对1980—1982年到期应开放1000余卷档案进行鉴定，并对古老、珍贵和利用频繁的约240多卷档案进行复制，以副本提供利用。打印开放档案目录32本。10月份根据陕档办《关于转发<国家档案局关于在档案利用中开放利用中审慎进行划控、鉴定工作的通知>的通知》，对已开放的1万余卷档案重新进行划控。全年共接待利用者812余人次，提供利用档案资料15000余卷，复印26000余页，为群众提供了优质服务。

【爱国主义教育基地】 2012年2月，被市文明办正式命名为爱国主义教育基地并正式授牌。为发挥好爱国主义教育的功能，市局收集一批关于榆林发展历程的历史图片，策划制作《爱国主义教育基地图片展》。6月份与市实验中学联合举办"认识榆林、热爱榆林"专题教育活动，取得积极效果。

【档案馆库建设】 市档案馆新馆建设项目2011年年主体已完工，2012年主要是内装修工程。由于新馆的定位较高，要适应最新前沿科技的要求，建成全国先进、西部一流的国家一级综合档案馆，所以在功能分区、设计风格、弱电铺设、设备采购安装等一系列问题上都需要提前计划、精心筹谋、拟订方案、稳步实施。为了将新馆内装修的问题处理好，市局就装修方案进行多次论证，并派遣人员先后多次到先进地区档案馆学习考察，提出比较完善的装修意见。对照省馆的数字档案馆建设项目方案，邀请8家企业进行座谈，对新馆的数字化布局形成比较成熟的意见，解决设备安装、弱电铺设等装修中的关键问题，推进新馆的建设进度，预计2013年10月新馆能交付使用。

（马　烨）

榆林市档案局(馆)

局　　长　李子州
副 局 长　刘竹梅(女)
　　　　　武　辉　徐　杰
调 研 员　丁永年
副调研员　李中栋　葛正东

党校工作

【概况】 2012年，榆林市委党校领导班子贯彻落实《中共中央办公厅关于印发<2010－2020年干部教育培训改革纲要>的通知》和《中国共产党党校工作条例》、市委《关于贯彻落实<中国共产党党校工作条例>的实施办法》，贯彻执行市委、市政府的重大决策部署，坚持按照继续大规模培训干部、大幅度提高干部素质的战略任务和中共榆林市委党校《2010年——2012年发展规划》的要求，开展各项工作，为全市干部队伍素质的提高和经济社会的发展做出应有的贡献。

【干部教育培训】 全面完成市委下达的党员领导干部培训轮训任务，积极配合有关部门，完成其他各类班次的培训轮训任务。举办1期全市基层干部科学发展主题培训行动计划示范班、1期优秀科级领导干部培训班、2期全市新任县处级领导干部领导力提升培训班和4期全市县处级领导干部学习贯彻党的十八大精神培训班，培训基层干部、科级干部、各县区领导班子、人大和政协主要负责同志，市委和市级国家机关、各人民团体负责同志410人次。举办"榆林经济社会热点问题"、"推进依法行政建设法治政府"、"陕北文化与榆林社会建设"、"和谐文化与和谐社会建设"、"幸福榆林建设"等5期专题培训班，受训人员964人次。与其他县区、部门、企业联合举办延长石油榆林煤化有限公司支部书记培训班、榆林市神华能源有限责任公司入党积极分子培训班、陕北矿业公司支部书记培训班、榆林市妇联农村女村官培训班和神木县正科级领导干部学习十八大精神暨领导能力提升培训班共5期对外培训班，受训人员405人次。2012年，全校共举办各类培训班次18期，受训人员1779人次，培训班次和受训人数为历年之最。

【科研工作】 2012年，全体专兼职教师向陕西省党校系统第26次理论研讨会提交论文20篇，获一等奖2篇，二等奖3篇，三等奖3篇，获奖率40%并集体荣获先进组织奖。完成陕西省党校系统中国特色社会主义理论研究中心立项课题3项，其中一等奖1项，二等奖1项。市县区党校申报全市党校系统中国特色社会主义理论研究中心立项课题15项，结项15项。编辑、出版、发行、交流《榆林论坛》4期。

【队伍建设】 2012年，公开引进天津大学毕业的国民教育硕士研究生1名，充实教师队伍，选调1名基层干部，调整1名科级干部的岗位职务。

【其他工作】 积极参与创建活动，开展园林绿化工作，和绿化公司签订了总造价116772.7元的绿化协议。在办公楼东小广场种植绿化植物共计

8000平方米。为办公室、会议室、教室等场所配备盆花共180盆。支持和参与社会公益活动,成立慈善志愿者分会和慈善志愿者服务队,积极组织干部教工参加志愿献血活动,完成创建工作各项任务。开展扶贫帮困工作,成立包村扶贫工作领导小组,确立包村领导和包村干部。鉴于所包扶的神木县西沟办事处上中咀卯村的实际农业条件,本校通过查阅有关科技资料,加强宣传,该村农民种植一些适宜的经济作物,为以后大面积推广做好准备。党的十八大召开后,组织全体县处级领导干部和专兼职教师,赴鄂尔多斯市委党校参加十八大报告专题培训,听取中共中央党校研究生院院长、博士生导师韩庆祥教授所作的《"十八大"报告精神解读》。2次组织全市党校系统优秀教师赴中央党校和省委党校参加十八大专题培训,为宣传、宣讲、辅导十八大精神作准备。召开女职工、教职工和老干部座谈会,组织观看《辛亥革命》、《忠诚与背叛》、《燃烧的石榴》等专题影片,接受党性教育。开展职工冬季越野长跑、"清风伴我行"演讲比赛、"颂党情,促教研,再创党校新局面"庆七一主题文艺晚会、庆十一教职工文体活动和"喜迎十八大、红歌大家唱"等活动。重视在教职工中发展党员,选派4名入党积极分子参加市直工委的培训。开展优秀共产党员的评选表彰活动,"七一"前,对6名优秀共产党员进行了表彰。

(张晓瑜)

中共榆林市委党校
榆林市行政学院

常务副校长　韩林平
副　校　长　张小平　王　洲
纪检组长　李亮堂

保密局工作

【概况】　2012年,榆林市保密局在市委、市政府的领导下,在上级保密部门的指导下,以及在各县区、各部门的支持下,贯彻中保委和省保委会议精神,以贯彻实施《"十二五"时期陕西省保密事业发展规划》为主线,全面提升保密工作科学化水平,为保守党和国家秘密、维护国家安全利益、促进榆林经济发展作出积极贡献。

【保密工作】　贯彻落实党和国家的保密工作方针政策。全省保密工作会议后,市局下发《关于学习贯彻令计划在中央保密委员会全体会议上的讲话的通知》、《关于认真贯彻全省保密工作会议精神的通知》和《中共榆林市委保密委员会2012年工作要点》。依法开展保密工作检查,确保国家秘密安全。全市高考保密工作进行专项检查。按照上级的要求,市局联系有关部门,深入十二个县区对高考保密室进行检查。并就存在的泄密隐患提出具体的整改意见,使全市高考保密室均达到安全保密的要求,确保全市高考保密工作万无一失。参与全国司法考试和成人考试试卷保密工作。2011年涉密文件清退销毁情况检查。年初,对各县区、市直各部门2011年接收涉密文件的清退、销毁等情况进行全面检查。网络清理情况专项检查。按照中共中央办公厅《关于加强防范网络失泄密工作的通知》(厅字〔2012〕9号)要求,联合市工信局、国家安全局、机要局对各县区、市级机关、广电和移动、电信、联通、工行的网络是否有涉及国家秘密载体和涉密信息上网登载、传输、交易等情况进行了检查,确保党的十八大期间全市网站不出问题。涉密移动存储介质的管理检查。针对移动存储介质管理使用中存在的公私混用、密与非密混用等突出问题,成立检查组,对40多个单位的涉密移动存储介质使用、保存、借用等环节进行细致检查。从2012年12月10日—23日对全市12各县区和52个保密委员会成员单位的保密工作,采取"查看资料、听取汇报、座谈反馈"方式进行重点抽查。

【宣传教育】　高度重视保密宣传活动,成立以局长为组长的保密宣传教育领导小组,专门负责保密宣传月期间的保密宣传教育工作,先后制定《开展第二十四保密宣传月活动方案》,下发榆林市国家保密局《关于开展第二十四保密宣传月活动的通知》。保密宣传月期间,利用各种媒体进行多渠道、多层次、全方位、全覆盖的宣传,保密宣传教育工作再上新台阶。5月5日,在榆林日报刊登署名文章《保安全促发展做好新时期保密工作》,拉开全市第二十四个保密法制宣传月活动的序幕;5月6日在世纪广场举办主题为"学法懂法用法、增强保密责任意识"的大型宣传活动。活动当天,发放保密知识宣传彩页近10000份。邀请榆林电视台《榆林新闻》栏目组,对此次宣传活动的情况进行报道;连续20天,在阳光广场、高新区入口处、世纪广场对面3块LED显示屏滚动播出保密知识宣传标语3条;连续30天,在公交车和出租车车载电视上滚动播放保密宣传标语3条。在总结上年完成《保密工作》通联工作的基础上,继续实行市局领导、科室负责人包抓县区、单位征订的工作制度,完成省局下达的征订任务。

【培训学习】　派出4名工作人员参加省保密局组织的保密执法检查大队成员、保密宣传教育大队成员培训和办公网络安全知识培训。为拓宽保密工作视野,明确工作思路,利用工作闲暇时间,组织工作人员分三批先后到江西、内蒙古、浙江等保密工作先进地区进行实地考察学习。

【队伍建设】　调配5名具有本科学历的工作人员到保密技术服务中心工作。投资近4万元对技术服务中心的窑顶进行安装塑料扣板处理,更换损坏严重的办公桌椅,购置2台新款台式计算机,更新办公室门窗,为文件销毁室加装防盗窗。

(赵　雄)

榆林市国家保密局

局　长　艾生莲
副局长　惠建斌　张存武

榆林市人民代表大会常务委员会

【概况】 2012年，市人大常委会严格依法、认真履职，和“一府两院”共同落实大会确定的各项任务，为全市经济社会继续保持跨越发展作出了应有的贡献。全年举行常委会会议6次，主任会议24次，组织视察活动7次，开展专题询问3次，听取和审议“一府两院”专项工作报告23项，开展执法检查1次，专题调研24次，形成调研报告24份，听取审议和审查批准财政预算及审计报告7项，提出审议意见57项，作出决议、决定20项，任免国家机关工作人员81人(次)。

【榆林市三届人大三次会议】 1月5日至1月8日在榆林人民大厦举行榆林市三届人大三次会议。会议表决通过《关于榆林市人民政府工作报告的决议》、《关于榆林市2011年国民经济和社会发展执行情况与2012年国民经济和社会发展计划报告的决议》、《关于榆林市2011年财政预算执行情况和2012年财政预算报告的决议》、《关于榆林市人大常委会工作报告的决议》、《关于榆林市中级人民法院工作报告的决议》和《关于榆林市人民检察院工作报告的决议》，胡志强当选榆林市人大常委会主任，陆治原当选榆林市人民政府市长。

【榆林市三届人大常委会会议】 3月20日，举行榆林市三届人大常委会第十五次会议。市委书记、市人大常委会主任胡志强作重要讲话，市人大常委会常务副主任曹世玉主持会议，副主任郭宝成、鲍振明、杨东明、邵胜凯、王丽华，秘书长王延生等出席会议，市委常委、常务副市长高中印，市中级人民法院院长雷建新，市检察院检察长梁曦等列席会议。会议审查批准市政府关于2012年市本级到目财政预算报告、通报市政府各工作部门向人民报告重点工作满意度测评结果，任免“一府两院”有关人员，批准任命12个县区人民检察院检察长。

5月14日，市三届人大常委会第十六次会议在榆举行。市委书记、市人大常委会主任胡志强主持会议并讲话，市人大常委会常务副主任曹世玉，副主任郭宝成、鲍振明、杨东明、邵胜凯、王丽华，秘书长王延生等参加会议。会议表决通过了市政府关于文化事业和文化产业发展情况的报告、市人民检察院关于对诉讼活动开展法律监督工作情况的报告以及市人大常委会关于加强人民检察院对诉讼活动法律监督工作的决议，会议还表决通过了有关人事任免事项。

7月31日，举行榆林市三届人大常务委员会第十七次会议。市委书记、市人大常委会主任胡志强主持会议并讲话，市人大常委会常务副主任曹世玉，副主任郭宝成、鲍振明、杨东明、邵胜凯、王丽华，秘书长王延生等参加会议。会议表决通过市政府关于“三年植绿大行动”2012年度进展情况和榆林中心城区创建工作情况的报告；表决通过市人大常委会关于批准榆林市2012年地方政府债券收支预算的报告；表决通过有关人事任免事项。市委常委、常务副市长高中印，市检察院检察长梁曦，市中院、市政协、市政府办、发改、工信、财政、住建、综合执法、林业、统计、创建办、创文办、国税、地税等部门及各县区人大常委会负责人列席会议。

9月17日下午，举行榆林市三届人大常务委员会第十八次会议。市委书记、市人大常委会主任胡志强主持会议并讲话，市人大常委会常务副主任曹世玉，副主任鲍振明、杨东明、邵胜凯等参加会议，市人大常委会党组成员、副秘书长乔乃章等列席会议。会议审议并表决通过了市政府关于城乡居民最低生活保障工作情况、关于全市保障性住房建设进展情况和关于扶贫开发工作情况的报告，表决通过了有关人事任免案。副市长马秀岚、市检察院检察长梁曦，市政协、市委组织部、市中级法院、政府办、发改、财政、住建、民政、扶贫办及各县区人大常委会负责人列席了会议。

11月29日，市三届人大常委会第十九次会议在榆举行。市人大常委会常务副主任曹世玉主持会议并讲话，副主任郭宝成、鲍振明、王丽华，党组成员乔乃章等参加会议。会议决定12月上中旬召开市三届人大四次会议，将选举产生出席省第十二届人民代表大会的代表和市人大常委会秘书长及部分委员。会议表决通过市政府关于城乡社会养老保险工作进展情况的报告、中心城区和高新区道路建设及排洪工程进展情况的报告、旅游产业发展情况的报告、2011年市本级预算执行及其他财政收支情况的审计报告，通过市人大常委会关于批准榆林市2011年财政决算和2012年市本级财政预算调整方案的决议、关于召开榆林市第三届人民代表大会第四次会议的决定和其他有关事项。榆林市工业园区建设及阻工现象有关情况的报告满意度测评未获通过。

【两大议案办理】 一、关于《强力推进榆横一体化进程加快榆林百万人口中心城市建设的议案》的办理工作。强力推进榆横一体化进程、加快建设百万人口区域中心城市，市委、市政府已将其摆在发展战略的首位，全力予以推进，本届人大也持续关注并给予有力支持。对西南新区这个短板，市政府采取“市县共建、以县为主”的体制和成立了以市长为组长的领导小组，强力予以推进。从11月下旬到12月底，市人大接连采取走访调研、主任会议组成人员到榆横工业园区和西南新区视察、召开第48次主任会议与市政府分管副市长和有关方面主要负责同志座谈讨论、常委会组成人员进行专题询问、召开第20次常委会会议听审专项工作报告等办法，对市政府办理该项《议案》的工作情况有了全面了解。会议认为，市政府及其高新区管委会、城投集团、住建局、建规局、国土局和榆阳区、横山县政府做了大量工作，整个城区的基础设施和社会事业滞后的局面发生着根本性的变化，高新区和西南新区的各项专业规划和控制性详规实现全覆盖，榆横工业区的骨干性基础设施配套工程全部完成，西南新区的交通大框架已经拉开，土地统征和储备工作有很大进展，一批产业项目相继入园，东沙新区、芹河新区的开发建设大力推进，空港新区也是蓄势待发。这一切都标志着榆林中心城区进入跨越发展的新阶段，榆横一体化也步入整体推进、快速发展的快车道。

二、关于《振兴南部县域经济的议案》的办理工作。加快振兴南部县域经济关系到榆林能否在全省率先建成小康社会的大局。市委、市政府从上届五年的“扶南”，到本届两年半的“振南”倾注了大量的心力、人力和财力，随着榆林市本级和北部县经济实力的不断增强，扶持的力度也逐年加大。2011年年市上不仅保持1.5亿元的扶南专款，而且新增1.9亿元的园区基础设施建设专项补助资金，形成市级扶持、县级帮扶、企业援助的“三位一体”帮扶模式，进一步调动和激发了南部县的发展活力。11月上旬，市人大组成专题调研组，赴南六县就《议案》办理情况进行实地调研。12月10日召开第47次主任会议，听取南六县负责同志的意见和建议。市政府在12月下旬，专题召开振南项目调度会议，专门研究项目推进有关问题。12月底，市人大常委会召开第20次会议，听审振南《议案》办理工作。会议认为，市委、政府把“振南”工作摆在了全市经济社会协调发展的战略高度来统一谋划，作为全市同步实现小康社会的战略目标统一安排，2012年增加振南资金扶持和工作指导力度，佳县的工业园区建设和大项目推进工作取得重大进展，其他县也新上了一批基础设施、旅游景点景区和社会事业项目，使人居环境和发展环境不断改善，工业园区基础设施日趋完善，“振南”工作取得显著成就。

【视察和检察评议工作】 一、不断强化计划、预算监督，高度关注项目推进中的阻工问题，支持政府克难攻坚、集中财力办大事，继续保持跨越发展良好态势。计划和预算是政府有效调控经济的重要手段，也是人大监督的重点。三届人大三次会议之后，市政府按照人代会批准的财政预算报告，及时安排了市本级财政预算。3月15日和20日，市人大相继召开第26次主任会议和第15次常委会会议，专题审议和审查了市政府关于2012年市本级财政预算的报告和人大财经工委的审查报告。认为预算管理更加科学规范，收入安排体现转型跨越发展的总体要求，支出安排体现三届人大三次会议提出的“优化支出结构、保证支出重点”的审议意见，体现“集中财力办大事”的原则，决定批准市本级财政预算。人大常委会对计划和预算执行实行跟踪监督。要求财经工委经常与发改委、财政局保持联系，分析研究掌握计划和预算执行态势。7月20日和31日先后召开第34次主任会议和第17次常委会会议，专题听审计划和预算执行情况的报告和2012年地方政府债券收支预算报告，以及人大财经工委关于上述报告的审查报告。会议认为，面对严峻的宏观形势和本市经济下行压力加大的不利局面，市政府贯彻落实中省和市委的决策部署，准确研判，沉着应对，积极采取“五抓五促”的工作措施，保持全市经济平稳运行，社会和谐稳定。会议同意并批准了2012年地方政府债券收支预算。会议针对计划和预算执行中存在的薄弱环节，要求政府和发改、财税等经济工作部门要时刻注意宏观经济形势的变化，研究解决重点项目建设和能源产品销售中遇到的困难。要加大税收征收力度，加强支出管理，严格预算绩效管理。11月27日，专门召开第44次主任会议，对市政府报送的27亿元的财政预算调整方案进行了认真审议，常委会组成人员对列入重点支出的“三年植绿”、产学研课题研究、“四城联创”、中心城区道路及排洪设施建设等四大项目的实施单位市林业局、科技局、创建办、住建局的主要负责同志进行了专题询问，详细了解年初预算和项目实施、资金使用情况。29日，人大常委会第19次会议听审并表决通过了2011年市本级预算执行及其他财政收支情况的审计报告，审查批准了榆林市2011年财政决算和2012年市本级财政预算调整方案，决定支持市政府将积极从省上争取回来的拖欠本市的27亿元煤炭价调资金用于中心城区道路及排洪设施建设、“三年植绿”工程等9件涉及民生福祉的大事上。

二、给转型跨越发展建言，为破解瓶颈制约献策，文化、旅游、扶贫、移民搬迁、现代农业、水资源保护利用等重大事业和产业备受政府关注。文化事业和文化产业发展问题是本市实现“转型跨越发展”急需破解的难题，也是建设“文化榆林”的民生工程。3月28日至4月5日，市人大调研组到绥德、米脂、神木深入考察调研，听取工作汇报，形成专题调研报告。5月4日和14日分别召开第27次主任会议和第15次常委会会议。和市政府分管副市长一起认真分析总结了我市文化事业和文化产业发展的成就、具有的优势和存在的困难，强调市县区政府和文化主管部门要坚持以人为本，下功夫发展地域文化，把文化建设的重心放在人口集聚的地方，靠人才来加快文化大市建设。旅游和文化是相辅相成、相互促进的。8月下旬，人大常委会组成调研组，到旅游业发展较好的东北地区学习取经。9月中下旬，深入到佳县、绥德、神木进行考察调研，听取市县发展旅游产业的专题汇报。11月9日和29日，分别召开第42次主任会议和第19次常委会会议，听取和审议市政府关于加快本市旅游产业发展的专题报告，政府主管副市长到会听取意见，介绍情况。会议建议市县区政府要根据旅游市场的需求，选择优质特色旅游资源，打造一批具有吸引力的新景点、新景区，加快旅游业其他要素的配套建设和促销工作，扩大榆林旅游在全国的影响力，努力把榆林建成国家优秀旅游目的地城市。会后，出台《加快我市旅游产业发展的意见》。农业综合开发和扶贫移民搬迁，是政府的扶贫攻坚系统工程，是解决榆林“富财政穷百姓”现象、缩小城乡差别的一套组合拳。对此，市县区政府十分重视，奋力向前推进，但压力和困难相当大。市人大在调研的基础上，9月4日，主任会议成员视察了定边、靖边、横山、榆阳四县区的农业综合开发项目和移民搬迁工程。9月5日和17日，分别召开第38次主任会议和第18次常委会会议，听取和审议市政府关于扶贫开发和移民搬迁工作情况的报告。会议对政府所取得的成绩给予肯定，对移民搬迁中遇到的困难深入探讨，建议市县政府一定要摸清底子，把市场化移民同政府组织安置结合起来，把城市的保障房政策和移民的安置房政策衔接起来，把解决安居问题与乐业问题统一起来，一定要从实际出发，把好事办好。现代农业科技示范园区建设是引领榆林农业走上现代化之路的重要措施，市人大持续予以关注。曾在2011年的第11次常委会会议上进行了专题听审，提出了审议意见。去年11月15日，市人大召开第43次主任会议，专题听取市政府落实审议意见情况的报告，建议市政府在加快城市化、工业化进程中继续加快农村人口向城市、向非农产业转移的步伐，在农村人口大幅度减少的同时，加快农村土地和耕地流转，促使传统农业向现代农业转变。培植现代农业市场主体，把现代农业科技作为第一生产力，以大园区示范、大项目带动来扩大现代农业基地，提升本市农业现代化的整体水平。依法科学保护、开发、利用水资源，是保证榆林经济社会持续、快速、健康发展的战略举措。市人大曾在2011年的第9次常委会会议上进行专题听审，提出审议意见。6月份，市人大农工委进行回访调研。20日，召开第33次主任会议，讨论了审议意见落实工作。会议对政府落实审议意见表示满意，针对存在的问题，建议政府进一步理顺水务管理体制，加快以黄河引水为主的水源工程建设。

三、“四城联创”成效显著，“三年植绿”大步迈进，工业集中区环境集中整治工作有序推进。“四城联创”是市委、市政府建设“美丽榆林”的重要抓手，需要全社会的参与和支持。市人大主动参与，全力支持。4月份，各位副主任都到自己包抓的创建点现场办公，解决问题。在新一轮创建工作全面铺开且又困难重重的关键时刻，6月上旬，市人大调研组在创建办陪同下现场查看遇到的突出问题，座谈研究解决办法。6月中旬，主任会议成员再次到现场视察，督促解决突出问题。召开第32次主任会议，专题听取“四城联创”的工作汇报，常委会组成人员就创建工作开展情况向承办部门和县区政府负责人进行现场询问，疏理出16个方面亟待解决的突出问题，部署承办部门和县区政府负责人承诺限期解决。会后，主管副市长立即主持召开落实市人大主任会议意见工作会，逐一督促落实。7月31日，人大常委会第17次会议专题听取了创建工作专项报告，提出了审议意见。9月26日，第43次主任会议，又对市政府贯彻落实审议意见的情况进行了回访督查。建议市政府和承办单位要不断提升创建工作的档次和水平，创建内容由现在的四城联创向五城联创扩展，适时增加创建国家优秀旅游目的地城市的内容，不断加大创建工作的力度。通过视察、询问、研讨、督查，解决棘手问题，推动创建工作。“三年植绿大行动”是市委、政府加快建设“绿色榆林”的重大举措，也是本届人大关注的一项重点工作。继2010年主任会议听汇报、提建议之后，去年5月16日，第30次主任会议再次专题听审春季造林绿化工作。会议在实地视察和听取汇报的基础上就如何妥善处理好造林绿化与增加群众收入、适地适树与培植优势林业产业的关系，切实破解造林地块落实难、封山禁牧管护难、新栽苗木管护成活难等突出问题，同政府和林业部门进行探讨。要求林业部门提前做好造林规划和资金筹措工作，防止可能出现的超投资能力带来的欠账过大，超实施能力导致的技术指导不力，大规模造林带来的苗木供不应求、价格暴涨等问题。要把绿化和投资重点放在人口聚集的城镇和产业聚集的园区。要逐步探索建立造林绿化的投融资体制，注重挖掘社会和民间资金的投资潜力。绿化工程设计、数字统计、投资核算都精细化管理。7月31日，第17次常委会会议专门听审此项工作，对“三年植绿”工作持续给予关心和支持。榆林是国家能源化工基地，也曾经是环境污染的“重灾区”，环境保护既是榆林经济发展的“生命线”，又是生态文明建设的“重头戏”。为此，市县区政府做了大量工作，取得显著成效，市人大也再三过问。常委会责成环资工委就此进行了专门调研。5月8日,第28次主任会议专题讨论审议意见办理工作。在肯定成绩的同时,建议进一步明确政府、园区和企业各自的环保责任,强化环保部门依法保护环境的责任,真正把榆林营造成天蓝、地绿、水净的宜居家园。

四、跟踪民生热点问题,政府顺民意、解民忧、暖民心,百姓幸福指数不断提升。"上学难"、"入园难"、"看病难"、"看病贵"、"出行难",是近几年困扰榆林城乡居民的几件"烦心事",时刻牵动着市委、市政府领导的心。本届政府本着"顺民意、解民忧、暖民心"的指导思想,决定投巨资、下硬茬予以破解。人大常委会采取"跟踪问效"的办法予以高度关注。教育是最基本的民生,"学有所教"是城乡居民最基本的要求。本届政府为解决中心城区"上学难"、"入园难"问题,不断加大投资力度,实施大规模的校建工程,并在全省率先实行义务教育阶段"零收费"和困难生助学政策,群众拍手叫好。对此,本届人大在连续两年强力督办、全力推动的基础上,2011年7月底,根据市长的意见,为解决城区部分校建工程缓慢的问题,常委会组织调研组进行专题调研,8月8日,市人大两位副主任召集城区10余所中、小学校和幼儿园的校(园)长、教师代表进行座谈、听取意见。8月9日,主任会议成员实地视察了城区16处校建工程,详细了解工程建设中存在的困难和问题。8月10日,市人大第36次主任会议与政协第13次主席会议联合召开,专题督办城区校(园)建设工程与全市教育工作。会议对市县区和高新区主要领导亲自抓校建工程给予高度评价,榆林城区一次开工兴建20所中小学校和幼儿园。对存在的突出问题作了客观分析。会议要求政府要围绕"建一流学校、办一流教育,到2020年率先基本实现教育现代化"这一目标,安排部署教育工作,把工作重心放在打造教育强市上来,在全力抓校建工程的同时,下大力气抓教育质量的提高。医疗卫生是最重要的民生,"病有所医"是城乡居民的最大梦想。政府按照上级安排,启动第二轮医药卫生体制改革,就是想从根本上解决城乡居民"看病难"、"看病贵"问题。对此,群众关注度极高。本届人大把此列为监督重点。曾在前年召开的第11次常委会会议上听取了政府报告,进行专题询问,提出审议意见。去年7月9日,再次组成专题调研组,就审议意见落实情况进行回访调研。9月3日,第37次主任会议,再次听取主管部门的汇报,和主管副市长一起探讨解决突出问题的办法和发展医疗卫生事业的问题。会议强调要在继续深化和完善医改措施的同时,把发展医疗卫生事业、提高医疗卫生服务水平放在更加重要的位置上。会后,政府遴选确定16家药企实施"三统一"配送,群众企盼的市二院迁建项目主体大楼也已封顶。榆林城区交通拥堵、"出行难",是市民议论的热点话题。究其原因,主要是城区"断头路"太多,交通环线没有形成。本届政府把此列为"民心工程"加以解决,人大对此予以高度关注。在连续两年强力督办、全力推动的基础上,去年10月,又根据市委、市政府主要领导的意见,责成环资工委就地下管网和防洪设施严重滞后问题进行调研。10月17日上午,主任会议成员到施工现场视察,了解工程建设进展情况、存在问题和困难。下午,召开第40次主任会议,专门审议城区道路和防洪工程建设问题。会议认为,2012年是城区道路建设投资最大、项目最多、打通断头路最多、建设成效最显著的一年。会议针对拆迁难、阻工多、建设资金缺口大、排污排洪设施严重滞后等问题提出建议。要求政府要在现有工作基础上,再用三年时间,完成中心城区道路和市政建设任务,彻底解决道路和管网覆盖不全、标准偏低、容量太小的问题。到11月29日召开常委会第19次会议审议此项工作时,榆林大道主要路段、东山大道、环城北路、开光路、文化南路、沙河大桥等18个路桥建成通车,榆林城区交通拥堵问题得到了明显缓解,地下管网和防洪设施建设列入重大项目之列。

五、社会事业重大项目建设、保障房建设、城乡居民最低生活保障、社会养老保险统筹和法律监督等社会建设和管理难点成为"一府两院"工作重点。社会事业重大项目建设是地方经济发展成果和综合实力的集中体现,是提升城市"美誉度"、"宜居度"和城乡居民"幸福感"的重要举措。2010年换届后,本届政府决定建设10项重大社会事业项目,本届人大把此列为监督重点。在2010年专题视察、2011年第12次常委会会议专题听取和提出审议意见的基础上,去年5月31日,主任会议成员视察了红石峡东土崖题刻待建工程、南城墙修复工程、上郡博物馆、第二医院、职业技术学院、新闻大厦等在建项目和第三医院、图博大厦的选址现场。6月1日,召开第31次主任会议,专题督办第12次人大常委会会议审议意见办理工作。会议在肯定成绩的基础上,围绕存在的突出问题展开讨论。建议政府在指导思想上,把社会事业放在更加突出的位置,优先安排建设用地、优先保证建设资金。在实施主体上,要采取分级负责、市县区共同建设的办法。在进度安排上,抓紧完成在建工程,尽快启动榆林革命纪念馆、博物馆、体育中心、文化艺术中心等重大项目。在资金筹措上,采取经营城市和产权置换、事业项目与商业项目套餐打包、发行债券等多元办法。在政策扶持上,鼓励社会力量兴办社会事业,尽快研究出台相关优惠政策,形成以政府为主体,民间为补充的发展格局。保障房建设是政府解决居民"住有所居"问题的重大举措,是城镇中、低收入居民翘首盼望的一件民生实事,也是政府投资巨大、压力极大的一件难事。8月份,常委会安排环资工委,组织部分代表和委员,就保障房建设情况到各县区进行深入调研,筛查保障房建设中存在的困难和问题。8月30日,召集市县区政府及其相关部门负责人,就如何解决保障房建设中存在的问题进行座谈,详细听取了"一线"指挥者和施工者的意见和建议。9月10日和17日,接连召开第39次主任会议和第18次常委会会议，听审政府关于保障房建设情况的报告和人大的调研报告。会议围绕保障房建设任务繁重、资金压力过大、土地供应审批不及时、规划布局不够合理、保障对象摸底工作不够细致等问题展开审议。要求市县区政府及其主管部门一定要摸清底子，科学布局，合理确定任务和进度；要加强工程质量监管，提升工程品质，完善配套设施；要制定科学合理的配租配售办法，建立统一的信息共享平台，实行动态化管理。城乡居民最低生活保障，是党和政府情系弱势群体的具体体现，是政府财政“花钱”的“救生工程”。7月11日至19日，抽调部分代表和委员组成调研组，深入榆阳、府谷、定边、米脂等县区进行调研。9月10日和17日，第39次主任会议和第18次常委会会议，连续两次讨论和审议政府关于城乡居民最低生活保障工作的报告和人大的调研报告。会议针对困难家庭收入核实难、配套资金落实难、政策宣传不到位以及审计中发现少数低保金发放不准确等问题，提出审议意见。要求政府及其民政部门要进一步完善管理制度，规范操作程序，提高服务水平；要积极协调相关部门，加快低收入家庭经济状况信息平台建设，加大对基层低保工作的指导、检查、监督力度。城乡居民社会养老保险统筹，是党和政府从根本上解决居民“老有所养”问题的惠民政策，已成为社会关注的一个焦点。9月24日至27日，人大常委会组成调研组赴横山、靖边、绥德等县，通过查看资料、走访参保户、召开座谈会等形式，对此项工作进行了全面了解。11月5日和29日，相继召开第41次主任会议和第19次常委会会议，听取和审议城乡居民社会养老保险统筹工作。会议围绕工作中存在的问题展开讨论，就加强对此项工作的宣传、服务和管理工作向政府及其主管部门提出建议。法律监督是维护司法公正、促进社会公平正义的重要保证，是“平安榆林、和谐榆林、幸福榆林”建设的一道重要屏障。榆林正处于发展转型期，社会矛盾凸显，各类案件高发，干扰公正司法的因素也比较多，使“法律监督”成为“转型跨越发展”过程中急需破解的一道难题。为此，人大常委会把“法律监督”作为2012年对检察院工作监督的重点。3月14日至16日，抽调部分委员和人大代表组成评议组，分别对中级法院和市检察院被任命人员履职情况进行了评议，摸清了司法人员的执法状况。4月9日至16日，又抽调部分委员和人大代表组成调研组，深入到子洲、靖边、神木、榆阳4县区检察院，对诉讼活动中的法律监督工作进行了调研，并与市检察院就法律监督中普遍存在的“不敢监督、不善监督”问题进行了座谈。在5月8日召开的第28次主任会议和14日召开的第16次常委会会议上，讨论和审议了诉讼活动中法律监督工作开展情况，作出了《关于加强检察机关法律监督工作的决议》。会议集中围绕检察机关在法律监督中普遍存在的“监督意识不够强、监督力度不够大、监督机制不健全”等问题展开审议。要求市县两级检察官要提高责任意识，做到“准确定位、大胆到位、绝不越位”，全面开展法律监督工作。为了营造良好的法律监督环境，人大常委会还在两级法院开展了听审案件活动，组织部分委员、代表，先后听审了中级法院3起案件的开庭审理过程，观摩了省高级法院在府谷法院审理的3起案件。配合省人大完成了2013年至2017年五年立法规划项目建议征集工作任务，完成了实施《残疾人保障法》办法等五部地方法规的修订和立法调研活动。对市政府和各县区人大常委会报送的15件规范性文件进行了备案审查。

【代表工作】 人大代表是党和政府联系群众的桥梁和纽带，是推动党委、政府决策部署落实的重要力量，是人大监督工作的力量源泉。加强代表工作是人大常委会的一项重要职责。县区人大换届后，针对新当选的代表对人大的性质、地位、作用、工作程序和相关法律法规不熟悉，市人大常委会召开人事代表工作座谈会，认真总结了工作的经验，研究探讨了加强和改进代表工作的意见。按照会议要求，人代工委及时修订完善《代表联系指导办法》，每次人大常委会会议邀请12位人大代表列席，每年年终人大常委会领导走访部分代表，倾听意见、了解工作生活情况，每年为每位市人大代表赠阅《法制与社会》、《榆林人大》等学习资料。8月份，组织在榆省十一届人大代表赴靖边、子洲、榆阳等县区，就现代特色农业建设情况进行了视察，为参加省人代会提出议案、建议做了充分准备。在三届人大三次会议期间，代表共提出建议102件。市人大常委会从中筛选确定了18件重点建议，采取“一包双督办三公开”的办法，由人大常委会、市政府的18位领导挂牌督办。102件建议全部办理完毕。

【宣传工作】 让媒体公开人大工作，由人民监督人大履职。人大常委会对同级“一府两院”实施监督，是宪法和法律赋予的一项重要职权。2012年，人大常委会按照《监督法》的有关规定，从搭建平台、完善机制、建立制度入手，对这些问题做积极探索。《监督法》明确规定公开人大工作信息，是当前人大主动接受人民监督的有效办法。人大常委会利用榆林日报、榆林电视台、榆林新闻网、榆林晚报、榆林人民广播电台、榆阳电视台等媒体的强大优势，把强化人大工作宣传和加大公开人大工作信息力度有机结合起来，比照人民日报、陕西日报，在新闻稿件中，客观反映人大指出问题、分析问题、督促解决问题的过程与办法，及时将常委会会议、主任会议以及视察、检查、调研、询问、座谈等重要履职活动信息对外公开，让人大代表和人民群众充分了解人大履职情况。2012年，榆林日报刊发人大各类新闻稿件132条，榆林电视台播发128条。利用人大常委会机关内部主办的榆林人大网、榆林人大期刊、人大常委会会刊等信息平台，及时公布人大重要履职活动的信息。对人大工作中一些有创新、有推广价值的经验和做法，及时传送陕西省人大常委会机关主办的《法制与社会》杂志、《民声报》、陕西人大网刊发。在去年省人大组织的“陕西人大好新闻”评选中,有两篇获得二等奖,三篇获得三等奖。榆林人大工作在全省的影响力有了明显提高。“向人民报告”是上届人大首创、本届人大完善的、一个比较成熟的、公开人大和政务信息的平台。2月13日,召集人大、政府、媒体等部门负责人,安排了此项工作。要求32个政府工作部门的“一把手”,在2月15日至22日期间,通过电视向全市人民报告2011年主要工作完成情况和2012年主要工作任务分解落实情况。23日,榆林日报集中刊登了32个工作部门主要负责人的报告要点。市人大常委会各委(室)分赴12县区和市直机关单位,组织人大代表、政协委员和社会各界人士,进行“千人大测评”。3月15日,第26次主任会议听取了测评情况汇报。20日,第15次人大常委会会议对32个工作部门2011年重点工作任务完成情况进行了满意度测评,并将结果在《榆林日报》上公布,产生了良好的社会效应。人大常委会还建立了公民旁听人大常委会会议制度,每次会议邀请3至5名公民旁听,了解人大工作动态,现场感受和监督人大履职。

【机关建设】 2012年上半年,人大常委会借助全市集中开展机关干部作风整顿的机会,狠抓人大机关的干部作风整顿工作。相继召开整顿动员会、查摆问题座谈会和整顿工作推进会,对市人大机关和干部中存在的28个方面的具体问题,进行整改,使机关干部的工作作风明显好转,工作的质量和效率有明显提高。用良好的形象来宣传榆林、做好接待工作。2011年,共接待全国人大和地方各级人大来榆视察调研和考察学习的客人83批632人。组织配合全国人大教科文卫委员会调研组来本市调研城市建设和旅游文化工作;配合省人大主要领导带队的调研组视察调研本市非公有制经济发展和重大项目建设情况;配合西安市人大主要领导考察调研本市加强和改进人大工作的情况;组织承办省人大在本市召开的全省人大环境与资源保护工作座谈会。

(甄　瑚)

榆林市第三届人民代表大会常务委员会

主　　任　胡志强
常务副主任　曹世玉
副 主 任　郭宝成　鲍振明　杨东明　邵胜凯　王丽华(女)
副市级咨询员　冯九海　郭彦强
秘 书 长　王延生(9月辞)　乔乃章(9月任)
副秘书长　胡亚雄　王栓栓　张光庭(5月辞)　姜凤霞(女)(5月辞)　刘　斌(7月任)　张宪林(7月任)
委　　员　丁茂贵　万继新　王　佩　王永胜　王荣泽　牛玉琴(女)　刘　坤　刘支堂　刘仲平　苏世强　李向宝　吴忠宝　张　清(女)　张林科　赵红星　胡亚雄　秦　伟　郭云琴(女)　霍东平　张光庭　丁探军　郭怀军　慕建武　霍世宏　李　博　白　涛　李爱珍(女)

办公室
主　　任　霍世宏
副 主 任　刘　斌(7月辞)　薛宏斌
调 研 员　申　博
副调研员　马润莲

研究室
主　　任　郭怀军
副 主 任　杨广禄
副调研员　李炳范

人事代表工作委员会
主　　任　李利民(5月辞)　张　清(5月任)
副 主 任　郝文兴(7月任)　高　鑫
调 研 员　郝文兴(7月辞)

法制工作委员会
主　　任　曹　刚(5月辞)　丁探军(5月任)
副 主 任　丁探军(5月辞)　吕钟笑
副调研员　武巧娥(7月任)

财政经济工作委员会
主　　任　慕建武
副 主 任　白玉圣(7月辞)　刘　军
调 研 员　白玉圣(7月任)

教育科学文化卫生工作委员会
主　　任　张　清(5月辞)　张光廷(5月任)
副 主 任　马树芝

农业与农村工作委员会
主　　任　李向宝
副 主 任　刘　斌(7月辞)　常永胜(7月任)

城市建设与环境资源保护工作委员会
主　　任　万继新
副 主 任　刘虎廷(7月辞)　常永胜(7月辞)　刘　斌(7月任)
调 研 员　刘虎廷(7月任)

榆林市人民政府

【概况】 2012年,面对复杂的经济形势,市政府贯彻落实中省和市委关于稳增长的一系列决策部署,采取"五抓五促"工作措施,保障全市经济平稳运行、社会和谐稳定,完成市三届人大三次会议确定的各项目标任务。2012年,主要经济指标继续位居全省前列,全市实现生产总值2769亿元,增长12%,占全省净增加量的四分之一,人均GDP1.2万美元;完成全社会固定资产投资1771亿元,增长28.5%;完成财政总收入666亿元,增长19.3%,财政总收入约占全省的四分之一,其中地方财政收入220亿元,增长22.1%;城镇居民人均可支配收入、农民人均纯收入分别为24140元、7681元,增长16.5%、17.8%;完成社会消费品零售总额270亿元,增长16.3%。县域经济发展取得新突破,神木县成为西北五省第一个生产总值过千亿元的经济强县。

【工业经济】 全市煤炭产量3.2亿吨,增长16.7%;天然气128.2亿立方米,增长6.1%;原油1161.3万吨,增长7.3%;原油加工338.4万吨,增长11%;原盐104.8万吨,增长150%;兰炭1961万吨,增长29.9%;发电量438.3亿度,增长9.9%;金属镁30.6万吨,增长26.6%。全年实现规模以上工业总产值2999.17亿元、增加值1952亿元,分别增长17.9%、13.8%。

【重点项目投资】 强化项目包抓"五个一"工作机制,实行县处级后备干部包联、重点项目进展媒体公示等创新举措,集中开工能化产业、城区学校等7批149个项目。全年确定的100个重点建设项目年内完成投资670亿元,占计划任务的108%。华电榆横煤制芳烃、府谷30万吨合成氨及52万吨尿素等16个项目建成或基本建成。

【科技创新】 组织实施兰炭和金属镁产业链升级、红枣良种和农作物种子选育等重大科技攻关项目,一批制约产业发展的关键技术取得突破;榆林高新区升级为国家级高新区,榆神工业区建成国家新型工业化示范基地。"数字榆林"建设步伐加快,市信息化基础资源综合服务平台开通运行。新能源产业进展良好,国华靖边20兆瓦光伏发电、华能定边分布式风电二期等10个新能源项目建成,新增装机容量42.6万千瓦。旅游产业发展势头强劲,全年接待游客1170万人次,实现旅游综合收入58.5亿元,分别增长73%、98%;神木红碱淖和二郎山升级为国家4A级景区。

【农业生产】 粮食生产实现"九连丰"。全市粮食作物播种面积706.7万亩,粮食总产量154万吨。特色产业不断发展壮大,玉米、糜子、谷子、大豆四大类作物再创10项全国高产纪录;羊子饲养量突破千万只大关,生猪、家禽饲养量分别达到250万只和1100万只。农业产业化水平全面提升,建成省级农业园区20个、市级31个、县级43个,辐射带动农户20万户,实现县区全覆盖;流转土地122.7万亩,较上年增加21万亩。农业基础设施得到改善,新修基本农田10.2万亩,发展节水灌溉8.8万亩,新建、加固、维修淤地坝876座,完成农业综合开发土地治理5.5万亩。

【市域一体化建设】 城市规划进一步完善,榆林中心城区详规实现全覆盖。路网建设取得新突破,榆林大道、东山大道、沙河大桥等27个路桥项目建成通车,城区交通压力得到有效缓解。市政公用设施明显改善,平安巷、太和巷、昌平巷等104条巷道改造工程全部完工;新增供水管网61.7公里,城区供水普及率96%;新增供气管网76公里,气化率83%;新增供热管线25.5公里,新增供热面积113万平方米。城市品位进一步提升,完成44条道路、5个广场及河滨公园、榆溪河西岸的绿化和景观提升改造工程,东沙生态公园基础设施建设基本完工。创新城市开发模式,空港生态区、西南新区、芹河新区、东沙新区组团式开发建设拉开序幕。"四城联创"全面推进,省级园林城市创建通过验收,省级环保模范城市通过技术评估。横山撤县设区工作进入民政部审批阶段;锦界、东坑两个省级示范镇建设完成投资11.4亿元;11万农民进城落户,全市城镇化率50.36%。区域经济发展协调推进,创建市级帮扶、南北县区责任帮扶、中省企业援助的"三位一体"振兴南部新模式,市级和北部县区投入振南资金4.5亿元,投资额是"十一五"以来的总和,带动各方投资近10亿元,创历年新高。

【民生建设】 民生建设投入力度进一步加大,经费保障机制更加完善,用于改善民生的资金为新增财力的85%。教育事业优先发展,在全省率先实行义务教育"零收费";新建、改扩建幼儿园124所;榆林城区20个学校项目集中开工建设,高新小学、市三幼等5所学校建成投用;榆林职业技术学院正式挂牌。医疗卫生事业稳步推进,本市获得"2012全国医改最具影响力城市"称号;县区公立医院综合改革试点全面启动,实行药品零差率销售和"三统一"管理;新农合筹资标准由每人每年300元提高到350元,为全省最高水平;市二院迁建项目主体、榆阳医院主体工程建成封顶。文化事业加快发展,考古发现神木石峁遗址为国内史前最大城址,统万城入选《中国世界文化遗产预备名单》,市县两级图书馆、文化馆、博物馆全部免费开放,乡镇文化站建设任务全面完成。社会保障体系日益完善,城镇养老、医疗、失业、工伤、生育五大保险参保人数分别为21.6万、67.2万、17.1万、24.2万和23.9万人;城乡居民社会养老保险标准由每人每月60元提高到100元,参保人数152.8万人;城市低保标准由每人每月300元提高到350元,农村低保标准由每人每年1840元提高到2020元,农村"五保"供养补助标准由每人每年4200元提高到4700元;全市发放70周岁以上老人生活保健补贴资金1.18亿元。保障性安居工程稳步推进,开工建设各类保障性住房3.6万套,建成21006套;改造农村危房8000户。移民搬迁工程进展顺利,开工建设白于山区和黄河沿岸土石山区移民搬迁住房10382户,主体完工2978户,获得全省移民搬迁工作一等奖。劳动就业成效明显,全市新增城镇就业2.6万人,城镇登记失业率为3.8%;培训农民工23万人,有序转移农村劳动力63.5万人。

【基础设施建设】 交通体系日趋完善,榆绥高速建成通车,榆佳高速建设进展顺利,沿黄公路一期工程路基全线贯通,清石大桥建成通车,新建、改建农村公路678公里;榆阳机场成为西北五省第一个旅客吞吐量突破百万人次的支线机场。水源工程建设加快推进,王圪堵水库大坝及供水管线主体工程全部完工;黄河东线大泉引水工程完成项目建议书;榆林城区及南六县县城供水工程全面推开;新建农村安全饮水供水工程527处,解决了18万人的饮水困难问题。电力保障能力进一步提高,330千伏大保当、220千伏有色上网等12个输变电工程建成投运;农网升级改造工程全面完成。

【生态环境建设】 "三年植绿大行动"全面推进,生态林业"八大工程"、"五个百万亩基地"建设等重点林业工程取得显著成效,完成造林绿化投资19.25亿元,投资额创历史新高,植树造林116.5万亩,林木覆盖率达到32%。水保生态建设成效明显,完成水土流失治理1220平方公里,红碱淖被列入全国湖泊生态环境保护范围,本市被授予"全国节水型社会建设模范市"称号。节能减排扎实推进,榆林城区、各县城区垃圾处理率分别为89.3%、60%,污水处理率分别为73.8%、69%;榆林城区空气质量好于二级天数335天,单位GDP能耗下降3.7%,二氧化硫、化学需氧量、氨氮三项指标分别下降2.35%、1.68%和1.6%。

【体制改革】 重点领域改革加快推进,组建成立陕西榆林能源集团有限公司;国有资产监管不断加强,实现国有资本收益8.3亿元;国库集中支付改革深入推进,县区试点工作全面铺开;投融资体制改革取得新成果,城投公司二期债券成功发行;西南新区管理体制基本理顺;神木县神木镇和佳县王家砭镇被列入国家第三批改革发展试点镇。招商引资主动性得到提高,累计引进项目118个,合同引资1970亿元,其中战略性新兴产业和现代农业等非煤产业项目占到签约项目的80%,全年外贸进出口总额达到5500万美元。非公有制经济发展加快,增加值达到980亿元,占到全市生产总值的36.2%。金融服务能力进一步提升,金融机构各项存款余额达到2855亿元、贷款余额1794亿元,存贷余额均居全省第2位;榆阳区民生村镇银行开业运营,招商、海通2家证券公司和太平、嘉禾等4家保险公司入驻本市。

【政府行政管理】 平安榆林创建深入开展,矛盾排查化解、领导包案、干部下访接访和责任追究等机制不断完善,全面实现"一控两降"目标;安全监管能力得到强化,处置一批突发事件;社会治安综合治理成效明显,公众社会治安满意率进一步提高。"村矿和谐"建设深入推进,共建共享机制初步建立。政府自身建设得到加强,自觉接受人大、政协、人民群众和新闻媒体的监督,全年办理人大代表建议99件、政协委员提案367件,办复率均达到100%;政务服务便民网络体系建设加快推进,县区便民服务中心全部建成投运,乡镇和村(社区)便民服务中心覆盖率分别为93.8%、43%。政府采购工作不断规范,重点行业领域监管力度进一步加大,公务用车专项治理工作取得成效,第四批、第五批行政审批改革任务全面完成。

(韩玉堂)

榆林市人民政府

市　　长　陆治原
常务副市长　高中印
副 市 长　万　恒　王长安
　　　　　兰新哲　艾保全

姜国璋　张海峰
毛中胜　马秀岚
李文明
市长助理　任怀业　刘俊明
秘书长　陈保平

办公室工作

【概况】 2012年,榆林市政府办公室围绕全市中心工作,贯彻落实中省市有关重大决策和部署,努力把握适应全市经济社会转型跨越的新形势、新特点,主动参与政务,规范管理事务,努力搞好服务,完成各项工作任务,较好地发挥联络中枢、协调纽带、参谋助手、督查落实和保障服务的职能作用,办公室服务领导、服务部门、服务基层群众的能力得到新的提高,整体工作迈上新的台阶,为全市经济社会的转型跨越发展做出贡献。

【"三服务"工作】 为确保各项任务的圆满完成,市政府办及时细化分解全年工作任务,并专门以文件形式印发《工作要点》和《工作目标任务分解一览表》,层层分解落实到相关科室和所属各单位,明确了领导责任和具体责任人,定期开展督查调度,及时研究解决困难和问题,确保各项工作的顺利推进和有效落实。强化综合协调,贯彻落实党和国家路线方针政策。市政府办围绕市委、市政府工作大局,发挥职能作用,在贯彻执行党和国家各项路线方针政策中,加强综合协调与督查督办,并出台创新举措,确保贯彻中、省有关方针政策不走样,并将中省政策与榆林实际相结合,积极向政府及政府领导提出合理化建议和意见,确保各项政策措施的有效落实。协助市政府领导谋划全市重点工作,着力夯实工作责任。将市委、市政府全年重点工作细化分解为100项,明确目标,落实责任,并以两办文件下发各县区、各部门,按季度督查进展情况,及时反馈进展动态、措施办法、成效经验、存在问题和意见建议,促进全年目标任务的完成。由办公室牵头负责和参与承办的4项重点工作年度任务全面完成。加大政务督查督办力度,推动各项工作的落实。组织召开首次全市政务督查工作会议,出台《市政府政务督查工作实施办法》,坚持常规督查、跟踪督查和现场督查相结合,建立督办台账,定期发出专项督查通知单和政务督查通报,促进各项重点工作的推进和落实。全年分别办理省级、市级领导批示22件、30件;办结中省市媒体及网民留言反映问题62件,办复率为100%,办理网民留言工作受到省政府通报表扬;办结全国政协、省政协、市政协提案377件,省人大、市人大建议102件,按时办复率均为100%。从收到的办理工作征询意见情况来看,代表委员对办理工作的满意度均在90%以上。抓住工作重点,深入开展调查研究和政务信息编报。一是办公室调研工作的决策基础作用得到进一步强化。完成专题调研课题18个,形成调研报告和理论文章20余篇,为领导科学决策提供依据。二是政务信息工作取得新突破。完善市政府信息报送制度、全员编报信息和信息编报周通报制度,政务信息编发数量和质量明显提高。全年共编发《榆林政务信息》和《榆林信息通报》198期345条,累计向省上报送信息289条,超额完成年度任务21%;政务信息被省政府办公厅采用35条,采用率为13%。严格公文把关,努力提高政务文稿质量。一是在公文处理工作实践中不断创新,进一步完善各项制度。二是严把公文政策关、法律关和文字格式关,办文质量明显提高。三是发文数量明显减少。市政府和办公室发文较上年减少6.8%。四是印制《办公室保密工作制度汇编》,进一步加强了保密管理工作。五是规范档案管理工作,被省档案局评为"档案工作目标管理认证AA级单位"。进一步规范各类会议和接待服务工作,加强驻外办事机构指导管理。一是实行会议审批制度和签到通报制度,制定《市政府常务会议候会制度》和《市政府常务会议组织管理办法》。全年各类会议数量同比下降5%,会议经费下降5.2%。二是会同有关部门组织承办重大接待活动。三是执行《市政府驻外办事处管理规定》,规范了驻外办事机构工作程序。强化应急系统建设,做好值守应急工作。一是依据《榆林市突发公共事件总体应急预案》,对全市25项专项预案和86项部门预案进行汇编,修订部门预案6项,专项预案7项,全市应急预案体系基本形成。二是市政府应急指挥中心运行正常,实现与省应急指挥平台对接,并与各县区、市公安、安监应急指挥系统有效连接互动,全市应急指挥系统基本形成。全年组织应急演练9次,发放各类应急宣传材料60多万份,组织培训各级应急工作人员289人次,建成省级基层应急示范点4个。三是值守工作进一步加强和规范,完善值班制度,确保了值守应急畅通高效。全面推进政府法制建设,努力创建依法行政示范市。深化创建依法行政示范市工作,具备验收条件。全年审核市政府新制定规范性文件68件,向省政府、市人大报送备案12件并全部通过合法性审查。强化市政府行政复议和行政应诉工作,受理市本级行政复议案件59件、市政府行政应诉案件5件,审查土地、林地权属纠纷案件5件,按期审结率均为100%。深化行政审批制度改革,不断创新政务公开工作。一是推进行政审批集中办理工作。制定《实施办法》,切实加快行政审批改革进程。二是不断创新政务公开工作。印发《2012年政府重点工作信息公开安排意见》,全年公开政府信息1.1万条,办理依申请公开政府信息4件。三是全面改版升级网站,服务功能进一步提升。开展政府门户网站市长信箱、网民建言献策的搜集整理和转办工作。全年受理并回复市长信箱信件378件,整理编发处理"网民建议"和"网上热点"37期,首创编发《网络要情快递》和《榆林电子政务动态》送阅件104期。协调汇聚各方力量,推进关教工作健康发展。全年组织各类关教宣讲活动1244场次,受教育未成年人28多万人;组织关爱工作团124个,受关爱帮教人数13万人次;全市共捐款3475

万元、捐物16.6万件、捐图书价值20多万元,资助贫困大中小学生23690人。市政府办被省委、省政府授予"全省未成年人思想道德建设工作先进单位"称号。坚持以人为本,不断提高机关后勤保障服务水平。一是强化机关"四城联创"工作。市政府机关被省文明委评为"省级文明机关",被市委、市政府评为"全市'双创'工作先进集体"。二是机关绿化、美化工作得到进一步加强。建成省级"园林式"机关,为干部群众创造了良好的办公办事环境。三是进一步完善机关安全保卫制度,落实安全保卫责任,确保机关安全有序运行。

【队伍建设】 办公室党组在重大问题、重大事项决策上,坚持集体领导和分工负责相结合的民主集中制原则,坚持实行办公室党组会通报制度,形成了重大事项集体决策、人事任免调整集体研究的权力运行机制,充分发扬民主。坚持办公室党组民主生活会制度,在"学习贯彻党的十八大精神,全面提升服务水平"专题民主生活会上,班子成员之间自觉开展批评与自我批评,加强交流和沟通。日常工作中,班子内部能够相互协调、支持,促进各项工作快捷、有序、高效运转。在干部培养使用上,严格执行《干部选拔任用条例》和《公务员法》有关规定,注重培养不同层面的干部,建立了培养使用干部的长效机制。在选任干部时,坚持公平、公正、公开的原则,通过民主推荐、集中考察、廉政鉴定、计生审查、党组会集体研究和任职公示等程序。

【机关党建和精神文明建设】 开展"创先争优"和机关作风整顿活动。办公室党组按照市委的统一部署和要求,结合工作实际,紧扣"转变干部作风,服务转型跨越"主题,创新制定制度规定29项,推进办公室工作的制度化、规范化和科学化。坚持机关党支部集体学习和党员民主生活会制度,围绕学习型机关建设,继续深化"周周读书、人人培训"和建设"书香机关"活动,切实加强干部学习,不断提高干部队伍的整体素质。全年组织集体学习49次,做到每周必学。在市直工委组织的第八轮党建目标管理责任制考核中,市政府办和机关事务中心党支部被评为一类党组织。不断推进机关精神文明建设。市政府办被市委组织部、市委老干局授予"全市老干部工作先进集体",被市直工委评为"市直单位庆'七一'秧歌民歌大赛特别奖",被市创文办、市体育局评为"榆林市'体彩杯'篮球比赛优秀组织单位",被市绿化委员会评为"榆林城区义务植树先进单位",连续六年被市直工委评为"全市深化'五型机关'创建标兵单位";市政府机关团委被共青团榆林市委评为"榆林市五四红旗团委"。开展扶贫帮困和慈善活动,协调市上有关部门为吴堡寇家塬镇李家塬村和田家塬村落实项目帮扶资金50万元,并协调20个市直部门为吴堡县19个贫困村实施致富项目和基础设施建设项目21个,总计落实帮扶资金533.7万元,加快贫困村脱贫致富进程;成立市政府办系统慈善志愿者分会,包扶榆阳区社区贫困户5户。市政府办被市委、市政府评为"全市扶贫开发工作先进单位",被市慈善协会评为"榆林慈善工作先进单位"。

【廉政建设】 按照市委统一安排,贯彻中央《实施纲要》和省委、市委《实施意见》等廉政规定。强化责任制体系建设。落实分管领导和承办科室,形成"一把手"亲自抓,分管领导具体抓,责任科室直接抓,层层抓落实的责任体系。强化规章制度建设。修订完善《市政府系统廉政建设十项规定》等12项廉政建设规章制度。强化警示训诫工作。组织开展干部任前廉政法律法规考试1次,观看反腐倡廉专题警示教育片13次,开展廉政谈话16人次,廉政鉴定25人次,防范各种消极腐败行为的发生。开展纪检专项工作。开展财政供养人员"吃空饷"问题专项治理及清理和纠正国家机关工作人员参与高利贷问题专项治理工作。

(韩玉堂)

榆林市人民政府办公室

秘书长、办公室主任 陈保平
副秘书长 刘东林 杨文海 王建伟 高琛 惠德存 乔建生 李怀珠 李世书 张耀明 刘军 刘建平
调研员 张志兴 刘国璋 张华 杜如九 武守真
纪检组长 刘进军
副调研员 苗爱平 杨洲亮 刘江波
新闻发言人 谢宏

市应急管理办公室
主任 常启豹

市政府督查室
主任 张锦春

市政府机关事务中心
副主任 李雁冰(主持工作)
副调研员 窦智有 席生旺 白雪峰

市政务大厅管委会办公室
主任 贾辉民
副主任 张锦蓉(女)
副调研员 任永明

市关心下一代工作委员会办公室
调研员 高树翔(主持工作)
副调研员 任昱波 邹明 马锋

市金融工作办公室
主任 安宝宽
副主任 刘军 赵红东
总经济师 白兴文

市政府政务信息化办公室
主任 贺光伟

市政府驻北京联络处
主任、党支部书记　惠德存
副　　主　　任　冯　锐
　　　　　　　　叶　伟
党支部副书记　韩智伟

市政府驻西安办事处
主任、党委书记　乔建生
副　主　任　张　军
副调研员　尚文彪

市政府驻上海(苏州)办事处
主　　任　麻顺宽

市政府驻珠海(深圳)办事处
主　　任　马　阳

应急管理工作

【概况】　2012年是榆林市突发事件较为频发的一年,其中自然灾害类事故发生3起,造成12人死亡,14人失踪;事故灾难类事故发生15起,造成51人死亡,7人重伤,41人轻伤,1人失踪;公共卫生类事故发生1起,造成5人死亡;社会安全类事故发生2起,造成2人死亡,2人轻伤。

【应急现场处置和值守工作】　接到突发事件上报后,本办第一时间赶现场协助领导迅速、有效地组织和实施救援,防止事故蔓延、扩大,最大限度地减少人员伤亡和财产损失,保障人民群众生命和财产安全,维护正常的社会秩序和工作秩序。为加强突发事件的快速处理,完善值班管理制度。全年向省应急管理网站上传各类信息150多条。全年共接到各类突发事件28起,全部通过值班信息专网及时上报省应急办,并续报24次,从未误时误事。值班期间共接转各类电话10000多次,整理电话记录200多份,全部及时呈送领导批示和转办。全年通知政府常务会议7次,其他会议16次。按照国家法定节假日要求,及时下发节假日放假通知,编制《值班手册》,督促和抽查县区、部门值班情况600多次,编发值班要情27期、值班信息70多条。发挥综合协调和运转枢纽作用,保障政务信息畅通和政府工作的高效运转。

【预案汇编和部分预案修订工作】　应急预案汇编全部完成。修订完成部门预案6项、专项预案7项,2013年计划确定74项部门预案和18项专项预案。

【应急演练】　为确保应急预案的科学性、可操作性,3月28日,在榆林市中心商务区组织开展由市武警支队、消防支队、预备役部队、矿山救援队、卫生系统、供电公司等多部门参加的应急演练。榆林市委常委、常务副市长高中印通过车载视频会议系统,向正在视察省应急办的省委常委、常务副省长娄勤俭,省人大常委会副主任罗振江等领导做现场汇报。省领导观看演练后给予高度评价。为积极应对突发性地质灾害,有效提升抢险救灾应急反应能力。8月2日,由市国土资源局和本办共同举办的榆林市突发性地质灾害应急演练现场观摩会在米脂县龙镇中学隆重举行。副市长艾保全、省国土资源厅地质灾害处调研员孙长安、省地质环境监测总站副站长金海峰出席此次观摩会。

【基层应急管理示范点建设】　按照“四进”、“五有”(即进社区、进乡村、进企业、进学校,有组织机构、有应急预案、有应急队伍、有应急保障、有科普宣教)的基本要求,继续开展全市基层应急管理示范点建设工作,推进应急管理工作,提升基层应急管理水平和应急能力,促进基层应急管理工作全面开展。有4个单位被省应急办评为2012年省级基层应急示范点。

【完成“神舟九号”整流罩残骸搜索回收和群众安全保障工作】　在“天宫一号”和“神舟九号“载人空间交会对接试验群众安全防护和应急搜索任务中,提前制订工作方案及各类应急预案,并有效组织实施,圆满完成此次任务。

【强化管理和理论学习】　为确保市政府应急指挥中心正常运行,在日常维护中加大对各种设施的监测和管护,发现问题积极主动,加班加点排查,同时完善应急预案数据库数据,确保市政府应急指挥中心正常运行。在做好本职工作的同时,注重各方面的学习。除积极参办公室每周五的集体学习外,还定期在每周二开展相关业务知识学习,并结合工作实际,做大量学习笔记,提高自身水平。

(万　倩)

接待工作

【概况】　2012年,在市委、市政府的领导下,在全市各有关部门的支持下,市接待办贯彻落实市委、市政府的各项重大决策部署,围绕全市工作大局,坚持“规范接待管理、提升接待水平、争创服务品牌、展示地方特色”的工作思路,按照“热情、细致、高效、安全、节俭”的原则,着眼保障,立足服务,为展示榆林跨越发展、创新转型的良好形象,促进全市经济社会又好又快发展起到后勤保障作用。

【接待机制】　坚持将“以人为本”的服务理念贯穿于接待工作全过程,主动同各县区和市级相关部门沟通协调,将接待工作纵向延伸到县、乡镇,推动接待工作由“单纯服务型”向“综合服务型”转变。经过近一年的努力,基本形成由市接待办为主导,各县区接待部门和公务接待酒店、公安交警、卫生防疫、机场铁路、新闻媒体、信访、文体等部门协调联动、高效运行的长效机制,确保接待工作“上下联动、左右互通、信息共享、任务共担”,全市接待工作实现无缝衔接、流程顺畅、落实到位,保障公务活动有序进行,展示榆林接待工作的整体能力和水平,增强来宾对榆林的印象和好感。

【窗口名牌效应】　利用接待服务平台

宣传榆林地方品牌产品，展现榆林地方特色文化。一是在饮食上注重陕北风味。突出土而特、少而精，通过土饭精做、粗菜细制，结合当今以绿色、健康为主的消费观念，把“以土为主”的一批地方特色菜肴如羊肉系列、豆腐特色、榆林地方小吃、水煮鱼类等打造成为榆林接待的主打品牌菜，形成了绿色、营养、健康的接待风格。二是在礼仪中渗透陕北文化。精心安排陕北民歌、横山说书等民俗表演，不仅把陕北特色文化推荐给客人，更让客人真切地领略到陕北人的热情与豪放。三是推出有文化内涵的接待礼品。以红枣、小杂粮、精品羊肉、剪纸、清涧石板等地方产品为主，注重突出地方特色。重视礼品的包装设计，统一采用以宣传榆林为主题的外包装。

【制度建设】 针对接待任务数量多、范围宽、层次多、规格高这一实际情况，从健全完善各项规章制度入手，不断提高规范化管理水平，坚持用制度管人管事，确保接待工作紧张有序，服务细致周到。一是在原有各项规章制度的基础上，出台和完善《接待办工作人员考勤制度》、《接待办工作人员值班制度》、《接待办绩效考核制度》等多项规章制度，采用人脸扫描考勤系统，杜绝工作人员来迟走慢的现象。修订《车辆使用管理制度》，让驾驶人员明确职责任务，在安全及时的前提下不断拓展服务外延。二是规范接待流程和标准，逐步修订完善《榆林市接待工作细则》，严格按照细则执行，坚持接待任务受理、审阅、批示、办理、审核流程，从严控制接待级别和范围，严格实行归口接待，探索出原则性和灵活性相结合、经济效益与社会效益相结合接待工作模式，反对讲排场、摆阔气的陈规陋习，在接待工作中形成坚持勤俭节约的新风尚。三是规范财务管理，实行赠送礼品、房费、会议费减免一把手审批制度。对各种签单实行票据式管理，始终坚持审批、采购、结算三单相符的财务报账制度，并对各科室费用支出实行当日上报财务汇总，形成比较完善的财务管理制度，使每个环节都相互制约，相互监督，堵塞各种漏洞和浪费。

【党的建设】 着力加强党员干部的学习教育，以“书香机关”建设为载体，采取党的理论学习与业务学习相结合，集中学习与个人学习相结合的办法，重点学习十八大精神、中省市重要文件精神和《2012 年业务知识学习资料汇编》。通过组织专题讨论、业务知识笔试、党史知识竞赛、演讲比赛等方式检验学习成果，切实将“书香机关”建设物化为党员素质提升、机关作风转变、工作效率提高；抓好党员的培养和发展，4 名预备党员按期转正，培养入党积极分子 1 名，机关党组织注入新鲜血液，党员队伍不断壮大；深入开展重走革命路，重温入党誓言、评选优秀党员、乒乓球比赛等活动，党员宗旨意识明显增强，进一步提高队伍的凝聚力、战斗力。

【精神文明建设】 深入开展双创活动，大力开展机关绿化、净化、美化建设，增添绿植 100 余盆，建立“无烟办公室”，定期开展环境卫生大扫除，办公环境整洁卫生、窗明几净，年度双创工作圆满完成。通过全体干部职工的共同努力，2012 年度本办被评为“五型机关”标兵单位。

【党风廉政建设】 结合党风廉政责任制相关要求，坚持“一岗双责”工作机制，制定机关《党风廉政建设任务分解表》，做到任务具体、要求明确、责任到人，严格落实领导干部个人重大事项报告、民主生活会、述职述廉、民主评议等廉政制度；深入开展“五查四抓三降两禁止”行动，以“创先争优，四抓一提倡”为载体，扎实开展干部工作作风整顿；着力建立廉政风险防控机制，对各科室、各岗位和工作过程中可能存在廉政风险进行分析评估，确定风险等级，提出预防措施，做到从源头上预防腐败、保护干部。全办廉政勤政意识不断增强，无一起违法违纪行为发生。

（赵　琳）

榆林市接待办公室

主　　任　尚明军
书　　记　李海如
副 主 任　朱向军　李　鑫

民政工作

【概况】 2012 年，榆林市民政局在市委市政府的领导下，在上级部门的关心指导下，全市民政系统按照省、市民政工作部署，讲大局、惠民生、重管理、强服务，完成省、市下达的各项任务

【城乡低保】 修订出台《榆林市城市居民最低生活保障实施办法》、《榆林市农村居民最低生活保障实施办法》、《榆林市临时救助办法》。开展城乡低保对象收入财产信息比对工作，严格村评乡审制度，规范工作程序，全市清退不符合享受低保条件对象 4800 名。提高保障标准，城市低保标准由上年每人每月 300 元提高到 350 元，月人均补差由 227 元提高到 277 元。农村低保保障标准由上年每人每年 1600 元提高到 2020 元，月人均补差由 85 元提高到 120 元。全市城乡低保与临时救助人员 52.44 万人，累计发放救助资金 7.83 亿元，同比增长 1.9 亿元。

【防灾救灾工作】 不断健全和完善灾害应急响应机制，修订各级救灾应急预案，全市 98% 的村设有至少 1 名灾害信息员，确保灾害发生后转移安置和救助措施及时到位。2012 年 7 月，榆林市普遍遭受暴雨洪涝灾害袭击。灾情发生后，各级民政干部快速反应，及时深入基层查灾、核灾、报灾、救灾，尽量降低灾害带来的损失。子洲、靖边、定边、清涧四个县级救灾物资储备库和灾害应急指挥系统完成立项，并积极向省民政厅申报。5 月 12 日，全市开展“防灾减灾日”宣传活动，受教育群众 20 多万人次。下拨救灾资金 4093.3 万元、救灾棉被 7800 床、棉衣

裤8800套、棉大衣1000件，确保受灾群众有饭吃、有房住、有衣穿、有干净水喝。

【五保敬老】 修订出台《榆林市农村五保供养工作实施办法》，全市共有五保对象14808户15561人，集中供养3956人，供养率25.4%。10月1日后，分散供养标准由4000元/人/年提高到4700元/人/年、集中供养标准由4200元/人/年提高到5200元/人/年，全年累计发放供养资金7314万元。

【城乡医疗救助】 修订出台《榆林市医疗救助办法》，全面启动城乡医疗救助"一站式"服务。全年共救助49561人次（其中"一站式"住院7258人次，医后救助7850人次，资助参合参险33929人次，门诊救助524人次），共发放救助资金4966万元。

【基层政权和社区建设】 完成第八次村委会换届选举收尾工作，开展新任村干部的培训和村务公开民主管理示范单位创建活动，累计培训2800多人次。按照先试点、后推广的原则，在榆阳区组织开展社区居委会换届选举工作。完成榆阳区50名城镇社区专职人员招考笔试、面试工作。建成1个县级服务信息网络平台、2个街道办服务中心、9个社区服务站、18个室外活动广场。全面建成2011年度的68个农村社区项目，并且通过财政、审计部门的联合检查验收。

【双拥优抚安置】 春节、"八一"期间，开展拥军优属慰问活动；着眼部队建设需要，全市共投入拥军资金371.2万元，支持部队建设项目7个。进一步健全优抚医疗"一站式"结算服务制度，落实60周岁以上农村籍退役士兵补助和给部分烈士子女发放定期生活补贴政策；根据新《兵役法》，提高义务兵优待标准，提高义务兵优待标准，农村优待金均高于上年度农民人均收入的1.2倍；城市优待金高于上年度城镇居民可支配收入，个别县城市最高26064元，农村最高12957元。开展"关爱功臣，送医送药"等活动，将重点优抚对象纳入乘车优待范围，全年共发放各类优待抚恤资金1.43亿元。退役士兵安置改革进一步深化，完成2011年冬季退伍义务兵的接收、审查、汇总工作，安置2010年度符合条件义务兵和转业士官1124名；发放城乡退役士兵、复员转业士官安置补助金1643万元；积极开展退役士兵免费职业技能就业培训456人次。

【社会福利】 养老服务工作深入发展，靖边中心敬老院、绥德义合敬老院10月份正式入住，横山、佳县中心敬老院完成立项上报工作。市福星老年公寓、新春老年公寓和子洲县、靖边县儿所民办老年公寓建设进程顺利，新增养老床位1520多张，弥补公办养老机构床位不足的问题。福利彩票发行再创历史新高，稳居全省第二，累计销售8.91亿元。继续实施"明天计划"、"重生行动"、"西部贫困家庭疝气儿童手术康复计划"等项目，全年共实施康复手术67例。

【社会事务】 推进管理体制、运行模式、创新工作方法，通过实施"五同步五推动"的方法，加强社会组织的党建工作，全市1499个新社会组织中已建立党支部456个。进一步规范社会组织登记管理和监管工作，对社团、民非进行年检；推进社会组织基层组织建设年活动，在全市新社会组织中深入开展"三问三解"活动，取得明显成效。集中精力推动横山撤县设区和神木撤县设市协调工作，民政部区划地名司司长董华中来榆进行调研。完成《中国政区大典·陕西卷·榆林分卷》的编纂工作，收集各类词条189条60多万字。完成乡级行政区域界线资料更新和蒙陕边界780多公里的联检工作；完成新版榆林市行政区划图的出版工作。规范婚姻登记服务，全市婚姻登记机构全部达到民政部规范化建设标准，婚姻登记的合格率100%。加快殡葬改革步伐。8月份，在定边县召开全市殡葬改革现场会，贯彻落实省政府关于殡葬改革的文件精神，对全市殡葬改革进行再动员、再部署。加强流浪乞讨人员救助管理。启动实施"接送流浪孩子回家"和"寒冬送暖"集中救助专项行动，加强对流浪乞讨人员特别是流浪儿童和精神病人的生活、医疗、返乡、帮扶等救助工作。

（李庆原）

榆林市民政局

局　　长　呼延刚
副 局 长　常　锋　罗云龙
　　　　　刘世斌　张会堂
　　　　　张　宏
纪检组长　郭新耀
调 研 员　刘世平
副调研员　党小刚　张树勇
　　　　　李善耀
区划地名办主任　刘　波
新社会组织党委副书记　李东兴
新社会组织党委副调研员　乔九卿
区划地名办副调研员　高崇刚

民族宗教事务工作

【概况】 2012年，榆林市民族宗教系统在市委、市政府的领导和上级部门的关心指导下，围绕"民族工作抓发展，宗教工作促和谐，管理工作上水平"的工作思路，贯彻落实党的民族宗教政策，深入开展民族团结进步创建活动，积极争取中省市项目、政策支持，扶持少数民族企业，加强和创新宗教事务管理，圆满完成各项年度目标任务，维护全市民族团结、宗教和睦、社会稳定大局。

【民族经济】 2012年，市局积极申报少数民族发展资金项目，为定边县民族幼儿园门前道路硬化项目，争取少数民族发展资金20万元；申报定边县付翔食品有限责任公司为本市"十二五"期间少数民族特许商品定点生产企业，享受国家流动资金贴息贷款优惠约60万元；完成2012年民族特需商品生产补助资金的申报工作，申报补助资金120万元。

【民族团结进步创建活动】 4月，在全市范围内宣传民族政策法规，累计向群众发放《榆林市民族知识读本》等宣传资料1000多份。5月，与市民政局联合下发《关于加强社区民族工作的意见》。7月，在全市社区街道办事处开展民族法律法规知识竞赛活动。9月26日，在定边县开展主题为“民族团结、心手相牵”的系列活动，举办定边民族小学捐赠活动和党的民族宗教政策法律法规知识讲座。

【城市少数民族流动人口服务管理工作】 指导榆林市外来少数民族服务中心试点工作站发挥职能作用，处置多起矛盾纠纷，协助解决多名少数民族子女入学等问题。

【清真食品监督管理工作】 9月，对全市清真食品网点进行拉网式监督检查，及时整改检查中发现的问题。在少数民族聚居的定边县、靖边县、榆阳区，聘请6名清真食品社会监督员，加强清真食品监督管理工作。

【宗教事务管理】 2012年，紧扣“安全年”创建主题，深入开展“和谐寺观教堂”创建活动，对宗教活动场所燃香、安全、消防等逐项检查。6月，开展“宗教政策法规宣传月”活动，发放宣传材料1万余份，为信教群众提供咨询服务400多人次。登记开放清涧县永宁寺、白草寺、法师庙、大佛寺4处宗教活动场所；完成伊斯兰教朝觐人员推荐审核朝觐工作；防范境内外非法组织利用宗教进行渗透。

【宗教专项工作】 2012年，完成全市241名宗教教职人员的登记备案；稳步推进宗教教职人员社保工作，全市241名宗教教职人员中，33人纳入低保，5人纳入五保，177人参加养老保险，214人参加医疗保险，参保率明显提升；进一步加强宗教活动场所财务监管工作，全市登记开放的268处宗教活动场所中，232处完成财务监管。

【宗教慈善事业】 9月17日—23日，开展主题为“慈爱人间　五教同行”的“宗教慈善周”活动，鼓励和引导宗教界参与公益慈善事业，共有40余个宗教活动场所和团体累计捐赠各类救助资金约119.6万元、救助物资3万多件。

【宗教文化活动】 9月20日—21日，完成省佛协在榆林举办的陕西省佛协六届三次理事会、许力功居士圆寂十周年追思暨灵骨入塔法会、体证法师荣膺戴兴寺方丈升座庆典法会、陕西省汉传佛教讲经交流会四项系列活动。审核评定横山县清凉寺、绥德县二郎山为榆林市第二批宗教文化旅游场所；编辑出版《关公文化》（总第四期）刊物。

【“三支队伍”建设】 2012年，先后选派23人次参加国家、省级和市级民族宗教各类教育培训，指导市天主教爱国会、市基督教“三自”爱国会、市伊斯兰教协会举办教职人员和场所管理人员培训班，向省圣经学校，金陵协和神学院推荐3名本科生学员，加强“三支队伍”建设。

【民族宗教调研工作】 12月20日—30日，榆林市民宗局抽调10多名工作人员，分3组对全市民族宗教工作进行深入的调研，并对调研成果进行专题会议研究，形成调研报告

【民族宗教信息工作】 2012年，全市民族宗教系统加强民族宗教信息工作，信息报送数量、质量有明显提升，全年共收集民族宗教信息81条，被《榆林民族宗教工作简讯》采用48条、市创文办采用1条、市法制办采用1条、省民委（宗教局）采用11条、国家民委采用1条。

【民族宗教维稳工作】 初步建立县、乡、村民族宗教工作三级网络体系，制定《榆林市涉及民族宗教方面突发群体事件应急预案》，完善榆林市民族宗教领域应急数据信息库。指导靖边县妥善解决两处教产历史遗留问题，协调榆阳区、定边县、靖边县等稳妥处置10多起涉及民族宗教方面的矛盾纠纷和突发事件，加强对春节、五一、十一、农历四月八、九月九和十八大等重要节点、时段的维稳工作，确保全市民族团结、宗教和睦和社会稳定大局。

（佘成耀）

榆林市民族宗教事务局

局　　长　胡统金（1月—3月）
　　　　　李长瑞（3月任）
副 局 长　李秋霞　高　鹄
纪检组长　潘生清
副调研员　丁涛林　刘亚东

信访工作

【概况】 2012年共发生群众进京非正常上访50人次；赴省集体访27批1152人次，其中个体访216件368人次；来市上访21365人次，其中集体访593批19785人次（重访266批10163人次），个体访922件1580人次（重访359件598人次）。上访反映的问题主要集中于土地纠纷、资源开发、劳动和社会保障、企业改制、农村问题、涉军问题、涉法涉诉、干部作风、城乡建设、物业管理、民间借贷等方面。2012年，共受理中省案件和积案173件，全部按期报结，报结率为100%。息诉罢访85件，息诉罢访率49%。共受理纸质信件439件，其中重信138件，占31.4%；网上信件296件，其中重信63件，占21.3%。转送回复率为100%。全国“两会”和党的十八大期间，本市实现零非访，受到省联席办的表扬。

【矛盾纠纷排查化解】 健全和完善“市、县、乡、村”四级排查化解网络。各县区重新调整基层矛盾纠纷排查化解的责任人和信息联络员。市联席办掌握到乡一级，县联席办掌握到村一级，做到重心下移，关口前移。建立和规范矛盾纠纷排查化解工作台账。在全市范围内统一建立和规范“一案一

表”矛盾纠纷排查化解台账，对各类信访问题和矛盾纠纷隐患，分级建立包括上访人基本情况、信访诉求、责任单位、处理方案、依法处理等详细信息的工作台账。建立和完善矛盾纠纷定期排查和研判制度。县上每周一排查、一研判。市上每半月一排查，一研判。对全市各类矛盾纠纷隐患和信访问题进行横向到边、纵向到底的拉网式排查，逐案分析，分类排队，落实化解和稳控责任人。对排查出的群体性不稳定因素，30人以上由市上挂牌督办，30人以下由县区挂牌督办。建立健全考核问责机制，将矛盾纠纷排查化解作为信访目标责任管理和考核的重要内容，每月一通报，两月一考核，并按照《榆林市矛盾纠纷排查化解责任追究暂行办法》严格责任追究。全年市县两级联席办共排查重大矛盾纠纷885件，化解787件，矛盾纠纷排查率92%，化解率87%。

【领导干部接访下访】 主要领导带头推进。出台《关于深入开展各级领导干部接访下访群众活动的意见》、《市级领导干部接访下访安排意见》，对全市开展领导干部接访活动作出安排部署。按照市级领导带头示范、县长书记重点推进、分管领导有访必接的模式，全面落实领导干部接访下访制度。市级领导以约访为主，主要解决全市重大群体性信访问题。市委书记胡志强深入子洲、佳县调研退休老干部要求提高离退休占比问题，市长陆治原约访市直老山前线参战下岗人员，亲自做群众代表思想工作。县区主要领导每月至少接访两次，其他分管领导有访必接，将大量信访问题化解在当地。全年市级领导共接访67批780人次，现场解决20批。县级领导共接待群众来访725批，涉及9546人次，落实责任单位447批，其中县委书记、县长接待243批，涉及4895人次，2012年解决102批。创新接访形式。在全市范围内开展以“问政于民、问需于民、问计于民，解民忧、解民怨、解民困”为宗旨的“万名干部下基层”活动。神木县开通书记县长热线电话，以“广纳民谏、集中民智；倾听诉求、排忧解难，解疑释惑、宣传政策；受理举报、强化监督”为目标，拓展领导接访平台，畅通信访渠道。绥德县领导班子成员手机全部向群众公开，方便群众通过电话、短信反映问题。各县区因地制宜，使接访工作落到实处，起到实效。落实领导包案。对上级交办和矛盾纠纷排查化解中梳理出来的重点案件，按照一个案件、一名领导、一套班子、一个方案、一包到底的“五个一”要求，逐一落实县级以上领导包案。其中30件重点信访问题经市委常委会研究，落实由市级领导包案。76件重大信访事项，由县区长包案解决。其余431件中省市交办案件和重点信访事项，全部按照“五包”要求，落实县级领导包案，并在市联席办备案。包案领导带案下访，解决一大批疑难信访问题。加强考核监督。市委书记胡志强、市长陆治原同各县区党政主要领导签订《信访工作目标管理责任书》，明确各县区2012年信访工作目标和任务。市联席办定期检查督导县级领导接访下访工作落实情况，对领导接访下访和包案工作成效进行考核，作为领导班子作风建设重要评定标准。进一步推进“三无”县区建设。市联席办将“三无”县区建设作为全年重点工作，在信访工作量化考核中加大考核权重。全年有榆阳、府谷、定边、靖边、绥德、子洲、清涧7个县区实现“三无”创建目标。

【信访积案化解】 全力清理信访积案。2月份以来，省上共交办本市86个信访积案，全部以责任书形式，在全市维稳信访工作会议上由联席会议召集人当面向各责任单位集中交办，案件全部按期报结，结案率100%。其中三级终结案23件，涉法涉诉需稳控的15件，“五个一”稳控措施全部落实；另需化解的48件，全部上报结案，其中31件息诉罢访，息诉罢访率65%。市联席办经过梳理排查，自行交办重复进京上访的信访积案26件，全部报结。用好特殊疑难信访问题专项资金。建立严格的资金管理、使用、发放制度，实行一案一报批、一案一拨付、一案一发放，设立专门账号、专人管理。凡使用专项资金的案件，市联席办都要进行严格的审核，做到案情不清楚不上报、程序不周密不上报、无息诉罢访协议不上报、无后续稳控措施不上报。推进“三级终结”工作。成立榆林市人民政府信访事项复查复核委员会。对经过审核论证，合理诉求确已解决到位的信访案件予以“三级终结”，规范信访秩序。

【群众工作】 根据市联席会议《关于以群众工作统揽信访工作的指导意见》，推进用群众工作统揽信访工作试点建设，以子洲县、府谷县为试点，自下而上推进试点建设工作。两个试点县区先后成立群众工作部，与信访局合署办公，更新工作理念，拓宽工作思路，强化工作力量。在总结经验和向外地学习的基础上，市本级开始启动以群众工作统揽信访工作。落实初信初访首接首办制度，对诉求有理，应当解决的信访问题，在接访后由接待人员督办落实。初信初访一次办结率提高，大部分信访问题在初信初访阶段得到解决。

【队伍建设】 5月4日，市委、市政府在总结以往信访部门建设经验的基础上，出台《关于进一步加强信访队伍建设的意见》，把信访部门作为培养和锻炼后备干部的重要阵地，定期安排后备干部或新提拔干部到信访岗位上锻炼，增加群众工作阅历，进一步增进干部群众观念，提升处理复杂问题的能力。同时对领导班子建设、信访干部交流激励机制、后备干部在信访岗位锻炼长效机制、加强学习培训等方面，提出具体指导意见。明确县区信访局长享受副县级待遇并要求加大信访干部交流使用，增强信访部门的工作活力，推动信访干部队伍建设工作。

（张旭阳）

榆林市信访局

局　　长　任怀业

副局长 赵志平
正县级督察专员 杜海峰
副局长 纪志鹏
窦斌
吴玉明
纪检组长 雷炜
副调研员 王进玺
杜彬
白俊华
副县级督察专员 乔杰

人力资源和社会保障工作

【概况】 2012年,榆林市人力资源和社会保障局落实市委、市政府决策部署,围绕服务发展、保障民生工作主线,努力实现人才配置更加合理、城乡就业更加充分、全民社保加速迈进、劳动关系和谐稳定、公共服务均衡发展、效能建设持续增强,各项工作有序推进,取得明显成效。

【社保工作】 2012年,全市新增就业人数2.56万人,完成年考核任务2.5万人的102%;城镇登记失业率为3.59%,低于4.3%的控制目标;城镇失业人员再就业6240人,完成年考核任务6000人的104%。就业困难人员实现再就业1359人,完成年考核任务1300人的105%;农民工转移就业66.5万人,占年度考核任务的106%,创劳务经济收入49.9亿元,完成年考核任务48亿的104%;累计发放小额担保贷款8.5亿元,占年考核任务6.5亿的131%。完成农村居民进城落户人数11.16万人,占年考核任务10万人的112%。全面完成社会保险参保、扩面、基金征缴任务:其中城镇职工基本养老保险参保人数为22万人,占年考核任务的108%。城镇职工基本养老保险完成扩面人数达37493人,占年考核任务12073人的311%;全市城乡居民社会养老保险参保人数153.27万人,占年考核任务151万人的102%,享受待遇人数为37.99万人,符合条件的城乡居民养老金发放率100%;城镇基本医疗保险参保人数为67.2万,完成年考核任务63.4万人的106%,参保率96%;工伤保险参保人数26.5万人,完成年考核任务25.4万人的104%;失业保险参保人数为17.1万人,完成年考核任务17万人的100%;生育保险参保人数为23.9万人,占年考核任务21.05万人的114%。各项社会保险基金征缴总计34.80亿元,总支出24.02亿元,完成省、市下达的各项目标任务。

【就业工作】 坚持将高校毕业生就业工作放在首位,保持重点群体就业的稳定。继续做好"三支一扶"计划的实施工作。引导和鼓励高校毕业生面向基层就业。加强就业见习工作,把见习单位扩大到530家,见习人员累计3317人,发放见习补贴资金累计1653万元。继续实施大学生创业引领计划,促进更多的大学生成功创业。高度重视小额贷款工作。全市共发放小额担保贷款8.5亿元,其中劳动密集型小微企业2.4亿元,个人创业贷款6.1亿元,直接扶持7800多人,带动5.4万人实现就业。全面加强职业技能培训。全市各类技能培训人数15.6万人,完成年考核任务15万人的104%,培训合格率85%。开发公益性岗位安置困难人员就业。会同相关部门,以市政环卫、园林维护、社区治安、文化体育、劳动保障等行业为重点,累计安置"4050"人员、零就业家庭成员和就业困难的大中专毕业生10800人。不断加强公共就业服务。开通运行人力资源社会保障门户网站,统一规范的人力资源市场建设逐步推进,初步形成市、县(区)、街道(乡镇)、社区四级公共就业服务网络。

【社会保险工作】 制定出台《榆林市城镇居民基本医疗保险门诊统筹实施细则》、《榆林市事业单位和社会组织参加工伤保险办法的通知》和修订后的《榆林市城乡居民社会养老保险全面覆盖行动方案》等多个配套文件。各县区全部列入国家新型农村养老保险试点县区。全市城镇职工基本医疗保险市级统筹工作稳步推进,有近30万人从中受益。事业单位参加工伤保险工作全面启动,全市事业单位干部职工将全部纳入工伤保险统筹范围。稳步提高社会保险待遇水平。连续7年调整企业退休人员基本养老金水平,全市月人均养老金1845元,较上年月人均增长219元,较全国月人均平均水平高出314元。城乡居民社会养老保险享受待遇标准由原来的每人每月60元增加到100元。城镇居民基本医疗保险财政补贴标准从每人每月390元增加到470元。在做好提高参保率的同时,进一步加强基金监督管理。加大社会保险稽核和基金监督检查力度,加强基金管理能力建设,保证各类基金的运行安全。

【人才队伍建设】 组织实施各类人才的选拔培养工作。引进国外高层次紧缺人才,完善人才的管理和服务。全市培养选拔各类人才44.88万人,其中,专业技术人才7.16万人,企业经营管理人才20.52万人,高技能人才、农村实用人才17.2万人。拥有国管专家2人,享受国务院特殊津贴专家39人,省管专家44人,有"省三五人才"42人。其中,第一层次5人,第二层次37人。市管拔尖人才208人,市"一五二人才"329人,在榆外国专家99人,建立专家工作站16个。发挥职称评审的激励作用和在人才资源配置中的杠杆作用,加强职称评审制度化、规范化建设。完成教育、工程、农业等17个系列4000余人的职称评审工作,对取得职称资格人员及时审批办理证书8000多本。进一步加强考试考务管理。组织完成有14281人参加的民政系统社区工作人员笔试,7052人参加的劳动保障协管员考试,指导监督卫生、审计、会计、药监等系列6000多人参加的职称考试,各项资格等级考试均顺利完成。

【人事制度改革】 不断健全公务员管理机制。启动公务员统计和信息系统建设工作,研究公务员基本情况统计指标体系,组织开展2012年行政机关公务员基本情况统计工作，细化公务员法监督检查的内容和标准，贯彻落实公务员考试录用各项规章制度，坚持依法、公平、科学考录，完成2012年公务员考录工作，新录用的69名公务员已全部到岗。其次，稳步推进机关事业单位工资收入分配制度改革。建立公务员工资水平正常调整机制，全面推进事业单位绩效工资实施工作。非公企业和行业工资集体协商制度逐步推行。实施全市事业单位岗位设置管理工作，目前核准备案率98%，坚持“凡进必考”制度，进一步完善考试规则，规范进人行为。改进军转干部安置办法，提高安置工作的透明度和公信力。全市27名军转干部和13名随调家属得到安置。全面开展自主择业军转干部培训工作，参培率95%以上。

【维护劳动者合法权益】 以维护劳动者合法权益为目标，开展劳动保障监察工作。联合公安、工会等9个部门，组织开展整治非法用工打击违法犯罪专项行动，共清理拖欠农民工工资1.08亿元，责令退还违法收取的押金7.45万元。其次，以构建和谐劳动关系为目标，积极开展劳动人事争议仲裁工作。全市共处理劳动人事争议案件491起，结案率98%。

【推进有条件的农村居民进城落户工作】 围绕“分阶段推进、分群体实施和分区域布局”的总体思路，坚持综合配套、有偿自愿的原则，创新工作思路，完善鼓励政策，加强宣传引导，提高服务质量，推进有条件的农村居民进城落户工作。截止2012年，全市累计进城落户的农村居民23.66万人。

【自身建设】 加强领导班子思想政治建设。及时组织学习宣传贯彻党的十八大会议精神，把思想和行动统一到中央的部署要求上来。加强公共服务能力建设。2月份召开全市人社系统工作大会，明确2012年工作重点，对全年工作进行全面部署。按照市委、市政府安排，完成“四城联创”、万名干部下基层、政务督查以及包村扶贫等各项工作。全面推进党风廉政建设。深入开展干部作风建设“五个集中整治”，深化反腐倡廉制度创新，着力提高党风廉政建设科学化水平。

（姜 尧）

榆林市人力资源和社会保障局
（公务员局）

副 局 长 苏志中（主持工作）
副局长、公务员局局长 白映洲
副 局 长 师万成 李 波
李平明
副局长（农进办主任） 刘保林
纪 检 组 长 刘岳山
外专局局长 葛守勇
公务员局副局长 刘小波
副 调 研 员 陶燕飞 高雄锐
刘绥梅 樊精韬
白红波

养老保险经办工作

【概况】 2012年，榆林市养老保险经办处按照省局的安排部署，以精细化管理为目标，以优化服务为重点，以队伍建设为保障，全面贯彻执行《社会保险法》，深入开展“三问三解”，加强党风廉政建设和党建工作，执行养老保险方针政策。基本养老金按时足额发放，完成全年养老保险扩面、征缴、稽核等各项目标任务。确保全市养老保险经办各项工作稳步推进。全市参保单位1678户，参保职工180509人，应收养老金115383万元，实收93887万元，收缴率81%，收回历年欠费23049万元，共计收回养老金116936万元。离退休人员31084人，其中离休干部428人，新增离退休人员2077人，死亡251人。应拨付养老金62224万元，实际拨付62224万元，拨付率100%。补拨以前年度养老金1636万元，共计拨付63860万元。收大于支53076万元。

【养老金发放工作】 及时准确为28439名退休人员调整基本养老金，月增加退休金783万元，人均月增加275元。不断抓好代发机构服务质量，确保离退休人员方便快捷地领取养老金。截止2012年底，共为31084名离退休人员发放养老金63860万元。开展离退休人员养老金领取资格验证指纹比对及指纹采集工作。2012年底，离退休人员养老金资格验证29977人。对高龄孤寡、体弱多病、行动不便人员采取上门服务。在资格验证同时留存、更新离退休人员二代居民身份证信息。做好宣传工作。为让离退休人员和参保职工及时了解调待、参保新政策，提高经办系统宣传力度，在《榆林日报》上分两期刊登，整版宣传2012年企业退休人员待遇调整宣传提纲和未参保集体企业超龄人员等参加企业职工基本养老保险宣传提纲，提高养老保险政策和经办系统的宣传力度。稳妥做好2468名集体超龄人员的并轨工作。

【扩面工作】 根据陕人社发【2011】145号文件精神，按照认定一人纳入一人的原则，全系统工作人员核对信息、录入数据，努力做好原国有企业、集体企业及机关事业单位工作过3年以上未参保城镇户口人员纳入企业职工养老保险工作。继续以非公有制经济为重点，加大个体工商户和灵活就业人员、机关事业单位编外人员和返乡农民工等新的就业群体人员的扩面力度。截止2012年底参保在职职工180509人，新增人数28163人，完成全年扩面任务12073人的233%。

【征缴工作】 6月中旬全省在岗平均工资公布以后，市、县区两级经办机构及时安排企业申报工作，并积极配合地税部门开展征缴工作。截止2012年底，全市共收缴养老保险费116936万元，其中社保自收32791万元。

【稽核工作】 2012年，全市经办机构全力推进养老保险稽核工作，开展反欺诈冒领，取得明显成效。截至11月底，实地稽核企业336户，涉及参保职工48737人，查出企业漏报缴费人数21人次，漏报养老保险缴费基数11万元,补缴养老保险费3万元。通过养老保险指纹认证等方式,核查享受待遇人数29977人次,查处欺诈冒领7人,冒领金额3.67万元,追回金额3.67万元。

【社会化管理】 截止2012年底,全市企业退休人员实行社会化管理30723人,其中社区管理24523人。社区管理率80%

【业务培训】 加强规范化建设,推进经办工作标准化建设,是开展精确管理的重要前提和基础。市经办工作全面使用统一信息系统办理各项业务,利用年检、职工缴费及时更新完善基础数据和居民二代身份证的信息变更,确保数据的安全和业务稳定运行。定期对各县区业务、财务、信息人员的规范化业务操作进行指导和培训,加强全系统的业务经办规范化管理。共组织业务、信息、财务方面的培训16次,93人次,先后组织参加省局业务培训18人次。省厅145号文件出台后,市处相关科室及时组织县区业务经办人员、系统管理员和财务人员进行培训,提高业务经办能力和政策理论水平。

【财务监管】 继续推行委派会计制度,建立健全大事汇报制度。强化会计基础工作,实行财务定期公布制度,严格执行"收支两条线"管理和政府采购规定。配合全国社会保障资金审计完成内部审计。建立"运行规范化、管理科学化、监控制度化、考评标准化"的内部控制管理体系。五是利用到基层检查、调研之机,加强对县区财务工作的培训指导。

【业务档案管理】 全面抓好标准化的培训和标准体系的落实,经办工作中全部使用二十二张表格办理业务。加强标准化建设文字资料的归档和外观标识建设。不断规范养老保险业务档案管理,稳步推进养老保险业务档案管理达标建设工作。3月份市处获得市档案局颁发的档案工作目标管理3A认证。4月下旬,由处班子成员带队对全市12县区档案管理工作进行达标验收检查。十二县区于6月底前全面完成档案管理达标验收工作。8月份业务档案管理工作通过省业务档案管理达标验收小组的验收。

【落实养老保险政策】 贯彻落实145号文件精神,市县区经办机构按照文件规定,严格把关,做好原国有、集体企业及机关事业单位工作过的未参保人员的养老保险补缴费业务及待遇核算和发放工作。在履行复核和监督职能的同时,与当地人社行政部门沟通,做好这部分人群的业务衔接、信访咨询、政策解释等工作,处理经办过程中出现的各种问题。没有出现一例参保人员的上访事件。

（段其芳）

榆林市养老保险经办处

处　　长　王宏斌
副 处 长　曹士伟　王艳芬
总会计师　白青丽
副调研员　李建宁　马彦玺
　　　　　施养信

旅游外事侨务工作

【概况】 2012年,榆林市旅游外事侨务工作在市委、市政府的坚强领导和省旅游局、省外侨办的支持下,围绕"加快大转型,实现新跨越,建设幸福榆林"的总体部署,以"旅游惠民生,外事谋发展,侨务促和谐"为主线,抓重点、破难点、出亮点,集智汇力,抓落实,为推动全市经济建设和社会发展作出积极贡献。全市全年共接待游客1170万人次,较去年增长73.3%,旅游综合收入58.5亿元,较上年增长89.7%;按规定共办理因公临时出国(境)事项114次。

【旅游规划编制和统计】 编制各类旅游发展规划。坚持"旅游发展,规划先行"原则,以榆林市"十二五"旅游发展规划为统领,做好县区、景区各类规划编制工作,纵向衔接,横向兼顾,突出重点,特色鲜明。全市12县区和23个旅游景区有一半完成规划编制工作。全面规范旅游统计工作。多次邀请统计、商务、公安等部门领导和专业统计人员,对旅游统计数据进行讨论和分析,确保了数据的全面性、真实性、准确性,做到应统尽统。及时统计上报"春节"、"五一"、"十一"假期的旅游信息,同时准确完成旅游企业的季度报表工作,填报率100%。

【旅游项目建设】 促成市政府与陕文投签订战略合作协议,成立领导小组,组建榆文投集团,以民俗化、国际化、极致化、市场化为理念,启动建设《榆林文化产业概念策划方案》中确定开发区文化艺术中心、榆溪河生态公园两大项目,同时谋划榆林古城、北郊景区综合体两个项目。首次确立"一体两翼"旅游产品建设布局。初步确立以"一体两翼"的发展思路突破性解决榆林市旅游发展瓶颈问题。"一体两翼"是以榆林区域中心城市的四大旅游项目为"一体",以神府的红碱淖、杨家城产业园、石峁遗址文化产业园、府谷的府州古城和七星庙为"北翼",以米脂杨家沟和高西沟、佳县白云山和东方红产业园及横山波罗古堡为"南翼"的拳头产品布局。推进行业标准化建设。在省市县和景区的创建下,全国旅游景区质量等级评定委员会于8月14日发布2012年第6号公告,批准红碱淖、二郎山景区为国家4A级旅游景区。红石峡和李自成行宫景区创建国家3A级景区也通过省上验收。6月份,榆林永昌国际酒店被国家旅游局批准为五星级旅游饭店,成为陕西省除西安市外的第一家五星级旅游饭店。神木天峰国际酒店和五洲国际大饭店被省旅游局批准为四星级旅游饭店。陕西羊老大国际旅行社经国家旅游局批准获许经营出境旅游业务,成为陕北首家获许出境旅游业务资质的旅行社。组织人员专题考察国内乡村旅游发展成功典范咸阳市礼泉县袁家村、成都市三圣花乡等地区,对推进全市乡村旅游发展起到积极作用。全市具有3家全国农业旅游示范点(高西沟全国农业旅游示范点、定边石光银治沙基地全国农业旅游示范点、靖边牛玉琴治沙基地全国农业旅游示范点),1家全国休闲农业与乡村旅游示范点(神木陕北民俗文化大观园),2家省级乡村旅游示范点(高西沟省级乡村旅游示范点、王宿里省级乡村旅游示范点)确定10家市级乡村旅游示范点(横山曹阳湾、子洲蒋兴庄、吴堡寺沟村〈柳青故里〉、米脂柳家洼、佳县赤牛洼、榆阳花园沟、榆阳红柳滩、榆阳红石桥、府谷墙头村、靖边镇靖镇)。高西沟经过近几年的打造,不断提升服务水平,增加旅游体验项目,被国家局评为国家农业旅游示范点,省旅游局评为全省乡村旅游示范点。红色旅游逐步成为榆林旅游的亮点。沿转战陕北线,深入米脂杨家沟、绥德359旅司令部、抗大校址、靖边小河等地调研指导红色旅游工作,米脂杨家沟正按照国家4A级景区标准进行创建,绥德历史博物馆、小河会议旧址建成开放,成为当地旅游的亮点。按照省红色旅游工作协调小组的要求,成立榆林市红色旅游工作协调小组,完成全国红色旅游健康发展专项检查的自查工作。全省县域旅游经济工作现场会召开以后,佳县被列入全省第二批10个县域旅游示范县之一。启动局县合作机制,成立组织机构,制订实施方案,加大资金、项目建设力度,力争按省上要求努力创建旅游强县,以示范来带动和壮大区域旅游经济。

【专项整顿】 加强旅游安全管理。组织召开2012年榆林市整顿规范旅游市场联席会议,组织旅游联合执法成员单位深入重点景区进行联合执法检查,查找安全隐患,督促整改完善,确保实现旅游"四统一"目标。修订《榆林市旅游突发公共事件应急预案》,规范旅游突发事件的应急处置流程,提高处置旅游突发事件的能力。推进旅游责任险统保,全市统保率90%以上,获全省统保先进奖,责任险实现100%购买。全年未发生重大旅游事故。佳县白云山、镇北台两景区评为全省平安景区。整顿和规范市场秩序。集中开展3次专项检查整顿,共检查旅游企业近百个,主要检查旅游企业合同是否规范,委托代理业务是否正规,出境旅游市场是否规范有序,分支机构管理是否合法经营,宣传是否真实可靠,租用车辆有无签订合同,车辆所有方是否有相应的资质,有无聘用无证导游带团等。根据检查结果,查封取缔中国康辉国际旅行社榆林分公司等3家黑社,严厉整改处罚21家旅行社(分社、网点)。通过专项检查,形成旅行社统一使用合同,借助新闻媒体宣传曝光,设立举报奖励制度,建立黄、红牌管理制度等一系列常态化行业督查的长效监管机制。在榆林煤博会前对榆林城区内星级旅游饭店进行1次全面检查和治理整顿,确保煤博会成功举办。全年共受理旅游投诉5件,办结5件,结案率100%,无一例上访事件。积极开展旅游质量提升活动。通过实施"抓两头,带中间"的举措,接连开展"十佳旅行社"评选活动、"争创游客满意单位"活动、旅游系统创先争优活动和旅游行业创建文明活动等。

【"塞上明珠·能源新都"形象宣传】 与媒体深度合作,加大旅游宣传广告的投放。分别与中央电视台、凤凰卫视、《中国旅游报》、《华商报》、《陕西旅游》、《中国自驾游》、《西部之旅》、《西北旅游21城市指南》、新浪官方微博等多个国内知名媒体和本地媒体开展深度合作,在西安机场高速入口、西安多个地下通道、榆林火车站入口、高新区入口等地段投放榆林旅游大型户外广告,形成电视媒体、网络媒体、户外媒体、平面媒体等立体式、多层次的媒体宣传体系,通过独特的视角和大幅画面的冲击,全面宣传"塞上明珠·能源新都"榆林城市旅游整体形象,提升榆林旅游的知名度和美誉度,营造全民关注旅游、关心旅游的氛围。利用节会平台宣传和推介榆林旅游。主办西安大唐西市过大年榆林主宾城市宣传活动、大美榆林黄土摄影展、"5·19中国旅游日"宣传活动、"璀璨2012红色之旅·全国媒体走进幸福榆林"采访活动、首届陕北婚礼婚俗艺术节、"陕西金秋旅游奉送"榆林专场推介活动,协办第二届万人相亲大会、激情广场走进榆林等多项旅游宣传促销活动。组织陕西第五届旅博会榆林参展工作,会上榆林代表团获得"最佳组织奖"和"最佳展示奖"两项大奖,10个县区代表团10类特色旅游商品分获金、银奖,其中金奖3个,银奖7个。参加国内旅交会、西洽会、农高会、陕粤港澳合作周等主题宣传推介活动。开展区域协作。主动寻找差距,加强与周边旅游城市的合作互推,首次与呼市缔结旅游友好城市,在市场开发、宣传促销、旅游人才、产品开发、企业合作、信息交流等方面进行合作,先后与吴忠、咸阳、安康等开展互推共介宣传促销活动,参加延安红色旅游季、第十二届中国安康龙舟节、汉中油菜花节、商洛核桃节等活动,对接榆林旅游产品,延伸旅游线路,促进地接旅游。榆林加入西部帝王陵合作联盟、西北风情、关天经济等多个区域合作联盟,连点串线、延伸路线,共建无障碍旅游。

【旅游基础工作】 争取申报中、省旅游项目资金。神木红碱淖景区争取到国家和省上环保资金。米脂高西沟争取到省委组织部干部培训中心项目,森林公园争取到省市林业局支持建设项目,米脂杨家沟和府谷府州古城被列为规划补助项目。经推荐,佳县木头峪村、横山县曹阳湾村、米脂县高西沟村和神木大观园等4个乡村旅游建设项目被列为省旅游局重点支持项目。佳县、绥德、榆阳、吴堡、横山、神木、米脂、清涧等县11个旅游建设项目首次列入全省旅游项目库。榆阳黑龙潭景区龙文化苑和佳县东方红纪念园被确定为国家旅游发展基金补助项目候选项目。支持重点旅游项目建设。向横山波罗堡、佳县木头峪、东方红纪念园等景区及部分县区、旅游企业下达市旅游产业发展资金。项目资金覆盖全市重点景区和重点县区,拉动景区基础设施建设，提升景区档次和服务功能。对项目建设和项目资金进行跟踪督查，确保投入和建设落到实处。做好全市旅游项目储备工作。对全市旅游规划和产业发展做一系列详细调研、摸底、过滤、论证、排队，吃清全市旅游产业家底，建立旅游项目库，确定全市十二五期间旅游开发步伐，促进旅游项目有序、合理开发。对全市旅游商品进行普查，理清商品名目，进行登记，取得新成效。加强行业人才教育培训工作。组织全市导游年审工作，推荐优秀导游参加全国中、高级导游考试和全省导游大赛。举办全市导游人员培训班、星级酒店高管培训、景区规划建设管理培训班和A级旅游景区统计管理培训班，组织高西沟村委班子和旅游星级接待户到西安、成都等地实地考察学习。全年累计受训1000多人次。

【因公出国(境)管理】 召开专题会议，增强党政干部贯彻因公出国(境)管理规定的自觉性。2月22日，市委外事工作领导小组组织召开市因公出国(境)管理工作会议，市直党政机关负责人参加会议。会议通报近年来全市因公出国(境)管理工作情况及存在的主要问题，明确2012年全市因公出国(境)工作要以自组团为重点，严格限制随省双跨团组出访。会议要求各部门、各单位要学习贯彻执行中、省、市因公出国(境)管理有关规定，认识加强因公出国境管理工作重要性和紧迫性，自觉配合外事管理部门工作。建立健全制度，进一步规范因公出国(境)管理工作。针对全市因公出国境管理中的突出问题，12月15日，市委外事工作领导小组下发《关于进一步加强全市党政干部因公出国境管理的通知》，《通知》要求全市因公出国境管理工作要贯彻落实榆办发〔2011〕8号文件精神，加强宏观调控，执行计划量化管理，提出对双跨团组管理的具体措施，并明确本市因公出访工作应以本市组团为重点，并要保证出访实效。全市因公出国境工作进入制度化、程序化轨道。行前教育充分，跟踪评估到位。加强对各类出访团组和人员的行前教育，全年全市出访团组和人员无一例违规、违纪。出访人员证照全部按时缴回。所有出访团组和人员均完成出访总结报告，各部门、县区主要领导出访除团组出访报告还缴个人出访报告，部分优秀报告在市上一些重要刊物上刊登。2012年8月，省外办授予市旅游外事(侨务)局因公出国(境)管理工作先进单位。指标统筹情况良好，团组出访效果显著。全年全市党政干部因公出国指标统筹情况良好，出访计划顺利实施。6月21日—30日，万恒副市长率领榆林市煤炭产业代表团出访瑞士、俄罗斯，就煤炭产业技术研发与当地能源相关部门及企业对接洽谈；7月份，胡志强书记随陕西省政府代表团出访美国、加拿大、韩国、日本，为榆林在能源、环保等领域的对外交流与合作开辟渠道；7月9日—18日，副市长王长安率领榆林市农牧业代表团赴法国、瑞士执行农林牧业项目洽谈任务；9月20日—29日，副市长李文明率领榆林高新区城市规划建设管理代表团出访西班牙、俄罗斯，主要考察巴塞罗那、圣彼得堡两市城市规划管理、城市交通、市政建设、环境保护、土地集约利用、城市绿化美化等；10月25日—11月3日，市长陆治原率领榆林市友好代表团访问美国、巴西，促进榆林市与美国怀俄明州吉列市两市间友好关系的进一步发展，收到以“友城带动项目合作”、以“项目促进友城发展”的效果。7月23日—27日，副市长兰新哲率领榆林深港科技交流与合作代表团赴香港执行科技交流合作任务，就推进榆林市科技人才及企业家技术转移、科技成果产业化等培训事宜达成了初步合作意向；11月8日—12日，市招商局局长麻占平率领榆林市招商引资项目对接洽谈代表团赴香港，为“第二届陕粤港澳经济合作活动周”项目顺利签约做前期准备工作。11月19日—25日，副市长毛中胜率领榆林市经贸代表团一行赴香港参加“第二届陕粤港澳经济合作周”活动，共签订10个合作项目。

【对外友好交流】 友城建设继续加大进展。在与韩国昌原市、美国俄亥俄州托莱多市保持联系的基础上，积极探索在美国、韩国、日本、比利时发展新的友好城市关系。经过一段时期的交往，榆林市与美国怀俄明州吉列市达成缔结友好城市的意向，于6月3日在西安签订榆林市与吉列市发展友好城市关系意向书。6月6日—7日，吉列市市长汤姆·墨菲一行随美国怀俄明州政府代表团60余人访问榆林。2012年10月30日，应汤姆·莫菲市长的邀请，陆治原市长率榆林市友好代表团回访吉列市，双方就建立友好城市关系深入交换意见，并在煤炭转化、清洁能源利用、教育交流、公共文化体育运动项目开发等方面进行磋商，寻求合作可能性。12月份，经充分沟通、对接、协商，初步确定由一民营企业在空港生态区建设空港生态区文化体育中心，具体的投资合作、管理经营等参照吉列市新文化体育中心模式。民间外交取得新成果。民间外交是官方外交的重要补充，对增进人民友谊，维护地区稳定，推动合作交流具有重要意义。在省外办、省友协的协调、指导下，经过日本绿色地球保护基金会的实地考察，横山县东阳山植树项目被日本绿色地球保护基金会选定为在陕西新一轮植树绿化援助项目。2012年11月12日—17日，应日本绿色地球保护基金会的邀请，陕西省植树项目工作团组一行5人访问日本。横山县政府与日本绿色地球保护基金会签署《中华人民共和国陕西省榆林市横山县人民政府与日本国公益财团法人绿色地球防卫基金植树造林项目备忘录》，作为实施项目的保证。

【外事接待】 全年共接待和协助接待来榆重要外宾6批99人次。3月29日，协助接待美国康家集团商业食品总裁保尔·梅斯一行，市委书记胡志强会见保尔·梅斯，双方就进一步推进榆林马铃薯种植储运精深加工项目落地等事宜交换意见，榆阳区成立专门工作小组负责项目对接，蓝威斯顿公司多次派人来榆考察2万亩马铃薯示范基地选址及项目建厂等事宜;6月6日,协助市政府接待来陕参加在西安举办的"国际先进煤技术应用交流会议"的美国怀俄明州政府代表团以及该州吉列市代表团共60多人的大型外宾团组访问榆林。期间,陆治原市长会见吉列市市长汤姆·墨菲、怀俄明州众议院多数党领袖托马斯·勒布挠等重要外宾,双方就在能源、旅游、教育等领域开展交流与合作达成共识。9月1日—3日,承担前来参加榆林市第七届煤博会的外国嘉宾与客商接待工作。8月31日下午,陆治原市长会见西安国际商务论坛主席韦伯翰等9名外宾,市翻译中心工作人员承担会见翻译工作。

【对外宣传】 对旧版的中英文对照的《榆林市情简介》进行修编,并和附有英语、日语、韩语、西班牙语和德语译文的宣传册《九边重镇走榆林》、全英文《榆林投资手册》及配套光碟以及附有英语文字介绍的《榆林导游图》、《锦绣榆林》等作为榆林市外事接待、大型涉外活动和因公团组出访的对外宣传资料,以扩大榆林在国际上的知名度和影响力。

【海外联谊】 为加强联系,联络感情,利用春节、端午、中秋等中华民族的传统节日,通过短信问候、制作寄发贺卡等形式,向海外华人华侨传递党、政府及家乡人民的牵挂和祝福,激发他们关心家乡、造福桑梓的热情。邀请知名华侨常勇等回乡探亲寻根,领略家乡巨变。5月份,收到美籍华人尚颖女士对市旅游外事(侨务)局慰问关心她父母生活的感谢信。

【侨资源档案管理】 按照动态管理原则,进行侨情补查,继续充实完善侨务资源档案,比较全面地掌握全市侨情现状。全市有侨眷110户、侨属14户、外籍华人眷属51户、留学生眷属52户、港澳眷属7户,共计234户。根据实际情况,确定了44户重点侨眷,建立了榆林市重点华侨信息库。

【"送温暖"活动】 组织为侨服务"送温暖"活动。春节前,深入榆阳、横山、定边、神木、府谷及绥德等地,对部分困难归侨侨眷进行救助,对为榆林社会发展和经济建设作出贡献的华侨华人眷属进行慰问。

【侨务宣传工作】 开展侨法宣传月活动。利用外侨信息网对外宣传榆林市情、侨界新闻动态、侨联基本职能、办事程序、侨务法律法规及政策、出国出境知识指南等。为广大海外华人华侨、归侨侨眷提供快速便捷了解榆林的平台。做好与省侨联和各市侨联的信息互通工作,发挥侨联机构的优势,以侨为桥,引资引智。

(张文玲)

榆林旅游外事(侨务)局

局　　长	秦林惠	
副 局 长	马　瑾	高占锦
	王宽飞	赵旭东
	王晓林	
纪检组长	赵仕怀	
调 研 员	李锦银	王建祥
副调研员	高国益	王宏明
	刘绥平	

机关事务管理工作

【概况】 2012年,榆林市机关事务管理局完成市委市政府交办的各项工作任务,取得较好成绩。特别是干部作风整顿、机关自身建设、公务用车专项治理、国有资产管理、公共机构节能以及政府采购等方面工作成效明显。

【出台"三定方案"】 8月10日,市政府办公室印发《关于榆林市机关事务管理局主要职责内设机构和人员编制规定的通知》(榆政办发〔2012〕76号),9月4日市编办印发《关于榆林市机关事务管理局内设机构设置的通知》(榆编办发〔2012〕64号),明确本局职能、编制、科室以及下属5个单位(市委大院后勤服务中心、市政府大院后勤服务中心、采购中心、榆林宾馆、住宅楼管理所)的职能、编制和科室。8月23日,市政府召开市长办公会,移交榆林宾馆归本局管理,移交以来,本局积极处理榆林宾馆的尾留问题,实现榆林宾馆平稳过渡。

【国有资产管理】 一是规范国有资产处置。严格按照国有资产处置程序,做好市级行政事业单位闲置国有资产(车辆、办公设备等)的调拨、调剂和拍卖工作;根据省垂管部门职能转变要求,完成下划单位药监局资产的划转工作。二是加强产权管理,根据榆林林校林业研究中心的产权界定报告,对涉及林业研究中心与企业法人之间的产权纠纷问题进行调查、核实、确认,处理方案已报市政府。三是完成市政府交办的合并、改制单位资产清查、整合工作。按照市政府机构改革职能转变的要求,完成中医院、传染病医院、精神病院的资产清查、整合工作。四是完成榆林宾馆的资产清查工作。

【公共机构节能】 一是筹建并开通"榆林市公共机构节能信息网",网站的开通为全市广大干部职工了解掌握公共机构节能知识和公共机构节能工作动态、增强节能意识起到积极作用;二是做好季度能耗统计工作。按照市级机关每季度、各县区每半年进行统计,通过统计,掌握各县区和部分市级机关重点耗能单位的真实能耗情况;三是组织开展"公共机构节能宣传周活动"。在世纪广场、公交站牌、榆林晚报等公共场所和媒体进行节能主题宣传,取得较好效果;四是完成节能照明产品推广工作。完成3万只大、中、小功率的高效节能照明灯具的推广工作;五是推荐上报"国家节约型公共机构示范单位"的相关材料。根据中省关于创建国家节约型公共机构示范单位的通知要求,邀请西安专业节能工程师对具有节能潜力的两个县区、一个管委会、四个市级机关的重点用能系统进行勘察、测算,做好推荐工作,确保示范单位的先进性、典型性和代表性。

【政府集中采购工作和电子化政府采购平台建设工作】 一是全面完成采购单位委托的采购任务,全年共实施政府采购项目28批次,采购预算金额2805万元,实际合同额2497万元,节约资金308万元,节约率为10.98%,各项指标较去年有所提高;二是为提高采购效率,降低采购成本,着手建设政府电子化采购平台,通过争取各单位的支持,投入资金320万元,基本完成电子化政府采购平台建设工作任务;三是为尽快适应电子化采购操作流程,组织全体采购工作人员分批次赴省上进行专门培训。

【市级行政中心和政务服务中心前期工作】 多次邀请省市设计专家和市政府领导,召开行政中心方案讨论会,对市政府政务大厅及信访大厅规划设计工作进行总体研究,拟定西北设计院华夏建筑研究所为总设计部门,完成行政中心总体设计方案。由于市政府将这项工作进行调整,目前,相关手续已移交市城投公司。

【公务用车专项治理】 按照中省的统一部署,继续深入开展公车用车专项治理工作,取得明显成效。一是摸清全市公务用车的底子;二是基本停止新购置车辆,公车购置费、运行费大大降低;三是通过收缴、拍卖超标车辆、严格公车购置审批程序,增强大家的自律、自警意识;四是完成市本级所属事业单位的车辆统计工作;五是进一步完善公车管理办法,为规范公车管理奠定基础。

【后勤事务管理】 一是健全原市委机关大院的日常管理制度,对入驻的70多个单位办理车辆出入通行证,规范车辆停放,杜绝外来车辆乱停乱放现象;二是修订《榆林宾馆管理办法》,出台《榆林宾馆大院管理规定》;三是加强原市委机关和榆林宾馆门卫、卫生、供水、供电、供暖等日常管理,保证机关秩序正常运转;四是开办榆林宾馆食堂,解决宾馆大院14个单位近400干部职工的用餐问题。

【机关作风整顿工作】 响应市委市政府的号召,开展机关作风整顿工作。及时召开局机关干部作风整顿暨“五个集中整治”动员会,会上成立由赵贵祥局长任组长的干部作风整顿暨“五个集中整治”工作领导小组,下发《榆林市机关事务管理局干部作风整顿实施意见》,安排部署干部作风整顿各阶段相关工作。坚持集中学习和个人学习相结合,学习中省市重要文件精神和《机关事务管理条例》,6月28日,温家宝总理签发中华人民共和国国务院第621号令,正式颁布《机关事务管理条例》,《条例》从2012年10月1日起施行。对照检查。对照“思想作风”、“学习作风”、“工作作风”、“领导作风”、“生活作风”,查摆自身存在的问题。征求干部职工的意见,剖析作风建设方面存在的突出问题,制定整改措施。落实整改,建立整改台账,明确整改内容、措施、时间表和责任人。

（韩世科）

榆林市机关事务管理局

局　　长　赵贵祥
副 局 长　徐增宏
纪检组长　刘兆年

经济发展研究中心工作

【概况】 2012年,发展研究中心在市委、市政府的领导下,按照年初确定的目标任务,围绕中心,服务大局,以促进榆林经济社会发展为己任,深入一线调研,提出咨询建议,较好地发挥参谋助手作用。完成年初下达的各项工作任务。共撰写各类材料近70篇,约30余万字。完成调查研究课题6个,编辑出版《榆林市人民政府公报》、《榆林经济》各6期,约72万字,编发《决策参考》6期,《发展研究信息》10期,积极完成领导交办的其他任务。

【发展研究】 紧扣榆林经济社会发展中的热点、难点问题,以及发展的深层次问题,开展一系列针对性、前瞻性研究。本中心坚持立足自身、深入基层、熟悉政策、深化研究的原则,在主要领导的带领下,深入一线调研,积极探讨交流。针对单位人手少、任务重的情况,在立足自身搞调研的同时,借外力、引外智,借助专家工作站的力量,深入研究,全年完成《政府决策参考》6期任务,前4期刊登知名专家学者或民营企业家的文章:《中心城市建设——启动榆林新航程的引擎》、《榆林财政金融——总量调控与资本流动》、《“幸福榆林”建设框架性思路研究》、《出国访问后对全面建设小康社会的几点思考和认识》;后2期《关于推进本市民间金融健康发展的调查报告》和《非公经济发展的典范》为本室独立撰写完成。派人参与市决咨委党建法制组关于民生保障机制的调研。其中,调研成果《非公经济发展的典范》一文,在陕西日报2012年7月19日4—5专版刊登。《关于强化民生工程监督保障机制的调研报告》,在市决咨委有关刊物和榆林日报上刊登。着眼为榆林科学发展提供智力支撑,努力发挥参谋和智囊作用。为帮助市委、市政府领导及时了解掌握全国发展动态,给市委、市政府领导决策提供可靠参考,组织专人编发《发展研究信息》送市委、市政府主要负责同志和相关领导参阅。共编发10期:(1)《加强行政效能建设》;(2)《着力提升农业科技创新能力》;(3)《把握好稳中求进总基调》;(4)《深入推进扶贫开发》;(5)《聚焦政府工作报告热点问题》;(6)《推动榆林能源化工基地发展实现新跨越》;(7)《推进榆林民间金融健康发展》;(8)《大力发展民营经济》;(9)《认真贯彻落实〈陕甘宁革命老区振兴规划〉》;(10)《深化集体林权制度改革》。及时解读了最新政策动向,并针对性提出对榆林发展的建议。

【综合材料撰写】 认真撰写材料,坚持把好文字关,理论文章发表率大幅提升。一是完成领导讲话材料,为领导当好参谋助手。(1)完成陆治原市长在三届三次人代会上作的政府工作报告、在市政府第一次常务会、全市工业经济暨国资监管工作会、经济工作座谈会、工业促销增产稳市场动员大会、省十二次党代会分组讨论会、领导干部大会(安全维稳)等一系列重大会议上的发言讲话材料。(2)完成常务副市长在高新区工作会、调研神木全年GDP过千亿会上的讲话材料。(3)参与完成周树红书记在神木县第六届民营经济博览会上的讲话、姜国璋市长在榆神管委会经济工作会议上的讲话、白玉仁会长在榆林市扶贫开发协会成立大会上的讲话材料等。二是撰写汇报材料,为经济社会发展提出分析建议。撰写榆林市2012年上半年目标任务完成情况汇报、给赵乐际书记和谐村矿汇报、黄委会工作汇报;完成省第十次能化基地座谈会、李金柱副省长来榆调研、省政府经济工作座谈会汇报等。三是出台政策性文件,为推动工作落实拿出可行意见。起草市委、市政府《关于加强高层次人才队伍建设的意见》(征求意见稿)、《贯彻全省能化基地座谈会意见和工作方案》、《全市稳定经济增长的报告和请示》、《打造千亿神木实施意见》等。参与形成《关于进一步促进榆林持续发展的若干意见》、《关于进一步加强招商工作的意见》。此外,起草领导致辞等小型材料20多个。全市稳定经济增长报告中提出的"五抓五促"经验被省政府转发,要求全省学习榆林做法,并被《陕西日报》刊发。撰写的理论文章"幸福榆林民生为本"在《陕西日报》发表,"加快转型跨越建设幸福榆林"在《榆林日报》发表,并被《陕西经济年鉴》刊登。

【两刊创办】 以办好两个刊物为依托,有效搭建信息交流平台,按时出版《榆林政府公报》、《榆林经济》各6期。对《榆林经济》进行全面改版,7月1日正式以新版面世。按照高举旗帜、围绕大局、服务人民、改革创新的总要求,经过筹划准备,本着突出经济特色,体现时代品格的总原则,实现六个层面的改变:一变版面样式。创新版面形态,运用摄影、图表等多种表现手法,强化视觉冲击力,刊物排版设计水平进一步提升,并实现全彩印刷,美化视觉感受。二变栏目安排。调整规范栏目定位,形成"观察言论""深度看点"和"全景报告"三大固定板块。新增"榆林经济时评""热点观察"等富有现代新声的栏目。三变文章内容。唱响榆林转型跨越主旋律,用读者喜闻乐见的形式,宣传党和政府的方针政策、决策部署,深入反映改革发展的新探索、新成就,使刊物的思想政治性、可读性、服务性相互统一。四变编辑团队。引入大编辑部的新做法,中心所有科室负责人,全部融入到《榆林经济》期刊编辑部,成为刊物的编辑和重要撰稿人,形成一支专业化的编辑团队,期刊的影响力进一步提升。五变作者队伍。发挥榆林专家工作站的优势,联系各大院校和各级政府、科研机构、企业等不同领域的专家学者,完善作者团队网,形成多元化的作者队伍。六变赠阅范围。根据机关人事和机构变动,及时更改和更新发行范围,严把刊物投送质量关,基本确保杂志不空投、不弃投,杂志的影响力持续扩大。

【信息和网络建设】 做好网站维护和信息分析研究工作。信息报送方面,及时收集整理信息,报送政务信息给市委信息办、市政府信息办及分管副市长秘书科,报送纪检信息给市纪委,全年累计报送政务信息30多篇、纪检信息10多篇。网站维护管理工作方面,及时上传《榆林市人民政府公报》、《榆林信息》《发展研究信息》《政府决策参考》文稿和其他信息,全年共上传各类文稿200多篇,网站累计点击量突破100万次。不定期进行网站维护及时上传经济社会发展中各类有价值信息到"榆林调研"网站,使之成为本市经济社会发展信息资料交流的重要平台。

【专家工作站建设】 提供条件出版与专家合作成果。同省政府研究室副主任杨三省合作,深入本市8县区的有关乡镇、社区、企业,就共建共享共富"和"三化"同步推进统筹城乡的发展现状、取得的成绩,今后发展目标等开展调研,并计划协助专家杨三省出版该调研成果。提供经费3.9万元,协助入站专家徐良教授出版《21世界榆林的回响——解读榆林》一书。同高等院校有关学者、专家建立合作关系,联合申报2项课题。同西安理工大学联合申报"榆林能源产区碳排放增长的动态影响机制与节能减排政策选择研究"课题;同西北大学中国西部经济发展研究中心联合申报"榆林市重点产业技术发展水平测定与提升对策研究"研究项目。独立申报科研课题。单位独立申报课题"加快榆林转型跨越的调查研究",已经市科技局审批立项,2014年将积极联系专家指导,拿出调研成果。

【党风廉政建设】 加强对反腐倡廉建设的组织领导。按照"一岗双责"的原则,对党组成员和分管领导的党风廉政建设工作的责任分工进行分解明确,细化工作要求,并实行年初分解、年中述职、年末考核。中心党组书记、主任李怀珠对党风廉政建设和反腐败工作负总责,其他领导细致分工,分别负责全中心党风廉政建设责任制贯彻落实情况的监督检查;抓好机关各项制度、规定的贯彻落实;党务、工会、共青团工作以及中心纠正行业不正之风、政务公开;监督检查机关经费开支情况、机关纪律执行情况,接待、招待严格执行审批制度情况等工作。加强思想道德和纪律教育,促进领导干部廉洁自律。加强反腐倡廉的制度建设,加大预防腐败工作的力度,正确处理好治标与治本、惩治与预防的关系。坚持领导干部专题辅导和邀请专家学者讲座相结合,引导机关全体人员树立正确的世界观、人生观和价值观。组织党员干部学习政治理论,做到解放思想、更新观念、开阔视野、创新工作。组织领导干部继续深入学习中省市纪委全会精神,结合党风廉政建设责任制，使每一个领导干部能够做到责任明确、廉洁从政、求真务实。加强纪律教育，利用反面典型案例对全体工作人员开展警示教育，让机关工作人员做到人格上自重、心灵上自省、思想上自警、精神上自励、行为上自律，自觉接受人民群众的监督。2012年，中心全年无一例违法违纪现象的发生。

（曹　航）

榆林市发展研究中心

主　　任　李怀珠
副 主 任　刘　钧　刘世雄
　　　　　郝维林
纪检组长　乔新春

地方志工作

【概况】　2012年，榆林市地方志办公室以科学发展观为指导，在市委、市政府的领导和省地方志办公室的指导下，继续加快推进二轮修志的进度和质量；不断提高年鉴工作编纂水平，按时出版《榆林年鉴》2012卷，指导佳县出版《佳县年鉴》2012卷；为《陕西年鉴》提供四万多字的文字资料；校注出版清本《延绥镇志》；为来自全国各地投资榆林及研究榆林的学术机构、各方人士提供榆林地情资料查询服务等工作；完成年初确定的工作目标任务，各项工作取得较好成绩。

【二轮修志工作】　新编通本《榆林市志》从2008年启动以来，五大卷篇目设置供稿及任务分工经多次与各承编单位研究、探讨、修改，形成定稿。2012年加大力度与各供稿单位催要所承担稿件，同时加紧搜集整理本办撰写需要完成的资料。办领导带队多次赴北京、西安、内蒙古、宁夏、甘肃等地搜集文字资料，截至2012年年底，《人物卷》古代部分评审稿全部完成。

3月份，本办召开全市地方志工作座谈会，会议传达了赵正永省长慰问省地方志办公室时的重要讲话和省志办主任刘培仓在市级地方志办主任工作会上对全省二轮修志阶段工作的总结和下一步工作的要求。会上各县区史志办主任分别汇报本县区二轮修志进展进度及存在的困难和问题。市志办主任霍光平褒扬先进，勉励后进，并要求各县区志办主任克服重重困难，一定要按时保质完成二轮修志任务，决不能拖全市乃至全省的后腿。

8月份，召开《延绥镇志》明本首发仪式暨全市二轮修志推进大会，副市长兰新哲、省地方志办副主任王新中出席发行仪式并作重要讲话，对全市二轮修志工作安排再部署，并与各县区签订二轮修志责任书，向各承编单位发放任务书，要求各县区务必于2015年底完成县级志书编纂工作，各承编单位务必于2013年底向市地方志办报送资料长编或出版部门志、专业志、行业志。

在做好《榆林市志》编纂的同时，指导县区、部门编纂县区志和部门志、专业志、行业志。《榆阳区志》累计收到104份稿件，95份已由编审人员修改，完成初稿；米脂县制定完成《米脂县第二轮志书编纂工作实施方案》，共分综合、经济、政治、文化、社会、人物志等40编，经过积极争取，米脂县二轮修志经费经常委会通过正式纳入财政预算和年终考核，二轮修志工作全面有序开展，截至2012年底，完成《人物志》、《军事志》编纂工作；子洲初步制定二轮修志编纂方案，返聘、抽调十二位资深文字工作者组成《子洲县志》编辑部，落实二轮修志专项经费，修志工作顺利开展。市志办领导多次到县区指导、督促二轮修志工作，为南部县区修志经费问题四处奔走，为各县二轮修志争取到一部分修志经费。

《农机志》、《计划生育志》、《榆林市公安志》、《榆林市道路交通管理志》在市志办的指导评审下，顺利完成出版工作；《水利志》、《环保志》、《商务志》和《教育志》加紧编纂，预计2013年完成终审出版；《榆林市卫生志》召开编纂培训动员会，修志工作全面铺开。

【年鉴编纂工作】　2012年，不断探索提高《榆林年鉴》编纂水平和质量。在原来框架结构的基础上，对2013卷《榆林年鉴》篇目框架进行改革创新。提高年鉴覆盖面，增加信息含量，开阔视野角度。总结往年年鉴稿件特点，有针对性地制定编写规范，进一步提高年鉴稿件的供稿质量。督促落实年鉴各承稿单位的工作责任，9月份完成全部稿件的征集工作，于12月初交付印刷。按照《陕西年鉴》的供稿要求，按时完成2012卷《陕西年鉴》榆林部分四万多字的组稿任务。

2012年，随着县区领导对史志工作的进一步重视，县区年鉴也蓬勃发展，《定边年鉴》2011卷正式出版，共计约60余万字，图片80余幅，翔实记载定边县2011年国民经济和社会发展的基本情况和变化；米脂县出版《米脂年鉴》2008—2011卷，全书约64万字，彩板40余帧，以图片、文字、表格等立体交叉的形式，突出地方特色和亮点；佳县启动年鉴编纂工作，成立年鉴编辑部，《佳县年鉴》2012卷于12月中旬出版，全书共涉及400幅图片、约40万字。

【旧志整理工作】　在2012的评审中，由市地方志办公室校注出版的明本《延绥镇志》校注本获得华北地区古籍整理二等奖。8月份，市政府召开《<延绥镇志>校注本首发仪式暨全市二轮修志推进会》。清康熙本《延绥镇志》校注完成，12月底交付上海古籍出版社编辑、印刷出版。清本《榆林府志》已出校注稿。合理指导县区旧志整理工作。定边县整理编纂清代《定边县志》和《定边县乡土志》，年底出版；靖边县整理出版乾隆年间和民国二十四年的两部《靖边县志》；米脂县整理出版康熙、光绪、民国年间的三部《米脂县志》。

【地情网站建设】　榆林市地情网经过一年多的建设，初具规模，网站一级栏目设有：首页、工作动态、地情公告、市情概况、大事要闻、古今人物、风采图库、地情资料库、机构介绍、民俗风情、特色产业和旅游资讯12项,市县两级志书都已上传,共计两千万余字。被省地方志办公室确定为首批实施的地情网站群以奖代补项目建设单位,11月份通过省地方志办的检查验收。同批实施的地情网站群以奖代补项目建设单位的还有绥德县史志办和米脂县史志办。绥德县史志地情网已上传80万字的文件资料和图片内容,并制定网站管理制度;米脂县地情网下设史志讯息、县情概况、米脂党史、古今大事、风采图库、地情资料库、机构介绍、特色产业、旅游资讯、工作动态等11个一级栏目,20个二级栏目,内容包括米脂县地域性资料、历史人文资料,出版的志书、年鉴及其他志书类图书,网站上传资料量约60万字。两个县区的地情网站建设均通过省地方志办的检查验收。

定边县地情网建立完成,网站总栏目9个,二级栏目27个,栏目内容更新及时,日平均更新量在1000字以上,网站资料总量51万字左右;子洲县启动地情网站建设工作,网站一级栏目有:县情概况、组织领导、史志动态、地方党史、地方志鉴、民俗风情、古今人物、旅游子洲、专题栏目等。上传资料100余万字,图片100余张。

【其他工作】 一是配合市民政局编纂《中华人民共和国政区大典陕西卷榆林分卷》,3月份召开动员大会。6月份,本办与市民政局合作组织力量对市县区上报资料整理校对,完成《中华人民共和国政区大典陕西卷榆林分卷》组稿任务。二是开展《陕西地方志》榆林部分的组稿工作,根据省地方志办《关于编纂〈陕西省志·地方志志〉的通知》的文件精神,本办组织专家力量整理编辑市级地方志资料,截至年底,资料收集工作基本完成。三是做好万名干部下基层活动,市上召开动员大会以后,本办组织人员及时深入所包扶村佳县乌镇穆家坬,了解困难原因,掌握村情村况,听取群众意见。通过多方协调,为该村解决人畜饮用水问题的经费基本落实,先后送去22000元慰问金。四是开展干部作风整顿活动,根据《关于开展干部作风整顿活动的意见》文件精神,积极落实,召开动员会议,成立干部作风整顿领导小组,制订实施方案。通过开展一系列活动,干部思想得到深化,精神面貌有较大改变,推进作风整顿和业务工作两手抓,两不误、两促进。五是根据市委、市政府关于创文、创卫工作要求,成立创文领导小组,制订实施方案。

【队伍建设】 2012年,根据市委、市政府的安排部署,在开展志鉴编纂工作的同时,重视编辑人员政治理论和业务知识的学习。市地方志办班子组织全体编辑人员学习胡锦涛同志在庆祝建党90周年大会和十七届中央纪委七次全会上的重要讲话、《党的十八大报告》等相关时事报告、《关于党内政治生活的若干准则》,用理论武装干部头脑,在思想、行动上与党中央保持一致。结合志鉴编修工作实际,组织全体编辑人员学习中国地方志指导小组、省志办关于开展二轮地方志编纂工作的有关文件,全面系统地学习《国务院地方志工作条例》、《中国地方志》和《陕西地方志》等业务书籍资料,用理论指导实践。贯彻中省市纪委关于党风廉政建设有关会议精神和制度规定,开展干部作风整顿活动,加强对党员干部特别是领导干部的党性党风党纪教育,提高全体党员干部拒腐防变的意识和能力,教育党员干部在政治上、思想上、行动上要始终同党中央保持一致。健全完善反腐倡廉组织机构,细化分解反腐倡廉工作责任,把管人、管事、抓业务和廉政有机结合起来。深入落实中纪委《关于严格禁止利用职务上的便利谋取不正当的利益的若干规定》和《领导干部廉洁从政准则》。加强公车管理,严格执行公务接待有关规定,禁止公费出国出境旅游,禁止党政干部参与煤矿开采。执行政务公开,民主管理,民主决策,转变机关作风,提高工作质量和效率。

（冯伟晋）

榆林市地方志办公室

主　　任　霍光平
副 主 任　高　峻　张国华
纪检组长　李　峰
副调研员　姜良强

中国人民政治协商会议榆林市委员会

人民政协

【概况】 2012年，市政协常委会围绕市委中心工作，坚持把助推发展作为履行职能的第一要务，把关注民生作为促进和谐的重要内容，履行政治协商、民主监督、参政议政职能，较好地完成市政协三届三次会议所确定的目标任务，在全市创新转型、跨越发展、建设幸福榆林的进程中发挥积极作用。

【政协榆林市第三届委员会第三次会议】 1月4日至1月8日，召开市政协三届三次会议。会议听取并审议通过刘汉利代表政协榆林市第三届委员会常务委员会所作的工作报告；听取并审议通过高岖代表政协榆林市第三届委员常务委员会所作的提案工作情况报告；列席榆林市第三届人民代表大会第三次会议；赞同陆治原市长所作的《政府工作报告》以及市中级法院、检察院工作报告和发改、财政工作报告；听取委员大会专题发言；审议通过市政协三届三次会议政治决议和其他各项决议，会上，表彰奖励2011年度优秀政协委员，以及优秀提案和提案办理工作先进单位及先进个人。市委书记胡志强、市政协主席刘汉利分别作重要讲话。

【常委会议】 1月6日下午，政协榆林市第三届委员会常务委员会举行第七次常委会议。会议由市政协主席刘汉利主持。会议审议通过政协榆林市第三届委员会第三次会议政治决议（草案）；审议通过政协榆林市第三届委员会第三次会议关于常委会工作报告的决议（草案）；审议通过政协榆林市第三届委员会第三次会议关于三届二次会议以来提案工作情况报告的决议（草案）；审议通过政协榆林市第三届委员会提案委员会关于三届三次会议提案审查情况的报告（草案），提交全体会议通过。6月25日，市政协三届常委会举行第八次会议。会议听取市政协经济委所作的关于本市民间融资情况的专题报告和府谷县政协所作的《正确引导和规范民间融资大力推进民间融资健康发展》及市政协委员姚迎所作的《小额贷款公司可持续发展存在的问题及建议》专题发言。8月31日，市政协三届常委会举行第九次会议。市委常委、常务副市长高中印出席并作关于2012年上半年全市经济社会发展情况的通报。10月31日，市政协召开三届十次常委会议。会议协商讨论《关于本市重点镇建设情况的视察报告》；审议通过新修订的《中国人民政治协商会议榆林市委员会提案工作条例》；听取市住建局关于城建情况的通报。12月26日，市政协召开三届十一次常委会议。会议审议通过市政协常委会工作报告和提案工作报告，市政协三届四次全会有关事项和大会秘书长、副秘书长名单，市政协及各专委会2013年工作要点。听取市委办、市政府办对市政协三届三次会议以来提案办理情况通报。

【主席会议】 1月6日，市政协召开三届十一次主席会议。会议听取各组召集人关于委员分组讨论情况的汇报；审议通过政协榆林市第三届委员会第三次会议政治决议（草案）；审议通过政协榆林市第三届委员会第三次会议关于常委会工作报告的决议（草案）；审议通过政协榆林市第三届委员会第三次会议关于三届二次会议以来提案工作情况报告的决议（草案）；审议通过政协榆林市第三届委员会提案委员会关于三届三次会议提案审查情况的报告（草案）。6月20日，市政协召开三届第十二次主席会议，会议通过榆林市民间融资情况调研报告、关于本市环境保护执法工作的调研报告和关于召开市政协第八次常委会议的安排意见；讨论关于对全市重点镇建设视察的安排意见及相关事宜。8月10日，市人大常委会36次主任会议与市政协13次主席会议联合召开座谈会，专题督办榆林城区校建工程与全市教育工作。会上，市教育局、高新区、榆阳区就各自所辖区域内的校建工程与教育工作作了汇报。与会人员对校建资金短缺、教育资源配置不平衡、基础设施配套滞后、教师队伍建设亟待加强、大班额问题依然严重等突出问题提出许多建设性意见和建议。8月29日，政协榆林市委员会召开第十四次主席会议。市政协主席刘汉利主持会议并讲话。会议审议通过市政协三届常委会第九次会议议程、日程（草案）；研究讨论科教委《关于榆林市医患纠纷情况的调查报告》；听取文史委传达省政协文史工作会议精神；听取环资委汇报全省人资环委工作会议筹备情况。会议决定，政协榆林市第三届委员会第九次会议将于8月31日在榆林召开。会议主要议程是听取市政府关于全市2012年上半年经济运行情况的通报。10月26日，市政协召开三届十五次主席会议。会议审议通过市政协三届十次常委会议议程、日程（草案）；讨论通过《政协榆林市委员会提案工作条例》（草案）和讨论通过《关于我市重点镇建设情况的视察报告》、《关于全市煤炭资源整合工作情况的调研报告》、《关于我市社区建设的调研报告》、《关于榆林市城区新建学校建设的视察报告》。12月21日，市政协召开三届十六次主席会议。市政协主席刘汉利主持会议并讲话。会议审议通过三届十一次常委会议议程（草案）；研究讨论三届四次全委会议筹备工作方案和市政协常委会工作报告、提案工作报告；研究讨论成立榆林市人民政协理论与实践研究会和经济委《关于我市羊毛防寒服产业发展情况的调研报告》及相关事宜。

【中省政协领导来榆考察调研】 6月12日至13日，由省政协副主席刘新文、原副主席张伟带队的省政协经济委调研组，在本市深入靖边县调研农村饮水安全情况。6月14日至16日，由省政协常委、省政协科技委员会主任刘国泰带队，在神木县深入调研本市科技成果转化及技术交易工作情况。6月19日至23日，省政协常委、文化教育委员会主任李宗奇带领部分委员，就加强全省互联网管理在本市调研。9月3日至4日，省政协副主席李进权带领省政协社会和法制委部分委员深入榆阳、横山等地，就基层社会矛盾化解工作进行实地调研，并召开座谈会，市政协主席刘汉利主持座谈会，市委常委、政法委书记钱劳动作工作汇报。9月12日，全省政协人口资源环境委员会工作会议在本市召开。省政协副主席李冬玉出席并讲话，省政协人口资源环境委员会主任李成岗汇报工作。9月13日，省政协副主席李冬玉到靖边县白于山区扶贫移民搬迁海则畔社区项目视察。

【调研视察】 2月23日，市政协秘书长张万英一行到市政协新农村联系村——横山县白界乡黑峁墩村，就新农村建设进行调研。3月5日，根据市委安排，市政协领导要求，市政协秘书长张万英带领下基层包村干部在横山县南塔乡调研。4月5日至11日，市政协法制委组织部分委员在市政协副主席王世英的带领下，先后深入横山、米脂、榆阳、府谷等县区，就全市贯彻执行《环境保护法》的基本情况和存在的问题进行深入调研。4月份至8月份，由市政协副主席麻宝玉带队，学习文史委、文广局及部分市政协委员组成调研组，对全市政协文史工作进行了调研。4月12日，市政协副主席麻宝玉到榆林城区金沙路、恒安路云岗巷等地，调研包抓街道"创建"工作。4月18日，市政协副主席高岖带领市政协经济委、市"双创"办等有关部门单位负责人，对城区望湖路、柳营中路的"双创"工作进行实地视察指导。4月20日，市政协副主席李瑞带领市政协教科委有关人员在市体育局等相关部门的陪同下，就所包扶的村、企、贫困户进行实地走访。4月24日，市政协副主席张北平带领相关部门就包抓的兴中路、桃园路、银沙路及泽民巷、惠民巷的"创建"工作进行视察。张北平在深入实地详细了解包抓街道的现状后，在榆阳区政协以召开座谈会的形式，同市创建办、市安全局等相关部门负责人进行面对面的交流，就"创建"工作进展情况和存在问题进行研究探讨。4月23日，市政协副主席张自明带领市"创建"办和相关单位负责人，调研检查包抓街道"创建"工作。4月19日至4月20日，市政协副主席麻宝玉到神木县调研包扶村企工作。4月18日，市政协副主席李瑞带领市"创建"办和相关"创建"包抓单位，调研包抓街道"创建"工作。4月24日，市政协主席刘汉利，副主席张自明、麻宝玉带领部分市政协常委和市政协各专委会及办事机构负责人，深入榆阳、横山、靖边等三县（区），视察当前正在大力开展的"三年植绿大行动"春季造林绿化工作。4月27日，市政协副主席张自明带领市政协、市建规局、市民政局的相关同志，深入榆阳区包抓项目建设工地和联系点进行调研。4月28日，市政协主席刘汉利带领相关单位负责人，深入榆林城区西沙太和巷、春光巷、艳阳巷、春光西巷，调研包抓街道的"创建"工作。4月26日至27日，市政协副主席张北平带领市民政局、市计生局负责人，到清涧联系点调研。5月3日，市政协主席刘汉利带领相关部门负责人，到包抓联系点横山县白界乡黑峁墩村和响水镇赵峁则村进行调研。市政协秘书长张万英及横山县领导陪同调研。4月24日，市政协副主席张北平带领相关部门就包抓的兴中路、桃园路、银沙路及泽民巷、惠民巷的"创建"工作进行调研。5月15至18日，市政协副主席高岖带领经济委部分委员和市金融办、银监局、商务局等相关部门负责人就本市民间融资情况进行调研。6月5日至8日，市政协副主席李瑞带领教科委部分委员及相关部门负责人，先后前往绥德、米脂、靖边、横山、府谷、神木、榆阳等县区，就市医患纠纷情况进行调研。6月28日，市政协环资委组织市规划、城建等相关部门在市政协副主席张北平的带领下对靖边县重点镇建设情况进行视察。7月3日至4日，市政协副主席麻宝玉带领市政协文史委和相关部门负责人先后深入吴堡县、米脂县实地视察重点乡镇建设情况。7月2日至5日，市政协副主席张北平带环资委部分委员，及有关部门负责人，深入榆阳、神木、府谷、横山等县区，实地调研市煤炭资源整合工作。7月5日至6日，市政协副主席张自明带领部分市政协委员和相关部门负责人，深入榆阳区、神木县视察重点镇建设情况。7月5日至6日，市政协主席刘汉利带领部分委员及市发改、财政、交通、规划、住建等相关部门负责人，深入府谷、神木等地，调研本市重点镇建设情况。8月7日，市政协副主席高岖带领市政协经济委和市规划局负责人，在清涧视察重点城镇建设情况。9月28日，市政协主席刘汉利带领有关部门负责人，深入新农村党建联系点——横山县白界乡黑峁墩村调研。11月20日，市政协副主席高岖、秘书长张万英带领市政协经济委部分委员及相关部门负责人，就我市羊毛防寒服产业发展状况进行专题调研，并召开座谈会。2012年，市政协组织委员深入县区和周边有关地市开展调研视察，重点完成市民间融资、医患纠纷、社区建设、煤炭资源整合、全市政协文史工作等重点课题调查研究，分别形成专题调研报告5篇，并呈送有关市级领导和部门参阅。组织委员对重点镇建设、城区学校建设、环境保护执法、保障性住房建设、防寒服产业、新能源产业等开展视察，形成专题视察报告6篇，提出意见和建议40多条。

【提案工作】 3月6日，市政协三届三次会议提案交办会召开，审查立案的411件提案分别移交市委、市政府及中省有关部门办理。市政协副主席张自明、秘书长张万英出席会议。6月29日，市协政副主席张北平带领部分政协委员，就政协三届三次会议期间，李志宏委员提出的《关于榆林城区集中供热的几点意见》重点提案进行视察督办。7月20日，全市政协提案工作座谈会在府谷举行，市政协副主席张自明出席会议。10月22日，市政协秘书长张万英带领部分市政协委员，市政协提案委及市文广局、旅游局等相关单位负责人，前往统万城遗址，对市政协三届三次会议重点提案《关于进一步加强统万城保护与开发的建议》办理情况进行视察督办，并于靖边县相关部门举行座谈。10月24日，市协政副主席王世英带领部分政协委员，就政协三届三次会议期间，吕维峰委员提出的《关于对食品生产企业进行质量监管的建议》重点提案进行督办，并召开座谈会。三届三次会议以来，广大政协委员、各民主党派、各人民团体、无党派人士和市政协各专门委员会，围绕全市中心工作和人民群众关注的热点、难点问题，共提出提案449件（其中委员提案372件，团体提案77件，分别占提案总数的82.9%、17.1%）。经审查，立案414件，占提案总数的92.2%，作为委员来信转有关部门单位处理35件。截止2012年底，立案的414件提案全部办复，办复率为100%，委员满意率和基本满意率达98.6%。

【文史工作】 4月5日，市政协召开《榆林文史》第十二辑发行暨文史工作会议。市政协主席刘汉利出席会议并讲话，副主席麻宝玉主持会议，秘书长张万英出席会议。8月23日至29日，榆林市政协组织部分委员和机关干部，参加全国政协在北戴河举行的干部培训学习。全国政协文史和学习委员会驻会副主任、中国人民政协理论研究会副会长卞晋平，全国人大常委会、财经委员会副主任、九三学社中央副主席贺铿，国家行政学院综合教研部教授、博士朱岚，全国政协委员、军事科学院世界军事研究部副部长罗援将军分别以《人民政协的性质职能和经常工作》、《借鉴传统资源　推进文化建设》、《我国目前的宏观经济形势与任务》、《国际现状与军事热点》为题，讲解如何认识和做好政协工作，分析全国目前的宏观经济形势、面临的突发事件及管理经验、教训，国际外交形势与军事热点问题以及社会主义先进文化在当前的价值体现，比较详实地了解全国经济、政治、文化、军事目前所处的现状、快速高效发展的成效和存在的诸多问题。

【宣传工作】 三届三次全委会前，拟定宣传方案，并在会前组织市、区两家电视台对三届政协的调研视察、重点提案和社情民意办理及自身建设等各项工作分别进行多次连续采访报道，为大会的召开营造良好社会舆论氛围。会议宣传组举行市政协三届三次会议新闻发布会，对全委会后市政协召开的各次常委会议的宣传报道比较到位。二是抓好重要工作和活动的宣传报道。市政协各专委会组织的调研视察，全国政协、省政协和兄弟政协来榆的调研、参观、考察以及各种形式的专题议政和协商、监督等活动，主动联系新闻媒体或派人参与宣传报道，其中参与调研视察、提案督办等活动30余次。三是与市委宣传部联合举办“榆林市第十二届宣传人民政协好新闻评选活动”，调动广大新闻工作者和政协特邀宣传信息员宣传报道政协工作的热情。四是在《榆林日报》上开辟“政协知识”专栏。五是与市电视台新闻部和区电视台新闻部联合开办的旨在宣传市、县（区）政协工作和各条战线上委员业绩的“政协工作巡礼”和“委员风采”专题栏目，全年共制作和播出30余期。六是与榆林人民广播电台合办的“政协之声”栏目，全年共播出40余期，拓宽了政协宣传的渠道和路径。七是由研究室主办的内部刊物《榆林政协》，全年共编辑出版4期，共50余万字。

【信息工作】 全年共收到委员和特邀信息员反映的社情民意信息100多件，其中在机关内部刊物《榆林政协》刊发20多件，以《社情民意信息专报》整理、编发65期，引起有关领导和部门的高度重视，促进了社会各界关注的一些热点、难点问题的解决。付翔委员的《关于加快中小企业服务体系建设的建议》、马桂林委员的《关于完善保障性住房建设管理机制的建议》、李永飞委员的《关于重视发展学前教育的建议》在《榆林日报》上刊登后引起社会各界关注。组织召开3次社情民意约谈会，委员们和特邀信息员提出有价值的意见和建议，及时以《社情民意信息专报》整理、编发。11月2日，市政协秘书长张万英带领部分政协委员，对市中小企业局所承办的社情民意信息的办理情况进行重点督办,促进社情民意的办理落实。

【情系民生】 1月10日至12日,市政协副主席麻宝玉看望慰问神木县沙峁镇沙峁村村民杨区珍与榆阳区贫困农民工刘世梅一家,表达对困难群众的关心和爱护之情。1月17日,市政协副主席王世英慰问原榆林第二毛纺厂下岗职工张红伟。1月18日,市政协主席刘汉利在市政协秘书长张万英及市民政局有关同志的陪同下,专程到佳县佳芦镇潘家畔村困难群众潘治全家中看望慰问。3月20日,根据市委安排,市政协要求,市政协副主席王世英带领法制委干部,就全市开展的万名干部下基层"问政于民、问需于民、问计于民,解民忧、解民怨、解民困"的"三问三解"活动,深入米脂县石沟乡庙焉村督查工作。4月1日,根据市委安排,市政协领导要求,市政协秘书长张万英带领下基层包村干部在调研的基础上,组织委员和各界知名人士,在横山县南塔乡姬家沟和胡沟岔村,开展解民忧、解民怨、解民困活动,深受群众欢迎。4月18日,市政协下基层包村干部,在深入调研的基础上,与村上干部同心协力,为横山县南塔乡胡沟岔村村民解决实际问题,勤办好事、实事。5月19日,市政协下基层干部带领包扶村干部和党员,在米脂县高西沟、孟岔村和杨家沟革命旧址学习考察。7月13日,市政协召开赴横山包村扶贫单位联席会议。市政协秘书长张万英主持。9月21、22、23日,榆林市政协副主席李瑞带领科教委部分委员和医疗、农林水牧专家,及市民间艺术团骨干演员,深入横山、子洲等县部分乡村,开展科技、文化、卫生"三下乡"活动,进一步扩大政协影响,努力为丰富农民文化生活,增强农民致富能力,推动农村经济发展发挥积极作用。11月28日,市政协委员、榆林国信软件研发中心经理魏玺华给定边县白泥井镇伊涝湾村贫困大学生戴润元资助1万元,帮助完成学业。

(高文喜)

政协榆林市第三届委员会

主　　席　刘汉利
副 主 席　张自明　王世英
　　　　　李　瑞　高　岖
　　　　　张北平　麻宝玉
副市级咨询员　刘　洪
秘 书 长　张万英
副秘书长　李志宏　马锦毅
　　　　　高光耀　刘培禄

常务委员(67名　按姓氏笔画为序)

卜春亚　万正成　马小莉(女)
马宝珍(女)　王　成
王世英　王艳芳(女)
王晓怡(女)　艾先明
叶茂盛　卢增富　冯　成
冯仗伟　冯成文　边兆芳(女)
任静波(女)　刘　彪
刘汉利　刘亚飞　刘建勋
刘晓明　刘培金　米　劲(女)
孙　彬　孙利斌　杜修洲
杨　政　杨培林　李　丁
李　瑞　李治清　李保才
李益民　李爱珍(女)
宋玉琪　张　宇　张　宏
张万英　张子亮　张北平
张玉华　张自明　苗　飞
胡统金　封三海　郝亚军
赵占东　赵红东　贺加明
贺志平　贺佩蓉(女)
贾正兰(女)　徐亚平
高　岖　高生荣　高军强
高利民(女)　高秀华(女)
黄志宏　麻宝玉　曹好成
曹雨生　常　伟　寇俊仁
薛占山　薛建文　薛笑丛

提案委员会

主　　任　李俊芳(女)
调 研 员　王国伟
副 主 任　王　延(女)　贺　凯

经济委员会

主　　任　柴自军
副 主 任　乔海鹏

学习文史委员会

主　　任　王　馨(女)
副 主 任　陈　明

教科文卫体委员会

主　　任　白云国
副 主 任　郭丽芳(女)

社会法制民族宗教委员会

主　　任　张　岚(女)
调 研 员　李靖生
副 主 任　贾光明

人口资源环境委员会

主　　任　冯　成
副 主 任　姬乃彪

委员工作委员会

主　　任　张玉萍(女)

办公室

主　　任　马锦毅
调 研 员　郝世平　庞　瑶
　　　　　杨虎斌　刘　燕(女)
副 主 任　张存贤
副调研员　杨敬林　李　慧

研究室

主　　任　高光耀
副 主 任　刘荣廷

综合业务处

处　　长　赵晓亮
调 研 员　边兆芳(女)
副 处 长　栾　冰(女)
　　　　　王芝芳(女)
副调研员　徐永宏

机关事务中心

主　　任　李志宏
调 研 员　武利忠
副 主 任　张肖毅

纪检组

组　　长　李敬东

政府法制工作

【概况】 2012年,市法制办在市委、市政府领导下,在省法制办的具体指导下,在人大、政协的关心支持下,以全面落实科学发展观为统领,围绕市委、市政府的中心工作,开展创建全省依法行政示范市各项工作,履行各项职责,按照要求完成各项工作任务。

【依法行政工作】 安排部署全市依法行政工作。召开全市依法行政暨创建依法行政示范市工作电视电话会议,总结2011年度全市依法行政工作,表彰奖励神木、靖边、定边、子洲、横山县政府法制办等5个2011年度先进县区政府法制办,命名市财政局、公安局、农业局、综合执法局、技术监督局、交警支队等6个市政府依法行政示范单位,安排部署全年全市依法行政和创建依法行政示范市工作。常务副市长讲话,市政协,市人大、市中院相关负责人出席会议。各县区政府分管政府法制工作的县区长、县区法制办主任、县区各部门负责人;市政府各工作部门、各直属机构分管法制工作的负责人参加会议。召开全市县区政府法制办主任座谈会。给各县区政府法制办颁发2012年度工作目标任务书,各县区法制办主任交流2012年工作打算,提出建议。制定年度依法行政工作计划。按照《陕西省2012年依法行政工作要点》和《榆林市加强法治政府建设规划(2012—2016年)》的要求,4月23日,市政府办制定印发榆林市2012年度依法行政工作要点。将九项主要任务分解到各责任部门落实。四是举办市政府领导干部法制讲座。5月23日,市政府举办领导干部法制讲座,省政府法制办主任宋昌斌以“加强依法行政,建设法治政府”为题作专题讲座。市长主持并讲话,副市长及市政府各工作部门、直属机构、直属企业负责人等听取讲座。召开创建依法行政示范市、省级文明城市、法治榆林工作推进对接会。5月17日,市法制办、文明办、司法局共同组织召开市三项创建工作推进对接会。分别通报工作进展情况,对三项创建工作的特点、工作推进中存在的问题以及下一步工作思路讨论的基础上,就如何更好地、有效地推进三项创建工作形成若干一致意见。对各县区法制办进行目标责任考核。本办与各县区法制办签订《榆林市县区政府法制办2012年度工作目标责任书》,确定2012年法制工作的目标任务,达到推进县区法制工作的效果。

【行政执法监督】 召开特邀依法行政监督员座谈会。会上,给各位监督员颁发《陕西省依法行政监督证(特邀)》,学习依法行政监督人员工作守则、陕西省依法行政监督办法和陕西省依法行政监督证件使用管理规定。发挥依法行政特邀监督员的作用,市政府进行依法行政监督检查。有些重大复杂案件邀请监督员从始至终参加案件审理的全过程。办理行政执法投诉案件。对郑海明反映本市有大量私家车辆和出租车经过省质量技术监督局批准的改装企业进行油改气改装,但在运行中私家车受到交警罚款及机动车检测企业办理会员卡属于变相收取检测押金,针对此事本办进行行政执法监督。开展《会计法》、《预算法》执法检查。4月,市法制办与市财政局联合开展对90多个市级行政事业企业单位执行《会计法》、《预算法》及会计基础工作情况的检查考评考核。制定特邀行政执法监督员和法律顾问两项制度。《特邀行政执法监督员工作规》规定监督员的范围、条件、聘请程序、工作职责、权利义务、解聘的情形、聘期、法制机构的职责等内容。法律顾问工作规则规定政府法律顾问的主要职责、工作程序、工作纪律等内容。这两个制度的建立,将为本市拓宽监督渠道,发挥社会监督作用,促进规范执法、文明执法起到制度保障的作用。开展行政执法案卷和城市管理综合执法行政处罚案卷评查工作。5月25日,抽调市级相关部门工作人员、依法行政特邀监督员、市政府法律顾问7人组成评查组,对市综合执法局、文广局、商务局和靖边县、横山县报送的50卷行政执法案卷进行集中评查。评出优秀卷14卷,占28%;良好卷16卷,占32%;合格卷18卷,占36%;不合格卷2卷,占4%。所有案卷平均分为87.16分。与上年相比,优秀案卷所占比例有提高,不合格案卷所占比例有所降低。

【创建依法行政示范市】 本市被省政府确定为全省创建依法行政示范市试点单位,市政府常务会议研究通过《榆林市创建依法行政示范市工作方案》。根据省依法行政示范市创建标准的十一项指标,五十项具体内容要求,制定十大项100多小项具体创建工作任务,分解落实到18个部门和有关行政执法部门。

【文件管理】 全年共收到送审文件68件,审结55件,继续审查13件。在具体审查上,始终坚持合法性原则,对不符合法律规定、乱设职权、越权设定权责的,坚决退回起草部门,不予通过;对于职权交叉、权利义务规定不明确的,召集相关部门予以协调、明确,提高规范性文件的制定质量。规范性文件报送备案方面。抓向省政府和市人大的报送备案,向省政府、市人大报送备案规范性文件12件,都通过省政府的合法性审查。转办省政府法规、规章草案23件。抓县区政府的报送备案工作。各县区向市政府报备规范性文件59件,对每一件都进行审查,发现问题及时予以纠正。市政府重大决策审查方面。共审查各类合同、框架协议等涉权涉法文件22件。市政府制定《榆林市重大行政决策程序规定》,建立重大行政决策听取意见制度、重大行政决策听证制度、重大行政决策风险评估制度、重大行政决策的合法性审查制度、重大行政决策集体决定制度、重大行政决策实施情况后评价制度、行政决策责任追究制度等七项制度。文件签署发布后,及时在市政府门户网、政府法制信息网、市政府公报等媒体上及时公布。开展规范性文件后评估工作。7月份,对市政府2011年发布实施的《榆林市公证办法》进行后评估。邀请市人大代表和政协委员实地走访,调研市、区两个公证处,并组织各县区公证处主任参加,召开榆林市公证办法后评估工作座谈会。收集相关调研材料,对座谈会反映出的意见整理、分析,最后进行综合论证,形成专项评估报告。通过开展评估活动,对《榆林市公证办法》在本市进一步合理有效实施,起到社会成效。确定神木县为创建规范性文件“三统一”制度试点县,开展建立规范性文件统一登记、统一编号、统一公布工作。神木县政府出台的规范性文件,都统一在政府法制办进行登记编号,并在神木县《政府公报》上统一公布。落实涉权涉法文件逢文必审制度。全市十二县区全部建立“逢文必审”制度,对政府所有的涉权涉法文件进行法律审查,从源头上杜绝行政决策违法出台。共审查各类合同、框架协议等涉权涉法文件22件。

【行政复议和应诉工作】 行政复议方面。共收到向市政府提出的行政复议申请73件,经审查,符合法定条件立案受理59件(合并审理为22件),其中已审结46件,正在审理或中止的13件(其中因同一类案件涉及法律问题,需要有权机关作出解释而中止8件),作出其他处理的14件(作出不予受理决定的2件、作告知转送处理的4件、通知补正而未补正的8件)。法定期限内结案率100%。在已经作出决定的案件中,作出维持决定的5件、作出撤销决定的2件、因促成双方和解而自愿撤回复议申请后作出终止决定结案的2件、合并审理后作出责令履行法定职责决定的1件。行政复议的范围涉及土地、林地、房产、劳动、质量技术等行政管理诸多领域。在审理案件中始终坚持公开、公平、公正的原则,以事实为依据,以法律为准绳,确保当事人的合法权益。创新审理模式,变书面审查为现场走访,公开举行听证会,能调解的调解,调解不了的依法做出决定,做到“定纷止争,案结事了”,化解行政争议,解决当事人之间的矛盾。

行政应诉方面。全年共承办市政府应诉案件5件,其中诉讼4件、复议1件,已经法院判决维持的3件。为搞好行政应诉,接受司法监督,法院判决生效后,及时通知相关部门配合执行。权属案件方面。林地权属纠纷案件审查工作。共审查市国土资源部门上报的土地、林地权属纠纷案件5件。与市中院联合开展榆林市土(林)地权属争议行政处理研讨项目,对典型案件多次展开调研,召开研讨会议,商讨解决土地权属案件的法律适用和处理方式等问题。在处理土林地权属案件的基本原则、法律适用问题、证据采信及事实认定、建立综合协调的联动机制等方面达成一致意见,形成纪要。编发8期《行政复议专报》。办结的复议案件都在《行政复议专报》上刊登案情分析、通报处理结果、指出案件存在的问题,送全市各部门及市政府领导参阅。在办案过程中积极运行行政复议建议书制度,在办理一件行政复议案件期间发现有法律、法规、规章实施中带有普遍性的问题,向行政机关发出《行政复议建议书》2份,建议行政机关以后在办理类似案件时,严格按照法律规定,规范行政权力运行程序,确保行政程序合法有效。

【法制宣传】 探索推进依法行政、建设法治政府的新思路、新方法,提高全市法制理论研究工作水平。研究制定《2012年政府法制理论研究计划》,确定15个方面的研究内容,要求各县区各部门高度重视并结合工作实际认真开展法制理论研究,对报送的理论文章,市法制办组织专家进行评比,对获奖的论文作者分别给予奖励并在全市予以通报表彰,并将优秀论文汇编成《年度政府法制论文集》。省法制办对本市的法制理论研究工作在全省通报表彰,其中市法制办获得优秀组织奖,个人获得两个二等奖和一个三等奖。为了搞好政府法制宣传工作,年初将政府法制宣传工作列入依法行政年度计划,作为年度政府法制工作要点的重要内容,统一安排部署。制定具体工作方案,明确法制宣传工作的指导思想、工作要点、工作安排、工作要求等内容,印发了《榆林市2012年政府法制宣传工作计划》,要求各县区、各部门要把政府法制宣传工作作为推进依法行政、建设法治政府的重点工作来抓,全年要有督促、有检查、有要求,年终要有总结、有表彰,要从人、财、物等多个方面给予保障。一是编发《榆林政府法制》和《法制工作信息》共30期。对各县区、各部门的法制工作、依法行政工作、典型经验等工作进行了很好的宣传。二是做好政府法制信息报送工作。落实省办政府法制信息报送制度,全年在市政府法制网、市政府网站刊登信息168条,在省政府法制网和国务院法制网刊登信息40条。三是加强对法制系统工作人员的培训。《行政强制法》颁布实施后,组织全市79名法制系统干部和行政执法人员参加了中国政法大学举办的培训班。

【队伍建设】 开展机关作风整顿。2月16日,全市干部作风整顿动员大会之后,本办在第一时间组织召开全体干部职工会议,学习传达市委书记胡志强《整顿干部作风、凝聚发展合力,为建设幸福榆林提供坚强保障》的动员讲话和市委《关于开展干部作风整顿活动的意见》,成立市政府法制办干部作风整顿活动领导小组,对整顿工作进行安排部署。确保整顿工作有序推进。进一步开展“三问三解”活动。办领导带头,利用各种机会,深入基层,访民情问民意,确定三个县区的三个联系点,为群众解决困难。加强法制队伍建设。坚持以创建学习型、服务型、廉洁型、节约型机关为目标,加强机关自身建设。新增设一个科室,补充工作人员,对各科室和人员进行明确分工,责任到岗、到人。对办各科室任务完成情况进行考核。制定《2012年法制办主要任务分解方案》,将各项工作任务分解为具体项目,落实到具体承办人,确保人人肩上有责任,件件工作有着落。参加公文处理知识大赛。为进一步提高市政府机关各单位公文处理能力,提升行政服务水平、规范机关公文处理格式,组织人员参加了市政府机关举办的“工商银行杯”首届公文处理知识大赛。召开以“学习贯彻十八大精神,提高工作水平”为主题的民主生活会。班子成员围绕工作实际,开展党性分析和对照检查,深入开展批评和自我批评,并针对群众反映的问题进行整改。

(侯小杰)

市政府法制办公室

主　　任　苗保柱
副 主 任　韦福祥
副调研员　李芝东

司法行政工作

【概况】 2012年,全市司法行政工作在市委、市政府的领导和省司法厅指导下,以开展“忠诚、为民、公正、廉洁”政法干警核心价值观教育实践活动为载体,围绕中心,发挥职能,服务大局,创新工作,司法行政各项工作取得显著成绩,年度目标责任考核争先进位,全市司法行政工作水平得到整体提升。

【法律服务工作】 推进律师为省人大代表、政协委员担任法律顾问工作,全市50名法律顾问律师为人大代表、政协委员提供法律服务531次;加强律师服务“两会”工作,会议期间选派20名律师驻会,为市人大代表、政协委员解答法律咨询76次,为大会议案、提案提出修改建议23条;开展“法律服务进企业、化解矛盾促和谐”活动,组织律师深入大中型企业为10家企业进行“法律体检”;开展“扩公证、防矛盾、促和谐”法律宣传、“百处万件”和公证案卷质量大评查活动,公证质量明显提升;规范“12348”法律援助专线电话服务功能,在全市法律援助中心设立“点员台”,在市信访局信访大厅设立法律服务和法律援助窗口,及时为信访群众提供法律服务、法律援助和政策咨询,引导群众依法解决诉求。全年全市法律服务工作者共办理各类诉讼案件3577件、公证事项13360件、援助案件2680件、司法鉴定案件3801件。

【普法依法治理工作】 适时召开全市法制宣传教育工作暨“六五”普法推进电视电话会议,制定下发《“六五”普法工作督查》等六项制度。绥德、子洲等部分县将普法依法治理工作纳入年度目标考核内容,使软任务变成硬指标。在全市推行谁主管、谁负责板块式大普法格局。加强法治文化阵地建设,全市建成15个法治文化广场、153条法治文化街(墙)、3500个法制宣传栏和法制宣传橱窗。深化“法律六进”工作,举办“企业法律风险防范相关问题”等法治榆林大讲堂和企业经营管理人员法律讲座68场次,提高企业法律风险的防范意识和应对能力。开展以“学法守法,提高法律素养”为主题法律进学校法制宣传活动。组织全市校园法治报告会132场次、法治主题班会1230堂、自编自导普法教育小节目30余台。举办法制副校长及法制教师培训班9期,开展校园周边法制环境整治及宣传13次。组织新任领导干部法律知识培训班3期,举办法制文艺演出活动167场次,受教育群众270万人次。组织全市首次领导干部和公职人员无纸化学法用法考试,12463人参加考试。

【人民调解工作】 履行全市维稳工作成员单位职责,开展矛盾纠纷大排查大调处活动,全年共排查矛盾纠纷10330件,调解纠纷9809件,成功率95%。化解疑难案件721件,防止群体性事件253件。抓专业性、行业性调委会建设,成立榆林市预防和调处医疗纠纷工作领导小组和榆林市医疗纠纷调委会,组建医学、法学、人民调解员专家库。聘请医学专家228名、法学专家78名、人民调解员340名。健全医疗纠纷人民调解工作制度,出台《榆林市医疗纠纷预防和调解处理实施办法》、《榆林市医疗纠纷人民调解工作实施方案》,规范医疗纠纷人民调解工作,确保依法公正调解。十八大前对横山县村民王如兰与榆林二院医疗纠纷的有效调解，在社会上引起良好的反响。横山县在煤矿设立18个矿区调委会，调解最大的一起纠纷涉及金额1.71亿元。全市共设立交通、医疗、城建、劳动等行业性、专业性人民调解组织136个，道路交通事故人民调解组织实现全覆盖。

【社区矫正、安置帮教工作】 履行社会治安综合治理特殊人群管理职责，全面推进社区矫正和安置帮教工作，全市建成市、县、乡三级社区矫正组织机构206个，配备工作人员31名，确定兼职工作人员491名。健全社区矫正人员接收、管理、考核、奖惩、解除矫正等制度，加强硬件建设，榆阳、神木、府谷、米脂、靖边等9个县区实行社区矫正人员手机定位追踪GPS定位系统管理，增强对社区矫正人员的监管力度。全市接受社区矫正587人无一人重新犯罪。加强安置帮教管理和服务能力。建立安置帮教机构221个，安置帮教小组1252个。建成靖边县海则滩乡丰程实业有限责任公司肉羊繁殖基地、横山县石马坬农场、榆阳区金龙大酒店三个“新航之家”安置帮教基地。全市共有安置帮教衔接人数1510人，实际帮教人数1010人，帮教率达66.8%，没有重新犯罪现象发生。

【基层基础建设】 全市建成司法厅命名的省级规范化司法所95个，218个司法所理顺管理体制，7个县区105个司法所落实了副科级建制。市县司法业务用房建设进展顺利。7个县局司法业务用房已立项。子洲、吴堡、定边县司法业务用房建设资金到位1381万元。严格执行建设资金管理使用规定，确保专款专用。

【国家司法考试】 严格按照要求组织国家司法考试，未发现任何违规违纪行为。全市司法考试网报人数702人，实际参加考试人数565人，达到合格分数线以上128人，通过率22.7%。

【依法行政】 坚持依法行政，推进政务公开。在市政府门户网站和司法行政网站向社会公开部门主要职责、主要工作任务及目标、部门基本情况及预算收支总体情况、行政许可事项、司法考试相关内容。在榆林政府门户网站开展法律常识问卷调查、司法行政机关依法行政问卷调查?、司法行政系统满意度问卷调查，全市30853人参与了此项活动，满意和基本满意度达到95%以上。加强网站投诉工作，及时处理投诉及咨询事项3件。强化网站管理，司法门户网站信息内容更新和网上咨询办理全市综合考评排名稳居全市第二。

【党风廉政建设】 开展全市司法警用车辆违规问题专项整治工作。召开“全市司法行政系统警车管理负责人及驾驶员培训会”，制定《榆林市司法行政系统警务用车管理规定（试行）》。对司法警车闯红灯、超速行驶、违规停放等违规现象进行整顿教育并作出处理。开展禁止公职人员参与高利贷自查自纠活动，全系统工作人员遵守民间融资、借贷的相关法律法规政策，没有参与高利放贷等违规行为。

【队伍建设】 在全系统开展“忠诚、为民、公正、廉洁”政法干警核心价值观教育实践活动，司法行政干警素质明显提高。落实市委“三问三解”工作，开展“访民意、送法律、调矛盾、解民困”活动。抽调38名干部和当地法律服务工作者分赴全市12县（区）、深入60个乡镇、120个村组，共走访农户家庭412户，调研26个司法所和120个调委会，集中调解疑难纠纷18起，回访服刑人员家属27户，帮教刑释解教人员13人，指导社区矫正人员15人，举办法律讲座51场，发放《农村法律知识问答》等法律法规政策书籍4.5万册，做到想民忧，解民困。开展万名干部下基层，深入子洲县裴家湾镇姜家源村和吴家焉村了解情况，解决群众吃水、修路、化肥等具体问题。为定边县杨井镇海底扶贫村筹集资金1万改善村委会办公条件，深受群众好评。

（薛秀琴）

榆林市司法局

局　　长　王兴贵（5月离任）
　　　　　张引胜（5月任）
副 局 长　李孝南　孙有强
　　　　　王小健　李国荣
纪检组长　靳守平
调 研 员　王兴贵（5月任）
副调研员　郝浔华

公安工作

【概况】 2012年，榆林市公安机关在市委、市政府和省公安厅的领导下，围绕党的十八大安保这一主线，突出“幸福榆林”建设这一主线，精心组织、强化措施，扎实开展矛盾纠纷排查化解、重点人员重点部位管控、社会治安集中整治和干部作风整顿等各项重点工作，全市社会治安大局持续稳定，人民群众安全感和对公安工作的满意度明显提升。

【打击刑事犯罪】 结合全市社会治安和党的十八大安保工作实际，组织开展“冬季严打”、“四打击三整治三防范”、“654”严打整治大会战、“破案会战”等专项行动，压缩违法犯罪分子的活动空间，取得明显成效。一是加大对影响人民群众安全感案件的打击力度。牢固树立民意引领警务的理念，采取措施，严厉打击多发性侵财案件和涉众型经济案件等事关群众切身利益的犯罪活动。2011年12月至2012年11月，全市共立各类刑事案件16293起、破获刑事案件11531起、刑事拘留5115人、逮捕3550人，与上年同比多立刑事案件1845起，多刑事拘留138人、多逮捕369人，百名民警逮捕人数位居全省第一。侦破“法轮功”宣传煽动案件4起、抓获涉案人员5名、收缴反宣资料6000余份，查处邪教案件21起、抓获顽固分子31人、清查一般信徒70人。全市共立现行命案46起，破获45起，破案率97.83%，破获“两抢一盗”系列侵财案件7531

起，抓获网上逃犯2024名，其中抓获外省网上逃犯399名。破获各类毒品刑事案件486起，强制隔离戒毒1702人，缴获各类毒品海洛因3923.5克，冰毒75.01克。破获经济犯罪案件645起，涉案总值12.41亿元，挽回经济损失5.64亿余元。利用技术手段破获案件188起、抓获犯罪嫌疑人326人、打掉团伙犯罪组织56个。

【社会治安管理】 加大对社会治安重点区域的整治力度。针对老百姓反映强烈的“黄赌毒”问题，完善以暗访、巡防、回访为主要内容的涉赌、涉黄问题即发即整治工作机制，落实涉赌、涉黄重大案件督办、重大线索经营和治安乱点整治三项措施，始终保持对违法犯罪的高压态势。2011年12月至2012年11月，全市受理治安案件18514起、查处18290起、处罚违法人员23130人、行政拘留9953人、劳动教养112人，全市百名民警查处治安案件数、治安拘留人数位居全省第一。强化危爆物品管理。把民爆物品管理作为十八大安保的重要工作任务，严格落实爆炸、剧毒、枪支弹药等危险物品的审批监管责任和安全监管措施，精心组织开展灭枪治爆专项行动，确保民爆物品不流失、不打响、不炸响，不留隐患。全年共查处涉爆案件13起、涉枪案件6起，逮捕8名，收缴炸药21663公斤、雷管5971枚、子弹661发、各类枪支108支、烟花爆竹1000余件。建成烟花爆竹流向管理信息系统，组织开展爆破作业单位民用爆炸物品储存库安全评价工作，培训涉爆人员4926人，民爆物品安全管理得到进一步夯实。强化重点部位安全检查。加大对首脑机关、水库水源、金融机构、广播电视、通信、文博、医疗机构等重点要害部位的安全检查力度，启动银行营业场所、金库安防设施第三次安全评估，检查经文保单位808个、治安保卫重点单位352个、金融网点529个、金库218座，排查医疗机构1246家，登记文物20181件，督促整改治安隐患89处。总结2008奥运安保工作经验，开展输油气管线安全保卫工作，明确各有关部门和涉油气企业的任务职责，协助企业按照每公里2人的密度加强管道巡护，组织开展输油气管线反恐应急演练4次。

【公安行政管理】 户政部门以推进有条件的农村居民进城落户和一代证换发二代证工作为契机，开展清理重人重户、规范户口登记项目差错纠正和人口信息补录工作，保持人口信息数据的准确、鲜活。全年共上传二代证制证信息288121条，办理二代证317161张，办理农村居民进城落户居民户口3505人、居住户口35522人。出入境管理部门启动电子护照工作，实现对出境人员基本数据采集、录入和比对工作，杜绝违规出境问题的发生。积极探索境外人员实有人口管理工作机制，组织开展境外人员基础工作整治专项活动，加强涉外单位和常住在榆境外人员的信息入库、登记造册、档案管理等工作，做到外国人管理工作底数清、情况明、管得住、服务好。投入8500万元用于“天眼工程”建设，投入1542万元用于戒毒所二期工程建设，投入490万元进行市局网侦手段的升级扩建，投入180万元用于技侦手段建设，投入145万元用于足迹自动比对系统、枪弹测速系统、现勘信息便携快速录入系统等刑侦手段建设，投入70余万元扩建出入境接待大厅，投入50余万元改造市局机关警务大厅。将信息调研工作纳入办公室年度目标考核范畴，实行季度通报制度，激发基层活力，推广先进经验，宣传工作亮点。历时两年完成新中国成立以来本市公安第一部志书《榆林公安志》的编撰任务，并于4月23日举行首发仪式，填补本市没有公安专志的历史空白，受到省厅编史办和市地方志办公室的充分认可。组织开展机要保密安全检查专项活动，举办计算机违规深度检查取证、系统及存储介质信息消除工具培训班，全市公安民警的保密意识明显增强。推进档案目标等级化管理，全市有省AAA级档案室12个，AA级档案室57个，位居全省前列，全市公安档案工作“一年打基础，二年上台阶，三年全达标”的工作目标基本实现。

【社会治安管控】 强化治安防控体系建设。推进“853”治安防控体系特别是街面巡逻防控网、实时视频监控网和公安检查站的建设工作，工作成效明显。全市建立网格化责任巡逻警区99个、配备巡逻车辆118台、落实巡逻警力1498人，一线巡警占到巡警总警力的93%。神木、府谷、绥德等县的实时视频监控网建设任务全面完成，榆林城区天眼工程建设稳步推进，全市已建成各类视频监控探头21175个、三级图控中心22个，基本实现榆林城区高清视频监控图像在市局指挥大厅的汇接和调控。全市在出入城区的主要路口建成投入使用公安检查站40个，提高防范、打击和管控效能，全市“空中有监控、地面有巡逻、出城有卡点、社区有联防”的立体式、多层次的社会治安防控网络初步形成。加强基础信息采集。全市公安机关以公安信息系统建设为抓手，最大限度地采集、登记公共场所、特种行业基础信息，基本做到重要阵地不失控、重点对象不漏管。围绕就业、居住等基本环节，推行“实有人口、实有房屋、实有单位”管理服务工作，强化流动暂住人口和出租房屋信息采集，信息的登记率和准确率不断提高。共录入暂住人口信息133142条，出租房屋14024条，其他治安类信息255618余条。神木、府谷、靖边县公安局推行“一证通”、“三色管理”的流动暂住人口管理新模式，实现暂住流动人口的信息化、规范化管理。榆阳、横山、吴堡县公安局推出“重点人口重点管、一般人口一般管、放心人口放心管”的实有人口分类分级管理机制，加强对流动、重点人员的核查管控工作，做到了“动知去向、行知轨迹”。强化矛盾纠纷排查化解。结合“三问三解”、“三访三评”等爱民实践活动，加大对重点领域矛盾纠纷的排查化解力度，开展信访工作“六清”活动，缓解社会冲突、减少社会对抗。治安部门和各基层派出所依托“守护平安·干净社区”活动，提前介入、主动化解矛盾纠纷,全年共化解社会矛盾纠纷4408起,处置国家电力公司和省地方电力公司群体性对峙、天然气化工厂职工大规模聚集等群体性事件12起。信访部门严格落实"定承办人员、定督办领导、定化解措施、定化解期限、定目标责任、领导包案"的"五定一包"工作机制,化解一大批重点疑难信访案件,全年共办理群众来信来访320起,办理中省交办的重点信访案件107起,办结化解率达96%,全市涉法涉诉信访案件同比下降11%。

【队伍建设】 坚持以"1+9"制度规范队伍建设,采取兼职教官教学、外聘榆林党校、榆林学院的教授讲学、典型案例剖析讲学等多种教学方式,开展"忠诚、为民、公正、奉献、廉洁"的人民警察核心价值观教育,开展公安民警日常业务教育培训,民警的执法为民意识和业务工作水平得到明显提升。全市共组织175名局长和民警参加公安部和省厅组织的公安局长调训、司晋督培训、实战教官培训等10期调训。组织民警参加公安部"机关大讲堂"6次、省厅远程心理健康教育1次,组织65名科级干部参加市委组织部、党校举办的"科学发展观教育培训班"。组织编写约200余万字的各类培训教材6类8本,应用于教学实际,受到市人民警察训练学校教官和参训学员的一致好评。依托省厅教育训练平台,建立涵盖刑侦、治安、经侦等二十多个警种和专业的网上训练题库,组织713名民警参加了9个分警种网上考试。规范队伍管理。积极争取有关部门的支持,完成榆横工业园区公安分局的机构设置和人员移交工作,完成榆横、榆神公安分局暂定编制的申请任务,截至2012年底榆横公安分局的编制总数50名,榆神公安分局的编制总数45名。有序开展2012年度司法体制改革招录计划工作,2012年度全市计划招录人员50名,招录数量全省第二。提前完成市局机关、交警支队、榆阳、榆横、榆神分局1100名公务员,每人138项信息的公务员信息管理系统录入任务。狠抓从严治警。按照市委的统一部署,组织开展领导干部作风整顿、"五个集中整治"和警用车辆违规问题专项整治等多个专项活动,建立了领导值周带班、例会通报和民警八小时外监督管理等三项制度,全市共处理违法违纪民警113人,其中党纪政纪处分54人、诫勉谈话46人,刑事拘留1人、停止执行职务43人,禁闭4人,辞退10名。注重宣传发动。运用广播、电视、报刊、网络等新闻媒体,及时召开新闻发布会和媒体通气会,宣传公安机关在"三访三评"、"三问三解"、"人民警察核心价值观教育"、"三大战役"等重点工作中的努力和工作成效,取得良好的社会效果。坚持"重部头、上大报、争头条"的原则,加强与《人民公安报》、《陕西日报》、《西部法制报》等重点媒体的合作力度,发表《榆林"破案会战"侦破案件80起》、《榆林:"动静结合"提升社会管理效能》、《信息化为"平安榆林"创建插上科技翅膀》等一批质量高、影响大的新闻稿件。按照省厅统一部署,与《华商报》联合策划一期"局长热线"活动,局领导与刑警、治安、户政等相关科室负责人现场解答群众问题,收到良好社会效果。

(奥 亮)

榆林市公安局

党委书记、局长	秦康健(9月调离)
	张 明(9月任)
副局长	白玉功 薛治安
	袁 郡 赵国碧
	韩仕儒 姜茂雄
	李安镇
政治部主任	刘世津
纪委书记	刘仁亮
调研员	钟文发 黄 镇
副调研员	何 忠 张旭忠
	高建礼 艾宝山
	王 东 刘维平
	王海英 杨广胜
	赵生贤 安 萍
	贺国民 高爱军
	李万民 王 琪
	李 萍 高 屹

公安交通管理工作

【概况】 2012年,全市公安交管工作在市委、市政府和市公安局党委的领导下,在省总队的关心支持下,贯彻落实国务院《关于加强道路交通安全工作的意见》和省政府《关于加强道路交通运输安全管理工作的通告》精神,以"忠诚、公正、创新、奉献"为主线,以"降事故、保畅通、促和谐"为目标,深化"三项重点工作"和"三项建设",开展"三访三评"大走访活动,推进交警队伍建设和各项交管业务工作,为党的十八大胜利召开和建设幸福榆林营造安全、畅通、和谐的道路交通环境。全市共发生道路交通事故347起,死亡203人,受伤239人,直接经济损失524.7万元,与上年同期相比稳中有降,实现全市道路交通安全形势持续平稳。

【队伍正规化建设】 开展民警教育整顿活动。按照市委《关于开展干部作风整顿活动的意见》,支队安排部署干部作风整顿暨"五个集中整治"专项治理工作。1—3月份,按照上级公安机关的要求,在全市交警系统开展公安民警违反"五条禁令"问题集中治理;4月份,开展打击非法安装和使用警灯警报器违法行为专项整治工作;5月份,开展"三个五"廉政教育活动;6月份,开展车驾管工作集中教育整顿和执行"五条禁令"自查自纠活动;9月份,在全市交警系统内重申严格执行"五条禁令"和加强"双节"及十八大安保工作值班备勤的工作纪律;10月份,集中开展"三整治三规范"教育整顿活动。12月份,集中开展严格规范执法严肃执法纪律教育整顿活动。12月2日中央电视台"面对面"栏目关于"河南省获嘉县交警乱罚款收黑钱"视频曝光之后,支队印发《关于进一步加强协管人员管理的通知》和《关于进一步加强当前交警队伍管理的通知》,加强队伍管理和民警教育整顿工作。全年共受理各种投诉举报案件8起,其中立案1起,处分3人、辞退1人。通过经常性的教育整顿,全市交警队伍的整体素质明显提升,精神风貌明显改观,服务能力明显增强,办事效率明显提高,民警的群众工作能力和执法公信力进一步提高。强化交警队伍培训工作。根据《2012年民警教育培训计划》,支队开展以"忠诚、为民、公正、廉洁"核心价值观为主题的教育活动。活动中,政治处组织开展预备党员政治理论培训1期35人次,办公室组织档案管理培训1期15人次,网络科组织开展交通管理综合应用平台培训班4期756人次,交管科组织开展公安交通综合应用平台、平安畅通县市工作培训班2期150人次,事故科组织开展路面执法仪、事故三维动画软件、综合应用平台培训班4期100人次,车管所组织开展交通管理综合应用平台县级车驾管业务和查验员、考试员培训、学习贯彻123、124号部令培训班5期438人次,培训中心组织2期新增人员培训班90人次。全年累计开展各类培训班19期,培训民警1584人次。组织87名民警参加警衔晋升培训,组织97名工作人员参加技术工人升等级培训、考试。榆横大队深入贯彻落实"1+9"制度体系建设,举行"1+9"制度体系学习考试,促进队伍正规化建设。深入推进交警系统党建工作。支队党委以创建学习型机关、服务型机关为切入点,加强基层党组织建设和党员队伍管理。深入开展创先争优争做人民满意交警活动,在全系统范围内开展向刘金国同志学习活动。6月12日,支队召开机关全体党员大会,转正党员21名,吸收预备党员35名。党的十八大后,支队召开会议,传达贯彻党的十八大精神,组织全市公安交警系统学习贯彻党的十八大精神。进一步深化警营文化建设。为丰富警营文化,6月份,支队参加市体育局、创文办组织的2012年"体彩杯"乒乓球比赛,荣获优秀组织奖。7月份,支队开展建党91周年活动,深入开展主题鲜明、形式多样的教育实践活动,进一步弘扬社会文明新风,密切警民关系。8月份,支队参加陕西省公安交警第八届"交安杯"运动会,在乒乓球团体组中获得好成绩;支队档案室被省公安厅认证为AAA级单位,档案工作步入全新阶段。9月份,支队组织开展警体达标活动,为警务训练和实战打下坚实基础。11月份,支队举行《榆林市公安交通管理志》发行仪式,填补榆林市交通管理无志空白。支队二大队拓展警营文化建设,修建以娱乐区、活动区、阅览室为一体的"多功能服务区",丰富警营生活文化。落实各项从优待警政策。为不断激发民警的工作积极性、主动性和创造性,支队积极开展各种慰问活动,及时看望离、退休民警,帮助解决患病、伤亡民警及民警家属生活困难。完成2012年度支队全体人员的工作津贴、生活补贴标准的调整;上报127名同志的警衔晋升和17名同志首授警衔材料报送工作;完成2012年度基本养老保险申报工作和机关全体人员医保申报工作;完成2012年度退伍军人合同签订和合同到期协管人员续签合同事宜。高交四大队积极落实民警的休假和健康体检制度,为民警办理警服干洗卡。定边大队建立领导和民警、协管员家庭定向联络制,了解生活困难,解决家庭纠纷,为民警和协管员排忧解压。

【交通安全管理】 按照国务院《关于加强道路交通安全工作的意见》要求,加强交通事故源头管理,排查和治理各类安全隐患,开展"2012—平安1号"、"2012—平安2号"、"打非治违"、"预防重特大道路交通事故"、"道路客运安全年"、"十八大安保"等活动,预防交通事故的发生。一是道路交通安全管理机制不断完善。3月份,市政府召开全市公安交通管理工作会议,进一步统一思想,明确了责任和目标。会后,各县区交安委定期召开会议,研究解决道路交通安全存在的突出问题,全面加强道路交通事故预防工作。7月份,榆林市道路交通安全咨询服务协会正式揭牌成立,推进全市道路交通安全管理社会化发展进程。市交安委办公室积极发挥职能作用,出台《全市预防重特大道路交通事故"2012—平安1号"百日专项行动实施方案》、《榆林市2012—2016年"文明交通行动计划"实施方案》等文件,为全市道路交通安全管理工作提供了有力的保障。二是道路安全隐患排查治理不断强化。全市各级交管部门主动汇报党委、政府,积极沟通有关单位,落实资金1584万元,通过设置警示桩46处、遮光板16处、信号灯4处,增加警示牌和安全标志36处、减速带16处,拓宽路面4处,安装反光镜2处,建设防撞墙8处等措施,将年初排查出的18处危险路段于6月份前全部治理完毕,在全省率先完成隐患路段排查治理工作,受到省总队通报表扬。"8·27"交通事故发生后,支队集中开展安全隐患再排查、再治理、再整改活动,对全市的道路安全隐患、运输企业管理隐患、车辆技术隐患以及驾驶人的行为隐患等进行大排查、大治理、大整改,进一步消除监管工作中的死角和盲区,实现坚决杜绝一次死亡十人以上道路交通事故发生的工作目标。佳县大队对白云山景区及县城周边道路安全隐患进行排查,并设置交通标志100块,安装隔离护栏150米,预防交通事故取得明显成效。三是道路交通事故分析研判能力不断提高。针对延安"8.26"、榆林"8.27"重特大道路交通事故,贯彻部省市会议精神,召开全市预防重特大道路交通事故调度会、电视电话会、道路交通事故分析研判会,研究掌握事故规律、特点,提出各项事故预防措施,进一步加强交通事故预防工作,建立安全生产长效机制。拓展公安交通司法检验鉴定业务。全年完成血醇检验695例,现场物证提取检验146例,尸体检验297例,伤情伤残鉴定179例。靖边大队一般事故责任认定全部报队务会研究认定,重大以上事故当事人处罚全部报县局务会研究决定,杜绝因事故处理不公造成群众投诉、上访案件的发生。高交五大队坚持召开事故分析会,提高办案质量,事故结案率100%。四是交通事故源头监管不断加强。在驾驶人考试方面,贯彻部局《加强机动车驾驶人管理指导意见》和省总队《进一步加强机动车驾驶人管理工作实施方案》,加强大中型客货车和复杂道路条件下考试,严格驾驶人考试发证责任倒查制度,开展新驾驶人领证前教育和领证后回访制度,保证考试质量。全年共完成各类汽车驾驶人102452人次考试任务。在营运客车、危化车辆和校车管理方面,支队重新修订《榆林市汽车行驶记录仪管理暂行办法》,在全市范围内对所有危化车、新上户的客车、校车、公交车统一安装带GPS功能的行车记录仪。在各大队、各重点运输企业、危化品生产运输企业建立新的汽车行驶记录仪管理信息平台,实现警、企、车三方共同管控重点车辆的局面。组织实施2012年度汽车行驶记录仪校验工作,共校验客运车辆6000多台,校验率99.2%,实现重点车辆的重点动态监管。支队与运管处建立联席会议制度,共同开展对全市各驾校的检查和监督工作,并对驾校实行分类监督管理和培训质量公开排名制度,完成全市所有驾驶人培训车辆安装计算机计时管理系统工作。在机动车检验工作中,支队对逾期未检验、逾期未办理报废手续的客货运机动车,通过采取公告制度、强制注销登记、逐车告知、督促告知等措施,提高全市大中型客货运机动车的定期检验率,坚决杜绝报废车、病车上路,从源头上预防重特大道路交通事故。五是事故处理岗位正规化建设不断推进。支队以一大队、二大队、三大队、神木大队事故处理岗位为龙头,开展优秀事故中队评选活动。通过培训考试,10名同志获得事故处理高级资格,20名同志获得事故处理中级资格,为事故岗位正规化建设打下较好基础。全市事故中队规范化建设实现一、二等岗位50%以上,无等外岗目标。支队共接待事故当事人914人次,受理复核申请90件、信访案件11件、调解处理15件,实现了无人重访、诉讼、积案。按时完成公安部、中央政法委交办的3起道路交通事故信访案件。深化道路交通事故人民调解工作,交通事故损害赔偿人民调解室100%,全部实现人民调解工作“五有、六落实、六统一”规范化建设目标。其中,轻微和一般道路交通事故案件调解率81%以上,各大队调处的交通事故损害赔偿案件大幅增加,办结率大幅提升,群众满意度提高。5月份,在市政府的协调下,设立“榆林市道路交通事故社会救助基金联席会议制”,11月份,市政府召开榆林市道路交通事故社会救助基金第一次联席会议,通过《榆林市道路交通事故社会救助基金管理实施细则(试行)》。

【交通秩序管理】 全市各级交管部门以创建“平安畅通县市”为载体,不断深化“平安畅通县市”创建活动,确保全市道路安全形势平稳。一是深入推进“平安畅通县市”创建活动。在推进“平安畅通县市”创建活动的过程中,支队举办了全市“平安畅通县市”自评工作培训班,各大队就创建工作中好的经验、做法进行了交流探讨。6月份,省“平安畅通县市”评价验收组对参与部级创建的靖边县进行复评,对参与省级创建的定边、横山、米脂县进行了评价验收,肯定本我市“平安畅通县市”创建工作所取得的成绩。神木县已达到部级管理水平,靖边县、府谷县达到省级管理水平,定边县、横山县、绥德县、米脂县达到市级管理水平。二是开展文明交通示范公路创建活动。支队制定《关于深入开展文明交通示范公路创建活动工作方案》,新增青银高速榆林段为创建路段,进一步明确职责,细化创建标准,并投资900多万元在创建的路段上安装智能警察系统,新建高交二、五、六大队指挥中心,新增卡口包茂高速3处、青银高速8处、榆神高速3处,提升高速公路新型警务管理模式。4月份,支队组织开展2次文明交通示范公路创建集中统一行动。6月份,省交叉检查组在榆林检查时,对本市文明交通示范公路创建工作给予了高度评价。陕西电视台《今日点击》栏目组对高交一大队区间测速指挥中心进行专题报道。三是积极开展城区创建工作。按照市委、市政府创建工作部署,支队召开创建工作推进会,印发《2012年创建国家卫生城市工作实施方案》、《2012年创建省级文明城市实施方案》,加强市区出入口交通秩序、高速公路引线、城区各主要路段车辆停车秩序的管理,集中整治影响创建工作的“乱装、乱鸣、乱载、乱行、乱窜、乱闯”等各类交通违法行为。整治中,劝解违停车驾驶人4788次、对违停机动车进行上网处罚4204辆次、强制拖车467台次,取得良好的整治效果。购置警用摩托车36辆,增施道路隔离护栏,重新施划城区道路的斑马线、停车线,提高路面通行能力,推进创建工作进程。2012年支队被评为全市创建工作一类单位。四是积极开展专项整治活动。组织开展“春运交通安全”、“三超一疲劳”、“酒后驾驶”、“城区道路保畅交通秩序专项整治”、“四打击、三整治、三防范”严打整治交通违法行为专项行动、“三大战役”、“机动车涉牌涉证集中整治”、“城市公交车、出租车交通违法集中整治”、冬季严打交通安全专项整治等大型活动。面对本年榆林城区集中进行市政道路建设,城区道路交通压力增大的现状,二大队、榆横大队采取超常规措施,延长管控时段,增加管控路段,实行高峰期全员上岗,平峰期实行轮岗,缓解交通拥堵。整治活动中,查处机动车占道行驶2843起、乱停乱放5976起,暂扣车辆4900余辆。在“三大战役”中,高交各大队针对超速行驶、长时间占用超车道,故意遮挡号牌和客运车辆随意停车上下人等严重违法行为进行打击;各县交警大队、支队一、二、三大队和榆横大队结合辖区实际,针对酒后驾驶、机动车闯红灯、随意变更车道和乱停乱放等严重违法行为严密部署、重拳出击。在涉牌涉证整治中,支队在世纪广场举行声势浩大的启动仪式,各大队采取“五个必查”、“三个不放过”等措施,加大对重点时段、路段和交通违法行为的管控和整治力度,形成对涉牌涉证交通违法行为严控、严管的高压态势。查获无牌无证机动车819辆,收缴非法牌证287个,查获“黑车”非法营运87起,暂扣车辆3913辆,暂扣驾驶证1567个,行政拘留160人。在城市公交车、出租车交通违法集中整治中，支队以榆林市区和各县城区为重点区域，加大对公交车、出租车不按规定车道行驶、随意停车、随意调头、争道抢行、逆向行驶、违法鸣笛、闯灯越线及出租车占用公交站点停车上下客等严重交通违法行为的处置力度，进一步规范行车秩序。在酒后驾驶交通违法行为集中整治行动中，全市累计查处酒后驾驶违法行为352起，其中饮酒驾驶125起、醉酒驾驶227起，移送检察机关372起，醉酒驾驶违法行为同比大幅下降。按照省市部署，积极配合治安、刑侦、武警等部门在全市范围内开展以“四打击、三整治、三防范”为主要内容的严打整治交通违法行为专项行动及冬季严打交通安全专项整治，优化道路通行环境。高交三大队强化排堵保畅工作，大队领导深入一线，靠前指挥，划分战区，包干负责，采取全程分流和间断放行的办法缓解交通压力，全年顺利疏堵拥堵车辆65万余台次。五是开展预防重特大道路交通事故集中整治专项行动。“8·26”重特大交通事故发生后，按照省市领导的指示精神，召开全市预防重特大道路交通事故紧急调度会议，制定《预防重特大道路交通事故集中整治专项行动工作方案》，开展为期60天的预防重特大道路交通事故集中整治专项行动。整治期间全市交警一律取消休假，全警上路，在省际、市际交通安全服务站严格实行24小时勤务制度，确保全天候“见交警、见警车、见警灯”。加强重点车辆安全管理，严格实行“逢车检查、逢车登记、逢车拍照、逢车宣传”，坚决做到每台车辆受检查、每名驾员有记载、每个乘客被宣传，并存档备查。严格客运车辆夜间禁行，确保驾驶人落地休息、停车换人，坚决按要求取消“红眼班车”。严格依法查处严重交通违法行为，集中查处客运车辆交通违法，做到车辆核载人数、车辆驾驶员资格、车辆检验情况、车辆安全设施配备情况、车辆轮胎磨损情况“六必查”。集中开展辖区客运车辆、旅游包车、校车、危险化学品运输车辆安全性能、年度检验记录、交通违法记录和驾驶人资格审查、交通违法记录及记分情况的排查工作，对有多次交通违法的车辆，及时告知前来处理或通过交通安全服务站、卡口等进行查处。整治活动中，全市共出动警力58380人次，出动警车16523台次，检查客运车、危险化学品、旅游包车车辆76947辆，设置执勤点1441处，强制客运驾驶人落地休息280次，累计查处各类交通违法行为115856起。六是全力做好党的十八大交通安全保卫工作。为进一步贯彻落实“10·12”党的十八大安保工作动员部署电视电话会议精神，安排部署党的十八大交通安全保卫工作，制订工作方案，成立领导小组。全市各级交管部门严格道路交通秩序管理，加强重点车辆、重点区域、重点路段的管控，加强雨雾冰雪恶劣天气管理，持续整治各类交通违法行为。进一步严明纪律，重申了“五条禁令”、“六条警规”、“纪律条令”和“战时纪律”，进一步规范了民警的执勤执法行为，强化值班备勤工作，确保党的十八大期间交通安全平稳。七是不断提高突发性交通事件应急处置能力。针对全市道路交通管理的实际情况和上级公安机关要求，支队进一步完善《道路严重交通拥堵应急分流预案》、《降雪气候条件下交通安全应急救援工作预案》，制定《关于处置大规模暴力犯罪道路交通应急处置预案》、《“神舟九号”整流罩搜索处置交通安全保障工作预案》、《防范处置涉日游行活动交通安全应急处置工作预案》等应急工作预案，对可能发生的各类突发性交通事件的处置工作进行部署。强化元旦、“两会”、“清明节”、高考、国庆、“十八大”等节假日的值班备勤工作，提高对突发道路交通事件的快速处置能力。12月12日，举行2012处置突发道路交通事件应急演练，演练中，各参战大队按照总指挥部下达的指令，快速集结，协同作战，管控道路，勘查现场，布控追逃，清理现场并迅速恢复正常道路通行秩序。八是完成道路警卫工作任务。完成第十次陕北能源化工基地建设座谈会和赵乐际书记、赵正永省长、宋清云书记、郭永平书记、姚引良书记、安东书记来榆视察、全市“两会”交通警卫任务以及“神舟九号”飞船应急返回及整流罩搜索处置等396次道路交通警卫任务，其中等级交通警卫任务29次，涉外任务5次。

【执法规范化建设】 一是加大执法办案场所建设力度。按照部省关于功能区建设的指导意见，各大队学习“金台经验”，因地制宜，改造接待区、办案区、办公区、生活区，以警队正规化带动和促进执法规范化。加强大队、中队基础设施建设。6月份，支队三大队新办公大楼正式投入使用。府谷大队古城中队、大昌汗中队和高交六大队机关办公楼、金鸡滩中队、店塔中队营房建设工程全面启动。支队一大队芹河中队、金盆滩中队、青云中队、高交五大队指挥中心、转龙湾中队和高交六大队事故中队、警务执法厅营房建设完毕并全部投入使用。投资1.2亿元，占地300多亩的支队车管办公大楼已开工建设。6月份，在全省执法规范化建设暨功能区建设现场推进会上。9月份，支队召开全市执法场所建设暨网上办案现场会，加强对基层大队执法场所建设和网上办案工作督导检查。二是开展规范执法教育活动。各级交管部门以规范执法集中教育整顿活动为主线，开展规范执法集中教育整顿活动。各大队精心组织，周密安排，开展自查自纠，落实大队、中队的监管责任，纠正少数民警在规范执法方面存在的突出问题，进一步严明纪律，提升执法公信力。12月份，支队及各大队正式民警参加了全市公安机关人民警察执法资格等级考试。神木大队实行了严格的罚缴分离制度，在每个违法处理窗口配备POS机，方便群众刷卡缴纳罚金。三是加强执法质量考核工作。为了推进规范执法工作，提高法制员工作水平，支队将全市24个基层大队分为北、西、南3个片区，抽调基层法制员组成3个执法分队，进行研讨式执法质量考核。清涧大队新成立了大队法制室，榆横大队、支队一大队、高交六大队配备专职法制员，定期进行执法质量检查、执法评议，规范民警的执勤执法行为。四是强化执法工作督导检查。支队结合专项整治活动开展多次督导检查。每次督导检查都采取包联责任制，由分管领导带队，包队科室负责人参加深入24个大队与一线民警同吃同住同上路同纠违。检查中形式多样，通过明察暗访、走访调研等，及时发现问题，及时反馈，要求及时整改。每次督导各组都要形成文字材料进行专题汇报，对好的大队进行表扬，差的大队予以通报批评。车管所监管中心成立后，通过视频监控的方式，对全市各级车管部门及各考试场地和检测线民警执法形象、工作纪律进行监督检查，强化各窗口单位的执法执纪监督。五、加强网络建设，进一步提升交通管理科技应用能力。一是完善信息网络基础建设。支队智能交通指挥系统项目是“数子榆林”的重要组成部分。3月份，智能交通警察一期改造项目通过专家组验收。府谷、神木、子洲大队在信息化建设方面加大资金投入，在县城周边及主要道路增设智能拦截卡口、动态抓拍、测速等设备，进一步提高城市道路交通管理的科技含量。高交一大队积极运用短信报警服务系统，在保障投诉乘客人身安全的同时有效打击了客车超员违法行为。驾考大队建立大型学员候考生活服务区，安装考场监控设备及信号屏蔽器，对所有考试行为进行全程监控和隔离，为科目一每台计算机安装了独立指纹仪和摄像头，以确定考生身份的唯一性，严格考试程序。二是加强信息系统的应用。根据省总队安排，支队对公安交通管理综合应用平台模拟测试系统基础数据进行了录入与导入，完成违法系统道路对应、事故系统道路对应、辖区行政区划对应、用户角色的建立及用户系统授权等基础工作，组织开展公安交通管理综合应用平台模拟测试系统进行业务演练。完成对公安交通管理综合应用平台模拟测试系统进行外挂程序接口改造以及驾驶人桩考、驾驶人照相、机动车检测线联网系统、机动车照相、机动车选号系统、驾驶人预登记系统、警务通一期二期、驾驶人场地考试系统、驾驶人指纹采集比对系统、驾驶人体检系统、机动人驾驶人违法告知系统、非现场违法录入系统等22项外挂接口改造工作。6月份，开展道路交通违法数据排查清理工作，告知并督促交通违法记录较多的机动车驾驶人处理交通违法行为。三是加强大车管监管系统建设。为提高车管业务效率和对各科目考场突发事件的应急指挥能力，支队按部省要求，投资390万元，建成以昌汉界视频监控联网管理平台为核心，以各区县级—考场—车管所三级监控指挥中心为基础的立体化、网络化安全防控管理体系，实现对全市车辆和驾驶人业务办理、机动车查验、驾驶人考试、执勤执法办案等全过程进行动态实时监管。四是加强公安信息网络安全管理。为了规范民警使用公安信息网行为，杜绝网络失泄密事件发生，对所有公安信息网计算机粘贴“严禁一机两用”警示帖，并建立接入公安网计算机分配IP登记表。为方便群众办理相关业务，支队将机动车检测站、4S店、驾校、驾驶人、体检点等交警业务的社会化机构网络改造成专线或VPN方式接入，实现了社会化机构网络与公安网络数据的共享。

【交通安全宣传教育】 一是深入推进“文明交通行动计划”。为贯彻落实好全省“文明交通行动计划”会议精神，4月份，支队及时汇报市委、市政府，以市安委会办公室名义印发《榆林市2012—2016年“文明交通行动计划”实施方案》，并指导各大队开展交通安全宣传活动。活动中，各大队在客货运输场站、高速公路服务区、农村集市等人流密集场所，摆放宣传展板，滚动播放交通安全警示片，宣讲各类交通违法行为，营造人人抵制交通违法行为的氛围。积极参加省总队组织的文明交通宣传作品评选活动，支队二大队选送的电视公益广告类作品《文明交通 从我做起》和绥德大队选送的文艺类作品《名州交警之歌》获全省一等奖，高交一大队选送的挂图类作品《交通安全宣传剪纸》获全省二等奖。支队及各大队在各类省级报纸杂志发表稿件224篇，在市级刊物发表稿件425篇，在市电视台播出节目148次，在广播电台播放节目880次，印制交通安全报12期；更新维护企业宣传栏179个，组织文明交通志愿者4394人，曝光交通违法209起，刊播公益广告243条，发送手机短信191350条。二是深入开展“爱榆林、爱陕K、树形象、文明驾驶”宣传教育活动。安排部署“爱榆林、爱陕K、树形象、文明驾驶”宣传教育活动，倡导机动车、非机动车、行人各行其道，相互礼让，不争道抢行等文明驾驶行为。活动中，支队印发5000余份《给驾驶人的“爱榆林、爱陕K、树形象”争做文明驾驶人倡议书》、5000余份《文明交通行动宣传手册》，联合电视台、报社等媒体，开辟宣传专栏。车管所、驾考大队利用LED屏和宣传版滚动宣传“爱榆林、爱陕K、树形象、文明驾驶”，建立声、屏、板、网立体宣传阵地。三是深入开展“全国交通安全日”宣传活动。12月2日是第一个“全国交通安全日”，支队与榆横大队联合开展了以“遵守交通信号、安全文明出行”为主题的大型交通安全宣传活动。宣传游行活动由交警方阵、学生方阵、志愿者方阵、公交出租车驾驶人方阵、工程车驾驶人方阵组成，方阵成员身披绶带，手举彩旗，头戴安全盔，向周围群众散发交通安全宣传单。活动中，共制作全国交通安全日标志500个，大型游行牌匾8块，宣传传单5000份，宣传小红帽50顶，宣传绶带50条，宣传小彩旗50面，宣传头盔50顶，出动警车14辆，警力100人，学生50人，志愿者50人，驾驶人100人，直接受教育群众达1万人。四是开展“五进”、“四创建”活动。活动中，各大队高度重视，确定交通安全示范学校、单位、农村、社区，采取宣传，提高广大交通参与者的安全交通、文明交通的意识，进一步夯实交通安全宣传工作基础。五是进一步加强宣传阵地建设。按照省总队的要求，各级交管部门积极开展交通安全宣传阵地建设。

【推进管理创新】 一是深化“三访三评”大走访活动。支队制定《全市交警系统开展“三访三评”深化“大走访”活动实施方案》，成立领导小组，明确工作目标，落实工作措施，以创先争优活动和主题教育实践活动为载体，深化牵手平安行活动，牵手相关职能部门不断推进开门评警活动的深入开展。支队和各大队共走访走访人大代表、政协委员、专家学者、机动车驾驶人、交通违法当事人和事故受害人等7674人次，走访各类企事业单位、运输企业、客运场站、中小学校、机动车销售及维修企业等1141家，组织巡回宣讲79次，开展警营开放、开门评警活动89场次，召开座谈会、评议会222次，为群众解决实际问题261件，征集意见建议372条，评选先进单位23个，先进个人60人。二是推进车驾管便民利民工作。为了落实好便民服务措施，更好地服务群众。在驾驶人考试方面，支队开展延时服务，实行全日无休时办公，推进各科目考试的有序进行。为使学员有个良好的待考环境，支队与市阳光救护培训中心共同筹建大型学员候考生活服务区；为方便在校大学生利用假期申办驾驶证，支队设立大学生假期考试专场；针对残疾人考生，支队启用专用通道和考场。在车辆管理方面，支队积极协调质监部门，加快机动车检测机构的审批和检测线的建设进度，使全市的机动车检测站增至9个、检测线增至19条。下放3个县级车管所国产小汽车注册登记业务，下放4家4S店办理国产小型免检汽车的注册登记业务，进一步方便群众办事。加快网上车管所业务服务平台的建设力度，建成网上驾校平台，前置申请驾驶证的预约和采集相片工作，市内2家医院可以通过驾驶人体检回执办理年审。新浪微博注册认证“榆林车管所”官方微博，通过微博及时发布最新的车管法律法规信息，及时答复群众提出的各项业务咨询。全年共办理机动车注册登记71934辆，转移登记23828辆，变更登记5087辆，抵押登记17414辆，注销登记2528辆，核发检验合格标志140443辆。三是做好提案办理和调研工作。收到市人大代表、政协委员交办提案35份。各承办大队、科室针对提案中提出的问题，实地调研，加强与人大代表、政协委员沟通联系。提案办理工作已于7月份全部按要求办理完结。同时，各级交管部门以“三访三评”大走访活动为契机，积极撰写调研文章，形成《关于城区道路停车难问题的调研》等较高质量的调研文章。支队各大队、科室共形成调研文章30多篇。四是强化舆情信息引导。为积极应对网络媒体舆情信息，及时消除社会影响，化解社会矛盾。支队召开6次舆情应对工作会议，加强对舆情信息的正确引导，第一时间化解和回应网络媒体上出现的负面舆情信息，形成《全市公安交警系统涉警舆情应对处置工作预案》。

（冯绥凤）

榆林市公安局交通警察支队

支 队 长	姜茂雄
政 委	王海旺
副支队长	白进聪 高 毅
副 政 委	李 荣
副 书 记	贺国银
副支队长	高 岭 郝荣飞 张生贤
政治部主任	罗海俊
纪委书记	杜树彪
车管所所长	徐登奎
副调研员	慕明尚 贾建文 张庆舟

公安消防管理工作

【概况】 榆林市消防支队下辖15个消防大队，12个消防中队。支队机关设司、政、后、防四个部门，十二个科室。现配备消防坦克、涡喷车、登高平台、高喷车等各型执勤车辆97台。2012年以来，支队党委在上级党委、政府和公安机关的正确领导下，以为党的十八大胜利召开创造良好消防安全环境为总目标，不断深化“五大工程”，实现“五个提升”，努力打造一支现代化“塞上消防铁军”，坚决预防和遏制重特大尤其是群死群伤火灾事故，全力维护火灾形势和部队内部安全稳定为总体工作思路，全面贯彻落实科学发展观，牢记三大政治和社会责任，忠诚履行宪法和法律赋予的神圣职责，坚持“立警为公、执法为民”，以服务经济社会发展、打赢消防现实斗争为牵引，不断激活动力源泉，不断夯实工作基础，圆满完成了各项工作目标任务，在火灾防控、灭火抢险救援战斗中赴汤蹈火、勇往直前，为服务榆林经济发展和维护社会稳定做出了积极的贡献。

【社会消防管理】 抓重点、排查整治，火灾形势保持稳定。按照战时的纪律、标准和要求，全警动员坚决打赢“清剿火患”战役、完成“十八大”消防安保任务，组织开展10余次火灾隐患专项治理，保持对火灾隐患排查整治的高压态势。检查单位31442家，排查社区111个、村庄5239个，整治火灾隐患85468处，办理行政处罚案件819起，罚款596.76万元，责令“三停”293家，拘留124人，临时查封459家，执法量化排名多次居全省第一。始终努力探索多元化群防群治工作模式，推进“户籍化”管理和“网格化”监管。全市累计建立各类网格5438个，落实网格管理人员4243人。建立“全警消防”工作机制，开展了“网格化”排查，构建全覆盖、无盲区的消防监管体系，实现了社会单位户籍化动态监管。全市组织开展户籍化培训班22次，消防安全重点单位开展“三项备案”9446次，提升社会单位履行消防安全管理的水平和能力。拓宽途径、全面覆盖，创建立体式宣传报道。构建“立体化”消防宣传格局，集中开展国务院46号文件和《全民消防安全宣传纲要》宣贯活动。举办各类培训班430期，培训人员9135人次。开展“全民总动员，慧眼找隐患”、“人人参与消防．共创和谐社会”等大型宣传活动46次，全民消防安全意识有效提升。在中、省级各类媒体播发稿件327篇。

【部队正规化管理】 依法治警、从严治警，确保部队安全稳定。集中开展四次纪律作风教育整顿活动，抓支队机关和基层单位规范化建设。以干部和士官管理为重点，加大访查、督查力度，规范执勤、训练、生活和工作秩序。开展“抓管理、保安全、树形象”“安全五无”创建等竞赛活动，增强官兵安全意识和法制观念。开展“送温暖，保平安”爱民实践活动，规范官兵言行举止。从改善执法方式、落实便民措施、规范战勤行为等方面入手，实现了群众服务“零距离”、侵民事件“零发生”的目标，维护警政警民团结。政治建警、团结实干，提升部队凝聚力和向心力。通过开展学习实践“三句话”总要求和“喜迎十八大、全力保安全”、以“讲政治、顾大局、守纪律”专题教育、学习刘金国先进事迹、学雷锋等活动不断强化了官兵纪律观念和道德修养，进一步密切警民联系。从部队管理、政治教育、履行职责、练兵成效、工作表现等方面建立干部绩效考核体系，树立踏实肯干的工作作风。支队始终注重领导干部的示范性、制度监督的约束性、教育警示的时效性和问责惩处的严肃性，推进党风廉政建设开展，确保支队的风清气正。倾斜基层，体恤官兵，坚持实施从优待警战略。投入经费1280余万元，为基层办六件实事：一是重点补助基层装备建设，提升部队战斗力；二是补助基层营房建设，配备设施，创造拴心留人环境；三是建立全员健康档案，形成了从组织上、制度上关爱官兵身心健康的保障机制。四是提高并兑现了官兵的特殊岗位、高危津贴、生活津贴、值班补贴、伙食补助等津贴补贴，着力改善官兵生活保障条件；五是设立爱心基金，及时帮扶家庭困难、发生变故、遭遇灾害的官兵；六是发放了官兵子女入学补贴，报销官兵再教育、驾驶技术学习的学费。

【现代化铁军建设】 支队以“能打仗、打胜仗”为目标、以“岗位练兵”为着力点、深化现代化消防铁军建设。坚持警力下沉，配齐配强中队指挥员，组建灭火攻坚组和救援攻坚组，形成“尖刀”力量。坚持与全市22个企业消防队联勤联训，提高区域联防力量。坚持开展危化品、“大空间、大跨度”建筑、高层地下灭火及逃生疏散、地震、夜间联合拉动等大型演练，加强战斗准备。以基层指挥员、攻坚组培训为契机，全面提升作战能力。支队取得了全省冬训考核、条令条例竞赛第一名、指挥员比赛第四名、后勤业务比赛优秀组织奖等好成绩。2012年全年共接警1844起，共发生火灾1178起，死亡4人，出动消防车2238辆次，消防官兵13965人次，抢救被困人员495人，疏散人员2256人，抢救财产价值5729.85万元。完成“3.21”神木天效隆鑫化工有限公司油罐火灾、“3.27”神木山体滑坡事故、“7.20”、“7.26”抗洪抢险、“8.16”府谷瑞丰煤矿冒顶、“8.22”榆林昌盛国际广场坍塌等多起重大事故和灾难。完成“煤博会”、“神舟”和“天宫”整流罩残骸回收等多次重大消防安保任务。特别是在2012年8月22日处置榆林昌盛国际广场坍塌事故中，130余名消防官兵赶赴现场实施救援。经过近13小时的持续奋战，现场疏散58人，从废墟中搜救出18名被困人员，得到政府和人民群众的高度赞扬。2012年市政府报请省政府给支队记集体一等功，支队先后有5个集体被记三等功；1名同志被记一等功，4名同志被记二等功，54名同志被记三等功，20个集体121名同志受到总队和支队表彰。

【后勤建设】 政府主导、抢抓机遇，构建消防社会化新格局。支队始终坚持“以有为争有位”，积极向市委、市政府请示汇报、主动出谋划策、赢得支持重视，推动各级党委、政府将消防工作纳入经济社会发展大局，消防安全责任体系不断完善，公共消防安全水平明显提升。市政府下发实施国务院46号文件的意见和《榆林市“十二五”消防事业发展规划》等政策性文件，解决带有根本性、基础性、全局性的重大问题。基层预算经费年平均增长40.07%，专项经费年平均增长111.8%，实际到位10661.6万元。支队本级预算实现两年翻两番的目标，全支队新增固定资产5.6亿元。支队多项工作均走在了全省的前列：一是制定30个消防站建设及布点规划；二是府谷、定边大队新营房已高标准投勤，子洲、清涧大队营房已建成，横山、大柳塔、米脂、佳县大队营房已完成主体建设，神木特勤队、支队榆佳路中队及战勤保障大队已完成开工准备工作；三是七个中队建成高空训练设施和心理拓展训练中心；四是按照正规化建设标准和花园式中队建设要求，更进一步的优化、美化官兵的工作生活设施；五是为南部5个新建消防站配置20台战斗车辆，两年间全市新增战备车辆54台，更新监督检查车辆18辆。支队出资为子洲、清涧、横山三个中队配齐了个人防护装备；六是按照铁军中队和正规化建设标准，所有大中队均配齐全部装备器材，全市灭火剂储存量260吨，部队“硬实力”大大增强；七是率先在全省完成消防装备评估论证，受到部局、总队领导的高度赞扬。

（郝　凯）

榆林市公安消防支队

政治委员	张大连
支队长	沈佐亮
副支队长	王汉文
参谋长	郝　凯
政治处主任	付永线
后勤处处长	孙伏善
防火处副处长	雷小明

检察工作

【概况】 2012年，榆林市检察机关在市委和省院的领导下，学习贯彻党的十八大精神，围绕党和国家及榆林市的工作大局，以深化三项重点工作为着力点，不断加强规范化建设、纪律作风建设、信息化建设和考核考评工作，深入推进争创“打造特色亮点、争创一流工作”检察工作，不断强化自身监督、强化队伍建设，提高检察工作科学发展水平，为建设富裕、民主、生态、文化、和谐新榆林提供法治保障。

【批捕起诉工作】 2012年，全市检察机关贯彻落实维稳工作部署，依法严厉打击危害国家安全和破坏社会经济、政治秩序以及影响群众安全感的刑事犯罪活动。共批捕刑事犯罪嫌疑人3157人，不捕225人；起诉3535人，不诉122人。突出打击重点，依法严厉打击严重暴力犯罪、多发性侵财犯罪、危害社会市场经济秩序犯罪和毒品犯罪。贯彻宽严相济的刑事司法政策，开展逮捕必要性审查工作，建立健全刑事和解工作机制。加强规范化建设，市院公诉处制定《榆林市人民检察院公诉工作规程》、《榆林市人民检察院公诉案件审查报告样本》，统一案件办理规程，进一步提高案件审查报告质量和水平。不断提高办案质量，落实"两个证据规定"，依法排除非法证据和虚假案情；落实高检院、公安部《关于审查逮捕阶段讯问犯罪嫌疑人的规定》，强化讯问技巧和水平，提高讯问笔录质量；加强侦捕诉衔接机制建设，侦查监督部门和公诉部门提前介入，引导侦查取证，加强对侦查活动的监督，进一步完善侦捕诉三个环节的协作、配合与监督工作机制；建立健全案件质量评查机制，定期开展案件质量评查和专项检查，对评查和检查出的错捕、错诉、瑕疵案件，逐案剖析、逐案纠正、逐案追责。落实检察环节的社会治安综合治理措施，配合有关部门加强对社会治安重点地区和突出治安问题的排查整治，全面启动检察机关办案风险评估预警工作，妥善开展矛盾纠纷排查调处和息诉罢访工作。共办理各类信访案件449件，接待来访群众154人，开展检察长接待日活动52次，化解信访积案1件，办理刑事赔偿案件6件，评查案件10件，全市无越级涉检进京访，有效维护社会和谐稳定。

【查办贪污贿赂职务犯罪】 2012年，全市检察机关共立案查办贪污贿赂职务犯罪案件75件129人，其中查办大要案38件，大要案比率为50.1%。共立案查办渎职侵权类职务犯罪案件21件38人，其中查办大要案件8件，大要案比率为38.1%。查办司法人员职务犯罪案件9人。通过办案，为国家挽回直接经济损失995.51万元。办案过程中，进一步深化以一体化机制为核心的侦查模式，综合应用领办、参办、督办、异地交办和专案调查等措施，创新开展两级四审案件制度，不断强化对县区院的指导。积极推进和完善个人执法档案工作，严格执行"一案一考评"的案件质量考评制度，加强对个案质量的考核监督。执行备案审查和职务犯罪案件审查逮捕"上提一级"、职务犯罪案件一审裁判上下两级检察机关同步审查等制度，加强外部监督规范，严把案件质量关。全面推行电子笔录，进一步提高笔录的质量和水平。落实办案安全防范措施，办案工作区实行管用分离和审录、看审分离制度，确保办案安全。预防职务犯罪工作。全市检察机关在全面开展预防调查、典型案例剖析、检察建议、行贿档案查询等主要业务工作的基础上。创新预防宣传模式，不断拓宽预防职务犯罪宣传教育活动的广度和深度，播出《传承》、《理想》等在高检院和省院获奖的公益广告和宣传短片。推进警示教育基地建设，绥德、神木、横山县院警示教育基地建设已经完成，榆阳、府谷等县区院也已开始建设。开展预防检察建议工作，向相关单位提出有建设性的检察建议138件。其中有两件检察建议分别被省院评为"十佳检察建议"和"优秀检察建议书"。

【诉讼监督工作】 全面加强对诉讼活动的法律监督工作，维护司法公正。立案监督工作。全市两级检察机关共要求公安机关说明不立案理由67件，公安机关主动立案59件，通知公安机关立案5件，公安机关接通知后立案5件，立案率95.52%。纠正公安机关不应当立案而立案案件75件，追捕漏犯366人。侦查监督工作。共对侦查活动中的违法问题发出纠正违法通知书169件，公安机关接通知后已纠正169件，追诉漏犯113人。针对榆林市对"另案处理"监管不力的问题，市院对228件"另案处理"案件进行专项检查。并与市公安局联合制定《关于办理"另案处理"案件的规定》，形成对"另案处理"案件的长效监督机制。

【刑事审判监督工作】 共对审判活动中的违法情况发出纠正违法通知书116件，发检察建议170件，发再审检察建议1件，列席审委会讨论案件267件，对认为确有错误的刑事判决、裁定，按照上诉程序和审判监督程序提出抗诉24件。探索开展抗诉以外的审判监督工作新模式，各基层院公诉案件全部开展量刑建议工作，法院采纳率85%。民事行政审判监督工作。共立办各类民事行政案件297件，对符合法定再审事由和违反法定程序可能影响正确裁判的生效判决、裁定，提请抗诉45件，提出抗诉16件。发检察建议25件，发再审检察建议91件，办理督促起诉和支持起诉民事案件109件。刑罚执行和监管活动监督工作。共对各类刑罚执行和监管活动违法情况提出书面纠正违法意见811件次，已纠正810件次，提出检察建议50件，已采纳50件。办理刑罚执行和监管活动中的职务犯罪案件，办理职务犯罪案件2件3人。加强对监外执行人员、社区服刑人员的监督考察，检查、考察监外执行罪犯476人，社区矫正人员161人。严格执行犯罪嫌疑人、被告人换押制度，全面清查久押不决案件，加大对久押不决案件和换押制度执行工作的监督力度。

【队伍建设】 全市检察机关坚持"抓班子、带队伍，抓学习、强素质，抓制度、促规范，抓考核、争先进，抓监督、树形象"的总体工作思路，加强队伍建设和基层院建设。重点抓好思想政治教育。推进政法干警核心价值观主题教育活动。深入开展"三问三解"活动，并具体发展和细化为"三进三体三问三解"活动。全面深入学习贯彻党的十八大精神，把思想和行动统一到胡锦涛总书记的讲话精神上来，把讲话的精神活用到指导检察工作实践中来。全面推进队伍规范化管理。抓好新编发的《工作制度汇编》的督促落实。成立结合案件管理、考核考评于一体的市院案件管理办公室，建立健全全程跟踪、随时考核、随时评价督查的工作质量量化考核制度，实现案件受理、流程监控、质量管理、统计分析、综合业务考评的统一管理。进一步加大检察教育培训力度。积极推进学习型检察机关建设，组织干警参加高检院培训19人次、省院培训500余人次。推广网上学习新模式，与相关单位合作研究开发榆林市检察机关网络学习系统，制定《市院机关网络学习系统学分制考核管理办法》，调动干警学习的积极性和主动性。重视专门人才的培养，全市共60名干警参加国家司法统一考试，30人通过；鼓励干警不断学习提高学历层次，截止2012年3月，全市共65名干警取得研究生学历。不断加强基层检察院建设。

【培训学习】 组织开展对修改后刑诉法和民诉法的学习培训。在参加高检、省院组织的对修改后刑事诉讼法网络培训学习的同时，邀请全国著名法学专家、教授樊崇义、最高人民检察院公诉检察厅副厅长王军，雁塔区人民检察院副检察长王秦龙，分三期组织全市500名检察干警，对修改后刑事诉讼法的立法背景、立法精神、法条规定和法律适用的问题进行学习培训，为修改后刑事诉讼法和民事诉讼法实施后，严格依法开展法律监督工作奠定基础。

【执行“八项规定”和“六项禁令”】 贯彻落实党中央提出的关于改进工作作风、密切联系群众“八项规定”和“六项禁令”以及习总书记做出关于厉行节俭、反对铺张浪费的重要批示。坚持节俭办一切事情的优良传统，进一步改进会风，提倡少开会、开小会、开短会，通过严控办会用品发放、回收循环使用等措施，降低会议成本，增强会议实效。严格控制公务接待的范围和标准，减少公务接待活动，统一安排在机关食堂就餐，严禁铺张浪费。日常工作中倡导绿色办公，进一步普及无纸化办公系统，提倡双面打印，下班随手关灯、切断电源。同时合理缩减采购计划，减少开支。全市检察机关通过一系列的推广实施，增强了勤俭节约意识和拒腐防变意识，推动了节约型机关建设。

【纪律作风建设】 落实党风廉政建设责任制，贯彻《加强对党政“一把手”监督的实施细则》，坚持主要工作和重大决策请示制度和个人重大事项报告制度，按时专题报告落实责任制工作有关情况，主动接受监督。积极开展“党的纯洁性教育”活动，“政法干警核心价值观”主题教育活动，着力排查、纠正不廉洁、不勤政，价值观扭曲等不良行为。不断强化内部执法办案监督，对主要执法部门的办案人员统一建立系统的检察人员个人执法档案，进一步建立健全侦捕诉协调监督机制，推进廉政风险防控机制建设，发挥内部监督的作用，切实推进公正廉洁执法。深入开展检务督察工作，采取定期和不定期，集中督查和重点抽查、例行检查和突击检查、明察和暗访相结合的方式，对全市两级检察机关节假日值班制度执行情况、干部作风整顿情况、干警上下班和工作期间遵守纪律情况、窗口部门服务态度情况、办案工作区安全防范和同步录音录像制度执行情况、警车管理使用情况等工作开展督察。加强纪律作风整顿。坚持以“严肃机关纪律、整顿机关作风、强化机关管理、提高机关效能”为重点，常态化开展机关纪律作风整顿活动，对机关暴露出的纪律作风方面的问题，随时发现、随时整改。查处违纪违法案件。全市两级检察机关共收到检察人员违纪线索7件，经调查，6件失实，1件属实，对调查属实的涉事干警进行诫勉谈话。在全市政法机关警用车辆管理使用情况大检查中，对违反规定使用警用车辆的两名驾驶员给予解聘处理，三名驾驶员给予停职检查处理。

（周　婕）

榆林市人民检察院

检察长　梁　曦
副检察长　刘　峰　曹生健
　　　　　王鹏飞　李　乙
政治部主任　刘树山
纪检组长　宋增卫
反贪局局长　霍慧军
反渎局局长　闫劲宇

审判工作

【概况】 2012年，全市法院在市委领导、人大监督和政府、政协及社会各界支持下，深入推进“三项重点”工作，继续以“1264”工程为抓手，忠实履行宪法和法律赋予的职责，全市法院共受理各类案件25829件，同比上升22.09%；审执结25250件，结案率97.76%。其中，市中院受理各类案件2214件，同比上升15.01%，审执结2173件，结案率98.15%。

【刑事犯罪审判】 刑事审判继续坚持宽严相济的刑事政策，进一步推进量刑规范化工作。全市法院共受理一、二审刑事案件3540件，同比上升19.03%，审结3475件，结案率98.16%，判处罪犯3632人，上升18.64%。市中院受理一审刑事案件145件，下降0.68%，审结141件，结案率97.24%；受理二审刑事案件289件，上升11.58%，全部审结。市中院与检察机关、公安机关建立刑事案件沟通协调机制，确保案件质量。审结杀人、绑架、抢劫等严重暴力犯罪和多发性侵财犯罪案件300件，判处罪犯436人；审结贪污、贿赂犯罪案件126件，判处罪犯140人；审结涉毒案件306件，判处罪犯402人。加大对未成年人犯罪的预防力度，对走上犯罪道路的未成年人进行教育、感化和挽救。依法减刑526人、假释30人。加大刑事附带民事案件调解力度，市中院审结一、二审刑事附带民事案件 100 件，调解 41 件，调解率 41%，赔偿受害人、受害人家属 700 万元。

【调处民商事纠纷】 民商事审判坚持“调解优先、调判结合”工作原则，妥善化解矛盾纠纷。全市法院共受理一、二审民商事案件 18875 件，同比上升 24.77%，审结 18397 件，结案率 97.47%。其中，审结一审民商事案件 17537 件，调解、撤诉 14251 件，调撤率 82.6%，走在全省前列；市中院继续推行“零距离”审判模式，受理一审民商事案件 96 件，上升 231.03%，审结 80 件，结案率 83.33%，调解、撤诉 44 件，调撤率 55%；受理二审民商事案件 874 件，审结 860 件，结案率 98.4%，调解、撤诉 359 件，调撤率 41.74%。高度重视与民生有关案件的审理，依法审结婚姻家庭、人身损害赔偿等案件 6044 件，保护公民人身权；审结劳动争议案件 230 件，保护劳动者合法权益；审结民间借贷案件 4186 件，涉案金额 11.88 亿元，有效维护了市场经济秩序。

【化解行政争议】 行政审判按照“保护合法权益、促进依法行政、优化司法环境、化解行政争议”的工作要求，在依法纠正违法行政行为的同时，探索行政诉讼协调机制。全市法院共受理一、二审行政案件 165 件，审结 163 件，结案率 98.79%，审查非诉行政执行案件 90 件，全部审结。市中院受理一审行政案件 1 件，二审行政案件 46 件，全部审结。其中，协调撤诉 9 件，协调撤诉率 19.57%。配合最高法院和国家法官学院在榆林举办全国法院国家赔偿法培训班。

【执行工作】 执行工作继续实行党委领导、人大监督、政府参与、政协支持、各界配合、法院主办的新格局，构建执行工作快速反应机制，努力化解执行工作中被执行人和被执行财产难找的两大瓶颈问题。全市法院受理执行案件 2573 件，总标的 7.43 亿元，执结 2547 件，结案率 98.99%；市中院受理各类执行案件 115 件，执结 109 件，结案率 94.78%。全市法院在创建“无执行积案法院”活动中全部达标，神木、府谷、横山、米脂、吴堡、绥德六个基层法院实现了“无执行积案先进法院”目标。。

【审判监督】 不断强化审判监督职能，做到依法纠错。对确有错误的案件依法改判，维护法律尊严，促进司法公正。全市受理申诉申请再审案件 57 件，审结 53 件，其中提起再审 8 件；受理再审案件 39 件，审结 35 件；受理市检察院抗诉案件 24 件，已全部指令基层法院再审。市中院受理申诉申请再审案件 51 件，审结 50 件，其中提起再审 5 件；受理再审案件 17 件，全部审结。

【审判管理】 发挥审判管理“规范、促进、保障、服务”审判工作的作用，以管理保公正，以管理促公信。重视案件评查工作，组织评查 2 次，评查 1813 件案件和 1725 份裁判文书，没有不合格案件和裁判文书。发挥审判管理通报的导向作用，通过及时对审判运行态势分析，提出针对性建议。开展庭审观摩评比和优秀法律文书评比活动，全市法院共有 280 个合议庭和 1425 份文书参加评比，评出示范庭 56 个，优秀示范庭 14 个，裁判文书质量均为良好以上。更加注重法官业绩档案、廉政档案建设，与部门考核及法官个人评优评先、晋级晋升挂钩。通过深化管理，狠抓落实，全市法院审判执行质效连续三年位居全省前列。

【参与社会管理】 做好社会热点问题的司法应对调研工作。针对本市民间借贷高发态势，形成《榆林市民间借贷纠纷案件审理情况的调研报告》，在立案、审判环节注重财产保全工作，提高案件执结率和标的到位率，保障债权人合法权益；与市法制办、市国土资源局开展联合调研，形成《关于处理土（林）地权属纠纷问题的座谈会纪要》。加大司法建议力度，发布 2011 年度行政审判白皮书，对行政执法工作提出建议与对策；配合市综合执法局形成《榆林市城市管理综合行政执法暂行办法》。注重从案件审理和执行中总结和发现涉案单位的管理漏洞，及时向有关部门发出司法建议书 82 份。

【强化便民措施】 全市法院始终把人民满意作为工作出发点和落脚点，不断探索便民利民新措施，把司法为民理念贯穿到审判执行全过程。强化立案工作。落实各项便民措施，依法及时立案；强化诉讼指导，反复释明当事人在诉讼中所享有的举证、答辩、委托他人等诉讼权利，提示诉讼中的潜在风险，引导群众理性诉讼。开展重大敏感案件依法处理工作，制定《涉诉案件信访评估预防工作实施意见》，随案发放案件信访等级评估表。强化信访窗口建设。开展涉诉信访案件化解活动，按照“五定一包”信访责任制要求，落实“院长接待日”制度，对 2011 年上级交办的 138 件和 2012 年交办的 74 件案件，全部结案，信访总量与去年同比下降 46.38%，排名全省第二，被评为“全市维护稳定工作先进集体”和“涉诉信访工作先进集体”。强化司法民主。深入开展“两项活动”，加大巡回审判工作力度，全市法院通过“五进”审判方式审理案件 6183 件，审判五进率 32.54%。邀请人大代表、政协委员和各界群众旁听了 2534 起案件的审理，征询意见 335 条。充分发挥人民群众参与司法、监督司法的重要作用，人民陪审员参与审判案件 4798 件，一审案件陪审率达 60.27%，同比上升 246.93%。积极推进“一村（社区）一法官”工作机制建设，要求每个行政村设立法官工作室，公示驻村法官的姓名、职务、联系方式等信息。强化判前释明和判后答疑工作。进一步加强司法调解、行政调解、人民调解在程序对接、效力确认、法律指导等方面的协调配合。强化司法公开。健全和落实旁听庭审制度，满足群众的知情权、参与权和监督权，在法院网站及时发布开庭公告，对可以公开开庭审理的案件，依法公开审理。开展生效裁判文书上网工作,全市裁判文书上网率24.47%。召开新闻媒体座谈会,与我市及中、省驻榆媒体充分沟通,听取意见,做到互知、互通、互动。开通院长信箱,听取社会各界对法院工作的意见建议,了解社情民意。榆林法院网及时传递两级法院工作动态,点击量1000余万次。(五)强化司法救助、援助工作。全市法院为经济确有困难的当事人依法缓、减、免诉讼费1027.49万元,其中,市中院缓、减、免诉讼费47.45万元,让困难群众打得起官司,让有理有据的人打得赢官司。发放执行救助基金166.8万元,刑事被害人救助基金41.5万元,依法为95名被告人指定辩护律师,争取涉诉信访救助资金30万元,彰显司法人文关怀。

【队伍建设】 加强思想政治建设。坚持"抓党建、带队建、促审判"工作思路,严格落实"一岗双责"党建工作责任制,深化"我是一名党员法官"活动,发挥党组织战斗堡垒作用和党员干警先锋模范作用。开展"三问三解"、"万名干部下基层"和"忠诚、为民、公正、廉洁"政法干警核心价值观教育实践活动,进一步坚定法官干警忠于党、忠于国家、忠于人民、忠于法律的信念。举办全市法院政法干警核心价值观暨"清风伴我行"演讲比赛、征文比赛等活动。组织全体干警赴佳县神泉堡接受革命传统教育,增强宗旨意识、党性意识、责任意识。加强司法能力建设。以提高法官干警司法能力为目标,狠抓教育培训工作,全年举办10期培训班,参训人员1413人次,派出学习52次,参训人员398人次。在全市法院开展量刑规范化巡回讲座,举办司法公信力征文活动,开展青年法官论坛4次。进一步强化调研宣传工作,在中省市各类媒体发表文章1175篇,编发《榆林审判》9期,刊载文章270篇。加强党风廉政建设。贯彻中省市纪委和全国、全省法院反腐倡廉建设工作会议要求,分层签订《2012年度党风廉政建设责任书》。按照市委和市纪委要求,开展干部作风整顿工作。强化纪检监察干部的思想建设、能力建设和作风建设。全市法院聘请廉政监督员130人,任命廉政监察员121人。坚持随案发放廉政监督卡制度,开展警车违规集中整顿,对新任人员进行任前廉政诫勉谈话。市中院纪检监察室收到信访举报19件,办结14件,5件正在调查处理中。继续实行纪检监察干部挂牌、群众点名接访制度。成立审务督查室,在全市范围开展两次明察暗访和不定期抽查,督促检查司法作风建设,对辖区12个基层法院、48个基层法庭进行安全检查,对检查出的问题,督促整改。加强法院文化建设。进一步加强图书室建设,市中院藏书突破2万册。与榆林学院签订院校合作共建协议。将廉洁自律规定及政法干警核心价值观制作成警示牌,置于办公桌,强化教育效果。开展学雷锋志愿活动、"迎国庆"及12.4普法宣传等活动。

(郝生华)

榆林市中级人民法院

院长	雷建新
副院长	王子诚
	黄东斌
	刘雪清(女)
	郑汉君
	贺世辉
纪检组长	乔跃华
政治部主任	李玉林
审委会专职委员	王长胜
	朱亚林

榆林军分区

【概况】 2012年,军分区党委贯彻落实主题主线重大战略思想和两级军区指示要求,抢抓机遇搞建设,开拓创新谋发展,完成年度各项工作任务,部队建设保持整体推进、稳步发展的良好势头。

【思想政治建设】 深入抓好党的创新理论武装,按照课题牵引、专题学习、实践转化的方法路子,突出十八大精神、7.23重要讲话和主题主线重大战略思想等内容的学习贯彻,组织师团职干部和两级机关参加上级理论轮训班和自主选学工程,推动部队建设新思想、新理念的树立和运用。开展"赞颂科学发展成就、忠实履行历史使命"主题教育,组织人武部政委轮流授课辅导,借助地方资源拓展学习内容,创新方法载体深化学习效果,取得良好效果。重视抓好意识形态工作,开展"保持纯洁性、迎接十八大"学习教育,针对国内外重大突发事件,及时开展形势政策教育和经常性思想教育,保证了部队纯洁巩固。注重加强宣传报道工作,全年在中央级媒体刊用稿件142篇。加强全民国防教育,组织发动全市6.3万干部群众参加"纪念建军85周年国防知识竞赛",得到省军区肯定。清涧县人武部组织2所学校4700多名学生宣讲国防知识,影响比较广泛。米脂县杨家沟革命纪念馆、绥德县革命历史纪念馆分别被命名为国家级、省级国防教育示范基地,定边县委书记张凯盈被表彰为全省国防教育"双十佳"先进个人。

【军事斗争准备】 坚持抓中心、促转变、强能力,军事斗争准备各项工作取得了新进步,分区被省军区表彰为军事训练先进单位。落实战备工作。落实战备值班系统综合整治,投入30万元购置办公通讯设备,联通310指挥网。在重大节日、敏感时期,组织形势战备教育和紧急机动演练,检查通报各级战备值班情况。紧贴可能担负的任务,修订完善32种作战方案和应急预案,采集更新动员支前、应急维稳、重要防卫目标数据资料。组织军地10个单位召开情报信息会商会,形成了稳定的应急处突信息共享机制。分区被省军区评为"固定通指网系质量检查考评先进单位"。注重转变训练模式。以迎接军区对预备役师旅和内卫军分区党委班子军事训练考核为契机,投入18万元构建一体化网络指挥训练平台,采取党委班子带机关的方法,强化措施,加大力度,组织指挥、业务技能和体能训练,在省军区年度军事训练检查考核中取得总评优秀的成绩。根据上级要求和任务需要,在榆阳区和神木县新组建航天器残骸搜索回收分队,完成"神舟九号"飞船整流罩残骸搜索回收任务,受到两级军区首长的肯定和表扬。指导横山县人武部完成民兵训练"三集中"试点,进一步规范训练秩序,完成2600名民兵训练任务。坚持训演结合、以演促训,民兵应急力量遂行任务的能力明显提高。抓好国防动员工作。指导定边、横山、佳县、吴堡4个县国动委进行国防动员紧急征召及军警民企应急处突演练,进一步熟悉掌握程序和要求。围绕缓解"当兵冷、征兵难、退兵多"问题,注重抓实平时准备,注重研究对策措施,注重健全激励机制,严格落实问责制度,完成1754名新兵征集任务。

【基层建设】 贯彻落实全军和两级军区基层建设工作会议精神,着力提升部队和民兵队伍建设质量。依托定边县人武部召开全市人武部正规化建设与管理现场观摩会,讨论修订《基层武装部、民兵连(营)部正规化建设实施细则》,进一步规范了基层建设目标、标准和要求。分区从本级财力划拨85万元,支持人武部抓训练、搞建设。从市上协调200万元,为各县区民兵应急分队购置冲锋舟、发电机、全方位升降灯和救生衣等装备器材2714件。以提高基层武装工作落实质量为目的,组织全区130名新任专武干部和部分现役干部进行集中培训。积极协调推进市民兵训练基地和武器库建设。各县区人武部贯彻落实"定边会议"要求,累计调整使用75名专武干部,争取经费220万元更新完善设施器材，促进了县、乡(镇)人武部全面建设。横山县人武部筹集54万元，整修营院营房，更新办公生活设施，机关整体面貌改观较大，正规化建设与管理取得明显进步。神木县、靖边县、绥德县人武部加大经费投入力度，为所属乡镇武装部统一购置办公电脑。榆阳区人武部组织女子民兵连和地方干部群众连续第二年在补浪河种植樟子松2000亩，协调区政府为民兵连新修道路2公里，进一步夯实先进典型可持续发展的基础。

【后勤保障】 坚持党委理财，落实"联审会签"，推行军队公务卡强制结算目录管理办法，省军区对分区机关和4个人武部财务考评结果为"好"。克服重重困难，采取超常措施，完成分区家属院25户房屋清退工作，解决多年未能解决的历史遗留问题。家属区旧房改造工程六号楼主体封顶，七号楼完成了各种手续办理。分区机关办公大楼和营院改建施工已逐步展开，经济适用房规划许可证办理、地质勘察、施工图纸设计等前期工作已经完成，招标工作全面展开。筹资200万元完成分区取暖管线改建工程。注重加强日常管理，提高保障效能，分区机关锅炉房被总后表彰为"先进锅炉房"。下工夫抓好后勤业务能力建设，在省军区后勤专业比武竞赛中，取得团体第二名，战勤专业第一名的优异成绩。

【双拥参支工作】 巩固深化新农村建设、助学帮扶和军地平安共建活动成果，深入推进"十个100工程"项目建设。分区从市财政协调30万元，支持米脂县杨家沟镇两个村新建桥梁、开办老年活动中心。各人武部结合县区"干部下基层"和"三问三解"活动，累计为26个村协调筹集资金79万多元，整修道路，发展生产，改善群众生活条件。绥德县人武部协调北京军区联勤部资助该县张家砭八一希望小学80万元，进一步改善了师生教学生活条件。吴堡县人武部在"八一"期间，集中走访慰问吴堡籍团以上干部亲属和老战士、老党员。积极做好平安创建工作，分区集中培训176名民兵信息员，府谷县人武部在省军区"一部一乡镇"平安共建交流大会上介绍经验，子洲县人武部协调县法院到驻军单位开展普法教育，为部队和官兵提供法律服务，定边县、横山县人武部出动民兵380多人次，完成县上组织的多项大型活动安保任务。

【队伍建设】 把"讲政治、顾大局、守纪律"学习教育贯穿全年，组织开好专题民主生活会，及时组织班子成员集体学习中央《八项规定》和习总书记讲话等一系列重要文件，分析班子建设形势，查找整改突出问题。落实党管武装制度，组织召开县区人武部党委第一书记述职会，为市、县(区)、乡(镇)三级党政领导、人武部主官和基层武装部长印发《党管武装工作制度规定汇编》，宣扬党管武装先进典型，军分区党委第一书记胡志强被表彰为"2012年度全国国防后备力量建设新闻人物"。深入抓好思想作风建设"十项整治"，定边县人武部被兰州军区表彰为"廉政文化建设先进单位"。持续开展创先争优活动，定边县、米脂县人武部党委和补浪河治沙女民兵连党支部分别被省军区表彰为创先争优活动"先进团级单位党委"和"先进基层党组织"。加强干部教育管理，执行党委全会民主推荐后备干部制度，严格落实编制，压减3名超配副团职干部，组织9名正营职干部参加"双考"，成绩全部达到良好以上。

【召开军分区党委全体(扩大)会议】 1月17日，榆林军分区召开党委全体(扩大)会议，会期1天。军分区全体党委委员参加会议，军分区机关干部列席会议。会议分别由军分区党委书记刘坤和党委副书记姚章聚主持。刘坤代表军分区党委常委会作工作报告，姚章聚作主题讲话，军分区纪委作书面工作报告。会上，12个县区人武部作汇报发言，党委常委骆军强、田继光、万正成、同刚友分别宣读省军区表彰奖励通令(通报)和军分区关于表彰先进人武部、军事训练先进单位、新闻报道先进单位和财务管理先进单位的通报以及个人立功嘉奖通令，并组织颁奖。

【"讲政治、顾大局、守纪律"学习教育活动】 2月27日，榆林军分区党委根据军委总部和两级军区统一安排部署，在全区部队集中开展"讲政治、顾大局、守纪律"学习教育活动。教育活动从2月下旬展开，分动员部署、学习教育、对照检查、整改提高四个环节，达到进一步改进干部作风，强化政治意识、大局意识、纪律意识、责任意识，坚持求真务实，抓工作落实的目的。

【民兵整组】 3月至4月份，榆林市完成民兵整组工作。榆林军分区坚持以科学发展观为指导，以陕西省军区《2012年民兵预备役整组工作指示》为依据，以遂行任务为牵引，以提高质量为核心，以改革创新为动力，进一步优化组织布局，突出队伍整合，规范基层建设。全市共编民兵287012人，其中基干民兵15296人(防卫作战队伍240人、勤务保障队伍7440人、应急救援队伍6932人、其他队伍684人)，基本达到了布局科学合理，组织健全稳定，队伍突出管用的要求。

【"赞颂科学发展成就、忠实履行历史使命"主题教育】 从3月份至9月份，榆林军分区党委利用12天时间，在全区部队中深入开展以"赞颂科学发展成就、忠实履行历史使命"为主题的专题教育。教育中，军分区领导和人武部政委分别担任授课辅导，通过理论辅导、观看录像、实地参观、工作实践等方式，增强教育实效，达到教育目的。

【思想政治考核】 3月份和9月份，榆林军分区根据省军区统一安排，分两次对军分区部队首长身边工作人员、机关核心涉密人员、军校毕业学员、直招士官、地方聘用人员和重要军事目标执勤人员，采取教育动员、谈话了解、调阅档案、民主测评、分析评估和审核定性等步骤，完成对1名新任职学员、6名直招士官、25名首长身边工作人员、16名机关涉密人员、30名地方聘用人员和重要军事目标执勤人员全面系统的政治考核。

【打造生态营区】 2012年4月份以来，榆林军分区按照建设“现代营区、百年营房”的目标，将战备值勤、官兵住用、营区环境和军营文化四大需求进行全面规划、一体建设，积极展开家属院旧房改造工程，清退不合理住房25户，拆除窑洞75孔、平房24间、招待所及附属用房共8000多平方米，完成家属院6、7号楼的设计、规划和报批等工作，6号楼主体工程已完工，建筑面积4969平方米。

【召开基层人武部正规化建设与管理现场观摩活动】 4月27日，榆林军分区依托定边县人武部召开“基层人武部正规化建设与管理现场观摩活动”，市政府常务副市长高中印及有关部门人员、军分区机关和各县区分管武装工作的常务副县长、人武部军政主官共计62人参加活动，细化建设标准，规范建设内容，完善制度规定，研究出台《榆林市基层武装部正规化建设实施细则》，军分区要求34个基层武装部于2012年年底达标、52个于2013年年底达标，力争通过三年努力实现全面达标，各县区主管武装工作的领导就进一步加大支持力度、改善人武部基础设施面貌作表态发言，促进各级抓基层建设的主动性。

【民兵信息员培训】 5月3日，榆林军分区邀请陕西省国家安全厅指挥中心师建新处长，利用2天时间，采取辅导授课、经验介绍、讨论交流的方式，对军分区系统90名现役干部和全市183名民兵信息员，集中组织培训。师建新就民兵信息员工作中“信息的获取、分析、固定和上报”等重难点问题，从情报信息的含义及价值、信息搜集的重点、如何上报信息及编报信息应注意的问题和关于互联网信息等四个方面进行了辅导授课。绥德县人武部和吴堡县人武部，分别介绍加强民兵信息员管理和发挥民兵信息员作用的经验，为民兵信息员开展工作提供有益借鉴。

【军事科长暨新任专武干部集训】 5月7日至14日，榆林军分区利用8天时间，本着“注重基础、突出重点、紧贴实际、着眼实用”的原则，按照“连队式生活、封闭式管理、开放式教学、集约式办队”的思路，采取理论学习、专题辅导、参观见学、研讨交流、考核验收等方式，组织全市12个县(区)130名军事科长和基层专武干部集中培训，进一步提高人武部军事干部和基层专武干部开展武装工作的能力。

【“神舟九号”飞船整流罩残骸搜索回收任务】 6月16日，榆林军分区组织指挥榆阳区和神木县民兵应急分队及航天器残骸搜索回收民兵专业分队372人，在预定1500平方公里残骸落区内，完成“神舟九号”飞船整流罩残骸搜索回收任务，总装20基地和两级军区党委首长给予高度肯定，兰州军区首长专门批示提出表扬。

【防汛抢险救灾】 7月下旬，榆林市先后3次出现强降雨过程，造成严重洪涝灾害，灾情发生后，榆林军分区立即启动防汛抢险预案，指导所属县区收拢集结民兵应急抢险力量2960人，出动1286人次，营救遇险被困群众126人，转移安置群众25654人。

【佳县“7·27”特大暴雨洪灾通信保障任务】 7月26日20时至28日8时，陕北北部连续3次出现历时短、强度高、量级大的暴雨过程，暴雨中心区24小时降雨量达到200年一遇，其中佳县主要进出道路被冲毁，全县对外通信联络一度中断。7月27日上午，榆林军分区应榆林市防指请求，迅速派出6名官兵，携带2部电台、8部对讲机和2台越野车，配属市水务局领导赴佳县刘国具乡和暖渠山水库提供通信保障。

【“8.22”工地坍塌事故救援】 8月22日上午9时53分，榆林市城区新建路昌盛国际广场建筑工地发生坍塌事故，18名建筑工人被困地面下。榆林军分区得知信息后，迅速组织机关全体官兵及榆阳区人武部干部、职工和民兵应急分队人员共230余人赶赴现场，实施救援并构建指挥所，为顺利营救伤员提供保障。

【防汛抢险演练观摩活动】 为强化各级防汛抢险意识，规范组织指挥军地遂行防汛抢险任务的程序方法，8月24日，军分区指导榆阳区人武部组织民兵应急分队、武警和消防部分官兵及地方有关单位共396人，进行防汛抢险演练，并组织市、区政府及地方有关部门领导和全区人武部部长、军事科长进行了观摩。

【全市县区人武部党委第一书记述职会】 8月30日，榆林市组织召开全市县区人武部党委第一书记述职会。会上，12个县区人武部党委第一书记到会述职，军分区党委书记刘坤总结全市党管武装工作情况，市委书记、军分区党委第一书记胡志强就新形势下加强党管武装工作，推进全市经济社会和国防后备力量建设协调发展作讲话。会议分析第一书记履行党管武装工作情况，查找存在问题，提出改进措施，达到统一思想，强化意识，明确职责，改进工作的目的。

【胡志强当选“关心国防后备力量建设新闻人物”】 9月9日，2012年度全国国防后备力量建设新闻人物评选颁奖典礼在湖北省武汉市举行，榆林市委书记、军分区党委第一书记胡志强当选。此次全国获奖人员共10人，胡志强是西北五省区唯一获得此项殊荣的市委书记。胡志强任榆林市市长和市委书记期间，非常关心国防后备力量建设，对民兵预备役建设给予支持，对重要活动和工作，都亲自部署参加，促进国防后备力量建设落实。8月份，《解放军报》、《中国国防报》、《中国民兵》等媒体联合将胡志强表彰为“关心国防后备力量建设新闻人物”。

【征兵工作研讨暨任务部署会议】 9月20日，榆林军分区组织召开征兵工作研讨暨任务部署会议，市委常委、市政府常务副市长高中印和各县（区）分管征兵工作的领导，征兵领导小组成员单位的负责人，军分区领导、人武部主官等59人参加会议。会议围绕“总结去冬工作，落实问责制度，研讨对策措施，部署今冬任务”的主题，以研讨活动为牵引，以出台政策法规为推手，从机制上破解“当兵冷、征兵难”的问题。

【组织国防动员紧急征召暨军警民企应急处突演练】 9月25日，采取上导下演的方法，组织定边县、佳县国动委和横山县、吴堡县人武部分别进行国防动员紧急征召暨军警民企应急处突演练，达到完善预案计划、熟悉程序方法、研究探索问题、锻炼提高能力的目的。

【解决职工住房问题】 榆林军分区党委根据总部及两级军区关于解决职工住房相关精神，解决本级职工住房难的问题。2012年先后完成职工经济适用住房的方案设计、规划报批、设计招标等工作，协调榆林市规划局办理职工经济适用住房规划许可证。

（马鹏翼　郑　飞　马智磊　李守成　侯靳勇）

榆林军分区

司　令　员　姚章聚
政治委员　刘　坤
副司令员　骆军强
参　谋　长　田继光
政治部主任　万正成
后勤部部长　同刚友

武警榆林市支队

【概况】 围绕“政治坚定、领导坚强、工作务实、为政清廉”的要求，不断提高党委班子建设科学化水平。坚持把贯彻民主集中制建设作为班子建设关键来抓。学习贯彻《党委工作条例》和武警党委“三个规范性”文件，严格议事决策程序，明确议事规则。对于用人用钱的敏感性问题，都在大厅电子显示屏和局域网上公开公示后再上常委会。会议决定，没有“一言堂”和违规决策现象，较好地维护党委的威信和形象。坚持把“讲政治、顾大局、守纪律”专题教育作为群众“满意工程”来抓。坚持把事关党委形象、官兵高度关注的问题作为突破口，以解决问题推进教育深入开展，使教育真正成为群众“满意工程”。紧贴党委班子、机关党员干部的思想和工作实际，坚持把教育活动贯穿到全年、延伸到基层，2次召开教育推进会，13条整改措施在实践中得到较好落实。坚持把党风廉政建设作为先进性建设重要环节来抓。制作官兵连心卡、设立举报箱、公布举报电话、开通网上首长信箱，确保民主渠道畅通。通过落实民主生活会、双重组织生活和“三述”等制度，使一班人始终做到政治上清醒、经济上清楚、工作上清廉、生活上清白。坚持把改进作风作为服务联系基层官兵的基本要求来抓。始终坚持重心下移，向基层聚焦用力，除在新兵下队、敏感时期、重点时段安排常委带队深入基层蹲点指导外，不定时安排部门以上领导、专项工作组深入一线检查调研指导工作。做到带着课题下去，带着成果回来，做到边调研边帮建。

【中心任务】 坚持中心居中，盯住“五个确保”目标抓落实。一是抓好固定目标执勤。先后4次召开党委“议中心”会议，9次派工作组到执勤一线督导检查，3次召开执勤设施建设推进会，对中心工作实施领导。深入开展“四抓七查”执勤教育整顿，适时组织基层干部上岗补勤，不良天候增岗加哨，落实每日网络检查、每周实地巡查、每月下发查勤通报、每季播放查勤录像等措施，确保固定目标执勤绝对安全。二是做好处突维稳和抢险救灾工作。累计出动XXXX名兵力，车辆XXX余台次，完成榆林涉日游行战备执勤、“4.13”榆靖高速周边丘陵地灭火、“3.27”、“4.23”山体滑坡抢险、处置“7.08”劫持人质事件、“8.22”建筑工地坍塌救援和“神舟九号”整流罩器件搜救等重大临时勤务。解救被劫持人质1名，抢救遇险群众119人，挽回经济损失2千万余元，参战官兵无一人伤亡。三是抓好军事训练。贯彻总部、总队新训工作指示精神，新训考核总评优秀。组织3批勤训轮换和预提指挥士官集训，突出抓特勤排和应急班力量建设，部队遂行任务能力进一步增强。参加总队狙击手、特战队员集训分别取得第二、三名。

【思想政治建设】 着眼保一致、保中心、保稳定、谋发展，紧贴形势任务和官兵思想实际，开展思想政治工作。一是坚持不懈用党的创新理论武装官兵。抓“两会”精神、胡主席“7.23”重要讲话和十六、十七大以来科学发展成就等重要内容学习理解。3次邀请市委讲师团专家作辅导讲座，4次印发理论学习要点，8名党委常委深入执勤一线理论宣讲，帮助基层抓好重大理论和现实问题的阐释解读，增强官兵对党的信赖、对改革开放的信心。二是用当代革命军人核心价值观培育官兵。组织“赞颂科学发展成就、忠实履行职责使命，永远做党和人民的忠诚卫士”教育活动，支队首长和政工领导先后4次集中授课，4次邀请地方专家教授答疑释惑，增强教育效果。神木中队副中队长赵玉亮在总队举办的“看变化赞成就、颂党恩强责任”演讲比赛中获二等奖。三是用及时有效的思想工作疏导官兵。针对战士入党考学、干部转业调整和新兵“第二适应期”等官兵思想波动较大的实际，过细做好一人一事思想稳定工作，先后协调解决4名官兵家庭涉法问题，教育转化和年底送走“重点关注对象”59人，及时清退6名身体不合格新兵，确保部队纯洁稳定。四是用临战的状态激励官兵。修订5类政治工作预案，增购高频喊话器等处突政治器材160余件（套），组织进行5次“三战”演练，部队打政治仗的本领明显提高。始终高举“三面旗帜”，紧跟事件发展态势，紧贴官兵思想实际，开展思想政治工作，保证遂行任务完成。五是用先进军事文化引领官兵。先后投入80余万元,新建电话亭22个,按照“3人1台电脑”要求,更换、补充网络学习室电脑56台。开展“追根溯源、总结队魂、弘扬传统”活动,提振官兵精气神。参加总队庆“八一”文艺调演获得二等奖和三等奖,参加榆林市“体彩杯”篮球赛荣获组织奖。

【部队正规化管理】 按照总部首长“四个样子”的要求,着眼再创第17个“三无”平安年大力抓落实。一是落实条令促正规。严密组织“条令学习月”活动,不断强化官兵条令意识。加强士官队伍管理,先后表彰21名优秀士官。落实老兵离队“六个一”,177名退伍战士顺利离队,安全返乡。二是集中治理除隐患。开展创安“倒计时”活动,适时召开“百日创安誓师大会”,采取各级齐抓、隐患齐查、挂账齐治的办法,先后6次逐单位组织拉网式排查,2次进行专项检查,确保部队安全发展。三是完善机制抓预防。健全“每周一个安全警示日、每月一个安全排查日、每季一个安全分析日”抓安全机制,加大安全督查、巡查力度,采取主官跑面、包片领导住队、营职干部蹲点、中队干部坐班、市区巡逻纠察等办法,确保了部队安全稳定。

【基层基础建设】 坚持重心下移、力量下沉,持之以恒抓基层打基础。一是突出精心培训帮带提高基层自建能力。利用理论学习、党日活动、“三长”过“三日”等时机,开展“学理论、学法规、学业务、学技能”为主题的大练基本功活动,分三批组织52名基层军政主官、司务长集训轮训,提高按纲抓建能力。持续巩固创先争优活动成果,神木中队党支部、警勤中队士官陈存鹏被总队表彰为创先争优先进基层党支部、优秀共产党员。二是突出科学指导增强抓基层效益。6次下派工作组蹲点指导,面对面教方法、解难题,跟踪问效抓落实,进一步提高帮建质量效益。落实领导干部住队蹲点和机关干部代职当兵制度,分批组织8名常委住队蹲点,44名机关(大队)干部代职当兵锻炼,提高机关指导的科学性。三是突出真心关爱调动基层内在动力。4次进行干部事业心责任感教育,开展先进事迹报告会、“优秀警官”评比活动,让大家争在平时、干在平时、比在平时。拿出50万元经费救济、慰问困难干部及家属,帮助11名大龄干部解决婚恋问题,协调32名干部子女入读上了满意学校,不断激发全体干部扎根基层、奉献基层、建功基层的内在动力。

【综合保障】 始终坚持正确的服务方向,把基层作为保障重心,狠抓后勤规范化管理。一是狠抓应急保障力量建设。科学预测保障需求,及时调整充实应急保障力量。投入100余万元,增添战备物资器材680余件(套),保持良好的战备状态。5次进行紧急抽组、车辆紧急拉动、战场自救互救、饮食保障和故障排除等综合保障演练,部队应急保障能力明显提高。二是注重后勤人才队伍建设。组织4期司务长集体办公,2个月的炊事员培训,集中15天时间对驾驶员进行复训,搞好军械员、种养殖员、卫生员、“四项设施”维修小组的培训,后勤队伍整体素质得到明显提高。参加总队现代后勤业务竞赛荣获第三名。三是不断提升后勤服务保障质量。坚持党委(支部)理财,科学编制年度预算,严格预算外经费管理,确保经费运行安全。采取“吃碰饭”、实地录像和网上调查等形式加大基层伙食管理督导检查,官兵伙食满意率98%以上。6次开展网上防病知识讲座,4次下基层医疗巡诊,确保官兵身体健康。

(刘 阳)

武警榆林市支队

支队长	徐忠山
政治委员	张健全
副支队长	王 明 蔡煜成
副政治委员	孙耀武
参谋长	杨能海
政治处主任	张永战
后勤处处长	付艳雨

预备役步兵第四二三团

【概况】 预备役步兵第423团前身为“东北民主联军吉长支队”,于1945年10月在吉林长春组建,1947年9月编入东北民主联军第十纵队九十团,1948年底改称中国人民解放军四十七军步兵第一四一师四二三团,1985年改编为陆军第四十七集团军步兵第一四一师四二三团,1998年10月随部队整建制转隶为陕西陆军预备役步兵第一四一师第四二三团。组建以来,先后参加了辽沈、平津、宜当、川东和湘西剿匪等战役。1951年4月参加抗美援朝作战,历经大小战斗80余次,歼敌18000余人。1954年9月从朝鲜回国后,先后驻防广西吉安、桂林、广东沙口、湖南岳阳等地,执行战备、训练等任务。为积极应对陕北重能源化工基地安全威胁,根据陕西省委议军会研究,并报请兰州军区和总部批准,2010年8月该团从渭南市合阳县整建制调整调至榆林市开发区。在67年的战斗历程中,先后涌现出50多个英模单位和个人,在团历史上影响较大的有:1953年3月,在抗美援朝作战期间,一营在攻打“老秃山”战斗中,荣立集体二等功;原一营副营长郝忠云(后任四十七军副军长,已去世)被授予全国战斗英雄;一营三连因勇猛顽强一举攻占“老秃山”,被志愿军总部授予“老秃山英雄连”。1985年12月,三连在配属四二一团参加对越防御作战中,立集体一等功,并被成都军区评为“战地后勤管理先进单位”。一连战士郑鑫,1990年3月1日晚站岗时,与窜入营区作案的歹徒英勇搏斗,牺牲在哨位上,被兰州军区授予“勇于献身的忠诚卫士”,被陕西省政府授予“见义勇为的好军人”。2012年,预备役步兵第423团在师党委和榆林市委、市政府的正确领导下,在各预编区党委、政府和相关企事业单位的支持下,团党委坚持以科学发展观为指导,以主题主线重大战略思想为统揽,以提高部队应急应战能力为牵引,以争创“窗口”团队为目标，坚持抓作风强班子、抓中心求质量、抓基层打基础、抓安全促发展，完成年度各项工作任务，部队全面建设呈现出持续发展、稳步上升的良好局面。

【编制部署】 本团下辖3个机关(司令部、政治处、后勤装备处)和4个营(3个步兵营、1个炮兵营)、6个直属连队(警侦连、工兵连、通信连、汽车连、修理所、卫生队)，团机关直属队预编在榆阳区；一营预编在靖边县、定边县；二营预编在横山县、锦界开发区；三营预编在神木县、府谷县；炮兵营预编在米脂县、绥德县。

【思想政治建设】 坚持把思想政治建设摆在首位，结合主题教育、专题教育和党委中心组理论学习，注重用党的创新理论武装官兵、指导实践、推动工作。理论学习成效明显。深入开展“赞颂科学发展成就、忠诚履行历史使命”主题教育活动，增强官兵对教育内容的理解。结合建党91周年之际，组织全体现役官兵和15名预任官兵进行迎“七一”主题演讲比赛活动，表彰先进党组织和优秀共产党员。投资5万多元进一步完善文化娱乐设施和器材，购买3万余元的书籍，利用团史馆红色资源，发挥熏陶育人的作用，接待中煤集团党支部培训班、老红军和“小记者”代表团来团参观见学，使团史馆成为榆林地区的革命教育基地，宣传预备役，扩大了影响力。二营党委、警侦连党支部、三营炮兵连党支部被师表彰为先进基层党组织。政治处主任李昌被兰州军区表彰为优秀共产党员。

【战备训练】 坚持一切工作都向“加快转变战斗力生成模式聚焦”，着力推进信息化建设，突出抓形势战备教育、骨干技能培训、应急训练演练，提升信息化条件下处置应急突发事件的能力。团投资400多万元为应急救援分队购置了相应的装备器材，按照“力量体系化、编制规范化、训练专业化、装备配套化、使用科学化、行动战斗化、保障机制化”的具体要求，积极创新训练方式，改进训练方法，使应急分队达到“一队多责、一人多装、一专多能”。以使命任务为牵引，突出抓以信息化知识、业务技能和信息系统操作为重点的常态化学习，提高首长机关组织指挥能力和综合素质。3月份，从机关分队选派10名新交流人员参加省军区以一体化指挥平台操作运用为重点的参谋业务技能集训；9月底，集中20天时间，组织全团迎考训练。团队积极想办法，多次召开常委会研究讨论，采取聘请专家讲解，结对子帮扶、考评激励的方式，在考核中取得优异成绩，理论考核尤为突出，平均成绩达到93.2分，受到陕西省军区考核组的高度评价。二营、炮兵营85加农炮兵连、警侦连被师表彰为军事训练先进单位，炮兵营营长相中华被兰州军区评为优秀四会教练员。

【部队管理】 贯彻落实两级军区及师关于抓好部队安全稳定的一系列指示要求，推进团队安全管理工作有效落实，坚持从学习贯彻条令条例入手，突出以加强纪律建设为核心，以人车枪弹密为重点，下工夫加大管理教育力度，确保了部队的安全稳定。2月份，在全团开展“条令条例学习月”活动，组织全团官兵全面学习条令内容。结合团队实际情况，调整加强安全领导小组，落实安全形势分析制度，开展“查库考哨”活动，制定《干部管理规定》，加大干部的管理力度，保证团队各项工作开展。

【后装保障】 后装工作以“保障第一，服务至上”为根本指导思想，精心组织供应保障，不断改善部队战备、训练、工作和生活环境，为增强部队凝聚力和战斗力服务。8月份，筹措资金110余万元，对团内部招待所进行装修施工。投入5万余元对弹药库地下库室进行防(除)潮处理。针对核生化应急分队建设的实际需要，购进1台水泡两用消防车和2台应急通信指挥车，填补了应急装备的两项空白，为遂行应急任务提供装备保障。

【基层建设】 着眼持续发展，打牢基层全面建设基础，克服困难，主动作为，坚持在落实人员、健全组织、强化功能上下工夫。持续抓好分批帮建，采取“三个三分之一、三年过一遍”的方法，着力解决存在的倾向性问题，提高基层党组织的“三个能力”，较好地发挥核心领导和战斗堡垒作用。针对各营连部战备物资配置不完善，软件管理不规范等问题，及时研究制度措施。汽车连、一营二连、一营机枪连、二营炮兵连、三营炮兵连、三营机枪连、炮兵营107火箭炮兵连共7个单位被师表彰为基层建设先进连队。

【党委班子和干部队伍建设】 团党委始终扭住“班子”建设和干部队伍建设不放松，按照科学发展观要求，本着增强“四个本领”、提高“三个素质”的目的，加强班子自身建设和干部队伍建设，取得明显进步。“一班人”严格按照党委中心组的学习计划，采取个人自学、专家讲学、书记查学、群众评学、以用促学的“五学”措施，保证和促进中心组的理论学习；结合“七一”，在全团官兵中持续深入地开展向预任一营教导员、靖边县政府办公室主任贾浩飞学习活动，学习他把预任当责任、把兼职当本职的先进事迹，激发官兵的创先争优意识。为提高预备役军官抓建能力，团每年组织2期集中培训，每次整组展开前，组织现役和预任骨干集训，安排基层党委(支部)书记参加上级培训，提高抓建能力和标准。副政治委员雷汝南、副参谋长李浩、后装处副处长张强、一营教导员贾浩飞、三营教导员王文戈5名同志被师表彰为优秀预备役军官。

【参支参建】 坚持把支援地方经济社会建设作为密切军政军民关系、实现军民融合式发展的重要抓手，组织预备役官兵积极投身驻地经济社会建设，较好地发挥预备役的职能作用，促进榆林地区经济社会的发展，在开展好“一团一校”、“一团一村”帮扶活动，落实每名常委资助一名贫困学生的基础上，加大对贫困户、孤寡老人和老红军的帮扶力度。在完成团队训练任务的同时，坚持“以驻地为故乡，视人民如亲人”的原则，参加地方经济建设。3月份，组织千余名官兵参加春季防沙植树活动。8月初，炮兵营联合米脂县国土资源局、林业局、消防中队等单位，组织150余人进行“突发性地质灾害应急救援演练”。9月份，三营组织80人为期15天的警棍盾牌和防暴队形训练。10月份，二营机枪连完成3天的战备执勤演练。

（夏 浪）

解放军预备役步兵第四二三团

团　　长	单红春
政治委员	王　军
参 谋 长	洪小军
政治处主任	李　昌
后装处处长	贾　星

人民防空

【概况】 2012年，榆林市人民防空工作在市委、市政府、军分区的领导和省人防办的指导下，深入贯彻科学发展观，以“十二五”人防发展规划为统领，以胡主席主题主线重大战略思想为指导，实行长期准备、重点建设、平战结合的方针，坚持与经济建设协调发展、与城市建设相结合的原则，围绕全市工作大局和全年人防工作目标任务，解放思想，实事求是，转变观念，创新思路，突出重点，重点围绕人防工程建设与维护、人防行政执法、人防指挥通信建设、人防宣传教育、人防机关“准军事化”建设开展工作，各项工作取得较好成绩，实现本市人防事业又好又快发展的良好局面，被省人防办评为“2012年度人防工作优秀单位”、市政府评为“全市人民防空工作先进单位”。

【工程建设与维护】 重点推进“0901”人防工程建设。配合市城投公司完成人防地面指挥中心加层改造主体工程；完成“0901”工程信息化建设行政审批、招标等工作；信息化集成工程于10月20日进场施工。进一步规范人防结建工程审批工作。编制并发放《榆林市人防工程审批办理手册》，按规定报建审批人防结建工程1万多平方米，完成人防工程易地建设费的收缴任务。按程序验收阳光广场地下工程。抓人防工程建设质量，对结建工程从设计、施工、监理、质量、竣工验收等环节严格把关，提高人防工程质量。投资维修改造七十年代建成的地下防空洞，重点对容易遭到洪水侵袭的人防地下工事采取加固措施，对部分工事漏水、裂缝进行封堵，对个别工事已过期的消防器材进行更换，对一些可能发生事故隐患的老旧人防工程进行检查整改，排除各种安全隐患。

【人防执法】 2012年，成立榆林市人民防空执法监察支队，全年执法300多人次，共查处违法案件23件，结案16件，做到文明执法，规范执法，有效监督人防审批和建设任务的落实。在加大执法力度的同时，规范行政执法文书，健全行政执法程序，推动行政执法工作的顺利开展。

【指挥通信建设】 修订《榆林市防空袭预案》。对20多个相关业务部门的各种防空袭预案进行修订审核，已报经市政府审定。维修维护市区内所有人防警报器，完成“9.27”防空警报鸣响。县级人防信息化建设有新起色。靖边县安装电台一部，新增警报器9台，并于9月18日试鸣。培训指挥通信人员。人防指挥信息保障工作人员分别参加省市举办的人防系统电台及卫星操作人员培训班和人防机动指挥通信系统操作人员培训班；坚持每周1次机动指挥通信系统训练，以强化实践能力，做到精益求精。

【宣传教育】 按照人防宣传教育“进学校”的要求，为市区8所初级中学，近8000多名学生发放人防教育知识读本，进一步普及人防教育知识。按照人防宣传教育“进媒体”的要求，在市、区电视台和《陕西科技报》、《陕西广播电视报》、《各界导报》、《榆林日报》、《当代陕西》等报纸杂志报道人防工作有关情况，进一步扩大人防影响力，提升人防地位形象。

【机关“准军事化”建设】 按照人防机关“准军事化”建设要求，一是抓作风建设。办党组在抓好党风廉政建设工作的同时，按照市委总体部署，重点开展干部作风整顿暨“五个集中整治”活动，促进全年工作任务的顺利完成。二是抓理论学习。党的十八大召开后，办党组积极开展学习十八大精神活动。党组成员和科级干部积极参加市委党校自主选学课题培训，自觉参加榆林市干部教育网络培训学院学习，按时听取榆林大讲堂专家讲座等。三是抓制度建设。从机关自身建设出发，修订完善机关工作制度，会议、学习、考勤、考核制度，公文管理制度，公务接待制度，办公用品采购、使用管理制度，财务管理制度，车辆及驾驶员管理制度。四是抓队伍建设。调整充实科室工作人员，选派工作人员参加省内外各种培训班，提高业务素质和工作水平。五是召开党员领导干部民主生活会。按照市委组织部、市纪委要求，本办按时召开以“转变作风，创新发展，开创人防工作新局面”为主题的民主生活会。

【其他工作】 开展“万民干部下基层活动”，为绥德县义合镇大韩山村支助8万元，修通11公里的生产道路；帮助子洲县马蹄沟镇张圪台村制定三年扶贫规划，为两委会阵地建设支助5万元。配合市创建办和创文办搞好“四城联创”工作。

（马向东）

榆林市人民防空办公室

主　　任	常子林	
副 主 任	邵成兴	张仕文
	白和平	郭宏玲
纪检组长	刘建哲	
副调研员	卫国栋	常金玲

经济调节·市场监督

发展和改革工作

【概况】 2012年，面对复杂严峻的国内外经济形势，在省委、省政府和市委的领导下，全市上下全面贯彻落实科学发展观和党的十八大精神，采取"五抓五促"举措和"促销、增产、稳市场"等具体工作措施，保障全市经济平稳运行、社会和谐稳定，完成市三届人大三次会议确定的各项目标任务。全年全市实现生产总值2769.22亿元，比2011年增长12%。其中，第一产业增加值125.88亿元，增长5.9%；第二产业增加值2027.87亿元，增长13.6%；第三产业增加值615.47亿元，增长8.8%。财政总收入666亿元，增长19.3%，其中地方财政收入220亿元，增长22.1%。社会消费品零售总额270.22亿元，增长16.3%。城镇居民人均可支配收入24140元，增长16.5%；农民人均纯收入7681元，增长17.8%。城镇新增就业2.56万人，城镇登记失业率为3.6%；居民消费价格指数上涨3.3%；人口自然增长率6.15‰。

【规划编制工作】 2012年，各项规划编制进展顺利。配合国家发改委完成《陕甘宁革命老区振兴规划》、《呼包银榆经济区发展规划》，自主编制《吕梁山片区（榆林市）区域发展与扶贫攻坚规划》、《京津风沙源治理二期工程规划》（榆林市），这四个国家级区域规划均通过国务院专题会议审定并正式印发。《府谷矿区预留区规划》、《榆神矿区三期总体规划》报国家发改委待批；本委负责编制的《榆林市镁产业发展规划》已由市政府印发，《榆林市现代产业体系规划》通过专家评审，上报市政府待批；《榆林天然气液化产业发展规划》形成初稿。《陕甘宁革命老区振兴规划》和《呼包银榆重点经济区发展规划》实施方案已编制完成。按照市委、市政府的要求，全面启动《榆林市陶瓷产业发展规划》和《塑料产业发展规划》的编制工作，加快构建现代产业体系。

【宏观经济分析研究和监测预测】 2012年，市发改委把稳增长放在更加突出的位置，进一步强化经济运行监测分析，坚持月调度季分析，加强与相关职能部门的沟通与协作，对全市经济运行的基本情况、发展态势以及出现的问题进行全面细致的分析，完成10篇经济运行分析报告，为市委、市政府，为领导科学决策提供依据。研究中省宏观经济预调微调政策，及时建议市政府出台稳增长10条措施。针对全市经济运行特点和存在的问题，深入基层、项目单位和农村进行调研，在市发改委主办的《榆林发展动态》上发表经济形势分析文章和调查报告40篇。

【重大课题研究】 针对经济社会发展中存在的突出矛盾和问题，累计完成了调研报告30篇；与省决策咨询委共同开展榆林资源型城市主动转型发展战略研究，在国内资源型城市中率先提出主动转型发展理念，形成具有一定理论体系和较强指导性、操作性的研究成果，并据此草拟的《关于支持榆林主动转型持续发展的若干意见（榆林代拟稿）》已上报省政府。牵头编制的《幸福榆林综合评价指标体系》得到专家学者的高度认可并通过市委常委会审定，在市内首次引入第三方调查公司开展的幸福榆林公众调查取得广泛好评和较大影响。建议市政府出台《关于大型企业促进地方就业的意见》，提出了大型企业当地用工率不得低于60%的惠民政策。

【固定资产投资】 2012年，全市抓项目建设，继续实施项目带动战略，固定资产投资力度进一步加大，投资仍然是拉动经济增长的主要动力。全年全社会固定资产投资1771.23亿元，比2011年增长28.5%。其中，固定资产投资1493.97亿元，增长31.6%；房地产开发企业投资52.49亿元，增长80.2%。在固定资产投资中，第一产业投资30.38亿元，增长11.0%，第二产业投资955.55亿元，增长22.0%，第三产业投资508.04亿元，增长45.6%。

【重点基本建设项目和重大前期项目进展情况】 2012年，全市上下对重点项目工作早谋划、早准备，按照《2012年市级领导包抓重点建设项目及重大前期项目责任制的通知》(榆办字〔2012〕9号)、《关于进一步加强建设项目环境保障切实解决阻工现象的通知》(榆办字〔2012〕70号)、《关于实行县处级后备干部包抓重点项目的意见》(榆办字〔2012〕76号)、《关于印发县处级后备干部包抓重点项目考核办法的通知》(榆办字〔2012〕77号)、《2012年县处级后备干部包抓重点建设项目及重大前期项目责任制的通知》(榆办字〔2012〕78号)等5个项目推进管理文件和《2012年全市重点项目推进工作方案》要求，启动实施重点项目进展媒体公示和投资完成率排名通报等制度措施，重点项目建设取得重大进展。重点项目完成投资创历史新高。全年全市100个重点建设项目完成投资670亿元，占年度计划620亿元的108%，与上年相比增长11%(上年604亿元)，其中：49个续建项目完成投资494亿元，占年度计划404亿元的122%，51个计划新开工项目有38个顺利开工，开工率75%，完成投资176亿元，占年度计划216亿元的82%，完成投资和开工率均创历史新高。杭来湾煤矿、华电榆横煤制芳烃示范、陕西有色榆林铝镁合金、府谷30万吨合成氨及52万吨尿素、中石化榆林储油库、子洲县天然气液化、国华靖边20兆瓦光伏发电、靖边祭山梁风电场一二期、宁夏发电集团定边风电场、华能定边狼尔沟分布式风电、榆绥高速公路、环城北路东段、东山大道一期、文化南路沙河大桥、上郡路至东山大道连接线、榆阳人民医院、新闻大厦等17个项目建成或基本建成。项目前期工作取得重大突破。石窑店煤矿、华电榆横电厂一期国家发改委核准，巴拉素煤矿、大海则煤矿、段寨煤矿国家能源局出具同意开展前期工作的路条，吴堡矿区柳壕沟煤矿国家发改委委托省发改委出具同意开展前期工作的路条。神华陶氏榆林煤炭循环经济综合利用项目水资源论证报告批复，环评工作取得重要进展，蒙西至华中铁路运煤通道榆林取得2.5%的建设股权，为本市争取煤炭运力话语权奠定基础。神米佳高速公路、华电靖边王渠则风电场一期、佳县天然气液化、府谷定边支线机场等项目基本具备开工建设条件。项目策划工作取得实效。制定全市重大产业项目策划工作目标考核办法，安排项目策划专项经费，全年策划各类项目160个，总投资4500亿元，部分项目已进入实质性启动阶段。

【中省市投资情况】 继续利用国家扩大内需新增投资和省上支持榆林发展的有利时机，储备、上报一大批项目，资金争取工作再创新高，全年共争取中、省各类建设项目投资19亿元，为榆林地方经济发展提供支撑。其中，涉农项目3.99亿元、中小企业和服务业项目5372万元、社会事业项目2.04亿元、以工代赈项目6100万元；保障性住房、污水垃圾处理、城镇供水及配水管网改造、小城镇建设、政权建设等方面10.57亿元，服务业发展贴息、产业引导、节能降耗项目等专项资金1.75亿元。强化切块资金管理。按照市政府出台《关于加强市本级预算内基本建设切块资金计划管理的通知》要求，全年安排专项资金合计2.98亿元。其中，振兴南部发展资金1.5亿元，以工代赈配套资金1800万元，重大项目前期费1000万元，节能降耗及发展循环经济专项资金1000万元，能源化工基地规划编制费1000万元，基本建设(产业引导)资金5000万元，社会主义新农村建设资金5000万元，发挥财政资金的示范引导作用。

【农业经济】 全年农林牧渔业实现增加值125.88亿元，比上年增长5.9%。农林牧渔业总产值209.72亿元，增长5.8%。在总产值中，种植业产值109.48亿元，增长7.0%；畜牧业产值85.60亿元，增长4.1%；林业产值5.94亿元，增长13.2%；渔业产值0.84亿元，增长3.5%；农林牧渔服务业产值7.86亿元，增长6.9%。年末全市耕地总资源1439.55万亩，常用耕地面积870.94万亩。全年粮食播种面积706.74万亩，粮食总产量153.99万吨。其中，夏粮产量5.26万吨；秋粮产量148.73万吨。蔬菜产量63.64万吨。粮食生产实现九连丰。

【民生工程】 2012年，按照省上实施民生工程增项、扩面、提标的要求，会同市直有关部门编制《榆林市2012年民生工程实施方案》，继续加大财政向民生领域倾斜力度，全年计划安排十大领域民生工程135亿元。全市新增财力完成预算37.8亿元，市本级8亿元，其中30.2亿元用于民生投入，占新增财力的80%。完成农村居民进城落户8.2万人，全市新增就业人数1.8万人。城镇登记失业率为3.5%。农村劳动力转移就业63万人，创经济收入28亿元。社会保障水平继续提高，城市低保标准从平均每人每月300元提高到330元，农村低保标准从每人每年1600元提高到1840元，农村五保标准从每人每年3200元提高到4000元。教育投入不断增强，在全省率先实行义务教育“零收费”，受益学生38万人。推行学前一年免费教育工作，全市落实学前一年免费资金2728万元，家庭经济困难幼儿生活补助332万元，共有8万名学前幼儿受益。城区学校建设进展显著，已有9所学校建成投入使用。住房保障工程全部开工，其中2011年24900套全部建成，2012年30000套全部开工，其中50%住房已封顶。

【项目管理】 全年组织审查初步设计项目30个，对神木县3个节能改造项目进行稽查；配合中省发改委组织完成红柳林、张家峁、榆树湾、麻黄梁、杨伙盘等煤矿项目验收工作；受理各类招投标项目104个，合同标段375个，招标预算价55.12亿元，中标价54.59亿元，节约资金5300万元，节约率为3.23%。进一步规范项目管理程序，围绕中心城区和生态建设等中心工作，积极设立城建、生态项目审批“绿色通道”，优化审批流程，缩短审批时限,将城建项目和教育项目审批时限由原来的20个工作日压缩到7个工作日,确保项目按期实施。建立项目库和能源化工评审专家库,严格执行项目审批集体研究制度,对重大项目和部分事关全局的项目进行专家评审;委托专业机构编制开发的榆林市投资项目管理软件平台,已进入试运行阶段。

【体制改革】 研究出台《关于2012年深化经济体制改革重点工作的意见》。神木县神木镇和佳县王家砭镇今年被列入国家第三批改革重点镇名单;医药卫生体制改革取得新进展,全市县级公立医院全部取消药品加成,实行药品“三统一”和零差率销售。全市新农合筹资标准提高到350元(高出全省平均水平50元),普通住院疾病封顶线由原来每人5万元提高到13万元,最高支付限额为20万元;城镇成年居民医保筹资标准提高到560元。县级公立医院初步实现门诊人次、医院总收入、医务人员收入增加和住院费用下降预期目标。今年8月份本市医改工作被人民日报社人民网评为2012全国医改最具影响力市。

【结构调整】 大力发展民营经济。全面贯彻《国务院关于鼓励和引导民间投资健康发展的若干意见》,进一步明确促进民营经济发展的政策措施,不断为民营企业进入新的投资领域扫清体制障碍。积极发展现代物流和旅游文化产业。定边、绥德、府谷和靖边物流园区建设进展顺利。文化产业园区建设取得实质性进展,与陕西文化投资公司达成了组建陕文投集团榆林公司的意向。加快发展新能源和装备产业。国华靖边20兆瓦光伏发电、靖边祭山梁风电场等11个新能源项目建成并网发电,总计装机容量81万千瓦。中煤榆林煤机维修制造项目一期、20万套/年汽车自动防撞器等项目按计划推进。

【节能降耗】 完善节能目标责任体系。年初制定并分解下达全市节能降耗计划。不断完善节能降耗考核体系,积极开展固定资产投资项目节能评估和审查工作。进一步加强重点领域和用能单位节能管理,下达重点用能企业“十二五”节能目标。按照《榆林市循环经济试点市实施方案》的要求,推进循环经济试点工作。筛选上报2012年中央资源节约财政奖励项目7个,省级循环经济、资源节约项目11个。不断加大培训工作和宣传工作力度,在中心广场举办节能降耗宣传周活动。加快“两场”项目建设。榆神、榆横工业园区垃圾处理场正在建设,其余垃圾处理场和污水处理厂都已建成并投入运营,榆林城区、各县城垃圾处理率分别为89.34%和60%,污水处理率分别为73.76%和69%,全市所有已建成污水处理项目全面启动一级A标准提升改造。预计实现全市万元生产总值能耗降低3.7%的目标。

【振兴南部】 创新工作思路,制定出台《关于进一步加强南北县区对口帮扶工作的意见》、《关于驻榆中省企业对口帮扶南部县的实施意见》和《振兴南部县域经济工作目标任务及考核办法》建立“三位一体”对口帮扶机制并纳入全市目标责任考核体系,使振南工作进一步制度化、规范化。资金投入持续加大,落实各类帮扶资金4.556亿元,撬动社会投资约10亿元。策划并推进重大造血翻身项目8个,其中省有色佳县多晶硅、山东冀北吴堡水泥等项目落地开工,米脂米王服饰、佳县益民枣酒等民营企业建成投产,绥德疏属山博物馆、清涧路遥纪念馆等完成主体工程。

(冯　磊)

榆林市发展和改革委员会

主　　任　郭培才
副 主 任　赵文伦　马维国
　　　　　乔李平　苏禄玺
　　　　　李刘春　惠前洲
　　　　　张胜荣
总工程师　左长齐
纪检组长　陈彩霞
调 研 员　张海鱼
副调研员　李生润　张振武
　　　　　马　宁　杨　扬
市国防经济动员办副主任
　　　　　吴　仲　齐世军
市以工代赈办主任　鲍卫泽
市能源化工基地办主任
　　　　　党复民
市能源化工基地规划办副主任
　　　　　马富泉
市节能办主任　常建宏

财政工作

【概况】 2012年,全市财政总收入完成666亿元,增长19.3%;全市地方一般预算收入完成220亿元,增长22.1%,其中市级地方一般预算收入完成81.5亿元,增长22.4%。非税收入完成115亿元,较2011年增长64.3%。

全市地方一般预算收入主要项目完成情况是:增值税46.3亿元,增长2.6%;营业税31.9亿元,增长31.4%;资源税19.7亿元,增长12.7%;企业所得税30.5亿元,增长55.7%;个人所得税7亿元,同口径增长9.4%;城市维护建设税15.9亿元,增长11.5%,国有资本经营收益14.1亿元,增长35.8%;行政事业性收费和罚没收入9.2亿元,与上年持平。

2012年,全市财政支出完成398.3亿元,增长23.5%,市本级支出完成89.3亿元,增长39.2%。

主要支出项目完成情况是:一般公共服务支出53.7亿元,增长31.7%;公共安全支出19.8亿元,增长28.5%;教育支出90.8亿元,增长24.4%,主要是贯彻落实中、省关于进一步加大财政教育投入的意见,确保完成我市教育投入任务增加的支出;科学技术支出4.2亿元,增长16.5%;文化体育与传媒支出8.2亿元,增长21.1%;社会保障和就业支出30.6亿元,增长45.5%;医疗卫生支出27.9亿元,同口径增长20%;节能环保支出

10.6亿元,增长21.9%;城乡社区事务支出41亿元,增长67.7%;农林水事务支出58.7亿元,增长17.6%;交通运输支出12.1亿元,增长21.5%;国土资源气象等事务支出2.2亿元,增长1.1%;住房保障支出17.3亿元,增长18.6%,主要是政府债券资金和增加安排保障性住房建设支出的原因;粮油物资储备事务支出1.5亿元,增长41.5%。

【支持经济建设】 一是积极争取中省资金。2012年,累计争取中省资金83亿元,增长36.1%;争取地方政府债券资金4.6亿元;利用外国贷款2.3亿元。二是支持城市基础设施建设。共安排城市建设资金24亿元,开工建设项目35个,富康东路、环城北路东段、文化北路、文化南路沙河大桥等路桥全部竣工。三是支持重大项目建设,拨付各类项目建设资金37亿元。审核批复210国道城区过境线路灯、绿化建设项目(二期)融资贷款3.33亿元,及时拨付建设贷款贴息资金1950万元,安排生态林业建设资金3.9亿元。四是促进区域协调发展。继续加大对困难县的财政支持力度。安排困难县各类配套资金43亿元。五是促进经济发展方式转变。市级财政设立经济结构调整和发展方式转变专项资金1亿元,其中用于工业企业技术改造资金300万元。

【保障和改善民生】 2012年,全市民生支出331亿元,增长34.5%,占财政预算的85%,其中新增财力的88%以上用于民生支出。一是提高社会保障水平。安排资金20.87亿元,支持城乡养老保险全覆盖;落实新农保加工龄补贴资金;实行农村育龄妇女免费健康检查和独生子女保健费补贴;深化医疗卫生体制改革,提高城乡居民基本医疗保险政府补助水平。二是保障教育投入。全年全市教育投入90.8亿元,确保完成教育经费投入占财政支出的比例达到22%。重点实施标准化学校建设工程、校安工程以及市直学校设施设备改造、配置等项目;市级安排资金4.5亿元,支持新建中小学16所。三是支持保障性住房建设。共落实各类保障性住房配套资金13.1亿元,建成廉租住房3300套,公租房9500套,完成城市棚户区改造任务2090户。四是提高城乡居民收入。安排资金1.3亿元,开发就业岗位。公务员津贴补贴和事业单位绩效工资标准统一提高到年人均4万元,全市事业单位绩效工资参照公务员标准执行。

【支持社会事业】 2012年,文化事业投入7亿元,增长40.2%;科技投入6800万元;争取中省政法转移支付办案业务费7500万元,争取政法装备资金1.1亿元,旅游投入1.4亿元。

【加大"三农"投入】 2012年,全市"三农"投入140亿元,增长33.5%。落实资金4.8亿元,推进白于山区移民搬迁工作。现代农业市级配套资金安排2亿元,设施蔬菜产业资金2000万元。全面落实"三年植绿大行动"资金,2012年下达资金19.5亿元,开展"三年植绿大行动"。

【财政改革】 一是完善国有资本经营预算编制,加强国有资本经营收益的收缴管理。强化征收管理,分析企业财务状况,确定征收比例;完善创新征管手段,把国有资本经营预算收缴和对市级国有企业经营目标任务考核相结合,以考核促征收。2012年,完成国有资本经营收入8.3亿元;建立国有资本经营预算季报制度;成立国有资本运营公司,明确国有资本法定持股人,将参与国有资本经营收益收缴纳入法制化轨道。二是推进国库集中支付改革。市级所有预算单位和除中省规定通过专户管理的资金外的所有财政性资金全部纳入改革范围。启动县级预算单位国库集中支付改革,12县区已全部正式上线。按照市委市政府工作部署,启动本市公务卡改革试点工作。三是继续加大专项资金整合力度。2012年,进一步扩大整合范围,建立各级联动、分级整合有机结合、互相促进的良性循环机制,充分发挥财政资金的集约使用效益,集中财力办大事。四是进一步推进预算绩效管理。积极组织部门自评。选择50万元以上的69个项目组织开展部门自评,涉及财政资金18.8亿元。实施财政部门重点评价。确定8个财政重点评价项目进行评价,涉及资金10.14亿元。编制绩效目标。部门预算中50万元以上的专项资金全部要求编制绩效目标,涉及项目189个,涉及财政资金59.6亿元。要求来年部门预算编制50万元以上的专项资金和专项业务费全部编报绩效目标。推动县区开展绩效评价工作。2012年,12县区全部成立评价机构,出台相关制度并积极开展评价试点工作。五是加强"四位一体"财源(税源)监管体系建设。建立健全税源监控管理制度。出台《建立四位一体财源税源监管体系工作联席会议制度》等制度,明确职责和目标。构建税源监控信息化网络平台。研发并运行榆林市财源税源信息监控软件,先后对14个部门就2010—2012年的经济信息数据进行采集,初步完成税源信息基础数据库建设。完成与市级国税等14个部门及12个县区的联网工作,实现数据网上传输、网上对接。六是推进财政与金融的有效融合。加大财政资金投入,引导金融机构向"三农"领域投放贷款,2012年,向"三农"投放287亿元。以政府担保和财政贴息为手段,做大做强创业促就业小额担保贷款工作。由市资金处安排担保资金3000万元,按照5倍放大倍数融资1.5亿元。加强财政贴息资金管理,改革劳动密集型小企业贷款管理机制。积极开展政策性农业保险,增加农业保险品种,保障农业稳定生产。

【财政"两基"建设】 在财政基层建设方面,贯彻落实《榆林市乡镇财政所标准化建设考核验收方案》,全面完成乡镇财政所标准化建设工作。214个乡镇(办事处),全部建成标准化财政所。在财政信息化建设方面,部署机关网络安全身份实名认证系统;上线运行税源监控与政府采购电子化网络系统;加强对县区信息化建设工作的指导监督;继续组织实施会计网络化教育。

【依法理财】 一是加强政府投资评审管理。凡财政投资的项目,在资金拨付之前,都要对其概(预)算、决(结)算进行评审。全年共对106个财政投资项目进行了评审,评审资金24.38亿元,审减资金3.07亿元,平均审减率达到12.6%。二是强化财政监督检查。加强会计监督检查,制定《榆林市会计监督检查工作考评办法》,对212户企业、行政事业单位实施监督检查。积极开展土地出让金检查,对本市北6县2011年11月—2012年11月期间县区土地出让金收入情况进行检查,督促县区将市级土地出让金按时上缴。三是对各县区财政工作进行考核考评。对各县区财政局二十二项主要业务工作进行考核考评。四是加强政府采购管理。2012年,全市共完成政府采购预算9.9亿元,实际采购8.8亿元,节约资金1亿元,节约率10.1%。五是加强会计基础管理。对90多个单位会计基础工作进行考评考核,规范全市行政事业单位会计基础管理工作。举办第二届财会知识电视大奖赛。加强会计从业人员管理,加大培训力度。强化会计基础管理,对全市15家注册会计师事务所进行年检。六是积极推行预算公开。2012年选择市商务局等9个部门启动部门预算公开试点工作,将此9个部门2012年部门预算有关情况通过政府门户网站和媒体向社会公开,接受社会监督。同时,健全规范性文件联席会议审核备案制度,保证每项制度都在法律法规和规章制度规定的范畴内执行。做好"六五"普法宣传教育工作。加强财政税收政策调研。

(韩　非)

榆林市财政局

局　　长 卢　林
副 局 长 孙保卫　王文斌
贾鹏虎　任增亮
纪检组长 王志武
总会计师 高　波
副调研员 杨东方　张　强

国家税务工作

【概况】 全系统共组织税收收入434.46亿元,同比增长17.47%,增收64.6亿元。其中:"两税"收入317.8亿元,增收18.8亿元,所得税收入104亿元,同比增收45.8亿元,车购税收入12.5亿元,增收0.04亿元。市局被市委、政府评为全市文明行业创建活动先进局、全市效能建设先进单位、全市"五型机关"建设标兵单位、全市目标责任考核优秀单位、全市政风行风建设先进单位。榆阳区国税局被国家税务总局命名为"全国税务系统先进集体",绥德县国税局被命名为省级文明单位。

【组织收入】 面对经济发展增速放缓的严峻形势,从基础性工作入手,开展税源调查,层层分解落实税收任务,确保计划落实的科学性、合理性;建立收入分析体系,坚持对组织收入逐月分析、按季预测,全面掌握影响收入增减变化的各种因素,增强组织收入的预见性;进一步健全三级税源监控网络,对年纳税额超过4000万元的134户重点企业实施重点监控,加强对煤炭、石油、天然气等资源类税源的调查和监管,强化重点税源监控数据分析,全面掌握全市重点行业、产业以及支柱企业的生产经营情况、纳税情况,避免税款流失和拖欠,增强组织收入的主动性;强化税收征收管理,坚持依法组织收入原则,提高税收收入质量,实现税收与经济的协调发展。

【税收征管】 统筹推进专业化、信息化管理,提升税收征管质量。落实各项征管措施。完善综合征管软件数据的定期统计、分析、通报和报告制度,加强对软件运行的过程监控,确保软件运行平稳,业务处理规范;对全市电力、自来水、天然气和热力等6个行业47户纳税人开展普通发票专项检查,补税罚款5万余元;做好对辖区内定点联系企业税收风险检查的实地督导和检查工作,对陕西省地方电力(集团)有限公司及陕西煤业化工集团有限责任公司在榆林的企业开展重点检查工作,共查补税款1092万元;按照省局的统一部署,推行应用财税库银横向联网系统工作;全面落实《陕西省煤炭生产企业增值税管理办法》,加强煤炭生产企业的日常财务管理、纳税申报管理,深入开展纳税评估,提高税收质量。深化税源专业化管理试点工作。制定《榆林市国家税务局税源专业化管理试点工作方案》,明确管理职能,科学划分税源,规范纳税服务体系,延伸服务流程,分类涉税事项,精简工作环节,提高管理效率,确定靖边、米脂和开发区局三个单位为试点单位深入开展试点工作,取得阶段性的成果。加强纳税评估工作。为进一步夯实税收管理基础,挖掘税源潜力,堵塞收入漏洞,成立纳税评估工作领导小组,抽调全系统业务骨干组成工作组,由七位市局领导带队分别于上半年5月份和下半年10月份在全市范围内组织开展对395户重点行业、重点税源企业的纳税评估和500多项风险数据的核查工作。细化各税种管理。严格按照企业所得税汇算清缴管理办法规定和有关要求,开展政策培训和辅导,对7925户企业开展汇算清缴,汇算清缴面为100%;开展农产品进项税额核定抵扣试点调研测算工作,为政策的顺利实施做好准备;做好西部大开发税收优惠政策审核确认相关工作,配合省局开展西部大开发税收优惠政策由审批制转为备案制的有关衔接工作;落实消费税各项政策,加强消费税管理;进一步加强车购税征管。进一步完善信息化建设。进一步加强网络及信息安全管理,做好金税三期网络的改造实施,推进信息管税,着力提高各类应用系统的运行质量,为各项工作的顺利开展提供保障。

【依法治税】 严格税收执法,加大执

法考核力度，严肃税收执法纪律，优化纳税服务，营造良好的税收法治环境。规范执法，做到依法行政。进一步细化和深化依法行政考核工作，规范税收行政行为，实现各部门的共同参与，整体推进依法行政工作，建立预防、教育、引导、监督、激励多管齐下的工作机制；开展疑点数据核查工作，对省局在系统内下发的434条疑点数据进行全面核查，确认为有过错数据207条，占核查数据434条的47.70%，共查补税款19.66万元，加收滞纳金3.71万元，罚款0.31万元；开展依法行政示范单位创建工作，榆阳区国家税务局和神木县国家税务局被省局授予“全省国税系统依法行政示范单位”荣誉称号。完善制度，加强事前预防、事中控管和事后监督工作。深入学习和宣传各项规章制度，举办依法行政专题培训班，提高防范执法风险的意识，杜绝执法权滥用的行为；开展重大税务案件审理工作，对7户重大税务案件进行审理，共查补税款13462.90万元，罚款1727.98万元，加收滞纳金596.52万元；强化信息监控，规避执法风险，调整后税收执法正确率100%；针对税款征收、福利企业优惠政策落实等情况，对定边、横山等五个县区局进行重点督查，共查出有问题纳税人89户，已整改56户，查补税款790.94万元，已补缴税款549.32万元。不断提高干部的执法水平。深入基层，送教下乡，向基层人员讲解相关税收政策知识和税收执法风险防范知识，提高基层执法人员的法律知识水平，增强依法行政意识；通过执法管理信息系统的预警系统，加强对基层执法工作的指导，重点防范多发、易发的执法过错行为，提高基层执法水平；畅通上下沟通渠道，主动与基层执法人员沟通，征集意见，改进法制服务工作，每月平均接受咨询108起。整顿税收秩序。围绕案件查处和专项检查两个重点，对邮电通信业、金融保险业、接受成品油专用发票企业等行业开展历时8个月的税收专项检查，共检查纳税人183户，组织纳税人自查489户，查补入库税收收入1.7亿元。开展打击发票违法犯罪活动，共检查企业444户，补税罚款4843万元，营造税收法治环境。

【纳税服务】 纳税服务工作在巩固办税服务厅、税务所(分局)纳税服务标准化建设成果的基础上，以推行专业化服务为重点，着眼于长远发展，逐步提升纳税服务质量。强化部门联合，拓展纳税服务的广度。开展国地税联合办税，避免管户交叉带来的重复管理问题，推动落实“两个减负”，减轻纳税人办税成本；与市工商联、市地税局联合成立榆林市纳税人维权服务中心，打造纳税人表达利益诉求的平台，促进各级税务机关和广大税务干部自觉维护纳税人权益。加强办税服务厅规范化建设。完善全市办税服务厅的硬件设备，积极推广ARM自助办税服务，提高办税服务水平；细化办税服务厅“一窗通办”制度，明确岗位工作职责，落实AB岗工作制度，提高办税效率。深化12366纳税服务热线工作。增强社会公众对12366纳税服务热线的认知度，共提供语音服务4359起，宣传各项税收政策，为纳税人提供便捷的咨询服务；深入开展税收宣传，与市地税局联合开展第21个税收宣传月活动，联合组建文艺宣传队送税法到基层；印制发放5000多册《纳税服务快递》。全面落实税收优惠政策。制定《全市小型微利企业所得税管理操作流程》，做好对小微企业和个体工商户的辅导支持工作，落实优惠政策、优化服务质量、指导排查风险，促进全市小微企业和个体工商户的发展。落实西部大开发等税收优惠政策，汇算清缴办理减免企业所得税19.18亿元，抵免企业所得税额4.27亿元，为企业发展提供政策支持。

【队伍建设】 加强领导班子建设。组织学习党的政策理论知识，学习贯彻党的十八大精神，强化领导干部的政治理论素养，引导领导干部在实际工作中践行科学发展观；组织全系统正科级以上干部参加北京大学政府管理学院的领导干部高级研修班，拓宽知识面，提升领导工作能力和水平；坚持党组中心组定期学习方式，加强对本单位、本系统重大问题的战略性、前瞻性研究，做到学以致用，学习与工作紧密结合；执行党组议事规则，落实集体领导和个人分工负责相结合的制度；严格执行领导干部述职述廉、重大事项报告、经济责任审计等制度，强化对领导班子的监督管理；继续推行市、县两级领导干部基层联系点制度，市局领导班子成员多次深入基层工作联系点进行实地调研指导，建立工作到基层、全面抓落实的工作体系。加强干部队伍教育培训。以提升干部队伍综合素养为目标，创新理念，强化措施，增强针对性，注重实效性，开展全员全岗位业务培训，全系统累计组织参加总局、省局和市局各类培训班68期，培训干部1265人。其中参加总局培训班3期，培训干部7人；参加省局培训班36期，培训干部415人次；市局举办培训班15期，培训干部781人次；坚持以考促学的原则，组织“全市国税系统税收业务擂台赛挑战赛”。强化党建工作。以创建“五型党组织”、“五型机关”和“创先争优”活动为载体，落实党组抓党建工作责任制以及党员联系和服务群众、党员党性定期分析等制度，加强党员经常性教育，提高党员思想政治素质，增强党的观念和执政意识，发挥基层党组织的战斗堡垒作用和广大党员干部的先锋模范作用。组织开展干部作风整顿暨“五个集中整治”活动。

【精神文明建设】 开展“职工之家”创建活动，引导干部职工树立积极的工作态度和健康的生活态度，组织各文体协会开展各类健康有益、昂扬向上的文体活动，活跃职工业余文化生活；组队参加“农行杯”财税金融联谊运动会和“爱国歌曲大家唱”活动，展示国税人良好的精神风貌；成立市局机关志愿服务分队，制定《榆林市国家税务局志愿服务队章程》，利用重大节假日，通过开展学雷锋、植树、税法宣传、看望留守儿童和空巢老人等活动，承担社会责任，服务和奉献社会。

【党风廉政建设】 全面落实党风廉政建设责任制。全系统逐级签订党风廉政建设责任书,制定《二〇一二年榆林市国家税务局党风廉政建设和反腐败工作目标管理责任一览表》,对各级领导班子和领导成员承担的具体责任进行细化和量化,明确和落实党风廉政建设和反腐败工作责任。强化税收执法中的廉政意识。将党风廉政建设与税收中心工作一起研究、一起部署、一起落实、一起考核,形成齐抓共管的合力;在纳税评估检查中对每户企业发放"廉政监督反馈卡"全程跟踪税务人员的工作和廉洁情况,防范税收执法过程中的违法行为,提高税务干部的廉洁自律意识。严格财务管理。严肃财经纪律,加大审计力度,规范银行账户,加强经费管理;严格执行《政府采购法》,规范政府采购行为,对全系统固定资产的购买和处置均履行规定程序。开展廉政宣传。组织干部观看警示教育主题片,参观由省纪委、省监察厅主办的"十七大以来陕西省反腐倡廉建设成果展"榆林巡展;举办"清风伴我行"演讲活动,讴歌国税干部廉洁事迹,倡导廉洁之风;组织学习贯彻《税收违法违纪行为处分规定》,向全市国税干部印制发放《税收违法违纪行为处分规定》宣传学习手册。深入开展行风建设。以创建"人民群众满意基层单位"活动为抓手,召开特约监督员座谈会,加大明察暗访力度,健全内外部监督机制,针对行风评议工作中群众反映的突出问题,进行整改,坚决纠正"吃拿卡要报"等损害纳税人利益的不正之风。

(常鹏飞)

榆林市国家税务局

局　　长　闫锡槐
副 局 长　刘起源　张启高
　　　　　冯增华　马建华
纪检组长　乔少雄
总经济师　任建斌
总会计师　郭清峰
副调研员　李子亮　康万厚

地方税务工作

【概况】 2012年,榆林市地方税务局在省地税局和榆林市委、市政府的领导下,按照省地税局整体工作部署和市局"围绕一个中心,深化三大理念,坚持一个重点,抓好六项工作"的"1316"思路开展工作。获得全国文明单位、全省地税系统落实党风廉政建设责任制先进单位、全省档案工作先进集体、全市文明行业创建活动先进局、反腐倡廉建设先进单位、网络在线发票推广先进单位、信息化运维工作先进单位、全市残疾人工作先进集体、社会管理综合考评先进单位等多项荣誉,为促进经济社会发展作出应有贡献。

【税费收入】 2012年,全市地税系统共组织各项收入251.38亿元,增长13.51%,增收29.91亿元。其中:税收收入189.39亿元,同比增长20.31%,增收31.98亿元;教育费附加8.79亿元,同比增长13.96%,增收1.08亿元;社保费、各项基金及其他收入53.36亿元,同比增长1.65%,增收8669.07万元。全系统提前17天完成省地税局年度考核计划,榆林市县级收入计划和市级收入计划,全年收入总量实现建局以来历史性突破。

【组织收入措施】 加强收入调度。分析经济形势,合理分配收入计划,加强税源、重点项目的实时监控,并在部分县(区)局税源情况发生较大变化的情况下,适时进行全市范围内的合理调度。强化责任约束。推行包片联点责任制,实行包片、包局、包所,帮助解决征管工作中存在的困难和问题。严格执行税收政策。落实资源税从价计征政策,加强车船税保险机构代收代缴;有针对性地开展五小税、建筑业营业税、饮食服务业税收的"三清理",重点抓好对榆林城区、神木、府谷、靖边、定边等房价较高区域的土地增值税清算。明确促收主攻方向。向汇算清缴要收入,向股权转让要收入,向股金分红要收入,向明盘开采和内销煤要收入,向房屋租赁转让要收入,向电子定税、同城通办、批量扣税、网上办税要收入。推进纳税评估。全年通过开展纳税评估,征收入库税款近1亿元。向稽查要收入。组成10个重点稽查组,深入收入大县(区)进行重点稽查。检查重点行业和重点企业时,一律向前延伸三个年度。搞好六抓、六个机制。继续做好"六抓",即抓大不放小、抓老不放新、抓粗不放细、抓公不放私、抓城不放乡、抓新欠不放旧欠,保证大小税源齐抓共管、征收到位。坚持实行重点税源"六个机制",即一户重点税源纳税户由一位局领导牵头、一个部门(专人)具体负责、制定一个管理方案、建立一个管理考核措施、一年撰写一篇评估分析报告,加强重点税源控管。

【征收管理工作】 开展"诚信纳税星级示范户"活动,在全社会努力营造"依法纳税、诚信纳税"的良好氛围。扩大"诚信纳税文明服务示范街"活动的范围,全面促进规范执法,文明执法,提高征管效能。开展税企共铸诚信联盟活动,与纳税人签订《税企诚信廉政公约》,开展"建立税收诚信联盟"活动。

【纳税评估】 全市有201名税收管理员转换为评估员,评估员人数占到管理员总数的60%。市局收集整理各税种、各行业的纳税评估案例,印制1200册《榆林地税系统纳税评估读本》,下发基层一线干部进行学习和经验交流。依托市局自行开发的税收风险评估分析系统发出的预警信息,积极开展日常纳税评估。根据案头分析和税源规模(纳税50万元以上),开展专业纳税评估。

【税源管理】 推进"腾笼换鸟",按照"13348"模式(一个平台、三级管理、三个优化、四个中心、八种分级分类),以"规模+行业",兼顾特定事项为分类标准,将税源分为重点税源、一般税源、个体零散税源的基础上,进行机构职能调整。市、县两级都成立了税收风险评估中心、纳税服务中心、数据处理中心、风险防范监控中心，12个县(区)局成立了82个专业机构。建立科学岗责体系，组织编写《税源专业化管理业务规程》等4大类265万字的岗责、流程指导手册，按照既定程序实施。

【社保费基金管理】 科学分解各项社保基金收入任务，并建立目标考核机制，均衡收入进度。加强数据比对，强化实施基金社保费与税收的“五同”管理，加强部门协调和相互沟通。按照省地税局要求完成社保基金票证清查工作，及时与银行对账，搞好划款工作，按时上报各类报表资料。搞好社保基金基础资料建设工作，继续推行资料柜、资料盒、征管文书的“三统一”。

【依法治税】 全系统确定并开展15项年度税宣活动项目，分别为：市局税收宣传月启动仪式，“税收·发展·民生”税收宣传文艺巡回演出，“走进税收、感受变化、与税同行”榆林地税税收主题摄影展，“榆林地税杯”税宣主题剪纸大赛，“依法诚信纳税，共建幸福榆林”单车骑行送税法活动，编印税宣图书，汇编“帮助企业发展、服务百姓生活”税收宣传大礼包，税法宣传进企业、税收宣传进商场活动，“短信连接你我他，税法宣传达万家”活动，“12366”局长接线日活动，“中邮送税法”活动，“一对一、面对面、税企一家心连心”走访活动，中省市媒体宣传活动，“三问”税宣普法调查活动，通过电视访谈宣传税法、宣传地税。

【纳税服务工作】 成立“12366”榆林地税、国税呼叫中心。双方互派坐席人员进驻对方呼叫中心，定期轮换，统一解答纳税人提出的国地税涉税事宜。成立“纳税人学校”。师资力量由国、地税业务骨干和聘请高校教授担任。共组织培训4期，国地税联合培训2期，培训人数400余人。与市工商联、市国税联合成立了“榆林市纳税人维权服务中心”，促进税务机关依法行政、优化纳税服务。加强国地税联合工作。制定国地税联合办税实施方案。申请5条光缆专线，已在定边、靖边和清涧开始试点运行。

【办税厅规范化建设】 对全市17个征收单位的25个办税服务厅进行星级办税服务厅初评上报，全市三星级办税厅有13个，四星级办税厅7个；年内上报申请三星级办税厅7个，四星级办税厅3个，五星级办税厅4个；对39名办税厅人员进行了笔试、面试，评选出9名进行集中培训，并参加了全省纳税服务明星评选活动。

【信息化建设】 利用地税门户网站、12366纳税服务热线QQ群、QQ论坛、电子邮箱等方式进行税法宣传，回复邮件2202封，答复QQ群提问108条，拓展税法宣传方式。发挥门户网站功能，及时受理纳税人的纳税咨询，听取他们的意见和建议，不断地改进纳税服务工作。全年共接听纳税人咨询电话25874个，同比增加25%，处理投诉107条。

2012年5月，市局组织召开网上报税、同城通办、批量扣税、电子定税四个系统上线动员会，下发有关资料，并对各单位征管、纳税服务、信息人员及部分纳税人进行多次培训，保障四个系统6月1日顺利上线。2012年9月，市局安排部署征管业务系统改造和风险管理系统上线工作。完成培训、宣传、机构的设置、岗位的审核、组织模拟演练，处理上线过程中出现的各类问题，确保两个系统的正常运行。

【应用系统建设及推广】 加大已有征管系统的推广和应用力度。建立智能指挥中心，将征管系统、ODPS办公系统、考核系统、税收管理等27个系统模块进行整合。发挥煤炭坑口计量等信息技术对征收管理的促进作用。与北京广易软件公司合作，研究开发“榆林市地税局目标责任考核系统”。完成网络学苑系统、目标责任考核系统、存量房交易价格评估系统、反腐倡廉在线教育管理平台等的推广应用上线工作。

【财务、审计工作】 持续完善财务制度，继续加强预算管理，以深化基本支出定员定额改革为契机，完善经费分配体制，提高预算编制的科学性和准确性，严格预算批复，增强预算执行的刚性和约束性。强化基本建设管理，积极开展公务用车专项治理工作，规范政府采购管理和资产管理。进一步落实财务监督检查，不断加大财务公开力度。在省财政厅会计达标工作检查组的检查验收中，8个被检查单位一次全部达到优秀等次，全系统共有13个单位被认定为优秀等次。

【队伍建设】 坚持用好的机制选好的人，按照德才兼备、注重实绩、群众公认、公开平等竞争择优和看票不唯票的原则，结合专业化管理和机构改革，推行领导干部竞争上岗和一般干部双向选择，股所长满三年必须强制轮岗。全市参与双向选择人员465人，通过竞争上岗选拔科级领导干部23人，基层所长(分局局长、稽查局局长、办税厅主任)42人。以践行“为民服务、创先争优”和“三问三解”活动为主题，全系统深入开展百名干部驻所蹲点活动。市县两级机关干部先后深入基层100多人(次)，通过开展面对面座谈、深入不少于10户纳税人中走访，了解基层工作实际，为解决基层实际困难、总结基层工作经验提供合理化建议和措施。

(宋林峰)

榆林市地方税务局

局　　长　艾礼贵
副 局 长　张艾青　高　岚
　　　　　思望龙　张林春
政治部主任　苏振平
总经济师　沈凤亮
纪检组长　李　轩

统计工作

【概况】 2012年,市统计局在市委、市政府和省统计局的领导下,围绕全市经济发展目标、围绕幸福榆林建设和全市经济转型发展的需求,进一步加强统计工作,应对经济发展的各种困难和挑战,狠抓"企业一套表"工作,强化统计基层基础建设和干部队伍建设,建立健全各项评估反馈制度,努力提高数据质量,强化协调沟通,按时完成全年各项工作任务,为全市经济的平稳较快发展提供优质高效的统计服务。2012年全市实现生产总值2769.22亿元,比上年增长12.0%,经济总量连续八年位居全省第二,经济增速超全国4.2个百分点。其中,第一产业增加值125.88亿元,增长5.9%;第二产业增加值2027.87亿元,增长13.6%;第三产业增加值615.47亿元,增长8.8%。人均生产总值82549元,是全省平均水平的2.1倍。非公有制经济增加值1042.15亿元,占GDP比重37.6%,比上年提升1.5个百分点。完成工业总产值3126.88亿元,比上年增长17.5%;实现工业增加值1991.41亿元,增长13.6%。其中,规模以上工业企业实现总产值2999.17亿元,增长17.9%;实现增加值1952.01亿元,增长13.8%。全社会固定资产投资1771.23亿元,比上年增长28.5%。全市社会消费品零售总额270.22亿元,比上年增长16.3%,全市城镇居民人均可支配收入24140元,比上年增加3419元,增长16.5%;全市农民人均纯收入7681元,增加1161元,增长17.8%。全年财政总收入666.00亿元,增长19.3%;地方财政收入220.00亿元,增长22.1%。

【"企业一套表"改革工作】 根据国家和省上安排,从2011年年报起,全面实施"企业一套表"。坚持做到五项措施推进"企业一套表"网报工作顺利进行。一是高度重视,争取政府支持,"企业一套表"工作是重中之重,市、县统计局都把这项工作列入统计"一把手"工程,加强与部门、乡镇、企业的协调配合,向政府领导汇报、争取支持,保障一套表工作顺利实施。二是加强培训,制定操作手册。由于本市"三上企业"数量多,统计人员素质参差不齐,网上直报困难较大,为确保企业一套表工作顺利实施,本局总结2011年企业一套表改革试点工作经验,针对在网报中出现的各种问题,制定直报操作手册,并且选派业务能力突出的干部对所有"三上企业"统计人员进行培训,特别是榆阳、神木和府谷等大型工业企业较多的县区,组织人员深入企业进行现场指导培训,帮助企业解决直报技术上的困难。三是领导带班,夯实责任。市、县、乡镇和"三上"企业都建立企业一套表改革实施工作责任制,明确任务和职责,在数据集中上报期间,成立应急呼叫中心,实行局领导带班制度,坚持24小时值班,统筹协调处理各种突发问题,确保数据按时上报。四是加强审核,确保质量。为按时高质量的上报报表数据,本局各专业都结合自己的专业情况,研究制订和完善网报条件下催报报表、审核数据、汇总数据、评估数据质量的工作机制及办法,加强对基层上报数据的在线审核,保证上报数据的质量。五是注重斜衔,两项报表兼顾。按照省局的要求,全市统计报表要实行"双规"运行,在做好直报的同时,更加注重常规报表的搜集上报,并且加大对"企业一套表"和常规报表数据的审核比对工作,对数据出入较大的,要进行询问、巡查,确保数据协调一致,全市1400多家"三上企业"全部实现网上直报,直报率100%。

【专业统计工作】 围绕市委、市政府中心工作,贯彻落实统计方法制度改革精神,坚持从五个方面抓专业统计工作,完成农业、工业、建筑业、批发和零售业、住宿和餐饮业、房地产开发经营业、服务业等行业,以及能源、投资、人口、劳动、社会、科技等各项常规统计的年报和定报工作。一是狠抓源头数据质量,坚持村级起报,建立乡镇、村数据资料库,制订由村到乡镇、县区,再由县区到基层的数据控制办法,规范报表程序,保证数据质量。二是狠抓业务培训,在总结过去培训经验的基础上,采取"请进来讲统计业务、走出去交流工作经验"的方法全面加强统计业务培训,邀请省局业务领导和处长来榆林作专题授课培训,选派市、县统计局部分业务人员、分管业务领导和局领导参加国家和省局举办的各类业务培训班。市局分专业对县区专业统计人员和企业统计人员进行重点培训,收到良好的效果,提高全市统计业务工作水平。三是抓部门统计,进一步加强部门统计工作,在GDP核算、三产服务业统计、工业产品产值统计、基本单位名录库建设等专业统计工作上更加注重财政、人行、交通、税务、商务、编办、工商等部门统计数据支撑印证,通过统计工作联席会议和部门专题业务培训会议,加强对部门统计人员的培训和指导,确保各部门统计数据的真实准确。四是狠抓协调配合,在全市经济发展极为严峻的形势下,进一步加强与省局、省总队各业务处室的汇报协调,争取使各项数据更为客观的反映本市经济发展实际;加强与市委、市政府的协调,在全市经济发展困难的情况下,积极协调政府加强对统计工作的领导与支持,市政府先后下发《榆林市人民政府办公室关于调整加强和改进统计工作领导小组的通知》、《榆林市人民政府办公室关于进一步加强和完善我市服务业统计工作的通知》、《榆林市人民政府办公室关于做好重点领域统计工作的通知》进一步加强对统计的支持;加强与部门的协调配合,通过统计联席机制,协调部门上报数据,做好审核比对工作,确保部门数据真实反映经济发展;加强与县区、企业的协调配合,针对煤炭、石油价格下跌的情况,积极帮助县区统计局协调陕煤、神华、延长提高产品价格,与市场接轨,特别是在省委、省政府提出神木县GDP过千亿这一目标以来,本局高度重视,指定一名领导专门负责神木GDP过千亿统计工作,对神木全年GDP完成情况做初步预测，并提出“抓煤炭计划任务落实、抓煤炭价格提升、抓建筑业统计、抓原煤销售保批零增长、抓统计新增企业”的“五抓”建议，帮助神木县做好统计工作。五是狠抓基层调研，为加强专业统计，针对建筑企业互借资质、产值无法入统的问题、工业企业产值与价格不符、服务业增长缓慢等问题组织专业人员多次深入县区、厂矿企业进行专题调研，了解源头数据生产情况，提高专业数据评估质量。

完成GDP核算工作。严格按照全省新的GDP核算方法制度，加强对县区GDP核算工作的指导、督查和评估反馈，加强专业数据与部门数据的衔接，加大对GDP核算四要素相关指标的关联审核，更加注重用部门数据来印证核算数据的准确性，按时保质保量地完成全市GDP核算工作，客观、准确、全面地反映全市经济发展成果。

【专项统计工作】 一是文化产业统计监测体系更加完善。本市文化产业监测工作涉及120多个行业，全市有1000多家文化企业，按照10%进行抽样调查，工作任务较重。指定专人负责此项工作，不断完善监测指标体系，按时完成季报、年报和快报任务。按照省局要求，及时开展文化及相关产业新增行业摸底清查工作，为2013年正式纳入统计监测做好准备。二是服务业统计工作成绩显著。进一步加大对现代服务业统计工作的调查力度，加强与服务业相关部门的联系配合，对所有服务业企业特别是重点服务业企业名录库进行核查，从组织机构代码、调查单位详细名称、行业代码、从业人员、营业收入、主营业务收入、资产总计等关键指标核实，严格审核，确保服务业统计数据真实有效。三是城乡居民收入调查工作水平提高。为进一步做好城乡居民收入调查统计工作。市局下发《关于认真做好2012年农村住户调查季报工作的通知》和《关于做好2012年城镇住户调查工作的通知》，指导县区做好收入统计上报工作。加大对新记账户的业务培训，提高源头数据质量，全市城乡居民收入均呈现出快速增长的良好发展态势。四是特色农业统计工作进步明显。按照省局的统一部署，本局积极组织，搞好抽样调查，按时完成设施蔬菜调查2011年年报和2012年季报调查工作；开展果业监测、农村贫困监测季报和半年报工作，及时将调查数据上报省局。五是完成2011年度社会发展综合评价和妇女、儿童发展统计监测报表任务。根据采集的有关数据，撰写两纲监测统计报告，及时上报市委、市政府和省局。本局负责的榆林市妇儿规划实施工作得到省妇儿工委的肯定，被评为省级实施妇女儿童发展规划先进集体称号。六是完成期内非公有制经济测算工作。市局严格按照省局制定的《非公有制经济统计调查方案》，完成2011年四季度和2012年各季度市、县两级非公有制经济核算工作。为提高测算准确度，加强与国税局、地税局、工商局等有关单位的联系沟通，在索取数据的同时，进行分析比对，确保测算的数据质量，非公有制经济占GDP的比重稳步提升，预计2012年全市可实现非公有制增加值972亿元，占GDP的比重为36.2%。七是县域经济报表质量提高，按时完成期内县域经济季报上报考核工作。为保证数据准确，加大对省、市、县三级数据审核比对，对部门数据和专业数据进行联审，以做到部门数据和专业数据之间以及省、市专业内部的协调一致，较好的完成2011年度全市12县(区)的县域经济考核监测工作以及2012年县域经济季报数据上报工作。八是投入产出调查工作全面展开。按照陕西省人民政府办公厅下发的《陕西省人民政府办公厅关于认真做好2012年投入产出调查工作的通知》(陕政办发〔2012〕46号)精神要求，为做好这项工作，市政府专门下发《榆林市人民政府办公室关于认真做好2012年投入产出调查工作的通知》(榆政办发〔2012〕64号)，确定全市的重点法人单位，为正式调查奠定良好基础。九是完成工业企业成本费用调查、工业企业景气指数调查、建筑企业景气指数调查、外省在陕建筑业企业基本情况调查、农村居民家庭贫困情况快速调查等临时调查工作任务以及创模、创卫等民意调查工作。

【统计服务水平】 2012年全市统计系统不断创新服务形式，更新理念，实施走出去战略，使统计服务从“有什么提供什么”向“需要什么提供什么”转变，紧扣经济社会发展中出现的热点、难点问题，及时开展统计分析，努力做到监测预警提前亮灯，在全市煤炭产值下降、工业经济增长放缓，固定资产增长不足的情况下，组织人员，由局领导带队深入12县区、深入企业进行调研，根据调研情况，撰写监测预警报告，为市委、政府及时制定应对政策、措施提供参考。全市各级统计部门共撰写统计分析资料200余篇、统计信息300余篇，其中100余篇分别被省网、国家网及榆林日报刊登采用。统计服务更加及时丰富。每月及时收集统计数据，编印各类月度统计资料，报送市委、市政府领导及相关部门，并在榆林统计信息网上公布，为社会各界服务。共编印《榆林统计月报》10期、《榆林工业月报》10期和《榆林经济调查》4期，《榆林统计》4期；按时公布《2011年统计公报》、《能耗公报》，将全市主要经济指标、工业发展指标向社会公布，完成第二次全国经济普查和第六次人口普查资料的编辑整理工作，较好地满足各级党委政府和社会公众对统计数据的需求。统计服务领域更加宽广。协助发改委完成幸福榆林建设监测指标体系编制工作、协助住建局完成全市交通运输大调查工作、协助创建办完成创模满意度调查和清洁能源使用率测算工作，进一步拓宽统计服务领域，提升统计服务能力。

【基本单位名录库建设】 贯彻国家和省局名录库管理办法和实施细则，按照“先入库，再有数”的原则，规范名录库的管理，建立健全名录库运行管理、维护更新、质量检查、数据应用等工作制度，全面推进基本单位名录库建设工作。一是加强对名录库建设工作的领导，成立以市政府副秘书长为组长，市统计局局长和市工商局分管副局长为副组长，编制、民政、国税、地税、质检等8部门分管领导为成员的榆林市基本单位名录库建设领导小组及其办公室，夯实名录库建设工作责任，及时进行名录库更新维护。截至11月9日，全市基本单位名录库中录入法人单位24809个，其中单产业法人单位23836个，多产业法人单位973个，产业活动单位29923个。二是进一步加大名录库临时代码整治力度，根据全省基本单位名录库建设工作会议的要求，市局召开专题会议进行部署，并且与各县区签订《2012年度榆林市基本单位名录库建设目标责任书》，确保临时代码使用率下降达标，截止11月9日全库临时代码使用率为8.1%，其中企业临时代码使用率是1.0%，非企业临时代码使用率为17.5%。三是按时完成季度“三上”企业审批工作。为进一步规范“三上”企业审批工作，提高新增变动企业审批通过率，加强与编制、工商、税务、质检、民政、教育、卫生等职能部门的联系沟通，就如何做好“三上”企业的申报工作进一步明确各部门职责。同时按照省局要求，下发《关于开展“三上”企业自查工作的通知》、《“三上”企业审批流程、范围》、《关于核实上报疑似新进“三上”企业的通知》、《基本单位名录库维护更新与“三上”企业和房地产开发经营企业审批手册》、《关于做好2012年三季度“三上”企业审批工作的通知》和《关于做好2012年四季度“三上”企业审批工作的通知》等过个文件，并且在9月4日召开全市“三上”企业审批培训会议，进一步明确“三上”企业申报范围、审批频率、审批流程以及审批工作中需要注意的问题，规范“三上”企业申报程序，使达到“三上”标准的企业及时纳入统计。

【统计基层基础建设】 统计基层建设进一步加强。加强以县为中心的统计基层建设，加强对县、乡镇统计业务的指导与管理，在人员、机构、经费等各方面加强支持，帮助县、乡镇统计机构解决实际困难和问题；加强对县区统计机构规范化建设的考核考评和巡查工作，建立健全各项考评制度；加强企业人员的培训，协调县（区）、乡政府解决部分企业直报网络不稳定、硬件设备不完善等问题；督促乡镇统计所按照“八有八化”的要求，进一步完善基础设施，提高上报数据质量。统计信息化水平进一步提高。按照省局信息化建设的总体要求，结合统计改革发展的新要求，加快推进全市统计信息化建设步伐。一是积极配合企业做好联网直报工作。对全市1400多家“三上企业”直报前的CA认证进行了技术指导和培训，统一创建管理全市一套表数据处理用户。二是加强对全市网络及计算机维护和安全管理工作，保障市、县、乡镇（街办）三级统计专网畅通运行，安装全市客户端安全管理系统，市、县所有内网用户都进行注册，提高统计网络的安全性和可靠性。三是按照省市关于电子政务基础资源信息化共享的实施办法，积极协调筹备市县统计网络迁移工作，准备将全市统计网络统一迁移到市政府信息管理中心。四是网络信息发布和上报数量稳步增加。针对内外网页页面不够美观、信息发布后台比较落后等问题，将市局内外网页都做全新改版。新的网页调整页面的宽度，使整个页面看起来美观大方，且后台操作相对简单，功能完全可以满足各项需求。新的内网后台，可实现县区统计局直接登录后台报送信息，使县区级向市级报送信息走上科学、正规的渠道。同时为激励县区提高信息报送的数量和质量，本局制定信息采用奖励办法，对县区统计信息、分析被国家网、省网、市网采用分别给予相应奖励。

【统计法制建设】 围绕统计“四大工程”建设，依法推进统计改革，创新统计执法方式，加大执法力度，推进统计法制建设。一是全面安排部署全市统计法制工作，召开全市统计法制工作会议，明确全年执法工作思路和任务。二是创新执法方式，加大执法检查力度，通过与县区和专业科室联动执法的方式对全市建筑业、房地产、贸易等“三上企业”进行专项执法检查，严肃查处了一批违法单位，维护统计法的权威，保证统计数据的质量。三是开展“六五”普法教育和法制培训，通过以会代训、借机宣传、媒体宣传、网络宣传、印制挂历等多种形式加大统计普法宣传，一年来共发放《统计法》及《统计违法违纪行为处分规定》4000多份，使用统计普法教材1253本。组织86名统计执法检查员参加全市统计执法检查员换证考试。四是注重案卷评审工作。通过四个注重抓案卷质量，注重以个别带动整体抓案卷质量、注重以评审交流抓案卷质量、注重以协助指导抓案卷质量、注重以激励机制抓案卷质量，全市执法案卷质量显著提高。

【队伍建设】 领导班子顺利交接。全局干部人手购买4种书目，要求每位干部学习并做好读书笔记；邀请省局业务领导和处长讲解统计业务知识；邀请市决策咨询委员会杜成凡老师，为全局干部讲解如何加强机关干部自身建设，解读当前榆林经济发展状况；邀请市委雷润峰同志解读保持党员纯洁性教育的重大意义；举办机关课堂，由局内各专业人员进行授课，提高专业人员的综合业务素质；参加国家局、省局、市委组织部、党校举办的各类培训班，通过学习提高工作水平和能力；组织全市700多名统计人员参加统计从业资格考试，200多名统计人员参加统计专业技术资格考试；参加省局和市委、市政府和其他部门组织的唱红歌、城市万人越野赛、庆七一秧歌比赛、书法摄影比赛、公文处理知识大赛等活动。加强机关建设和统计行业行风建设。围绕机关建设，不断完善制度，严明纪律，强化管理，加强责任制考核，重新制订对县区、各科室以及局属各单位的考核办法，修订局机关财务、车辆、考勤和会议制度，取得良好的效果。强化统计行业行风建设，严格规范数据采集、评估、发布工作流程，转变服务方式，实现依法统计、科学统计、阳光统计。开展"五个集中整治"和"干部作风整顿"主题实践活动,结合机关建设,及时动员,成立机构,制订方案,推进机关建设和干部作风整顿活动的深入开展,转变机关干部作风,提高工作效率。落实党风廉政建设责任制。围绕统计"三个提高"建立"一把手"总负责,一级抓一级,层层抓落实的"一岗双责"工作机制,从组织上、制度上对党风廉政建设和反腐败工作的开展给予保证。通过组织全体干部学习中、省、市纪委全会精神和党风廉政建设有关规定,开展党风廉政建设宣传教育和签订目标责任书等多种形式,提高党员干部遵纪守法的自觉性和拒腐抗变能力、抵御风险能力。

（李　鼎）

榆林市统计局

局　　长　张海强(1月—6月)
　　　　　白建琴(7月任)
副 局 长　宋锦文　刘恩德
纪检组长　姜良生
总经济师　杨　明
总统计师　贺晓京
副调研员　刘锦林

国家统计局榆林调查队工作

【概况】 2012年,榆林调查队在国家统计局陕西调查总队的领导下,在榆林市委、市政府的支持和相关部门的配合下,深入贯彻落实全省统计调查工作会议和陕西调查系统能力建设座谈会议精神,围绕总队的总体工作部署,以"三个提高"和"四大工程"为中心,以达标升级活动为抓手,进一步规范机关管理,加强业务建设,着力提升调查能力,不断提高数据质量和服务水平,较好地完成全年各项工作任务。

【城乡住户一体化调查工作】 城乡住户一体化调查是全年的重点工作,本队专门成立城乡住户一体化调查工作领导小组,明确职责,夯实任务,狠抓落实。队领导以身作则,带领全队人员深入户点摸底、落实、调查。为争取地方支持,及时主动向市级领导汇报,积极与地方统计局沟通协商,得到地方上下的支持,完成近2000户的摸底入户调查。为保证原城农住户调查与一体化工作顺利衔接,落实城区66户、农村44户(共计110户)记账工作和试记账培训均由原城乡住户调查人员独立完成。为提高正式记账工作质量,对110户新调查户全部进行回访。在做好一体化工作的同时,不放松原住户调查工作。业务调查人员注重提高访户频率,增进与记账户的情感沟通,提高他们对调查工作的认识,访户与培训相结合,面对面指导,提高记账质量。在3月、4月和5月的住户调查过程中,带着慰问品进行普遍访户。

【涉农调查工作】 组织安排,抓农业、畜禽、农民工等各项涉农调查工作,严格按照调查方法制度,注重现场调查、直接调查,走基层,进农户、深入田间地头,观察农业生产,关注畜禽生产,关心农民生活,完成全年工作。为提高数据质量,了解真实情况,本队分工明确,领导带头包村包点,月月到点,季季入户,80%的下乡活动都是队领导带领。下乡时,注重对年轻人的培养,教会调查方法,提高调查能力,为榆林调查队健康发展注入新的活力,储备新的动力。畜禽监测摸底核实、农民工监测换点开户、农产品中间消耗轮换样本以及新辅助调查员选聘培训工作完成,新旧调查业务衔接较好,换点后的各项业务顺利开展。

【价格调查工作】 为加强价格科人员力量,将新招录的研究生安排到价格科工作。为提高价格调查能力,要求价格专业人员要善于学习,尽快熟练掌握手持采价器的采价方法,适应新的调查制度。价格科人员严格遵守调查制度要求,坚持逢五逢十定时、定点应用手持采价器采价,完成消费价格、工业生产者价格、农产品价格调查任务等,及时准确地反映本市各类商品价格变动情况,为各级政府和社会公众提供良好服务。

【企业调查工作】 为推进企业联网直报工作,分别于1月、2月、3月召开规模以下工业、服务业、采购经理联网直报等培训会议。规模小、涉及行业种类繁多的服务业调查,90%的单位是送表上门,手把手培训,企业联网直报率大大提高。三季度,对所辖的123家企业进行实地调查,回访调研非制造业企业,了解企业生产经营情况、发展前景、存在的问题和困难,加强调查队与企业之间的沟通了解,为提高企业调查数据质量奠定基础。9月份,在市统计局普查中心的配合下,完成符合条件的2127户规模以下工业企业的基本资料整理、建档,规模以下工业企业调查的数据名录库更新和维护工作。11月,业务人员对237户在册服务业企业通过下乡走访、部门调查、电话查访等方式,落实140户,服务业小微企业核查工作顺利结束。

【专项调查工作】 专项调查是国调队服务党政、服务社会的重要手段和提高影响的重要途径。4月下旬,结合工作实际,统筹安排,采用上门送达、现场调查等方式,在相关县(区)开展专利产品产值调查。7月上旬的医药卫生体制改革情况调查时间紧、任务重,本队组织工作人员用2个休息日,对2个社区25户城镇居民进行调查,按时完成调查任务。6月初,应市委组织部邀请,参加榆林市组织工作民意调查座谈会议,市级机关、企事业单位负责人及各县(区)组织部长,共计200多人参加会议。会上,就榆林国调队的机构、职能、工作业务等情况及组工调查的要求、特点进行专题介绍。7月中下旬,每年一次的组织工作满意度民意调查提前展开。队上高度重视,成立由队长任组长、其他领导任副组长、各县国调队队长和各科室负责人为成员的组工调查领导小组,全面负责组工调查的各项工作。总队督导员、榆林调查队队长为组织工作满意度民意调查主要负责人,督导、参与调查。各调查组严格按照纪律要求,队领导全程督查调查过程和进度，完成2012年组织工作满意度民意调查。8月份，配合总队对靖边县进行文明城市测评工作。队上高度重视，抽调两名科长具体参与了明察暗访，资料审核，考查验收等调查。

【调研分析】 狠抓分析信息工作。一是坚持分析信息考评制度。个人撰写分析信息数量、质量是本队年终考核的重要衡量指标。要求业务人员每人撰写信息不得少于3条，分析不得少于2篇。办公室撰写政务信息每月不得少于2条，要求各科室做好每个季度的进度检查，保数量，提质量。二是紧跟总队季度信息要点、不定期约稿信息以及领导关注的信息，有针对性地深入基层，开展调研，写出了一些对决策有较大参考价值的信息。三是加强各方沟通。积极向总队、市“两办”学习沟通，提高信息采用率。全队共撰写政务信息、经济信息、分析报告和各类征文190余篇。其中分析54篇，国家统计局采用2篇，总队采用9篇，地方两办1篇，《榆林经济》采用1篇，榆林日报采用2篇，《榆林统计》采用5篇；调查信息29条，地方两办采用1条，榆林日报采用5条；工作动态120期，总队采用80期。开展专题性的调查和分析研究成绩显著，本队撰写的《榆林规模以下工业走出低谷快速发展》、《榆林市小微工业企业生产经营状况的调查与思考》、《农民工收入增长的实证分析》、《猪肉价格波动分析及对策研究》、《农业劳动力人口结构变化对榆林市农业生产的影响》等调研报告，被国家统计局内网、陕西调查总队内网、榆林统计学会采用。统计服务水平迈上新台阶。立足国家调查队优势，尽全力满足各级领导和决策部门的需求，及时全面提供进度调查数据。按时完成《榆林调查》、《调查信息》、《工作动态》和《榆林社会民生调查》的编辑、印刷工作。截至11月12日，共印发《榆林调查》54期，《调查信息》29期，《工作动态》117期，《榆林社会民生调查》4期。

【提高调查数据质量】 加强辅调员队伍建设。一是按时发放调查报酬，有专项调查工作需要时，尽量聘请已有的辅调员，以不定期的专项调查报酬为辅助，确保每位调查员每月有固定的调查收入，用经济收入稳定辅助调查员队伍。二是完善对辅助调查员的定期培训制度。坚持辅助调查员半年培训例会制度，利用定期培训加强对辅助调查员业务指导，提升辅助调查员调查技巧和能力。三是适当对辅助调查员进行考核奖励。在半年例会时对调查员的工作质量进行点评，奖励先进，激励后进，提升辅助调查员的工作质量。四是加强情感沟通。关心调查员日常工作、家庭生活，做到平时常联络，节日有慰问，让调查员感受到调查队的温暖与关怀，加强与辅助调查员的感情沟通，提高辅助调查员队伍的凝聚力和战斗力。夯实企业统计基础工作。通过三项措施规范企业调查工作，夯实企业统计基础。一是加强培训。每年定期对企业统计人员及辅调员进行统计知识和统计法律法规知识培训，使每一位企业统计人员都成为统计工作的能手和强手，提高企业联网直报率。二是加强执法检查。全年共检查30多家企业，杜绝拒报、迟报、瞒报、虚报等违法行为。三是加强考评。为鼓励企业统计人员的工作积极性，每年对企业统计调查工作质量予以考评，根据评分结果对企业统计人员给予一定的物质奖励。加强信息化建设。统计网络信息安全是统计信息化建设的重要环节。派专人定期联络统计局计算站工作人员，检查网络运行情况，全力配合，做好榆林统计系统的内网安全维护工作。5月份，所有统计内网用户登录注册客户端安全管理系统。在经费投入上尽量保证网络维护、硬件设备的费用支出，切实做好信息化建设基础工作。狠抓基层源头数据的核查评估。10月份，榆林调查队以强化基础工作、规范工作流程、提高调查数据质量为目标，按照总队文件部署开展农业、畜禽、住户等调查数据自查工作。一是全面检查原始台账。审核台账是否按时登记，保存是否完整，台账数据是否与调查表一致。二是及时开展现场数据核查。在原始台账自查的基础上，有目的地对部分规模小区和生产单位进行现场数据核查，抽查规模户和生产单位记录台账是否规范，报送数据是否及时。三是检查数据录入质量。审核计算机的录入数据和台账数据是否一致，做到表、机相符。并对数据进行计算机复审，保证数据质量。

【统计执法】 健全统计执法队伍。5月份，以办理统计执法检查证为契机，做好2012年度统计执法检查证的核发、换发和管理工作，把政治坚定、业务精通、作风过硬的人员落实到统计执法队伍中来，充实统计执法力量。深入开展执法检查。定期与各业务科室交流调查企业上报报表情况，形成各科室协作配合开展统计执法工作的良好氛围。2012年度共发放13份统计执法检查通知书，检查10个工业品价格调查企业，根据检查情况下达2份责令改正通知书，进一步夯实了统计基础工作，遏制统计违法行为。大力宣传统计法规。利用业务工作年报会、半年例会、调查培训会、统计执法检查等机会，向与会人员发放宣传资料，重点宣讲相关法律条文和规定，并通过对典型违法案例以案说法，用实例警示教育企业统计人员，为统计调查工作营造良好的法治环境。

【协调沟通】 主动承担地方任务。一是积极主动搞好扶贫帮困工作。为深入贯彻落实《榆林市开展第四轮部门单位包村和党员干部包户扶贫实施意见》，7月份，由一名领导负责，确定专门人员，深入包扶对象佳县康家港乡康家港村考察调研，并与康家港乡党委书记、乡长以及村“两委”成员进行了座谈交流，掌握该村基本情况，并对该村种植业、养殖业、农产品加工业以及砖瓦厂经营状况进行深入了解。会后积极走访村民，共同思考破解发展难题的方法，制定三年扶贫规划和年度计划，倾尽全力为康家港村和贫困户脱贫致富出谋划策。二是圆满完成全市农村贫困人口识别工作。2月份，按照全市农村人口识别工作的总体安排部署，榆林市扶贫办、市统计局、国家统计局榆林调查队联合召开会议布置全市农村贫困人口识别工作。贫困人口识别是今后扶贫开发的基础性工作，时间紧、任务重、难度大。本队积极参与，完成业务技术指导与收入调查工作任务。9月底，三部门完成全市农村贫困人口识别工作。三是统筹安排2012年度榆林市招商引资项目投资环境监测调查工作。11月，受榆林市招商局委托，2012年度榆林市招商引资项目投资环境监测调查工作由本队组织完成。11月中旬，专门成立调查工作领导小组，研究通过了调查方案。12月份，领导小组组织调查人员分四组进行调查，在保证做好调查业务工作的基础上，开展该项调查工作。全市14个县、区（含经济开发区）的180多个项目的调查工作已基本结束。积极协调，争取地方支持。根据国家调查队系统的工作实际，本队积极主动向地方党委政府领导汇报工作，与财政、组织、统计等部门加强沟通协调，争取更大支持。6月份，市委常委、市政府常务副市长高中印带队与丁总队长在调查总队亲切座谈。高中印副市长对榆林调查队多年来积极努力为地方政府服务表示感谢。并希望在以后的工作中继续加强与调查总队的联系。8月份，高中印副市长来榆林调查队调研指导工作，对榆林调查队的工作给予肯定，表示今后要进一步加强对榆林统计调查工作的关注，为统计调查工作提供更多的帮助和支持，

【行政管理】 完善工作制度。为加强机关管理，提升管理水平，榆林调查队进一步完善财务、车辆、考勤和数据管理等制度。修订完善后的财务制度，在审签上，强化纪检监督；在会议、培训、招待上，强调节约；在资金使用上，强调资金向业务倾斜。修订后的公车管理制度强调在公车调度上，优先调查业务；在行车安全上，强化对驾驶员和乘车人员的管理。在降低运行成本上，细化台账登记，强化监督考核。修订后的考勤制度，在规范干部请假休假程序方面，强调人员出勤与队内部责任制挂钩，维护机关正常工作秩序。修订后的统计调查数据发布和管理制度，确保榆林调查队对外提供数据的统一性、准确性、权威性。创新学习方式。通过开展创建学习型机关活动，创新学习方式，丰富学习内容，提高学习效率。组织全队干部职工集中学习总队工作会议精神、马建堂局长在全国国家调查队工作会议上的讲话精神、党的十八大报告精神等。根据学习内容，全队干部职工谈体会、写心得，全年更新学习专栏两次。为适应统计调查工作的新形势、新要求，队领导广泛发动，全员参与，举办三期机关业务知识大讲堂活动。机关课堂活动一方面能使授课同志通过备课、授课，对已掌握的知识总结提炼、温故知新，进一步加深对业务调查知识的理解。发挥“职工之家”作用。榆林调查队职工之家2011年开始启用，为保证职工之家运转正常，发挥职工之家作用，8月份，总结一年来的接待工作，积极听取来职工之家检查指导的各位领导、同仁的建议，制定出榆林调查队职工之家管理办法，从安全管理、物业管理、财务管理、卫生管理等方面进行规定，为职工之家的规范化运转提供制度保障。榆林职工之家成功接待出差、休假人员近百人次。其中根据总队安排，接待了来自总队、21个市县队休假疗养人员57人次。每批考察交流及休假疗养人员来榆前，都要专门召开会议研究安排接待休假活动事项。要求行程安排全面、紧凑，饮食安排健康、特色，起居安排舒适、卫生，得到来榆休假人员的一致好评。开展干部作风整顿。榆林市委决定在全市开展干部作风整顿活动。借助这次活动，榆林调查队迅速行动，积极参与，及时召开全队干部职工作风整顿动员大会，成立榆林调查队干部作风整顿工作领导小组，制定干部作风整顿方案，开展作风整顿工作。通过作风整顿，提高思想认识，查摆存在问题，落实整改措施，健全规章制度，干部作风明显好转。提高公文处理水平。6月至8月，市政府机关举办“工商银行杯”市政府机关首届公文处理知识大赛。为全面提高公文处理水平，专题研究部署参加知识大赛的相关事宜，及时制定培训方案，要求相关人员，特别是办公室的工作人员，全面系统地学习公文处理知识。通过学习，文秘人员将本队6月至8月在工作中形成的上行文、下行文、函等公文，严格按行文标准要求进行规范，并报送至市政府办公室参赛。本次参赛的30多个单位中，本队荣获优秀奖。强化纪检监督。年初，制定《2012年榆林调查队纪检工作要点》。2月份，组织全队干部职工收看“统计行风建设观摩活动”视频资料片。10月份，纪检监察人员学习、讨论国家统计局党组成员、纪检组长罗兰在全国统计行风建设推进会上的讲话精神和《陕西国家统计调查系统廉政风险防范管理工作实施意见》。11月，本队纪检组对队上的各项制度的执行落实情况进行全面检查，监督领导、干部执行制度情况，提高制度管人、管事的作用。加强党建基础工作。6月份，按照榆林市委组织部建立党员信息库工作的要求，对全队党员的基本信息进行全面摸底核查，力争基础性数据的准确、全面，为今后党员信息维护打下基础。注重党员信息维护更新工作，从入党积极分子开始跟踪建立，将民主评议情况和参加学习实践等活动记录以及入党积极分子培训情况等动态信息录入系统，健全入党过程中的所有信息。

（赵江艳）

国家统计局榆林调查队

队　　长　姜世忠

副 队 长　常新民　冉永革

纪检组长　黄剑林

副调研员　白海亮

审计工作

【概况】 榆林市审计局与陕西省审计厅榆林审计处（加挂榆林市固定资产

投资审计处牌子)、榆林市经济责任审计办公室合署办公。2012年人员编制67人,在编人员67人,领导职数16名。局机关内设政秘科、法规科、财政金融审计科、行政事业审计科、社会保障审计科、农业与资源环保审计科、教科文审计科、企业审计科、开发区审计科、总支、工会等11个科室,审计处内设固定资产投资审计一科、固定资产投资审计二科、企事业审计科3个科室,经济责任审计办公室内设党政审计科、企事业审计科、综合科、信息科4个科室。

2012年,榆林市审计局在市委、市政府和省审计厅的领导下,围绕党委和政府工作中心,坚持寓审计监督于服务之中,着力在促进政策执行、提高财政绩效、增进民生幸福、推动责任履行等方面下工夫,推进审计工作科学化、规范化,全面提升审计工作质量和水平,全力促进全市建设幸福榆林的各项工作。全市共审计和审计调查项目1648个,查出违规金额347278万元,管理不规范金额1320998万元,损失浪费金额5599万元,上缴财政13277万元,核减投资额61377万元;向纪检、监察部门移送案件1起。向被审计单位提出建议3801条,被采纳审计建议3049条,促进制定整改措施和规章制度70条;提交审计专题、综合性报告和信息简报72篇,被批示、采用审计信息36篇。全市对408名党政领导和企业领导人员进行经济责任审计,查出违规金额15469万元。榆林市审计局完成审计和审计调查项目144个,查出违规金额114549万元,管理不规范金额1029230万元,损失浪费金额5598万元,上缴财政2379万元,核减投资额5403万元;对50名党政领导和企业领导人员进行了经济责任审计,查出违规金额5354万元。

【预算执行审计】 以建立财政审计大格局为目标,围绕公共财政改革要求,继续坚持“评价总体、揭露问题、规范管理、推动改革、提高绩效、维护安全”的审计思路开展工作。组织全市审计机关对市本级2011年度财政预算执行情况进行审计。市局对市财政局、教育局、民政局、水利局等23个市级预算执行单位进行审计。重点关注预算执行效果和部门行政管理成本,把财政资金投入与项目进展、事业发展以及政策目标实现统筹考虑,综合评价部门使用财政专项资金的经济效益、社会效益、生态效益,促进提高预算分配和执行的公开透明。

【专项资金审计】 全市审计机关把涉农、社保资金审计摆在更加突出的工作位置上,按照“摸清底数、揭露问题、促进强化管理、完善制度、深化改革,保障社保资金安全,维护人民群众利益”的工作思路,始终坚持以人为本、民生为先,加大对“三农”、社会保障、住房、教育等涉及民生的专项资金审计力度,促使公共资源配置更多地向民生领域倾斜,维护人民群众的利益。对全市社会保障资金、保障性住房建设资金、扶贫专项资金、陕北天然林防护资金、新农村建设资金等14个专项资金进行审计,查出问题金额53683万元。

【固定资产投资审计】 全市审计机关按照三大目标建设和区域中心城市、国家能源化工基地建设、现代特色农业基地建设的要求,围绕优化结构和提高效益,加强对重大建设项目特别是政府和国有企业投资项目的审计监督。在审计过程中重点检查建设项目的管理和资金的使用情况,揭露项目前期论证不足、概预算不细致、招投标程序和内容不规范、配套资金不到位、虚报重列项目套取建设资金、工程项目进展缓慢和严重损失浪费问题,并注重对项目间效益分析,促进加强建设资金和建设项目管理,确保建设项目顺利进行。全市共审计工程项目989个,审计项目投资额1084260万元,查处主要问题金额174487万元,核减工程概决算61377万元。

【企业审计】 全市审计机关以维护国有企业资产安全、促进可持续发展为目标,在“摸家底、揭隐患、促发展”的基础上,积极探索企业绩效审计的新路子。在审计过程中,注重企业审计与经济责任审计、绩效审计相结合,揭示效益方面存在的问题。全市共审计21户国有及国有控股企业,查出问题金额90945万元。

【经济责任审计】 全市审计机关坚持“全面推进、突出重点、健全制度、规范管理、提高质量、深化发展”的审计思路,贯彻中办、国办经济责任审计规定和省上出台的6项经济责任审计制度办法。在审计中重点关注领导干部履行经济责任以及在工作中执行制度规定和贯彻落实中省市政策情况。在对领导干部的经济责任审计与财政收支审计相结合,与其所领导部门的预算执行审计相结合,提高审计效能。

(吕　波)

榆林市审计局

局　　长　乔乃章(7月离任)
　　　　　张　宇(7月任)
副 局 长　吕登榜　高　林
　　　　　强少炜　冯占廷
纪检组长　贺占彪
总审计师　张随平
副调研员　朱继忠　思文耿

陕西省审计厅榆林审计处
处　　长　吕登榜
副 处 长　刘丽荣　任耀东
副调研员　王飞舟

榆林市经济责任审计办公室
主　　任　高　林
副 主 任　曹　炯　张向东
　　　　　惠亚风
副调研员　李胜国

物　　价

【概况】 2012年,在市委、市政府领导和省物价局指导下,全市各级物价部门把握“缓中见稳、稳中有进”的总基调,围绕“建设幸福榆林”的奋斗目标，加强价格调控，着力做好价格监管，稳步推进价格改革，深入开展价格服务，完成各项工作任务，促进全市经济社会平稳较快发展。

【价格调控】 加强价格监测预警工作。执行中省价格监测报告制度，及时准确上报监测情况，数据上报率达100%。为及时了解市场价格动态，对市场粮油、肉禽蛋、蔬菜等主要农副产品和成品油、钢材、水泥、化肥、煤炭等重要生产资料以及重要日用工业消费品五大类近260种商品的价格进行严格监测。针对3月份以来，国际市场油价大幅上涨，从3月21日起对市区5家加油站开展日报监测，5月份开始改为周报。从7月份开始开展煤炭价格发布和生猪玉米价格发布工作。在重要节假日期间，市局适时提高监测频度，确保数据早、准、细、全，为各级政府制定调控政策措施提供翔实依据。府谷县物价局服务县域经济，采集、监测和调查煤炭价格变化情况，按月发布煤炭价格，为当地税务部门提供计税依据。加强信息发布和舆情引导工作。据统计，2012年向国家发改委、省物价局及市委、市政府相关部门编辑报送价格监测数据9千余条，编发《榆林价格监测情况》16期、《榆林物价》8期。针对近年来食品价格涨幅过快，成为拉动CPI上涨的主要推手，主动出击，每周对两大超市、两大农贸市场16大类144种食品价格进行采集、汇总、分析，按月及时编制食品价格环比指数。与新闻媒体建立良好合作关系，坚持每月在榆林电视台零距离栏目播放重要商品及服务价格；每月两期在《榆林日报》登载粮油副食品价格表，并做价格分析和价格趋势预测；不定期在榆林新闻网发布《榆林市物价局价格监测通报》。健全完善价格调控手段。2012年累计征收煤炭价格调节基金15.10亿元，征收副食品价格调节基金2000多万元，征收天然气调价基金500万元，为政府运用经济手段调控物价打下了基础。为抑制日常消费品价格的不合理上涨，开展全市30家超市部分重要商品及日化用品临时价格干预工作，严格实行“现场明码明价、逐价造册登记、法人认同签字、调价必先备案”的“四位一体”监管备案制，全年市本级受理了1847种商品的调价备案。推进平价便民商店建设。为促进蔬菜等农产品价格趋向合理稳定，群众吃得到放心菜、便宜菜，市物价局要求有条件的县区先行先试建设平价便民商店。年初，市物价局在府谷县召开平价便民菜店建设现场推进会；5月初，组织各县区物价局长赴广东考察学习“三项建设”经验；6月份，根据《陕西省物价局关于充分发挥价格职能作用加快建设农副产品平价商店的意见》，修订完善印发《榆林市农副产品平价便民商店建设方案》。2012年，府谷、神木、定边已建成各类平价便民商店70多个。特别是府谷县以便民利民为出发点，创新平价商店建设模式，从平价菜店不断延伸到平价粮店、平价肉店，以及设立蔬菜配送中心的做法，得到了省内重要媒体《陕西日报》的宣传，也受到省物价局的肯定。制定促销增产稳市场价格政策。为贯彻落实市政府《关于贯彻中省预调微调决策部署确保经济平稳较快增长的意见》（榆政发【2012】26号），促进本市经济平稳较快增长，出台《关于运用价格政策促进经济平稳较快增长的实施意见》（榆政价发〔2012〕64号）“15条”措施。又建议市政府暂缓上调电价、暂时免收煤炭价调基金、运煤车辆高速公路过路费减半征收等促销增产稳市场的价格支持政策。这些价格政策措施的实施，为本市经济“缓中趋稳、稳中向好”的发展势头发挥积极作用。通过加强和改善价格调控，实现稳物价的完美收官。2012年我市CPI同比上涨2.8%，比市委、市政府下达本局的预期调控目标低2.2个百分点。

【价格改革】 有效疏导电价矛盾。为保障电力供应，支持可再生能源发展，促进节能减排，适当调整本市电网火电企业和水电企业的上网电价水平和电网销售电价，提高可再生能源电价的附加标准，完善可再生能源和水电价格形成机制。从7月份开始，对居民生活用电试行居民阶梯式电价。积极落实中省成品油价格改革方案。根据中省成品油调价政策，对成品油进行4升4降先后8次的价格调整，做好成品油价格调整的相关配套工作，确保市场正常供应。加快水价改革步伐。按照全省城市供水价格改革意见，对城市供水价格进行调整，规范水价构成，简化水价分类，完善计价方式。2012年，府谷、米脂等5县已完成水价改革任务。为扩大广大人民群众对水价调整的知情权、参与权，提高水价调整的科学性和透明度，积极开展榆林市自来水公司水价调整成本公开工作。推进医药价格改革。按照“总量控制、调整结构”的原则，适当提高体现医务人员技术劳务价值的诊疗费、护理费、手术费等医疗服务价格，降低大型医用设备检查和检验价格，出台《关于全面推进县级公立医院医疗服务价格改革实施意见的通知》（榆政价发【2012】39号）。从2月份开始，全市县级公立医院基本实行了药品“零差率”销售价格政策；在成本监审的基础上，批复市第二医院制剂价格，就医环境逐步得到改善。加强游览参观点门票价格管理。为与省内及毗邻地区旅游景点门票价格衔接，对偏低的白云山景区、李自成行宫门票价格进行调整。对价值低、门票偏高的绥德县汉画像石馆，在成本审核的基础上降低门票价格。

【价格监管】 开展清费治乱减负工作。开展行政事业性收费的专项治理，加强收费许可证年审工作，对部分收费单位实施重点年审。据统计，全市共审验涉及64个部门、系统的3085个《收费许可证》（其中市本级760个），审验率100%。审验中，查出违纪单位45个，查处违纪金额279.3万元；注销《收费许可证》60个（其中市本级8个），取消行政事业性和经营性服务收费132项（其中市本级28项），减轻企业和群众不合理负担243.7万元。加强价格监督检查工作。组织开展涉农、涉企、银行、教育、医药、物业、房地产等行业的价费专项检查活动，在重要节假日期间，加大市场价格巡查力度，打击价格违法行为。2012年市本级共查处价格违法案件30件，实施经济制裁644万元。做好价格举报工作。进一步健全完善价格举报案件督办制度，做到"有报必接、接报必查、查必有果"。2012年市本级共受理价格举报和政策咨询780余件，办结率100%，解决群众价格方面的诉求，缓解社会矛盾。

【价格服务】 做好成本调查监审工作。完成2012年种植（养殖）业全年数据的审核、汇总、分析上报。对2012年农民的种植意向、农户存粮情况、农户农资购买情况、生猪存栏出栏情况及出栏价格等进行调查，撰写分析报告，进行科学预测，为党委政府和上级部门正确决策提供依据。2012年市本级实施成本监审18次，审核项目涉及公办高中教育培养成本、电网供电成本、城市供水成本、水利工程定价成本监审等。审核经营者上报的商品和服务生产经营成本总额118958.21万元，核定定价成本总额71190.19万元，核减虚假和不合理成本47768.02万元，有效地遏制了成本虚高现象。加强价格鉴定、认证服务工作。2012年全市共受理各类价格鉴证案件1978件，其中车损案件1951件，刑事案件3件，民事案件7件，价格认证业务17件，鉴证标的总额约64.90亿元，为有关办案机关审结案件提供及时准确的价格依据，维护当事人的合法权益。为拓宽价格服务领域，积极争取相关部门配合，开展涉税财物价格认定工作。纪检监察机关查办案件涉案财物价格认定工作也取得突破性进展。

【队伍建设】 加强价格法制工作。成立"六五"普法领导小组，研究制定《榆林市物价系统"六五"法制宣传教育工作规划》，对全局依法行政和法制宣传教育作总体规划和安排部署。全面贯彻实施《陕西省价格条例》，开展价格法制宣传教育活动，组织全体干部参加全省无纸化普法考试。全面提高干部职工综合素质。加强干部职工的业务学习，制订学习计划，下发学习课件。积极鼓励干部职工开展岗位自学，开展"学习型机关"创建活动，干部职工的法制意识和依法行政能力不断增强。加强党风廉政和政风行风建设。通过召开专题工作会议，部署工作，提出廉政建设责任制措施，分解责任、下达纠风任务。将"政风行风"建设纳入日常工作，融入价格工作创新发展，与业务工作紧密结合起来，实现"双促进、双提高"，始终保持全省物价系统政风行风领先水平。全力推动系统创先争优活动。突出实践特色，将创先争优和价格监管结合起来，做到创先争优和业务工作两不误、两促进；严格落实党建工作责任制，深化创建"五型"党组织，统筹推进机关党的各项工作，进一步提高机关党的科学化水平，增强党组织的凝聚力。

（刘国峰）

榆林市物价局

局　　长　王永平
副 局 长　贺海城　贺　枫
副调研员　刘艳萍

工商行政管理工作

【概况】 2012年，是迎接党的十八大胜利召开之年，也是工商行政管理部门调整为地方政府分级管理的实施之年。新年伊始，市工商局党组时派出由领导班子带队，相关部门主要负责同志参加的工作组，分赴14个县局、分局就稳步推进管理体制调整、确保干部队伍稳定和提升工商行政管理效能等方面的工作进行调研。研究提出"认真贯彻落实党的十七届六中全会、市第三次党代会和全省工商行政管理工作会议精神，以回归地方政府管理为新起点、以服务经济社会科学发展为己任，以推进工商行政管理五个效能建设为要务，统一思想，明确定位，把握重点，提升效能，为建设中国经济强市、西部文化大市、塞上生态名市做出新贡献，以优异成绩迎接党的十八大胜利召开。"的工作目标。围绕这一工作目标，全市工商系统积极服务地方经济社会发展，努力营造健康和谐的市场秩序，确保全市流通环节食品安全，加强干部队伍建设，实施全市工商系统体制调整工作，组织召开全市工商行政管理工作会议、党风廉政建设工作会议、"三问三解"、机关作风整顿和创建省级文明城市动员大会等活动，对全系统工作进行安排部署，做到管理体制调整与年度工作步子不乱，进度不慢，重点突出，责任落实，稳步推进。

【服务地方经济发展】 争取省工商局下发《关于进一步支持榆林跨越式发展的意见》，将榆林市工商局确定为全省工商系统机制创新示范联络点，配套36条优惠政策，对榆林经济发展需要、而法律法规无明确规定的问题允许先行先试。创新服务举措，帮助中小企业破解融资难题，办理动产抵押和股权出质登记140件，被担保债权、抵押物标的总金额上百亿元。为陕西陕北基泰能源化工有限公司、榆林能源集团提供上门服务，优质完成全市重点项目的注册登记和企业重组工作。截止2012年底，全市新发展个体工商户19775户，内资企业5727户，外资企业及分支机构15户，农民专业合作社1005户，实有各类市场主体14.09万户，较2011年增长18.16%。深入实施商标品牌带动战略，提交商标注册申请260件，新申报全省著名商标35件，新增"神木兰炭"、"清涧红枣"等地理标志商标3件。"羊老大"注册商标通过国家商标局认定，实现本市中国驰名商标零的突破。

【市场经济秩序】 抓住人民群众普遍关心的消费领域热点、难点问题，严格监管，规范执法，推行工商行政指导，督促9013户行政相对人纠正违章行为，办理各类经济违法违章案件4625件，罚没款2333.76万元，较2011年增长19.89%。履行流通环节食品安全监管职责，核发食品流通许可证5131

户，抽检食品190个批次，快速检测66个样品，合格率97%以上。组织开展食品市场、元旦春节市场、烟花爆竹市场等专项整治37次，取缔无照经营286户，捣毁制假售假“黑窝点”2处，收缴不合格食品2万多公斤，年内未发生流通环节食品安全事故。监测各类广告9854条，收缴违法印刷品广告2.3万份，查办商标侵权案件82起，为消费者挽回经济损失72.2万元。

【创新社会管理】 落实构建和谐社会的内在要求，对全市已建成的4025个“一会两站”进行健全完善，建成消费维权服务站140个，受理消费者申诉举报1059件，办结1019件，办结率96.22%，为消费者挽回直接经济损失257.3万元。举办全市首届“移动杯”保护消费者权益知识竞赛，组织“3.15”国际消费者权益保护日纪念大会14场，集中销毁标值155.3万元的假冒伪劣商品。保持打击传销高压态势，取缔违规举办的直销培训会1起。参与“四城联创”工作，对60多个商场、超市的环境卫生做出督促整改，协调城区广告媒体开展“创建”公益宣传，动员2.5万户企业和个体工商户参与“创园迎验”，被市创建办评为“创建工作先进集体”。

【队伍建设】 积极适应新体制要求，加强队伍建设，推荐2名副处级干部提拔担任正处级职务，修订出台《榆林市工商局规范化管理工作制度汇编》，开展“周计划、月安排、季总结、年评比”活动，开展依法行政交叉检查1次，举办政务信息、食品安全监管等专题培训会3次，争取省工商局资金支持363万元，开工建设网络视频会议系统，争取省财政补助880万元，用于基层工商所建设和食品安全监管执法。开展干部作风纪律整顿和“五个集中整治”，深入实施工商干部向监管服务对象述职述廉，群众满意率95%。做好“三问三解”、扶贫助困等工作，动员干部职工和企业员工、个体工商户积极参加义务献血、春季植树和“一元关爱行动”等公益事业，弘扬核心价值，彰显红盾风采。2012年，全市工商系统共有7个单位被评为全市创建“人民满意基层单位”。市工商局被市委、市政府和省工商局评为“2012年度目标责任考核优秀单位”，“2012年度依法行政先进单位”、“精神文明建设先进单位”、被市纪检委、监察局命名为“全市行风政风建设先进单位”、“全市廉政文化建设先进单位”，被市依法治市领导小组授予“2006—2010全市普法和依法治理先进单位”光荣称号。

（刘光明 王红伟）

榆林市工商行政管理局

局　　长　白云社（5月任）
副 局 长　安宝宽（10月调任）
　　　　　赵建勋　刘向荣
　　　　　周雅宏　张　伟
调 研 员　王云飞
副调研员　赵真悟（10月调任）
　　　　　高占飞　高登隆

质量技术监督工作

【概况】 2012年，榆林市质量技术监督局在市委、市政府和省局党组的领导下，坚持一手抓体制调整，一手抓业务工作。按照“抓质量、保安全、促发展、强质检”12字方针和省局“1238”总体思路及全市质监工作思路，实现体制调整没闹事，正常工作没误事，两个安全没出事的总体目标。市局被市政府评为行政执法示范单位，全市创建工作先进单位，特种设备安全和食品安全先进单位。

【质量工作】 全面推进《质量发展纲要》的宣贯学习，配合省质量技术协会在榆阳区、神木、定边、靖边举办4期学习班；落实质量兴省战略工作，定边县2012年度质量兴省先进县（区）创建工作获得省名推委评审组肯定；新申报榆林金帝润滑油等5家企业的6个产品和到期复评的4家企业的4个产品参加2012年陕西省名牌产品的评选；推荐榆林新田源等8家企业参加企业质量信用等级评价；推荐延长石油榆林炼油厂、榆林市七只羊服饰两家公司为首席质量官制度试点企业。

【标准化工作】 对神木县第七批国家级长柄扁桃示范区和榆阳区第四批省级蜜蜂养殖示范区、定边县第四批省级无公害辣椒示范区、吴堡县第四批省级无公害优质大枣示范区的建设进行年度考核。《地膜绿豆栽培技术规程》、《荞麦栽培技术规程》、《糜子栽培技术规程》三个标准的制订全部完成。积极组织帮助获得地理标志产品保护的横山羊肉、榆林豆腐及定边的荞麦和马铃薯、靖边的小米和苦荞制定地方标准。引导生产企业积极采用国际标准和国外先进标准组织生产，帮助10个企业的产品完成采标取证工作。

【计量和认证认可工作】 法制计量。完成市、县技术机构社会公用计量标准复审19项，完成企业计量标准考核、复审28项，对内授权考核4项。组织检查在用计量建标企业12家。民生计量。在全市范围内继续组织开展“推进诚信计量，建设和谐城乡”行动。在“5.20世界计量日”期间，联合榆林市北方医院眼视光中心等5家眼镜店对榆林市儿童福利院等四所学校适龄儿童开展免费验光配镜活动。深入社区、学校、街道办进行计量知识宣传18次，免费检定各类计量器具近万台件。能源计量。加强对《能源计量监督管理办法》、《用能单位能源计量器具配备和管理通则》的宣贯，深入用能企业开展检查和技术指导。对媒体曝光和群众举报的汽车检测站进行全覆盖监督检查，给予榆林市顺达机动车综合检测有限公司的两条检测线中的一条未取得资格许可向社会出具公证数据和结果，进行整改处罚。

【食品质量安全监管工作】 以《食品安全法》为主线，持续推进“政府统一领导，企业责任落实、部门科学监管、社会共同监督”的食品安全质量管理格局。在市政府领导下,突出抓好食品加工小作坊监管工作,在深入调研的基础上结合实际,以市政府名义出台《榆林市食品生产加工小作坊管理办法》,为小作坊监管提供政策和法律层面的支持。配套制定《小作坊实行登记管理制度》和《榆林市食品生产加工小作坊质量安全控制基本要求》。从7月1日至8月31日两个月期间,市政府共拿出520万元专项资金来支持小作坊改造提升,榆林城区范围内的395家食品加工小作坊生产场所改造全部完成,待验收发证后转入属地管理阶段。社会各界对此反响强烈,是一项提升质监形象的民生工程,走在全省前列。

【特种设备安全监察工作】 随着榆林经济的快速发展,特种设备数量也大幅增加,目前数量已突破10万台件,而且增速很快,为适应新形势,积极筹集资金,充实和提升检测能力,6月份,市特检所通过国家总局的资质年检,检验项目由28项增加到46项,基本覆盖本市除额定蒸汽压力大于9.82MPa的蒸汽锅炉、超高压容器、长输管道、游乐设施、客运索道以外所有特种设备检验检测工作,总局评审组给予“装备水平和检测能力在全国地市一级检测机构中少有”的评价。在特种设设备事故应对方面,重新编制修订《榆林市特种设备一般事故应急救援预案》。在安全监管方面,以“打非治违”专项行动为重点,对全市特种设备做到行政执法全覆盖,确保特种设备安全运行,未发生一起责任事故。

【整顿和规范市场经济秩序工作】 开展“质监利剑行动”六大战役,以食品、农资、建材、汽配、化妆品、絮用纤维制品、手机、煤炭、白酒、饮用水、石油液化气等产品为重点组织开展10多次大规模的专项检查行动,共出动人员683多人次,立案100件、已结案件97件,结案率97%,听证6起,受理投诉举报33起。结合消费者投诉举报情况,以全市4S店为重点,以店用计量器具和特种设备为突破,对全市汽车维修行业进行为期3个月的专项检查,全年共检查4S店34家,处罚28家,11家提出上诉,9家判决结果本局均胜诉,有2家主动撤诉。开展依法行政示范单位创建工作。推荐神木县局为全省质监系统创建依法行政示范试点单位,于9月份通过省局验收,10月15日正式命名为“全省质监系统依法行政示范单位”。又将榆神分局、府谷、靖边县局等3个单位确定为全市创建依法行政示范单位,正在等待验收。

【服务企业】 以“双百”(即:走出去(100个企业及单位),请进来(100个企业))活动为契机,分四期组织召开依法行政服务企业座谈暨法律法规标准宣贯会,分别邀请煤炭、金属镁、汽车4S店等100多家企业负责人,宣贯《产品质量法》、《标准化法》、《计量法》等相关法律法规和《原生镁锭》等产品新标准,并面对面听取他们的意见和建议。全年共举办特种设备操作、食品检验、计量等各类培训班48期,8349人接受培训,为企业安全生产把好人员关。面对企业各类操作人员来榆培训费用过高的实际问题,采取与企业联办、合办等方式开设培训班,此举使全市180多家企业受益。

【队伍建设】 以开展“作风转变年”活动为主线,结合“五个集中整治”活动,在全系统开展干部作风整顿活动。结合自身工作,将“五对照五检查”拓宽为“六对照六检查”,增加了履行质监职能方面的查摆活动,即:对照质监职能,督促检查干部在依法行政的规范方面、检验检定的准确方面、行政许可的时效方面和安全负责的落实等方面的问题。结合“三问三解”开展“双百”活动。即:“走出去”和“请进来”分别不少于100个基层单位和辖区内企业,通过开门整顿的方式,面对面沟通零距离接触,了解我局在综合管理和行政执法中存在的问题,真正规范质监工作和将质监工作透明化,让企业清清楚楚、明明白白了解质监工作,倾听企业意见建议,达到和实现“两个自律”:即质监人员工作自律和生产经营企业依法生产经营自律。对原有的各项规章制度进行一次集中清理,共新增制度22个、废止制度13个、保留制度13个、完善制度19个,形成54个管人、管事、管权的制度体系,确保在体制调整期间队伍不散、人心不乱、干劲不减。

【体制调整工作】 面对体制调整,市局党组及时调整工作思路,努力把政策用好、用活。深入调研,了解和掌握干部职工的诉求和期望。筹措资金1000余万元彻底解决划期间职工部分绩效工资和津补贴、伤残抚恤金、干部职工继续教育学费等遗留问题。解决了22名异地交流干部回原籍的问题。保证全市系统干部职工思想稳定,工作正常。

(姬高鹏)

榆林市质量技术监督局

局　　长　马志武
副 局 长　薛振斌　乔晓东
　　　　　闫开权
纪检组长　贾六一
政治部主任　延艳东
总检验师　孙　瑜

食品药品监督管理工作

【概况】 榆林市食品药品监督管理局于2006年在原榆林市药品监督管理局的基础上组建成立,2009年,根据市县食品药品监督部门管理体制改革有关精神,市食品药品监督管理局作为政府工作部门划归市政府管理。市局内设7个科室,下辖市食品药品检验所、市食品药品稽查大队两个直属单位,行政编制30人、事业编制77人,市局系统有干部职工97人,其中离退休人员22人。截止2012年底,全市共有药品生产企业6个,医疗机构制剂室3个,共有133个药品生产批准文号。有药品经营企业761个，医疗器械生产企业7个，医疗器械经营企业296个，全市共有食品生产加工企业及小作坊655家，食品流通领域有企业1613户，个体户15592户；有各类餐饮单位8477户；有生猪定点屠宰场21个，牛羊定点屠宰场4个，鸡定点屠宰场1个；有兽药饲料经营企业220个，兽用生物制品经营企业13个，无公害畜产品产地9个；无公害农产品认证72个，产地认定面积192万亩。2012年，市食品药品监督管理局被市政府评为2012年度“依法行政先进单位”，被省食品安全委员会评为2012年度食品安全工作先进单位，被省食品药品监督管理局评为2012年度政风行风建设优秀单位，被市“五型机关”建设领导小组评为深化创建“五型机关”标兵单位。

【食品安全综合监管】 市委、市政府对食品安全工作高度重视，2012年3月，市政府召开全市食品安全工作会议，安排部署2012年食品安全监管工作，印发《2012年榆林市食品安全工作要点》，表彰奖励2011年度食品安全先进区县和先进单位，与各县区和市食安委有关部门签订食品安全目标责任书，将食品安全工作全部纳入县区目标责任考核，将食品安全列入当地政府重要的议事日程。市政府制定出台《2012年度各县（区）食品安全目标责任考核实施办法》、《榆林市食品生产加工小作坊管理办法》、《食品安全投诉举报奖励办法》、《食品安全联席会议制度》和《榆林市食品安全事故应急预案》等多项工作方案和制度，保障和促进全市食品安全工作的全面有序开展。市食安办按照市政府的要求组织开展猪肉食用油、桶装饮用水等10多次食品安全专项整治。按照省编办的要求，市、县区食安办已全部调整至市食品药品监督管理局，核定编制，充实工作人员，成立机构，全市食品安全工作全面有序开展。榆阳、绥德等县区在各乡镇和办事处成立食品安全委员会办公室，并在村、社区组建食品协管员队伍，监管重心全面下移。

【餐饮业监管及专项整治工作】 2012年，市食品药品监督管理局以“完善监管体系、创新监管机制、落实监管责任、提高监管效能”为主线，推动监管机制和方式创新，加强日常监管工作的同时，开展各类专项整治，开展元旦、春节、五一、国庆等重点时段餐饮业专项整治4次，开展鲜肉和肉制品、食品添加剂、食用油质量安全以及学校食堂、建筑工地食堂等重点品种和单位专项整治10次。全市餐饮日常监管检查餐饮服务企业及学校、机关食堂17027家次，查处违法案件1877件，办结案件1191件，责令改正及警告3468家次，查扣不合格食品及原料9291公斤，销毁问题食品7613公斤，吊销许可证146个，罚款195.16万元，规范餐饮服务食品加工经营行为，保证餐饮服务食品安全。努力推进量化分级管理工作，全市完成城区634家学校食堂、209家大型以上餐饮企业和717家中型餐饮企业的量化分级工作。进一步规范《餐饮服务许可证》审批程序，共受理餐饮服务许可4825家，其中新发证餐饮服务企业3054家，延续的餐饮服务许可证的1675家，变更的餐饮服务许可证的有96家，注销的餐饮服务许可证的有288家。2012年，全市未发生重大餐饮食品安全事故。

【保健品、化妆品监管整治】 市食品药品监督管理局开展对保健品、化妆品经营企业的摸底建档工作，共检查美容美发店30余家、3家化妆品连锁店企业11个门店、保健品店15家，建立档案36套。开展保健食品专项整治“绿剑行动”，开展以螺旋藻为原料的保健食品、保健食品违法添加化学药物成分和化妆品违法使用禁限用物质等专项整治，查处保健品企业9家，其中经营不合格保健食品企业4家，经营假冒保健食品企业5家，没收销毁假冒不合格保健食品456盒，罚款3.7万元。

【药品安全监管整治】 深入开展药品安全专项整治活动，继续推行药品驻厂监督员制度，开展了药品生产企业的专项检查，强化了药品质量第一责任人的意识，保证了公众用药安全。开展了铬超标胶囊剂药品专项检查。全市共检查了药品生产企业2家，批发企业18家，药品零售企业611家，医疗机构104家。检查中发现3个不合格批次胶囊药品773盒（瓶），其他胶囊剂药品6744盒（板）。进一步完善不良反应报告和监测体系，加强了各县区不良反应报告和监测工作，不断提高管理水平。全市上报药品不良反应1167例。加强麻醉和精神药品等特殊药品的监管，防止特殊药品流入非法渠道。加强医疗机构制剂监管，规范了医疗机构制剂配制使用秩序，提高医疗机构制剂质量管理水平。2012年，全市未发生因医疗机构制剂质量引发的不良事件。

【药品市场监管整治】 2012年，市食品药品监督管理局坚持日常监管与专项整治相结合，在强化日常监管的同时，开展药品流通领域专项整治，全市共检查药品批发企业18家，药品零售企业714家，检查覆盖率100%。共立案查处9起，当场处罚62家，责令改正84家，警告62家，停业整顿1家，没收违法药品10种次，没收违法所得并处罚款共计9.5万元。开展GSP认证检查，全年共受理认证申请43家，认证检查通过率为98%，认证跟踪检查123家，跟踪检查覆盖率100%，检查合格率97%。加大违法药品、医疗器械广告的监测力度，查处违法广告药品35个种次，向市工商局移送违法药品广告16起，撤销违法店堂广告11起。加强药品经营许可准入，2012年受理审批新开办药品零售企业70家，发证55家，办理变更企业44家，换证企业25家。2012年全市未发生药品安全事故。

【医疗器械监管整治】 2012年，市食品药品监督管理局进一步加强医疗器械监管，拓宽监管领域，开展医疗器械生产、经营企业和医疗机构的监督检查。继续实行高风险医疗器械登记备案制度，杜绝假冒产品及购销渠道不合法产品进入榆林,2012年审核登记备案外地医疗器械生产经营企业17家。强化日常监管和督查机制,加大对高风险医疗器械资质审核、采购、验收、使用等质量控制环节和产品追溯性的监督检查力度,确实保障用械安全,提高医疗机构用械管理水平。全年检查医疗器械使用单位68家。进一步完善医疗器械不良事件监测体系建设,提高运行质量,全市新增器械不良事件上报单位112家,上报医疗器械不良事件报告例数238例,进一步提高药品、医疗器械安全预测预警和分析评价能力。2012年全市未发生医疗器械安全事故。

【药品医疗器械稽查打假】 加大药品举报投诉和承办案件查处力度。积极拓宽举报投诉渠道,借助投诉电话、群众举报、协助调查等形式加大案件查处力度。开展为期半年的严厉打击制售假药违法犯罪专项行动,全市共检查药械生产、经营、使用单位3742家次,查处违法案件741件,案件总值12.8万元,其中立案查处126件,结案126件,清理过期失效药械4.6万元,没收药械标值5.8万元,罚款121.4万元。全市全年举报案件46起,查处并回复46起,查办率100%。收到协查12份,回复12份,发出协查认定7份,收到回复6份。

【药品抽验与检验工作】 制定实施药品、医疗器械抽验计划和实施方案,强化国家基本药物监督性抽验和医疗器械抽样工作,发挥快检车的快速检测作用,提高药品监督抽检的针对性和靶向性。全面实施药品抽验电子管理系统,开展药品抽验工作。全市共完成药品共抽样检品600批次,标示不合格药品7批次,不合格率1.16%,基本药物全检率91%,非基本药物合格药品检验的全检率86%。完成医疗器械抽样45批次,完成药品快检1289批次,其中药品快检不合格16批次,不合格率1.2%,较好完成全年药品、医疗器械抽验计划,打击违法生产、经营、使用药品、医疗器械行为。

【基层医疗机构药品"三统一"工作】 启动县级公立医疗机构药品"三统一"工作,组织开展配送企业的遴选和实地考察。截至2012年底,基层医疗机构实行统一配送以来,4个配送企业对乡镇卫生院和社区卫生服务中心药品配送覆盖率100%,共配送药品金额2.65亿元,其中2012年配送金额1.6亿元。开展基本药物监管工作,建立基本药物配送企业数据库和基本药物品种档案,实施基本药物电子监管,确保基本药物的质量安全。

(贾小海)

榆林市食品药品监督管理局

局　　长　王维明
副 局 长　拓伟民　雷存军
　　　　　杜成新　吕辉和
纪检组长　马　腾
总药剂师　艾利亚
副调研员　徐治平　李志业

安全生产监督管理工作

【概况】 2012年,市安全生产监督管理局贯彻落实市委、市政府关于安全生产工作的决策部署,贯彻《国务院关于坚持科学发展安全发展促进安全生产形势持续稳定好转的意见》,深化"安全生产年"活动,深入开展"打非治违"专项行动,加强隐患排查治理,深入推进安全文化建设,安全生产各项工作取得新的成效,全市安全生产形势继续保持基本稳定。

【安全生产控制指标全面完成】 2012年,全市安全生产形势继续保持稳定发展态势。全市共发生各类事故842起,同比减少12起,下降1.4%;死亡233人,同比减少16人,下降6.4%;受伤238人,同比减少8人,下降3.4%;直接经济损失6463.07万元,同比增加98万元,上升1.5%。全市未发生一次死亡10人以上工矿商贸企业生产安全责任重大事故和一次死亡30人以上特别重大安全生产责任事故,预计亿元GDP死亡率为0.086,在年度控制范围之内。年初,市政府将省政府下达本市的安全生产控制指标逐项分解落实到各县区和各有关部门,与各县区政府签订安全生产责任书,向15个部门和96户重点企业下达任务书,落实目标任务和责任。各县区又分别以签订责任书的形式,将安全生产各项指标层层分解落实到乡镇、部门和所属企事业单位,建立"横向到边,纵向到底"的责任体系。市、县区安委会采取月分析、季检查、半年考核的办法,强化指标控制,保证各项指标的全面完成。

【强化和落实安全生产责任】 胡志强书记多次就安全生产工作作出重要批示,陆治原在陕西日报和榆林日报发表安全生产署名文章,万恒副市长经常组织召开会议、参加安全检查督查,增强法规制度和政策措施的执行力。国务院《意见》和省政府提出的建立六个体系要求下发后,结合本市实际,出台《榆林市人民政府关于坚持科学发展安全发展进一步加强安全生产工作的通知》,各部门树立"安全发展"理念,落实政府及其部门综合监管、行业监管、属地管理责任,总体带动全市安全生产工作。8月份以来,针对安全监管工作中领导和监管工作责任不明确,导致一些环节监管失位等问题,提出并经市委、市政府同意,制定下发《关于严格落实安全监管责任切实加强安全生产管理工作的通知》,明确规定各级政府和部门的主要负责人是本行政区域、本行业安全生产工作的第一责任人,对辖区和行业安全生产工作负总责;分管安全生产工作的负责人是安全生产工作的主要责任人,必须负责对辖区和部门安全生产工作进行安排部署、促检查,定期研究安全生产工作,及时解决安全生产工作中存在的突出问题,协调、监督、指导下级政府、同级政府各有关部门和行业内各单位搞好安全生产工作,定期向主要责任人报告分管工作范围内的安全生产履职情况。政府和部门分管其他工作的负责人是分管行业安全生产工作的主要责任人，承担分管工作范围内安全生产工作的领导责任，必须将安全生产工作与分管工作同时研究、同时安排部署，并督促分管部门和单位履行安全监管职责，组织分管行业开展安全生产大检查和隐患排查治理，做好分管范围内安全生产事故灾难的现场抢险救援工作，定期向主要责任人报告分管工作范围内的安全生产履职情况。《通知》下发后，各县区分别制定相应的制度，明确县级领导班子和部门班子在主管业务和安全生产管理方面的责任。贯彻落实《陕西省生产经营单位安全生产主体责任规定》，全面落实企业在安全生产管理方面的主体责任。召开诫勉约谈会，对横山增前天然气公司、横山花炮厂、榆林云化绿能有限公司企业主要负责人实行诫勉约谈，以此推进企业安全生产主体责任落实。

【深入开展专项整治】 在危险化学品、非煤矿山、烟花爆竹、道路交通等行业组织开展安全生产专项整治，取得了显著效果。危险化学品方面，积极推进新建化工项目进园入区，组织市级专家分组对危险化学品企业进行安全隐患互查活动，检查改安全隐患138条。聘请省级危化专家，对12户重点化工企业进行“诊断式”检查，检查整改隐患71项。非煤矿山方面，以规范石油天然气开采企业安全生产秩序、突出抓好小型露天采石场整合整治工作为重点，加强非煤矿山专项治理。开展石油天然气长输管道县区交叉检查，检查14项安全隐患。烟花爆竹方面，积极推进烟花爆竹生产企业机械化改造，建立烟花爆竹安全监管联席会议制度和联合执法机制，严肃查处非法违法生产经营销售行为。与有关部门配合协作，在道路交通、建筑施工、农机、消防和人员密集场所等行业领域，也针对存在的突出问题，继续深入开展专项整治。据统计，市安委办先后组织了春节“两会”、春季、夏季、半年、秋季、中秋、国庆和冬季等11次安全生产大检查督查活动，组织召开全市隐患排查治理调度会，落实责任，改进方式，创新机制，促进隐患排查治理工作。省安委会挂牌督办的17项重大事故隐患，已治理12项（未治理的均为煤矿行业），市级挂牌督办的重大事故隐患43项，已治理42项，特别是榆林炼油厂北围墙等一些多年遗留的重大公共安全隐患得到彻底治理。全年全市共排查各类企业（单位）7350家（次），排查出各类隐患9746项，已完成整改9594项，正在整改152项，整改率98.4%。

【提高事故预防和救援工作】 督促引导各县区和企业加大应急救援基础建设投入，加强安全生产应急救援基础建设和装备建设，提升处置各类事故的救援能力。加强生产经营单位应急预案的监督检查，进一步规范应急预案备案审查程序，对全市2680份应急预案进行审查、备案和修订。联合榆林高新区、榆神管委会和中石油长北项目部等单位，举行长输管线突发事件应急演练、处置危险化学品爆炸事故救援演练等市级企地联动演练6次，提高企地共同应对突发事故的能力。完成“神州九号”发射和十八大期间天然气长输管道安保等应急保障任务，处置横山县“3.6”液化天然气槽车侧翻事故、府谷县“8.16”瑞丰煤矿事故和榆阳区“8.22”建筑坍塌等抢险救援10次，抢救遇险涉险人员93人。

【深入开展“打非治违”专项行动】 全国安全生产“打非治违”专项行动电视电话会议后，市政府迅速行动，及时召开会议，制定实施意见，对全市“打非治违”专项行动进行安排部署。根据活动中存在的问题，及时研究部署，不断推进工作。市政府先后召开3次“打非治违”现场会、2次调度会和4次专项行动汇报会，推进各项重点工作。市安委办建立了信息报告、跟踪督办、统计通报等制度，严格落实“四个一律”措施，落实各阶段任务。神木、府谷、横山和榆阳4个产煤县区，重点打击非法盗采煤炭资源、非法存煤、违规建矿行为；靖边、佳县重点打击非法炼制成品油、非法储油行为；绥德、清涧和米脂县等重点打击非法采石、非法建设行为。据不完全统计，开展“打非治违”专项行动以来，煤炭行业共停产停建整改煤矿84家，关闭取缔非法采煤点570处、非法储煤场75个，扣押生产机具187台，拆除临时工棚1698间，查处原煤75380吨，经济处罚960多万元，拘留163人。非煤矿山行业强制关闭、取缔非法采石（砂）企业69户，责令停产、停建和整改砖瓦企业34户。危险化学品行业共取缔非法储存和调制成品油窝点68处、非法炼油点9处、非法经营点46处，查封危运车辆18台，对54个储油罐实施爆破、22个储油罐进行注水处理，没收成品油186吨，停业整改加油站11户。烟花爆竹行业查处违规经营烟花爆竹案件14起，收缴烟花爆竹232箱，拘留16人。道路交通运输行业打击各类交通违法行为89470起，拘留262人，转运旅客17283人，查处农用车辆非法载人195起；排查出13座病危桥梁和64处高危边坡，完成整治4处。建设施工行业拆除违章建筑42处，责令停业整改建筑工地73处，现场查纠“三违”行为2847项。民爆行业检查涉爆单位368家次，发现整改隐患92处，排查涉爆从业人员5868名，收缴炸药18250公斤，雷管4905枚，拘留64人。其他行业领域关闭、取缔非法生产经营企业93户，责令停产、停业整改企业65户。

【加大安全生产事故责任追究力度】 征求有关部门意见，拟定《榆林市安全生产综合监管办法》，进一步明确各行业主管部门的安全监管责任。横山县出台《安全生产责任追究暂行办法》和《安全生产四色预警制度》，府谷县实行隐患排查治理月报制度，推进综合监管责任的落实。市安委办先后向事故多发、问题突出的县区、部门和单位发出了64份安全隐患整改督办函，开展督办工作。按照“四不放过”和“科学严谨、依法依规、实事求是、注重实效”的原则，严肃事故调查处理和责任追究。调查处理神木县“3.27”道路坍塌事故和“5.11”在建民房倒塌事故，对3个事故责任单位和15名事故责任人依法依规进行严肃处理。对榆阳区“8.22”建筑施工坍塌事故、神木四门沟矿业“11.15”地面工程建设坍塌事故进行立案调查，聘请专家完成技术调查、取证工作，形成事故调查报告。市委严肃处理府谷县瑞丰煤矿“8.16”冒顶事故等3起事故的相关责任人，决定免职2人、撤职3人、党政纪处分3人。加大对有关县区事故责任追究的督导力度，神木县免职7人、警示训诫10人，府谷县撤职4人、党政纪处分7人。

【安全文化建设】 深入开展“安全文化建设年”活动，及时下发《关于进一步加强安全文化创建工作的通知》，就安全文化建设工作进行进一步安排和部署。按照《通知》精神，制定出台安全文化示范县区、示范乡镇、示范学校、示范企业、示范村、示范家庭建设标准，指导各级开展安全文化示范单位创建工作。“安全生产月”活动期间，围绕“科学发展，安全发展”这一主题，市、县区两级共举办咨询活动12场次，共发放《居民安全小常识》、《平安出行常识》等宣传手册20万余册，散发传单38万余份，展出宣传挂图、展板6473幅(块)，悬挂安全宣传标语8000余条，发送安全温馨提示和警示短语15次约300万余条，接待群众现场咨询3万余人。举办大型安全生产文艺演出17场次，现场观看人数近十万人；利用LED移动视频宣传车，在城区流动巡回宣传，滚动循环播放《中国启动安全发展战略报告》、《人命关天》和重特大事故案例等主题宣传片，直接受教育人数4万多人；在榆林城区社区、学校放映安全电影36场次，观看人数达8000多人；举办全市乡镇安全文化创建现场观摩会、“我的岗位一口清”演讲比赛和“打非治违”演讲比赛；在全市组织开展“延长杯”安全知识竞赛活动，企业参与人数达3万多人。神木县、米脂县、榆神管委会等建成安全文化主题街道、路段。委托国家安全生产信息研究院拍摄安全专题片，局领导班子成员结合分管工作特点撰写稿件在《榆林日报》整版刊发，在榆林电视台、榆林新闻网等市级主流媒体设置专栏和深度宣传，对推进安全生产工作产生积极的影响和有力的促进作用。榆林恒泰运输集团、榆林电力公司等制作大型户外公益宣传牌，旗帜鲜明地引导“安全发展”理念。在学校、机关单位、建筑工地、宾馆车站等场所，利用LED显示屏、横幅挂图等手段，开展安全文化“五进”活动。强化安全培训，举办企业负责人、安全管理人员和特种作业“三项岗位”人员安全培训班28期，共计培训人员8826人。靖边县强化班组长和从业人员安全教育培训，培训人数3000多人。

【安全标准化建设】 贯彻落实国务院安委会《关于深入开展企业安全生产标准化建设的指导意见》和省安委会《陕西省推进企业安全生产标准化建设的实施意见》，在工矿商贸和交通运输行业(领域)深入开展安全生产标准化建设活动。为加快推进步伐，8月份，组织召开安全标准化建设推进会，对各行业安全标准化建设工作进行进一步安排部署。86个煤矿建成安全标准化矿井，57处建筑工地创建为安全文明工地，75户非煤矿山企业、20户烟花爆竹企业和全市623户危险化学品企业实现了三级安全标准化达标创建，其他行业达标工作正在积极推进。

【全面提高安全保障能力】 落实“安全信息化建设年”活动要求，在危险化学品、建筑施工、煤矿、电厂等29户企业，安装113个3G视频监控装置，提高事故防控能力。完成陕西北元化工集团聚合工艺和米脂氮肥厂合成氨的自动化改造和14个烟花爆竹经营企业的库房改造，推广安装撬装式加油装置4座、阻隔防爆材料2200平方米，在客运和危运车辆上累计安装行驶记录仪6000多台。积极协调财政部门实施2012年度安全生产专项资金项目，加大对安全监管执法、防护装备建设中的投入，强化安全监管保障能力建设和隐患治理。争取国投资金220万元，实施榆阳、横山、绥德、子洲4个县区安全监管部门执法能力建设工程。

(王　飞)

榆林市安全生产监督管理局

局　长　刘振怀
副局长　马明轩　张文林　郭立新
总工程师　李志学
纪检书记　乔建斌
副调研员　曹锦峰　马东明　刘冬梅

煤矿安全生产监督工作

【概况】 陕西煤矿安全监察局榆林监察分局在市委、市政府的领导下，在各级煤炭管理部门的支持配合下，按照“国家监察，地方监管，企业负责”的监管模式，以遏制重特大事故为核心，坚持高标准，严要求，围绕国办发〔2004〕79号文件和《煤矿安全监察条例》确立的“五项职能”(即:对煤矿实施重点监察、专项监察和定期监察，对煤矿违法违规行为依法作出现场处理或实施行政处罚；对地方煤矿安全监管工作进行检查指导；负责煤矿安全生产许可证的颁发管理工作；负责煤矿建设工程安全设施的设计审查和竣工验收；组织煤矿事故的调查处理)开展工作，与地方政府开展联合执法，促进地方煤矿的安全发展和整体提高，防范和遏制重特大事故，促进辖区内煤矿安全形势的持续稳定好转。陕西煤矿安全监察局榆林监察分局前身为2000年组建的榆林煤矿安全监察办事处，2004年11月更名为陕西煤矿安全监察局榆林监察分局，现办公地址在榆林市高新开发区长兴路。分局现有监察员24人(家在榆林市区6人)，局长1人，总支书记1人，副局长2人，监察专员2人，副调研员1人，内设5个业务监察室。榆林监察分局自成立以来，促使辖区煤矿安全水平逐年提高，原始落后的乡镇小煤窑通过整改、技术改造和资源整合等方式，安全装备和管理水平都有很大提高，煤矿数量从2001年的401处减少到现在的267处，原煤产量由2002年的5895万吨增长到2012年的3.48亿吨，煤矿百万吨死亡率由2002年0.75下降到2012年的0.057。分局4次被国家安监总局、国家煤监局评为“先进单位”，8次被榆林市人民政府授予“为榆林经济和社会发展做出显著成绩单位”和“中省驻榆先进单位”，先后有6名同志被国家安监总局、国家煤监局授予“安全生产监管监察先进个人”和优秀监察员，3名优秀公务员被陕西煤监局记三等功。

【主要工作】 榆林市12个县区中目前有7个县区（榆阳区、神木、府谷、横山、子洲、米脂、吴堡县）有煤矿，但主要集中榆阳、神木、府谷、横山4个县区，经过资源整合保留各类煤矿267处，其中：国有重点28处，国有地方38处，乡镇201处，总能力3.7亿吨/年；生产矿井78处，其中：国有重点15处，国有地方16处，乡镇47处，核定能力1.4亿吨/年；建设矿井189处，其中：国有重点13处，国有地方22处，乡镇煤矿154处，设计能力2.3亿吨/年。2012年，按照陕西煤矿安全监察局确定的“一个力争、两个下降”工作奋斗目标，有效防止重大以上事故，遏制较大事故，减少一般事故，力争死亡人数控制在上级下达指标以内，榆林监察分局着力抓好党风廉政建设，抓措施和制度的落实，开展“落实季”、“打非治违”“安全生产月”等活动，深入开展煤矿标准化建设，创建安全文化建设示范企业，不断深化煤矿安全监察工作，实现煤矿事故起数和百万吨死亡率“两个下降”的工作面目标。2012年全年，榆林辖区煤矿生产原煤3.48亿吨，发生死亡事故8起，死亡20人，百万吨死亡率0.057，与上年相比，事故起数减少7起，百万吨死亡率下降0.003。2012年全年完成工作日5162个，占全年计划的115.2%；完成三项监察工作日1854个，占全年计划的162.6%；完成三项监察执法309矿次，比计划多监察119矿次，查处隐患1133条。

【安全宣传工作】 分局组织全体监察人员学习贯彻全国安全生产工作会议、国家局和陕西煤监局各项工作会议精神，分析并制定贯彻落实的实施方案。贯彻落实《煤矿安全生产“十二五”规划》的实施意见，分析总结榆林市煤炭工业发展现状、面临的五个方面的新形势并提出下一步发展的指导方针和发展目标，制定九个方面的保障措施，强化监督落实，分阶段实施，不断督促煤矿提升装备水平和管理水平，促进全省煤矿安全生产形势的根本好转。深入开展学习神华集团加强煤矿安全管理科学、技术领先、队伍过硬的先进理念和优秀企业文化经验，将神华集团多年探索积累的“五个一”、“四个要点”的经验推广到各煤矿，提高煤矿安全管理水平和安全保障能力。开展煤矿安全文化建设示范企业创建活动，按照陕西煤监局《关于开展煤矿安全文化建设示范矿井创建活动的通知》，确保创建工作展开，辖区神华神东大柳塔煤矿被评为省级安全文化示范企业，完成创建国家级申报工作。开展以“科学发展、安全发展”为主题的“安全生产月”活动，成立以局长任组长，副局长、监察室主任为成员的领导小组并结合分局六月份监察计划由各监察室全面负责辖区地方政府监管部门及各煤矿积极开展。逐级形成至上而下的活动体系，使安全月活动做到责任明确、逐级管理。

【隐患排查治理】 完善监察执法计划，在“一员两体三模式”基础上，注重“示范式、集中式、解剖式”和“区域式”监察方式，强化“三项监察”和监督检查，查找煤矿企业安全管理方面存在的盲点和漏洞，强化责任追究和舆论监督，打击煤矿非法违法生产经营建设和事故瞒报行为，打击煤矿超能力、超强度、超定员组织生产等违法违规行为，推进“打非治违”行动。将“防治瓦斯、火、水、顶板灾害”作为全年执法重点。结合辖区煤矿灾害特点，按照县区煤矿发生灾害概率，开展重点监察和三项专项监察。执行国家安监总局、国家煤监局发布的煤矿瓦斯防治工作“十条禁令”和省政府“十必须十禁止”规定，严格执法，务求实效，做到“三个到位”，即执法文书到位，行政处罚到位，督促安全措施落实到位，坚决有效防范重特大事故发生。配合陕西煤监局开展机电运输等方面专项监察。围绕“设备完好、行车不行人制度的执行、保护设施的配备、操作人员持证上岗”等重点内容，督促煤矿企业制定措施，强化源头防范，促进运输环节的安全生产，遏制机电运输事故多发势头。按照陕西煤监局《煤矿安全隐患排查治理监察办法》的要求，分级建立重大隐患管理台账，实行挂牌督办，落实监督整改责任人。对2012年涉及5处矿井存在井下煤层自燃发火和建设矿井未执行“三同时”等重大隐患矿井，做到“一停建、二停产、三处罚、四暂扣、五建议”等硬措施。

【监管监察工作】 为加强地方政府煤矿安全监管工作，督促地方煤矿安全监管部门履行职责，促进辖区煤矿安全状况稳定好转，根据《国务院办公厅关于完善煤矿安全监察体制的意见》（国办发〔2004〕79号）和国家安监总局《关于切实加强对地方政府煤矿安全监管工作监督检查的意见（安监总煤监〔2009〕88号）等规定，11月份，分局向产煤县区政府下发监督检查通知后，对各县区安全监管工作按照相关内容和要求对照《榆林分局对县区政府煤矿安全监管部门监督检查表》和《陕西省行政处罚案卷质量评查内容和标准》进行量化考核，督查出存在的问题和不足，提出进一步搞好煤矿安全监管工作的目标和方向。对照考核结果向榆林市人民政府以及各县区政府进行通报。建立健全分局煤矿安全监察执法与地方监管部门之间的协调机制，增进分局与县区政府之间的沟通和友谊。11月为确保党的十八大胜利召开，为辖区创造安全稳定的生产和社会环境，全面加强第四季度煤矿安全生产工作，分局积极配合国家局、省、市督查组先后深入全市范围内33处煤矿、道路、交通、建筑工地、学校等方面进行检查，防范和遏制重大事故的发生。全年共向神木县、府谷县、横山县、榆阳区等政府下达建议书11份。全年对地方煤矿监管工作的检查指导工作日448个，检查指导地方煤矿监管工作23次，分别占计划的100%和105%，与榆林市能源局及各县区相关部门开展联合执法23次，涉及煤矿企业117处，与市、县区煤炭主管部门召开专题座谈会15次。事故约谈6矿次，参与涉险事故救援5矿次。对监察中发现的突出问题，每次监察结束后，分局都以监察通报的形式将监察情况和下一步改进的措施及时通报给各县区煤炭局，下达监察意见书4份。

【规范煤矿安全生产秩序】 积极配合地方政府持续深入开展"打非治违"专项活动及"回头看"行动，严厉打击无证无照生产、不具备安全条件擅自生产、超层越界、关闭取缔后"死灰复燃"、假整合真生产、边技改边生产，以及未批先建、批小建大等非法违法生产建设行为。三次在全市电视电话会和"打非治违"专项会议上提出具体要求。对近两年因非法违规行为被处罚处理过的企业进行重点排查，将排查出的问题逐一登记，建档立案，督促整改。打击煤矿非法违法生产经营建设行为，打击煤矿超能力、超强度、超定员组织生产等违法违规行为，推进"打非治违"行动。因非法违法生产，造成社会恶劣影响的"8·16"事故对府谷县瑞丰煤矿进行严肃处理，对有关责任人移交司法机关处理，对多人进行党纪行政处分；对柳巷煤矿因瞒报事故罚款加大打击力度，处理、撤职多名责任人员。对部分国有煤矿煤矿超能力生产予以查处。对未严格执行煤矿建设项目"三同时"规定，非法建设、施工的煤矿分别按《特别规定》进行了处罚，并责令停止施工建设。

【监察执法】 按照陕西煤监局批准的监察计划，本着抓大系统、查大隐患、防大事故的原则，坚持"严标准、依程序、重细节、求闭合"的监察执法工作原则，依法实施"三项监察"。参加陕西煤监局组织的资源整合建设项目安全设施设计审查、安全生产许可证延期现状评价报告评审、煤矿井下安全避险"六大系统"设计审查等58次，对5处新建矿井申办安全生产许可证进行初审，对24处安全生产许可证延期的矿井进行现场核查和资料审查并上报陕西煤监局，向陕西煤监局上报审查安全设施设计和井下安全避险"六大系统"设计56处，变更安全生产许可证3处，配合陕西煤监局对7处矿井进行安全设施竣工验收，对4处矿井进行职业病防护设施验收。执行事故"通报、约谈、分析、督导"制度，对事故影响恶劣、造成严重后果的在全市范围内进行通报。府谷县德丰煤矿"9·24"窒息事故发生后，为吸取事故教训，分局及时向各县（区）煤炭主管部门及有关公司将德丰煤矿"9·24"窒息事故情况和国家局、陕西煤监局对事故的指示、要求通报传达到各个煤矿，并督促煤矿贯彻落实。对伤亡、涉嫌瞒报、举报、涉险事故等实行一事一约谈。全年共约谈柳巷煤矿等7处事故单位负责人15人次，一是汇报事故相关情况，二是进行训诫谈话，三是落实整治改措施。对发生的6起事故的处理，向事故调查组提交的事故报告，分局集体讨论决定，依照"科学严谨、依法依规、实事求是、注重实效"的原则，认定事故性质，分析事故发生的原因，提出处理意见和防范措施。对陕西煤监局批转的媒体、记者、群众实名举报的煤矿瞒报事故、非法生产行为分局100%进行查处，并将结果呈文上报。累计派出监察人员21人次赴河南、四川等地进行外调，查处瞒报事故7起，查实1起。推进信息公开，虚心接受群众、社会和舆论监督，设立分局举报电话，向各县区和煤矿公开，鼓励新闻媒体对煤矿安全生产领域非法违法行为、重大安全隐患进行曝光，营造新闻媒体、社会公众参与的舆论监督体系。贯彻落实国家安监总局《关于安全监管监察系统推行行政执法依法行政责任制实施方案的通知》和《陕西煤矿安全监察局关于公布执法依据目录的通知》精神，积极推进行政执法监督机制，规范煤矿安全监察执法行为，建立"权责明确、行为规范、监督有效、保障有力"的安全生产行政执法体系，成立监察执法监督领导小组，每月组织召开一次煤矿监察执法分析会，每季度组织一次煤矿安全监察执法文书评查活动，提高煤矿安全监察执法水平。

【队伍建设】 围绕"三项建设"要求，按照"榆林监察分局进一步加强煤矿安全监察队伍建设的实施方案"，弘扬"团结敬业、务实创新、廉洁监察、安全发展"的机关精神，抓队伍建设和党风廉政建设。一是坚持民主生活会制度，对班子存在的不足及时发现和改进，以领导班子思想政治建设和作风建设带动整个队伍建设；二是继续开展创先争优、争做煤矿安全忠诚卫士活动，并向陕西煤监局推荐1个先进党支部和2名优秀共产党员，1名行政执法先进工作者；三是继续开展了"五型"机关创建活动，对办公楼进行美化、靓化，将十六字机关精神悬挂于一楼大厅，将"九条纪律"、"岗位职责"张贴于办公室，形成浓厚的机关廉政文化氛围，促进监察员廉洁执法；四是开展向雷锋同志学习活动，努力为基层为群众做好事办实事；五是开展"三问三解"活动，及时解决群众关心的热点难点问题；六是加强干部的日常监督管理，对发现的苗头性问题做到早发现、早提醒、早纠正；七是加强党组织自身建设，有1名入党积极分子通过考察，上报局机关党委审查，申请转为中共预备党员，有三名监察员向党组织递交入党申请书；八是落实市委、市政府"双创"有关会议精神及文件要求，"双创"各项工作有序开展，重点完善各类档案资料整理、定点帮扶社区建设。

（刘海强）

榆林市邮政局

省公司总经理强国茂来榆视察

榆林市邮政局共有在岗职工1356人，下辖11个县局、一个正科级建制的支局——大柳塔支局，市局本身含5个职能部门，11个生产部门和一个子公司。长期以来，在省公司的正确领导下，榆林邮政依托地方经济发展，乘势而上，业务发展及各项工作均取得了显著成绩。

2012年企业收入规模达到2.01亿元，完成计划任务20680万元的97.29%。全员劳动生产率达到14.69万元/人。邮储余额从分营时的3.2亿元增加到45.89亿元。企业整体运行情况良好，经济实力不断增强，服务质量快速提升，基础管理得到夯实，职工福利待遇不断提高。

2013年，全市邮政企业收入预计达到2.42亿元，增幅为17%，其中邮政代理金融类业务实现收入12500万元，邮政基础类业务收入预算7600万元，代理速递物流类业务收入预算3325万元。全员劳动生产率达到17.5万元/人，确保员工劳动生产率与业务发展、收入水平同步增长，确保全年不发生重大金融资金案件，确保全市邮政用户服务满意度保持在80分以上，确保省级文明单位创建达到40%。

全市共有邮政营业网点121个、储蓄营业网点65个、投递网点172个遍布城乡，投递段道448条投递段道，投递段道单程长度3.18万公里辐射全市各个角落。资金流通安全方便。榆林邮政金融网的科技含量不断提高，业务功能不断拓展，不仅可以为广大人民群众提供传统的储蓄、汇兑服务，而且遍布城乡的邮政储蓄网点还可以向社会各界、企事业单位提供代收、代付、代缴各种公益及服务性收费和其他代办业务，在国家机关、企事业单位和人民群众中间架起一座资金流通的金桥。

省公司副总经理周新峰详细询问网点经营情况

省邮政速递物流公司总经理熊振邦来榆检查

省公司资深经理刘辉凌来榆检查

集团公司总经理李国华来榆检查

榆林市路灯管理所

2012年全年出动维护技工达9760人次，出动高空作业车1540台次。年内，更新改造河滨公园北段庭院灯103套、新安装樱花树景观灯21株；更换补修全城区高压钠灯6400多盏、节能灯2600多盏、射灯260多套、草坪灯200多套；更换地下电缆10380多米、其他电线47800多米、各类电器22780多个、灯具470多套，确保检修及时率、设施完好率、亮灯率达98%以上。在城区沙河村、王家楼村、永乐东村、永乐西村、聚财巷、芹涧路支巷、艺苑路支巷、交警二大队南北巷、西一路支巷、肤施路支巷、上郡路支巷、夏州路、太白路支巷、翠华巷、金华路、雄山巷、如意巷、德华巷、云岗巷、广榆西路、普济寺上巷、新楼下巷、普惠泉社区、东内环路、恒安路、宁安巷、金刚寺村等50多条巷道，补充或新安装路灯724套。为了保证榆林大道建设工程顺利施工，集中力量，快速拆除影响施工的100多套原有路灯；并根据夜间施工的需要，三天内敷设电缆、电线2900多米，安装配电箱22个、大功率金卤灯60多套，确保施工照明的需要。在“大美榆林实景水影表演”舞台建设施工中，拆除了影响施工的300多根数码管、90多套景观灯，在行走便道架设供电线路800多米，安装了照明设施15套。同时配合供电部门共同安装了供电设施，保证演出期间的正常用电。汛期，严格执行24小时防汛值班制度，及时传达雨情、汛情、灾情、险情信息，防患于未然。7月下旬，城区普降罕见暴雨，照明设施多处受损。灾情发生后，险情告急，单位立即行动，组织全体工作人员，奔赴抢险第一线，检查线路、查找隐患、处理故障、抢修水毁设施，确保照明设施的正常运行。将清理照明设施上的野广告作为日常维护工作考核的一项重要内容。组织集中开展了15次清理野广告大行动，做到照明设施整洁卫生。

上级领导检查指导工作

施工现场

榆林市盐务管理局

党委书记、局长　贺定森

榆林市盐务管理局成立于1992年，2000年与轻工局分设，2008年上划省盐务局直管，并与市盐业公司合署办公，两块牌子，一套人马。

全市盐业系统现有310人，其中事业人员130名，企业人员180名。市局（公司）共有干部职工59人，其中事业人员17人，企业人员42人，内设办公室、盐政科、财务科、人劳科、运销科、企业发展科、监审科、党总支8个科室，肩负着全市12县区的盐业管理、食盐专营、碘盐配售、盐政执法、盐资源开发和盐化工建设等工作，并对中盐榆林盐化公司和延长定边盐化公司2家食盐生产企业实行属地监管。

2012年全市盐业部门贯彻落实科学发展观，按照市委、市政府和省局（总公司）重点工作部署，以"科学组织碘盐配给，全力保障食盐安全，加强资源开发管理，提升行业服务水平"为重点，锐意进取，创新发展，攻坚克难，圆满完成了各项任务。

市委书记胡志强视察盐业工作

市长陆治原视察盐业工作

第二十届防治碘缺乏病宣传活动

认真落实碘盐配给工作

盐务局领导班子

榆林市烟草专卖局

市局召开2012年工作会议

榆林市烟草专卖局、陕西省烟草公司榆林市公司成立于1986年8月，辖榆阳区、神木县、府谷县、定边县、靖边县、横山县、绥德县、米脂县、子洲县、清涧县、佳县、吴堡县、神府煤田烟草专卖局（分公司）和营销中心、物流中心。截止2012年12月底共有职工810人，其中在岗正式职工454人，聘用人员201人，内退人员155人。

1．卷烟销售

全年销售卷烟161104.3箱，同比增加3715箱，增长2.36%，其中省产好猫品牌销售28268箱，同比增长90.8%。实现销售收入31.5亿元（含税），同比增长15.02%。单箱销售收

机关作风整顿动员大会

举办消防应急演练

省局（公司）副总经理沈云龙在佳县局调研

市局召开提拔和新调整干部廉政座谈会

入22097元，同比增加2523元，增长12.3%。实现税利7.33亿元，同比增长10.45%，上缴税金4.6亿元。

2.体制建设

紧紧围绕“致力于打造陕西烟草商业一流现代企业”这一目标，将营销物流两个部门从机关剥离出去，在人、财、物及业务运行模式上实行垂直管理，顺利实现了体制改革后的平稳过度。在垂直管理中，物流中心设立1个集中中转站，改设2个对接点，减少送货线路30条、车辆22辆、人员44人，节约直接费用100余万元，物流费用率0.86%，低于全省平均水平0.11个百分点，垂直管理后的物流效益显著提升。

3.专卖管理

累计查处各类违法涉烟案件1074起，查获卷烟72631条，查处5万元以上案件24起，依法刑事拘留15人，批捕4人、判刑11人。在破获大案要案方面，查处两起千万元以上真品卷烟案件，其中“3·14”案涉案金额达2270余万元，是榆林烟草史上查获的最大非法经营卷烟网络案件；查获的“10·22”假烟网络案件，案值超过160万元，刑拘6人，案件正在进一步深挖之中。全市建成“双五”示范街道7条。

4.企业管理

全市系统人均卷烟销售收入、卷烟三项费用率、人工费用占销售收入比重、物流费用占销售收入比重、净资产收益率、成本费用利润率、人均利润7项指标均居全省前三位。严肃落实“应招尽招”规定，招标项目金额比例为58.5%。深入开展了“书籍启迪智慧，阅读丰富人生”读书学习活动，学习之风日渐浓厚。规范聘用人员管理，裁减企业富余人员，劳动用工日趋规范。完成了对全市系统102辆公务车辆和配送车辆的车载GPS终端安装工作，并顺利启用。

5.公益事业

2012年榆林市烟草公司在“千企千村”扶助行动中投资18万元为定边县砖井镇王圈村打蓄水窖19眼，硬化道路2公里。在企业第四轮包扶贫困村中为米脂前中庄村投资12万元修固溢洪口50米，巩固了260亩坝地。在慈善志愿者活动中为榆林市6户特困户捐款6000元。成立了慈善者自愿者分会，对榆林6户困难户进行了帮扶。

【荣誉】

1.被陕西省档案局评为档案工作目标管理认证“AAA级”单位。

2.被榆林高新管委会评为纳税“十佳”单位。

3.被陕西省国税、地税局评为“A级”纳税人。

市局面向基层公开选拔卷烟营销物流财务岗位空缺人员

召开卷烟市场整顿规范工作会议，市政府副市长马秀岚主持会议并讲话

学习贯彻十八大精神座谈会

“迎国庆”暨纪念中国烟草总公司成立30周年文艺晚会

长安银行

长安银行榆林分行的前身是榆林市城市信用社，2009年7月31日，在陕西省委、省政府的统一领导下，经中国银监会批准，原榆林市城市信用社以新设合并方式组建为地方法人股份制商业银行——长安银行榆林分行。长安银行榆林分行现内设8个部门，12家支行，其中榆阳区7家，县域5家，共有员工405人；内设4个党支部委员会，共有中共党员67名。

新设合并以来，在总行的正确领导下，在各级政府的鼎力相助下，在人行榆林市中心支行与榆林银监分局的悉心指导下，在社会各界的大力支持下，长安银行榆林分行顺应地方经济发展需要，始终坚持“服务城乡居民、服务中小企业”的市场定位，秉承“客户至上，诚信为本，追求卓越，共同发展”的经营理念，发挥“灵活、方便、快捷”的金融服务优势，把银行的经营活动根植于老百姓的生活之中，把银行的经营活动融入到社会经济的发展之中，积极拓展融资渠道，努力加大信贷投放，与地方经济在相互促进过程中，形成了银行经营业务与地方经济良性互动、共同发展、互惠互利的良好局面，保持了又好又快发展势头。至2012年末，长安银行榆林分行各项存款余额1353739万元，较开业日增加1182054万元，增幅为688.5%，是开业时的7.89倍，翻了近三番；各项贷款余额881843万元（含贴现），较开业日增加790142万元，增幅861.65%，较开业时翻了超三番；三年来累计实现利税150522万元，其中缴纳各种税金37546万元，各项经营指标均在全市同业中名列前茅，连续四年在长安银行系统综合考评全省第一名，连续四年荣获长安银行“先进集体”，先后荣获“陕西省银行业世园文明优质服务系列活动先进集体”、“陕西省三八红旗先进集体”、“榆林市年度政风行风

党委书记、行长　李翠霞

2013年工作会议

办公大楼奠基仪式

榆林分行

评议第一名”、“榆林市年度纳税标兵企业”等荣誉称号。

作为地方性金融机构，长安银行榆林分行正坚持“科学发展、做强做精”的主题，沿着“转变发展方式，走差异化、特色化发展道路”的主线，朝着“打造具有地方特色精品银行”的发展方向不懈努力，不断为地方经济和社会发展做出新的更大的贡献！

向市一中捐赠助学金

考察靖边县白于山区移民搬迁工程

行长李翠霞一行参观陕西米王集团生产车间

认真学习十八大精神

中国农业银行股份有限公司榆林分行

党委副书记、副行长（主持工作）　卫伟

中国农业银行股份有限公司榆林分行（简称农行榆林分行）作为一家城乡并举、联通国际、功能齐备的大型国有股份制商业银行分支机构，一贯秉承以客户为中心的经营理念，坚持稳健经营、可持续发展，立足县域和城市两大市场，实施差异化竞争策略，着力打造"大行德广、伴您成长"服务品牌，依托覆盖全国的分支机构、庞大的电子化网络和多元化的金融产品，致力为广大客户提供优质的金融服务，与广大客户共创价值、共同成长。

农行榆林分行营业机构遍布全市各县（区），其中：支行级机构20个，二级支行机构40个。完备的网点构架，为各项业务，特别是行业性、系统性业务的开展提供了独有的便利条件。榆林农行的优势是：一是业务品种齐全。开办的人民币业务主要包括：吸收公众存款；发放短期、中期和长期贷款；办理国内外结算；办理票据贴现；发行金融债券；代理发行、代理兑付、承销政府债券；买卖政府债券；代理收付款项及代理保险业务；网上银行业务；开放式基金代理销售；资金信托代理业务等；以及经中国银行业监督管理委员会批准的其他金融业务。二是建立了以客户为中心的服务体系。服务业务范围覆盖了全市的城镇、乡村；服务对象囊括了所有行业和各类用户；除了常规国内国际金融产品以外，还为客户在证券、保险、基金等行业架设了沟通桥梁，并延伸到社会经济领域的各个角落。更可根据客户的特别要求，度身定做金融产品。

副市长张海峰视察农行银行卡宣传台

陪同上级领导视察

2013年，农行榆林分行始终以"面向三农，服务城乡，回报股东，成就员工"为使命；实现"建设城乡一体化的全能型国际金融企业"为愿景；体现"诚信立业，稳健行远"的核心价值观。坚持"以市场为导向，以客户为中心，以效益为目标”的经营理念；坚持“细节决定成败，合格创造价值，责任成就事业”的管理理念；坚持“客户至上，始终如一”的服务理念；坚持“违规就是风险，安全就是效益”的风险理念；坚持“德才兼备，以德为本，尚贤用能，绩效有先”的人才理念。紧紧围绕省分行制定的“四大”战略目标，以加快有效发展为主线，发扬“亮剑争先”精神，以“增强实力、深化转型、加强创新、严控风险、精细管理、提升质量”为工作重点，全面提升综合竞争力，全行员工齐心协力，各项工作稳步推进。截至2013年9月末，各项存款余额达到 406.8亿元；各项款余额 264.29亿元；实现利润 12.17亿元。

农行榆林分行的生存、改革与发展，始终伴随着榆林经济的发展和社会的进步与繁荣，特别是与“三农”发展共兴、共荣。近年来，农行榆林分行深入研究面向“三农”与商业运作的实现途径，认真做好基础工作，扎实推进公司治理建设，整体工作进展顺利，初见成效。今后，农行榆林分行将继续与地方党政部门和社会各界人士共同努力、抓住机遇、改变创新，为榆林经济社会的发展做出应有的贡献。

年度工作会议

分行领导在企业调研

小微企业金融服务宣传月活动启动

学雷锋志愿者活动

金融知识宣传

业务技术比赛

中国工商银行股份有限公司榆林分行

2012年，面对复杂多变的经济形势、空前激烈的同业竞争，中国工商银行榆林分行紧紧围绕“强基础、提品质、重创新、促转型”的总体思路，凝心聚力，周密部署，顽强拼搏，逆势前行，最终创造了经营业绩的历史新高，存款余额达到326亿元，贷款余额达到304亿元，存贷比93.25%。全年累计向重大项目、实体经济、居民个人投放贷款237亿元，有力支持了榆林经济的平稳、健康发展，自身综合实力也不断增强，连续六年稳居全省第一。在全国二级分行经营30强综合考核排名中实现连年进位，由上年的14位跃升到第8位，成为工行系统中西部唯一进入综合考评前10强的二级分行。

党委书记、行长　李晓宏

副市长张海峰视察工作

工行榆林分行领导班子

荣获“2012年度最美微笑服务银行”和“2012年度百姓最满意的银行”两项荣誉称号

学习贯彻落实党的十八大精神

举办服务综合技能提升培训班

全国金融五一劳动奖状

中国金融工会全国委员会

二〇一二年五月

荣获“全国金融五一劳动奖状”

举行第二届高尔夫邀请赛

中国邮政储蓄银行榆林市分行

2008年4月2日，榆林市分行正式挂牌成立。内设13个部室，下辖22个一级支行覆盖12个县区。全行共有员工368人，其中大专以上学历占比达90%。

榆林市分行在继承邮政储蓄传统的储蓄汇兑业务基础上，不断拓展业务领域，向城乡居民提供小额信贷、个人商务贷款、二手房贷款、信用卡、投资理财、企业结算等多种金融服务。解决了近6万户农民朋友和私营企业者的经营资金困难；拓展了淘宝绿卡、华商联盟等新的支付结算渠道；通过网点改造，提升了客户享受金融服务的硬件水平。依靠特有的品牌、网络、信息、资金等优势，实现了企业经营与社会服务的和谐发展，正逐渐成长为榆林金融领域的一支新兴生力军。

行长　贾堆昌

在"榆林精神"的指引下，结算渠道不断拓宽，传统业务风头不减，新型业务蓬勃发展，中间业务百花齐放。负债业务总规模突破百亿元，资产业务规模突破30亿元。成立以来，榆林市分行共获得国家级、省级以上荣誉50多项。2008年，榆林市分行获得"全国用户满意服务单位"称号，成为全国服务类企业唯一获奖的金融机构； 2009年，我行乡企城支行获得

中国邮政集团公司总经理、中国邮政储蓄银行董事长刘安东视察榆林市分行文化展室

副省长李金柱听取贾堆昌行长工作汇报

市委书记胡志强视察工作

副市长张海峰、银监分局局长王建军视察调研

“全国用户满意服务明星班组”称号；2010年，被陕西省分行授予2008—2010年“先进模范单位”，被评为“市级文明单位”；2011年，市分行被国家邮政工会评为“全国邮政系统职工素质建设工程优秀组织单位”；榆林市分行党委、城区支行党支部被陕西省分行党委授予“先进基层党组织”称号；2012年，榆林市分行被评为“省级文明单位”。

榆林市分行将坚持以人为本，以改革为契机，以发展为第一要务，以榆林地方经济为依托，内聚力量促发展，外拓市场树形象，以实现利润最大化为目标，稳健经营、调整结构、强化营销、创新服务、细化管理、防范风险，逐步增强企业核心价值创造力，全面提升企业经营管理水平，力争成为本地区具有竞争力的零售型商业银行。

中国邮政集团公司总经理、中国邮政储蓄银行董事长李国华视察榆林市分行营业部

新党员入党宣誓仪式

支行网点晨会

为福利院儿童送祝福

百人大合唱行歌《赢回世界》

中国银行股份有限公司榆林分行

中国银行股份有限公司榆林分行（简称中国银行榆林分行）成立于1988年9月，分行机关共设8个部室（行长办公室、个人金融部、公司金融部、监察部、党务工作部、财管与运营部、风险内控部、营业部），下辖神木、府谷、靖边、定边四个县级机构，榆林城区五个直属支行（新建路支行、榆阳支行、航宇路支行、西沙支行、肤施路支行），全辖共有14个营业网点，现有在岗员工340人。2012年，中国银行榆林分行以"扩大客户基础、拓展核心存款、提升网点效能"为工作方针，以科学发展观为指导思想，深入贯彻落实十八大会议精神，在全行员工的共同努力下，经营管理水平显著提升，业务发展取得丰硕成果，先后被榆林晚报评为"2011年度百姓最满意的银行"，被榆林市公安局评为"2011年度榆林市金融安全保卫工作先进集体"，被中国银行工会评为"2012年中国银行职工代表大会制度建设示范单位"，被中国金融工会全国委员会评为"2012年全国金融系统职工代表大会制度建设示范单位"，被榆林市厂务公开领导小组评为"2012年榆林市厂务公开职代会四星级单位"，被榆林市总工会评为"2012年度企业工会工作先进单位"。

省行行长杨勃赴府谷县调研工作（从左至右分别是榆林分行行长苏文彪、府谷县委书记张惠荣、省行行长杨勃）

工作会议

"服务无止境"文明优质服务演讲比赛

陕西省农村信用社联合社榆林办事处

葛爱军主任主持工作会议

榆林市农村合作（商业）金融机构（以下简称农合机构）下辖榆阳、神木、府谷、定边4家农村商业银行，横山、靖边2家农村合作银行和绥德、米脂、佳县、吴堡、清涧、子洲6家农村信用合作联社，310个营业网点遍及全市城乡，3430名干部员工肩负着全市300余万城乡居民金融服务重任。2012年榆林市农合机构在省联社的坚强领导下，在市委、市政府、人民银行、银监分局的大力支持和有效监管下，面对复杂的经济、金融形势，紧紧围绕“巩固提升、稳中求进”的发展思路，认真落实科学发展观，坚持四个面向市场定位，继续推进“12345”工程建设，全面开展“四抓”、“四达标”、“四强化”，推动全市农合机构各项工作健康发展，为榆林经济社会发展做出了积极的贡献。

业务经营：12月末，全市农合机构各项存款余额599.3亿元，较年初净增100.9亿元，增长20.26%，完成年计划任务（72亿元）的140.1%，存量和增量分别占全市金融机构的28.58%、28.80%位居第一。各项贷款余额394.5亿元，净增76.9亿元，增长24.2%，占全市金融机构分额的27.84%；全年累计投放各项贷款437亿元，其中涉农贷款累放达到401亿元，占各项贷款的91.74%；贷款存量、增量和信贷支农始终位居全市金融机构之首，支农服务成绩显著，经营效益进一步提升，抗风险能力显著增强。全年累计上缴各项税费10.11亿元，有力的支持了地方经济建设。

赴佳县调研信贷支持红枣产业发展

榆阳农村商业银行信贷支持小企业发展（图为榆林市醉乡酒业有限公司）

木县农村商业银行积极扶贫助困”活动（图为困大学生现场）

定边农村商业银行信贷支持的大棚蔬菜（辣椒种植）

清涧农村信用联社开的首家便民金融服务点（图为清涧县首家助农取款服务点开通现场）

中国人民财产保险股份有限公司榆林市分公司

中国人民财产保险股份有限公司榆林市分公司（以下简称人保财险榆林市分公司）是榆林市历史最久、实力最强、网络最广、服务最优的国有控股财产保险公司。在改革开放30多年来，公司秉承PICC国字品牌的悠久历史，始终牢记“人民保险，服务人民”的历史使命，全面践行“保障人民高品质生活”的事业追求、“做人民满意的保险公司”的共同愿景及“风雨同行、至爱至诚”的核心价值观，经过1980年复业以来30多年的发展历程，在历届领导班子的带领下，全体员工与公司一道风雨兼程、同舟共济；在改革开放的阳光沐浴下茁壮成长、阔步前行。

多年来，人保财险榆林市分公司由小变大，由弱变强，实现了由粗犷式发展向内在品质全面提升的巨大跨越。公司本部内设8个部室3个中心；下设14家支公司，1个营业部，8个市级营销服务部；全市各类合同制员工共计587人，营销员2000多人。经营产品涵盖机动车辆险、财产险、货运险、责任险、信用保证险、意外健康险、农业保险等财产保险各个业务领域。2006年公司实现保费收入1.7亿元；2007年达到2.4亿元；2008年公司保费跃上3亿元台阶，实现了历史性突破，迈入了全国重点城市分公司行列；2009年保费收入突破4亿元；2010年保费突破5.5亿元，在西北五省区地市级分公司内排名第4；2011年实现保费6.6亿元，进入全国500多家地市级分公司50强，排名37位；2012年保费收入突破7亿元，市场份额接近45%，公司规模再上新台阶，牢牢占据市场主导地位。

副市长张海峰出席全市保险工作座谈会

总经理刘晓舟为获奖经营单位颁奖

工作会议

志愿者爱心捐赠活动

与榆林市金融办调研座谈

公司员工上街宣传，为市民发放资料

公司全体党员赴延安进行再教育

公司员工风采

榆林现代汽车工业产业园区

榆林汽车产业园位于青云镇色草湾村境内，地处榆林东沙新城的核心区域，东连麻黄梁工业园，西临国道过境线，北接农业科技示范区，距榆林城主城区6.8公里，交通便利，环境优越。园区规划占地总面积18平方公里，投资240亿元。园区实行“政府主导、商会协调、市场运作、园区管理”的运营模式，立足榆林，面向陕西，辐射晋、蒙、甘、宁等周边地区，着力打造西北地区规模最大、功能最多、品牌最全、服务最优、环境最美、信誉最好、国内知名的现代汽车产业品牌园区。

园区整体布局分为先进制造、现代服务和竞技运动三大核心功能区。先进制造区位于麻黄梁工业集中区，规划占地6.3平方公里，总投资106亿元，以汽车、机械等装备制造业为主。现代服务区规划占地6.7平方公里，总投资94亿元，以汽车销售、维修保养、大型会展为主，规划建设汽车销售、汽配物流、装潢维修、综合展示、配套服务等五大功能区，同步引进工商、税务、金融、车管、医院、学校等机构，建成后将成为榆林城区功能最全的汽车产业服务区。竞技运动区规划占地5平方公里，总投资40亿元，以汽车运动与休闲娱乐为主，计划建设国际二级赛道、越野汽车赛道、摩托车赛道、试乘试驾等功能区，建成后将成为市民休闲旅游度假的汽车主题公园。

园区建设按照“一次规划、分布实施”原则，分两期建设。一期计划于2015年底完成，建设先进制造区和现代服务区。目前，现代服务区完成投资19亿元。平整场地7000亩；建成道路28条，总里程32公里，并完成15公里道路的绿化、亮化工作，园区路网基本形成，园区形象已全面展现；第一、二批入驻园区的46个小车4S店，已建成27个，会展中心项目完成设计评审，年内动工建设；市交警支队车管所项目已完成场平工程。二期计划于2020年底完成，主要建设竞技运动区。

园区建成后可实现年销售收入380亿元，年利税20亿元，提供就业岗位3万个，形成一个可容纳5万人口的现代化城市板块，将成为塞上汽车产业集聚发展的一块高地和榆阳现代服务业突破发展的强大引擎。

市长陆治原（前中）视察指导园区工作

市人大副主任曹世玉（右一）视察指导工作

榆阳区书记王成继（左二）、区长苗丰（左三）调研园区公租房建设

主任朱依华向各级领导汇报园区建设进展情况

陕西省榆林市康隆能源有限公司

董事长　刘国栋

陕西榆林康隆能源有限公司始创于1994年，经过近20年的滚动发展，公司本着“以人为本、德行天下”的管理理念，使公司走上了积极健康的发展之路。公司的境况如日中天，集国内能源勘探开发、石油天然气钻井、井下作业、生物制剂、房地产开发和国外金属资源勘探开发为一体的多种经营公司。企业性质为民营独资企业公司，注册资金1.2亿元人民币。公司现拥有固定资产肆亿捌千余万元，有中、高级职称的专业技术人员120余人，员工900余人（80%为农民工），有13部ZJ40、ZJ50型钻机和美国卡特2500型压裂设备一套，各种生产指挥用车58台。公司实行现代化办公系统，实行总经理负责制，下设行政人事部、物资装备部、财务资产部、外协经营部、工程技术部、生产运行部和一个办公室，全力保障公司的各项业务顺利有序进行。公司可承揽能源勘探开发和矿产、石油天然气钻井、气井和水平井以及特殊井的压裂工程、水文、地质勘查、房地产开发等多项业务。

中盐榆林盐化有限公司

董事长　白森祥

总经理　黄志明

省委书记赵正永视察公司

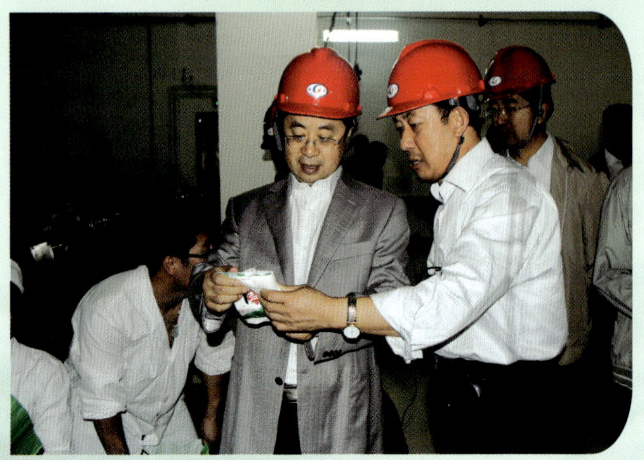

市长陆治原视察公司

中盐榆林盐化有限公司是由中国盐业总公司控股，陕西省盐业总公司、内蒙古博大实地化学有限公司、陕西省产业投资有限公司、陕西华山创业科技开发有限责任公司、陕西长庆新产业有限责任公司和榆林市盐业公司参股组件而成，是国家食盐定点生产企业，也是目前陕西省唯一的一家井矿盐生产企业。

公司的前身是陕西榆林皓海盐化有限责任公司，组建于2000年12月。2004年10月中国盐业总公司控股后更名为中盐榆林盐化有限公司。公司现有员工800余人，总资产达6.5亿元。

公司拥有两条真空制盐生产线，总产能为120万吨/年。其中镇川制盐厂产能为20万吨/年，鱼河制盐厂产能为100万吨/年。鱼河制盐厂生产装置设计先进，自动化程度高，是目前国内最先进的真空制盐生产线。

公司主要产品分为三大类，二十余个品种。一类是食用盐系列，主要产品有精制加碘盐、精制无碘盐、绿色食用盐、深井碘盐、深井海藻碘盐、深井海藻碘营养盐、深井海藻碘硒强化营养盐、畜牧用盐、肠衣盐、腌制盐等；二类是工业盐系列，主要产品有精制工业盐、普通工业盐、金属钠盐等；三类保健用盐，主要产品有洗浴盐、洗浴按摩盐、果蔬洗涤盐等。2005年11月通过ISO9001：2000国际质量管理体系认证，2010年2月获得中国绿色食品发展中心颁发的绿色食品证书。2011年4月，获得国际绿色经济协会颁发的“中国食品行业引领绿色消费10大品牌”证书。2012年12月荣获“首届陕西十佳创新示范企业”荣誉称号。产品主要销往山西、内蒙、宁夏、甘肃、北京、上海、天津、河北、东北三省和陕西省各市区。产品以优良的品质，赢得消费者的信赖。

公司发展三大优势突出。一是技术优势。中盐榆林经过十年的发展，奠定了雄厚的技术实力，自主创新能力显著增强，成为推动企业做强做优的重要力量。二是资源优势。榆林资源丰富，煤炭、石油、天然气、岩盐等矿产资源富集一地，资源配置组合较好。其中岩盐资源探明储量8854.55亿吨，远景储量6万亿吨。在榆林发展盐与盐化工产业，具有得天独厚的资源优势。三是区位优势。榆林地处中西部接合地带，位于陕甘宁蒙晋五省区交界之处，承接东西南北。西包铁路复线、太中银铁路和青银、包茂高速榆林段建成通车，榆阳4C级机场建成投运，高速公路总里程居全省首位，铁路总里程达到776公里。产品可辐射到晋、陕、蒙、宁、甘、京、津、冀、黑、吉、辽、沪、浙、黔、豫、鲁等十六个省区，区位优势十分明显。近几年来，中国盐业总公司高度重视中盐榆林的发展。根据中国盐业总公司“第二步”发展战略，在“十二五”期间，规划中盐榆林再上两条100万吨/年真空制盐生产线，使公司总的产能达到300～500万吨，成为全国最大的真空制盐生产基地。依托技术、资源、区位优势，着力打造全国最大的井矿盐生产企业。

2012绿色责任领军企业荣誉证书

省盐务管理局局长刘镇视察公司

中国食用盐供应商注册证书

纪念陕北盐田开发10周年暨60万吨/年真空制盐项目投产典礼

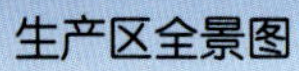
生产区全景图

陕西金泰氯碱化工有限公司

陕西金泰氯碱化工有限公司是由陕西能源集团有限公司等三家股东共同出资组建的大型氯碱化工企业，2003年12月注册成立，注册资金5.65亿元人民币。一期10万吨/年聚氯乙烯项目(配套10万吨/年离子膜烧碱等装置)，于2004年4月正式开工，2006年全面达产达标，是陕西省最早为开发榆林能源化工基地而建设的骨干项目之一，被列为省级重点项目。金泰氯碱一期项目年实现销售收入9亿元，实现财政贡献7000万元，为地方财政作出了突出贡献。荣获“陕西省名牌产品”和“陕西省著名商标”荣誉称号的两大主营产品聚氯乙烯、离子膜烧碱已投放于浙江、河北、陕西等全国众多省区，粒碱产品已销往美国、日本、俄罗斯及其他东南亚和欧洲国家，受到客户青睐。经过几年的生产经营实践，金泰氯碱形成了现代企业科学的管理模式，成为国内氯碱行业最有发展潜力和市场竞争力的企业之一，对加快建设“陕北榆林能源化工基地”、对加快拉动区域经济发展都有着重要意义。

生产区夜景

离子膜电解槽

聚氯乙烯树脂

陕西省认定
企业技术中心
陕西省工业和信息化厅 陕西省科技厅 陕西省财政厅
陕西省国家税务局 陕西省地方税务局 西安海关

厂区一角

铜川声威建材有限责任公司榆林分公司

公司全貌

总经理　范关保

铜川声威建材有限责任公司榆林分公司年产200万吨水泥粉磨站系声威集团响应国家水泥工业产业结构调整政策，适应水泥市场的需求，实现企业的可持续发展而投资建设的。集团公司制定了依托榆林声威，立足陕北，辐射西北的发展战略。是声威集团挺进陕北市场、延伸声威品牌的重要举措。

公司成立于2009年12月，位于榆林市榆横工业园区。是一家以生产销售高品质散装及包装水泥为主的建材企业。总投资近3亿元，占地面积150亩，为横山县重点项目企业。声威牌水泥是国家免检产品，2007年声威集团顺利入选由国家发改委、国土资源部、中国人民银行等六部委认定的国家重点扶持60家大型企业之一；2008年声威集团获全国建材行业质量先进单位、陕西省十大名牌称号；2007至2008年连续两年水泥销量排名全省第一。公司通过了产品及ISO9001质量双认证、环境体系ISO14000认证、职业健康及安全体系GB／T28000三合一体系认证。

2012年榆林分公司投产，公司主要产品为PC32.5、PC32.5R、PO42.5、PO42.5R散装及袋装水泥，生产销售一路攀升，产品质量稳定可靠，赢得了客户的信赖。2012年总产值18070万元；销售收入15875万元，2013年1至6月份总产值9930万元；销售收入8778万元。为榆林声威依托榆林，立足陕北，辐射西北的发展战略奠定基础。2014年公司二期上马。届时我公司将成为陕北地区生产规模最大，工艺设备配置最先进，技术指标综合能耗最低，环境保护科技含量最高的水泥企业。厂区北靠包茂高速，东接210国道，南临青银高速，交通极为便利。

公司将以“融科技、创一流、促凝聚、求发展”为企业精神，以“科技领先、质量第一、顾客至上、遵信守约”为质量方针，以“真诚对待、诚信永远”为服务宗旨。公司将抓住国家产业结构调整和西部大开发的机遇，为积极贯彻集团跨越式发展战略和繁荣榆林地方经济而不断开拓进取。

公司一角

原省委书记赵乐际（右四）视察声威

全国政协委员，原陕西省政协主席安启元（左三）视察公司

原省长袁纯清（右二）视察声威

原副省长洪峰（左二）视察公司

原省委副书记杨永茂（右三）视察声威

原副省长吴登昌（右二）来声威视察

中共陕西省委常委、纪委书记郭永平（右三）考察声威

省委常委、组织部长李锦斌（右二）视察声威

厂区道路

电子地磅

榆林榆川天然气有限责任公司

总经理　钟祖德

榆林榆川天然气有限责任公司是由中国石油天然气集团公司所属四川华油集团公司与榆林永安天然气有限责任公司共同出资组建的有限责任公司。公司于2000年6月19日挂牌，同年9月26日点火，公司注册资金1000万元，法人代表刘建国，现任总经理钟祖德。公司下设综合办公室、财务部、物供部、市场开发部、工程技术部、用户管理部、管网所、安环部、安检维修抢险中心9个部门。

公司坚持为用户提供最优的服务作为每一位员工的工作目标，以榆林“创建国家卫生城市”、“创建陕西省环保模范城市”、“创建陕西省绿化园林城市”和“创建陕西省文明城市”为契机，以“和谐发展、规范管理、诚信服务”为主题，以“创优良工程、促安全运行、保平稳供气”为重点，以“树行业新风、让用户满意、创优质服务”为宗旨，团结拼搏，持续发展。

至2013年6月30日，公司拥有高压进气管线2条，配气站4座，年输供气能力5亿m^3。供区主管网900余公里，形成了南北双向气源，城区环状供气条件，确保了供气的稳定性、安全性和可靠性。公司拥有居民用户15万余户，锅炉1300余台，商业用户1800余户，CNG汽车加气站4座，年销售气量2亿m^3以上。

十三年来，为榆林市大气环境治理、经济社会和谐发展作出了重要贡献。2000年、2001年、2002年连续三年获得“榆林市重点项目建设先进单位”称号，2005年被评为“陕西省安全生产先进单位”，2008年、2009年、2010年连续三年被评为“榆林市先进单位”、“蓝天工程先进单位”，2011年被评为“省住建厅先进文明单位”，2003年、2007年、2008年、2009年、2011年和2012年被评为“榆林市安全生产先进单位”。

公司将继续按照“规范、安全、优质服务”的工作思路，抓好市场开发，安全营动，优质服务等各项工作，为榆林经济发展和百姓生活作出应有贡献。

市长陆治原视察公司

常务副市长高中印慰问一线工人

阀井操作演练现场

安全宣传活动现场

慰问一线工作人员

公司全体干部

中国石油陕西榆林销售分公司

党委书记　王荣庆

经理　曹仲荣

中国石油陕西榆林销售分公司是中国石油天然气股份有限公司所属的地市级公司，始建于1969年。公司拥有资产2.4亿元，员工1153人，公司设置8个职能部室，3个经营单位，1个润滑油公司，辖有10个县（区）公司，87座加油站，1座直属油库，1座分销油库，总库容量约为18000立方米。

近年来，公司坚持落实科学发展观，以全新的经营理念，创新机制；以零售工作为重点，改善销售结构；以安全管理为基础，全面推进HSE体系建设工作；以提高市场控制能力为目标，加快网络建设进程。广大员工发扬“爱国、创业、求实、奉献”的企业精神，精细管理、规范服务、加快企业文化建设，实现销售业务快速扩张，加油站管理水平迈上新台阶。公司在规范中发展，在发展中创新，企业步入快速、健康、和谐、稳定的发展轨道。

随着榆林能源重化工基地发展速度的加快，公司以发展为主题，以效益为核心，继续深化内部改革，创新管理机制，提升服务功能，紧紧围绕公司“十二五”发展目标，着力打造“中国石油”品牌形象，为榆林地方经济发展做出更大的贡献。

领导干部大会

员工消防演练

油库灭火演练

员工设备维修

员工进行安全知识演讲比赛

省公司领导调研工作

市公司经理曹仲荣、书记王荣庆陪同省公司领导在基层检查工作

员工安全知识竞赛现场

中煤陕西榆林能源化工有限公司

中煤陕西榆林能源化工有限公司（简称中煤陕西公司）是中国中煤能源股份有限公司的全资子公司，是中国中煤能源集团有限公司在陕西能源化工领域的重要投资窗口，也是中煤集团公司“22255”发展战略目标中五大基地之一。

中煤陕西公司于2010年4月21日在陕西省榆林市注册成立，现注册资金33.66亿元，主要负责中煤集团公司在陕西的煤炭、煤化工等项目的投资筹建、生产经营等，并授权对中国中煤能源股份有限公司与陕西延长石油集团合资项目的股权投资进行管理。

中煤陕西公司目前在建项目主要有榆横工业园区360万吨/年甲醇醋酸系列深加工及综合利用煤化工项目、1500万吨/年大海则煤矿及选煤厂项目、与延安市车村煤矿合作建设的300万吨/年禾草沟煤矿及选煤厂项目、与陕西延长集团合作参股项目等。

煤化工项目位于榆林市榆横工业园区，利用国内外成熟、先进、可靠的生产工艺，以煤为原料生产聚烯烃产品，实现石油替代和煤的清洁利用。项目分两期建设，预计总投资397亿元。正在进行一期项目建设，总投资113.61亿元，拟于2014年投产。二期项目已获得国家发改委“路条”。

大海则煤矿及选煤厂项目位于榆林市榆横矿区西北部，井田面积280km^2，资源总量约为51亿吨，是煤化工项目的配套资源矿井。该项目已列入国家煤炭工业“十二五”规划，获得国家能源局“路条”，总投资199亿元，预计2016年投产出煤。

禾草沟煤矿项目位于延安市子长县境内，井田面积100km^2，资源总量3.52亿吨。由中煤集团与延安市车村煤矿均股合资建设，项目总投资21.80亿元，2010年3季度开工，2013年建成投产。

预计到“十二五”末，中煤陕西公司可形成煤制烯烃权益产能150万吨/年以上，煤炭权益产能2500万吨/年以上，年营业收入200亿元以上，利润总额70亿元以上的生产经营规模，成为中煤集团公司陕北煤化产业基地。

原省委书记赵乐际在中煤集团总经理王安、中煤股份总裁杨列克、榆林市委书记胡志强、市长陆治原等陪同下到公司煤化工项目视察

省委书记赵正永出席公司煤机装备制造项目开工奠基仪式

省委常委、常务副省长江泽林、副省长李金柱在榆林市市长陆治原的陪同下，到公司煤化工项目视察

原副省长吴登昌在市委书记胡志强、市长李文明等陪同下到公司煤化工项目视察

国务院国资委第二巡视组组长孔令鉴一行到公司巡视检查工作

中煤集团董事长吴耀文，原副总经理曹祖民、都基安，中煤股份总裁杨列克到公司调研指导工作

中煤集团总经理王安、中煤股份总裁杨列克到公司调研指导工作

原中煤集团党委书记纪喜来、原副总经理曹祖民，中煤股份总裁杨列克一行到公司调研

中煤集团党委书记、副董事长李延江，党委副书记、纪委书记、工会主席王晞到公司督导管理提升活动

中煤集团副总经理洪宇到公司调研

中煤集团总会计师彭毅一行到公司调研项目建设及企业管理工作

中煤集团副总经理李馥友一行到公司调研

陕西榆横铁路有限责任公司

董事长　雷登峰

总经理　李博昊

陕西榆横铁路有限责任公司（以下简称榆横铁路公司或公司）成立于2007年3月，由陕西省铁路投资集团有限公司和榆林经济开发区建设有限公司共同出资组建，双方分别占股60%、40%。公司注册资本42560万元，主要从事榆横铁路规划、建设及运营管理等业务。

公司秉持“以人为本，服务社会”的价值理念，在推动项目建设的同时，积极履行国有企业社会责任，通过不断提升企业内部管理，加强企业文化建设，开展各类公益活动和志愿者服务活动，形成了积极进取、健康向上的企业文化氛围。近年来，公司先后获得了陕铁集团2009年度和2012年度先进集体、陕铁集团2009年度和2012年度先进基层党组织及榆阳区2013年度文明单位等荣誉称号；获得陕西省档案局颁发的AA级档案管理资质。

榆横铁路作为陕西省“十一五”重点基建项目，受到陕西省、榆林市两级领导的高度重视和亲切关怀。工程的建设将为陕北能源化工基地榆横煤化工园区、榆横矿区提供经济、环保、快捷的原料、产品运输保障，对陕北建设国家能源重化工基地、完善区域路网结构和促进地区国民经济发展具有重要战略意义。

榆横铁路线路规划于榆林市榆阳区、横山县境内，东自包西铁路闫庄则车站引出，向西经过榆横煤化工园区，跨越榆靖高速公路至红石桥，总里程58.7公里，技术标准为地方铁路Ⅰ级、单线、电气化，设计运能3000万吨/年。

目前，榆横铁路闫庄则至液化厂段已建成，计划于2013年下半年实现开通。该段起于闫庄则车站，折南后向西经过孟家壕、化工南两个站点后到达液化厂站。工程于2008年10月份开工建设，里程33.169公里，投资6.96亿元，现已具备通车条件。

液化厂至红石桥段已于2013年8月份开工建设。该段线路由液化厂站引出，向西经转水庙站到达终点红石桥站，线路全长23.768公里，计划投资6.648亿元。

目前，榆横铁路沿线已有8家企业与公司签订了站改代建协议，既有线闫庄则—液化厂段站改工程竣工在即。铁路沿线布局的数家大型煤化工项目将于2013年底至2014年相继投产。届时，榆横铁路——这条承载着梦想的能源运输动脉必将在大漠上绽放出夺目的光彩！也必将为榆林市社会经济发展注入新的活力。

原省委书记袁纯清、原省长赵正永听取察看施工现场项目介绍

陕铁董事长刘强与公司全体人员合影

榆横铁路项目奠基仪式

榆横铁路西沟特大桥

榆横铁路与包西铁路并行段

公司组织员工为雅安地震捐爱心款

榆林市旧机动车交易中心

总经理　马永祯

榆林市旧机动车交易中心成立于2003年，多年来靠租赁不足1万平方米荒沙地，经改造后维持经营。2007年以来，在榆林市商务局等部门的支持下，对榆林二手车市场进行了整合，企业经营状况逐步改观。2010年，榆林市旧机动车交易中心被陕西省商务厅确定为：二手车交易市场升级改造示范工程承办企业。交易中心把新建交易市场和市场升级改造结合起来，与2011年5月圆满完成了榆林市二手车交易市场的建设和市场升级改造，并通过了省、市商务和财政部门的项目验收。

新市场占地面积近40亩，建筑面积3000多平方米。可停放交易车辆近500辆。市场新建了交易大厅、客户休息厅、拍卖大厅、车辆展示厅，市场道路和营业区全部硬化；现在市场布局合理，容量提高，标识清楚齐全，环境整洁美观；入驻二手车鉴定评估公司、经销公司、经纪公司共30户。提升了服务功能和品质，提高了信息化水平。2011年交易车辆12500辆，交易金额5.8亿元。比2010年同期增长了30%，2010年和2011年两年上缴各项税金448万元，2012年市场交易车辆21908辆，交易金额12.6亿元，占全市二手车交易总量的94%，上缴各项税金392万元。2012年被中国汽车流通协会评定为全国3A级二手车诚信市场；2013年入选“中国汽车流通行业二手车交易市场百强排行榜”，名列第53位，陕西省第一位，取得了较好的经济效益和社会效益。榆林市旧机动车交易中心已成为榆林市二手车行业当之无愧的领军企业。

榆林市旧机动车交易中心以服务榆林社会经济发展、服务榆林人民为宗旨，正为把榆林市二手车交易市场建设成一个功能全、服务优、配套设施齐全的交易市场而不懈努力！

市商务局领导在榆林首届二手车交易展销会视察

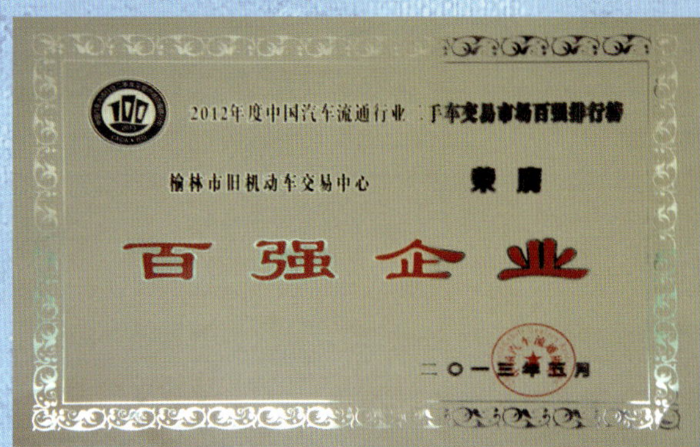

荣膺中国汽车流通行业颁布的全国二手交易企业百强排行榜

荣膺中国汽车流通协会2012年度全国二手车交易市场3A级诚信单位

交易大厅

交易市场一角

榆林市城投集团公司

榆林市城市投资经营集团有限公司是市政府直属的国有独资企业，于2007年3月7日正式挂牌成立。注册资本金3亿元，2011年底资产总额119亿元，净资产76亿元；合并报表资产总额200亿元，净资产93亿元。

公司运营以来，坚持“平和、坚毅、守信、廉洁”的团队风格，秉持“带队伍、树形象、重执行、谋发展”的管理理念，树立了“勤、勇、毅、正”的企业精神。在市委、市政府的正确领导和有关部门的大力支持下，扎实创业、锐意进取，累计融资28亿元；成功发行企业债券14亿元；先后承担了31个重大社会事业项目的建设任务，累计完成重大社会事业项目投资14.1亿元，其中，市委办公小区等6个项目已交付使用；支持了榆溪河综合治理、榆林机场、市政道路等6大民生工程的建设工作；经营范围囊括重大社会事业项目、房地产开发、天然气、文化传媒、信用担保、通用航空等多个领域，为榆林经济跨越式发展和区域中心城市建设做出了较大贡献。

2012年，城投集团按照“一年破困转型、二年夯实基础、三年跨越发展”的战略规划，调整组织机构、创新管控模式、细化职能权责，内设“七部一室”，下设八个子（分）公司，初步形成了“管控集团化、融资多样化、股权多元化、业务板块化、运营市场化、发展产业化”的现代化企业管理体系。未来的城投，将以“树立两个精神，坚持三个依托，实施八大目标”为总体发展思路。两个精神为创业精神和创新精神，三个依托就是区域依托、产业依托和招商依托，八大目标就是融资能力持续化；项目建设精细化；产业结构多元化；经营目标最大化；建设有凝聚力亲和力的城投；培育资本运营、项目管理、产业经营专业团队；打造有执行力、勇于担当、廉洁高效的员工队伍；建立员工收入与企业效益同步增长的机制。着力打造五大主营板块，即：房地产开发、空港生态园区土地一级开发、清洁能源、金融服务与资本运营、重大社会事业与公益事业等。

副省长景俊海视察南城墙项目

市委书记胡志强、宣传部长陈宁视察工作

董事长、总经理王永胜向市委书记胡志强、市长陆治原介绍项目情况

副市长艾保全调研新闻大厦工地

重大社会事业项目开工典礼

同心楼开工奠基仪式

2012年动员大会

中国联通榆林市分公司

总经理　杨树伟

中国联通榆林市分公司成立于1999年，2001年正式开网运营。截至2012年底，总资产已超过13亿元，网上各类用户近百万，各类网点覆盖榆林全区，为榆林人民群众的工作生活提供了快捷、方便的服务。在十三载风雨兼程中，榆林联通坚持创新改变世界，一路高歌猛进，留下了闪光的足迹，得到了社会各界的广泛认可和赞誉，成为了塞上一颗璀璨的通信明珠。

经过十多年的建设，榆林联通已建成一张覆盖范围广、承载业务多、通信质量好的通信网络，持续强化了服务用户的“硬实力”。各项网络维护指标均高于或与主要竞争对手持平，位居陕西前列。在2011年和2012年集团第三方测评中，榆林联通GSM和WCDMA均为“优”，其中，2011年GSM网为全国第一，2012年WCDMA为全国第二。

让用户满意是榆林联通的不懈追求。在长期的服务工作中，榆林联通以满足用户需求为出发点，在创新服务模式中持续增强了“软实力”，实现了“标准+等级+特色”的积木叠加式服务体系，打造出了精细化、人本化，主动性、便捷性、及时性的卓越服务能力，在实践中做到了“服务规范健康发展、用户安全放心消费”。2012年，3G客户满意度为82分，宽带业务满意度为75分，位居全省系统内第一。

春华秋实，耕耘赢得收获。作为榆林通信市场上的一支劲旅，榆林联通四次获得国家级表彰，三十多次受省、部级表彰，五十多次受到榆林市委、市政府的表彰奖励。2011年荣获国务院国资委党委授予的“中央企业先进基层党组织”称号，2012年以本地网第一名的成绩荣获榆林市政府纠风办授予的“榆林市2012年度电信行业行风建设优秀单位”称号，2013年3月更是喜获全省通信行业用户满意企业称号。

雄关漫道铮如铁，而今迈步从头越。站在信息生活的新起点上，榆林联通将高举科学发展的旗帜，以成为信息生活的创新服务领导者不懈追求和雄心壮志，进一步研究和探索新形势下的新思路和新途径，创新进取，超越发展，为中国能源新都榆林的社会信息化做出无可替代的贡献。

维护人员日常检查

全省电信行业用户满意企业

榆林市2012年度电信行业行风建设优秀单位

畅游3G世界

贴心服务

榆林市福利彩票发行中心

榆林是我省较早开始销售福利彩票的地区之一。1988年，行署按照中、省模式，成立了榆林地区社会福利有奖募捐委员会办公室，2000年更名为榆林市福利彩票发行中心，负责全市的福利彩票销售管理工作。24年时间里，我市福彩销售系统高举公益旗帜，历经多次变革，不断成长、发展、壮大。其最大的变化莫过于一组组销售数字，它们是榆林24年福彩事业发展的一个缩影。

曾经，榆林福彩的年销量只有45.2万元，进入“十一五”以来，全市福彩年销售量连续6年突破亿元，先后跨越了1.3亿元、2.16亿元、3.29亿元、5.96亿元、8.91亿元五大台阶，2009-2012年连续4年位居全省福彩销量第二；福彩市场份额2012年达到74.5%，在全市彩票市场中占据主导地位。截止2012年全市累计销售各类福利彩票25.7亿元，筹集福彩公益金8.6亿元，重点用于开展“社区老年福利服务星光计划”、“农村敬老院建设霞光计划”、“儿童福利机构建设蓝天计划”、“残疾孤儿手术康复明天计划”、“资助贫困大学生和乡村学校活动”、“春节扶贫济困送温暖活动”等社会慈善公益项目。多年来，在全市资助、兴建、改建、扩建各类社会公共福利项目和设施2千多个，资助贫困大学生多达千余人，有力地支持了我市社会福利事业的发展，实现了社会效益与经济效益的有机结合。

24年间，榆林市福彩中心作为全市唯一的福利彩票销售机构，由初创时期的人员少，机构不健全，工作自主性差发展为现有工作人员33人，内设综合部、财务部、宣传部、技术部、市场一部、市场二部共6个部门的正科级事业单位。全市福彩销售队伍也在逐年扩大，目前全市共有电脑票投注站620多个，中福在线销售大厅2个，形成了覆盖全市所有区（县）城区、大多数乡镇、个别较大的村庄和工业园区、能源矿区及住宅小区的销售网络，从业人员近两千人。

主任　黄　鹤

多年来，榆林市福彩中心始终恪守福利彩票发行宗旨和社会责任，坚持“安全运行、健康发展”的工作方针，注重继承与创新相结合，业务与管理相结合，学习与实践相结合，全市福彩工作在不断探索中规范管理，在安全运行中健康发展，得到了各级领导的充分肯定和社会各界的广泛赞誉，榆林福彩中心荣获多项集体和个人荣誉称号：先后被榆林市人民政府授予“2008年度先进单位”和“2009年度全市民政事业单位先进集体”荣誉称号，2010年被陕西省民政厅命名为首批全省民政系统行风建设示范单位，2011年即开型福利彩票销售获中福彩中心“亿元城市”荣誉称号，2012年被民政部命名为全国民政系统“群众满意窗口”单位，中心主任黄鹤同志2012年被陕西省人力资源和社会保障厅、陕西省民政厅授予“全省民政系统先进工作者”荣誉称号，获榆林市委“优秀共产党员”表彰。

榆林市福彩中心获陕西省福彩中心表彰

榆林市福彩中心获民政部“群众满意窗口单位”荣誉称号

省福彩中心主任冯国贤（左）调研中福在线

榆林市福彩中心获榆林市政府表彰

榆林市上站煤管理站

1993年，行署为加强包神线上站煤经营活动的管理，成立了上站煤办事处。主要工作是对计划分配，组织上站，上站煤票据，计量和质量进行监管。自此，我市上煤炭管理工作开始起步。

1999年，行署发《榆林地区行政公署关于加强包神线神朔线上站煤统一管理的通知》，对神朔、神延线沿线集装站实行“四统一”管理办法。

2000年，经榆林市机构编制委员会研究，决定成立“榆林市上站煤管理站”，为市煤炭工业局下属科级事业单位，经费实行自收自支。负责对全市境内各铁路沿线集装站的上站煤炭进行“四统一”管理。

2011年2月21日，榆林市政府出台了《榆林市煤炭铁路运销管理办法》（榆政发[2011]8号），管理办法更明确要求全市上站煤炭经营实行“五统一管理”。明确全市上站煤炭及铁路装车线的煤炭发运由我站实行监督管理。

经过十几年的发展，单位现已对包神、神朔、西神铁路线上的16个煤炭集装站、7个铁路专用装车点、200多家煤炭企业上站进行了管理。随着包西复线、太中银铁路线、准神铁路、黄甫川煤炭专用线的开通，又将增加8个集装站点。未来可组织铁路煤炭发运近1亿吨。

站长　李继飞

兖州煤业榆林能化有限公司

兖州煤业榆林能化有限公司，2004年2月20日注册成立，注册资本14亿元人民币，主要担负兖矿陕北能源化工基地的项目开发和管理工作。

公司承担建设的240万吨/年一期60万吨甲醇项目占地面积69.8公顷，总投资38亿元，于2008年12月29日实现投料试车，为当时国内煤制甲醇最大的单系列生产装置。项目单项工程全部达到优良，被陕西省石化质检站指定为全省化工企业现场观摩工程；一次性顺利通过陕西省发改委和兖矿集团组织的项目竣工验收；先后荣获2010年国家优质工程银奖（全国化工系统已有二年评选无金奖）、2011年度国家优质投资项目奖和“国家优质工程30年精品工程”光荣称号，成为国家级榆林能源化工基地的重点示范项目。

公司引进了世界生产、环保、艺能先进技术，先后被陕西省评为节能减排建设先进企业、节能减排功勋企业。我们将科技创新作为企业不断发展壮大的重要支撑，形成了83项科技成果、17篇优秀论文和32 篇优秀试车经验总结。经过对系统的不断优化调整，化工装置自2011年下半年以来运行更加平稳，各项生产消耗指标大幅下降，均低于设计值。

2012年上缴各项税费1.2亿元。在不断提高自身经济效益的同时，甲醇厂努力带动周边区域经济增长，与周围村庄形成项目联建机制，支持村民发展劳务、餐饮、运输等配套服务业。企业在陕投资以来得到了陕西省、榆林市各级政府部门及社会各界的一致赞誉，被评为外省区市在陕投资优秀企业、陕西省十佳诚信经营示范企业、陕西省“质量信用A级企业”、陕西省管理服务创新AAA级单位。

常务副市长高中印检查公司工作

区长苗丰到公司检查工作

中国石油与化工联合会会长李永武到公司调研

陕西延长油田榆林核算部

省委第三巡视组赵增彦（左一）一行在集团公司总经理张积耀（中）的陪同下，深入榆林炼油厂和油煤新技术开发公司视察指导工作

陕西延长石油（集团）有限责任公司榆林炼油厂始建于1993年。经过20年的发展，现已形成常压1000万吨、催化380万吨、重整45万吨、加氢60万吨的年加工能力。工厂占地面积1542亩，职工1915人。主要产品有90#、93#、97#汽油、-20#、-10#、0#、5#、10#柴油和石油液化气等，“塞珠”牌产品得到消费者广泛认可。

多年来，在陕西省委、省政府、省国资委、集团公司的正确领导下，在榆林市、靖边县政府和各单位的大力支持下，榆林炼油厂紧紧围绕生产建设这个中心，坚持以

2012年10月31日上午，榆炼150万吨年常压装置（A）技改工程顺利实现中交。该工程从4月11日开工，到10月31日建成中交，仅用了189天。图为技改工程建设中

科学发展观为指导，大力实施“管理强企、文化兴企”战略，在全体干部职工的不懈努力下，各项工作不断迈上新的台阶，开创了企业快速发展、和谐发展、科学发展的良好局面，对地方经济繁荣作出了积极的贡献。其中2012年全年加工原油338.44万吨，催化加工渣油198.82万吨，实现内部销售收入164.17亿元，完成税费36.97亿元，实现模拟利润10.24亿元。随着30万吨/年常压装置技改工程、重整加氢异地搬迁工程、180万吨/年催化装置、500万吨/年常压装置等一批重点项目优质高效建成，榆林炼油厂已建设成为千万吨级现代化大型石油炼化企业。企业先后荣获全国企业文化“十佳”单位、全国模范职工之家、全国五一劳动奖状、全国模范劳动关系和谐企业、全国厂务公开民主管理先进单位、陕西省文明单位、陕西省“创建学习型组织、争做知识型员工”标兵单位、陕西省劳动关系和谐企业、陕西省职工经济技术创新优胜单位、陕西省文明标兵单位、陕西省先进集体等称号。

榆炼500万吨年常压装置开车引油取得一次性成功

职工心中的“实力干将、魅力指挥”闫文廷同志被省总工会授予省级劳模荣誉称号

榆炼150万吨/年常压装置（A）技改工程顺利实现中交

陕西南梁矿业有限公司

董事长、党委书记　张光耀

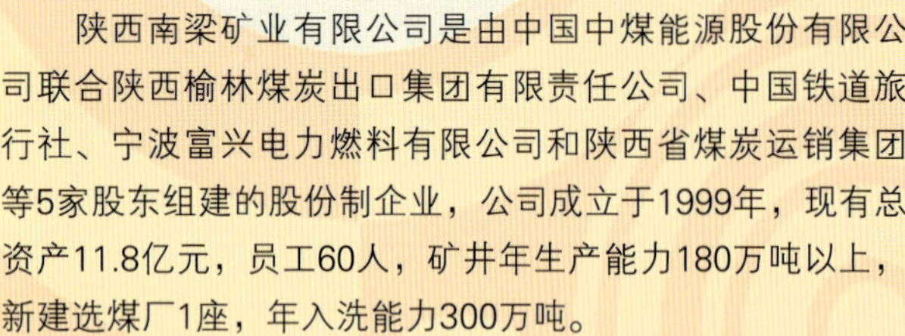

总经理　杨文清

陕西南梁矿业有限公司是由中国中煤能源股份有限公司联合陕西榆林煤炭出口集团有限责任公司、中国铁道旅行社、宁波富兴电力燃料有限公司和陕西省煤炭运销集团等5家股东组建的股份制企业，公司成立于1999年，现有总资产11.8亿元，员工60人，矿井年生产能力180万吨以上，新建选煤厂1座，年入洗能力300万吨。

2012年，在行业下滑的大背景下，全体干部职工迎难而上、共克时艰，全年生产原煤214万吨，销售210万吨；实现销售收入7.68亿元，利润3.4亿元；选煤厂顺利投产运行，入洗原煤6万吨；东翼薄煤层刨煤机无人工作面项目按计划推进；连续两年通过国家级安全质量标准化煤矿验收，被国家安监总局授予“全国安全文化建设示范企业”；引黄供水工程圆满完成，各项工作继续保持良好发展势头。

市委书记胡志强视察南梁公司

公司在取得骄人历史业绩的同时，也积淀了浓厚的、优良的企业文化，在充分尊重历史的基础上，总结提炼出南梁独特的“321”企业文化模式。“321”即“三园二本一核心”。“三园”，是指家园、校园和事业园；二本，是指以人为本和以管理为本；一核心，是指以安全生产为核心，以契约化管理为基本特征，以发展创新为基本理念，以“零伤害”为追求目标，以“以人为本、科学管理、爱岗敬业、追求卓越”为企业文化核心价值观，以“贡献社会、服务股东、发展南梁、装点人生”为企业宗旨的“南梁模式”。公司在安全生产的同时，不忘企业的社会责任，支持地方发展，关注地方民生，积极参与地方扶贫助困事业，树立了企业良好的社会形象，成立至今，累计为各类社会公益事业捐资6000余万元。制作的《平凡的2068》电视片，获得“第二届中国安全生产电视作品大赛”二等奖；出版了《南梁企业文化模式》，并入选了全国企业文化建设优秀案例库；2012年2月，再次发布《2011年度企业社会责任报告》。

公司成立至今，各项事业取得长足发展，成绩显著，先后获得“全国依法生产先进煤矿”、“全国煤炭工业行业一级安全高效矿井”、“国家级安全质量标准化煤矿”、“全国安全文化建设示范企业”、“陕西省先进集体”、“中国中煤能源集团公司安全生产先进单位”、“榆林市五一劳动奖状”等上百项荣誉称号。

中煤集团总经理王安视察公司

中煤集团党委书记李延江视察公司

陕西省煤田地质局一八五队

党委书记　梁榆平

队长　姚建明

陕西省煤田地质局一八五队是从事矿产地质、水文地质、工程地质、地球物理测井、地质测绘、煤质化验、地质灾害治理等综合性地质勘查单位。2012年，面对煤炭价位下行所依存的地质市场，全队职工攻坚克难，真抓实干，积极应对地勘单位改革，加快队伍转型和经济增长方式的转变，圆满完成了全年各项经营目标任务。完成各类地质项目110多个，施工各类钻孔536个，累计钻探进尺23万多米，货币工作总量达到2.52亿元，再创历史新高。

地勘主业稳步发展，延伸产业逐步拓宽。完成了袁大滩、曹家滩、可可盖等重大勘探项目，确保地勘主业的稳定发展。重视资质升级，开辟新的施工领域。介入煤矿供水管线设计与施工、冷冻孔钻探施工等领域，承揽地质灾害监理和非煤矿产勘查项目；积极参与府谷县瑞丰煤矿特大井下冒顶事故抢险，受到政府好评。

煤田深孔钻探技术获得了新的突破。汶川地震断裂带科学钻探WFSD-2号孔竣工，终孔深度2283.56米。设计最深、难度最大的WFSD-4号孔开工。施工的陕北侏罗纪煤田定边县煤炭资源预查项目，连续刷新全队煤炭资源勘探深孔记录。其中ZK-4211钻孔终孔深度达到2031.29米，创造了陕西省乃至全国探煤孔深度的新纪录。

民生工程持续推进。继续进行设备更新，标准化钻机水平进一步提高，野外一线生活工作条件大为改观，职工收入稳步提高，实现了安全生产、平安生活。

2012年，一八五队被国土资源部授予“全国模范地勘单位”称号，被评为陕西省“首届社会责任企业”，榆林市“文明单位”。《神南矿区煤炭开采水资源动态及保水技术研究》获得中国煤炭工业科技进步二等奖。队长姚建明被中国科学协会等单位评为全国“讲理想、比贡献”科技标兵；总工程师雷少毅被省国资委、省科技厅评为科技创新优秀工作者；副总工程师夏斐当选省十二次党代表。

各项荣誉的取得，是对过去成绩的肯定，更是对今后工作的激励。一八五队将以党的十八大精神为指导，全面贯彻落实科学发展观，以“富队惠民”为目标，大力推进“地质立队，矿业富队，科技兴队，人才强队”战略，加快队伍结构和产业结构调整，以地质勘查及延伸产业为支撑，以矿业开发和土地开发利用为突破，强化基础管理，转变工作作风，提高队伍素质，努力实现各项事业的全面发展。

夏斐同志参加省十二次党代会

省地勘基金项目中鸡勘探现场

关中大口井施工

陕西榆林榆神高速公路有限公司

榆神公司（陕西榆林榆神高速公路有限公司简称）于2007年6月在榆林注册成立，注册资金2亿元，2009年增资扩股后为4.0476亿元。项目于2008年8月17日全面开工建设，经过全体员工的共同努力，榆林至神木段于2009年12月8日建成通车，神木至店塔段于2010年12月8日建成通车，标志着榆神高速公路全线建成通车，成为陕西省第一条成功建设的高速公路BOT项目。

截止2012年末，公司共有员工348人，其中公司本部管理人员41人，站级管理人员24人，收费、治超、内业人员217人，路政人员27人，监控人员10人，后勤人员29人。2012年，新签劳动合同33人，续签劳动合同6人，解除劳工合同29人，聘任副支队长1名，站长1名，副站长9人，降职8人，日常调动40余人。公司设五部一支队（即工程部、安全养护部、收费管理部、财务部、综合部、路政支队），金鸡滩、大保当、锦界、西沟、神木、店塔等6个收费站及小纪汗监控中心由公司统一领导与管理。

2012年，公司“圆满完成年度收费计划任务”这一总目标，规范内部管理，抓好文明服务，打击偷逃漏通行费行为，提升经济效益盈利水平；搞好安全养护，确保道路运行安全畅通；做好路政治超，加大道路巡查，保护路产路权；加强队伍建设，做好思想教育工作，营造团结和谐的队伍团队；强化财务预算，严控经费支出；创新党建工作思路，抓好党、纪、工、团基层建设工作，保证各项工作平稳运行。

中铁二局董事长张喜学在榆神公司总经理黄俊文陪同下调研榆神项目营运工作

省交通运输厅领导视察榆神项目

直入云霄

榆林市金龙北郊热电有限责任公司

榆林市金龙北郊热电有限责任公司位于榆林市北郊红山村海沙湾，厂区占地220亩，现有员工302人，下设十一个部门，组织机构健全。2008年根据榆林市经济发展，城市建设，改善人居环境等需要，经省、市政府批准立项建设的配套项目。原隶属陕西领汇实业集团有限公司，2011年5月被榆林市榆神煤炭有限责任公司收购，2011年6月1日起正式接管运营，成为其全资子公司。

公司一期项目总装机容量：2×50MW发电供热机组，总投资约4.8亿元，1、2#机组分别于2008年4月和8月建成投运，年发电量逾5亿度，设计供热面积260万平方米，实际供热面积已达190万平方米。主要承担着向市、区两级经济适用房和廉租房等供热和向榆林南部电网供电任务。二期为2×350MW发电供热机组，已列入《榆林市2008—2020年总体规划》，已获得了建设路条，处于规划建设时期。该项目由榆林市榆神煤炭有限责任公司与华能陕西发电有限公司共同合作建设，是榆林市有史以来最大的民生工程项目，预计2014年底一台机组建成投运，2015年全面建成投产。建成后将有效缓解城区采暖供需矛盾，减少城市污染，提高居民生活质量。可产生巨大的社会、环境和经济效益。

一直以来，我公司遵循“以热定电，热电联产”原则，采用现代电力企业管理模式。秉承“团结奋进，求真务实，以人为本，稳健发展”的经营理念，坚持经济效益和社会效益的有机统一，积极服务于榆林市经济建设和社会民生，在社会上树立了良好企业形象，多次受到市、区政府部门的表彰和奖励。我公司愿与社会各界携手共创国家能源重化工基地的美好未来。

省环保局领导来公司检查环保工作

省环保督查组领导来公司检查指导工作

市长陆治原检查供热工作

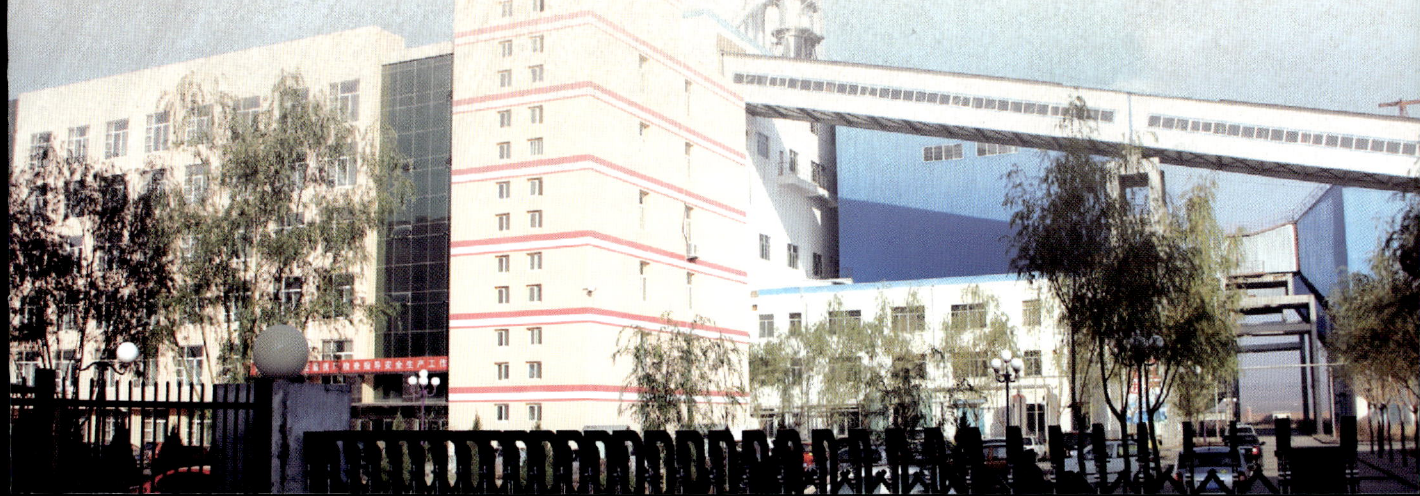

榆林市牛家梁煤炭集运有限责任公司

董事长兼总理　焦在康

公司是榆林煤炭运销集团有限公司和榆阳区煤炭有限公司代表市、区两级政府按6：4比例投资建设的股份制国有企业，同时也是榆林市重点建设项目和神延铁路配套工程。公司位于榆神矿区南部边界，榆林城北16km的牛家梁镇牛家梁村。占地面积356亩，为一次规划分期建设项目。初期设计能力100万吨/年，二期设计能力200万吨/年，现实际发运能力300万吨/年。已形成长1585m的铁路专线，860m×55m专用煤台，可一次对位64节车皮；现有装载机10台、推煤机1台和称重仪及汽车衡、轨道衡等配套设备，基本能达到铁路部门的相关要求，是榆神矿区条件较好、储运量较大的煤炭集装站之一。

公司自2002年10月投入运营以来，在市委、市政府和上级主管部门的正确领导下，在铁路及相关部门的支持和帮助下，各项工作稳步发展。截至2012年年底，累计中转发运煤炭及煤制品1100多万吨，实现税利9000多万元，收到了良好的经济效益和社会效益。几年来，曾多次被市、区两级政府评为“百强企业”；并先后被榆阳区委、区政府，榆林市委、市政府和陕西省委、省政府授予“文明单位”等荣誉称号。

公司煤质稳定，煤源充足，主要源于运销集团参股并负责销售的年实际生产能力500万吨的柳巷煤矿和榆阳区邻近的十几个煤矿。公司独特的优势，加之我们的优质服务，为客户提供了良好的中转发运条件，得到了用户及铁路部门的一致好评。我们竭诚欢迎新老客户前来洽商，携手合作，共谋发展。

市委书记胡志强在公司调研

公司办公大楼

榆林醉乡酒业集团有限公司

榆林醉乡酒业集团有限公司位于榆林城北7公里处，接壤于毛乌素沙漠南缘的古城滩缸坊村。公司整建于2000年，是榆林市酿酒行业历史以来一次性投资规模最大的一家集科研、生产、销售于一体的现代型酿酒企业。

公司通过了国家质量监督检验检疫总局的全面验收，并获得“全国工业产品生产许可证”，成为我国白酒行业实施生产许可证以来首批试点验收通过企业。公司先后被评为“榆林市非公有制成长型优秀企业”、“榆林市诚信建设先进单位”、“全国白酒质量管理优秀企业”、“中国优质酒”、“陕西省著名商标”、“陕西省重点龙头企业”、“陕西省质量竞争力百强企业”等荣誉称号。

据《榆林志》记载，此地是榆林白酒的发源地，自古就有：“五谷堆满仓，美酒通缸坊”与“千年酿酒宝地”之美誉。并流传着“榆林的历史从缸坊说起”以及“千里闻知醉乡酒，雨夜骑驴到缸坊”的史诗。

公司多年来秉承叶氏家族(叶四茂)酿酒绝技，结合本地历史文化和红枣资源优势，取大漠天然泉水，先后酿制出适应时代消费潮流的“陕北红”天然枣酒、老缸坊系列白酒、金榆林系列白酒、小榆林系列白酒等。公司已达到年产销粮食白酒3000吨，红枣果酒1000吨的生产规模，为陕北红枣走向国际市场开辟了一条新的道路。

公司简介

SHAANXI ZHONGNIU ENGINEERING SURVEY DESIGN CO.,LTD.

服務很好的設計院

公司原为陕煤化集团制川煤矿设计院榆林办事处，2008年4月17日独立注册法人，注册资金1000万元，位于西安市和平路66号，经多年发展，已经具备以建筑、市政、煤炭行业设计业为主导，集城镇规划、旅游策划、园林景观设计、工程勘察、煤矿安全培训，单项工程总承包为一体的工程勘察设计服务型企业。

公司现设院办、专家组、民建院、煤炭院、榆林分院、安全培训中心、工程服务等部门。现有职工70余人，建筑学博士一名，道路、采矿工程师30余人。公司通过人力资源整合，经营模式创新，卓有成效的系统管理，不断提升中牛人的设计服务理念，完善设计业务能力。公司正在向勘察设计行业“金牌服务型企业”推进。

牛的忠诚憨厚、勤劳进取、任重而不居功的品质为人敬崇。我们要发扬“牛文化”践行“牛精神”。用严谨的设计品质、专业的服务理念不断的回馈客户、创造价值。

陕西中牛工程勘察设计有限公司

总公司

地址：西安市和平路66号邮政储蓄楼5楼（儿童剧院对面）

电话/传真：029—87402187

Http:www.sxzn.net

E-mail:sxznsj@163.com

榆林分院

地址：榆林市西人民路一八五西侧（牧研所三楼）

电话：0912—3838238

THE TEAM OF ZHONG NIU 中牛团队

技术总顾问：高新民

西安科技大学毕业
高级采矿工程师
历任内蒙古乌达矿务局苏赫图矿
党委副书记兼第一副矿长
铜川矿务局局长
澄和矿务局局长
陕西省煤炭工业局副局长

院长：吴加胜

西安科技大学毕业
高级采矿工程师
陕西省煤炭协会理事
中国煤炭理事会理事
历任榆林煤矿设计院项目负责人
铜川煤矿设计项目负责人

副院长：胡颜涛

西安建筑科技大学/国家注册结构师
历任中国中铁集团工程设计院
有限公司上海院总工
南通院副院长
杭州院副院长
正大集团中国西北区设计总监

副院长：姬田英

中牛文化公司总经理
西安科技大学毕业
土木工程专业
西安交通大学企业管理
硕士在读

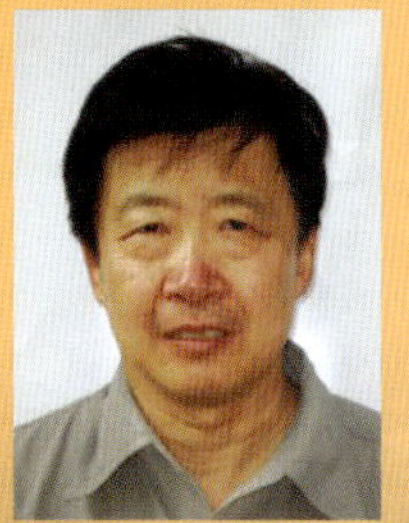

土建总工程师：李慧峥

国家二级建筑注册工程师
国家二级结构注册工程师
历任吴堡建筑设计院院长
榆林恒泰建筑设计有限
公司设计室主任

采矿总工程师：沈士明

重庆大学毕业
采矿高级工程师
高级经济师
历任四川省煤矿设计院
项目负责人
西安煤矿设计院项目负责人

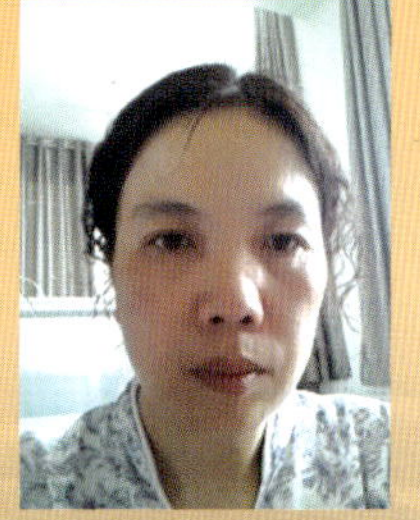

洗煤总工程师：汤俊杰

黑龙江矿业学院毕业
选矿工程高级工程师
历任开滦集团公司林西
矿选煤厂总工程师
河南平顶山煤炭设计院
主任设计师

市政总工程师：石雪琴

武汉理工大学毕业
通桥高级工程师
全国招标师
历任西安市市政设计
院项目负责人

主创建筑设计师：于健勇

天津大学建筑系毕业
历任天津大学建筑设计研究院
上海华东设计研究院
上海秉仁事务所
浙江恒欣建筑设计股份有限公司
主创设计师及项目负责人

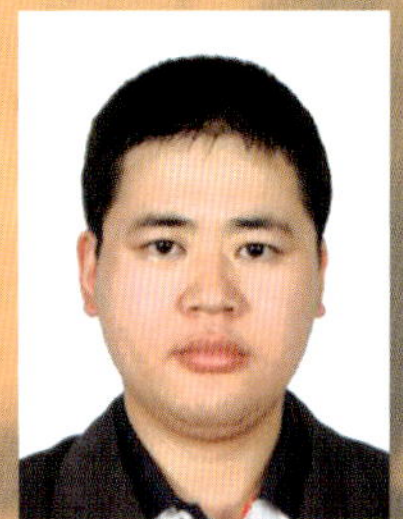

主创建筑设计师：王广平

华中科技大学毕业
建筑学专业
历任美国陆易私通城市规划
与建筑设计公司
深圳市鑫中建建筑设计顾问
有限公司项目负责人及主创设计师

主创建筑设计师：赵玲

同济大学建筑与城市规划学院
建筑系毕业
国家注册一级建筑师
历任上海现代建筑设计集团
都市建筑设计院设计师
HZS建筑设计咨询有限公司项目经理
柯凯建筑设计咨询有限公司主创设计师

主创建筑设计师：赵飞

陕西理工学院毕业
土木工程工程师
历任西安市政建筑设计有限公司
建筑设计师

年终总结

述职报告

先进表彰

体育文化

榆林体育运动学校

榆林体育运动学校是1987年经陕西省人民政府批准成立的一所中等体育专业学校，是国家高水平后备人才基地，2012年加挂“榆林市奥林匹克九年制学校”牌子，属义务教育体育学校。

2012年，在市体育局的领导和支持下，全校师生团结拼搏，求实创新，工作取得优异成绩，一是制订《榆林体育运动学校章程》，印制《榆林体育运动学校制度汇编》一书，使办学更加科学、规范、高效、廉洁；二是加强运动员文化教育，加挂“榆林市奥林匹克九年制学校”牌子，接受市教育局业务指导，享受义务教育相关政策和待遇，使学校教学基础地位更加稳固；三是认真落实《榆林体育运动学校备战省十五运会教练员竞赛、输送任务指标奖惩管理办法》和《榆林体育运动学校职工考勤、考绩和绩效工资分配办法》，严格考勤考绩制度，实行奖优罚差，充分调动一切积极因素；四是在省级年度比赛中夺得金牌55枚、银牌31枚、铜牌40枚，超额完成了市体育局下达的“夺得金牌45枚”的比赛任务，被市体育局评为“年度任务指标考核优秀集体”；五是向省直各训练中心输送运动员35名，输送运动员20多人在国际、国内大赛中争金夺银，特别是景瑞雪在伦敦奥运会获得女子摔跤63kg级银牌，学校被市政府授予“榆林市参加第30届奥运会突出贡献单位”；六是把基地建设作为后备人才培养的长效机制，坚持按照国家基地认定条件、办法及实施细则进行常态化管理，顺利通过新一轮国家高水平体育后备人才基地的认定，并再次被国家体育总局评为“全国业余训练先进单位”。

省体育局局长王建军（二排右六）视察榆林体育运动学校水上项目训练基地，并与水上项目运动员合影

市级领导视察榆林运动学校工作

经榆林市政府批准，榆林体育运动学校加挂榆林市奥林匹克九年制学校牌子，纳入九年义务教育序列，享受九年义务教育相关待遇

表彰大会

榆林市第一医院

榆林市第一医院暨延安大学第二附属医院，前身为1951年创建于宝鸡的陕西省第二康复医院；1970年为支援陕北老区建设，整体迁址陕北绥德；1989年通过国家教委验收，成为延安大学第二附属医院；1995年通过卫生部验收，成为陕北地区第一所三级甲等综合医院；2010年通过“三级甲等医院”复审。自迁址陕北以来，我院作为陕北地区医疗技术中心和人才培养基地，一直承担着陕北地区危急重症抢救和技术指导任务，累计接诊患者400多万人次，培养基层专业技术人员1万多名，为保障陕北人民生命健康和带动区域卫生事业发展做出了杰出的贡献，被誉为“陕北医院的一面旗帜”。

医院现由榆林、绥德两所院区组成，总占地面积172.51亩，拥有固定资产4.2亿元，编制病床2500张；在职职工1605人，其中专业技术人员1217人，副高以上专家教授161人，硕士66人、博士4人；配备PET-CT、三光子直线加速器、回旋加速器、3.0T双梯度回波核磁共振、1.5T核磁共振、ECT、高端螺旋CT、64排螺旋CT、全数字血管造影系统、彩色多普勒超声诊断仪、全自动生化分析流水线等大型设备650台/件；设置临床、医技科室79个，附设肿瘤、腔镜、神经内外科、内分泌、口腔、骨伤、检验等13个市级诊疗中心和全市首家医疗专家工作站、全市唯一临床医学专业研究生教学基地；开展的体外循环下心脏直视手术、镜下单鼻孔入路垂体瘤切除、颅内血管疾病介入治疗、同位素治疗甲状腺疾病等技术项目填补了市内技术领域空白，部分项目已达省级先进水平，是陕北乃至周边地区设置诊疗科目最齐全、设备最先进、技术力量最雄厚的现代化综合医院。

时任省委书记赵乐际在省劳模表彰大会上与赵彦峰院长亲切握手

2012年，医院新一届院领导班子继承发扬“老二康”优良传统，以坚持医院公益性和强化内涵质量建设为核心，以率先开展区域优质医院创建为主线，以启动榆林院区二期建设、PET-CT、外国政府贷款、绥德院区整体改造和职工住宅建设五大重点项目为基础，全面实施以建设晋陕宁蒙接壤地区中心医院为目标的五年发展规划，医院管理效能明显提高、人员结构日趋合理、综合实力显著增强、多项业务指标屡创历史新高，业务收入、资产总额跃居全市医疗行业首位，年接诊人次、病床使用率、周转率等衡量医院整体业务能力的重要指标大幅提高，医院各项工作的长足进步和整体建设成就也得到上级主管部门和社会各界的广泛认可，行风评议、年度考核连年取得行业第一，创造了全省三级医院建设、发展的最快记录。

市委书记胡志强（右一）检查工作

院长赵彦峰向市长陆治原汇报医院建设规划

榆林职业技术学院

榆林职业技术学院是省政府批准、教育部备案、列入陕西省高等教育序列，由市政府主办的唯一一所全日制公办普通高等职业院校。学院占地面积720亩，规划建筑面积28万平方米。

学院以创建全国一流高职院校为目标，立足榆林、面向陕西，培养高素质实用型技能人才。现开设应用化工技术、机电一体化技术等13个专业，形成以能源类特色理工专业为主，财会、教育专业为辅，文科理科全覆盖，三年制和五年制并行的专业体系，逐步建立涵盖矿业工程、化工工程、机电工程、经济管理、教育等专业技术领域的6大类29个专业。

学院特别注重实践教学，致力于学生实践动手操作能力的提高，采用“教、学、做”一体化、教学过程“2+1”模式，2年校内学习实训，1年校外企业实习，并推行“双证书”制度。为保障实践教学，学院投资4168万元，建成全省一流、全国先进的实验实训室43种70个，生均实验实训仪器设备值居全省高职院校之首。

学院建立了完善的“奖、贷、勤、补、免”五位一体的助学体系，学生在享受国家助学金政策同时，市慈善协会每年选择100名家庭贫困、品学兼优的学生，每生资助6000元，使每位学生都能顺利完成学业。

学院秉承“使无业者有业，使有业者乐业”的职教精神，本着“让家长放心，对学生负责，为社会服务”的宗旨和“先成人、后成才”理念，推行“半封闭、准军事化”管理模式，狠抓学生日常教育与管理，让每位学生首先成为一个有健康人格，自信、自强、自立的青年，并通过三年或五年的学习提高，成为既懂理论、更擅实践操作的高素质技能型人才。

时任省长袁纯清（左三）、原副省长洪峰（左二）、省教育厅厅长杨希文（左一）、原市委书记李金柱（左四）视察建设中的榆林职业技术学院

省委副书记孙清云（左二）、副省长朱静芝（右二）、市委书记胡志强（左一）、市长陆治原（右一）共同为榆林职业技术学院揭牌

建筑面积18024平米的1#专业教学楼

建筑面积33680平米、全省高校最大的图书信息大楼

榆林财贸学校

校长　高树玉

榆林财贸学校始建于1958年，1987年经省政府批准，改建为正规的财经类普通中专学校，是榆林市唯一的一所财经类中等专业学校，为榆林市经济发展培养了大批的经济类、计算机类等方面的实用人才，是陕西省级重点中专。 学校环境优美，教学设施齐全，设备先进。建筑面积37950万多平方米，教学及办公设备总值3371万元。学校现有教职工161人，其中高级讲师24人，“双师型”教师18人，研究生8人。学校开设会计电算化、计算机信息管理、电厂热力、化工、群众文化艺术等多个专业。

学校以“严谨、勤奋、求实、创新”为校训，实行开放式教育、封闭式管理的办学模式，注重养成教育，强化专业技能。2002年至2006年，学校先后4次代表榆林市参加全省中职学校计算机技能比赛，两次获团体二等奖，两次夺得团体第一名。2006年学校顺利晋升为省级重点中专学校。学校先后被上级有关部门批建为全市财税干部培训基地，榆林市自学考试计算机实践操作考点，全国计算机应用技术证书考试培训基地及考点。2007年，校团委被团省委命名为“陕西省五四红旗团委”；2008年，学校被评为市级“文明校园”；2009年学校被评为省级“文明校园”。2009年学校在全省中等职业学校教师说课比赛中获得团体第三名；在全省第18届大中专院校学生珠算比赛中学校获得团体第一名。2009年学校计算机中心被评为“省级计算机示范单位”。2010年4月，学校参加陕西省中等职业学校教师说课活动中，获得个人一等奖和三等奖的好成绩。2010年，学校王媛老师代表陕西省参加全国中等职业学校“创新杯”语文综合实践活动说课比赛总决赛获得全国一等奖的殊荣。乔华老师因工作成绩突出，被评为榆林市“五一劳动奖章”获得者。校长高树玉同志曾被陕西省教育厅等七厅委评为“陕西省职业教育先进个人”称号、榆林市委、市政府授予“07-08年度支持党务工作优秀行政领导”称号和10年度榆林市“先进工作者”称号。

榆林财贸学校正处于机遇与挑战并存的关键，全校师生今后着力优化结构，提高质量，与榆林和周边市区经济发展紧密相结合，形成鲜明的办学特色，力争把榆林财贸学校建成区域技能型人才培养中心和国家级重点中专。

市委书记胡志强（左）来校视察指导工作

校企合作仪式

学生综合知识竞赛

新生入学军训

榆林学院

榆林学院坐落在国家历史文化名城、能源新都榆林市，是一所以工科为主，工、管、文、理、农、法等多学科协调发展的省属本科院校。学校创建于1958年，2003年升格为本科院校，定名为榆林学院。经过50多年的努力，学校发展成为一所特色鲜明、环境优美、人才荟萃、设施先进的现代化高校。

学校占地64万平方米（960亩），校舍建筑面积45.7万平方米，教学仪器设备总值8246万元，图书104.6万册，电子图书9011GB。现有化学与化工学院、能源工程学院、管理学院等15个院系（部），42个本科专业，25个专科专业，全日制在校本专科生13130人，其中本科生10437人。有省级重点学科1个，省级重点扶持学科2个，省级特色专业4个，省级教学团队1个，省级人才培养模式创新实验区1个，省级实验教学示范中心1个，省级精品课程6门，省级教改项目11项，获省级优秀教学成果二等奖3项。

学校有教职员工856人，其中专任教师679人，正高职称64人，副高职称143人，硕士以上学历396人，博士76人。陕西省先进工作者1人，陕西省“三五人才”入选专家1人，省级中小企业首席工程师1人，省级教学名师3人，硕士生导师13人，榆林市拔尖人才7人。

多年来，为地方社会输送4万多名应用型人才，近三年本科毕业生平均就业率88%以上，毕业生遍布陕西及周边省区，为区域经济和社会发展作出了重要贡献。

近年来承担国家级、省级、市级各类课题360余项，总经费3000余万元，其中，横向项目21项，经费240余万元。设有生命科学研究中心、能源化工研究中心、榆林经济研究中心、陕北文化研究中心等多个科研机构；设有陕北历史文化博物馆1个，省级重点实验室1个，省级工程技术研究中心1个，省级哲学社科重点研究基地1个，市级重点实验室5个，市级工程技术研究中心3个，获得省厅级科研成果奖励50余项。

学校连续多年被地方政府评为“为地方经济社会发展做出显著成绩先进单位”，2007年被确定为“陕西省能源化工人才培养基地”，2010年被全国绿化委授予“全国绿化先进单位”称号，2012年全面接受并顺利通过教育部本科教学工作合格评估。

党委书记　高延龙

院长　赵红星

校园一角

教学楼

榆林市苏州中学

榆林市苏州中学原名榆林市第三中学，坐落于历史悠久、人文荟萃的塞上古城榆林，是榆林市内一所有重要影响的国立完全中学。1998年在苏州市人民政府的援助下，学校扩大了办学规模，改善了办学条件，引进了先进的教育理念和教学方法，由初级中学扩建为完全中学，并更名为“榆林市苏州中学”。学校占地60亩，建筑面积40000多平方米，77个教学班，在校学生近5000人，在校职工308人，研究生学历10人，其中特级教师2人，高级教师49人，中级教师80人，省市区教学能手23人。1998年在苏州市人民政府的援助下，学校扩大了办学规模，改善了办学条件，由初级中学扩建为完全中学，2009年，晋升为省级标准化高中。

近年来，学校高度重视教育教学管理，坚持以人为本的思想，本着“崇德尚志，务实创新”的办学宗旨，积极推进新课程改革，形成了“勤学、守纪、求真、务实、创新”的优良校风和学风。学校高考成绩一年一个新台阶，取得引人瞩目的成绩。2011年，二本上线人数199人，上线率21.8%，三本上线人数624人，上线率72%，学校被命名为“全国中小学现代文明礼仪教育实践基地”、“全国教育创新示范基地”、“陕西省未成年人保护工作先进集体”、“陕西省以法治校先进单位”。并先后承担“全国十五规划重点课题——中小学心理健康教育”、“中国教育学会，中学语文教学委员会十一五重点科研课题——创新写作教学研究与试验”，“全国教育科学十一五重点规划课题——提高课堂教学的有效性”等国家级课题研究。

榆林市苏州中学是联结榆苏两地人民友谊的纽带和桥梁，是窗口学校，倍受各级政府和各界人士的关注。陕西省原省长陈德铭、副省长朱静芝、苏州原市委书记王明、苏州原市委书记王荣先后率团亲临学校指导工作，全校师生倍受鼓舞。1998年—2001年三年中，苏州市共派7位优秀高中教师到苏州中学任教，带来了先进的教育思想和教学理念，传递了教改信息和教育动态，使苏州中学教师结构得到进一步优化，给学校带来了生机，注入了活力。学校将不负厚望，以省级标准化高中为起点，全面贯彻教育方针，全面提高教学质量，为榆林经济社会的全面发展培养优秀人才和合格的建设者。

区委副书记王海洋来校指导工作

领导视察

陕西省榆林中学

校长　吴忠宝

榆林中学创建于1903年，历史悠久，英才辈出。张季鸾、李鼎铭、杜斌丞、魏野畴、李子洲、王森然等众多名师硕彦都曾执教榆中。刘志丹、谢子长、高岗、刘澜涛、杜聿明、柳青、高景德等一大批在中国现代史上有影响的杰出人物都曾是榆中学子。是一所具有光荣革命传统和深厚办学底蕴的百年名校，是陕西省首批确定的十五所省级重点中学和十所创建省一流中学的学校之一，陕西省标准化高中。

榆林中学现有教学班82个，在校学生4592人，教职工312人，专任教师295人，本科以上学历占到98%，研究生学历17人，高级教师79人，占教师总数的28%，一级教师97人，占教师总数的30%，特级教师6人，享受国务院特殊津贴的专家2人，全国模范教师1人，国家级优秀教师4人，省级优秀教师3人，省级教学能手4人，省级“三五”人才1人，省级劳模1人，省级德育先进个人1人，省级师德标兵1人，市级“一五二”人才5人，市级拔尖人才5人，市级教学能手27人；校长吴忠宝同志曾被评为全国模范教师、全国教育系统劳动模范、国务院政府特殊津贴获得者、陕西省有突出贡献专家、特级教师，常如正老师曾被评为国务院政府特殊津贴获得者、全国优秀教师、省特级教师，魏微、柳逢祥老师曾被评为全国优秀教师，赵丽萍老师曾被评为省级劳模，许多中青年教师已经成为全市中学教学的学科带头人。

榆林中学新区，按省级示范高中标准建设。校园占地300亩，总建筑面积112000m^2。校园建设规划超前，设计合理，功能齐全，设备先进。教学楼、实验楼、办公楼、图书信息楼、音乐艺术楼等教学场所共计47753 m^2，配备先进的电教、阅览、实验设备，能够满足课堂教学、语音、计算机、科技活动、劳动技能、音乐、美术、舞蹈、选修等教育、教学的各种需要。学生公寓和师生餐厅共计43475 m^2。学生公寓802间，可以提供5052人住宿，内设电话、网络系统以及储物柜、书架、写字桌等必要的生活设施。师生餐厅采用先进的电子售饭系统，配备800套餐桌，可供5200名师生同时就餐。学校400米标准田径运动场，人造草坪，塑胶跑道，水泥看台，在省内达到了一流水平。篮球、排球、乒乓球、羽毛球、旱冰场等体育场地50余块，可以承担市级各类运动项目的比赛。校园监控和周界防范系统为创建平安和谐校园提供了保证。

学校以“科学、民主、求实、创新”为校训，实行开放式教育、封闭式管理的办学模式，注重养成教育，强化教学管理，应届生一本、二本上线率稳居全市第一。

副省长朱静芝在榆调研学校

市长陆治原视察学校

区长苗丰视察学校

省总督学曹普选一行视察榆林城区学校

榆林市第一中学分校

校长　袁拥军

书记　屈彩琴

榆林市第一中学分校占地面积28782平方米，现有教职工235人，其中教学人员206人，中、高级以上职称109人。有教学班54个，在校学生3800多人。校园环境优雅、布局合理、设施齐全、设备先进。建校十年来，历届领导班子励精图治，多方筹措，积极争取，节流开源，群策群力，极大地优化了办学环境，改善了教学条件。在原一中八十年代修建的两幢教学楼和一幢办公楼的基础上，从2004年起，先后建成图书楼一幢，实验楼一幢，商务楼一幢，教师办公楼一幢，以及拥有200米塑胶跑道的操场和室内体育馆一座，在建综合楼一幢，总计投入资金4380多万元，建筑面积达34000多平方米。多媒体教室、多媒体备课室、理、化、生实验室、仪器室、准备室内部设施均达到教育部颁布1类标准。图书馆、阅览室、教研资料、报刊杂志、档案存放、体育器材都基本达到了国家和省定标准。已成为管理、教学、服务、信息网络一体化，初具现代化规模的“省级义务教育规范化学校”。

近年来，经过全体师生的共同努力，学校进入了一个高速发展期。先后荣获教育部“全国中小学优秀网站”；“陕西省义务教育规范化学校”、“陕西省文明校园”、“陕西省绿色文明校园”、“陕西省实施素质教育优秀学校”、“陕西省未成年人思想道德教育工作先进单位”、“陕西省法制文化教育示范学校”；“榆林市平安校园”、“榆林市课改先进集体”、“榆林市示范初中”、“榆阳区课改先进单位”等。

学生上课

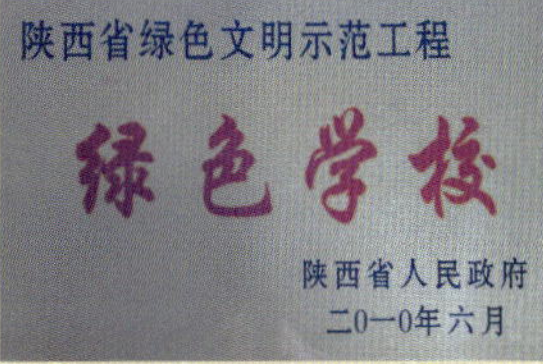

教师节合唱

榆林市第二中学

校长　吕跃峰

榆林市第二中学创建于1978年，是陕西省标准化高中。设初中、高中和艺术三个学部，66个教学班，在校学生3792名，教职工266人。教师队伍中有省特级教师1人，省教学能手2人，榆林市好教师3人，市教学能手3人，榆阳名师2人，榆阳区学科带头人7人，区教学能手6人。有300多篇教研论文在国家、省、市级刊物发表；已经立项的教研课题有国家级4个、省级5个、市级7个。学校先后荣获“市级文明校园”、“市级治安模范单位”、“市级绿色文明单位”、“榆阳区教育工作先进单位”、“榆阳区高考优秀学校”、“陕西省校园文化建设创新单位”、“陕西省语言文字规范化示范校”等荣誉。

在未来的发展中，学校将以“十八大”精神为指导，秉承“笃学、修德、砺志、强身”的校训精神，坚持走“质量立校、管理强校、和谐兴校”的内涵发展之路，进一步优化育人环境，大力推进素质教育，全面提升办学品位，向“省级示范高中”、“省级文明校园”的目标迈进。

陕西省标准化高中

陕西省教育厅
二00八年九月二十日

奖　给
教育工作先进单位

中共榆林市榆阳区委
榆林市榆阳区人民政府
二0一0年九月八日

文明校园
（2008.3–2012.3）

中共榆林市委
榆林市人民政府

学生管乐队

舞蹈基本功训练

榆林市第八中学

校长　孙文明

榆林市第八中学地处东沙育才路3号，是市教育局直属的一所初级中学。学校始建于1983年，2002年8月由原“榆林地区技工学校”改制而成，同年开始招生，2006年12月被市教育局批准为榆林市“市级示范初中”。

学校占地面积30360㎡，有6×200m塑胶环形跑道的高标准操场，学校建有理化生地实验室12个、多媒体录播教室1个、校园电视台1个、语音室2个、电子器乐室2个、各种主题教育展室6个，计算机教室4个、电子备课室3个、配有微机200余台；各教室配备了电子白板、多媒体投影等现代化教学设备；建成了多媒体双向教学系统；建设了宽带数字化校园网络和校园广播系统，教师人手一台高配置手提电脑，教学办公实现了自动化、信息化。现有教职工109人,其中教学人员89人，均具有本科以上学历，学历提升率为100%，教师中具有高级职称12人，中级职称30人，有省特级教师1人，省教学能手1人，省师德标兵2人，“152”人才2人，市教坛新秀17人，市教学能手3人，市首届好校长1人，好教师2人，市师德标兵4人，市级模范班主任2人。现有24个教学班，在校学生1200多人。近年来，学校先后被授予省级“依法治校示范校”、省级教育系统安全稳定“先进集体”、陕西省“平安校园”、“省级园林式单位”、省级“卫生先进单位”，市师德建设“先进单位”，市“卫生先进单位”，榆林市“平安校园”等；先后被评为国家级科研课题“实验学校”，全国校园文化传播“优秀单位”，省教科研“明星学校”，316督导评估省级“先进集体”；陕西省“基础教育质量工程实验学校”，榆林市实施素质教育“优秀学校”，全市教育信息化工作“先进集体”，市语言文字规范化“示范学校”等。

市教育局领导视察工作

感恩教育

军事化跑操

榆林市第十中学

校长　刘志华

榆林市第十中学是一所榆林市教育局直属的完全中学，创办于2007年，落址于原“百年榆中”。学校占地面积45000平方米，位于榆林市东山之腰，古城墙之脚，依山而建，居高临云，东望“驼峰拥翠”，西瞰“芹水流前”，钟灵毓秀，人杰地灵，氤氲着学堂古韵，焕发着时代气息，是莘莘学子学习、成长的摇篮。学校设教学班42个，其中高中24个，初中18个，学生2600多人。2007年10月学校被市教育局破格晋升为市级标准化高中，并于2010年被陕西省教育厅确定为“陕西省标准化高中”。

学校拥有一支老中青比例协调、教学业务能力过硬的教师团队。校长由“陕西省骨干中学校长“榆林市首届‘好校长’”、省特级教师刘志华同志担任，现有教职工161人，研究生学历者21人，大学本科学历者140人，其中特级教师2人，中学高级教师23人，中学一级教师62人，省级教学能手2人，市级教学能手4人，市级十佳名师4人，市级教坛新秀18人。学校拥有一系列符合新课标要求的完整的教学设备，“一部十八室”全部配齐，实现了网络班班通，理化生实验开出率100%。学校逐年新增或更换教学设施设备，新建的综合实验楼、塑胶操场以及其他校园改建设施均有望在2013年秋季完工，并启动投入使用。

学校本着“为学生提供成功机会，为老师创造发展空间”的办学理念，遵循“修德、精细、博学、发展”的校训，已日渐形成“争分夺秒、勤学苦练”的学风和“文明睿智、健康向上”的校风。建校以来，学校教育教学质量稳步提高，高考成绩逐年攀升，高考升学率位居全市前列，因此赢得社会各界的一致好评，相继被评为“榆林市教育系统先进单位”“榆林市五一劳动奖状”、陕西省“绿色文明示范学校”“陕西省文明校园”“陕西省依法治校示范学校”、陕西省教育系统“五五”普法宣传教育先进单位、全国中小学图书馆先进集体、陕西省慈善志愿者先进集体、榆林市未成年人思想道德建设先进集体、陕西省师德建设先进集体、陕西省实施素质教育先进单位、陕西省卫生先进单位，先后获得了榆林市城区中学生广播体操比赛高中组第一名、陕西省奥林匹克竞赛（生物、化学）优秀组织奖、奥林匹克竞赛（陕西赛区）团体优胜奖、陕西省校园文化建设优秀成果二等奖、陕西省第五届中小学新课程资源应用展示活动评选网站组二等奖，学校被审定为陕西省中学校长研训基地、全国信息化教育示范基地、陕西师范大学教育硕士创新培养基地。榆林市第十中学正以青春的姿态崛起于塞上名校之林。

副省长李金柱（右）莅临学校检查工作

慈善文化进校园活动

陕西煤矿安全监察局 榆林监察分局

局　　长　李建文
书　　记　贾云海
监察专员　曹　鹏
副局长、总工程师　高双锁
副监察专员　贺玉亮　张文化
　　　　　　王　勇

出入境检验检疫管理工作

【概况】 2012年,按照陕西检验检疫局和榆林市的工作部署,榆林检验检疫局深入贯彻落实“抓质量、保安全、促发展、强质检”12字方针,促进科学发展,各项工作取得新成绩。全年共检验检疫出入境商品9217批,较上年增长6.7%;商品总值12.9亿美元,较上年减少21.7%。出口商品主要涉及煤炭、硅钙铁合金等资源矿产品以及红枣、绿豆、马铃薯、荞麦等农产品。进口商品主要涉及煤矿、油田、气田等开采设备以及进口车辆。签发原产地证77份、货值1232.18万美元,使榆林出口企业获得国外减免关税优惠24.3万美元;第四季度为进出口企业减免行政事业性收费50.4万元,减轻企业的出口成本和经济负担。为进口企业对外索赔72.6万美元。

【主要工作】 宣贯《纲要》,营造氛围抓质量。国务院颁布实施《质量发展纲要(2011—2020)》之后,制定贯彻落实《纲要》年度行动计划,通过组织干部职工学习以及国际“煤博会”、“3.15”等活动宣贯《质量发展纲要》,提升社会质量安全意识。召开全市出入境检验检疫工作会议,全面安排部署工作。会上,与榆林全市12县区政府签订《合作备忘录》,制定“一县一策”帮扶措施。9月份,市政府召开新《商检法》颁布实施十周年座谈会,进一步提高社会对检验检疫工作的重视,促进榆林外向型经济发展。与榆林学院签订《产学研合作框架协议》,为该局在科研立项以及科研信息互通等方面搭建良好平台。与华电集团和榆神煤炭公司签订业务合作协议,提高服务地方经济发展的有效性和针对性。邀请中检集团陕西分公司专家对榆树湾煤矿等20多家进出口企业集中开展ISO9000管理体系认证知识的培训,帮助企业提升管理水平和产品质量。

【保安全措施】 开展两个专项行动。开展质量安全风险排查整治活动。重点排查涉及检验检疫业务的风险点,确保不发生质量安全事件。严格进出口企业、报检单位和报检员的信用管理。选树、推广质量诚信企,神东煤炭集团公司获“全国检验检疫信用AA级企业”荣誉称号。从思想作风、党风廉政、财务管理、内部管理、行风建设和干部选拔任用等六方面开展道德领域突出问题排查,完成全局行政许可、行政强制以及内部管理等5方面83项权力的清权确权工作。狠抓出口敏感商品质量安全。学习贯彻新修订的《危险化学品安全管理条例》,加强对神木县双翼公司等5家从事危险化学品出口企业的监督管理,确保新增出口危险化学品固体氢氧化钠和活性炭的质量安全,使其顺利出口。加强进境木质包装检疫隔离区的日常监管,定期进行检疫除害处理,确保辖区生态安区。严格对进口医疗器械等敏感商品实施批批检验。严格出口农产品种植、基地建设等源头监管,同时强化农药、化肥使用,病虫害防治等过程控制和农残监测,确保农产品符合进口国要求。加强进口汽车检验,确保人民生命财产安全。加强与车管部门的沟通协作,做好检验换证和后续监管工作。完成8069辆进口汽车的登检工作,连续两年进口汽车检验量占到全省70%,发现6批进口汽车存在质量问题,帮助车主挽回167万元损失。

【促发展工作】 榆林检验检疫局结合全市12县区县域经济发展特点,采取“一县一策”等扶持措施,服务榆林经济平衡发展。分别与各县区政府签订《合作备忘录》,有针对、有侧重地制定帮扶措施。服务特色农业发展。扶持“横山大明绿豆”首次出口加拿大,开拓新的国际市场。完成对绥德县树才枣艺公司等3家企业的卫生注册备案,扶持绥德红枣顺利出口澳大利亚,绥德外向型经济实现零的突破。邀请专家对横山进出口有限责任公司的管理体系进行指导、审核,提高企业管理水平。帮助佳县东方红枣业公司完成前期相关手续的办理,佳县红枣出口量将进一步扩大。为积极帮助清涧红枣开拓国际市场,与清涧县政府共同组织召开“促进清涧红枣出口座谈会”,邀请奥地利、台湾地区客商实地进行考察调研,达成合作意向。根据企业的需求,实地调研靖边县一家有出口意向的农产品企业,就如何进行有机产品认证等相关要求逐一向企业进行了解答和指导。为促进定边县荞麦出口,榆林检验检疫局加大宣传,使从事荞麦出口的四川想真贸易有限责任公司主动与本局取得联系,商谈相关事宜。服务能源化工基地建设。加大对能源化工和装备制造业项目的支持力度,对神东煤炭集团等重点进口企业采取“一企一策”帮扶措施。为企业提供高效便捷的服务,维护企业的合法利益和国家的经济安全,帮助企业成功对外索赔72.6万美元。帮助陕汽榆林东方新能源专用汽车有限公司完善出口相关手续,榆林装备制造业产品出口将实现零的突破。服务煤化工产业发展。不断加强出口煤炭检验监管,召开出口煤炭检验监管座谈会,严格落实驻矿监管制度和分类动态管理。对影响出口煤炭质量的生产、收购、加工筛选、成品入库、清扫装车五个关键点实施重点监管,全年出口煤炭253.8万吨,占全国煤炭出口量的27.5%,没有发生质量事件,维护“榆林煤”的国际信誉。

【自身建设】 法治建设取得新成绩。获得榆林市“五五普法依法治理”先进集体称号。制定“六五”普法计划,创新方式,加强干部职工教育培训,利用质检总局处级干部远程教育培训平台，对科级以上干部开展为期两周的干部管理能力提升培训。选派人员代表陕西检验检疫局参加质检系统法治文化主题演讲，获得三等奖。科技建设取得新成绩。加强实验室建设，技术支撑保障能力得到提升。实验室通过质检总局能力核查验收。建立出口食品、农产品检测区域性实验室通过质检总局专家审核并立项。建立国家煤化工产品重点实验室已经获得质检总局批准。开展“检测实验室开放日”活动和首届“技能竞赛”活动，实验室管理水平和人员能力不断提高。加强公共检测服务平台建设，开展社会委托检测服务，委托检测业务取得新突破。机关建设取得新成绩。组织干部职工学习贯彻党的十八大精神。按照榆林市委、市政府的要求，集中开展干部作风整顿和“五个集中整治”活动，主动“问政于企、问计于企、问需于企，解企忧、解企怨、解企困”。做好省级文明单位创建工作，通过省文明委现场检查验收。与张家港局共同签署《关于推进检验检疫文化建设的备忘录》，促进机关文化发展、繁荣，《发挥职能优势，服务区域发展》一文在质检总局“12 个如何”征文活动中获三等奖。加强财务管理，确保预算执行进度，通过质检总局“一审双查”工作组的财务审计。争取中央财政支持，新建综合实验楼修缮改造专项经费获总局立项批准。配合做好榆林口岸行政功能区规划建设。

（郭　宏）

榆林市出入境检验检疫局

局　　长　闫护森
副局长、纪检组长　高　宇
副调研员　李全保　艾贵云

国土资源开发工作

【概况】 2012年,全市国土资源工作以科学发展观为指导,学习贯彻党的十八大精神,严格落实中、省关于国土资源工作的重要方针政策和市委市政府的各项重大决策部署,按照年初确定的"夯实基础、稳中求进"的年度工作思路,狠抓基础业务提升,争取实现新突破,应对发展中出现的新问题、新情况开展工作。较好地完成各项年度目标任务。

【规划计划管理】 完成市、县、乡三级土地利用总体和工矿废弃地复垦利用试点规划的编制工作,基本完成土地整治规划编制工作。及时向各县区分解下达年度新增建设用地计划指标,并将其中的2857.1亩用地指标作为保障性安居工程用地单列指标下达各县区;制定发布年度土地供应计划,其中保障性安居工程及中小套型商品房用地1.26万亩,占到年度房地产用地供应计划的84%,突出保民生的重点。

【耕地保护工作】 市、县、乡签订年度耕地及基本农田保护目标责任书,并在年终考核中实行一票否决,耕地保护的共同责任得到严格落实。年内,落实沟道整治任务5万亩,选定整治项目22个,实施规模5.6万亩,全部开展了前期工作;实施土地开发整理项目36个,实施规模6.2万亩,预计新增耕地5.72万亩;验收项目47个,4.81万亩,新增耕地4.56万亩,其中易地补耕3.22万亩。年底,全市耕地保有量达到1548.38万亩,划定永久性保护基本农田1212.61万亩,补充耕地、耕地保有量及基本农田保护面积,全部超额完成省政府下达指标任务。

【建设用地管理】 通过国家土地督察西安督察局对本市的建设用地审核督察,加快用地审查报批制度改革,推行新的建设用地报批文本格式,缩短用地审查报批周期。全市统征土地14.41万亩,储备土地11.25万亩,其中中心城区储备土地4.51万亩,连同高新区、榆神工业区市本级库存储备土地达到21万亩。组件上报用地283宗,7.35万亩,获得中、省批准用地4.42万亩。为推进全市"一中心、两基地"建设和实现率先在全省全面建成小康社会目标提供国土资源保障。

【土地市场建设】 进一步加强土地供应管理,实现工业用地、经营性用地招拍挂出让的全面覆盖,理顺市区土地招拍挂出让工作体制,进一步细化完善招拍挂工作流程,建立统一的土地有形市场。全面建立并规范运行土地市场动态监测监管系统。完成榆林城区和各县基准地价更新工作。全市供应土地5.67万亩,供地率75%,居全省第一;收取出让金158.76亿元,占到全省的31.56%,连续两年居全省第二。

【矿政管理工作】 完成矿产资源利用现状调查和市级矿业权设置方案的编制工作;深入开展矿产资源勘查开发秩序整治专项行动;开展全市重要矿产资源"三率"综合调查与评价工作;探索开展国土资源执法视频监控网建设试点工作。开展新一轮资源整合工作,全市整合矿山采矿许可证颁证申请上报率74%。矿业权管理全面加强,完成探矿权年检69个,年检率100%;采矿权年检201个,年检率95%;协助收缴"两权"价款50.7亿元。

【地质灾害防治工作】 编制实施地质灾害防治十二五规划,市、县都编制发布"2012年度地质灾害防治方案"。严格执行地质灾害防治"五项制度",加大冻融期和汛期检查巡查的力度和频次,地质灾害防治责任得到严格落实。编制市级突发地质灾害应急预案,共发布地质灾害气象预警信息2万余条,联合米脂县政府在龙镇中学举办突发地质灾害应急实战演练,地质灾害应急处置能力得到全面提升,全市未发生地质灾害重大人员伤亡事故。

【执法监察工作】 组织开展4.22世

界地球日、6.25土地日和12.4法制日主题宣传活动。加大国土资源违法案件查处力度,年内共立案查处土地、矿产违法案件106件,结案102件,结案率为96.2%。2011年度土地、矿产卫片执法检查所涉及的95宗违法用地案件和31宗矿产违法案件全部立案查处到位,全市违法占用耕地比例实现"三连降",土地开发利用秩序好转,通过整改验收。在涉地、涉矿信访维稳上,确定局领导带班接访、带案下访制度,年内共受理信访100余件次,接待来访87批,980人次;办理各级批转件42件,应回复34件;调处土地权属纠纷7件,参与行政诉讼2次。

【基础工作】 完成全市农村集体土地所有权确权登记发证工作,对5454宗集体土地进行确权登记,开展农村建设用地使用权和宅基地使用权登记发证工作,分别完成确权登记发证18374宗、61631宗。国土资源信息化建设取得重大进展,市、县两级建成视频会商系统,并完善日常管理制度;市局局域网和电子政务平台全面建成,即将全面投入使用;升级改版市局门户网站,充实网站内容,促进政务公开工作。

【窗口服务工作】 完善政务大厅、发证大厅、档案馆等窗口单位的服务职能,积极推行"一站式"服务,并在窗口单位公开办事流程,设立行政效能监督投诉牌,方便群众办事,全面接受社会监督。年内共受理行政许可报件150件,颁发土地使用权证9900本,接受档案查询3000次,提供档案超过1万份。

【内部管理】 开展廉政风险防控机制建设专项行动,开展干部作风整顿暨五个集中整治活动。在局机关建立窗口办文、服务承诺、首办负责制、限时办结和政务督查督办等行政效能制度,机关内部日常管理和国土资源业务工作得到全面规范,全系统干部廉洁从政及服务社会意识进一步提高,国土资源管理和服务水平明显提升。

(银 帅)

榆林市国土资源局

局　　长　赵　勇
副局长、市土地储备中心主任
　　李安雄
副 局 长　姜良鼎　贾志莲
纪检组长　谢　东
总工程师　袁建华
国土资源监察支队支队长
　　王立峰
副调研员　杨述河　姬怀亮

道路交通运输工作

【概况】 榆林市交通运输局是贯彻执行中、省关于交通运输工作方针、政策和法律、法规并监督实施的政府职能部门,主要负责拟订全市交通运输发展规划和交通运输行业政策;负责全市公路、水路的建设、养护、管理和经营;负责全市公路、水路运输管理;负责城市客运管理、车辆通行费收支管理及地方铁路建设服务等方面的工作。局机关设政秘科、综合规划科、建设管理科、养护管理科、资金管理科、法规运输科和安全管理科等7个科室,内设榆林市交通战备办公室,下属榆林公路管理局、榆林市铁路建设办公室、榆林公路路政执法支队、榆林市治理超限超载运输工作办公室、榆林市道路运输管理处、榆林市城市客运管理办公室、榆林市公共汽车管理服务中心、府店收费公路管理处、榆林市交通工程质量监督站、榆林市航运管理处(榆林市地方海事局)、榆林市农村公路管理处、榆林市公路勘察设计院等12个事企业单位。全系统有干部职工4000余名。2012年,榆林市交通运输局围绕"发展现代交通、奉献一流服务"目标,以"推动创新转型、提升服务水平"为抓手,直面困难,应对挑战,奋力拼搏,完成交通固定资产投资115亿元,完成省市下达的各项目标任务,为幸福榆林建设提供交通运输保障。被中共榆林市委、榆林市人民政府评为2012年度目标责任考核优秀单位、农民增收工作先进单位、全市文明行业创建活动先进局;被中共榆林市委评为全市万名干部下基层活动先进集体;被市政府评为2012年度安全生产目标任务书考评先进单位、老龄工作先进单位;被市总工会评为2012年度工会工作先进单位。

【铁路建设】 铁路建设完成投资12.6亿元,其中准神铁路红进塔至红柳林运煤专用线完成投资1.12亿元、准朔铁路完成投资2500万元、神朔铁路万吨列扩能朱盖塔站扩建完成投资6.4亿、府谷煤炭铁路专用线完成投资4.8亿元。

【公路建设】 高速公路建设共计完成投资55.7亿元,其中神府高速公路完成投资7亿元,黄河特大桥建成具备通车条件;榆绥高速公路完成投资18.7亿元,于9月29日建成通车;榆佳高速公路完成投资30亿元,占年度计划25亿元的120%。神佳米、绥清高速公路建设前期工作加快推进。干线公路及市属重点项目完成投资20.5亿元。其中沿黄公路完成投资4.2亿元,神木段路面工程完工,除个别节点因水毁中断外,一期工程路基基本贯通;210国道榆林城区过境公路新增绿化、照明及古城滩至郭家伙场段二级改一级扩建工程完成投资3.33亿元,所有工程已通过市政府验收,投入使用;大柳塔至石马川一级公路完成投资5亿元,完成部分路基和桥涵工程;店塔至红碱淖一级公路完成投资3亿元,征迁工作全面启动,部分路基工程开工在建;神木至盘塘一级公路完成投资4300万元,完成部分桥涵工程;G307绥德过境公路于4月份开工建设,隧道工程完成投资7437万元;G307定边过境公路于9月份开工建设,路基工程完成投资7000万元;清石黄河大桥建成通车,清石二级公路(清辛段)于2012年10月19日开工在建,完成投资1.7亿元。农村公路建设累计完成投资22.4亿元,新建改建农村公路958公里,其中县乡公路126公里、通村油(水泥)路832公里。

全市农村公路总里程26878公里，建制村通畅率57.6%。

【公路养护】 干线公路养护共计完成投资2.2亿元，实施204省道鱼河至边墙壕段大修25公里、307国道中修重罩44公里，整治危桥7座，安保、灾害防治、特坏路段整治、道班房建设以及302省道等水毁修复重建工程按期完成，以210国道为主的路域环境整治工作初见成效。干线公路年均优良率达到87.83%，养护质量指数(MQI)86.98。农村公路养护共计完成投资1.96亿元，养护工程计划全部完成，市县财政日常养护配套资金全部到位，组织开展了农村公路技术状况评定工作，县乡公路干线化养护、通村公路常态化养护全面加强，县、乡、村公路年均优良路率分别为74.1%、58.2%、51.3%。建成养管示范路800公里，示范县创建工作推进。

【路政治超】 坚持公路养护与路政管理联勤联动，落实养护人员路政案件协管举报制度，提高路政事案的查处率，依法加强路产路权保护。干线公路共发生路政事案2627起，查处2617起，查处率为99%，收取赔补偿费223万元，收赔率98%；农村公路共发生路政事案3073起，查处3069起，查处率99%，收取赔补偿费161万元，收赔率99%。巩固完善政府主导、部门联动、源头监管等治超长效工作机制，全市干线公路超限检测站共检测货运车辆260.6万辆，查处超限车辆0.87万辆，超限超载率为0.33%，卸分载货物1.39万吨，罚款1635万元；农村公路超限检测站共检测货运车辆71.3万辆，查处超限车辆2241辆，超限超载率为0.3%，卸分载货物0.32万吨，罚款154万元。政府公示的源头装载企业有效监管率96%以上。

【交通运输】 大柳塔二级客运站具备开工条件，公交调度大楼主体工程完工。建成水上旅游码头1处，完成8处小型渡口码头改造任务。组织开展打击“黑车”等非法营运和“打非治违”专项行动，规范客运市场秩序。加强对“两客一危”车辆运输过程监管，道路客运安全告知制度得到有效落实。延伸城区部分公交线路，更新老旧公交车34辆，为3000多名环卫工人办理了爱心卡，将老年人办理爱心卡年龄由70周岁提前到65周岁。全年完成公路、水路客货运量7514万人次、9595万吨和20万人次、0.5万吨。

【公共服务和应急保障】 实行路警联动，全面落实常态化的缓堵保畅工作机制，加强公路养护管理，及时疏导路面交通，提供出行信息服务，努力做到全路段、全天候畅通。全市非封闭式收费公路收取通行费5.63亿元，超额完成年度收费任务。按照省上的统一部署，撤销全部政府还贷二级公路收费站。加强春运、“十一”黄金周等重要时段运输组织，为人民群众安全、便捷出行提供良好服务。针对汛期公路严重水毁突发灾情，紧急启动水毁抢险应急预案，调动各方力量和机械物资，第一时间投入抢险保通，及时组织开展水毁修复重建，得到省交通运输厅、省公路局和社会各界的充分肯定。全面整组国防交通专业保障队伍，完成镇川雷达站5.5公里战备公路建设任务。深入开展安全生产大检查大整治等专项活动，全面提升行业安全监管水平。全年共发生营运车辆道路交通事故8起，死亡9人、伤17人，事故起数、死亡人数分别同比下降20%、10%。公路行业未发生一起安全责任事故，水上交通连续18年实现安全无事故。

【行风建设】 学习宣传贯彻党的十八大精神，开展“万名干部下基层、三问三解促发展”活动，讲政治、转作风、保民生、促和谐。深化工程建设领域突出问题专项治理，加强行业内部审计，对各县区2011年度农村公路建设和养护资金使用情况进行专项检查审计。加大纠风工作力度，严防公路“三乱”反弹。厉行节约，反对铺张浪费，“三公”经费同比下降23%。加强舆情监测，细致化解矛盾纠纷，稳妥处理信访和群体性事件，维护十八大等重要时段的行业稳定。举办“榆林交通大讲堂”和依法行政专题培训班，有效提高执法人员的执法素质和执法水平。围绕“四城联创”，开展“顾客体验”、“爱心送考”、“文明乘车跟我排”、“三整洁一规范”等活动，各项创建工作有序开展。宣传工作不断加强，在《陕西日报》、《陕西交通报》、《榆林日报》等新闻媒体发稿120余篇(次)。市交通运输局连续四年被市委、市政府评为全市文明行业创建活动先进局。

(张德馨)

榆林市交通运输局

局　　长	张林生	
副 局 长	李晋德	高　军
	安　欣	郝林平
纪检组长	冯独明	
总工程师	马润前	
总会计师	张成庆	
调 研 员	王克宁	张步兴
副调研员	张继军	孙庆贵
	苗庆义	

铁路交通工作

【概况】 2012年，榆林市铁路建设办公室围绕全市经济战略部署和交通工作会议精神，以增加外运通道、完善铁路网络、提高运输能力、提升服务水平、维护地方稳定为工作重点，创造性地开展工作，为全市经济社会发展提供铁路交通保障。截止2012年底，榆林市境内铁路总里程984公里，其中干线铁路5条859公里，专支线27条125公里，铁路密度2.26km/百km^2。2012年新续建项目5条，累计完成固定资产投资12.57亿元。

【准神铁路红进塔至红柳林运煤专用线】 项目位于包西通道东侧，北端接入准朔线红进塔站，南端店塔站接轨引入红柳林站，线路全长37.851km，新建2个车站，预算总投资9.9亿元，于2010年4月开工建设,2012年完成投资1.12亿元。路基土石方累计完成336.9万立方米,完成设计总量的71.27%;特大、大、中桥累计完成8385.91延米,占设计总量的96.21%;隧道完成折合490成洞米,累计完成5382.82成洞米,占设计总量的98.57%。

【准朔铁路榆林段】 项目线下工程(路基、桥梁、隧道)全部完成,正线、站线正在铺轨,站后房屋已全部建成,完成投资2500万元。

【神朔铁路朱盖塔站万吨列扩能改造及煤炭储运站建设项目】 项目由神华集团榆林煤炭运销集团承建,计划总投资10亿元。前期征迁工作进展顺利,全线所涉及151处征迁今年已完成126处,剩余25处征迁工作计划于春节前全部完成;项目建设有序推进,站前工程、四电工程、房建工程进展顺利,累计投资6.4亿元。

【小纪汉煤矿铁路专用线】 项目起于榆阳区小纪汗井田工业广场,与榆横铁路液化厂接轨,正线长26.48Km,概算总投资7.1亿元。于2012年6月开工,计划于2013年底通车,受征地拆迁影响,今年工程建设进展缓慢。

【府谷煤炭铁路专用线】 府谷煤炭铁路专用线是府谷煤业集团与榆林市煤炭运销集团共同投资兴建的地方铁路专用线,正线长42公里,设三个装车站。于2012年开工建设,计划于2014年年底建成运营。该项目征迁工作进展顺利,累计投资4.8亿元,已完成部分路基、隧道、桥涵、四电及相关附属工程。

【项目前期】 积极主动配合相关部门做好府谷(银子湾)至兴县(瓦塘)铁路榆林段、榆佳铁路、大保当至靖边铁路集疏运通道、蒙西至华中铁路运煤通道榆林段等项目前期工作。

【环境保障工作】 落实省、市信访联席会议精神,积极与项目管理及施工单位联系沟通,协调配合各县政府做好太中银、包西铁路遗留问题的善后处理工作。截至2012年底,累计清欠各类拖欠款4315万元,完成拖欠款总额的29.3%。

(李世耀)

榆林市铁路建设工作办公室

主　　任　郝林平
副 主 任　郭　明　贺怀宇
副调研员　高忠义

铁路运输工作

【概况】 包西线铁路自榆林市榆阳区、神木县、米脂县、绥德县、清涧县过境,为双向电气化铁路,设清涧、田庄镇、绥德、米脂、镇川、鱼河、闫庄则、榆林、红石峡、牛家梁、曹家伙场、大保当、神木西、中鸡、锦界、西沟、神木、红柳林等18个站,榆林火车站为三等站,日均有16列客车停靠,其中快车有K1675/6次、K1673/4、K1117/8、K219/220次,日客运量4600人次,年货运吞吐量3869万吨。

【安全工作】 始终把安全工作作为一切工作的前提和基础,引导干部职工深刻理解安全风险管理就是“过程控制”的涵义,使安全风险管理入脑入心;针对设备故障频发、西延动车开行、施工安全、调车安全等重点,规范和完善安全管理、考核、监控等方式方法,完善各项长效管理办法141个,制定十大项有针对性地安全风险阻断措施,开展十项安全专项整治,提高安全风险管理的针对性,跟进修订完善车务段配套文件,实施六项激励机制,有效地调动干部职工参与安全风险控制的主动性、积极性,并通过日常检查、月度平推、季度评估推动落实,确保现场安全有序可控。实现安全生产800天和第三个安全年。

【运输组织】 针对西安铁路局“主打陕北”的运输思路,坚持把“两高一远”作为货运组织的重要标尺,在运输组织上实现大进大出、压保留、压运用车,不断提高装卸作业效率,增量的同时实现增效。2012年三项主要生产指标均实现同比较大增幅。在客运服务中,突出“优化服务环境、改进服务态度、提高服务质量”三大内容,从购票—候车—乘降—上车等进行一系列接力式“无缝”爱心帮服,丰富便民项目,学习借鉴航空服务经验,修改、制定、公布服务标准,修订完善14项客运组织应急预案,针对性制定作业流程图,完成春运、暑运、黄金周、小长假等旅客服务任务。

【队伍建设】 本着“缺什么补什么,干什么学什么”的原则,以安全风险卡控措施、应急处置办法和安全管理措施为主要培训内容,组织主要行车工种及车站管服人员进行18期773人次的针对性培训;组织597名职工开展调车、接发列车和客货运大比武活动;组织25站96人进行5期非正常情况下接发列车安全风险卡控措施模拟演练对抗赛,将非正常应急处置安全管理理念通过对抗赛的形式传达学习到行车主要岗位和车站管理人员。组织职业技能鉴定2次606人,合格率为74.4%。委外培训363人次,针对动车组开行、调图、防洪、防寒过冬、暑运等共组织培训班12期1.26万人次;

(赵　楠)

西延铁路延安车务段

段　　长　赵军锋
党委书记　胡大鹏
纪委书记　马宝国
工会主席　常希洪
副 段 长　史登汝　王相军
　　　　　邓经泉　张建忠
　　　　　叶元圣
段长助理　盖祥武

民航工作

【概况】 2012年,公司围绕“转作风、重细节、对标杆、强管理、提品质”的工作思路，秉持“精细管理出效益、样样工作争一流”的管理理念，以《文化成就企业》学习活动为统领、安全运行为主线、作风转变为抓手，开拓主业市场、全面推行精细管理，各项工作取得了明显进步。2012年公司累计完成运输起降11691架次，旅客吞吐量1066332人次，货邮2267.4吨，同比分别增长：13.5%，17.1%，73.1%。

【实现第55个航空安全年】 一是落实上级要求，开展专项活动。积极贯彻政府、局方和集团要求，开展“安全生产年”、“安全生产零死亡”、“打非治违”、无线电管理宣传月、“131久安工程”等专项行动，对照《陕西省生产经营单位安全生产主体责任规定》开展安全自查。结合实际，有针对性地开展“三超一疲”交通安全专项整治、“和谐机场，平安相伴”主题月、货物行李运输专项治理、机坪运行专项整治等活动，规范现场运行秩序，堵塞了安全漏洞。二是规范安全管理，提升管理水平。针对各机场发生的行李错装，出台了行李监装监卸管理办法；结合地域文化特点，制定醉酒旅客、晚到旅客处置预案；完善防跑道入侵、信息传递、东大门夜间出入管理、航空器活动区道路交通安全管理等制度，重新修订机场使用手册；完善了备降航班保障、除冰雪等工作流程。三是推进风险管控，加强隐患排查治理。落实安全监察体系和安全管理体系，对照民航标准与规范，改造机坪道口，加装道口防冲撞设施，进行安检现场封闭改造，维护保养消防设施，重要出入口加装门禁系统；协调榆阳区相关部门联合开展禁止燃放烟花和净空保护宣传教育、市供电局对机场供电线路进行更换改造；组织召开专题会议、开展鸟情生态环境评估，通过药防、技防、驱赶猎杀等措施持续加强鸟害防治；针对低温多雪天气，全员参与、各部门协调配合成功应对冰雪天气。积极收集飞行冲突依据，及时向政府、局方和集团公司汇报波罗机场运行及建设情况。四是落实安全监督检查，强化安全责任落实。逐级签订安全责任书，明确安全目标和工作要求。强化日常安全监管，坚持每日现场例行检查，每月要害部位重点检查。把重要活动保障作为检验日常安保能力、锻炼队伍应急能力的试金石，保障“两会”、“五一”、“国庆”、“亚欧博览会”、“十八大”等重要活动。针对管理局、监管局、集团公司在安全检查中提出的意见建议，对存在的问题制定整改措施、明确责任，保证问题得到有效整改。五是狠抓安全教育培训，提高全员安全意识。关注民航安全动态，及时编发安全警示、安全工作简报，通报行业不安全事件。通过讲评会、安全生产汇报会、安委会及部门会议落实安全教育，传达各项安全工作要求。针对空防、地面交通、消防、应急救护、人身安全等组织专题安全教育培训和应急演练。坚持每天对员工驻场情况进行检查，对员工8小时外业余生活情况进行摸底调查，建立员工档案，邀请员工家长来机场参观座谈。六是加快新技术应用，提高安全保障能力。完成PBN项目、“北斗”卫星通用航空监控和指挥系统验证试飞工作，争取到民航局“跑道视程测量技术对比研究”科研项目。

【提升服务品质】 一是创新服务模式，完善服务细节。自主运营天津—榆林—昆明航线，呼和浩特—榆林—海口航线；开通西安—榆林快件运输业务。优化业务流程，增加贵宾厅前台值机，推行集中配餐、分段登机、行李及货物预配等服务项目，推出全开放式值机手续办理，开通绿色安检通道，加快旅客登机速度，减少航班过站时间；推出团队优惠服务，推行贵宾接待预约服务，强化贵宾旅客车场迎候、引导进厅、厅内服务、舱门口送机服务。积极服务地方政府，与政府相关人员建立联络机制，主动了解领导行程动态，提供全方位贵宾服务。二是加强业务培训，提升服务技巧。秉承“服务至诚”理念，采取“请进来、送出去”的模式，组织员工开展业务能力、服务意识、仪容仪表、服务技巧培训，教育员工“文明用语、微笑服务、耐心解释”。三是凝心聚力，营造舒适环境。争取政府实施场区绿化工程，新种草坪1.3万平方米，景观林带1万平方米，移植大树30余株，改造场区全部绿化管网。开展“捡起身边垃圾，建我美好家园”活动，培养全员随手捡拾垃圾的良好习惯，制定环境卫生管理办法，形成“月检查、季评比、年考核”的环境形象建设长效机制。机场环境形象进一步改善，被市创建办破格申报为“省级园林单位”。

【市场开拓】 一是跻身百万级机场行列。12月8日，年旅客吞吐量突破100万人次，成为陕甘宁青四省区第首个年旅客吞吐量突破百万的支线机场。二是西安、北京航线取得新进展。通过恰当引导媒体报道、引入新运力，实现榆林至西安票价两次下调，航班由每天9班增至14班，北京方向航班加密至每天3班。三是积极谋划，开展市场营销。召开航空市场座谈会、航线航班新闻发布会，参加第十二届、十三届航线航班商务洽谈会；深入神木、府谷走访市场，邀请鄂尔多斯、乌审旗客户进行会谈；在榆林市人员密集区发放航线航班宣传单，协调市委宣传部在市中心广场、十字路口等处电子显示屏增设航班宣传内容。

【基础管理】 一是深化制度建设，推行精细管理。修订完善规章制度30余项，推行预审批制度；对安检打包、逾重行李收费、停车场收费三项业务进行规范管理；依托集团广告传媒公司专业化的设计开发能力，提升广告业务水平；在积极改善员工伙食的同时，禁止员工倒饭倒菜，并安装摄像头，对倒饭倒菜现象进行处罚。二是加强督办督查，强化执行力度。要求各级领导干部将更多时间和精力投入生产现场，发现问题及时纠正，对影响工作的消极现象进行通报处理；推行小黑板制度，将每周工作重点、领导交办事项予以记录；建立督办制度，确保各项工作及时有效落实。三是对比先进，启动对标工作。分批次赴包头机场、青海机场、银川机场进行实地考察学习,对学习考察结果进行汇总研究,确定整改项目、制定整改措施。四是注重资质能力建设。将员工素质提升作为企业发展的根本大计来抓,全年共组织安全、服务、业务技能等方面的培训60余期,培训400余人次。严格执行招投标制度,机场建设稳步推进。完成职工活动中心、机坪用房、特种车库、货运仓库、停车场扩建、场区路面硬化、简易特种车库等建设项目,并投入使用。9月份全面启动飞行区嵌缝料施工;针对机坪资源紧张问题,启动机坪扩建前期工作。

(王姣姣)

榆林机场

总 经 理 谢寅勤(1月调走)
汤小锋(12月调走)
党委书记 廉 涛
副总经理、工会主席 高雄飞
副总经理、纪委书记 颜万军
副总经理 胡彦民 王艳林
张 犇(7月调走)
白彭刚
总经理助理 屈卫东

城乡建设规划工作

【概况】 2012年,市城乡建设规划系统干部职工贯彻落实市委三次党代会精神,按照市委、市政府关于中心城市建设"一年打基础,两年见成效,三年大变样"的总体思路,以全市干部作风整顿和建筑施工领域"打非治违"专项行动为抓手,以"四城联创"和"五个集中整治"为动力,坚持依法行政,规范工作程序,提升服务水平,完成年初确定的各项工作任务,进一步推动全市城乡建设规划事业健康发展

【规划编制】 一是中心城区详规实现全覆盖。按照"新区带动、板块推进、拉大框架、组团发展、提升品位"的总体思路,坚持科学前瞻,优质高效的原则,完成榆溪河两岸发展规划、东沙新区总体规划、芹河新区总体规划等重要城市组团的规划编制工作。为进一步破解城市发展瓶颈,提升城市品位,在调研和论证的基础上,高效地完成古城区提升改造项目设计、空港生态园区规划以及芹涧路、肤施路等片区控规等各类规划20余份。针对2012年榆林中心城区交通拥堵,市民"出行难"的突出问题,特邀上海市政工程设计研究总院领衔,高端定位,科学谋划,在征询社会各界意见和专家学者科学论证的基础上,完成榆林中心城区综合交通规划。实现中心城区详规全覆盖的目标,做到有建设地方就有规划指导,规划引领城市发展,指导城市建设。二是县区城乡规划编制步伐进一步加快。靖边县新一轮总规修编完成报批工作,府谷、横山、米脂、吴堡、清涧、子洲六县预计2013年完成总规报批工作;神木、定边、绥德等县总规修编进入技术评审阶段,佳县计划2013年启动总规修编工作。在总规的指导下,各县加大详规编制力度,详规覆盖率大幅提升,神木县96%,府谷县100%,定边县93%,靖边县64.3%,横山县65%,绥德县90%,米脂县76%,佳县67%,吴堡县66%,清涧县62.5%,子洲县85%。2012年,全市详规覆盖率80%,规划引领指导城市建设的作用进一步增强。

【城乡一体化建设】 科学合理的市域城镇体系基本形成。"十一五"以来,在榆林国家能源化工基地建设的推动下,北部长城沿线城镇化发展速度加快,全市已基本形成"一主三副"和"三沿三型"市域城镇空间发展格局。"一主"即榆林中心城市,是整个市域城镇发展的核心。"三副"是神木、绥德和靖边,分别是市域北部、西部和南部的副中心城市。远期形成横山、佳县、米脂3个县改区,府谷、定边、吴堡、清涧、子洲5个县域中心城市,锦界、东坑、大柳塔等125个建制镇组成的较为完善的"1335125"城镇体系。中心城区建设进一步加快,城市框架进一步拉大,空港生态区、西南新区、东沙新区、芹河新区组团式开发建设拉开序幕,"一城五区"城市格局基本形成。榆横一体化全面推进,横山撤县设区工作进入国家审批阶段,百万人口区域中心城市建设初具规模。城镇建设稳步推进,城镇职能发生较大的变化,过去以农业型为主要职能的城镇体系逐渐转变为农业型和工矿型并重的城镇职能体系,涌现出一批工矿型(大柳塔镇、锦界镇、金鸡滩镇)、商贸物流型(名州镇、镇川镇、张家畔镇)、现代特色农业示范型(白泥井镇、东坑镇、牛家梁镇)等小城镇,为推动县域经济发展,转移农村富余劳动力,发挥示范带动作用。省级重点示范镇建设稳步发展,锦界、东坑两镇年度分别投资7亿元和4.4亿元,完成新区建设项目和建成区改造建设项目30多个,镇区整体面貌和景观环境大幅提升。2012年两镇均被省政府授予"全省重点示范镇建设先进镇",示范带动作用明显增强。农危改造进展顺利,为全市8000个贫困农民家庭实施危房改造,位居全省前列。2012年底,榆林中心城市建成区面积65.5平方公里,人口56万。全市城镇建成区面积288平方公里,城镇总人口177.6万人,全市城镇化水平50.78%。

【规划管理】 严格执行"阳光规划",对审批的黄委会晋陕蒙水土保持科研监测中心等43个项目实行批前公示,广泛地接受社会监督。努力打造精品建筑,先后组织专家对市第二医院行政办公楼等67个规划建筑项目设计方案进行了评审,通过专家审查把关,项目设计水平明显提高。积极创新工作思路,努力提高审批效率,设立城乡建设规划局行政许可集中受理窗口,对"一书两证"、施工许可以及各类资质申请、资料初审统一集中受理,并在承诺时限内办结。建立建设项目规划许可"绿色通道"和服务"直通车"制度,全力服务于学校、医院、市政道路和保障性安居工程等重大民生工程,确保了中心城区重大社会性项目顺利实施。开展建设工程领域突出问题专项治理工作,重点对2011年房地产开发中规划变更、调整容积率等问题进

行专项检查。全年共出具选址意见书47份,办理建设工程规划许可证121份,用地规划许可证49份,其中涉及中小学、医院、安居等重大民生工程24个,市政道路18条。加强建设项目批后管理,严把建设项目放线、验线、复线关,“三线”管理率达到100%。8月份,开展建设工程规划管理执法大检查,共检查在建项目74项,总计面积401.65万平方米。同时,严格进行规划专项验收,全年共完成规划专项验收76份,其中公建5份,个建71份。

【建筑市场整顿和质量安全监管】 组织建筑质量安全专项检查,深入开展全市建筑施工领域“打非治违”专项行动,对8家违法施工企业和4家监理企业进行了严罚重处,其中5家企业被清出榆林市场,7家企业被降低资质等级并吊销安全生产许可证。配合“四城联创”,开展文明工地创建活动,全年共创建各类文明工地98个,较上年增长83%。荣获国家优质工程奖和全国AAA级文明工地奖各1个、省“长安杯”优质工程奖3个。2012年,全市建筑业总产值220亿元,吸纳富余劳动力超过16万人,总收入突破20亿元,对全市农民人均纯收入的贡献份额超过17%,建筑业在全市经济社会发展中的朝阳产业和富民安民重要行业地位进一步凸显。勘察、设计、施工图审查市场监管力度进一步加大。出台《市外建设工程勘察设计企业进榆备案管理规定》,强化施工图审查备案管理工作,严格执行勘察文件前置审查和审查责任人员签字制度。加强招投标管理,创新招投标制度,《榆林市房屋建筑和市政基础设施工程招投标抽取定标意见》(试行),经市政府常务会同意印发实施。该《意见》的出台,遏制工程建设领域存在的投标人之间资质借用、围标串标,招标人与投标人串通虚假招标等违法违规行为,对于进一步维护招投标市场的公开、公平、公正、诚信交易原则必将起到积极的推动作用。

【建筑节能工作】 完成既有建筑节能改造5.5万平方米,超额完成省上下达任务。全市新建建筑执行节能强制性标准继续保持在98%以上。组织申报2个省级新墙材示范企业。强化民用建筑节能设计审查备案登记管理,全年共办理建筑节能设计审查备案登记422项,共计401万平方米。确定榆阳区牛家梁镇什拉滩村移民搬迁工程1期为2012年省级农村推广应用新型墙体材料示范项目,已全部竣工。组织实施绿色建筑评价标识工作,市第二医院迁建项目已申报绿色建筑评价标识,榆神煤炭大厦等6个项目已完成绿色建筑设计,全年完成绿色建筑设计评价标识约55万平方米。组织申报8个太阳能应用示范项目,其中2个为省级太阳能光电建筑应用示范项目。

【基础测绘和防震减灾】 完成榆林中心城区50平方公里三维城市地图,城市坐标系统新增控制面积8平方公里。城市地下管线信息管理系统运行调试顺利完成。全市12个县区级测管机构全部挂牌运转,成为全省率先实现县区级测绘机构统一挂牌的地级市。开展各类开发区、移民搬迁工程抗震设防专项检查,区域测震台网基本建成,建立毗邻省市台站地震数据虚拟台网,可实现区域地震速报,完成“榆林世纪广场应急避难场所”建设项目可行性研究报告和项目申报工作。

(李向东)

榆林市规划局

局　　长	王建东	
副 局 长	彭政宽	贺晓强
	刘建平	赵国菲
纪检组长	马　震	
总规划师	刘金平	
副调研员	王　琳	李晓宁
	岳胜祥	高忠明

住房和城市建设工作

【概况】 2012年,在市委、市政府的领导下,全市住房和城市建设工作继续围绕加快区域中心城市建设战略目标,按照“一年打基础、两年见成效、三年大变样”的总体要求,以创建国家卫生城市、省级园林城市、省级环保模范城市、省级文明城市为有力抓手,加强组织领导,加大资金投入,强化工作措施,大力推进市政道路桥梁、公用设施、城市管理、保障性住房等各类项目建设,进一步完善城市基础设施,提升城市功能,改善城市环境。

【市政公用基础设施建设】 2012年榆林城区计划实施道路桥梁、园林绿化、公用设施、城市管理共4大类、107个项目,计划年度完成投资41亿元。截止2012年底,市政公用基础设施建设累计完成投资29.09亿元。其中,道路桥梁21亿元,城市绿化1.2亿元,公用设施4.09亿元,城市运行及管理和水毁工程2.8亿元。道路桥梁。2012年,市委市政府确定由市住建局负责的道路桥梁项目共30个。根据工作情况变化,实际安排道路桥梁项目40个。截止2012年底,开工32个,开工道路总里程36.65公里。其中,建成通车或基本建成、具备通车条件的项目22个、27.34公里;2012年开工、2013年建成的项目10个、10.25公里;争取2012年内完成招标、2013年年初开工的项目8个。已经建成或基本建成的22个项目是:榆林大道一期、富康东路、西二路西延、沙河一路、沙河三路、新二路、开光路、东岳北路、驼峰二路、环城北路东段、东山大道一期、教育路、文化北路、文化路沙河大桥、芹涧二路、崇文东路、金华路、幸福路、翠华路、聚财路、秦怀路、广济二路。2012年开工、2013年建成的10个项目是:东山大道榆阳河大桥完成了总工程量的80%,沙河二路、怀德路、桃园东路、流水沟村道路、十三小道路、永济东路、金沙北路、垃圾处理厂道路、榆林大道二期等9个项目开工建设。力争2012年完成前期、2013年年初开工建设的8个项目是:长城南路延伸、新三路、榆阳西路、建榆南路、白龙路、东山大道(二期)、二马路、河滨东路等8个项目的设计工作全部完成,2012年主要进行房屋和土地征收工作。二马路、河滨东路两条位于榆溪河东岸的市政道路,与榆溪河东岸土地的整体征收整合同步考虑。园林绿化。完成富康西路、校场路、文化南路、芹涧路、银沙北路等5条新建道路的绿化,对富康路中段、榆阳路中段、航宇路、文化路、常乐路、柳营路、建榆路、人民路、肤施路、青山路等11条已建成道路和四个广场、河滨公园、部分街头绿地的绿化进行了提升改造。总占地150.3公顷的东沙生态公园的绿化工程、园路工程、给排水工程全部完成。榆溪河中心公园正在进行土地征收、地上建筑物附着物的征收清理和施工图编制工作,《大美榆林》大型实景水影表演项目作为公园的一个子项目,于2012年10月17日正式公演。指导建成市级园林式单位64家、园林式居住区26家。布展绿色雕塑15组,艺术花架96组,摆放各类鲜花29.6万多盆。2012年新增绿地面积153.3公顷。榆林省级园林城市创建工作于2012年10月份通过达标验收。建成区绿化覆盖率达到36.21%,绿地率达到32.14%,人均公共绿地面积10.23平方米。公用设施。红山供水加压站和红石峡锰处理设施建成投入使用,普惠泉水源保护地综合治理的设计方案基本确定。中心城区400平方公里供水总体规划由设计单位在编制。完成10条新建道路、27条人行道和巷道、5条道路绿化、东沙生态公园和榆阳区汽车产业园区道路供水管网的建设改造,新增各类管径供水管网65.7公里,供水普及率达96%。红山天然气供气门站在推进前期工作,全年新增供气管网86公里,新增燃气用户20000户、餐饮388家、大型锅炉152台,气化率达到83%。完成榆林大道、环城北路东段、东山大道、新三路、新二路、富康东路、开光路、东岳北路等8条道路的供热主干管网建设,新增供热主管线17.49公里。建设污水处理厂污泥处置项目,2012年累计达标处理污水780万吨,污水处理率80%以上。垃圾渗滤液处理车投入运行,垃圾填埋气收集发电项目完成招标工作。垃圾无害化处理率89%。城市管理。完成青山中路、上郡路、驼峰路的部分人行道和平安巷等10条巷道的改造。老街北段两侧店铺改造完成了总工程量的70%,北门改造工程进入施工图招标阶段。结合普惠泉水源地保护,启动梅花楼片区改造工作。完成东山大道等15条道路的路灯地下设施预埋工作和50条巷道的路灯亮化工作,新增路灯3439盏,总数达40459盏。开工建设水冲式公厕14座。对2012年7月27日暴雨导致的72处重点水毁工程实施了恢复维修。对建成区所有主次干道和排水排污管网,进行全面排查、维修、补修。针对榆阳河全线脏乱差问题,进行临时过渡性的集中整治。

【保障性住房建设】 2012年,省政府下达本市新开工建设四类保障性住房28500套,城市棚户区改造2090户,林业棚户区改造691户;竣工保障性住房和棚户区改造21000套(户);新增发放廉租住房租赁补贴2500户。截止2012年11月中旬,全市新开工保障性住房项目45个、29256套,开工城市棚户区改造项目26个、2168户,开工林业棚户区改造691户,开工农村危旧房改造7849户。已经竣工21006套,其中:保障性住房19095套;城市棚户区1673套;林业棚户区238户。农村危旧房改造竣工6033户。新增廉租住房租金补贴户2500户,累计17233户、45859人。保障性住房已分配入住18291套。建立五级(省、市、县、街道和社区)住房保障工作信息平台,完成211872户已确定轮候顺序的保障对象数据信息的录入,上线联网并通过省上验收。住房公积金管理进一步加强。截止2012年底,全市党政事业单位和中省驻榆单位实现全覆盖,缴存人数21.3万人。有201户非公有制企业、6636人建立住房公积金制度。全市累计归集住房公积金51.5亿元,余额39.3亿元。累计为20821户家庭放贷28.1亿元。

【房地产市场监管】 全市新开工和在建房地产开发项目54个,其中新开工项目16个,续建项目38个,完成建筑面积70.8万平方米,榆林市区完成建筑面积35.7万平方米,与2011年相比略有增加。由于新开盘项目较少,市场房源不足,而刚性需求和改善性住房需求较大,房地产市场供需矛盾比较突出,房价上涨的压力依然很大。榆林市区2012年房地产交易量68万平方米,比2011年减少52万平方米。其中,商品房50万平方米,比2011年35万平方米增加15万平方米;二手房18万平方米,比2011年45万平方米减少27万平方米。榆林市区商品房销售均价6200元/平方米,同比增长8.6%。截至2012年11月底,累计办理各类房屋产权登记9861件、抵押登记20587件,整理档案8878卷,完成房屋测绘5166宗、111.7万平方米。全市新增物业管理项目25个、135万平方米,总数226个、1010万平方米,物管覆盖率40%。

【县城建设】 2012年,县城详规覆盖率60%以上,城镇化率50.36%。全年累计建设道路57条、132.55万平方米。供水普及率90%以上。新增天然气用户30180户,供气普及率60.1%。神木、府谷开展供热计量分户改革工作。建设便民广场21个,启动前期或完成设计3个。建设公共停车场11个。污水处理厂除佳县水毁外,其余县均已建成投运,污水集中处理率达71.5%,并逐步开展污水处理厂改扩建、污泥处置、中水回用等工程建设。垃圾处理场除佳县水毁未投运外,其余县都投入运营,垃圾无害化处理率68.5%。大部分县区机械化清扫率达30%以上。新建水冲式公厕68座。

(施耀鹏)

榆林市住房与城市建设管理局

局　长　高永东
副局长　陈代万　雷宁绥
　　　　聂春祥　宋　巍
　　　　李齐国　袁军威

高崇东
纪检组长 冯文生
总工程师 刘安风
副调研员 陈士军 王美玲
胡占勇 李树平

城市管理

【概况】 榆林市城市管理综合行政执法局是经陕西省人民政府批准(陕政发【2007】14 号)成立,于 2007 年 8 月 15 日正式挂牌运行,是榆林市人民政府直属行政部门,具有独立行政执法主体资格。实行城市管理综合行政执法试点工作,相对集中市容环境卫生管理、城市规划管理、绿化管理、市政公用设施管理、环境保护管理、工商行政管理、公安交通管理、户外广告管理等方面全部或部分行政处罚权。榆林市城市管理综合行政执法局内设七个科室,下设榆阳分局、西南分局、高新分局和直属支队,三个分局按照区域划分具体行使城市管理综合行政执法职能,直属支队行使跨区域行政执法督查、协调职能。另设立榆林市公安局榆阳分局公安特勤大队,配合和协助综合执法局开展综合行政执法工作,给予警力保障和支持。2012 年,本局在市委、市政府的领导下,坚持以邓小平理论和“三个代表”重要思想为指导,以科学发展观统领工作大局,深入贯彻落实党的“十八大”、省十二次党代会、市委第三次党代会精神,围绕市委、市政府“建设幸福榆林”和“四城联创”的战略部署,突出“创建”这一工作主线,坚持深入开展创先争优活动,加强干部作风建设,积极推进党的建设和执法队伍建设,紧扣“树立亲民理念,构建和谐执法”主题,不断完善综合执法体制,更新执法理念,创新工作方法,提高工作效率,树立综合执法新形象,以推进中心城区建设,维护城市环境秩序为重点,履行城市管理综合执法职责。按照市委、市政府立足于建设区域性中心城市目标,进一步加强城市管理工作,理顺管理体制,建立起责任明晰、运转高效的城市管理责任体系,实现城市管理网格化、精细化,城市管理行政执法水平明显提升。打击违法违规建设,市容环境综合整治,户外广告牌匾管理,校园周边环境集中整治,流浪乞讨人员劝送和渣土运输车专项整治等工作取得显著效果,完成 2012 年度各项工作目标任务。

【规划监察执法】 贯彻执行《市委办、市政府办关于榆林中心城区建设管理有关问题的通知》,按照榆林中心城区打击违法违规建设工作会议精神,对违法建筑实行“零容忍”,加大违法违规建设的监管力度,始终保持高压态势打击违法违规建设。全体执法人员转变工作思路,创新和完善“全面巡查、重点防控、网格管理、前置监管、源头防范”的管理模式。实行 24 小时不间断监管,加大对重点区域、敏感地段违法修建的管理力度,进行拉网式排查,从源头上防范违法修建,坚决打击违法建设行为,维护城市总体规划的严肃性和完整性,大型在建工地、棚户区、城中村和城乡接合部违法建设问题得到了有效控制,努力向“零违建”目标靠近。

【市容市貌管理】 为加强市容市貌监管工作,营造整洁、有序的城市环境,积极推进“四城联创”工作,针对城区占道经营、马路市场、流浪乞讨人员拦车讨钱、户外广告滥设置等现象,实行定人定岗定责的网格化管理办法,落实责任,监管到位,取缔一批,疏散一批,规范一批,合理设置修鞋、修锁等便民服务点,基本实现“市容市貌整洁有序、市民群众生活方便、小商小贩生活有靠”的三赢目标。

【车辆停放、户外广告和门头牌匾管理】 根据《榆林市机构编制委员会关于调整中心城区有关城市管理职责的通知》【榆编发(2012)83 号】,同住建局、市政所沟通联系三项职能的划转,取得一定的进展。组织工作人员对榆林城区停车位、公益广告栏、大型户外广告牌匾和大型 LED 显示屏进行摸底调查。全市共有 4435 个停车位,64 位管理人员;公益广告栏 95 块;大型户外广告牌匾 205 块,大型 LED 显示屏 13 块。坚持以中队为单位,不断强化日常巡查管控,采取事前核准与事后监管相结合的方式,重点开展了大型户外广告、商铺门头牌匾专项整治活动和纠正车辆占压盲道乱停乱放行为。共依法拆除存在安全隐患、陈旧、过期的户外广告牌 315 块,责令业主更换陈旧破损的门头牌匾 203 块,清理条幅布幔广告 923 条,拆除各类店牌灯箱广告 533 块,累计处理车辆乱停乱放 1840 起,录入查询系统的违法停车信息 1420 条,处罚 420 余件。

【违法“野广告”控制】 开展外墙立面“洗脸净面”工作,进一步健全和完善管理运作模式,采取“涂刷、清洗、查处、追呼、警示、蹲守”等一系列有效措施,对违法“野广告”乱张贴、乱刻画、乱喷涂、乱散发等现象进行治理,着重在提高“清除”质量上下工夫,做到及时发现,及时清理。2012 年累计清理长城路、新建路、人民路等十一条主次干道野广告和门店玻璃广告 16310 条,清除路面违法“野广告”1170 多平方米,制止违法行为 1826 起,追呼违法通信号码 1877 个。

【环境保护执法工作】 为推进本市“省级环保模范城市”创建工作,重点开展餐饮业油烟超标排放专项整治,夜间建筑施工噪声扰民和商业噪声扰民集中整治,不断巩固和扩大禁烧烟煤监督检查工作成果。一年累计受理环境污染投诉举报案件 582 件,当场制止 582 起,其中经营性噪声污染 138 件,建筑施工噪声扰民案件 72 件,粉尘、烟尘、油烟以及排放有害气体污染环境案件 372 件,没收音响设备 52 件,散发环境保护方面的宣传资料 12500 余份。查处违规存储、使用有烟煤的企业 4 家、居民 112 户,违规运输烟煤的三四轮车辆 186 辆次,没收烟煤 30 余吨,违规焚烧垃圾等行为 200 多次,规范无烟煤销售点 56 人次,为“蓝天工程”的实施创造良好环境。在高、中考前夕，各执法分局按照《榆林市城市管理综合行政执法局关于高中考期间禁止噪声污染的通告》精神，严格执行24小时值班制度，对各类噪音污染源严密监控，累计对113家建筑施工单位和100多家娱乐场所、商场进行排查，共受理环境噪声污染投诉举报案件53起，当场制止53起，立案查处5起。

【违建拆除工作】 从2012年1月开始，对榆林大道、开光路等道路两侧各类市场、汽修厂、钢材厂和木材加工厂以及个体住户等进行全面摸底调查，制定拆迁方案，依法对榆林大道沿线1000多家经营场所实施拆除取缔，共依法强制拆除违章临时建筑1450余间41350平方米，清倒垃圾24000多方。

【废旧物资回收站点和养牛场清理取缔工作】 为规范本市城区各类废旧物资收购站点的经营活动，治理废旧物资收购站点和养牛场严重影响市容环境卫生的问题，按照市政府通告精神和“创建”工作总体要求，在市区有关单位的配合下，对城区19家废旧物资收购站点和21家养牛场实施强制搬迁拆除，拆除临时建筑520多间7800多平方米，平整土地600多亩，清理废弃垃圾10000多方，为“创建”工作的实施创造良好条件。

【校园周边环境专项整治】 为彻底改善校园周边环境秩序，为广大青少年创造一个良好的学习环境和成长空间，治理校园周边马路市场、流动商贩违规经营问题，确保校园周边交通秩序畅通，3月上旬，安排专人对城区所有学校校园周边环境脏乱差问题开展摸排调查，并会同有关单位开展2次专项整治活动。开展专项整治工作以来，共出动执法宣传车2300台次，执法人员6000余人次，发放宣传资料5000余份，张贴政府通告240份，清理取缔店外店、马路市场、流动商贩4450余户，清理违规停车1150余起，教育劝解违规经营者11270多人次，暂扣没收违法经营物品1187件。

【集中整治渣土运输作业秩序和扬尘污染】 按照市政府的要求，2012年5月中旬起联合住建、规划、交警等部门在城区开展集中整治渣土车扬尘、随意倾倒建筑垃圾专项整治活动，要求各施工单位对本场地拉运渣土的上路车辆必须进行有效覆盖，禁止随意倾倒建筑垃圾。整顿期间，各执法分局按照管辖区域划分，采取白天走访对施工场地宣讲法律法规，夜间对拉运渣土车辆、道路、场地抽查监督的办法进行集中整治，邀请新闻媒体跟踪报道，发现问题及时整改。对屡纠屡犯、不听劝诫的单位和施工场地，采取上限重罚乃至停工整顿的制裁措施。

【推进三项新行政职能】 从5月4日起开始履行城市绿化管理行政执法在内的三项行政执法职能。为使广大市民了解这三项执法工作涉及的法律和法规，以问答的形式在《榆林日报》连续刊登《陕西省城市绿化管理条例》《陕西省市容环境卫生管理条例》《陕西省城市市政公用设施管理条例》。5月24日在世纪广场举行上述法律法规宣传活动。组织执法人员进行集中学习培训，印发学习资料，保证执法员人手一份，奠定执法人员依法履行职能的法律基础。重新印发《榆林市门前四包责任书》，要求其“包门前绿化美化”，负责管护好责任范围内的树木花草和绿化林带，保证无攀折树木、无依树搭棚、无践踏花草等行为。对破坏园林绿化等违法行为及时进行监管，查处破坏园林绿化行为5起，做到工作早介入、早安排、早适应、早部署，实现执法转换的无缝对接。完成第十次陕北能源化工基地座谈会、第七届榆林国际煤博会和“创建省级园林城市”“创省级模环保模范城市”验收以及市上两会召开期间的市容环境保障工作。在“万名干部下基层”活动中执法局自筹资金为子洲县槐树乡月树台村拓宽5.5公里通村土路；在包建社会主义新农村工作中，帮助米脂县庙山村和庙也村制定近远期发展规划，并在七·一期间对庙山村和庙也村的17户贫困户和贫困党员进行慰问。继续与市直机关工委包抓长城路“创建”工作。

（刘晓丽）

榆林市城市管理综合行政执法局

局　　长	王建伟
副 局 长	李志杰　王　军
	张锦宏　南奖利
纪检书记	马武梅
副调研员	沈文斌　李玉泉

创建“国卫、省园、省模”工作

【概况】 2012年，在市委、市政府的领导下，在市人大、市政协的支持下，围绕全市各项中心工作，以推进“四城联创”工作为全市创建工作总目标，以迎接省级园林城市、省级环保模范城市考核验收为抓手，以深入推进国家卫生城市创建为主线，发挥组织协调和综合督查两大职能，创新创优、提质提效，完成年初确定的各项目标任务。

【通过省级园林城市考核验收】 按照市委、市政府的要求，主动与相关部门单位协调沟通，全面加大督查、督办力度，发挥创建部门工作职责，针对实际问题，多次召开现场办公会，对照省级园林城市创建指标，积极主动开展创建省级园林城市工作，不断将创园工作深入推进。10月10日至12日，省专家组考核验收我市省级园林城市创建工作，并在工作验收大会上颁发考核验收达标鉴定书，省级园林城市各项指标完全达标，通过验收。编制城市绿地系统规划。协助有关部门单位编制完成《榆林市城市绿地系统专项规划》，规划确立以“山、河、城、绿”为生态基础网架，构筑“一心两带、三城四楔、五枢六园、七里沙绿、八景再现、九片城翠、十里碧野”的生态结构体系。着力提高园林绿化设计水平。不断加大督促检查工作力度，要求相关单位要坚持"以人为本、以乡土树种为主、以乔木为主、以植物造景为主"的原则，研究制定树种规划，科学优选适地适生树种，保证成活率，兼顾园林绿化的多样性、观赏性。健全完善园林绿化管理法规。督促相关单位依据《国务院城市绿化条例》、《陕西省实施〈城市绿化条例〉办法》等法规政策，出台《榆林市绿化管理办法》、《榆林市城市绿线管理实施细则》、《榆林市城市公共广场管理办法》、《榆林市城镇绿化管理办法》等规范性文件，建立一套比较具体、操作性较强的城市绿线管理制度，严格实施"绿色图章"管理制度，严格审查建设项目配套绿化指标，科学划定阳光广场、世纪广场、火车站广场等已建成公园绿地的绿线和规划确定的各类城市绿地的绿线，为绿化建设提供法制保障。加快园林绿化建设，提升城市人居环境。以"三年植绿"大行动为契机，开展横向到边、纵向到底的拉网式大检查，严格按照创园标准，督促各单位、企业、经营业主等集体和个人主动采取"借地生绿、租地造绿、扩地增绿、庭院植绿、见缝插绿、拆墙透绿、垂直绿化"的措施，全面开展植绿大活动。榆林高新区管委会投资1.5亿元，绿化9公里榆溪河沙坡和绿地公园，重新对开元大道等主要街道进行了绿化。市工商局动员和引导沿街单位、门店和居民在门前、阳台摆放鲜花，美化城市形象，丰富绿化景观。市住建局对210国道两侧进行全面绿化，实施一大批公园、广场、河道、道路、小区绿化项目；开展园林式小区、园林式单位创建活动，榆林城区有庭院的单位179个，95个达到市级以上园林式单位标准（其中省级园林式单位21个），园林式单位占到53%，单位附属绿地面积194.43公顷；全市共有居住区68个，占地面积234.77公顷，绿地面积76.55公顷。绿地率为32.61%，其中园林式居住区35个，"园林式居住区"占51.6%。目前，建成区绿化覆盖率36.21%，绿地率32.14%，人均公共绿地面积10.23平方米。五是加强市政设施建设，完善综合服务功能。针对全市多条道路不能全线贯通的实际，主动配合市住建局、执法局等单位开展道路畅通工程工作，打通断头路，完善市政路网格局，全面补修破损路面，提高道路通行能力和顺畅度，缓解城市交通拥堵状况。并要求区环卫局对所有市政道路和6米以上巷道实行全天清扫保洁，清扫保洁面积达到820万平方米。注重排水、供水、供气、供热等设施的建设，中心城区的综合服务能力达到较大提升。

【通过省级环保模范城市技术评估】以"治理污染、强化生态保护、严格环境执法、强化防治结合"为环境管理抓手，通过实施环保重点工程，推动全市创模工作，促进省级环保模范城市各项指标任务基本完成。一是"蓝天工程"成果进一步扩大。全面开展榆林城区餐饮业油烟污染和焚烧废弃塑料、竹胶板、轮胎等废弃物的治理工作，城区的空气质量明显好转。2012年9月底，二级以上天数250天，较去年同期增长5天，占已过天数的92%，远远超过"创模"80%的标准要求。二是"碧水工程"推进力度明显加大。进一步加大城市饮用水源保护的督查、问责力度，对全市城市集中饮用水源红石峡、普惠泉、榆阳泉等三处饮用水源地重新划界立桩，进一步扩大范围加以保护。对榆溪河、榆阳河城区段河道进行综合治理，城市供水普及率达到95%，重点工业企业污染物排放稳定达标率和工业企业申报登记执行率符合标准。三是"宁静工程"监管力度显著增强。完成榆林城区噪声功能区划修编，共设置5个具有代表性的测试点，按环境噪声监测规范要求，进行定期监测，对城区27条主次干道划定双向禁鸣区域，同时对建筑施工和工业噪声实行强制性监管，为市民营造一个安静的工作和生活环境。四是"安防工程"责任体系不断健全。进一步加强环保目标责任制建设，制定《突发环境事件应急处置预案》，近六年来，榆林市未发生一起重大、特大环境污染和生态破坏事故。五是"环保生态工程"网络初步建立。创建50个绿化覆盖率35%以上的园林式小区和园林式单位，建成国家级绿色文明单位4家、省级31家、市级99家、县区级120多家，受保护面积占国土资源面积比例达到5.49%。六是"环境管理与能力建设工程"经费投入进一步加大。以"创模"为契机，加大环境建设投资力度，发展环保事业，推动全市经济社会的可持续发展。自"创模"以来，市政府将环保专项经费列入市本级财政预算，每年市财政投资经费呈大幅度增长趋势，为创模工作提供资金保障。七是"固废处置工程"全面启动。做好工业固废和城市生活垃圾安全处置，城市生活、建筑垃圾实行统管统运，日产日清。医疗废弃物处置中心已经完善各个环节的报批手续，目前正在等待上级单位核发医疗废弃物处置中心运行资质。

【深入推进国家卫生城市创建】　在巩固"省卫"创建成果的同时，继续坚持标本兼治、统筹推进，实现"城市基础设施由量到质的提升，城市景观由乱到美的提升，环境整治由点到面的提升，建设管理由粗到细的提升"的综合环境四提升。一是集中开展综合整治，市容市貌明显改观。组织市执法、工商、公安、卫生等单位集中力量、集中时间，开展为期一个月的占道经营、户外广告及野广告、早夜市摊点、车辆停放、城市出入口环境秩序、流浪乞讨人员劝送、流浪犬管理、违法建设、建筑工地扬尘、渣土车运输、空闲土地管理、环境卫生、市场环境整治、废旧品收购点管理等十五项专项整治活动。通过集中整治，中心城区乱贴乱画、占道经营、乱倒垃圾等影响市容环境卫生的行为得到有效遏制，市容市貌达到较大改观。整治期间，累计规范出店经营632户526人次，清理流动商贩点2797处，劝离流动商贩4210多人次；拆除喷绘门头牌匾682块，清理广告条幅1029处，清理违法野广告5000多条；清理无证经营早夜市摊点580个；教育劝诫乱停乱放3600多车次，处罚1400车次；劝送流浪乞讨人员216人；收容流浪犬6528只；拆除违法建筑4000多平方米;夜查渣土车350多辆次;整治清理空闲土地1375块;清理卫生死角1762处,清运垃圾7240吨;清理整顿再生资源回收点100多家。二是加快基础设施建设步伐,综合服务功能不断完备。城市基础设施建设是开展创建工作的一项硬指标、硬任务、硬要求,也是创建工作的"短腿"。对照中心城区市政基础设施建设项目计划,跟踪调度项目进展情况,进一步加大督导督办督查力度,推动市政基础设施建设的顺利开展。市政道路建设保持快速推进的良好态势,榆林大道、环城北路西段、东山大道、文化北路、文化南路沙河大桥、开光大桥等多个新建、续建市政道路项目开工建设;城区污水处理厂二期工程的选址征地设计工作已经完成;环卫机械化清扫的规划方案已经完成;北郊热电联产项目扩建工程、红山供气门站、公厕和生活垃圾转运站等公用设施建设稳步推进。坚持"服务群众、方便群众"的理念,把基础设施建设和实施民生工程有机结合起来,考虑群众的生活需要,科学规划建设一些便民休闲场所、便民市场。针对个别地段群众反映强烈的"路不平、水难排、灯不亮",及时排查解决部分道路破损、管网不通、排水不畅、路灯损坏等问题,努力为广大市民创造良好的生活环境。三是强化公共卫生管理,保障人民群众身体健康。为保障人民群众身体健康,扎实开展公共卫生整治工作。开展了健康教育进学校、进医院、进单位、进社区活动,在市委会议中心举办"健康知识大讲堂"系列主题讲座活动,邀请专家给全体市级领导、市直各部门及所属单位、市属企业和中省驻榆单位副处级以上干部讲解健康教育知识,提高广大干部群众的健康知识知晓率和健康行为形成率。集中开展春季爱国卫生月大清理、大扫除工作,病媒生物集中消杀整治稳步推进,努力控制"四害"滋生环境。集中开展小作坊达标整治工作,市政府出台《食品小作坊管理办法》,从7月1日起,利用2个月时间对城区豆腐坊、蒸馍店、卤货店进行全面改造提升,规范管理。改造提升工作已基本完成,得到广大市民的关注和好评。加强"六小"行业卫生监督管理,对所有门店进行全面普查,要求餐饮门店和"六小"行业使用环保、卫生、规范的餐具和经营用具,指导和督促经营户规范经营。出台《进一步做好医疗废弃物处置工作的通告》,督促医疗卫生部门加强医疗垃圾处理工作,逐步在全市范围内实行医疗垃圾分类收集、集中处理制度。

(李　咪)

榆林市创建办

双创办主任	张　华
创建办主任	王建伟(4月－9月)
创建办主任	常　伟
创建办调研员	赵真悟
	刘维平
创建办副主任	吉子富
	李光生
	王艳菲
创建办副调研员	李生飞
创建办副主任	朱维胜
	刘春印
主任助理	郭　栋
专家组组长	郝　亮
创建办副主任	袁军威
	吴学亮
	姬跃飞

西南新区开发建设工作

【概况】　横山县榆林西南新区地处榆林城区西南部,与榆林高新区毗邻,被2006年第四版榆林市城市总体规划纳入榆林中心城市400平方公里规划用地范围,新区规划控制总面积58.1平方公里,我县境内控规面积约43.8平方公里,涉及白界乡草海则、苏庄则、杨官海则、新开沟四个行政村,现有人口18062人,其中常住人口3674人,流动人口14388人。多年来,为加快西南新区的开发建设步伐,历届县委、县政府以及当地行政村投入大量的人力、物力和财才,推动新区的发展。但是,新区由于体制机制、城市规划、土地管理等方面的原因,整体开发建设举步维艰,进展缓慢。根据市委、市政府关于加快推进榆横一体化,建设百万人口中心城市的重大决策部署以及市委、市政府主要领导的指示精神,县委、县政府多次召开专题会议,在广泛征求意见、深入调研论证的基础上,进一步理清西南新区开发建设总体思路,即:按照科学发展观和"市县共建、以县为主"的基本要求,以基础设施建设为重点,以项目推进为支撑,以机制创新为动力,坚持统一领导、统一规划、统一建设、利益兼顾的原则,着力拉大城市框架,拓展城市规模,完善城市功能,提升城市品位,增强发展活力,用3—5年的时间努力将新区打造成功能配套齐全、公共服务完善、地方特色鲜明的榆林中心城市的后花园。一是加快基础设施建设进度,提升发展功能。全面加快道路、给排水、污水和垃圾处理、供热、供气、通信、绿化等基础和配套设施建设;二是积极推进重大项目建设,增强发展活力。重点推介、引进、包装、打造一批商贸科教、商业会展、仓储物流、商住等项目;三是切实强化区域社会事务管理,提高公共服务水平。通过加大行政执法监管、设立街道社区、组建公益事业运营公司等多种手段,采取横向与纵向、政府主导与社会化运作相结合的社会事务管理模式,全面提升新区社会事务管理水平。

【机构设置】　为规范新区管理,加快新区开发建设进程,根据2004年《榆林市人民政府关于印发榆林城区西南新区建设管理意见的通知》(榆政发〔2004〕74号)文件精神,经市编办批准,县上成立横山县榆林西南新区建设管理办公室,为县政府的派出机构,正科级建制,领导1正2副,事业编制12人,新区办公室的主要职责是负责西南新区的管理与开发建设工作,2011年10月份市编办批复将西南新区办升格为副县级。现有工作人员22人,其中领导班子成员有主任1人(副县级)、副主任2人(副科级)、监察室主任1人(副科级)、工会主席1人(副科级),非领导职务有:总工1人、主任科员2人、副主任科员2人、科员12人。随着新区开发建设的推进,县上相关部门陆续向西南新区迁址或设立派出机构,分别有白界派出所、响水地税所、响水国税所、响水林派所、西南新区法庭、西南新区流动人口管理办公室、西南新区交警中队、党岔工商所,西南新区双创指挥所等。

【规划情况】 新区是建设榆林百万人口城市的重要组成部分,是陕北能源化工基地的核心城市,也是未来榆林市本级公共设施服务中心和周边能源企业的城市综合性服务次中心;是晋陕宁蒙接壤的区域中心城市,也是面向大关中,带动陕甘宁,辐射大西北的核心城市。按照榆林城市总体规划,新区的发展功能定位主要以商住办公、医疗科教、商业会展及旅游观光、休闲度假为主的沙漠生态园林城市。新区功能构建由"一脊、五心"组成,即由民俗公园、中央公园、山庄公园、艺术公园、运动公园和生态公园为战略节点、顺山形地势而形成城市绿色屋脊,按功能布局打造创意之心、活力之心、文化之心、幸福之心和运动之心,形成生态、活力、智慧新城区。

【基础设施建设】 2004至2008年,新区的基础设施建设几乎处于停滞状态,没有实质性进展。对此,横山县两届人代会反映强烈,要求尽快实施新区建设。2011年6月份,县委、县政府决定先行启动实施新区苏榆路、草榆路、友谊路、老区西路、明珠路、兴达路、草杨路、榆杨路和铁路西侧主给排水管网(即:四纵四横一线),8条道路全长26.7公里,主给排水管网长5.54公里,工程概算总投资16.7亿元,已完成投资11.3亿元。此外,围绕政府统征土地,重新谋划建设榆横一路中段、榆横四路等9条市政道路,总里程22.14公里,估算总投资11.2亿元。目前,完成初步设计方案,正在完善相关报建手续。

【公共服务设施建设】 由于新区建设缓慢,供水、供热、供电、供气、污水和垃圾处理等公共服务设施建设十分滞后。根据项目建设需要,一是加快供水厂建设。与市住建局多次对接,在苏庄则村选址80亩用地,计划投资3600万元,建成一处日供水能力3万吨的供水厂。已完成项目选址。二是规范供电建设。目前,新区内的供电由榆横工业区供电公司负责,但线路基本沿现状道路架设,不符合规划要求,且供电极不稳定。为此,根据县政府安排,县政府安排资金6700万元,先期实施8条市政道路电力管沟工程,电力安装由供电公司承担。三是加强供气建设。于2009年准入横山县西南新区天然气公司,该公司已投入4600万元,铺设长输高压管线7公里、中压管网40公里、调压输配站1座,基本满足新区现有用气需要。该公司又自筹资金4000万元,进一步规范和提升供气建设。

【重点项目建设】 从2005年以来,西南新区内经县政府或县重点项目领导小组研究准入项目67个,其中有25个项目取得建设用地使用权。项目建设累计完成投资约9.42亿元,其中苏庄则村紫陌园小区完成投资8亿元,建成商业、住宅建筑面积34万平方米;锦华30万方加气混凝土生产项目,完成设备订购和施工厂房建设等工程,累计完成投资5000万元;草海则村明珠小区投资500多万元,完成场平、施工电路架设、工程规划和图纸设计等前期建设工作;白界乡综合服务中心投资80多万元,完成设计方案审查、场平等前期工作。为进一步加快项目建设,2012年7月份,集中开工推进紫瑞花园住宅小区等12个重点建设项目,计划总投资27.57亿元,总占地面积827亩。项目基本完成施工设计、规划审查、场地平整、地质勘探等前期准备工作,部分项目正在实施基础处理工程,累计完成投资1.42亿元。

【新区规划和管理】 西南新区由于2003年和2006年两次规划修编调整,对区域的发展建设受到一定影响,增加新区监管难度。为此,一方面积极配合市上加快总规和部分片区详规的编制工作,曾多次跑省赴京反复汇报新区实际,在积极争取和全力配合下,规划编制中尽最大化考虑了新区的实际。目前,榆林市第四版城市总体规划已于2008年6月份编制完成出台,第一片区6.2平方公里、第二片区11平方公里、第三片区23.2平方公里和第四片区13.97平方公里的详细规划也已编制完成。另一方面继续加大管理力度,采取"盯死看牢"的办法,坚决遏制违章乱建现象发生。

【社会事务管理】 目前,新区流动人口较多,社会事务管理相对滞后,特别是建成多年的平房居民区,脏乱差问题十分突出,严重影响城市形象。为此,正在开展专项整治工作。一是加强区域内创文和创卫工作的宣传教育工作。二是加强安全文明工地建设,强制要求各施工单位在作业区域设置安全防护墙、警示和指示牌,张贴公益性的文化宣传标语,对施工路段进行洒水防尘,并进行安全文明施工。三是加大创文创卫投入,对区域内的建筑垃圾和生活垃圾进行清运,对裸露的沙丘进行种草绿化和遮盖。按要求对闲置土地进行砖砌围墙,累计投资资金800多万元。四是加大城市综合执法工作,配合西南新区综合执法分局清理各类广告牌匾50余处,清除白灰厂1处,改善新区的市容市貌。

(雷叶玲)

榆林西南新区管委会

主　　任　王双孝
副 主 任　郭　武　高万权
监察室主任　张立勋
工会主席　王　东

空港生态区工作

【概况】 2012年,空港生态区管委会按照市委、市政府的安排部署和工作要求,进一步深化区域认识,理清工作思路,狠抓工作落实,促进空港生态区的各项工作顺利推进,较好地完成2012年确定的各项工作任务。

【组建工作机构】 空港生态区管委会成立以来,全面完成内部机构组织建设,各项工作有序铺开。一是组建干部队伍。管委会按照榆编发〔2012〕1号和榆编办发〔2012〕15号两个文件精神,设立5个内设机构,即综合办公室、经济发展局、投资服务局、建设局和土地储备中心,从市直有关部门和县区及市城投集团选调、选聘50名工作人员,全部到岗工作。二是落实办公场所。为确保管委会工作人员能够全身心投入到新区的开发建设工作当中,先期积极与市林业局对接,在新区腹地现公园管理中心落实办公场所。在市政府领导的支持下,进一步理顺工作关系,公园管理中心整体划转到管委会,手续正在办理。三是建立工作机制。在调研的基础上,管委会进一步明确细化各内设机构岗位职责及人员配置,制定年度工作计划,并以目标任务书的形式印发到各部门。为确保各项目标任务都能落到实处,管委会制定出台《榆林市空港生态区管委会公文管理制度》、《榆林市空港生态区管委会主任办公会议议事规则》等12项规章制度,进一步理顺管委会内部管理运行机制。

【摸清区域底子】 管委会会同市建规局、国土资源局等有关部门和榆阳区政府对空港生态区的规划用地范围做进一步的踏勘界定,并报市政府研究同意,重新确定四至界线为东起榆神高速、西至绕城高速西线以东,南起芹河北岸与芹河新区规划北界对接、北至绕城高速以北3公里处,总土地面积265平方公里,其中确定起步建设区为60平方公里。区域内涉及小纪汗、芹河、榆阳、牛家梁等4个乡镇,吴家梁、赵元湾、黄土梁、马家峁等21个行政村,马合农场、小纪汗林场、治沙所等3个国有单位,总人口约2万多人。区域内共有企事业单位和在建项目36个,其中车管所等9家事业单位,中能煤田、榆阳机场等8家企业,高尔夫球场、林业展览馆等19个在建项目。

【理清工作思路】 在进一步深化区域基本认识的基础上,管委会按照市委、市政府的战略部署要求,结合工作实际,初步提出空港生态区开发建设的工作思路和奋斗目标。

【总体思路】 空港生态区开发建设坚持以科学发展观为指导,秉承"立足生态、建好新区、做强产业、惠及百姓"的理念,全面把握好调整产业结构和转变经济发展方式这条主线,以行政管理体制和投融资体制的改革创新为动力,以产业和要素聚集为重点,以基础设施和项目建设为支撑,着力推行"产城一体化"发展模式,提升空港生态区的综合实力和辐射带动能力。

【发展目标】 管委会将按照"三年出形象、五年大变样、十年大跨越"的工作要求,通过5—10年的努力,把空港生态区打造成为"一区、一地、一极、一花园"的城市新区,即:榆林市推进产业结构调整、转变经济发展方式的示范区,扩大对外开放的新高地,绿色GDP快速增长的重要一极,观光、旅游、休闲、度假的中心城市后花园。

【基本原则】 一是规划先行。空港生态区的开发建设必须立足当前,放眼长远,从一开始就确立规划的龙头地位,强化规划的引领和宏观调控作用。二是重点突破。坚持先易后难,先小后大,先硬件建设后软件建设,先基础设施建设后产业拉动。三是突出产业。以综合交通枢纽为依托,突出生态文化、科研孵化、现代服务、商贸物流产业发展,跨越工业化、城镇化的渐变历程,强化产业支撑,优化产业布局,实现优势产业集聚。四是改革创新。解放思想,敢破善立,勇于开拓,着力推行"三新",即新体制(新的行政管理体制、新的投融资体制)、新功能(宜居、宜业、宜商、宜游)、新形象(生态化、现代化、智慧化)。

【规划编制工作】 管委会积极会同市建规局共同组织实施了新区概念性规划的国际招标工作,并于8月2日评审确定由上海城市规划院和西安规划院编制空港生态区总体规划深化方案,之后通过多次征求意见和论证,最终确定由西安建科大编制总体规划,于12月18日通过专家评审,现已进入了程序性审批。同时,加快委托编制道路交通、文化旅游、智慧城市、城市绿地及产业规划等5个专项规划。

【土地统征】 在宣传动员的基础上,主动开展工作,对规划范围内的土地利用情况进行摸底调查、勘察定界、并标识上图。通过与榆阳区涉地乡(镇)政府、村委会和项目单位负责人的多次座谈,达成土地统征共识,目前,实际完成土地收储917亩,达成征收意向有4500亩。

【项目建设】 重视项目策划。为确保空港生态区在2013年能够实质性启动建设,初步策划5大类14个项目,概算投资23.845亿元,2013年度计划投资12.88亿元。重视项目前期工作推进。完成机场路与榆乌路连接线和榆神高速延伸线等2个市政道路项目托施工图设计。另外,空港生态区排水管网项目、净水厂、奥体中心、会展中心和总部经济大厦等项目前期工作有序推进。重视招商引资项目对接。管委会积极参与各类招商活动,并与有关投资商对接洽谈,初步确定社会事业、产业发展等2大类11个意向入区项目。

【四城联创工作】 管委会成立以来,积极按照市委、市政府的统一安排部署,于9月7日专门召开空港生态区四城联创工作动员大会,组建工作机构,印发实施方案,与辖区有关单位签订目标任务书,全面展开四城联创工作。

(艾 虎)

榆林市空港生态区管委会

主　　任　王永胜
副 主 任　雷亚成
党工委副书记　高　渤
副 主 任　姜　凯　呼克新

榆阳芹河新区产业园区建设工作

【概况】　榆阳芹河新区产业园区是中共榆阳区委、区政府贯彻榆林市委、市政府“新区带动、板块推进、拉大框架、组团发展、提升品位”战略发展的实验区,是陕北国家级能源重化工基地的重要构成板块。根据2011年9月20日榆林市政府第19次市长办公会议纪要要求,榆阳区政府于2011年12月14日成立榆阳芹河新区产业园区筹建领导小组。

榆阳芹河新区范围东起榆林卫校东侧南北干道、南至明长城沿线、北至芹河沿岸及延伸区域、西至中石油榆林压气站东。功能布局为“一衔一基地两区两中心”,即建成榆林市金融街、中省企业总部基地、中心城区副食品集散中心、信息交易中心、高档休闲居住区和市、区保障性住房承载区。榆阳芹河新区规划控制面积56平方公里,其中近期37.55平方公里。榆阳芹河新区以《榆林市现代产业体系总体规划》为纲领,坚持集约、集聚、环保的原则,依托榆林中心城区,错位发展,以弥补中心城区产业空白为抓手,拓展城市空间,以入驻榆林的大中型企业为服务对象,以建设榆林金融中心、企业总部经济、企业生活服务中心等现代化服务业为重点任务,努力将园区打造成为集教育文化、医疗卫生、商贸物流、金融、高端房地产及生活服务为一体的综合性卫星新城。榆阳芹河新区根据自身优势和资源禀赋,发挥衔空港、靠高新的优势,秉承“特色化、集群化、生态化”的理念,实施“大项目带动、大产业聚集、高科技支撑、集约化推进”方略,把握区域产业传递节奏,彰显特色,错位互补,打造人文新区、生态新区、品牌新区、和谐新区。

【新区建设】　2012年1月份榆阳芹河新区筹建领导小组办公室用时1个月完成对新区范围内的地形、地貌和地类测绘,出台《关于启动建设榆阳芹河新区的工作方案》。2012年1至2月份,在榆阳区芹河乡党委、政府的支持配合下,新区建设领导小组与国土局配合征得国有土地13.78平方公里;5月与小纪汗林场达成协议,对其范围内1平方公里土地进行征用;2012年全年度共征回国有储备土地14.78平方公里,兑现征地款1亿元。榆阳芹河新区现共计征回国有储备土地15.7平方公里,完成市、区两级政府下达的首期征地任务。根据榆林市政府相关会议精神,榆阳芹河新区坚持“规划立区”理念,委托陕西省城乡规划设计院,及时启动榆阳芹河新区总体规划编制工作。2012年经过先后6次评审,通过榆阳芹河新区24.08平方公里的《榆阳芹河新区总体规划》;《榆阳芹河新区控制性详细规划》已完成3次评审,已上报榆林市等待最终审批。2012年榆阳芹河新区聘请中国建筑设计研究院和陕西德赛公司全面加快对新区的中东部和中西部两个核心区修建性详规的编制,重点对中心商务区、行政办公区进行单体设计;芹河大街、纬四路两条新区十字交叉主干道(8.7公里)的施工图在10月底已由华北市政设计院设计完成,土方工程施工图已交付成果,全部设计已于12月完成。

2012年10月榆阳芹河新区启动建设占地100亩、1200套的榆阳区保障性住房工程;同期完成榆林市级1200亩保障性住房前期各项准备工作,预计工程于2013年全面启动;审计部门审计并通过榆阳芹河新区路政管网设计预算,拟订方案按照BT模式进行招标程序,招标的手续于2012年底完成。

【产业引导】　榆阳芹河新区在产业引导上坚持高标准,严禁污染产业和落后生产能力转入,着力推进产业结构调整,构建现代产业体系,重点打造先进的现代服务业、生态旅游观光业、未来教育、高端地产等产业集群,深入推进循环经济示范,促进资源节约集约利用,推进形成新区和老城区功能互补、错位发展的城市发展新格局,提升自我发展能力。在2012年第十六届中国东西部合作与投资贸易洽谈会上,榆阳芹河新区与红星美凯龙集团、鄂尔多斯万兴隆工贸有限公司、深圳铂金科技有限公司签订投资意向书;在2012首届榆林汽车产业博览会暨项目投资招商会上,与元阳博物院、榆林附中、江苏尚书教育投资公司等项目单位签订投资协议;2012年榆阳芹河新区引资总额累计65.6亿元。

（史晓东）

榆阳芹河新区筹建
领导小组办公室

主　　任　刘　瑜
副 主 任　纪志荣　马盼龙
　　　　　李建维　艾文华
总工程师　杨　君

东沙新区建设工作

【概况】　榆林市东沙新区位于榆林市区东部,根据榆林城市总体规划和市委、市政府《关于加快榆林中心城区建设的若干意见》精神,并且按照“新区带动、板块推进、拉大框架、组团发展、提升品位”城市发展理念,整合现有资源、调整产业结构,按照可持续发展的大东沙思路,市政府决定开发、建设的重要城市板块之一。东沙新区管委会为正县级建制,编制20名,在编人员10名,聘用6名。

【规划编制】　2013年,完成东沙新区总体规划和东沙新区核心区控制性详细规划。东沙新区总体规划由榆林市城乡建设规划局主持,西安建筑科技大学城市规划设计研究院具体负责编制。总体规划范围东至榆阳区麻黄梁工业集中区东边界，西至榆绥高速，南至榆林汽车产业园南边界，北至榆林现代农业科技示范区北边界，总面积167.2平方公里。分为东沙新区核心区、榆阳区麻黄梁工业集中区、榆林现代农业科技示范区和榆林汽车产业园四个板块。东沙新区核心区控制性详细规划由榆林市城乡建设规划局和榆林市东沙新区开发建设管理委员会主持，西安建筑科技大学城市规划设计研究院具体负责编制。核心区规划范围东至榆林汽车产业园西边界，西至榆绥高速，南至青云沟，北至榆常路，总面积18.2平方公里。分为综合服务区、物流区和轻工区三个片区。

【发展定位】 东沙新区是榆林城区的重要组成部分，承担着榆林城区向东拉大框架的历史使命，在定位上以优美的人居环境、完善的现代服务、齐备的社会事业功能、清洁的物流、轻工产业园为主，兼顾旅游、观光、娱乐、休闲等，超前一次规划，分期逐步实施，辖区西部重点以人居为主，向东逐步过渡到产业园区。

【产业布局】 产业总体布局上，在远离市区的新区东部，以榆阳区麻黄梁工业集中区为依托，利用煤炭优势和榆佳高速、运煤专线及运煤铁路的优势，发展煤化工业及相关下游产业。在新区北部城市近郊地区，依托榆林现代农业科技示范区，发展特色农业、设施农业及农产品加工业等相关产业。在新区南部紧邻核心区范围，依托榆林汽车产业园，发展以汽车生产、销售和汽车运动为主的汽车产业。在新区西部紧邻老城区范围，新建东沙新区核心区，作为中心城区的东部拓展区。核心区从产业布局上分为综合服务区、物流区和轻工区三大部分。综合服务区利用靠近麻黄梁工业集中区、榆佳工业园区以及210国道金鸡滩至锦界一线工矿企业的优势，打造陕北国家级能源化工基地的后勤科研保障基地。同时，大力发展医疗、教育、养老等社会公共事业，优化居住环境，打造榆林高档次、高品质、低容积率的高端生活片区。物流区利用紧邻210国道，榆麻路，榆神、榆绥、榆佳高速及规划铁路的交通优势，配合片区工业生产，着力发展综合物流业，构建集生产服务型物流与商贸服务型物流于一体的综合大型物流基地。轻工区结合区域产业分工与榆林现有轻工企业，承接榆林传统轻工业优势，推动轻工业转型，发展食品加工、服装加工、毛纺加工等清洁环保的传统轻工产业。

（刘伟巍）

中国共产党榆林市东沙新区开发建设管理工作委员会

书　记　王成继（兼）

榆林市东沙新区开发建设管理委员会

主　　任　苗　丰（兼）
常务副主任　王海洋（兼）
副 主 任　马继彪　贾晓东

城投集团公司工作

【概况】 2012年，城投集团公司在市委、市政府的领导和支持下，围绕“夯实基础、谋求发展”的战略部署，以“树立两个精神、坚持三个依托、实施八大目标”的总体发展思路，以打造可持续发展的政府融资平台为指导思想，以做实公司资产，做大公司业绩，增强公司市场竞争力为目标，夯实责任，锐意进取，努力推动五大业务板块，各项工作取得了较好进展，全年落实融资23亿元，偿还银行贷款本息及债券利息7.7亿元，完成投资近30.7亿元，实现营业收入近3亿元，为榆林经济跨越式发展和区域中心城市建设做出较大贡献。

【投融资工作】 为确保城市建设项目和公益事业项目的顺利推进，避免因资金链断裂而导致各项建设受阻，积极探索融资方法，拓展融资渠道：一是以限价商品房为募集资金项目启动二期15亿元企业债券的发行工作，现二期债券已于11月27日获得国家发改委正式批准，于12月10日落实到账；二是与兴业银行、陕国投合作，利用信托模式补充公司营运资金8亿元；三是利用BT模式融资，撬动民间资本近9.29亿元，其中，中心医院概算批复总投资4.79亿元、绕城快道Ⅰ、Ⅱ标段招标总价4.5亿元，解决中心医院、绕城快道建设资金不足的问题；四是与交通银行合作，签订贷款合同10亿元；五是启动私募股权基金的发行工作，现已与深圳市中科招商股权投资管理有限公司就合伙协议和议事规则达成一致意见，相关资料已报市政府待批。2012年，城投集团完成总投资30.7亿元。其中：重大社会事业项目（包括新闻大厦、科技馆、职业技术学院、儿童福利院后续费用等26个项目）完成投资11.7亿元，气化榆林项目完成投资1.5亿元，自营项目完成投资1.5亿元，土地购置支出16亿元。此外，通过下属子公司榆林市国信融资担保有限公司向榆林中小企业提供贷款担保，现已累计为17户民营中小企业提供贷款担保1.5亿元，这些企业涉及的行业有农贸市场、服装生产、油气勘探、工程服务、汽车销售、建筑工程及煤炭能源类等行业，解决市民营中小企业融资难的问题。

【自营项目拓展】 为给重大社会事业项目建设提供可靠的资金保障，城投将工作的中心转移到自营项目开发上，加强领导、强力推进，不断拓展业务、做大实体、充实资产，努力增强城投集团“自我造血功能”，各项工作取得良好进展：1. 房地产板块。一是与辽宁佳美房地产开发公司合作启动建安小区项目前期工作，现已完成立项、可研等批复手续及征补前期工作，规划设计方案已上报市规划局评审；二是军分区弹药库改造项目旧址403亩土地已完成过户手续，其中76亩土地正在申请挂牌，剩余327亩土地申请办理农用地转建设用地；三是明珠广场项目正在办理前期手续；四是人才公寓楼项目主楼已具备初验条件；培训楼已确定深化设计方案，即将启动施工图设计工作；五是完成定边工业新区100亩土地摘牌手续及与相邻地块合作协议，力争年底完成设计方案评审；六是中心商住区3#地块弘景大厦项目主体施工至地上6层；七是中心商住区4#地块航宇大厦项目已完成图纸设计和招投标工作；八是中心商住区5#地块榆溪雅园项目一期项目5栋单体建筑主体已全部封顶，一期地下车库工程已完工，正在进行砌体施工；九是完成中心商住区5#、13#、15#地块共计262亩土地摘牌工作；同时，中心商住区15#地块平房片区改造项目已完成可研编制和相关手续报批工作，现已签订部分征收安置协议；十是正在办理党校南郊旧址10亩土地出让手续，已经完成规划设计评审前期工作；十一是凌霄广场改造项目已与北京华盛凯富国际投资有限公司合作成立榆林城投凯富置业有限责任公司，负责实施凌霄广场升级改造项目，现正在配合进行方案设计评审等前期工作。2. 多种经营板块。一是担保公司新增担保额11490万元，全年实现担保收入300万元，开业至今零代偿；二是今创传媒公司营业收入191万元，入账183万元。青山路5块电子阅报栏预计年底前建成；三是通用航空公司已完成赛斯纳T206H固定翼飞机与罗宾逊R44直升机的经营许可和运行合格审定等事宜，完成6架赛斯纳208飞机托管业务，预计2013年正式投入运营；四是一卡通公司已正式注册成立，正在与多家运营商和银行进行磋商，计划在小额消费、手机支付等领域推广一卡通。

【统建代建项目】 公司先后承担34个统建代建项目的建设任务，概算总投资预计75.09亿元，现已累计完成投资约22.18亿元，资金来源除项目资本金外，主要依靠公司融资完成。一年来，共开展26个项目，其中：续建项目10个，新开工项目8个，前期项目8个。1. 续建项目10个。新闻大厦项目主楼幕墙铝型材完成95%，安装工程完成80%，地下车库车道建构工程和裙楼石材幕墙全部完成；职业技术学院项目1#公共教学楼，2#专业教学楼、4#实训中心、地下停车场、行政办公楼、1#学生公寓、后勤服务用房已进行了初步验收；科技馆项目室内装修完成90%；档案馆项目完成室内、外装修工程和室外地源热泵井工程；法院项目主楼主体封顶，填充墙砌体工程已完成，审判庭主体钢筋、模板、砼浇筑完成；人防0901项目正在启动信息工程，其余工程已全部完成；南城墙修复工程完成外围护工程现有图纸全部工程量；市中心医院新建（二院迁建）项目主体已封顶，正在进行门诊楼、病房楼砌体工程；三院项目已完成立项、规划、土地等全部前期手续；绕城快道完成了8.3公里路基、桥梁下部结构、右幅梁板架设及6.5公里下沥青混凝土面层施工工作。2. 新开工项目8个。职业技术学院成人教学楼、图书信息大楼主体封顶；西城墙修复工程完成城墙外侧包砖98%工程量，军分区段修复工程全部完成；计生服务楼主体封顶，砌体工程已完成；口岸行政功能区项目已完成海关大楼、检验检疫办公楼、电子口岸办公楼主体工程；军分区项目已完成基坑开挖；榆林市检察院已完成技侦楼基础工程；同心楼于10月下旬正式开工，现已完成基坑开挖。3. 开展前期的项目8个。体育中心项目目前已基本确定总体规划和项目选址，正在进行土地预审等前期手续的办理工作；会展中心项目正在进行可研等前期工作；会议中心、文化艺术中心正在进行方案设计完善和选址工作；博物馆、图书馆及统建大楼项目均已完成前期手续；第二污水处理厂项目已完成前期手续，并通过发改委立项审批。在抓好统建代建项目建设的同时，不断探索尝试，创新技术，工程项目亮点频现：中心医院项目成为榆林改革开放以来单体建筑面积最大的工程，新闻大厦项目完成西北地区重量最重的钢连廊提升工程，档案馆项目双层呼吸式玻璃幕墙、地源热泵工艺开创榆林节能工艺的先河，特别是其博古架工程QC成果更获得省级一等奖、国家二等奖。

【气化榆林工作】 公司控股子公司榆林中燃公司以“气化榆林”为经营目标，全面推进天然气综合利用项目。一年来，完成投资约1.5亿元，累计完成高压天然气管线工程铺设安装约90公里；中压天然气管线铺设110公里；低压天然气管线安装50公里；已建成天然气门站9座，其中马家峁、金鸡滩、有色金属园和三岔湾四座门站已经验收通气，锦界和镇川门站预计年底通气，长庆末站、前湾滩和空港生态区门站预计明年初通气。实现通气点火民用户2221户、工业用户2户，安全供气近400天。正在策划天然气调峰储存项目（LNG），并逐步探索开展煤层气资源等其他天然气利用领域的研究和开发。策划启动控股公司榆林中燃公司的股改工作，现会计事务所已经进驻公司并着手启动股改相关工作。

【进驻空港生态区工作】 为缩短开发周期，积极实施“并行工程”，即同时实施规划、土地收储和招商引资工作：一是通过国际招标，引进国际高端策划公司进行适度超前、高标准的新区修建性详细规划，现规划方案正在策划中；二是完成空港生态区2917亩土地的收储工作；三是对空港生态区进行功能定位策划，初步定位将空港生态区打造成西部比邻省、区、市的交通枢纽区、现代物流区、总部经济区、研发孵化区、生态宜居区，引进高端掌握核心技术的大型央企建设云计算中心，并以智慧城市建设为切入点，将空港建成西部商品交易中心，交互设备、传感设备的加工生产中心，西部文化创意核心区。积极策划储备十大项目进驻空港，其中，机场路与榆乌路连接线已完成项目前期手续报批及招标工作，具备开工条件；榆神高速延伸线至机场高速已完成前期工作；空港区净水厂、空港垃圾处理厂正在进行规划设计；会展中心项目正在进行可研等前期工作；砂产业示范园项目进入策划阶段。此外，奥体中心、会展中心、文化艺术中心和会议中心等4个项目选址也确定在空港生态区。

（刘　苗）

榆林市城市投资经营集团有限公司

董事长、总经理　王永胜
常务副总经理　王　勇
运营总监　王生龙
副总经理　张朝旭
　　　　　齐志鑫
总工程师　马　波
副总经理　田亚斌
　　　　　杨　文
总经理助理　郭有珍

环境保护工作

【概况】 2012年,在市委、市政府领导和省环保厅指导下,以科学发展观为指导,以保障和服务经济社会又好又快发展为己任,围绕在发展中解决环境问题,通过解决环境问题保障科学发展的总体思路,抓污染减排,强化污染治理,严厉打击环境违法行为,各项工作取得积极进展,为全市经济社会持续跨越发展提供支撑。

【主要污染物减排】 2012年,是实施"十二五"减排规划的第二年,也是实施四项指标考核的第一年,省上下达本市年度二氧化硫、氮氧化物、化学需氧量、氨氮四项指标较2011年分别削减2.2%、0.5%、1.5%、1.1%。年初,在全面总结2011年减排工作的基础上,制定并印发《榆林市2012年度环保目标任务及考核办法》和《榆林市2012年度主要污染物总量减排工作实施方案》,将任务分解下达各县区、有关部门及重点企业。按照向结构减排要空间、向工程减排要潜力、向管理减排要效益的总要求,狠抓各项减排措施落实。一是狠抓结构调整促减排。以兰炭及涉兰炭行业整合提升为契机,按照产业结构优化升级要求,对一些高污染、高排放的落后产能,坚决予以淘汰限制,关、停、并、转一批不符合要求的企业和生产线,通过结构调整,促进污染减排,为新建项目腾出了环境容量。二是强化工程措施保减排。以火电企业脱硫脱硝和污水处理设施建设为重点,强化工程减排措施落实。建成兰炭尾气脱硫、污水处理设施27套,化工企业自备电厂烟气脱硫系统3套、生产废水处理设施2套;开工建设国华锦能、陕西德源、府谷清水川3户火电企业脱硝工程和47户规模化畜禽养殖企业综合治理;启动了榆林城区、神木等8座污水处理厂提标改造工作。三是严格环境监管抓减排。以污水处理厂、燃煤电厂脱硫设施为重点,狠抓运行监管,对已建成烟气脱硫设施的3户火电企业实施旁路封堵,确保稳定达标运行。加强在线监测和中控系统建设与运行管理,健全减排统计监测台账。加强机动车尾气污染治理,建成机动车尾气监测站4个,开展机动车尾气检测,定期检验率85%以上。经初步测算,预计全市二氧化硫、化学需氧量、氨氮三项污染物分别可削减2.35%、1.68%、1.2%,完成年度目标任务。氮氧化物减排由于火电企业脱硝工程正在实施,尚未形成减排效益,预计较去年上升2%。截止12月11日,榆林城区空气质量全年好于二级的天数达到319天,同比增加3天,其中,达到一级标准的天数为50天,同比增加8天,创有监测记录以来最好水平。无定河、窟野河、秃尾河三条河流出境断面水质全部达到功能区划要求,其中,无定河米脂断面水质由四类改善为三类;集中式饮用水源地水质达标率为100%。

【环境执法】 按照中省统一安排,市环保、发改委等九部门联合制定下发《榆林市整治不法排污企业保障群众健康环保专项行动工作方案》,先后组织开展重金属行业整治、污染减排、环保后督察等10个专项执法检查活动,累计出动执法人员1.45万人次,检查企业1680多家次,立案211家,结案205家。累计罚款2234万元。严格排污费征收管理,截至11月底,全市累计征收排污费1.736亿元,同比增加25.6%。加强环境信访工作,建立全市"12369"环保投诉热线智能管理系统,配备专门的办公场所和工作人员,实行24小时值班。受理群众投诉信访案件304件,办结296件,办结率97%。加强环境应急工作,重新修订完善《榆林市突发环境事件应急预案》,成立应急协调领导小组和专家库,在榆阳、神木、府谷、靖边4个能化产业集中的县区建立突发环境事件应急物资储备中心,购置一批应急物资。根据本市产业特点,制定《原油泄漏突发环境事件应急处置办法》和《涉兰炭企业氨水泄漏处置技术规范》,指导和规范企业应急处置工作。全年共妥善处置环境污染事件5起,未形成一起污染事故,确保全市的环境安全,维护群众的环境权益。

【环保准入工作】 严格环境影响评价和"三同时"制度,严把环保准入门槛,坚持"以新带老"等措施,从源头上控制新污染产生。一是严格建设项目环评管理,坚持做到"六不批",即不符合产业政策、工艺落后、污染转嫁、位于环境敏感区、不在规划园区、没有总量指标的项目一律不批,从源头上控制新污染的产生。对简单低水平重复建设、"两高一资"和产能过剩的10个项目设置"防火墙",作出退回报告书、不予批复或暂缓审批的决定。二是加强环保"三同时"管理。出台《榆林市建设项目环境监理试点工作方案》,在现已开展的水利、化工、交通、电力、矿产资源开发五大行业的基础上,逐步增加涉及自然保护区、饮用水源保护区、风景名胜区等环境敏感区以及污水、垃圾处理等涉及公共卫生安全的建设项目。三是建立项目审批"绿色通道",服务经济发展。严格落实"便民高效、公开透明、接受监督、廉洁自律、公平公正、严格审批、强化验收"环评七项承诺,对涉及民生、生态保护等项目开辟绿色通道,为全市经济社会的又好又快发展保驾护航。

【农村环境保护】 为保护和改善农村环境,提高农民生活质量和健康水平,去年12月2日,市委、市政府出台《关于加强农村环境保护工作意见》(榆字

〔2011〕70号文件),提出“十二五”全市农村环保工作总的目标是:到2015年要实现全市农村环境状况明显好转,农民生活和生产环境改善;总的要求是:2011年启动,2012年试点,2013年至2014年全面实施,2015年要全面完成各项任务。按照市委、市政府的总体部署和安排,市政府印发《榆林市2012年度市直部门农村环境保护目标任务及考核办法的通知》,对年度工作任务予以分解下达。制定下发《榆林市市级生态县、乡镇、村建设标准(试行)》,全面启动榆林市及12县区生态创建规划编制和生态示范创建工作,开展12个生态乡、36个生态村创建,其中,榆阳区黄家圪崂等10个村通过省级生态示范村验收。为全面总结和推广生态创建先进典型,9月份,市政府在靖边召开全市农村环保工作流动现场会,现场进行观摩交流,对生态创建工作进行再动员、再部署。对纳入年度国家减排重点的3户养殖企业和省级的47户企业进行集中培训、重点督办,在资金上给予支持,年内将全部建成规范的污染治理设施。积极争取中省支持,神木红碱淖被国家列为2012—2014年度湖泊生态保护示范项目,获中央环保专项资金支持3亿元,通过实施污染源治理、环湖保护带生态修复、入湖河流水污染治理与清水产流机制修复、水资源保障、生态保护基础建设和综合管理体系建设等6大工程,计划用3年时间全面修复红碱淖流域的生态环境,改善红碱淖的水质,增加流域内的生态环境支持能力。其中,首批1.1亿元资金已经到位,正在规划实施之中。

【环境监测工作】 围绕环境管理中心工作,以说清环境质量状况和预测变化趋势为己任,开展环境质量年创建活动。一是加强污染源监督监测。完成90家国控、省控污染源和11家污水处理厂监督性监测,共报出有效监测数据4907个。二是全面完成各项常规监测任务。完成黄河国控断面和榆溪河、无定河、窟野河三条河流省市控8个断面及降尘、酸雨、国家沙尘暴网络常规监测任务及18个城市集中式饮用水源地的水质监测,共获得有效监测数据2122个。三是加强环境应急监测工作。完成佳芦河甲醇泄漏、靖边县大路沟长庆采油三厂单井输油管线泄漏、府谷新城川焦油泄漏3起环境应急监测,完成“神舟九号飞船”整流罩残骸应急监测任务。

【环境宣传教育】 建立榆林市环境保护局网站,与各新闻媒体建立环境保护宣传联席制度,在《榆林日报》、榆林电视台开辟“关注环保”和“环保时空”栏目。“6.5日世界环境日”期间,市长陆治原在榆林日报发表《加强环境保护实现绿色发展》、《营造节能氛围发展低碳经济》署名文章,分管市长艾保全在榆林电视台发表电视讲话,举办榆林市第三届“环保杯”书法篆刻作品展。据统计,全市社会各界参与环保宣传的人数14万,发放各类环保、绿色、低碳等方面的宣传资料17万(份、册),发放环保宣传品5万多个、宣传挂图4000多幅、宣传展板500多块,悬挂各种宣传横幅、条幅1500多条,向移动、联通手机用户发送环保短信近40多万条。在市级以上媒体刊播环保新闻200余篇(次)。通过加强环境宣传教育,进一步提升全民的环境意识,营造全社会关心、支持、参与环境保护工作的良好氛围。

(李　强)

榆林市环保局

局　　长　赵　勇
副 局 长　张　静　薛占山
　　　　　郝亚雄
纪检组长　朱维胜
副 局 长　赵亚雄　窦智谋
　　　　　刘　飞
副调研员　侯小萍

环境保护督查工作

【概况】 2012年,陕北督查中心抓住陕北地区重点环境问题,有的放矢,注重督查效能,多措并举,深入开展督查工作。

【专项督查工作】 一是对延安、榆林两市市以下城市污水处理厂进行专题督查。2月至3月,对两市市以下27个城市污水处理厂建设运营情况进行专题督查。针对检查发现的22个污水处理厂存在的环境问题。陕西省环保厅在延安、榆林两市分别召开由两市政府、污水处理厂相关市级职能部门,各县区政府分管环保工作的县(区)长、环保局局长、污水处理厂主管部门和污水处理厂主要负责人参加的通报会,并向两市发出污水处理厂减排预警,反响强烈。二是组织开展陕北煤炭和电力行业建设项目环评和“三同时”执行情况专项督查。5月份,对延安、榆林两市境内省以下审批的116个煤炭资源整合项目和208个煤炭洗选项目进行抽查。对环境问题比较典型的7家企业由省环保厅予以立案查处,对其余环境问题由陕西省环保厅致函两市环保局进一步调查核实,依法依规予以处理。三是持续推进长庆、延长两大石油集团三年环保规划执行情况专项督查。7月份,会同延安、榆林两市环保局、两大石油集团组成联合检查组,对两大石油集团2011—2013年三年环保规划落实推进情况进行专项检查。就检查情况组织召开了由两大集团、两市环保局等部门参加的通报会,并就检查情况通报两大石油集团,提出相应的整改建议。四是组织开展省级以上审批工业园区专项执法督查。9月份,对延安、榆林两市省级以上审批的32个工业园区规划环评执行情况和园区污水处理厂、垃圾填埋场建设运行情况进行专项检查。针对24个工业园区普遍存在的“环评”“三同时”制度执行不到位,环保基础设施严重滞后;园区管理机构不健全,应急处置体系未建设等问题,向两市政府致函,要求督促有关县区和部门抓好整改落实工作。五是力促兰炭及涉兰炭行业整合提升工作。2013年6月,是榆林市兰炭及涉兰炭行业整合提升工作完成时限点,为进一步促进整合提升工作，在多次检查的基础上，10月份，再次会同榆林市环保局对榆林市兰炭和涉兰炭企业较为集中的榆阳区、神木县、府谷县、佳县的兰炭及涉兰炭产业整合提升及污染防治工作进行督查，重点抽查60万吨以上兰炭及涉兰炭企业36家。并就兰炭和涉兰炭企业基本情况、整合提升工作进展情况、存在问题、意见及建议再次向榆林市政府致函。

为注重督查效能，使查、处、改有效串联起来，陕北督查中心采取召开通报会、约谈、下发督查通知、挂牌督办、限批、行政处罚等措施，使督查发现的问题引起了有关部门的重视，促进整改。

【热点难点环境问题督查】 针对延长石油集团直罗采油厂、王家川采油厂污水处理厂建设进展缓慢，严重滞后于产能发展问题，在省级挂牌督办的基础上，进行限批，为加快企业环保基础设施建设进度，陕北督查中心进行多次现场督查和约谈，两家企业污水处理厂基本进入收尾阶段，将投入运行。针对榆林市榆横工业园区煤化工南区配套污水处理设施建设严重滞后，致使园区内的延长煤化公司生产废水渗坑排放问题，由省环保厅予以挂牌督办，并对违法排污企业处罚100万元。引起有关部门重视，市委和政府主要领导多次召开专题会议和现场办公会议，要求加快工程进度，部分设施已建成。陕北督查中心加大两市重点减排项目的日常和专项督查力度。重点开展火电企业脱硫设施和城市污水处理厂运行情况专项督查，并对国控、省控企业在线监控设施运行情况进行排查，力促减排。

（屈军锋）

陕西省环境保护厅
陕北环境保护督查中心

主　　任　龚国明

副 主 任　梁文忠　王俊祥

邮政工作

【概况】 2012年，榆林邮政围绕全年总体发展目标，把握地方经济快速发展机遇，持续强化“发展要有激情，服务要重细节，管理要抓节点，队伍要强素质”的发展方针，取得一定的发展成效。全市邮政总收入2.01亿元，同比增长15.73%，其中，代理金融类业务实现收入9910.74万元，增长16.49%；邮务类业务实现收入6813.32万元，增长24.59%；速递物流类业务实现收入2344.82万元，负增长9.52%。劳动生产率为14.69万元；企业有效收入占比为62.60%。

【金融类业务】 为推动业务发展，市局相继出台金融业务发展办法，开展劳动竞赛活动，本年邮储余额新增8.83亿元，余额总规模43.09亿元；累计拓展公司业务162户，全年公司业务余额4.03亿元，年净增1.36亿元；累计新增保费2608.45万元，增幅列全省第一；大理财业务累计销售17.42亿元，完成自定计划183.42%，尤其是人民币理财业务发展迅速，累计销售17.38亿元，居全省第二位；全年新增代发金额4690万元，新增代发户1.36万户，累计代发金额19.12亿元，代发99.34万户；全年新增手机银行客户60356户，是全省首家完成计划的单位；累计结存商易通客户（含助农取款商户）2522户，结存规模居全省第一位，客户资金沉淀3508.52万元，户均余额1.39万元；助农取款点数量277个，提前完成全年新增计划。

【邮务类业务】 函件业务：推出魅力榆林明信片、黄土风情礼品册、印象榆林钱币册、旗帜等产品。账单业务继续保持全省领先位置，并连续四年成功开发养老保险和住房公积对账单，新开发的长安银行账单业务收入创全省新高。数据库商函、少儿书信活动开展，2013年贺卡项目完成；包件业务：春茶包裹、校园包裹、爱心包裹项目均居全省前列；报刊发行业务：2013年度大收订工作完成，《榆林日报》再次实现代投，畅销报刊、第三方订阅业务、图书零售、商务期刊、文化礼盒、校园报刊等项目有效开展；集邮业务：新邮预订、企业形象年册、库存盘活全面完成，并与上海造币总公司达成开发榆林主题贵金属产品协议，成为上海造币在榆林的特约经销商。与市委宣传部合作开发《人文榆林》形象册；电子商务业务：提前三个月完成省公司计划，收入实现翻番，同比增幅、计划进度均列全省第一位，专业收入规模跃升全省第二位。邮政短信规模增长、代收款（费）业务种类不断丰富、新增11个火车票代售点、新项目开发成效明显、便民驿站稳步推进、票务中心支撑功能凸显、网购项目有所突破、多项经营指标名列全省前列。分销业务：“真酒传情”“大中秋”月饼专项营销“农佳汇—健康有礼自然到家”“端午邮情”等项目开展。

【速递物流服务】 速递业务：加大市场调研、能力投入、督导考核和通报力度，以“西安—榆林”航空邮路的开通为契机，提高揽投服务质量，各项考核指标进一步提高。物流业务：加强内部管理，节约可口可乐配送成本开支、以防寒服寄递等扩大中邮快货业务收入规模。

【服务细节】 在服务细节上，践行“关爱用户”、“用户是亲人”和“金牌服务，用户满意百分百”等服务理念，不断细化服务管理，延伸服务触角，丰富服务内涵，促进服务质量进一步改善。对于易产生服务问题的细节部位和重点部位，开展经常性的检查视察工作，并对违反业务规定、屡禁不止、被媒体曝光等对企业造成不良影响的单位和个人加大了处罚力度。在窗口统一配发客户意见本、用邮指南、邮政编码本等用品用具，制定科学合理的营投服务质量考评体系，采取按月通报，季度评比的方法，巩固网点建设达标成果。对大客户开展维护活动，提升VIP客户服务水平，对客户使用文明用语，帮客户排忧解难，以真诚服务感动客户。

组织全市邮政营业人员礼仪培训,全市经营部主任、班组长、网点负责人等各类规模大小不等的技能培训和素质教育活动,切实增强服务意识和服务水平。

【内部管理】 加强对邮政营业的日常作业和网路邮运组织的管理,加大对投递环节的投递车辆、分拣打印终端、无线扫描枪、PDA等设备投入力度,同时在5个重点县局成立速递揽投部,改善投递能力;强化网点改造力度和安保工作,改建邮储网点6处,购置防弹玻璃、电视监控、联动互锁门和运钞车辆等安保设施,并对市局生产大楼的消防系统进行更新;围绕"为民服务、创先争优"活动的考核标准,加大业务检查频次和深度,对全市所有营业投递网点进行深入检查;以强化财务管理、严肃财经纪律、推进降本增效为重点,加快资金周转速度,提高有效收入占比;在严格控制用工总量的基础上,加大人力资源盘活力度,全面推广工时精细化系统,努力提高劳动生产率。

【队伍建设】 以干部作风建设和员工素质教育为抓手,按照省公司的网络培训、市局的集中培训和县局的岗位培训三个层面逐步展开。省公司网络培训方面,完成全省开展的14个中邮网院的学习;市局集中培训方面,针对管理人员要求开展"周三课堂",学习余世维、杨宗华、李强等大师的管理讲座,针对生产人员,开展"每日一练,每周一课,每月一考";县局岗位培训方面,由各县局根据自身工作需要开展各类培训工作。6月份,邀请上海陆家嘴培训老师对全市班组长开展的培训,使全市上下思想观念得到很大转变,形成浓厚的学习氛围,培训的效果在工作中的运用非常明显,达到以培训学习为手段使员工队伍素质得到强化的目的。

(高 毅)

榆林市邮政局

局 长、党委书记 樊鹏飞
副局长、纪检书记 马文生
副局长、工会主席 常 锋
副 局 长 王进忠
财 务 督 察 员 郭随旺
助 理 调 研 员 潘俊武
王润田

无线电管理工作

【概况】 2012年,在省无委和市人民政府的领导下,榆林无线电管理工作按照"管好频率、管好台站、管好秩序"的要求,加强无线电频率资源科学管理,加大无线电监测和干扰查处力度,保障各类无线电业务安全使用和健康发展,全力服务经济建设。到2012年底,全市共有各类无线电发射设备330.3461万部,其中移动电话329.6242万部,广播电视发射设备39部,超短波设备1363部,移动通信基站和无线接入基站6062个,卫星地球站26个,微波站38个,业余无线电台152个。

【无线电监测】 日常监测由市区无线电监测中心站、高新开发区分站和移动监测站共同实施。按照国家和省上的要求,及时调整监测方案,完成国家无委下达的4次监测任务。全年进行无线电频谱日常监测4610小时,形成监测报告12份。

【考试保障】 根据国家无委、省无委的指令和市上有关部门的要求,无线电管理处进行事业单位招聘、会计从业资格、专升本、职称外语、劳动保障协管员、新任教师招聘、公务员录用、卫生技术资格、高考、英语四、六级、"村官"、医师任职资格、计算机等级、司法、注册会计师、成人高考、自考、会计技术资格、经济资格等22次考试无线电保障工作。全年出动112人次,车辆47台次,破获3起作弊案件,抓获作弊人员6名,没收作弊设备5件,维护了112058名考生的权益。在5月19日进行的卫生专业技术资格考试中,准确定位,成功查获作弊考生一名,收缴作弊设备二件。在6月17日进行的英语四六级考试中,利用设备,在榆林学院南侧一招待所内抓获一作弊团伙,抓获作弊人员两名,没收发射设备一部。在9月8日进行的全国医师资格考试中,在考点外一小轿车上查获一作弊团伙,抓获作弊人员3名,收缴对讲机、数传设备2部,案件交公安机关处理。

【干扰查处】 7月份,对绥德、子洲、横山三县群众反映的卫星电视信号受到干扰的问题,与市广电网络公司座谈,要求所属县支公司不得进行干扰。11月底,对绥德、子洲、佳县三县群众又反映卫星电视信号受到干扰,我们与市文广局、市广电网络公司主要领导座谈,坚决停止此类违法行为。

【无线电频率台站核查】 5月份开始,按照省无委的要求,开展全市无线电频率台站核查工作,成立领导小组。核查中封存、撤销台站60个,新增台站99个。7—8月份,国家无委先后三次对本处台站数据库进行远程检查,处对国家下发的核查报告逐项进行多次修改,最终7118个台站达到数据准确无误,受到省无委的表扬。经核查,全年共新增台站376个,其中移动通信基站325个,广播电台10部,气象雷达1部,业余无线电台18部。

【服务经济建设】 机场建设和铁路运行都需要进行无线电电磁兼容测试并提供电磁兼容测试报告。全年完成本市筹建的两个通用机场、一个民用机场、两条国铁电磁兼容测试任务。2月14日—16日和4月23日-24日,应神木县人民政府的要求,我处两次派出专业技术人员和移动监测车,对神木通用机场神木县锦界镇边老楞、尔林兔镇、中鸡镇秦家疙瘩、麻家塔乡买力湾4个预选场址的航向信标、下滑信标、指点信标、VOR/DME台、NDB台、地空通信、地球站等台站进行电磁兼容测试,提交电磁兼容测试报告。2月17日,应横山波罗通用机场的要求,对由横山林用机场改建为通用机场的横山波罗通用机场进行 VHF 地空通信频段电磁兼容测试,并提交电磁兼容测试报告。5 月 15 日—16 日,应定边县人民政府的要求,出动技术人员和移动监测车,对定边民用机场砖井镇后坑、盐场堡镇西大水、定边镇十里沙三个预选场址的航向信标、下滑信标、指点信标、VOR/DME 台、NDB 台、地空通信、地球站等台站进行电磁兼容测试,提交电磁兼容测试报告。3 月 19 日—23 日,对太(原)中(卫)银(川)铁路榆林段专用通信 GSM－R 系统进行测试。对该铁路途经本市吴堡、绥德、子洲、横山、靖边和定边 6 个县 28 个乡镇全长 350 多公里的铁路线,所设 78 个基站、88 个直放站进行全面的电磁环境测试,提交测试报告。6 月 12 日—14 日,对西安铁路局包(头)西(安)铁路榆林段 GSM－R 专用通信系统进行测试。对该铁路南北穿越本市的神木、榆阳、米脂、绥德、清涧 4 县一区,铁路里程 288 公里的铁路线,所设 58 个基站,38 个直放站全部进行测试,提交测试报告。5 月份,本处 2010 年为府谷民用机场筹建提交的测试报告通过民航总局审核,批准确定府谷镇桑园梁场址为府谷民用机场场址。

【无线电管理宣传】 8 月 27 日,召开无线电管理宣传工作会议,落实本市的宣传方案,对市文化广电局、移动、电信、联通、榆阳机场等单位进行分工。9 月 18 日,与榆阳机场合作,在机场进行现场宣传活动。围绕"无线电频率——稀缺的国家战略资源"这一主题进行专题宣传。宣传现场悬挂宣传横幅,展板介绍无线电干扰对民用航空的危害等方面的内容。在候机厅、进出港口、登机口、安检口等处摆放宣传彩页,候机大厅电子屏滚动播出宣传标语。为进出港旅客发放特制的宣传彩页、传单、钥匙链、漫画书、杂志等宣传品。9 月 7 日—14 日在榆林日报开办纪念《条例》颁布十九周年专题栏目,共登载 7 期。其中在 9 月 11 日,登载《让无线电在榆林经济建设中发挥更大的作用》署名专题文章,介绍无线电业务在本市经济社会中的广泛应用和无线电管理在经济建设中的重要作用。榆林电视台 9 月 3 日—19 日,在榆林新闻时段后连续十六天播出本处提供的宣传标语。榆阳电视台、靖边有线电视台也同样播出。榆林移动分公司、电信分公司、联通分公司在 9 月 11 日或其前后给手机用户群发宣传短信。9 月 3 日—9 月 17 日在电信分公司、联通分公司各营业网点电子显示屏上滚动播放宣传标语,9 月 3 日—25 日在榆阳机场候机楼内电子显示屏上滚动播放宣传标语。在榆林无线电管理网站(wxd. yl. gov. cn)首页上打出纪念《中华人民共和国无线电管理条例》颁布十九周年等通栏标语,网站上增加专题宣传内容。2011 年无线电管理工作已按要求提供给市地方志办,将登载在榆林年鉴 2012 卷中。9 月份在市政府大楼悬挂宣传横幅,并在市政府大楼门厅通告栏中摆放宣传彩页。订制宣传用办公笔筒。

【业务培训】 5 月 17 日—31 日,集中进行业务培训工作,上午进行车辆、徒步测向训练,下午进行理论学习。11 月初,请北京东方波泰公司技术人员对新配发的便携式频分仪等设备组织专题培训。

(姜凤北)

榆林市无线电管理委员会办公室

处　　长　姜凤北
副 处 长　苗艳芝

电信通信工作

【概况】 中国电信榆林分公司(以下简称榆林电信)是中国电信股份有限公司下属的以经营本地网电话及网络元素为主的综合性通信企业,承担着全市党政军民的重要通信、应急通信和普遍服务重任,为 360 多万榆林人民提供快捷、方便、先进的有线固定电话、无线村通电话、"天翼"移动电话、数据通信及无线宽带、光纤接入以及基于网络的各种信息服务。2012 年,在省电信公司和市委、市政府的正确领导下,榆林电信坚持以科学发展观和"五个至上"为指导,以"75—100"为目标,以全业务套餐发展和 3G 智能终端销售为抓手,按照年初确定的总体经营发展思路,坚持"盯指标、找措施、抓执行"的工作要求,狠抓服务攻坚,做优细节,夯实管理,强化支撑,提高渠道销售能力,促进 3G 流量经营,保证用户、收入市场份额双提升,使各项经营指标稳步增长,网络运行效率持续提升,整体经营及发展势头良好,并完成天宫一号和神州九号载人空间交会对接及党的十八大重要通信保障任务,推动企业持续、健康、和谐、稳定发展。2012 年,业务收入累计完成 7.1 亿元,收入增幅全省第一,电信用户总数 120 万户。

【经营发展】 坚持"有效益、规模化"发展策略,以"保收入、提份额"为中心,有针对性地进行营销,利用 FTTH 应用,集中资源推广光网融合套餐,发挥 iTV 差异化的优势,推动全业务融合规模发展。截至 12 月底,全市累计净增全业务套餐 5.9 万户,完成目标 111.32%,全省排第四。多措并举,扩大 3G 市场规模。一是开展专项活动,降低用户对高额流量费的心里担忧,为 3G 市场快速、规模化发展起到关键性的作用;二是开展流量赠送提醒,激活沉默用户,提升渗透率;三是开展软件、视频、新闻等 PUSH 推送,提升 3G 用户活跃率;四是开发"爱城市 · 幸福榆林"客户端软件,提升智能终端使用价值;五是开展百兆流量礼包短期促销活动,通过对套餐内流量使用 80% 及流量溢出用户、中高端客户在线辅导赠送,提升户均流量。截止 12 月底,全市 3G 有效用户累计 14.3 万户,当年累计净增 9.8 万户,同比增幅 339%。保存量,促发展,全力拓展宽带业务。一是规范宽带资费标准和业务办理流程,对宽带提供宽带单产品在全渠道畅通办理,保障客户自由选择产品的权利;二是开展宽带提速营销活动,协调网运、网建、企化、客服共同制定宽带提速活动计划；三是以免费体验20M为切入点，加大营销宣传力度，提升客户感知，促进业务发展；四是通过各大媒体、广告进行宣传，扩大宽带提速的用户知晓率；五是实施宽带无条件受理，并进一步优化宽带销售品体系，重点围绕宽带业务规模拓展，在全市城区（县城）强化推进宽带无条件受理；六是开展针对单宽带老用户开展续约转融合营销活动，重点对非全业务融合的宽带产品用户，组织开展明信片宣传及新春回馈的营销活动，以促进用户全业务融合；七是加强iTV应用推广宣传，通过宣传单页、户外画面及短信告知等方式提升用户感知。全年累计宽带份额81.20%，净增份额68.7%。

【行业应用】 凭借庞大、优质的高端客户资源和行业综合信息化服务优势，2012年在全市范围内先后组织开展新农合“健康通”、翼卡通、税务e通、警务e通、司法e通等行业应用专项拓展营销活动，并在多个领域取得突破。通过一年多的努力，新农合“健康通”签约已经覆盖全市12个区县，全年累计发展天翼健康通用户18652户。在政务监管行业应用方面，累计拓展移动用户1864户。聚焦“十二五”规划，紧盯本地重点商机和重大项目，发挥中国电信综合优势，在新农合、城市医保、天眼工程、国库集中支付、电子政务骨干传输等政府信息化项目拓展方面收到良好效果。针对农村市场，坚持建立农村营销体系，通过支局所、示范统包点的当地先天优势，拓展农村市场，对各项指标全面分析，各点之间加强交流，快速、有效的发展农村市场。一是加强农村各项业务发展的业务通报和信息交流，让各单位寻找差距，学习发展快的兄弟单位的经验，整体带动发展，并每周进行业务发展通报，每月进行月度总结；二是做好农村的经营专项分析，重点分析发展中的短板，分产品、分业务、多纬度对发展、和量收完成情况进行全面分析，并及时下发各单位，改进不足，指导经营；三是加强农村路演宣传和现场体验，开拓农村智能机销售，进一步深化“3G走进新农村”业务的发展。2012年，全市农村市场收入完成1.46亿元，同比增幅10%。

【渠道建设】 社会渠道方面：坚持“质、实、畅”的建设原则，按照“五个规范”加快建设，施行“三个转向”合理运营管理，并在营销能力提升、支撑和培训上下工夫，进一步夯实渠道，保障公司顺利完成各项收入指标。2012年，先后投资2200万进行卖场建设，新建专营卖场110家、城区标杆卖场24家、农村卖场63家。其中实现榆阳等4个区县通信核心商圈“零”突破，全市核心商圈天翼卖场20家，盘活自有房屋新建卖场20余家，实现渠道建设大跨越，使渠道规模基本与联通持平。组建社会渠道运营支撑专业团队，负责接应省公司渠道和终端的落地工作，及时统筹全市渠道拓展、运营、管理工作，承接对应的渠道指标，负责指导全市渠道运营日常工作。出台渠道督导标准化工作管理规范，印制《督导手册》、《店长手册》等，细化、明确相关工作，提升工作效率与能力。截止12月底，社会渠道核心网点数由年初的92个增加到120个，增长30.4%；社会渠道网点销售移动单产品占比69.5%，位列全省第一。

实体渠道方面：以卖场化改造为契机，进一步规范营业厅运营管理，狠抓营业厅基础工作，强化营业厅“新营销”工作，落实无条件受理，加大折机挽留力度，有效提升营销服务能力。根据省公司安排，进一步加强营业厅卖场化改造工作，共改造四级及以上自营业厅20个。为强化营业部管理职能一体化工作，开展全市实体自有营业厅、合作营业厅、卖场等网点的支撑指导、月度测评工作，并采取“横向1+N”服务指导，对县分公司营业厅进行支撑指导，收效明显。电子渠道方面：为彻底打通电子渠道工单预受理流程，真正解决电子渠道预受理工单“最后1公里”难题，实行网厅+代理商深度合作，通过网厅后台（10000号）接单，代理商受理配送的模式，最终在各县分公司及榆阳区各营销（维）部分别指定一家代理商，通过上门配送号卡、终端及收取现金证件等方式，让用户实现足不出户、一键办理。截止12月底，电子渠道交易平均全渠道占比13.2%，电子渠道网厅月平均受理量458笔。

【网络建设】 有线能力方面，2012年发展FTTH工程，灵活建设FTTX以及电缆延伸等项目，全年共新增窄带端口102388线、宽带端口80029线，小对数电缆延伸1488.64皮长公里，FTTH工程完成立项285个，完成投资4301万元，计划覆盖数107653户，新增端口6.9万线，提升接入能力，提高网络带宽，为前端业务的发展提供保障。无线能力及容量方面，全年新增BSC1套，新建基站66个，1X扩容基站74个，升级DO基站86个，扩容DO基站24个，新增载扇977个。2012年无线网一期完工后，基站1X话务容量70972.7ERL，DO吞吐量4.61GB。室内分布方面，完成神木WLAN新建工程，新增室内分布系统22套，有效分流DO流量。

【网络维护】 以强化维护基础管理、提升前端业务发展支撑为重点，提高网络质量，努力做好经营发展中的维护支撑工作。一是做好移动网络优化，打造精品网络。加强对C网的维护管理和考核力度，从作业计划的审核、现场检查两个方面入手，强化考核手段，提高维护作业计划执行质量，加大告警分析及处理力度，对高频告警应充分重视并及时处理。重视对WIFI网络维护，关注WIFI指标波动情况，保证集团考核达标，同时在优化方面不断扩大网络覆盖范围，满足客户对3G应用的需求，并加强传输网络成环保护，A基站的传输成环提升到85%，降低掉站或断站率，定期加强重点区域优化测试，保证C网指标稳定，网络运行正常，通过集团公司评测暨DTCQT考核测评；二是宽带网络质量不断提升，确保宽带领先水平。根据省公司“畅通光网”专项提质活动要求，在全市范围内组织开展光接入设备环境整治、光缆网整治、铜缆网整治及改造、光接入设备增加备用电源等工作，全面提升网络运行质量和服务水平，支撑宽带业务的规模发展，实现“畅通光网”专项提质活动的工作目标。截止12月底，整治区域固话宽带及品牌客户再未发生投诉，同地点、同种障碍重复率0%，宽带障碍率3.53%。光缆障碍下降48%，电缆线路障碍申告率比整治前下降95%；主干电缆芯线可用率比整治前提高20%，配线电缆可用率提高40%；大客户光缆障碍率下降8%；资源利用率提高10%，修复坏线对52485对；解决ADSL质量不达标用户数6200户；FTTH自动开通成功率98.53%。2012年7月15日—29日，绥德、府谷、佳县、神木、榆阳等县区先后遭受特大暴雨和洪水袭击，导致当地通信阻断，防汛指挥近乎瘫痪。面对灾情，榆林电信及所在县电信公司迅速启动应急通信保障预案，自觉担负起抢修线路保障通信的社会责任，在第一时间组织应急通信抢修队伍，投入现场抢修，确保受损通信设施的及时修复和防汛指挥的畅通无阻。

【服务提升】 针对服务问题，扎实落实集团“创新和服务双领先带动规模效益双提升”的要求，立足现状建体系，解决问题建机制，聚焦问题抓提升，精耕细作抓维系。通过优化指标、维系管理体系、强化投诉处理流程、培训维系队伍、开展丰富的维系保有活动等措施，努力提升服务水平。一是调整服务质量考核导向，考核重在激励。根据服务管控压力和越级投诉形势，对服务质量考核指标进行相应调整，实施以考核明确导向、以考核激励达到行为效果为目的；二是深化服务前置审批，防控服务分险。截止12月底，客户服务部共进行市场营销类套餐(促销)上线前服务前置审批36次，系统升级、网络维护类服务前置审批58次；三是发挥服务联席会作用，解决服务热难点问题。其一，通过服务联席会，加强对活动各项目落实情况的监控，了解各活动项目的开展情况，并就活动中产生的问题进行沟通协调，确保每项活动开展扎实有效；其二，可以解决公司内部各部门在响应客户过程中存在的问题，进一步加快对客户的响应速度，减少因内部流程不畅所造成的推诿扯皮等，进一步缩短投诉处理时长，快速解决用户问题；其三，越级责任定性，对典型案例，进行针对性的剖析、研究，制定改进措施和明确处理流程。就服务工作联席会的议定事项，进行执行情况的跟踪，确保服务联席会议定事项得到有效落实。截止12月底，客户服务部共组织召开前后端服务联席会14次，共计解决各类服务问题39项；四是聚焦短板，开展宽带装维服务、宽带障碍维修服务、渠道服务提升、营销服务管理水平专项竞赛活动；五是以“为民服务创先争优”活动为契机，积极创新、提升服务工作。以3G应用为亮点，创新客户俱乐部活动，提升客户感知；通过数据挖掘，开展针对性维系，提高工作成效。通过这些举措的实施，使越级投诉、本地投诉得到有效控制，投诉量明显下降。截止12月底，前端类投诉较1月下降26.81%，较去年同期下降24.81%；装维质量投诉较1月下降9.49%，较去年同期下降29.40%；本地万用户投诉发生率由1月的27.78件下降到23.11件，并多次在全省通报中列居前三位。

【用工管理】 为调动员工积极性和主动性，推动企业健康、和谐发展，榆林电信紧随全业务运营步伐，强化服务意识，提高自身素质及工作质量，在干部管理、绩效考核、员工培训、用工管理、成本控制、安全生产等方面做出了积极的探索和努力，使各项工作协调发展、稳步推进，成效显著。一是对人才实施分类管理，进一步激励员工的工作积极性。围绕全业务运营，开展重点岗位人才现状摸底，推荐集团级骨干候选人员，加速相关岗位人才培养，快速聚集适应全业务运营的核心人才队伍；二是规范薪酬管理，加强员工业绩提升。推行“员工积分工资激励制度”，以实际业绩为前提，对一线团队和单位薪酬激励给予授权，积极发挥团队薪酬激励的开拓性和创造性；三是夯实用工管理，完成非合同制人员分等分级管理，开展评选“核心员工”，不同专业岗位一线员工“星级”评定等工作，激励员工。除此，为优化人员结构和创新管理机制，建立以员工发展为核心的人力资源基础管理体系，2012年10月启动并开展全业务经营岗位薪酬体系试点相关工作。通过岗位薪酬体系改革，支撑公司全业务发展，服务员工，优化岗位设置，拓宽员工职业发展通道，实现人员结构优化和能力提升，激发员工活力。

【企业文化建设】 根据相关要求，开展“为民服务，创先争优”活动和各类劳动竞赛活动，不断提升企业凝聚力和执行力；组织开展“安全生产月”活动，确保安全生产理念深入人心，全力打造生产安全氛围；为活跃职工文化生活，缓解职工压力，先后组织开展了象棋、篮球、乒乓球比赛，“天翼之夏我声飞扬”卡拉OK比赛，“服务在我心中电信伴我成长”演讲比赛，三·八妇女节健康知识讲座，以及员工郊游等丰富多彩的职工文化娱乐活动，极大地调动了广大员工的工作积极性和创新性，增强员工向心力和凝聚力，促进企业健康、和谐、稳定发展。2012年，榆林电信先后获“榆林市2011年度贡献财政百强企业”、“中国电信集团模范职工之家”、陕西电信“2011年度节能减排劳动竞赛先进单位”、“2011年度经营发展突出贡献奖”、2012年度全国“通信行业用户满意企业”、集团公司“双领先杰出本地网”等称号；长城路营业厅获“陕西省青年文明号单位”和省级“巾帼文明岗”称号；靖边中兴卖场、榆林学院合作营业厅荣获集团公司2011年度“百商千店”优秀零售店称号；大柳塔李家畔代理店获省公司2011年“百商千店”优秀零售店称号；清涧分公司获2011年度“市级文明单位”和“2012年度电信行业行风建设优秀单位”称号；定边、府谷分公司获“市级文明行业创建活动先进单位”称号；绥德分公司获得2011年度创建“五型机关”标兵单位称号；佳县分公司荣获2012年度政风行风建设“优秀单位”和“创建人民群众满意基层先进单位”称号；公司领导班子荣获省公司2010—2011年度“四好领导班子”称号；公司总经理、党委书记李延平荣获集团公司“中国电信创先争优优秀共产党员”荣誉称号。

（何建忠）

中国电信榆林分公司

总 经 理、党委书记
李延平（高级工程师）
副总经理、纪检书记
惠　文（工程师）
副总经理、工会主席
曹经军（经济师）
副　总　经　理
白云光（工程师）

移动通信工作

【概况】　榆林移动分公司自1999年7月28日挂牌成立至今，主要经营移动语音、数据、专线以及多媒体等业务。公司设有市场部、网络部、政企客户部、综合部、财务部、人力资源部、党群部、中高端运营中心、渠道与终端运营中心、政企客户服务中心等十个职能部门；下设榆阳、神木、府谷、定边、靖边、横山、绥德、米脂、佳县、吴堡、清涧、子洲、大柳塔等13个县级分公司。公司先后荣获“全国模范职工之家”、“全国用户满意服务单位”、“全国打击三电破坏专项斗争先进单位”、“陕西省文明单位标兵”、“陕西省诚信单位”、“陕西省AAA级纳税人”、“陕西省五四红旗团委”、“榆林市百强企业”、“榆林市诚信企业”、“市级园林式单位”等荣誉称号。

【经营业绩】　2012年，榆林移动公司以“制度管人、流程办事、数据说话，绩效论英雄”管理理念统领全局，深挖新增市场，精细化存量经营，推进城市和县域市场达标工作；通过创新实施网络维护属地化管理，强化动态绩效考核，丰富企业文化活动，公司整体呈现出综合绩效持续改善、员工士气高涨、企业综合实力不断提升的局面。2012年度市公司综合绩效名列全省移动系统前列；榆阳分公司荣获2012年度“全省优秀城区营业部”称号，榆林公司对全省经营指标的贡献进一步提升，为企业持续发展奠定坚实基础。2012年榆林移动净增签约客户近20万户，累计签约客户规模近300万户，当年运营收入列全省第二，收入增幅同比提升7%；净利润较2010年同比提升10%；公司市场基本面保持良好、信息化与数据业务呈现出快速、持续发展的态势，为公司全业务竞争形势下取得主导领先地位奠定基础。

【客户服务】　榆林移动始终秉承“客户为根，服务为本”的理念，以客户满意为导向，狠抓服务短板，构建营业厅整体管理体系，强化电子渠道推广，增强客户服务感知，促销活动、营业厅、资费套餐三大弱项短板满意度提升明显；以客户服务创先争优、百日攻坚劳动竞赛活动为抓手，持续开展窗口服务环境及业务素质双提升活动，加大电子渠道业务分流力度，缓解营业厅服务压力，2012年公司整体满意度达80%，在行业内持续领先。

【数据业务】　坚持以业务内容满足客户需求为导向，加强数据业务产品创新，深化终端与流量契合型运营模式，发挥3G网络数据传输优势，以TD分流为抓手，为客户提供优质上网体验，持续规范数据业务发展模式，深度运营提升短信、手机上网、移动流量套餐包等业务的运营，实现收入型业务规模化、战略型业务黏性化，不断细化业务规范，强化垃圾短信治理，关注客户感知，提升数据业务收入占比；数据业务累计收入同比增幅列全省第二；点对点短信累计收入同比增幅列全省第二。

【信息化业务】　为持续推进地方工业和信息化融合的步伐，促进呼包银榆经济区信息化应用效益，助力能源经济快速健康发展，榆林移动公司细分政企客户信息化需求，制定专业化的融合型信息化业务解决方案，实现专线、宽带、固话、IMS等业务的突破发展。通过打造电力行业等信息化样板工程复制，由点及面，完成“平安榆林”和“油气传输监控”等多项大型专线工程的建设。

【网络建设】　公司坚持以基础维护管理、网络质量提升、全业务支撑和工程建设为四大抓手，四网协同，开展T网分流及WLAN热点区域的四网协同规划，合理控制GSM网络负荷，重点优化，持续提升客户对网络的满意度，保证网络质量领先优势；扎实推进集中化、标准化、精细化管理，打造高效率高质量的网络质量运维团队，整体网络支撑能力、运营能力、服务能力和接入能力全面提升。截止2013年9月，榆林公司TD6－2工程共开通3G基站400个，18—1工程共开通3G基站150个，TD－LTE工程共开通4G基站6个。公司不断提升网络质量，先后开展工兵行动、深耕行动、TD网络质量专项提升、动力水电费管理等专项整治提升活动，网络质量持续改善；开展网络优化，客户感知及满意领先度得到进一步提升；通过业务骨干技术培训、市县上下联动应急通信保障演练、通信保障设备等资源投入等举措，网络应急通信保障能力全面提升，先后圆满完成十八大、煤博会、“8.4”特大冰雹灾害等重要应急场景下的通信保障工作。

【综合管理】　公司坚持以管理提升活动为抓手，降本增效，向管理要效益，实施各项工作过程闭环管理，提高各级执行能力，不断提升企业运营效率和效益。一是财务管理更加制度化、标杆化。制定（修订）资金管控方面的多项管理办法，优化县市预算管理模式，完善内控检查和评价机制，全面梳理各类管理的风险环节，强化风险日常监控。二是采购管理更加精细化、闭环化。公司认真落实集团、省公司集采政策,实现采购管理工作从“横向”集中入手,提升“纵向”集中度,物流管理从“规范”管理向“配送一体化”物流推进,降低运营成本。三是落实开源节流、降本增效工作要求,不断提升企业运营效益,围绕解决当前工作中的难点和热点问题,深入开展QC小组、管理创新、科技和业务创新活动,为企业发展不断注入活力。四是人力资源管理动态化、标准化。落实“数据说话、制度管人、流程办事、绩效论英雄”管理理念,全面落实量化薪酬办法,以市场为导向调整组织机构,进一步激发一线员工工作积极性和优胜劣汰的岗位危机意识。五是党建文化建设更加深入化、显性化,团委与工会工作推进。公司以落实党风廉政建设责任制为主线,开展“四风”自查自纠测评工作,保证企业健康持续发展;以开展党的群众路线实践活动为契机,深入一线调研解决基层实际困难;落实关爱员工八项措施,开展读书月、金点子、EAP等文化活动,进一步提升员工归属感与幸福指数;开展“爱心100”、“走进孤儿院”等多项爱心活动,落实企业社会责任。

(白　涛)

中国移动通信集团陕西有限公司榆林分公司

党委书记、总经理　王　峰
副总经理、工会主席、纪检书记　杨锦梅
副总经理　霍延生　王　斌
总经理助理　冯灵华

联通通信工作

【概况】 中国联通榆林市分公司成立于1999年,2001年正式开网运营。截至2012年底,总资产超过13亿元,网上各类用户近百万。在市公司设立16个部门,在全市十二个县区设有县级分公司20个,员工总数1700多人。

【主要业绩】 2012年全年各项指标均实现健康、持续增长。其中:通信服务收入全年累计完成7亿多元;全年3G用户累计有效净增13万户,宽带用户累计有效净增1.5万户。

【通信网络建设】 公司的宽带骨干网和IP城域网的出口带宽为25GE,建设移动网络基站第3300多个,传输线路20400皮长公里。移动网络全面覆盖榆林全区,基本实现电话、宽带村村通。在2011年和2012年集团第三方测评中,榆林联通移动网络均为“优”,其中,2011年GSM网为全国第一,2012年WCDMA为全国第二。

【业务品牌经营】 围绕用户需求,以为客户提供最好的信息服务为己任,增强综合竞争力和可持续发展能力,推出以“沃”为引领的全业务品牌,打造出面向融合服务的经营合力。已全面推出沃商店、沃门户、沃阅读、手机上网、手机微博、手机电视……丰富多彩的应用,精彩无限的体验,改变榆林人民的信息生活。榆林联通主要经营固定通信业务、移动通信业务、数据通信业务、网络接入业务和各类电信增值业务,与通信信息业务相关的系统集成业务等。加大固定宽带网络建设力度,推进固定和移动网络的宽带化,为用户提供全方位、高品质的宽带通信和信息服务。

【服务质量改进】 以满足用户需求为出发点,用心听取广大客户的意见,推进“服务领先战略”,努力构建“大服务体系”。在创新服务模式中持续增强“软实力”,营造出“服务规范健康发展、用户安全放心消费”的和谐氛围,在实践中做到“人无我有、人有我优、人优我强”。推行服务品牌。通过全市统一宣传声音、统一宣传音量,不断强化服务质量,细化测评方案,着力规范服务过程,推动客户满意度再提升。2012年,客户整体感知满意度88分,为陕西前列。提供“标准+等级+特色”服务。打造出精细化、人本化,主动性、便捷性、及时性的卓越服务能力。在2012年陕西省通信管理局用户满意回访中,榆林联通移动用户服务感知为84.1分,位列全省第一。开展专项工作。组织服务人员开展了“零容忍”活动、创建了“服务100+厅”立标杆、“主动服务计划”、“三明两创”、“闪亮服务”、“班组文化建设”等专项整治活动,提升一线人员的主动服务意识和工作能力。2012年,3G客户满意度为82分,宽带业务满意度为75分,位居全省系统内第一。

【管理能力提升】 公司坚持科学发展观,以全面建设适应市场需求的运营机制为抓手,持续创新管理体制和机制,树立“以人为本、业绩导向、持续创新、协调发展”的企业核心价值观,实现跨业务、跨平台、跨网络、跨职能的高效协同与配合,使综合管理不断走向纵深。四次获得国家级表彰,三十多次受省、部级表彰,五十多次受到榆林市委、市政府的表彰奖励。多年被省市评为“诚信单位”和“消费者满意单位”。2012年获得陕西省通信管理局、陕西省人民政府纠风办联合颁发的全省“2012年度治理电信行业乱收费工作及电信行业行风建设优秀单位”称号。2012年以本地网第一名的成绩获榆林市政府纠风办授予的“榆林市2012年度电信行业行风建设优秀单位”称号。

【服务城乡信息化需求】 已建成各类渠道1200多个,各类网点已覆盖榆林全区,延伸榆林联通的服务触角,为人民群众的日常生活提供快捷、方便的服务。针对不同群体需求,推出针对不同用户群需求各类产品,满足不同层面客户的需求。还在传统营业渠道的基础上,拓展电子渠道营销体系,持续提升电子渠道营销和服务支撑能力,打造出网上营业厅、微博、微信等新型服务渠道,实现“足不出门办业务”。榆林联通在服务农村信息化建设方面迈出较大步伐,为促进榆林经济发展和农村农民增收发挥积极的作用。“电子农务”的推广和应用在全市农业和农村经济的发展中发挥积极的作用，为农民群众发送数万条知识信息，创造许多解农所难、助农增收的成功案例，得到中央二套、《参考消息》、搜狐新闻等多家中央级媒体的深度报道。在加快自身发展的同时，公司也始终不忘回报社会，2012 年，公司获榆林市慈善协会授予的“2011 年积极为榆林慈善事业做贡献的先进单位”称号。公司还积极参加榆林市的创建活动，连年获得市委市政府的表彰。

（贺　婷）

中国联合网络通信有限公司榆林市分公司

党委书记、总经理　杨树伟

副总经理、网络公司总经理　徐壮阔

副总经理、纪委书记、工会主席　郭文华

副　总　经　理　王凤麟

张翔宇

榆林国家高新技术产业开发区

【概况】 1999年2月，陕西省人民政府批准设立省级榆林经济开发区，2010年将其更名为省级高新区。2012年8月，国务院批准榆林高新区升级为国家高新技术产业开发区。高新区位于榆林城市西南部，批准备案面积13.2平方公里。2009年省政府批准组建榆横工业区，与高新区并轨运行。目前，榆林高新区（榆横工业区）实际控制面积近260平方公里，其中城市功能区28.4平方公里，产业发展区控制面积230平方公里。区内先后引进中煤、华电、延长、兖矿等多个中、省大型企业项目，入驻企业332家，累计完成固定资产投资600多亿元。高新区（工业区）初步形成以能源化工、装备制造、新能源、传统特色产业为主导的产业体系。“十二五”以来，区域各项主要经济指标每年增长幅度均超过20%以上。2012年，榆林高新区围绕“产业立区、新城兴区、科技强区、人才建区”发展思路，以创建国家高新区为动力，以打造国家能源化工基地核心区和榆林区域中心城市重要承载区为主线，全面掀起“二次创业”新高潮，深化改革，锐意创新，各项工作取得新的进展。全年实现营业总收入450亿元，同比增长30%以上；地区生产总值220亿元，增长29.67%；工业总产值190亿元，增长37.8%；固定资产投资125亿元，增长20.6%；财政总收入45亿元，增长89.7%，科技对经济增长的贡献率达到50%左右。

【科技创新和人才建设】 建成重点培养能化专业人才的榆林职业技术学院和一批高档型中小学，集国家级煤盐质检中心、生产力促进中心、创业服务中心、孵化器、科技成果转化交易中心等为一体的高新区高科大厦正在抓紧建设，新闻图书大厦、科技馆以及全市唯一的二甲医院已基本建成或投运。2012年，区内建成企业大多拥有工程技术中心和研发机构，已培养和认定30多家科技型企业和高新技术企业，建成企业孵化基地面积23.5万平方米，完成3.6万平方米的创业大厦，形成国信软件园、高原能化软件园、西京电子产业园、通达计算机装备产业园等孵化器集群。总部基地、标准厂房、大型企业科技及后勤配套服务基地完成规划，部分已启动建设。2012年，经陕西省委人才中心批准，设立陕西省院士专家工作站，引进中国工程院等3名院士；不断推进产学研合作，与国内40多家高等院校和科研院所建立科技战略合作关系。企业研发技术成果不断涌现，攻克洁净兰炭生产与资源综合利用、煤制烯烃、煤制芳烃、煤制油等一批煤化工行业关键技术。其中，具有自主知识产权的侏罗纪煤低温干馏热解技术填补国际技术空白并出口到国外。陕西未来能源有限公司（兖矿）国内首套百万吨级煤制烯烃装置项目开工建设，华电集团公司引进清华大学专利技术，万吨级煤制芳烃中试装置试验成功，世界首套百万吨级煤制芳烃项目开工建设。

【招商引资和产业发展】 利用西洽会、煤博会、能源化工基地座谈会等各类平台，引进拥有煤制油、煤制气、煤制焦等煤化工三大世界领先技术的中煤、华电、延长、兖矿等一批中省大型企业和单晶硅、基因测试、风力发电、环保设备制造等新技术特色产业项目。2012年以来共引进煤化、装备制造等高新技术产业项目10多个，引资总额600多亿元。能化项目方面，中煤甲醇醋酸和华电榆横电厂一期正开展设备安装，华电榆天化60万吨甲醇和华电万吨级芳烃项目已进入试投产阶段，中石化储油库主体建成，延长益业60万吨甲醇、华瑞120万吨真空盐、方圆30万吨合成氨、汇通煤清洁利用等项目前期工作基本完成，具备开工条件。装备制造和新能源项目方面，中煤煤机制造、大洋矿用设备、北星矿用防爆机电设备、通达35万台计算机等基本建成，泰远20万套汽车自动防撞器项目场平开始，国华锦能50兆瓦光伏发电、红杉1.5兆瓦风电等正在推进前期工作。传统产业项目方面，雅牧绒业高科技纺织园、15万吨加气混凝土、通用PVC管道等项目基本建成，万民纺织园、天宁中药制剂等项目土建开工。

【基础设施和城市建设】 2012年,计划实施的28个市政项目、14个环保绿化项目、16个社会事业项目全部完成,城市基础设施投资强度加大,成为自建项目的重中之重:市政建设方面,广场公园建设完成投资1.4亿元,人民广场和广元、绿意2个小广场基础完工,沙河公园和榆林大道景观公园完成土方工程,南区广场正在进行前期准备工作;完成了42万平方米人行道硬化、57公里给水管网、8公里供热管网、6.4公里路灯工程建设,启动部分道路交通标线、标志、信号灯等工程建设。环保绿化方面,2012年完成投资2.5亿元。完成28条新建道路、榆溪河西岸9公里生态防护林的绿化和沙河桥头、阳光广场等7个地段的绿化改造,新增绿化面积170万平方米;生活垃圾填埋场、垃圾转运站和两座公厕建成投运,工业区污水处理厂全面开工,已完成晒盐塘工程建设,工业废渣处理厂土建开工,供水厂二期、中水回用、高新区蓄水工程启动前期工作。教育方面,学校建设完成投资2亿元,高新小学、幼儿园建成投运,完全中学、建业大道中小学、桃李路中小学和三岔湾小学主体完工,初步具备秋季招生条件。雨润路中学完成前期工作,并启动建设。公共卫生方面,医院建设完成投资1亿元,榆林针灸按摩医院和榆林高专附属医院主体完工。市场建设方面,完成投资1.5亿元。荣智、志鸿两个综合商贸市场项目开始基础施工,粮贸综合市场具备开工条件,一批涉及商业综合体、加油加气站和专业大型批发市场项目陆续入区建设。房建工程方面,怀远曼哈顿小区、文昌和顺嘉府小区和一批村民返还地房建项目全面开工,部分完成一期建设;自建房建项目完成投资1.3亿元,创业大厦副楼主体完工,保障性住房完成桩基工程,总部会展中心等5个项目具备开工条件。

【机构建设和管理体制】 榆林高新区管委会内设11个工作机构;市有关部门在高新区设立11个派驻机构。2012年,管委会积极争取协调,新设立高新区教育局和机关事务服务中心、人力资源社会服务中心、土地储备中心、建筑行业养老统筹办、市政所、园林所等6个下属事业单位,进一步明确和完善了相关内设机构的职能职责。公安、工商、质检、交警、消防、综合执法等派驻机构职能基本落实,管理范围进一步明确,行政执法工作全面启动,管理和服务水平逐步提升。新出台项目、规划、土地、财政、市政建设等方面的管理制度20多项,完成管委会近年各项制度的整理汇编;进一步规范了部门办事流程,各部门特别是窗口单位将工作职责、服务内容、办事流程、服务承诺上墙公示,公开接受群众监督,管委会机关运行进一步规范高效。

(焦焕军)

榆林国家高新技术产业开发区管委会

党工委书记、主任　李文明
党工委副书记、副主任　白武华
副主任　郝宪利
　　　　杜宏波
党工委副书记　郭庆年
副主任　刘建明
　　　　吴振弘
纪工委书记　马鸣晓

榆神工业区工作

【概况】 2012年,工业区在市委、市政府的领导下,沉着应对严峻复杂的经济形势,加快“四大基地”建设,实施“五抓五做五突破”,主要经济指标超额完成年度任务。实现工业总产值306.8亿元、固定资产投资62.4亿元、地区生产总值158.6亿元、税金收入42.5亿元。工业区经国务院批准升级为国家级经济技术开发区,并建成国家新型工业化产业示范基地,园区综合实力实现新跨越。

【项目建设】 把项目落地和引进作为管委会工作的头等大事来抓,项目建设取得历年来最好成绩。全年共签约项目11个,协议引资395.56亿元,当年到位资金34.34亿元。全年安排建设项目67个,其中计划新开工项目41个,实际开工36个,开工率88%。一是集中力量抓投资额大、产业链长、带动性强的重大项目。北元100万吨聚氯乙烯扩建项目二期工程、国华锦能煤电一体化三期配套煤矿扩建工程基本建成;神华MTO项目开工建设,已完成场平、厂前区办公楼主体工程、主设备订货,实现投资20亿元;神华陶氏项目水资源论证通过黄委会审查,项目申请报告书和可行性研究报告通过中咨公司技术评审,制约项目核准关键的环评工作正在积极推进;延长西湾煤化工综合利用项目确定产品方案、工艺路线以及工艺技术,配套的西湾露天煤矿项目“路条”批复,核准支持性文件办理完成,具备开工条件;陕煤煤炭分质清洁高效转化项目环评通过专家评审,土地预审报省国土资源厅待批。二是加大力度引进市场前景好、科技含量高、示范效应强的中小项目。编制完成神华陶氏下游配套项目规划册和煤化工下游加工项目册,与锦华建材公司、陕煤新兴能源研究院、陕西金叶集团公司达成甲醇下游产品加工合作意向。在“请进来”加大项目对接的同时,主动“走出去”上门请商,与珠海振戎公司、河南昊华骏化集团、比亚迪集团、中国风电集团等企业进行多次对接,在煤化工、煤盐综合利用、装备制造业等方面达成多个合作意向。激活民间资本,一批由民营企业家投资的关联度大、产业层次高的项目落户工业区,20万吨针状焦、液化天然气利用、120万吨水泥生产线等九个项目集中开工,其中玻璃钢夹砂管项目建成投产。

【基础设施建设】 把清水工业园建设作为重点,新区道路、绿化、供水等基础设施建设全面提速。一是规划进一步完善。工业区总体规划水土保持综合治理规划经省水土保持局批复;清水工业园控制性详细规划环评审批完成,清水工业园北区专项规划经市发改委批复，清水工业园南区供热、供水、供电、排水等专项规划编制方案已完成；大保当组团规划通过专家评审并经市政府专题会议讨论通过，大保当组团控制性详细规划及部分重点片区修建性详细规划通过评审。二是大配套项目快速推进。府谷岩溶水远距离调水工程、神木万镇引水工程、采兔沟引水工程已确定引水方案，负责项目运营的水务公司组建完成；铁路专用线可研报告编制完成，线路和站场走向方案确定；保税物流园区规划已编制完成。三是各项基础配套项目全面启动。创新融资方式，多渠道筹资18.27亿元，并采取BT模式投资建设道路、污水处理等基础项目。全年投资29亿元，27个基础设施项目开工建设。清水工业园和移民安置区总长57.5公里的道路开工建设，园区基本形成五纵六横道路网络框架；香水输卤管线和清水工业园北区综合管线工程开工建设；清水工业园临时供水、10KV专用供电线路、三条主干道绿化工程完成；清水工业园北区污水处理厂已招标；排渣厂环境影响报告书已经市环保局批复，施工图初步设计通过专家评审；危废处置中心项目可研编制完成。

【科技创新】 把能源科技作为工业区竞争优势的重要抓手，通过技术创新和技术升级，延伸产业链。管委会成立能源科技中心和能源科技发展有限公司，与西安科技大学合作成立榆林能源研究院，搭建煤化工技术交流和科技研发的平台。加强与高校及科研院所的沟通对接，不断引进国际、国内最先进技术和最新研究成果，占领能化领域新高地。与化工联合会合作的煤催化综合利用项目，中试实验成功，正在推进工业化示范合作；与长安大学合作的面煤干馏中试实验项目，完成立项、选址，正在进行中试。针对目前市场上电石法合成聚氯乙烯过程中汞催化剂污染问题，与南开大学沟通对接，开展无汞催化剂的中试实验。着眼于回收利用电石炉尾气及电石渣等废弃物，与天津大学商谈，建设1万吨的甲酸钙项目中试装置。同时，积极引导社会资本参与能源科技研发，鼓励区内企业开展技术创新、余热综合利用、合同能源管理等项目。

【新兴产业发展】 把发展新兴产业作为调整产业结构的重大举措，成立了专门的工作班子，新兴产业呈现出巨大潜力和广阔的发展前景。榆林市第一个电能新交易试点区在本区形成，为园区发展新兴产业打下了坚实的基础。把广东作为招商的重点地区，引进广东伟雄集团建设西北最大的管业生产项目、广东益华集团建设陕北第一个大型城市综合体项目、广东恒溢集团建设西部最大的机电设备城项目以及家具建材城、涂料产业园、汽配城、B型保税物流园区等项目。率先提出在煤矿采空区和煤矿后续开采区发展光伏产业，同时，积极尝试将太阳能电池板安装时适当提高太阳能支架高度，下面仍然种植农作物，实现工业、农业同步发展和土地利用的最大化。中国风电集团100兆瓦太阳能电站、华电国际电力股份公司600兆瓦风光互补开发、中海阳新能源有限公司20兆瓦光伏发电等项目落户工业区，浙江瑞旭公司150兆瓦光伏发电项目前期工作进展顺利，中电投西北分公司已确定100兆瓦光伏发电项目投资意向。大保当生活配套区和现代服务业同步建设，工业区城乡统筹发展框架形成。编制完成城乡一体化能源生态示范产业规划初步方案，能源博物馆、陕北年文化项目、汉文化博物馆等项目立项及招商全面展开。

【管理服务】 全面加强党的建设，党工委、纪检委和工青妇群团组织职能作用充分发挥，继续加强党员学习教育，组织开展"喜迎十八大、中国共产党光辉历史展"、表彰奖励"优秀党支部"、"优秀共产党员"、"优秀党务工作者"，新发展了电信公司、亚华热电两个党支部和42名新党员，培养61名入党积极分子。更加注重管委会自身建设，服务水平和工作效率大幅提升。管委会领导班子、内设机构基本健全，园区工商分局、质监分局、公安分局、交警大队、消防大队等机构建立，班子人员基本配齐，运行机制趋于完善。工业区财政正式独立运行，掌握财政自主权。园区行政执法体系、维稳安全体系、社会保障体系初步建立，基本实现了五项保险全覆盖，全区养老保险、医疗保险、生育保险、失业保险、工伤保险等参保率均超过95%。劳动执法监察全面开展，解决拖欠农民工工资纠纷33起。强化园区生产、消防、食品、特种设备、道路交通等各项安全措施，全年无重大安全事故。工业区与省、市、县区之间的关系逐步理顺，各个方面支持协调力度不断加大。深入开展干部作风整顿活动，以健全制度为保障，修订完善项目审批、征地拆迁、资金管理、干部请销假等30多项制度，办事程序更加规范，办事效率显著提高。

（白利栓）

榆神工业区管委会

党工委书记、主任　姜国璋
副　主　任　万玉林
副　书　记　张怀刚　冯继虎
副　主　任　马　飞　王晓雄
纪工委书记　薛绥琦
总 经 济 师　武泳盼
副 调 研 员　姬世平
工 会 主 任　张彦军
总 工 程 师　王新明

招商引资工作

【概况】 2012年，榆林市招商引资工作在省商务厅的指导下，按照"抓招商就是抓项目，抓项目就是抓发展"的工作理念，市委、政府主要领导高度重视招商、主动安排招商，亲自参与招商、推动招商引资"一把手工程"，优化大环境，推进大招商，促进大投资，加快大建设，带动大发展，从完善体制，创新机制入手，转变观念，强化措施，狠抓落实，全力提高招商引资质量和水平。

【项目签约】 2012年,本市在第十六届西洽会、第三届榆商大会、民企进陕、陕港澳经济合作周和榆林市政府(北京)招商会等一系列重大招商活动中共签约项目130个,总投资2184亿元,引资2159亿元,与2011年同期相比分别增长191亿元和186亿元,同比分别增长10%。从签约项目的类型看,签订合同项目70个,总投资931.6亿元,引资额923.9亿元;签订协议项目43个,投资1170.3亿元,引资额1153亿元;意向项目17个,总投资82.1亿元,引资额82.1亿元。合同项目占全部签约项目的54%。从签约项目的结构看,签订能化类深加工项目51个,占总签约项目的39%,非能化产业项目79个,占总签约项目的61%,显示出全市经济转型跨越拉开序幕。从签约项目的投资额度看,项目有大有小,大小结合,共签订投资过100亿元的项目2个,10亿元至99亿元项目29个,1亿元至9亿元项目72个,1亿元以下项目27个,标志着在产业结构调整方面迈入新的阶段。

【资金到位情况】 2012年,全市共实施招商引资项目175个,其中实施续建项目105个,新开工项目70个,实际到位资金475亿元,同比增长15.3%;共实施省内市外项目50个,实际到位资金177亿元,同比增长21%;实施境内省外项目125个,实际到位资金298亿元,与2011年同期相比增长12%;完成省商务厅下达全年任务的112%。榆林市在第十六届西洽会共签订招商引资合同、协议项目55个,总投资1176.98亿元,引资额1175.82亿元。其中:合同项目33个,总投资801.50亿元,引资额801.35亿元;33个合同项目中有32个项目开工,开工率为97%,年度计划资金到位为120亿元,实际到位资金154.76亿元,当年资金到位率为129%。3个利用外资合同项目中2个项目已开工建设,到位资金174.77万美元,1个项目正在做前期工作;19个省际联合合同项目全部开工建设,到位资金112.05亿元;11个省内联合合同项目全部开工建设,到位资金31.27亿元;22个协议项目,总投资375.48亿元,引资额374.47亿元,其中有15个项目转为合同项目并开工,到位资金11.32亿元,转化率为68%。

【项目推进】 一是会议推进,4月份、10月份,市政府先后召开了全市签约项目落地推进专题电视电话会议和全市招商引资调度会,表彰先进,鞭策后进,积极推进项目落地;二是督查检查推进,严格实行“两月一通报,半年一点评,年终一总结”制度,出台《榆林市招商引资签约项目推进落地考核办法》,市政府分管领导、市招商服务局领导先后20多次深入县区指导招商工作,督促签约项目落地。7月份,市招商服务局分三个检查组对各县区、开发区招商工作进行全面检查,并进行排名通报。12月份,市招商服务局将成立检查组对各县区、开发区招商工作进行全面检查,并将结果上报市政府,作为市政府表彰奖励县区招商工作的依据;三是干部包联包抓推进,市县两级对每年签约的招商项目,采取定任务、定进度、定推进责任人的办法,实行干部包联包抓制度,确保招商项目顺利实施。

【项目储备】 项目储备质量有新提升。围绕规划,确定重点招商产业,依据《榆林市“十二五”规划》、《榆林市现代产业发展规划》,确定本市招商的重点产业是:战略性新兴产业、特色农产品加工、聚氯乙烯中下游产业、金属镁中下游产业、文化旅游、城市建设、商贸物流、现代服务、能源化工深度转化等产业;围绕产业,策划包装招商项目,围绕“转型跨越”这一总体目标要求,年初策划包装200个科技含量高、产业链条长的招商项目,编印《2012榆林重点项目册》。在此基础上,通过对全市产业结构的科学研判,确定本市重点招商三大产业,即:光伏产业、聚氯乙烯中下游产业、金属镁中下游产业,力争项目包装由概念性项目向项目建议书转变。围绕三大产业,包装策划了50个专业招商项目,其中聚氯乙烯中下游项目13个,金属镁中下游产业12个,光伏产业15个,加工制造类项目10个;这些项目对我市调整产业布局、拉长产业链条,优化产业结构、推进转型跨越将产生积极的意义。与此同时,为了推进陶氏项目的尽快落地,市招商服务局围绕大配套、大服务的理念,委托陕西联合能化公司设计院对陶氏下游产品及配套产业策划包装18个项目,项目总投资100亿元。

【创新招商方式】 按照“高频率、多批次、专业化、小分队”的招商工作思路,采取主动出击、登门拜访、点对点的方式,赴环渤海、长三角、珠三角等地开展专业招商活动,收到较好成效。2012年,组织参与各类招商引资活动16次,其中,本市独立创新开展和承办重大招商活动6次,参加省上及省外开展组织的重点招商引资活动10次,接待来榆客商考察57多批次,200人左右。一是会展招商,提高榆林知名度。由市招商服务局具体承办,自主召开6次招商项目推介暨签约仪式。4月5日至10日,在西安精心组织第十六届西洽会榆林代表团活动,举办了“一展三会八项投资促进活动”;5月29日,市招商服务局与SEMI中国光伏顾问委员会合作,组织召开榆林光伏产业论坛暨项目签约仪式;9月1日组织承办“第七届榆林国际煤炭暨能源产业博览会榆林煤炭延伸产业及非煤产业项目推介交流会;9月25日组织承办市政府(西安)招商会暨第三届榆商大会;11月9日,组织承办2012榆林(香港)招商项目恳谈会;12月22日组织承办榆林市政府(北京)招商会。会上发放《2012榆林投资手册》、《2012榆林重点项目册》8000余册。市招商服务局积极参加陕浙项目合作、“民企进陕”、第十六届中国国际投资贸易洽谈会、第三届中国·阿拉伯国家经贸论坛、宁蒙陕甘毗邻地区共同发展联席会议第九届年会暨第三届经洽会、第二届陕西低碳产业与循环经济博览会、陕粤港澳经济合作活动周等一系列招商引资活动;通过办活动、搭平台、推介项目,提高榆林的知名度和影响力。二是中介招商,促进以商招商。新建广东陕西商会、陕西广东商会、香港陕西商会3个驻外招商联络点。利用招商引资平台促进省市县互联互动,优势互补、资源共享,发挥着与客商联络的纽带作用。利用上海陕西商会榆林分会成立大会、北京榆林商会成立5周年庆典、广东陕西商会成立5周年庆典的大好机会。联系客商,推介项目。参加榆林河北商会二届理事会议,组织榆林福建商会成立大会,接待陕西南京商会和陕西晋商商会来榆考察活动,并与陕西晋商商会签订框架合作协议,利用商协会招商已经迈上新台阶。三是专业招商,捕捉信息。全年市招商服务局组织招商队伍,三次外出进行专业招商。9月份,毛中胜副市长带领市政府办、市发改委、市招商服务局、神木县及北元化工集团等单位负责人,先后赴大连、安徽芜湖、广州佛山,主动联系,拜访了中国塑料行业协会,大连实德集团、安徽海螺集团、广东联塑集团。全面开展PVC专业招商活动,全力打造PVC产业链条经济,为本市下一步发展PVC产业奠定基础,开创本市依托骨干企业发展下游产业链招商的新模式。10月份,市招商服务局成立分别由局长麻占平、党组书记张常青和纪检组长王鹏任组长的专业招商小组,围绕战略性新兴产业、新材料产业、装备制造业、光伏产业、聚氯乙烯下游产业和原镁、铝镁合金下游产业和加工制造业,锁定13家有合作意向的企业,分别赴长三角、珠三角、环渤海开展展开叩门招商、点对点招商,通过不断的介绍,有部分企业准备来榆林进一步考察落实,选择投资的县区和开发区。11月份,利用第二届陕粤港经济合作活动的机遇,由毛中胜副市长带队,赴香港拜会企业,召开企业家恳谈会,收到良好的效果。12月中旬,毛中胜副市长带领市政府办、市招商服务局、市发改委和有关县区、开发区领导赴北京拜访华能、国电、华电、大唐、神华、中煤、中盐、国开投等中央企业,介绍榆林重点招商产业,了解企业投资动向,初步达成一些投资意向。通过有效的专业招商活动,洽谈对接成功一批项目,在第三届榆商大会、光伏产业论坛等活动中签约了32个项目,总投资达238亿元。

【投资环境】 一是建立环境保障问责机制。继续实行投资环境综合评价和年度目标责任制考核,对项目推进工作不力的县区和责任人进行问责。二是强化投诉案件查处力度。按照"有报必接、有案必立、有查必果"和"快速反应、快速出动、快速处理、快速解决"的原则,全年共受理环境投诉案件38件,调解结案37件,结案率达97%,另1件还在进一步调查核实中。三是开展专项集中整治活动。根据市委、市政府的要求,在5月份开展为期一个月的专项集中整治活动,共下发《加大力度解决投资商在项目建设中存在的困难和问题的通知》1万多份,突出解决企业和项目建设单位在项目建设或生产经营中存在的无理刁难、停水、停电、阻拦道路、阻碍施工、强买强卖、敲诈勒索、吃拿卡要、乱收费、乱摊派、乱检查等伤害投资人合法权益、影响投资环境问题,为投资商及企业优化投资环境。四是建立在建项目投资环境监测机制。市投资环境110办建立了及时受理、主动了解、问卷调查、目标考核为主要内容的投资环境监测机制。五是开展了2012年度招商引资在建项目开展投资环境问卷调查活动。为更好地掌握2012年度本市招商引资在建项目投资环境现状,进一步有针对性地改善项目建设环境,推进招商引资项目落地建成,委托国家统计局榆林调查队开展2012年度招商引资在建项目投资环境监测问卷调查工作,调查结果将作为市县区和开发区近期改善优化招商引资在建项目投资环境重要参考,以及考核2012年度榆林各县区投资环境优劣的重要依据。

【拓宽信息交流渠道】 利用各种媒体、介质宣传榆林良好的投资环境、招商引资工作动态以及项目落地等情况,落实专人负责"陕西省投资指南网"榆林子栏目内容的更新、维护和信息报送,全年共报送信息200余条。编印《今日招商》36期、《招商专报》3期。其内容被《新华网》、《人民网》、《凤凰网》、《陕西日报》、《华商报》、榆林市政府网》、《榆林日报》《榆林晚报》等60余家报纸、书刊、网站、电视台等媒体刊登,发布招商引资宣传报道多600多条。

【强化业务知识培训】 全年共组织培训活动19批次,其中,参加省市培训15批次,市招商服务局自行组织组织招商系统分别赴咸阳、渭南和西安高新区进行学习考察,举办榆林光伏产业知识培训,PVC、镁铝合金专业知识培训和招商推介知识培训等4批次培训活动,480人(次)得到集中培训;参加省市培训15批次135人次。

【客商资源信息管理】 初步搜集世界500强、华商500强、国内500强名录,建起环渤海、珠三角、长三角、毗邻地市、榆林籍企业家、市内企业等6大类企业家资料库,对企业法人代表、经营地址、主要经营产业、公司发展规模、未来投资项目等情况进行电子造表登记,定期向有实力的客商推介本市的新项目,力争有部分企业来榆考察、来榆投资。

(惠建宁)

榆林市招商服务局

局　　长　麻占平
党组书记、副局长　张常青
副 局 长　尚军林　栗宏浩
　　　　　惠振苏
纪检组长　王　鹏
副调研员　高世宇　惠建宁

工业和信息化(国资委)工作

【概况】 2012年,在市委、市政府领导下,市工信局按照"稳增长、调结构、促转型”的要求,结合创先争优和干部作风整顿活动,实事求是,把握规律,努力工作,开拓创新,确保工业经济持续健康发展,国有资产保值增值,信息化建设初见成效,基本达到年初各项工作任务目标。

【工业经济】 2012 年,面对复杂严峻的国际国内经济运行环境和艰巨的转方式、调结构压力,市委、市政府坚决贯彻落实中、省各项宏观调控政策,将稳增长放在更加突出的位置,采取多项措施积极应:制定《加快工业经济持续发展的意见》、《榆林市促销增产稳市场工作实施意见》,出台电价补贴、贷款贴息、减收运费等 10 项政策措施,举办以煤炭为主,兼顾其他工业产品的促销展销活动,累计兑现载能行业用电奖励 10687 万元,减免煤炭、兰炭价调基金和高速公路通行费 26 亿元,使得 400 多户企业直接受益。其中《榆林市促销增产稳市场工作实施方案》被省工信厅作为工业稳增长的典型经验转发全省推广,在《陕西日报》头版头条进行报道。全市规模以上工业企业累计完成总产值 2999.2 亿元,同比增长 17.9%;实现增加值 1952.01 亿元,继续位居全省第一。累计生产原煤 32004.8 万吨,原油 1161.3 万吨,天然气 128.2 亿立方米,精甲醇 132.3 万吨,加工原油 338.4 万吨,兰炭 1961 万吨;能化产业产值占全市工业总产值的 93.3%。较上年,全市工业产值净增 442.3 亿元,增加值净增 388.31 亿元。把全市工业总产值、增加值和增速做一个排名,产值和增加值靠前的六个县区分是神木、府谷、靖边、定边、榆阳、横山;增速靠前的六个县区分别是佳县、清涧、神木、榆阳、绥德、子洲。这里,也对这些县区进行表扬。

【构建现代产业体系】 抓住“央企进陕”契机,积极协调省政府与国务院国资委签订在榆项目 39 个,总投资 4500 亿元。以项目建设和服务为抓手,在能源化工、新材料、轻纺等特色产业遴选出一批工业转型升级典型示范项目、“两化融合”典型示范等项目,进行重点扶持,落实扶持资金 3125 万元。加强企业技术创新工作,组织实施兰炭和金属镁产业升级、面煤制兰炭等重大科技攻关项目。神木大通汽车有限公司企业技术中心成为省级企业技术中心,实现本市省级企业技术中心零的突破。开展园区达标建设,榆神工业区被认定为国家级新型工业化产业示范基地。锦界工业园区、清水川工业集中区被列入省级新型工业化产业示范基地。启动市级新型工业化产业示范基地创建工作,全市有 5 个园区经过创建被确定为市级新型工业化产业示范基地。稳步推进淘汰落后产能,按计划淘汰吴堡县黄河水泥有限责任公司 1 条水泥生产线、锦界锦元化工 5 台硅钙炉,关闭米脂溶解乙炔厂,缓解能耗压力。发展轻纺传统产业,成立榆林市羊毛防寒服协会,制定《轻纺产业转型升级意见》,加大对羊毛防寒服产业扶持力度,全市羊毛防寒服产业快速增长,60 多家企业,产值 8 突破亿元,解决就业近万人,本市成为全国最大的羊毛防寒服生产基地。全市装备制造企业 326 户,其中规上企业 15 户,涌现榆林天地煤机制造公司、陕汽东方汽车公司等一批龙头企业。新材料产业初具规模,建材、金属镁、铁合金、甲醇等产能进一步提高,形成神木镁业集团、府谷镁业集团等地方企业为主体的企业集群,全市金属镁的市场占有率为全国的 50% 以上,成为全国金属镁产能第一大市。

【信息化建设】 全市信息化指数 0.614,增幅位居全省前列。信息化项目建设管理体制进一步理顺,设立信息化建设推进资金,出台《榆林市信息化基础资源共享实施办法》。市信息化基础资源综合服务平台项目一期通过验收并开通运行。“无线城市”建设方案编制出台,电子政务建设逐步完善,城市一卡通项目加快推进。省级“两化融合”实验区建设步伐加快,在全市重点企业中开展“两化融合”发展水平评估工作,确定榆树湾煤矿等 10 户企业为 2012 年度市级”两化融合”典型示范企业。加快推进农村信息化建设,神木锦界“数字化城镇”示范工程建设项目已经验收并投入运行。

【国企改革】 榆林能源集团挂牌成立,成为全省第三大能源企业,为本市能源工业发展搭建全新平台。榆树湾煤矿合资问题彻底解决,企业发展迈入新的阶段。国有企业改制遗留问题逐步化解,上访现象明显减少。国资监管体制机制不断完善,出台《榆林市国有资产监管工作指导监督实施办法(试行)》、《关于监管企业董事会规范运作指导意见》等制度,规范国有企业项目建设、招工用人、预算管理等基础工作,完善企业薪酬管理和经营业绩考核制度,确保各项国资基础管理工作有章可依,有制可循。到 2012 年底,市属监管企业资产总额 383 亿元,所有者权益 187 亿元,完成销售收入 93 亿元,实现利润 27 亿元,上缴税金 10 亿元,收缴国有资本收益及股东分红 8.3 亿元。

(舒伟强)

榆林市工信局(国资委)

工信局(国资委)局长　柴小平
工信局(国资委)副局长　王为东
封　杰
工信局副局长　白海洋
刘长有
工信局(国资委)纪检组长
张化龙
工信局总工程师　贺晔春
工信局经济运行办主任
杨晓明

中小企业促进工作

【概况】 2012 年,全市中小企业和非公有制经济学习贯彻党的十八大精神,严格执行中、省一系列促进中小企业、非公有制经济发展的优惠政策,克服企业生产经营中遇到的困难,围绕市上确定的年度目标任务和“中小企业服务年”活动开展各项工作,取得显著成绩。

【主要任务指标】 截止2012年底全市中小企业总数137558个,其中法人企业8907个,较2011年同比增长14.96%;中小企业劳动者报酬198.56亿元;从业人员613243人,增长3.85%,中小企业实现增加值1447.71亿元,占全市GDP的52.27%;中小企业营业收入实现2648.95亿元,增长23.49%;上交税金224.65亿元,同比增长7.03%。非公经济组织137505个,其中法人企业8854个;劳动者报酬实现187.63亿元,从业人数达到583995人,上交税金162.21亿元,非公经济增加值1042.15亿元,占全市GDP的比重为37.63%,非公经济占比较去年提高1.53个百分点。中小企业和非公有制经济已成为推动本市国民经济发展的重要抓手,解决就业的主渠道,提高群众收入的重要来源和增加财政收入的重要一极。

【部署全年发展工作】 年初,按照市委、市政府和省局安排部署,根据市中小企业和非公有制经济发展实际,制定《榆林市中小企业、非公有制经济2012年工作要点》,将市委、市政府2012年100项重点工作任务中涉及本局重点任务进行细化分解,与非公有制经济增加值、中小企业发展数量等指标一并下发各县(区)局和局各科室,按照目标任务扎实开展工作,确保年度目标任务顺利完成。

【落实优惠扶持政策】 2012年国务院出台《关于进一步支持小型微型企业健康发展的意见》,省政府出台《关于进一步支持小型微型企业健康发展的实施意见》,组织对《意见》和《实施意见》集中学习,并深入企业宣讲,借助媒体等平台对《国务院关于进一步促进中小企业发展的若干意见》、《国务院关于鼓励和引导民间投资健康发展的若干意见》、《陕西省人民政府关于进一步促进中小企业发展的实施意见》等一系列文件精神进行宣传报道,进一步明确促进中小企业发展的目标任务、政策措施和支持方式,鼓励企业勇于创新,大胆进入新领域和新行业,不断拓展发展领域和发展空间,激发企业家干事创业的热情。继续推行市级领导联系非公有制企业制度和非公有制企业县长联络制度,加强同企业沟通联络,解决发展难题。神木县启动实施中、省、市驻神国有企业结对帮带县内民营企业活动,建立国有企业与民营企业"互惠互利、合作共赢"的长效机制,促进企业发展。

【推动县域工业集中区建设】 2012年,全市中小企业、非公有制经济实施重点项目76个,项目总投资773亿元。以中、省、市中小企业发展专项资金为依托,积极发挥财政资金的撬动作用,全年在全市重点扶持建设141个符合产业政策、市场前景好、带动作用大的项目。有1户企业享受工业中小企业技术改造项目中央预算内投资115万元;上报国家中小企业专项资金项目13个,预算内投资2100万元。37户企业享受省级中小企业发展专项资金1035万元;2户担保公司享受中、省中小企业信用担保机构专项资金181万元;15户企业享受省工业企业新增产能第二、第三季度流动资金贷款贴息。73个特色产业项目得到市级财政专项资金1000万元的扶持。继续推进26个县域工业园区建设,11个已被省政府确认为全省重点建设县域工业集中区。目前,11个工业集中区进驻企业总数210户,从业人员2.65万人,基础设施投资累计达到108亿元。2012年,6个工业园区获得专项扶持资金680万元。工业集中区已成为吸引民间资本、技术、项目和人才的有效载体。

【服务体系建设】 一是积极发挥主管部门职能,进一步推进创业辅导、融资担保、市场开拓、信息服务、科技支撑、教育培训、法律咨询和信用评价等八个方面的服务体系建设,成立"榆林市中小企业发展促进会",组织市、县符合条件的中小企业服务机构申报国家级、省级示范服务平台。二是继续以国家银河培训工程为依托,加大对中小企业经营者培训和全民创业培训,全年各类参训人员6500人次。三是和金融部门配合,进一步建立健全中小企业、非公有制经济信用等级和评价机制。四是发挥市、县非公有制企业维权投诉中心作用,加大对小微企业税收减免等优惠政策落实的督促检查,强化企业和职工的"双维权"意识,进一步减少"三乱"现象发生。五是编制榆林市中小企业公共服务平台建设方案,组织各县区开始编制国家中小企业公共服务平台网路建设方案。府谷县陕北能源化工产业集群窗口服务平台纳入国家2012年—2013年总体规划,榆林市中小企业窗口服务平台纳入国家2013年—2014年总体方案,市局分别与省局、府谷县局签订服务平台建设责任书,市中小企业发展促进会被认定为第二批省级中小企业公共服务示范平台。

【经济运行工作】 一是加强统计监测分析工作。按季召开全市中小企业和非公经济运行分析会议,加强对经济运行的分析、监测和指导。随着国家对企业标准重新划分,组织各县区中小企业主管部门统计人员进行集中培训,以确保统计工作顺利进行。二是强化对陕西省中小企业网的信息上报和榆林中小企业网的维护、运行工作,全年为两网上传各类信息500多条,利用全国中小企业生产经营运行检测平台和陕西省中小企业预警监测系统为企业进行信息服务。目前全市进入国家中小企业生产经营运行平台的企业平均每月有100多户,进入国家和省预警系统的企业平均每月也达到100多户,为企业的生产、经营搭建信息平台。三是两次组织11个重点建设县域工业集中区信息统计工作人员及县局负责统计监测报表审核工作人员30多人参加了县域工业集中区信息服务平台系统培训班,使信息报送人员熟练掌握平台的功能、作用和操作规程,完善统计监测数据直报体系。

【招商引资和投融资工作】 积极组织

中小企业和非公有制企业参加第十六届“西洽会”、“陕津中小企业投融资项目对接会”和“陕西省建设县域工业集中区项目推介会”，筛选红枣酱、苹果醋、金属镁、机械制造等15个投融资项目在会上对接，融资24亿元。西洽会上本市中小企业共签订15个项目，包括7个合同项目、6个协议项目、2个意向项目，项目总投资额54.4亿元。3月份神木县举办第六届民营经济博览会。会同中行、西安民生银行、成都银行，组织银企对接活动4次，共有20户企业签订贷款意向和协议，融资4.85亿元。完成府谷县银丰担保有限责任公司免征营业税的申报工作。

（师宁宁）

榆林市中小企业促进局（市非公办）

局　　长　李保才
副 局 长　赵福庆　尤建国
总经济师　奥胜功
纪检组长　袁春丽
调 研 员　李　峰
副调研员　任生庭

手工业合作社联合社

【概况】 2012年，在市委、市政府的领导下，在省联社的支持下，市手工联社领导班子贯彻落实科学发展观，求真务实、开拓创新，团结拼搏，勤奋工作，较好的完成各项工作任务。

【思想建设】 社领导班子始终将思想政治建设作为提升班子执政能力之本，坚持用邓小平理论、“三个代表”重要思想及科学发展观等理论武装头脑、指导实践、推动工作。坚持集中学习制度，组织干部对党的十七大、十七届五中、六中、七中全会、十八大精神以及中省市的一些重要文件进行集中学习。在学习中，对于一些重要文件精神，社领导亲自授课、带头学习、带头讨论发言、认真撰写心得体会，并继续加强理论指导、联系实际，确保决策的科学性。

【推进集体企业改制】 集体企业改制是一项长期工作，本社已经持续推进多年。2012年，贯彻落实国家总社安排，加大对县属集体企业改制力度，对县属企业改制进行指导、服务、协调，为他们讲政策、出主意、想办法、解难题。到目前为止，全市城镇集体企业已大部分完成了改制，未改制企业主要是债务较多的“三无”企业，改制难度较大。与县区联社克服困难，完成绥德刺绣厂等11户企业改制。

【联社集体资产监管】 贯彻执行全国总社“七代会”精神和《联社集体资产监督管理暂行办法》，加强对集体资产的监管力度，力争保值增值。首先加强房屋资产清理登记工作。市联社办公楼及院落土地证已经办理，房产证正在办理之中。要求县区联社加快房产登记步伐，榆阳、佳县等9个县区联社房产都办理产权登记证。支持成员单位盘活资产，达到集体资产的保值增值。利用定边城市建设改造，与定边联社合资修建商贸楼，现主体工程已经完工。这个项目建成后，可使市县联社资产大幅增值。榆阳联社商贸楼已经建成，已进入招商阶段；府谷联社商贸楼正在建设中，靖边、吴堡联社也正积极筹划房产改造。这些项目建成后将为联社今后的发展提供资金保障。

【依法维权】 城镇集体企业大多建于20世纪五六十年代，曾为当时的地方经济做出过巨大贡献，随着社会经济的发展，大部分企业逐渐走入低谷，职工大多生活非常困难，且难以享受社会福利保障待遇，特别是有些老同志，因年龄大而被养老统筹部门拒之门外，严重伤害了这些职工的利益，致使这些职工经常群体到政府要饭吃。为困难职工解忧，为困难企业出主意、想办法，帮助职工理顺养老统筹关系，实现再就业，是联社义不容辞的职责。为此，市联社和县区联社多次与养老统筹经办部门座谈，使大部分职工参加养老保险。根据2011年12月人力资源和社会保障部、财政部下发的《关于解决未参保集体企业退休人员基本养老保险等遗留问题的意见》，协调有关部门解决2010名退休人员基本养老保险问题，参统率85.1%，基本解决职工老有所养问题。

【转变职能为基层联社企业服务】 重视机关作风建设，把工作重点放在“服务”上，将此作为学习实践科学发展观的重要内容之一，经常深入基层调查了解县级联社和企业的实际情况，遇到问题及时予以解决。与省联社对定边、靖边联社资产进行产权界定，明晰联社和所属企业产权，解决存在多年的矛盾纠纷。保证联社资产不流失，使企业职工得到妥善安置。靖边、吴堡、佳县等联社在企业改制和机关环境建设中资金困难，设法予以支持，增强工作的积极性。由于历史遗留问题，县级联社和企业，常常来本社查找根据或政策法律咨询，市联社主动去基层帮助他们解决产权纠纷、债务纠纷，维护他们的合法权益。对于来本社上访的基层职工，每次都热情接待，耐心给他们解释有关政策法规。

【开展全市组织的各项活动】 市委干部作风整顿专项会议后，市联社立即召开会议动员宣传，成立干部作风整顿领导小组，由单位一把手负总责。在活动过程中，制定翔实的实施方案和有关规章制度，并将理论学习贯穿于整个活动过程中，为开展好干部作风整顿奠定思想基础。召开自查自纠会议，查摆清理出七项问题。通过整改严肃工作纪律，加强内部管理，推动各项工作有效开展。在“双创”工作中，投入较多的人力、物力、财力，完善办公楼、家属楼的美化、亮化，完成所包巷道下水道安装、旱厕改造、墙壁粉刷等工作，聘请专人每天负责巷道的卫生清扫和野广告的清理。在“双创”办组织的各项检查和考核中，所包巷道受到一致好评；在万名干部下基层活动中,要求全体工作人员一定按照市委的要求,同心协力做好对口帮扶工作。特别是工作组同志深入基层,察民情、听民意、解民忧,针对该村吃水缺、用电贵、出行难等实际问题,进行逐项实地调研,逐户走访了解,与村委会、镇政府一起研究讨论,已形成相关材料上报有关部门争取资金支持,根据调研,拟把种植核桃作为该村农业经济林主导产业。自筹2万元用于村级道路维修、村委会办公场所维修和种植核桃农户资金补贴。

（贺 晔）

榆林市手工业合作社联合社

主　　任　贺　晔
副 主 任　师庆成
副调研员　马和平

能源工业

【概况】 2012年,是实施"十二五"规划承前启后的一年,也是全市能源工业发展成效显著的一年。一年来,在市委、市政府的领导下,市能源局坚持以科学发展观为统领,贯彻落实党的十七大、十八大精神,围绕市委、市政府总体工作部署,按照"抓产销,重整合,调结构,保安全,促发展"的思路,以"两增三保"为目标,攻坚克难,真抓实干,全面落实市委、市政府下达的各项工作任务,推动全市能源工业持续健康发展。

【能源生产】 2012年,全市生产原煤32004万吨,同比增长16.7%。全市生产兰炭1961万吨,增长29.9%。全市生产原油1161万吨,增长7.3%。全市完成原油加工量338万吨,增长11%。全市生产天然气128亿立方米,同比增长6.1%。煤炭开采洗选业完成产值1397.9亿元,同比增长16.9%,占规模以上工业总产值的46.6%;石油和天然气开采业完成产值609.4亿元,同比增长7.2%,占规模以上工业总产值的20.3%;石油加工、炼焦业完成产值435.8亿元,同比增长22.5%,占规模以上工业总产值的14.5%。煤炭、石油、天然气、兰炭行业共实现工业总产值2443.1亿元,占全市规模以上工业总产值的81.46%。

【煤炭安全】 2012年,全市煤矿共发生死亡事故6起,死亡11人,其中中省煤矿企业发生死亡事故2起死亡3人,未发生重大以上安全事故,煤炭百万吨死亡率为0.034,低于全国、全省平均水平。

【资源整合】 一是制订计划,落实任务。年初制定整合进度计划,逐矿按季安排了整合进度,提出了规范工序管理、质量管理和验收管理的具体要求,按季督促检查,分析存在的问题,制定整改办法,加快建设进度。二是简化程序,提高效率。进一步简化工作程序,及时审查办理项目建设各种手续,为整合矿井提供优质服务。年初编报了县区上报的13个煤炭资源整合区整合方案,组织专业技术人员为9处煤矿办理了批复整合立项手续,检查批复了2处矿井的联合试运转方案,审查批复了5处煤矿的开采设计和变更方案。审查上报了28处矿井的开采设计和变更方案,向省局申请了24处矿井联合试运转和15处矿井的工程质量认证请示,13处矿井的工程延期和7处矿井的试运转延期请示,配合省局现场检查验收矿井38处,推进煤矿整合项目的顺利实施。截至年底,全市一轮资源整合实施的136处矿井中开工建设122处,其中建成投产5处,进入试生产36处,进入三期工程40处、二期工程19处、一期工程22处,14处未开工。二轮资源整合的28处整合区,已批复开采设计方案12处,已审待批9处。

【安全管理】 一是建立齐抓共管安全工作机制。全市自上而下建立健全煤矿安全监管体系,落实煤矿企业法人代表、矿长的第一责任,市、县煤炭管理部门的监管责任,逐矿配足驻矿安监员,逐步形成"政府抓督查、部门抓监管、企业抓落实"的安全工作机制。二是深入开展隐患排查治理活动。进一步完善"企业自查、部门检查、逐级上报、跟踪监管、动态管理"的工作机制,以资源整合煤矿、资源枯竭矿井以及安全基础薄弱的煤矿为检查重点,紧紧抓住顶板管理、机电运输、有毒有害气体和矿井水害防治等煤矿安全生产的关键环节,全覆盖、拉网式查找和解决安全生产中存在的隐患和问题,坚持做到"一井一策"。对排查出的隐患,认真落实煤矿企业安全隐患排查治理的主体责任,严格按照整改方案、责任人员、整改资金、整改期限和应急预案"五到位"要求整改。对存在排查走过场、整改不彻底、敷衍了事等现象的煤矿进行了跟踪督办,严处重罚。全市共进行安全大检查56次,开展日常检查535次,累计检查矿井1400余矿次,查出煤矿安全隐患4200余条,停产整顿72矿次,罚款370万元。三是扎实开展打非治违活动。按照《榆林市人民政府关于开展煤矿打非治违专项行动的通知》要求,在全市范围内开展了严打"三非"、严治"三违"、严查"三超"活动,重点打击了手续不全进行违法建设、超层越界开采以及超能力、超强度、超定员生产等15种违法违规行为。全市累计查处煤矿非法违法行为672起,查处无证照或证照过期生产4起、瞒报事故1起,暂扣资格证10个,行政拘留2人,罚款432万元。四是全力推进煤矿安全质量标准化建设。高度重视安全质量达标建设工作,将质量标准化建设作为煤矿管理的常态化工作,年初制定达标计划,认真安排部署,全年建成标准化煤矿90处。五是加快井下安全避险"六大系统"建设进度。按照中、省关于"六大系统"建设完善的政策文件要求,制定并下发《关于建设完善煤矿井下安全避险"六大系统"的实施意见》,明确"六大系统"建设完善的总体要求、时限、目标和具体工作任务。按照分步实施,限期完成的要求,生产矿井于2013年6月底前全面建成完善,新建、改扩建以及资源整合矿井应将"六大系统”建设纳入安全设计设施，与矿井安全设施同步建设，同步验收。审查批复“六大系统”补充设计64处，上报省煤管局审查批复13处。六是加强教育培养工作。按照陕西省《关于进一步加强煤矿安全技术教育培训工作的通知》要求，以送培、自培等培训途径，通过现场讲解和集中授课、专题讲座相结合的方式，切实增强安全监管人员监管责任，进一步提高煤矿工作人员安全意识和安全技能。累计培训从业人员30000多人次，其中：煤矿管理人员2614人，特殊工种9810人次，煤炭从业人员18000多人次。

【能源生产】 一是落实分解生产任务。根据年初召开的煤炭工作会议和油气协调会议精神，向4个重点产煤县区和6个产油气县区分解了煤炭、兰炭、原油、天然气生产任务，明确了工作目标，落实了工作责任。二是及时组织煤矿复产复工验收。印发《关于做好春节后煤矿复产复工验收工作的通知》，对全市节后复产复工验收工作作了全面安排部署。各产煤县区根据市上统一安排，制定具体验收办法，在煤矿自查自验的基础上，组织验收组，对春节后复产复工煤矿进行检查验收，严格实行“谁验收、谁签字、谁负责”制度，逐个“放行”。三是认真开展生产矿井扩能工作。按照省煤管局淘汰落后采煤方法和机械化改造、生产能力核定会议要求，分别在榆阳、神木、府谷三县区召开由所有煤矿企业负责人参加的会议，全面落实工作任务，全市共有35处煤矿开展了改革采煤方法和机械化改造。四是全力释放油气产能。为保证中省企业新打油气井位建设任务，加大协调服务力度，深入油区对资源重叠、资源纠纷等矛盾进行调研，多次与中石油长庆油田公司和延长石油油田股份公司进行座谈，协调解决油气生产过程中出现的矛盾和纠纷，全面加快油气新井开发进度，最大限度释放油气产能，确保年初确定的目标任务完成。同时，指导企业进一步加大老油田技术改造力度，增加注水量，提高原油采收率。

【能源市场监管】 一是强化煤炭销售票据计划管理。以“市场准入、计划调控、动态监管”为手段，狠抓煤炭公路运销、铁路上站销售管理工作，通过下达公路和铁路供票计划，规范了煤炭运销秩序，打击煤炭非法销售行为，保证了税费的足额征收。全市共征收各类涉煤规费11.3亿元。二是做好煤炭经营资格证管理。全面安排部署了全市煤炭经营资格证的资格审查和年检工作，抽调专门人员，对全市173户煤炭经营企业进行了资格审查和年检工作，有力地规范和维护了煤炭经营秩序。三是力促煤炭销售。严格执行省市关于煤炭“促销、保产、稳市场”一系列政策措施，回访老用户，开拓新市场，组织参与市政府赴京津唐、鲁鄂苏等地促销煤炭活动，拓宽销售渠道，为全市煤炭销售引出了新的路子。四是加强分析调控。积极做好煤炭市场预测预警研究和运行分析，建立监测分析制度和运行调控机制，及时准确发布市场信息，逐月进行调度，分析产、销、存、价变化趋势，指导全市煤炭生产经营活动，确保产销供需平衡。

【产业结构调整】 一是发展兰炭产业。进一步加强22个兰炭工业园区建设，积极培育6个标准化园区，抓60万吨/年以上兰炭生产线项目建设，支持企业综合开发利用资源。完善目前主体建成的51户兰炭企业配套设施，已建成配套荒煤气综合利用46户，污水处理和脱硫设施建成投用的有29户。二是抓煤转化项目建设。积极参与推进重点项目建设，促进电力、甲醇等产业发展，扩大原煤的就地转化率。三是积极协调新上项目。主动协调延长集团筹建的煤油共炼示范项目，为项目建设创造良好环境，目前该项目进展顺利，已完成项目总投资的30%。四是加快榆林炼油厂技术改造进度。加强服务协调榆林炼油厂投资5.7亿元筹建的150万吨/年常压装置技术改造项目，使该厂原油加工能力达到1000万吨/年，成为我省加工能力最大的炼油企业。

【科技兴煤】 一是加快双回路供电建设。双回路供电一直是困扰本市煤矿产能提升、安全生产条件改善的一个重要因素，加大工作力度，强化工作措施，取得阶段性的成效。目前，榆阳区和府谷县全部解决了双回路供电工程，神木和横山两县生产矿井全部解决了双回路供电工程。二是推进采煤方法改革。按照中省有关要求，下发了《榆林市关于全面推行壁式开采的安排意见》，对26处采用房柱式开采煤矿停产改造，同时要求各矿委托有资质的设计单位编制了采煤方式改造方案，并由煤矿组织专家审查后，报县煤炭局备案。全市64处地方生产矿井中，47处煤矿已采用壁式或正在实施壁式改造和机械化改造，9处煤矿采用条带式开采，8处资源接近枯竭的煤矿仍采用房柱式开采。三是开展煤矿采空区专项治理工作。按照省市有关文件和会议纪要精神，及时安排部署采空区治理有关工作，草拟了全市采空区治理实施意见，与北京煤科总院签订采空区勘查合同。重点在榆阳、神木、府谷三县区189处煤矿约700KM^{2}井田面积和70.99KM^{2}有疑问区域开展采空区勘查普查工作，多次组织技术人员赴现场进行调研，召开座谈会协调解决勘查过程中出现的矛盾和纠纷，并聘请陕西煤田地质局一八五队对项目施工、设计、质量、进度、安全等环节全程进行监督。目前，物探工作已全部完成，钻探工作已完成设计工作量的80%，相关报告正在同步草拟中。

【机关建设】 一是开展干部作风整顿工作。根据市上的总体安排，制定干部作风整顿安排意见，成立专门工作小组，分段、按步推进。积极参与“万名干部下基层”活动，抽调三名副县级领导带队，包抓扶贫清涧县的三个贫困村，2012年包扶项目已基本竣工。二是健全完善规章制度。为适应新形势下能源工作的需要，在通过外部调查了解，内部广泛征求意见的基础上，修订完善了19项机关工作制度，规范了工作程序，提高了工作效率，逐步建立用制度管人、按制度办事的长效机制。三是加强党风廉政建设。全面贯彻落实中省市有关党风廉政建设的新规定，认真执行党风廉政建设责任制，加强以“五个集中整治”为重点的干部作风建设，加强以完善惩治和预防腐败体系为重点的反腐倡廉建设，紧紧围绕市纪委“三个加强、五个到位”的总体要求，党风廉政建设和反腐倡廉工作取得实效。四是开展创建活动。活动开展以来，多次深入德静社区福佑南路和北路清扫积雪、垃圾，清除杂草、野广告等，为群众创造了良好的出行环境。

（李　斌）

榆林市能源局

局　　长　张生平
副 局 长　朱绪恩　张小雄
　　　　　贺世强　刘锦彦
纪检组长　邱建国
总工程师　郭林平
调 研 员　杨国荣
副调研员　吴凤军　薛进贤
　　　　　贾锁银　宋琦峰

榆林矿业集团工作

【概况】 2012年，在市委、市政府的领导和支持下，榆林矿业集团有限公司坚持科学发展观，着力构建以煤炭运销为中心，多元化项目投资为延伸的企业发展模式，实现公司可持续发展。2012年公司完成销售收入18.5亿元，实现利税0.9亿元，其中利润总额0.85亿元。目前公司资产总额6.2亿元，负债2.9亿元，所有者权益3.3亿元。

【煤炭运销业务】 2012年后半年，煤炭市场出现下行、疲软态势，给公司煤炭运销业务造成巨大的冲击，由于煤炭价格持续下滑，进入6月份后，公司自销煤经营出现成本倒挂，无奈暂停经营。为此，公司主动出击，到神华集团疏通业务关系，到山东、河北等地走访老客户，协调货场接卸、货款结算等工作，以提高自销煤炭发运量。陪同市上相关领导，到多地煤炭市场进行调研分析，制定有针对性的营销策略，并积极调整煤源组织工作思路，以降低煤炭经营成本。通过努力，8月中旬公司自销煤发运工作恢复正常，发运量较之前也有很大提升。2012年公司共发运煤炭316万吨，完成全年计划400万吨的79%。其中自销56.47万吨，完成全年计划100万吨的56.47%，转供259.54万吨，完成全年计划300万吨的86.51%。虽然煤炭发运总量与上年持平，但由于煤炭价格持续下滑，利税远低于上年水平，是2011年的76%。

【对外合作项目】 在保证公司主营业务稳步发展的同时，选择具有一定背景和实力的单位进行合作，实施多元化项目带动战略。累计投入项目资本金2.57亿元，有已运营或在建项目六个：一是榆横煤电一体化项目，其中：小纪汗煤矿计划2013年第3季度建成投产，电厂项目计划2013年6月份正式开始发电运行；二是陕西医药控股集团天宁制药有限责任公司，2012年完成营业收入1.25亿元，实现利润400万元。该公司榆林制药基地项目8月中旬完成项目设计单位公开招标工作，目前正进行厂房设计、设备选型等工作。三是榆林天地煤机装备有限公司，2012年该公司实现合同额6033万元，经营收入5160万元，净利润609万元。四是办公基地项目，主体工程及外立面装修、室内精装修招标工作已经完成。五是榆林矿业集团鑫源煤炭运销有限公司，2012年共发运煤炭22.73万吨，完成销售收入8121.31万元，实现利税70.99万元。为进一步推进公司技术转型升级，积极与相关科研单位进行接触，开展具有较高科技含量的煤炭制备超细粉煤加工技术及醇基燃料推广的前期调研工作。

【彻底解决产权问题】 公司成立以来，由于整合工作一直没有取得实质性进展，除市国资委以外的四家股东从未缴纳任何资本金，更未履行其他相应义务，公司实际出资人只有市国资委一家，导致公司股权结构及工商注册资料严重失真，很多工作无法按照正常程序进行，只有通过变通手段得以勉强完成。为此按照市上领导批示及相关文件精神，积极与各个股东协商，最终一致同意“确认市国有资产管理委员会为榆林矿业集团有限公司唯一出资人，将公司变更为国有独资企业，并据此修改公司章程、完善工商注册登记”，并于2012年11月19日，完善公司相关的工商注册登记手续，彻底解决这一“老大难”问题。

【党风廉政建设】 党风廉政建设是关乎企业发展是否偏离主航道的重大问题。为此，一年来公司始终坚持标本兼治、综合治理、惩防并举、注重预防的反腐倡廉方针，全面落实党风廉政建设责任制，不断完善推进党风廉政建设。一是按照市委、市纪委有关会议精神，开展了干部作风整顿和“五个集中整治”活动，取得了明显的成效。二是制定了公司的学习制度，全年共进行了13次集中学习。通过学习，全体党员领导干部的思想意识和政治觉悟都有较大提升。三是按照《“三重一大”议事规则》，集体决策、民主管理、民主监督。2012年公司中层以上领导干部均能严格要求自己，未发生任何违法违纪现象。四是按照市委、市政府统一部署，结合实际，制定《2012年榆林矿业集团有限公司反腐倡廉工作责任分工》，并把该项工作纳入到各部门年度目标考核中。为进一步加强党的基层组织建设，按照“三会一课”制度，组织各支部开展党务工作：一是按照发展党员的“十六字”方针，吸收9名入党积极分子为中共预备党员，另外有1名同志被列为入党积极分子。二是为深入推进基层组织建设年活动，启动“创建市级党建红旗示范点”活动，不断加强领导班子的执政能力以及党员干部的先锋模范作用。三是为深入学习贯彻党的十八大会议精神，召开年度民主生活会，查摆公司及个人存在的突出问题、并落实整改措施。

【自身建设】 公司工会始终坚持以人为本、务实创新的工作理念,不断加强工会自身建设,认真履行各项职能。一是设立了“职工书屋”,供职工阅览。二是开展“当好主力军、建功十二五”主题竞赛,评选了先进集体和个人。三是“五一”节举办棋类、球类、长跑比赛,“十一”举办了卡拉OK比赛等。四是每逢婚丧嫁娶,职工生病住院,组织相关人员进行慰问,同时为公司孤儿员工举行了婚礼。从建章立制、劳动纪律入手:一是出台公司《考勤及类假管理制度》进行试行,并取得了明显效果,员工的工作状态、精神面貌得到了很大的改观。二是理顺公司与部分员工的劳动关系,并进行妥善安置。三是为减少员工间的收入差距,按照企业负责人薪酬不高于普通员工薪酬5倍的原则,重新制定公司《薪酬管理制度》,维护职工的切身利益。清理9个银行账户,偿还富余贷款,使财务费用下降700万元,并追回欠款7700余万元,进一步降低公司的经营成本。

(李瑜鑫)

榆林矿业集团有限公司

总经理(法人)	王连祥
总经理级咨询员	尤鹤洲
副总经理	徐宝彦
	王志元
	闫小平
	郭小平
	刘憨林
总会计师	杨云
工会主席	武瑜晋
纪检书记	全国强

榆林市榆神煤炭公司工作

【概况】 2012年,榆神煤炭公司在市委市政府的领导和支持下,在榆林能源集团的直接指导下,围绕煤电热一体板块建设,以提高煤电产销量为突破口,以强化内部管理为抓手,克服煤炭市场疲软、价格大幅下滑等诸多困难,企业发展、经济效益和党建等工作均取得了较好的成绩。2012年榆神公司生产经营情况良好,煤炭产、销量首次突破1000万吨大关,各煤矿生产运行安全平稳,各电厂、供热公司运行效益较往年有所提升,企业管理得到了显著的提高。

【主要经济指标完成情况】 2012年,榆神公司共实现营业收入59.15亿元,较2011年增加16.99亿元,增长率为40.30%,完成年初国资委下达任务50亿元的118.30%;实现利润总额16.91亿元,加上为正大集团退出榆树湾合作的补偿资金10.4亿元,实际达到27.31亿元,完成国资委下达任务18亿元的153.28%,完成公司年初自定目标15亿元的183.93%;实现净利润13.83亿元,应交税费18.66亿元,税利合计32.49亿元;全年共生产原煤1091.64万吨,销售煤炭1084.53万吨,其中铁路销售407.32万吨,地销煤炭304.97万吨,向各电厂供煤111.9万吨。煤炭产量较去年增加332.36万吨,煤炭销量较去年增加325.62万吨,分别增长43.77%和42.9%,煤炭产量完成年初目标1000万吨的109%;共发电22.59亿度,较去年增加2.46亿度,增长率为11.67%,共售电19.72亿度;共售热435.54万吉焦,增加58.2万吉焦,增长率为15.42%,供热面积783万平方米,增加152万平方米,增长率为24.09%。截止12月31日,公司总资产112.24亿元,增加8.52亿元,增长率8.21%。净资产63.66亿元,净资产收益率24.2%;资产负债率43.28%,低于国资委年初下达的不高于50%的要求。

【煤炭产销量】 为了提高原煤产量,两个煤矿全面加强了生产管理,分别作了设备大修、工作面开拓、大型设备的招标采购等一系列工作,取得明显成效。2012年,榆树湾煤矿实现当年建成,当年达产的目标,共生产原煤850万吨,创造原煤日产4.28万吨、月产88.32万吨和日销4.04万吨、月销94.32万吨的历史最好水平,实现销售收入24.64亿元,利润总额12.29亿元。银河煤业共生产原煤240万吨,实现销售收入9.77亿元,实现利润总额5.87亿元。在煤炭销售方面,受全球金融危机和国内经济增速放缓的影响,煤炭下游行业的用煤需求明显下滑,重点合同兑现率下降。面对这种不利局面,及时适应市场,争取和创造有利条件,采取以质论价、以量定价等促销措施,推进了煤炭销售工作。全年共通过铁路销售煤炭407万吨,地销煤炭304.97万吨。铁路销售首次突破400万吨大关,完成353万吨的重点合同计划。

【发电企业经营效益】 2012年,各电厂都能自加压力,不断加强管理,紧缩开支,开源节流,在生产管理、设备维护、成本管控等方面采取了一系列有效措施,取得了明显成效。各电厂的发电量均较2011年有所提高,几个电厂大都实现了扭亏。银河电厂顺利完成从承运到自主运行的平稳过渡,并实现利润总额2933万元,金龙北郊电厂实现利润总额1240万元。

【供热工作】 一是汇通电厂3#锅炉建成投产,投运后新增加供热面积约90万平方米。二是对城区老化严重的旧换热站、旧管网进行了更新改造,保证了热网的安全稳定运行。三是供热休停期间,各热力公司共铺设供热主管道6000多米,更新改造供热主支线3000米,新建换热站15座,并对原有86座换热站进行节能降耗和热网监控平衡改造。为进一步扩大供热辐射面创造良好条件。四是配合市住建局完成北环路、金沙路、长城南路、开光路等十多条道路供热管网的可研、初步设计、施工等工作。五是完成了南郊电厂供热管网到上郡路、长城南路、富康路与原供热管网的对接设计和施工工作,为南郊换热首站的搬迁创造了条件。

【项目建设】 一是榆树湾煤矿实现由基建矿井向生产矿井的重大转变。截止10月19日,通过国家发改委能源局组织的榆树湾煤矿项目竣工验收,取得陕西省煤炭生产安全监督管理局颁发的煤炭生产许可证和安全生产许可证,“五证一照”办理齐全,矿井正式移交生产,成为一个完全合法的生产矿井。二是银河煤矿120万吨项目顺利通过竣工验收,并取得“五证一照”,手续齐备,合法生产。同时,设计年产300万吨的银河煤矿与常兴煤矿两矿整合项目在资料编审、手续批准和土建、矿建等方面进展顺利,成绩显著。三是榆神北郊2×35万千瓦热电项目各项准备工作进展顺利,为了保证该项目尽早获批并实现后期的规范化管理,在市政府的主导下,于2012年8月24日与华能集团就该项目签订了合作协议。2013年3月4日取得国家发改委批复的项目建设路条。四是榆神煤炭大楼建设在年初完成规划、质监部门的质量监督等手续后,于2012年4月10日开始打桩,目前工程进展顺利。

【企业管理】 一是完善法人治理机构。于4月13日召开公司三届一次股东会、董事会和监事会,选举新一届董事、监事,修订公司章程,并对公司的十余件大事进行商讨和表决。二是根据榆能集团的要求,完成公司出资人及企业名称的工商、税务登记等变更手续,为下一步各项工作顺利开展奠定了基础。三是在市政府的主导下,经过协商,正大集团退出榆树湾煤矿的合作。四是加强安全管理。各下属企业都能够重视安全管理工作,加强人员培训、设备巡检、制度完善等工作,严格执行相关安全规程和制度,积极开展常规性的安全检查工作,各企业全年共检查出安全隐患3000多项,消缺率97%以上,公司整体安全形势比较平稳。五是按照量才使用、人尽其才的原则,吸收130名大专院校学生和专业技术人员到9家下属企业工作。结合专业特长,对各热电企业的部分管理人员和生产人员进行合理调配,进一步优化公司的人力资源结构。六是规范财务管理程序并按期对各企业进行常规的审计工作。全年共审计11家下属企业,涉及资产总额28.98亿元,提出审计建议33条,限期整改,确保各企业资产资本的合法高效运作。

【辅助产业】 榆神公司旗下的辅助产业主要有人民大厦、银河电力自动化等。2012年以来,这几家企业都能根据各自的实际情况,对内不断加强管理,对外积极拓展市场,经营状况较去年同期有较为明显的改善。人民大厦实现经营利润3153万元,银河自动化实现利润总额125万元。

【党建、精神文明建设】 一是开展“基层组织建设年”活动,完善党的基层组织建设,为下属的10个党组织按程序配备党组织委员。二是购买《十八大报告辅导读本》、《新党章》等大量书籍和碟片,16次组织全体党员和职工认真学习“十八大”精神。三是开展党风廉政建设、干部作风整顿活动和五个集中整治工作。8月2日,公司纪委组织开展“清风伴我行”演讲比赛,收到预期效果。四是开展“创先争优”活动。2012年,榆神公司被全国总工会、国家安监总局授予全国“安康杯”竞赛优胜单位;公司工会被省总工会授予“服务职工创先争优先进单位”称号;公司3名领导分别受到省市表彰。这些荣誉的获得,激励广大干部职工的工作热情。五是积极做好“四城联创”工作。先后投入5500多万元对城区部分供热管网进行规划和建设,对公司的包抓街道聚财巷进行硬化,完成造林任务2000亩。六是继续发挥工会的桥梁和纽带作用,提高职工的凝聚力和向心力。先后组织多种形式的文体比赛和慰问演出10多次,丰富职工的业余文化生活;出资10万元慰问了67户困难职工,号召全体职工为南郊电厂大病职工艾明捐款16万元,让困难职工感受到了榆神大家庭的温暖。

(万晓龙)

榆林能源集团
榆神煤炭有限责任公司

董事长、党委书记 王荣泽
总　经　理 李奴平
副 总 经 理 李自新　王宇明
　　　　　　刘世南　杨世孟
党委副书记 杨树平　朱兆飞
纪检委书记 赵红旗
工 会 主 席 焦秀英(女)
总 会 计 师 杨玉林

资源勘探开发有限责任公司

【概况】 2012年,公司在市委、市政府的领导下,在市国资委的指导下,在相关部门的帮助和支持下,坚持以邓小平理论和“三个代表”重要思想为指导,贯彻落实党的路线、方针和政策,按照市委市政府总体部署,积极主动地开展工作,通过全体员工团结协作和共同努力,各项工作取得显著的成绩。

【项目实施】 完成《吴堡矿区煤层气资源开发利用可行性研究报告》的编制工作,开展吴堡矿区煤层气的开发前期准备工作。完成吴堡矿区煤炭资源及煤层气储量报告的评审工作,勘探报告按照评审意见修改后进行储量备案。完成子洲县关帝庙勘查区煤炭资源详查工作。首次实现在子洲县寻找煤炭资源的重大突破,对进一步在本市南部寻找煤炭资源有着重大的意义。正式提交《陕西省子洲县关帝庙勘查区煤炭资源详查报告》。与中联煤层气公司签订“陕西省府谷县麻镇钾盐矿普查”和“陕西省府谷县黄甫钾盐矿普查”探矿权与煤层气矿权互不干扰、保障安全生产作业协议,为在府谷取得钾盐探矿权奠定了基础。(五)公司于3月上报吴堡矿区探矿权保留的申请。申请保留资料已经过省国土资源厅相关部室会签,但由于国家基金形成的探矿权价款尚未完全处置,探矿权保留工作还在争取中。

【企业建设】 开展干部作风整顿活动及“五个集中整治”活动。按照市委开展干部作风整顿活动及“五个集中整治”活动的统一部署,公司成立干部作风整顿及“五个集中整治”活动领导小组,分别制定两项活动的实施意见,对活动各阶段的工作进行安排和部署。通过召开动员大会、集中学习、自学、警示教育、征求意见、召开领导班子民主生活会、自查自纠等措施,公司干部作风整顿活动及“五个集中整治”活动均取得明显成效,为公司的发展提供保障。开展党建工作,确保公司各项工作顺利开展。公司党建工作坚持以邓小平理论和“三个代表”重要思想为指导,把“创先争优”活动作为首要的政治任务来抓,坚持经常性的政治理论学习,不断加强领导班子和党员队伍的政治思想和作风建设。为加强党的建设,发挥党组织的战斗堡垒作用,开创党建工作的新局面,根据公司党支部的职能任务和党章规定的党员义务,按照“推动科学发展观、促进社会和谐、服务人民群众、加强基层组织”的要求,组织和动员公司党支部和党员向全体员工进行公开承诺,开展党员干部下基层、党员干部志愿者服务队等活动,激发和调动广大党员的积极性、主动性和创造性,增强公司党支部的凝聚力、创造力和战斗力。加强党风廉政建设,提高党员干部拒腐防变和驾驭风险的能力。公司的党风廉政建设工作坚持以“三个代表”重要思想为指导,以建立一支高效、廉洁的党员干部队伍从而推动各项工作为目标,进一步建立和完善相关制度,以制度规范行为,确保公司党风廉政建设工作的开展;二是加强警示教育,通过观看警示教育片、组织参观廉政展览,不断增强党员领导干部的廉政风险意识,提高防腐拒变能力;三是进行廉政承诺,通过签订廉政责任书、承诺书,增强党员领导干部的廉政责任意识,推动廉政工作的进一步深化;四是完善监督机制,通过召开党风廉政专题民主生活会、不断健全述职述廉与民主测评制度,切实加强党员领导干部廉洁从业的工作作风,夯实监督管理,推动企业的健康、稳定发展。加强企业文化建设,增强公司整体竞争力,促进企业健康有序发展。加强企业文化建设是提升员工整体素质、提高企业核心竞争力的有效途径。公司围绕全年工作任务,进一步深入开展“周周读书、人人培训”活动,从员工思想政治、业务知识等方面着手不断加强员工的学习培训,全力打造企业人文环境,营造全新的企业文化氛围,把公司的文化建设推向一个新的台阶。按照本市安全生产工作意见安排,开展“安全文化建设”工作。结合公司“安全生产月”活动,举办两次安全知识讲座,进一步强化全员安全生产意识,保证公司各项工作安全正常运行。三是按照市“创建”活动要求,开展“创建”各项工作,完成航宇路办事处分配的垃圾清运任务,开展“道德讲堂”、学雷锋愿者服务队等活动。组织员工开展内容丰富、形式多样的节日庆祝活动,增强企业的向心力、凝聚力,树立良好的企业形象。四是不断健全和完善公司各项现行制度,组织全体员工对公司现有的各项制度进行讨论,并且采纳部分好的意见和建议,使得公司的各项规章制度更具可行性和操作性,确保公司各项工作正常有序开展。

(王小禾)

榆林市资源勘探开发有限责任公司

总 经 理(法人代表) 胡少华

各分管领导(副总级别) 李林飞

栾生辉

赵晓斌

高立勋

榆林能源化工投资有限公司

【概况】 2012 年,在市委、市政府领导和决策部署下,榆林能源化工投资有限公司创新发展思路和工作方法,围绕政府产业发展目标,按照以基金推动产业发展,以产业发展带动基金成长”的发展思路,积极探索,奋发进取,各项工作稳步推进。按照市委、市政府的工作要求,完成以兰炭尾气为原料的 5 万吨合成氨、20 万吨碳铵项目的安装工作,单机调试工作已启动;郝家梁煤矿的前期工作顺利推进;一期投资 107 亿元的浩能煤清洁高效综合利用项目完成项目备案等部分前期工作;50 亿元产业投资基金的设立工作完成合同主要内容备忘录的签订工作;“创先争优”、“干部作风整顿”、“四城联创”等活动,在市委、市政府考核中均获得好成绩。

【完成“利用兰炭尾气生产 5 万吨/年合成氨、20 万吨/年碳铵项目”土建、安装任务】 利用兰炭尾气生产合成氨和碳铵项目,是陕西省和榆林市的节能减排示范项目,得到财政部 6000 万元节能减排基金的支持。1. 土建工程全部完成。土建施工进度直接决定整个项目进程,为确保工期,按月制定工作计划,按旬召开工作协调会议,按日登记工作完成进度。在保证质量、安全的前提下,采用土建与安装同步进行、平行推进的办法,严格管理,严格考核,重奖重罚。完成土建任务。2. 设备安装全部完成。用兰炭尾气生产合成氨、碳铵的工艺路线大致是天然气制甲醇的 2 倍,煤制甲醇的工艺路线 1.5 倍。从设备招标、设备到场验收,零配件的验收、保管、使用等制定了一套严格的制度,为安装工程的进行奠定基础。安装工作从 3 月份开始,现已全部完成,单机调试正在展开。3. 人员培训工作有序进行。全厂定员近 300 人,为节约培训费用,采取招聘骨干,以骨干为基础,传、帮、带普通员工的方法来培训员工。从延安大学、榆林学院招收 50 名化学专业的本科生,从原榆林氮肥厂、米脂氮肥厂招聘 40 名技术骨干和管理人员,外聘三名工程技术人员形成公司人才脊梁,以此为基础,带动和培训普通员工。

【完成部分 120 万吨/年郝家梁煤矿建

设前期工作】 郝家梁煤矿是5万吨/年合成氨、20万吨/碳铵项目的原料保证项目。经过近两年的筹建,矿建各项工作如期推进。1. 核准前的各项前置准备工作有序展开。在上年完成井田地质精查、矿产资源储量评审备案报告(陕国土资储备【2011】28号)和资源价款评估报告,并缴纳全部资源价款、勘探费和补偿费;完成土地征用并支付全部土地补偿费用,土地预审已经陕西省省国土厅会审;完成建设用水、用电审批手续,生产用电已与供电局签订协议等工作的基础上,完成矿业权投放计划(国土资函【2012】121号),矿区范围划定(陕国土资矿采计【2012】16号);环评、水土保持方案已取得相关部门批复;项目建设资金已落实;可研编制及开发利用方案已完成;地质环境治理与恢复方案、土地复垦、安全预评价、建设规划选址等核准的前期工作已全部委托编制和评审,"路条"已上报省发改委,部分满足了国家发改委项目核准要求。2. 筹建处组建后运行良好。在郝家梁煤矿各股东的共同努力下,本着"阳光透明、互相信任、互相监督"的原则,各股东之间均能互信、互任、和谐共处,设立的各种规章制度、业务流程保证"人人想做事,事事能落实",有利于筹建处各项工作推进,为煤矿核准及矿建高效运行奠定基础。

【高新区浩能煤清洁高效综合利用项目完成备案】 项目已列入陕西省2012年重点建设项目,榆林市2012年重大前期项目。该项目总投资600亿元,一期投资107亿元,项目建成投产后可生产17种煤及煤化工下游产品,年均销售收入134亿元(不含税),年均利润总额20.89亿元,年均税后利润总额15.67亿元。和传统产业相比较,该项目年减排$CO_2$41.7万吨,项目总能效达到83.34%,分别是煤发电的2.07倍,煤制油的2.18倍;现在项目已完成备案,环评、土地预审工作也已展开,按照榆林高新区管委会的安排,该项目在2013年举行动工仪式,实质启动。

【30—50亿元产业投资基金项目】 公司组织发起的30—50亿元产业基金项目,已与合作方签订框架协议,合作的各项法律文书基本商洽就绪,产业项目的调研和投资准备工作正同步进行。

(张 宇)

榆林能源化工投资有限公司

董事长、总经理 高建平
副总经理 白生亮 姬卫君
工会主席 刘 斌
总经理助理 申 浩

煤田地质勘察工作

【概况】 2012年,在省局(公司)的领导下,经过全队干部职工的共同努力,全队抢抓市场,强化管理,积极工作,奋发有为,经济工作继续保持较好发展态势,各项经营指标稳步增长,全面完成了全年经营目标和工作任务。

【经济技术指标完成情况】 在煤勘主业市场明显萎缩、竞争日趋激烈的情况下,按照年初工作会议安排部署,以改革为动力,以项目为抓手,积极展开工作,经济工作取得较好成绩,实现平稳健康发展的目标。全年完成货币工作量2.4亿元,其中对外签订各类经济合同83个,完成社会地质及对外经营收入1.9亿元,实现节余与收益总额1926万元,节余与收益率8%,继续保持稳步增长。发放薪酬总额(含临时工工资)3000多万元,在岗职工年人均收入超过7万元,同比增长16%。投入485万元,购置设备56台套;年末固定资产净值2225万元。全年投入安措经费120万元,安全工作连续四年实现人身零事故。主要经济指标均有一定增长,整体经营效益提高,队伍综合实力明显增强。

【生产项目经营管理工作】 抓项目带动,经济持续稳步增长。项目是经济增长的关键和基础。坚持实施"项目带动"战略,利用各种资源,调动各方面积极性,捕捉信息,追踪项目,加大市场运作力度,积极参与各类工程项目招投标,全年共承揽大小项目87个,合同价款2亿元,尤其是社会地勘收益额超过1900万元,同比增长50%。

【煤炭勘察业务】 重视省基金项目,在继续实施好中鸡详查项目的同时,一举中标尔林滩详查勘探项目,预算费用1850万元,于11月通过野外验收。承揽内蒙古上海庙矿区鹰骏一矿井筒检查勘探、陕西中能袁大滩井田勘探、陕西银河薛庙滩煤矿水文地质补充勘探、柠条塔补充勘探、永寿县平遥毛家山煤矿(整合)勘探、活鸡兔西勘查区煤炭资源详查、曹家滩井田勘探等大中型地质勘查项目,确保煤勘主业的稳定和发展。在参与施工的陕北侏罗纪煤田定边县煤炭资源预查项目中,ZK-4211钻孔终孔深度2032.29米,刷新本队资源勘探最深钻孔的历史纪录,创造陕西省乃至全国探煤孔深度的新纪录,标志本队煤田深孔钻探技术取得新的突破。

【地勘延伸产业】 石油钻井项目,通过优化资源配置,加强现场管理,增效节支,取得明显效果,钻效和效益较去年有较大幅度提高。特别是加大对矿山地质、环境灾害地质及延伸产业项目介入,服务领域进一步拓展,单位影响力和社会声誉不断提高。除继续承揽实施井筒检查、疏放水工程、水源井施工、地质灾害勘查治理、井下巷道钻探、电缆孔施工等项目外,还首次介入煤矿供水管线设计与施工、冷冻孔钻探施工(园子沟煤矿主井冻结孔造孔工程)等领域,锻炼队伍。继续发挥在抢险救灾中的先锋作用,8月17日,积极参与府谷县瑞丰煤矿特大井下冒顶事故抢险,受到当地政府好评。特别值得一提的是,在省局的支持下,本队承担的汶川地震断裂带科学钻探WFSD-2孔下部钻探施工项目圆满完成,终孔深度2283.56米,钻效和质量得到认可。继续由本队实施的设计最深、难度最大的汶川地震断裂带科学钻探 WFSD－4 孔自今年 8 月份开工以来，进展顺利，孔深已 1600 米。

【产业结构调整】 通过充实人员、设备和资质升级，煤质化验室、工程测绘和机加工保持了稳步发展。特别是测量工作，在开展地形测绘、控制测量、沉降观测等基础上，又承揽了神华宁煤集团羊场湾煤矿陀螺定向、柠条塔矿地面测量新技术及超长井巷贯通测量、榆树湾煤矿矿井临时外排水区域地表积水面积测绘、煤气管道输配实体测绘工程等项目，业务不断得到拓展，市场竞争力不断增强；为今后的进一步发展，开展测绘资质升级申报工作。榆林土地开发利用项目进展顺利，一期工程职工公寓楼和煤质化验楼已于 7 月初封顶验收通过，室内工程安装、外墙处理、综合楼装修正在实施。三期三号公寓楼报建已获得批准，已完成地基工程勘查。白水留守处土地开发利用和咸阳基地东院拆迁改造正在落实之中。矿权运作取得突破，沙沟岔矿权有实质性进展，本队权益得到当地政府最终肯定，后续工作正在开展，力争早日正式启动矿井建设。加大了科研和技术装备投入，继 2011 年实施完成《陕北神南矿区煤炭开采对水资源影响评价》科研项目后，与省地调院达成意向，开展《榆神矿区煤炭开采对水资源影响及水资源保护研究方案》科研施工项目，首先开动 7 台钻机，目前野外施工已顺利结束，正在进行资料研究和室内相关工作。

【经营管理】 通过强化全队和实体经营管理、项目管理、财务管理等，细化成本控制，扭转花钱大手大脚的习惯，管理费用有所下降，收益率比去年同期增长 40% 以上，发展质量有所提高。加强资金管理，多次召开专题会议，研究部署，进行账款催收，取得显著效果，本年收回以前年度应收账款 1850 万元，以前年度应收账款回收率 76.62%；而本年度资金到账率 88.37%，为历年来最好，使本队基本上一直保持着充足的资金，促进生产经营发展工作。

【安全质量工作】 不断完善相关规章制度，实行全员安全风险抵押金制度，包括一线临时用工，截止 11 月已兑现安全风险抵押奖励 109 万元。足额提取安全措施经费，单列账户，专款专用，加大安全投入，全年支出计 120 多万元。加大安全检查和巡查密度。通过质量、环境和职业健康安全三标一体认证复评；在全队范围开展一次质量大检查；成立资料内部评审委员会，坚持多方多重质量把关。大力推进现场标准化管理。安全形势良好，质量稳步提高，队伍整体形象提升。

【精神文明建设】 积极推动创先争优活动，在全队范围内开展“四比四争”活动，即领导班子比发展争进位、实体部门比贡献争效益、机关管理部门比服务争一流、党员干部比实干争优秀。同时配合驻地“双创”工作，开展形式多样的精神文明创建活动和企业文化建设。改造水电暖线路管道，办好职工食堂，加强治安保卫，确保大院平安和谐，职工的工作居住环境和条件得到显著改善，咸阳基地和榆林队部先后获得两地市级文明单位。本队获得全国地勘行业模范地勘单位，榆林市“市级园林式单位”称号；队党委先后被省局（集团公司）评为先进基层党组织、宣传思想工作先进单位。队长姚建明荣获全国“讲理想、比贡献”科技标兵；队副总工程师夏斐当选省十二次党代表；宋学文被评为全国能源化工系统劳动模范；测绘中心、机修厂被榆林市评为工人先锋号；赵小刚、卫天降被评为创新能手；7 位技术口的同志，入选榆林市地质矿业专家库，成为榆林市地质矿业专家；《神南矿区煤炭开采水资源动态及保水技术研究》科研成果获得 2011 年中国煤炭工业科技进步二等奖。

（刘晓宏）

陕西省煤田地质局一八五队

队　　长　姚建明

书　　记　梁榆平

副 队 长　曹彦昌　王玉森　段晓青

总工程师　雷少毅

榆林供电公司工作

【概况】 榆林市供电公司组建于 1996 年 8 月，为国有大二型供电企业，现有员工 657 人。下设职能部门 9 个，业务支撑和实施机构 6 个，县级分公司 2 个。管理运行 35 千伏变电站 60 座，110 千伏变电站 45 座。行风测评实现榆林市公共服务行业“七连冠”。近年来，公司先后获全国文明单位、国网公司文明单位、中央企业先进集体、全国电力系统“最具社会责任感企业”、全国模范职工之家等荣誉称号。

【主要工作】 面对复杂的外部环境、严峻的经济形势和艰巨的改革任务，公司上下坚决贯彻上级的决策部署，突出安全稳定，全面创先争优，深入推进“两个转变”，各项工作取得较好成绩。全年完成售电量 67.03 亿千瓦时，线损率 2.8%，售电平均单价 447.9 元/千千瓦时，固定资产投资完成 3.86 亿元；安全生产实现 3800 天长周期，实现公司系统供电企业最好水平；行风测评实现七连冠；同业对标省公司综合排名第五。

【安全生产】 开展“安全年”、“五查一抓”活动，排查 110 千伏输变电设备隐患和缺陷 180 项、消除 105 项。坚持综合检修，加强现场管控，完成检修、预试工作 1023 项，检修计划完成率达到 97.61%，同期设备停电检修次数减少 10%，输变电可靠性各类指标较 2011 年较大增长。深入研究电铁、风电接入系统影响和电网“卡脖子”环节，加强榆林电网防范 110 千伏及以上变电站全停事故分析。应急指挥中心初步建成，高危客户双电源排查治理工作有序推进，完成十八大、神九发射等重大保电任务。

【三集五大体系建设】 按照“全员参与、全面覆盖、全程管控、全力推进”的思路，班子反复研究方案，部门强化任务落实，职工理解支持改革，稳妥有序实施，确保机构、人员、资产、业务调整到位，初步建成“三集五大”体系，通过省公司验收。实现核心资源集约统一，部门由 27 个减至 15 个，精简率 44.4%，新体系定员较实施前降低 32.75%；资产与设备信息过程集成联动率达到 100%，物资集中采购率 100%。中心业务高效运转，实现 35 千伏至 110 千伏设备运维检修集约，变电站集中监控率达到 100%，建立规划与计划统一编制、各专业相互协调一体化管理体系，建立营销业务在线监测、供电服务实时响应运作机制。

【电网规划建设】 开展电网诊断分析，滚动修订“十二五”电网发展规划和 2013—2017 年配电网滚动规划报告，编制榆横、榆神工业园区电网专项规划，完成上报大用户接入方案初审 22 项和地电 9 座变电站接入方案。330 千伏定边、府谷Ⅱ输变电工程前期工作加快，110 千伏电网项目上报 8 项、取得核准 5 项，项目核准完成年计划的 133%。投运 330 千伏项目 2 项（龙泉变、大保当变）、110 千伏项目 3 项（西红墩变、陈家湾变、锦树 π 接线路），投运 110 千伏及以上线路 138 公里、容量 74 万千伏安，330 千伏榆绥线路工程进展顺利。完成 2010 年结转的 5 项农网工程，2011 年结转的 8 项，2012 年的 13 项农网工程。完成 25 项城配网线路迁移、入地改造工作。

【企业经营】 完善综合计划指标体系，强化月度经济技术指标分析预测和投资效益考核，编制 2013—2015 年电网基建投资需求调研报告。强化同业对标指标季度分析，落后指标持续改进提升。完善线损指标体系，加强高损馈路治理，线损劳动竞赛取得实效。建成锦界生产营业楼。预算管控力度不断加大，标准成本落地执行。资金管理得到持续加强和提高。财务信息化深入推进，员工自助报销等系统顺利上线应用。“三清理”工作成效显著，清理固定资产卡片 15306 张，完成 90 项基建和技改工程的决算和转资工作，清理往来挂账 562 项，进一步核实资产和负债。实现库存“一本账”，物资采购计划完成率达到 91.49%。

【基础管理工作】 在全公司范围内开展加强基础管理工作，新建制度 94 项、修订制度 55 项，梳理业务流程 90 余项，规范 214 类记录台账、基础资料，完善 16 个应用系统基础数据，完成“三集五大”信息系统适应性调整人员权限、系统业务授权变更 1830 人次。结合管理提升活动，针对薄弱环节、管理短板和瓶颈问题，开展经营诊断分析和投资效益分析，查摆出 9 方面 57 项问题，将管理提升与基础管理工作任务同布置、同检查、同考核。

【依法从严治企】 加强“三重一大”、工程分包、物资采购等重点领域监督管控，定期召开办公会、资金委员会会议、竞争性谈判领导小组会议、协同监督联席会议，内控机制不断健全。梳理、排查各类风险，逐一制定整改计划。强化规章制度执行、重点工作落实、部门年度业绩考核和中层干部“问责”。成立集体企业监管委员会，完成集体企业清产核资工作。完成榆阳分公司维管费和神木分公司财务收支审计。完成大修、技改工程审计 76 项，配合工程审计 31 项。配合完成国网公司依法治企综合专项检查。

【营销农电工作】 及时跟踪 79 项省、市重点项目建设进展情况，开展趸售区电力市场调研，集中解决客户在实施供电过程中的突出问题，全年业扩报装 20 家客户、容量 15.6 万千伏安。营销稽查工作加强，分析异常问题 24000 余条。负控采集终端安装实现专变用户全覆盖。开展“居民用电服务质量监管”专项行动和“走进居民社区”宣传活动，供电服务提升工程推进。神木分公司安全性评价通过验收。完成 128 户农村“低电压”治理任务。启动居民阶梯电价试行工作。锦界供电所投入使用，杨桥畔、西沙供电所建设有序推进。

【队伍建设】 加大教育培训激励考核和岗位业务竞赛考核力度，建立“一专多能”人才培养新机制和岗位竞聘管理办法。举办基础管理、班组长队伍建设等培训项目 141 项，其中开展“三集五大”体系相关培训 32 项，开展 15 个专业的竞赛和普调考，组织人员赴省院培训。取得省公司技能竞赛 1 个第四，专业调考 2 个第一、2 个第四的好成绩。学习党的十八大精神，开展“我要安全、我会安全、我能安全”主题活动，成立国家电网陕西电力共产党员服务队。开展“支部大讲堂”活动，完成支部分类定级。党风廉政建设、效能监察工作取得实效，廉洁文化“四进”活动深入开展。联合市委宣传部举办新闻媒体“走进国家电网”活动。“下一线、进班组、访家庭、帮职工、大调研、办实事”活动成效显著。导师带徒活动和青年职业生涯规划有效推进。组织职工疗休养。建成职工健康食堂，组织职工健康体检。荣获陕西省厂务公开民主管理先进单位、省总工会劳动竞赛先进单位。

【社会责任】 由陕西省电力公司牵头，启动为期三年的对米脂县“两联一包”扶贫项目。扶贫团多次与帮扶镇村对接，对帮扶村群众的生产、生活状况进行详细调研了解，根据被帮扶村干部群众反映强烈的热点难点问题和发展实际，理清发展思路，确定 9 个扶贫项目，分别为村级文化阵地建设、农田基本建设、生产生活道路建设、桥梁建设、特色产品加工等，总投资 114.05 万元，截至年底，项目开展已全部启动。

（杨治田）

榆林市供电公司

经理、党委副书记　朱　罡
党委书记、副经理　王　旭
副　经　理　刘永祥　邢志宏

高　旭
纪委书记　张仲岭
工会主席　张雷威
总工程师　闫世平
总会计师　聂双伟

榆林供电局工作

【概况】 2012年，榆林供电局（榆林电力公司）共有35—110千伏公网变电站有126座，其中110千伏变电站66座，容量437.8万千伏安，35千伏变电站60座，容量59.065万千伏安，220千伏线路2条326.78千米，110千伏线路143条2738.682千米，35千伏线路105条1788.902千米。公司电网与陕西330千伏、山西、宁夏、内蒙古电网相连，形成以110千伏为主网架，覆盖12县区，结构合理、运行安全的“人”字形双回路。电网调管水、火电厂56座，装机总容量3244.3兆瓦。

【市场营销】 电能新交易实现突破，在榆神工业区试行电能新交易。落实市政府高载能用电奖励和电价缓调措施，积极推行分时峰谷电价，实现促销增产稳市场的目标。积极跟进园区重点项目建设，保证重点项目供电，开辟了新的用电增长点，全年实现售电量139.28亿千瓦时，同比增长15.84%，创历史最高水平。

【客户服务】 推行新入网自备电厂公网化管理与定比自备。完善电费预警机制，落实预付费方案，在神、府、榆神推行多样化收费，对淘汰限制类企业安装预付费电能表。无人值守站实现数据远程集抄。实施居民阶梯电价，开展居民用电服务质量提升专项行动，被国家电监会授予居民用电质量大提升先进集体称号。

【安全生产】 坚持“责任铭记心中，标准贯穿始终”的安全理念，全面落实安全生产责任制，开展“安全生产月”活动和春秋季安全大检查、隐患排查治理工作，严格安全生产考核奖惩，形成领导重视、党政工团齐抓、全员参与保安全、保电网、保供电的“三保”局面。加强设备更新改造、大胆使用碳纤维新导线材料。加强电网生产管理，推进变电站无人值守工作，实现了17座无人值班站运行管理的正常化。推广10千伏带电作业，安排榆阳区分公司进行试点。应急能力不断提升，修订各类应急预案，成功应对年初子洲、清涧的特大雪灾和“7.28”佳县、榆阳、米脂等县2百年一遇的特大暴雨灾害。强化电网运行管理，统筹安排电网运行方式，保证电网安全、稳定运行，年内实现3个百日安全记录，累计安全运行天数1518天。

【电网建设】 电网建设实现历史性突破，投资9.6亿元，完成曹家滩等27项输变电工程建设，新增110千伏变电站6座、35千伏变电站1座，新增容量364兆伏安，新增110千伏线路207千米、35kV线路72千米，新增供电能力60万千瓦。特别是川掌—有色2回长326.78千米220千伏输电线路的建成投运，提高榆林电网的电压等级，提升电网接入大负荷和大机组的能力，是公司电网建设史上的一个里程碑。农网升级改造顺利推进，完成中低压配网投资3.1亿元，完成10千伏项目565项，新建与改造线路1056千米，配变1149台2.4兆伏安。改造行政村97个，改造低压线路1557千米。完成绥德、米脂电气化县建设。

【经营管理】 财务管控能力提升，开发应用预算管控系统，实现预算100%核算到人。积极推广实施业财联动资产管理系统、清仓整库和物联管理系统，固定资产管理向规范化、精细化、信息化推进。绩效管理步入常态，修订完善年度综合目标、领导班子建设目标、经营业绩，安全生产、电费回收、经济调度、工程项目、党建等一系列考核办法，按照年度目标任务，进行月督办、季考核、年终奖惩兑现，绩效考核体系基本形成并实现常态化。

【创一流工作】 启动创建全国市级供电企业30强工作，明确30强规划的实施步骤和重点工作，分解落实年度创建任务和集团公司24条支持意见。赴兰州、西宁、内蒙古等行业单位进行了对标交流。榆阳、神木、府谷、定边、靖边公司达到创一流标准，横山、米脂分公司做好验收准备。

【科技创新】 完成技术创新7项、管理创新5项，获中电联管理创新三等奖1项，省行协一等奖2项、三等奖3项。公司获省国资委科技创新先进单位。QC小组成果丰硕，获省质协一等奖2项，检修公司开关班被评为国优小组。组织QC成果发表赛，10项成果参加集团公司QC成果发布，9项获奖，其中特等奖1项，一、二等奖各2项，三等奖4项。

（胡成业）

榆林供电局（榆林电力分公司）

局长（总经理）、党委副书记
岳　青
党委书记、副局长（副总经理）
张怀德
副局长（副总经理）
马永强　尤　龙
延成祖
副局长（副总经理）、总工程师
孙毅卫
党委副书记、纪委书记、工会主席
苏东亚
总会计师　陈　巍

陕西省地方电力发电有限公司

【概况】 陕西省地方电力发电有限公司是经陕西省地方电力（集团）有限公司出资成立的全资子公司，2010年5月份正式登记注册，初期注册资本金200万元，后期将增资至5亿元人民币。公司经营范围为“受省地电集团公司委托，负责对省地电公司全资、控股、参股火电企业实行股权管理；从事授权范围内国有资产经营和资本运作,实施项目投资的管理、资产受益管理、产权监管、资产重组和经营"。公司下有6个参股发电企业:(1)神华阳光神木发电有限责任公司35%股权;(2)西玉林阳光热电有限公司30%股权;(3)榆林市恒通热电有限责任公司30%股权;(4)陕西府谷热电公司9.6%股权;(5)榆林汇通热电有限公司5.24%股权;(6)陕西神木发电有限公司2.67%股权。

【主要业绩】 1. 公司本部经济技术指标完成情况。收入完成105万元,同比增加18.81万元,同比增长21.82%。2. 参股发电企业。参股电厂发电量277000万千瓦时,权益发电量69800万千瓦时;营业收入91500万元,权益收入21500万元。3. 电源项目建设情况。与西安黄河光伏科技股份有限公司合作建设的黄龙恒源太阳能发电有限公司,本方股权比例为51%,九月份完成公司工商注册等前期工作,新公司"三会一层"组建工作已完成,目前已进入设计、招标阶段,具备开工建设条件。4. 创新工作取得进展。管理方面结合集团公司制度修编和流程再造,继续开展同业对标工作,完善公司规章制度,堵塞管理方面的漏洞,继续学习先进同行业单位的管理经验,进一步明确和细化部门职责,加强部门之间的配合,使得公司在管理方面有明显的进步。生产技术方面,公司与西北工业大学合作,在榆林市榆横工业园区110KV马扎梁变电站内,建成50KWp光伏并网试验电站。

【研究项目】 2012年完成以下五个方面的研究:(1)安装倾角及方位对光伏发电系统发电量的影响。(2)积尘对光伏发电系统发电量的影响。(3)遮挡对光伏发电系统发电量的影响。(4)光伏发电储能配置研究。(5)分布式风力发电研究。通过研究,收集大量基础数据,形成科研报告,为在陕北沙漠地带建设大规模光伏发电站,提供依据。

【维稳工作】 根据集团公司大下访和"三问三解"活动要求,始终把维稳工作作为一项重要的工作来抓,落实国家及省政府、集团公司各项政策,及时发现不稳定因素,耐心做好引导工作,避免群体事件发生。在党的"十八大"期间,我公司成立了以主要领导为组长的维稳领导小组,落实值班制度,明确值班领导和值班人员责任,认真完善应急预案,做好沟通接访工作,确保了在党的"十八大"期间和谐稳定的局面。

【安全生产工作】 年初制定2012年安全生产实施方案,对全年的安全生产工作进行安排。4月份在公司范围内开展春安检查,对发现的问题及时进行整改,取得实效。6月份开展"安全生产月"活动,在公司本部和参股电厂中宣传安全生产的重要性,定期或不定期地进行安全检查,发现隐患及时通报、排除。组织职工参加全省安全生产专题知识有奖竞赛活动。加强公司内部交通安全、消防安全及食品安全管理。2012年发电公司及所属参股电厂中未发生人身伤亡等事故,未发生车辆交通事故,安全生产指标顺利完成。

【标准化建设】 配合集团公司法规部,完成制度修编工作,对公司的各类规章制度进行整理、修订、完善,共修编各类制度55种,其中修编46种,新增9种。搜集整理有关火电、光伏发电的企业标准、规范工作标准、管理标准和技术标准,完善《公司财务管理制度》、《会计核算实施细则》、《公司内控手册》、《公司预算管理规定》、《固定资产管理管理规定》及《公司经营活动分析管理规定》等一系列管理规定。公司11月份组织员工进行制度学习培训,通过学习,达到了进一步熟悉和掌握制度、规范、标准,提高工作效率的目的。

【队伍建设】 按照集团公司《企业文化三年规划》,继续开展企业文化建设活动。以"培养高素质的职工队伍、创造高效益的工作质量、建设现代化的优秀发电企业"为目标,大力倡导公司文化理念和行为规范,优化企业管理行为和员工行为,开展企业文化的系列活动,督促全员改进、优化管理行为和自身行为。进一步加强党的建设和企业精神文明建设工作,6月份公司党组组织全体党员干部、积极分子赴革命圣地延安,举行以"重温入党誓词,坚持反腐倡廉"为主题的红色革命教育,取得了良好的效果。积极开展创建学习型党组织活动,推进学习型党组织建设。紧密围绕公司"十二五"战略规划和年度工作计划,以推进"和谐发展,建设现代企业"为主题,深入学习"十八大"精神,并在工作中加以贯彻落实,开展创先争优活动,为公司顺利完成年度工作任务提供保障。召开领导干部民主生活会,积极开展批评与自我批评,明确努力方向,并对公司的发展目标和急需解决的困难和问题提出建议和意见,修订了整改措施,取得较好的效果。

(王春森)

陕西省地方电力发电有限公司

执行董事、总经理 张可以
副总经理 谢革新
总工程师 杨光晶
总经济师 郭宏斌

延长榆林炼油厂工作

【概况】 2012年,榆炼在延长石油集团的领导和各级政府、兄弟单位的支持下,抓生产运行及项目建设,夯实安全环保,推进科技创新,提升管理水平,激发党建活力,建设"幸福榆炼",各项工作取得较好成绩。

【任务指标完成情况】 在原油供应不足的情况下,加强与区内四个采油厂和管输公司的沟通协调,采用管输原油直供装置的办法,创造平稳运行、均衡运行条件;强化生产现场管理,杜绝设备超温、超压、超速、超负荷运行,减少装置波动,提高运行效率;把"做精做细"的理念贯穿生产运行始终,严格执行工艺指标,抓装置优化操作,提收率、降消耗;积极采用新技术、新设备,实行在线碰接,在线检修,减少物资损耗和经济损失;持续推行 TnPM 管理,积极开展创建“无泄漏装置”活动,全厂主要、一般设备完好率分别为 99.78% 和 99.62%,动静密封点泄漏率分别为 0.4‰和 0.11‰;大力提升经济技术指标。汽柴液总收率 92.04%,同比提高 13.46 个百分点。全年常压装置运行平稳率为 99.4%,加工原油 338.44 万吨。全年生产 93#汽油 130.54 万吨,同比增产 50.6 万吨;生产 97#汽油 11.73 万吨,同比增产 4.55 万吨,150 万吨/年常压 A、B 装置连续运行 20 个月,15 万吨/年重整、20 万吨/年加氢装置连续运行 17 个月,有望实现“两年一修”。

【项目建设】 针对工程时间紧、任务重的实际情况,实行设计、采购、施工深度交叉推进,开展百日劳动竞赛活动。500 万吨/年常压装置于 2012 年 4 月 11 日开工建设,10 月 31 日建成中交,施工周期 203 天,有效施工时间为 189 天,创造同类装置建设的“延长速度”,实现建设千万吨级炼厂的愿景。

【科技创新】 1. 强化生产技术管理。积极开展技术攻关,召开专题分析会,邀请专家现场诊断,破解生产难题。2. 科技创新成果丰硕。2012 年榆炼被评为集团公司“科技创新工作先进单位”,获得奖励 100 万元;《降低硫黄下料系统故障率》获得陕西省第六届 QC 成果发布会二等奖;“提高烟气轮机运行水平技术改造项目”获得集团公司科技成果三等奖、炼化公司第五届科技成果二等奖。3. 科技项目稳步实施。15 万吨/年重整装置脱戊烷塔改造、空压机冷却系统改造、75 吨/时锅炉增设连续排污测控系统实施完成,成效显著。

【安全环保管理】 深入推进安全标准化建设,在全集团率先通过危化类安全标准化二级达标验收。积极开展“安全生产月”、“百日安全无事故”等活动,严格执行“十大禁令”、“七想七不干”安全要求,抓好教育培训、隐患排查、作业监管、应急演练等工作。抓非生产安全管理,开展交通安全整治、冬季用电、用气排查等专项活动,安装车辆 GPS,每月定期安全检查,全年事故为零。加强环保、节能设施运行管理,全年生产用水单耗为 0.89 吨/吨原油,较计划降低 0.11 吨/吨原油;吨油综合能耗 71.49 千克标油,较计划降低 23.51 千克标油;污水连续达标排放,减排 COD718.44 吨、氨氮 41.09 吨;干气脱硫及硫黄回收装置减排二氧化硫 3177.14 吨;机组累计发电 1.51 亿千瓦时;全厂节能 8609 吨标煤。

【内部管理】 推进标杆管理活动。研究确定标杆车间、班组和岗位,完善对标指标,实行流动式动态管理。先后组织人员到集团、炼化兄弟单位和中石化、中海油学习,努力形成运行高效的管理模式,达到内外兼修的目的。深入开展“质量效益年”活动。重点抓好作业质量、产品质量、施工质量以及生产成本、管理费用、模拟利润等方面工作,取得良好效益。强化专业管理。开展“大练兵、大比拼、大提升”职业技能竞赛活动,在陕西省“炼化杯”、“化建杯”技能大赛中,两名职工获陕西省“技术状元”、4 名职工荣获陕西省“技术能手”,维修电工和水质检验工获得炼化公司“创新杯”技能大赛第二名;定期召开经济运行分析会,及时纠正执行偏差,增强预算约束力;严格过程监督,防范采购风险,全年招标采购项目中未出现一起违规违例事件。

【“幸福榆炼”建设】 发挥党的政治优势。深入学习党的十八大精神,开展党课在线教育,实施党员干部队伍中长期素质提升工程,优化党建质量管理体系运行,夯实组织建设基础。党风廉政建设。贯彻落实“三重一大”决策制度,重点加强招标、干部管理和资金使用等方面监督,巩固“小金库”和工程建设领域专项治理成果,营造风清气正的发展环境。积极建设“幸福榆炼”。顺利建成职工住宅楼,解决 324 户职工住房问题;快速推进厂前区改造工程,后勤设施薄弱的问题得到解决。榆炼被省委、省政府授予“省级文明标兵单位”、“陕西省先进集体”。

(冯天源)

延长集团榆林炼油厂

厂长、党委副书记	李军
党委书记	童志林
党委副书记、纪委书记	张党平
党委委员、副厂长	曹培宽
副厂长	李成红
党委委员、工会主席	杨又年
总工程师	闫文廷
副厂长	魏春宏
	康钰海

现代特色农业基地建设

种植业工作

【概况】 2012年,在市委、市政府的领导和省农业厅的支持下,市农业局围绕现代特色农业基地建设,以中央一号文件为指导,以粮食增产、农业增效、农民增收为目标,以“大调研、大推广、大培训”和干部作风整顿活动为载体,以“强科技、重推广、抓园区、求突破”为抓手,推动农业生产和各项工作的开展,完成年初各项任务。

【粮食产量、总播种面积】 粮食产量目标实现154万吨,完成目标任务135万吨的114%,实现粮食生产“九连丰”。全市粮食作物播种面积775.8万亩,完成年度目标任务740万亩的104.8%。各类农作物播种面积:地膜玉米完成107万亩,完成目标任务100万亩的107%;马铃薯完成294万亩,完成目标任务280万亩的105%;小杂粮完成287.4万亩,完成目标任务280万亩的102.6%;新建设施蔬菜面积3.5万亩,完成目标任务目标任务3.55万亩的101%。

【高产创建面积】 高产创建目标任务16个万亩,实际实施24个万亩高产示范片,完成目标任务的150%。高产创建面积进一步扩大,总面积37.6万亩,实现由点到面、整建制推进和县区全覆盖。2012年9月底至10月初,经农业部玉米专家组、小宗粮豆专家组实地测产验收,玉米、糜子、谷子、大豆等4大类作物创造10项全国高产纪录,其中10万亩旱地玉米平均亩产量782.7公斤。

【旱作农业】 全市示范推广旱作农业210万亩,核心示范70.1万亩,通过发展旱作农业,旱区粮食增产10万吨以上,示范区农民种植业收入增长35%左右。其中旱地全覆膜玉米面积13.6万亩,平均亩产750公斤,子洲县旱作农业核心示范区6.5万亩,辐射带动30万亩,玉米较常规种植亩增产30%、马铃薯增产40%、大豆增产60%。

【主要经济指标】 农业增加值:农业增加值实现增长5.96%。农民人均纯收入:全市农民人均纯收入实现7681元,较上年增长1161元,增速17.8%。

【现代农业园区建设】 全市新认定省级现代农业示范园区20个,省级园区总数26个,实现省级园区县区全覆盖。启动市、县级园区建设,认定市级园区28个,县级园区43个。全市已建成各类农业示范园区97个,规划总面积43万亩,建成面积13万亩,完成投资23.67亿元,园区共涉及农户18769户,辐射带动农户20万户,实现产值5.4亿元。

【农业技术推广体系建设】 按照市政府《关于加快全市农业技术推广体系改革的实施意见》的要求,全市县级农业技术推广机构整合为98个,设置乡镇区域农业技术推广站73个,一次性理顺市、县、乡三级机构。已建成35个乡镇区域站,其余38个乡镇区域站于明年建成,届时将极大提升全市农业技术推广体系服务水平。

【农村能源建设】 新建养殖小区沼气工程100处,推广太阳灶1400台、节柴灶2700台、太阳能热水器8000台,建立沼气服务网点215处。全年新建农村“一池三改”户用沼气15320口,完成目标任务1.5万口的102%。

【产业化经营】 2012年,全市市级以上农业产业化龙头企业220家,资产总额38.62亿元,同比增长66%,完成销售收入46.66亿元,增长32.9%,实现利润4.85亿元,带动农户41.15万户。重点对成长性好、产业带动能力强的2个国家级、52个省级、60个市级龙头在品牌建设、项目储备、财务管理等方面进行规范提升,其中有80家龙头企业通过ISO9000、HACCP、GAP、GMP、GS等体系认证,17个产品被评为陕西省名牌产品,10个商标获得陕西省著名商标。新建农民专业合作社865家,全市累计建成农民专业合作社2803家,社员农民人均纯收入较非社员高30%;新建市级示范社100家,新增省级百强示范社 10 家（总数 15 家）；建成全国优秀示范社 1 家，实现国家级示范社零的突破。

【土地流转与土地确权】 推广“米脂孟岔模式”、“神木尔林兔模式”、“榆阳土地细碎化整合模式”等土地流转典型模式，以转包、转让、互换、出租、股份制合作等形式，流转土地 122.7 万亩，较上年增加 21 万亩，其中规模经营面积 16.84 万亩。同时，在定边县组织开展农村土地确权颁证试点，首批试点涉及 3 个乡镇 32 个行政村 261 个村民小组的 1.07 万承包户，已完成登记工作，共颁发土地承包经营权证书 10272 本。通过土地承包经营权的确权颁证，进一步明确土地使用权限归属，保护农民合法权益，促进土地有效流转。

【一村一品工程】 以促进农民增收为核心，以品牌创建为抓手，以发展休闲农业为突破口，重点建设 120 个百强示范村，百强示范村 2011 年农民人均纯收入平均 9858 元，比全市农民人均纯收入 6520 元高出 3338 元。全市共建成休闲农业经营主体 272 个，经营面积达到 51082 亩，形成资产总额 2.97 亿元，实现休闲农业营业收入 2.55 亿元。

【农民适用技术培训】 全年累计举办果树修剪、户用沼气、蔬菜种植等各类培训 1603 场次，培训农业行政管理干部 677 人次，培训农技人推广员 2810 人次，培训农民 21 万人次，完成目标任务的 210%。

【农产品质量安全监管】 以农产品质量安全追溯体系建设为突破口，着力提升农产品标准化生产水平，率先在全省开展了农产品质量安全追溯试点工作。按照“九统一”的要求，在定边县白泥井镇建设瓜菜标准化生产基地 3 万亩，基地所有产品均可根据二维码识别系统进行溯源，查阅具体生产者、生产田块、投入品使用情况和技术操作记录等信息，实现对农产品的全程监管。全市新认证无公害产地 22 个，认定无公害农产品 36 个。全市无公害产地认证面积 82 万亩，无公害产品 140 个、有机食品 10 个、绿色食品 13 个、地理标志 9 个、整县环评 9 个。全年共检测蔬菜水果样本 60208 个，合格率 99% 以上。全年全市未发生重大农产品质量安全事故。

【农业行政执法】 开展“放心农资下乡进村宣传周”和春季农资打假专项治理，全年出动执法人员 1024 人次，清查各类农资和农产品经营单位 193 个，抽查各类农资和“三品一标”农产品 1257 批次；共立案查处 53 起，为群众挽回经济损失 78 余万元。同时，加大对高毒农药专项治理的力度，清查高毒农药 25000 公斤。

【农业信息服务】 省上下达本市金农工程建设任务 42 个，各实施乡镇设备已经安装到位，并初步运行。“榆林市农产品交易网”第二期工程已经完成网站的基础和框架的建设。

（张远望　施海全）

榆林市农业局

局　　长　王宏岩
副 局 长　张玉团
纪检组长　叶应玲
副 局 长　张　旗
总农艺师　刘　艳
副 局 长　叶　锋　思治权
调 研 员　高贵生　王艳梅
副调研员　系统工会主任　李耀辉
副调研员　徐建勇

扶贫和农业综合开发工作

【概况】 2012 年是党的十八大胜利召开的重要年份，是实施《中国农村扶贫纲要（2011—2020 年）》的第二年，也是扶贫开发思路的转折年。2012 年，中省共下达榆林市财政扶贫资金 45134.7 万元。其中：中央资金 27133.2 万元，省级资金 18001.5 万元。市级安排资金 48500 万元，其中移民搬迁配套 4 亿元，其他扶贫项目安排 8500 万元。年内，中省资金按项目计划全部下达到县区和项目，市级资金中移民搬迁建房资金全部下达，基础设施和产业开发项目资金正在编制计划。

2012 年，榆林市农业综合开发项目涉及榆阳、神木、府谷、横山、靖边、定边、绥德、米脂、子洲、清涧十个国家开发县（区）和佳县、吴堡两个省级开发县，主要任务是改造中低产田 3 万亩，小流域治理项目 2.5 万亩，国家农业产业化经营财政补贴项目 5 个、贷款贴息项目 4 个，省级产业化经营项目 2 个；计划总投资 8336 万元，其中财政投资 6805 万元，自筹资金 1377 万元。总投资中，国家土地治理项目投资 5543 万元（财政投资 5190 万元），国家农业产业化经营项目投资 1909 万元（财政投资 845 万元），省级农业产业化经营项目投资 924 万元（财政投资 770 万元）。迎接省财政厅对 2011 年国家农业综合开发项目抽查验收，抽查的横山、米脂两县均通过省级验收。

【扶贫移民搬迁】 2012 年，在白于山区移民搬迁工程继续实施的基础上，增加黄河沿岸移民搬迁任务。陕西省下达榆林市计划搬迁任务 14351 户 57408 人，较 2011 年任务增加 35%，涉及 10 个县区，49 个集中安置小区。全市实际落实 14708 户 58759 人，涉及 12 个县区 52 个安置点。计划总投资 23.98 亿元，截止 2012 年 12 月，有 41 个安置点开工建设，38 个安置点完成“三通一平”工程，其余安置点还在积极办理土地、林地等审批手续和相关前期工作，县城安置点全部与保障性住房相结合，均已开工建设。据统计，全市移民搬迁房屋开工 10382 户，占计划任务的 72.3%。完成建房面积 33.44 万平方米，完成投资 17.3 亿元，占总投资 72.1%。其中，完成建房投资 14.2 亿元，完成基础设施投资 3.09 亿元。

【吕梁山片区规划】 2012年吕梁山片区扶贫开发规划已经完成,榆林市纳入的县份是:绥德、米脂、佳县、吴堡、清涧、子洲、横山县,涉及112乡镇3481村,这7个县全部为国家扶贫开发工作重点县和革命老区县。国土总面积13644平方公里。2010年末户籍总人口181.5万人,其中农业人口156.7万人;常住人口132.24万人,其中乡村常住人口118.7万人,贫困人口56.47万人,占全市贫困人口总数的69.8%。2012年,吕梁山片区扶贫开发规划已上报国务院审定,2013年将进入实施阶段,预计“十二五”期间投入将达到千亿元。

【整村推进、连片开发】 2012年,全市已建成连片扶贫板块11个,涉及53村1.35万人,项目区群众人均纯收入达到3560元。这些板块已成为同类型地区扶贫开发的示范和路子。2012年,陕西省下达榆林市整村推进、连片开发工作共10县区64村,安排财政扶贫资金5100万元,各县区已全面启动实施,基础设施任务已经完成70%。子洲、清涧两县中央彩票公益金支持革命老区整村推进项目争取资金2700万元,涉及49村,计划已经下达,项目全面启动实施。

【产业扶贫、互助资金】 2012年度陕西省下达榆林市产业扶贫项目15个,落实财政扶贫资金940万元,下达扶贫贴息贷款项目12个,申请扶贫贴息贷款10130万元,目前项目正在建设中。省上下达小额信贷扶贫到户资金8400万元,实际投放小额扶贫到户贷款10082万元,超额完成省上计划的20%,扶持7554户、27550贫困人口发展生产。全市255个互助资金组织,目前运行良好,共吸纳会员17547户,会员总人口85012人,协会资金总量到达6588万元,累计发放借款12063万元,解决贫困户发展生产资金短缺的问题。

【外资扶贫】 2012年度外资项目实施计划的785万元配套资金下达到县;各县区外资项目已全面启动实施。

【贫困大学生助学】 2012年,陕西省安排1108万元,扶助榆林市应届贫困大学生助学项目2014名,继续资助2011年度贫困家庭大学生763名。市级资金安排300万元,扶助应届贫困大学生600名。

【“雨露计划”】 “雨露计划”完成2011年6055人的培训任务;2012年陕西省下达榆林市4400名培训任务,截止2012年12月已经注册3311名。

【扶助大学生村官项目】 2012年全面启动首批“扶持贫困村大学生村官项目”,中国扶贫协会扶助的600万元资金全部下拨到项目所在县扶贫办,所有项目全部启动,部分建成项目资金兑付率达70%以上,其余在建项目资金兑付率达到30%以上。市级财政扶贫资金安排250万元,对17个贫困村的基础设施和产业发展给予了扶持。

【社会扶贫】 2012年,中省市县及千企千村扶助行动的2800多个单位和企业参与榆林市的社会扶贫工作,参与扶贫人员3400多人,直接投入资金和物资45025万元,较上年增加7600多万元。

【佳县通过国家级项目考察】 2012年12月,省财政厅受国家农发办委托,组织有关专家组成考察评估小组,对佳县争取国家农业综合开发县的各项准备工作进行全面考察评估,专家组通过听取汇报、现场考察、查阅有关资料,认为佳县农林水土资源丰富,开发潜力大,具备新进国家农业综合开发县条件,建议国家2013年将清涧县纳入农业综合开发县序列。

(王　亮)

榆林市扶贫和农业综合开发办公室

主　　任　韩志平
副 主 任　艾　剑　张永生
纪检组长　张福海
副 主 任　高秀华
总农艺师　康玺东
副调研员　左惠生　冯建兴　刘应明

农业机械

【概况】 2012年全市农业机械总动力296.7万千瓦,较上年增长5.7%,农业机械原值22.59亿元,净值16亿元,农机化总投入3.51亿元,农机经营总收入15.2亿元,较上年增长5.53%。

【农业机械装备】 2012年全市拥有拖拉机3.36万台,其中大中型拖拉机1.45万台,较上年增长1.4%;拖拉机配套农具3.2万部,较上年增长8.33%;播种机械1.25万台,农产品初加工动力机械2.94万台,作业机械2.38万台;畜牧养殖机械11.9万台。农业机械化应用领域不断拓宽,装备结构进一步优化,主导产业农业机械化得到较快发展。

【农业机械化作业】 全年机耕作业面积373.3万亩,机播作业面积216.2万亩,机收作业面积104.8万亩,分别较上年增长15.63%、7.37%、5.37%。其中玉米机耕面积165.4万亩,机播面积140万亩,机收面积26.41万亩,马铃薯机耕、机播、机收面积分别达到160万亩、53万亩、68.8万亩,机械铺膜面积81.6万亩,机械化饲草料加工总量72.1万吨。优势产业集中区域机械化生产占主导和支配地位,主导产业耕种收机械化水平明显提升。

【农机具购置补贴】 2012年争取两批中央补贴资金8040万元,各县区落实中央补贴资金7932万元,完成下达任务的98.7%,落实市级补贴资金1800万元,县级财政补贴资金2000多万元,补贴机具3.7万台(件),受益农户2.6万户,其中:动力机械2767台,耕整地机械7118台,农产品初加工机械241台，农田基本建设机械105台，排灌机械493台，设施农业设备机械1821台，收获后处理机械8397台，收获机械832台，田间管理机械3281台，畜牧水产养殖机械11009台，种植施肥机械375台，其他机械463台。补贴机具涉及农业生产各领域，补贴拉动农民投入近1.6亿元。

【农业机械化项目】 2012年全年重点实施农机购置补贴、机械化保护性耕作、马铃薯、玉米生产机械化、设施农业生产机械化、特色农产品储藏保鲜、旱作农业生产、红枣机械化烘干、水稻生产机械化9个项目。继续实施已经列入农业部、陕西省民生工程机械化保护性耕作项目，全年争取并落实中央（国家发改委）、各级配套项目资金557万元，秸秆综合利用项目争取并落实省级资金50万元。在5个县7个农机专业合作社实施特色农产品储藏保鲜项目（果库建设），争取并落实建设资金560万元。其他在建项目围绕农机补贴政策的落实稳步推进，其中，市补资金单列420万元用于农业示范园和农机专业合作社重点补贴，市农机管理推广站建立全市农机化科技示范基地，市农机中心争取投入资金100万元。

【农业机械化科技成果普及推广】 全年推广各类农机具5.63万台（件），创建农机科技示范村239个，发展农机科技示范户12802户，分别完成市政府下达任务的112.6%、119.5%、128%。实施机械化保护性耕作面积87万亩。

【农机服务组织】 2012年全市农机作业服务组织和农机户1.7万个，从业人员1.9万人，其中农机专业合作社99个，农机原值20—50万元作业服务组织90个，50万元以上32个，农机原值20—50万元的农机户1031个，50万元以上392个，乡村农机从业人员1.65万人；农机维修点1615个，新增网点101个；经销企业和经销点409个；农机户收入13.5亿元，农机化作业收入11.57亿元，分别占总收入的88.9%和76.1%；扣除成本与费用，农机户利润总额6.5亿元。农机经营收入在农民收入中份额增大，成为农民增收新的增长点。

【农业机械安全生产】 农机安全管理全免费工作全面启动，免登记、检验、考试、培训、证件工本费，市级财政安排农机免费管理资金70万元。全年检验合格拖拉机20385台，检验率90%；新登记入户拖拉机8914台，超额完成任务3154台，登记率69%；新考驾拖拉机驶员4370名，持证率54%；农机“三率”分别较上年提高8%、22.5%、14%；签订农机安全责任书1.5万份，与在册管理数之比达到95%以上；农机事故四项指标均在年初下达的控制指标范围内；办理农机互助合作保险1500份，投保资金达到20余万元。全市累计创建全国“平安农机”示范县3个（榆阳、靖边、神木），省级“平安农机”示范县2个（米脂、绥德），“平安农机”示范乡镇25个，示范村210个，示范户1650户；创建全国农机安全监理“为民服务创先争优”示范窗口单位1个（榆阳），省级示范窗口1个。

【农机教育培训】 2012年共培训各类农机操作人员1.23万名，其中农村剩余劳动力转移培训2876名。农机职业技能鉴定发证750人。农机协会积极开展科技服务和学术交流活动。

【农机质检】 2012年农机质检查处“三无”农机具和假冒伪劣农机配件1500多台（件），价值10多万元，受理并妥善处理5起质量投诉案件。

【农机化政策法规】 2012年市县各级农机管理部门结合实际，在广泛调研论证基础上，提出促进榆林市农业机械化发展的意见建议，6月14日经市政府常务会议通过，《榆林市人民政府关于促进农业机械化和农机工业又好又快发展的实施意见》出台实施，将为稳步扎实推进全市农业机械化和农机工业又好又快发展发挥重要作用。

（常鹏飞）

榆林市农业机械技术服务中心

主　　任　边俊校
书　　记　胡培莲（女）
副 主 任　贺春祥　高亚雄
副 书 记　霍　杰
副调研员　白竹梅（女）

农垦业工作

【概况】 2012年，榆林农垦工作围绕中央1号文件和全市农业农村工作会议精神，按照年初制定的工作计划，强力推进，狠抓落实，确保各项工作任务的完成。全年垦区社会稳定，经济运行正常有序，但也还遇到一些困难，主要是设施蔬菜受到不同程度的冷寒天气影响和风沙雨涝灾害袭击，各农场在农业生产特别是现代农业生产中因自然灾害等原因，造成直接经济损失三百多万元。全年完成工农业总产值5.5亿元，增长10.5%。实现利税（含费）1.75亿元，增长13.7%。生产粮食总产量1.75万吨。其中玉米1万吨，马铃薯0.65万吨，其他0.1万吨；生产瓜菜3万多吨；生产苗木400多万株；生产肉类1200吨，鲜奶2200吨。职工人均纯收入7500元，增长13.3%。

【作物播种情况】 全垦区共播种各类作物面积3.5万亩，其中玉米2万亩（地膜玉米1.2万亩），薯类0.4万亩，瓜菜0.8万亩（其中设施蔬菜6200亩），花生0.06万亩，水稻0.1万亩，其他0.14万亩。

【设施蔬菜生产】 2012年，全系统共投入生产的座日光温室550座，种植拱棚4600亩。据不完全统计，全年共生产销售时鲜蔬菜3.5万吨。生产草莓11吨，育苗2045万株。实现产值8000余万元。新桥农场种植18棚草莓,每棚产量达2800公斤,每市斤草莓售价达20元,棚均产值在1.5万元以上。种植35棚鲜桃5月中旬采摘上市,每棚产值都在2万元以上。牛家梁、鱼河、石马坬三个农场拱棚大部定植芝麻密香瓜。六月全面上市,产品供不应求,棚均产值3万元左右。从发展情况看,农垦设施蔬菜产业,已开始从生产时鲜蔬菜向高产出、高效益的时鲜瓜果和苗木花卉转变。

【养殖业生产】 养殖业方面全垦区畜禽存栏5.135万头(只)。其中奶牛850头、肉牛500头,猪2.2万头、羊子1.45万只、家禽1.35万只。两个万头猪场运营状况良好,农垦养殖业开始由个户散养向小区养殖、规模养殖、健康养殖转变。

【农田基建和工商业生产】 2012年,农垦共新打灌溉机井11眼,平整土地2000亩,架设农电线路8.25公里,安装变压器7台。挖阴壕28公里。植树造林81万株,种草1100亩。全垦区生产原煤45万吨、乳制品850吨、配合饲料1650吨。实现工商业产值3.85亿元。

【扶贫项目工程建设】 农业部农垦局安排靖边县新桥农场建设扶贫项目一个,项目投资220万元修建场际生产生活砂砾石道路10.5公里。项目工程正在实施。

【项目建设】 2012年全垦区完成种植日光温室550座(1600亩),钢构式拱棚1600座(4600亩)。建成的3座(7880平方米)智能连栋温室、4个现代化养殖场、6个标准化养殖小区运行良好。

【基础建设】 各农场推进田、水、路、林的综合治理,努力提高耕地质量、增加有效耕地面积、增强耕地排灌能力、改善农业生产条件和生态环境。农垦在项目资金没有落实的情况下,筹集工业反哺农业建设资金400多万元,实施农业综合开发项目2000亩,其中垫沙垫土5.8万多方,挖阴壕28公里,做跌水10个、路桥6个,铺设输水管线7.8公里,整修田间道路18公里,栽植林网11公里。

【农垦转型升级】 2012年,市农垦工业生产以市场为导向,不断加大投资力度和扩大经营范围。农垦对两个工业支柱产业榆卜界煤矿和石马坬煤矿进行安全生产标准化建设,生产原煤45万吨,工业产值仍然为农垦工业反哺农业提供经济支撑,累计工业反哺现代农业建设资金400多万元。在抓工业生产的同时,合理开发商业、服务业资源。南郊农场"榆星商城"、"榆星商务酒店"、牛家梁农场"科技服务楼"、农工商公司商业大楼、石马坬农场农垦大厦、新桥农场省级重点镇等商业服务业建设项目的陆续开工建设,农垦矿业公司的工作顺利开展。

【科技创新】 2012年,共引进推广5项农业新技术和10多个优质高产农业新品种。对5个国有农场1000多名基层干部和农工培训进行了业务管理和实用技术培训。

【民生工程】 2012年,着重解决个别农场职工关心的饮水困难、居住环境治理、出行方便快捷等问题;加大国家对种粮农工的补贴力度和增加农机具购置补贴规模和范围;协调有关部门理顺农场招工用工关系,多渠道解决农场职工子女就业难问题;全面落实农垦职工社会保障政策,目前垦区6个国有农场在职和离退休人员,全部纳入基本养老保险和医疗保险范畴;各农场合同农户也在自愿的情况下,参加农村合作医疗保险,大部分困难职工都纳入城市或农村低保。农场职工各项社会保险做到了应保尽保。

(李建军)

榆林市农垦局(总站)

总 站 长 刘占和
书　　记 李子文
副 站 长 李山林
总农艺师 任宏飞
副调研员 乔高对

林业工作

【概况】 2012年,榆林市深入开展三年植绿大行动,全市动员、全民动手、全社会参与,掀起新一轮生态建设高潮,全面启动实施造林绿化八大工程和五个百万亩基地建设。全年造林绿化资金投入突破20亿元,共完成造林116.5万亩,其中人工造林91.5万亩,飞播造林20万亩,封山育林5万亩。

【三年植绿大行动】 2012年至2014年,每年完成造林100万亩,实施榆林环城防护林带、城区绿化、飞播治沙、千里绿色长廊、能源企业绿化、千村万户绿化、河流水系绿化、林业产业化八大林业重点工程和百万亩樟子松基地、长柄扁桃基地、红枣基地、两杏基地、沙棘基地五个百万亩基地建设,到2014年,榆林市造林保存面积2300万亩,森林覆盖率35%以上。基本建成一个乔灌草相结合、针叶阔叶树相结合、自然景观优美的比较稳定的区域性防护林体系,使榆林的生态环境"一年一变化,三年大变样",建成"南部林果飘香、北部绿染沙漠、矿区绿化美化、城乡翠绿环绕"的新榆林。

【林业重点工程建设】 八大林业重点工程建设年度任务顺利完成,呈现出规模大、标准高、示范带动作用等特点。

榆林环城防护林带工程 以新210国道过境线、机场路、包茂高速和横山县西南新区绿化等工程为重点,总投资8000万元,其中,新210国道过境线栽植3米以上樟子松14425株,机场路绿化栽植樟子松、油松等1800株,西南新区防护林带栽植5米樟子松4000多株。

城区绿化工程 榆林高新区投资1.5亿元,实施榆溪河西岸景观绿化治理、沙河公园、榆林大道景观公园、南北区28条道路共计16项绿化工程,栽植各类树木270万株。市住建局投资7000万元实施富康西路、航宇路共计16条道路和东沙生态公园等绿化改造工程。

飞播治沙工程　全市飞播造林20万亩,其中新播15.5万亩、复播4.5万亩,涉及榆阳、神木、靖边、横山4个县区18个播区。

千里绿色长廊工程　以包茂、青银、神府、榆神高速公路为重点,以国道、省道为支撑,完成绿化总里程382公里,栽植3米以上樟子松、1米以上侧柏、油松和新疆杨等苗木325万株。

资源开采企业绿化工程　2012年是开展资源开采企业造林的第三年,资源开采企业参与造林绿化呈上升趋势。全市共有408个资源开采企业参与造林绿化,筹集资金1.44亿元,完成造林14.44万亩。

千村万户绿化工程　结合新农村建设、公路绿化和小城镇建设,在全市选择了100个生态区位重要、基础条件较好的行政村进行绿化美化,目前已完成12个县区100个行政村的绿化任务。

河流水系绿化工程　在神木县、府谷县河流沿岸、大中型水库周围及水土流失严重地区,以营造护岸林和水土保持林为主,实施国家水土保持重点工程、黄河水土保持生态工程、煤油气水土流失补偿费返还治理等工程项目,营造以沙棘为主的水保林,完成年度沙棘造林任务。

林业产业化工程　全年完成新建红枣基地16.9万亩(含核桃基地建设2.9万亩),低产园改造15.6万亩,完成山杏嫁接改良10万亩,长柄扁桃基地15万亩。林业总产值突破56亿元,其中红枣产业产值达20亿元。

【义务植树】　全市共完成义务植树1012万株。3月31日,市上四大班子领导和市委、市政府、人大、政协办公室、军分区,市直林业单位的干部职工670人在横山西南新区参加义务植树。市委组织部在小纪汗林场建设"目标考核林"基地,种植樟子松2000株;团市委组织500多户家庭在榆阳区小纪汗"榆林青年林"基地栽植樟子松5000多株。市绿化委员会、市林业局联合发出《关于加强庙宇、墓地、陵园等祭祀场所植绿活动的通知》,在全市庙宇、墓地、陵园等祭祀场所开展以"文明缅怀、植绿祭祀、树立新风"为主题的造林绿化活动。

【造林育苗一体化】　针对苗木生产、经营的特殊性和专业性,在对全市6.81万亩育苗面积进行普查的基础上,根据可供造林的数量,严格执行"两证一签"管理办法,规范苗木市场,平抑苗木价格,按照"以低于市场30%的价格提前预订苗木,承担订购苗木的单位优先承包实施造林绿化工程"的原则,推行育苗造林一体化。

【森林资源保护管理】　市、县林业部门先后组织开展了"打击破坏野生动物资源违法案件"、"亮剑行动回头望"等林业专项行动,共办理各类涉林案件137起(刑事案件14起),打击处理违法犯罪人员160人次。市县财政共投入300余万元用于森林病虫害防治工作,设立监控点99个。全市有害生物发生面积5.16万公顷,防治面积4.61万公顷,测报准确率99%,防治率89.4%,无公害防治率81%,成灾率0.3‰。野生动物疫源疫病监测实行日报制度,无野生动物疫源疫病发生。

【森林防火】　全市共发生森林火险45起,过火面积272.2公顷,其中烧毁针叶林面积266.7公顷。为了使森林防火工作步入规范化轨道,11月中旬,组织市县林业局长、业务副局长和工作人员50余人赴黄陵县参观学习后,于12月初在靖边县召开全市森林防火工作培训会,在建立和完善市县区防火工作应急预案、落实责任制度的基础上,进一步规范森林防火工作机制。全市已投入防火经费1770万元,启动重点县区的防火通道、瞭望台、用水管道等林区基础设施的前期工程建设,完成新建防火通道110公里,瞭望台11座。

【封山禁牧】　加大封山禁牧管护力度,市政府出台《关于进一步加强封山(沙)绿化、舍饲养畜的意见》,市委组织部、市监察局、市人社局、市林业局联合印发《榆林市封山禁牧工作监督管理办法》,使封山禁牧工作从单一的经济处罚阶段转变为经济处罚与行政处罚相结合的阶段。3月份,在靖边、绥德、神木县分片召开封山禁牧工作推进会,参会的县乡村三级干部达500多人。11月初、12月中旬,分别组织6个巡查组开展"封山禁牧秋冬季战役",通过全年三次大巡查和不定期的突击检查,对禁牧工作任务繁重的33个乡镇以奖代补各下拨车辆补助10万元,对6个舍饲养畜示范点共扶持资金60万元。采取必要的处罚措施,全年共发出警告书83份,责任金扣减通知单65份,通报批评13个乡镇,对两个乡镇的禁牧工作主要责任人提出处理意见。

【科技兴林】　在造林生产中,针叶树种采取容器苗造林、大苗带土球栽植、覆膜保水,灌木树种截杆、蘸泥浆等抗旱节水造林技术,保证造林成活率;南部六县广泛应用红枣矮化密植、滴灌、覆膜、生物防虫、裂果霉变防控和大扁杏整形修剪、嫁接改良、抗冻品种选育等丰产管理技术,编发《枣树综合管理技术》、《枣树管理年历》,出版《榆林市仁用杏栽培管理技术手册》,为提高农村经济效益和增加农民收入发挥技术保障作用。与西北大学、省治沙所等科研单位合作,开展长柄扁桃食用油、生物柴油等研发工作,6月下旬,国家食品药品监督管理局正式受理了长柄扁桃食用油新食品认证。

【陕西省三北防护林工程建设工作会议召开】　11月1日,陕西省"三北"防护林工程建设暨全面治理荒沙工作大会在榆林召开,会议总结陕西省"三北"防护林四期工程建设的经验和成就,表彰工程建设先进集体和个人,安排部署"三北"防护林五期工程和全面治理荒沙工作。

【陕西省全面治理荒沙启动仪式】 11月1日，陕西省全面治理荒沙启动仪式在榆阳区小纪汗乡转龙湾村举行。副省长祝列克宣布陕西省全面治理荒沙启动，省林业厅厅长李三原讲话。陕西省全面治理荒沙三年行动，涉及榆林、延安、渭南3市9个县(区)，从2012年到2014年，计划全面治理300万亩荒沙，其中治理50万亩流动沙地，改造150万亩半固定沙地，巩固100万亩固定沙地，固定沙地比例94%以上。

(贺小涛)

榆林市林业局

局　　长　康文伟
副 局 长　崔峰堂　吕学斌
　　　　　杨世军　谢安鸿
纪检组长　郭胜利
总工程师　郝文功
副调研员　蔡建华

治沙工作

【概况】 2012年，省治沙研究所团结和带领全所干部职工贯彻落实科学发展观，围绕年度工作目标，坚持开展科技创新与技术服务，真抓实干，扎实工作，完成各项工作任务。

【科研工作】 2012年，承担国家和省部重点科研和技术推广项目16项，其中，国家林业局5项、中科院西部专项1项、省科技厅4项、省林业厅4项、三北局1项、榆林市1项，均按计划完成项目研究任务。承担的国家林业局荒漠化监测中心荒漠化定位监测工作，积极组织筹建国家荒漠站，开展调研、规划设计等前期工作，修建性详规已编制完成。持续对9个样地90个样方的土壤、植被、气候、地下水等多因子进行监测，经过统计分析为国家林业局提供气象条件的基础数据3000多个。开展沙尘暴预测预报和地下水位变化与植被退化关系的研究工作，采集沙尘样品8次，向国家林业局沙尘暴灾害应急处置短信平台发送短信十余条，为沙尘暴造成的经济损失评估提供信息。林业公益性行业科研专项陕北资源开发区植被恢复与重建技术研究项目，累计完成神木县大柳塔镇石圪台矿区、榆阳区中能煤田矿区和金鸡滩工矿区试验点的2000多亩造林试验任务，建立植被恢复试验示范模式3个，发表相关论文7篇，引进优良植物种8个，通过国家林业局组织的现场查定。长柄扁桃优良品种选育及丰产栽培技术研究推广项目，完成育苗10亩，建立种质资源收集圃30亩，丰产栽培示范园50亩，开展各项生理、生态学指标的观测、测定和分析化验工作。中央财政资金项目优良生态经济型固沙树种长柄扁桃扩繁及造林技术推广，研究提出适宜的引种栽培条件和人工复壮措施，在神木县瑶镇乡圪丑沟流域完成500亩不同立地类型栽植试验林地、300亩丰产栽培示范林地和700亩防风固沙示范林造林任务，优选5种不同产地类型的长柄扁桃种质资源育苗20亩。中央财政资金项目榆林毛乌素沙地荒漠化土地综合治理技术推广，利用该所培育的班克松、彰武松和长柄扁桃苗木示范推广造林1300亩，总结制定上述三树种在榆林沙区的栽培技术细则。陕北能源化工基地生态修复研究，提出生态修复方案，建立工程造林与植被恢复优化模式2个，开展相关的研究工作。

【飞播造林】 按要求完成榆林沙区2012年20.2万亩(包括榆林市自筹资金7.7万亩)飞播造林作业监理和2013年39.2万亩荒沙的飞播设计工作，持续开展毛乌素沙地飞播区植被演替规律与荒漠化过程的调查研究工作。

【重点林业工程建设及林地资源保护】

按照计划完成三北防护林四期工程3000亩人工造林任务，栽植樟子松、班克松、野樱桃等苗木1万余株，造林成活率达85%以上。针对红石峡沙地实验林场区域建设项目较多、流动人员杂的实际情况，加强林地管护和防火工作，没有发生森林火险，林木病虫害也控制在0.5‰以下。

【林业产业化发展】 加强红石峡中心苗圃300多亩留床苗木管理，筛选新育营养袋樟子松、班克松、沙地柏及各种花灌木80余万株，全年共推销出圃各类苗木220余万株，销售收入65万元。

【樟子松良种基地建设】 陕西省樟子松良种基地建设三年来，建筑面积564.4m^{2}的综合管理区已经投入使用，完成土地改良560亩，其中机耕平整土地470亩，完成主干道路1.5公里的绿化任务，架设供电线路4公里，布设灌溉输水管网2400m，栽植防护林网8800m，建设晒种场1000m^2，道路及院落绿化1848m^2。6月初派科技人员赴内蒙古、辽宁等地进行樟子松良种选优采穗，经过多项指标筛选出75个樟子松优良无性系，完成6000余株已定植砧木的嫁接任务，各项阶段性工作任务已全部完成，待国家林业局验收。

【红枣良种繁育基地建设】 2011年3月完成项目区全部土地平整和土壤改良任务，基地建设规模已达2531亩，其中建成南生产管理区1050m^{2}并通过竣工验收，精细整地400亩，建成两条长2720m进入基地的简易泥土道路，安装200千瓦变压器2台，架设线路6400m，打灌溉机井7眼，铺设灌溉渠道5500m。在此基础上，培育红枣苗木4.5万株，营造网框林6000余株。定植樟子松、油松、沙地柏及各种花灌木50余万株。

【珍稀沙生植物保护】 加强沙旱生植物种的日常管理和观察记载，做好相关的生物、生理、生态学及其适应性研究工作。由陕西省治沙研究所自筹资金引进的优良固沙常绿针叶树种彰武松、班克松经过3年的苗木培育和造林试验，技术上取得突破性进展，共培育彰武松嫁接苗6000多株，班克松营养袋苗2万多株,根据观察,两树种特别是彰武松的生长表现明显优于同期栽植的樟子松,引起国内外许多来所考察专家的关注。2012年在榆阳区、神木县、横山县开展造林中试。

【红石峡森林公园绿化美化】 完善沙旱生植物新引入品种观赏区的建设,补植常绿大苗300多株,各种花灌木400m^2,达到设计要求和预期的景观效果。新引进大果榛子、金叶水蜡、金叶枫香果和紫叶枫香果等4个植物种,增加植物标本30份。

(高　荣)

陕西省治沙研究所

党委书记、所长　封　斌
党委副书记、副所长　麻保林
党委副书记、纪委书记　李　杰
党委委员、副所长　党　兵
　史社强
党委委员、总工程师　周宏斌

水利水保工作

【概况】 2012年是全市"水利建设年",市水务局在市委、市政府的领导和上级业务单位的支持下,围绕建设和谐、幸福榆林总体目标,推进水利改革发展,全年完成水利建设投资25亿元,新修基本农田10.2万亩,发展节水灌溉面积8.8万亩,新建、加固、维修淤地坝876座,治理水土流失面积1220平方公里,完成水产品产量8135吨,全面完成2012年计划任务。

【水源工程】 王圪堵水库主体工程建设进展顺利,大坝全断面填土1054米坝顶设计高程,大坝主体完工,累计完成投资16.77亿元。王圪堵水库输水管道主体工程、净水厂工程已全部完工。黄河东线大泉引水工程完成项目建议书(初稿)编制。

【引水工程】 佳县泥河沟引水工程。完成项目建议书、环境影响评价等工作,完成投资3600万元。清涧延安延川支线引水工程。初步设计基本完成,待延川主管道给清涧预留开口位置、管道压力标准确定后,招标实施方案与施工图设计同步进行。绥德枣林坪黄河引水工程。野外勘探工作正在进行,完成水源地2.8公里长度范围内水文钻孔3个,地质孔6个,11月上旬完成野外调查工作,12月底完成全部勘探工作。吴堡黄河引水工程一期工程。前期工作全部完成,于2012年6月13日开工建设。

【农村安全饮水工程】 "十一五"期间农村安全饮水工程通过省级验收。编制上报《榆林市2012年度农村饮水安全工程建议计划》。下达农村安全饮水工程中央及地方配套资金计划、2012年一事一议农村饮水安全工程中省财政奖补资金项目计划及2012省级整合一批计划,解决18万人的饮水问题,总投资12486.4万元。完成投资11238万元,建成供水工程475处,解决16.2359万人的饮水问题,占年初任务的108%。启动建设榆林城区、其他11个县城和重点镇后备水源工程。榆林城区水源工程。榆林市百万人口中心城市水源地保护主要实施榆溪河流域小壕兔、马合等10个水源地保护工作。榆溪河流域水源地保护规划工作(不含红石峡)和煤矿开采对红石峡水源地及煤矿周边地区地下水环境影响调查评价工作两个招标实施方案已由市发改委批复,近期准备进行招投标工作。子洲县城管网改造工程。初步设计已经完成,建设内容主要包括新建改造输配水管网25.5公里,概算投资4186万元。进入招投标阶段,计划2013年6月底建成。米脂县城供水管网改造工程及工业园区综合供水工程。县城供水管网改造(水处理设备)工程总投资480万元,已完成投资300万元,计划年底完成。米脂县工业区供水工程已完成水源井5口、输水管线工程11公里,完成投资4800万元。佳县县城供水工程。改造旧管道500多米,完成投资60万元。由于汛期,原有水源工程毁坏严重,影响工程建设进度。清涧县城应急水源工程。刘家川应急水源工程:从刘家川村水源地(3处泉眼)补给清涧县城水量400方/天,供水工程包括水源工程、加压泵站和输水管线,估算投资985.17万元;葛家岔应急水源工程:从葛家岔小型水库向县城补水1100方/天,供水工程包括小型水库、水厂和输水管线,估算投资1292.61万元。两处水源工程可研报告已报省水利厅。绥德县城备用水源工程。已完成绥德县五里店水源至水厂管网改造工程的初步设计。建设内容主要为新建输水管线3.6公里,概算投资1050万元。

【水保重点工程】 2012中省下达本市国家水土保持重点建设治理任务面积为122.1平方公里,全面完成了年初制定的目标任务。10月份,通过争取又下达本市新增治理水土流失面积418.9平方公里,累计治理面积为541平方公里。8个项目区共完成治理水土流失面积275.9平方公里,超额完成年初治理任务的126%。

【坝系工程】 狠抓2011年度计划下达的10条坝系和煤油气病险淤地坝除险加固工程,新建、加固、维修淤地坝876座。黄河粗泥沙集中来源区拦沙工程一期工程可行性研究报告于2012年10月8~11日已由水利部审查通过,预计12月完成报批工作。项目涉及10个县区的137条小流域,估算投资28.52亿元。

【病险水库除险加固】 花石崖、二墩等10座小一型病险水库除险加固工程通过竣工技术预验收。元峁、西沟等15座小二型病险水库除险加固主体工程完成。蒋家窑则和雷河咀水库项目建议书已由省发改委和水利厅联合上报国家发改委和水利部,请求纳入"全国大型水库建设十二五规划"。

【水资源管理】 严格执行建设项目水资源论证制度,审查水资源论证报告13个。规范取水许可审批程序,严肃查处违规取水行为,关闭自备井2眼。

加强水源地保护，目前榆溪河流域水源地保护规划工作（不含红石峡）和煤矿开采对红石峡水源地及煤矿周边地区地下水环境影响调查评价工作两个招标实施方案已由市发改委批复，近期准备进行招投标工作。榆林市地下水监测（站）网建设一期工程建成了监测井77眼，安装水位、水温自动测报仪77套，建成地下水环境监测实验1处、市级地下水信息监测中心1处、引测监测站高程77处。地下水监测（站）网建设二期实施方案编制完成。编制完成榆阳、横山两县区地下水功能区划和《榆林市地下水动态监测成果研究报告》。榆林市水文水资源局机构建设方案已上报至省政府，进入选址阶段，将加大选址工作力度。完善了红石峡水文站省、市、区林业手续，上报省林业厅，待审查批复。在市区土地部门办理了"地质灾害威胁性评估"、规划和预审核工作，正在办理建站"耕保"手续。

【节水工作】 2月份，水利部委托黄委会和省水利厅组成专家组对本市的试点工作进行评估，评估通过本市的节水型社会建设试点工作，同意由水利部进行验收。评估会后，组织人员对验收资料进行整编。10月31日水利部验收组对本市节水型社会建设试点工作进行验收，经审查，本市通过国家验收，被授予"全国节水型社会建设模范市"称号。对2011年度8个市级财政资金节水示范项目、米脂金泰氯碱厂的水平衡测试工作进行验收。完成企业节水技改项目的选点上报和榆林市流域用水统计报表的填报。

【病险水库除险加固工程】 花石崖、二墩等10座小一型病险水库除险加固工程通过竣工技术预验收。元峁、西沟等15座小二型病险水库除险加固主体工程完成。蒋家窑则和雷河咀水库项目建议书已由省发改委和水利厅联合上报国家发改委和水利部，请求纳入"全国大型水库建设十二五规划"。

【水利执法】 在全市范围内开展多次水资源管理专项执法检查活动。重点对违法取水、拒缴水资源费、建设项目不进行水资源论证等问题进行查处。重点对延长石油集团违法取水、神木天元化工有限公司拒绝水资源费案件进行了查处，其中神木天元化工有限公司案件已进入司法程序。理顺地方煤炭企业、延长石油集团煤油气水土流失补偿费征缴关系，按法律程序启动长庆油田等三大公司所欠缴的水土流失补偿费征缴工作。联合市公安局在全市范围内集中开展河道综合执法，取缔非法采砂点14处，对府谷县河滨公园14条排洪渠进行拆除，查处违法案件17件，审查涉河工程防洪影响评价报告6个。加大地下水取水工程建设管理力度，纠正违法行为20起。

【农田水利】 实施中央小水、省补小水和巩固退耕还林成果基本口粮田项目，完成定边县牧区节水灌溉示范项目建设，榆高渠、三岔湾渠、红花渠、雷惠渠、二定渠和织女渠6个中型灌区节水改造项目实施方案已通过省水利厅审查。完成横山县、绥德县、米脂县、佳县、吴堡县、清涧县和子洲县7个县区2011—2020年全国水利扶贫规划陕西省吕梁山区片规划工作。完成榆林市2012年度县级国有公益性水利工程维修养护中央财政补助资金申报。红石峡、绥德、响水3个农村水电站增效扩容改造试点项目完成土建工程建设任务。新建基本农田10.2万亩，春灌85万亩，夏灌130万亩，清淤整修渠道100公里。

【移民后期扶持工作】 下达2011年下半年和2012年上半年大中型水库移民直补资金336.36万元，完成上报全市2011年度中央应急资金项目计划报告、全市大中型水库移民后期扶持2011年度项目计划报告和全市小型水库移民后期扶助2011年度项目计划报告。

【渔业工作】 继续实施好池塘健康养殖技术示范推广项目和水库渔业综合开发利用技术推广项目，在榆阳、靖边、神木、横山落实池塘健康养殖技术示范推广项目2300亩，水库渔业综合开发利用技术推广项目面积27905亩，全年全市水产品总产量有望达到8135吨。

【机构队伍】 榆林市水务局是主管全市水行政的市政府组成部门，全局内设政秘、政策法规、规计、财审、水利、水保、科教、建管8个科室，局挂靠一个正处级单位（市山川秀美办公室），局下属9个副处级事业单位：市防汛抗旱指挥部办公室（河务水库管理站）、市国家水土保持重点项目指挥部办公室、市水利工作队、市水土保持工作队、市水政水资源管理办公室（水政监察支队）、市节约用水办公室、市水库移民管理办公室、市城乡供水管理办公室、市水土保持监督总站（水土保持监测总站、水土保持生态环境监察支队），10个科级事业单位：市治沟骨干工程办公室、市地下水监测总站（机井监理站、地下水动态监测站）、市水产工作总站（渔政监督管理站）、市水利工程建设管理总站、市水土保持科学研究所、市水利经济事业管理中心、市水利工程质量监督站、市沙棘开发服务中心、榆溪河榆林水文站、局机关事务所。

（马　娇）

榆林市水务局

局　　长	张小明
副 局 长	郭彦强　尤新年 朱万虎　马彦喜
纪检组长	胡利民
总　　工	李应树
工会主任	曹培福
副调研员	郭建彪　雷永飞 史社刚　梁　烨 王振泽
总规划师	杨思炯

引黄局工作

【概况】 2012年在市、县各级党委、政府的领导下，榆林市引黄工程建设管理局领导班子团结带领全体干部职工，坚持以邓小平理论和“三个代表”重要思想为指导，以科学发展观统领全局，完成全年各项工作任务，为促进区域经济社会发展做出贡献。

【业务培训】 为使一线操作人员能够更好的掌握业务知识，于3月上旬举办三期基层厂、站春季运行培训班，每期10天。由宁夏供电、水质监测、水利设施方面的专家讲课。培训结束后，所有人员都顺利通过了考试，并按照正规要求发给结业证书。

【安全供水】 制定抽水计划，全面安排部署春季检修工作，保证全年运行工作的顺利进行。全年共抽水四次，总抽水量230万方。加强辛圈水厂和板窑水厂的管理措施，筹集资金购置驱鸟炮，并在调蓄水池四周构建防护围栏，配备足够的人力和物力，强化两座水厂的安全保卫工作，严防不法分子破坏活动的发生。水厂生产的每批次成品水都要送交县疾控中心和银川市国家水质监测网进行严格的化验，达标后方可供应。与往年同期相比，日供水量增加1000多方，使定边县城及周边地区生产和生活用水得到保障。

【工程建设】 完成板窑调蓄水池验收工作。该工程由市、县两级财政共同投资兴建，2008年4月23日正式开工建设。2009年底该项目完成四座调蓄水池主体工程的建设任务，并在当年11月进行蓄水试验，附属工程于2010年底完成建设任务，工程总投资9763万元。该调蓄水池已于2009年底投入使用，截至目前工程运行正常。经报请市财政局、市审计局，公开、透明的对此项工程进行财务决算审计工作。11月15日，举行由市发改局主持的，市、县各相关部门参加的“板窑调蓄水池工程竣工验收会议”。会议通过板窑调蓄水池的验收工作，标志着这一德政工程和民心工程正式投入运行。

【创新创优】 完成贺圈镇三友村、辛圈村500户共计2000人的自来水进村到户试点工程，使两村村民的吃水问题得到彻底解决。完成白泥井镇衣食梁移民区供水工程的规划设计工作。该移民区距县城26公里，需建供水管线一条，由砖井水厂向衣食梁移民社区供水，管线总长22公里，工程概算总额为5000万元。

【省际协调】 定边供水工程横跨宁陕两省区，战线长、管理难度大。续建工程建成后，供水进村到户配套设施尚未建设，受水区人畜饮水仍然较为困难。为使工程能够稳定运行、健康发展，进一步发挥应有的效益，局领导班子在省内外关系协调方面做大量的工作。全面配合省水利厅建设单位搞好二期续建工程的有关工作。一是协调处理县乡村在征拆迁中的矛盾和问题，现场解决问题84起，保证工程的顺利进行。二是配合定边县政府建设项目中有关供水方面的工作。完成由砖井水厂向衣食梁移民社区供水22公里主管线的勘察规划；完成盐化厂综合加工项目供水勘察规划；同时向长庆油房庄作业区和定边采油厂、张天渠作业区供水。做好跨省区协调工作。先后在盐环定管理处汇报工作两次，继续维持2003年确定的水价、电价不变，进一步取得上游单位的支持。召开盐池县、定边县有关部门工作座谈会，在维护跨区域管道、输电线等设施方面进一步加强工作配合。积极同省市县各级部门协商，完善续建工程与一期工程衔接及自来水进户问题。组织工程技术人员到续建工程一线进行调研、考察，同省水利建设管理局商讨一期工程与续建工程的衔接问题，以及群众用水入网到户配套设施的完善等方面问题。并提出相应的实施意见，上报市政府、县政府和市水务局，力争使该问题得到圆满解决。

【机关建设】 按照市委的统一安排和部署，开展机关作风整顿活动。及时成立作风整顿工作领导小组，召开专题会议，并进行全面安排和部署。在为期一年的作风整顿过程中，采取集中学习、开展警示教育等多种形式，把作风整顿活动贯穿到全局各项工作中去，查摆存在的问题，制定整改措施，做到作风整顿活动常态化、常效化。通过整顿活动，使干部职工队伍的精神面貌有进一步的提高，作风整顿取得显著成效。

（苗野青）

榆林市引黄工程建设管理局

定边县委常委、局长　齐艳萍
副 局 长　张月辉　丁树山
　　　　　蔡元明
总工程师　张　发

晋陕蒙水土保持监督局

【概况】 晋陕蒙接壤地区（以下简称接壤区）位于黄河中上游的山西省、陕西省和内蒙古自治区接壤地带。行政区域包括山西省忻州市的河曲县、保德县、偏关县和吕梁市的兴县；陕西省榆林市的神木县、府谷县、榆阳区、横山县；内蒙古自治区呼和浩特市的托克托县和鄂尔多斯市的准格尔旗、伊金霍洛旗、达拉特旗、东胜区，共涉及三省（区）、五市、十三个县（旗、区），总面积5.44万km^2。

晋陕蒙接壤地区水土保持监督局成立于1992年9月，1998年3月挂牌运转。职能是：1. 贯彻执行《水法》、《水土保持法》、《开发建设晋陕蒙接壤地区水土保持法》等法律、法规，并根据上级授权，拟订有关配套政策和规章制度；2. 指导、协调、监督晋陕蒙接壤地区水土流失防治工作。根据授权，对晋陕蒙接壤地区大型生产建设项目水土保持方案实施情况进行监督检查，并定期公告；3. 负责晋陕蒙接壤地区水土保持生态环境监测，组织编制该地区水土保持生态环境监测规划,并组织实施;4. 负责组织建立晋陕蒙接壤地区开发建设项目水土保持工程典型示范区;5. 负责授权管辖河段的水资源管理和水量调度督查工作。负责职权范围内的水政监察和水行政执法工作,查处水事违法行为;负责管辖范围内黄河水事纠纷的调处工作;6. 负责本单位安全生产工作;根据授权,开展管辖范围内中央投资的水土保持工程建设项目监督管理工作;7. 完成上级授权与交办的其他任务。

2012 年,晋陕蒙监督局以"四个更加注重"为指导方针,以"四个有利于"为工作目标,履行职能,完成全年目标任务,获得黄河上中游管理局 2012 年度目标管理先进集体、先进基层党组织,并被黄委命名"廉政文化建设示范点"。

【水土保持预防监督管理工作】 根据《水土保持法》第五条、第二十九条、第四十三条和黄委有关规定,作为黄委在晋陕蒙接壤地区的流域管理机构,全面开展水土保持监督管理工作。一是全面完成大型生产建设项目水土保持督查工作。2012 年,对接壤区部批方案的大型生产建设项目水土保持"三同时"制度和有关水土保持管理规定的落实情况进行拉网式督查工作。组织地方水行政主管部门对接壤区 60 个大型项目进行全面督查,印发督查意见 60 份。二是开展大型生产建设项目水土保持跟踪检查工作。对 60 个项目督察意见落实情况进行跟踪督查。其中电话跟踪 54 个,电话回复整改情况 31 个,书面上报整改材料 23 个;委托地方水行政主管部门现场跟踪督查项目 1 个,上报材料 1 份;本局组织市、县两级水行政主管部门现场跟踪督查了 3 个项目,印发跟踪督察意见 3 份。三是完成水土保持执法"回头看"督查任务。为加强已验收生产型项目的水土保持工作的监督管理,2012 年确定 6 个有代表性的"回头看"督查项目,印发督查意见 6 份,并形成"回头看"督查报告。四是完成接壤区水土保持调研工作。2012 年,对榆林市水务局、伊金霍洛旗、准格尔旗、神东公司等单位(部门)开展专题调研。五是开展新《水土保持法》宣传工作。以新《水土保持法》颁布实施一周年为契机,进一步加大宣传力度,强化辖区水土保持意识和法制观念。制定 2012 年《水土保持法》宣传计划;于 3 月 1 日举行宣传活动,发放宣传材料 10000 余份,接受访问人数 100 余人次;同时在各种报纸、网站等媒体发表通讯报道 68 篇。六是完成水土保持论文征集活动。组织开展水土保持论文征集宣传活动。征集接壤地区论文 19 篇,本局员工论文 17 篇,其中 12 篇论文已于 9 月份在《中国水土保持》杂志上发表。七是完成上级交办的工作。配套完善有关水土保持法规、制度等工作,密切关注《开发建设晋陕蒙接壤地区水土保持规定》修订动向,积极参与上级水土保持相关配套法规、制度的修订和起草工作;努力打造接壤区国家级水土保持生态文明(项目)工程,统计分析历年督查项目情况,为下一步工作做准备;搞好水土保持方案审查及水土保持设施验收工作,完成黄委对验收项目的咨询核实工作;指导协调地方监督管理机构能力建设工作,指导忻州总站能力建设调研,榆阳区监督站建局调研、报告起草,指导鄂尔多斯水保局监督执法局调研工作等;完成上级对 2011 年度晋陕蒙接壤地区水土保持预防监督管理专项验收相关工作;完成水土保持定额测算工作,2012 年度黄河流域片大型生产建设项目水土保持督察工作总结及资料汇总工作。

【晋陕蒙接壤地区水土保持监督管理公报】 2011 年度《晋陕蒙接壤地区水土保持监督管理公报》已于 2012 年年初编写完成,经黄河上中游局审查批准后正式发布。

【水行政管理工作】 按时开展汛前、汛后河道巡查工作。针对巡查中发现的问题,及时上报了河道巡查报告。继续加强河道建设项目监管工作。完成所辖范围呼和木独——临河黄河公路大桥等 14 个河道在建项目的日常监管工作,按时完成 6 个建设项目的清障复原保证金收缴工作,并且派员参加由上级组织召开的有关河道建设项目防洪影响评价审查会和验收工作。完成省际边界河段纠纷排查及违章项目调处工作。包括黄河干流内蒙古乌海市河段、准旗河段和支流乌兰木伦河河段、黄甫川河段省际水事矛盾纠纷集中排查化解工作,及时上报纠纷化解排查报告。完成省际边界乌海河段违章项目向黄河弃渣现场调查处理、清障督促等工作。参加黄河上中游流域陕宁蒙河段水行政联合执法检查工作及乌兰木伦河活鸡兔沟陕蒙界河段水行政联合执法专项检查工作,并协助完成有关前期准备工作。配合黄河防总办完成内蒙古河段的防凌现场检查工作。完成本局 2013 年新增水政水资源经费测算申报工作。

【水资源管理工作】 完成所辖河段取水单位 2011 年度取用水情况年度核验工作。督促所辖河段各取用水单位及时上报 2011 年度取水口取用水情况核验有关材料,并对上报材料进行了初步审核,提出 2011 年度核验意见,提交书面报告。协助完成黄河上中游流域 2011 年度取用水情况考核工作。按时完成月报表工作。开展辖区内取用水单位取用水情况的现场检查和取、退水量的现场抄录工作。完成黄河上中游流域内蒙古河段水资源专项执法检查工作。重点对本局实施日常监督管理的 40 个取用水工程取用水情况进行了全面细致的检查与核查,对 2011 年度取用水集中核验意见通报要求和 2011 年黄河水资源专项执法检查要求尚未整改到位的取用水单位提出了进一步处理意见。对黄委批复的水资源论证部分项目进行跟踪督查,针对发现的问题提出整改要求。组织完成"黄河流域重点用水单位用水效率监测和评估"项目专题工作。按照项目实施计划安排,该项目完成用水效率分析、重点用水单位的用水情况和用水效率的调查评价以及用水平衡分析等工作;完成黄河流域重点用水单位用水效率监测和评估报告送审稿。完成2013年中央水资源项目申报工作。

【工程建设监理工作】 2012年,规划监理部承担黄河水土保持生态工程靖边县上桥梁坝系工程监理、晋陕蒙砒砂岩区窟野河流域沙棘生态减沙工程监理、大牛地水土保持工程监理、陕西华电榆横煤电有限责任公司2×600MW机组工程水土保持监理、神东公司乌兰木伦河五号桥工程监理、乌兰木伦河景观水系橡胶坝工程监理等项目,均监管到位,进展良好。

【法制宣传工作】 制定年度法制宣传计划。制定《晋陕蒙监督局2012年法制宣传教育工作计划》,全面落实"六五"普法规划,安排部署全局法制宣传教育工作。完成"世界水日"、"中国水周"系列宣传活动。一是在"第十九届'世界水日'、第二十四界'中国水周'"期间编制法律宣传栏、张贴宣传标语、悬挂宣传横幅、发放宣传材料等。二是发动全体干部职工认真学习水法法规,组织全局职工观看水利法制宣传片《人水法》第五部《护航水利》。积极组织参加黄委举办的"纪念新《水法》颁布实施十周年全河水政监察人员法律知识竞赛"活动。

(苏佳园)

黄委晋陕蒙水土保持监督局

局　　长　陈雄龙
副 局 长　王志意　蔺明华
办公室主任(五级职员)　钟正平

畜牧兽医工作

【概况】 2012年全市羊子、生猪、家禽饲养规模分别为944.95万只、238.52万头、1064.82万只,奶牛存栏2.6万头,分别较2011年增长1.8%、4.8%、6%、2.9%。年末存栏大家畜26.5万头牛14.2万头,驴骡11.9万头),生猪100.4万头,羊子598.7万只,家禽560.7万只。出栏大家畜5.9万头,(牛4万头,驴骡1.8万头),生猪138.1万头,羊子346.3万只,家禽504万只,兔22.7万只。肉蛋奶产量分别为16.88万吨、5万吨、8.54万吨,分别较2011年增长6.1%、3.66%、2.64%。生产绵羊毛5919吨,山羊绒1738.13吨。2012年实现畜牧业产值85.6亿元,较2011年增长3.96%,占大农业产值的40.82%。定边、靖边、榆阳3县区承担的国家奶业苜蓿项目,完成优质苜蓿种植1万余亩,通过农业部组织的阶段性检查验收。定边县承担实施的国家草原防火物资库建设项目,顺利通过农业部验收,并投入运行。定边、靖边两县全力实施国家级杨凌农业高新技术产业(定靖)示范园区建设项目,启动建设5万头生猪标准化养殖场项目2个、5万只羊子标准化养殖场项目2个。

【养羊业】 2012年,全市羊子饲养量944.95万只(存598.69栏,出栏346.26),占陕西省羊子饲养量的52%;其中陕北白绒山羊及其改良羊774.75万只,占82%;年产羊肉7万吨,占陕西省的70%;羊绒1738吨,占陕西省的90%,占全国的8%。养羊产值42.98亿元,分别占畜牧业总产值和大农业总产值的50.2%和20.2%。农民人均养羊1535元,占家庭纯收入的23.2%。建成榆阳、神木、横山、靖边、定边5个百万养羊大县,35个10万只以上养羊大乡镇,150个万只养羊示范村,350个千只以上规模养殖场,12万个规模养殖专业户,年饲养量占全市的80%以上;注册羊肉加工企业30多个,羊绒收购加工企业25个,产品营销企业200多家,注册商标57个,"横山羊肉"为全国地理标志保护产品。

【生猪生产】 2012年生猪饲养规模238.52万头,较2011年增长4.8%。其中存栏能繁母猪12.68万头,占生猪存栏量13%,较2011年增长0.8%。出栏生猪138.12万头,出栏率为143%。生产猪肉9.97万吨,占肉类总产量的58.14%。生猪产业实现产值28.3亿元,占畜牧业产值的33.02%。

【奶牛养殖】 2012年全市保留奶牛养殖小区(场)26个,年末存栏奶牛2.60万头,其中能繁母牛1.71万头。全年生产牛奶8.23万吨,占奶类总产量的96.4%。奶牛养殖实现产值4.94亿元,占畜牧业产值的5.77%。

【家禽养殖】 2012年全市家禽饲养量达1064.82万只(出栏504.11万只,存栏506.71万只)。全年生产禽蛋4.99万吨,禽肉7659吨,实现产值5.73亿元,占畜牧业产值的6.69%。

【畜产品】 2012年主要畜产品价格呈上涨趋势猪、牛、羊肉平均市场价格分别为24.8元/kg,40.9元/kg和51.7/kg,牛奶、鸡蛋平均价格分别为3.4元/kg和8.7元/kg。

【畜禽养殖标准化示范创建】 2012年,榆林市榆阳区宏达养殖有限公司、榆林市榆阳区绿祥源生态有限责任公司、府谷县绿色惠源养殖有限责任公司、子洲县同和养殖有限责任公司创建为省级标准化示范场;佳县农夫生源养殖有限公司创建为部级标准化示范场。

【人工种草】 2012年完成草地建设投资2223.5万元,投放牧草种子47.55万千克,新增人工种草141.5万亩,改良退化草地69.3万亩,累计人工种草保存面积914万亩。

【草原生态植被】 2012年在榆阳、神木、府谷、横山、靖边、定边六县区建立草原监测样区70处,样点700个,对草原植被盖度、高度、产量、动态演替规律进行监测。监测显示:全市草原综合植被盖度60.02%,预测天然草原鲜草产量突破400万吨。

【动物防疫】 2012年累计落实防疫工作经费2200余万元,累计强制免疫注射猪牛羊等牲畜2586.97万头只次、家禽2685.5万只次；各病种免疫密度99%以上，免疫挂标率100%，免疫抗体合格率82%以上，高于农业部规定的70%以上的标准；牛羊布病阳性检出率明显下降，全年监测羊11.5万只，阳性率0.81%，监测牛1.43万头，阳性率0.65%，2012年人间新发布病病例较2011年同期下降16.8%；通过农业部组织的动物防疫督查验收，连续5年被省上评为重大动物疫病防控先进集体。

【动物卫生监督】 2012年共实施产地检疫295.14万头只（其中生猪59.74万头，牛2.9万头，羊子82万只，禽类150.5万羽）；屠宰检疫253.15万头只（其中生猪38.9万头，羊子35.57万只，禽类178.68万羽）；无害化处理动物3705头只，动物产品16.65吨。检测“瘦肉精”尿样900余头份，均为阴性；监测生鲜乳20批次，饲料产品安全质量抽检58批次，饲料企业产品目录抽检86个，均合格，未发现违禁药品。抽检动物性产品兽药残留175批次全部合格；兽药品种抽检40个，其中5个不合格，对不合格产品进行全部销毁。

【重要会议】 2012年8月26日至8月28日，全国羊产业经验交流与学术研讨会在横山召开。中国畜牧兽医学会副秘书长李传业、榆林市委书记胡志强、陕西省畜牧兽医局局长杨黎旭及相关领导出席。来自北京、江苏、新疆、山西、内蒙古等26个省市自治区的500多名专家学者参加大会。会议以“展示羊产业辉煌成就、共谋羊产业发展大计”为主题，会议期间，开展专题学术报告、学术研讨与经验交流、示范点参观及高峰论坛、并赴横山县各养殖示范点进行参观学习。

【第四届陕北白绒山羊赛羊大会】 2012年4月28日，靖边县黄蒿界乡举办第四届陕北白绒山羊赛羊大会，由黄蒿界乡所辖7个行政村组队参赛，进入预赛羊只为96只，参加决赛羊只为40只。共评出绒毛品质特别优秀奖2只、冠军羊4只、亚军羊4只、季军羊4只、优秀羊26只。分别给予3000元、2000元、1500元、1000元和200元奖励。

【首届生猪人工授精技术大比武】 2012年5月27日，由榆林市畜牧兽医研究与技术推广所主办的全市首届生猪人工授精技术大比武暨金蓝领高技能人才选拔赛在榆阳区小纪汗镇大纪汗村举行。这次比武活动，经过基层选拔遴选，共有9名选手进入技能操作比赛。通过稀释液配制、原精液品质检查、精液稀释、分装精液产品、母猪发情鉴定、输精六项内容实际操作考核，由评委组现场综合打分。前六名的选手取得《陕西省畜牧兽医行业金蓝领高技能人才资格证书》，并评出比武大赛一等奖一名，二等奖两名，三等奖三名。

（姚小兵）

榆林市畜牧兽医局

局　　长　陈应新
副 局 长　霍志飞　贾　枫
纪检组长　薛耀荣
总畜牧师　闫　昱
副调研员　琚永忠　姚小兵

商业流通工作

【概况】 2012年,榆林市商务工作在市委、市政府的正确领导下,以十八大精神和科学发展观为指导,围绕商务工作重点,结合市上下达的任务指标,深入贯彻落实稳增长、促转型、惠民生、扩大对外开放方针政策,求真务实,开拓进取,商务工作呈现出良好的发展态势,各项目标任务顺利完成。全市实现社会消费品零售总额270亿元,同比增长16.3%;实现服务业增加值615亿元,增长8.8%;实现合同利用外资11761万美元,实际利用外资3001万美元;外贸进出口总额5799万美元。

【扩内需促消费】 一是在全市大型商贸流通企业开展各种传统和现代节庆日"购物节"活动,满足消费者多样化需求;二是继续开展家电下乡工作。销售家电下乡产品27万台(部),实现销售额7.2亿元,财政补贴22.7万台(部),补贴金额7400万元。累计销售家电下乡产品104万台(部),销售额25.7亿元。加强家电下乡监管工作,防止骗补问题的发生,进一步完善财政补贴的兑付方式;三是推进会展业发展。在西安举办"榆林特色农产品贸易博览会",本市70多家企业200多种绿色有机农产品参展,吸引包括沃尔玛、华润万家、人人乐等60多家采购商参会;四是在榆阳、神木、定边举办"榆林美食节"巡展,共计200多家外地美食企业参展。举办"榆林汽车住房博览会"等展会,逐步引导会展经济向品牌化、持续化、市场化发展。五是快速发展榆林电子商务工作。在推进本局电子商务中心建设榆林市电子商务中心网站、中国兰炭交易网、榆林市电子商城等电子商务平台的同时,积极推进榆林煤炭交易中心信息化建设,已完成交易中心平台的安装调试工作。

【惠民便民服务】 一是社区"双进工程"在榆林城区建成12个再生资源回收点,21个"放心肉品"连锁店,55个"农副产品"连锁店,80个社区便民菜店,6个社区生鲜超市,1个鲜活农产品配送中心;二是"放心早餐工程"早餐主食加工配送新增添放心午餐,城区共设立早餐网点130个,早餐日生产量6万份,安置下岗职工330名。推广"早餐工程"到神木县,设立早餐网点21个;三是"家政服务工程"共计免费培训家政服务人员1580人,促进社会就业,方便居民生活;四是在全市开通6个网上直报系统,监测样本企业73户,覆盖11个县(区),监测生活必需品、重要商品1000余种。利用商务预报、商务之窗平台,全年发布各类市场运行分析报告48篇,发布商务预报、商务动态1707篇,通过电视、广播、报纸发布市场消费分析36期,为政府、企业、群众提供有效的商务信息支持。

【对外贸易】 一是扶持壮大外贸经营主体。全年为13户外贸企业申报26个国际市场开拓资金项目,新备案登记外贸企业14户。积极组织外贸企业参加广交会、中国城交会、韩国城交会、西部跨国采购洽谈会等国内外专业展会。邀请商务部电子商务中心、西安海关等相关部门在榆林联合举办"榆林市对外经济贸易培训班",共计50多家外贸企业100余人参加培训;二是积极实施外贸孵化工程。与中国国际电子商务中心合作,建设榆林市国际电子商务应用平台,为榆林40户外贸企业提供信息展示、在线交易电子支付、CA安全认证等无纸化全流程电子商务服务,提高进出口贸易便利化水平;三是积极落实出口基地建设政策。成立榆林市外贸转型升级示范基地培育工作领导小组,明确了基地发展目标,培育2户企业的出口生产基地建设,进出口业绩年增长20%;四是发挥市外贸专项促进资金的效能。制定《榆林市商务局促外贸保增长政策措施》,支持国际市场开拓、出口产品基地建设、技术改造和产品研发、检验检疫、人才强商等项目,有效推进对外贸易发展。

【利用外资】 一是积极跟踪服务外资企业落户工作。就美国空气化工公司配套兖矿煤化工项目的落实积极开展跟踪服务，该项目总投资18亿人民币，注册资本6亿元人民币。与省商务厅和市工商局努力推动榆林市融港化工项目的落户和资金到位；二是进一步营造外商投资环境。西安海关筹备处提前入驻本市，积极筹备通关前的各项工作。口岸联检大楼全面开工建设，现已完成主体封顶。口岸货物查验场正在有序建设，航空口岸正在积极申报；三是外资企业规模不断壮大。2012年审批外商投资企业3户，累计审批外商企业56户。

【市场体系建设】 一是继续实施“万村千乡市场工程”。新建配送中心1个、商贸中心3个、直营店15个、信息化改造184个。加强对万村千乡农家店监督检查工作，对存在问题的责令承办企业限期整改；二是继续开展重点流通项目建设和“镇超工程”。建设改造农贸市场3个，培育大型流通企业1个。在榆阳、神木、清涧新建标准化乡镇超市4个；三是有效开展农超对接工作。9月份，组织33家供应商和12家采购商参加“第六届陕西省农产品产销对接洽谈会暨迎中秋国庆优质农产品展销会”，签订购销协议合同金额达5000万元；四是积极实施“东桑西移工程”。在子洲、绥德、清涧、吴堡四县开展万亩基地县建设，现建成桑园面积50万亩，2012年发种量1万余张，产量450吨；五是进一步规范商业网点规划。根据商务部《关于做好县级城市商业网点规划工作的通知》精神，出台《榆林市商业网点规划办法》，研究制定《榆林市商业网点规划办法实施细则》，正报法制办审核。

【现代服务业(物流业)】 一是开展各类项目申报和推介洽谈活动。积极申报全国现代物流技术应用和共同配送综合试点城市(全省仅2家，西安和榆林)。为榆林四海食品有限公司等三户企业申报省级服务业发展专项资金。组织绥德、定边、靖边和府谷四县物流园区参加第三届中国西部国际物流产业博览会；二是推进物流园区建设。定边物流园区完成物流园区的规划论证工作，项目一期建设有序推进，征地近千亩。府谷物流园区正进行园区道路的路网规划和建设。绥德物流园区加快各项基础设施的建设，入园项目已陆续开工建设，目前完成投资7550万元。靖边物流园区《总体规划》和《可行性研究报告》经评审会通过，开始土地报批、铁路集运站可行性研究报告编制工作。榆神工业区综合保税物流园区完成规划、施工图纸设计等工作；三是成功引进沃尔玛入驻本市。在市领导的支持下，经积极努力，引进世界500强企业沃尔玛公司落户本市，在三街、西沙开工建设2个沃尔玛商场。

【行业监管】 一是全面开展酒类流通领域专项整治活动。全市已备案登记酒类经营户6450家，发放随附单2300本，发放酒类警示牌6450块。在神木县开和榆阳区集中开展酒类市场专项整治活动，取得良好成效；二是深入开展“打击私屠滥宰强化肉品卫生安全”专项治理行动。全市累计出动执法人员1544人(次)，整治重点区域46处，检查生猪、牛、羊、鸡定点屠宰企业408家(次)，定点屠宰进厂(场)率、检验检疫率达100%。结合榆林实际，制定《榆林市肉类流通追溯平台建设方案》，计划用2年时间，建立起覆盖全市重点消费区域的肉类安全追溯体系；三是进一步完善猪肉储备制度。本市已结束第一轮猪肉储备计划，储备猪肉300吨。在“国庆、中秋”期间，针对市场肉价不断上涨的情况，及时向市场投放储备肉200吨，投放均价9元/斤，低于市场价格4元/斤，平抑市场肉价；四是加大成品油市场专项检查。根据全市安全工作总体安排，对全市加油站开展安全经营“回头望”，检查加油站106个，其中：查封4个，处罚8个，限期整改10个，待处理15个；五是继续强化商务领域特殊行业的监管力度。不断规范民爆物品、二手车流通、报废车辆回收、再生资源回收、汽车品牌销售、洗染业、典当、拍卖、茧丝绸、直销等特殊行业的经营行为，加强行业的备案登记、年检等管理工作，促进行业的健康发展；六是继续完善“12312”商务举报投诉中心建设。进一步加强宣传力度，发放宣传材料2万份，在榆林日报刊登宣传资料2版，全年受理咨询电话263起，直接回复办理259起。

(惠静波)

榆林市商务局

局　　长	赵建宏
副 局 长	崔　平　田　博
	王守文　高生亮
	张　伟
纪检组长	王海平
总经济师	刘　斌
副调研员	张燕平　严清生
现代服务业(物流业)办公室专职副主任	杨　波

粮食商业工作

【粮食宏观调控】 贯彻落实粮食省长负责制下的市县长负责制，进一步增强粮食宏观调控能力。2012年省上下达榆林市落实地方储备规模2亿斤。根据各县区人口、粮食产销量等情况，分别下达各县区储备任务，其中南部县每县不少于500万斤储备任务，年底已经落实入库2.09亿斤，其中市级储备规模1亿斤。按照城市人口“面粉5天、大米10天、食用油60天”的消费量，全市落实建立成品应急粮油1524万斤，确保特殊时期粮油市场应急需求。为保证市县级储备粮推陈储新，组织实施市级5378万斤和县级2250万斤储备粮轮换任务。

【粮食仓储设施建设】 神木粮库新建2000万斤、榆林粮库新建1000万斤和定边县新建4000万斤仓容投入使用，靖边新建3000万斤、佳县新建2200万斤仓库项目已经完成土建任务，绥德县新建2500万斤仓库完成初步设计，清涧县2000万斤、米脂县2000万斤仓容项目已经通过评审。

【粮食批发市场建设】 加快市级综合粮食批发市场建设步伐，办理施工有关手续，完成基础工程，完成投资4000万元。靖边县粮食批发市场加大升级改造力度，吸纳全县规模较大的11户个体粮贩入市交易，成品粮油销售量占到全县成品粮油总需求量的70%以上，成为全市最大的县级粮食批发市场。神木、府谷县粮食批发市场建成投入使用，既承担军粮供应、成品粮油应急储备、供应等政治任务，又开展粮油批发零售业务，取得良好的经济和社会效益。

【国有粮食企业扭亏增盈】 2012年全市购进粮食8.3亿斤，比去年同期增加9590万斤，其中国有粮食企业购进2.2亿斤。全市销售粮食7.95亿斤，其中国有粮食企业销售1.6亿斤。全市国有粮食企业实现销售收入19085万元，实现利润372万元。

【粮油市场监测】 建立30户市级粮油价格信息监测点，对粮油经营企业购进、销售、库存的价格等情况进行实时监测，累计上报价格信息40期，价格分析10次，为政府宏观调控提供决策依据。组织开展2011年度社会粮食和食用植物油脂油料供需平衡调查和粮食产销和成本利润调查工作。

【依法管粮】 加强粮食行政执法机构建设，完成榆阳、定边、府谷、神木粮食流通监督检查机构组建工作，人员全部到位，粮食流通执法工作全面开展。2012年在全市范围内开展创建市级监督检查示范单位活动，组织开展粮食收购资格核查、粮食库存检查、执行粮食流通统计制度、军粮供应、成品粮油安全专项监督检查等活动，全年全市累计出动人员862人次，检查粮食经营企业513次，行政处罚案件52件，责令整改40件，警告2件，处罚2.78万元，维护粮食流通市场秩序。

【安全储粮和安全生产】 与各县区签订安全生产责任书，实行安全生产隐患整改逐级签字承诺制，明确目标，落实责任。在全市粮食行业深入开展“打非治违”专项整治活动，落实各项安全管理措施，确保全市粮食行业安全生产和安全储粮。在全市储粮企业全面开展储粮规范化建设，各级储备粮均实行挂牌、建卡、建档管理，实现一符、三专、四落实，实现科学储粮率70%以上，“四无”储粮率85%，确保库存粮食安全。

【“放心粮油”创建】 在全市粮食行业深入开展“放心粮油店”创建活动，积极引导社会粮油经营者参与“放心粮油店”创建活动，组织有关人员对授牌的24家市级“放心粮油店”进行全面复查，“放心粮油店”所售米、面、油包装符合质量标准，标签标识符合国家食品标签标准，未发现劣质的米、面和地沟油等假冒伪劣粮油产品。组织开展粮油食品安全宣传活动，在《粮食流通管理条例》颁布实施八周年和第32个“世界粮食日”，开展以“维护市场秩序，保障国家粮食安全”和“爱粮节粮，杜绝浪费，倡导市民合理消费，共建节约型社会”为主题宣传活动，引导人民群众科学采购、食用、储藏粮油，增强自我保护意识。

【榆林名优杂粮产业】 以发展龙头企业为重点，通过争取资金、政策、组团参加全国粮油展销会等手段，积极引导名优杂粮产业发展壮大，争创国家和省内名牌产品。2012年8月，中国粮食行业协会在西安举办首届中国西安杂粮精品交易会，组织全市13户杂粮企业有20个杂粮品牌19个系列50多个品种参展，达成杂粮意向销售合同20份，销售杂粮3550吨。在本次交易会上，神木县和府谷县被中国粮食行业协会分别命名为“中国黑豆之乡”和“中国黄米之乡”。

（陈志高）

榆林市粮食局

局　　长　刘前林

副 局 长　曾智慧　王宝成　贺　江

副调研员　武占卫　贺怀林

供销合作商业工作

【概况】 2012年，榆林市供销社系统共完成商品销售16.97亿元，较上年同期增长15%，实现汇总利润324万元，较上年同期增长15%。农副产品市场交易额6050万元，较上年同期增长21%；全系统积极推进“新农村现代流通服务网络工程”（以下简称“新网工程”）建设，新发展农资配送中心15个，连锁经营服务网点73个；全系统改造建设基层供销社24个；规范和新建村级综合服务社62个，领办、发展和规范农村合作经济组织（包括专业社、各种协会等）32个；组织销售化肥28.1万吨，完成市政府交给本社的7万吨化肥淡季储备和12万吨政府补贴化肥的供应任务；烟花爆竹销售额2480万元；培训农产品经纪人526人，全面和超额完成省供销社和市政府下达的各项任务指标。

【服务三农】 一是组织农业生产资料供应。全系统发挥政策、网络优势，降低流通成本，提高服务质量。严格按照《关于实行化肥供应政府补贴的通知》（榆政供销发【2011】64号），对2012年度化肥补贴数量与品种、供应价格、实施企业、供应时间、资金拨付及管理要求作出具体规定。完成7万吨化肥储备任务和12万吨政府补贴化肥经营任务，平抑市场价格。二是推销农副产品，帮助农民实现增产增收。2012年7月下旬，市供销社组团参加第三届全国“农校对接”洽谈会，组织14个农民专业合作社和企业参展，展出本市杂粮、红枣、野菜、羊肉等7大类35种农副土特产品。8月份，组团参加西部贸易跨国采购会，截至年底，全系统通过各种方式共组织推销农副产品4.7亿元，其中通过专业合作社推销的农副产品达到3.3亿元。三是创办村级服务社。全系统共规范村级综合服务社30个，新建32个，全市村级服务社总量570个，直接服务和带动农户19万户。四是积极开展农产品经纪人培训。2012年11月，市供销社成功举办一期高级农产品经纪人培训班，经过考试，学员全部获得资格证书。全市供销社系统的农产品经纪人总数3427名。各级供销社利用各种方式培训农产品经纪人2380名，其中有806名农产品经纪人获得中、高级资格证书。

【“新网工程”建设】 全市供销社系统累计在“新网工程”项目建设投资5000余万元，其中中、省、市财政投资1974万元，县区级财政配套资金800多万元，自筹资金3000万元。建设76个大型农资超市建设项目。

【基层社改造建设】 实施“百强基层供销社建设工程”，以“因地制宜、一社一策、开放办社、联合发展”为总原则，采取分类对待，逐步投资，重点创建的措施，以撤销合并、开发资产、发展专业合作社或加工企业、建配送中心等多种模式对基层供销社进行了改造建设。全系统目前共投资2100多万元，改造建设基层供销社24个。

【发展农民合作经济组织】 全系统全年规范专业合作社18个，新发展14个，专业合作社总数224个。入社社员9600多户，社员出资额2100万元，辐射带动农户9.2万户。有24个专业合作社纳入全国供销总社“千社千品”富民工程项目。有50%的专业合作社进行商标和品牌注册，拥有“千年秀”、“佳养红”、“香羔羊”、“一定”等10多个省级名牌。有15%的专业合作社获得绿色有机产品及无公害产品认证。

【中华全国供销合作总社改革发展联系点工作】 积极拓展思路，创新体制和机制，以项目带动为重点，不断加快改革发展步伐。总社下拨本社专项扶持资金784万元。进一步加大与总社和全国其他联系点的协调、沟通力度。7月，中华全国供销社表彰大会在北京召开，授予榆林市供销社全国供销社系统先进集体称号。11月份，中华供销合作总社人事部对本市改革发展联系点项目建设情况、系统业务指导工作和创新工作等情况进行检查，对工作给予肯定。

【蔬菜直通车工程】 2012年4月，榆林市供销社开始实施“供销社蔬菜直通车”项目。该工程以其便利优质的服务，低于市场20—30%的价格，备受广大群众的欢迎和关注，也得到了各级领导的认可和肯定。

【机关自身建设】 一是加强学习型机关和党组织建设。开展多种形式的学习活动。机关党支部落实党内“三会一课”制度，定期召开党员大会、支委会和党组会，开展党课教育。党的十八大召开后，采取集中学习与自学，专题讨论与专家辅导等形式，对党的十八大的精神和内涵都有较为深入的了解。二是深化“创先争优”活动。开展以创建“五个好”机关先进党组织、争当“五带头”优秀共产党员为主要内容的“创先争优”活动。三是开展机关作风整顿活动。以“转变干部作风，服务转型跨越”为主题，结合“五个集中整治”开展了机关作风整顿。四是努力开展“万名干部下基层”活动。突出“三问三解”。

（张　永）

榆林市供销合作联社

主　　任　刘兆京
副 主 任　蒋增明　刘亚平
　　　　　马鹏飞　闫　方
纪检组长　王朝平
副调研员　史彦君

食盐专营工作

【概况】 2012年，在市委、市政府和省盐务管理局的领导下，全市盐业系统干部职工，以“十八大”精神为引领，深入贯彻科学发展观，落实市第三次党代会和全省盐业工作会议精神，按照市委、市政府和省盐务局重点工作部署，以“科学组织盐品调运，全力保障食盐安全，加强干部作风整顿，提升行业服务水平”为目标，完成市委、市政府和省盐务局下达的各项任务。

【盐资源盐化工建设】 2012年，全市盐化工业有序推进。根据盐业协会常务理事会安排，市盐业协会于3月9日组织召开了一届四次理事会，对盐业协会工作进行了总结和安排；根据市政府和省局主要领导指示，组织人员赶赴四川死海漂浮旅游区、江苏盐城盐文化博物馆、南方诚源盐化等地进行考察。市县盐业部门继续为涉盐单位提供优质服务，推动盐化项目开工建设。对绥德正生公司100万吨纯碱、榆林盐田开发公司60万吨纯碱、5万吨甲基氯硅烷盐资源配置项目进行审查报批；实地调研并上报中元公司120万吨/年真空制盐项目、宏源公司80万吨烧碱项目，协调秦北矿业工业盐、和田盐化公司年产30万吨离子膜烧碱项目报批工作。

【碘盐配给】 2012年，市县盐业部门继续将“百姓吃盐、政府买单”惠民工程作为盐业工作重点予以推进，积极争取、配合各级政府加强碘盐配给工作，对配给工作进行细化分解，规范配送流程，健全配送台账，确保实效。经统计，市县盐业部门争取碘盐配给经费3230万元，较2011年增加31万元；落实配给碘盐10687吨，新增122吨，惠及全市城乡323万群众，新覆盖4万人。从经费、数量到覆盖人群，均实现历史突破。

【盐政管理】 在规范食盐市场方面。一是对重点地区进行重点稽查；二是严格执行食盐经营许可制度；三是加大对涉盐违法案件的处罚力度。全市盐政执法部门排查市场2500余次，共查处各类涉盐违法案件72起，没收盐产品221.8吨，结案率100%，没有行政复议案件。根据卫生部门2012年碘盐随机抽样调查数据，全市碘盐合格率、合格碘盐覆盖率、合格碘盐食用率分别为99.05%、99.97%、99.03%。

在食盐质量检测方面。按规定对销售盐品进行抽检,并对两个生产厂家的盐品进行监控。为提高盐品检验水平,组织了2次业务培训,并投入11.7万元,为市县盐业部门购置化验所需的仪器和试剂等。市化验室进行全项检测4批次,单项检测4批次,县区化验室进行单项检测186批次,全部合格。

在盐业法规宣传方面。利用“3.15”、“5.15”、科技之春宣传月等活动,大力开展盐业法规、安全用盐知识的宣传。把农村、学校作为重点,利用庙会、集市等进行设点宣传。2012年,全市累计设立咨询点130处,参加宣传1311人次,散发传单58万余张,发放小袋碘盐3万余袋,设置宣传标语340条,受教育180万人次。

在“食盐安全村”创建方面。在市县盐业部门的积极协调和推动下,食盐安全村创建全面推进。按照市县政府、盐务局的安排,年初,各县区都成立领导小组、拟定“12345”的创建标准和实施方案,共投入创建经费265万元,保障创建活动的快速推进。目前,榆阳、神木、靖边等县推进较快,其他县区也都有明显进展,全市“食盐安全村”建成覆盖率56.3%。

【盐业运销】 2012年,市县盐业部门围绕目标任务,执行调运计划,规范盐品经营行为,全市盐品运销态势良好。为加大海藻盐、低钠盐等新盐品推广力度,邀请相关部门召开“科学用盐、促进健康”活动启动仪式,为新盐品全面上市营造氛围。为提升企业管理水平,开展食盐批发企业达标(AA和AAA)创建活动,市县盐业系统机关面貌、干部素质,经营效益、职工收入得到显著改善。全市累计调运各类盐品35605吨,完成计划任务2万吨的178%;其中食盐调运23510吨,完成计划任务1.4万吨的147%;工业盐调运12095吨,完成计划任务0.4万吨的302%,全面并超额完成年度调运任务。全市累计生产原盐108.9万吨,其中中盐榆林盐化有限公司生产原盐90万吨,延长石油定边盐化工有限公司生产原盐18.9万吨。

【非盐经营】 2012年,市县盐业部门及时调整非盐经济发展思路,积极发展土地、房产项目。市公司全力推进“榆盐商住小区”项目,成立项目基建领导小组,推进项目进程;神木、府谷、定边盐业公司拟投资新建盐品仓储及宿办项目;佳县盐业公司综合商贸大楼顺利竣工;靖边、横山县盐业公司将办公楼出租,取得可观效益;市公司也挤出82.7万元资金,拨付部门县区盐业部门,帮助解决非盐经济、“食盐安全村”创建、食盐批发企业达标中存在的困难,有效推动了榆林盐业的整体壮大。

【队伍建设】 2012年,继续以“创先争优”活动为主线,以“干部作风整顿”和“三问三解”活动为重点,以提升盐业服务水平为目标,组织安排多次学习教育和交流研讨活动,推动各项活动扎实深入开展。通过组织开展“三问三解”暨党史知识竞赛、机关建设现场会、演讲比赛和榆林盐业书法、摄影作品展览等一系列活动,展示全市盐业人的精神风貌,提高基层工作者的奉献与服务的意识。组织力量,编制《榆林盐业》大型画册,系统介绍榆林盐业近年来的工作成绩和亮点。

【党风廉政】 2012年,继续深入推进党风廉政建设和反腐败工作,组织县区盐业部门开展党风廉政建设专题大会,层层签订责任书,落实责任,提高党风廉政建设和反腐败工作水平;按照市纪委要求,在全市盐业系统范围内,深入开展“五个集中整治”活动,取得显著成效;严格公务用车管理,建立出车派车单制度;结合“三问三解”活动,积极为基层、为群众做实事、办好事,帮助解决生产生活中的困难,维护行业安全稳定;对县区副科级人员按程序进行考察任用。

(冯　捷)

榆林市盐务管理局

局　　长　贺定森
副 局 长　樊延祥　郭庆阳
纪委书记　乔步林
副 经 理　郑宏飞
副调研员　师万生　贾瑞涛

烟草专卖工作

【概况】 榆林市烟草专卖局、陕西省烟草公司榆林市公司成立于1986年8月,辖榆阳区、神木县、府谷县、定边县、靖边县、横山县、绥德县、米脂县、子洲县、清涧县、佳县、吴堡县、神府煤田烟草专卖局(分公司),截止2012年12月底共有职工810人,其中在岗正式职工454人,聘用人员201人,内退人员155人。2012年,在省局(公司)和市委、市政府的领导下,继续坚持“严规范、强基础、上水平、增活力”的总体要求,深入开展“树导向、调心态、建机制、转作风”各项工作,准确定位求发展,稳中求进上水平,完成各项目标任务。

【卷烟销售】 销售卷烟161104箱,同比增长2.3%。其中,销售三类以上卷烟87556箱、同比增长29.8%,销售低档卷烟22097箱。单箱收入22879元,同比增加2522元,增长12.3%。实现税利7.33亿元,同比增长10.5%。实现利润4.17亿元,同比增长12.1%。

【打假破网】 查处各类违法涉烟案件1074起,查获各类违法卷烟1453件,依法刑事拘留20人,判刑14人。其中,榆阳区局破获1起130万元以上的非法生产卷烟案件和2起千万元以上的真品卷烟案件。全市建成“双五”示范街道7条,内部专卖管理监督派驻机构健全。

【体制改革】 围绕“致力于打造陕西烟草商业一流现代企业”,深入实施“营销物流两个垂直管理”。营销中心出台20余项内控制度，落实重点品牌培育方案，遴选1500户功能客户，完善E商盟零售终端网上配货平台，营销主体功能初步体现。物流中心加快物流非独立核算建设步伐，设立1个集中中转站，改设2个对接点，减少送货线路30条、车辆22辆、人员44人，节约直接费用100余万元，物流费用率0.86%，低于全省平均水平0.11个百分点，垂直管理后的物流效益显著提升。

【企业管理】 预算控制偏差率保持在4%以内，卷烟三项费用率7.2%，同比下降0.28个百分点，国有资产保值增值率115.8%，全市系统人均卷烟销售收入、卷烟三项费用率、人工费用占销售收入比重、物流费用占销售收入比重、净资产收益率、成本费用利润率、人均利润7项指标均居全省前三位。建立内部评标专家库，确立定点供商名录，严肃落实"应招尽招"规定，决策项目或标段76个，涉及金额2950万元，招标项目金额比例为58.5%。建立"天价烟"专项治理长效机制，持续开展办事公开民主管理工作，全面审计和整改工作顺利完成，绩效考评工作起步良好，质量管理体系文本修订全部结束，安全标准化二级达标准备验收，《信息化业务服务管理系统建设》被省局立项，市局档案室被评为"AAA级单位"，清理废止非规范性文件119份，新建物流中心项目设计已经完成，基层基础设施建设进一步改善，后勤服务发挥积极保障作用。

【队伍建设】 持续开展全员读书活动，举办各类教育培训12期，培训745人次，员工素质能力普遍提升。领导干部"三问三解三服务"，机关同志当"三员"，"235"教育实践活动取得阶段性成效。细化分解创优目标任务，层层签订创优目标责任书，创建"优秀市级局"活动步伐扎实。组织干部述职述廉、自我剖析、民意测评和组织考察，选调6名基层干部和25名年轻同志充实到市局机关，对市局10个科室和9个县局的主要负责人进行调整，机关新提拔副科干部10名，全市调整交流干部36名，树立良好的用人导向。出台县局"三定"方案，调整基层单位机构设置及人员配备，裁减富余人员63名，行业用工进一步规范。发展入党积极分子2名，吸收党员6名，转接理顺党员手续30余份，机关党建工作进一步加强。

（傅红军）

榆林市烟草专卖局

局　　长　孙宏哲
副 局 长　王秀宝
副 经 理　张　斌
纪检组长　焦向阳
副调研员　梁雄伟

金融·保险·证券

总 述

【概况】 2012年,随着国家级能源化工基地建设和区域经济的快速发展,榆林市金融体系不断完善,布局更加合理,资金融通和资源配置功能更加完备,金融改革成效显著,金融服务进一步优化,金融支持榆林经济发展的核心作用得到充分发挥。榆林市形成包括银行业、保险业、证券期货业及其他金融行业组成的门类相对齐全、机构基本健全的大金融体系。

【金融改革】 2012年,榆林市各银行业金融机构实现经营机制的进一步转变,金融产品种类不断丰富,服务水平大幅度提升。工商银行榆林分行、农业银行榆林分行、中国银行榆林分行、建设银行榆林分行和交通银行榆林分行继续深化股份制改革,积极转换经营理念,整合业务流程,完善内控机制。农村合作金融机构改制工作稳步推进,改制后的长安银行榆林分行和榆阳农村商业银行经营机制逐步完善,邮储银行业务转型及拓展步伐进一步加快,府谷农村合作银行、横山农村合作银行、米脂、绥德、子洲农村信用联社等县域金融机构改制工作逐步走向成熟和完善。

【金融体系】 2012年,榆林市各类金融机构不断新增分支机构,金融体系更加健全,金融业规模进一步扩大,对经济发展起到积极的推动作用。全市银行业金融机构包括农发行、四大国有商业银行(工、农、中、建)、邮政储蓄银行、交通银行、招商银行、兴业银行、浦发银行、西安银行、长安银行、榆阳民生村镇银行和农村合作金融及其分支机构等。2012年,全市新挂牌成立村镇银行1家,法人银行新增分支机构22家,新增市级产险公司2家,寿险公司2家,县级保险机构13家。

截至2012年底,全市银行业金融机构数量526家,从业人员6402人,资产总额4038.04亿元;有证券公司分支机构4家,期货经纪公司3家;保险机构30家,下辖县级保险机构134家,乡镇网点60余个;小额贷款公司66家,其中已开业64家,注册资本64.78亿元,从业人员497人;融资性担保公司12家,其中8家取得经营许可证,已开业8家,注册资本为8.09亿元,担保责任余额85850万元;典当行29家,注册资本3.4亿元,典当总额53162.6万元。

【金融运行】 2012年,榆林市金融市场总体运行平稳,货币市场规模继续扩大,债券市场交易大幅增加,银行结售汇增幅明显回落。金融体系贯彻执行国家稳健的货币政策,努力防范和化解金融风险,较好地发展配置资源、分散风险和支付结算等功能。银行业继续保持良好发展势头,积极吸收各类存款,大力开拓中间业务市场,不断调整和优化信贷资源配置,流动性充足,不良贷款持续"双降",盈利水平提升;保险业平稳发展,市场规模实现历史性跨越,行业整体实力显著增强,风险保障功能得以凸显,服务领域得到拓展和延伸。

2012年,全市各项存贷款保持稳步增长,增速均高于全省平均水平,信贷总量不断扩大,信贷结构持续改善。截至12月末,全市金融机构本外币各项存款余额2254.82亿元,同比增长21.9%;各项贷款余额1548.11亿元,同比增长31.26%。小额贷款公司年末贷款余额59.49亿元,成为正规金融的有力补充。保险业全年实现保费收入15.92亿元,同比增长11.76%,其中财产险保费收入7.07亿元,同比增长7%,人身险保费收入8.85亿元,同比增长21.5%。

【金融支持经济发展】 2012年,榆林市金融系统围绕建设"中国经济强市、西部文化大市、塞上生态名市"目标,执行稳健的货币政策,合理配置信贷资源,多层次金融体系有效满足地方融资需求,加大金融支持实体经济力度,对促进榆林经济金融共同发展发挥积极作用。一方面,全市金融积极落实市政府印发的有关信贷支持实体经济发展的指导意见,对"三农"和中小微企业发展给予支持,全年共发放中、小、微型企业贷款余额513.9亿元,较年初增加145.8亿元,占全部新增贷款的39.55%,涉农贷款余额661.86亿元,同比增长30.02%,增量占比41.48%。全市金融机构落实国家民生金融政策,加强对弱势群体的金融服务,加大对下岗再就业、妇女创业及大学生创业等弱势群体的支持,落实陕西省分配榆林市6.5亿元小额担保贷款任务,全年累计发放助学贷款余额231万元,下岗失业人员小额担保贷款余额63014万元,较年初增加53761万元。

【金融宣传】 2012年全市金融机构进一步加强金融知识宣传,全面提升金融服务水平,切实维护金融消费者合法权益,取得明显效果。各金融机构在城区和农村网点通过多种主题形式,大力开展各类金融知识宣传活动,宣传内容包括货币政策、支付结算、征信、银行卡、反洗钱、人民币反假等金融知识,以及银行、保险、理财等相关金融业务,使广大金融消费树立正确的维权意识,维护金融消费合法权益。

（聂文元）

中国人民银行榆林市中心支行

【概况】 中国人民银行榆林市中心支行作为中国人民银行的派出机构,下辖神木、府谷、定边、横山(辖横山和靖边2县)、绥德(辖绥德、子洲和吴堡3县)、米脂(辖米脂和佳县2县)、清涧7个县支行,其中神木、府谷、定边、绥德4个县支行设发行库;中支机关内设职能科室11个、党委和纪委办公机构4个(其中2个合署办公)、2个直属机构(后勤服务中心和营业室)。截至2012年末,全市人民银行系统在职职工308人,其中县支行155人、中支机关153人。在职工学历构成中,大专学历106人、本科学历152人、硕士学历10人;专业技术职务方面,121人具有初级职称、146人具有中级职称、3人具有高级职称。

2012年,榆林市经济金融业继续保持增长势头,但经济发展深层次的矛盾和问题依然存在,民间融资隐性风险仍需高度关注。人行榆林市中心支行以科学发展观统揽全局,结合辖区实际,灵活运用各种货币政策手段,引导金融机构加大对重点项目建设、“三农”和中小微企业等环节的支持力度,有力地促进了榆林地方经济金融的持续、平稳、较快发展,被市政府评为金融支持地方经济社会发展、金融生态建设、金融服务“三农”和金融服务中小企业“先进单位”。

【货币政策执行】 按照“分类指导、有扶有控”原则,积极引导辖内金融机构加大对实体经济发展的支持力度,促进了地方经济结构调整和发展方式转变。稳步推动“双推双增”融资工程,做好金融市场融资管理制度和创新产品的宣传推广,为地方政府、金融机构和企业搭建更多的信息沟通和业务对接平台。加强货币政策工具管理,合理调配支农再贷款额度,强化存款准备金和利率管理,增强政策工具调控效力。制定并经市政府批转《关于进一步加强和改进金融服务支持实体经济发展的指导意见》和《关于进一步做好榆林市小微型企业金融服务工作的意见》等指导意见,对优化信贷投向结构,促进榆林经济转型发展起到了积极作用。

【维护金融稳定】 按季组织召开“榆林市经济金融运行分析会议”,加强与地方政府和金融机构的沟通与联系,不断拓宽经济金融运行监测分析范围,提高了协同解决经济金融领域发展问题的能力。发挥区域金融稳定分析小组作用,深入开展金融稳定性分析评估工作。加强地方法人金融机构监测,开展商业银行现场评估,与地方政府部门联合开展金融突发事件应急演练,全面提升金融风险监测、预警、处置工作水平。密切关注辖区金融机构改革进展情况,加大对经济金融运行中热点、焦点、难点问题的调研力度,显著增强了对金融稳定形势的研判能力。

【金融管理与服务】 深入落实“管理与服务并重”理念,完善“横向到边、纵向到底”的金融管理与服务长效机制和体系。不断完善金融调研机制,扩大制度性调查和监测工作广度和深度,有序推进“调研质量倍增计划”。加强推进辖区征信管理,创新征信宣传方式,推进农村信用体系试验区建设。开展金融消费者权益保护工作,通过金融消费者保护中心全面受理人民银行职责范围内的金融消费者投诉问题。改善支付结算环境,改进和优化银行结算账户信息化管理方式,宣传和推广使用非现金支付工具。强化国库监管与服务功能,积极探索建立代理支库分级管理机制。加强人民币流通管理,推进一级发行库建设,全面实施人民币流通“净化工程”。强化反洗钱非现场监管职能,大力开展反洗钱知识宣传工作。

【内控风险管理】 完善干部教育培训和管理机制,加强领导干部廉政教育,深入落实党风廉政建设责任制。进一步完善财务会计监督机制,规范财务档案管理,提高财务管理水平。加强科技服务与信息安全保障,加快金融IC卡推广应用,完成国库和征信从业人员资格考试系统开发和推广工作。稳步推进国库业务非现场风险评估工作,进一步提升内审监督效力。推进安全保卫精细化管理工作,全面梳理和规范守库、押运、枪弹管理等工作流程,促进安全管理走向科学化、制度化和标准化。

【“创先争优”】 2012年,人行榆林市中心支行在全辖14个基层党组织和203名党员中深入开展“亮身份、践承诺、争先锋、树品牌、攻难关”创先争优活动,充分发挥党组织的战斗堡垒和共产党员的先锋模范作用,突出重点环节,狠抓窗口服务,把“为民服务创先争优”工作落到了实处,得到人总行领导的肯定。积极创新创先争优活动开展的载体和方式,狠抓党员公开承诺和领导点评工作,设立8个共产党员先锋岗,树立3个党员示范窗口,打造4个党员品牌工程,确定3个党员攻关项目,丰富活动的载体和内容,发挥先进典型的示范引领作用,使全行创先争优活动不断走向深入。

【“五型”机关创建】 以“为民服务创先争优”活动为载体,开展“书香央行”建设,建成市级职工示范书屋、分行模范“职工之家”,“学习型”机关创建工作成绩突出;以完善激励机制、强化监督检查为依托,深入推行行风建设标准化建设,积极推进干部人事制度改革,建成分行干部人事教育培养试点单位,“制度型、激励型”机关创建工作成效显著;以“抓业务,促履职”为抓手,大力开展“为民服务创新争优”活动,认真贯彻执行货币政策,切实维护辖区金融稳定,不断改善金融服务,“服务型、创新型”机关创建工作成果丰硕。“五型”机关创建工作得到了市委、市政府的充分肯定,被评为榆林市创建“五型机关”标兵单位。

【“作风改进年”活动】 制定《中国人民银行榆林市中心支行“作风改进年”活动实施方案》,提出“五个集中整治”的活动要求,将每周五作为“干部作风整顿活动日”,组织干部职工进行自查自纠和科内评议,认真查摆问题,及时整改落实及跟踪检查,有效杜绝了“庸、懒、散、虚”的工作作风,确保“作风改进年”活动取得实效。围绕“作风改进年”主题开展党的纯洁性教育、“为民服务创先争优”、节能减排等多项活动,提升了基层党员队伍的整体形象。

【加强外汇管理】 积极探索加强外汇管理、改进外汇服务的方式和途径,增强服务意识,夯实业务基础,有效提高外汇管理促进地方经济发展的积极作用。研究制定《国家外汇管理局榆林市中心支局首问负责制实施办法》,规范外汇服务工作,明显提高外汇管理水平。认真开展外汇管理综合执法检查及专项检查,依法规范建设银行、农业银行等指定银行外汇业务经营行为,较好地维护了辖区外汇市场秩序。充分发挥非现场监管系统作用,通过电话提示、约见谈话、通报等跟进式配套监管措施,进一步完善了外汇预警监测机制。

(聂文元)

中国人民银行榆林市中心支行

行　　长　王永飞
副 行 长　高　虎　张月革
　　　　　康建平
工会主任　胡　云
纪委书记　曹小宁

银行业监管工作

【概况】 榆林银监分局是中国银行业监督管理委员会的派出机构,根据中国银行业监督管理委员会陕西监管局(以下简称“陕西银监局”)授权,统一监督管理榆林市辖内政策性银行、商业银行、农村信用合作社、邮政储蓄机构,以及金融资产管理公司、信托公司、财务公司、金融租赁公司和经国务院银行业监督管理机构批准设立的其他存款类金融机构,维护辖内银行业合法、稳健运行。下辖神木、府谷、定边、横山、绥德、米脂、清涧七个县监管办。根据陕西银监局的“三定”方案,榆林银监分局内设8个科室,辖7个县监管办;截止2012年底,有在职正式员工67人,男职工53名,占79%,党员59名,占83%,大专以上64名,占93%,有中、高级职称的6人,中级职称46人,初级职称的7人。2012年,榆林银监分局贯彻银监会、陕西银监局工作会议精神及各项工作部署,紧紧抓住“稳中求进”的工作总基调,准确把握风险监管主线,持续强化监管能力建设,不断提升监管工作质效,推动全年各项工作的有序开展,促进经济金融协调发展。

【风险防范】 严防各类风险,确保银行业稳健运行。面对整体经济下行期,实体经济增长乏力、民间融资风险集和衍化,对银行业经营环境带来的风险隐患,着力加强重点领域风险管控,取得新成效。

【平台贷款风险释化】 压缩4户平台企业贷款余额0.96亿元,新增平台贷款1亿元,支持省属重点项目——王圪堵水库在建项目资金需求。全市平台贷款共6户、40笔、余额17.66亿元,无到期无法履约还款、假借“保续建”之名违规增长及贷款分类偏离的现象。案件风险防范力度不断加大。与有关部门协同行动,持续推动银行业案防和安保措施的落实。案件风险排查中发现问题44个,提出监管建议52条;农村中小金融机构借名、假冒名贷款专项整治活动中,发现问题贷款1317笔、14956万元,清收1192笔、14100万元,确权与保全30笔、300万元,追究责任158人,提出监管意见4条。实现连续五年无案件的良好局面。

【房地产贷款风险防范】 开展房地产贷款的专项调查,有选择性的对农业银行、兴业银行进行重点调查,并对房地产贷款情况进行总体评价和分析。房地产贷款余额156.51亿元,增幅55.48%,高于各项贷款增速24.18个百分点。其中,房地产业贷款、住房按揭贷款同比分别增长87.80%、49.66%,分别高于各项贷款增速56.5个百分点、18.36个百分点。房地产不良贷款率0.03%,同比下降0.03个百分点。保障性安居工程贷款余额达到5.9亿元。

【资产分类核查工作】 对辖内银行业金融机构实施贷款五级分类自查情况的两轮督查与现场核查。累计投入503个工作日,检查涉及13个法人机构、12家分行、32家支行,贷款7060笔、金额103.73亿元,发现6大类14个问题,提出监管意见7条、监管建议3条。

【阶段性工作】 集中开展“不规范经

营”专项治理，4月份对辖内各机构“七不准、四公开”落实情况和自查自纠效果进行交叉访查，发现问题6项(类)、处理投诉2起、提出监管意见与建议6条。安排部署深入开展防范和打击非法集资宣传教育活动，制订活动方案，编印宣传标语口号和宣传板，督促银行机构加强“防火墙”建设，防范高利贷、非法集资风险向银行业传导和转移。积极配合榆林市政府整顿民间融资秩序，防范和打击非法集资，加强融资性担保业务监管等各项工作，有效防范区域风险，维护金融秩序稳定。

【落实宏观调控政策】 支持实体经济发展。引导银行机构落实国家宏观调控政策，促进信贷结构调整优化和区域产业结构调整的深度融合，促进实体经济可持续发展。

【信贷结构调整】 引导银行机构进一步发挥在支持实体经济发展中的主力军作用，严控对“两高一剩”和落后产能行业信贷投入，腾出资金和规模，加大重大能化项目建设、重点产业行业、现代特色农业和社会民生领域的信贷支持。每年对陕北能源重化工基地、循环经济、特色农业产业化的信贷投入基本保持在400亿元、70亿元和45亿元左右。

【小微企业金融服务】 开展为期一个月的“小微企业金融服务宣传月”活动，全面宣传银行业支持小微企业金融服务的政策、产品和成就。推动建立银企合作对接平台，激发银行业服务小微企业的内在动力。小微企业贷款余额157.72亿元，较年初增加42.72亿元，同比多增26.32亿元，增速37.15%，高于各项贷款增速5.85个百分点。

【支农金融服务】 引导银行机构积极履行社会责任，坚持经营重心下沉，发挥支农服务的合力。截至年末，涉农贷款余额661.86亿元，较年初增加152.95亿元，同比多增69.14亿元，增速30.06%，低于各项贷款增速1.24个百分点。其中，农村中小金融机构涉农贷款余额371.15亿元，占全辖涉农贷款余额的56.1%。

【金融消费者保护工作】 深入开展“送金融知识下乡”和“促监管政策进基层行”活动，促进公众金融知识教育深入人心。办理信访件6件，接待群众上访2批(次)，引导银行机构办理一般性服务纠纷26次。在榆林市纠风工作会议上作“不规范经营”专项治理情况专题汇报，在《点击榆林——政风行风大家谈》(金融篇)节目上作规范经营行为的表态发言。此外，积极配合地方政府信访、维稳、应急工作，有效维护群众利益和社会稳定。

【存贷款工作】 2012年，榆林银行业存贷款规模增速放缓但实现“双增长”，银行业各项存款余额2200.81亿元、各项贷款余额1548.11亿元，分别比年初增加394.54亿元和368.69亿元，增速分别为21.8%和31.3%。资产质量与经营利润实现“两提高”，不良余额8.61亿元，较年初减少2.2亿元，不良率0.56%，较年初下降0.36个百分点；实现账面利润60.07亿元，同比增盈8.78亿元。

【深化改革】 促进银行业科学发展。积极督促银行机构加快改革转型步伐，向金融服务薄弱地区延伸网点和服务，提高网点质效，进一步提高服务能力。银行机构改革转型工作稳妥推进。大型银行44家分理处升格为支行，实现从结算型网点向营销型网点的转变，至此榆林辖区大型银行机构132家机构均为支行级以上。配合省局指导府谷农合行改制为农商行，横山农合行和米脂、绥德、子洲农村信用联社筹建农商行获银监会批准。完成邮储银行二类支行改制2家。

【银行布局向服务薄弱地区倾斜】 配合省局指导榆林榆阳民生村镇银行开业，对中信银行榆林分行进行开业前辅导。支持银行机构在县及以下乡镇新设支行12家，网点布局调整43家，中小商业银行和农村中小法人机构支行以下机构升格支行36家。邮储银行二类支行改制和引进新机构在9个地市中处于领先位置。

【队伍建设】 坚持以思想引导和价值观教育带动精神境界提升，以“创先争优”和作风整顿带动队伍建设，以项目推进带动各项工作的有序开展，不断强化党的基层组织建设和内部管理工作。以学习十八大精神为重点，持续加强执政能力建设；以中心组学习为重点，持续推进学习型党组织建设，以科以上干部作风整顿为重点，持续促进工作作风转变；以监管文化建设为重点，持续加强核心价值教育。吸收新党员3名，5名同志受到省局表彰、6名同志受到省市有关部门表彰。制定《榆林分局关于严禁干部大操大办婚丧喜庆事宜的规定(暂行)》，对工作人员婚丧嫁娶等事宜在请客人数、范围上进行量化管理，并实行严格的事先审批和事后报告制度，用制度形式从源头上加强工作人员廉洁从政的管理。进一步落实《廉政准则》，加强廉政建设工作的组织协调、工作配合、督促检查和责任考核，做实、做细廉政建设工作。开展职工培训，提高职工整体素质。加强对内协调与督办、对外沟通与联系，发挥合力与协同作用。提高财务管理质量和效率，解决了监管三科长期在外租赁办公问题。加强依法行政工作，实施行政处罚1起，对2011年度行政许可事项开展执法监察。落实“抓点带面，项目推进”工作要求，推动各项工作的全面落实。

(周耀武)

中国银行业监督管理委员会榆林监管分局

局　　长　王建军
副 局 长　白　宁　尹生鹏
纪委书记　张碧波

地方金融工作

【概况】 2012年市金融办在省金融办、市委、市政府的领导下,积极努力,锐意进取,开拓创新,扎实工作,确保全年多项任务全面完成。

【推进市金融生态环境建设】 政银积极努力,金融生态环境建设取得显著成效;各县(区)政府部门、金融机构和司法等相关职能部门高度重视,自觉参与,以《榆林市社会信用体系建设总体规划》统一和统领金融生态环境建设工作。

【小额贷款公司和融资性担保机构监管】 完成对全市小额贷款公司和融资性担保机构的年审工作;对全市的66家小额贷款公司和8家融资性担保机构进行现场检查,对检查中存在的问题责令有关公司整改,排除风险,办与每家公司签订合规经营承诺书,确保责任落实到位;完成小额贷款公司和融资性担保机构的月报、季报、年报等的报表、风险排查等定期统计上报工作;审核符合相关设立审批条件的3家融资性担保机构申请材料,并上报省金融办;完成全市融资性担保机构“2012—2015年”发展规划,并得到省金融办核准,全市截止2015年可以发展30家融资性担保机构。

【成立全市小额贷款行业协会】 协会由全市66家小额贷款公司作为会员组成。协会成立以来,履行自律、维权、协调、服务、宣传职能。提高小额贷款公司从业人员素质,提升行业整体形象,促进小额贷款公司行业健康发展。

【加强业务培训学习】 汇同市委组织部在上海财经大学举办部分小额贷款公司和融资性担保机构技术骨干的专项培训;专门针对小额贷款公司和融资性担保机构高管人员,邀请厦门大学的著名学者作有关创新商业模式的培训;组织部分融资性担保公司高管前往深圳参加国家发改委培训中心举办的专项培训活动;组织部分县区金融办负责人、小额贷款公司高管参加了国家发改委培训中心在厦门召开的小额贷款公司业务培训会。

【完成人大代表、政协委员建议及提案回复工作】 2012年本办回复建议及提案共16件,其中主办件6件(含1件市政府办交办件),会办件10件(含2件市政府办交办件),比去年增加较多。内容涉及有小额贷款公司、民间融资、金融支持经济等多方面。本办对收到的建议提案进行分析,明确办理要求,做到责任到人。

【上市后备企业培育工作】 按照省政府要求,积极调研,征求意见,草拟全市上市企业优惠政策办法。扩大上市后备企业数量,引导扶持发展潜力大、市场前景好的企业上市融资。9月底,邀请省证监局、省金融办领导和专家来本市调研,就本市陕西大地种业有限公司、榆林康隆石油技术服务有限公司、榆林云化绿能有限公司等拟上市企业进行实地考察,“一户一议”提出上市工作意见,。

【发挥城投、能投公司融资平台作用】 城投公司二期15亿发债前期准备工作已完成,并上报国家发改委审核通过。能投公司第一支10亿元产业投资基金已成功发行,第二支30亿元产业基金发行工作正在筹备中。

【探索建立政策性种养殖业保险制度】 发挥保险的经济补偿功能,结合市政策性农业保险试点情况和农村经济产业发展实际,在全市范围内开展政策性保险试点工作,共计承保政策性能繁母猪12.53万头,实现保费收入721.85万元;试点的政策性玉米承保面积40万亩,实现保费收入,784万元;马铃薯承保面积7万亩,实现保费收入168万元;红枣承保面积1万亩,实现保费收入42万元。

【引进各类金融分支机构进驻榆林】 榆阳区民生村镇银行于6月底正式开业,中信银行在榆分支机构前期筹备工作基本完成。招商证券、海通证券两家证券公司于本年设立榆林营业部。新设立太平人寿、嘉禾人寿、生命人寿、华泰保险等4家保险分公司。

【搭建政银企合作平台】 建立政府、金融机构、企业之间沟通联动机制,经过一段时间的努力于11月召开的政银企融资促进会对接会,基本落实13家银行和91家企业项目签约金额60亿左右。组织召开政银企融资促进会,积极开展银行与企业面对面、一对一融资对接活动,争取更多的信贷支持,促进银企互动与合作。

【推动落实相关融资工作】 促成邮储银行榆林分行向市农业局授信6亿元,主要投向全市农业合作社示范社,助推“三农”经济发展。召集市中小企业发展论坛,推荐50余户有用款需求的中小企业负责人参会,并同建设银行榆林分行形成了贷款意向。扎实推进银行卡助农取款工作,设立多个“银行卡助农取款服务点”,推广银行卡助农取款,提升农村金融服务水平,改善农村支付服务环境。

【检查调研】 针对榆林民间资本活跃,配合省政协、省金融办等开展相关调研活动;配合市农业局,召集全市10家银行业金融机构分别对榆、靖、横等县区的6家农业产业龙头企业进行调研、走访,推动相关机构加大对“三农”企业的信贷支持力度;汇同市农业局,初步拟定关于新设立一家全市政策性农业担保公司的方案。

【队伍建设】 截至4月底,完成4名工作人员的招聘工作,充实干部队伍。提高干部队伍的政治理论素养,深入贯彻落实市委“万名干部下基层”活动,包扶绥德县虎焉村正在抓紧落实当中。积极推进创建省级文明城市的工作,严格落实市委市政府要求。

(薛瑞祺)

榆林市金融办

主　　任　安宝宽
副 主 任　刘　军　赵红东
总经济师　白兴文

中国工商银行

【概况】　2012年,是本行股改后第三个三年发展规划的起步之年。全行上下围绕"强基础、提品质、重创新、促转型"的总体思路,在一季度主要经营指标出现大面积下滑的不利局面下,二季度实现各项经营指标提升,创造经营业绩的历史新高。在全省主要业务指标的贡献度进一步提高,经营绩效综合考评的领先优势更加明显,连续六年稳居全省第一;在全国二级分行30强综合考核排名中实现连年进位,由上年的14位跃升到第8位,闯进前10强;在同业竞争中,当地主导银行的地位得到巩固,主要业务指标的市场份额有所提高。

【业务发展】　全年保持各项业务的快速稳健发展。到年末,全部存款增幅21.02%,与上年持平,全省排名第一,比全国、全省平均增幅高出10.02和4.95个百分点,比四大银行的平均增幅高出3.26个百分点;各项贷款增幅21.24%,全省排名第三,比全国、全省平均增幅高出8.94和8.24个百分点,比榆林国民生产总值增幅高出9.24个百分点;中间业务收入实现增幅18.01%,全省排名第一,比全国、全省平均水平高出12.81和7.49个百分点,比四大银行平均水平高出5.49个百分点;拨备前利润实现增幅27.40%,全省排名第二,比全国、全省平均增幅高出21和10.71个百分点,比四大银行平均增幅高出0.77个百分点;客户数量也实现快速增长,其中:个人客户增长11.01%,对公客户增长14.28%,公司信贷客户增长27.76%,银行卡、电子银行、贵金属等客户数量更是实现32.02%、34.09%和362.28%的高速增长,高于全国、全省的平均水平,在当地同业继续处于领跑地位。

【经营规模】　全行总资产341.61亿元,较年初增加59.75亿元;全部存款余额326.26亿元,占全省存款余额的10%,较年初增加56.67亿元,占全省存款增量的12.29%,创增量历史新高;各项贷款余额304.28亿元,占全省贷款余额的19.37%,较年初增加53.3亿元,占全省贷款增量的29.50%,连续两年增量超50亿元;首次实现当年增存增贷双过50亿元的奋斗目标,成为全省银行系统唯一的存贷款余额双超300亿元的地市级分支机构。客户数量及业务量也有大幅度增加,个人客户数量75.76万户,较年初增加7.52万户,其中个人信贷客户的数量为4.23万户,较年初增加0.27万户,贷款余额118.55亿元,较年初净增17.58亿元,全年累计发放个人贷款1.27万笔,金额52.25亿元,分别比上年增加0.69万笔、6.79亿元,个贷余额、增量分别占到全省的29.78%和30.33%;对公客户的数量8325户,较年初增加1040户,其中公司信贷客户451户,较年初增加98户,贷款余额196.73亿元,较年初净增35.72亿元,全年累计发放公司贷款1367笔、164.25亿元,分别较上年增加479笔、52.5亿元,公司贷款余额、增量分别占全省的15.84%和29.11%;银行卡存量83.62万张,较年初增加20.28万张,其中信用卡存量为5.35万张,全年实现消费额34.52亿元,较上年增加7.42亿元;电子银行客户数量36.48万户,较年初增加9.27万户,交易额5423亿元,较上年增加2010亿元;贵金属客户6.34万户,较年初增加4.97万户,贵金属账户交易额202.9亿元,积存金量84.43公斤。

【优化经营结构】　从客户结构看:个人客户四星级以上客户11.96万户,占全部个人客户的15.78%,分别比年初增加14143户,占比提高0.33个百分点;5万元以上中高端客户36459户,占全部个人客户的4.81%,分别比年初增加6924户,占比提高0.48个百分点。对公客户日均余额在50万元以上的对公优质客户2172户,占全部对公客户的26.09%,分别比年初增加854户,占比提高8个百分点;中小企业信贷客户438户,较年初增加94户,分别占全部信贷客户和新增客户的97.12%和95.92%,其中小企业信贷客户280户,较年初增加56户,分别占全部信贷客户和新增客户的62.08%和57.14%;贸易融资客户129户,比年初增加39户,分别占全部信贷客户和新增客户的28.6%和39.8%;AA——级以上信贷客户397户,占全部信贷客户的88.03%,较上年提高0.49个百分点。信用卡四星级以上客户覆盖率16.86%,较上年提高1.22个百分点;个人网银证书、企业网银证书、WAP手机银行的客户覆盖率分别为17%、32.6%和15.69%,比年初提高6.65、6.93和7.15个百分点。从业务结构看:资产业务方面,资本占用少的资产业务比例在不断提高,短期贷款占全部贷款的比重由上年的25.24%提高到31.77%;流动资金贷款占公司贷款的比例由上年的56.59%提高到60.55%;贸易融资占流动资金贷款的比例由上年的27.17%提高到30.16%;银行承兑汇票累计签发36.99亿元,余额26.20亿元,较上年增长2.29倍;综合收益大幅下降的个人贷款占全部贷款的比例由上年的40.23%下降到38.96%。负债业务方面,活期存款占比90.77%,较年初下降1.11个百分点,既保持较高的比重,而且有利于存款的稳定;业务分流方面,全行自助柜员机的单台日均业务笔数和交易额分别为356笔和38.75万元,较上年增加6笔和2.75万元;自助终端的单台日均业务量达105笔,较上年增加30笔,电子银行交易量分别6102万笔和5423亿元,较上年增加1234万笔和2010亿元;柜面可分流率由年初的58.26%下降到51.20%。从收益结构看,由于客户结构和业务结构的持续优化,不仅使收益水平不断提高，而且收益结构也更趋合理，全年实现贷款利息收入20.61亿元，同比多收5.45亿元，贷款收益率达到7.45%，高于全省0.92个百分点；实现中间业务收入3.86亿元，同比增加0.59亿元，手续费及佣金收入占比20.04%，高于全省3.4个百分点；从贷款、存款、中间业务三项净收入结构来看，2011年本行已达到4.5:3.5:2的较为均衡的比例，优于全国、全省的平均水平。

【效益效率】 全年实现拨备前利润14.27亿元，同比增加3.07亿元，总量对全省的贡献度为23.57%，增量对全省的贡献度达到35.45%，分别比上年提高1.98和0.92个百分点；实现净利润10亿元，同比增加2.2亿元，增长28.17%；实现经济增加值7.22亿元，同比增加1.23亿元，增长20.42%，全省效益贡献大行的地位得到进一步提升。总资产净回报率3.21%，同比提高0.11个百分点；净利息收益率4.93%，同比提高0.28个百分点；经济资本回报率54.01%，同比提高10.78个百分点；经济资本占用率6.11%，同比下降0.29个百分点；成本收入比15.72%，同比下降1.7个百分点。年人均拨备前利润、经济增加值、中间业务收入分别为184.35万元、93.33万元和49.82万元，是全省平均水平的3.7倍、4.6倍和3.2倍；人均存款、贷款分别为4041万元和3931万元，高出全省平均水平1443万元和2645万元；网均拨备前利润、中间业务收入分别为4920万元和1330万元，是全省平均水平的3.9倍和3.4倍；网均存款、贷款分别为10.79亿元和10.49亿元，高出全省平均水平4.03亿元和7.25亿元，人均、网均指标的领先优势进一步扩大。

【系统位次前移】 进一步扩大在全省的领先优势，在全国二级分行的排名中取得历史性的突破。在全省，存款、贷款、中间业务收入、利润总量、增量均居九家二级分行首位，所占份额全面提高；经营绩效综合考评第一的位置更加稳固，考评得分高出第二名545分，优势更加明显；在省行对县级支行和城区支行的考核中，府谷、神木、靖边包揽县级支行前三名，大柳塔、定边、绥德位列第5、9、11位；西沙、肤施路、榆阳区排名城区支行第1、3、4位，广济位列第6位，整体考核排名较上年又有提升。在全国，年末存款余额、贷款余额、中间业务收入在二级分行的排名分别是38位、25位、31位，同比前移4个、5个和8个位次；在二级分行经营30强的考核排名中，历史性地闯入前十，排名第8位，前移6个位次。

【巩固市场份额】 全部存款余额在四大银行的占比为26.99%，位居第二，较上年提高0.72个百分点，与领先的农行差距有所缩小，其中，余额差距由上年的75亿元缩小到54亿元，占比差距由上年的7.26个百分点缩小到4.47个百分点；全部存款增量占比为31.08%，退居第二位，较上年提高1.1个百分点，与领先的建行比，余额少4.95亿元，占比低2.72个百分点；尽管府谷、神木、河滨路、锦界四个支行的市场份额出现大幅下滑，给全行存款占比留下巨大缺口，但榆林城区、定边、靖边支行保持领先优势，特别是绥德、米脂支行强势崛起，抢占当地绝对的市场份额，大柳塔支行奋起直追缩小与建行的差距，使全行的存款增量占比得以巩固。年在四大银行贷款投放力度明显加大、贷款增量屡创新高的情况下，市场份额虽受到一定冲击，以余额占比35.47%、增量占比29.64%的份额保持领先优势。中间业务收入四大行占比为41.7%，较上年提高1.9个百分点，收入增量占比为57.2%，较上年提高13.54个百分点，均处于绝对领先。拨备前利润四大行占比为34.3%，较上年提高0.2个百分点；利润增量占比为35.04%，较上年提高3.97个百分点，均超过农行实现领先；此外，人均、网均利润也在四大行中处于明显优势。

【内控管理】 为应对严峻经济形势和复杂外部环境的不利影响，在风险管理、舆情监测、案件防查、合规操作、安全运营等方面加大工作力度，增强风险意识，提高管理水平。一是强化信贷风险管理，确保信贷资产质量。完善信贷风险监测识别、提示预警、化解控制、反馈报告制度，应用电子化平台实现信贷风险管理的全流程、电子化处理，完善审批机制改革后前中后台的沟通联系、监督约束机制，促使前台优选客户、审慎准入，中台独立审查审批、适时指导提示，后台规范监督放款、及时监测预警，实现所有信贷业务全流程风险控制；实施潜在风险贷款和担保圈贷款的常态化管理，全年压降潜在风险贷款3615万元；加大不良贷款清收处置力度，共清收转化不良贷款20006万元，其中现金清收4254万元；密切关注民间借贷市场的动向，关注社会信用风险环境变化，关注本行信贷客户生产经营状况，提前进行分析排查并制订应急预案，阻断化解非法融资等外部风险向本行的传导。二是加强舆情监测，防范声誉风险。化解多起舆情事件，没有带来明显的负面影响；落实监管部门要求，整治不规范收费，全面实施中间业务收费新标准，实现中间业务的合规经营；认真对待客户投诉，及时答复解决反映的问题，客户投诉数量较上年下降68.18%。三是改进内控案防管理手段，加大内控检查处罚力度。开展以“制度、责任、落实”为主题的内控管理提升活动，强化对网点负责人的履职检查，强化对员工违规积分的管理；加大对案件易发领域、违规多发环节的检查整治，加大对高风险网点、高风险业务、高风险岗位的监督管控，继续落实内控案防“两个责任制”，深入开展“两争一建”活动。四是加大业务运营风险核查力度，风险事件压降成效显著，内部风险暴露水平由年初的77.95降至年末的18.99。

【品牌形象】 加强各级班子建设，适时调整补充部分支行领导班子，优化班子结构，增强班子活力；组织中层管理人员参加“责任意识和经营理念”专题培训,利用中心组学习机会开展党性教育,在季度案防会上进行集体廉政谈话,强化各级管理人员的自律意识、表率意识、责任意识和创新意识,全行各级领导班子的凝聚力、战斗力有新的增强。坚持以人为本,构建和谐家园,加大投入,加快全行职工之家和职工小家的改造建设步伐,陆续改造升级职工食堂,改造装修营业和办公场所,为全行员工营造温馨、舒适的工作生活环境;提高员工薪酬收入和福利待遇,全行人力费用增幅为12.71%,工资费用增幅18.85%,高出全行经营费用增幅3.63和10.90个百分点,人均工资和福利增幅创近年来新高;倡导扶弱济困、尊老敬老的传统美德,职工自发捐资设立专项基金,坚持帮扶慰问困难员工,关爱离退休和内退员工,满足他们的合理诉求。加大渠道建设力度,全面提升服务水平,网点建设任务十分繁重,大部分网点的硬件环境得到改善,机具设备紧张的状况有所缓解,网点负责人配备成效显著,大堂经理基本到位,全行服务水平和品牌形象有很大改善,兴榆路支行被总行和省银行业协会授予"优质服务样板网点"和"文明规范服务示范单位"荣誉称号,兴榆路、米脂、定边长城街支行被省行授予"优质服务标杆网点"称号。精神文明和企业文化建设再上新台阶,被全国金融工会授予"全国金融五一劳动奖状"荣誉称号。

(曹莹峰)

中国工商银行股份有限公司榆林分行

行　　长　李晓宏
副 行 长　张润田　常建喜
　　　　　郭　涛　王　耿
　　　　　陈　炜
纪委书记　梁银平
党委委员　王　力
工委主任　刘小平

中国农业银行

【概况】 2012年,农行榆林分行贯彻落实党的十八大、中央经济工作会议和中央农村工作会议精神,以支持榆林经济建设为己任,以"创新发展、提升份额、优化结构、提升价值、严控风险、强化队伍"为工作重点。

【存款业务】 2012年,农行榆林分行各项存款余额378.52亿元,较年初增加39.41亿元。其中对公存款较年初增加23.52亿元,完成年度计划的123.79%。个人存款较年初增加15.9亿元,多增13.82亿元。

【贷款业务】 2012年,农行榆林分行在贷款投放上坚持双优战略,全力支持榆林市符合国家产业政策、节能减排、企业转型、民生工程等相关优质项目,榆林农行新增信贷计划的首次超过西安市,居全省农行第一位。加大小微企业支持力度,重点支持农业产业化龙头企业、大企业上下游的配套型小企业、产业集群中的优势小企业、专业化经营的特色小企业。2012年末,全行小微企业贷款余额16.25亿元,较年初增加10.25亿元,增幅170%。2012年,榆林农行共评定企业信用等级客户648户,授信202亿元,为榆林市各类企业提供信贷资金,缓解企业的资金压力。2012年末,农行榆林分行各项项贷款余额235.64亿元,较年初增加46.23亿元,多增28.64亿元。其中,个人贷款较年初增加15.27亿元,增速26.62%。

【新兴业务】 2012年,农行榆林分行在设备租赁、国内保理、对公理财、国内信用证等业务实现突破。全年累计融资逾11亿元,其中,汇利丰"A款——本金留存分行(网点)结构性存款添补全省农行的空白;国内保理、融资租赁、国内信用证、电子银行承兑汇票添补榆林分行的空白。全行养老金托管规模较年初净增2.8亿元,工商验资E线通新增账户945户,对公人民币结算账户净增2321户,现金管理客户新增245户,信用卡有效客户新增5783户,有效特惠商户新增15户。

【中间收入】 2012年,农行榆林分行共实现中间业务收入2.18亿元,完成年度计划的105%。其中,公司中间业务收入完成全年计划的117%;人民币对公结算与现金管理业务收入完成全年计划的107.7%;电子银行业务收入完成全年计划的112.2%;信用卡业务收入完成全年计划的137%。

【经营效益】 2012年,全行共实现拨备前利润14.2亿元,同比增加2.42亿元,增幅为20.49%。实现拨备后利润13.96亿元,同比增加1.96亿元,增幅16.3%,完成全年计划的105.74%。

【风险管控】 2012年,农行榆林分行加强基础管理全面提升风险管理水平。一是完善合规风险管理体系建设。全行牢固树立"发展是第一要务,控险是第一责任"的观念,结合自身经营管理实际,进一步细化风险管控各项措施,加强检查、督导和考核,不断夯实经营管理基础。二是加强信用风险管控。以"调结构、精管理、控风险"为主线,增强资本约束观念,主动转变信贷增长模式,加快信贷结构调整步伐,持续推进信贷业务精细化管理。三是防范操作风险,保证发展质量。全面完成三大中心建设,同时对营业网点柜面劳动组合进行标准化配置,发挥"三大集中"的作用。从业务管理和风险控制两个方面进行考核排名、兑现奖罚,确保业务安全运营,提高操作风险防范水平。四是强化检查监督,提高案件防范能力。加强案件防控,逐级签订责任书,强化行级领导联行抓点防控案件工作,坚持按季进行案件风险排查,严防各类案件发生。进一步落实案件防控责任制,全面落实行级领导联行抓点防控案件工作,加强案件风险排查和员工行为排查,全行员工案件防范意识和合规操作意识得到明显增强。连续三年被评为内控管理一类行。2012年,农行榆林分行加强信用风险管控,实现不良贷款余额、占比"双下降"。不良贷款余额为2.43亿元,较年初下降0.72亿元,贷款不良率1.03%,较年初下降0.63个百分点。加强精细化管理,全面完成三大中心建设,扎实开展营业机构"三化三铁"创建活动、信贷业务专项检查、"不规范经营"整治活动、案件专项治理等活动,全行基础管理水平稳步提升。

【营销资源整合】 2012年,农行榆林分行建立"综合营销、上下联动、前后台协作"的联动机制,实施资产业务营销的"四重"策略,采取1+N的营销模式,促进市场营销工作的有效发展。落实省农行与市政府签订的300亿元的支持榆林社会发展和服务"三农"战略合作协议,围绕市政府确定的重点项目,突出营销目标和重点,组建营销团队,落实责任人,加快贷款投放。根据榆林经济发展特点,加大对实体经济和重点行业的支持力度。2012年累计发放贷款186亿元,3年累计投放贷款近500亿元,超额完成3年投放300亿元贷款的目标。

【服务"三农"工作】 实施蓝海战略,促进县域经济加快发展。2012年,农行榆林分行继续深化县域蓝海战略,不断加大金融支持县域经济发展的力度,促进县域经济的快速发展。一是制定重点县域支行三年发展规划。二是积极支持农副产品深加工,提升农产品经济价值。加大涉农贷款投放,促进农业产业结构调整。2012年,农行榆林分行以农户为重点,以惠农卡为载体,以农户小额贷款为驱动,围绕农民生产生活、服务现代化农业、支持农业基础设施建设、县域中小企业以及特色资源开发等方面具有农行特色的服务"三农"模式,全面推广公司+农户、公务员+农户、个体户+农户等担保方式,确保涉农贷款"放得出、收得回、有效益",达到"风险可控、发展可持续"的基本要求。强化三农金融服务责任,支持春耕生产,多策并举"贷"动春耕抗旱工作,把各项支农措施落到实处。榆林农行累计发放惠农卡40.19万张,惠农卡覆盖农户约150万人;农户小额贷款授信户数为25848户,授信金额为12.03亿元;农户贷款余额为4.98亿元,较年初增加1.25亿元,居全省农行第一位。涉农贷款总额达到82.68亿元,较年初增加16.15亿元,增幅24.27%。创新金融服务模式,对接国家惠农政策。2012年,农行榆林分行利用自身网络和专业优势,以惠农卡为载体,加快支付渠道建设,加大农村自助设备和转账电话的投放力度,探索推广"惠农卡一卡通+物理网点"、"转账电话+三农金融服务站"、"流动服务团队+惠农卡合作商户"等服务模式,为农民提供小额取现、转账结算、刷卡消费等现代金融服务。在下半年又开展"惠农通"工程,加大金融机具在乡村的覆盖面,共完成401台农商通的安装审批。2012年末,在榆阳区、定边、吴堡、佳县等区县的部分乡镇建立新农保惠农服务站55个,为做好新农保、新农合等财政性代理业务和金融服务创造良好的支付环境。全行通过惠农服务站累计为农民办理支取养老金77.4万笔,支取现金1.6亿元。

【推进网点转型】 加快网点转型,提升服务能力。2012年,农行榆林分行以"内外统一、主题鲜明、贴近人本"为原则,按照统一标准进行建设,对符合条件的营业网点进行标准化建设。在网点"硬转型"的同时,实施"软转型"先行,积极开展营业网点文明标准服务和营销技能导入,提升营业网点的视觉形象、服务能力和服务水平。有55个网点实施全面转型,占全行营业网点的90%,完成文明标准服务网点导入58个,占全行营业网点的95%。加强业务创新,提高服务效率。2012年加大对基金代销、代客理财、代理保险、第三方托管等业务的市场拓展力度,加快、贷记卡、POS等业务的发展,扩大各类代理业务和结算业务的市场份额。加快网上银行、电话银行、手机银行、支付通、自助服务终端、短信通的推广。

(刘晓荣)

中国农业银行股份有限公司榆林分行

行　　长　康建晖
副 行 长　郭　宁　卫　伟
　　　　　慕明雄
纪委书记　王仲斌

农业发展银行

【概况】 2012年是中国农业发展银行榆林市分行坚持以科学发展为主题,推动各项业务持续健康有效发展的一年。全行上下统一工作思路,明确工作重点,强化管理,狠抓落实,各项工作取得了新成绩和新进展。至年末,各项贷款余额232183万元,较年初增加28121万元;各项存款余额72159万元,日均余额74249万元,同比增加22615万元,增幅为43.80%,人日均余额432万元;不良贷款实现"双降",余额6497.55万元,较年初下降702万元,完成任务的100.29%,占比2.80%,较年初下降0.73个百分点;实现账面经营利润3607万元,完成任务的102.70%;累计收回市县级财务挂账贷款利息1134万元;实现国际结算业务521.92万美元,完成任务的104.38%,同比增加390.61万美元,增幅为297.47%;实现中间业务手续费收入74.92万元,同比增加29.64万元,增幅65.46%。

【信贷支农】 一是支持全市粮油收储顺利开展。重点加大对各级储备增储轮换的信贷支持力度,粮油收储信贷业务稳健发展。全年累计发放各类收储贷款9011万元,支持企业收储粮油7229万斤。12月末,粮油购销储贷款43148万元,占到信贷资产总规模的18.56%。二是着力发展中长期信贷业务。主动加强与地方党政领导沟通协调,宣传信贷政策,积极对接项目。继续重点做好王圪堵水库项目后续贷款发放,支持榆林市综合粮油批发市场8000万元农村流通体系建设,完成佳县益民红枣加工农业科技贷款项目的报批工作，积极开展榆神工业园区水利建设等贷款项目的培育和前期调查工作。三是择优扶持，维护好现有客户。重点支持总、省行授予的优质黄金客户和经营状况良好的龙头加工企业及农业小企业，累计向16户企业发放短期流动资金贷款21090万元，全力助推其持续健康发展。

【业务经营】 营销公众存款21.22亿元，增加年日均存款15575万元，节约资金成本430多万元；强化了守“阵地”意识，企业销货款归行达标率由年初不到50%提高到四季度的91.5%；积极发挥信贷杠杆作用，财政存款日均余额30283万元，同比增加2517万元；强化责任意识，积极与同业进行沟通协调，横山、子洲、神木、靖边等县支行累计从当地商业银行组织同业存款14笔，金额12.30亿元。至年末，各项存款日均余额74249万元，同比增加22615万元，增幅为43.80%，人日均余额432万元，完成任务的85.04%。中间业务稳步发展。规范收费标准，细化管理措施，稳步开展咨询顾问类业务，巩固发展代理保险业务，进一步推广网银、银行卡等结算手段。至年末，累计实现中间业务收入74.92万元，同比增加29.64万元，其中：代理保险手续费收入41.85万元，完成任务的104.63%；其他结算收入10.37万元，完成任务的172.83%；咨询顾问类业务收入22.70万元，完成任务的28.38%。增收创利潜力较好发挥。累计收回市县级财务挂账贷款利息1314万元，完成任务的109.50%；实现国际结算业务521.92万美元，完成任务的104.38%；实现账面经营利润3607万元，完成任务的102.70%。

【风险管控】 信贷基础管理不断加强。开展信贷制度学习月活动，促进员工学习业务、执行制度和合规办贷。实行新营销客户预报制，防止“带病入门”。强化贷后管理，建立和推行贷款讲评制度。在风险排查的基础上，严格按照“实、优、余、规”四字原则加强贷款担保管理。开展“从严治行、合规管理”活动，逐级签订《合规履责承诺书》，达到纵向到底、横向到边。不良贷款清收处置强力推进。坚持实行“一企一策”清收策略，在绩效考核中，提高定边和横山县支行不良贷款指标权重，并建立专项考评机制，加大考核挂钩力度，努力完成不良贷款“双降”目标。全年在无新增的前提下累计现金清收不良贷款702万元，完成任务的100.29%。年末不良贷款率2.80%，较年初下降0.73个百分点，低于全省平均水平4.47个百分点。

【运营管理】 一是绩效挂钩考评体系更加健全，一行一策确定考核指标权重分。针对业务发展、存款组织、不良贷款和财政欠息清收、中间业务收入等重点工作建立专项考评机制。二是财会管理和保障服务水平不断提高。加大闲置固定资产清理和处置力度，提高了资产使用效益。全面推行会计人员强制休假、岗位轮换和会计坐班主任异地交流等内控制度，强化营业机构柜面监督，防控操作风险和道德风险。三是信息科技支撑平台建设进展顺利。机房达标建设工作取得阶段性成果，7个分支机构机房建成达标。网络升级扩容项目顺利实施。信息安全体系和运维管理加强，各系统安全平稳运行。综合办公平台系统正式上线运行，办公更加有序、高效。CM2006系统二期升级上线运维正常。

【队伍建设】 深入学习“十八大”精神。积极组织全行员工学习报告原文、谈心得体会，通过内部信息广泛宣传学习成果，把思想和行动统一到十八大精神上来，力争在信贷支农上发挥更大的作用。坚持开展以“行兴我荣、行衰我耻”为主题的爱行敬业活动及干部作风整顿活动。不断从严管理员工队伍，改进工作作风，提高执行力和工作效率，促进全行上下正确履行职责，爱岗敬业，无私奉献。着力抓好员工素质提升工作。制定《员工素质提升三年规划》，明确细化逐年、各层级、各条线工作任务，建立考核挂钩机制，确保规划落实到位。努力推进企业文化建设。加强组织领导，建立工作机制，合力推进企业文化建设深入开展。在全省“青年礼仪之星”比赛中荣获二等奖。神木县支行被授予总行级“青年文明号”。狠抓党风廉政责任制建设。落实廉洁从业承诺制，全面签订《廉洁从业承诺书》。积极落实民主生活会、述职述廉、廉政谈话、报告个人重大事项等制度规定，严格执行重要岗位轮岗、尽职记录、违规积分等制度要求。

（王　玲）

中国农业发展银行榆林市分行

党委书记、行长　张锦华
副　行　长　刘东平
　　　　　　乔富平
　　　　　　常少雄

中国建设银行

【概况】 中国建设银行股份有限公司榆林分行（以下简称“建行榆林分行”）内设15个部门，分别为：办公室、人力资源部、纪检监察部、财务会计部、公司业务部、机构业务部、小企业经营中心、个人金融部、财富管理与私人银行部、信用卡部、电子银行部、个人贷款中心、风险管理部、营运管理部、安全保卫部。中国建设银行股份有限公司榆林分行在府谷、神木、大柳塔、店塔、锦界、靖边、定边设有28个营业网点。在榆阳区设立分行营业部和6个支行，6个支行包括：新建南路支行、肤施路支行、常乐路支行、西人民路支行、航宇路支行、高新技术产业园区支行。2012年，面对宏观经济形势复杂多变，市场竞争异常激烈的严峻现实，在省行党委的正确领导下，认真践行“两个不降低”、“巩固优势、突出重点、精细管理、提升服务”的经营指导思想，围绕一条“负债”主线，发挥“负债、中间业务、新产品应用”三个优势，突出“机构业务、小企业业务、个贷业务、财私业务”四个重点，落实了“机构业务拓展年、优质服务提升年、内控精细化管理推进年”三个年活动，直面竞争，攻坚克难，经营业绩不断攀升，资产、负债、中间业务、经营利润等主要指标都跃居全省和同业前列，实现各项工作新跨越。

【经营业绩】 较2009年，全行负债规模接近翻番，资产规模翻了两番多，中间业务收入翻了五番，考核利润也实现了近三番。存款、贷款、中间业务收入、经营利润的同业四大行份额全面提升，三项负债新增首次同业第一，取得历史最好水平。

【负债规模】 全口径存款余额303.6亿元，较年初新增61.6亿元，余额、新增系统第一、新增同业第一；超额完成省行年末收口计划，全口径存款新增系统贡献度9.10%。一般性存款余额303.5亿元，其中企业存款余额191.4亿元，新增37.8亿元，新增系统、同业第一，总量同业第二；个人存款余额112.1亿元，新增23.7亿元，新增系统第二、同业第一。全口径存款首次突破300亿元大关。全口径存款、个人存款、企业存款新增同业四行占比分别为33.8%、41.2%、32.5%，三项存款新增首次居同业第一，增速分别为25%、27%、25%，均居同业第一。

【信贷资产】 各项贷款余额192.6亿元，新增53.1亿元，新增同业占比30.3%，系统第一，同业第二，增速达38%。当年累计投放99.36亿元。公司类非贴现贷款余额144.7亿元，新增38.3亿元，累计投放78.2亿元，回收39.9亿元，人行口径对公贷款同业增量第一、余额第三。其中：小企业贷款当年累计投放10.1亿元，余额15.6亿元；个人类贷款余额46.4亿元，新增15.65亿元，完成计划的149%，新增全省系统第一、同业第二；其中个人住房贷款余额36.78亿元，新增14.34亿元，个人消费贷款余额7.7亿元，新增1.2亿元，个人贷款当年投放4577笔，金额21.1亿元。房地产开发类贷款余额9.53亿元，较年初新增5.1亿元，开发贷款投放6.7亿元，开发贷款新增创历史新高。各项贷款余额、新增额在全省建行系统保持领先。

【中间业务】 全行实现中间业务净收入2.7亿元，同比增加0.36亿元，系统占比16.95%，同比上升1.44个百分点。

【经营效益】 在利差空间大幅缩小的情况下，实现账面利润8.8亿元，较上年多增2.6亿元，增速41.93%。系统内排名第一；成本收益指标趋优，存款付息率0.76%，较全省平均水平低0.87个百分点，贷款收益率7.13%，较全省平均水平高0.63个百分点，成本收入比17.40%（国内口径），地市行最低。五级分类口径不良贷款余额107万（均为个人类贷款），低于省行计划控制数150万元；不良贷款率0.005‰。

【电子业务】 电子银行账务性交易量比60.76%，比上年增长20.17%，完成年计划的134.5%，其中交易量比全省排名第一；电子银行中间业务收入1100.27万，是全省首家中收过千万的二级行，比全省第二名多近200万元，完成分行计划的102%。累计制卡185000张，信用卡客户净新增13911户；信用卡消费额13.69亿元，省行排名第一。

【VIP客户】 全行个人高端客户共计622人，比年初增长94人，增幅17.8%，客户金融资产为35.61亿元，比年初增长3.63亿元，高端客户数量和金融资产位居系统内第一，占比分别达到18.28%和22.36%。

【营运质量】 柜面交易差错率为万分之零点二五，较2011年同期降低万分之零点零四；城区集中维护离行式自助设备平均开机率保持在99%以上，较2011年同期上升两个百分点；平均对账单回收率和季度对账回收率99%，对账工作名列全省前列；未发生重大违规及操作风险损失。

【支持地方经济建设】 榆林分行以市委、市政府“建设西部强市”为指引，依托区域经济优势，以煤炭资源整合为契机，把服务地方百姓生活、推动地方经济发展、支持中小企业、小微企业、民生领域发展作为当前最重要的事情来抓，2012年，建行榆林分行以煤炭行业为主阵地，先后申报、审批数千户大中型项目、小企业项目、个人楼盘项目以及个人客户，投放99.35亿元。抓住榆林经济发展的脉搏，信贷投向优势（集团）客户，以及煤电一体化、建筑业、煤炭运销、符合循环经济发展思路的煤转化项目建设等具有区域优势的客户群体。榆林区域工业的产业集中度较高，主要分布在煤炭、电力、化工、制造业、公路、铁路等支柱行业和产业。建行榆林分行将上述行业和产业作为信贷支持的一大重点，以促进产业结构调整、产业链的延伸和产业集群的有效发展为目标，在深入分析行业特点和发展趋势的基础上，给予差异化的支持。重点支持煤矿、煤炭运销、铁路、公路等中央、市、县国有企业以及民营企业的快速发展。

【渠道建设】 完成榆林西人民路支行、榆林新建南路支行搬迁，定边县支行开业，府谷新民支行购置。神木金库、靖边金库建设接近尾声，预计年内交付使用，组织推进横山支行网点装修、府谷庙沟门支行装修计划上报，大柳塔柳兴街支行迁址租赁等项目的开展。2012年新设4个网点新增计划，2个项目完成了监管审批，2个完成了监管申报；27个装修项目计划，已开工建设了20个。新购置更换自助设备19台，为历史最多；在运行自助设备总量达到97台、年内净新增13台；自助银行数量达到17家，其中附行式自助银行15家，离行式自助银行2家。

【防控操作风险】 强化各项检查制度。通过远程监控检查，实时监控对公网点业务操作的合规性，及时纠正差错，定时通报，进一步加强对公柜面操作风险控制；规范现场检查工作流程，建立可行性较强、风险控制程度较高的问题整改流程;逐步建立起高效的柜面操作风险监管体系。加大各类检查问题的问责力度,强化检查责任,明确对合规问题发生率、审计问题整改率与基层班子、条线部门负责人收入挂钩考核要求。加强委派营业主管后续管理。不断完善工作制度和考核制度,建立日常操作规范,增强风险防范意识和制度执行能力,发挥委派营业主管风险防范第一道关口作用重点解决上下"两张皮"问题,出台《关于加强和改进分行本部工作作风的通知》,首先从分行部门入手,研究解决上下结合不紧密、政策落地不够的问题。二是要求分行各部门、各支行切实增强执行力。要把握分行政策实质,多在行情结合上谋篇布局,制定出的资源配置政策和经营管理意见,既要贯彻分行政策的核心要求,又要充分体现自身发展、外在形势的需要,使分行政策不变形、不走形,落到经营管理实践中、落到每一个员工的具体行动上。三是按照市委市政府及省行要求,全面开展干部作风整顿工作,使全体员工在工作作风、劳动纪律方面有大的改观。四是强化全程控制。建立科学合理的目标管理体系,纵向到产品,横向到前台营销人员,实时反馈、及时修正,牢把重要节点,在每一个细节中强化员工行为与分行要求的一致性,实现无缝对接。

【队伍建设】 一是组织学习党的十八大报告和十七大以来历次全会精神,学习胡锦涛同志在庆祝建党90周年大会上的重要讲话和十七届中央纪委第七次全会上的重要讲话精神,学习《党员领导干部廉洁从政若干准则》、《国有企业领导人员廉洁从业若干规定》、《关于党员领导干部报告个人有关事项的规定》等党纪条规,进一步增强政治意识、大局意识、廉洁自律意识和遵纪守法观念。结合总行党委关于开展"讲党性、重修养、守廉洁、作表率"主题教育实践活动的要求,在保持思想纯洁、组织纯洁、作风纯洁和清正廉洁方面找差距、摆不足,明确努力方向。二是强化各级干部政治学习、业务学习的主动意识,增强两级行班子的活力与能力。三是在工作业绩和考察测评的基础上,通过公开竞聘的方式选拔经理级领导人员2名、副经理级领导人员4名,从后备人才中选聘了2名支行行长助理;1名营业主管实现转序列聘任;组织营业主管后备人才的竞聘,建立营业主管后备人才库,先后有3名后备人才聘任管理岗位职务。充实管理层力量。对部分基层行班子进行调整,优化了支行班子和支部结构。四是争取省行支持,新增26名大学毕业生,一次性接收定向招聘人员30名,进一步优化员工的知识结构和年龄结构。五是加快后备人才的培养使用,鼓励优秀人才脱颖而出,使各层级的员工的工作潜能得到比较充分的发挥。六是加大客户经理队伍建设,对于城区客户经理重新聘任。七是积极推荐青年员工入党。2012年吸收入党积极分子12名,吸收预备党员10名,预备党员转正10名。其中获得各种奖励的占比87%,年度考核优秀的占比100%,确保党员新鲜血液的先进性。

(边 塞 贺 玲)

中国建设银行股份有限公司榆林分行

行　　长　姚继君
风险总监　刘争阳
纪检书记　李海波
副 行 长　赵亮星　刘建芸
　　　　　郭忠忠　王晓锋

中国银行

【概况】 中国银行股份有限公司榆林分行(简称中国银行榆林分行)成立于1988年9月,分行机关共设8个部室(行长办公室、个人金融部、公司金融部、监察部、党务工作部、财管与运营部、风险内控部、营业部),下辖神木、府谷、靖边、定边四个县级机构,榆林城区五个直属支行(新建路支行、榆阳支行、航宇路支行、西沙支行、肤施路支行),全辖共有14个营业网点,现有在岗员工340人。2012年,在榆林市委、市政府以及省、市行党委的正确领导和大力支持下,中国银行榆林分行以"扩大客户基础、拓展核心存款、提升网点效能"为工作方针,以科学发展观为指导思想,深入贯彻落实十八大会议精神,在全行员工的共同努力下,经营管理水平显著提升,业务发展取得丰硕成果,先后被榆林晚报评为"2011年度百姓最满意的银行",被榆林市公安局评为"2011年度榆林市金融安全保卫工作先进集体",被中国银行工会评为"2012年中国银行职工代表大会制度建设示范单位",被中国金融工会全国委员会评为"2012年全国金融系统职工代表大会制度建设示范单位",被榆林市厂务公开领导小组评为"2012年榆林市厂务公开职代会四星级单位",被榆林市总工会评为"2012年度企业工会工作先进单位"。

【业务发展】 2012年,人民币一般性存款余额197.94亿元,较年初新增29.84亿元,增长17.75%,余额和新增额均列全省第一位。其中公司存款余额146.5亿元,较年初新增23.35亿元,增长18.96%;储蓄存款余额51.43亿元,较年初新增6.49亿,增长14.44%。2012年,各项贷款余额125.23亿元(含贴现),较年初新增27.26亿元,增长27.82%,余额和新增额均列全省第二位。其中公司贷款余额95.47亿元,较年初新增23.28亿元,增长32.25%;零售贷款余额19.07亿元,较年初新增5.64亿元,增长42%;贴现余额10.69亿元,较年初下降1.66亿元,减少13.44%。不良贷款占比0.01%,较年初下降了0.01%。

【内部管理】 一是配合银监局等监管部门,组织开展"不规范经营"专项整治工作。根据省行和银监局的工作要求,榆林分行结合自身实际情况,在第一时间成立以行领导为组长,各机关部门负责人为成员的专项整治工作领导小组,全面统筹、推进和落实全行专项整治工作,严格执行“七不准”、“四公开”,深入开展自查自纠与检查整改,经过全行上下的共同努力,治理工作取得良好成效,得到上级监管部门和社会公众的广泛认可。二是深入开展风险内控与案件防范工作。加强组织领导,深入开展警示教育活动、“三重一大”效能监察工作、案件风险排查工作及创建“平安中行”等活动,各部门以加强内控与案防为中心,将各种演练、讲座、学习等活动落到实处,在内部网站上展示学习成果和活动措施,全年累计开展相关活动9次。三是做好风险预警工作,加强贷后管理。对授信业务总体资产质量情况、风险分类情况、资产质量的迁徙变化等进行严密监控,根据宏观经济环境、当地区域经济特点和全行经营范围,向全辖提示和发布需要重点关注的行业风险状况。督促业务部门按时、保质完成贷后检查工作,制定贷后管理考核办法,不定期组织实施专项或全面信贷检查,风险管理部门负责贷后实地检查,并对业务部门的贷后管理工作进行考核考评。截止2012年末,该行不良贷款占比0.01%,较年初下降0.01个百分点,风险内控考核在全省系统内九家地市行排名第一。

【基础建设】 2012年,中国银行榆林分行贯彻落实总、省行关于网点转型工作的战略要求,完成榆阳支行的购置搬迁、财富中心的购置、靖边支行新办公楼的装修、府谷河滨路分理处升格、榆林城区两家自助银行建设等网点改造和渠道建设工作,并在年内实现了定边县支行对外试营业。在网点渠道建设过程中,严格按照转型标准,充分发挥客户经理制、战略业务管理办法等激励机制的引导作用,不断加大人力、财力、物力等资源支持力度,充实网点营销力量,网点综合竞争力显著增强。截止2012年末,榆林分行各家经营网点网均存款15.23亿元,网均新增2.33亿元;网均贷款达9.63亿元,网均新增2.13亿元。

【支持地方经济发展】 2012年,中国银行榆林分行围绕榆林市委、市政府确定的市、县域重点工程、重大基础设施建设项目,加大贷款投放力度,促进煤炭、化工、电力、有色金属等行业一批大项目的开工建设和竣工,全年投向市县重点项目建设的贷款共计29.8亿元。加大对榆林市中小企业的信贷投入,在该行设有机构的神、府、靖及榆阳区投放中小企业贷款11.38亿元,重点支持农产品收购、医药、钻采、洗煤、商贸等38户企业。

(戴文彪)

中国银行榆林分行

行　　长　苏文彪
副 行 长　刘建军　奚　飞
　　　　　刘海录　崔振平
　　　　　闫文海
纪委书记　张　珣
督　　导　贾　阳

西安银行

【概况】 自2010年12月西安银行榆林分行成立以来,在榆林市委、市政府以及监管部门的支持下,西安银行榆林分行坚持“强化两个基础、做大三项业务、提升四种能力”的经营策略,积极投身于榆林跨越式发展大潮之中,致力于促进地方经济社会全面发展,并取得良好的经济效益和社会效益。截止到2012年12月末,西安银行榆林分行的一般性存款余额374841.82万元,较年初增加183712.28万元;各项贷款余额360739.7万元,较年初增加117276.28万元。

【支持榆林经济建设】 围绕榆林市委、市政府的发展战略和规划,西安银行榆林分行整合资源优势,优化信贷结构,支持中小企业发展,积极探索建立适合中小企业发展的内部运作机制。分行成立以来,累计投放贷款76亿余元,其中中小微企业贷款22亿元。累计签发银行承兑汇票近49亿元,票据贴现2亿元。截止2012年12月末,分行的公司贷款客户119户,贷款投向上主要涉及煤化工、煤炭选洗、循环经济、商贸、工贸、批发、零售、建筑、采矿、制造业、农业产业等多个行业。西安银行榆林分行支持榆林经济发展得到榆林市委、市政府的认可。

【客户服务】 西安银行宗旨是“服务地方经济、服务中小企业、服务当地市民”。榆林分行成立以来就积极承担企业社会责任,依托省市地方建设和产业发展战略规划,为地方经济发展提供金融支持。发挥市民银行特色,努力打造金丝路、周理财等金融服务品牌,为客户提供安全便捷的现代金融服务。在世园会期间,代卖世园会门票,累计销售世园会门票共计610张。2011年在《榆林晚报》组织开展的“谁是老百姓最满意的银行”评比中,“金丝路”理财被评为“榆林市百姓最满意的理财品牌”。2012年在《榆林晚报》组织开展的“谁是最满意的金融机构”评比中,榆林分行被授予“最美微笑服务银行”。2012年榆林分行被省公安厅、省综治办授予省级“平安单位”称号,神木县支行被市公安局、市综治办授予市级“平安单位”。分行现设有六部一室(公司业务部、小企业金融业务部、零售业务部、风险管理部、财务部、营业部、办公室),现辖1家支行(神木县支行)。在行式自助设备十台,在榆林学院东门、长城北路常兴国际酒店大厅的离行式自助设备投入运营。榆林分行积极参加社会活动,树立起良好的金融品牌形象。2012年5月份,分行与航宇路办事处共同发起“为梅润华一家献爱心捐助活动”,号召全行员工参与捐助活动,弘扬中华民族扶贫济困美德,倡导社会互助精神。7月份,分行与《榆林晚报》再次携手推出2012年“七夕节”榆林市第二届万人相亲大会,吸引众多青年男女的目光。9月份,分行又与神木团县委、神木县教育局共同开展“西安银行杯”神木县首届青年教师电视辩论赛,积极支持青年教师队伍的培养,树立分行“关心教育、关爱社会”的品牌形象。以现有营业网点为依托平台，努力提升综合服务水平，细化市场，制定个性化营销方案，满足市民日益增长的金融理财需求。开办住房按揭贷款、小额质押贷款、汽车消费贷款等个人融资产品；开办代发工资、银行卡业务，开办代理基金等理财产品，向市民提供一流的产品和服务，以更贴近市民需求的姿态，努力打造市民满意银行。

（张剑锋）

西安银行榆林分行

副行长（主持工作）　刘玉荣
副　行　长　秦　江
　　　　　　陈军梅

长安银行

【概况】　2012 年，在总行的领导下，在榆林市委、市政府的支持下，在人行榆林市中心支行和榆林银监分局的指导和监管下，长安银行榆林分行以“转变发展方式，走差异化、特色化发展道路”为主线，以“夯基础、促提升”为工作思路，以“稳中求进、以进保稳，进中求快、创新发展”为总基调，开展“小微企业金融服务年活动”和“员工教育培训年活动”，在与地方经济相互促进过程中，实现各项业务的全面快速健康发展。至 2012 年末，长安银行榆林分行内设 7 个部门，13 个支行，其中城区支行 8 个，县域支行 5 个，共有员工 342 人。长安银行榆林分行各项存款余额 1353739 万元，较 2009 年新设合并时增加 1182054 万元，增幅为 688.5%，是 2009 年新设合并时的 7.89 倍，翻了近三番；各项贷款余额 881843 万元（含贴现），较 2009 年新设合并时增加 790142 万元，增幅 861.65%，较 2009 年新设合并时翻了三番；三年来累计实现利税 150522 万元，其中缴纳各种税金 37546 万元，各项经营指标均在全市同业中名列前茅，连续四年在长安银行系统综合考评全省第一名，连续四年荣获长安银行“先进集体”，2012 年荣获“陕西省三八红旗集体”称号。

【抓存款提升核心竞争力】　树立存款立行的经营思想，努力夯实资金实力。一是年初及时组织召开年度工作会议，成立以一把手为组长的营销领导小组，将存款任务细化、分解下达到各部门、各支行，落实到每个员工，并与各部门、各支行分别签订年度经营目标责任书。二是根据总行的工作部署和要求，确立领导分工包抓机制，将辖内各支行分为城区、神府、横山和靖边三个区片进行分片包抓管理；根据总行“对标管理”的要求，确定先进标杆，从观念、业务、服务等多方面对标，通过学习借鉴，进一步提升综合水平。三是以产品为依托，以“扩户工程”、“扫手机”等活动为突破点，加强长长卡、代发工资等个人业务的营销、宣传，重点对政府机关、学校、公立医院等单位进行营销。2012 年末，长安银行榆林分行储蓄存款较年初增长 57141 万元，增幅 21.29%。四是成立专门的营销团队，紧抓财政存款，紧跟政府大项目，不断加强对公存款的营销。通过对榆林空港生态园区、榆阳区芹河新区、榆林西南新区以及市区两级财政局的营销，积极促进财政账户以及其他机构类账户的开立工作。2012 年长安银行榆林分行新增财政账户 8 户，新增财政性存款 91274 万元，并取得了榆阳区、横山县国库集中支付代理行资格；对公存款余额在年初 784253 万元的基础上，增长了 243980 万元。截止 2012 年末，榆林市各项存款余额合计 22528188 万元，其中长安银行榆林分行占比为 5.93%，较年初提升 0.24 个百分点。

【贷款投放】　按照“分类指导，有扶有控”的原则，合理把握信贷投放的总量、节奏和投向，抢抓市场发展机遇，加大市场营销力度，主动调整信贷结构，确保信贷资金有效投放。一是在支持现有网点机构所在区域信贷资金基础上，重点对没有设立机构的南六县进行调研、支持，全年共支持南六县贷款 8230 万元。二是全面支持当地小微企业发展，加大小微企业贷款营销力度和速度。截至 2012 年末，长安银行榆林分行小微企业贷款余额 428121 万元，增长 98053 万元，增幅 29.71%，完成年经营目标的 100.05%。三是合理开展票据业务。2012 年，累计开展贴现业务 97381 万元，并向外转让信贷资产 96000 万元，年末银行承兑汇票余额为 166400 万元。四是制定“贷款五级分类质量规范年”工作实施方案，开展贷款五级分类治理规范年工作，规范管理信贷资产。五是继续加大特资清收工作，清收工作顺利进行。2012 年，特资Ⅱ累计清收回 64 万元，完成年清收任务的 226.79%。截止 2012 年末，榆林市各项贷款余额合计 15480813 万元，其中长安银行榆林分行占比为 5.70%，较年初上升了 0.07 个百分点

【开展“小微企业金融服务年活动”】
2012 年是长安银行的“小微企业金融服务年”，为推动小微企业信贷业务健康快速发展，进一步促进小微企业金融服务工作再上新台阶，一是成立长安银行榆林分行第一家小微企业专营支行——保宁路小微企业专营支行，出台小微企业专营支行考核办法，进一步提升小微企业金融经营能力和管理水平。二是开展“小微企业金融服务宣传月”活动，通过建立小微企业宣传咨询点，宣传园地，举办银企座谈会等形式加大“长安贷”品牌宣传。三是大力推广和营销小微企业信贷产品。以保宁路、世纪广场、开发区支行周边商圈为目标，开展“三扫活动”，了解客户的市场需求，加强营销，增加投放；加大以神府区域为主的煤矿、洗煤，煤炭运销、煤化工行业的客户营销，积极主动为客户宣传联保信贷业务的产品优势和特点。四是加强与专业担保公司的合作，进一步拓宽客户服务渠道。2012 年，长安银行榆林分行小微企业经营能力和管理水平进一步提升。

【开展“员工教育培训年活动”】
2012 年是长安银行的“员工教育培训

年”,长安银行榆林分行制定《长安银行榆林分行员工教育培训年活动实施方案》,按照实施方案的安排,进行多次培训。一是按照总行统一安排,积极组织、合理安排分行员工参加总行的各类培训,共组织参加总行统一培训9次,其中支行行长培训2次、柜台人员培训6次、小微企业客户经理培训1次,参加培训达到近300人次。二是自行聘请上海明鸿银行教育培训中心的高级教授和邀请总行个人金融业务部工作人员对全辖员工进行业务培训。三是针对操作风险、业务理论、工作技能等采取集中培训形式,分层次、分类别对全行员工进行电子银行、理财业务、优质服务等培训;开展反洗钱知识专题培训。四是按照总行安排,对辖内各支行行长、客户经理主要就小微企业信贷产品、流程与风险控制进行全面细致的培训。五是由安防检查监督部牵头,组织分行中层管理人员利用周末时间学习长安银行各种规章制度;由会计结算部牵头,组织全行会计人员每月15日在分行集中学习柜台相关业务。六是利用周六休息时间举行银行柜面业务技能比赛,促进员工之间进行业务交流。

【网点建设】 2012年,长安银行榆林分行围绕“以客户为中心”的服务理念,对全辖支行进行了分析定位,努力建设富有特色企业文化的商业银行。一是根据分行实际,将城区保宁路支行转型为小微企业专营支行。二是在总行和监管部门的支持下,新设立靖边县、肤施路、大柳塔三家支行。三是启动府谷县支行新网点的装修工作。四是全力推进分行办公楼建设。

【不规范经营活动专项治理】 为有效服务实体经济,按照总行和监管部门对整治不规范经营活动专项治理工作要求,长安银行榆林分行开展整治不规范经营活动专项治理工作。一是成立分行不规范经营问题专项治理工作领导小组,制定《长安银行榆林分行不规范经营问题专项治理工作实施方案》。二是要求各部门、各支行组织员工开展整治不规范经营活动专项治理工作自查自纠工作,自查自纠覆盖面达到100%。三是在各网点张贴由总行统一印制的“七不准”和“四公开”公示牌,在分行设立举报箱,及时掌握各支行违规收费行为。四是建立整治不规范经营工作的长效管理机制,将不规范经营问题专项治理工作作为一项长效机制,持续开展。

【科技支撑】 2012年,在总行的指导下,一是配合总行完成企业征信系统和个人征信系统的归集工作;二是协助总行实现设备管理系统上线工作;三积极响应人民银行机构信用代码的推广应用工作,完成机构信用代码证的配发工作,全年共发放存量机构信用代码1036户,新增机构信用代码228户。榆林分行被当地人民银行评为“机构信用代码工作先进集体”。

(连　庆)

长安银行股份有限公司榆林分行

党委书记、行长	李翠霞
党委委员、纪委书记	王建斌
党委委员、副行长	刘　伟
	彭雅萍
高级经理	张　青
行长助理	王金茹
	尚宏图

农村信用社

【概况】 榆林市农村合作(商业)金融机构(以下简称农合机构)下辖榆阳、神木、府谷、定边4家农村商业银行,横山、靖边2家农村合作银行和绥德、米脂、佳县、吴堡、清涧、子洲6家农村信用合作联社,310个营业网点遍及全市城乡,3430名干部员工,为全市300余万城乡居民金融服务重任。2012年榆林市农合机构在省联社的坚强领导下,在市委、市政府、人民银行、银监分局的支持和监管下,围绕“巩固提升、稳中求进”的发展思路,落实科学发展观,坚持四个面向市场定位,继续推进“12345”工程建设,开展“四抓”、“四达标”、“四强化”,推动全市农合机构各项工作健康发展。

【业务经营】 12月末,全市农合机构各项存款余额599.3亿元,较年初净增100.9亿元,增长20.26%,完成年计划任务(72亿元)的140.1%,存量和增量分别占全市金融机构的28.58%、28.80%位居第一。各项贷款余额394.5亿元,净增76.9亿元,增长24.2%,占全市金融机构份额的27.84%;全年累计投放各项贷款437亿元,其中涉农贷款累放401亿元,占各项贷款的91.74%;贷款存量、增量和信贷支农始终位居全市金融机构之首,支农服务成绩显著,经营效益进一步提升,抗风险能力显著增强。全年累计上缴各项税费10.11亿元。

【体制改革】 2012年市农合机构银行类机构组建步伐加快。府谷农村商业银行于2012年7月13日挂牌开业,横山合行、米脂、绥德、子洲联社农商行改制工作年内已获银监会批准,筹备工作进展顺利,靖边合行和佳县、吴堡、清涧联社积极完成股金改造,资产质量不断优化,改制农村商业银行工作全面启动,全市农合机构银行类机构组建工作步入了快车道,体制改革走在全省的前列。

【金融服务】 2012年,全市农合机构积极推进“三大工程”建设,进一步加大信贷投放力度,创新金融服务手段,延伸金融服务。全市农合机构不断创新金融产品,提高金融服务水平,开办有各类个人、公司类存贷款业务、代收代付、保管箱服务、富秦卡业务、网上银行、手机银行、电话银行、自助银行、助农取款等三十多种业务,解决边远地区及撤乡并镇留守人群等金融服务难题,使广大农民足不出村就可支取、查询各种涉农补贴等资金。一是提高金融服务水平,实现金融服务进村入社区全覆盖,通过开展多元、多样化服务,填补金融空白区,延伸服务网点,加大银行卡发行,推广银行卡助农取款业务和“一卡通”业务等手段，推进金融服务进村入社区全覆盖工程。全市约98万群众持有陕西信合富秦卡、富秦家乐卡、钻石卡和金卡。二是深化便民措施，新增设ATM自助设备112台，POS机1339台及助农取款机等，实现边远地区及留守群众足不出村支取、查询各种涉农补贴等资金难的愿望。三是整合延伸服务网点，全市对8个金融服务盲区和居民集中区的网点进行整合，延伸金融服务，缓解撤乡并镇、劳务输出等因素造成的金融空白服务，将服务触角延伸到乡村、社区，全面提升了全市农合机构金融服务水平，使金融服务进村入社区工程扎实推进。

【信贷支农】 2012年，全市农合机构根据榆林地域特点，结合党政部门的发展规划，积极调整信贷投向，确立“东扶枣杏发展、南支农业产业、西支特色产业、北扶中小企业”的信贷战略，进一步加大、拓展、创新三农服务，全面推进富民惠农工程，全年累计投放支农贷款401亿元。重点解决农民生产、生活水平提高资金需求，保障农村基本生产中籽种改良、肥料购买、土壤改造、种植、养殖扩大、引水灌溉、农机购进、收获加工、包装运销等产前、产中、产后资金需求，同时拓展三农服务领域；投放16.6亿元信贷资金支持以建设大型灌区、节水改造、网络覆盖、移民搬迁、建立农产品收销、再加工市场等农村基础设施建设，为全市推进实现城乡一体化进程贡献力量。结合市委、市政府“四区一带产业布局、建设六大特色产业、打造九大品牌、实现六大突破”发展战略，发放支持绿色、规模、品牌、特色农业贷款297亿元。如榆阳的玉米、养猪，米脂小杂，清涧的石板、红枣、粉条，横山大明绿豆、羊子，佳县的枣缘红酒，定边的马铃薯、红花荞麦，子洲的黄芪等；投放涉农企业和小微企业贷款69.3亿元，重点支持如府谷县恒源、陕西昊田等实体经济发展，缓解小微型企业融资困难。

【信用工程】 2012年，推进农村信用工程建设。一是拓宽信用户评定面，加大农户及个体工商户评定力度，建立农户经济档案55万户，占总户数的90%，评定信用户36万户，信用村113个。全年累计发放农户小额信用贷款17.8亿元，基本缓解农民生产、生活过程中的贷款难问题。二是建立客户经理制。实行阳光办贷，公开客户经理档案，信贷流程、贷款利率、信用等级及授信额度、服务承诺、监督电话等。积极推行“四化”服务理念（即：贷款申请透明化、贷款服务一站化、贷款监督阳光化、贷款效率时限化），促使全市信贷管理水平上台阶，阳光信贷取得新进展。三是加大信贷投放力度，推进全市创业促就业工作步伐，全市农合机构进一步贯彻落实省联社、市委市政府创业促就业工程建设，制定出台《榆林农合机构创业促就业小额担保贷款实施方案》，与市社保局、市财政局签订个人创业促就业小额担保贷款发放协议，全年发放创业促就业贷款5.95亿元，完成年计划的114%。

【队伍建设】 一是加强领导干部的考核管理，着力在干部管理上抓了七件事。二是加强队伍建设和薪酬分配、劳动用工的规范管理。三是加强干部员工培训教育，全年累计培训财务会计、信贷业务、职业道德、人力资源管理和服务礼仪等147期，6000人（次），积极鼓励干部员工参加社会各类学历教育和专业知识、从业资格等考试，全年有500多名干部员工参加专业技术职务、从业资格、计算机、外语等级考试，30多人参加社会各类学历教育。四是各行社积极开展“走出去、请进来”，与周边同行业沟通交流、与培训机构协调联系，加强干部员工的培训教育。五是优化干部员工队伍结构。六是进一步深化三项制度改革，坚持“中层竞争上岗，员工竞聘上岗”的激励机制，推行“能者上、平者让、庸者下”的科学管理机制和“按劳分配、按绩取酬”的长效机制，充分调动了广大干部员工的工作积极性、创造性，建立了人尽其才，才尽其用的劳动用工和考核管理机制。

【党风廉政】 2012年，全市农合机构围绕省联社党风廉政建设工作任务。一是自上而下签订党风廉政建设责任书和案防工作责任书，建立起“横向到边、纵向到底、不留死角”的案件防控体系。二是继续深入开展案件风险排查工作，办事处制定《榆林市农合机构2012—2014案件风险排查工作实施方案》，建立案件防控长效机制，不断加强案件防控力。三是全面开展“抓党风、转作风、保稳定、求发展”主题实践活动。并结合市委、市政府开展的“整顿工作作风”活动，以党员干部作风建设为主线，通过狠抓三个关键环节（即抓学习、抓查摆、抓整改），党员干部的思想观念和工作作风有明显转变，工作效率和服务质量得到不断提高。四是积极开展员工参与民间融资排查，排查面100%，各行社与每个网点及个人签订《责任书》、《承诺书》，采取各种措施约束和防范员工参与民间借贷。五是开展“三问三解”活动，省联社和办事处领导顶风雨、冒严寒，进网点、入宿舍，与一线员工同吃同乐，始终把员工的工作、生活放在他的心上，开展“三问三解”及送资金、送信息、送关怀、送温暖、促小康的四送一促活动，以实际行动做“三问三解”的带头人。六是认真治理商业贿赂专项工作。各行社坚持业务发展和治理商业贿赂“两手抓、两手硬”的工作理念，开展多种形式治理商业贿赂的发生，组织行社领导班子、中层干部及部分员工到榆林监狱、延安监狱接受预防职务犯罪警示教育。

（葛爱军）

陕西省农村信用社联合社榆林办事处

主　　任　葛爱军
副 主 任　李培福

财产保险

【概况】 中国人民财产保险股份有限

公司榆林市分公司(以下简称:人保财险榆林市分公司)。在改革开放30多年来,公司秉承PICC国字品牌的悠久历史,牢记“人民保险,服务人民”的历史使命,践行“保障人民高品质生活”的事业追求、“做人民满意的保险公司”的共同愿景及“风雨同行、至爱至诚”的核心价值观。公司本部内设8个部室3个中心;下设14家支公司,1个营业部,8个市级营销服务部;全市各类合同制员工共计587人,营销员2000多人。经营产品涵盖机动车辆险、财产险、货运险、责任险、信用保证险、意外健康险、农业保险等财产保险各个业务领域。

【主要业绩】 2012年保费收入突破7亿元,市场份额接近45%,公司规模再上新台阶,牢牢占据市场主导地位。2006—2012年的七年间,公司累计支付各类赔款15.3亿元,向全市提供风险保障3870亿元,累计缴纳税金1.65亿元,为地方税务局代扣代缴车船税1.5亿元。被陕西省保监局、省保险行业协会授予“陕西保险系统先进集体”光荣称号,被陕西省国税、地税评定为“A级纳税人”,被中国金融工会全国委员会授予“全国金融系统职工代表大会制度建设示范单位”,被榆林市政府授予“2012年度金融工作先进单位”,获“2012年度百姓最满意的保险公司”、“微笑服务保险公司”、“最快速理赔保险公司”“2012年度纳税先进单位”等殊荣。

【内控和风险管理】 在自身业务快速发展的同时,公司更加注重稳健经营,从加强内控和风险管理抓起,防范区域性、系统性金融风险,打击非法集资,不断加大反欺诈、反洗钱工作力度,遏制违法金融活动的蔓延。倡导和实施“以客户为中心”的服务理念,坚持服务领先策略,在做好标准化承保和理赔服务的同时,进一步拓展服务领域、优化服务流程、创新服务手段、提升服务品质,提高客户满意度,对提供的服务质量和品质进行有效监督和检查,力求把服务的每个细节做好做实,发挥保险经济补偿、参与社会公共管理、稳定和促进企业生产和人民群众福祉的功能作用;履行优秀企业公民责任,热心支持国家教育、体育和文化公益事业发展;在各级政府的支持下,承担社会责任,以开展政策性农业保险及各类强制性责任保险为依托,为构建和谐社会贡献力量。

(李白杨)

中国人民财产保险股份有限公司榆林市分公司

党委书记、总经理 刘晓舟
副 总 经 理 郝林清
解永军
张晓东

人寿保险

【概况】 中国人寿保险股份有限公司榆林分公司是中国人寿保险股份有限公司在榆林的分支机构,公司现有16个县级分支机构,22个营销服务部,分公司机关内设9个部门。全市系统共有员工1420人,其中保险销售从业人员1150人。

【保险业务】 2012年,榆林分公司围绕省公司“文化引领、稳中求进、提升价值、合规经营”的工作方针,抢抓发展机遇,突出发展特色,注重队伍建设,稳中求进,在榆林寿险市场环境复杂多变的情况下,系统上下奋力拓展,实现保费收入4.27亿元,在行业普遍负增长的情况下,同比增长4.82%,增幅位居全省前列,市场份额48.3%,继续保持榆林寿险市场的主导地位。

【内部管理】 公司围绕"防风险、促发展"监管工作主线,进一步落实重点风险防范工作,开展“9.16诚信我为先”主题教育活动,实施内控风险评估、治理销售误导自查自纠、保单借款专项检查、财务和业务数据真实性自查工作。加快理赔时效管理,从基础入手,加大理赔端对端考核力度,赔案质量和效率大幅提升。进一步加强单证和印章管理,发挥销售督察和风险预警功能。分公司党委与基层单位的“一把手”签订《党风廉政责任状》和《合规经营承诺书》,促进领导干部自觉执行廉洁自律各项规定。注重基础管理,教育培训部共举办各类培训班36期,参训人员2100人次,管理人员和销售人员的技能得到提高。

【队伍建设】 继续规范干部使用与管理,按照“政治觉悟高、政策水平高、业务素质高、管理能力强”的标准,注重基层公司领导班子建设,加强领导班子思想建设、作风建设和能力建设,有针对性地发现培养后备干部,不断优化领导班子结构,发挥公司人才优势,调整了2个支公司主要负责人,提聘5位年轻干部,支公司领导班子在年龄结构、知识结构方面逐步优化并形成梯次,为公司发展提供坚强的组织保证。加强以个险渠道为核心的销售队伍建设和组织扩张,坚持发展与组织拓展并重,在北部区域,重视高端市场的开拓与开发,坚持“精英引领”,打造精英团队,把精英培养成主管,涌现出全省超五星级营销员5名、五星级营销员5名,精英引领,带动群英的作用明显。在西部、南部突出销售队伍组织发展,推广“米脂模式”,走主管经营,全员举绩,共同创富的发展之路,公司2012年保险销售从业人员实有人力突破千人,持证率100%。

【经营管理】 进一步发挥财务预算职能,定期对各单位财务预算执行情况进行分析,严格控制费用成本,加强手续费支出和业务推动奖励的控制,确保公司经营效益。严格费用管控,开源节流,通过良好的发展和经营,逐步解决了基层公司的历史包袱,短险综合赔付率低于全省均值11个百分点,控制较好。继续将有限的费用向一线倾斜,缓解了基层财务压力,全年经营实现收支平衡,略有结余。通过良好的发展和经营,改善和增加一线员工的薪酬收入,平均薪酬增长幅度是近年来最高的一次,让员工分享了改革发展成果。

【诚信服务】 重视诚信服务工作，把客户是否需要、是否满意、是否方便作为衡量工作成效的一个重要标准，细化流程和效率，提高客户服务品质。组织开展“3.15”消费者权益保护日宣传，举办了第六届“国寿客户节”活动。加强与地方政府的沟通，勇担社会责任，被中国人民银行榆林中心支行授予“2012年度金融和服务综合评价A类单位”。在榆林晚报主办的“2012年度百姓最满意金融服务机构评选”活动中，公司摘取“2012年度微笑服务保险公司”、“2012年度最快速理赔保险公司”、“2012年度百姓最满意保险公司”三项殊荣，三项得票率均名列第一。

【党建和企业文化工作】 加强党的建设，发挥党组织的战斗堡垒作用，组织党员和员工收看、传达学习党的十八大精神，深刻理解“两个百年目标”，对实现中华民族伟大复兴的中国梦充满信心。围绕中心工作，按照科学发展观的要求，认真执行民主生活会制度和重大事项集体研究制度，始终把公司的利益、员工的利益放在首位，在公司重大决策的形成过程中，坚持“集体研究、民主集中、个别酝酿、会议决定”的原则，虚心听取干部员工的不同意见和合理化建议，问计于基层，解决基层迫切需要解决的问题，激发广大员工热爱公司，与公司共命运的团队精神。组织召开党员领导干部民主生活会，及时反馈基层公司对分公司的意见和建议，在班子成员之间开展谈心和批评与自我批评，增强班子成员的团结和凝聚力。积极开展扶贫帮困和“四城联创”等公益活动，彰显了国寿的社会责任，被榆林市人民政府授予“2012年度金融工作先进单位”。

（杨　扬）

中国人寿保险股份有限公司榆林分公司

党委书记、总经理　孙中庆

副总经理、纪委书记、工会主任　张自力

副总经理　刘福存　师海洲　赵孝忠

开源证券

【概况】 开源证券有限责任公司榆林营业部2002年6月份经证监会正式批准这里，是榆林市开业最早，陕北地区规模最大的证券营业部，营业面积1038平方米，内设四个部门，营业部在编员工25名，大专及以上人员100%。办公地址：榆林市航宇路长丰大厦三层。目前，代理的业务包括证券的代理买卖（沪、深A股、证券投资基金、ETF、LOF、权证、国债现货、国债回购、可转换债券、企业债券等）；代理证券的还本付息、分红派息；证券代保管、鉴证；代理登记开户，投资咨询，证券自营资产管理，基金代销，资产管理，财务顾问，期货IB业务。

【经营管理】 在榆林市委市政府的支持下，按照服务当地经济，推动人民理财为宗旨，经过几年艰辛的市场培育和推广。从2006年开始，市场培育初见成效，业绩逐年呈几何级增长，营业部业务覆盖榆林市12县区，和工行、农行、中行、建行、招商银行、兴业银行、浦发银行等银行均合作开展三方存管业务；2012年营业部以落实公司提出的三年经营目标为导向，积极推进机制转换，推进合规建设，提升交易环境，优化交易网络，保障客户资金和交易的安全，营业部逐步步入快速、高效、良性的发展轨道，2012年营业部证券交易量120.12亿元，实现利润501.83万元，截止2011年12月31日，营业部有存量客户21911户，客户托管市值近6亿元，全省同行业排名由2006年的64名迅速提升，排名至全省前30名。

【客户服务】 公司坚持以人为本的服务理念，2012年在公司层面对客户服务进一步进行整合，研究所的推出晨报、行业研究、个股精研等多样化的资讯产品，客户中心利用CRM系统实现客户服务的全覆盖，使客户能享受到生日提醒，重要信息提醒，资讯定制，基础服务定制等诸多便利；营业部进一步升级客户服务体系，利用上门技术服务、基础服务、资讯推送服务等方式进一步夯实客户基础，目标是给客户提供多层次的个性化服务，帮助客户进行财富管理，将榆林营业部打造成精品营业部。

【工作创新】 2012年是公司发展腾飞的一年，在公司研究所和资产管理部的鼎力支持下，为营业部的发展提供更加丰富的产品。营业部在客户细分的基础上，利用适当性原则，给予客户提供多样的产品，使客户在熊市行情下，能达到客户资产的保值增值，针对大客户推出定向理财产品和中型客户推出小集合业务得到客户的一致好评。

（杨　涛）

开源证券有限责任公司榆林航宇路证券营业部

总经理　杨　涛

副总经理　张　静

西部证券

【概况】 西部证券股份有限公司是经中国证券监督管理委员会批准设立，于2001年元月正式注册开业的证券经营机构。公司注册资本金壹拾贰亿元人民币，在陕西、北京、上海、深圳、山东、江苏、河南、河北、广西、甘肃、宁夏共设有62家证券营业部，在上海设有从事自营业务、客户资产管理业务的第一、二分公司和研究发展中心。西部期货有限公司作为公司控股子公司与公司主营业务协同运作，独立经营。公司与美国纽约梅隆（BNY Mellon）合资设立的纽银梅隆西部基金管理有限公司将在公募和私募基金管理业务领域为客户提供一流服务。2012

年5月,西部证券股份有限公司在深圳证券交易所正式挂牌上市,成为中国第19家上市证券公司。是第9家通过IPO方式上市的证券公司。公司成功上市,标志着公司发展进入一个新的历史阶段。2012年3月,公司被西安市人民政府评为“支持西安经济发展最佳金融机构”(市政发【2012】19号)。同年4月,公司在中国人民银行西安分行2011年度陕西省金融机构综合评价中被评为非银行法人机构A类。(西银发【2012】86号)。6月,公司在2011全景百佳证券营业部暨明星投资顾问评选大赛中荣获“十佳投顾服务券商”称号。被陕西省地方税务局、陕西省国税局授予2012—2013年度A级纳税人荣誉称号。西部证券股份有限公司榆林常乐路证券营业部,位于常乐路中段。毗邻政府。2012年通过与农行、中行、兴业银行、浦发银行的业务合作,拓展府谷、神木、靖边、清涧、绥德、佳县等县区,将业务触角进一步延伸。业务全面,多角度满足个人客户和企业客户的专业化的投资、融资,为各类客户提供完善的金融服务。

【客户服务】 公司95582“总部+营业部”集中分布式全国客服体系构建基本完成,已有52家营业部正式开展远程坐席执机工作。2012年公司通过“两所一司”通关测试,营业部正式开展融资融券业务。“金鼎E盾”动态令牌业务在试点后运行,本着“积极推进、分步实施”的原则,稳步开展证券公司网上交易强身份认证工作。信天游Windows Phone系统软件上线运行,成为国内证券业首批5家率先发布windows phone版手机证券软件的证券公司之一。信天游windows phone版手机证券软件的率先发布,在进一步满足投资者交易需求的同时,对满足客户证券投资的便捷性需求。

【经营管理】 榆林营业部在公司上市之年,面对不断完善的内部治理结构和严密的内部控制体系,合规守法经营。以公司“和衷共济,共谋发展,风控至上,稳中求先”的企业文化为导向,坚定走规范管理、稳中求先、注重效益的渐进式的发展之路。股基市场份额由上年末0.00190增加至0.00244,同比增加28.35%。2012年度在市场低迷的行情中,营业部对市场做出正确判断,积极指导客户参与稳健型金融产品,回避市场风险。提升服务质量,聚集市场人气。以公司和营业部的优势,为广大客户提供全面的投资理财服务。

【发展规划】 在2012年,营业部在公司上市的这一年里,在实现以客户为中心的服务的转变。营业部将不断致力为现有客户和潜在客户提供专业服务。同时以西部证券的计算机技术、网络技术和通讯技术为基础,为投资者提供标准化、专业化和个性化的综合理财服务平台。始终坚持"以客户为中心"的服务理念,通过多种途径为客户提供优质服务,力求快速、高效地满足客户需求。

(白　威)

西部证券股份有限公司榆林常乐路证券营业部

总　经　理　贺　强
总经理助理　白　威

城镇居民生活

2012年,在市委市政府的领导下,榆林市全面贯彻落实科学发展观和党的十八大精神,沉着应对国内外复杂的经济形势,果断采取"五抓五促"举措和"促销、增产、稳市场"等具体措施,使全市经济实现稳中有升,民生方面,投入力度进一步加大,经费保障机制更加完善,用于改善民生的资金达到新增财力的85%。2012年本市城镇居民人均可支配收入24140元,同比增加3419元,增长16.5%,人均消费性支出14527元,同比增加1877元,增长14.8%。

一、收入情况分析

(一)工资性收入人均15118元,同比增加2100元,增长16.1%。作为本市城镇居民收入主要构成项的工资性收入能够继续保持稳定的增长,主要是得益于2012年本市对机关事业单位的政策性增资以及由此而带动的其他企事业单位的工资上涨。

(二)经营净收入人均2964元,同比增加480元,增长19.3%。虽然上半年受复杂多变的内外部环境影响,经营户生意受到一定影响,但下半年,采取多种稳经济,促增长措施,经营户生意好转,收入稳定增长。

(三)财产性收入人均3098元,同比增加566元,增长22.4%。作为本市居民财产性收入的三个主要来源,利息收入增速最高,达到83.5%。出租房屋收入增速保持高速稳定发展,达到35.8%。而股息与红利收入受宏观经济影响,出现负增长。但总体来说,财产性收入在本市城镇居民收入构成中所占比重由上年同期的11.9%上升到12.5%,对本市城镇居民收入增长的拉动作用越来越大。

(四)转移性收入人均3535元,同比增加358元,增长11.3%。其中离退休人员的养老金或离退休金上涨21.3%,是本市城镇居民转移性收入的主要增长点。另外近年来,本市不断加大对低保、医疗、养老、教育等的财政投入力度,提高相关补贴标准,从而保证转移性收入的持续增长。

二、家庭总支出

本市城镇居民家庭总支出18623元,同比增加2395元,增长14.8%。其中城镇居民人均消费性支出14527元,同比增加1877元,增长14.8%。八大类消费支出呈现全面稳步增长的态势。增长情况如下表所示:

	2012年	2011年	增速
消费性支出	14527.1	12649.8	14.8
1. 食品	4240.0	3627.0	16.9
2. 衣着	2169.4	1651.3	31.4
3. 居住	1636.7	1548.8	5.7
4. 家庭设备用品及其他	949.4	866.8	9.5
5. 医疗保健	934.1	742.3	25.8
6. 交通和通信	2075.7	2027.7	2.4
7. 教育文化娱乐服务	1414.5	1262.2	12.1
8. 其他商品和服务	1107.3	923.8	19.9

（一）衣着支出增长最为显著

由上表可以看出，2012年本市居民八大类消费支出中衣着消费支出增长最快，人均2169元，增速达到31.4%。其中服装支出1597元，增长34.6%，鞋类支出465元，增长24.2%。其他如衣服加工服务费以及配饰类支出也均相应有所增加。对本市城镇居民而言，衣着鞋类其基本的遮体御寒功能已不是首选的条件，个性、时尚、潮流、体现品味、彰显气质越来越被看重。

（二）医疗保健支出增长较高

2012年本市城镇居民医疗保健支出人均934元，增长25.8%，其中医疗费471元，增长34.8%，药品费434元，增长18.1%，保健及其他类支出29元，增长16.0%。医疗保健支出增长，随着本市居民生活水平的提高，人们越加重视个人的身体保健，对自身健康方面的投资不断增加。虽然近年来，政府采取一系列措施大幅削减药品价格，但居民却并没有得到实惠。一是居民买不到廉价好用的药品，二是为了弥补药价下调给医院带来的收入损失，医生给病人开更多的药，开未受降价影响的药，或者让病人做更多通常不必要的检查，反而加重居民看病的负担。

（三）食品、教育文化娱乐服务和其他商品和服务支出增长稳定

食品支出的增长点主要是烟酒饮料、干鲜瓜果、其他食品等辅食副食以及饮食服务。说明本市居民对于饮食，更为讲究，更在意质的提升。教育文化娱乐服务支出中，教育支出同比下降了18.8%，而文化娱乐用品和文化娱乐服务支出分别上涨41.9%和71.6%。其他商品和服务支出中购买化妆品支出和各种休闲服务费支出上涨明显。物质生活的改善，使居民更加注重文化生活的品质，同时闲暇时生活也日益丰富。

（四）居住、家庭设备用品和服务、交通和通信三项支出略有增长

本市城镇居民消费性支出中，居住、家庭设备用品和服务、交通和通信三项支出增幅均不超过10%，分别为5.7%、9.5%和2.4%。其中提高本市城镇居民居住成本的主要是租赁房房租支出、物业和维修服务费费用上涨。而家庭设备用品和服务支出增速不高，主要是耐用消费品支出下降2.7%造成的。受经济形势影响，本市居民减少了购买大项家具及家电的举动。交通和通信支出中，交通支出负增长，而通信支出增长29.3%。通信支出的增长一是越来越多的人，特别是年轻人，对于手机的追求不只是其通话功能，更多的是外观的优美，功能的多样性，品牌的知名度，所以换手机的频率越来越高。二是电脑、网络的普及，使得普通家庭上网费用不断增加。三是选择网络购物的方便快捷，使得邮寄费用支出也相应增加。

（张天梅）

农村居民生活

2012年在市委、市政府的领导下，榆林市坚持以农业增效、农民增收为目标，积极贯彻落实各项扶持农业生产的政策措施，不断加大支农惠农力度，实现了粮食生产"九连丰"，农业产业化水平得到全面提升，农业基础设施不断改善，促进农民的增收。

一、农民人均纯收入继续保持上升趋势

农民人均纯收入达到7681元，超过全省平均水平1918元，增速17.8%。现从收入结构的四项内容分析本市农民生活收入情况：

（一）人均工资性收入继续保持增长趋势

2012年农民人均工资性收入2532元，比上年同期增加268元，增长11.8%。促进工资性收入增长的主要原因：

1.2012年本市各行业农民工工资普遍上涨。其中：建筑业小工工资由2011年的100元/天左右上涨到今年的130元/天；大工工资由2011年的180元/天上涨到2012年的200/天元；服务业小工工资2011年1000—1500元/月左右，2012年达到1800元/月左右。各行业工作岗位的增加和工资的增加成为本市工资性收入增长的有力支撑。

2.2012年全国范围内提高最低工资标准，提高了农民务工收入。

3.随着经济复苏回暖，本市近年来乡镇企业、非公有制经济发展迅速，榆阳、神木、府谷、靖边、定边等工业企业较多的县区农村居民即使不出外打工，在本地企业打工或者提供服务也能增加收入，2012年本市农民在本县区域内收入1895元，增速26.2%，占工资性收入的比重为74.8%。

（二）农民人均家庭经营性纯收入居农民收入主导地位

家庭经营性纯收入4058元，同比增加615元，增长17.9%，占人均纯收入的比重为52.8%。增长的主要原因：

1.从产业结构看：第一产业现金收入为3360元，同比增加511元，增长17.9%。其中：农业收入2490元，增加453元，增长22.2%；牧业收入812元，增加30元，增长3.8%；二、三产业纯收入分别为71元和627元，分别增长31.1%和16.4%。

2.从农作物播种面积看：2012年本市夏粮、秋粮播种面积分别为25.92万亩、680.81万亩，夏粮播种面积比上年同期减少1.18万亩，秋粮面积增加8.49万亩。

3.从农作物产量看：2012年本市雨水充沛，粮食喜获丰收。全年粮食产量153.99万吨，比上年同期增加11.96万吨。

4.从畜牧业产量看：2012年猪存栏量100.38万头，比2011年增长3.92%，羊存栏量598.69万头，比2011年同期增加1.79%。

（三）财产性收入增速最高

本市2012年财产性纯收入为419元，同比增长50.0%。主要原因：一是农村放贷活跃，利息收入增长迅猛。二是大部分外出打工农户将土地出租，推动2012年租金收入达到2011年的2倍。三是在市场需求增加，产品价格上涨等有利因素带动下，榆阳、

神木、府谷、靖边、定边等县农民的集体分配股息和红利、其他股息红利、其他投资收益有很大程度的提高。

（四）转移性纯收入大幅增长

2012年本市农村居民转移性纯收入672元，同比增加138元，增长26.0%。主要原因：一是有新型养老保险的实施，使得老年人得到更多的养老保障。二是加大对贫困人群的补贴力度，纳入低保的人员较去年有大幅增长。三是外出务工人员寄回或带回的现金增幅较大。四是粮食直补、退耕还林还草补贴等其他优惠政策的持续实行，促使农民的转移性收入持续增加。

通过对收入的分析可以看出，2012年本市农民第一产业收入占家庭经营性纯收入比重达到82.8%，第二、三产业合计所占比重仅为17.2%。鉴于第一产业收入在农民人均纯收入中的比重，要促进农民增收，必须在调整农业经济结构上下工夫，提高农业和农村经济的素质和效益。

二、农村居民总支出增幅过半

2012年本市农民总支出人均12655元，比上年增加4696元，增幅达到59.0%。现对支出结构中生产费用支出、生活消费支出两个重点分项内容进行分析：

（一）生产费用支出大幅增长

2012年本市家庭经营人均生产费用3778元，同比增加1873元，增长98.3%。其中，农业生产费用支出1229元，比上年增加545元，增长79.6%，牧业生产费用2151元，增长191.8%，这两项占家庭经营费用支出的比重为89.5%，是农民生产费用的主要支出。

生产资料价格的过快上涨，让农民的生产成本越来越高，抵消了国家对农民补贴给农民带来的收益。因此，要让农民真正得到实惠，还需加大对农资的补贴力度，并且密切关注农资市场情况，降低农业生产的成本，提高第一产业收益。

（二）生活消费支出较快增长

2012年本市农村人均生活消费支出八大项结构普遍上涨，其中医疗保健支出涨幅接近1倍。其原因主要是：

2012年农民生活消费构成表

单位：元/人 %

	2012年	2011年	增减额	增速
生活消费支出	6764	4486	2278	50.8
1. 食品消费支出	2148	1438	710	49.4
2. 衣着	391	312	79	25.5
3. 居住	1107	622	485	77.9
4. 家庭设备．用品及服务	448	333	116	34.8
5. 交通和通讯	1177	876	301	34.4
6. 文化教育．娱乐用品及服务	471	337	134	39.9
7. 医疗保健	789	402	388	96.5
8. 其他商品和服务	231	167	64	38.3

1. 随着收入水平的不断提高和消费观念的更新，通讯现代化程度的快速提高，农民消费结构得到了进一步优化，生活质量逐步提升，由过去的温饱型，逐步向注重生活质量、关注生存方式转化。

2. 本市大部分生活消费用品价格高于陕西省其他地市，其中房价、餐饮、衣物、房租等价格更是高于有些地市1倍以上。

综上所述，2012年本市农民人均纯收入得到了提高，为7681元，在全省10个地市中只低于西安，增速为17.8%。但农民生活消费支出7223元，同比增长45.2%。

（崔会斌　陈小凤）

科学技术工作

【概况】 2012年,榆林市科技局贯彻“科教引领、创新转型”战略,围绕市“一中心两基地”建设总体部署(“两基地”为加快建设国家级能源化工基地、现代特色农业基地,“一中心”为打造陕蒙晋区域中心城市),发挥科技引领和支撑作用,在科技创新、平台建设、产学研合作、年度项目实施等方面做了大量工作。申报中、省计划项目45项,争取经费4100万元。其中中、省重大科技专项2项,经费3000万元,省重点项目43项,经费1100万元;安排产学研合作项目121项,科学技术研究与发展计划项目77项,“61211”科技创新及“125”科技创业工程项目78项,科技创新基金项目23项,科技特派员和科技直通车项目121项,总经费4800万元;完成专利技术转让交易合同金额2.4亿元,居全省第二;科技特派员农村创业工作成绩显著,创造直接经济效益3.4亿元,创业区农民人均增收1200—3300元;开通星火科技“12396”信息服务热线和专家大院,各县区都组建“12396”农业科技服务专家团,在全市建立17个农业科技专家大院,12个县区全部被批准为省级“大荔模式”建设县;国家可持续发展实验区建设扎实推进,实验区建设涉及人口、生态、资源、环境、经济、社会、科技教育七大类30个指标中18项指标已提前完成,12项指标正在实施,调整指标4项。2012年,榆林市科技局完成市委、市政府年初下达的各项任务指标。

【在本市建立的省级实验室和工程技术研究中心】 围绕榆林市主导产业,在兰炭、金属镁、甲醇、聚氯乙烯、白绒山羊、红枣、马铃薯等领域,已建成3个省级工程技术研究中心(红枣工程技术研究中心、白绒山羊工程技术研究中心、羊绒毛制品工程技术研究中心)、1个省级实验室(陕西省低变质煤洁净利用重点实验室)。

工程技术研究中心及重点实验室一览表

中心名称	成立时间	实验室或中心主任	主要研究方向	取得的成果
白绒山羊工程技术研究中心	2008年4月	屈雷	绒山羊品种选育、营养调控、饲养管理和疾病防控及其配套技术研究与开发	1. 获得转基因克隆陕北白绒山羊29只。 2. 完成了舍饲陕北白绒山羊营养需要的研究。 3. 完成了舍饲绒山羊疾病病原学的研究。 4. 完成舍饲陕北白绒山羊标准化养殖关键技术与装备的研究与开发。
红枣工程技术研究中心	2012年10月	李新岗	红枣栽培管理．品种改良．深精加工与病虫害防治	中心培育出“蜂蜜罐”．“七月鲜”等新品种,现已进行了大规模推广,与新恒安集团合作开发的红枣饮品“枣生堂”已上市。中心2010年选育的“方木枣”和“陕北长枣”通过了选良和红枣优良品种的审定。
羊绒毛制品工程技术研究中心	2011年1月	侯志宏	主要针对困扰行业发展的技术课题进行专项研究,并将研究成果在行业内示范与推广,为振兴地方经济．促进毛纺工业技术创新及跨越式发展奠定基础。	1. 防缩羊毛防寒服产品已经上市销售,此技术改变了羊毛缩水的特性,产品外观不易改变,且舒适保暖,在市场上的优势逐渐显现出来;磁疗．药疗保健工艺裤的关键技术已经突破,试制也已完成,作为今年重点推广的新产品,预计生产会突破50万件,每件的利润空间会提升300元左右,预计效益会翻番。 2. 防缩羊毛产品:羊毛纤维外表呈鳞片结构状,在运动过程中,鳞片组织相互抱合,不易分离,所以羊毛纤维在洗涤过程中,产生定向摩擦效应而引起缠结,进而毡化收缩,用羊毛絮片制成的产品的外观就会在此过程中外形尺寸越洗越小,影响穿着,会给消费者造成很大的损失,这在市场上是一个普遍存在的问题。不用羊毛,产品没有特色,没有卖点;用羊毛,产品缩水没有办法。羊老大服饰率先引进国内已经成熟的羊毛防缩技术即改性羊毛,羊毛纤维的改性处理主要通过与专业院校．科研单位、国内知名的毛条生产商合作,共同实验开发并引进成熟的科研成果,应用在羊毛防寒服的絮片上,成功的研发了防缩羊毛防寒服产品,参考羽绒的锁绒原理,进一步实验总结,采用手感极轻柔的面料,双层覆盖羊毛絮片,科学合理的绗缝,对目前采用的面料涂层法中的不足加以改善,已对纤维刚性、纤维抱合力完成相关实验,后续针对性进行改善试验,已逐步完善羊毛的防钻绒技术,已应用于外穿时尚型防寒服,在市场上成功上市,在销售过程中反响良好,具有很强的市场竞争力。亮相2012北京服博会,受到广大观众、业内人士的极大关注,为羊毛绒防寒服行业开辟了新天地。 3. 羊毛绒制品工程技术研究中心与西安工程大学合作,针对羊毛绒产业的品牌形象和企业宣传做了大量的工作,成功地为羊老大甚至羊毛绒产业在行业中树立了极佳的形象。

中心名称	成立时间	实验室或中心主任	主要研究方向	取得的成果
陕西省低变质煤洁净利用重点实验室	2012年10月17日	马亚军	1. 小粒煤低温干馏节水研究 2. 低变质程度粉煤制备中孔活性炭研究 3. 中低温煤焦油深度转化研究 4. 兰炭废水处理及综合利用研究 5. 改性粉煤灰处理洗煤废水及其污泥的资源化利用研究	1. 与神木三江煤化工有限责任公司联合开展煤低温干馏节水项目，将常规水夹套改用耐热混凝土材料捣固，使用间冷装置冷却煤气，大直径电捕焦油器净化煤气的工艺，使整个工艺达到了安全、节能、降耗、减排的预期目的。 2. 实验室参与神木富油能源科技有限责任公司中低温焦油制燃料油品的催化剂开发，系统研究了多种催化剂评选实验，对工艺条件进行筛选，显著降低油品中硫、氮、氧等杂质含量，取得了一系列阶段性研究成果，其中发明专利2项，实用新型专利3项，新产品5项。 3. 与神木三江煤化工有限责任公司联合，研究开发了兰炭废水处理的先进工艺技术及设备。本项研究成果具有显著的环境效益、经济效益和社会效益，推广应用前景十分广阔。 4. 利用盐酸对固体废弃物粉煤灰进行浸提，使其转化成一种可用于洗煤废水处理的混凝剂，实现了“以废治废”的目的，不仅节省了处理洗煤废水的药剂费用，而且使粉煤灰得到资源化综合利用。 5. 实验室近3年来承担重要科研项目31项，获陕西省科学技术一等奖项6项，出版重要学术专著7本，申请发明专利17项，发表重要学术论文51篇。

【科技计划管理】 2012年，在科技计划项目管理上，继续坚持按照“发布指南、项目受理、初步审查、专家评审、局务会研究确定”等程序，共安排科学技术研究与发展计划项目77项，经费500万元；安排中小企业技术创新基金项目26项经费500万元；安排科技特派员农村科技创业行动计划项目109项，经费300万元；安排“61211”科技创新和“125”科技创业工程项目78项，经费1500万元；产学研合作项目经费2000万元，项目待定。坚持对项目进行半年和年度检查，保证项目的实施进度和效果。组织申报中、省科技计划项目45项，争取经费4100万元。特别是争取到中、省重大科技专项2项。一是“长柄扁桃在陕北能源化工基地生态修复与农业经济建设中的示范与推广”，获得科技部科技惠民项目支助，争取经费2000万元；二是“榆林镁及镁合金冶炼与加工新技术应用研究与示范”，获得省科技厅科技统筹地方重大专项资助，争取资金1000万元。

【科技成果管理】 2012年登记科技成果36项，其中：国际先进1项，国内领先8项，国内先进16项，省内领先1项，省内先进10项。登记省科技成果9项。2012年度榆林市科学技术奖奖励项目36项，其中一等奖8项、二等奖12项、三等奖16项。获“2012年度陕西省科学技术奖”二等奖1项。

【科技服务体系】 2012年新建工程技术研究中心3个，工程技术研究中心总数19个，新建重点实验室3个。已建成3个省级工程技术研究中心（红枣工程技术研究中心、白绒山羊工程技术研究中心、羊绒毛制品工程技术研究中心）、1个省级重点实验室（陕西省低变质煤洁净利用重点实验室）、2个省级科技示范园区，榆林高新区被国务院批准升级为国家级高新区。“榆阳区设施蔬菜农业科技创业示范基地”升级为省现代农业科技创业示范基地项目。各县区都组建农业科技服务专家团，开展“12396”农业科技信息服务工作，全市有11个县区被省科技厅列为“大荔模式”推广县。初步形成以科技特派员为骨干、以便捷快速的星火科技“12396”信息服务为重要手段、以农业专家大院为支撑的新型农业科技服务体系。建立“6+1”科技直通车新模式，“6+1”科技直通车是在原有“特派员+专家大院和12396信息网”的“2+1”基础上，增加工程中心、重点实验室、产业基地和园区的新模式，搭建专家教授服务科技产业基地、园区、企业建设创业的新平台，推进能源化工和现代特色农业转型升级。市政府印发榆林市科技直通车工程实施方案，市局制定管理办法，在第三届产学研合作峰会上进行了启动。

【科技成果推广与转化服务】 2012共转化科技成果3项。其中有2012年度农业科技成果转化项目“红枣发酵起泡酒生产技术成果转化与应用”，落实项目经费60万元；陕西省专利产业化孵化项目“小粒煤低温干馏及兰炭干熄技术产业化”，落实经费18万元；专利富民工程项目“新型鲜粉条加工机和空心鲜粉条加工机的应用与产品开发”，落实经费8万元。

【专利技术服务】 2012年申请专利639件，其中：发明103件，实用新型170件，外观设计366件。授权专利144件，其中：发明23件，实用新型77件，外观设计44件。在技术服务方面，2012年榆林市企业知识产权服务小分队分别到陕西煤业化工集团神木天元化工有限公司、兖州煤业榆林能化有限公司、神府经济开发区恒源煤化工有限公司等15家企业进行知识产权服务，企业对服务意见满意率达100%。小分队指导帮助企业建立健全知识产权工作机构，完善知识产权相关管理制度，为企业提供知识产权宣传、培训、专利检索、申请咨询等各项服务，对企业的创新成果进行知识产权培育，帮助企业解决知识产权工作中遇到的困难和问题，全面提升企业运用知识产权制度能力，实现企业专利申请质量和数量“双提升”，促进企业提高开展知识产权工作的能力和水平。榆神经济开发区企业陕煤集团神木天元化工公司的一项专利技术“一种煤焦油延迟焦化加氢组合工艺方法”与内蒙古、陕西两户企业达成专利技术实施许可协议，专利技术许可使用费2.4亿元，创榆林市企业自主专利技术定向转让收入最高纪录，排在全省前列。

【科技宣传与培训】 在2012年“科技之春宣传月”活动中，积极开展科技三下乡活动，参与各种大型宣传活动，散发科普资料、实用农业技术手册等多种宣传资料20000余份；制作科普宣传展板22块，横幅、标语20多条，组织培训群众达15000多人次，特别是“3.15”消费者权益保护日期间，以“消费与安全”为主题，开展专利宣传和行政执法活动，出动专利行政执法人员30余人次，检查专利商品200多件，制作展板10块，宣传条幅8条，散发宣传页（册）10000余份，接受咨询200余人次，受到“科技之春”组委会的好评，全年累计开展科技培训112场次，累计培训农民骨干、青年带头人65000人次。榆林市科技局被第二十届“科技之春”宣传月活动组委会办公室评选为“先进集体”。由农业、林业、环保、气象、水利、计生等市区28部门参与的多系列、多层次的2012年榆林市区“科技活动周”成功举行，主题为“科技支撑引领，建设创新型榆林”，期间现场散发宣传资料1万余份，展出宣传展板30余块，发放光盘600盘，散发科普图书3000余册，义诊800人次，发放计生药具1000余盒。举办“榆林市科技科普知识电视大赛”。全年累计向省、市新闻媒体、网站投稿62片篇，在科技期刊管理方面，目前编辑印发《榆林科技》3期（第四期在印刷中12月中旬出版）、《科技简报》8期、《科技参考》6期。“高效设施蔬菜栽培技术”、“榆林科技创新——活力之都”科教片脚本及摄制方案已经准备完整。

【科技特派员创业行动】 2012年，全市共下派科技特派员228名，其中市派157名（包括法人特派员30个），县派71名，服务范围涉及榆林市12个县区117个乡镇219个村、场（厂），围绕榆林市农业主导产业和优势特色产业，示范推广新品种341个、新技术432项，建立示范样板8.2万亩，建立种植、养殖、农产品加工等示范基地114个，科技特派员创办、领办、协办各种经济利益共同体132个，举办专题技术培训会790场（次），印发宣传技术资料21.5万份，培训农民10.6万人次，创造直接经济效益3.4亿元，创业区农民人均增收1200—3300元。

【民营科技】 截止2012年底，全市共有民营科技企业和科技类民办非企业单位120家，企业资产总额40亿元，实现产值22亿元，企业技工贸总收入19亿元，实现净利润1.9亿元，上缴税金9500万元。企业拥有长期职工6540人，其中：高级专业技术人员246人、中级专业技术人员547人，高、中级专业技术人员占职工总数12%。共投入技术开发经费7600万元。总收入在500万元以上的企业53家，占企业总数的44%，1000万元以上的企业34家，5000万元以上的企业7家。2012年共审批7家科技类民办非企业单位。

【高新区建设】 按照省科技厅的要求，协助榆林高新区管委会做好国家级高新技术产业示范区申报工作。8月19日，国务院正式批准榆林高新技术产业园区从省级开发区升级为国家级，从而成为陕西省第五个国家级高新区。9月27日，榆林国家高新区授牌仪式在西安举行，市委书记胡志强、市长陆治原，副市长兰新哲，科技局长谢军参加。

【国家可持续发展实验区建设】 2012年国家可持续发展实验区建设扎实推进。一是按照国家对“榆林建设国家级可持续发展实验区”中期检查的要求，市科技局对实验区两年多来的工作进行了全面总结。实验区建设涉及人口、生态、资源、环境、经济、社会、科技教育七大类30个指标中18项指标已提前完成，12项指标正在实施，调整指标4项（地方财政收入增长率39.2%、林草覆盖率50%，刑事案件案发率0.0037‰，万元产值耗水39吨）；二是四月初，市政府专题组织召开《榆林市建设国家可持续发展实验区第二阶段实施意见》征求意见会。根据相关部门的建议，市科技局进一步做修改完善，提出《榆林市建设国家可持续发展实验区第二阶段实施意见》，待市政府常务会研究后下发各县区。

【组团参加第十九届杨凌农高会】 第十九届中国杨凌农业高新技术成果博览会（以下简称“农高会”）于2012年11月20日—24日在国家杨凌农业高新技术产业示范区杨凌举行，省委常委、常务副省长娄勤俭参观榆林市展区。榆林市代表团组织一万多人参加农高会，包括科技特派员、农业科技直通车专家、教授及企业负责人及各县（区）主管领导、乡镇领导、村干部、专业户、农村科技人员、农民等。本届农高会上，榆林市提出“农产品一条街”新的布展思路，集中展示近年在农业科技方面取得的新技术、新成果120多项，涉及榆林薯业、红枣、陕北羊子、大明绿豆、大漠蔬菜、三边荞麦、种业、山地苹果、黄芪等多种产业。参展品种有马铃薯、小杂粮、地方酒、手工艺品等18大类260多个品种，参展企业120多家，在集中签约和专场签约中，共有37个招商引资项目签约，合同及协议金额共计21.30亿元。榆林市代表团获“后稷特别奖”4项、“后稷奖”20项，并荣获本届组委会颁发的农高会“优秀成交奖”、“优秀组织奖”和”优秀展示奖”三项大奖。

【产学研合作】 2012年10月16日，榆林市第三届产学研合作峰会在西安举行。此次峰会上，签订高新区之间、政府与高校、企业与高校三类重大合作项目协议,其中:根据榆林市“十二五”规划和转型跨越发展对关键技术和共性技术需求及产业发展中存在的重大技术难题,在能源化工、现代特色农业和社会发展领域,筛选11项重大产学研合作项目,安排项目经费1100万元,内容涵盖智能微电网、兰炭、生态环境、安全生产、羊子等多个领域。2012年,共收集到高校申报校地合作项目277项,涉及26个高校、院所和其他单位。根据项目内容,市科技局把高校申报项目分为3类。其中能源化工类138项、农业及农产品加工类66项、社会发展类73项。安排了产学研合作项目121项。

【机关党建】 2012年机关创建工作有序开展。成立创建领导小组,制定创建工作方案,落实创建工作任务,实现创建工作目标。一是改善机关办公环境。在办公经费十分紧缺的情况下,粉刷装修办公楼,更换办公设施,配置盆景花卉;二是开展机关作风整顿。先后开展“廉政讲座”、“开门纳谏”“下乡调研”等系列活动。修订完善十多项规章制度,扭转了机关干部职工懒、散、慢、拖、浮的作风,全局人员的工作积极性、执行力、凝聚力得到较大提升;三是深入佳县、米脂、神木三县6个村开展项目扶贫帮困工作,提供帮扶资金30多万元。

【重大科技事项与活动】 2012年2月23日上午,陕西省第十次哲学社会科学优秀成果颁奖大会在榆召开。榆林市决策咨询委员会委员、西安交通大学公共政策与管理学院张思锋教授主持完成的《榆林市生态补偿机制框架设计》荣获陕西省第十届哲学社会科学优秀成果二等奖。

3月16日,2012年榆林市科技工作会议在榆召开。市人大常委会副主任杨东明、市政府副市长兰新哲、市政协副主席李瑞出席会议。会上对2011年度全市科技系统的先进集体进行表彰,对12个工程技术研究中心和实验室进行了授牌。

4月9日,省科技厅在榆林市组织召开了省科技统筹创新工程重大专项“兰炭产业链升级及园区示范”项目任务落实会。省科技厅高新处处长杨鹏林、副处长冀峰,榆林市人民政府副市长兰新哲,市科技局党组书记谢军、副局长冯维林,西安建筑科技大学、神木县三江煤化工有限责任公司、陕西北元化工集团有限公司、府谷京府煤化有限责任公司、神木能源发展有限公司五个子课题负责人参加会议。会议由市科技局党组书记谢军主持。

4月15日,由西北大学、神木县生态建设保护协会共同完成的“长柄扁桃高值综合开发及其沙漠治理应用”项目在西安市通过陕西省科技成果鉴定。

4月26日,由榆林市科技局牵头,会同市商务局、市文化文物局、市工商局、市公安局、市食品药品监督管理局等12个单位,举办以“天才创新家”为主题的大型知识产权宣传活动。

5月19日,由中共榆林市委宣传部、市科技局、市科协共同举办的“榆林市科技科普知识电视大赛”在市委党校学苑大厦举行。本次大赛主题为“科技支撑引领,建设创新型榆林”。

5月22日,由中共榆林市委宣传部、市科技局、市科协共同举办的2012年榆林市区“科技活动周”科普宣传活动在世纪广场隆重举行。本届科技活动周的主题为“科技支撑引领,建设创新型榆林”,由农业、林业、环保、气象、水利、计生等市区28部门开展多系列、多层次的大型科技宣传活动。

5月27日,“榆林创新民生工程研究”课题通过专家评审和验收。专家组给予课题充分的肯定,认为课题完成了合同规定的研究任务,达到了预期的各项指标,研究成果达到国内领先水平。

7月16日,榆林市科技局组织召开了科技专家顾问座谈会。座谈会由市科技局副局长牛建生主持,榆林市农业、能源化工、林业、畜牧、医药卫生、文化和企业7个领域共15位专家应邀参会,局各科室、市技术经济研究中心、市生产力促进中心、市信息研究所负责人列席会议。

8月12日《陕西省榆林市科技创新型城市发展战略研究》在北京大学通过专家验收和评审,研究成果达到了国内领先水平。

8月24日至26日在西安曲江国际会展中心举办的“2012中国西安国际科学技术产业博览会暨第七届中国西安国际高新技术成果交易会”,榆林市积极安排部署,组织参加,榆林市展团获“最佳展示奖”和“最佳组织奖”两个奖项,榆林市科技局杨辉同志被组委会评为先进个人。

8月31日,由香港科技大学、西安交通大学专家教授组成的考察团来榆考察煤化工、金属镁等产业发展,并与榆林市举行产学研合作研讨会,深入交流学习,共商互利合作共同发展,增强榆林市科技力量支撑与科技创新能力,促进榆林转型跨越发展。市委书记胡志强陪同考察并出席研讨会。

9月7日,由省科技厅主办的陕西省科技创新工程地方重大专项——“榆林市镁及镁合金加工新技术开发应用”项目论证会在西安成功举办。省科技厅高新处处长杨鹏林主持会议,省科技厅副厅长安西印、高新处副处长白崇军、重庆大学教授龙思远、郑州大学教授朱世杰、西安交通大学教授杨建峰、西安理工大学教授梁淑华、中航航空制动公司教授吕清泉等专家学者出席论证会,神木县东风镁业总经理黄银善、府谷镁业集团贾亮晓等企业负责同志应邀参加论证会。9月12日,各课题组成员又分别参加了省科技厅组织的课题评审,经过专题汇报、专家质询、综合评审等多个环节,最后,“榆林市镁及镁合金加工新技术开发应用”项目顺利通过评审,成功立项。

10月16日,以“科教引领、创新转型、合作共赢”为主题的榆林市第三届产学研合作峰会在西安举行,峰会旨在全面深化提高政府、高校、企业三者间交流合作平台,努力实现榆林经济发展需求与高校、院所科研成果的无缝对接,着力推动科技资源转化为现实生产力,不断提升榆林经济社会发展的核心竞争力。

10月31日至11月2日省科技厅副厅长许春霞在市科技局局长谢军等同志陪同下先后深入本市榆林现代农业科技示范区、陕北白绒山羊良种繁育中心、榆林市金世源矿用油品有限公司、神木东风镁业集团、陕西羊老大集团、榆林学院检查指导工作,并同榆林市农业科技特派员代表进行座谈。

2012年11月15日到16日,陕西省科技厅副巡事员张正平带队,薛浩、冀峰一行3人,对榆林市实施的陕西省科技统筹创新工程计划项目"兰炭产业链升级及园区示范"进行实地督查。榆林市科技局副局长冯维林等陪同检查。督查组采取实地考察及召开座谈会的形式,对煤——兰炭——电石——聚氯乙烯产业链,煤——兰炭——尾气发电产业链,煤——兰炭——铁合金——金属镁产业链,兰炭生产新技术新工艺示范工程课题进行了逐一检查,神木三江公司、京府煤化有限责任公司、陕西北元化工集团有限公司以及陕西煤业化工集团神木能源发展有限公司汇报项目实施情况及存在的困难和问题。省厅和市局领导听取汇报后,对项目整体实施情况给予了充分肯定,并对下一阶段工作提出了指导性意见。

11月24日,为期5天的第十九届杨凌农高会在杨凌胜利闭幕,榆林代表团参展取得成功,获大会"优秀组织奖、优秀展示奖、优秀成交奖"三个奖项。

11月27日,国家科技部驻陕第26届科技扶贫团工作考核暨26届与27届科技扶贫团实地交接仪式在佳县举行。参加本次活动的有省科技厅副厅长林黎明、市政府副市长兰新哲以及省科技厅相关处室负责人,佳县县委、政府主要领导及相关部门、市科技局主要领导等。

12月3日,"榆林市科技项目申报系统操作实务培训会"在市科技局召开。参加培训的有市直部门、事业单位、科研院所业务骨干、各县区科技局分管局长、业务骨干,市科技局机关各科室业务人员以及重点企业业务负责人60余人参加了培训会。

12月23日,第六届中国产学研合作创新大会在江苏常州举行。大会公布并颁发了2012年产学研合作创新与促进奖。榆林市科技局喜获"中国产学研合作促进奖"

经过第二次全国R&D资源清查领导小组严格审核决定,榆林市靖边县统计局荣获先进集体荣誉称号,榆林市科技局工作人员、榆林市科技信息研究所工作人员荣获先进个人称号。

(李　芳)

榆林市科技局

局　　长　谢　军
副 局 长　郝康林(女)　张建平
　　　　　冯维林　　　牛建生
纪检组长　慕　锋
调 研 员　韩宇平
副调研员　杨春生

2012年榆林市科技局内部机构设置表

单位人员总数	内部机构设置		
	名　称	人　数	主要职能
21	政秘科	3	负责局机关政务、机关财务、总务、后勤等工作。
	计资科	2	负责组织全市科学技术发展中长期规划和年度计划的组织实施。
	工业科	2	负责全市高新技术发展及产业化和民营科技企业、工业计划等方面的工作。
	成果科	2	负责全市科技成果的评议验收、登记、申报、奖励及技术市场、知识产权保护。
	合作科	2	负责产学研合作和科技宣传等方面的工作。
	农社科	2	负责农业和社会发展计划的实施、农业方面的科技规划等工作。

2012年榆林市科技局所辖县区科技机构内部机构设置表

县区	单位人员总数(人)	内部机构设置			
		名称	人数	主要职能	备注
榆阳区	7	局机关	5	负责全区科技管理	
		UNDP办	2	负责组织实施UNDP项目及管理	下属事业单位
府谷县	24	局机关	10	负责全县科技管理	
		生产力促进中心	14	面向中小企业提供技术诊断、科技培训、项目包装	下属事业单位
神木县	10	局机关	8	负责全县科技管理	
		生产力促进中心	2	面向中小企业提供技术诊断、科技培训、项目包装	下属事业单位
靖边县	43	局机关	9	负责全县科技管理	
		生产力促进中心	3	面向中小企业提供技术诊断、科技培训、项目包装	下属事业单位
		科技中心	31	科技信息咨询	
横山县	22	局机关	10	负责全县科技管理	
		科技情报所	12	科技信息咨询	下属事业单位
		生产力中心			
定边县	38	局机关	10	负责全县科技管理	
		科技开发中心	12	科技信息咨询、宣传培训	下属事业单位
		科技信息情报所	16	材料收集,信息库建立	
米脂县	22	局机关	10	负责全县科技管理	
		科技情报所	12	科技信息咨询	下属事业单位
吴堡县	8	局机关	5	负责全县科技管理	
		科技开发中心	3	科技信息咨询	下属事业单位
绥德县	22	局机关	8	负责全县科技管理	
		科技经济信息所	14	科技培训及科技信息咨询	下属事业单位
佳　县	30	局机关	10	负责全县科技管理	
		科技培训中心	9	科技培训	下属事业单位
		科技开发中心	11	科技信息咨询	
清涧县	30	局机关	15	负责全县科技管理	
		生产力促进中心	15	面向中小企业提供技术诊断、科技培训、项目包装	下属事业单位
子洲县	10	局机关	5	负责全县科技管理	
		科技情报所	5	科技培训及科技信息咨询	下属事业单位

2012 年榆林市科技经费投入表

单位：万元

市本级财政科技拨款	市 GDP 总值	财政科技拨款占 GDP 额度(%)
11615	27070000	0.0429

2012 年榆林市辖县区科技经费投入表

单位：万元

县(市、区)名称	县(市、区)级财政科技拨款	县(市、区)GDP 总值	财政科技拨款占 GDP 额度(%)
榆阳区	3276.81	4010900	0.0817
神木县	9927	10039800	0.0989
府谷县	6200	4505200	0.1376
定边县	3447	2910000	0.1185
靖边县	2418	3170000	0.0763
横山县	3674.6	1034000	0.3554
绥德县	2269.5	476200	0.4766
米脂县	832	401200	0.2074
佳　县	900	310000	0.2903
清涧县	1500	306800	0.4889
吴堡县	866	135000	0.6415
子洲县	1015	401600	0.2527
合　计	36325.91		

市属国有制独立自然科学与开发机构人员情况

序号	机构代码	单位详细名称	通讯地址	邮政编码	电话	机构负责人	服务国民经济行业	学科领域	从业人员总数	高级职称人员数	中级职称人员数	课题活动人员数	科技管理人员数	其他人员数
1	43667643－1	榆林市农业科学研究院	榆林阳上郡南路14号	719000	0912－3359657	高贵生	农业服务业	农学	107	21	33	66	16	37
2	43667611－6	榆林市畜牧兽医研究所	榆林区西人民路37号	719000	0912－3883963	闫治川	畜牧服务业	畜牧兽医科学	31	7	8	21	5	11
3	43667554－3	榆林市林业科学研究所	榆林区上郡中路12号	719000	0912－3383356	张树根	林业服务业	林学	57	8	16	26	6	27
4	43667631－9	榆林市水土保持科学研究所	榆林区西沙柳营西路兴和巷25排1号	719000	0912－6662139	武文章	水资源管理	水利工程	33	4	9	13	9	11
5	43667563－1	陕西省榆林市机械工业研究所	榆林区西人民路186号	719000	0912－3830104	张　秦	农、林、牧、渔专业机械制造	机械工程	19	1	8	19	2	8
6	43667585－0	榆林市科技信息研究所	榆林区西人民路182号	719000	0912－8104307	杨　飞	信息服务	自然科学	22	3	7	21	2	10
7	43667721－5	榆林市生产力促进中心	榆林区常乐路37号	719000	0912－3882017	柴向荣	科技服务	自然科学	12	4	4	9	2	2
8		榆林市技术经济研究中心	榆林市常乐路37号	719000	0912－3446441	武治兴	技术研究中心	自然科学	5	1	1	1	2	3

教育工作

【教育强市】 1月16日,2012年度教育工作会议召开,确立2012年榆林市教育工作的总体思路:深入贯彻各级教育工作会议和市党代会、人代会精神,以落实国家《教育规划纲要》、陕西省《实施意见》和市委、市政府《决定》为主线,以全面提高教育质量为中心,以推进教育内涵发展为抓手,突出优化资源配置、实施素质教育、加强队伍建设三个重点,推动全市教育事业在新的起点上科学发展,为建设教育强市奠基。市教育局与各县区教育局和市教育局局属各学校签订2012年度县区教育局稳定安全工作责任书、2012年度局属中小学安全工作责任书;下发各县区教育局和市教育局局属各单位2012年度目标责任考核指标,颁发了2012年度县区教育局文明行业创建工作任务书。

4月,市委、市政府举行榆林城区学校建设项目集中开工仪式,集中开工15所新建学校和5个改扩建项目,占地面积796亩,建筑总面积28.3万平方米,概算投资11.89亿元。到期2012年年底,榆林城区学校建设项目累计开工26个,其中高新小学、高新幼儿园、市三幼、市四幼、尚郡幼儿园已建成投用;市一中高中部迁建和高新区完全中学主体竣工;市二中操场改造及市一中分校综合楼建设预计年底竣工;市二中高中部迁建、市十中综合楼、市十一小教学楼、市十四小、市十五小、高新一小等12个项目预计年底主体封顶,市三中、市十二小等4个项目前期工程已完成,正在进行基础施工,榆林城区学校建设取得重大进展。

2012年春季开学起,全市实现九年义务教育“零收费”。12月21日市委常委会议于研究通过《榆林市免收普通高中学费和教育保育费的实施意见》。每年将直接惠及学生14.2万名。至此,本市中小学、幼儿园适龄人口免费教育年限在全省率先达到15年。

【廉政建设】 年初,组织召开市直教育系统年度纪检监察工作会议,对市直教育系统的党风廉政建设和反腐败工作进行全面安排部署。制定《榆林市教育局2012年党风廉政建设和反腐败工作目标管理责任一览表》,进一步分解细化各项目标任务,落实领导班子成员党风廉政建设责任。深入开展“五个集中整治”活动,推动了教育系统政风、行风建设,促进教育系统干部作风的转变。加强教育经费管理,严肃查处各类乱收费、乱补课、乱订资料问题,使教育收费行为得到进一步规范。深入实施招生考试“阳光工程”,进一步加强考试环境综合治理工作,各类教育考试组织管理更加严密,考风考纪持续好转。以“千名教师访万家、万名家长进课堂”、“帮困助学一对一”、“三问三解”、“走进家庭、携手育人”大家访等主题实践活动为载体,深入推进全市教育系统干部作风整顿工作,使干部教师队伍作风明显改进,工作效能明显提升。据统计,市教育局共计发放干部作风整顿征求意见表359份,收集意见建议137条,已整改落实104条;建立“三问三解”活动联系点29个,帮助基层学校化解矛盾纠纷28个,办实事好事87件;局机关干部确定贫困学生资助对象26名,资助金额2万余元;市直教育系统1600名党员干部和教师深入基层学校开展调研和“送教下乡”活动;市教育局局属中小学教师共开展家访活动1186人次,有10736名学生家长走进学校,参与听课、评课。

【内涵发展】 5月,榆林市中小学内涵发展暨学前教育推进工程流动现场总结会在绥德召开。与会人员现场观摩辛店中学的“6+1”课堂教学模式、崔家湾中学的“自主教育”模式、绥德中学的科研成果、第二小学的校园文化建设、江德小学的“集体备课”模式以及第三小学的“新课程理念下的作业设计与评价”模式。后赴靖边、子洲、米脂就办学模式、特色教育、管理方法等进行现场观摩、交流。副市长兰新哲在会上讲话时强调,在全力推进中小学内涵发展中,坚持改革创新,加快转变发展方式,努力推动学校发展由“数量增长、规模扩大”向“结构优化、质量提高”的轨道转变,不断开创教育工作新局面。

【创先争优】 3月,市教育局命名榆阳区牛家梁中学等26所中小学为“榆林市中小学后勤管理达标优秀学校”。命名靖边县乔沟湾九年制学校等8所农村中小学劳动实践基地为“榆林市农村中小学劳动实践示范基地”称号。授予神木县教研室“榆林市标准化教研室”的称号。

组织开展榆林市第二届“好校长、好教师、好学生”评选活动,共评选出“好校长”20名、“好教师”94名、“好学生”200名,并对“好校长”教育科研项目进行课题立项。继续组织实施“名优教师队伍建设工程”,共评选认定市级教坛新秀418名,评选出市级中小学、幼儿园“教学能手”200名,有94名教师获得省级教学能手称号,推荐20名教师参加全省第九批特级教师评选。研究制定《关于加强中小学教师队伍骨干体系建设的意见》,计划到2020年,全市培养1000名教学能手、500名学科带头人和150名榆林名师,并设立骨干体系建设专项经费,分别为教学能手、学科带头人、榆林名师发放教书育人津贴。

【教师队伍】 2012年被确立为“有效教学”推广年。6月,制订2012年全市中小学教师培训计划。培训主要包括“中小学教师骨干体系建设计划”、“中小学教师全员培训计划”、“中小学教师校本研修推进计划”、“中小学教师信息技术素养提高计划”、“中小学教师专业技能提升培训计划”、“教育管理人员管理能力提升培训计划”、“苏榆合作计划”七类培训项目。落实教师培训专项经费2000万元,通过举办榆林教育大讲堂、选派骨干教师参加国家级和省、市级研修培训、选送教育管理人员赴苏州和山东潍坊挂职培训等形式,扎实开展了教师及管理人员培训工作,完成各类培训任务37688

人次，超额完成市上下达的6000人次培训任务。

7月，榆林市在全市范围内组织开展中小学青年教师学科能力竞赛。竞赛以"教什么，赛什么"为原则，以新课程标准为依据，以现行教材为主，重点考查教师对学科专业知识的理解、掌握，通过考试、考核等两种方式进行。参加对象为全市小学、初中（含九年制学校）、普通高中在职、在编的40周岁以下的青年教师。考试学科涉及小学、初中、高中三个学段21个学科，考核学科涉及小学、初中、高中三个学段18个学科。11月3149名教师参加决赛，有346名教师获得等次奖。调动中青年教师业务学习的积极性，从整体上提升全市教师的专业素质。在全省统一招聘新任教师中，一次性为市直学校和7个县区选聘教师564人，是全省选聘人数最多的市；为横山等6县共招聘特岗教师253名，缓解教师年龄、学科结构不合理的问题。稳步推进教师队伍信息化管理，完成全市39957名教师个人信息的录入工作，全市教师队伍数据库建设基本完成。

经市高级教师职务评审委员会评审，全市共有23名教师获得中学高级教师任职资格，822人获得中学一级教师任职资格，842人获得小学高级教师任职资格，22人获得中专讲师（实验师）任职资格。

【教育经费】 经费保障机制逐步完善。实行城乡一体的公用经费核拨政策，2012年各级财政落实公用经费补助资金41702万元，使小学和初中生均公用经费标准分别为800元、1000元，较上年人均提高300元。在此基础上，又给农村寄宿制学校生均公用经费标准提高200元，给农村教学点和规模较小的学校下拨480万元的公用经费补助。建立普通高中生均公用经费补助机制，从秋季学期开始，按照每生每学年400元的标准给普通高中学校补助公用经费。在全省率先实行义务教育阶段学校"零收费"，2012年共免收费用约1.5亿元，受益学生34万人。惠民政策还对横山、绥德、米脂、佳县、吴堡、清涧、子洲等7个集中连片困难县从春季学期开始启动"营养计划"试点项目，按照每生每天3元，全年200天的标准（秋季学期开始，又将标准提高到每生每天4元）为农村义务教育阶段全部学生提供营养膳食补助，各级财政累计落实资金7065万元，覆盖学校453所，惠及学生9.4万人。7个集中连片困难县的县城寄宿生和其他5县继续实施"蛋奶工程"，补助标准由原来每生每天2元提高到3元，补助天数由250天调整为200天，落实补助资金8285万元，覆盖学校333所，受益学生91300人。农村义务教育阶段家庭经济困难寄宿生生活补助标准每生每天提高1元，达到每生每天小学4元、初中5元的补助标准，惠及全市79304名贫困寄宿生。

基础教育

【学前教育】 2月，全市启动全面清理整顿民办幼儿园清理整顿工作，共取缔"无证"民办幼儿园25所。3月，市教育局根据省教育厅、财政厅召开的全省基础教育财务工作座谈会暨项目布置会议精神及进一步贯彻落实中、省、市关于发展学前教育的相关意见及政策，下发《关于申报2011—2013年度学前教育校舍改建类项目的通知》。4月，依据《苏榆教育对口支援协作规划（2010—2013年）》，经与苏州市教育局协商决定，选派县区教育局分管教育教学的业务局长、教研室主任和幼儿园园长赴苏州参加培训。12所省级示范幼儿园分别与榆林市12个县区的一所幼儿园签订协议进行结对帮扶。5月，转发省教育厅《关于开展全省学前教育宣传月活动的通知》，要求各县积极组织开展宣传活动。6月，转发省教育厅《关于加强学前教育特殊儿童随班就读康复资源中心建设和管理的指导意见》。

为贯彻落实《国务院关于当前发展学前教育的若干意见》（国发〔2010〕41号）和全国教育信息化工作电视电话会议精神，推进学前教育三年行动计划，全市两年累计启动202个幼儿园新、改扩建项目，其中竣工160个，主体完工17个，主体在建19个，前期准备6个，超额完成规划任务，中、省、市共落实专项资金24554万元，学前教育毛入园率86%。深入推进全市学前教育"小学化"倾向调研、整治工作，在全面解掌握学前教育保教工作现状的基础上，有针对性地提出了对策和建议；启动实施省级示范幼儿园结对帮扶活动，本市3所、兄弟市区9所共12所省级示范幼儿园结对帮扶县区12所薄弱幼儿园；加强幼儿园骨干体系建设，榆林二幼、神木二幼通过省级示范幼儿园评估验收。榆林市教育局于12月10日至11日召开全市学前教育管理信息系统部署培训会。

【义务教育】 4月，市教育局、市财政局联合发文，实施农村义务教育薄弱学校改造计划。6月，转发省教育厅《关于建立农村义务教育阶段留守儿童动态监测和教育管理机制的通知》。下发2012榆政教发154号文件，组织开展基础教育优秀教学成果和自制教具评选活动。10月18日，榆林市义务教育均衡发展备忘录签署仪式举行。市副市长兰新哲出席会议并讲话。在会上，兰新哲代表市政府和各个县区政府签署《义务教育均衡发展备忘录》，市教育局负责人对义务教育均衡发展的相关政策法规进行解读。市政府与省教育厅和各县区分别签署《义务教育均衡发展备忘录》，制定出台《关于推进县域内义务教育均衡发展的规划（2012—2018年）》和《义务教育标准化学校建设实施方案》，明确各县区实现县域内义务教育均衡发展的时间表、任务书和路线图，建立各级政府统筹推进义务教育均衡发展的工作机制。组织实施2012年薄弱学校改造项目，完工39个，在建19个。推进农村学校教师周转宿舍建设项目，绥德县枣林坪中学项目已经竣工并投入使用，四十铺中学、崔家湾中学项目主体已经完工。

为解决现阶段，全市教育区域之间、城乡之间、学校之间办学水平和教育质量差距等问题，在签署的全市义务教育均衡发展备忘录中明确提出，把义务教育全部纳入公共财政保障范围，到2018年基本实现区域内义务教育均衡发展，缩小校际差距，努力缩小区域差距。确定全市推动义务教育均衡发展的总体目标是，2012年全面推动义务教育均衡发展工程，到2015年府谷、神木、靖边、榆阳、定边、米脂6县区实现县域内义务教育发展基本均衡，到2018年全市各县区全部实现县域内义务教育发展基本均衡的目标。深入推进义务教育均衡发展的根本目的是，办好每一所学校，促进每一个学生的健康成长。基本均衡的具体要求是，要让每一所学校符合国家办学标准，办学经费得到保障。教育资源满足学校教育教学需要，开齐国家规定课程。要使学校班额符合国家规定标准，消除大班现象。教育资源得到合理配置，教师队伍的整体素质得到提高，让每个学生都能够享受公平而有质量的义务教育。

【常规管理】 3月，转发省委教育工委省教育厅《关于在全省大中小学广泛开展“学习雷锋精神”系列教育活动的通知》的通知。要求各县区、局属中小学要将“学习雷锋精神”系列教育活动作为德育工作的重点，并将《雷锋精神读本》列入全市义务教育“零收费”读书活动读本，免费下发。8月，市教育局决定成立以常少明为组长的“治理教育乱收费规范教育收费工作领导小组”。9月，开展2012年秋季学期收费检查工作。市教育局下发《关于加强中小学学籍管理的通知》的242号文件，就中小学校学籍管理的分工及流程进行规范，对学籍注册、纸质文档、电子档案及学籍异动等方面统一要求。11月21日，榆林市举办全市教育系统道德讲堂。榆林市委常委、宣传部长陈宁出席活动并讲话，市教育局局长常少明发言，市直教育系统主要负责人、榆林实验小学部分教师、家长、学生共260人参加活动，全校2000余名同学在教室观看道德讲堂现场直播。确立“校委会统一领导、创文办统筹协调、各年级积极参与、全学校宣讲道德”的工作模式。组织开展以《教师法》、《中小学教师职业道德规范》为主要内容的师德师风全员培训；研究制定《榆林市中小学教师职业道德考核办法》，在全市推行六项制度，即师德建设责任制度、师德师风教育制度、从教宣誓和师德承诺制度、师德考核与奖惩制度、师德档案建设制度、师德建设监督制度，全面加强教师的师德建设。2012年共评选表彰市级师德标兵12名，师德先进个人20名，师德建设先进集体10个。

【素质教育】 3月，转发省教育厅《关于深入开展校园经典诵读活动的通知》，要求各校组织开展诵读活动。5月，市教育局转发省教育厅《关于进一步推进中小学阳光体育运动的意见》的通知。6月，转发省教育厅等五部门《转发教育部中央文明办国家广电总局共青团中央中国科协关于开展“科学饮食、健康生活——2012年青少年科学调查体验活动”的通知》的通知，5—6月，全市组织开展以“阳光下成长”为主题的中小学生艺术展演活动。9月，市教育局下发《榆林市地方课程〈可爱的榆林〉实施指导意见（试行）》，文件要求各中小学校要依据《指导意见》，做到地方课程教材、课时、教师“三落实”。并将课程的实施纳入学校教育教学工作的评价体系和督学责任区工作范畴，加强对学校地方课程建设与实施情况进行督导检查。榆林实验小学、榆林经济开发区第一小学、榆林市第二中学、榆林市第七中学、榆林市第六小学、榆林市星元小学、榆林市逸夫小学、府谷县第一小学、府谷县第三小学、府谷县第二幼儿园等10所学校被省教育厅命名为“陕西省语言文字规范化示范校”。

全市教育系统以校园文化建设为抓手，组织开展校园“三节一会”即校园科技节、艺术节、读书节和运动会等活动，使全市体卫艺工作得到进一步加强。在组织开展全市第四届中小学生艺术展演活动的基础上，评选推荐10个表演类作品和48件艺术类作品参加了全省第四届中小学生艺术展演活动。组织初中、高中田径队，高中男篮、女篮和健美操队共66名队员，参加了全省第十届中学生运动会，并取得3金3银5铜的优异成绩。

12月，市教育局转发省教育厅《关于在全省大中小学广泛开展“十八大精神激励我成长”系列教育活动的通知》，要求将“十八大精神激励我成长”系列教育活动作为2013年德育工作的重点，加强组织领导，细化工作要求，加强宣传，开展征文比赛、演讲比赛、知识竞赛活动，将此项活动抓实、抓出成效。各县区教育局、局属各学校要严格执行义务教育“零收费”政策。活动所需《领航中国——党的十八大精神学生读本》，列入全市义务教育“零收费”读书活动读本，北六县区义务教育学生读本所需经费由县财政承担，南六县和局属义务教育学生读本所需经费由市财政承担。各普通高中读书活动读本按省上文件精神安排。征文比赛活动不得向学生收取参赛费，不得组织学生征订和本次大赛相关的征文选集。

【安全教育】 3月，转发省教育厅《关于做好2012年中小学幼儿园安全工作的通知》。5月转发省教育厅办公室《关于开展全省农村中小学校园食品卫生安全专项检查工作的紧急通知》。学校稳定安全工作有效强化。建立和完善全市教育系统安全隐患周排查、月报告、季总结制度和学校安全工作情况季报告制度，累计排查整改各类校园安全隐患377处，落实隐患整改资金470余万元。组织开展形式多样、内容丰富的“中小学生安全教育日”、防灾减灾宣传周活动，组织全市广大师生学生家长积极参加全省中小学生安全知识网络竞赛，定期组织消防、地震等安全应急演练活动，广大师生的安全意识和应急逃生能力得到进一步增强。开展食品卫生安全专项整治和校园及周边“三项集中整治”行动,全面加强中小学幼儿园交通安全工作,学校安全工作基础进一步夯实。建立省、市、县、校四级教师安全培训体系,采取“送培下乡”的方式对佳县、米脂县的600多名中小学幼儿园教师进行安全培训,广大教师的安全教育及管理能力得到进一步增强。与市综治办、市公安局联合组织开展第四批省、市级“平安校园”评选推荐工作,评估认定市级“平安校园”12所,推荐7所学校参加省级平安校园评选。9月,市教育局转发榆林市人民政府办公室《关于印发〈集中力量迅速开展消防安全排查整治行动工作方案〉的通知》

【高中教育】 4月,下达2012年全市普通高中招生计划:总名额28382名,其中:公办普通高中24132名,民办高中3866名,综合高中384名。市教育局认定佳县中学为“榆林市标准化高中”。5月,市教育局组织力量对各县区国家教育考试标准化考点进行初验。6月,转发省教育厅《关于开展陕西省普通高中标准化学校联合督校活动的通知》。要求结合5月份全市中小学内涵发展现场会精神,注意总结推广标准化建设中的特色和经验,发现学校发展中存在的问题,全面提高普通高中教育质量。榆林中学被评为“陕西省省级普通高中示范校”。10月,全市高考工作会议在神木召开,神木中学、府谷中学、绥德中学等学校在会上做了交流发言。推进普通高中教学改革,提高教育教学质量,促进普通高中内涵发展。

【课程改革】 3月,市教育局转发《陕西省教育厅〈关于贯彻落实义务教育语文等学科课程标准(2011年版)的实施意见〉的通知》。要求各县区、各学校要统筹规划,整合资源,制定课标研训工作方案,积极开展县级研训、校本研训。4月,市教育局根据省教育厅《关于全面推进中小学教师校本研修的意见》(陕教师〔2010〕69号)和省教育厅《关于印发〈陕西省中小学教师校本研修工作实施方案〉的通知》(陕教师〔2011〕74号)精神,提出全面推进中小学教师校本研修工作的实施意见。

职业教育

【招生工作】 深入开展中职招生宣传管理工作,全年共完成中职招生任务15213名,超额完成省上下达的招生任务。5月,转发省教育厅《关于做好2012年中高职五年制连读试点工作有关问题的通知》。截至9月,全市秋季招生三年制8382名,五年制1743名。全年中职招生15213名。

【职校建设】 进一步加强职业教育基础能力建设,市职教中心迁建项目完成征地选址工作,府谷县职教中心迁建项目主体完工,子洲县职教中心学生餐饮楼建设项目建成投用,绥德县职教中心公寓楼和实训基地建设项目完工。扎实推进职业教育骨干体系建设,神木职教中心被教育部命名为第二批国家中职改革发展示范学校,府谷、横山职教中心被省教育厅命名为省级示范中职学校,市职教中心的电子电器应用与维修、米脂县职教中心的机电设备安装与维修、清涧县职教中心的民间传统工艺等专业申报省级示范专业。3月,参加省教科所组织的全省中等职业学校教师教学设计大赛,有效性教学9名教师获等次奖。年陕西省职业院校技能大赛在神木职教设置赛点,共有电子商务、工业产品CAD、计算机硬件检测与维修、数字影视后期制作技术等四个项目在神木举行。本市有83名获等次奖。

5月,榆林市召开职业教育与成人教育工作会议。会议传达全省2012年职业教育与成人教育工作会议精神;榆林农校等6所中职学校介绍发展职业教育和成人教育的先进经验。副局长白鸿元指出,“十一五”以来,榆林市职成教育围绕榆林能源化工基地建设、现代特色农业基地建设、现代服务业发展,不断调整办学方向,培养技能型紧缺人才,取得初步成效。一是现代职业教育体系开始构建;二是中职教骨干体系建设取得显著成效;三是校舍建设得到加强;四是实训条件普遍得到改善;五是教学改革成果显著;六是特色学校靓丽辉煌。但也存在准入制度执行不力、管理部门多而无序、专业设置缺乏统筹等问题。各县区教育行政部门和职业院校要把思想和行动统一到市教育局对职业教育改革发展的决策部署上来,突出主题,凝聚力量,工作,全面完成各项工作任务。要加强统筹协调,进一步落实职业教育发展责任;要强化学校管理,把工作重心转移到提高教学质量;要加快资源整合,增强职教办学活力。6月,市教育局就榆林市职业教育资源整合进行调研。7月、11月有两批共60名职教中心的教师参加双师型教师省级培训。8月,米脂职教的石板画、清涧职教的木雕两个专业被省教育厅选送全国职业院校民族文化传承与创新示范专业。

12月,全省中等职业学校教学科研工作暨参加2012年全国职业院校技能大赛表彰会议在西安召开,市教育局总结材料在会上交流汇编,神木职教中心作总结发言。2012年建成省级教育强乡镇6个,截至12月,全市已建成省级教育强乡镇42个。

成人教育

【高等教育】 2012年开放教育招生5114人,毕业3398人;“一村一”招生436人,毕业691人。分校奥鹏远程教育招生712人,毕业634人,完成各项招生任务。全市电大共有开放教育和“一村一名大学生”教育在校生10997人。分校奥鹏远程教育有在校生2094人。在抓好各类学历教育的同时,努力搞好远程教育公共服务工作,积极开展继续教育培训,与市教育局达成初步意向,在全市范围内开展中小学远程心理健康辅导员认证培训工作试点。按照要求,较好地完成了组织难度较大的全国高校网络教育部分公共基础课统一考试。

为适应市民终身学习需求，榆林电大从电大教育改革发展的新形势和建设开放大学、建设学习型社会的新要求出发，投入70多万元，建设“榆林市民终身学习平台”，努力将其打造成市民学习知识、提高综合素养的平台。各县区电大都能加大投入，加强设施建设，不断改善办学条件。一些县区电大建成具有独立域名的网站，为电大转型发展奠定较好基础。

民办教育

【捐资助学】 2月7日，福建闽兴投资有限公司董事长林敏、总经理林而和北京瀚唐美视广告有限公司总经理韩涛对佳县41名学生发放助学金8.55万元，帮助寒门学生完成学业。5月7日，横山县石窑沟籍民营企业家韩震和艾军分别捐赠5万元和4万元，为石窑沟学校置办学生校服。8月21日，团市委接受市青联副主席、陕西祖承房地产有限公司董事长赵建伟捐资300万元善款，用来资助全市贫困大学生。11月29日，省宋庆龄基金会榆林市分会全体工作人员捐赠价值3万元的棉被和书包，给榆林市特殊教育学校的孩子们献上爱心。

（李春元　高亚凌）

榆林市教育局

局　　长　常少明

副 局 长　白鸿元　刘锦文

　　　　　韩春明　樊小兵

纪检组长　张　盼

工会主席　韩玉红

调 研 员　贺　靖　李茂权

气象工作

【概况】 2012年，榆林市气象局贯彻落实党的十八大和省气象局和市委、市政府工作要求，围绕服务榆林地方经济社会发展这一主题，坚持科学发展和改革创新，加快推进气象事业发展方式转变，大力实施“三计划一行动”，加快气象现代化建设进程，深入推进气象工作政府化、气象业务现代化和气象服务社会化，把保障和改善民生放在更加突出的位置，榆林气象事业实现了新的更大的发展。2012年在全省气象部门综合考评中，榆林市气象局被评为特别优秀达标单位第一名。在全市部门目标责任考核中，被评为优秀单位。

【项目建设】 推进“项目带动计划”，榆林飞机人工增雨（雪）基地（征地42亩，建筑面积6359.86m^2）被纳入部省合作协议和《陕甘宁革命老区振兴规划》重点实施项目之一，着力打造成西北地区最大的人影基地。预计2013年初投入使用。二是市气象局雷达数据处理中心楼项目（建筑面积8000m^2），内外均已装修完毕，预计2013年初投入使用。

【气象科技服务】 人影、防雷、气象探测环境保护和气象防灾减灾体系四项工作被纳入市委市政府对各县区的目标考核，市政府出台《榆林市气候可行性论证管理办法》和《榆林市气象灾害预警信号发布与传播管理办法》两个规范性文件，近四年市政府出台7部规范性文件。省市县联合开展防雷安全执法检查，并联合进驻大型能化园区开展专项服务。在全省率先召开全市防雷减灾工作会议，市安监局局长主持会议，省气象局和市政府领导出席会议并讲话，对推动本市防雷安全工作起到十分重要的作用。本市城市天气预报亮相央视一套朝闻天下《天气预报》栏目。

【全年气候特点】 2012年榆林市气候特点：气温偏低、降水偏多、光照充足。年平均气温9.1℃，较2011年偏低0.2℃，年极端最高气温极值36.4℃，7月11日出现在米脂县，极端最低气温极值－23.7℃，12月23日出现在横山县。全市年平均降水量525.5毫米，较常年偏多30%，降水量最多的是佳县，782.6毫米，突破历史极值。最少的是定边县，427.6毫米。年日照时数2810.9小时，较常年偏多127.8小时。春季无倒春寒天气发生，农作物生长期未出现低温冻害。6月中旬出现阶段性干旱，7月下旬，出现罕见的暴雨天气过程，7月27日～28日榆阳、佳县日降水量连续两天达到暴雨标准，佳县日降水量216.4毫米，突破1969年来历史极值。全年大风沙尘天气、大雾天气、冰雹日数较常年偏少，强度偏弱。全年作物生育期光、热、水等气候条件较为适宜，农业生产获得大丰收，全市生态植被良好，空气质量达标。气象灾害主要表现为干旱、暴雨、冰雹等，给人民生活、工农业生产、交通运输造成一定影响。

【气象服务工作】 一是做好气象服务工作。2012年汛期，本市遭遇历史罕见特大暴雨过程，为1961年以来历史之最，其中佳县11个小时内降水量达217.2毫米，是本市有气象观测记录以来的最大日降水量。面对灾情，气象部门及时发布各类气象信息，为政府决策提供重要决策参考，不断扩大预报预警信息覆盖面，最大限度减少灾害所带来的损失。发布各类预警信号105期，各类短时临近警报218次，面向政府及各部门共发布19300人次，社会受众629万人次，创下历史最高水平。每日向市委、市政府相关领导和农业、林业、水务、防汛、财政等部门报送《未来十天天气展望》等气象服务资料。与农业、国土、公路、交通、水利、林业、中国移动和民航等部门合作开展社会防灾减灾工作。积极做好“五一”、“清明”、“高考”、“端午节”以及神舟九号飞船发射群众安全防护和应急搜索气象应急保障服务等工作。与广播电台合作，新增气象播报员实时连线播送，为本市气象防灾减灾信息发布提供一个快速便捷的通道。开通了气象客户服务热线，汛期重大天气过程中对各基层信息员及时进行了呼叫提示，减少灾害损失。二是人工影响天气工作效益显著。2012年，我市共组织飞机增雨作业17架次,与内蒙古和宁夏联合开展跨省作业13架次,省内赴延安、关中作业两架次。共燃烧碘化银增雨烟条162根,发射增雨火箭弹580枚,地面增雨炉燃烧烟条145根,通过全方位数次立体和跨区域增雨工作,使全市雨量明显增加,在自然降水和人工增雨的共同影响下,缓解旱情,有利于农作物生长发育,净化空气,减少沙尘天气。全市冰雹天气较历年偏多,市县人影办有效组织全市64个炮点和11个火箭点进行防雹作业,共发射"三七"炮弹5700多发,火箭弹219枚,实现防御区内基本无雹灾的好业绩。全年人影直接经济效益10亿元以上。人影工作受到市委、市政府领导的高度肯定,市政府领导在呈阅的材料上批示:"人影项目很好,对榆林经济发展贡献很大"、"老百姓得实惠,政府很满意"。市人民政府专门致信感谢参与我市飞机人工增雨(雪)部队(空四师)及机组全体官兵。三是多措并举,强化为农气象服务"两个体系"等防灾减灾建设。承担中央财政"三农"气象服务专项1个,省级为农服务"两个体系"建设示范县2个和现代农业气象服务示范园区3个,在神木县新建1个长柄扁桃小气候监测站,并投入运行。气象信息服务站、气象预警电子显示屏、暴雨监测站和农村气象信息员(协理员)实现乡镇全覆盖。市本级和12个县区全部成立气象灾害应急指挥部,出台气象灾害应急预案,并建立气象预警信息发布"绿色通道"。积极开展农业气象指标研究,进一步加强农用天气预报技术应用,与农业局合作新建为农服务网。自建气象预警大喇叭137套,实现共享621套。集中优势力量,启动全市气象灾害风险区划研究。开展农业气象指标研究,进一步加强农用天气预报技术应用,与农业局合作新建为农服务网。重点围绕本市马铃薯和红枣等特色农业主导产品(业),做好气象服务工作。响应市委市政府号召,组织职工赴米脂县高西沟村参加学习教育,通过"睡农家炕,听农家事,感农家情",深入农村基层了解需求。

(贺彦兵)

榆林市气象局

局　　长　李　强
纪检组长　万宏彬
副 局 长　白光明　王　云
总　　工　刘子林

榆林学院工作

【概况】 2012年,榆林学院以迎接教育部本科教学工作合格评估为契机,改善办学条件,加强标准化建设,进一步提高教育教学水平,受到评估专家组和社会各界的肯定。

【党建和精神文明建设】 组建十八大精神宣讲团,迅速掀起学习宣传贯彻十八大精神的热潮。廉政风险防控管理工作正式启动,进一步加强党风廉政建设。凝练校训、校风、教风、学风和学院精神,建成校史馆。档案馆通过考核验收。《彰显大学集邮文化创新大学生思想政治教育新路径》获省校园文化建设优秀成果一等奖。健全学生教育管理服务体系,加强新生入学教育和学生教育管理服务工作。

【教学工作】 教育部本科教学工作评估专家组进校考察评估。广大师生员工爱校敬业的精神、实事求是的态度、勤奋扎实的作风和争创一流的追求,给专家留下了深刻的印象。榆林学院最终通过合格评估。开展教育教学观念和教学改革研讨活动,对推进教学改革起到明显作用。召开实践教学与实验室工作会议,围绕加强实践教学环节出台系列文件。召开2012年教学工作会议,交流工作经验,讨论《榆林学院本科教学工作合格评估整改方案》、《关于进一步完善2012版人才培养方案修订工作的补充意见》、《榆林学院关于开展校企合作教育的实施意见》3个文件草案。获得3项省级教学改革研究项目,至此,学院累计已有11项省级教学改革研究项目。本年度立项建设7门重点课程,3门精品课程。新进教师34名,其中硕士研究生31名,博士研究生3名,进一步优化师资队伍。

【教育教学质量】 2012届本科生共计1926人,其中报考硕士研究生者442人,考研上线人数220人。09级法学本科生司法考试过关率63%。1名同学在"第六届全国信息技术应用水平大赛"中获得二等奖,2名同学获得大赛三等奖,5名同学获得优秀奖。在全国"第四届大学生语言文字基本功大赛"上,2名学生获一等奖,20名获二等奖,29名获三等奖。在"全国高等院校计算机核心技能与信息素养大赛"中,榆林学院代表队荣获全国团体三等奖,3名同学获得二等奖,11名同学获得三等奖。2012年全国大学英语竞赛中1名同学获全国B类一等奖,4位同学获全国C类一等奖,13名同学获全国二等奖,23名同学获全国三等奖。在"2012中国机器人大赛暨RoboCup公开赛"上榆林学院的西北旋风一队荣获双足竞步机器人大学组(交叉足印)一等奖;西北疾速一队荣获双足竞步机器人大学组(狭窄足印)二等奖。运动健儿在陕西省第34届大学生田径运动会上荣获女子团体第四名,男子团体第四名,团体总分第四名,体育道德风尚奖,摘取金牌三块,银牌八块,铜牌六块。2名同学在第六届全国高师学生英语教师职业技能竞赛陕西赛区决赛中荣获一等奖、1名同学荣获二等奖。

【科学研究】 本年度获得各级项目74项,总经费316.7万元。其中,国家自然科学基金项目1项,省科技厅项目7项,省哲学社会科学规划办项目2项,省社科联项目2项,省教育厅项目30项,市科技局项目25项,横向项目7项。陕西省陕北绒山羊工程技术研究中心、榆林市陕北白绒山羊工程技术研究中心和榆林市化工工程技术研究中心顺利通过验收。申报省级重点实验室1个,这是榆林学院乃至榆林市的首个省级重点实验室；授牌建设市级重点实验室5个，争取到建设资金70万元。出版学术专著4部；取得7项专利，其中发明专利3项；获榆林市科学技术奖一等奖1项。应邀参加榆林市第三届产学研合作峰会并与榆林市人民政府签订“MOET技术在陕北白绒山羊核心育种群应用与研究”项目协议，获得100万元经费资助。中国工程院院士张铁岗、长江学者王晴佳等一批专家教授来校指导工作或作学术报告。

【招生就业工作】 计划招生3410人，其中本科3010人，专科400人。实际招生3528人，是计划招生数的103%，其中本科3144人，专科384人。派遣毕业生3251名，其中校本部2786人，本科生1921人、专科生1330人。总体就业人数为2932人，初次就业率为90.19%，其中本科生就业率为91.20%，专科生就业率为88.72%。

【基本建设和平安校园创建】 续建多层学生公寓楼，建筑面积17080平方米，续建学生餐饮活动中心，建筑面积13558平方米。金工实训基地建设项目（新建），建筑面积3995平方米。新增绿化面积2000平方米，校园内增设座椅、景观石、景观灯、温馨提示牌等，使师生工作、学习和生活的环境得到进一步的改善。加大人防、物防、技防投入力度，平安校园创建工作成效显著，顺利通过省专家组考核验收。

【合作交流】 与西班牙的ESIC商学院签订学术交流协议，与马来西亚的马来亚大学签订交换生项目协议，与台湾的中国文化大学和嘉南药理科技大学签订校际交流协议，累计已与国（境）外20所高校签订校际交流协议，其中与6所高校进行实质性的校际交流。选送两批46名学生赴台湾5所高校参加为期1学期或1学年的交流学习，推荐2批9名在教学、实验、实训和教学管理方面有突出表现的中青年教师和管理干部赴台湾友好院校观摩教学、合作研究，组织教育考察团参访淡江大学、龙华科技大学、朝阳科技大学和树德科技大学。实际招收留学生31名，分别来自美国、英国、日本、韩国、罗马尼亚、印度尼西亚、巴基斯坦、乌兹别克斯坦、赞比亚、乌干达等国家。与中航工业北京航空材料研究院、陕西中能煤田有限公司、榆林出入境检验检疫局等签订了相关合作协议，与陕西绿源天然气有限公司签订“订单式”人才培养协议。

【校园民主建设】 召开榆林学院第二届教职工代表大会暨第二届工会会员代表大会，听取和审议《院长工作报告》、《榆林学院第一届工会委员会工作报告》，听取《提案征集情况报告》，审议《榆林学院2012年财务预算执行情况报告》、《2012年工会经费审查报告》，选举产生榆林学院第二届工会委员会委员、第二届女工委员会委员、第二届工会经费审查委员会委员、第二届教代会青年委员会等3个专门委员会委员。

（高谋洲）

榆林学院

党委书记　高延龙
院　　长　赵红星
副 院 长　王世平
党委副书记　李治山
副 院 长　张富林　弓斌耀
纪检书记　霍东平
院长助理　王　顺

广播电视大学工作

【概况】 2012年是学习贯彻党的十八大精神、省委第十二次党代会精神和《陕西省贯彻<国家中长期教育改革和发展规划纲要>实施意见》的关键之年，是电大教育向建设开放大学发展的转型时期，是全市电大贯彻落实省、市教育工作会议精神，进一步推动电大教育事业稳步健康发展的重要一年。在省电大和市教育局的领导和支持下，围绕榆林经济社会发展和建设开放大学的工作大局，深入学习实践科学发展观，进一步提高思想认识，以教学检查为契机，不断规范办学行为，全面加强建设，深化改革，强化管理，稳步扩大办学规模，着力提高办学综合实力和办学效益，各项工作取得新进展。

【政治理论和业务学习】 一是不断强化。采取不同形式组织教职工学习党的十八大和省委第十二次党代会精神、《陕西省贯彻<国家中长期教育改革和发展规划纲要>实施意见》、《2012年党员干部学习理论热点18讲》及中、省、市教育工作会议精神等学习内容和业务知识。二是学校领导按时参加市委举办的榆林大讲堂和干部在线学习。三是向全校干部职工发放《现行教育法规汇编》培训教材，组织开展学法用法活动，进行法律知识测试。

【干部职工作风整顿】 一是根据市委及市教育局的安排，学校组织全体干部职工开展作风整顿活动。作风整顿活动以科学发展观为指导，全面落实中、省、市教育工作会议精神，发扬党的优良传统和优良作风，解决当前学校干部职工在思想、学习、工作、生活等方面存在的作风问题，着力打造改革创新、求真务实、公正廉洁的新时期干部队伍和师德高尚、业务精湛、富有活力的教师队伍。在开展活动过程中贯彻执行各级党组织关于干部作风建设有关规定，从学校工作实际出发，健全组织，强化领导，坚持原则，精心安排，分步实施，深刻剖析，认真整改。通过开展作风整顿，学校师德师风进一步加强，干部职工服务态度、工作作风得到改进，工作效率进一步提高。二是学校组织开展“帮困助学一对一”主题实践活动，校级领导每人拿出1000元，科级干部和党员每人拿出500元，一对一帮扶清涧县和横山县扶贫村的小学贫困学生，帮助他们解决生活困难，使他们安心学习，健康快乐成长，从而推动创先争优活动深入开展。

【规范和落实教学工作】 一是强化制度建设,不断规范开放教育教学管理工作。为进一步强化管理,不断规范教学管理工作,分校在原有管理制度和岗位职责的基础上,结合当前电大各项工作实际,重新修订《榆林市电大岗位职责汇编》和《榆林市电大管理制度汇编》,进一步完善规章制度,规范管理。学校按照开放教育教学有关规定,加强督导检查和考核,狠抓教学过程管理,落实教学主要环节,努力推进网上教学,取得新成绩。各县区电大也能够结合教学管理规定和要求,结合自身办学实际,完善制度,强化措施,不断规范教学工作,提高教学质量和管理水平。二是以教学检查为契机,进一步规范教学工作。按照中省电大开展开放教育教学检查工作要求,分校成立教学检查工作领导小组,组织召开县区电大分管领导和业务人员参加的教学检查工作会议,总结全市电大教学工作中存在的问题,提出整改措施,对全市电大迎接教学检查工作进行安排部署。会后,全市电大都能结合《陕西广播电视大学教学检查评价表》中的检查内容及相关要求,强化自查整改,加强管理,规范各项工作。自查整改过程中,学校和县区电大对开放教育网上教学及管理过程中形成的电子和纸质资料进行收集整理,形成《榆林分校开放教育教学检查自查报告》,及时上报省电大。十二月份,省校检查组通过听汇报、实地查看、召开座谈会等形式对分校开放教育教学工作进行全面检查,通过教学平台对全市电大网上教学进行统计、分析、评价。三是努力推动教科研工作。在开展教科研工作过程中,教师、管理和技术人员按照省校和分校教科研工作有关规定,围绕中省教育改革和发展规划纲要,结合本地实际,立足于全面推进终身教育体系、建设学习型社会和建设开放大学需要,积极开展教科研工作。分校先后有十多篇论文公开发表。分校去年申报的两个科研课题项目经省校评审,于今年5月份获准立项。

【招生工作】 一年来,学校和各县区电大都能按照《榆林电大开放教育招生考核奖励办法》的要求,落实措施,合理调整专业布局,优化专业结构,不断加大招生工作力度,在全市电大的共同努力下,招生工作稳步推进,为新形势下电大教育转型发展奠定坚实基础。2012年开放教育招生5114人,毕业3398人;“一村一”招生436人,毕业691人。分校奥鹏远程教育招生712人,毕业634人,完成各项招生任务。全市电大共有开放教育和“一村一名大学生”教育在校生10997人。分校奥鹏远程教育工作也能够稳步推进,目前共有在校生2094人。在抓好各类学历教育的同时,努力搞好远程教育公共服务工作,积极开展继续教育培训,与市教育局达成初步意向,在全市范围内开展中小学远程心理健康辅导员认证培训工作试点。按照要求,较好地完成组织难度较大的全国高校网络教育部分公共基础课统一考试。

【建设“榆林市民终身学习平台”】 为适应市民终身学习需求,学校从电大教育改革发展的新形势和建设开放大学、建设学习型社会的新要求出发,投入70多万元,建设“榆林市民终身学习平台”。“平台”正在建设中,分校将逐步完善服务功能,充实各类教学资源,努力把“榆林市民终身学习平台”打造成市民学习知识、提高综合素养的平台;学习者交流学习经验、展示个人才华的舞台;集思广益、汇集民意、服务政府决策的窗口;一个真正的没有围墙的网络大学,为市民的自主学习、快乐学习提供最广泛的支持与服务。县区电大都能加大投入,加强设施建设,不断改善办学条件。一些县区电大建成具有独立域名的网站,为电大转型发展奠定较好基础。

【中层干部队伍建设】 为进一步强化考核管理,加强干部队伍建设,改进工作作风,提高工作效率,分校按照《榆林电大科级干部考核试行办法》,对15名科级干部2011年的履职情况从德、能、勤、绩、廉五个方面进行全面、客观、公正、准确的考核,激励和督促科级干部提高管理能力和工作水平。

【增强电大系统办学活力】 在电大教育转型发展的新形势下,全市各级电大都能按照电大发展新使命、新任务的要求,提高思想认识,珍惜系统建设成果,以中心工作和工作大局为重,加强协作与配合,相互支持,齐心协力,共谋发展,电大系统办学的综合实力得到了进一步提高,为今后电大教育事业的改革与发展打下基础。

【其他工作】 一是全面深入开展“四城联创”工作。在坚持搞好创建国家卫生城市和省级环保模范城市工作的同时,按照市委、市政府和市教育局的安排,落实措施,加大经费投入,全面深入开展创建省级园林城市和省级文明城市工作。在创建省级园林城市工作中,学校被确定为创建市级园林式单位,10月份上级部门检查验收该项工作时充分肯定,并给予了通报表扬。在创建省级文明城市工作中,按照要求,学校根据实际,制定目标任务分解表,结合科室职能,将42项创建任务分解落实到相关科室,确保各项工作落到实处。创建过程中,进一步收集、整理工作资料,加强档案建设。二是学校工会、安全保卫、综合治理、精神文明建设、计划生育、社会主义新农村包扶建设等工作深入推进,成效明显,在年终检查验收时受到相关部门好评。

(闫　磊)

陕西省广播电视大学榆林分校

校　长　王金鑫
副书记　秦榆栋
副校长　曹国年　薛志强

职业技术学院工作

【概况】 榆林职业技术学院是榆林市人民政府于2006年6月决定建设,

2010年由陕西省人民政府批准设置、教育部备案,2012年10月12日正式挂牌办学的榆林市唯一一所高等职业院校。规划占地面积720亩,总建筑面积28万平方米,总投资8亿元,设计学生规模1万人。经过五年多时间紧张有序的筹建,到2012年完成固定资产投资6.7亿元,完成建筑面积18万平方米,实验实训设备投资4600万元。教职工121人,在校学生1958人。

2012年4月,学院党委书记张耘、院长龙云上任以来,在领导班子成员和教职工严重短缺的情况下,带领全院师生,实现学院从筹建到招生的顺利过渡,并实现了成功揭牌、平稳开办、有序运行、全面推进的目标。省教育厅副厅长郭立宏宣读《陕西省教育厅关于设置榆林职业技术学院的通知》,副市长兰新哲主持挂牌仪式。省委、省人大、省政府、省政协,市委、市人大、市政府、市政协以及省、市、县等相关部门,西北大学、西安石油大学等36所兄弟院校,各县(区)职业学校、中学以及100多家合作企事业单位出席庆典或发来贺电、贺信表示祝贺。

【思想政治建设】 在院党委的领导下,学院上下注重思想理论学习,学习贯彻中央十七届六中全会和党的十八大会议精神,使党的政策理论及时得到学习贯彻。同时各处系和全体教师坚持政治理论学习与业务学习相结合,在政治理论水平提高的同时,思想境界得到升华,业务水平不断提高,维护学院大局稳定,促进发展。

学院注重政治理论学习成果的转化应用,贯彻执行党的路线方针政策,始终坚持“集体领导、民主集中、个别酝酿、会议决定”的原则,事关学院改革发展的重大问题,大家关注的热点焦点问题,学院较大数额的开支问题,都通过党委会议集体研究决定,对每一件涉及全局的重大决策都进行集体研究讨论,确保学院各项工作的顺利实施和改革发展的大局。

【组织机构建设】 一是科学设立教学管理机构。制订组织机构设置、岗位设置及人员编制规划方案。在市编办的协助支持下,省编办一次性批复本院15个党政群管理机构、4个教学教辅机构、9个系,市编办一次性核定编制,为全面建立教学管理体系奠定基础。二是积极争取系部机构设置。学院积极争取设立党群组织机构,完善处系科室设置,在总体机构批准设立前,成立临时机关党支部和教师党支部,开展正常的组织生活,为强化组织建设奠定基础。三是制定管理运行制度。制订内部管理制度,明确部门的职责划分与协调运行机制,累计制定、修订师资队伍建设规划、专业建设规划、实训基地建设规划等发展战略规划10个;制订党务、行政、财务、安全、后勤管理及教学管理、学生管理、人事管理、国有资产管理等各项制度280多个,基本做到工作有章可循、部门协作有序、运行衔接高效。四是建立后勤保障机制。确立后勤服务物业化和社会化模式,引进食堂、浴池、保安托管公司,成立后勤物业服务公司,制订后勤运行实施办法、价格制度和经营方案,完成校园超市的招标和开办,引进环境保洁绿化、学生公寓物业、安全保卫等服务单位。

【干部队伍建设】 4月18日省委为学院配备党委书记和院长,10月9日市委为学院配备党委副书记和副院长后,有5名院级领导空缺,全部中层干部没有配备。为使工作有序开展,职责明确,高效运行,院党委对已配备的领导班子成员进行临时分工,根据市编办批准设立的机构,坚持德才兼备、以德为先的用人导向,本着用人唯贤、有效对接、促进工作的原则,对筹建期间抽调的人员和公开招聘人员进行临时工作安排,指定了部门临时负责人,明确工作职责。实行“一肩双挑”和“一肩多挑”制度,采用双向选择的办法,选拔和配备处系和党团组织干事,为推进学院各项事业的发展,提供组织保证和人力支撑。

【师资队伍建设】 根据学院建设的总体目标和现实需求,制定师资队伍建设规划,专业带头人、“双师型”教师和青年教师引进招聘实施方案,先后3次组织公开招聘,选调硕士研究生学历教师46名;招聘学科带头人和高层次人才4名。并及时组织青年教师参加高校教师资格岗前培训、测试和资格认定。按照“双师型”教师的要求,派遣新招聘教师到榆林天然气化工厂、云南机床厂等单位进行实践锻炼,确保教学活动的有序开展。

【基础设施建设】 2012年,学院按照秋季启动招生的总体目标,查问题补不足,完善设施建设;夯责任抓落实,加快项目进度,确保新生的按期入校。学院主要领导到任后,先后召开情况汇报会、任务分解会、工作推进会等多种形式的会议,梳理出确保招生进校必须完成的包括基建、教学、招生在内的24大项80小项工作,并以7月30日为限,将任务细化分解到部门,责任落实到人。多次与市城投公司座谈,就建成项目的变更改造、在建工程的质量进度等问题,形成会议纪要,落实项目资金,加快建设进度。按时完成了学生公寓、学生食堂和教师食堂的改造,专业教学楼的装修,办公楼的搬迁,校园网络接入开通等工作;购置安装了58个实验实训室仪器设备和学生必需的课桌凳、公寓床等设备;积极争取支持,将二期工程建设预留的120亩裸沙地纳入市环城保护林带项目,完善校园绿化、美化、亮化工程和校园安保工程。

【教学实训工作】 学院按照“注重实践技能,突出专业特色;坚持学生为本,强调因材施教”的教学原则,积极组织教学实训准备工作。

一是统筹专业建设。按照服务地方经济建设,培养高素质技能人才的要求,在省教育厅已经批准开设的煤矿开采技术、应用化工技术、机电一体化技术等8个专业的基础上,经过认真研讨论证,申请省教育厅批准本院新增工业分析与检测、数控技术、电气自动化、会计、学前教育等5个专业，使学院的专业设置基本实现重点专业深层次，文科理科全覆盖。二是推进课程建设。成立教学工作委员会，制订教学计划编制的基本原则和指导意见，修订专业建设方案和教学大纲，制订教学管理制度、职责范围、岗位职责，确定各层次、各专业、各年级的课程设置，完善教材预订和题库建设工作，制订精品课程建设方案。初步完成课程建设、教材建设、题库建设等教学必需的前期工作。三是加快实训基地建设。制订实验实训基地建设方案，通过专家的评审，其中应用化工技术专业省级示范性综合实训基地项目通过省教育厅组织的验收。组织完成实训中心的设备购置、安装调试和运行演练，完善配电工程和水电路工程，配齐8类13个实验室的设备和教学配件，开展实训教员大练兵活动，制订实训中心安全操作规程。建成投入使用实验实训室58个，确保在校学生实验实训课程的开设与运行。四是开展练兵比武活动。先后组织青年教师开展"教学练兵"、"教学评比"、"专业教师技能培训成果展示"等活动。围绕专业设置与人才需求相吻合、课程设置与职业标准相对接、教材选择与岗位技能相衔接的要求，多次开展教学研讨交流活动，研究确立教学模式、教学方法，确保学生具有较强的竞争力。五是启动校企合作机制。先后与神华集团、神东公司、陕西国华锦界电厂、陕煤集团、榆天化等公司达成合作意向，为学生实训实践创造条件。

【多层次办学】 组织教师深入县区和学校，开展招生宣传，并根据全市生源情况，及时调整招生计划，增加5年制大专招生比例。最终3年制大专入学362人，5年制大专入学553人。积极与神木分校对接，完成代管理的123名大二学生顺利返校。积极开展技能培训，先后与中煤公司、长安银行、农业银行等单位合作，举办员工岗前培训和业务培训，在校培训学员920人，在校学生规模1958人。初步形成3年制与5年制大专、统招专科与短期培训、学历教育与非学历教育相结合的多层次多形式办学模式。

（高　源　李　霜）

榆林职业技术学院

党委书记　张　耘
院　　长　龙　云
副书记　李丰玉
副院长　辛　田
调研员　杨红旗

文化广电新闻出版（文物）工作

【概况】 2012年是实施"十二五"规划承上启下的重要一年，是全面贯彻落实党的十七届六中全会精神，全面推进西部文化大市建设的关键之年。市文广局在市委、市政府的领导下，围绕市委市政府中心工作和年度目标任务，抓重点、攻难点，促发展、争创新，更加自觉、更加主动地推进西部文化大市建设，各项工作取得明显成效。

【文化活动】 春节期间，组织开展包括文艺晚会、民俗文化展演等节日文化活动，应西安市邀请，举办"2012大唐西市春节文化庙会——主宾城市榆林"活动。4月份，举办"文明榆林·书韵飘香"全民阅读活动，集中销售书刊价值达90多万元，并向榆林儿童福利院、鱼河镇小学等单位捐赠价值15万元的图书、学习用品。5月份，策划举办"晋陕蒙秧歌伞头选拔赛"，为历年来参赛范围最广、艺术水准最高的一次秧歌艺术赛事。7月份，组织举办"花儿朵朵向太阳"第三届陕西省少儿艺术节，选送7个节目参加了省上主会场比赛和演出，获一等奖3个，二等奖1个。开展送文化下乡活动，放映农村电影68215场（目标任务65736场），超额完成目标任务。与北京世纪东方传媒合作，以广告换设备的模式，在全市13个广场放映点，实施城市公益电影放映，共放映电影1600场，观影群众达48万人次。开展经营性电影放映工作，2012年市电影公司奥斯卡影城实现票房收入160多万元。开展送戏、送书下乡活动，全市各级文艺表演团体累计送戏1800多场，各级文化部门、出版物经营单位累计送书3万多册。投入经费1828万元，实现全市文化馆、图书馆、博物馆、文化站免费开放。

【对外文化交流】 应2012"上海之春"国际音乐节组委会邀请，府谷县组团在上海音乐厅举办"中国记忆府谷二人台音乐会"，被当地媒体誉为"最纯真的陕北声音，最原味的真情演绎"。组织府谷二人台艺术团参加第二届内蒙古二人台艺术节优秀剧（节）目展演。组织参加了第二届陕西省民族器乐大赛，本市获一等奖3个，二等奖1个，三等奖1个，本局获优秀组织奖。组织参加"陕西省第四届芦河杯小戏小品大赛"，市文工团获得优秀剧目奖、剧目奖、优秀导演奖、优秀表演奖、表演奖等18项奖项。组织参加了陕西省第三届舞蹈"荷花奖"大赛，市民间艺术团有限公司获得专业组原创节目类优秀组织奖、优秀园丁奖、优秀编导奖、优秀作曲奖和优秀表演奖等36项奖项。

【文艺精品创作】 榆林市文工团有限公司排演的大型眉户现代戏《山沟沟里的年轻人》，列入陕西省"五个一"精品工程。榆林市艺术创作研究中心艾丫婷同志创作的小品《我错了》，在中华颂第三届全国小戏小品曲艺大展中荣获二等奖，创作的《等待与观望》在陕西省第四届小戏小品大赛中荣获剧本二等奖。9月份组织召开全市重点剧本改稿会，组织专家对参评的22件作品进行审阅，评出特等奖1件，一等奖2件，二等奖3件，三等奖4件，优秀奖5件。榆林电视台开设《文化榆林》、《百姓剧场》品牌栏目，着力挖掘本土文化资源，打造老百姓喜爱的精品力作。《文化榆林》播出节目24期，采制《民歌陕北——贺国丰》、《历史从这里回望》、《美在榆林》等多部电视专题片。《百姓剧场》元月份正式播出以来，制作完成短剧15部，播出11部，创造节目收视新高，成功推出一批群众演员。开辟《十佳青年先进事迹展播》、《劳动风采》专栏，全方位、多角度展示各条战线涌现出的先进人物、劳动模范的感人事迹。

【新闻宣传】 1. 重大主题宣传。全市各级电视台、电台牢牢把握正确舆论导向，深入宣传党的十七届六中全会、省十二次党代会、市三次党代会精神。围绕党委、政府中心工作，精心策划，开展宣传报道活动。榆林电视台开辟《三年植绿大行动、建设生态新家园》专栏，报道植绿活动的新进展、新举措、新成效，播出系列报道、主题报道、动态消息近100条。围绕干部作风整顿活动，开辟《转变干部作风、服务转型跨越》专栏，围绕万名干部下基层活动，开辟《干部下基层、三问三解暖民心》专栏。全年，榆林电视台播出本台新闻3545条，其中省台采用257条，中央台采用10条。2. 安全播出工作。为保障省市"两会"等重大会议的宣传报道工作，各播出单位先后数次对安全播出工作进行部署，对安全播出保障期的工作做具体安排，将安全播出任务落实到人，对播出系统进行全面检修，确保系统设备处于最佳工作状态。6月9日，国家总局和省局组织的广播电视安全播出检查组对清涧县广播电视的安全播出工作进行全面检查，并对清涧的安全播出工作给予肯定。为保障十八大期间的宣传报道工作，8月28日本局召开各县区局、局属单位主要负责同志参加的专题会议，对安全播出工作进行再安排、再部署，并与各县区局和局属有关单位的主要负责同志签订《广播电视安全播出责任书》。各播出单位圆满地完成各项播出任务，未发生一起播出事故，再次实现台内停播创"0"秒的播出目标。3. 新闻评奖工作。精心组织"榆林广播电视奖"评选活动。共评出获奖作品153件，其中一等奖27件，二等奖48件，三等奖78件。其中有24件送省参评，有9件作品获"陕西广播影视奖"，7件作品获陕西新闻奖。

【重点文物维修保护】 实施长城保护工程，编制完成神木县、定边县境内多段长城的加固保护方案。长城——款贡城易马城、建安堡、牛家梁至芹河段保护维修工程，获国家文物局批复并下达专项经费2900万。榆阳区麻黄梁——牛家梁段明长城保护维修项目，已进入施工阶段。长城镇北台款贡城加固保护工程项目于6月份开工，计划总投资500万元，完成工程量50%。实施城墙修复工程，启动榆林卫城西城墙维修工程(钟楼至西南城角含新乐门)，工程于5月4日开工，总投资5600万。落实经费180万元，启动红石峡西崖岩体保护工程。各县区也多方筹集经费，积极实施文物保护维修项目，府谷县政府安排经费1000万元，完成府州城古民居维修、府州城小南门外景区建设、七星庙景区建设；横山县开展波罗古城保护维修工作，南瓮城、梁家大院、北城墙修复工程，累计完成投资4000万元；靖边县完成小河会议旧址的整体保护维修；佳县完成白云山三清殿、华云寺、神泉堡纪念馆抢修工程。

【考古勘探发掘】 完成华电投靖边风场三期风电项目、大唐风电定边张家山风场三期工程、府谷县科信化工有限公司低温煤焦油加工精细化工产品项目、横山县马扎梁至芦草梁一级公路一期工程等近50个重大基建项目的文物调查、勘探和发掘工作，其中实施文物调查工作12项、文物勘探工作39项，文物发掘工作5项，共发掘各类墓葬23座，出土各类文物200多件。

【文化生态保护区建设规划编制】 4月，陕北文化生态保护实验区经文化部正式批准，这是继陕西省国家级羌族文化生态保护实验区设立后的第二个国家级文化生态保护实验区，也是进入"十二五"文化部推进文化生态保护实验区建设工作批准设立的第一个国家级文化生态保护实验区，对于全面推动本市文化遗产保护进入整体性、动态性保护具有十分重要的意义。近期组织编制《国家级陕北文化生态保护试验区保护规划》，并经市政府同意已呈报省文化厅。

【非遗传承保护工作】 5月份，开展榆林市第二批非物质文化遗产项目传承人评选工作，经过县上申报推荐，市级专家委员会评审，并经市政府正式公布，命名132名传承人。申报第三批省级非物质文化遗产项目传承人和省级非遗项目传承单位，神木酒曲传承人朱光亮、靖边信天游传承人刘贵等8位市级传承人获省级传承人称号，榆林市民间艺术团、绥德县武文石业有限公司、榆阳区正大磨香园现代农业科技有限责任公司获陕西省第一批非物质文化遗产项目代表性传承单位。榆林市民间艺术团有限公司获批第一批陕西省中小学优秀传统文化教育社会实践基地称号。组织部分国家级传承人和省级传承人参加6月份在西安举办的全省非物质文化遗产项目代表性传承人的培训班。

【文化市场整治专项活动】 在加强日常监管的同时，2月16日至3月10日，在全市范围内组织开展查处网吧违规接纳未成年人、规范网吧经营秩序专项整治行动。从7月底开始，对市辖区86家网吧经营单位进行反复巡查，检查网吧265家次，责令整改45家次，对10家违规网吧进行行政处罚。与上年相比，违规经营行为大幅下降，网吧经营秩序总体呈良好发展态势。开展"净化出版市场环境、规范新闻采编秩序"专项行动，对街头摆摊设点、乱发医疗虚假广告、售卖盗版光碟、无证违规印刷等突出问题进行重点查处，检查经营单位2396家次，收缴各类非法出版物4689余册、盘，没有发现非法政治类出版物，净化出版物市场环境。

【驻榆记者站管理】 与市委宣传部以及"扫黄打非"各成员单位联合开展打击"假报刊、假记者站、假记者、假新闻"和"新闻敲诈"治理有偿新闻专项行动，查处"市县领导观察"陕北调研处、定边"新三边"、"廉政风云"府谷工作站、"陕西社会调查部"榆林办事处等从事违法新闻出版活动的组织，维护正常新闻采访秩序，维护新闻传播公信力。

【迎接十八大文化市场专项保障行动】 为进一步规范文化市场经营秩序，深入推进平安文化市场建设，为党的十八大胜利召开创造和谐、平安、繁荣、有序的社会文化环境，从9月份开始开展迎接十八大文化市场专项保障行动，重点清理出版物、演出、游艺娱乐、网吧、网络音乐和网络游戏等市场；查处含有国家法律法规禁止内容的图书、报刊、音像制品和电子出版物等；打击色情低俗演出、具有赌博功能的电子游戏机、宣扬赌博和低俗宣传推广的网络游戏、非法卫星电视广播地面接收设施；整治非法文化产品印刷复制环节、流通传播渠道。全年，全市文化市场共出动执法人员21208人次，检查各类经营单位7612家次，责令整改337家，停业整顿14家，办结案件111件，罚款48.2万元。

【文化产业发展】 1. 产业发展氛围。为促进本市文化产业良性快速发展，市上多次召开专题会议，研究全市文化产业发展的思路和措施，市人大组成专门调研组就本市文化事业和文化产业发展情况进行调研考察。为学习借鉴推进文化产业发展的新理念、新举措，6月12日市上邀请陕文投董事长段先念、总经理王勇一行就榆林文化产业的开发进行考察，讨论陕文投集团关于《榆林文化产业发展概念策划方案》，初步达成组建榆林文投集团公司的意向，目前各项工作正在有序推进。9月份，参加由文化部、国家广电总局、新闻出版总署和陕西省人民政府共同主办的第六届中国西部文化产业博览会，采取统一规划、统一设计、统一制作、统一布展的特装设计，以文字、图片、视频、实物的方式展出榆林市情、经济建设和文化产业发展成就、特色文化和旅游资源以及榆林特色文化产品，收到良好的社会效益。2. 重大产业项目进展顺利。按照"实施一批、储备一批、谋划一批"的产业重大项目建设机制，积极开展文化产业重大项目的申报工作，筹备建立榆林文化产业项目库。印发了《榆林市第一批文化产业示范基地(单位)管理办法》，命名榆林市陕北婆姨文化产业有限公司等7个单位为"第一批榆林市文化产业示范单位"。按照"园区支撑、项目带动"、"示范先行、市县联动"的产业发展战略，市上积极筹划，进一步加强与陕文投的合作，推动重大文化产业项目的实施，协商开展榆林文化艺术中心、榆溪文化公园、榆林文化生态新城、榆林古城开发等项目。各县区精心谋划，多措并举，积极推动文化产业项目建设。神木县积极开展杨家将文化产业园建设工作，累计完成投资2000万元。绥德县实施疏属山文化旅游景区开发建设工作，预计总投资3亿元，目前已完成投资3000多万元建成绥德革命历史纪念馆，完成景区道路改造。米脂县推进文化旅游影视三业融合发展，组织完成杨家沟红色旅游建设项目的环山道路工程、杨家沟"扶风保障桥"维修工程、寨墙一期维修工程，完成了米脂县窑洞古城北门维修工程，启动"银州宝塔"影视基地建设项目前期工作，正在落实建设用地。全年本市文化产业增加值17.76亿元，增速为27.9%。

【公共文化服务体系】 1. 实施重大文化基础设施建设。榆林新闻大厦完成主体建设工作，开展大厦节目传输系统、演播室灯光、舞台系统招标工作，编制完成广播电视系统设备设计书，设计出新闻大厦转播车和视音频系统、演播室装修以及建筑智能化方案。榆林博物馆建设项目在进行多次论证后，确定建设用地，正在组织编制建设方案。落实镇北台长城博物馆建设经费，完成利用镇北台一层营房改造的展馆建设，于7月份正式对外开放，主展馆正在协调建设用地。横山县实施文化综合大楼建设，预计总投资7600万元，完成投资1000万元。子洲县文化综合大楼7月份开工建设，完成主体建设工作，累计完成投资500万元。2. 加强基层文化设施建设。实施地方节目无线覆盖工程，实现市办第一套电视节目和第一套广播节目的无线覆盖率分别90%以上的目标。市级财政投入经费618万元，全面完成乡镇综合文化站建设。实施重点镇综合文体中心建设，大柳塔镇综合文体中心已完成投资419.2万元；锦界镇综合文体中心已经完成选址、征地工作，正在进行图纸设计和预算编制工作。开展农家书屋建设，2012年建成"农家书屋"1807家，建成"数字农家书屋"125家，在全市所有行政村实现"农家书屋"全覆盖。实施文化信息资源共享工程，完成2个街道、34个社区、35个乡镇文化信息资源共享工程基层点的建设任务，完成5个街道、30个社区、60个乡镇公共电子阅览室的建设任务。开展文化活动器材配送工作，为本市400个行政村配送文化活动器材，为3个社区文化活动中心和25个社区文化活动室配送器材，总计投入940万元。

(闫喜林)

榆林市文化广播新闻出版(文物)管理局

局　　长　李　博(5月调任)
　　　　　高德树(5月任)
副 局 长　高德树(5月担任)
　　　　　张竹梅　陈　军
　　　　　辛建华　杨　颜
纪检组长　王建学
总工程师　杨滋林

榆林电视台工作

【概况】 2012年，榆林电视台在上级的领导下，围绕市委、市政府的中心工作，把握舆论导向，弘扬主旋律，打好主动仗。为榆林实现中国经济强市、西部文化大市、塞上生态名市三大奋斗目标，全面加强经济、政治、文化、社会和党的建设，构建幸福榆林营造良好舆论氛围。全年共播发新闻5352条，其中《榆林新闻》播发3545条，《榆林零距离》播发1807条。采制播出《记者观察》50期,《点击榆林——政风行风大家谈》10期,《今日榆林》25期,《创建周刊》50期,《文化榆林》50期。《每周一歌》26期,《百姓剧场》25期,《欢乐六十分》50期,《大家说法》104期,《新视界》50期,制播专题片10部,上载电视剧2300集,电影450部。录制市上重要会议、重大活动、大型晚会15场次,陕西电视台播发本台采制新闻250条,中央台播发10条。

【主题报道、重大活动宣传】 一是突出重大主题宣传。开展全市第三次党代会精神宣传报道工作,紧跟市委、市政府重要决策和重大工作部署,继续抓好经济发展、民生工程以及文化大市建设等重大主题宣传。二是突出重大活动宣传。做好三年植绿大行动的宣传报道。开辟《三年植绿大行动、建设生态新家园》专栏,报道植绿活动的新进展、新举措、新成效,播出系列报道、主题报道、动态消息等近100条。开展干部作风整顿活动的宣传报道。开辟专栏,播出相关新闻90余条。开展万名干部下基层活动的宣传报道。开辟专栏,播出相关新闻130多条。开展"文明榆林、书韵飘香"全民阅读活动的宣传报道工作,陆续采制播发大量新闻,宣传全市开展阅读活动的新动态、新气象。在继续办好《记者在基层》专栏的基础上新开辟《新春走基层》专栏,记者深入基层一线,侧重采制反映民生、民情的一系列有深度、有广度的主题报道。

【时政新闻围绕"十八大"展开】 为党的"十八大"胜利召开营造良好的舆论氛围,是全年宣传报道的工作重点,策划推出向党的"十八大"献礼大型系列报道《沿黄纪行》,行程8000多公里,深入黄河沿岸50多个乡村,采写新闻50条,专题7集,用纪实的手法向广大观众生动地展示本市沿黄地区群众民风民俗、生活状态以及黄河沿岸多姿多彩的自然景象和人文景观。在榆林新闻中开辟《喜迎十八大、展示新成就》专栏,集中时间对幸福榆林建设的新成果、新进展进行报道以及展示"十七大"以来榆林经济社会发展取得的新成就。

【社会新闻】 围绕民生、贴近百姓,报道全市经济建设中的一些好典型、好经验,《薪火相传,精神永续》、《党建催开幸福花》、《降服沙漠的榆林人》、《守望绿色》等节目,通过感人的故事,动人的情节,多角度、多层次地反映本市各条战线上的新人、新事、新风尚。《点击榆林》在发挥舆论监督的同时,增加政策解读性内容,《城市客运篇》、《医疗卫生篇》、《食品安全篇》、《金融篇》等围绕老百姓普遍关注的社会热点,对直接面对群众的窗口单位以及基层站所中存在的不正之风进行揭露和鞭挞。《教育篇》、《农业科技篇》、《文明榆林篇》、《平安榆林篇》则对一些政策作详细的解读。《榆林"黑车"运营何时休》、《榆林黑车"治理"路还有多长》,对本市出租车市场混乱无序,群众深受其苦的状况做采访,揭露问题,提出意见,促进问题解决。

【阶段性工作突出"四城联创"】 围绕"四城联创",配合市上相关活动策划节目,营造良好创建氛围。《榆林新闻》、《榆林零距离》、《创建周刊》三个栏目集中时段,开展高密度、大容量宣传,反映时政信息,传播动态消息,报告先进经验,监督存在问题。评论部采制的《创建文明城市、建设幸福榆林》、《弘扬雷锋精神、建设文明城市》对本市文明创建的背景、工作进度做及时跟进,配合创建工作。《整治村容村貌,让榆林更美好》针对农村脏乱差现象进行采访,让创建理念深入到城乡群众的心中,形成良好的创建氛围,用实际行动支持创建活动。在全市道德模范评选期间,开办《感动榆林》专栏,采制16条介绍先进典型的新闻通讯,弘扬孝亲爱老、见义勇为、助人为乐、诚实守信、爱岗敬业的传统美德和时代精神。

【文化娱乐工作】 举办《"南梁矿业杯"电视才艺大奖赛》,这次大赛共有200多名选手参加,其中年龄最大的74岁,最小的只有8岁,无论参赛人数还是社会影响力以及比赛的激励程度都创造本台历届才艺比赛的纪录。配合非遗宣传制作播出四期"塞上风情"系列节目,方言剧《百姓剧场》播出25期,创造节目收视新高峰,一些精品剧被热心观众追捧上百度视频,被点击30万次之多,推出一批群众演员。《甄能吹的故事》被中国广播电视协会评为三等奖。

【人物宣传】 开辟《十佳青年先进事迹展播》专栏和《劳模风采》专栏。全方位、多角度展示各条战线上涌现出的先进人物、劳动模范的感人事迹。《走出家乡榆林人》采访一批各行各业有影响有故事可讲的人物,推出一些当今市场经济下奋斗打拼、事业有所成就、冉冉上升的中青年成功人士,释放出较大的正能量,起到激励和导向作用。

【主要宣传栏目改版工作】 将《榆林新闻》改版为《榆林新闻联播》、由原来的一周五次改为一周六次,周末改为《新闻评述》,播出时间由原来的90分钟增至105分钟。将《榆林零距离》播出次数由原来的每周3期改为每周4期,播出时间由原来的45分钟增加到60分钟。将《双创周刊》更名为《创建周刊》,在原有的版块基础上,增加《与文明同行》、《曝光台》等多个板块,强化宣传教育舆论监督功能,突出服务性。

【创优评优工作】 做好优秀作品的策划、推荐、评比工作,在全市广电奖评选中,12件作品获一等奖,其中4件作品获陕西省广电影视类二、三等奖。在全市新闻奖评比中,有4件作品获一等奖。陕甘宁蒙四省八市联合举办的《龙腾西北风》春晚在全国春节电视文艺晚会创优评选中获二等奖,百姓剧场栏目《甄能吹的故事》被中国广播电视协会评为三等奖,协作录制的《守望绿色》在中央台播出并获得联评三等奖,《人文陕西》在中央台异地采访中获文艺专题类一等奖。

【新业务拓展】 1. 塞上明珠网开通运营。2. 开展多媒体广播电视包括数字广播电视节目、综合信息、紧急广播服务,面向小屏幕手持电视、车载终端发展用户,现用户21606户,建成5个机站。3. 榆林广电集团下属的文广传媒有限公司注册登记成立,并和延安山丹丹公司联合举办春晚。4. 大型宣传片《大千榆林》制作完成已播出。

【强化安全播出工作】 舆论导向是灵魂,安全播出是生命,按照中、省市广电部门的要求,始终将安全播出作为头等大事来抓,建立健全安全播出工作机构和应急预案,实行24小时值班制,重要保障期领导亲自带班。狠抓技术保障,坚持和完善三级审片制度,不断强化安全播出管理,实现安全播出零事故。

【自身建设】 1. 抓党建工作,以"三亮、三比、三创"活动为载体,深入开展"创先争优"活动。"七·一"期间评选表彰10名优秀共产党员。围绕党建目标任务,党支部和工会共同建立了党员活动室和职工书屋。举办一次大型歌咏比赛。通过这些活动的开展,进一步增强本台向心力和凝聚力,营造团结和谐、积极健康的工作和生活氛围。2. 开展干部作风整顿工作。重点就"吃、拿、卡、要"懒散漂浮、铺张浪费、赌博、脱离群众五个方面问题进行专项整改,收到良好的成效。3. 加大人才培养力度。组织40多人次到中国传媒学院进行专业培训。两次邀请省内外知名专家学者进行播音员、主持人、记者、编辑、技术人员在岗培训。开展"传、帮、带"工作,收到成效。

(徐　焕)

榆林电视台

台　　长　高德树
副 台 长　白虎平　赵晔东　蔡永顺
总 编 辑　赵云章
总工程师　马世平
党支部副书记　刘保国
工会副主席(主持工作)　刘志雄
台务委员　宋永义

广电网络工作

【概况】 2012年榆林分公司抓住机遇,应对挑战,积极贯彻、落实"一号文件"精神,奋力践行"十大工程",实现又一次发展跨越。特别是在市场经营、用户发展、网络改造、客户服务、制度建设,等诸多方面,精耕细作、狠下工夫,各项业务均快速发展,为跨越转型打下坚实基础。

【经营收入】 2012年,实现经营收入16330.07万元,完成全年任务的108.65%。较去年同期净增1320.68万元,增幅达8.84%。可实现利润2000万元,资产收益率—8.78%。

【单项指标完成情况】 视频业务收入:11931.53万元,完成任务指标的94.65%;数据业务收入:1383.64万元,完成任务指标的117.06%;付费节目收入:2274.22万元,完成任务指标的203.06%;高清互动业务收入741.26万元。

【视频业务】 分公司继续加大网内挖潜力度,积极采取措施,重点推进城乡结合、工矿企业集中的乡镇、农村网络的延伸,多渠道的扩大网络覆盖范围。新增数字电视终端用户62500户,完成省公司用户发展任务的133%。其中:主终端用户46003户,完成省公司任务的164.3%,副终端用户16497户,完成省公司任务的87%%,副终端占主终端比例为26.4%。主终端续费率为96%。副终端续费率为93%。榆林分公司以"高清"为亮点,以"互动"为重点,打造广电全业务营销方式,提高老用户换购比例,推动宾馆、酒店、企事业单位集体转换,初步建立起市场营销推广模式。在e+TV营销季推进中,高清互动业务逐渐被用户认可、接受,市场发展前景良好,老用户换购比例占到发展用户的60%。随着榆阳区网改的逐步推进以及神木、府谷县高清互动电视信号的开通,榆林分公司有望迎来视频业务发展新高峰。新增高清互动电视用户25458户,完成省公司任务212.2%。其中:高清直播1349户,占总用户比例5.5%,互动24109户,占总用户比例94.5%,全业务1880户,占总用户比例5.5%。老用户换购16218户,占总用户比例63.7%,新入网9240户,占总用户比例37.8%。累计高清互动用户总数3万户。占到网改区域用户的73%。榆林分公司不断创新付费节目营销理念,策划各种营销活动,起到宣传效果,巩固续费率,打下用户发展基础,提高用户粘着度,使付费节目收入再创新高。付费节目收入2274万元,完成任务指标的203.06%。

【数据业务】 随着双向网改面的扩大,分公司数据业务发展环境得到很大改善,发展势头强劲。榆林分公司实现数据业务总收入为:1383.6万元,任务完成率为:117%,较2011年同期增长41.3%;其中大众业务收入为966.6万元,任务完成率为:118%,较2011年同期增长42.6%;集团业务收入为418.8万元,任务完成率为115%,较去年同期增长了50%。截止11月底,榆林分公司累计新增大众业务用户8067,净增5447户,净增用户任务完成率110%,较2011年同期相比增长了%,全市在线用户为16533户。新增集团业务签约线路537条,任务完成率为107%,全市集团业务线路条数为1083条(其中在建的110联网报警线路300条)。

【网络工程项目建设】 1. 双向接入网改造项目。榆林市区双向网改项目已全部立项,年内共计上报双向网改相关项目15个,预算投资8913.4574万元;已批复9个,预算投资4553.8885万元。2012年计划完成双向网改用户40000户。截止11月底已完成网改用户数45000户,完成率

112%。2. 基础网建设。基础网项目建设是公司开展视频、数据、互动等各种业务的基础和根本。根据各支公司业务发展的需求以及市政规划，本年度榆林分公司基础网络建设尤其是地埋管道建设规模空前的宏大，经统计，本年度公司与各管道建设单位签订的建设合同及本单位有需求且未签订合同的在建项目预算投资金额达2000多万元。2012年度基础网投资计划为650万元，上报基础网项目29个，预算总投资3032.2529万元，为计划投资的450%，目前已批复9个，预算投资608.9269万元，占计划投资的93%。3. 农网数字电视整转及农网用户发展项目作为公司以城市用户发展为主导的补充，起到提前占领农网市场，扩展网络规模和空间的作用。2012年度共计上报农网用户发展及农网数字整转项目8个，预算总投资480万元，批复6个，预算投资295万元。榆林分公司合计上报各类项目52个，预算投资12435.7万元，已批复24个，预算投资5456.8万元。

【用户满意度】 2012年榆林分公司客户服务工作是把“以客户为中心、用服务促转型”作为工作方向，按照“树品牌、抓规范、严考核、促转型”的工作思路，继续深化“温馨服务”品牌建设，以专题活动为载体，深入贯彻“服务是第一责任”的服务理念，强化客户服务品质和质量的提高，不断提升客户满意度来开展。榆林分公司通过改善客服工作环境，充实客服力量，加强客服管理等措施，经统计呼叫中心截止11月底受理用户投诉、咨询、报修共计24.6万余次，实现工单完成及时率100%，呼叫中心人工接通率100%，同时，分公司在网上营业厅推广、高清互动新业务服务保障等方面做了细致的准备，客服意识增强，客服水平提高。在当地社会的认可度、美誉度有所提升，客户服务工作保障有力，用户满意度不断提升。

【内控管理】 2012年，榆林分公司各项规章制度进一步建立健全，内控建设逐步完善。1. 通过年初的机构改革，一批年富力强、有事业心、有责任心的干部充实到一线，同时，榆林分公司正在响应省公司薪酬改革的号召，进一步深化内部分配制度改革，建立、健全工资收入分配制度、激励与约束机制。2. 2012年，榆林分公司企业建设迈向规范化。在各项业务的迅速增长的同时，执行能力直接体现为办事效率影响经济效益，榆林分公司为此特别对综合管理、工程建设、运行维护、物流管理等方面10多个制度进行重新修订和整理，规范公司各项制度，加强内控管理，加强执行能力。重点明确支撑部门的相关责任，坚决杜绝责任互相推诿，保证做好生产一线的坚实后盾，支持生产经营顺利进行。

【安全传输工作】 安全传输是工作的重点之一。特别是“十八大”期间为了保证信号的安全传输，做“内”、“外”方面的工作。“内”就是强化机房的管理工作。编制《机房技术资料汇编》，使值机人员学习和应用更方便、更快捷。强化“机房安全制度”、“安全播出预防措施”、“安全播出应急措施”、“消防制度”、“电力保障制度”等一系列规章制度。与各支公司签订安全播出责任书，采取设备包干制等措施，增强责任感，使命感。“外”就是组成几个小组，划分了责任区，配备备用器件，配备了车辆，对国干、省干专线和城网线路定期进行排查，做到了及时发现隐患，及时排除隐患。

（张玉生）

陕西广电网络传媒(集团)榆林分公司

总经理	周　滨
党委书记	尚万明
副总经理	王少春　赵世鲲
工会主席	田建华
总经理助理	任　涛　万延金

卫生工作

【概况】 全市有医疗卫生机构4993个，其中：医院92个，公立医院40个，其中市级医院5所，县级医院35所、基层医疗卫生机构4844个，社区卫生服务中心7个、社区卫生服务站30个、乡镇卫生院228个、村卫生室4202个，疾病预防控制中心13个，卫生监督机构13个，妇幼保健机构13个，地方病防治机构3个，中等卫生学校1所，卫生职业中专学校1所。有卫生技术人员17791名、病床15762张，每千人拥有卫生技术人员3.25名、病床4.21张。全市儿童计划免疫接种率均在99.85%以上。孕产妇系统管理率达93.67%，0—6岁儿童系统管理率94%，5岁以下儿童死亡率2.89‰，新生儿筛查率59.9%，婴儿死亡率2.8‰，孕产妇死亡率6.62/10万，住院分娩率98.86%。全市建立农村居民电子健康档案180.387万人份，建档率61.02%，Ⅱ型糖尿病规范管理率95%；重性精神病人规范管理率91%。免费治疗氟骨症患者15000例，合格碘盐入户率95%以上，继续保持鼠间鼠疫无疫情状态。

【县级公立医院综合改革】 各县区政府对公立医院的支持力度明显加大，财政投入由过去的单纯拨付人头经费，扩大到基本建设、设备购置等诸多方面。县级公立医院全部取消药品加成，实行零差率销售，公立医院发展呈现“四增三降”，即业务收入增加、住院病人增加、门诊人次增加、职工收入增加，平均住院费用下降、门诊次均费用下降、药占比下降。医院内部实行院长任期目标制，建立绩效考核体系，调动医务人员工作积极性。全市群众外出就医人数明显减少，其中神木县外出就诊病人占全县就诊病人的7.3%，府谷县为6.4%，基本实现“小病不出村，大病不出县，常见病到乡镇”的目标。

【完善新农合市级统筹制度】 新农合筹资标准提高到人均350元，参合率97.06%，新农合年度最高支付限额达到25万元。市内一级医疗机构住院实际补偿率由2011年的74.27%上升为84.06%，二级医疗机构由65.49%上升为68.29%，三级医疗机构由37.8%上升为47.07%。将胃癌、肺癌等22种重大疾病三级医疗机构医疗费用补助比例提高到75%。率先在全省利用新农合基金购买大病保险。全市推行门诊诊次总额预付制。以“四合理”检查为切入点，加强定点医疗机构的监理，控制医疗费用不合理增长，也规范医疗机构的服务行为，进一步提高新农合制度运行效率。

【国家基本药物制度】 全面启动运行县级公立医院药品“三统一”工作，按照国家2012版基本药物目录，配合省上完成基本药物目录调整和非目录药品增补工作任务。各县区启动运行药品统一采购与结算管理机构，在县、乡、村三级医疗机构全面实行药品零差率销售和药品三统一管理。

【医疗卫生服务体系建设】 加强医疗机构基础设施建设工作，在12个县级医院启动改扩建项目，111个乡镇卫生院建设项目完成104个，启动实施了乡镇卫生院“安心工程”项目，通过省上验收。7个社区卫生服务中心和28个社区卫生服务站全部建成，共建成标准化村卫生室3922个；市中心医院门诊住院大楼主体工程封顶，市第一医院绥德医院改扩建建设项目进展顺利。落实第四期万名医生培训工作任务，对158名基层医疗卫生机构在岗人员进行全科医生转岗培训，举办十期基层医疗机构全科医师、内科医师、骨科医师、中医医师“规范诊疗”培训班，培训763人次。推行便民惠民措施，优化诊疗流程，延长门诊时间，开展错峰服务分时段诊疗活动，健全各项转诊预约和双向转诊制度。每所县级公立医院与1—2所乡镇卫生院建立团队帮扶、整体托管等关系，建立上下协调配合、紧密联系的互动工作机制。

【公共卫生服务】 一是各项任务全面完成。全市建立农村居民电子健康档案180.387万人份，建档率61.02%；Ⅱ型糖尿病管理建档28299人，规范管理26872人，规范管理率95%；重性精神病人管理建档8732人，规范管理7951人，规范管理率91%；住院分娩33477人，住院分娩率98.86%，农村孕产妇免费住院分娩项目全面实施；增补叶酸预防神经管缺陷服用率90%以上；孕产妇健康管理93.67%，0—6岁儿童系统管理率94%，全年孕产妇死亡率6.62/10万，5岁以下儿童死亡率2.89‰。农村妇女“两癌”普查由2个县扩大到5个县。贫困地区儿童营养干预试点项目在本市7个县全面推开。与中国电信和中卫莱康有限公司配合，为本市南部贫困县捐赠175台心电远程会诊系统，填补全省这项技术空白。

【疾病预防控制】 制定《榆林市流感大流行应急预案》、《榆林市遏制与防治艾滋病“十二五”行动规划》、《榆林市结核病防治规划（2011—2015年）》，明确本市“十二五”艾滋病、结核病防治工作目标任务和措施要求。举办疾控相关人员培训班3期，累计培训150人次。组织实施麻疹、脊灰查漏补种工作，继续保持全市无麻疹病例发生状态。全面启动艾滋病国家级哨点监测，开展公共场所高危人群检测工作，共检测1222人次。结核病防治DOTS策略覆盖率继续保持100%，治疗成功率为94.7%。常规免疫规划“十一苗”接种率继续稳定在99.85%以上，法定传染病网络直报率100%，网报及时率99.89%，卡片审核及时率99.76%。12县区全部实行碘盐配给制，碘盐合格率95%以上，继续开展氟骨症免费治疗和新发布病患者全程足量免费治疗，共完成1.5万例氟骨症患者的治疗任务，对新发布病患者给予全程足量免费治疗。

【卫生监督】 强化从业人员卫生知识培训，举办两期公共场所负责人和从业人员培训班，培训各类从业人员400多人次，发放教材1021册，警示标语1.2万份。继续推进实施公共场所量化分级管理工作，对市直管公共场所80家单位进行全面监督监测，监测合格率96%。开展以“创建卫生校园，保障师生健康”为主题的学校卫生专项综合监督和“加强行业消毒监管，保障人民群众健康安全”为主题的消毒工作专项整治，对市管23所各类学校19家餐饮具消毒服务机构，6家消毒产品经营单位进行全面督导检查。开展为期半年的医疗市场秩序专项整治活动，进一步规范各级、各类医疗卫生机构依法执业行为。明确打击“两非”专项责任，整建并举，深入开展“两非”专项整治活动，取得明显成效。

【医疗质量监管】 开展“三好一满意”和“医疗质量万里行”活动，在三级医院、二级医院分别选取不少于20个、10个病种实施临床路径管理，按照三级医院100%、二级医院不低于50%比例的病区，深入开展优质护理服务示范工程。加强医疗服务监管工作，健全以电子病历为重点的医院信息化网络，建设好县级医院pacs系统和远程会诊系统。举办县级骨干医师培训班，选送61名县级骨干医师到城市三级医院进行学习培训，59名县级医疗机构卫生专业技术人员赴省级三级医院重点科室进修学习。以深入开展“平安医院”创建活动为契机，组建成立市级医疗纠纷第三方调解机构。稳步推进“抗菌药物临床应用专项整治”活动，建立健全抗菌药物临床应用管理工作制度和监督管理机制等措施，全市三级医院抗菌药物品种控制在50种以下，二级医院抗菌药物品种控制在35种以下，住院患者抗菌药物使用率在60%以下，门诊患者抗菌药物处方比例在20%，遏制临床不合理抗菌药物的应用。

【中医、妇幼卫生和健康教育】 制定出台《关于扶持和促进中医药事业发展的意见》，组织培训中医类别全科医师17名，中医临床骨干19名，组织中医确有专长人员考核工作，通过确有专长考核人员1名。积极申报建设省级重点中医专科（专病）和省级农村中医药特色专科，全市共申报4个省级重点专科，3个“治未病”试点单位，建成5个中医专科。积极开展综合医院中医药示范单位创建工作，府谷县医院和神木县医院通过创建省级和国家级综合医院中医药示范单位创建工作验收。市中医院通过国家中医药管理局的“三甲”复审。协助市妇儿工委修订《榆林市妇女发展规划(2011—2020年)》和《榆林市儿童发展规划(2011—2020年)》，开展国家新“两纲”宣讲工作。对国家县级妇幼保健机构能力建设项目进行前期摸底、统计，初步完成项目招标前期工作。举办“2012年全国基层医生腰腿痛规范诊疗暨合理用药项目”培训班，培训医务人员80余名。组织专家对榆阳区创建省级示范社区卫生服务中心工作进行市级复核并上报省厅验收，青山路、上郡路社区卫生服务中心建成省级示范中心。制定出台《榆林市健康教育促进发展规划(2012—2015)》，指导各县区开展卫生城市创建工作。成立由24名专家组成的健康教育讲师团，积极开展“健康教育进社区”活动，在榆阳区上郡路、驼峰路、崇文路3个办事处和社区卫生服务中心举办20场“健康教育进社区”宣传活动。

【“四城联创”工作】 加强组织领导，调整市局机关国家卫生城市、省级环保模范城市、省级园林城市和省级文明城市创建工作领导机构。调整机构，充实人员，市直各医疗卫生单位按照要求成立相应的工作领导小组及其办公室，配备工作人员，为创建工作提供组织保障。制订方案，明确目标。印发《榆林市卫生系统2012年创建工作要点》，明确工作目标、任务、措施和步骤，有组织、有计划开展创建工作。分解任务，落实责任。对照《2012年重点工作目标任务书》，将本部门所承担的各项任务逐项分解细化，实行领导包抓责任制，各职能科室牵头负责，承办单位具体负责，做到目标明确，责任到人。及时召开卫生系统创建国家卫生城市动员大会，安排部署卫生系统年度创建工作任务。实时跟进，确保进度。从5月份起，对进度任务进行专项下达，并跟踪督查落实，完成爱国卫生、病媒生物防制、健康教育、医疗废弃物处置等创建专项任务，在省级环保模范城市创建和省级园林城市创建验收工作中被查项目得到好评，全面完成验收工作，创建国家卫生城市工作和创建省级文明城市都得到良好档次，完成阶段目标任务。

【精神文明建设】 在全系统深入开展“三好一满意”活动和优质护理创建工作，开展廉政文化教育，组织机关干部学习《陕西精神》、《领导干部学法用法读本》、《用心去工作》等书籍，组织系统干部职工观看《乡医刘毅事迹》电影12场，学习党的十八大报告，胡锦涛同志在庆祝建党90周年大会和十七届中央纪委第七次全会上的重要讲话及《党员领导干部廉洁从政若干准则》等文件。狠抓机关作风建设，成立卫生系统干部作风整顿、“五个集中整治”、“三问三解”工作领导小组，召开专题会议，印发实施方案，明确阶段目标任务，开展整顿工作。采取多种方式进行开门整风，通过发放征求意见表、走出去、请进来等渠道征求各方面的意见，召开对照检查民主生活会，开展批评与自我批评。抓行风建设工作，对全市35家医疗机构进行明察暗访和问卷调查。对部分存在问题的医疗机构要求限期整改，进行跟踪督查落实。通过教育和整改，使卫生系统的精神文明建设和廉政建设工作推上新台阶。

(郄礼要)

榆林市卫生局

局　　长	王存田	
副 局 长	张振国	郝文辉
	张治中	
纪检组长	张建莉	
调 研 员	高亚利	高进秀
	云　峰	
副调研员	王东林	

体育工作

【概况】 榆林市体育局以科学发展观为统领，围绕建设体育强市目标，突出幸福榆林和体育民生主题，统筹抓好各项体育工作，超额完成既定目标任务，呈现全民健身势头好，竞技体育成绩好，体彩销售数量好的良好局面。被省体育局授予“体育彩票突出贡献奖”，被市政府表彰为“第三十届奥运会突出贡献单位”、“政府网站建设管理先进单位”、“创建工作先进单位”。

【竞技体育】 输送运动员参加国际国内比赛成绩创历史新高。由榆林市培养选送的优秀运动员景瑞雪，在第30届伦敦奥运会上，获得女子自由式摔跤63公斤级比赛银牌，创造中国这个项目级别奥运会最好成绩。市政府为此召开表彰大会，对体育工作给予肯定。其他输送运动员在年度全国性大赛中共取得7枚金牌，20个二至八名。各县区向市体校输送运动员77人，市上向省队输送45人，累计168人。省、市级年度比赛中成绩显著。在省年度比赛中，共获得金牌72枚、银牌41枚、铜牌51枚。超额完成市委、市政府下达的省年度比赛50枚金牌的参赛任务。这也是榆林市有史以来参加比赛人数最多、参赛项目最全的一届省年度比赛。在市年度比赛中，共设田径、举重、摔跤等9个项目，全市十二县区组团参加了比赛，参赛运动员1088人。呈现出举办规模大、设置项目全、参赛人数多、影响力大的特点。11月成功承办“2012年全国武术散打冠军赛”。这是本市首次承办的国家级单项赛事。裁判员队伍建设得到加强。举办裁判员、教练员培训班3期，邀请省体育局有关专家授课，共培训二级足球裁判员33人，二级羽毛球裁判员45人，足球教练员32人。11月，成立榆林市青少年校园足球工作领导小组办公室并正式挂牌。体教结合持续深入。经与市教育局、编制办等有关部门协调，市政府同意为体校加挂“榆林奥林匹克九年制学校”的牌子，增加体校运动员文化教育和划定区域的义务教育职能。市体校国家高水平体育后备人才基地建设通过国家体育总局的新一轮认定评估。12月市政府出台《关于进一步加强运动员文化教育和保障工作的意见》，为运动员文化教育和保障建立政策体系和长效机制。7月，参加陕西省第六届重点项目少儿运动会，该市八个县区共299名运动员参加六个大项的比赛，靖边县和子洲县分别获得团体总分第十名、第十一名，单项比赛中靖边县男、女自由式摔跤均获得团体总分第一的好成绩。

【群众体育】 加强政策保障，出台《榆林市全民健身实施计划（2011—2015）》。根据国务院《全民健身条例》、《全民健身计划》和《陕西省全民健身实施计划（2011—2015年）》精神，制定出台了《榆林市全民健身实施计划（2011—2015年）》。体育惠民工程稳步实施。争取中省资金604万元，全年实施农民体育健身工程60个，城市社区全民健身器材配送工程20个，乡镇农民体育健身工程4个，全民健身示范带工程2个。同时，市本级配套资金80万元，在16个农村、15个社区及学校和1个乡镇实施了健身工程；靖边县投资56万元对体育广场、敬老院、社区和行政村等5处进行全民健身工程建设。对市区世纪广场、火车站广场、凌宵广场、河滨公园、北广场等几大广场前几年配建的全民健身器材进行更新，重新安装252件器材。为全市各县区群众活动站点配送音响170套，连续两年配送240套。群众体育活动蓬勃开展。开展各级各类活动210余次，参与活动人数20余万人，市本级举办"体彩杯"乒乓球、篮球、羽毛球、柔力球、游泳等比赛、首届社区趣味运动会等大型活动22次。组织参加全省领导干部网球、羽毛球比赛，全省门球公开赛、陕西省首届全民健身展示大会等省级以上各类群众体育比赛，取得较好成绩。2012年，靖边县、子洲县被国家体育总局分别授予"全民健身活动优秀组织奖"、"全民健身活动先进单位"。组织网络建设不断健全。全年市级新发展体育社团组织7个，全市达到108个；举办二级社会体育指导员培训班三期，新发展并注册二级社会体育指导员116人，各县区新发展三级社会体育指导员750人，全市网上注册1632人。

【体育产业】 积极举办大型体育比赛，促进体育竞赛表演市场发展。通过市、县和协会联动，承办中美男子篮球对抗赛、陕汽杯2012全国超级卡车大赛（榆林站）、沙漠汽车越野赛等全国性商业赛事，取得一定经济效益和良好的社会效益。体育彩票销售取得突破，再创新高。强化基础管理，狠抓宣传营销，规范体彩销售，注重安全监管，加大扶持力度，引入激励机制，新上"11选5"高频玩法，不断扩大全市体彩市场，设立神木、定边、府谷三个体彩分站，全市设置网点355个，市场占有率为35%，体育彩票销售勇创历史新高，达3.04亿元，同比增长25%，连续7年居全省第二。

【体育设施】 投资70万元对全民健身活动中心体育馆进行维修改造；投资60万元将综合办公楼六层改建成一个全市最大的乒乓球活动中心；体校加大基础设施改建，建成一个多功能素质训练房。县区场馆建设步伐加快，定边县综合体育场及附属工程基本完工，绥德县体育综合训练楼投入使用，清涧县投资700万元的体育活动中心体育馆主体完工，子洲县中心体育场投入1000多万元，启动前期准备工作。

【体育文化宣传】 利用各级媒体宣传主阵地，紧扣中心工作和主要任务，健全与新闻媒体的沟通协调机制，策划宣传报道，全年累计在中、省、市各类报刊、杂志、网站宣传1000余篇10余万字，取得良好效果。体育文化作品推陈出新。编辑出版《榆林体育年鉴2011》、《榆林市体育局政策法规文件读本》，编辑印刷《全民健身活动指南》2000册并免费发放，深受周围群众喜爱。在机关走廊悬挂各类体育文化宣传作品、制度30多幅，营造良好体育文化氛围。市体校连续多年编辑出版《教练员论文集》，受到省局好评。

【机关党建】 抓好理论学习。坚持中心组学习制度，积极组织开展干部教育培训，特别是围绕学习贯彻党的十八大精神，组织专题报告会、党员"亮身份、践承诺"等主题活动。深入开展"三问三解"活动。按照全市安排部署，制定具体实施方案，开展基层大下访、三问三解活动。向所包佳县新舍窠村投资2万元购置变压器一台，争取6万元的人畜饮水工程已经立项，为贫困户和困难老党员送去慰问金2万元。向子洲县双庙湾村和艾家河村配送价值5万元的体育器材。加强党风廉政建设。进一步修订完善干部选拔任用、公职人员岗位廉政教育、物资采购、公务接待、车辆管理等规章制度，进一步规范权力运行。继续加强党风廉政教育，深化党员干部个人报告事项活动，促进反腐倡廉建设，树立机关廉政勤政良好形象。规范政务公开制度，落实制度执行情况的监督检查，健全和完善行政审批和行政许可规范工作。局机关在重大事项决策、重大资金使用、重点项目建设、大宗物资采购等方面都公开征求意见，进行监督。加强三公经费支出，对"三公"预算在"榆林体育局网"上公开。社会管理水平高，被评为"社会管理综合考评先进单位"。四城联创等专项工作扎实有效。按照创建工作要求，将任务全部细化落实到有关科室和个人，建立长效机制，各项创建工作取得显著成效。被授予"创建市级园林式先进单位"、"创建工作先进单位"，万继民被评为创建工作先进个人。创文工作经验典型，受到市创文办高度评价，并将主要做法在全市推广。

（万继民）

榆林市体育局

局　　长　朱　勇

副局长　郑大彬　冯　波

纪检组长　王　健
副调研员　闫积武　霍建宁
　　　　　马鹏飞

人口和计划生育工作

【概况】 2012年,据统计报表和抽样调查显示,全市常住总人口为344万人,出生3.9万人,人口出生率为11.63‰,自然增长率为6.15‰,符合政策生育率为98.85%,完成年度人口计划。

【三个一领导机制】 一是宏观决策到位。市委、市政府召开专题会议,研究解决南六县独生子女保健费补助逐年递增、流动人口协管员配备、性别比治理等重大问题。在干部提拔使用方面给予优先,提拔重用163名计生干部,配备317名流动人口协管员。二是责任落实到位。各县区在兑现2011年责任书中,对25个乡镇、22个部门给予通报批评、黄牌警告或一票否决。在评先树模、职称晋升、提拔调动中,一票否决个人85人,部门、单位36个。三是督查指导到位。市上8次深入基层开展检查、督查和抽查工作,及时发现问题,解决问题,为领导决策提供科学依据。

【综合改革】 围绕"以县为主"综合改革六大机制建设,加强试点指导,突出体制机制创新,综合改革试点工作取得了积极进展。在市级层面,将打击"两非"工作责任划分到卫生部门,进一步强化工作责任。在县级层面,各县区通过整合部门资源,创新服务理念,不断转变工作思路和工作方法,初步形成以县为主统筹解决人口问题的体制机制。神木县通过建立十项工作机制,加强和创新人口计生服务管理,基本达到省级综合改革示范县工作要求。在乡镇层面,通过推行政务公开,设立便民服务窗口,简化办事程序,提高办事效率。

【优惠政策】 全面落实各项奖扶优惠政策,进一步完善利益导向政策体系,2012年,共落实奖扶资金8951万元,其中市县两级投入8400万元,以上资金通过"直通车"的形式,全部落实到户到人,直接受益人群36万人。严格落实失独家庭扶助政策,对失独家庭给予精神抚慰和生活照顾,解决他们精神困惑和生活困难问题。

【优质服务】 一是加强服务阵地建设。市上投入2000多万元,新建市计划生育生殖保健服务大楼,改(扩)建乡镇计生服务站63个,村级计生服务室254个,建成8个县区"优活"生殖健康加盟店。二是全面落实免费技术服务。全年落实节育措施3.7万例,开展"三查"服务220万人次,免费为5.8万名育龄群众提供避孕药具。横山县创建为国家优质服务县。三是深入实施第三周期母亲健康工程,免费为31.6万名农村育龄妇女进行健康检查,检查率为75%;投入治疗经费684万元,对患病的17.1万名妇女进行积极治疗,治疗率为94%。四是全面推进优生促进工程,进一步明确检查项目,规范服务流程,完善质量监控,投入651万元,免费婚前检查2.2万人,孕前筛查6.7万人,筛查覆盖率75.5%。五是加大计生家庭创业工程帮扶力度,落实帮扶资金1823.6万元,在234个村开展计生家庭创业工程,帮扶计生贫困家庭4911户。

【性别比治理】 深化婚育新风进万家活动,利用报刊、广播、电视、网络等媒体和各种宣传阵地,开展关爱女孩行动,形成全社会关爱女孩的良好氛围。加强出生实名登记工作,实行实名登记网络化管理制度,建立部门信息共享机制。落实二胎全程优质服务,制定孕情信息通报、新生儿死亡报告制度,控制人为选择性别现象的发生。配合卫生部门,集中开展"两非"专项治理行动,全市共查处"两非"案件163件,经济处罚117万元。2012年,全市出生人口性别比为115左右。

【流动人口管理】 积极推行流动人口网格化管理,强化部门协作,落实单位职责,定期开展流动人口清查整顿,不断加强流动人口经常性服务管理,流动人口办证率和验证率明显提高。全面推进流动人口均等化服务,将流动人口计划生育基本公共服务均等化纳入社会管理创新的全局中去谋划,累计免费向流动人口发放避孕药具11.8万份,流动人口免费技术服务率得到提高。府谷县积极推行流动人口"4+8"服务模式,流动人口均等化服务基本实现全覆盖。加强流动人口信息化动态管理,完善流动人口统计信息库,实行信息平台定期通报和监管制度,全年录入流动人口个案信息65.24万人。积极参与国家流动人口动态监测工作,完成44个调查点、880户流动人口的调查任务。

【依法行政】 为规范执法行为,市局下发《关于禁止乱收费乱罚款乱收取押金的通知》,进一步规范二孩生育审批、婚育证办理、社会抚养费征收等执法程序,维护群众合法权益。加大社会抚养费征收力度,严格实行"收支两条线"制度,2012年,累计征收社会抚养费6800万元,其中清理历年尾欠社会抚养费5600万元。全年受理群众投诉案件45件,提供咨询服务500多人次。

【信息化建设】 加强信息平台建设,创新信息采集模式,完善信息管理制度,全面提高信息质量,全员人口信息库录入不重复个案信息346.6万条,数据库人口覆盖率95.1%。强化与公安、民政、卫生等部门的协作配合,实行出生人口信息定期反馈制度,初步建立人口信息资源共享机制。定边县整合相关部门信息资源,实现婚姻登记、新生儿出生、上户等信息资源共享。全市启用人口计生管理服务"一证通"应用系统,为群众提供各项服务8.9万人次。加强政务信息报送工作,市网站累计发布政务信息6000余条。

【队伍建设】 加强业务培训,分12期,对1500余名县、乡计生干部进行"一证通"等业务培训。选送150多名技术人员到省、市医院、大专院校进行理论学习和业务进修。各县区累计培训乡、村计生干部6000余人次。加强基层组织建设,在全市256个村开展村民自治工作,提高群众自我管理与服务的能力。

(郭平均)

榆林市人口和计划生育局

局　　长　郭应正
副 局 长　白生凯　薛贵成
　　　　　郝有胜　曹巨福
纪检组长　王埃塘
副调研员　韩永华　高晓燕
　　　　　艾润宏

老龄工作

【概况】 2012年全市老龄工作在市委、政府的领导下,在省老龄办的业务指导下,按照"制定规划,强化宣传,狠抓落实,推动老龄工作与经济社会协调发展"的思路,发挥自身职能,自加压力,创新思路,完成年初安排的各项任务,取得较好的成效。

【编制规划】 市老龄办起草《榆林市老龄事业发展"十二五"规划》(讨论稿),在征求各成员单位意见后,提交市政府常务会议讨论通过,以市政府文件下发。这在榆林老龄史上尚属首次。

【宣传工作】 举办新闻宣传和公文写作培训班,邀请省市有关专家进行专题辅导培训。榆林老龄工作在各种媒体、刊物上报道30多篇。其中全国老龄办主办的《决策参考》第7期特别关注报道田建国撰写的《榆林市探索四种模式、推动养老服务》一文反响很好,该文在《陕西老年报》发表后荣获全国老龄新闻宣传好作品二等奖。编印10000份《老龄政策文件汇编》,发放到各县区、乡镇、村(社区)居民委员会。子洲县老龄办出版《二十四孝》一书,该书图文并茂,促进代际、社会和谐。

【落实政策】 《陕西省老年人优待服务办法》以省政府令下发后,主要从以下七个方面进行贯彻落实:一是学习宣传。二是开展全市60周岁以上老年人调查摸底工作。三是组织召开业务培训会议。四是按照省政府令修订出台《榆林市老年人优待规定》和《榆林市关于调整全是老年人生活保健补贴标准的意见》。五是总结过去老年人保健补贴发放的经验,会同市财政局制定《榆林市老年人保健补贴发放管理办法》。六是协调财政部门,将省市负担老年人保健补贴资金及时拨付到县区财政局。七是按照新的老年人优待规定,为近1万名65周岁以上老年人办理《陕西省敬老优待证》,方便老年人享受优惠优待政策。

【养老服务】 在59个行政村建立农村邻里互助服务小组每个服务小组补助2万元,共投人资金118万元。在5个县开展了城区助老服务工作,给每个城区助老服务试点补助一定的资金,共补助资金27万元。还为8个民办养老服务机构进行补助,补助资金64万元。四月份会同市财政局制定出台《榆林市养老服务业发展专项资金申报服务指南》,为全市养老服务业健康发展起到积极作用。2012年全市养老服务项目资金已于9月份全部拨付到位。

【基层建设】 制定《榆林市规范化基层老年协会登记评审暂行办法》,拿出107万元专项资金,对全市63个村老年协会和村老年活动室进行标准化建设。神木县财政每年预算200万元专项资金,用于农村老年活动室的建设。

【创建工作】 一是借助节日,组织单位全体人员开展以"修四德、行六礼、做文明有礼的榆林人"诗歌朗诵、体育比赛等活动。二是根据中省创建敬老文明号的要求,制定《榆林市"敬老文明号"创建活动实施方案》、《榆林市开展"敬老文明号"活动的通知》,成立榆林市"敬老文明号"创建活动领导小组。三是在全市开展"百名孝亲敬老之星","十大孝亲敬老楷模",优秀护理员的推荐评选活动。通过自下而上的推荐评选,推荐12名"百名孝亲敬老之星"1名"十大孝亲敬老楷模",2名优秀护理员参加陕西省的评选表彰。四是为8个县的老年活动室或老年组织开通"幸福养老大讲堂",受益老年人近两千人。五是借助万名干部下基层和单位扶贫包村活动,结对帮扶两个村12户困难老人,每户送上慰问金300—500元。并分别给两个村安排5万元、3万元邻里互助和老年活动室建设经费。

【敬老活动】 2012年是全国第三个敬老宣传月,根据中省敬老宣传月活动的安排部署,市老龄办及时下发做好敬老宣传月活动的通知,要求各县区要围绕"敬老爱老、共建共享"这一主题,开展敬老爱老助老活动。在敬老月期间,市、县区老龄部门共慰问全市失能老人90人,老党员、老干部、老红军、高龄困难老人100名,每人送去慰问金1000元。共计资金19万元。

(高　燕)

榆林市老龄办

主　　任　张　秘
副 主 任　温　渊
调 研 员　贺和平
副调研员　田建国

关心下一代工作

【概况】 2012年,在市委、市政府的领导和省、市关工委的具体指导下,在市各有关部门的支持和各级关工委的共同努力下,贯彻落实科学发展观,发挥"五老"的优势和作用,在青少年中广泛开展以社会主义核心价值体系为重点的学习、宣传、教育工作,坚持为青少年的健康成长办实事、做好事、解难事,全市关教工作稳步推进。1月份,市关工办被省委、省政府授予"全省未成年人思想道德建设工作先进集体"称号;领导班子被市考核办评为2011年度优秀班子。

【宣传教育】 贯彻大宣传理念，不但用媒体宣传和内部刊物宣传，而且还用会议宣传、活动宣传。编辑出版《榆林关心下一代工作》5期，关教动态4期，刊登中央领导同志的重要批示和讲话精神，学习宣传中、省关工工作有关会议精神，对《榆林关心下一代工作》进行改版。出版大约23万字的红色榆林系列丛书《鲜血染红的旗帜》一书两辑。整理刊印《榆林基层关心下一代工作流动现场会资料汇编》。指导凯信世际企业集团创办了校园杂志《凯信雨》，全年出版10期，向榆林城区各学校师生免费赠阅。在10月9日至10月22日召开全市基层关心下一代工作流动现场会，历时14天，了解各县区经济社会发展情况，参观各县区关心下一代工作的先进典型34个，其中工业园区农业示范园和利民工程7个、爱国主义和革命传统教育基地8个、中小学校8个、幼儿园4个、新农村1个、社区6个。

【关教活动】 5月28日，与团市委联合举办庆祝“六一”国际儿童节全市少儿才艺大赛。5月29日与陕西省宋庆龄基金会榆林市分会一起在市老年公寓举办庆“六一”少儿智能游戏比赛；14个幼儿园、10所小学参加了比赛，有30名少年儿童获奖。市关工委与宋庆龄基金会榆林市分会联合主办，凯信世际企业集团党总支、工会承办“凯信世际网络商城杯”第二届超级宝贝时尚才艺大赛。大赛从4月28日起至6月9日止，经过报名、初赛、复赛和决赛，共有25个节目获奖。这次大赛，参赛选手有1940人，参赛单位83个，在内容、形式和参赛人数上都超过第一届，为榆林关心下一代工作创造一个好品牌。组织全市学校参加全省“关爱明天、普法先行”青少年普法教育活动。12月3日，榆阳区在榆林市第七中学举行第二届“关爱明天·普法先行”青少年普法教育活动启动仪式。本市“五老”担任法制副校长人数有180人，对19万多人次进行法制教育。组织“五老”自愿者赴中小学进行宣讲，开展“学党史、颂党恩、跟党走”系列活动；全市组织宣讲报告团76个，共开展1244场报告，受教育人数28万人次。全市组织关爱工作团124个，受关爱帮教人数13万人次。与教育部门配合，积极组织全市各县区中小学生参加第九届全省青少年文学创作大赛。全省有23万中小学生参加第九届比赛，有2289篇作品进入复评，小学组有370篇，中学组有257篇获得了一、二、三等奖，好作品1662篇。小学组2篇作品获一等奖，4篇作品获二等奖，5篇作品获三等奖；中学组2篇获一等奖，11篇作品获二等奖，19篇作品获三等奖，69篇作品获好作品奖；府谷、吴堡、清涧三县获先进组织单位奖，吴堡县第二完全小学、清涧县石台寺小学、府谷县前石畔九年制学校获优秀校园奖，吴堡县第二完全小学宋锦玉和清涧县昆山中学赵彦飞同志获读书育人活动优秀工作者称号。

【组织建设】 市关心下一代工作组织机构建设4447个，做到市、县、乡全覆盖，村、社区、学校、企业覆盖率达52%以上；“五老”人员12212人，办公室在职人员2000多人。建立健全教育系统和工会系统关工委以及乡镇（街道）关工委，配齐领导班子，选配关工委主任和常务副主任；加强农村和社区关工组织建设。开展创建“五好”关工委活动。探索在企业成立关工委，现有凯信世际集团等100多个企业成立关心下一代工作组织。

【净化社会文化环境】 配合文化、工商、公安，对文化市场和网吧进行清理整顿，出动检查人员2794人次，检查出版经营单位1089家次，收缴各类非法出版物3544册（盘），上缴销毁非法出版物2万余册（盘）；出动956人次检查网吧265家次，责令45家网吧进行整改，对10家网吧进行处罚，净化本市的文化环境，为青少年营造良好的学习氛围。有366名“五老”参与到网吧义务监督员的队伍中。

【关爱救助】 全市共有未成年人79万。据不完全统计，共有农民工子女5.4万人，其中留守儿童2.6万人。捐赠3475万元、捐赠物件16.6万件，救助大中小学生23690人。春节前夕，市关工委在榆阳区关工委和榆阳镇政府的同志陪同下慰问榆阳区两名单亲贫困学生。5月31日上午9时，市关工委与市慈善协会在南门广场，联合举行庆“六一”向贫困儿童送爱心活动启动仪式，市政协副主席张北平，原榆林行署副专员、市慈善协会名誉会长赵兴国等领导出席。仪式上向德静路小学等三所学校的学生捐赠学习用品和电教仪器。与市延安精神研究会联合向各县区、市直单位和学校捐赠价值20多万元的图书。部分县区根据自己的实际情况建立关爱基金会，创办“青少年儿童活动中心”等。建立校外图书阅览室277个，建立文化体育场所119个；创办家长学校257所，农村青年科技政治学校76所；建立各类教育基地47个，其中16个被选为市级教育基地，并由市关工委为其挂牌；建立关爱基金单位18个，关爱基金总数3.49亿元（其中包括神木县慈善协会1.08亿元和府谷县教育基金会1.6亿元）。

【调查研究】 根据市委、政府的要求，派员参加万名干部下基层活动。3月份与市未成年人保护咨询委员会联合开展了流浪儿童收容救助调研活动，下发《榆林市关工委关于做好<流浪儿童收容救助统计情况>的通知》，提出调研提纲。各县区相继开展这项工作，形成书面汇报材料。市关工委根据统计情况和调研情况撰写《榆林市流浪儿童收容救助情况的调查报告》，提出救助工作的意见和建议，上报市委、市政府。

（张　涛）

榆林市关心下一代工作委员会办公室

主　　任　高树翔
副 主 任　马　锋
副调研员　任昱波　邹　明

工会工作

【概况】 2012年，全市各级工会组织和广大工会干部，在市委、省总工会的领导下，坚持走中国特色社会主义工会发展道路，开拓创新，真抓实干，着力推进“两个普遍”工作，努力维护职工和社会稳定，积极开展干部作风整顿、下基层服务活动，着力发挥好工会桥梁纽带作用，全市工会工作实现创新发展。

【学习党的十八大会议精神】 1. 迅速传达十八大会议精神。十八大会议结束后第二天，市总工会组织各县区、市直各系统、各单位工会参加全国工会学习贯彻党的十八大精神电视电话会议，听取会议内容，掌握报告精神实质。市总机关发放十八大报告辅导学习资料，下发《关于学习宣传贯彻十八大精神的通知》，全市工会系统掀起学习宣传贯彻党的十八大精神的热潮。2. 深入学习宣传实践中国特色社会主义工会发展道路，积极推动工会工作创新发展。5月份举办全市企业新任工会主席培训班，学习了“十二五”规划，工会基本理论知识，工会组织建设等业务理论知识，40余名工会干部参加培训。选派县区、市直企业27名副县级工会干部，参加省总举办的中国特色社会主义工会发展道路培训班。有5名基层工会主席参加省财贸工会培训班。7月18日，聘请省工运学院白斌教授在榆阳区政府会议中心举办“中国特色社会主义工会发展道路”理论报告会，全市500多名工会干部聆听报告。市总确定8月份为“中国特色社会主义工会发展道路主题宣传月”，给基层工会订阅《中国特色社会主义工会发展道路学习读本》1150册，促进学习宣传活动的深入开展，坚定走中国特色社会主义工会发展道路的信念。3. 学习贯彻中省市有关会议精神，准确把握工会工作面临的机遇和挑战，引导全市广大职工和工会干部把思想行动统一到中央、省委和市委的决策部署上来。3月2日，召开市工会二届六次全委（扩大）会议，对中国特色社会主义工会发展道路理论进行传达，将理论精神实质贯穿于市总工作报告当中，落实部署到各项具体工作目标任务之中。会上对2011年工会工作进行总结表彰奖励，明确2012年度工作目标任务。

【开展“下基层、进企业、搞调研、办实事”活动】 根据全国总工会开展“面对面、心贴心、实打实、服务职工在基层”活动要求，市总工会按照市委“三问三解”和省总工会“四个万”活动安排部署，在全市工会系统开展“下基层、进企业、搞调研、办实事”活动。1. 领导重视，认识明确。2月23日，市总工会召开会议，对全总、省总下基层调研活动安排进行专题讨论研究，结合市委、政府“三问三解”活动要求，围绕榆林工会工作中心任务，确定在全市工会系统中开展“下基层、进企业、搞调研、办实事”主题活动。2. 组织有力，安排合理。成立市总工会“下基层、进企业、搞调研、办实事”活动领导小组。制定《榆林市总工会关于在全市工会系统中开展“下基层、进企业、搞调研、办实事”活动实施意见》（榆市总工发【2012】32号）。在市总工会二届六次全委会上，下发《实施意见》，并把开展下基层调研活动同市总2012年中心工作同部署、同安排、同考核。制定详细的工作方案，活动划分成5个小组，分别由5位县级领导带队，每个工作组包2—3个县区、1—2个系统、1—2个市直企业；要求每个工作组要深入10家以上不同类型、不同规模的企业，走访50户职工家庭，与100名以上职工进行面对面、心贴心交流沟通，发放职工调查问卷不少于200份，深入调研时间每季度不少于15天；明确开展活动的总体要求任务、方法步骤、考核办法；设计《榆林市总工会“下基层、进企业、搞调研、办实事”活动走访登记表》；各工作组带着1万元救助金，现场救助特困难职工。各县区，各系统都成立相应工作机构，制定工作制度和实施办法。根据市总统一安排，全市工会系统分别开展下基层活动。并和省、市、县区、系统工会加强沟通，合理安排走访对象，尽量做到对象不重复、不交叉。3. 强化措施，突出重点。在活动中,对普遍问题、重点问题、难点问题分类掌握,在活动推进会上,由领导班子研究会诊,在市总力所能及的范围内积极解决。对涉及重大劳资矛盾、职工合法权益受到重大侵害等关系社会稳定的问题,及时向市委和上级工会报告。将下基层调研活动与工会基本业务紧密结合起来,宣讲建设中国特色社会主义工会发展道路的新观点,在企业开展以创建“工会大学校”“职工之家”、“和谐企业”、“职工书屋”为载体,实施企业工会“双亮”活动,不断规范工会工作。4. 深入基层,注重实效。(1)2012 年,按照市委、市政府包扶工作总体部署,市总工会包扶佳县乌镇黄家圪崂村、通镇贺家坬村和康家港乡雷家沟村三个帮扶点。市总工会通过从经费中列支和协调其他部门,分别为三个包扶村争取到资金 20 万元、20 万元、25 万元,解决村里的实际困难。市总工会多次和府谷县多家民企联系,安排贺家坬村 9 名待业大学生。市总被佳县推荐为市扶贫帮困先进单位,张林科、苗丽芝被推荐为先进个人。(2)深入一线职工,了解思想动态。下基层活动开展以来,走访定边县采油厂等 34 家企业,走进车间、班组及职工住宅区、职工食堂、活动场所,面对面地与企业管理人员、工会干部和一线职工交流沟通,了解掌握企业生产经营状况、劳动关系变化情况,了解掌握职工特别是困难职工思想动态、精神文化需求、生产生活情况、养老、医疗等民生保障落实情况,分析研究职工群众和企业反映的突出问题。(3)全市千余名工会干部,共走访服务职工 16000 余人次,发放调查问卷 4000 余份,召开座谈会 110 余场次,收集合理化建议 89 条,为职工办实事、解难事 260 余件。

【开展创先争优建功立业活动】 1. 深入开展创先争优建功立业活动。下发了《2012 年全市工会系统开展创先争优活动工作要点》,贯彻实施本市劳动竞赛五年规划,推进“当好主力军、建功‘十二五’”劳动竞赛活动。7 月份,市总工会等 6 个单位和市总常务副主席张林科等 12 人分别被省总工会评为全省工会服务职工创先争优先进集体和先进个人。2. 深入开展创建“工人先锋号”活动。实施科技创新、岗位练兵、发明创造等经济技术创新工程。安排部署全市 2012 年度工人先锋号、创新示范岗、创新标兵创建评比活动。靖边采油厂技改挖潜组等 32 个单位被授予 2012 年度榆林市工人先锋号;榆林市第二医院消化内科等 6 个单位被授予 2012 年度榆林市职工经济技术创新示范岗;榆林市第七小学工会主席高志军等 33 位同志被评为 2012 年度榆林市职工经济技术创新标兵,将在市工会二届七次全委会议上予以命名表彰。3. 开展职工职业技能大赛,推动职工技术创新工作。组织开展榆林市第三届“供电杯”职业技能大赛,榆林市“中盐杯”职工职业技能大赛,两项技术大赛共获得陕西省技术能手 6 人。积极组织开展“职工科技创新成果推广年”活动,获得省职工科技创新成果一项。市供电公司赵宇驰获得省优秀科技创新人才、高技能人才称号,市供电公司获优秀组织单位,杨秋生获优秀组织个人。6 月 16 日,组织职工参加省技协办组织的“海峡两岸职工创新成果展”考察活动。组织参加了 2012 年陕西省财贸系统酒店服务业职工技能擂台赛,榆林人民大厦工会代表队获得团体第二名。4. 深入开展“安康杯”竞赛活动。2012 年 3 月起,市总工会和市安全生产监督管理局联合开展 2012 年度“安康杯”竞赛活动。各县区、各行业把工会劳动保护工作全面纳入“安康杯”竞赛活动中。开展安全生产隐患排查治理工作,全市各级工会共进行安全检查 374 次,查出隐患 182 个提出整改意见 88 条,采纳率 99%,协助监督企业整改隐患 167 项,使用《限期解决问题通知书》72 次,使用《撤离危险作业现场通知书》148 次,避免可能造成的直接经济损失 515 万元。积极参与事故调处,市总配合市煤监、安监的部门参与 3 起煤矿事故的调处。5. 加强劳模管理服务,开展评先树模活动。根据《榆林市劳模管理考核办法》,市县总工会对全市 1300 多名劳动模范进行调查考核,结果均为合格。对省级以上劳模档案录入电脑,实现劳模网络化管理。2012 年 1 月 10 日召开“迎新春”劳模座谈会,为建设魅力榆林建言献策,30 名各级劳模参加会议。2 月—6 月份,市总工会会同榆林电视台、榆林日报社在《榆林新闻》、《榆林日报》《榆林晚报》等新闻媒体中开设“劳模风采”专栏,宣传报道 40 名劳模先进事迹。各县区同时也在媒体上报道宣传本县区劳动模范。4 月 25 日,2012 年度市五一劳动奖章(奖状)表彰大会和市劳动模范协会成立暨第一届理事会第一次全体会议在市委会议中心隆重召开,市上四套班子和市劳动竞赛委员会成员单位以及市直各单位领导参加会议,部分中省市级劳动模范列席会议。会议表彰榆林市清洁大队等 10 个单位为市五一劳动奖状获得者;贺伟等 30 名同志市五一劳动奖章获得者,颁发奖牌、证书和奖金。表彰会结束后,接着召开榆林市劳动模范协会成立暨第一届理事会第一次全体会议。会议通过《榆林市劳动模范协会章程》和《榆林市劳动模范协会第一届理事会第一次会议办法》;选举产生会长、常务副会长、副会长、常务理事以及理事共 81 人。晚上,举办庆“五一”职工文艺晚会,受表彰的 30 名同志以及列席会议的全体劳动模范观看晚会。27 日,市总工会常务副主席张林科带队赴省参加 2012 年度陕西省劳动模范、先进工作者和先进集体的表彰大会。会上表彰张红兵等 35 名同志为 2012 年度陕西省劳动模范、先进工作者和陕西延长石油(集团)有限责任公司榆林炼油厂等 3 个单位为 2012 年度陕西省先进集体。

【推进“两个普遍”工作】 1. 进一步加强工会组织建设。截至 11 月底,全市共新组建工会组织 1024 个(其中基层工会联合会 174 个),完成目标任务的 99.2%;新发展会员 72380 人(其中发展农民工会员 23746 人),完成目标任务的 802%。据法人数据库显示,全市非公企业工会组建率99.77%,入会率97.53%,超额完成省总下达的任务。全市共有基层工会组织8154个,会员440883人。2011年,市总被省总评为全省工会组建发展会员先进单位。2. 推动非公企业“两个普遍”和厂务公开职代会工作,促进劳动关系三方协调机制建设。积极指导市东方集团和市华宇集团,召开两个非公企业的首届职工代表大会。根据陕工发(2012)9号文件精神,对非公企业厂务公开职代会制度建设情况进行调研,形成调研报告。配合省总对市供电公司、榆林炼油厂等单位厂务公开、职代会情况进行互检。9月13日,召开全市厂务公开民主管理工作会议,会议评选表彰20个厂务公开民主管理工作先进集体和20名厂务公开民主管理工作先进个人,表彰命名市供电公司等18个单位为市厂务公开职代会四星级单位,推动厂务公开职代会星级创建活动。全市有7030个单位建立职代会制度,建制率86%,4653个单位实行厂务公开,其中国有企业公开率96%。发挥劳动关系“三方协商”机制建设作用,推动创建劳动关系和谐企业和园区创建活动深入开展。全市建立“三方机制”32个,加强劳动关系调处,推进劳动争议调解组织建设。3. 推进工资集体协商工作。根据省总工会工资集体协商三年规划的要求,按照“抓建制、促覆盖、求实效”的要求,继续抓好试点单位的工资集体协商工作,实现以点带面的目标。截止2012年第三季度,全市共签订工资专项集体合同2905份,覆盖企业4080个,覆盖职工150922人;签订区域性工资专项集体合同372份,覆盖企业1628个;签订行业性工资专项集体合同147份,覆盖企业418个。工资集体合同覆盖企业、职工均超过80%。其中,2012年新签、续签集体合同、工资专项集体合同、女职工权益保护专项集体合同213份,覆盖企业620多个、涵盖一线职工76216人。

【企业文化建设】 引导广大职工学习践行社会主义核心价值体系,结合“下基层、走企业、搞调研、办实事”活动,开展职工思想主题教育、职工思想状况调研、“六五”普法宣传,举办“五一”文艺晚会,与市羽毛球协会联合举办“红牛杯”职工羽毛球比赛,“普宇杯”中国象棋比赛、“体彩杯”游泳比赛等活动,提高职工思想政治素质,活跃职工文化生活。9月份与市委办联合举办市委、市人大、市政协机关“迎国庆”职工书法、羽毛球、乒乓球、象棋比赛,举行市委机关职工书屋开馆仪式。11月份,承办2012年“榆林神华杯”陕西省职工象棋比赛。市总工会一、二队分别获团体第一名和第四名,市总获优秀组织奖。组织参加全省职工首届文学作品大赛,乔忠飞等7位同志分别获散文二等奖、诗歌优秀奖等,市总工会获优秀组织奖。积极参与中央三套激情广场“爱国歌曲大家唱”陕西榆林篇的录制工作。市总工会组织靖边采油厂和榆林北方医院两个合唱团登台参演,600人的劳模方阵和工人方阵在台下互动。3月份,市总工会组织200多名职工,参加在世纪广场举行“弘扬雷锋精神、开展志愿服务、创建文明城市、建设幸福榆林”为主题的志愿活动启动仪式。在当天开展义诊、义务理发、法律宣传、家电维修等服务项目活动。有400余名工会会员志愿者登记注册。与市妇联、市文化广电新闻出版局联合举办“榆林市庆三八幸福家庭才艺展示”活动,提高女职工心理素质和健康水平。市住建系统工会100多名职工参与演出的大美榆林大型水幕实景演出;榆林供电局工会参与集团公司“地电情、心连心”慰问演出,榆阳区总工会组织第四届“迎国庆”职工运动会;神木县工会举办“火红的五月”广场文艺晚会等活动。加强工会阵地建设。推动全市工人文化宫(俱乐部)改革发展,争取将工人文化宫(俱乐部)、职工书屋纳入政府公共文化服务体系中建设。市工人文化宫新建项目已经市委、市政府同意,目前正在选址当中。为服务管理好1300多名榆林劳模,建设劳模活动、办公、居住场所——“榆林劳模之家”建设项目,正在办理选址审批手续。按照本市职工书屋四年建设规划,开展第四批市级职工书屋的创建工作。2012年,榆阳区镇川镇工会联合会等32个单位被命名为“市级职工书屋”,并授牌命名。市委机关职工书屋、榆神煤炭汇通热电职工书屋被评为陕西省职工书屋示范点。中盐榆林盐化公司被授予全国职工书屋。

【维权帮扶】 1. 开展职工法制教育,加强工会维权工作。履行维护职工合法权益的基本职责,理直气壮地主动维护广大职工劳动就业、工资收入、社会保险和安全卫生等方面权益。8月份至9月份,全市普遍开展2012年度法制宣传月活动,发放《工会法》、《劳动合同法》、《女职工劳动保护特别条例》、《社会保险法》、《陕西省企业工资集体协商规范》、《陕西省企业民主管理条例》等宣传资料2万余份,为群众咨询解答疑难问题100余条。在街道、社区、厂区悬挂制作宣传标语、展板,进行深入持久的法制宣传教育。组织全市工会系统参加“12·4”法制宣传日无纸化普法考试。积极参与《陕西省企业民主管理条例》修订工作,选派10名工会干部参加《条例》知识培训。2. 加强农民工管理服务工作。按照市委、政府出台的《关于加强和理顺农民工管理的意见》精神,市总工会加大对进城农民工的管理和服务,规范农民工用工行为,推动落实农民工工资支付保障、民主管理、社会保险、福利待遇等合法权益。府谷县大昌汗镇工会联合会在农民工管理服务方面发挥重要作用。一是强化农民工管理服务的宣传力度,发放《农民工进城务工百问百答》,制作“农民工维权卡”;二是加强农民工培训工作,制作农民工就业推荐表,创建网络化求职用工对接平台,实现通过网络及时发布用工求职信息,快捷实现就业,方便外来务工人员。三是登记入会发放农民工会员证8500个,实现农民工、劳务工同时纳入职工保障范围,实现同工同酬。镇工会参与调解劳资矛盾方面起到重要作用。大昌汗调解劳资矛盾金额7亿元,谊丰矿企业与施工方矛盾调解2.23亿元，妥善安置8.16瑞丰矿事故难工家属等。神木县大柳塔镇工会积极参与调解建筑企业拖欠140多名农民工工资问题等，发挥工会维权、维稳的重要职能作用。全市共发放农民工会员证4万多本，发放《农民工进城务工百问百答》2.4万册。联合劳动等部门进行农民工工资清欠工作大检查活动，确保农民工工资及时到位。3月份，向1500名困难职工、农民工免费赠阅中工手机报。3. 推进援助中心规范化建设，加大困难职工帮扶救助力度。下发《关于开展困难职工帮扶信息复查的通知》，对帮扶系统内的困难职工档案进行审核，对档案的新建、完善、保留、注销等工作进行及时处理。全市已建困难职工档案19207户。严格专项帮扶资金管理使用。12月份，市总经审委对市援助中心专项帮扶资金使用管理情况进行了全面审计，未发现有专款截留、救助对象不准、审批程序不明等问题。2012年，全市共发放救助资金510万元，救助2646人次。1月份举办榆林市“双节”送温暖集中发放仪式。8月24日，市总工会举办“榆林市总工会2012金秋助学金发放仪式”，在金秋爱心助学活动中，全市共筹措助学金219万元，资助困难职工和困难农民工子女1128人(其中农民工子女440人)。市援助中心特别加大了帮扶力度，为每位考上大学的困难职工子女发放助学金5000元，资助147人，发放助学款73.5万元。2月18日，市总举办大型招聘洽谈会，159家企业提供8000个岗位，2398人实现当天就业，3157人达成就业意向，效果十分明显。3月份，下发《榆林市总工会2012年技能培训实施方案的通知》，组织培训下岗失业人员、农民工子第汽车驾驶技术45人，发放培训补助资金67500元。积极与市区住房管理部门协调，推动将困难职工家庭纳入廉租房制度之中。市总工会正在筹备2013年开展双节送温暖活动工作，市困难职工援助中心进行困难职工家访，调整确定市级领导帮扶慰问困难职工对象。年初，市总刘健被全总评为“全国工会帮扶工作先进个人”。4. 深入持久的开展“送清凉”活动。下发《关于加强夏季防暑降温安全生产工作开展安全承诺签名和“送清凉”活动的通知》，各县区同时开展了送清凉活动。5. 深入推进工会职工互助保障工作。2012年，全市互助保障参保单位194个，参保职工14958人，完成保费114.6万元。全市共赔付98人次，赔付金额26.25万元，其中最高赔付金6万元、最低赔付金200元。市总工会和艾萍被中国职工保险互助会(总会)评为2011年度先进集体和先进个人，横山县总工会等4个单位受到省总工会表彰，横山县总工会等6个单位、市总和有关单位7名工作人员受到中互会陕西省办事处表彰，市总工会对12个先进集体、12名先进个人进行表彰。通过这些表彰奖励，积极培树典型，激励创先争优，努力提升影响力，进一步扩大职工互助保障的覆盖面。6. 做好维护职工队伍稳定工作。加强工会信息、信访、法律援助和劳动争议调解仲裁等工作，建立健全预防预警机制，努力把劳动关系矛盾化解在基层，解决在萌芽状态。市总工会调研组在3个县区和3个市直单位共9个非公企业、股份制企业中，就当前职工队伍稳定情况进行调研，采取实地走访、发放职工问卷、举行座谈会等方式。调研中发现一些问题，企业职工超时劳动现象普遍；农民工社会保险参保率低；企业分配秩序较乱，收入差距过大；企业安全生产形势不容乐观，职工劳动安全卫生条件有待进一步改善等问题，及时向省总和榆林市委有关部门做汇报。市、县(区)和部分乡镇都已建立劳动争议调解委员会；877个企业建立了劳动争议调解委员会，劳动争议推进委员会委员2655人，化解矛盾，在村企和谐、村矿和谐中发挥巨大作用，据统计各级工会共调解劳动争议12件。

【自身建设】 上半年开展干部作风整顿活动。每位党员干部对照自己开展了自查，填写十个不准和五个集中整治对照检查表，在会上做对照检查报告，对存在的问题进行了认真的整改，并做承诺，转变机关工作生活作风。加强工会领导班子和干部队伍建设。进一步选好配强企业工会主席，推进配备系统(产业)工会主席，重点乡镇副科级专职工会干部全部配齐。积极推进工会联合会、乡镇(街道)等工会干部职业化、社会化工作。2012年，批准成立市级基层工会组织32个，考察配备46个市直基层工会委员会主席、副主席，健全市直单位工会组织。在全市范围内广泛开展“工会组织亮牌子，工会主席亮身份”的双亮活动。全市国有企业工会实施“双亮”的覆盖面达到95.3%，非公企业82.7%。2012年是聘用工会组织员第三年，市总对全市225名工会组织员进行全面考核，并对评选出的优秀组织员和考核合格的组织员进行表彰奖励，对考核合格的组织员完成续聘合同的签订手续。8月16日，市政府常务会上研究市总工会关于调整工会组织员工资的提案，月工资由1000元增到1500元。以重点乡镇工会建设为抓手，推动基层工会规范化建设。市总工会起草的《榆林市重点乡镇工会建设标准(试行)》，经市委常委会研究同意，以两办名义印发。全市确定30个重点乡镇工会实行标准化建设。市、县总工会采取成立了工作组、制定工作制度、形成考核标准等办法，对该项工作进行多次督促检查指导。7月份，由市总领导带队，分4个督查督办组，对30个重点乡镇工会规范化建设、工会“两个普遍”工作进展情况、农民工管理工作进行督查督办，检查发现问题，现场提出整改措施和意见，得到及时改正和完善。12月份，由市委组织部、市财政局、市编办、市总工会组成3个联合检查验收组，对全市30个重点乡镇工会标准化建设工作进行检查验收汇报汇总，全部通过验收。给每个乡镇工会补助建设经费10万元。通过30个重点乡镇工会规范化建设工作的开展，建成同标准、同规格的100多家规范化基层工会，促进基层工会规范化建设整体工作。此项工作走在全省的前列，多次得到省总的高度评价。加强工会女职工工作。全面实施女职工提升素质建功立业工程五年规划，继续开展女职工建功提素活动和女职工关爱行动。一是举办女职工干部培训班13期，1080多人参加培训。二是大力实施女工关爱行动。为全市2891名困难女职工、女农民工进行了健康体检，其中，市直单位1092名。三是走访慰问困难女职工2252人次，其中单亲困难女职工268人，女农民工1021人，问卷调查2400多份。四是开展女职工健康讲座知识28期(次)，受益女职工2200多人。五是开展女职工特殊疾病互助保险，参保女职工1228人。六是开展大型《女职工劳动保护特别规定》宣传活动，发放宣传资料3000多份，提高女职工依法维权意识和自我保护能力，增强用人单位的守法意识。七是开展女职工组织全覆盖攻坚阶段自查工作，自查报告上报省总。进一步加强女职工组织规范化建设，深化女职工组织、女职工专项集体合同"两个覆盖"工作。全市建立女职工组织7312个，组建率96.35%。全市共签订女职工专项集体合同2817份，覆盖企业3958个，覆盖女职工112413人，签订率96.9%。加强工会财务和经审工作。继续深化工会经费地税代收和推进2%全额代收工会经费的试点工作，推动市、县两级行政事业单位工会经费由同级财政统一划拨工作，提高工会经费收缴率，完成2012年全市工会经费收缴任务。市总工会被评为全省工会财务会计管理规范化建设优秀单位。2012年市总工会经审会对市总本级、市困难援助中心、榆阳区等单位经费收支执行情况进行审计。10月份组织全市经审干部参加省总安排的学习和培训。市总经审会被省经审委评为"全省工会经审工作一等奖"。抓创建、创文工作。成立领导小组，进行了任务分工，印发了《市总工会2012年创建工作实施方案》，重点抓包抓街道工作，整理创建资料，第一季度创建工作被评为优秀单位。

(刘　健)

榆林市总工会

主　　席　张雁冰
常务副主席　张林科
副 主 席　叶茂盛　高卫林　苗丽芝
女工委主任　魏海莲
经审委主任　吴志杰
副调研员　付建忠

共青团工作

【概况】 2012年，在市委的领导和团省委的指导下，贯彻落实市三次党代会和省十二次团代会精神，以服务幸福榆林建设为主线，团结带领全市广大团员青年，加强团的基层组织建设和基层工作，服务青年就业创业，团的各项工作呈现良好态势。

【主题教育】 以学习宣传贯彻党的十八大精神和纪念建团九十周年为契机，青少年教育引导工作的针对性和实效性不断增强。一是学习宣传党的十八大精神。学习贯彻市委和团省委关于学习宣传党的十八大精神的一系列重要精神和重大部署，以"学党史、知党情、跟党走"主题教育活动为统揽，举办以"在光荣的旗帜下——红领巾大讲堂""十八大精神引领我成长"等系列主题活动122场，受教育少年儿童20000余人，在引导培育少年儿童爱党爱国的朴素感情方面取得了良好效果。二是开展第十一届"榆林市十大杰出青年"评选活动，表彰一批杰出青年，使全市青年学有目标、行有榜样。三是举办"快乐书写、幸福童年"庆六一少儿书法表演、"品读路遥文学、弘扬陕北文化、纪念路遥逝世20周年"征文活动；开展"寻找最美丽的心灵"原创微文、微图、微视频征集活动，参与"2012中国西部儿童微电影大赛"，共800名小朋友报名参加活动，掀起富有青少年特色的文化活动热潮，为青少年健康成长搭建平台。

【推进"学雷锋"活动】 举行榆林市"弘扬雷锋精神、开展志愿服务、创建文明城市、建设幸福榆林"志愿服务月启动仪式，向全市团员青年发出创建文明城市倡议。成立榆林市应急青年志愿者服务队和网络志愿服务组织——青青义工志愿服务队，通过微博和QQ注册、联络，经常性开展线下服务活动。通过微博为佳县白血病患者高喆联系献血志愿者捐献血液，募集善款29323元。志愿服务月期间，全市各级团组织积极开展各类志愿服务活动50余次，围绕"幸福你我他.点亮百个小心愿"、"敬老助残"、"扶贫济困"等不定期开展特色志愿服务活动提供服务3万多人次。根据未成年人思想道德教育工作重点思路和创建省级文明城市相关要求，制定本市深入推进中学生"学雷锋"常态化工作的方案，围绕学雷锋主题，开展知雷锋、爱雷锋、找雷锋、做雷锋"四个一"活动，推动学雷锋从"3.5"到"365"的转变，形成青少年学雷锋活动的常态化。全市各级团组织开展学雷锋志愿服务活动14次，覆盖青年1万人左右，开展"雷锋榜样进校园"活动12次，覆盖青年15000人左右。开展学雷锋主题团、队日活动120次，覆盖青年2万余人。开展青年文明号"学雷锋、树新风"统一行动14次，覆盖青年3000人左右。开展青联委员学雷锋活动1次，覆盖青年500人左右。

【分类引导青年工作】 指导县级团组织、国有及国有控股企业团组织和非公企业团组织结合市情和本单位实际开展分类引导大纲编写工作。弘扬延安精神和榆林文化，贯穿本市及本地本单位品牌工作和重点活动，将团中央下发的《大纲》转化为对本单位青年更具有针对性、适用性的《青年思想引导手册》，供本单位团组织、团干部开展工作使用。团市委、12个县区团委、20个国有企业和230个重点企业等三批转化单位已全部形成适合本单位的《青年思想引导手册》，基层团组织对青年的引导更加有效。

【新媒体建设工作】 建立市级手机报、手机短信群发平台3个，覆盖青年总数50000人。县级手机报、手机短信群发平台数量2个，覆盖青年总数

3000 人。制作保护母亲河动漫宣传片和志愿者公益广告片，在市、县电视台滚动播放。市、县团的领导机关和专职团干部均全部开通使用新浪、腾讯团组织官方微博和职务微博。团市委及各县区团委均开通官方微博，全市专兼职团干部累计 224 人开通新浪微博、腾讯微博。市县两级团委官方微博累计粉丝 8000 余人，累计发送微博 2147 条。参与话题讨论 26000 余人次。团市委利用新媒体组织志愿者参与志愿服务活动 5 次。

【“双万”工程服务青年就业创业】 为进一步促进全市青年就业创业工作，与邮储银行榆林分行、陕西正大技师学院签订战略合作协议，启动实施青年就业创业“双万”帮扶工程，发挥邮储银行的资金优势和正大技师学院师资、技术优势，实现优势互补，服务青年就业创业。青年创业小额担保贷款争取到市上支持，分配团市委 1.7 亿青年创业小额担保贷款，免抵押，财政贴息，需两名财政供养人员担保，此项工作正与市人社局和邮储银行稳步推进。全市青年创业小额担保贷款发放数额 2.1 亿元，贷款青年 3204 人，带动就业 1 万余人。累计开展大棚蔬菜、畜牧养殖、家庭服务、烹饪和家电维修等相关领域培训青年 10319 人次。

【技能竞赛、岗位见习工作】 一是以组织推荐青年工人参加 2012 年陕西省青年职业技能大赛决赛为契机，在相关企业一线开展计算机网络管理员、工具钳工、焊工等三个竞赛工种技能竞赛，激发青工立足岗位、学练技能的积极性，在各行业青年中掀起学技术、练本领的热潮，为企业的发展做出积极贡献。全年新创建市级青年文明号 35 个，青年文明号标兵 15 个。联合市安监局开展“青年安全生产示范岗”创建活动，推荐 36 个一线车间班组作为“全市安全生产示范岗”的创建单位。二是进一步规范见习基地管理工作。为进一步加大本市服务青年就业创业工作力度，利用见习基地的重要工作平台，从增强对青年的吸引力以及增强青年受益度的角度出发，积极组织见习基地提供与青年专业及兴趣相匹配的优质见习岗位，提高见习岗位质量和对接成功率，提高青年就业创业见习基地工作的知晓率和参与面。与市委组织部人才科合作，开展接收北京大学优秀学生来榆参加职业见习工作。新建见习基地 6 个，推荐 1006 人上岗见习。三是在机关青年中开展公文写作大赛。经层层选拔，10 名青年参加首届陕西省青年公文写作大赛决赛，三名青年获得优秀奖。

【“四项文明行动”助推“四城联创”】 以实施文明宣传、文明实践、文明示范和文明维护“四项文明行动”为抓手，带领全市团员青年积极参与创建活动，为本市创建工作贡献力量。一是榆林团市委、市志愿者协会在 4 月份集中开展清理白色垃圾春季大行动。4 月 12 日全市“清除白色圾　共建幸福榆林”集中行动日活动，当天 1 万余名中小学生、团员青年和志愿者参加活动，围绕城市主要干道，出城口公路两侧，背街小巷、社区、乡镇道路、城市绿化带、公园、广场、河道两岸等重点地段，共清理白色垃圾 2.4 吨。二是邀请清华大学附中心理咨询中心主任陈纪英和市心理学研究会副理会长、党支部书记张利霞在市十中和高专附中举办“轻松备考阳光行动”心理减压讲座，1000 多名初高中毕业生聆听讲座。各县区举办此类讲座，受到学生、家长的一致好评。取得良好社会效益，。三是 5 月 4 日下午，利用纪念建团 90 周年暨第十一届“榆林市十大杰出青年”颁奖典礼，20 名获奖者向全市团员青年发出积极参与创建“国家级卫生城市”、“省级文明城市”、“省级园林城市”、“省级环保模范城市”的倡议。四是举行“文明伴我成长”城区少儿才艺大赛、“文明榆林、做文明有礼的榆林人”演讲比赛、文化艺术促文明——沙漠之花艺术季系列活动，营造人人参与创文的氛围，引导青少年接受先进文化，争做文明有礼的榆林人。

【关爱农民工子女工作】 注重实效，把青年志愿者所能与农民工子女所需相结合，开展学业辅导、亲情陪伴、感受城市、自护教育和爱心捐赠等 5 类志愿服务活动。全市招募关爱农民工子女项目专员 125 人，招募专项工作志愿者 15277 名，结对农民工子女学校 165 所，结对农民工子女 86272 人。开展各类帮扶活动 1650 次，累计提供志愿服务时间 630 小时，发放爱心物资 30 余万元。志愿服务月期间，组织城区 10 家青年文明号单位与农民工子女相对集中的学校结队帮扶，市青少年宫为 50 名农民工子女提供免费学习培训的机会。6 月 14 日，团市委、市少工委、团区委、榆林神华公司在榆阳区王家楼小学联合举办“关爱农民工子女”捐赠“爱心书屋”，榆林神华为王家楼小学捐赠价值两万余元的图书和电子书。

【“保护母亲河”行动】 配合全市开展“绿染山川、花满古城、美驻沙漠”三年植绿大行动，4 月 16 日，在榆阳区巴拉素镇开展“共植一片绿，保护母亲河”家庭生态环保实践活动，有 700 余户家庭 3500 多人参与，种植樟子松 7000 余颗。在宣传活动中首次启用了“FLASH”新媒体，得到社会各界好评。全市各级团组织组织团员青年 15000 余人次，新栽植树苗 95000 余棵。开展环保宣传 30 余场次，发放环保宣传资料 3 万余份。

【深入实施希望工程】 一是希望卫生室建设。现已在全市建成 63 所希望卫生室。2012 年壳牌公司支持新建四所希望卫生室。积极组织市、县医疗专家和医务工作者下到村卫生室进行义诊和技术指导，受到群众的欢迎。二是在全市开展“圆梦牵手行动”、“国酒茅台助学金”、“爱心 100”等助学活动，成立“赵建伟爱心助学基金”，募集 300 万元资金支持 300 多名贫困学子圆梦大学。

【青年文明号创建活动】 加强对全市青年文明号单位的动态管理，不定期进行检查,对群众反映强烈的、影响恶劣的青年文明号单位予以取缔。要求各青年文明号单位与当地困难群众结成帮扶对子,定期开展服务活动,并将其作为考核验收的一项重要内容。丰富活动载体,组织开展"百城万店青年文明号信用示范周"与"志愿服务,青年文明号在行动"等主题实践活动。全年新创建市级青年文明号37个,青年文明号标兵11个。

【"四进三问三解"活动】 在2011年全市共青团组织开展的"四进三问三推动"青年群众工作调研活动的基础上,结合全市机关干部作风整顿活动,在全市各级团组织和团干部中开展"四进三问三解"活动。团市委机关处级以上干部结合团干部驻点和创先争优活动联系点,以县(市、区)为单位,重点联系一个以上县级团组织;科级干部联系一个重点示范镇。每人结对困难群众1户以上。开通联系服务青年直通车,在全市共青团系统进行"四公开"承诺,全市所有专职团干部在网络、微博上向青年公布联系方式,及时为青年释疑解惑。新一届团市委班子成员带头深入基层调研走访,宣讲十八大精神,团市委全体机关干部和基层团干部走出办公室,体验基层生活,积累社会知识经验,提升服务青年意识。

【团市委和少工委班子换届】 召开共青团榆林市第三次代表大会和少先队榆林市第一次代表大会,团省委副书记、省少工委主任段小龙、团省委党组成员、纪检组长赵丽萍,胡志强、陆治原等市上领导出席大会开幕式。市委书记胡志强同志在市第三次团代会开幕式上作重要讲话。大会选举产生了新一届团市委领导班子和榆林市第一届少先队工作委员会,明确今后五年全市共青团和少先队的工作目标和任务。

【推进两新组织团建】 抓住深入学习实践科学发展观和党群共建"创先争优"活动的重大契机,出台《关于进一步推进全市两新组织团建工作的通知》,依托"党建带团建",针对青年从业人数较多的非公有制企业、律师事务所、会计师事务所、非学历教育培训机构、团属青年社团等组织,推行联合建团、挂靠建团、行业建团、协会建团等多种建团形式,推行"七个一"团建工作制度。全年新建非公团组织305个,覆盖35岁以下青年2万多人,努力跟上非公党建步伐。

【乡镇、街道团的组织格局创新】 以县、乡换届为契机,全面深化乡镇(街道)组织格局创新工作,严格按照1+1+X模式配足配优团委委员、配强配好团委书记,探索工作发展机制,提升乡镇团委的服务能力,发挥乡镇团委的桥头堡作用。乡镇实体化"大团委"建设工作成效显著,全市上下集中安排、全面推进的良好态势进一步显现。编制《榆林市乡镇实体化"大团委"建设工作50问》,以问答的方式对乡镇实体化"大团委"建设工作进行解读和阐释。全市新建乡镇直属团组织已4001个。

【队伍建设】 团干部是共青团工作的骨干力量,团市委领导班子更应成为全市共青团干部的表率。以打造"书香机关、创新机关、高效机关、青春机关、和谐机关"为抓手,全力加强团的机关自身建设。继续深化"书香伴我成长成才"活动,丰富活动载体,努力在团的机关营造浓厚的读书学习氛围,围绕工作思路、工作方式、行政效率、机关作风等方面积极创新,把增强执行力作为加强团的机关建设的着力点和落脚点。在团的机关中弘扬"朝气蓬勃、奋发进取、勇于创新、求真务实"的作风理念,做到思想同心、工作同步、目标同向。在团市委机关,坚持开展每月"四个一"活动,即每月读一本好书,每月召开一次青年干部读书会,每月撰写一篇理论文章,每月召开一次工作交流会,创建"学习型团组织",打造"学习型团干部"。建立月总结、季调度、年中述职、年底考核四项工作制度。加强作风建设,2—7月份,按照市委的整体部署,开展干部作风集中整顿,以"转作风、强素质、创佳绩"为主题,引导团干部树立业务精通、务实肯干、谦虚谨慎、真诚热情的良好形象,建设一支"让党放心、青年满意"的团干部队伍。

名词解释:

①"知雷锋、爱雷锋、找雷锋、做雷锋"四个一活动。即按照本市深入推进中学生"学雷锋"常态化工作的方案,围绕学雷锋主题,组织全市各中学(职)学校以初二、高二或社团为单位,举行一次升旗仪式,介绍雷锋事迹,学唱雷锋歌曲,创建"雷锋中队"旗;召开一次主题队会,通过讲雷锋故事、谈心中感受、夸身边榜样、想爱心计划、激励青少年向雷锋叔叔学习;制作一期黑板报、手抄报,展示宣传雷锋同志事迹以及青少年身边的好人好事;开展一次雷锋精神学习讨论活动,帮助中学生深刻理解雷锋精神的时代内涵。动员学生在校园内或到附近社区开展多种形式的志愿服务活动。全市各中学(职)要确保每一个月举办一次"学雷锋"活动,保证每位学生在本学年结束后,在轮流负责的基础上都能参加一次"学雷锋"活动。

②青年就业创业"双万"帮扶工程。即团市委与邮储银行榆林分行、陕西正大技师学院合作签订战略合作协议,从2012年起连续五年,发放青年创业小额担保贷款10亿元,扶持青年创业1万人,技能培训青年1万人。

③"四进三问三解"活动。即进企业、进学校、进农村、进社区,问计于基层、问需于青年、问知于实践,解青年忧、解青年怨、解青年困活动。

④"七个一"两新组织团建工作制度。即在非公经济组织和新社会组织团组织中开展"一面团旗、一枚团徽、一首团歌、一支队伍、一套制度、一月一活动"。

(王　慧)

中共榆林市团委

书　　记　杨　政(9月离任)
　　　　　白　涛(9月任)

副　书　记	白　涛(9月担任)
	张　静(9月任)
	高　峰(9月任)
青联副主席	刘　丽　白静阳

妇女工作

【概况】 2012年,全市各级妇联组织围绕党政工作大局,以服务和改善妇女民生为主线,以创先争优活动为抓手,更新发展理念,增强创新意识,服务妇女儿童,推动全市妇女工作取得新成绩。

【宣传文艺工作】 市妇联开展"喜迎十八大边兆芳书画作品展",展出边兆芳及特邀书画作品60多幅;举办妇联系统学习十八大精神专题报告会。各级妇联上下联动,组织传唱陕西省妇女联合会会歌《巾帼奋进曲》。市妇联组织全体执委与窗口单位妇女演唱,制作演唱光盘,在榆林世纪广场大屏幕与榆林电视台多次播放;市妇联与总工会、文广局联合举办庆"三八"幸福家庭才艺展示晚会,18个家庭的70多名演员同台表演,尽展文明和谐、健康向上的家庭风貌;与市创文办、榆林电视台联合,制作"与文明同行,创幸福家庭"电视专题片播放全市,宣传全国、省、市五好文明家庭代表张志义、李爱文、刘晓燕、张艳英家庭的事迹;与市文明办等开展第四届榆林市道德模范评选表彰活动,市妇联推荐的助人为乐模范胡拖连、孝老爱亲模范沈秀丽、爱岗敬业模范贺金丽、薛志兰、诚实守信模范贺聪明受到表彰。

【关爱未成年人】 组织开展"大手拉小手,共创新榆林"主题教育实践活动,倡导幼儿园开展"五个一"活动(举行一次启动仪式、印发一封倡议书、组织一次亲子实践活动、开展节能环保行动、开展一次环境大整治活动),引导幼儿养成文明生活习惯;在包抓巷道自制宣传栏、自编宣传资料宣传"四城联创"知识,拿出1.2万元专项经费加强环境卫生治理,评选树立10户创建示范户,上门颁发牌匾与鲜花;市、县妇联与有关单位联合,邀请省内外专家作家庭教育讲座15场,近2万名学生及家长聆听;与市文明办等联合,举办"榆林市第四届少儿故事大王赛"、"放飞梦想,欢庆六一"文艺晚会;"六一"期间,市妇联协调联系市级领导陆治原、赵政才、马秀岚、王玉虎,带领教育、团委、民政等部门负责人,看望慰问榆林城区5所幼儿园的师生们,送去价值13万元的慰问品和慰问金;12月份,市县妇联争取壹基金温暖包400个,救助佳县、榆阳、绥德、横山、神木、米脂六县区的400名事实孤儿。

【志愿服务活动】 "三八"前夕,市妇联组织剪纸、维权、卫生志愿者,在榆林世纪广场开展"学雷锋巾帼志愿者在行动"活动;4月份,与靖边县妇联协助省妈妈环保协会开展"换树1+1、我为三秦添新绿"志愿服务活动,为治沙英雄牛玉琴捐赠15万元,并组织志愿者义务植树1260棵;11月份,与榆阳区妇联、"蓝玫瑰慈善巾帼志愿服务队"2次到榆林看守所看望女性在押人员,为她们送去价值1万多元的生活用品与书籍光盘等。

【妇女扶持工程】 市妇联与市财政局协调,将"巾帼致富扶持工程"由过去的借款扶持改为借款扶持与无偿扶持两种。市妇联主席亲自带队对县区申报的扶持对象进行考察,扶持77名创业妇女,金额248万元;市人社局2011年下达妇联系统的8000万元任务超额完成,年内妇联系统推荐近2800多名妇女获财政贴息小额贷款1.7亿元,带动1万多名妇女创业发展。发展妇女手工艺产业。市县区妇联带领100多名妇女手工艺能手赴浙江义乌、甘肃庆阳、咸阳长武等地参观学习;利用政策与项目资金,对20多名手工艺能手予以支持;选拔13名妇女参加陕西省妇女手工艺技能大赛,取得良好成绩;组织20多名妇女在大唐西市展销手工产品;

市妇联与北京大学见习团联合,对全市家政服务产业进行调研,形成《陕西省榆林市家政服务业内女性从业者的权益保障调查报告》;在调查了解的基础上,树立榆阳区围产保健服务中心、子洲县佳家乐家政服务中心为"榆林市巾帼家政服务示范基地"。为创业妇女搭建交流平台市妇联邀请宝鸡市女企业家协会李慧玲一行30多人来榆林,与榆林市女企业家联谊互访。市妇联、市巾帼联谊会在定边县召开"榆林市巾帼联谊会年会暨妇女创业发展推进会",组织全市100多名妇女参加,参观5位创业妇女的实业,学习经验,

【开展维权工作】 各级妇联利用"三八维权周"、"6.26"禁毒日、"11.25反家暴日",开展专题宣传活动,发放宣传资料2万多份,接受咨询群众400多名;开展法律知识竞赛活动,组织1.4万名妇女干部参加;县以上妇联接待来信来访360件,发放维权爱心卡300张;为动员社会各方面力量做好基层妇女儿童权益保护工作,有效化解社会矛盾,全市15个岗位申报为省级维权示范岗。

【推动新"两规"出台】 为提高全市妇儿工委办工作人员的能力,市妇儿工委办组织相关人员34人,赴西安、厦门等地培训学习;为科学制定新十年妇女儿童发展规划,市妇儿工委组织召开榆林市妇女儿童十年发展规划专题讨论会。在市县区妇联及成员部门的努力下,2011—2020年榆林市、县区"两规"全部出台。

【关注妇女健康教育】 市妇联与妇儿工委办协助榆林市泰福体检中心向中国妇女发展基金会争取到价值128万元的"母亲健康快车——超早期宫颈癌筛查"医疗设备,开展超早期宫颈癌筛查;在市直单位和部分县区举办女性健康知识讲座15场,2000多名女干部聆听讲座。

【实施妇女民生项目】 市妇联拿出经费15.3万元,帮助28名考入二本以

上的贫困女大学生，救助23名大病、大灾妇女，资助60名贫困留守儿童，并对180名贫困妇女进行免费健康体检。市县区妇联争取“国际计划”、“母亲水窖”、“何崇本项目”及“陕西省妇女儿童民生项目”等资金700多万元，改善了妇女儿童的生存发展环境。

【加强阵地建设】 各级妇联进一步加强“妇女之家”建设，建成100个省、市级示范点、24个精品示范点，争取省妇联“妇女之家”示范点建设经费48.92万元。市妇联还为24个精品示范点补助阵地建设费4.8万元。为延伸“妇女之家”手臂，市妇联还在10个女性集中的非公有制企业建立“妇女之家”。

【队伍建设】 市妇联分管主席杨兴玲赴佳县对基层妇联干部进行业务知识培训，提高基层妇联干部的业务知识与水平；市妇联举办“榆林市优秀女村官暨妇女之家负责人培训班”，对全市72名女村官与县区妇联分管妇女之家负责人进行培训，提高新上任女村官及基层妇女之家负责人的履职能力和管理水平，创新宣传手段市妇联策划创办《榆林妇女》会刊，分“工作动态”、“巾帼风采”等栏目，向社会宣传妇女工作、典型人物、生活常识、维权知识、妇女才艺等，旨在学习、交流、借鉴、总结，年内出版4期。

（郑树梅）

榆林市妇女联合会

主　席　李爱珍

副主席　杨兴玲　魏艳丽　万　波

工商联工作

【非公经济发展】 2月份，市工商联组团赴太原考察，向太原工商界介绍榆林经济社会发展情况和以商招商愿望，与太原商会建立友好合作关系。年初，市工商联领导先后出席市东方、市华宇、市文昌等集团职工代表大会，听取各集团公司所作的2011年工作报告、2012年经费预算报告、重点工作说明和员工议案办理情况，为今后进一步畅通和规范非公经济领域诉求表达、利益协调和权益保障进行积极的对接和指导。4月13日，市工商联、市国税局和市地税局联合成立榆林市纳税人维权服务中心，市委常委、常务副市长高中印为服务中心揭牌并讲话。中心成立以来，依据法律、法规，5次代表纳税人维护其合法权益，向税务机关提出合法、合理的意见和建议22条，印制发放宣传减免税赋手册1205本。12月14日，市工商联召开“学习贯彻十八大精神，促进非公经济发展座谈会”，组织非公企业代表人士学习十八大、全联第十一次会员代表大会精神，分析非公经济发展面临的困难和问题，探讨解决的办法和措施。各县区工商联和基层商会围绕经济服务主题开展不少工作。2月28日，榆林市工商联餐饮业商会召开2011年榆林市职业技能大赛餐饮类项目颁奖大会。榆阳区工商联组织20多名企业家赴江苏浙江考察，协助汽车博览会招商引资；与上海浦东发展银行榆林分行签约金融服务合作协议，为企业融资3.6亿元。府谷县工商联邀请张维迎教授为民营经济把脉问诊，为100多户非公企业招聘256名本科生，负责日常管理工作。神木县工商联协助政府举办民营经济博览会，组织会员企业到外地招商引资、经贸洽谈、参观考察近20余次。定边县工商联负责筹办了第三届中国定边马铃薯文化节、“2012首届中国定边炉馍特色产业发展文化论坛”活动。绥德县工商联积极筹建绥德商会金融大厦，投资2700多万元征地14亩。牵头协调，推进北京绥德商会组建，完成各项审批手续，落实集办公、餐饮、住宿于一体的北京绥德会馆。米脂县工商联积极恢复原米脂县总商会会馆，修建资金已到位，前期工作已启动。子洲县工商联积极推动异地商会建设，协调组建的延安子洲商会于11月中旬成立。靖边县工商联牵头组织协调，整合油气钻采行业企业，组建秦能矿建公司，进入公司化运作阶段。清涧县工商联通过多种形式开展非公企业发展经验交流活动，推动企业突破发展。吴堡县工商联多方协调，为15家会员企业融资百万元。横山县工商联服务中心工作，主动参与和谐村矿建设，在协调解决矿群矛盾中发挥积极作用。佳县工商联组织会员企业外出考察学习红枣烘烤加工技术，服务小微企业发展。绥德商会小额贷款公司融资3亿元，支持中小企业发展；榆林晋商商会与中国榆林银行签约，为在榆晋商提供融资服务；汽车行业商会在汽车博览园建设商会大楼，聚集生产要素，服务会员企业。

【非公经济人士】 3月25日上午，召开全市非公经济组织创先争优推进会，市委组织部副部长、基层办主任黄志宏出席会议并讲话。会上，非公党委书记李保才代表全市非公经济组织创先争优活动工作小组总结2011年全市非公经济组织创先争优活动开展情况，安排部署2012年创先争优工作任务。3月25日下午，召开全市非公经济组织党建工作研讨会，市委组织部副县级组织员郭彬出席了会议。研讨会上，市委组织部副县级组织员郭彬就非公经济组织开展党建工作的重要性、必要性以及如何做好新时期非公经济组织党建工作向与会人员作辅导，市直各民营企业党组织负责人各抒己见、畅所欲言，纷纷表示将不断壮大企业，更好地服务社会。各县区工商联主席、党组书记、非公经济党委书记及市工商联各直属商会、部分市直民营企业党组织负责人和市工商联机关全体干部近130人参加会议。6月27日，市工商联、非公党委召开全市非公经济组织创先争优表彰大会。市委常委、市纪委书记周树红出席并讲话。会议表彰榆林东方集团党委等10个先进党组织、榆林市恒泰汽车运输集团党委书记雷文廷等10名优秀共产党员、榆林市兴亚集团党支部书记张荣华等10名优秀党务工作者。会后，来自全市非公经济组织的162名预备党员举行入党宣誓仪式。榆阳、神木、府谷等县区开展非公党建创先争优活动;子洲县工商联在北京、西安等地成立子洲籍流动党员支部,在全国具有特殊意义。市工商联发挥会员中人大代表和政协委员的作用,在市委、市人大、市政府、市政协和政府有关职能部门召开的相关会议上,市工商联累计提出意见建议50余条。在2012年“两会”期间,针对榆林市经济社会发展中的热点、难点问题,通过调查研究,形成56份好的提案议案,部分提案引起有关方面的重视并得到落实。

【换届工作】 根据工商联章程要求和市工商联年初工作计划,市委统战部和市工商联加大对县区工商联换届工作的指导力度,制定《榆林市工商联(民间商会)换届工作方案》,积极协调各县区委和有关部门,争取他们对工商联换届工作的领导、支持,对各县区委统战部报送的工商联换届方案和人选严格把关,出席指导各县区工商联(总商会)会员代表大会,确保了县区工商联换届正常进行。除佳县外,全市11县区工商联(总商会)全部完成换届工作。10月25日,市工商联、总商会第一次会员代表大会召开。会上,选举产生市工商联第一届执委会,通过一次代表大会工作报告的决议,宣读《致全市非公有制经济人士的倡议书》。

【自身建设】 一是加强学习培训。在市委、市政府出台《中共榆林市委、榆林市人民政府关于加强和改进新形势下工商联工作的实施意见》后,结合深化中央16号、省委12号文件精神的学习,3月6日,市工商联召开专题会议,下发《实施意见》,要求全系统贯彻落实《实施意见》精神,推进工商联工作再上新台阶。随后,12个县区相继召开学习贯彻《意见》座谈会,不少县区也出台本县区加强和改进新形势下工商联工作的意见。12月4日,市工商联与省工商联在省社会主义学院联合举办第五期全市工商联领导干部理论培训班,全市工商联系统14名干部参加了培训,市工商联几位领导分别参加在美国的实地考察,在省委党校2012年秋季中青班3个月学习,在香港举办的第24期开放建设研讨班(工商联)培训。《榆林工商》全年发刊18期,刊登理论文章10篇、信息189条,创文健康知识232节。二是改进机关作风。2月初,市工商联召开机关年初工作布置会,市工商联机关全体工作人员参加会议。2月20日,市工商联召开干部作风整顿动员会,学习贯彻全市干部作风整顿动员大会精神,出台《榆林市工商联干部作风整顿工作方案》,安排部署市工商联干部作风整顿相关工作。根据干部作风整顿要求,市工商联进一步强化机关制度管理,完善党风廉政、非公党委、机关党支部和各科室各项制度建设,确定每周四为固定学习日,要求每名领导干部撰写3篇文章,笔记1万字。按照市委开展“三问三解”活动要求,3月份,市工商联召开专题会议,就全市工商联开展万名干部下基层活动作出具体安排部署,确定每名干部联系四个点,即非公党建示范点、行业(基层)商会、微小企业、转型升级示范点,共32个。要求领导蹲点不少于20天,干部不少于30天,要求商会党组织负责人深入企业、企业负责人深入车间、分公司。经过调研走访,梳理汇总,分析研究,建立工作台账。梳理出问题和诉求三大类76件,向有关部门汇报要求解决的19件,其中共性问题10件,个性问题9件,已解决20余件问题和诉求。8月,召开全市工商联工作会议,传达省联换届会议精神,总结上半年的工作,安排布置后一阶段的工作。随后,市工商联领导深入12个县区工商联、各行业商会和重点会员企业进行实地考察调研,与各县区工商联、行业商会和会员企业相关负责人进行座谈,听取工作汇报,了解工商联机关和非公企业遇到的困难,指导并帮助协调解决了一些问题。11月份,市工商联兵分两路,对县级工商联建设、行业商会建设、企业发展状况和2012年工作进行调研检查。市工商联领导陪同省工商联副主席李挺毅一行对横山县、靖边县、子洲县、吴堡县、清涧县的民企企业和基层商会组织的机构运行、活动开展等情况进行调研。三是加强基层组织建设。2012年全年新发展会员317个,新成立基层组织4个。全市会员总数7979个,其中团体会员81个,企业会员2224个,个人会员5674个,乡镇街道分会、异地商会等基层组织51个,行业商会18个。3月份,市工商联筹备成立榆林市晋商商会;9月份,筹备成立榆林市福建商会,主管非公经济的市委、市政府领导出席会议并讲话。

(李建芬)

榆林市工商业联合会(总商会)

主　　席　贾正兰
党组书记　贺振强
副 主 席　高启富　张修前
　　　　　薛晓东
秘 书 长　尹庆弘

科协工作

【概况】 2012年,在市委、市政府领导下,在省科协的关心支持下,以邓小平理论“三个代表”重要思想为指导,深入贯彻落实科学发展观,发挥“三服务一加强”桥梁纽带作用,团结带领广大科技工作者,围绕“123351”科普创新工程,开展主题科普活动,深化科普惠农工作、推动科普场馆建设、加强自身建设等方面做大量的工作,促进科协事业的持续发展,完成全年的各项目标任务。

【“科技之春”宣传月活动】 3月15日,在榆阳区芹河乡隆重举行榆林市第二十届“科技之春”宣传月活动启动仪式。市区40多个部门300多名科技人员参加,共设立咨询台40多个。通过展板、资料等形式重点宣传环保、卫生、保健、农资打假、反对迷信、计划生育、农业信息等方面的知识。在全市“科技之春”宣传月活动中,市、区50多个成员单位依靠自身优势开展科普宣传,收到良好成效。宣传月活动期间,全市共开展重点示范活动260项,组织全市科技人员7500多人,举办科技报告会、讲座、研讨会65场,各类科普展览130场,受益群众45万人次。

【青少年科技教育活动】 一是举办科技创新大赛活动,收到参赛作品720件(篇),经评选,评出获奖作品78件(篇),择优向省上推荐获奖作品25件(篇),参加省级比赛。此次大赛征集到青少年儿童科学绘画优秀作品60幅,其中择优20幅上报参加陕西省第十七届少年儿童科学幻想绘画比赛;二是狠抓"智力七巧板"竞赛活动。在榆阳、绥德、米脂、横山、吴堡、神木县分别设点举办榆林市第九届"智力七巧板"竞赛活动,有600多名学生参加此次竞赛;三是组织开展第四届青少年电脑机器人竞赛活动。全市5所中小学的代表队参加活动,靖边县四中、宁条梁中学最终获胜并被选拔推荐参加省级机器人大赛,分别获得省级二、三等奖;四是首次开展青少年科学营活动。组织本市20名优秀中学生和两名辅导员参加省科协与西安交大联合举办的青少年高校科学营活动。活动主要通过专家讲座、实验操作、互动交流、参观科研基地等形式向青少年传输科学思想,培养科学兴趣,学员深受启迪。该活动费用(每人5000元)全部由中科协承担。五是组织开展第五届青少年科普知识竞赛活动,全市200多名学生参与了网络答题活动。六是开展"科学饮食,健康生活"青少年科学调查体验活动,此次体验有2000名青少年参与。

【科普活动】 一是创新开展榆林市2012年"全国科普日"活动。9月份在定边县举办市、县"全国科普日"暨"中国流动科技馆"定边县巡展活动启动仪式。活动期间,组织全国食品安全科普知识网络竞赛,全市近2万人参加答题活动,营造宣传氛围。二是开展社区宣传活动。围绕科技活动周、国际志愿者日等特别节日,组织广大科技工作者和科普志愿者深入广场、街道和社区,广泛开展科普展览、电影放映、文艺演出、科普咨询等科普活动。三是在社区开展"食品安全知识竞赛"活动,9月份,在巷道开展表彰活动,对成绩优秀的一、二、三等及优秀奖共120名同志进行表彰奖励;四是加大基层科普设施建设力度,为各县社区科普长廊建设、科普宣传栏、活动站补助经费30万元。全市累计创建科普长廊7处,科普宣传栏20个,科普活动站20个。

【"惠农兴村计划"和"民生八大工程"】 一是加大力度,深入实施"科普惠农兴村计划"。通过申报、考察、推荐、评比等手段,有12个集体和两名个人荣获全国"基层科普行动计划"奖,获奖补资金250万元。16个集体、3名个人获省科普惠农富民计划奖,获奖补资金119万元。28个集体和个人获市级科普惠农奖,奖补资金50万元,累计获得中省科普惠农奖补资金419万元。二是通过基层推荐申报、实地考察评比,确定2各乡镇、15个村(社区)、3个市级基地为科普示范载体创建单位,补助资金80万元。三是开展了省级示范社区创建及市级科普示范户的评选活动。经过积极筹建,推荐申报,10个社区被省科协命名为省级科普示范社区、5个基地被命名为"省级科普教育基地,命名85户市级科普示范户,组织5个农技协参加了第十九届中国杨凌农业高新科技成果博览会。靖边、榆阳分别开展县区科普示范载体基地、服务站以及示范乡村户的创建工作。府谷县在农业园区集中推广新品种5000多亩,项目总投资220万元,农作物平均增产25%,使1000多农户直接受益。定边县GHEM生物菌剂示范推广成效显著,三年来累计推广7.6万亩,增加效益4850万元。

【科普示范场馆建设】 科技馆建设工作快速推进。重点抓好科技馆室内室外主体工程建设、布展总体设计、展品招标制作与检查验收、布展施工图纸的审定、室内施工安装、解说词的编写与审定、业务考察与培训交流;项目编审与调概预算、机构组建、定编定员与业务人员配置、2013年经费预测编制与争取,开馆前期的各项筹备工作等。

【"学术金秋"】 一是积极筹备"学术金秋"活动,经过各学会、协会、研究会和有关单位的积极申报,安排近80项重点活动。参加各类学术活动人数达41万人次,交流论文200多篇,参与活动的单位有100多个。二是组织开展陕西省第十二届自然科学优秀学术论文评选工作。征集到参评论文50多篇。经评专家评审,推荐29篇论文参加省自然科学优秀学术论文奖的评选。三是开展科技工作者交流活动。1月份,对老科技专家进行慰问。4月份组织科普会员参加榆林杏花节摄影活动。6月份,组织市科普创作协会理事会成员会同榆阳区金鸡滩镇政府在金鸡滩中学开展"迎七一"科普联谊活动。8月份组织本市优秀科技辅导员近50名前往银川市观摩学习全国青少年科技创新大赛。10月份召开"抓党建、兴科技、促发展"座谈会,12月份召开学习十八大科技工作者座谈交流会,进一步加强科技工作者之间的交流。府谷县、神木县承办市老科协"科技创新与组织能力和建设能力经验交流会",促进全市老科协工作不断发展。

【学术交流】 一是开展第六届青年科技奖,经基层推荐,专家评审,媒体公示、领导小组审定,有23位同志获奖,9月份在榆林学院召开颁奖大会进行表彰奖励;二是开展优秀科普作品评选活动,有59件作品获奖;三是开展第五届科技成果奖评活动,有获奖作品59件,10月份召开总结颁奖大会。四是科普惠农奖,有81个单位和个人获中、省、市科普惠农及示范乡村建设补助资金,累计达到499万元。五是11月份在榆林实验中学召开颁奖大会,对在青少年科技活动中做出成绩的先进个人和先进组织单位进行表彰奖励。六是申报推荐参加全国"讲理想、比贡献”评选活动，本市煤田地质局一八五队队长、教授级高工姚建明被评为2011—2012年度全国“讲理想、比贡献”活动科技标兵。

【农村科技人才培训】 一是以“科普惠农学校”为载体，通过专家辅导与典型示范、集中学习与现场观摩、课堂教学与实地操作相结合等形式，满足不同人群不同专业个性化学习需求。全年累计培训120期，培训农村实用技术人才1万人次；二是加大农函大招生力度。招收初级培训学员近3000名，涉及种植、畜禽养殖及现代管理专业，通过网络远程教育收到良好的培训效果。开展家电职业技能鉴定培训工作，保证家电职业技能工作的健康发展；三是开展“科普大篷车深入基层校园行”活动。“省科协科普大篷车市县行”于6月11日—22日在本市十二县区巡展，此次活动受益人数3万多人；四是组织开展“三农”网络书屋培训。6月份，在榆林学院举办科技网络书屋建设与农村信息技术培训班，来自全市12个县区的科协业务骨干、科普协管员、农技协工作人员共50人接受网络书屋系统培训。绥德县有针对性的实用技术培训，榆阳区配合培训编印农村实用技术科普系列书籍，受到农民赞同。

（苏　蕾）

榆林市科协

主　　席	王世英
常务副主席	张玉华
副 主 席	钟自鸣　王迎春
秘 书 长	赵红英
调 研 员	尚榆周
副县级干事	任　峰
副县级调研员	赵　静

文联工作

【概况】 2012年，市文联在市委市政府的领导下，在上级文联和市委宣传部的指导下，市文联深入贯彻党的十七届六中全会和市第三次党代会精神，坚持文艺“二为”方向、“双百”方针和“三贴近”原则，开展一系列文艺活动，为服务全市中心工作，丰富群众文化生活，建设文化大市，繁荣发展文艺事业发挥应有的作用。

【开展文艺活动】 围绕市委、市政府中心工作，发挥文联的桥梁纽带作用，开展体现文联优势，展现文艺特色的，具有导向性和示范性的文艺活动。与中国民协、中国文学艺术基金会、榆林市委宣传部共同主办“晋陕蒙优秀伞头秧歌选拔赛”，三省区六地市60余名优秀秧歌伞头传承人登台比拼技艺。举行隆重的颁奖晚会，组织参赛获奖选手赴佳县坑镇赤牛洼村采风交流。此次活动中央电视台、中国艺术报及省市十多家新闻媒体进行全程报道。中国民协副主席叶舒宪和中国民协专家组出席指导本次活动。围绕纪念《讲话》发表70周年，开展系列庆祝活动。①. 召开纪念毛泽东同志《讲话》发表70周年座谈会，全市新、老文艺工作者代表和文化产业界代表60多人一起重温《讲话》精神，提高文化的自觉和自信。②. 在榆林剧院举办榆林市纪念《讲话》发表70周年文艺晚会，集中向外界展示了近年来本市在舞蹈、音乐、戏曲等方面涌现出的优秀作品。③. 举办纪念《讲话》发表70周年书画摄影展，本次展出的书法、美术、摄影作品是一次高水平、高规格的精品展示。尤其韩国清州艺术家和秦皇岛艺术家的加入，提升本次展览的专业化水准，首开榆林摄影的国际间交流。与市摄协共同主办“美在定边”摄影采风活动。与周口市文联、周口市书协在榆林展览馆共同主办“墨象心象——榆林周口书法精品展”，展览持续四天，展出两市100多位优秀书法家的作品123件。活动期间两市书法家召开书法创作座谈会，出版发行《墨象心象——榆林周口书法精品集》。与榆林市书协、西安市书协共同主办“李和生书法展”，展览展出李和生先生近年创作的书法作品99件。与省作家协会、清涧县委、县政府联合在清涧县举行“纪念路遥逝世20周年座谈会”。缅怀路遥的同时，共同致力于继承和发扬路遥的文学精神，铸造榆林文学事业的新辉煌。

【活跃群众文化生活】 开展“送欢乐、下基层”活动。市文联组织由70多人组成的“送欢乐、下基层”慰问团，深入到榆阳区金鸡滩镇和兖州煤业榆林能化公司，艺术家向当地的农村群众和矿区工人赠送创作的艺术作品，表演文艺节目。深入基层一线慰问演出。市文联组织“晋陕蒙优秀伞头秧歌选拔赛”全体获奖选手赴佳县坑镇赤牛洼村慰问演出。秧歌伞头传承人与当地村民交流切磋，载歌载舞，场面异常热闹火爆。市文联将赤牛洼村定为艺术家采风创作基地。开展“迎新春”文艺惠民活动。为丰富节庆文化，活跃群众春节文化生活，市文联与市书协、市美协共同在市展览馆举办“榆林市迎春书画邀请展”，所展84幅作品都是榆林书画名家的力作，展览时间从正月初十至十五，全天免费向市民开放。举办首届文艺界春晚。市文联举办“百花迎春 · 榆林文艺界迎新春文艺晚会”，200名演职人员和艺术家向现场300多名观众展现各个艺术门类的特色和榆林文艺百花齐放的繁荣景象。晚会向现场观众派送新春对联、福字和剪纸，突出大联欢的主题。

【对外文化交流】 邀请韩国清州和秦皇岛艺术家来榆开展文化交流。5.23期间，与韩国清州和秦皇岛摄影家举办摄影作品联展。接待西安市文联党组书记于孝军带领的30余名青年艺术家来榆采风创作，西安青年艺术家与榆林的本土青年艺术家进行笔会交流，切磋技艺，增进友谊。组织文艺界考察采风团赴厦门进行为期四天的考察学习。考察团与厦门文联进行座谈交流，参观厦门最负盛名的文化产业基地“海沧油画村”。

【文艺创作】 文学：百万文学基金的辐射带动作用突显，文学创作呈现活跃状态。青年诗人梦野凭借诗集《在北京醒来》再度获得柳青文学奖;作家马建绪的长篇散文《一言难尽陪读路》获得第六届老舍散文奖。戏剧:剧协会员全年获得省级以上奖励18项;大型眉户现代戏《山沟沟里的年轻人》获省"五个一工程"奖。音乐:马宝信、叶振国两名会员成功举办个人独唱音乐会;白周生、闫志雄、姬文彪、叶振国的音乐作品获得中省奖项;刘明德、张娜出版个人专著。舞蹈:舞协会员在参加省级以上舞蹈比赛和汇演中获得38个奖项;市舞协与北京舞蹈学院联合编写陕北秧歌教学教材,第一阶段采风任务已结束,进入编程阶段,教材完成后将用于北京舞蹈学院课堂教学。美术·书法:全年举办各类大型展览十余次;书法的普及工作扎实推进,张胜伟在省书协第四次会员代表大会上当选副主席。摄影:5名摄影家在第24届全国摄影展览中有7组(幅)入展,其中金奖1名,铜奖2名。国展是由中国摄影家协会主办的历史最悠久、规模最大的全国性摄影展览,每3年举办一次。这是本市摄影史上入选国展人数最多、获奖人数最多、获奖级别最高的一次。民艺:选送绥德黄土地艺术团参加全国第九届民间艺术节暨第十一届山花奖·民间广场歌舞评奖活动并获得金奖和山花奖;说书艺人慕彩云的《穆桂英挂帅》在中央电视台欢乐中国行栏目中演出,在央视3、7、12频道播出;剪纸艺术成就突出,曹红霞、张小梅、华月秀、陈艳芬等人在全国剪纸大赛中获得大奖。

【自身建设】 开展干部作风整顿。按照全市要求集中开展机关干部作风整顿,把作风整顿作为加强机关建设和班子建设的一项重要工作来抓。通过作风整顿,领导班子更加团结,决策更趋民主化、科学化,全体机关党员干部精神面貌和工作作风有明显转变,工作积极性和主动性突显。强化宣传阵地建设。继续推进《陕北》杂志、榆林文艺网、《榆林文联》简讯三大宣传阵地的改革与创新。《陕北》杂志由纯文学期刊向大文化迈进,榆林文艺网和《榆林文联》简讯持续发挥着宣传推荐本土艺术家和作品的窗口作用。榆林文联艺术团成立。榆林文联艺术团于5月24日宣布成立。隶属于榆林市文联,是一个囊括榆林文艺界各个艺术门类拔尖人才和10个有实力的表演团体,是榆林文联搭建的一个新的人才平台、创作平台、交流平台和工作平台。

(王　建)

榆林市文联

主　　席　龙　云
常务副主席　徐亚平
副 主 席　刘区厚　张胜伟
秘 书 长　高岱峰

残联工作

【概况】 2012年是全面贯彻落实"十二五"发展纲要承上启下的重要一年。市残联各项工作以科学发展观为指导,围绕市委、市政府"重视和改善民生"、"建设幸福榆林"总体部署和省残联的工作要求,坚持有利于残疾人事业发展、有利于增强综合服务能力、有利于提高残疾人生活水平的原则,按照"三个转变、三个依托、两个整合、一个加强"的工作理念,以保障有力、服务完善、组织健全为目标,以创建全省残疾人工作爱心城市和组织实施文化建设为突破,以实施民生工程项目和市政府每年为残疾人做好十件实事项目为重点,推进残疾人社会保障体系、服务体系和组织体系建设,各项目标任务全面完成,为全市创建省级文明城市和改善残疾人生存状况做出应有的贡献。

【制定出台榆林市残疾人事业"十二五"发展纲要】 在全面总结"十一五"本市残疾人事业发展的基础上,市残联组织调研,科学分析残疾人事业发展现状及存在的问题,反复征求各相关部门意见,草拟《榆林市残疾人事业"十二五"发展纲要》(报审稿),报经市政府3月13日第3次常务会研究通过,以榆政发〔2012〕8号文件印发。纲要对"十二五"期间本市残疾人事业发展的指导思想、基本原则、目标任务、工作措施都作了明确规定。

【组织召开全市残疾人事业工作会议】 为贯彻实施好"十二五"发展纲要,3月14日,市政府主持召开全市残疾人事业工作会议,省残联副理事长戈养年、市人大副主任邵胜凯、市政府副市长王长安、市政协副主席麻宝玉、市长助理刘俊明以及省残联组联部、维权部、"两建办"主任出席会议。市政府残工委各成员单位负责人,各县区分管副县区长,各县区残联、发改委、人社局、财政局、民政局、卫生局和教育局主要负责人,市残联主席团、理事会及各专门协会负责人,残疾人工作先进集体、先进个人和残疾人自强模范代表共200多人参加会议。西安、延安两市残联及西安雁塔区、阎良区和延安子丹县、甘泉县残联负责人观摩并指导会议。会议听取市政府残工委的工作报告,市发改委、人社局、财政局、民政局、卫生局、教育局等六个部门进行专题发言,表彰了"十一五"时期残疾人工作先进集体、先进个人和残疾人自强模范。这次会议全面回顾"十一五"时期全市残疾人事业发展所取得的重大成就,分析发展中所存在的突出问题。在此基础上对"十二五"残疾人工作作全面安排部署,对推动全市残疾人事业加快发展起到非常重要的作用。

【创建全省残疾人工作爱心(示范)城市(单位)】 为进一步推进残疾人"三个体系"建设,全面提升残疾人保障、服务、工作的能力和水平,推动本市残疾人事业在新的起点上加快发展,按照省残联的要求,如期启动创建全省残疾人工作爱心城市、示范单位活动,制定《榆林市创建全省残疾人工作爱心城市实施意见》、《关于开展全省残疾人示范县区、乡镇、村创建活动的通知》和《创建全省残疾人工作爱心城市、示范县区、乡镇、村活动实施方案》,明确创建指导思想、基本原则、总体目标，把创建工作与创新社会管理、全面改善民生和创建省级文明城市结合起来，发挥残工委的职能作用，整合资源，提出“建立健全残疾人工作机制、完善残疾人社会保障体系、健全残疾人服务体系、规范残疾人组织体系”等四项具体创建内容，成立由副市长王长安任组长，市政府残工委主要成员单位为成员的创建工作领导小组，负责爱心（示范）城市（单位）创建工作的组织、指导、协调、监督工作。设立创建工作办公室，具体负责组织实施和日常工作。召开创建全省残疾人工作爱心城市动员会，进一步明确各县区、各部门工作职责。创建全省残疾人工作爱心城市和2个县区（神木县、榆阳区）、12个乡镇（每县区一个）、150个行政村创建全省残疾人工作示范活动按照创建标准、创建步骤和创建要求全面推进，各项创建工作取得较好成效。

【文化建设工作】 为促进残疾人文化与社会文化同发展共繁荣，加强残疾人文化服务，维护残疾人文化权益，为残疾人提供均等的文化服务，满足广大残疾人精神文化需求，组织实施残疾人文化建设工作。市政府制定《关于进一步加强残疾人文化建设的实施意见》。市残联与市财政局联合制订《残疾人文化建设试点实施方案》，明确了加强残疾人文化建设的重要意义、指导思想、工作目标、指导原则、建设标准，提出“加强残疾人文化建设的组织领导、广泛深入开展残疾人文化服务活动、加强人才队伍建设、加强残疾人文化基础设施建设、加快残疾人文化产业发展”等五项创建措施。市政府将残疾人文化建设纳入十件实事项目，落实专项经费10万元用于该项目。通过组织开展残疾人文艺演出、读书、文化助残、文化艺术展示、观影、自强健身、文化周等活动，推进残疾人文化建设工作，丰富残疾人精神文化生活。

【完成民生工程残疾人事业项目和十件实事项目】 市政府出台《关于2012年为全市残疾人做好十件实事的通知》（榆政办发〔2012〕46号），为残疾人做好十件实事，将残疾人事业项目纳入民生工程项目统筹安排组织实施，使残疾人的合法权益、基本生活、基本需求得到保障和及时有效服务，提升残疾人的生活品质和幸福指数。为确保各项目标任务落到实处，成立项目实施领导小组，确定理事长为第一责任人，分管理事长为责任人，相关科室为负责人，会同市财政局联合制订《2012年民生工程残疾人事业项目及十件实事项目实施方案》，明确任务目标、方法措施、资助范围标准及对象、资金的措施、组织管理等。争取中、省资金2706.91万元，市上安排2172.368万元，县区配套2131.698万元，组织实施残疾人工作项目50多个。项目经费基本落实到位，任务超额完成。

【社会保障工作】 配合协调有关部门完善残疾人社会保障政策，落实政府补贴等优惠措施，保障残疾人纳入社会保障制度，做到政策性全覆盖。一是残疾人享受最低生活保障实现应保尽保。二是贫困残疾人作为重点对象纳入各种社会救助范畴。三是残疾人医疗保险参保率95%以上，城乡养老保险残疾人参保率85%以上。四是建立残疾人生活补贴制度，87740人享受到每人每月50元的生活补贴。五是残疾人托养工作全面启动，结合“阳光家园计划”，为5200名对象提供托养服务。已建成市本级和绥德、子洲、府谷、横山、神木、榆阳、等县区的残疾人托养中心，争取省上支持为绥德、子洲县托养中心解决资金100万元。

【康复工作】 一是加强残疾人康复服务体系建设。市残疾人康复中心全面启动，听力语言康复中心已经按照规范标准建成并投入使用，收训聋儿30名；辅助器具中心正在筹建，预计年底投入使用。积极与卫生部门协调，依托医疗机构在榆阳、绥德两县区成立县级残疾人康复中心。二是全面开展各项康复服务。实施白内障复明手术339例，盲人定向行走训练380人，新收训聋儿58名，为15名聋儿和60名成年听力障碍患者配发助听器；完成脑瘫、智力、孤独症、肢体矫治残疾儿童康复训练93例；组织配发供应各类辅助器具1230件；为150名贫困残疾人配装假肢；组织开展社会化、综合性、开放式的精神病防治与康复工作，为737名贫困精神病患者提供服药补贴，为191名贫困精神病患者提供住院医疗救助。三是在榆阳区开展儿童残疾预防及早期干预项目试点工作；在靖边、横山两县4个社区康复站配发康复训练器具，提高为基层残疾人康复训练与服务的能力。四是加强精神病防治康复工作，全面开展“社会化、综合性、开放式”精神病防治康复机制，组织开展精神病人的筛查确诊、建档立卡工作，完成中省下达的项目任务，减轻贫困精神疾病患者的家庭及社会负担。五是积极开展康复人才培养和康复协调员培训工作，培训康复人才24人，培训康复协调员581人。

【就业扶贫】 贯彻落实《榆林市农村残疾人扶贫开发实施意见（2011—2020）》，开展扶贫开发工作。组织开展残疾人就业援助活动，为残疾人就业提供服务，为2054名残疾人进行实用技术培训，引导帮助624名残疾人就业再就业，为110名残疾人落实公益性岗位补贴。制定按比例就业工作年审方案，加大保障金征收力度，征收残疾人就业保障金1886万元。组织实施“阳光助残扶贫”和“农村基层党组织助残扶贫”工程，建立13个就业扶贫示范基地，帮扶10246名残疾人发展生产。开展贫困残疾人状况调查，摸清全市农村贫困残疾人状况，全市有农村贫困残疾人9.7万人，其中享受低保和社会救助7万人，需纳入扶贫开发的2.7万人。改善农村贫困残疾人住房条件，为346户贫困残疾人进行危房改造。开展“万帮万”活动，党员干部帮扶贫困残疾人1200人。

【残疾人教育】 协调教育部门，开展未入学适龄残疾儿童少年调查统计。落实助学资金，为543名残疾学生提供每人800元的救助。对新考入的50名贫困残疾大中专学生进行一次性补助。

【宣传活动】 一是组织开展以“加强残疾人文化服务，保障残疾人文化权益”为主题的第二十二个“全国助残日”活动，举办“与爱同行、共享阳光”文艺演出、残疾人才艺展示，启动全市盲人读书活动，向星元图书馆颁赠“榆林视障阅览室”牌匾和盲人阅读设备，向榆阳区两个社区残协捐赠图书，向残疾人捐助轮椅、衣物、面粉、发展资金等，省、市、县区有关领导参加活动。各县区开展走访慰问、印发宣传资料、文艺活动等活动。二是通过新闻媒体广泛宣传本市残疾人事业发展和残疾人自强模范事迹，弘扬人道主义，营造关心帮助残疾人，关注、支持残疾人事业的良好氛围。三是市县电视台电视手语节目开通，为残疾人参与社会生活搭建平台。四是市残联门户网站建成并有效运行。

【体育工作】 积极开展残疾人自强健身工程，推动残疾人群众体育工作，1名干部获得国家级残疾人体育建设指导员培训讲师资格，两名干部获得省级残疾人体育建设指导员培训讲师资格。加强残疾人竞技体育人才选拔，选送清涧残疾人运动员杨倩和绥德残疾人运动员白娟代表我国参加伦敦残奥会，成绩骄人，杨倩在女子乒乓球TT10级比赛项目中获团体金牌、单打银牌，白娟在女子s4级50米仰泳决赛中，获得铜牌。9月22日省政府庆功表彰会上，榆林市政府被省政府授予“突出贡献单位”称号。10月11日，市政府召开庆功表彰大会，表彰奖励优秀运动员和做出贡献的单位和个人。协助省残联开展残疾人运动员选拔工作，经选送8名残疾人运动员赴云南、上海等地参加集训。

【信访维权工作】 开展学习宣传贯彻残疾人保障法及陕西省实施办法，加强残疾人信访维权工作，维护残疾人的合法权益。全年没有侵犯残疾人合法权益案件发生，实现榆林市创建省级文明城市办公室下达的“侵犯残疾人合法权益事件投诉率 < 1.5(起/万户)”的目标，维护社会的稳定。配合人大开展残疾人保障法执法检查。完成绥德、神木两县残疾人状况检测工作，无障碍进家庭项目顺利实施。

【残疾人组织建设】 市残联制定《关于进一步加强农村残疾人专职委员队伍建设的意见》，将农村残疾人专职委员待遇由原来的每月每人50元提高到70元。乡镇（街道办）、村（社区）专职委员全部选聘到位，待遇落实。制定残疾人工作者培训计划、组织实施强基育人工作。培训残联领导干部、专门协会领导、残疾人专职委员、财务统计干部、就业服务指导人员、托养服务管理人员和扶贫服务指导人员423人，提高残疾人工作队伍的综合素质和做好工作的能力，增强责任感和使命感。市残联制订《全市各级残联召开代表大会的指导意见》，并召开县区理事长会议，安排部署残联换届工作。加强残疾人证管理，核发第二代残疾人证12万多人。

【“四城联创”工作】 市委、市政府提出的创建国家卫生城市、省级环保模范城市、省级园林城市和省级文明城市，是贯彻落实榆林市第三次党代会精神的重要举措，是实现“转型跨越、建设幸福榆林”战略目标的具体体现。市残联积极响应市委、市政府的号召，把“四城联创”与建设“幸福榆林”统一起来，把创建工作与解决残疾人最关心、最直接、最现实的利益问题统一起来，将创建工作摆上重要的议事日程，全面安排部署各项工作。作为创建工作的重点单位，召开专题会议，明确常规任务和重点任务，并将资助300名贫困残疾少年儿童入学和实施残疾儿童康复救助“七彩梦行动计划”作为两项自主任务纳入重点工作的范畴，积极开展未成年人思想道德建设，确保未成年人身心健康。成立以一把手为组长的“创建”、“创文”工作领导小组，制订实施方案，实行严格的问责制和一票否决制度，为创建工作提供组织保证和制度保证。

（曹柯梦）

榆林市残疾人联合会

理 事 长　刘建勋

副理事长　延　平　牛建斌

贸促会工作

【概况】 2012年，在市委、市政府的领导下，在省贸促会的指导下，本会贯彻落实市三次党代会和全省贸促工作会议精神，围绕加快转型、跨越发展、建设幸福榆林的奋斗目标，把服务于经济、服务于企业，服务于各级政府为首要职责，发挥贸促会的资源优势，以经贸活动为契机，开展招商引资和投资贸易促进工作，全面完成年度目标考核任务。

【第七届中国榆林国际煤炭暨能源化工产业博览会】 2012年9月1日至3日，第七届榆林国际煤炭暨能源化工产业博览会在本市举办。本届煤博会以“转型跨越、合作共赢”为主题，全力打造煤炭行业顶级盛会。（一）做好各项筹备工作本届博览会市政府专门成立筹备领导小组，副市长马秀岚任组长。在市委、市政府的重视下，做到早行动、早谋划、早安排。本会主动承担组织、协调、监管职责，为本届“煤博会”的召开打下基础。本届煤博会发放会刊1万多册，大会海报3万份，《工作手册》6000份，邀请函5000份，请柬400份，向全国发送两期《西部煤炭快报》5万份，《榆林日报》专版宣传10期，组委会编发13期筹备《工作简报》。航宇路、明珠大道、迎宾大道、世纪广场、凌霄广场、阳光光场等主要路段及场所以灯箱广告和展板的形式对煤博会进行宣传。《中国煤炭报》、《中国石化报》以及省内各大报驻榆林记者站，榆林日报、榆林电视台、榆林新闻网、榆林政府网等新闻媒体对本届煤博会进行跟踪报道。8月份在西安举行第七届煤博会新闻发布会，在全国范围内进行宣传。招募30名志愿者为大会全程服务。（二）本届煤博会规格、规模得到提升。1. 参展规模。本届煤博会展场选择在包茂高速入口左侧向西800米处，并全部铺砖硬化，面积近5万平方米。博览会分为四大展区：一是大型煤业集团形象展区；二是大型煤矿机械展区；三是室内展区；四是榆林市县区、工业区形象展示区。参展的厂商586家，其中室内展位328个，室外展区3.3万平方米。国内参展的知名企业有20多家。2. 邀请嘉宾规格。本届煤博会共邀请到国内外嘉宾、客商3000多人。国内嘉宾、客商主要有：陕西人大常委会副主任李晓东、陕西省煤炭工业协会会长曹文甫、陕西省贸促会纪检组长张宏博、陕西省煤炭生产安全年监督管理局副局长张志民、陕西省地方电力（集团）公司副总经理刘斌、中煤科工集团总经理王金华、神华神东煤炭集团董事长张子飞、上海悦达新实业集团有限公司董事长孙为民、黑龙江龙煤矿业控股集团总经理孙永奎、陕西延长石油（集团）有限责任公司副总经理冯和平、淮北矿业集团副总经理李伟、华能煤业有限公司副总经理李伟东。国外嘉宾、客商主要有：西安国际商务论坛主席，西安香格里拉大酒店总经理 Gebhard - Wimmer/BernhardMr（德国）、西安国际商务论坛副主席，澳大利亚澳斯特国际中国公司董事长 Wang/CharlieMr（澳大利亚）、派尔尼尔国际商务投资咨询公司总经理 White/ChristopherPatrickMr（美国）、玛格玛特股份公司首席执行官 Brandes / Ingmar Mr（德国）、澳中商务文化交流中心中国首席商务代表 Sheng/MeiMs（澳大利亚）、RPC 莱策博士项目咨询所 REITZE KLAUS Mr（德国）、欧洲质标同盟义兰钻石交易公司总裁 Eyal ATZMON（比利时）、环球投资移民集团总经理 Wang/Hu（加拿大）等。3. 开幕式规模。本届煤博会的开幕式追求简洁、品位、有序。开幕式当天参会代表突破1.5万人，参展参会和观看文艺演出的市民超过5万人次，与上届煤博会相比多出5000余人。（三）创新展会内容，将榆林国际煤炭暨能源化工产业博览会打造成国内国际知名品牌。1. 举办榆林煤炭科技发展论坛。9月1日下午，第七届榆林煤炭科技发展论坛在市委会议中心举办。论坛上，中国煤炭科学研究总院专家分别作专题发言，各位专家从不同领域深刻阐述榆林煤炭资源开采及产业发展的问题。2. 举办榆林市中小企业创新与发展报告会。9月2日上午，举办榆林市中小企业创新与发展报告会，特邀西北大学经济管理学院博士生导师，现任西北大学工商管理硕士（MBA）教育中心主任杜跃平教授，对本市中小企业正在面临融资难、创新能力弱、生产成本增加和市场不畅等方面的问题，以中小企业发展的实际入手，通过探讨一些创新发展的思路和措施，引导中小企业在发展中不断加大创新力度，特别是增强自主创新能力进行一次有针对性的集中培训。3. 举行各类会见活动。8月31日，市长陆治原集中会见出席煤博会的美国、德国、新西兰、澳大利亚等国的企业界人士。通过会见活动，客商对我市的煤化工、煤机制造等项目表现出浓厚的兴趣。（四）“会展经济”效益显现。在本届煤博会上，本市广开思路，多方联络，积极洽谈，强化对接，注重实效，实现投资洽谈和商品贸易的双突破。1. 大宗商品贸易实现新跨越。三天展会，现场交易十分活跃，涉及煤炭、化工、矿山机械、节能环保等行业，交易的大宗商品主要有液压支架、采煤机、输送机、掘进机、井下救生舱等，现场交易额20.8亿元，其中合同金额5.6亿元，协议金额15.2亿元。2. 项目签约金额实现新突破。9月1日下午，榆林煤炭延伸产业及非煤产业项目推介暨签约仪式在永昌国际酒店举行。本次签约仪式共签约建设项目5个，共计金额48.9亿元。其中，榆林市千树塔矿业投资有限公司与中国煤炭科工集团、天地科技签订矿井设计、成套装备供应以及生产经营合作协议，成交金额8.1亿元；煤炭科学研究总院与陕西恒德煤焦化集团签订每年50万吨煤焦油制清洁能源项目，项目总投资20亿元；佳县与国华能源投资有限公司签订20万千瓦风力发电项目，项目总投资20亿元；绥德县与山西华林有限责任公司签订华林摩尔城经营项目，项目总投资3000万元；陕西维远光伏产业有限公司与西安理工大学、西安理工晶体科技有限公司分别签订单晶硅炉销售合同和产学研合作协议，成交金额5000万元。3. 促进第三产业的发展。煤博会的举办，促进交通、酒店住宿、餐饮、通信、运动、健身、观光旅游等行业的繁荣。据初步统计，煤博会会期间带动相关服务行业收入2000多万元。

【参加第十六届西洽会，举办第十一届外资会榆林专场项目推介会】 第十六届西洽会，本会提早准备，在省贸促会的支持下邀请到澳大利亚、法国、英国、韩国、加拿大等国家和地区的80多名客商以及本市代表团和相关企业共计200多人参加。在做好外商邀请工作的同时，以注重实效为抓手，发挥贸促会的桥梁纽带作用，积极为企业牵线搭桥，创新开展工作，举办第十一届外资会榆林专场项目推介会。会上，副市长马秀岚作市情介绍和投资环境说明，省贸促会副会长赵俊民、世界华人协会会长程万琦分别致辞。榆神工业区、靖边、绥德、子洲就突出能源、城市、生态、区域四大优势经济，强调“绿色、低碳、循环”三大理念等项目进行推介，吸引众多中外客商的关注。在一对一洽谈中，来自加拿大戴可普健康产品、澳大利亚刘芳集团、多伦多（中国）商贸城项目、香港渣打基金集团投资有限公司、台湾特宁食品股份有限公司等十多名外商与武汉市普泽天食品有限公司榆林分公司、榆林市新田源淀粉集团公司、子洲县鼎盛中药材有限公司负责人进行一对一对接洽谈。本次推介会现场签约五项协议，项目投资总额4.75亿元，取得较好成果。期间组织150多户企业，分别参加省会承办的5大项、7小项专场活动。

【参加首届中国西部跨国采购洽谈会】 把参加首届中国西部跨国采购洽谈会当做全年的一项重要工作任务来抓，积极动员企业参会参展。本届跨采会共组织了农产品、服饰、能源化工类27户外贸企业加。参展产品有小杂粮、优质有机红枣、有机枸杞、红枣、马铃薯、荞麦、焦粉、焦油等产品。是本市潜在的出口特色产品。积极组织企业分别参加跨采会的五场专场经贸活动。跨采会上签订4个项目，其中合同项目1个，协议项目3个，总投资额1602万元。通过参加跨采会，为本市外贸企业和国际知名采购商搭建快捷、专业，全面、直接的贸易平台。展示本市企业形象、优势特色产品，进一步提升本市的对外贸易水平。

【国内经贸活动】 3月份，组织相关企业和市商务局参加江苏昆山举行的"2012中国国际进出口产品博览会"，为本市企业搭建进口交易平台。5月份，在上海参加由省贸促会组织的"新浙商投资陕西恳谈会"，会上，就本市的聚氯乙烯、煤化工采掘设备、国际港务中心、太阳能光伏电站、液态小杂粮等5个项目进行推介，引起客商的关注。6月份，组织相关企业赴哈尔滨参加"中国国际新材料产业项目合作洽谈会"。7月份，组织相关企业赴青海参加青海国际清真食品及用品展览会，为本市清真食用品企业提供专业投资贸易洽谈的平台。9月份，组织靖边县康源农副土特产品有限责任公司、子洲县鼎盛中药材加工有限责任公司、吴堡县黄河红枣业生态开发有限公司参加在铜川市举办的"第二届中国孙思邈中医药养生保健产业博览会"。展出甘草、黄芪等中药材以及红枣等养生保健品。

【境外开展经贸活动】 利用春秋两季，会同招商局、商务局，组织陕西兰花花生态农产品有限公司、子洲县鼎盛中药材加工有限公司、子洲县富华油脂工业有限公司，以及府谷、米脂、定边、佳县等县农副产品深加工企业和优势特色产品企业赴台湾开展农副产品深加工企业经贸交流活动。在台湾期间，着重推介马铃薯全粉、淀粉、绿豆淀粉、红枣、黄芪以及中药材等农副产品，与台湾对口企业进行面对面交流、洽谈，促进产业对接，探讨合作商机，建立友好合作机制，开拓市场，扩大榆林市在台湾的知名度，促进双方的经贸合作。10月份，组织榆林市基泰集团、榆林市上河煤矿、榆阳区政府相关负责人共计8人组成榆林市经贸代表团，参加陕西经贸代表团赴香港、澳门的项目洽谈推介活动，参加在澳门举办的第十七届澳门国际贸易投资展览会和华商峰会。通过参加这次洽谈会，本市相关企业的负责人开阔眼界，学习了新技术，先进的生产设备和工艺流程，并与部分企业建立长期交流与合作的渠道。

【招商引资】 2012年，榆林市贸促会共接待来访组团2个、50人次。促进出口贸易成交金额2365.8万美元，其中绿豆566万美元，硅钙1514.6万美元，活性炭245.2万美元，固体氢氧化钠41.2万美元，红枣1.8万美元。引进项目意向金额143.34亿元（人民币），促进项目合同金额111.85亿元，促进项目实际到位资金20亿元。

（赵 磊）

榆林市贸促会

会 长 高生举
副会长 李 军
秘书长 王斌成

中国国民党革命委员会榆林市筹委会

【概况】 中国国民党革命委员会(简称“民革”)由原中国国民党民主派和其他爱国民主人士所创建,是具有政治联盟性质的、致力于建设中国特色社会主义和祖国统一事业的政党,是中国共产党领导的多党合作和政治协商制度中的参政党。2012年民革榆林市筹委会继续贯彻落实社会主义核心价值体系,积极筹备成立民革榆林市委会的关键之年。民革榆林市筹委会在民革陕西省委会和中共榆林市委的领导下,深入贯彻中共十七届六中全会、十八大、民革十一大以及省市级有关会议精神,以落实科学发展观为指导,团结带领各基层组织和广大党员坚定不移地走中国特色社会主义政治发展道路,始终坚持与中国共产党在思想上同心同德、目标上同心同向、行动上同心同行,围绕建设中国经济强市、西部文化大市、塞上生态名市三大目标,以科学发展、富民强市为主题,在不断加强自身建设的同时,努力提高参政议政、民主监督的质量和水平。

【学习培训工作】 年初,筹委会为加强党员学习,为每位党员订阅《团结报》等学习资料,完成省委会的征订任务,受到省委会的表彰。3月初,组织全体党员深入学习“两会”精神。5月份,组织党务骨干学习了省党代会的精神。11月中旬,党派机关组织5名党务骨干参加市统战部组织的学习十八大精神主题活动,选派1名党务骨干参加省委会组织的党务骨干培训会。11月下旬,筹委会召开专题会议,传达学习中共十八大精神,下发学习通知,要求三个支部分别开展学习活动,将学习活动不断引向深入,部分党员通过撰写心得体会等方式,领会精神实质,努力将十八大精神贯穿到本职工作之中。

【政治交接活动】 3月23日,召开了民革榆林市筹委会领导班子专题会议,传达革陕发【2012】013号关于报送民革陕西省第十一届委员会委员人选初步推荐名单的通知、革陕发【2012】018号关于印发《民革陕西省第十一次代表名额及代表产生办法》的通知等文件精神,安排部署上半年的各项工作任务。3月31日,召开了民革榆林市筹委会全体党员大会,市统战部主要领导出席并讲话,会议主要学习和讨论有关文件及选举办法,简要介绍各位候选人的有关情况,经过全体党员的讨论酝酿后,以举手表决的方式,一致推选主委杨东明、副主委贺加明为榆林市出席民革陕西省第十一届委员会代表。7月25日,两位代表参加了在西安举行的民革陕西省第十一次代表大会,会上,杨东明主委被选举为民革陕西省第十一届委员会委员和陕西省出席民革第十二次全国代表大会代表。12月11日至19日,主委杨东明参加民革第十二次全国代表大会。

【干部选拔推荐】 2012年,民革榆林组织在民革省委会和中共榆林市委的领导,不断发展和壮大民革组织,从支部到总支部,再到筹委会,积极推进成立民革榆林市委会的各项筹建工作,从思想和工作上实现总支部到筹委会的过渡,为市委会的成立奠定基础。在市委会领导班子的选拔和推荐上,依靠党委和统战部门的支持和帮助,按照民革《章程》和相关政策规定,坚持“德才兼备、以德为先”的标准,推荐领导班子成员。12月19日,市统战部副部长高生荣带领市委组织部和统战部联合考察组,按照考察程序,经过民主测评和民主推荐后,完成主委、副主委、秘书长等干部人事考察工作。

【组织发展工作】 3月下旬,筹委会领导班子召开专题会议,集中推荐10名德才兼备的无党派人士作为预备党员,并按照有关规定,向省委会和市委统战部及时进行报送。党员人数49人,其中具有研究生学历的6人,享受国务院专家津贴的2人,大学本科以上学历的30人,党员中担任副市级领导职务的1人,副处级领导职务的5人,省人大代表1人,市政协常委2人,市政协委员5人,市级特约监督员

2人。

【专题调研活动】 筹委会围绕全市经济社会发展中带有全局性、前瞻性、战略性的重大问题及人民群众关心的热点难点等问题，结合省市有关调研选题，选好调研题目，开展调研工作，形成多篇以民生为主题的调研报告。4月24日到26日，主委杨东明一行赴定、靖等县对中小学“营养改善”和“蛋奶工程”实施情况进行实地调研，撰写《加快营养改善计划的实施确保青少年身体健康成长的调研报告》。10月15日至16日，主委杨东明带领调研组深入佳县、绥德专程考察调研本市旅游产业发展情况，撰写《关于推动文化产业与旅游产业深度融合的调研报告》，该报告被确定为“两会”期间的大会发言。

【提案和社情民意工作】 为调动全体党员参政议政的积极性和主动性，筹委会在广大党员中开展“人人提一件提案，个个建言一份社情民意”的主题活动，扩大提案的信息来源，为“两会”撰写高品质的提案做好准备。据统计，民革榆林组织在两会期间共提交15件提案，其中包括《加大扶持力度，稳步推进学前教育健康发展》、《关于加快高新区中小学建设的建议》、《关于不断深化榆林城区公共交通改革的建议》、《关于加强基层医疗队伍建设的建议》、《关于提升医院品牌，加快医院专科建设的建议》、《高度重视基层农业科技人才队伍建设的建议加强》、《我市农业资源再利用的建议》、《关于解决城区交通拥堵问题的几点建议》、《榆林三年植绿大行动的几点建议》、《关于榆林开展生态补偿试点的建议》、《关于G210国道过境线与S302榆佳线平交道口处增设立交或跨线桥的建议》等建议作为集体提案提交大会。

【社会服务工作】 副主委贺加明从事30多年医疗工作，受到群众的好评，2012年被评为全面建设小康社会贡献先进个人。7月27日，佳县发生六十年未见的大暴雨，房屋坍塌，路桥冲断，灾情严重，党员高镇南同志及时伸出援助之手，专程赴灾区慰问了灾区群众，捐出现金10000元。

【自身建设】 党派机关是民主党派组织开展活动的载体、反映意见建议的窗口和工作运转的枢纽，加强党派机关建设，使机关成为联系广大党员的纽带和桥梁，对民主党派参好政、议好政具有重要意义。民革榆林市筹委会不断加强机关“规范化、程序化、制度化”建设步伐，进一步修订和完善了机关各项工作制度，形成了《工作总则》、《全委会议工作规程》、《主委办公会议工作规程》等11项规章制度，使各项工作走上了更加制度化、规范化、程序化的轨道。

（王晓青）

中国国民党革命委员会
榆林市筹委会

主　　委　杨东明
副主委、秘书长　贺加明
副　主　委　赵占东

中国民主同盟
榆林市委员会

【概况】 中国民主同盟（简称民盟）是主要由从事文化教育以及科学技术工作的高、中级知识分子组成的，具有政治联盟特点，接受中国共产党领导，同中国共产党通力合作，进步性与广泛性相统一，致力于中国特色社会主义事业的参政党。2012年，民盟榆林市委在民盟陕西省委和中共榆林市委的领导下，以科学发展观为指导，深入开展树立和践行社会主义核心价值体系学习教育活动，努力加强自身建设，围绕榆林市经济社会发展主题目标，组织盟员开展各项活动，履行党派职能，积极参政议政，建言献策，服务社会，各项工作取得新的成绩。中国民主同盟榆林市委员会共有盟员182人，1个基层支部，5个市直支部，盟员中有民盟中央代表1名，省政协委员2名，民盟陕西省委委员1名，民盟陕西省委代表3名，市人大代表1名，市政协委员15名，其中4名盟员为市政协常委。

【自身建设】 抓思想建设，发挥市委会在思想建设中的组织、引导和推动作用，着力提高盟员的政治思想素质、理论政策水平和参政议政能力。在提供学习资料鼓励盟员自学的基础上，加强对盟员的集中辅导、理论培训，利用以会代训的形式，对盟员进行盟史、盟章、盟务培训，收效较好。组织盟员参加市政协举办的统战政协理论培训班，学习统战政协理论；及时召开各种时事政策学习座谈会、研讨会，组织盟员学习党的十八大会议精神，使盟员更加深刻地认识到中国共产党领导的多党合作和政治协商制度的重要性，不断提高政治把握力和参政议政水平。11月30日，民盟榆林市委召开委员扩大会议，传达学习党的十八大精神。会议要求，全体盟员要把学习贯彻十八大精神作为当前和今后一个时期的首要任务，通过集中学习、专题辅导和发放十八大学习辅导资料等形式，深刻领会精神实质，把思想和行动统一到十八大精神上来，用十八大精神武装头脑，推动工作，不断提高参政议政水平，为幸福榆林的建设贡献力量。为更好地领会并深入贯彻十八大会议精神，民盟榆林市委在召开委员扩大会集中组织学习十八大会议精神、为各支部拨付学习专款的同时，又为盟员发放辅导资料，出资近五千元购买165本《十八大报告辅导读本》，发给每个盟员用于个人自学。深入开展社会主义核心价值体系学习教育活动，把树立和践行社会主义核心价值体系作为盟的思想建设的核心工作，积极安排部署，使学践活动在盟内开展。

【履行职能】 在政协三届三次会议上，围绕全市百姓关心的热点问题，盟内政协委员汇集盟员意见，为大会提交集体提案8件，委员个人提案30件。其中市委会所提的《关于整顿车辆上户市场为车主提供快捷方便服务的建议》提案及与其他各民主党派联名提的《关于尽快打通榆林市区多条“断头路”,缓减交通拥堵的建议》提案被评为优秀提案。积极开展社情民意信息撰写工作,2012 年民盟榆林市委共向盟省委提交社情民意信息 58 件,其中《农村基层党建工作调研报告》和《关于加强对法院工作专业监督的建议》被民盟中央采用,《基础教育阶段合理调整教师性别结构十分必要》和《关于强化经济责任审计在反腐倡廉中监督作用的建议》被民盟省委采用。

【社会服务】 开展扶贫帮困活动。5 月 18 日榆林市残联举办的以“加强残疾人文化服务,保障残疾人文化权益”为主题的《与爱同行共享阳光》大型活动中,民盟榆林市委行政支部副主委、榆林市政协常委、榆林金狮乐器行总经理曹好成向残疾人捐赠价值五万元的面粉。2012 年 5 月 28 日,民盟榆林市委行政支部与榆林市残联一同到米脂县姬家沟和米脂县敬老院开展扶贫助残敬老活动。民盟榆林市委行政支部副主委、榆林市政协常委、榆林市金狮乐器行总经理曹好成分别为米脂姬家沟贫困户捐赠面粉 90 袋,为米脂敬老院捐赠面粉 20 袋,为贫困户脱贫致富出谋划策,与敬老院的孤寡老人促膝长谈,嘘寒问暖。11 月,民盟榆林市委社会法制支部神木籍盟员王宝军出资 5 千元,为横山县塔湾镇韩羊圈村残疾村民韩向荣安装假肢,使韩向荣扔掉使用多年的拐杖,方便他的生活。11 月 26 日,民盟榆林市委行政支部副主委、市政协常委曹好成及他的爱心团队为横山县最偏僻的石窑沟办事处的 84 名老弱病残群众送来 200 袋面粉。为横山聋儿语训学校的残疾儿童送去 120 双旅游鞋、棉鞋和 30 袋面粉。开展“农村教育烛光行动”。4 月 20 日,在榆阳区委统战部、区教育局的协调帮助下,民盟榆阳区支部带着陕西舒翔国际旅行社赞助的 8000 多元的书籍和三位优秀的中学教师、民盟盟员来到榆阳区古塔中学支教助学。

【盟务活动】 4 月 22 日,民盟榆林市委在榆林召开全委扩大会议,市委会在榆委员及 31 名盟员代表参加会议。完成行政支部的改选工作。8 月,市委会推荐 2 名盟员参加了民盟陕西省委在陕西社院举办的培训班,赴重庆张澜故里参观学习。10 月 18 日,组织部分盟员参加中共榆林市委统战部综合大楼——“同心楼”开工奠基仪式。为老盟员赠阅《各界导报》、《榆林日报》、《陕西日报》,给老盟员送去组织的关怀。为提高市盟成员整体政治思想素质和理论政策水平,,为市委会机关征订党报党刊及盟内相关刊物,为各支部下发陕西盟讯和盟中央及盟省委的相关学习资料,要求各支部组织盟员学习。为每一位市委会委员征订《群言》、《各界》和《各界导报》等报纸杂志。按照盟省委和有关部门的要求,完成了会公务员统计工作、工资调整工作和新盟员资料报送工作、2011 年档案的整理归档工作和公务员信息库数据报送工作。参加西安、延安、咸阳三市的民盟换届会议,完成《榆林年鉴》中民盟部分及榆林党派志中民盟部分的撰写工作。7 月 18 日,在民盟陕西省十届六次全委会上,民盟榆林市委荣获 2007—2012 年度“盟务工作先进集体”称号,2 名盟员荣获“盟务工作先进个人”称号。3 月份原民盟榆林市筹委会主任张芳被授予“三秦文化优秀女性”荣誉称号,在陕西省庆祝“三八”国际劳动妇女节 102 周年大型电视歌会上光荣受奖。市一中物理教师、盟员李增光获 2012 年陕西省五一劳动模范称号。

(张 弛)

中国民主同盟榆林市委员会

主 委 冯仗伟
副主委 苗 飞
副主委、秘书长 乔春玲

中国民主建国会榆林市委员会

【概况】 2012 年,民建榆林市委会在会省委和中共榆林市委的领导下,按照市委会一届五次全委会议确定的工作目标,团结带领全市基层组织和广大会员,加强参政党自身建设,履行好参政党职能,为榆林经济发展、社会和谐做出积极贡献。

【参政议政】 围绕中心工作建言,助推经济发展。在市政协三届三次全会上,市委会和会员中的政协委员共向大会提交提案 48 件,大会发言材料 2 份,这些提案和建议围绕中共市委、市政府的中心工作或群众关注的社会热点、难点问题,被大会审查立案。其中《关于加强我市民间融资借贷管理》的提案,由市政协组织部分政协委员和有关部门进行专题调研视察,调研报告在市政协三届八次常委会进行专题讨论,以《送阅件》形式印发各相关部门,推动提案的办理和落实。与其他民主党派联合提交的《关于加快榆林城区平房区改造的建议》由陆治原市长亲自督办,陆市长先后多次深入现场调研解决平房区改造中存在的问题。全委会上,与其他民主党派联合提交的《关于尽快打通榆林市区多条“断头路”,缓解交通拥堵的建议》和曹雨生提交的《关于开发和保护榆溪河两岸湿地的建议》获 2011 年以来优秀提案奖。以上这些成绩的取得进一步宣传和扩大榆林民建的影响,受到好评。与市政协专委会联合调研,提升调研水平。市委会与市政协法制委先后两次组织会员和市政协委员在王世英主委的带领下,深入榆阳、神木、绥德、清涧的社区、环保单位,就社区建设和环境保护执法工作进行调研,形成《关于我市环境保护执法工作的调研报告》和《关于我市城镇社区建设工作的调研报告》,提交市委、市政府领导和有关部门送阅参考,为推动本市环保执法和社区建设工作建言献策。

【民主监督】 2012 年,民建市委副主委王佩、秘书长曹雨生和委员高利民被省政府法制办聘为本市依法行政特邀监督员;王佩参加市公务员录用面试听证会和市纠风办组织的对重点部门和单位进行的行风评议活动；曹雨生参加陕西省物价局组织的榆林至绥德高速公路车辆通行费率标准拟订方案听证会、市法制办土地纠纷案件听证会、市干部作风整顿办公室对市直部门的检查评议工作和陕西省行政执法先进集体和先进工作者评审会。

【思想建设】 学习贯彻中共十八大和民建省委八大会议精神，坚定理想信念。市委会先后两次召开委员、支部负责人会议，专题学习贯彻十八大精神和民建中央第十次代表大会，在会内传达民建省委第八次代表大会精神。按照中共榆林市委统战部的要求，在会内开展“同心·助推幸福榆林建设”主题活动，深入贯彻“同心”思想，着力推进“同心”实践，为幸福榆林建设做出新贡献。王世英主委与曹雨生秘书长参加省委会在省社会主义学院举办的“学习贯彻十八大精神，通过履职能力”培训班。在民建中央举行的民建成立65周年大会上，党培旺被授予“民建全国优秀会员”称号。弘扬优良传统，加大宣传工作力度。市委会和会员全年在中央和省级新闻媒体宣传报道8次，其中“高质量提案须具备严肃性、科学性和可行性”和“领会十八大精神，高扬人民民主旗帜”在《各界导报》发表。“继承辛亥革命的精神遗产”一文获得省委会2011—2012年度新闻宣传优秀作品奖。在市级新闻媒体登载新闻宣传文章10篇。

【组织建设】 稳步推进组织发展工作。全年考察新会员15名，其中批准入会1名，其余预备会员正在履行征求市委统战部意见程序之中。截2012年12月底，本市会员总数126人，平均年龄41岁，大专及以上学历占会员总数87%，经济界占65%，会员的年龄结构、知识结构和专业结构进一步改善。努力做好参加民建省委第八次代表大会的各项工作。按照省委会的安排，经过市委会提名、民主推荐、会议表决的方式，推荐王世英、刘亚飞、曹雨生、刘银娥、党培旺等五名会员为我市出席民建省委第八次代表大会的代表人选。在民建省委第八次代表大会上，本市参会代表履行职责，服从大局，积极拥护省委会的各项决定，为开好这次会议起到积极的作用。会议选举王世英为民建省委第八届委员会常委，曹雨生为委员，同时推荐王世英主委为陕西省出席民建中央第十次代表大会代表。做好市委会换届筹备工作。市委会成立换届领导小组，制订换届筹备工作方案，会领导各负其责，分头准备。市委会分别向民建省委和中共市委报送换届方案，通过民建市委第二次代表大会代表产生办法，确定代表名额为70名，代表大会工作报告完成初稿。

【机关建设】 加强会机关建设。会机关领导班子被中共榆林市委考核办在年度工作目标责任考核中评为2012年优秀领导班子，驻会领导被评为优秀等次。市委会全年召开六次主委会议，民主决策，集体研究会内事务。驻会领导先后四次与府谷、靖边中共县委统战部进行基层组织建设座谈。市委会3·8妇女节时组织部分女会员进行联欢；编撰《榆林民建》；组织召开一届五次全委扩大会议；积极收集和撰写提案，参政议政，建言献策；健全规章制度，不断加强机关建设。加强对外联络和接待工作。2012年，民建中央副主席周汉民、民建省委主委李冬玉、副主委徐明正、延安民建主委杜兴顺以及广州、汉中民建会员分别来榆林视察工作和调研，各位领导和来宾对市委会近年来所取得的工作成绩给予肯定。会领导参加中共榆林市委统战系统考察团赴台湾考察活动，开阔眼界，加强两地交流。会领导带领部分会员分别参加“2012（乌鲁木齐）非公经济论坛和商洛民建市委会成立大会。组织3名会员参加在西安市阎良区举办“第一届中国民营航空产业发展论坛”。

（曹雨生）

中国民主建国会榆林市委员会

主　委　王世英

副主委　王　佩　刘亚飞

秘书长　曹雨生

中国民主促进会榆林市委员会

【概况】 中国民主促进会是以从事教育文化出版工作的高中级知识分子为主、具有政治联盟性质、致力于建设中国特色社会主义事业的政党。2012年，民进榆林市委以深化树立和践行社会主义核心价值体系为重点，继续开展优良传统教育和“双岗建功”活动，推进学习型参政党建设；加强机关建设、后备干部队伍建设，推进会内民主，人才队伍建设呈现新局面。坚持“有思有行、集智聚力、顺势而为、开拓创新”的工作方针，以推动科学发展为第一要务，以促进经济发展方式转变与保障和改善民生为着力点，围绕全市改革与发展的大局，积极履行参政议政职能；坚持社会服务的政治性、公益性和务实性原则，积极开展以教育、文化、医疗为特色社会服务工作；支持引导各基层组织及区委开展工作。

【自身建设】 一是强化学习，着力提高广大会员的思想政治素质，不断推进高素质参政党建设。市委会努力在全会营造学习氛围，紧跟形势，利用一切机会开展学习活动。深入开展“树立和践行社会主义核心价值体系活动”，将社会主义核心价值体系贯穿到工作的各个方面。全年召开专题会议三次；组织会员学习中共十七届五中、六中全会以及民进中央十二届三中、四中全会精神和中共十八大精神，其中集体学习三次、分组学习五次。7月份，组织23名新会员进行会史会章及多党合作理论学习；9月份，选派秘书长秦伟参加统战部、台办组织的赴台参观学习活动；10月份，选派四名骨干会员参加民进省委举办的骨干会员培训班；11月份，姬宝顺等六名同志参加省民进第十次代表大会，会议结束后及时向全会传达、学习会议精神；12月份，组织市委会委员及机关工作人员参加市委统战部举行的“统战系统学习贯彻十八大精神会议”，会后，组织全体会员学习十八大精神并传达学习张自明部长的讲话精神。二是持续推进机关建设和组织建设。进一步健全机关工作制度，改进机关作风，形成民进市委机关“团结、高效、和谐、奉献”的新形象。市委会机关坚持每周一次的学习制度，学习政治理论和有关政策，按照国家公务员管理的要求，参加业务学习。机关干部走出去学习交流取经，探索民进会务工作新思路、新方法。通过培养机关干部实际能力、强化服务意识等多项举措进一步提高机关效能。三是从“人才强会”的战略高度出发，坚持积极稳妥的组织发展原则，全年共发展23名新会员（市委会11名、区委会12名）。教育、文化界中高级人才占70%，新阶层精英人士占15%，行政事业单位工作人员占15%，新会员年龄全在40岁以下。

【组织活动】 一是积极指导和帮助区委会及各基层组织开展工作。市委会机关紧密联系区委和市属各基层组织，会领导十分关注区委和各支部的思想动态、工作状态，对支部开展活动进行指导协调，支持各基层组织发挥主观能动性，结合自身特点，利用自身优势开展活动，促进组织健康发展，提高组织生活的质量。机关共组织各地方组织和各支部召开经验交流会5次，积极为各支部开展活动提供场地、经费，印发资料。主委姬宝顺多次与神木、府谷两县党委领导和统战部门协商沟通，为本会的神木学习小组、府谷支部各争取每年3万元的工作经费以及办公用品；市直各支部、区委的每次集体活动市委会领导均亲临指导。二是引导和激励会员“双岗建功”，开展会员所在单位的联络走访工作。在动员全体会员为民进多做贡献的同时，积极支持、鼓励会员立足本职岗位，成为本单位的先进分子。会领导分组分片联络走访会员所在单位。通过联络走访，及时了解会员的工作情况和思想动态，帮助会员理清思路、解决工作中存在的问题。年终对活动中成绩突出的三名会员给予奖励。

【民主协商】 市委会领导班子成员积极参加中共市委和市政府的民主生活会，情况通报会，及时掌握市委、市政府的重大部署和发展规划，及时提出自己的意见和建议。会员中的人大代表、政协委员，积极参加市人大、市政协召开的各种会议以及考察、视察活动。本会的重要活动、重大决定均及时与市委统战部沟通，邀请统战部领导参加并请进行指导，积极争取统战部支持。

【参政议政】 市委会以增强会员参政议政意识、提高参政议政能力为基础，以完善参政议政机制、发挥参政议政整体作用为重点，围绕人民群众关心的重点、热点、难点问题，积极开展调查研究和社情民意信息工作，打开本会参政议政工作的新局面。注重强化党派和会内人大代表、政协委员的履职意识，提高履职能力，增强履职效果。1月份，召开年度工作安排会，提案征集座谈会。在市政协三届三次大会上提交立案8件集体提案、21件委员个人提案、社情民意稿件2件、大会发言材料《强化政府监管职能，完善保障性住房管理机制》。其中与其他党派联合提案《关于榆林城区平房区改造的建议》被列为1号重点提案，由市委书记督办，并获得市政协年度优秀提案奖。委员个人提案中有两个提案获得年度优秀提案奖；3—4月份，秘书长秦伟带领三名会员深入各县区调查研究我市的食品安全问题，写成调研报告《推动全市食品放心工程的实施》，在《榆林经济》刊物上发表，引起党委和政府的高度重视；6—8月份，会机关和科技支部部分农技专家对本市的农业园区建设进行调研，最后将调研成果撰写成《加快现代农业园区建设步伐，全面推进我市现代农业发展》的大会发言材料，提交市政协三届四次大会。

【社会服务】 发挥文艺、科技、医卫、企业等界别成员的作用，开展文化、科技、医疗下乡、下基层活动和提升本会扶贫济困深度与广度。创新社会服务工作的形式和内容，把社会服务工作提高到更高的层次和水平。与会员赵双璧所在单位榆林市皮肤病医院联合，分别在五月份、九月份举行两次大型义诊活动并送医送药到农村，十几个农村贫困家庭受益，近百名皮肤病患者得到廉价优质的诊疗；实施扶薄支教活动。在民进榆阳区委的配合下，组织五名骨干教师到榆阳区清泉、上盐湾等乡镇的学校义务讲课20多课时，向这些学校捐赠价值5万余元的教学设备和图书；扶农支农方面：继续加大农技培训力度，选派会员鱼智、高玉军、李云平三位农业专家对靖边、榆阳、子洲等县区的62名农民进行农技集中培训；帮助会员高玉军在榆阳区孟家湾乡建立近千亩脱毒马铃薯示范基地，帮助会员鱼智在榆阳区刘官寨建立食用菌栽培示范基地，两个示范基地引来市内很多农民参观学习，带动农民依靠科技致富的积极性；发动会内有实力的民营企业家，进行扶贫济困献爱心活动，资助6名学生圆了上学梦，3个困难家庭走出困境。

【其他工作】 配合市委统战部编撰《榆林民主党派志》，完成民进章节的资料收集、整理及撰写工作，响应市委统战部号召，积极开展“同心助推幸福榆林建设活动”，召开动员大会一次，征集到提案、社情民意稿件30余件；按照民进省委的要求及时上报组织发展情况和副处以上干部基本信息；选举姬宝顺等六名同志参加民进陕西省委第十届代表大会；按照中共市委要求及时完善、补充会员基本信息并交于统战部。

（白雪頔）

中国民主促进会榆林市委员会

主　委　姬宝顺
副主委　刘天宣
秘书长　秦　伟

中国农工民主党榆林市委员会

【概况】 中国农工民主党榆林市委员会成立于2001年11月19日，其时，是由10人组成的中国农工民主党榆林市第一届委员会筹备工作委员会。2004年7月21日，农工党陕西省榆林市第一届委员会成立。从成立初的一个支部，发展到拥有医卫支部、二院支部、一院支部、文艺支部、科技支部、教科支部、农林支部、电力支部、绥德支部、府谷支部、神木支部以及榆阳区委12个基层组织的委员会。委员会现共有党员240名，其中2012年新增党员17名。党员中担任市政协委员的16人，市人大代表5人。2012年，农工党榆林市委会学习和宣传中共十八大精神和农工党第十五次全国党代会精神，按照年初的工作任务指标，以自身建设和参政议政为重点，积极开展社会服务活动，推进榆林市农工党各项工作不断进步，为维护榆林和谐稳定大局做出参政党应有的贡献。

【理论学习】 市委会领导班子始终坚持民主党派自我教育的优良传统，把理论学习和思想政治工作工作作为一项首要任务来抓。市委会领导班子坚持一季度一次的集体学习讨论会，结合形势组织专题学习会，将学习材料及时下发给各支部，要求各支部经常进行政治思想教育，教育党员坚持中国共产党领导的正确政治方向，在思想上、目标上、行动上和中国共产党同心、同向、同行。9月4日，农工党榆林市委会、榆阳区委会组织近两年新党员40余人赴米脂参观杨家沟革命旧址，接受红色教育，使党员们更加坚定与共产党肝胆相照荣辱与共的信念。11月5日至11月11日，三名骨干党员在陕西社会主义学院接受为期7天的培训，系统学习胡锦涛“7.23”重要讲话精神、统一战线与多党合作、国际形势等知识，最后赴广东邓演达纪念园、黄埔军校旧址等地参观学习，接受党史教育和革命传统教育，提高骨干党员的政治理论水平。11月26日，市、区两级组织党员学习十八大精神，班子成员以及骨干党员参加中共榆林市委组织的十八大报告学习会，12月12日，市委会又召开市委扩大会，组织领导班子成员、各支部主委和部分骨干党员，学习中共十八大精神，宣传农工党十五大会议精神，通过学习，进一步提高市委会领导的政治把握能力和合作共事能力。市委会继续为全体党员征订了党刊《前进论坛》，征订率100%，农工党榆林市委会的党刊征订率100%，文艺支部被农工党陕西省委会评为党刊征订先进集体，叶彩燕被评为先进个人。

【参政议政】 围绕中心，服务大局，履行参政党职能，积极建言献策，先后多次参加中共榆林市委、市政府及有关部门举行的民主协商会、通报会、征求意见和座谈会，围绕改革、发展、稳定大局，就产业发展转型，城乡协调发展、社会管理、医疗卫生改革，争创国家卫生城市、省级园林城市等方面的重大问题，提出意见和建议。在全市“两会”前，市委会组织部分党员深入调查研究，走访有关部门，听取人民群众的意见和建议，形成调研报告和提案，在2012年1月份两会上，就关注民生、保护环境、发展经济、节能减排方面的热点问题提出高质量的提案6件和建议案33件，其中政协三届三次全会上提出的党派提案12件，党员个人17件，人大建议案4件，其中《关于加快建设榆林市居民区改造的建议》，《关于修建民主党派大楼的建议》的提案，被列为重点提案由市级领导负责督办。5月31日，市委主委麻宝玉应邀赴北京参加由农工党中央召开的题为“积极推进县级公立医院改革发展”的专题座谈会做专题发言，6月4—8日，参加了由桑国卫副委员长带领的农工党中央“积极推进县级公立医院改革发展”的调研组在湖北省进行调研，调研组先后调研武汉、麻城、红安、大冶等地的医改情况，召开湖北省县级公立医院改革座谈会，在调研及讨论中，麻宝玉主委结合榆林的医改经验，就全国公立医院的改革积极建言献策，为全国的医改尽绵薄之力；11月初，农工党榆林市委会在接到省委会关于开展药品“三统一”专题调研的通知后，市委会领导高度重视，召开专题会议研究部署，组织安排。由市委会副主委郝亚军、秘书长张小龙带队，田永东、曹宏尚等医药卫生界骨干党员参与，于11月10日至20日对药监局、卫生局以及榆阳区6所二级以下基层医疗机构进行调研，从中找出药品“三统一”实施过程中所存在的一些问题，提出意见和建议，形成调研报告，交送农工陕西省委，供省委省政府对药品“三统一”这一惠民政策的调整提供决策参考。农林支部主委张光炜几年来一直作为特聘监督员参加市纪检委廉政纠风党政端正党风、廉政建设，发挥民主监督的积极作用。

【组织建设】 在强化组织建设的同时，还注重协调工作，12月，给中共榆林市委统战部就近期工作做通报，对今后的工作征求意见，得到中共榆林市委统战部的支持。市委会本着“坚持标准，注重质量”和“人才兴党”的原则，把党员发展工作与加强党的建设以及参政议政工作结合起来。按照党员发展程序，听取考察对象所在单位党组织和群众的意见。2012年，对一年多来申请入党的11名中青年专家、骨干进行重点培养后，同意加入党组织。9月25日，一院支部成立，丁晓权当选主委，韩建伦当选副主委。市委会不断强化党组织的政党意识，通过学习党章、党史，加强对已入党同志的组织纪律教育，使党员进一步了解民主党派的光荣历史，增强作为参政党成员的光荣感和使命感。积极与市委统战部及神木、府谷县委统战部协商，为在神木和府谷建立基层支部达成共识。

【开展社会服务活动】 市委会班子发挥党医药卫生界的人才优势，积极开展科技文化卫生“三下乡”等有意义、有影响的社会服务活动，树立农工党榆林市委的形象，扩大社会影响。6月份，榆阳区卫生、科技界专家党员，参加榆阳区政协、统战部共同组织的科技、文化、卫生“三下乡”活动，免费对农民群众进行医疗卫生知识宣传、咨询和义诊服务，共诊治患者150多人次，接受咨询宣传200多人次，受到当地政府和群众的称赞7月26日，农工党神木支部组织全体党员到县敬老院开义诊活动，为老人们送去医疗服务。给敬老院200多名老人进行义务健康体检；9月9日，农工党中央秘书长陈建国携陕西省委秘书长马鹏程来榆视察，市委会领导抓住汇报榆林情况的机会，提出请求农工党中央、中国初级卫生保健基金会支持榆林工作的请求，促成农工党中央、中国初级卫生保健基金会向本市榆阳区新民楼社区卫生服务中心捐赠救护车一台。为推动榆林基层卫生机构建设起到积极作用。

【宣传工作，网站建设】 农工榆林市委网站在对外宣传、促进工作、协调工作、提供信息服务等方面发挥其他媒体不可替代的重要作用。领导班子十分重视网站建设，经常与网站管理人员共同商讨进一步提高网站质量的办法，把网站建设列入市委会工作的重要议事日程。年初就网站的发展问题，召开两次专题会议，经过反复探讨形成共识，在网站内容上要严把政治观，要始终坚持正确的宣传导向，及时报道农工党内各级组织活动，强化可读性。为进一步提高网站质量，于4月份，将网站改版，增加两个频道，增加两名网络技术水平过硬、文学素养较高的新的网站管理员，给网站注入新的血液，进一步拓宽信息来源渠道，使网站内容更加丰富，提高点击率。现网站注册会员66位，管理员6人。发表文章505篇，图片68张。总浏览量，406979人次，网站建立以来，多次升级，三次改版，网站内容信息未出过任何安全问题。10月，农工中央宣传部长，前进论坛主编石光树，农工陕西省委宣传部郁春红一行来榆调研视察，就同心工程，基层宣传工作，党刊发行工作进行了检查。对网站工作及党刊发行常年保持100%表示非常满意。

（张小龙）

中国农工民主党榆林市委员会

主　委　麻宝玉
副主委　郭云琴　郝亚军
　　　　王克超
秘书长　张小龙

九三学社榆林市筹备委员会

【概况】 九三学社陕西省委于2006年开始在榆林市发展社员。2007年8月成立九三学社榆林市直属小组。2008年6月成立九三学社榆林市支社委员会。2010年5月成立九三学社榆林市委员会（基层组织）。2011年12月成立九三学社榆林市筹备委员会。截至2012年底九三学社榆林市筹备委员会共有社员45人，筹委会领导班子坚持以邓小平理论、“三个代表”重要思想和中共十八大精神为指导，以筹备成立市委会为重点，进一步坚定中国特色社会主义理想信念，坚持中国特色民主政治道路，践行“思想上同心同德，目标上同心同向，行动上同心同行”，积极履行参政党职能，加强自身建设，为榆林各项事业发展做出新的贡献。

【思想建设】 一是为贯彻中央统战部、社中央和社省委关于开展向杨佳同志学习的有关文件精神，社省委组织开展向杨佳同志学习征文活动，筹委会社员积极参与，共撰写了11篇征文，社省委收集的征文在上报社中央的同时将在《陕西九三》和社省委网站陆续刊登。二是为了更好地开展树立和践行社会主义核心价值系体学习教育活动，3月份，组织全体社员赴贵州遵义等革命传统教育基地考察学习，并和贵阳九三学社进行座谈交流。三是为了加强和改进新形势下理论与社史的研究工作，不断提高理论研究和社史研究的总体水平，上半年筹委会社史研究员向社省委供了3篇高质量的社史研究文章。8月份，组织社员学习胡锦涛总书记7.23重要讲话精神和市委书记胡志强在全市领导干部大会上的重要讲话精神。

【组织建设】 一是坚持“三为主”的组织发展方针，严格按照社章和社中央有关要求，把握标准，严格程序，注重质量，积极稳妥地做好组织发展工作。2012年共发展新社员5人，筹委会截止2012年12月底共有社员45人。二是进一步加强后备干部队伍建设。按照九三学社中央和中共陕西省委的统一部署，以及《九三学社陕西省委员会2012年换届工作实施方案》和社省委基层组织工作会议精神，在中共榆林市委统战部的帮助指导下，社省委统一考察、协调、反馈意见后，推选出4名九三学社陕西省第十一届委员会代表，其中1名为委员建议候选人。此外，筹委会副主任马小莉被推选为榆林市海外联谊会第二届理事。

【参政议政】 围绕全市经济社会发展中带有全局性、前瞻性、战略性的重大问题及人民群众关心的热点难点问题，积极建言献策，充分调动全体社员参政议政的积极性。在社员中开展“人人提提案”的活动，扩大信息来源，提高信息工作质量，为市“两会”撰写了高质量的提案。在政协榆林市三届三次会议上提交8件集体提案，14件委员联名提案，2件社情民意。以上提案均在政协榆林市三届三次会议立案。其中题为《关于保护和挽救神木县高家堡古镇文化遗产的建议》的提案被列为2012年的重点提案，由市委秘书长刘春桥亲自督办；筹委会委员吕政轩撰写的《陕北民歌产业发展战略思考》被选为市政协三届三次会议的大会发言；筹委会撰写的《建设具有地域特色文化强市的几点思考》、《创新发展观念打造生态城市》和筹委会副主任李治清撰写的《关于加强榆林区域中心城市建设的几点建议》均被被选为政协榆林市三届三次会议大会发言书面材料。筹委会撰写的《关于尽早出台“资源型城市转型升级”相应法规的建议》被社省委上报社中央参政议政成果课题,2012 年 6 月,九三学社榆林市筹委会被社省委评为参政议政先进集体,苏世强、李治清评为社省委参政议政工作先进个人。

【社会服务】 筹委会在发挥医卫、法律等职能小组作用的注重调动全市社员参与社会服务的积极性。6 月份,筹委会副主任李治清组织榆林市一院、二院、北方医院、星元医院的 10 余名内科、外科、妇产科、骨科、肝胆外科、耳鼻喉科、肛肠科的社内医疗专家,利用周末休息时间,带着心电图机,血糖仪,及常用医疗器材到榆阳区孟家湾乡书肯壕村开展,当天共接诊村民近百人,捐赠药品医疗仪器价值二千余元。9 月份日,筹委会联合陕西富能律师事务所在榆阳区小纪汗乡政府举办“法律服务进乡村普法行”活动。活动当天发放有关农村土地承包、婚姻家庭、交通事故损害赔偿、劳动法及消费者权益保障方面的法律书籍近 400 册,活页宣传材料 2000 余份,宣传与农民群众相关的法律知识,接受法律咨询 100 余人次。以问答和案例分析的形式解决村民日常生活中可能碰到的法律疑问,受到群众的欢迎。11 月份,筹委会联合榆林市第一医院在神木二院举办“第二十四届‘国际科学与和平周’暨医疗下乡扶贫义诊活动”。活动当天,医疗专家为近百名基层卫生人员举办了管理和技能培训。来自榆林市脑外科、胸外科、骨科、妇产科、口腔科、呼吸内科、神经内科、血液科及中医等十余位专家现场义诊、其中不少是九三学社社员。问诊群众 200 余人,发放健康宣传资料 900 份。

(张　璐)

九三学社榆林市委筹委会

主任委员　苏世强

副主任委员　李治清

副主任委员、秘书长　马小莉

榆林市十一中学

榆林市第十一中学是由原榆师附小整体并入而组建的、市教育局直属的一所九年一贯制义务教育学校。学校成立于2009年8月，占地面积16650平方米，建筑面积13640平方米。现有教学班41个（其中小学部共29个班，初中部共12个班）。水、暖、电齐全。校园全部硬化，绿化面积35%。

校长　崔继全

一、教学设施先进

学校有教学楼、综合楼各一幢，有高标准、现代化的物理、化学、生物、自然科学、劳技实验室，有3个音、美专用教室，4个标准化计算机教室、语言教室、电子备课室，现代化的图书馆一个，可容纳120人就坐的多媒体会议室1个，可容纳390人的多功能厅一个，全校41个教室全部实现可用多媒体手段教学。

二、师资力量雄厚

学校在编教师106人，其中研究生学历3人，本科学历的71人，专科学历的23人，学历达标率100%；有中学高级教师2人，中学一级教师7人，小学高级教师30人；有省级教师2人，省中青年突贡专家1人，省教学能手6人。榆林市拔尖人才2人，市教学能手·教坛新秀9人；有陕西省德育工作、先进个人1人，陕西省校本教研先进个人1人，陕西省优秀教师2人，陕西省优秀辅导员2人，榆林市劳动模范1人，榆林市模范党员5人，榆林市师德标兵1人，榆林市优秀团员3人。

三、教研成果显著

学校被认定为“陕西省现代教育技术实验学校”，陕西省“以校为本”教学研究实验学校。

2010年学校先后被省、市有关部门评为全国青少年集邮活动示范基地，陕西省基础教育“十一五”教育技术规划课题研究工作先进单位，陕西省教科研工作先进单位，第二届青少年科普知识竞赛先进单位，榆林市教科研工作先进教研组。2010年学校先后有三个省级课题经省、市专家鉴定验收并结题《农民工子女心理与教育研究》《在小学语文教学中创设情景培养学生自主探究的实验与研究》（2010.11）、《信息技术环境下学生英语口语交际能力的培养与提高》（2010.10）。

2009-2010的两年间，教师有10多篇论文发表在《陕西教育科研》《榆林教育》等刊物上，有30多篇论文在论文评选活动中获奖。

四、管理理念超前

学校坚持“以人为本、以德治校、依法治校”的管理理念，坚持“特色办学、质量第一”的办学宗旨，着力打造文明、健康、和谐的温馨校园。我们相信，榆林市十一中学在社会各界的关心支持下，在十一中全体师生的团结进取、开拓创新下必将成为一所“学生喜欢、家长放心、社会满意”的学校。

陕西省课题结题专家验收课题

副市长兰新哲来校检查工作

市教育局局长常少明、安检局局长马安威来校检查工作

校长崔继全检阅新生军训连队

榆阳区

YU YANG QU

区委书记　王成继

榆阳区位于陕西省北部、榆林市中部，与内蒙古自治区的乌审旗以及市内的横山、米脂、佳县、神木相毗邻，总面积7053平方公里，居全省第二。全区辖21个乡镇、10个街道（镇）办事处，488个行政村、46个社区居委会，户籍总人口53.4万人，其中农业人口34万人。

全区煤炭资源储量485亿吨，探明含煤面积约5400平方公里，占辖区总面积的77%，是世界七大煤田榆神府煤田重要组成部分，具有煤层厚、储量大、品质好、易开采的特点；岩盐资源预计储量1.3—1.8万亿吨，是榆米绥特大型盐田重要组成部分，为氯化钠含量高达95%的罕见精品盐矿；天然气探明储量820亿立方米，是陕甘宁大气田重要组成部分，含气面积大、纯净度高、开发前景广阔。石油、高岭土、泥炭等矿藏亦有相当规模储量。全区水资源总量9.1亿立方米，人均占有量超过省、市平均水平。

已建成40万亩玉米、25万亩马铃薯、15万亩小杂粮、10万亩大扁杏、6万亩蔬菜高产基地，建成百万只羊子、百万头生猪饲养基地，成为榆林特色农业大区和陕西第一养畜大区。2012年，建成百万亩粮薯菜高产稳产基地和200万只羊子、160万头生猪养殖基地，粮食总产量达到4.9亿斤，农业总产值达到36亿元。完成土地流转和细碎化整合41万亩，农业机械化率达到50%。榆林现代农业科技示范区引进建设项目57个。全区建成“一村一品”示范村150个、农业龙头企业46家、农民专业合作社539个。2013年，将全面实施百万亩良田高产创建工程、养殖大区提质增效工程、农业产业化水平提升“三大工程”；健全基础强农、科技兴农、政策惠农“三大体系”；抓好绿化造林重点工程、三大经济林产业基地、生态资源保护开发体系“三大建设”，实现大农业体系和生态文明建设的新突破。

短短5年时间，相继建设“八大园区、两大新区”（即榆林现代农业科技示范区、麻黄梁工业集中区、榆林汽车产业园、金鸡滩有色循环经济产业园、鱼河盐化工园、大河塔化工园、西红墩煤化工园、小壕兔新能源产业园，东沙新区、芹河新区）引进了兖

区长 苗 丰

矿、陕煤、有色、华能、华电、中盐等一批大企业大项目，总投资超过1000亿元；60万吨铝镁合金、60万吨真空制盐、5万台新能源汽车一期等重点项目建成投产；100万吨煤液化和杭来湾、小纪汗等千万吨级矿井项目上马建设；太阳能光伏、风电等新能源项目取得实质性进展。榆林汽车产业园基础设施基本完备，首批入园4S店全面开工。2012年，全区原煤产量达到3895万吨；实现规模以上工业增加值227亿元，三产增加值133亿元，非公经济增加值176亿元（占GDP的44%），万元GDP能耗下降5.79%。全年引进项目30个，引资总额370亿元。2013年，全年安排重点建设项目40个、重大前期项目28个，总投资1765亿元。

“十一五”7所城区学校完成建设，“十二五”25所城区校建项目强力推进，高起点迁建榆林一中；实行义务教育“零收费”，10万名城乡学生全面受益。高标准新建区人民医院、区妇幼保健院，区公共文化服务中心开工建设，星元图书楼完成整体改造，实现基层文化站点和农家书屋全覆盖。建成金阳、金沙、金榆三大保障性住房小区，累计建设保障房18950套。城乡居民社会养老保险扩面到15.2万人，参保率95%以上；建成投用全省领先的中心敬老院和老年公寓，在金鸡滩镇金海北村等地成功试点“老龄灶”，开辟了农村留守老人社会化养老服务的新模式；社会保险提标扩面，新农合参合率达96%；城镇登记失业率控制在3.2%以内，人口自然增长率控制在7‰以内。2012年区本级民生投入达到26.2亿元，占财政总支出的80%。

随着榆林“一中心、两基地”加速建设，地区生产总值从95.5亿元增至401亿元，增长4.2倍，年均增速17.4%；全社会固定资产投资从71亿元增至373亿元，增长5.2倍；财政总收入从11.2亿元增至81.7亿元，增长7.3倍；地方财政收入从2.6亿元增至17.3亿元，增长6.7倍；社会消费品零售总额从15.9亿元增至51亿元，增长3.2倍；城镇居民人均可支配收入从7035元增至26071元，增长3.7倍；农民人均纯收入从2921元增至10001元，增长3.4倍。区域主要经济指标增速居全省前列，综合经济实力稳居全市前三名、跻身全省市辖区十强，9项小康指标提前实现。

区委书记王成继陪同省委书记赵正永、副省长李金柱视察金阳小区保障性住房

市委书记胡志强、市长陆治原出席陕西有色榆林铝镁合金项目顺利投产出铝仪式

市政协主席刘汉利视察榆林城区学校建设情况

副市长高中印调研2012年经济运行情况

区长苗丰代表出品方出席纪录片《报界宗师张季鸾》开机仪式

区委书记王成继、区长苗丰视察榆林现代农业科技示范区

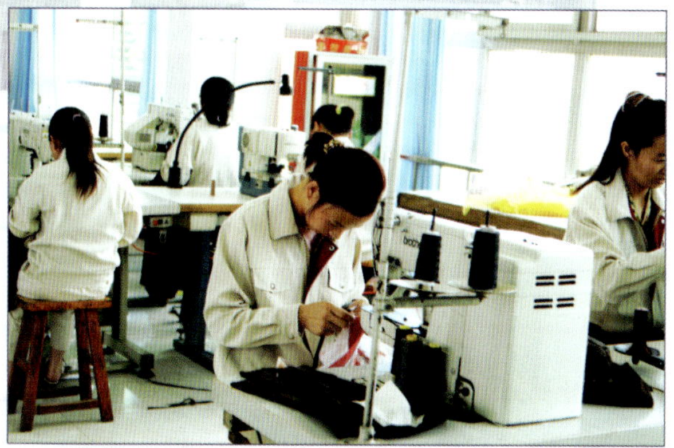

神华制衣有限公司

2011年7月25日，榆林汽车产业园开工奠基仪式在榆阳区青云乡色草湾村举行

陕汽榆林东方新能源专用汽车有限公司专用汽车展区

寺仪沟大棚菜为榆林市区日提供十多吨绿色蔬菜

土豆丰收

优质陕北白绒山羊

榆林市榆阳区发展改革局

局长　张亚平

榆林市榆阳区发展改革局为榆阳区人民政府工作部门，主要职责是提出并组织实施全区国民经济和社会发展战略、中长期规划和年度计划，监测分析全区宏观经济和社会发展态势并提出调控政策建议，指导推进和综合协调全区经济体制改革，审核报批及组织实施全区各类建设项目，综合协调全区节能减排工作，制定和组织实施全区固定资产投资计划，承办区政府交办的其他工作。下设区基本建设项目管理办公室（区招标投标综合管理办公室）和区以工代赈领导小组办公室，现有工作人员26人，其中党员14人。

区发改局在榆阳区委、区政府的正确领导和上级部门的精心指导下，深入贯彻落实科学发展观，充分发挥综合协调服务职能，加强综合经济管理，为榆阳经济社会跨越发展做出了突出贡献。2012年，榆阳区实现生产总值401.1亿元，增长12.3%，经济总量稳居全市第三位；全社会固定资产投资完成372.9亿元，增长31.1%，安排的45个重点建设项目总投资751亿元，年度完成投资209亿元；规划建设了八大园区和两大新区，初步形成农、工、商三次产业齐头并进的产业发展格局；城乡居民收入达到26071元、10001元，分别增长16.6%和18.7%；启动建设了全省首个重点用能企业能耗在线监测系统，万元GDP能耗下降到1.13吨标准煤；医疗卫生体制改革进一步深化，世行贷款安全饮水、退耕还林、口粮田建设等项目均有序进行。

2012年，区发改局被榆林市政府授予“榆林市医改工作先进集体”荣誉称号；被榆阳区委、区政府授予年度“目标责任考核二等奖”、“重点项目建设先进集体”、“节能减排工作先进集体”“党风廉政先进单位”、“维稳工作先进集体”等荣誉称号。

省能源局局长张申良等领导调研榆林小壕兔新能源产业园区

局长张亚平向区长苗丰介绍西洽会情况

榆阳区发改局领导班子

深入基层开展调研

榆阳区审计局

局长　高保明

榆阳区审计局成立于1984年2月，下设经济责任审计办公室，为榆阳区政府组成部门，履行全区审计工作职能，主要负责全区范围内的审计监督工作，重点对区本级财政预算执行情况、政府投资建设项目资金情况、科级领导干部履行经济责任情况及专项资金管理使用情况进行审计监督。内设办公室、财政财务审计组、专项资金审计组、国有企业审计组、监督检查组和4个政府投资审计组共9个职能组室。现有行政编制12人，事业编制18人。设局长1人，副局长3人，总审计师1人。

多年来，区审计局在区委、区政府和市审计局的领导下，坚持以邓小平理论、“三个代表”重要思想和科学发展观为指导，深入贯彻落实党的十八大精神，紧紧围绕区委、区政府加快发展与和谐稳定的工作中心，依法履行审计监督职责，不断加强审计队伍、审计法治化、审计信息化建设，在维护财经秩序、加强廉政建设、推进依法行政、保障经济社会健康发展方面发挥了积极作用。在维护民生、推动改革等方面做出了重要贡献。2010年该局被榆林市政府授予全市审计工作先进集体，2010年至2012年被市审计局评为年度审计工作先进集体；2010年至2013年被榆阳区政府评为目标责任考核先进集体；2011年至2013年被中共榆阳区委评为党风廉政建设先进单位、道德建设先进单位。

局领导组织学习《审计准则》有关规定

廉政警示教育基地接受教育

审计业务培训会

YU YANG QU JIAO YU JU

榆阳区

党委书记、局长　刘巨广

副省长祝列克视察榆林一中特殊教育学校

榆阳区教育局隶属于榆阳区人民政府，行政编制18人，内设教育工会、人事股、教育股、财政股、基建办、办公室、社会力量办学管理办公室等股室，下设教育教学研究室、招生办公室、勤工俭学办公室、教育督导室、教育基金办公室、电教馆、教师进修学校、教育老干室、教育监察室、学生支助中心、教育印刷厂等11个单位。

在区委、区政府的正确领导和上级 业务部门的精心指导下，榆阳区教育局认真学习、深入践行科学发展观，以办人民满意教育为宗旨，紧紧围绕提高教育教学质量这一中心，狠抓“普实”、“双创”两个重点，推进校园硬件、设施设备、教师队伍三项建设，深化办学体制、人事制度、教育教学、课程等四项改革，使全区中小学办学条件明显改善，设施设备大量充实，队伍建设扎实推进，资源配备趋于均衡，教育管理不断强化，教育质量和办学效益显著提高，受到社会各界的广泛赞誉和人民群众的普遍好评。

副省长朱静芝在榆调研学校

省总督学曹普选一行视察榆林城区学校

教育局 YU YANG QU JIAO YU JU

市领导在教育工作调研会上讲话

苗丰区长视察学校

榆阳区『双高双普』工作动员会

教育局局务会

榆阳区民政局

2012年榆阳区民政局认真贯彻落实科学发展观，始终坚持以民为本、为民解困的工作宗旨，民政事业得到了长足发展，先后被评为“全国民政工作先进县区”、“全国婚姻登记规范化单位”，连续六次被命名为“全省双拥模范城”，并于2012年2月被全国双拥工作领导小组、民政部、中国人民解放军总政治部联合授予全国“爱国拥军模范单位”。

一、完善自然灾害应急机制，提升灾害应急能力，2012年下拨救灾款713.37万元，救济困难群众2300户。

二、社会救助机制不断健全，特困弱势群体生存保障能力提升。2012年全区共有在册城市低保对象8593户19505人，发放城市低保金4443万元，农村低保对象9724户17722人，发放农村低保金1367万元；全区核准在册五保对象1009人，发放供养保障金160万元；救助特困对象2808人次，使用医疗救助款553.9万元；救助各类流浪乞讨等求助人员3667人次，直接投入救助金235万余元。

三、加强双拥优抚工作，2012年兑现在职伤残人员抚恤补助金147.44万元，为各类重点优抚对象发放优抚资金692.58万元，积极与定点医院协调，为优抚对象开辟一条绿色通道，实行了“四优”“七免”和其他优惠政策。

四、完善社区建设工作，2012年7个农村社区服务中心和5个城市社区服务体系建设项目，已全部完成；完成了第八次村民委员会换届选举的后续工作；全区46个社区居委会换届选举全部完成。

五、社会组织登记管理工作进展顺利，2012年登记在册民办非企业单位162个，社团组织66个。

六、婚姻登记服务水平稳步提高，2012年登记结婚5293对，离婚1042对；补发婚姻证件3032件，出具婚姻证明3640份，合格率均为100%。2012年区婚姻登记处荣获全省民政系统行风建设示范单位荣誉称号。

七、殡葬管理和服务工作进一步规范，2012年火化遗体283具，组织城区出殡632起。

八、儿童福利工作成效显著，榆阳区儿童福利院和榆林市流浪未成年人保护中心已于2012年10月份正式搬迁、启动并投入使用。

国家民政部副部长窦玉沛(左一)、原陕西省民政厅厅长曹莉莉（中）一行视察榆阳区中心敬老院

陕西省民政厅厅长郭伯权（前右一）在榆阳区金阳小区与社区工作人员亲切交谈

2012年11月，榆阳区儿童福利院落成入住，各级领导莅临看望在院孤儿

区长苗丰（左一）深入金鸡滩镇敬老院了解农村五保供养工作情况

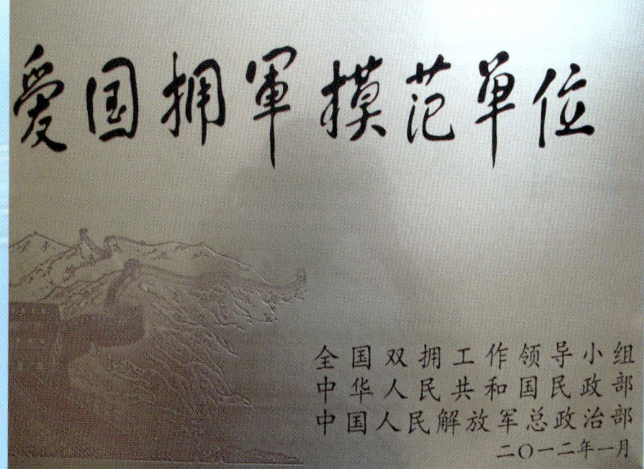

爱国拥军模范单位

全国双拥工作领导小组
中华人民共和国民政部
中国人民解放军总政治部
二〇一二年一月

全国双拥工作领导小组、民政部、中国人民解放军总政治部授予榆阳区民政局“爱国拥军模范单位”称号

八一建军节榆阳区委、区政府领导慰问驻榆部队

榆阳区交通运输局

“十一五”以来，榆阳区农村公路建设，在区委、区政府的正确领导和市交通运输局的大力支持下，坚持以科学发展观为指导，以推进全区交通运输事业又好又快发展为目标，强化工作措施，狠抓质量管理，农村公路建设取得了显著成绩。五年建成包西铁路复线110公里；中能煤田专线铁路6.6公里；榆神高速公路35公里； 210国道城区过境线37公里；榆绥、榆佳再建高速公路124公里。建成农村公路2250公里，改扩建公路53公里，总投资10.6亿元。其中国省投资3.3亿元，市补440万元，区级配套6.8亿元，群众自筹0.456亿元。其中区乡公路198公里；专线公路62公里，实现乡乡通油路；通村油路完成330个行政村、1065公里，通畅率达68%；榆阳、青云等9个乡镇通畅率达到80%以上，红石桥、小壕兔等5个乡镇实现了村村通油路，打通了17个乡镇通村油路乡与乡的连接；砂石路完成156个行政村、925公里，通达率达100%。油（水泥）路密度达22.6公里/百平方公里，升等改造二级以上公路54公里，较“十五”末，提高了19个百分点。全区基本形成了以高速公路为骨干，国、省道公路为支线，区、乡村公路“四通八达”的交通网络，交通面貌发生了巨大变化。

区长苗丰（中）调研重点项目建设

建成通车的榆常路

榆阳区煤炭管理局

局长　张建华

2012年榆阳区全年共生产原煤3895万吨，较上年增长26%；实现工业产值160亿元，同比上年增长17%；全区煤炭企业上缴税费总额达48.6亿元，较上年增长10.6%，占全区财政收入的66.1%。全系统完成固定资产投资48.3亿元，较上年增长6.7%，其中技改投入8.5亿元，是上年的2.9倍。

全年召开煤矿安全生产调度会8次，开展安全大检查7次，检查204矿次，陪同省市检查62矿次，整改各类隐患869条。全年组织培训复训煤矿从业人员4271人次，全区煤矿特种作业人员和煤矿管理人员持证率达100%。开展了防治水、防灭火、采空区管理专项整治。全区14处煤矿安设了黄泥灌浆防灭火设施，5处矿井安设注氮灭火设施，18处矿井安设了束管检测系统，完善了自然发火检查、预测预报等防灭火制度，防灭火水平得到了较大提高。开展了全区煤矿采空区集中勘查和井上下对照普查，积极推进采空区综合治理方案编制，勘查井田面积120.3平方公里，物探勘查面积30平方公里。全区煤矿对采空区与生产区全部用永久密闭进行隔离，并且密闭墙严格按防爆墙进行建设、编号、建档管理。在采空区安设顶板压力传感器，并且安排顶板管理员，定时对密闭墙、顶板压力传感器进行专项检查。大力推进标准化矿井建设。2012年建设安全质量标准化矿井8处，中能榆阳煤矿通过国家级安全质量标准化验收。麻黄梁煤矿通过一级安全质量标准化验收；二墩、白鹭、榆卜界、七山、永乐5处煤矿通过二级安全质量标准化验收；常乐堡煤矿通过三级安全质量标准化建设验收。

区委书记王成继检查工作

区长苗丰检查煤矿工作

张建华局长深入一线检查煤炭运销秩序情况

局长张建华陪同领导检查煤矿安全工作

工会慰问煤矿困难户

榆阳区环境卫生管理局

市环卫处检查指导工作

领导班子

慰问困难环卫工人

劳保发放现场

榆阳区环境卫生管理局成立于2011年5月，隶属于区政府管理的事业单位，正科级建制，局机关内设10个科室，经费实行财政全额预算。同时，在榆阳区城区范围下设8个环卫所，均为区环卫局的下属单位，副科级建制，局所现有正式干部127人。

全局现有环卫工人3209人，其中清运司机176人，协管员609人（其中公益性协管员317人、内部协管员292人），垃圾箱（仓）1000个，果皮箱1400个，收集筒3000个，收集点1200个，环卫专用车辆118辆，环卫监督岗12座，环卫工人休息场所28座。

榆阳区城区共有公厕170座，其中移动式公厕11座。于2012年6月13日起，全部实行24小时开放。

区环卫局的主要工作职责是：负责榆林中心城区（榆林高新区管辖范围除外）全部巷道、街道、城市主干线环卫、清扫、保洁、清运、清掏和6米以下巷道旱厕改造；负责榆林中心城区市区机关、企事业单位、街道门店生活垃圾处理费和建筑垃圾处理费的征收及环卫执法工作；负责榆林中心城区以外的环境卫生管理、监督检查和环卫执法工作。

全局大力开展环境卫生百日综合整治行动，城乡环境卫生面貌大为改观。利用三个多月的时间，对城区的垃圾坡、空闲地、垃圾堆、卫生死角、基建垃圾及背街小巷的环境卫生进行更为彻底地清理、整治，累计集中整治179次，清理各类垃圾4189吨。重点对鱼河镇、金鸡滩、麻黄梁、鱼河峁、牛家梁、芹河、青云、镇川、上盐湾等乡镇的街道、集贸市场、公路沿线、河道、桥梁等部位进行了集中整治，清理垃圾点75处，清倒生活垃圾2000多吨，初步达到了整治效果。

充分发挥机械设备的优势，着力提高道路机扫率。将上一年购置的3800万设备全部投入到城区的清扫作业和垃圾清运中，城区25条主干道全面推行机械化清扫，机械化清扫率由45%提高到81%。

深入探索清扫、保洁的方式方法，显著提高保洁效果。针对城区新建路、榆阳路、人民路、长城路等人、车流量较大、保洁难的繁华路段，通过多次调研，将这些路段的保洁工作由原来两班倒改为三班倒，保洁时间延迟到晚上10时，保洁效果明显提高。

多措并举，改善环卫工人工作条件，切实提高环卫工人福利待遇。在城区设置6处环卫工人免费理发点，免费为环卫工人及其家属理发。夏季为协管员和环卫工人发放小米、绿豆、白糖等防暑降温物品。积极向爱心企业寻求赞助，在“三八”妇女节举行了“榆神煤电公司慰问环卫女工”等活动。

榆阳区巴拉素林场

榆阳区巴拉素林场位于榆林城西39公里处，地处毛乌素沙漠腹地。1958年6月建场，为事业单位，正科级建制，隶属于榆阳区林业局，现有职工48人，其中党员8人，专业技术人员23人。林场主要负责林木种苗/国有林场规划计划编制，林木种苗生产供应，森林培育经营，护林防火，林木良种选育与新技术推广相关技术和管理人员培训等工作。

林场经营总面积36.7万亩，共涉及32个林业小班，林木活蓄积量3000m^2，林草覆盖率达84.3%。林场涉及红石桥，补浪河、巴拉素"两乡一镇"国有林区域。近年来我场抢抓机遇，狠抓落实，强化措施，突出重点，在抓好林木林地资源管理管护的同时，累计完成退耕还林3.2万亩，天保工程造林9.43万亩（其中飞播造林8万亩）"三北四期"封育4000亩，人工造林6000亩。截止目前，原有苗圃和改造后苗圃地占地750多亩。在育苗方面立足自身，大胆创新，实现了多品种，高质量的既定目标，累计出圃各类合格苗木4000多万株（袋），即满足了工程造林，又为内蒙、宁夏、山西等周边地区提供一定的优质苗木。

为了适应新形势，实现林业跨越式发展，2003年经国家林业局批准成立榆林沙漠国家森林公园一处，同年五十里沙臭柏保护区升级为榆林市榆阳区市级臭柏自然保护区，这将为林场的进一步发展奠定了良好的基础，为榆林市森林旅游做出更大的贡献。

区长苗丰视察林场苗圃基地

市林业局局长康文伟视察森林公园

森林管护中心落成典礼

场领导向省林业厅领导汇报公园建设情况

林场院落

苗圃一角

榆阳区林业局

局长　朱喜堂

榆阳区林业局是区政府主管全区林业工作的职能部门，其主要职责是贯彻执行党和国家的林业方针、政策，指导全区造林绿化工作。局机关与绿化办合署办公，内设办公室、业务股、林政办3个股室；下属“三站”(林站、林种站、治沙站)、“五场”(鱼河、城郊、牛家梁、小纪汗、巴拉素林场)、“两所”(区森林公安派出所、昌汗界森林公安派出所)、“一圃”(区苗圃)和“一队”(林政稽查队)，共12个事业单位，全系统在职职工836人，其中高级职称38人，中级职称119人，初级职称398人，技术力量雄厚，队伍作风过硬，是全区生态文明建设的中坚力量。

截至2012年底全区造林保存面积达到480.2万亩，其中乔木林42万亩，灌木林422.2万亩，经济林16万亩。分别占造林保存面积的9%、87%、4%。森林覆盖率45.4%，活立木蓄积量达103.6万立方米。全区570万亩荒沙基本达到了固定和半固定，50多万亩农田基本实现了林网化，100多万亩荒山荒地基本得到治理，全区基本上形成了“带、片、网”相结合的防护林体系。

2012年以来，随着“三年植绿大行动”、“三个

省长娄勤俭在我省京津风沙源治理二期工程启动仪式上参加义务植树

亿元”绿化工程、全面治理荒沙工程和三大林果产业基地建设的启动实施，全区林业工作步入跨越式发展的轨道。局领导班子带领广大职工励精图治，以不畏艰苦、敢于担当、创新进取的责任感和使命感，全力投入到推进生态文明、建设美丽榆阳进程中来。林业建设呈现发展快、投资多、质量好的良好势头，仅2012-2013两个年度，全区完成投资逾5亿元，完成人工造林21.3万亩，飞播造林17.5万亩，受到省、市、区领导的一致肯定。

榆阳区先后受到中、省、市表彰奖励共122项，其中国家级大奖17项，省级17项，市、区级88项。2001年被全国绿化委员会、人事部、国家林业局授予“全国造林绿化先进集体”，2001年被国家林业局授予“三北防护林体系建设先进集体”，2002年被国家林业局授予“全国林业生态建设先进县(区)”；2003年被陕西省绿化委员会授予“陕西省绿化模范县区”，2004年被陕西省人事厅、林业厅授予“全省林业系统先进集体”，2004年被陕西省森林防火指挥部授予“2001-2003年全省森林防火先进单位”。2005年被国家林业局评为“全国防沙治沙先进县(区)”。2006年被全国绿化委员会、人事部、国家林业局评为“全国造林绿化模范县(区)”。

副省长祝列克视察区造林绿化工作

省纪委常委高山检查局党风廉政建设工作

市长陆治原带领市、区有关领导视察区造林绿化工作

榆阳镇人民政府

榆阳镇地处榆阳区腹地沿河地带，东与青云乡接壤，西与芹河乡相邻，南与鱼河镇为邻，北与牛家梁镇毗邻。辖区东西最大距离5公里，南北最大距离30公里，总土地面积148.8平方公里，人口密度为每平方千米341人。

明永乐六年(1408年)，建榆林寨，明成化7年（公元1471年）置榆林卫，成化9年设榆林镇，清雍正7年（公元1724年）改设榆林道。1950年初，成立榆林县城关镇人民政府。2011年末，辖吴家梁、红山、北岳庙、官井滩、广榆、王家楼、广济北、广济南、新乐、永乐西、榆阳东、永乐东、榆阳西、五雷沟、金刚寺、流水沟、杏墕、南川、沙河、沙河口、三岔湾、刘官寨、向阳山、大河滩、西沟、韦家楼、归德堡、花园沟、徐庄则共29个村委会，下设99个村民小组。2012年末，全镇总人口25968人。

榆阳镇耕地面积1.9415万亩，人均0.78亩，粮食作物以玉米、洋芋为主，生产粮食7450吨，人均298.9千克，农业产值从2000年的1756万元，增加到2005年的4297万元，2011年达到5000万元，比上年增加11.1%。林地面积10000亩，累计造林1300亩，主要以樟子松为主，拥有防护林22800亩，经济林160亩。

2011年末镇企产值46488万元，主要有榆阳东村的今日潮大酒店，红太阳家具市场，大洋百货；广济北村的广济大厦，万隆家私；永乐西村的天河大酒店，天承综合批发市场，榆阳西村的古城农贸市场；官井滩村的和平酒楼；杏墕银杏村的银杏大酒店；流水沟村的水晶大厦；沙河口村的沙河口综合农贸大市场，2013年，榆阳镇总产值为7亿元。2013年人均纯收入达到18106元。

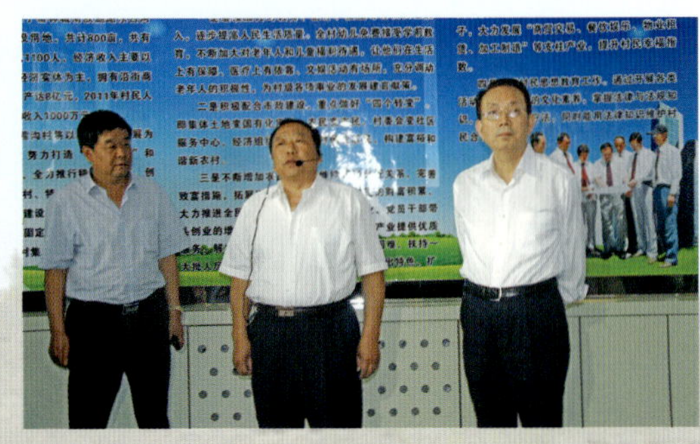
省纪委书记郭永调研工作

领导班子

干部理论学习

村民文娱活动

无公害蔬菜基地

村民住宅小区

第三产业

村两委阵地建设

党员主题活动

村民住宅小区

榆林市榆阳区麻黄梁工业集中区

榆阳区麻黄梁工业集中区位于榆林城区东20公里处，总规划面积40平方公里，一期控制面积8平方公里，目前已基本建成；二期扩大到25平方公里，计划2017年建成；三期再扩大到40平方公里，预期2022年建成。

集中区规划范围内，不占用耕地、不需要搬迁、不压覆资源、不污染水源；居于210国道、榆佳高速公路、榆神高速公路的三围之中，交通便捷；靠近榆神煤田边缘，石峁水库南岸，取水用煤十分便利。

集中区自2008年启动建设以来，已完成水、电、路等基础设施投入17亿元。建成集中区至榆西路和榆林城区的高等级油路27公里；建成集中区内路网35公里；建成输水管线8公里；建成日供水15000吨净水厂一座，已投入运行；建成日处理污水10000吨污水厂一座，已投入运行；建成园区内输水管网20公里；建成输高压输电24公里和110KV变电站1座；已完成主要干道绿化、亮化和硬化；9栋1888套保障性住房将于2014年年底交付使用；一个设施配套、功能齐全、环境友好、运转高效的框架体系已经初步形成。

截止目前，集中区共23个入驻项目。其中建成或具备投产10个，在建8个，即将启动建设5个。这些项目全部建成投产后，预计可实现工业产值200多亿元，创税10多亿元，解决就业13000多人。

预计到2022年三期工程全部建成后，将累计完成投资470亿元，其中基础设施建设投资100亿元，实现年销售收入1450亿元，年利润123亿元，成为榆阳区经济新的增长极。

原省委书记赵乐际在陕汽东方车间调研新能源汽车项目

原省委书记赵乐际在陕汽东方车间调研工作

副省长李金柱在集中区调研工作

市委书记胡志强在新能源专用车项目调研工作

市委书记胡志强在三氯乙烯项目调研工作

区委书记王成继在集中区召开全区重点项目推进现场会

区长苗丰在集中区调研工作

集中区党委书记刘铁牛向人大代表介绍绿化工作

集中区职工书屋被授予全国职工书屋荣誉称号

社会各界人士到集中区参观

陕汽新能源汽车装配一角

榆阳区金鸡滩镇人民政府

书记叶士亮（左） 镇长王波（右）

金鸡滩镇位于城区东北27公里处，东临神木县，北及内蒙古，南依长城，地处榆神矿区腹地，204省道、榆神高速、包西铁路横穿而过，属典型风沙草滩区。全镇辖12个行政村，94个村民小组，29156人（其中常住人口16156人，5823户，流动人口13000人，3250户），计生人口16269人；辖区共有党支部17个，党员547名；村干部66人（其中监督委员会主任12人）；辖区有基层站所17个，大中型企业17个，乡镇企业57个，规模养企业35个，个体户380余户；总土地面积330平方公里，耕地面积38143亩，粮食总产量17846吨，人均纯收入13401元；全镇农业总产值21134万元，生猪饲养量86574头，羊子饲养量101088只，家禽饲养量109350只。参加新型合作医疗15105人，参加养老保险6536人；共有五保33人，低保613人。

区委书记王成继、区长苗丰一行参观滨化绿能企业建设

书记叶士亮向市级领导介绍本镇陕西有色榆林新材料有限责任公司生产建设情况

区领导参观本镇新农村建设项目

纪念中共成立92周年座谈会

举办教育基金暨计划生育家庭奖励扶助金发放仪式

榆阳区牛家梁镇人民政府

牛家梁镇位于榆林城北10公里处，东邻金鸡滩镇，南接榆阳镇，西靠小纪汗乡，北毗孟家湾乡。全镇总土地面积187.6平方公里，拥有耕地29720亩，人均占有1.5亩。辖12个行政村，72个村民小组，总户数7007户，总人口20718人。2012年农民人均纯收入达13624元。被授予“陕西省明星乡镇”、市级“文明乡镇”的荣誉称号。牛家梁镇地理位置优越，交通便利，资源丰富，经济发展较快。榆神、榆绥、陕蒙三条高速、210国道过境线、神延铁路、榆麻、榆沙、榆常、运煤专线、百米大道构成了全镇“四横六纵”交通网。地下有丰富的煤炭资源，镇域内10大煤矿，年开采量达500多万吨。

新农村建设成为牛家梁镇新的工作亮点。结合矿区移民搬迁，为了解决好采空区群众住房安全问题，实现村矿和谐共赢。2006年市、区政府将什拉滩确定为新农村建设示范村，规划建筑面积30万平方米，由公共服务区、小康家园、设施农业、规模养殖4大板块组成。该项目已完成了195栋390套别墅主体工程和小区内20.68公里的道路硬化建设任务，完成投资1.8亿元。届时将打造成“榆林第一新村”，为牛家梁镇再添华彰。结合榆绥高速、国道过境线、农业示范园建设，牛家梁镇城大圪堵村杜家湾小组积极支持三个重大项目建设，同时抓住机遇加快解决46户拆迁安置户和部分困难群众的住房问题，规划180亩集体自有林地建设移民搬迁新村。该项目按照“富裕、文明、和谐”的要求，将建设140栋别墅式民居小区，总建筑面积40810㎡，总投资1.2亿元，全力打造生活富裕、环境舒适、生态优美的新农村样板村。两个新农村项目正如火如荼加紧建设，多次迎接市区领导、人大代表、离退休老干部、“双十二”项目实施单位代表等组团前来参观指导工作。

区长苗丰陪同省政协主席李进权视察什拉滩新农村

区委书记王成继视察什拉滩新农村

牛家梁社区老年文艺队参加区文化节比赛

城大圪堵杜家湾新农村鸟瞰

榆阳区麻黄梁镇人民政府

麻黄梁镇地处榆林市东北部古长城沿线，距榆林城区35公里处，黄土丘陵沟壑区与风沙草滩区的过渡地带，大致地貌是“七山二沙一分田”。全镇有24个行政村，119个村民小组，4778户，13836人。有党员445人，机关事企业单位党员32人。总土地面积488平方公里，有耕地面积42000亩，其中水浇地5000亩，梯田3000亩，坝地6000亩，山坡地28000亩。草地12.4万亩，全镇已形成万亩以上集中连片的优质人工牧草地5块。本镇有四大资源优势：一是土地资源广阔、土质肥沃、适宜种植多种牧草，经过多年努力，形成林草保存面积20万亩。二是煤炭资源丰富。全镇70%的地下埋藏有5-11米厚的优质煤层。现有六处煤矿投产，麻黄梁工业集中区和五处大型煤矿正在建设中。三是小杂粮等优质种植业是本镇的特色产业，种草养羊是本镇的主导产业，种草养羊已成为强镇富民的支柱产业。四是以水煮鱼为主的农家乐旅游休闲、度假项目逐渐发展壮大。

书记葛守财（左）　镇长郭彦贵（右）

2012年，全镇羊子饲养量达14万只，其中白绒山羊9万只，是全区最大的养羊乡镇，是国家级白绒山羊育种基地。2012年全镇工农业总产值6181万元，乡镇企业总产值569013万元，粮食总产量10363吨，农民人均纯收入9432元。

麻黄梁镇党委紧紧围绕经济建设这个中心，以建设社会主义新农村为载体，以招商引资为主抓手，大力发展民营企业。以建设“实力、魅力、活力、幸福”新麻黄梁为奋斗目标，与时俱进，开拓创新，为实现经济转型跨越发展开创新局面。

人民赠送答谢锦旗

全体镇政府干部学习十八大会议精神

镇政府大楼

舍饲养羊

县委书记　雷正西

神木县境内五千多年前就有人类居住，后来成为中原汉族和北方少数民族融合的前沿，素为“南卫关中，北屏河套，左扼晋阳之险，右持灵夏之冲”的塞上重地。神木的建制始于秦汉，唐置麟州，金设“神木寨”，明称神木至今。相传城郭东南原有古松三株，遮天蔽日，冠如华盖，当地人皆称“神松”，神木县名由此得来。北宋时，以生长于麟州的一代名将杨业为代表的满门忠烈杨家将英雄群体，戍边卫疆，忠勇无敌，流芳百世。一代名臣范仲淹曾到此巡边，写下了不朽名篇——《渔家傲·麟州秋词》。神木也是著名的革命老区，1927年创建了党组织，1934年创建了红色政权，开辟了神府革命根据地，一大批仁人志士前赴后继，为人民的自由和解放事业做出了重要贡献。

神木县域总面积7635平方公里，是陕西省面积最大的县，辖15个镇629个行政村，总人口42万。县域经济综合竞争力居全国百强县第36位、西北第1位。神木是陕西历史文化名城、国家级卫生县城、全国科普示范县、全国政务公开示范县、全国生态文明建设先进县、中国金融生态县和中国十大最关爱民生县。走进神木，可以让你读懂这片古老土地上

神木县

SHEN MU XIAN

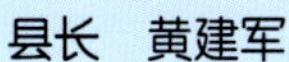

县长　黄建军

堆积的厚重，聆听历史舞台上演的风云激荡，感受科学发展的波涛澎湃，触摸催人奋进的激情脉搏。

神木真正意义上的大发展，始于上世纪80年代初的神府煤田开发。近三十年来，神木人民紧紧抓住神府煤田开发、西部大开发和国家能源化工基地建设三大机遇，埋头苦干，锐意进取，经济社会发展取得了历史性成就。特别是县委、县政府立足“三富三不富”（财政富老百姓不富、少数人富多数人不富、北部有资源的乡镇富中南部黄河沿岸不富）和“四个不同步”（增长速度与发展质量不同步、经济建设与社会建设不同步、精神文明与物质文明不同步、干部素质与社会发展不同步）的真实县情，秉持“不唯书、不唯上、只唯实，不等待、不依赖、自己干，不争论、不抱怨、求发展”的施政理念，以民营经济和民生建设为两大主题，以“亲民型、阳光型、创新型”政府建设和“十大惠民工程”为载体，把县域经济培育成了名副其实的“民生经济”。神木，一个现代化的幸福县域正在中国西部崛起！

神木县民生慈善基金会成立大会

神木县个体老板为神木县民生建设慷慨捐资

第七届煤博会上神木展区

神木县博物馆开馆庆典

神木县鑫义能源化工15万吨/年石脑油重整项目开工仪式

工业区

保障性住房

移民新村

新农村建设

神木北元化工

长城林带

现代化煤矿综采工作面

60万吨甲醇厂

中共神木县委政法委员会

县委常委、政法委书记　双亚萍

中共神木县委政法委员会是县委领导和管理全县政法工作的职能部门，从宏观上组织领导全县政法各部门的工作。政法委下设综治办、维稳办、防邪办三个正科单位，内设综合办公室、政工室、执法监督室三个副科单位。全委共有19人，有12人担任领导职务，其中副处级1人，正科级5人，副科级6人。分别是：书记1名，由县委常委担任；副书记3名，其中两人分别兼任综治办、维稳办主任；防邪办主任、副主任各1人；执法监督室主任1人；综治办副主任1人；维稳办副主任2人；综合办公室主任1人；政工室主任1人。

近年来，随着神木经济社会跨越发展，政法工作积极适应新形势、新要求，主动服务大局，积极履行领导、管理政法部门的职能，切实维护社会稳定，深化平安神木创建，加强创新社会管理，狠抓政法队伍建设，防范处理邪教问题，开展执法监督工作，政法事业取得了长足进步，为“五个神木”建设保驾护航。

省政法委副书记乌永陶调研指导神木社会管理创新工作

县委常委、政法委书记双亚萍调研基层基础工作

神木县国土资源局

神木县国土资源局的前身是神木县土地管理局，在2002年县级机构改革中重新组建而成，是神木县政府的职能工作部门，负责全县的土地征收、土地储备、土地开发整理、耕地和基本农田保护、土地招标拍卖挂牌出让、土地登记和国土资源执法监察等工作。

神木县国土资源局有7个内设机构：局机关办公室、地籍管理所、神木县国土资源系统工会工作委员会、耕保股、登记发证办公室、信访接待室和车队；11个下属事业单位：神木县国土统征储备中心、神木县土地整理中心、神木县地价评估所、神木县国土资源监察大队、神木县国土资源局城郊分局、神木县国土资源局锦界分局、神木县国土资源局大柳塔国土资源所、神木县国土资源局孙家岔国土资源所、神木县国土资源局店塔国土资源所、神木县国土资源局沙峁国土资源所和神木县国土资源局花石崖国土资源所。

我局在局党组的带领下，全面贯彻党的十八大精神，高举中国特色社会主义伟大旗帜，以邓小平理论和“三个代表”重要思想为指导，坚持学习实践科学发展观和开展干部作风建设年活动，发扬“思想认识高起点、谋划工作高站位、工作要求高标准、管理措施高水平”的国土资源管理工作作风，以加强国土资源管理，切实保护耕地为己任，真抓实干、拼搏进取，为我县经济社会又好又快的发展做出应有的贡献。

矿产执法会议

工作会议

神木县矿产资源管理办公室

神木县地处举世闻名的神府——东胜煤田的腹地，境内储煤面积4500平方公里，探明资源储量500多亿吨，另有石英砂资源储量911万吨，膨润土资源储量1.2亿吨，还有品位较高的岩盐、矿泉水和粘土等矿产资源。全县共有煤矿116个，有砂、石、粘土等地方建材矿山企业162个。神木工业经济围绕资源开发带动化工、电力、载能、建材等产业不断发展壮大，县域经济综合实力进入全国百强。

神木县矿产资源管理办公室为县政府直属事业机构，主要负责全县境内矿产资源的规划、管理、保护与合理利用；宣传和贯彻有关法律法规，研究拟定资源开发利用规划和编制实施方案；依法授予采矿权、征收矿产资源补偿费，监督开采行为；防治地质灾害，保护地质遗址等。内设政秘科、技术监督科、财费科、地质环境科四个科室。下设神木县砂石料管理站、神木县矿业地质测量管理站和神木县地质环境监测站三个正科级事业单位。砂石料管理站主要负责县境内砂、石、粘土等地方建材资源开发利用的监督管理和资源补偿费、石英砂开发基金的征收工作；矿业地质测量管理站主要负责为矿山企业提供地质测绘服务，开展地形测量、工程测量、地籍测量、工程地质勘查、矿业地质勘查等工作；地质环境监测站主要负责地质灾害隐患点的监测、预报、应急调查，地质灾害危险性评价以及地下水监测等工作。

矿管办自成立以来，通过不断创新工作机制，全程实施动态监管，建立了矿管部门（行政监管）、地测机构（技术支撑）、矿山企业（自我约束）的储量动态三级监管体系，全县境内矿产资源的规划、管理、保护和利用等项工作逐渐走上健康轨道。采矿权授予、资源补偿费征收、地质灾害防治和采矿行为监督等工作成效显著，矿政管理水平始终在全省乃至全国处于领先地位。近年来，本办在整顿规范矿产资源开发秩序工作中，创造性地开展工作，全面推进煤炭资源整合步伐，努力探索实行相邻煤矿互签防止越界开采协议、聘任兼职矿山督察员等新举措，进一步提升了资源管理水平，实现了全县矿业秩序根本性好转。

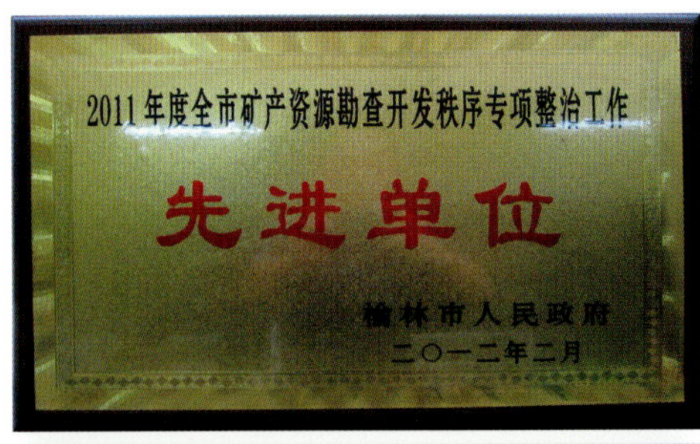

神木县煤炭运销管理站

站长　孙有志

神木县煤炭运销管理站，是神木县人民政府于1989年4月成立的地方煤炭运销管理事业机构，现有干部职工449人（其中离退休17人），内设9个职能科室队，下辖22个煤炭计量检查站，其中有17个站为自建站，四个站租赁办公场所，14个是经省政府批准设立，各基层站点分布于县境内各主要道路出境口，依据市、县煤炭运销管理办法，负责全县出境煤及煤产品的数量检测、票据检验、质量跟踪工作。

建站20多年来，历届煤管人，在县委、政府的正确领导下，累计检查发运煤炭6亿多吨，收取各项规费约60多亿元，仅2012年一年实现检查发运量8900多万吨，实现规费收取13.7亿多元。为神木县域经济发展做出了巨大贡献。

神木县煤管站荣誉展示墙

神木县交通运输局

局长　王怀智

2012年，神木县交通运输局深入学习贯彻党的十八大精神，以科学发展观为指导，加快建设促发展，强化管理树形象，推进工作上台阶，各项工作取得了显著成效。交通路网更加完善。全年共完成投资7.59亿元，建成公路374.4公里，全县公路通达率达100%，通畅率达65%。养护管理更加规范。组织实施5处地质灾害治理，加固改造5座大桥。全县公路畅通和路况良好，好路率明显提高。交通运输保障更加有力。客运市场，规范有序，公路客运量162万人次，旅客周转量24300万人公里。货物运输市场稳定有序，货物装载源头监管分类科学，责任落实、有效监管率达到95%，公路货运量4505万吨，货物周转量63700万吨公里。城市公共交通发展更加优先。县城公交营运车辆达到80辆，公交营运线路增加到9条，总运营里程138公里，公交车停靠站点150个，公交车专用线2.26公里。通过公交车站点改造，使公交车运行速度较改造前提高30%，道路客流运送能力提高35%以上。安全生产基础更加巩固。安全目标明确，安全责任落实，安全措施到位，“道路运输客运年”、“打非治违”、“两客一危”治理、隐患排查等专项整治收效明显，安全形势总体平稳。交通文化、党风廉政建设更加深入。扎实开展了创先争优，干部作风整顿，“五个集中整治”、学雷峰活动。评选出“平安工地”2个、“文明示范路”2条、“文明公交车”5辆、“文明出租车”5辆、“文明班线车”5辆。行业文明程度明显提升，社会形象全面改善。交通运输创新发展能力更加凸显。技术创新，在公路升等改造，大中修工程中推广应用公路冷再生技术。促进环保公路、节约公路、科技公路建设，实现循环发展，可持续发展；机制体制创新，积极创新投融资体制，开拓思路，开辟渠道、采取向上争取、市投县建、县投县建、BOT等多种建设模式，筹集公路建设资金，使交通建设由投资主体单一、资金渠道唯一，转变到投资主体多元化、筹资方式多样化，使公路建设由单一的政府行为变为社会行为，有力地推动了交通建设的快速发展。思路创新，在学习十八大精神，实践科学发展观中提出了实施大建设、大养护、大物流、大公交“四大战略”，建设和谐、法治、人文、廉政“四个交通”的发展思路，促进区域特色综合交通运输体系建设。

展望未来，神木县交通运输工作在十八精神的指引下，坚持强基固本，着力构建和谐交通，坚持规范执法，推动法治交通建设，坚持文化引领，努力打造人文交通，坚持严格防范，积极营造廉政交通，服务全县经济社会新跨越，适应人民群众的新期待。

局长王怀智检查工作

神木县旅游局

局长　雷吉祥

神木县2012年共接待游客255.3万人次，实现旅游综合收益8亿元，分别比上年增长了15%和16.2%，其中星级饭店入住率92%，营业收入5614万元，比上年提高17个百分点，旅行社组团9071人次，接团1300人次，营业收入2206万元。

本县已建成成熟的旅游景区有：红碱淖、二郎山、九龙山、天台山、陕北民俗文化大观园、大柳塔和锦界工业旅游区等，高家堡古城、石峁遗址、煤炭文化博览园、杨家将文化产业园等一批新的景区正在紧张的建设当中。

丰富的旅游文化资源是我县发展旅游产业的天然优势，科学规划、合理保护和开发好这些资源，是旅游产业发展的关键。2011年到现在，在原有规划的基础上，投资800多万元进行了全县旅游总体规划修编，先后完成了红碱淖、二郎山、天台山、西津寺、河津寺、凤凰山、高家堡古城、陕北民俗文化大观园、杨家将文化产业园、煤炭文化博览园等景区的规划编制，为今后旅游产业发展打下良好的基础。

全县共有旅行社和分社11家，其中国际社1家，旅行社管理日趋正规。星级酒店11家，其中四星级酒店3家，酒店经营管理完善。旅游汽车出租公司两家，各型旅游出租车300多辆，已具备相当的旅游接待能力。

近年来，投入资金3亿多元，用于重点景区打造和基础设施建设。启动两个景区创建5A级景区的相关工作，陕北民俗文化大观园也已启动创建国家3A级景区的建设工作。

二郎山

天台山图

红碱淖图片

陕西省电力公司神木县供电分公司

经理 雷渊

书记 杨奋翔

神木县供电分公司原隶属神华集团，于1999年8月整建制划归陕西省电力公司，主要负责神东矿区及周边区域工农业生产与居民用电。神木县供电分公司营业区域北至内蒙古鄂尔多斯市布尔台乡、东到府谷县大昌汗乡、老高川乡一带、南达神木县锦界镇、西至神木县柠条塔及中鸡镇一线，横跨陕蒙三个旗县19个乡镇45个行政村。

神木县供电分公司共有员工184人，大专及以上学历104人，占职工总人数的56.5%，研究生3人，高级职称22人；党员46人，占职工人数的25%，团员9人，有着坚强的政治基础。分公司党、政、工、团机构组织健全，领导班子由4人组成；共设置职能科室2个、专业科室2个，共有10个基层班组；设党总支1个，下辖支部3个，即行政支部、生产支部和经营支部；设置分工会1个；设置团支部1个；设置华源神木分公司1个。

神木分公司供电区域有330千伏变电站3座，总容量126万千伏安，通过330千伏神木变神水双回线路向陕西地电趸售支撑神木地方电力区域110千伏网架供电；330千伏输电线路8条长度276.86公里；110千伏变电站8座，总容量81.5万千伏安；110千伏输电线路29条长度485.32公里；35千伏变电站6座，主变12台，总容量10.8万千伏安，以上除330千伏变电站外，其余所有变电站均已实现无人值守。共有35千伏输电线路21条189.6公里；6-10千伏配电变压器1985台，总容量118.5923万千伏安；6-10千伏配电线路52条1816.7公里。管辖客户12883户。

神木县供电分公司始终坚持安全第一的生产方针。多年来未发生一起人身轻伤及以上事故、一般电网与设备事故、一般交通与火灾事故、电气误操作与电网误调度事故、没有因分公司责任停电导致的煤矿等重要客户人员伤亡事故。

神木县供电分公司积极开拓用电市场。根据市场发展需要，设立了5个供电所。按照“建设电网等项目、优质服务跟项目、灵活策略争项目”的市场开拓原则，坚持“寸网必建、粒费必收、度电必争”的经营理念，努力增供扩销。

2008年以来，神木分公司先后荣获国家电网公司“五四红旗团支部标兵”、省、市政府“人民群众满意基层站所”、省公司“工人先锋号”；榆林市“全市文明行业创建活动先进单位”、“文明单位”、“诚信企业”、“青年文明号”、先进“职工小家”、“先进集体”、五好党支部、神木县连续八年“行风测评第一名及优秀单位”、陕西省“文明单位”等50多项殊荣。

神木县供电分公司始终围绕服务地方经济发展和建设“陕西领先、西北先进、国内一流”现代公司的总体目标，以科学发展观为指导，增强“两种意识”、弘扬“两种精神”、提升“四种能力”，加强精益化管理、标准化建设，强化企业人才科技和企业文化支撑，推进企业发展再上新台阶，创建一流县级供电企业。公司将恪守国家电网公司“三个建设”要求，求真务实，真抓实干；树立诚信、责任、创新、奉献的价值观，内强素质、外塑形象，为创建和谐神电，推动神东经济社会发展做出新的贡献。同时真诚希望政府给予支持、客户给予监督。

经理雷渊检查指导工作

媒体走进国家电网公司陕西省电力公司神木县供电分公司

客户送锦旗

电　网

工作会议

陕西神木煤业集团公司

神木县煤业集团有限公司（简称神煤集团），是2007年经神木县政府批准并出资组建的一家综合性大型煤炭产业集团。集团总注册金9.54亿元，国有独资注册资金3.06亿元。是神木县唯一一家集煤炭开采、洗选加工、销售运营、煤化工开发及矿区生态环境治理为一体的优势国有独资煤炭企业，煤炭资源储存量多达11.7亿吨。

神煤集团拥有3个分公司，1个全资子公司，4个控股公司；经营项目涉及煤炭批发经营、煤化工项目、房地产开发项目、工业民用工程建筑项目的开发、煤矿服务、煤矿技术研究、矿用物资供应7大产业。集团以国家政策为导向，以本县煤炭资源优势为基础，坚持“以煤为基、多元发展”的模式。在做强、做大主导产业的同时，大力发展其他产业，逐步构建起了“煤炭、煤化工、电力、铁路、产运销、服务、环境治理”等新兴产业相互支撑、竞相发展的产业格局。

神煤集团以资产为纽带，以整合重组为模式，利用资源整合的优势重组石窑店矿，2012年又新增宝兴源、升富和锦东3个子公司。按照“高起点规划、高标准建设、高效能管理”的工作思路；围绕神木县委、县政府提出“围绕煤，延伸煤、超越煤”的战略思路；牢固树立“科学发展、安全第一”的理念，严抓安全施工、确保工程质量、改善生产环境、提高技术水平，力争把神煤集团建设成“安全、高产、高效、绿色、和谐”的现代化新型煤炭企业。

神煤集团依托资源优势，在前后几任领导班子的带领下，大胆探索，丰富载体，不断做大做强；在原有产业的基础上再创辉煌。不断创新，不断发展，神煤集团从未停止过发展的步伐，正在筹建1个生产服务公司、2个集装站、1个快速装车系统，计划在“十二五”末实现煤炭资源储存量在原有的基础上翻两番，力争形成煤炭年生产能力达到3000—4000万吨的规模，确保集团在行业内实现新的跨越。

神煤集团以人为本，不断将文化力转化为生产动力；积极建设绿色高效循环经济产业链。充分依托资源优势、团队优势和技术优势，持续做精做细，做专做优；确保在资源开发利用水平，效能、效益指标，安全保障能力，员工素质、员工收入及工作生活环境等方面，都处于区域内领先水平。全力打造一个独具特色、最具发展活力、最具竞争实力的创新型煤炭产业集团。神煤集团，一个以煤为核心，集多种产业并存，创百花齐放，百家争鸣的大型煤炭企业正在扬帆起航。

公司领导班子

调度中心

石窑店矿业全景图

2012年度工作会暨表彰会议

年终总结大会

中国工商银行股份有限公司

神木支行

中国工商银行股份有限公司神木支行（简称工行神木支行）前身为中国工商银行神木县支行，成立于1986年1月1日。现内设二个部室，有4个对外营业机构，现有职工59人，其中党员27人。主要工作职能是：办理人民币存款、贷款、结算业务；办理票据贴现；办理电子银行业务；办理银行卡业务；代理发行金融债券；代理发行、兑付、销售政府债券；代理收付款项；代理保险业务；代理开放式基金等。

工行神木支行以良好的行风行貌，多次得到省委、省政府以及总、省行的嘉奖，先后荣获“总行级先进基层党组织”、“陕西省卫生先进单位”、“总行级模范职工之家”、“省行级党风廉政建设先进集体”、“省行级优质文明服务先进集体”、“省行级先进基层工会”、“榆林分行先进基层党组织”、“榆林银行业服务先进单位”等荣誉称号。

工作区一角

神木中学

陕西省神木中学创建于1939年，现有在校生2800多人，52个教学班，教职工206人，其中，特级教师3人，高级教师52人，一级教师68人，具有研究生学历的14人；省级教学能手5人，市级拔尖人才2人，市级教学能手、教坛新秀8人，县级学科带头人12人。属陕西省普通高中示范学校、国家级绿色学校。

近年来，学校克服硬件设施相对老化、校园占地面积小等瓶颈约束，承袭学校传统，挖掘自身潜力，狠抓常规管理，力促质量提升，形成了“培养学生多元智能，奠定学生发展基础”的办学理念，推行“任务推进”管理模式，朝着“努力建设内涵发展，特色鲜明，人才培养模式有效的省级示范高中”的办学目标而奋斗。

为了找到更加有效的人才培养模式，实现学校的内涵发展、科学发展；为了从根本上改变我校教师教育理念落后、教学模式僵化的现状，进一步提高教学质量和办学效益，切实加强教学常规管理，不断探索新的教学模式，开创了“教师主导，学生主体，师生互动，合作探究，富有活力，充满生机”的“352”高效课堂新模式，为进一步提高学校的办学效益找到了新的基点。

追求卓越不动摇，科学管理见成效。多年来，学校高考成绩稳步提升，高考录取一直居榆林市前列。近几年，本科升学率都在90%以上，2012年高考一本上线率40%，二本上线率78%，三本上线率99%，再创骄人成绩。连续多年被评为神木县高中教育先进集体、榆林市高中教育先进集体。2009年12月全市第一的优异成绩高标准通过省级“316工程”评估验收；2010年被省委、省政府命名为“陕西省未成年人思想道德教育先进集体”；2011年又被省委、省政府命名为“陕西省文明校园”；2011年12月，省教育厅命名我校为榆林市创建的第一所省级普通高中示范学校，这是我校继“标准化高中”、“全国绿色文明学校”、“奥林匹克示范学校”之后的获得的又一次殊荣。

校长　乔振义

高效课堂

校园一角

神木县第四中学

校长黄瑾给学生答疑解惑

神木县第四中学位于神木县城西开发区，2000年建校开始招生，总占地面积210亩，建筑面积10万多平方米。学校典雅庄重的建筑与雕塑、路灯、花草、树木相互掩映，是一所环境优美、格调雅致的花园式学校。

学校现有52个教学班，学生2793人。教职工201人，专职教师175人，中高级职称83人，专职教师学历达标率100%。结构合理充满创新探索的教师队伍，为学生的可持续发展奠定了坚实的基础。

学校教学设施设备齐全。拥有先进的多功能报告厅、电子备课室、多媒体教室，基本上实现了教学的现代化。物理、生化、史地探究实验室及通用技术室的装备，音乐、美术、舞蹈等活动室的设置，各种学生社团的成立，标准化操场的修建，为学生的长足进步和全面实施素质教育提供了强有力的保障。

学校以“以人为本，提升素养”为办学理念，以“让每一块金子都闪闪发光”为办学思想，以“造就名师，培养群体骨干”为教师队伍建设目标，以“为国家培养出高层次的又有良好个性特长的优秀学生”为培养目标。全新的办学理念、鲜明的办学思想、切合实际的教师队伍建设目标、与时俱进的学生培养目标与科学的教学管理，使学校形成了乐学善思的学风、奉献钻研的教风、严细务实的校风，积淀了浓厚的文化底蕴。建校以来，学校为高等院校输送大批优秀人才，学校于2004年被评为“全国德育工作先进单位”，被省政府命名为“绿色文明示范学校”，2005年被命名为“陕西省标准化高中”并荣获“陕西省文明校园”等荣誉称号，2007年被评为“省级卫生先进单位”。2012年被评为“陕西省平安校园”，2013年被评为“陕西省文明校园”。学校已跨入省市先进学校行列。

全体师生正以求真务实、开拓进取的精神为把学校办成一所全市高素质、有特色能起到示范引领作用的现代化的省级示范高级中学而奋斗。

县委书记雷正西（前左一）视察学校

县长黄建军（前中）来校视察

神木县第七中学

神木县第七中学创建于2004年，是一所现代化的省级标准化高中。学校占地8万平方米，建筑面积4万多平方米，现有在校学生2200余人，教职工190人。学校环境优雅，人文气息浓郁，是求学育人的理想场所。

学校在不断改革发展创新的基础上，提出了“尊重人、塑造人、发展人”的办学理念，坚持“提高师生的幸福指数”的办学目标，秉承“为学生终身发展奠基”的办学宗旨，以有效课堂教学改革为切入点，大力发展社团文化，促进学生特长发展。

学校以“促进学生全面发展，培养个性特长，提高学生综合能力”为目标，以“培养学生实践能力和创新意识”为原则，成立了学生社团联合会，组建了公益实践类、文化科技类、兴趣爱好类、运动健康类四大类共29个社团，即“校园之声”播音社、“青蓝绿”环保社、“明日之星”创新科技社、志愿者服务社、“领秀”礼仪模特队、“慧泉”文学社、“风华正茂”演讲社、“梦燃”话剧社、电脑爱好者协会、县域文化研究社、“翰墨”书法社、“崔新”美术社、“山花”剪纸社、“楚汉”象棋社、“花样年花”舞蹈社、“声之音”电子琴社、“火元素”电声乐队、“大漠凌鹰”篮球社、“环宇”乒乓球俱乐部、“国风”武术社、羽毛球俱乐部等。

学生社团采取选修课的形式，利用周六时间开展丰富多彩的活动，要求学生全员参与，通过充分发挥本校专业特长教师的作用和外聘部分兼职指导老师等形式组建了一支经验丰富、技能过硬的骨干专业团队进行对口教学，保证了教育教学质量。同时，为了更好发挥学生社团在校园文化生活中的积极作用，促进社团管理的规范化、制度化发展，学校引入竞争机制，制订社团评优制度，设立星级团体奖和社团个人奖等多种奖项，推动社团的健康发展和全面繁荣。

社团活动既培养了学生的特长与技能，又提高了学生的综合素质，促进学生的全面发展。学生社团作为新课改的第二阵地，让学生在活动中学会求知、学会合作、学会创新，与课堂教学相辅相成，相得益彰，成为我校教育教学的显著亮点，全面综合地促进校园文化的繁荣，成为学校精神文明建设和精品校园文化建设的中坚力量。

神木七中以先进的办学理念、鲜明的办学特色和独特的育人风格，依靠团结务实的领导班子和敬业奉献的师资队伍，为学生的成长提供了优质的服务，为教师的成功创设了优质的环境，得到家长和社会的普遍认可。学校相继获得“陕西省平安校园”、“陕西省艺术教育示范学校”、“陕西省文明校园”、“陕西省校园文化建设创新单位”、“陕西省依法治校示范学校”、“全国艺术教育先进单位”、“中华优秀文化传承学校”等省、国家级荣誉称号，并成功晋升为“陕西省标准化高中”。神木七中的快速发展，有力地促进了县教育改革前进的步伐，为全面实施素质教育树立了一面旗帜。

校长　呼天毅

领导班子

美术社团活动

辩论赛

神木县中鸡镇人民政府

中鸡镇位于神木县北部，地处陕蒙两省交界地带，是榆林市的“北大门”，西8公里处有陕西最大的内陆淡水湖——神湖，北30公里处有闻名遐迩的成吉思汗陵。全镇地貌类型大体分为西部风沙草滩区，东部丘陵沟壑区，西部以农牧业和旅游业为主，东部富藏煤炭，工矿业发达，镇域经济呈东工西农格局。平均海拔1280米，最高海拔1448.7米，年平均降雨量400毫米。镇内交通便利，锦大路、府新路横贯东西南北，包西铁路穿镇而过，客流、物流云集，集贸市场繁荣。总土地面积471.5平方公里，辖22个行政村，99个村民小组，全镇共有人口48180人，常住户籍人口15080人，常住本镇籍人口33100人，其中李家畔小区现有常住人口和流动人口21200人，訾家河新区有常住人口和流动人口13650人。共有党员716名，党支部32个，党总支4个，其中农村党支部22个，镇政府机关党支部1个，非公党支部1个，联合党支部1个，村企联建党支部5个，中小学党支部各1个。镇内有神华神东煤炭公司年产1000万吨以上的大型煤矿1座，大型资源整合矿井5座，中小型企业131个，个体工商户179个。全镇林草保存面积40万亩，耕地面积62752亩，家庭农场68个，奶牛养殖小区3个，白绒山羊养殖小区1个，奶牛存栏1860头，肉牛存栏860头，羊子存栏126600只，鸡58000只，猪4808头。2012年农民人均纯收入14610元。

安全工作会议

创建模范机关动员会

白绒山羊示范园

神木县马镇人民政府

书记　刘建平

镇长　袁茂林

马镇镇位于晋陕两省四县交汇处，距县城52公里。全镇辖35个行政村，62个自然村，总人口19932人，其中在家人口8000余人，在家人口中，70%集中于黄河沿岸和公路沿线。总面积188.7平方公里，总耕地面积7.6万亩，其中水浇地8000亩，枣树地3万亩，年产红枣1500万斤，产值3200万元。镇属各企事业单位10个，党支部38个，党员688名。镇区所在地电力、电信、上下水管网、有线电视等基础设施功能齐全，运行有序。府佳、神盘公路穿镇而过，神马、葛杨等地方道路贯通全镇，形成了“两横三纵”的立体交通网络。全镇80%的村通信网络健全，已经建成村级活动室、老年活动中心、便民服务中心32处、村级卫生室9处、文化娱乐中心2处。2012年农民人均纯收入9150元。

近年来，镇党委、政府以科学发展观为指导，以“五个神木”建设为统领，坚持农业兴镇战略，围绕建设一园、大兴两业、紧抓三线、打造四个基地、统筹五项工作的中心任务，在基础设施建设，产业结构调整、社会管理、党的建设等方面取得了新的突破，使全镇上下呈现出经济快速发展、人民安居乐业、社会和谐稳定的良好局面。

全镇已经形成红枣、小杂粮两大主导产业；核桃、小杂果等农业观光产业迅猛发展；规模养殖、特种养殖快速崛起；以旅游为主体的餐饮、物流产业初具雏形。这些产业辐射、带动效应明显，有力地促进了全镇经济和各项社会事业的快速发展。

马镇出产的丰登小杂粮

神木县乔岔滩办事处

书记　贾海良

乔岔滩办事处地处陕西省榆林市北部，神木县的中南部，北与高家堡镇相接壤，东北方向与解家堡镇相邻，东南与花石崖镇相邻，西与榆林市安崖镇隔秃尾河相望。办事处驻于乔岔滩村，北距离神木县城75公里，西距榆林市80公里。属黄土丘陵沟壑区，总面积349.6平方公里，辖30个行政村，121个村民小组，7309户，17986人。有耕地11.08万亩，其中水地7770亩，种草保存面积6.5万亩，羊子存栏2.8万只，生猪存栏6000多头，肉牛饲养量3000多头。神木一佳县、乔岔滩—万镇、旧榆神路穿境而过，实现了村村通路、通水、通电话、通电视。2012年农民人均纯收入达8900元。

办事处下辖乔岔滩、柳巷、刘家畔、王家焉、马家焉、石圪崂、徐家塔、蔡小沟、马家滩、边家渠、阳道焉、黄虫塔、黄蒿梁、贺东沟、贺杏峁、沙焉、高仁里峁、白家梁、阳沟塔、兴庄、呼家渠、桃柳沟、凉水井、寨捐、陈家沟、苏泥、郭家圪崂、龙尾峁、贺家沟、耀邦等三十个村民委员会。

近年来，办党委、办事处注重改善民生和社会稳定，实施项目带动战略，抓好基础设施建设，为推进城乡一体化、农业产业化打好基础。大力调整农业产业结构，积极实施“一村一品”、“一乡一业”战略，以育苗基地、小杂粮基地、高产玉米和优质洋芋基地、畜牧基地、蔬菜基地为主的“五大基地”已具规模。现有沙沟村综合养殖示范园、神木县宇桐散养鸡有限公司、神木县繁旺种养殖有限公司、神木县鹭阳养殖有限公司、陕西佳美牧业发展有限公司等一批已具规模的养殖大户；毛庄则农民企业家马乐勤注册“三哥哥”品牌，建起了惠众绿色农产品加工有限公司，采用“公司+合作社+农户”的运营模式，年种植小杂粮面积2000多亩，带动农户1000多户，年产生社会效益90万元，引导农户在杂粮种植方面由原来的零星种植向规模化种植发展；在马家滩实施的玉米超产田亩产达到1214.9公斤，达到国内一流产量；成立了柳巷苗木协会和龙尾峁小杂粮协会。今后，办事处将按照“生态立办、农业稳办、产业兴办”的目标，大力引进设施农业、特色养殖、生态休闲农业等新型农业项目，推进我乡统筹城乡发展，走农业产业化、现代化发展之路。

① 县委副书记郝海东调研工作

② 县委组织部长温建刚调研温室大棚蔬菜种植

③ 党委书记贾海良到沙沟村下乡

神木县大柳塔镇

大柳塔镇位于神木县最北端，距县城57公里，地处神府东胜煤田核心区域，素有“煤海明珠”之誉。北与内蒙古伊金霍洛旗的乌兰木伦镇毗邻，东与府谷县大昌汉乡隔勃牛川河相望，南与本县店塔镇、孙家岔镇相接，西与中鸡镇相连。镇区总面积为376平方公里，辖14个行政村（63个村民小组），1个街道办事处，8个居民委员会。全镇总人口93402人，常住人口10036户，45162人，其中农民8428人；流动人口48240人。境内有年产在1000万吨以上的煤矿3个；年产在300万吨以上的中省煤矿3个，已形成乌兰色太、何家塔两大工业园区，有公司、厂矿企业291家，发展个体工商户4300余户。2012年，国内生产总值38亿元；完成地方税收6.5亿元；农民人均纯收入达到15850元；城镇居民可支配收入达到28000元；全镇完成固定资产投入11亿元。

近年来，本镇大力实施“城镇带动”战略，统筹城乡发展，缩小城乡差距，狠抓集镇建设。截至2012年底，镇区建成面积达到7.3平方公里，其中铁路以东为3.4平方公里；街道呈“四纵九横”型，204省道、神朔铁路穿镇而过，交通便利，条件优越。镇内有教育文化、医疗卫生、供水供电、金融税务、公安工商、信息网络等中、省、市、县驻柳单位78个，形成各类专业、综合市场12处，设施完善，功能齐全，运行有序，城镇化率达76%。2010年被省政府确定为省级“重点建设镇”。2011年被命名为“市级平安镇”、“国家级依法行政示范镇”和“省级诚信计生服务镇”。

书记李治渊（右二）　镇长王晓君（左二）

与县调研组讨论全镇规划

替农民工讨薪成功后赠送的匾额

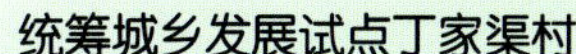

统筹城乡发展试点丁家渠村

十八大精神宣讲会

榆林市杨伙盘煤矿

矿长 郝 君

书记 王振华

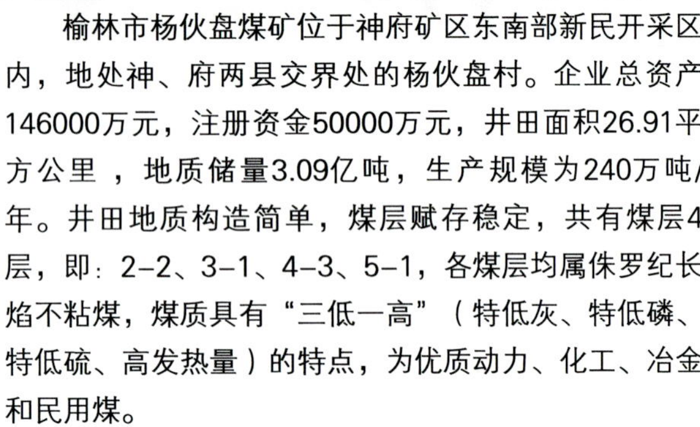

榆林市杨伙盘煤矿位于神府矿区东南部新民开采区内，地处神、府两县交界处的杨伙盘村。企业总资产146000万元，注册资金50000万元，井田面积26.91平方公里，地质储量3.09亿吨，生产规模为240万吨/年。井田地质构造简单，煤层赋存稳定，共有煤层4层，即：2-2、3-1、4-3、5-1，各煤层均属侏罗纪长焰不粘煤，煤质具有“三低一高”（特低灰、特低磷、特低硫、高发热量）的特点，为优质动力、化工、冶金和民用煤。

杨伙盘煤矿紧紧抓住榆林建设国家能源基地这一历史机遇，大胆改革，创新管理，不断探索，形成了“以生产经营为中心，以质量安全为主线，以加强企业管理为保证，以提高经济效益为目的”的总体管理体系，以契约化模式将采掘、项目建设工程管理、食堂、环卫、污水处理车间、安防等交给专业公司完成，借助社会力量发展自己，不论是经济效益、企业管理、企业发展建设、企业文化建设、履行社会责任，还是节能环保、文明矿山建设等，都取得了骄人业绩。

杨伙盘煤矿的发展建设以提高科技含量为目标，广泛采用新技术、新装备、新工艺，努力实现矿井的稳产、高效，强质量、拓销路、树品牌，抓管理、降成本、促效益。2006年至2012年累计生产销售原煤958万吨，实现销售收入28.14亿元，实现利税17.57亿元（其中：利润13.37亿元，税金4.2亿元），上缴各种规费、基金1.89亿元。2007年4月提出追求“零死亡”的目标后，始终做到“不安全不生产”，至今未发生生产性死亡事故和重大机电事故。安全生产总体运行情况良好，安全生产形势不断好转，实现安全生产2201天。

240万吨/年产业升级改造项目2009年9月22日开工建设，2010年12月8日投入试运转，2012年10月18日竣工验收一次通过，正式投入生产。煤矿也由基建矿井转为生产矿井，从此翻开了崭新的一页，进入了一个新阶段。可以说，改扩建项目是在没有影响生产的情况下建成的，产量逐年增加，取得了良好的经济效益，为项目建设提供了有力的资金支撑，项目投资7.28亿元，贷款2.7亿元，已还贷款2.425亿元，成为地方煤炭生产企

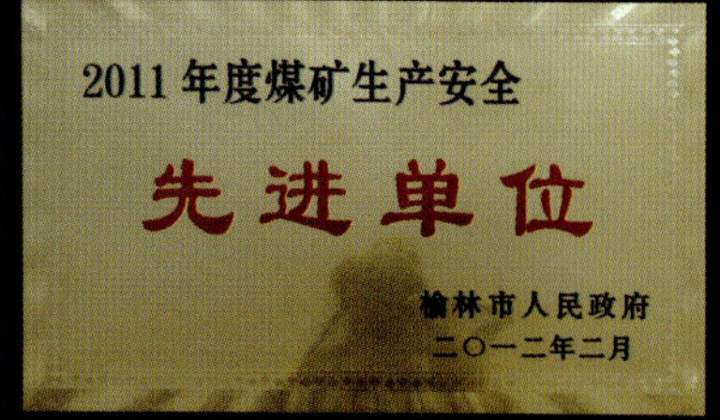

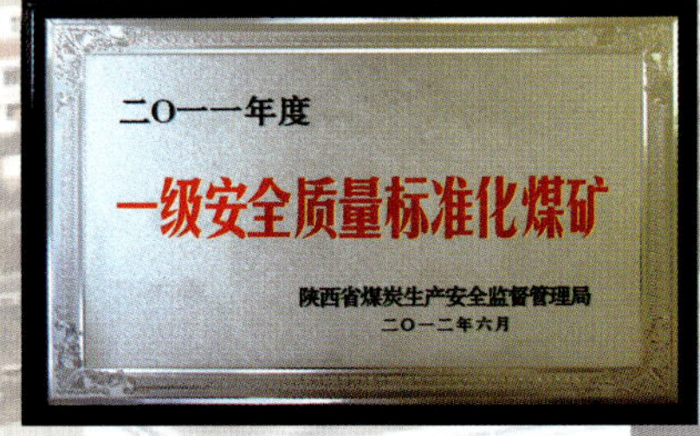

业“自我完善，滚动发展”的典范。建设速度、工程质量在周边省市也是首屈一指，上级部门和有关领导对我们的工作给予了充分肯定，以获得优质工程最高奖项“太阳杯”而圆满完成。杨伙盘煤矿也由30万吨/年落后的炮采矿井建成了一个240万吨/年的综合机械化矿井，实现了跨越式发展。

杨伙盘煤矿在快速发展的同时，积极履行社会责任，秉持“以人为本”的精神，心系矿工，关爱生命，不断改善工作环境，提高工作待遇，改变职工的工作、生活环境，让他们快乐的工作、幸福的生活；搭建更多的平台，创造他们展示才能，实现价值的机会。几年来，投入4000多万元大力实施村企帮扶项目，扶贫济困、回馈社会，共享发展成果，实现企业与社会、环境、当地经济的全面协调可持续发展。以节能、降耗、减排、增效为实施点，加大投入，引进先进的环保设施，做到全矿井污水零排放，井下矸石不外排，真正建成无污染、绿色、环保、安全的绿色园林化矿井。

我们正在围绕企业管理契约化、矿井管理人性化、巷道管理车间化、调度指挥数字化、地面管理园林化的目标，倾力打造绿色矿区、人文矿区、数字化矿区，实现我们以科技为支撑，以标准化建设为推进，以人性化管理为宗旨，以绿色、节能减排为目的，以村矿和谐发展为根本的新型文明矿山。

市能源局局长张生平检查工作

文化长廊

神木县隆德矿业有限责任公司

神木县隆德矿业有限责任公司（以下简称公司）是中国华电煤业集团控股的一个以煤炭生产加工为主要经营目标的煤矿建设项目。是由中国华电煤业集团有限公司与陕西益泰能源投资有限公司出资组建。公司成立于2009年，地处神木县大保当镇中北部，注册资金9.58亿元，井田面积20.46km²。矿井建设规模为1.50Mt/a，服务年限42.3 a。区内煤质属特低灰分、特低硫、磷、低污染、易洗选、优质不粘煤和长焰煤，其用途十分广泛。

神木县隆德矿业有限责任公司隆德煤矿经省煤管局批复（陕煤局复〔2012〕126号）于2012年11月8日转入试生产。

市委书记胡志强（前左一）一行视察公司

国资委主任杨亦工视察隆德

集团总经理云公民视察隆德

集团公司书记李庆奎视察隆德

副总经理程念高视察隆德

府谷县

FU GU XIAN

2012年，府谷县坚持以科学发展观为指导，紧紧围绕建设“幸福府谷”为目标，全力以赴保稳定、促和谐、稳增长，全县经济社会发展保持了持续平稳发展的良好势头。全年实现生产总值450.52亿元，增长10.8%；完成固定资产投资335.71亿元，增长23.9%；完成财政总收入85.98亿元，增长0.9%，其中地方一般预算收入27.42亿元，增长16%；城镇居民人均可支配收入29083元，增长14.9%；农民人均纯收入11783元，增长18.7%；金融机构各项存款余额311亿元，贷款余额242亿元，同比分别增长14%和22.3%；埠外银行在本县的各项贷款余额达到214亿元。县域综合实力上升到全国百强县第67位。

一是工业经济稳步增长。加大工业经济调控力度，及时出台干预政策，采取规费减免、电价补贴、贷款贴息等措施，帮助企业度过难关，推动工业经济持续稳定增长。全年实现工业总产值615.5亿元、增加值392.25亿元，同比分别增长12.6%和10.9%。狠抓重大项目建设，69个能化产业及配套项目共完成投资189亿元，占289个实施项目总投资额的70%以上；清水川两大电厂、煤炭资源整合等项目快速推进，“3052”、大兰炭等资源综合利用项目部分生产线建成投产，能化产业支撑作用进一步显现。

二是三农工作业绩喜人。加快推进园区建设，墙头、碛塄两大农业园区规划工作取得突破性进展，高庄则园区被确定为省级现代农业园区。农业产业规模不断壮大，全年粮食总产量达到6.84万吨，生猪、羊子、家禽饲养量分别达到8万头、29.2万只和67.3万只；海红果酒生产线建成投产，本县被评为“中国黄米之乡”。农田水利基本建设完成投资6.02亿元，落实“双百”帮扶资金2.12亿元，农村生产生活条件进一步改善。启动实施“3331”扶贫工程，积极推进扶贫重点村建设、板块开发、贫困户产业发展，帮助2729户8319名贫困人口脱贫致富。

三是基础设施不断完善。新区44个重点项目完成投资24.4亿元。修编完成县城总体规划和交通专项规划，城市、村镇规划覆盖率分别达到100%和85%。开工建设高家湾二桥，完成河滨路2.6公里沥青路面铺设，对16条背街巷道进行拓宽绿

府谷县

FU GU XIAN

化，城区路网结构进一步优化。将城区汽车站搬迁到新址运营，“双创”工作取得突破性进展。全力破解交通瓶颈制约，府谷支线机场进入预可研报批阶段，煤炭铁路专用线、大石一级公路等重点项目进展顺利，野大、府准公路改造全面完工。

四是生态环境明显改善。以企业绿化、环县城绿化和绿色通道建设为重点，大力推进“五年植绿大行动”和陕西北大门绿化，建成神府高速、班家塔、香炉山等生态绿化亮点工程，全年完成投资3.4亿元，造林27.6万亩、种草15万亩，投资数量和实施规模创历史新高。以矿业秩序整顿为契机，加快推进煤矿采空塌陷区和煤田自燃隐患区综合治理，矿区生态环境进一步改善。大力推进节能减排，万元GDP能耗下降到1.3吨标准煤，二氧化硫、化学需氧量、氨氮三项主要污染物指标完成年度削减任务。

五是民生事业全面进步。坚持教育优先发展战略，四小和四幼、五幼正式投用，教育“创强”通过省上前期评估。全面推行药品零差价销售，县级公立医院改革进一步深化，医疗服务水平明显提升。加快推进安居工程，建成保障性住房7762套，改造农村危房2100户，完成217户868人的扶贫搬迁任务。不断完善社会保障体系，全年共落实各类奖励、救助、补贴资金5.8亿元。加强就业再就业工作，公开选聘347名教师和128名卫生技术人员，安排917名高校毕业生到企业见习。大力发展文化事业，积极开展府州城修复、《府谷文库》编纂等工作，征集发布了“府谷精神”和城市标识，全面提升了文明府谷的新形象。

六是社会大局和谐稳定。围绕“平安府谷”创建目标，不断健全治安防控体系，大力开展交通秩序、入室盗窃等专项整治活动，全年共办理各类案件2307起，处理违法犯罪人员3041人，人民群众的安全感和满意度明显提高。深入开展“三问三解”活动，加大矛盾纠纷排查调处力度，办结信访案件109件，化解矛盾纠纷1124件。积极开展各项安全隐患大排查，严厉打击煤炭非法违法生产行为，全县安全形势稳定好转。

绿色家园

芦草畔新农村建设

镁节能多联产项目

环保节能企业

保障性安居工程

草莓种植

墙头高效农业示范园

神府高速公路

府谷城区夜景

清水川煤电一体化项目

现代化的煤矿开采监控系统

荣和书院

府谷县奥维加能焦电化工有限公司

董事长　高乃则

总经理　王大林

府谷县奥维加能焦电化工有限公司位于府谷县黄甫工业集中园区，于2010年4月注册成立，是由陕西兴茂侏罗纪煤业镁电（集团）有限公司、府谷县恒兴煤焦有限公司共同出资组建，注册资金21000万元人民币。公司是集焦-电-化为一体的大型化工企业，现有员工680余人，其中拥有大专及大专以上学历的职工占40%，具有中级技术职称以上的技术人员12人，主要产品有电石、半焦、焦油、发电等，2011年公司被陕西省发改委确定为首批省级低碳试点单位。

公司成立以来始终贯彻“以人为本、创新提升、团结进取、诚信互赢”的经营理念，创立“制度化、标准化、程序化、简单化”的管理模式，通过全面构筑“规范、科学、合理、完善”的企业形象，努力打造技术创新型、资源节约型、环境友好型、和谐发展型工业企业。

公司抓住榆林市对半焦、电石行业进行清理整顿的历史机遇，依托当地丰富的煤炭和水资源，投资4.8亿元人民币，建成60万吨/年半焦、20万吨/年电石、170吨/天石灰及煤（炉）气综合利用项目。全厂采用DCS集中控制，具有生产工艺先进、自动化水平一流、资源综合利用率高以及经济、社会和环保效益显著等集中优势。

府谷县有较久生产半焦的历史，公司60万吨/年焦化装置是在总结本地各厂经验、同时又融合冶金行业机焦炉技术的基础上，独创出最先进的煤干馏装置——SH2007型内热直立式炉型装置，采用间冷工艺，具有产量大、能耗低、焦油提取率高、清洁环保的优点。年可加工原煤110万吨，生产优质半焦60万吨。其中13万吨半焦用于生产电石，焦末用于相邻的陕西奥维乾元化工有限公司“3052”项目多原料浆气化原料，其余作为商品焦出售。同时可副产煤焦油6万吨，焦炉煤气8亿立方米，其中40%用于回炉煤气，10%用于烘干兰炭，50%送至自备电厂发电。

20万吨/年电石装置配备4台30000KVA全密闭型电石炉，是本地容量最大、技术最先进的电石炉，具有电耗低、无污染、自动化程度高的特点。同时配套有4座170m^{3}节能环保型石灰窑，用焦化厂富裕煤气作燃料，生产的石灰纯度高、排放少。该装置年产优质电石20万吨，同时副产富含CO的电石炉气1亿立方米，送至气烧石灰窑煅烧白灰。

2012年8月15日，由公司总经理王大林等发明了一种提高焦化副产煤气热值的焦化系统，并申请获得国家专利证书。一系列技术改造项目的实施和技术研发的投入，不仅提高了公司经济效益增加了就业岗位，同时也对资源综合利用、降耗减排、节约能源、改善环境起到了积极作用。

在新的发展时期，公司将抓住当地大力发展煤、焦、电、化工项目的契机，依托本地丰富的煤炭和水资源，凭借资金整合的整体优势，逐步形成以半焦、电石、1.4-丁二醇生产、销售为主的多产业综合生产、经营格局，充分发挥当地资源优势和公司、园区内部循环经济优势，继续围绕节能减排和延长产业链两条主线，为支援国家建设、发展区域经济、扩大社会就业、增加当地农民收入和地方财政收入做出更大的贡献。

省委书记赵正永来公司视察

原省长袁纯清来公司视察工作

副省长李金柱来公司视察

县长辛耀峰来公司考察调研

陕煤集团领导视察工作

焦化分厂

白灰分厂

电石分厂

陕西德源府谷能源有限公司

原省委书记赵乐际在公司调研

省委书记赵正永在公司调研

副省长李金柱在公司调研

陕西德源府谷能源有限公司成立于2005年8月，是由神华国能集团有限公司和陕西煤业化工集团府谷能源开发有限公司合资组建的国有大型能源综合利用企业。近年来，在榆林市委、市政府的关怀支持下，陕西德源府谷能源有限公司认真落实科学发展观，秉承“艰苦奋斗、开拓务实、追求卓越”的企业精神，不断加强生产经营管理，积极履行央企社会责任，努力建设本质安全型、质量效益型、科学创新型、资源节约型、和谐发展型“五型企业”，为榆林市社会经济发展做出了积极贡献。

自2008年两台600MW发电机组投产以来，累计完成发电量360亿千瓦时。2012年位列陕西省国税系统纳税50强第19名，榆林市纳税10强第9名、府谷县财政贡献十强企业第1名。在生产经营过程中，注重加强安全生产管理，开展了安全生产自查自纠、隐患排查治理、生产本质安全体系建设等工作，强化运行规范化值班、检修标准化和节能降耗管理，确保了安全稳定经济生产。#2、1机组分别获得全国600MW级空冷亚临界机组竞赛一等奖和二等奖。高度重视环保工作，严格执行国家环保规定，烟气除尘、脱硫等环保设施保持长周期、高效率稳定运行，工业、生活废水保持零排放。2012、2013年分别实施了两台机组烟气脱硝改造，成为我市第一家实现烟气脱硝的发电企业。积极履行央企社会责任，积极参与地方道路改造和府谷县助残、绥德县贫困村帮扶等公益事业。公司先后荣获“陕西省节能减排功勋企业”、“榆林市安全生产工作先进单位”、“榆林市百强企业”等荣誉称号。

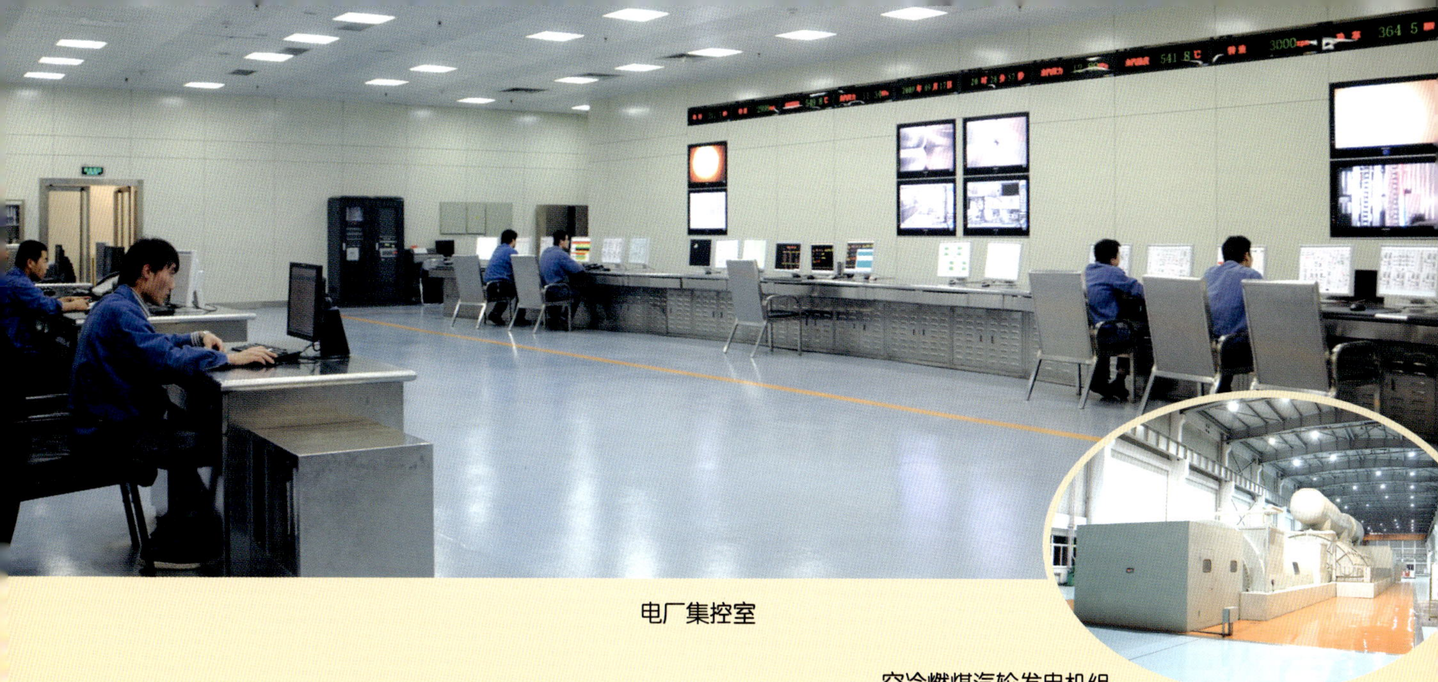

电厂集控室

空冷燃煤汽轮发电机组

朝气蓬勃的员工队伍

职工文体活动

府谷县聚金邦农产品开发公司

府谷县聚金邦农产品开发公司是一家集海红果研发、生产、加工、销售为一体的现代化农业加工企业，也是一家产学研合作、科技成果转化典型的企业。公司成立于2010年，注册资金2000万元，现拥有专业技术人员15人，其中博士生导师3名，国内高级酿酒师3名，法国酿酒师1名，大专以上专业技术人员8名。公司与陕西省农产品加工技术研究院、陕西科技大学组建了海红果深加工研发中心，利用世界稀有、府谷特有的海红果开发系列产品。

公司充分发挥“公司+基地+农户”的农业产业化新模式，采取合同种植、保护价收购的方式建立自己的标准化原料生产基地。投资7800万元建成一期年产海红果系列产品5000吨、年加工果渣2万吨的循环产业链。其中年生产红酒2000吨，白兰地（白酒）1000吨，果汁2000吨。是目前全市投资最多、标准最高、规模最大的市级农业产业化重点龙头企业。

“府州红”果酒经陕西省产品质量监督所检验符合Q/FJJBOOOIS-2011企业标准，经国家葡萄酒及白酒，果酒产品质量监督检验中心分析检验，富含人体所需的钙、锌、磷、氨基酸、黄酮和多酚类等物质。2011年5月，陕西省科技厅组织召开海红果酒酿造技术成果鉴定会，认为采用该技术生产酿造的甜型，干型海红果酒，具有较协调的果香和酒香，酸甜适口、酒味圆润、柔和清爽、风味典型。有效解决了海红果酒酿造过程中高丹宁（即口感涩）、发酵慢、澄清难等关键问题，填补了国内海红果酿酒的空白，达到国内领先水平，被确认为“陕西省科学技术成果”。该项技术已通过国家知识产权局专利授权，并获得了2012年榆林市科技进步一等奖。“府州红”果酒在第六届烟台国际葡萄酒博览会暨张裕公司成立120周年庆典上举办了产品品鉴会，因其独特的酿造工艺和特有的口感受到海内外专业人士的赞赏。法国资深酿酒师、蒙彼利埃国立高等农学院葡萄酒学院多位教授、酿酒师畅饮“府州红”果酒后认为：琥珀色、类似法国博若莱新酒风格，果香丰富，如樱桃，酸度舒适，单宁爽口，符合国际流行感官与口味。

公司将以自建的海红果工程技术研究中心为依托，加强与各科研院所的产学研，进一步研发氨基酸、黄酮、多酚、果胶、果粉、红色素、多糖等高附加值产品，公司愿与海内外有识之士携手共创美好明天。

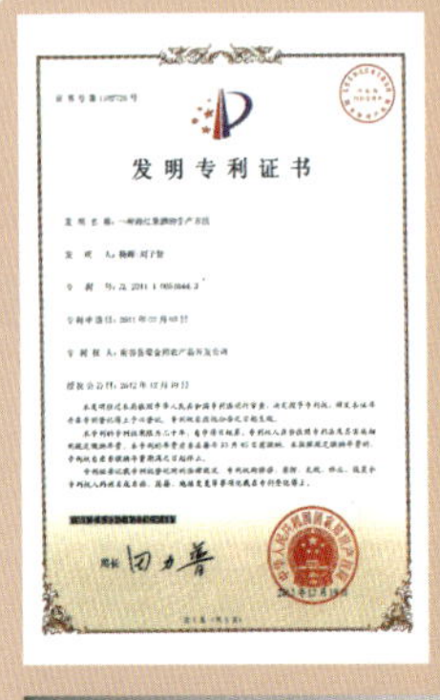
发明专利证书

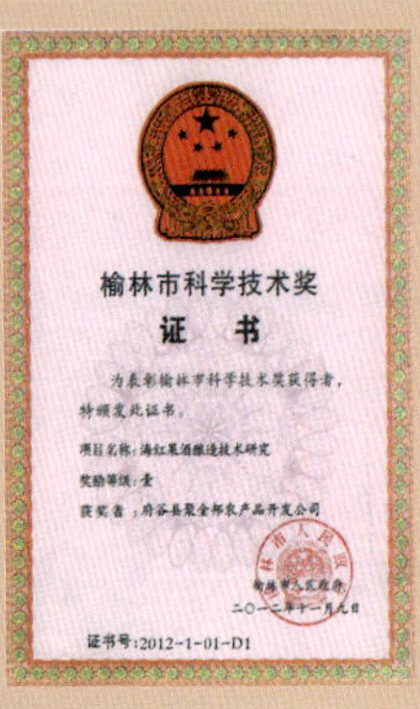
榆林市科学技术奖

证书

证书号：2012-1-01-D1

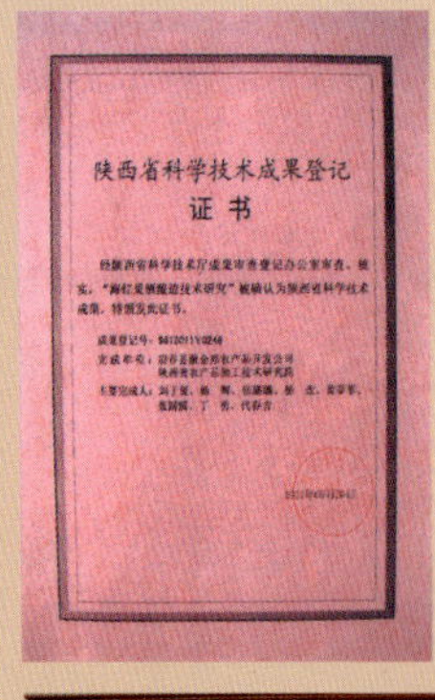
陕西省科学技术成果登记

证书

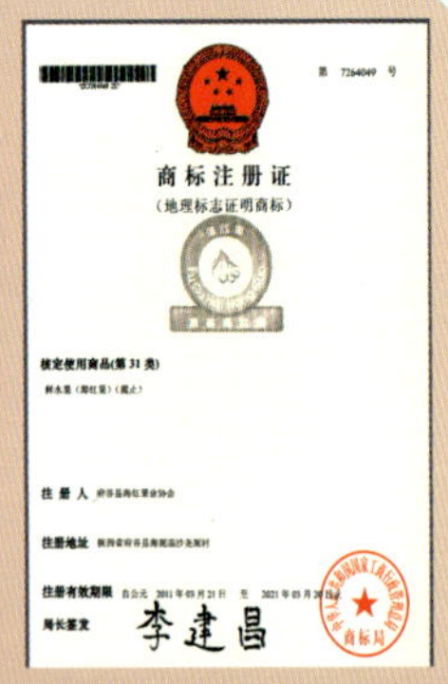
商标注册证

李建昌

县长辛耀峰（左二）向海外业内人士介绍公司产品

在第六届烟台国际葡萄酒博览会上业内专业人士品鉴本公司开发的海红果酒

第六届烟台国际葡萄酒博览会新闻发布会现场

一流的检测设备

海红果酒在第六届烟台国际葡萄酒博览会上的新闻发布会现场

府谷县发改局

府谷县发展改革局是县政府综合经济管理部门。其主要职能是：拟定并组织实施全县国民经济和社会发展战略、中长期规划和年度计划；研究分析县内外经济形势，提出宏观调控政策建议，调节经济运行；提出全社会固定资产投资总规模和投资结构，规划重大项目和生产力布局；负责协调一、二、三产业发展的重大问题并衔接平衡相关发展规划和重大决策；安排县财政拨款的项目和重大建设项目、重大外资项目；负责全县政府投资项目和重大项目的综合管理和稽查工作；负责全县节能减排的综合协调工作，组织拟定全县发展循环经济、全社会资源节约和综合利用规划并协调实施；参与拟定全县各项社会事业重大规划及发展决策。内设火电载能基地管理办公室(正科级)、以工代赈办（正科级）、经济信息中心（副科级）、政秘科、综合科、农村经济科、社会事业科、工交财贸科、体制改革科、基本建设项目管理办公室。全局在岗人员40名。下辖物价局、粮食局和商业行业管理办公室。

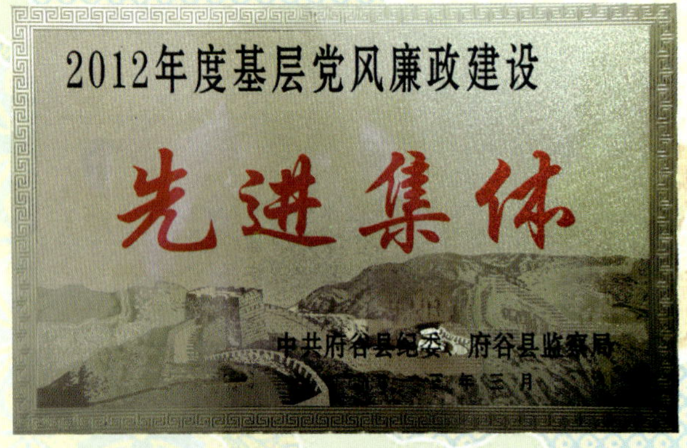

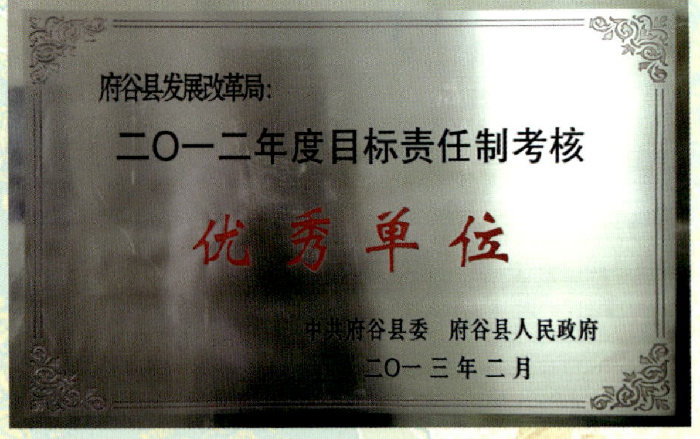

区域经济社会协调发展研究会

【概况】 2012年,研究会召开1次会员大会,向会员报告年度工作,部署下一年工作重点;召开5次秘书长会议、2次理事扩大会议,召开课题研讨会30余次,征集采纳意见和建议,进一步建立研究会工作机制。研究会发行《榆林协调发展研究》会刊1期,建立研究会门户网站。

【调研工作】 研究会按照"党政出题、专家把脉、研究会牵头、各方配合、建言献策、成果转化"的工作路径,2012年共形成2个调研报告。一是完成《将旅游业打造为我市战略性支柱产业的研究报告》。报告根据我市实际,提出"一个中心、两面推进、三带辐射、建设十二个组团景区、树立多元文化特色"的布局思路;坚持"提升发展目标、着力创新驱动、实行深度开发、推动快速发展"的创业思路。坚持"政府规划包装、企业投资开发、社会协同助推、政策扶持发展"的推进思路,提出加快旅游景点线路建设,加快旅游经济主体培育,加快文化内涵凝练,加快旅游环境配套改善,加快旅游保障体系创新,加快旅游管理体制改革,将榆林建成西部一流的旅游目的地城市,推动优势旅游资源转变为旅游经济。《报告》的有关内容被市政府《2013年工作报告》和《关于加快榆林旅游产业发展的意见》予以采纳。二是完成《关于榆林轻纺工业发展调查及对策研究》。报告通过对榆林市轻纺工业历史和现状的相关统计数据进行整理分析,理清榆林轻纺工业的历史轨迹,在论证的基础上,提出强基础、建平台、树特色、上水平的发展思路,提出重视解决发展特色轻纺工业的认识问题,加快做好轻纺工业园区规划、建设、管理工作,构建支持和扶持轻纺工业综合保障体系。该研究成果得到市政府的首肯,在政府工作报告中首次提出启动建设榆横纺织工业园区,提升以防寒服、羊毛羊绒服装、皮革为代表的传统轻纺工业。

研究会进一步加强调查研究,强化自身建设,创新工作机制。一是突出工作主题。研究会围绕市委、市政府工作大局,把更好地服务榆林区域经济社会协调发展,作为办会的立足点。抓住重点、突出难点、关注热点,整合研究资源,开展调研,积极献计献策。二是优化工作机制。建立和完善以活动为纽带、以研究为核心、以会刊为载体的研究会工作格局,积极开展学术研讨、课题调研、专题论坛等活动,充分调动各会员单位和会员针对理论热点和实践难点开展研究的积极性,不断壮大研究会队伍。三是加强自身建设。研究会在将继续完善组织建设,积极探索履行职责的新方式、新途径。继续加强会员队伍建设。

(杨小静　冯文瑞)

榆林市区域经济社会协调发展研究会

会　长　白玉仁

办公室
主　任　杨小静

延安精神研究会

【概况】 2012年,本会在市委、市政府的重视关怀下,在市委宣传部的领导下,在市民政局的支持下,以科学发展观为指导,以贯彻落实党的十七届六中全会精神、迎接党的十八大胜利召开和贯彻落实市第三次党代会精神为主线,围绕中心,服务大局,团结奋斗,开拓创新,是建会以来各项活动开展得较为活跃的一年,取得成绩较为显著的一年,也是社会影响较大的一年。整体工作有了新起色,出现了新局面。

【学习宣传贯彻十八大精神】 党的十八大的胜利召开是全党全国各族人民政治生活中的一件大事,把学习宣传贯彻十八大精神作为头等大事来抓。1. 开展喜迎党的十八大活动。8月初统一购买《喜迎党的十八大知识竞赛

500题》一书，发给会员学习，最后举办"50题知识竞赛"，大多数同志积极参加这一学习教育活动。经评选，达到优秀标准的有29份，占57%；达到良好标准的有23份，占43%。2. 组织学习十八大精神。十八大闭幕后，及时给会员、理事购买《十八大文件汇编》、《十八大报告辅导读本》两书，供个人学习。随后召开"学习十八大精神交流会"，全体理事、会员参加。会上首先宣读《中共中央关于认真学习宣传贯彻党的十八大精神的通知》，接着有8名同志作专题发言。主要内容有：深刻领会牢牢把握党的十八大主题；深刻领会科学发展观的历史地位和指导意义；深刻领会全面建成小康社会和全面深化改革开放的目标；贯彻落实十八大精神，加快榆林文化建设步伐；在改善民生和创新管理中加强社会建设；党的建设的新要求和新发展；深刻领会十八大精神，促进榆林经济科学发展；生态文明建设是科学发展观题中之意等。《会刊》办了专刊，刊登全部发言材料。会后转入常态化学习。

【理论学习和理论研究】 理论学习与理论研究始终是工作的中心任务，1. 召开雷锋精神与延安精神理论研讨会。3月22日，举办"雷锋精神与延安精神理论研讨会"，全体理事、会员参加。张晓明等七位同志就雷锋精神的基本内涵、时代价值以及与延安精神的关系、历史渊源、特点异同以及学习雷锋精神的理论意义和现实意义等问题，进行论述。李守飞朗诵《学习雷锋》的诗作。黄文选最后作题为《时代呼唤雷锋精神》的讲话。这次研讨会上的论文在《榆林日报》办专版摘要发表，在社会上引起反响。2. 扩大交流，提高理论研究水平。9月份中国延安精神研究会与宁夏回族自治区党委宣传部在银川共同举办"纪念延安整风运动70周年与党的建设理论研讨会"，黄文选应邀出席，提交的论文被入选。省延安精神研究会在全国范围内开展纪念延安整风运动70周年征文活动，黄文选、张蝴蝶两人的论文获二等奖、曹汉武的论文获三等奖。惠世新的论文在陕西省延研会主办的《源流》内刊上发表。3. 联合举办大型理论研讨会。除走出去参加研讨会外，又请进来共同研讨，学习提高。9月7日，由本会发起，邀请陕西省延安精神研究会、中共陕西省委党校、中共榆林市委宣传部、榆林市延安精神研究会在榆林联合举办"纪念延安整风运动70周年理论研讨会"。收到来自全国各地的论文70余篇，集中于政治、文化和社会建设三类主题，普遍质量较高。会上共评出优秀论文特别奖3篇、一等奖4篇、二等奖5篇、三等奖9篇、优秀奖18篇，大会给予表彰奖励。有12名获奖论文作者在会上作主题发言。4篇获奖论文在《榆林日报》专版全文发表。9月1日，本会先单独召开"纪念延安整风运动70周年理论研讨会"，作为这次大型研讨会议的第一阶段，有7名同志宣读自己的论文，为开好这次大会作准备。4. 开展延安精神纪念日主题活动。2012年10月26日，是毛主席给延安和陕甘宁边区人民的光辉《复电》发表63周年，也是陕西省委决定将这一天作为"延安精神纪念日"23周年。一是召开座谈会。10月26日，市委宣传部与本会联合召开"延安精神纪念日座谈会"。会上，重温毛主席的光辉《复电》和中共陕西省委《关于继承和发扬延安精神的决定》。康学斌《关于对开创我市延安精神研究工作新局面的几点思考》的发言，引起省延安精神研究会有关人员的关注。二是撰写纪念文章。会长黄文选同志撰写《永远保持艰苦奋斗的作风》的文章，10月27日在《榆林日报》上发表。三是《会刊》办专刊，刊登这次座谈会领导讲话、纪念文章及发言材料，发送全体理事、会员、各有关部门和县区领导同志。据统计，2012年本会会员、理事共撰写研究延安精神方面的论文62篇，全部在《会刊》上登载。有13篇在《榆林日报》上发表。有1篇入选全国性理论研讨会。有2篇入选省级理论研讨会。有1篇在省级内部刊物上刊登。

【总结推广践行延安精神】 在狠抓延安精神理论研究的同时，注重实践性，调查采访、总结推广张林森、朱序弼两个践行延安精神的突出典型，进行报道和宣传。张林森于2012年3月1日因公不幸殉职。他被誉为延长石油战线的"铁人"，践行延安精神的楷模。朱序弼是一位在林业战线上充满传奇色彩、令人敬仰的模范人物。以艰苦奋斗、自力更生为动力，开创中国民办植物园建设的先河。是全国优秀科技工作者，全国绿化奖章获得者，被群众尊称为"绿圣"。为彰显他们的先进事迹，推动弘扬、践行延安精神，在市委宣传部和《榆林日报》社的重视支持下，由一名副会长牵头，组成写作班子，在《榆林日报》头版分别以《忠诚写春秋——记延长油田股份有限公司原董事长、党委书记、全国劳模张林森》和《"绿圣"传奇——记榆林林业战线退休干部、高级工程师朱序弼》为题，作长篇报道。本会《会刊》全文登载他们的先进事迹。中共榆林市委机关刊物《新榆林》2012年第5期转载"绿圣"传奇一文，受到干部群众的关注和好评。

【宣教活动】 2012年市委在实施建设文化强市"十大工程"中，要求本会协助市委宣传部在"核心价值引领工程"和"红色文化建设工程"中，利用本市各种红色文化资源，在党员干部中深入持久地开展延安精神再教育。把这个任务作为全年工作的重中之重去落实，收到比较满意的效果。1. 联合举办纪念毛泽东《讲话》发表70周年活动。2012年5月23日，是毛泽东同志《在延安文艺座谈会上的讲话》发表70周年。在市委、市政府的重视支持下，由市委宣传部、市文联、市延安精神研究会联合举办系列纪念活动。5月24日，召开纪念《讲话》座谈会。大家重温《讲话》精神，畅谈对《讲话》的体会和认识，当晚8时，纪念《讲话》专题文艺晚会在榆林剧院举行。5月25日，纪念《讲话》的绘画、摄影和书法作品展览活动在世纪广场启动。2. 开展延安精神进机关宣讲活动。3月16日，选派张晓明同志给市接待办全体干部职工作题为《雷锋精神与延安精神》的辅导报告。6月25日，又派曹丕宏给市水务局干部职工作《发扬延安精神，坚持党的领导》的辅导报告。3. 编印红色书籍，扩大宣传教育。为给社会各界提供新的学习宣传延安精神的资料，组织力量收集中央几代领导人对延安精神的论述，各地研究延安精神新的理论成果、践行延安精神的先进集体和个人的模范事迹及延安精神宣讲提纲等文字资料。派出3名工作人员赴延安参观学习毛主席、党中央在延安时期的文物和革命旧址，收集、记录、拍摄图片资料。用这些资料编印一本综合性的书籍《让延安精神放射出新的时代光芒》(上、下册)，印数2000套。文字部分约67万字，图片500多张。为缅怀革命烈士，传承光荣传统，本会编辑出版两本红色榆林丛书。一本是《鲜血染红的旗帜》，由市延安精神研究会和市关心下一代工作委员会联合编辑出版。主要记述陕西地区早期马克思主义的传播者、陕北党团组织的创建人之一、陕北共产党奠基人李子洲等30多位革命烈士的感人事迹，印数1500册；另一本是《永不消逝的英魂——纪念高农斧同志诞辰一百周年》，主要反映高农斧背叛地主家庭，投身革命，鞠躬尽瘁，做出了突出贡献的事迹，印数6000册。4. 建设延安精神教育基地。为使延安精神的宣传教育有阵地，扎下根，认为米脂县杨家沟革命纪念馆红色文化资源丰富，条件很好，确定为本会"延安精神教育基地"，于12月中旬正式挂牌。5. 调查革命旧址，研究保护措施。米脂杨家沟、沙家店战役等革命遗址，闻名全国。为保护好革命遗址，挖掘利用好这些红色文化资源，8月份，派副会长任德存等3人员赴米脂县对革命遗址进行调查。陈宁部长作了批示，引起市委宣传部的高度重视。6. 提出修建榆林革命纪念馆的建议。2012年市委宣传部提出实施红色文化阵地建设，启动修建"榆林革命纪念馆"工程。及时组织力量，进行讨论，提出具体意见、建议，上报市委宣传部。主要内容有：一是能够体现榆林的历史沿革及近代史、现代革命史；二是修建纪念馆的必要性和可行性；三是修建纪念馆的意义作用；四是馆藏应涉及的内容；五是建议成立筹建机构，科学规划，整合抢救历史资料，把纪念馆建设成教育基地和宣传窗口，成为榆林综合性基础设施。市委宣传部领导给予好评。7. 提升公园品位，推动城市文化建设。榆林河滨公园是集休闲、娱乐、旅游于一体的好景地。任德存通过调研，撰写《关于把河滨公园西岸建成红色石头文化墙的建议》，对其意义、作用、内容等作详细说明，报送给有关部门。市住建局和规划局引起关注，被列入工作计划。

【《会刊》创办】 《会刊》既是本会研究延安精神的理论阵地，又是对外宣传延安精神的重要窗口。2012年不仅增加期数，由过去每年4期增加到8期，由原来的"通讯型"刊物改向"杂志型"刊物。主要在设置栏目、提升资料价值、摄取会外新鲜事物和探索挖掘延安精神宝藏4个方面下工夫。为恢复"榆延之窗"网站。编委会同志做大量考察准备工作，积累不少反映本会重大活动的影像资料，制作11盘光碟，为2013年恢复网站打下基础。

【自身建设】 1. 吸收新鲜血液，充实新生力量。2012年新吸收16名年纪较轻、文化层次较高、有一定写作能力和研究水平的人员入会。2. 落实岗位职责，加强团结协作。将全年工作任务逐一分解到各委员会，完成任务情况由办公室负责考核登记，年终公布，各项工作都取得较好成绩。3. 健全规章制度，加强财务管理。2012年把管好用好经费作为一件大事来抓，建立健全一整套严格的财务管理制度，遵纪守法，按章办事。研究经费和工作经费管理使用逐步完善，激励机制明确，效应良好。在市财政局的指导下，建立健全电子账务管理制度，实现财务办公自动化、规范化。4. 组织考察学习，进行革命传统教育。延安精神与井冈山精神、长征精神一脉相承。为增强理事、会员对党史的直接感受，扩大同志们的视野，在五、六月份分两批组织大家赴韶山、井冈山、瑞金等红色根据地考察学习，受到生动具体的革命传统教育。大部分同志写了心得体会，在《会刊》上发表，调动大家努力弘扬延安精神的主动性、积极性，增强责任感。5. 开展创先争优，激励开拓创新。开展创先争优活动既是市委、市政府的要求，也是实际工作的需要。年初对创先争优有安排有要求，对先进集体、先进工作者和优秀研究论文、优秀调研成果进行表彰奖励有明确的规定。年终评出先进体一个，先进工作者5名。评出优秀研究论文奖9篇，其中：一等奖2篇、二等奖3篇，三等奖4篇；优秀调研成果奖1篇，分别给予表彰奖励。

【支持市老年大学办学】 榆林市老年大学是市委老干局和市延安精神研究会共同创办的，建校10年来，被评为全省、全国先进集体。为把市老年大学办得更规范、更好，本会一直关注着市老年大学的健康发展。会长黄文选、常务副会长李守飞、康学斌等经常关心、过问老年大学的工作，对需要加强和改进的工作提出建议、意见，在办学经费上也给以一定支持。为搞好庆祝市老年大学成立10周年庆典活动，康学斌帮助主持编印《老年教育研究论文选编》一书，受到大家的好评。

(康学斌　任生业)

榆林市延安精神研究会

会　　长　黄文选
常务副会长　李守飞　康学斌
副 会 长　高瑞成　孙星才
谢志富　薛生德
梁世普　姬世存
薛庆林　曹　林
张怀连　韩林平
白福生
副会长、秘书长　高　欣

老促会工作

【概况】 2012年，市老促会在市委、

市政府的领导和有关部门的重视支持下,在省老促会和省黄研会的指导下,围绕全市中心工作,凝心聚力,积极开展促进老区建设的各项工作,取得新的成绩。

【落实中、省老促会、黄研会布置任务】 年初,市老促会召开工作会议,传达省老促会召开的"老区建设工作座谈会"精神,部署全年工作,具体安排省老促会提出的几项工作任务。根据中国老促会《关于编辑出版大型图书文献〈中国革命老区珍奇名优土特产〉征稿函》的要求,市老促会积极组织各县(区)老促会将品质独特、开发潜力大的土特产品,经过考察筛选后,编成文字、照片、推荐表为主要内容的单行材料及时推荐上报。为中国老促会编辑出版《中国革命老区珍奇名优土特产》一书提供翔实资料。中国老促会还派人专程赴神木县进行抽样考察。这对宣传本市老区部分特色农产品,扩大其销售渠道,促进老区人民增收致富起到积极作用。5月,省老促会转发中国老促会《关于组织开展支持和促进革命老区建设发展先进典型宣传推介活动的通知》,本会及时转发给各县区老促会,要求认真推荐,及时上报。经过仔细审查筛选后形成7份单行材料上报省老促会。6月,为纪念中国共产党建党91周年,迎接党的十八大的胜利召开,省老促会安排在西安曲江举办全省《革命老区书画展》,积极组织关心老区事业的老领导、书法家和书画爱好者准备作品,经过认真筛选后,有25件书法、绘画作品送展,其中15件作品获得荣誉证书。10月,根据省黄研会通知要求,派代表参加中国黄研会在天津召开的第二届"中国黄河滨海经济发展合作论坛"和"投资合作项目洽谈分会"。就本市重点发展的太阳能光伏、金属镁下游和聚氯乙烯下游三大产业的发展规划、发展现状和发展优势进行宣传,为会议提供《榆林重点招商项目册》,推荐50个招商项目,达到宣传榆林、扩大影响的作用。

【老区宣传工作】 全国老区宣传工作会议后,及时在常务理事会上进行传达学习,结合工作实际提出贯彻意见。《中国老区建设》和《新农村建设》是中、省老促会宣传革命老区、交流工作经验的期刊性杂志,适合老区工作者订阅。市县(区)老促会都进一步重视征订发行工作。市老促会给每位理事征订送阅,定边县老促会将《中国老区建设》征订发行至老区镇村,征订总量633份,连续三年获得一等奖。及时反映工作动态。将《榆林老区建设》工作简讯改版为《榆林老区》杂志,成立杂志编辑部,聘用办刊人员,第一期已编印。对《榆林老区网》进行专人维护,及时补充新内容,信息量不断增加。为办好杂志和网站,市县老促会选聘通讯员60多名,撰写稿件,及时反映市县(区)老促会的工作动态和老区相关信息,发挥积极的作用。横山县老促会选聘9名老同志担任通讯员,撰写历史回忆录和新闻稿件40多篇,使老区宣传有新的起色。本会网站、杂志和市县(区)报刊、电台、电视台等新闻媒体刊登相关报道百余篇,使社会各界对"革命老区"的关注逐渐扩大。收集整理革命历史资料。市老促会在年初工作会议上提出要搞好收集(抢救)整理革命历史资料工作,各县(区)老促会引起重视。吴堡县老促会编写《吴堡革命烈士传》,出版吴堡老区建设画册——《魅力吴堡》。定边县老促会在挖掘整理《革命老区定边》红色经典综合资料,现已完成《中央红军长征入陕第一站——张崾先镇铁角城村革命简史》、《毛泽东率领红军长征过定边——中央红军长征宿营牛圈圪坨村革命简史》、《周恩来夜宿罗儿崾先——记周总理在西征革命的征途上》、《寻找彭德怀的足迹——回忆红军西征在稍沟村革命简史》、《革命烈火永生的据点——陕北红军定边游击队在南部山区革命斗争简史》。靖边县老促会重点整理上报《毛主席旧居小河村》、《毛主席旧居青阳岔村》、《毛主席旧居天赐湾村》等纪实性材料。横山县老促会整理《刘志丹攻打横山》、《横山下来些游击队》、《习仲勋领导的横山起义》等历史回忆录,有的已在榆林日报和榆林老区网刊登。适时开展宣传活动。市老促会妇工委"愣哥俏妹文艺演出团"坚持经常活动。在娱乐健身的同时,跟随形势或根据服务对象的意图,积极配合开展相关宣传活动,诸如十八大、市党代会、省老促会在榆召开会议等,都编成秧歌词进行宣传。为加大老区精神的宣传力度,横山县老促会在9月26日举办《高扬老区旗帜,弘扬老区精神喜迎十八大文艺晚会》,前来观看的领导、离退休老同志和广大观众对晚会的演出给予很好的评价。神木县老促会组织40多名摄影爱好者,走遍全县的城镇乡村、山山水水,用镜头记录一幅幅真实的画面,征集有关生态建设和环境保护的照片。选出300多张,组成148块展板,分为"美丽家园"、"共建秀美"和"任重道远"三部分,在县城人民广场举办以环境保护、生态建设为主题的"爱我家园"摄影展,呼唤人们增强环保意识,保护资源,建设生态神木。展览历时3天,约有数万人观看,将入展的照片编印《爱我家园》画册。府谷县组织王家墩、哈镇等学校的中小学生到爱国主义教育基地参观学习,接受革命传统教育。定边县老促会购置书籍赠送到重点老区村党员活动室和农家书屋,还将《陕甘宁边区振兴规划》印成小册子送到老区镇村。

【专题调查研究】 根据年初工作会的安排,市老促会理事分为七个调研组,分别由副会长任组长,与榆阳、神木、府谷、定边、靖边、横山、吴堡七个县(区)老促会合作,通过实地考察、座谈讨论、入户访问、个别交谈等形式,掌握实情,深入分析研究,形成七篇调查报告。分别是《关于榆阳区水利基础设施建设情况的调研报告》、《关于农民工返乡创业的调查报告》、《关于府谷县老区农村妇女就业状况的调查报告》、《关于定边县土地承包经营权落实情况的调查报告》、《关于靖边县白于山区扶贫开发情况调查报告》、《关于横山县构建和谐地企关系的调研报告》和《关于吴堡县新农村建设的调查报告》。经常务理事会认真讨论、各组又反复修改后，最后将这七份调查报告报送市委、市政府主要领导和有关部门供参考。今年9月，市老促会组织全体理事参观城区市政道路桥梁建设项目，后又召开座谈会，大家对市政建设所取得的成绩给予肯定，提出积极的建议，形成《老促会参观榆林市政建设座谈会纪要》，呈报市政府。根据市老干局的要求，市老促会又总结上报近十五年我会老干部发挥作用成果报告及图片影像资料。横山县老促会深入村镇，对新农村建设以及群众发展养殖、种植等方面进行详细调研后，形成《让老典型焕发出新的生机与活力，大步向小康村迈进——对塔湾镇芦沟村养羊产业发展现状的调查》、《扎根农村，自主创业——对高镇镇高镇村侯瑞良同志发展人工养蝎业的调查》和《关于全县果业现状与发展前景的调研报告》，呈报县委、县政府。还对毛主席转战陕北途中生活和战斗过的地方进行实地调查，与村干部、当年见过毛主席的高龄老人座谈，撰写《关于小水沟、肖崖两村革命旧址的历史和现状的调研报告》，向政府提出恢复肖崖纪念馆的建议。吴堡县老促会围绕“涉农资金捆绑使用”、“做大做强红枣产业”、“农村养老保障问题”等进行了专题调研，形成了较高质量的调研报告，特别是“涉农资金捆绑使用”的报告，引起了县委主要领导的高度重视，亲自批示分管领导责成有关部门起草制定具体的实施方案。靖边县老促会就全县妇女致富情况、低保情况、教育情况等进行了调查，并提出了积极的意见。一年来，市、县区老促会围绕老区经济社会发展中的重大问题，深入开展调查研究，共撰写调查报告18份，提出有针对性的意见和建议，供党委政府参考。

（乔美珍）

榆林市老区建设促进会（陕西省黄河文化经济发展研究会榆林分会）

第一会长 刘壮民
会长 李涛
常务副会长 乔万荣
副会长、秘书长 崔咏凯
副会长 胡文标 贾亮晓 刘克旺 罗金祥 高桂英 高凤峰 申长福

宋庆龄基金会

【概况】 2012年，在市委、市政府的领导和省宋庆龄基金会的指导下，在相关部门的关心支持下，基金会榆林分会围绕市委、市政府中心工作，遵循基金会宗旨，弘扬宋庆龄精神，发挥社会公益组织的优势，在少儿教育、园长培训、扶贫济困、调查研究、宣传推广、基金保值增值和组织建设等方面做一些工作，收到良好社会效果。

【开展“榆林市第二十七届青少年科技创新大赛”】 3月份，基金会与市科协、教育局、环保局共同举办“榆林市第二十七届青少年科技创新大赛”。在各县区初赛初评的基础上，上报市级作品720件（篇），经过市上的大赛，评出获奖作品81件（篇）。同时向省上呈送作品11件，其中发明作品9件，创意作品2件，并参加了省基金会组织的陕西省第四届“宋庆龄少年儿童发明奖”评选活动，有6件作品获奖，其中金奖2件，银奖2件，铜奖1件，创意奖1件，另外三名辅导教师获优秀园丁奖。

【开展全市第四届少儿“故事大王”赛】 5月下旬，基金会与市妇联联合举办全市第四届少儿“故事大王”赛。在各县区小学和幼儿园初赛、复赛的基础上，选拔出最优秀的24名选手进行决赛，经过激烈角逐，来自市实验小学的选手白豆豆和米脂县的选手李雨珊分获少儿组、幼儿组一等奖。

【开展以榆林古城六楼为主题的“智能游戏”活动】 5月份，基金会与榆阳区教育局联合举办庆“六·一”少儿智能游戏比赛。参赛选手是从榆林城区的15所小学、16所幼儿园选拔出来的122名小能手。星元小学的选手常佳伟和来自小博士幼儿园的选手张思瑜等14名同学分获魔方组、拼图组一等奖。

【开展超级宝贝时尚才艺大赛】 5月中旬至6月上旬，基金会同市关心下一代工作委员会、榆阳区教育局和凯信世际企业集团党总支共同举办“凯信世际网络商城杯”超级宝贝时尚才艺大赛。全市有83家幼儿园、幼儿教育机构和小学参加。经过初赛、复赛、决赛，共产生幼儿团体、幼儿个人、少儿个人等18个奖项，通过网络投票选出6位本次大赛的“超级宝贝”。为榆林市特殊教育学校的《春天在哪里》颁发特别奖。

【组织参与第三届陕西省少儿艺术节活动】 7月份，在第三届陕西省少儿艺术节活动期间，基金会与市委宣传部、文广局、教育局联合举办“花儿朵朵向太阳”文艺节目总汇演，演出在榆林剧院举行，整场晚会分为四个篇章，分别为花儿鲜、花儿娇、花儿红、花儿艳，晚会的内容主要有舞蹈、音乐、小戏、小品、曲艺等。基金会选送的《绍多丽》和《三个和尚》分获一等奖和三等奖。市区各小学、青少年校外活动中心自行组织比赛推荐书法绘画作品300余件，选拔出21幅优秀作品直接送省艺术馆参展。此次艺术节活动，全市共有7000多名少年儿童参加。

【传播“家园合作”教育理念】 4月，基金会与市妇联、榆阳区童尔乐幼儿园联合邀请北京教育学院幼教高级讲师、家庭教育指导师张小玲，北京早期幼儿教育专家、北京师范大学教育心理教授张玉在榆阳区童尔乐幼儿园为200多名家长作题为《让孩子健康快乐的成长成才》、《爱孩子就去了解孩子》的专题讲座。

【抓四项工作】 为贯彻落实《国家中长期教育改革和发展规划纲要》和宋

庆龄毕生倡导的“关爱儿童、关注未来”的精神，进一步提升本市幼儿园水平，以城区幼儿园为主，致力于抓四项工作。六一前夕，王玉虎主席等基金会负责人陪同陆治原市长、市委赵政才副书记、市妇女儿童工作委员会主任马秀岚副市长看望慰问基金会示范幼儿园以及儿童福利院的师生们，为她们送去幼儿书籍和慰问品。会同市文化局、市新华书店、市邮政局、榆林鑫乐图书超市、榆林爱之梦书城等4个单位为榆阳区鱼河中心小学赠送价值2万余元的图书和价值5万元的电脑，丰富1200多名学生的课余生活。6月下旬，基金会组织召开“榆林城区部分幼儿园园长座谈会”，针对幼教现状、存在问题、如何管理等内容，结合榆林实际展开大讨论。8月中旬，基金会与市教育局共同举办“榆林城区幼儿园园长培训会”，聘请北京市丰台区第一幼儿园园长朱继文、江苏省丹阳市教育培训中心副主任汤海珍两位副教授级老师，向本市157名幼儿园园长传授在教育理念、授课方式、科学育儿和办学治园等方面的先进经验。基金会从抓典型、重示范入手，按照“巩固、提高、发展”的方针，重点给市分会示范幼儿园又资助10万元，对园舍、场地进行改扩建，添置必要设备，改善教学环境，邀请国内知名专家对该园的现状和存在的问题进行会诊，提出改进意见，明确一年打基础、二年上台阶、三年大发展，跻身全省先进行列的目标。

【扶贫济困救助】 一是开展贫困家庭中少儿生活情况调研。根据年初工作安排，确定在榆阳区开展贫困家庭中少年儿童生活情况的专项调研。确定调研范围及内容，向各乡镇办事处下发文件，走访入户，问卷抽查，召开座谈会，对榆阳区1270名贫困家庭的少年儿童生活情况进行摸底调查，撰写调研报告，于12月正式上报省会、市委、市政府和相关部门。二是资助贫困地区幼儿园。7月份，基金会领导分别带领工作人员对子洲县马塔乡葛家沟幼儿园、佳县王家砭镇程家沟幼儿园、吴堡县张家山镇中心幼儿园进行实地考察，了解幼儿园的校舍及活动场地建设、设施设备配置、膳食营养、教具玩具以及安全措施等。三是解决留守儿童上学困难问题。根据陕宋基(2012)6号文件精神，为进一步关心少年儿童健康成长，解决留守儿童上学困难问题，通过调查了解，基金会决定在省宋庆龄基金会拨付9万元的基础上又增拨5.13万元，对子洲、佳县、吴堡三个贫困县的471名特困留守儿童进行资助，其中子洲171名，佳县150名，吴堡150名，每名特困留守儿童资助300元，引导和帮助和别的孩子一样快乐学习，有尊严地生活。四是资助贫困家庭中的少年儿童。对5岁的脑瘫患儿周子熙、13岁的肾病患儿张德耀各资助2万元；为10岁的心脏病孤儿王栓和资助1万元；对12岁的朱昊天、11岁的朱昊源两名单亲困难儿童各资助1000元，米面油及学习用具等慰问品各500元；对6岁的聋哑儿童王洁资助500元，米面油及学习用具等慰问品1000元，并由基金会负责联系到市特殊教育学校进行康复训练。五是为特殊教育学校的孩子们送温暖。11月，王玉虎主席带领基金会工作人员为市特殊教育学校的孩子们送去被褥、书包等近三万元的慰问品，让那些“折翼天使”在寒冷的冬季仍然能感受到社会大家庭的温暖和人生的美好。

【宣传推广，募集基金】 一是搞好宣传推广。按照基金会《章程》的要求，分会于3月初召开一届二次理事会议，会议传达贯彻省理事会议精神，审议通过《2011年工作报告》和《2012年工作要点》。会上，开展“我为基金会建言献策办实事”活动，理事们积极发言，对分会的长远发展和做好当前工作提出了许多意见和建议，积极为基金会募集资金。基金会主要领导多次深入企业、单位，宣传宋庆龄的伟大思想、丰功伟绩和基金会服务宗旨，扩大社会影响和认知度。二是积极募集资金。基金会组织开展动员民营企业捐赠活动，府谷煤业集团有限公司、府谷煤化工集团有限责任公司等民营企业出资相助，支持基金会事业。基金会通过多方争取、积极努力，全年共募集善款270.3万元，为基金会工作良性发展提供资金保障。三是管好用好基金。在基金保值工作中，坚持慎之又慎，严谨运作，坚持每笔钱的运作都要符合法律、法规规定和政策要求，都要用到刀刃上，做到稳妥、安全，实用、有序，经得起检查和审查。全年基金会公益活动及帮扶济困开支148万元，都做到严格管理。

（谢　静）

陕西省宋庆龄基金会榆林市分会

主　　席　王玉虎
常务副主席　张晓武
副 主 席　高凤峰　刘　彪

扶贫开发协会

【概况】 2012年，是榆林市扶贫开发协会工作的开局之年，是明确办会方向、探索有特色协会工作路子的一年。协会秉承市委、市政府成立协会的要求和期望，以科学发展观为指导，围绕“办怎样的协会和怎样办协会”，深入开展调查研究活动，初步开创良好的工作局面。协会领导成员前往北京，向中国扶贫开发协会进行学习。协会组织课题组先后赴贵州省、重庆市、山西省晋中市和延安市，就扶贫和扶贫开发协会工作进行考察学习。结合考察所得体会，深入横山、绥德、清涧、子洲等贫困县，走进村庄、农户，考察发展典型，讨论致富路径，感受扶贫需求，寻找扶贫路子。完成《榆林市扶贫开发协会工作纲要》等十多文件、方案、制度、规划文字成果。

【工作探索】 明确协会的性质和扶贫工作总体定位。协会提出正确处理组织性质与责任意识、职责任务与工作重点、协会扶贫与协会自身发展、资金实力与使用效果的四个关系，强调坚持自加压力，有所作为的工作态度；创新发展，以试验示范为主的工作方向；双向经营，开创可持续发展的工作路径；高效用钱，争取小钱办大事的工作成效观。确立协会扶持重点项目的思路和类别。协会在扶贫项目的选择上，设计了产业扶持、组织提升、智力开发、创新示范、应急救助等五种项目类别和农户致富示范、扶工促农富民、科技引领增收、组织机制提升、村级自主创业、新型农民培育、大学生村官成长、贫困家庭大学生救助等多种实施工程。初步建立协会自身建设的制度体系。依据《章程》的有关规定和《工作纲要》的要求，协会建立秘书处、会员部、项目部、财务部、研究室等5个内设机构，明确每个机构的工作职责和工作人员行为准则，分别制定《项目管理办法》、《会员联系制度》、《财务制度》，以及加强扶贫开发协会与政府工作配合等一系列制度，使各项工作开始走上制度化、规范化、有效化运行的轨道。协会发行《发展与扶贫》会刊，创建门户网站，加大对协会工作的宣传力度。协会以提升扶贫工作能力和水平为抓手，推进自身建设规范化常态化。着重办好以下四件事：一是加快实现机关工作正规化。健全内部组织机构，严格各机构业务职责，完善日常工作制度，加强机关业务学习，树立良好的机关形象和工作作风。二是进一步拓展扶持项目类别。在继续重视搞好产业扶贫项目的同时，拓展其他类别的扶持项目。开展教育扶贫、科技扶贫、组织化提升项目的试验和探索，及时做好应急救助活动。三是不断加强各种对外工作联系。处理好与政府扶贫职能部门、资助企业、扶助对象、各级扶贫协会的关系，形成一套适合协会扶贫工作实际的运行机制。四是积极推动基层协会组织建设。积极推进县级扶贫开发协会的组建和相关机构的建立，并加强与县级协会间的合作互助关系。

（乔海鹏　冯文瑞）

榆林市扶贫开发协会

会　长　白玉仁

诗词学会

【概况】　榆林市诗词学会于2007年6月8日成立，李涛出任会长，李能佷、王亦群任副会长。陕西省委原书记、省诗词学会名誉会长张勃兴同志率领陕西省、市10多家诗词学会负责同志出席了诗词协会成立大会并做了重要讲话。榆林市委、市人大、市政府、市政协主要负责同志同时也出席了会议，时任市长李金柱同志致辞。山西、宁夏、内蒙古等周边省、市诗词学会的领导和专家专程前来致贺。会议期间，各地诗友联合举行了“驼城新咏”大型诗会，会后共同开展了采风活动。学会的成立在社会各界引起了积极反响，为学会工作开了一个好头。

2012年6月11日，按照章程规定，榆林市诗词学会学会召开了第二次会员代表大会，会议选举产生了第二届领导机构，李涛连任会长，李能佷、崔建忠为副会长，来自市直各部门和全市各县区的会员代表共100余人参加了大会。中华诗词学会、省诗词学会及全国30个省市区120余名诗友发来贺信、贺电、贺诗共460多件。会议期间，学会编辑出版了《榆林市诗词学会成立五周年纪念》大型画册，图文并茂总结了学会成立5年来的工作，并收入各地发来的贺诗150余首，对促进榆林诗词创作产生了良好影响。

【会刊创办】　榆林诗词学会会刊《榆林诗刊》，是榆林诞生的第一个市级诗词专刊。其宗旨为弘扬中国诗歌的优良传统，着力表现火热的现实生活，新诗与旧诗兼容，创作与研究并重，普及与提高结合，在继承传统的基础上积极进行创新探索。实行精品战略，力求情文并茂，雅俗共赏，使《榆林诗刊》真正成为优秀诗作园地，学术研讨论坛，联系海内外诗友的桥梁和纽带；使诗刊编辑部成为诗词爱好者的良师益友。几年来，《榆林诗刊》坚持履行自己的承诺，坚持严肃认真的办刊精神，赢得了海内外诗友的信任和一致好评。《榆林诗刊》为季刊，16开本，5.5个印张，每期印发3000册，截至2013年底，出刊29期。全国20多个省市区的300多名诗人坚持长年为本刊赐稿。会刊发行至全国30多个省市区及港澳地区，提高了榆林的知名度。中华诗词学会将《榆林诗刊》列为全国优秀刊物之一，在中华诗词网发布推荐了刊物全部目录。《榆林诗刊》已成为榆林的一个文化品牌、一张文化名片。学会已将7年来出版的《榆林诗刊》按年度刊印合订本，每年印发300套，供有关方面收藏研究。

【学会活动】　榆林市诗词学会在市委、市政府重视支持下，在市委宣传部的直接领导下，在陕西省诗词学会的帮助指导下，始终坚持二为方向，贯彻双百方针，以传承中华诗词，弘扬华夏文明，倡导先进文化为使命，建设队伍，推动创研，开展诗教，培养人才，在坚持开展日常活动的同时，特别注重组织开展有影响的重要活动，以营造诗词创研的良好氛围。一是2008年4月15日，市诗词学会邀请了中国散曲研究会常务副会长兼秘书长赵义山，副会长门岿、山西省黄河散曲社、陕西省诗词学会的领导和专家召开了一个小型高级别的“当代散曲创作与陕北民歌研讨会”，对散曲与陕北民歌的创作结合问题，进行了深入的研究探讨，为召开次年的第十届中国散曲与陕北民歌学术研讨会作了充分的理论准备。二是2008年8月，在市委、市政府支持下，我们承办了由中国散曲研究会、陕师大，西北大学、榆林市委、市政府联合召开的第十届中国散曲与陕北民歌学术研讨会，请来全国各省区97名散曲专家学者聚首榆林古城，会上对当代散曲的发展和陕北民歌的传承提升展开了热烈而深入的研究讨论。我市50多名会员参加了会议和随后的采风活动，大开了眼界，深发启迪。会议共收到学术论文150余篇，省内外作者新创作的陕北信天游160余首。这次会议是我市有史以来召开的规模最大、收获颇丰的一次学术研讨会。我会提出的研讨会主题创意和周详的会议组织服务,受到与会者的普遍赞誉。这次会议对推进当代散曲创作和新创陕北民歌都产生了重大而深远的影响。三是2009年我会发起举办了迎国庆六十周年"咏榆林诗词大奖赛",面向全国诗词界征稿,全国20多个省市的近千名诗人参赛,参赛作品计1500多件。中华诗词终身成就奖获得者、中华诗词学会名誉会长、陕西师范大学教授、著名学者霍松林先生应邀担任评委会主任,评出获奖作品50余件。这次赛事对宣传榆林、促进榆林诗词创作发挥了重要作用。四是经我会积极争取和联络,促成了中华诗词学会与市委、市政府于2010年8月在榆林联合举办了全国第三届华夏诗词奖颁奖会暨榆林诗会。国家文化部原副部长、故宫博物院原院长、中华诗词学会会长郑欣淼,中华诗词学会驻会名誉会长郑伯农,常务副会长李文朝、副会长李树喜、杨逸明、张桂兴、星汉、宣奉华等及来自全国各地的60余名诗词名家和获奖作者出席颁奖大会,并同我会会员一起在榆阳区、靖边、神木等地开展了为期3天的采风活动,创作了数百首诗词作品。这次会议对推动我市诗词事业的发展和促进我市文化建设产生了重要影响。会后,我会编辑出版了《全国第三届华夏诗词奖颁奖会暨榆林诗会作品集》一书,选入各地作者在这次采风活动中创作的咏榆诗作300余首,对宣传榆林、进一步提高榆林的知名度产生了重大影响。与会领导和获奖作者一致认为这次会议是全国三次颁奖会中组织安排最好的一次。五是2012年4月我会积极承办了为纪念毛泽东主席《在延安文艺座谈会上的讲话》发表七十周年,由中华诗词研究院、《诗刊》社采风团组织的大型采风活动。诗人们为米脂、靖边等四县的十几处考察点写下了数十首作品。六是认真编纂《榆林历代诗词大全》。学会于2009年初启动编纂《榆林历代诗词大全》大型系列诗卷。已收集到解放前历代涉榆诗5000余首,现、当代涉榆诗近万首,目前正抓紧进行分类选编及注释工作,计划于年底初步编就,于明年内正式出版。这将是迄今收编诗作最多的一部榆林历代诗集,对于传承中华传统诗词、弘扬优秀传统文化、促进榆林文化建设具有重要意义。七是从2011年起,开展榆林市作者诗作年度评奖,以推出精品力作,培养诗歌人才。

【人才培养】 积极开展诗教工作,培养诗词创研人才;学会把诗教工作作为学会的首要任务,坚持常抓不懈。首先注重在大、中学校开展诗词进校园诗教工作,指导帮助榆林学院及榆林、府谷、神木、米脂、横山等县的10多所中学成立学生诗社,为诗社赠送《榆林诗刊》等书刊5000余册,帮助诗社开展诗词写作与评奖,赞助榆林学院学生诗社诗赛评奖经费3000元。二是组织会员及诗词爱好者先后举办了国庆诗歌朗诵会、榆林诗词民歌新作大奖赛、纪念改革开放30周年诗歌会、中小学生大型诗词朗诵会、诗咏安全文化建设等活动,并通过邀请外地专家学者和本会会员举办诗词讲座几十场,组织市县区会员分赴米脂、清涧、横山、佳县等县区采风十余次,从而不断扩大诗词的社会影响,普及诗词知识。三是与榆林日报社合作,坚持定期在《榆林日报》开设诗词专版,稿件均由本会提供,至今已陆续刊出专版30余期,受到读者普遍好评。榆林初步形成群众性的爱诗、读诗、写诗风气,向《榆林诗刊》投稿的本地作者成倍增长,榆林作者的诗作已在省内外10多家诗刊发表。近年来在全国各地举办的各类诗词赛事中,本市先后有20余名作者获奖。会长李涛、副会长李能俍诗曲作品分别获得全国华夏诗词奖第三、第四届二等奖。

【交流协作】 广泛开展与全国各地诗词界的交流协作,认真学习兄弟学会的先进经验;学会十分重视与各地诗词界的交流协作,认真学习兄弟学会的先进经验。学会领导带领会员先后参加了省内外举办的各种诗会、学术会议及采风活动20余次,及时向会员传达兄弟学会的新鲜经验。学会目前已同全国各省市的20多家诗词组织保持经常性联系,已同50多家兄弟学会互相交流会刊。凡外地诗词界客人、诗友来榆,我会都尽力做好接待,尽可能为客人考察、采风提供方便,先后接待各地来客300多名。

【组织建设】 学会不断加强组织建设,发展壮大诗词创研队伍。全市十二个县区全部成立诗词组织,都办有诗词刊物。市、县两级诗词组织共有会员1200余人,市、县(区)学校诗社会员1500余人,形成一支诗词创研队伍。市、县诗词学会会员创作的诗作发表于各地诗刊,有近50名会员在省级以上诗刊发表诗作。2009年在市委组织的各单位年终工作考评中,学会获得"文化创新"奖,受到表彰奖励。

(李　涛)

榆林市诗词学会

会　长　李　涛

中共榆林市委常委

◆**胡志强** 男，汉族，1963年10月生，山西长子人，1985年12月加入中国共产党，1988年9月参加工作，经济学学士，中央党校研究生学历，工商管理硕士，现任中共榆林市委书记、市人大党组书记。

1984年9月至1988年9月，在北京财贸学院工商行政管理系工商行政管理专业学习；1988年9月至1993年2月，国家工商管理局企业司企业处、外资处工作；1993年2月至1996年4月，在华晋焦煤公司历任办公室副主任、总经理助理【其间：1994年5月至1995年5月，山东省牟平县（区）副县（区）长（挂职）】；1996年4月至1998年4月，神华集团公司实业开发部副经理兼项目处处长；1998年4月至2001年11月，神华集团公司实业开发部经理（正厅局级）；2001年11月至2005年11月，中共咸阳市委常委、副市长、咸阳市委副书记（挂职）【其间：2002年3月至2005年1月，参加中央党校在职研究生经济管理专业学习；2003年11月至2005年8月，参加长江商学院高级管理人员工商管理专业学习】；2005年11月至2008年2月，陕西省政府副秘书长；2008年2月至2011年7月，中共榆林市委副书记、市政府党组书记、代市长、市长；2011年7月至2012年1月任中共榆林市委书记、市人大党组书记。2012年1月，中共陕西省榆林市委书记，市人大常委会主任、党组书记。

省十一届人大代表、省纪委第十一届委员会委员。

◆**陆治原** 男，汉族，1964年8月生，陕西绥德人，1987年11月加入中国共产党，1988年7月参加工作，研究生学历，经济学博士，现任榆林市委副书记、市长。

1984年9月至1988年7月，陕西财经学院财政系财政专业学生；1988年7月至1990年9月，陕西省延安财经学校教师；1990年9月至1993年7月，陕西财经学院财政系财政专业研究生；1993年7月至1995年5月，西安市财政局预算处干事；1995年5月至1997年6月，西安市财政局预算处副处长；1997年6月至1998年9月，西安市财政局收费处处长；1998年9月至2000年11月，西安市财政局预算处处长；2000年11月至2002年6月，西安市财政局副局长；2002年6月至2003年1月，西安市阎良区委副书记、代区长（副厅级）；2003年1月至2005年11月，西安市阎良区委副书记、区长；2005年3月，兼任西安阎良国家航空高技术产业基地管委会主任、党工委副书记；2005年11月至2008年8月，西安市阎良区委书记；2008年8月至2010年6月，西安市灞桥区委书记，2009年12月，兼任西安市纺织城地区综合发展办公室党组书记；2010年6月至2011年8月，榆林市委副书记；2011年8月至2012年1月，榆林市委副书记、代市长。2012年1月，榆林市委副书记、市长。

◆**赵政才** 男，汉族，1959年8月生，陕西铜川人，1983年9月加入中国共产党，1980年7月参加工作，研究生学历，2012年9月前任榆林市委副书记。

1978年1月至1980年7月，铜川师范学校学生；1980年7月至1982年7月，铜川市城区黄堡乡安村中学教师；1982年7月至1985年3月，铜川市城区黄堡乡文教专干（其间：1980年9月至1984年1月参加陕西教育学院中文专业学习);1985年3月至1986年10月,共青团铜川市郊区区委副书记;1986年10月至1994年6月,铜川市郊区区委办公室工作,1986年10月任副主任,1989年12月任主任(其间:1984年3月至1987年1月参加陕西师范大学本科班中文系汉语言文学专业学习);1994年6月至1996年12月,铜川市郊区副区长;1996年12月至1999年9月,铜川市郊区区委常委、副区长;1999年9月至1999年10月,铜川市郊区区委副书记;1999年10月至2000年4月,铜川市郊区区委副书记、区长;2000年4月至2000年12月,铜川市印台区委副书记、区长;2000年12月至2001年8月,铜川市印台区委副书记、区长、玉华宫管理局第一局长(其间:2000年6月至2001年8月主持区委工作);2001年8月至2006年3月,铜川市印台区委书记(其间:2003年9月至2006年7月参加中央党校研究生院经济管理专业学习);2006年3月至2006年6月,铜川市委常委、印台区委书记;2006年6月至2006年7月,铜川市委常委;2006年7月至2006年11月,铜川市委常委、宣传部部长;2006年11月至2009年1月,榆林市委常委、组织部部长;2009年1月至2011年12月,榆林市委常委、副市长、党组副书记;2011年12月至2012年9月,榆林市委副书记。

◆**周树红** 男,汉族,1957年2月生,陕西商州人,1981年3月加入中国共产党,1981年7月参加工作,研究生学历,榆林市委常委、纪委书记。

1978年10月至1981年7月,商洛农校农学专业学生;1981年7月至1992年10月,先后在商洛农校团委、商洛团地委、商洛地直企事业工委、商洛地委办公室工作,1991年3月任商洛地委办公室副主任(其间:1984年8月至1986年7月参加中央团校大专培训班政治教育专业学习);1992年10月至1997年11月,洛南县委副书记、政法委书记(其间:1994年8月至1996年12月参加中央党校函授本科班经济管理专业学习;1995年9月至1996年7月参加陕西省委党校中青班学习);1997年11月至2001年4月,山阳县委副书记、县长;2001年4月至2005年11月,商南县委书记;2005年11月至2006年7月,商洛市委常委、商南县委书记(其间:2004年9月至2006年7月参加中央党校在职研究生班马克思主义哲学专业学习);2006年7月至2006年11月,商洛市委常委;2006年11月,榆林市委常委、纪委书记,省纪委委员。

◆**尉俊东** 男,汉族,1968年7月生,山西阳高人,1986年6月加入中国共产党,1990年7月参加工作,研究生学历,工学学士,管理学博士,榆林市委常委、组织部部长、政协陕西省委员会常委、社会和法制委员会副主任、全国青联常委。

1986年9月至1990年7月,西安交通大学电厂热能与动力工程专业学生;1990年7月至1993年6月,西安交通大学能源系学生辅导员、系团工委书记;1993年6月至1996年12月,西安交通大学团委副书记;1996年12月至1999年7月,西安交通大学团委书记兼党委学生部副部长(其间:1995年9月至1998年6月,参加西安交通大学思想政治教育专业学习,获硕士学位);1999年7月至2001年8月,西安交通大学团委书记(其间:1998年6月至2003年7月,共青团十四届中央委员会候补委员、委员);2001年8月至2008年1月,共青团陕西省委副书记、党组成员、省青联副主席(其间:2000年9月至2006年5月参加西安交通大学工商管理专业学习,获博士学位);2008年1月至2008年3月,共青团陕西省委副书记、党组成员、省青联常务副主席、全国青联常委、政协陕西省委员会常委;2008年3月至2009年1月,共青团陕西省委副书记、党组成员、政协陕西省委员会常委、社会和法制委员会副主任、全国青联常委;2009年1月,榆林市委常委、组织部部长、政协陕西省委员会常委、社会和法制委员会副主任、全国青联常委。

◆**高中印** 男,汉族,1962年7月生,陕西礼泉人,1985年6月加入中国共产党,1983年7月参加工作,研究生学历,工学硕士,现任榆林市委常委、副市长、党组副书记。

1979年9月至1983年7月,陕西师范大学生物系生物专业学生;1983年7月至1985年9月,铜川市第一中学教师、校少先队大队辅导员、校团委副书记;1985年9月至1991年5月,铜川市团委副书记;1991年5月至1995年2月,铜川市团委书记、市青联会主席(其间:1993年9月至1994年7月参加省委党校优秀中青年干部培训班学习);1995年2月至1997年2月,铜川市政府副秘书长;(其间:1993年8月至1995年12月参加中央党校函授学院经济管理专业学习);1997年2月至2003年3月,铜川市政府副秘书长、新区管委会工委书记、副主任;(其间:1997年3月至1998年6月参加哈尔滨建筑工业大学建筑工程及管理专业学习;1999年9月至2002年12月参加西安理工大学水利工程专业学习);2003年3月至2004年6月,铜川市副市长、新区管委会工委书记、副主任、市委企业工委副书记;2004年6月至2005年9月,铜川市副市长、市委企业工委副书记;2005年9月至2006年11月,铜川市副市长,市国资委、经委党委书记;2006年11月至2009年1月,咸阳市副市长(其间:2008年3月至2009年1月参加中央党校中青年干部培训二班学习);2009年1月至2009年4月,咸阳市委常委、副市长;2009年4月至2011年8月,咸阳市委常委、副市长,市沣渭新区党工委书记;2011年9月至2011年12月,咸阳市委常委、副市长,市北塬新城开发建设领导小组办公室主任;2011年12月至今,榆林市委常委、副市长、党组副书记。

◆**万　恒**　男,汉族,1956年10月生,陕西榆林人,1975年9月加入中国共产党,1976年1月参加工作,大学学历,榆林市委常委、副市长。

1976年1月至1977年12月,榆林县参加路线教育;1977年12月至1984年7月,榆林县委农工部干事;1984年7月至1988年9月,榆林县大河塔乡乡长、党委书记;1988年9月至1995年10月,榆林市(现榆阳区)大河塔乡、红石桥乡党委书记(其间:1988年9月至1990年8月参加榆林地委党校培训班学习;1993年8月至1995年12月参加中央党校函授学院本科班经济管理专业学习);1995年10月至1998年7月,神木县委常委、副县长;1998年7月至2000年11月,神木县委副书记、县长;2000年11月至2005年7月,神木县委书记;2005年7月至2005年9月,榆林市副市长、神木县委书记;2005年9月至2010年6月,榆林市副市长;2010年6月,榆林市委常委、副市长。

◆**钱劳动**　男,汉族,1963年5月生,陕西咸阳人,1987年12月加入中国共产党,1984年7月参加工作,研究生学历,工学学士,榆林市委常委、政法委书记。

1980年9月至1984年7月,西北农学院农业机械化专业学生;1984年7月至1987年3月,咸阳市秦都区乡镇企业局干事;1987年3月至1991年3月,咸阳市渭城区乡镇企业局干事;1991年3月至1995年12月,咸阳市渭城区底张镇副镇长、镇长;1995年12月至1997年11月,咸阳市渭城区底张镇党委书记;1997年11月至1999年8月,咸阳市渭城区副区长;1999年8月至2002年12月,淳化县委副书记、副县长(其间:1999年9月至2002年7月参加中央党校函授学院研究生班经济管理专业学习);2002年12月至2006年1月,淳化县委副书记、县长;2006年1月至2006年6月,淳化县委书记;2006年6月至2009年12月,府谷县委书记;2009年12月至2010年6月,佳县县委书记;2010年6月至2011年12月,榆林市委常委、佳县县委书记;2011年12月至2012年3月,榆林市委常委、政法委书记、佳县县委书记;2012年3月,榆林市委常委、政法委书记。

◆**马宏玉**　男,汉族,1962年2月生,陕西子洲人,1984年6月加入中国共产党,1982年7月参加工作,研究生学历,榆林市委常委、靖边县委书记。

1979年9月至1982年7月,陕西省农林学校畜牧班学生;1982年7月至1984年6月,子洲县畜牧站技术员;1984年6月至1989年11月,子洲县农业局文书;1989年11月至1991年1月,子洲县种子公司副经理;1991年1月至1995年3月,榆林天然气化工厂筹建处工作,1992年4月任办公室主任;1995年3月至1996年10月,榆林天然气化工厂党委副书记;1996年10月至1998年3月,榆林天然气化工厂党委副书记、副董事长;1998年3月至2005年12月,陕西榆林天然气化工有限责任公司党委书记、董事长(其间:1996年9月至1999年7月参加榆林地委党校大专班经济管理专业学习;2000年8月至2002年12月参加中央党校函授学院本科班经济管理专业学习);2005年12月至2010年6月,靖边县委书记;2010年6月,榆林市委常委、靖边县委书记。

全国劳动模范。

◆**刘　坤**　男,汉族,1959年9月生,陕西延安人,1979年3月加入中国共产党,1973年9月参加工作,研究生学历,现任榆林市委常委、陕西省榆林军分区政治委员。

1973年9月至1976年12月,宜君县黑家河公社插队;1976年12月至1987年9月,步兵第五十六师一六七团书记员、二机炮连副政治指导员、二机炮连政治指导员、后勤处政治协理员(其间:1983年6月至1984年7月参加西安政治学院大专班政治理论专业学习);1987年9月至1990年12月,步兵第五十六师政治部宣传科副科长;1990年12月至1999年5月,陆军第四十七集团军政治部宣传处副团职干事、处长(其间:1994年9月至1997年7月参加中央党校函授学院本科班经济管理专业学习);1999年5月至2004年5月,陕西省咸阳军分区政治部主任(其间:2001年9月至2004年1月参加国防大学研究生学院宣传理论专业学习);2004年5月至2006年7月,陕西省咸阳军分区副政治委员;2006年7月至2007年6月,安康市委常委、安康军分区政治委员;2007年6月至2011年2月,陕西省榆林军分区政治委员;2011年2月至今,榆林市委常委、陕西省榆林军分区政治委员。

◆**陈　宁**　女,汉族,1968年9月生,

福建漳州人，1987年11月加入中国共产党，1993年4月参加工作，研究生学历，工学硕士，现任榆林市委常委、宣传部部长。

1986年8月至1990年9月，西北工业大学精密仪器专业学生；1990年9月至1993年4月，西北工业大学研究生班惯性技术及其导航设备专业学生；1993年4月至1996年6月，西北工业大学航海学院教师；1996年6月至1998年4月，西北工业大学“211工程办公室”副主任；1998年4月至2000年5月，陕西省委办公厅正科级秘书；2000年5月至2001年11月，陕西省委办公厅副处级秘书；2001年11月至2005年1月，陕西省委组织部宣教干部处副调研员；2005年1月至2005年2月，陕西省委组织部宣教干部处调研员；2005年2月至2010年11月，西安财经学院党委组织部部长；2010年11月至2011年12月，西安财经学院纪委书记、组织部部长；2011年12月至今，榆林市委常委、宣传部部长。

◆刘春桥　男，汉族，1963年10月生，陕西佳县人，1990年11月加入中国共产党，1987年7月参加工作，研究生学历，文学、理学学士，榆林市委常委、市委秘书长、办公室主任。

1982年9月至1987年7月，西北大学中文系、地理系学生；1987年7月至1989年6月，榆林地区信访局干事；1989年6月至1991年10月，榆林地区计委工作，1991年5月任综合科副科长；1991年10月至1994年1月，榆林地委办公室工作，1992年6月任综合科主任科员；1994年1月至2000年8月，榆林地区行署办公室副主任；2000年8月至2005年7月，榆林市政府副秘书长、办公室主任（其间：1998年9月至2001年3月，参加西北大学研究生班地理系自然地理专业学习）；2005年7月至2007年6月，横山县委书记、县人大常委会主任；2007年6月至2007年12月，待安排；2007年12月至2008年12月，榆林市委副秘书长、办公室主任；2008年12月至2011年12月，榆林市委秘书长、办公室主任；2011年12月，榆林市委常委、市委秘书长、办公室主任。

◆张惠荣　男，汉族，1961年10月出生，陕西省神木人，硕士研究生学历，1987年6月加入中国共产党，1982年参加工作。

先后在神木县教育、国土、统计、矿管、交通、开发区等党政部门及企事业单位工作过。1990年任神木县地测站副站长，1991年，神木县矿产品开发经营公司经理、书记，1996年，神木县公路建设公司经理，1998年12月，神木县交通局副局长，2000年，神木县驻西安办事处主任。2001年，神府经济开发区纪委书记，2003年，神府经济开发区党委副书记、纪委书记，2005年6月，神府经济开发区管委会主任、神木县政府副县长。2005年12月，中共府谷县委副书记、府谷县人民政府代县长，2006年3月，当选府谷县人民政府县长。2009年12月，中共府谷县委书记；2012年3月，中共榆林市委常委、中共府谷县委书记。

2012年陕西省劳动模范、先进工作者汇总表

推荐单位(章):榆林市劳动竞赛委员会办公室　　　　填表日期:2012年4月9日

序号	结构类别	姓名	性别	年龄	民族	学历	政治面貌	工作单位	职务	职称（技术等级）	单位类型	曾获荣誉
1	企业负责人	张红兵	男	41	汉	本科	党员	陕西金泰氯碱化工有限公司	董事长、党委书记	工程师	国有	省优秀青年创业奖
2	企业负责人	张　宇	男	51	汉	硕士	党员	陕西榆林煤炭运销(集团)有限责任公司	董事长　总经理	工程师	国有	榆林市劳动模范
3	企业负责人	李奴平	男	50	汉	本科	党员	榆林市榆神煤炭公司	总经理	高级职业经理人	国有	榆林市劳模
4	企业负责人	孙俊良	男	51	汉	高中		陕西恒源煤电集团有限公司	董事长		民营	榆林市劳模
5	一线职工	李增光	男	42	汉	本科	民盟	榆林市第一中学高中部物理教研组	组长	中级教师	事业	陕西省教学能手
6	一线职工	马正安	男	48	汉	高中	党员	榆林市天鹏畜禽有限公司骨粉厂	工人		民营	单位先进生产者
7	一线职工	马再元	男	48	汉	初中	党员	榆林市环境卫生管理处	工人		事业	市“环卫标兵”
8	一线职工	付世广	男	28	汉	中专	党员	横山县社会福利公司第二车间机修组	组长		全民	获市县民政局残疾人工作突出贡献奖
9	一线职工	许　琦	女	35	汉	初中		榆林市公共交通总公司	公交驾驶员		事业	优秀驾驶员
10	一线职工	贾秀慧	女	39	汉	本科	党员	榆林电视台技术部	制作编辑		事业	全国技术质量“金帆奖”
11	一线职工	高长厚	男	47	汉	高中	党员	榆林公路管理局神木公路管理段养护中心	主任		事业	市五一劳动奖章
12	一线职工	郭振刚	男	39	汉	专科	党员	陕西煤业化工集团孙家岔龙华矿业有限公司	综采队队长	助理工程师	民营	神南矿业公司安全突出贡献者
13	一线职工	张晓燕	女	44	汉	大专	党员	榆林市烟草公司神府煤田分公司大柳塔客户经营部	经理	经济员	国有	省劳动竞赛标兵

序号	结构类别	姓名	性别	年龄	民族	学历	政治面貌	工作单位	职务	职称（技术等级）	单位类型	曾获荣誉
14	一线职工	闫文廷	男	39	汉	大专	党员	陕西延长石油（集团）有限责任公司榆林炼油厂技术科工艺组	组长	工程师	国有	榆林市五一劳动奖章
15	其他	姚　迎	男	44	汉	本科		榆林市德厚矿业建设有限公司	总工	工程师	民营	榆林市劳动模范
16	其他	刘进贤	男	46	汉	大专	党员	榆林市杨伙盘煤矿机电队	技术员	助理工程师	国有控股	单位先进个人
17	其他	张雷威	男	57	汉	大学	党员	榆林市供电公司	工会主席	高级政工师	国有	榆林市劳动模范
18	其他	冯建亮	男	42	汉	本科	党员	定边县长城盐化有限责任公司（延长集团油田公司下属的省下属三级）	经理	经济师	股份	榆林市劳动模范
19	其他	李　伟	男	33	汉	大专	党员	陕汽榆林东方新能源专用汽车制造有限公司	副总经理		股份	榆林市优秀共产党员
20	其他	宋炆安	男	28	汉	高中		吴堡县黄河水泥有限公司生料车间	维修工		民营	
21	科教	贺　波	男	47	汉	研究生		榆林市儿童医院（民办，无级别，星元医院内设）	院长	主任医师	事业	榆林市先进工作者
22	科教	高　敏	男	48	汉	研究生	党员	榆林市农业科技试验示范中心（原种场更名）	职工	高级农艺师	事业	榆林市先进工作者
23	科教	赵彦峰	男	48	汉	本科	党员	榆林市第一医院	院长	副主任医师	事业	榆林市先进工作者
24	科教	崔咏麟	男	40	汉	大专		榆林市麟洲驾驶员培训学校 榆林市神木县道路交通安全教育培训基地 退伍军人创办企业先进个人（无级别）	校长		民营	榆林市劳动模范

农民劳模：（11 人）

序号	结构类别	姓名	性别	年龄	民族	学历	政治面貌	工作单位	职务	职称（技术等级）	单位类型	曾获荣誉
25	乡企负责人	高乃则	男	51	汉	大专		陕西兴茂侏罗纪煤业镁电（集团）有限公司	董事长		民营	中国第三届消除贫困——特别贡献奖

序号	结构类别	姓名	性别	年龄	民族	学历	政治面貌	工作单位	职务	职称（技术等级）	单位类型	曾获荣誉
26	乡企负责人	高植林	男	45	汉	大学	党员	神木县瑞祥煤业有限责任公司	董事长		民营	省杰出民营企业家
27	村干部	杨文清	男	52	汉	中专	党员	府谷县三道沟镇黑石岩村	村党支部书记			榆林市优秀特色社会主义建设者
28	村干部	黄世华	男	46	汉	本科		榆阳区古塔镇黄家圪崂村	村委会副主任		集体	榆林市劳动模范
29	村干部	杨小平	男	35	汉	大专	党员	神木县神木镇前应则村	村党支部书记			市三届人大代表
30	种植加工	曹　牛	男	40	汉	高中		子洲县城关镇曹砼村	农民			全国农村青年创业致富带头人
31	种植加工	刘买元	男	45	汉	高中	党员	佳县贵源红枣专业合作社	主任		私营	国家授予科技二传手
32	种植	乔俊宏	男	43	汉	大专	党员	横山县响水镇驼燕沟村	农民			全国种粮大户
33	养殖	张　明	男	48	汉	高中	党员	靖边县民晟养羊合作社	理事		民营	榆林市劳动模范
34	农民工	白世雄	男	45	汉	大专	党员	清涧人和仙枣业有限责任公司	工人			
35	农民工	孟永兵	男	39	汉	初中		米脂县浩海红枣制品有限公司包装车间	工人		民营	单位先进生产者
36		王艳芳	女	52	汉			神木县中鸡镇白羊绒山养殖基地	董事长	创办公司，资源转化，经营管理		全国五一奖章

榆阳区

【概况】 榆阳区位于陕西省北部、榆林市中部，与内蒙古自治区的乌审旗以及市内的横山、米脂、佳县、神木相毗邻，总面积7053平方公里，居全省第二位，以明长城为界，北部属风沙草滩区，南部属黄土丘陵区。全区辖24个乡镇、7个街道办事处、487个行政村、45个社区居委会，户籍人口52万人，其中农业人口32万人。2012年全区实现生产总值401.09亿元，按可比价计算，较上年增长12.3%。其中：第一产业增加值21.17亿元，增长5.6%；第二产业增加值246.62亿元，增长13.5%；第三产业增加值133.3亿元，增长11.5%；三次产业结构比例为5.3:61.5:33.2。全社会固定资产投资373亿元，增长31%；财政总收入81.7亿元，增长16.5%，地方财政收入17.3亿元，增长24.3%；社会消费品零售总额51亿元，增长20.6%；城镇居民人均可支配收入2.61万元，农民人均纯收入1万元，分别增长16.6%和18.7%；非公有制经济增加值占GDP的比重43.97%。

【农业经济】 2012年全区农林牧渔业及其服务业实现总产值35.96亿元，按可比价计算，较上年增长5.6%。农作物播种面积79万亩，增长1.8%，其中粮食作物70.6万亩，增长8.1%。油料0.9万亩，下降18.2%。蔬菜2.7万亩，增长17.4%。粮食总产量4.86亿斤；完成植树造林15.8万亩，其中人工造林11.3万亩，飞播造林4.5万亩，完成能源企业矿区绿化2.9万亩，建立义务植树基地22个，全民义务植树170.5万株，完成樟子松基地建设4万亩，长柄扁桃基地建设2万亩；全年羊子饲养量197.5万只，较上年增长1.9%，其中存栏120.5万只，增长1.9%，出栏77万只，增长1.9%。生猪饲养量100万头，其中存栏41万头，出栏59万头，分别增长6.8%、6.1%和7.3%。牛饲养量4.6万头，与上年持平。家禽饲养量215.1万只，增长4.5%。肉类总产量5.8万吨，增长4.6%；建成农村饮水安全工程80处，解决4.23万人的饮水安全问题，发展节水灌溉面积1.71万亩，营造水保林13.4万亩，新建、加固淤地坝71座，完成水土流失治理面积188平方公里；全区农业机械总动力35万千瓦。全年机耕作业面积40万亩，机播作业面积30万亩，机收作业面积20万亩，保护性耕作面积21万亩。建成农机科技示范村40个，落实农机购置补贴资金1470万元，补贴各类农机具7324台(件)，推广各类农具8500台(件)，农业机械化综合水平50%；全年投入各类扶贫资金4481.5万元，扶贫移民搬迁554户2150人，扶贫开发使253个贫困村受益，贫困人口由上年的6.57万人减少到5.89万人，0.68万贫困人口脱贫。

【工业经济】 2012年全区规模以上工业企业实现增加值227.4亿元，按可比价计算，较上年增长14%，规模以下工业企业实现增加值5.8亿元，增长9.3%。规模以上工业企业资产总计549亿元，增长46.6%；实现主营业务收入237.8亿元，增长15.8%；实现利润63.3亿元，下降12.8%；实现税金7.1亿元，下降15.5%；工业品产销率97.1%。

【固定资产投资】 全年完成全社会固定资产投资372.9亿元，较上年增长31.1%，其中区属完成固定资产投资120亿元，增长28.2%；全年完成房地产开发投资32亿元，增长68.4%，房屋施工面积438万平方米，增长69.8%。商品房销售面积69.4万平方米，增长8.4%，商品房屋销售额32亿元，增长3.2%；全年具有资质等级的建筑业企业实现总产值64.82亿元，增长23.9%。其中建筑工程产值62.54亿元，安装工程产值0.96亿元，其他产值1.32亿元；公路建设总投入7.4亿元，辖区公路总里程2400公里。全年完成客运量1676万人次，客运周转量10.24亿人公里，完成货运量4260万吨，货运周转量21.40亿吨公里。

【居民消费】 全年实现社会消费品零

售总额51亿元,较上年增长20.6%。其中城区实现消费品零售额50.68亿元,增长26%。农村实现消费品零售额0.35亿元,增长14%。全年批发业销售额244.02亿元,增长12.2%。全年零售业销售额58.54亿元,增长40.6%;实现住宿业营业额3.94亿元,增长22%;实现餐饮业营业额6.34亿元,增长23%;全年城区居民消费价格总指数为102.8(以上年同期价格为100),增长2.8%。

【财政金融】 全区财政总收入实现81.74亿元,较上年增长16.5%,其中地方财政收入17.3亿元,增长24.3%,全区财政支出31.4亿元,增长15.6%;年末,辖区内金融机构人民币各项存款余额902.2亿元,增长28.8%,其中城乡居民储蓄存款270.4亿元,增长14.9%。各项贷款余额703.8亿元,增长39.3%。

【教科文卫体】 全年教育总投入11.3亿元,其中新建、改扩建教育项目投入6.35亿元。义务教育阶段"两免一补"及"零收费"投入经费1.2亿元。用于普通高中、中职学生减免补助,学前教育办公及减免补助0.42亿元。为学校配置设施设备0.12亿元。实施教育重点建设项目28个,城区新建中小学、幼儿园和青少年活动中心13个。全区高考二本上线人数突破2200名,较上年增加300人;全年申报省级科技项目8项,市级44项,区本级49项。区财政预算科技三项经费3276万元,较上年增加176万元。完成技术市场交易额1030万元。申报科技成果评议项目9项,获奖7项。申请专利335件,授权73件;全年全区建成22个乡镇综合文化站、5个社区文化中心、45个社区文化活动室、20个社区共享工程服务点、103个村文化活动室、431个村级文化共享工程服务点、487个农家书屋和13个数字农家书屋,设施设备共投入资金510多万元。全年围绕大型节假日组织举办文艺活动330多场次,服务群众90万人次;全区广播信号覆盖率100%,电视信号覆盖率100%,有线数字电视用户13.7万户,微波数字电视用户3.6万户;年末辖区内共有各类医疗卫生机构645个,其中医院26个,社区卫生服务中心37个,卫生院25个,诊所、卫生所、医务室176个,村卫生室368个,专业公共卫生机构10个,其他卫生机构3个,医疗机构床位数3614张,卫生技术人员5150人;全年举办大型体育活动29次(38项次),有114个单位4000多人次参加体育比赛活动。发展单项体育协会1个,培养社会体育指导员110人,新布城镇群众活动点5个,完成农民健身工程6个,参加市级比赛3次,省级以上比赛2次,国际比赛1次。获全国全民健身周活动先进单位。

【民生建设】 2012年,年末户籍总户数212910户,总人口545706人,其中:男性278923人,女性266783人,性别比为104.5:100(以女性为100);全区农民人均纯收入1万元,较上年增加1573元,增长18.7%,农村居民人均消费支出5316元,增长26%。城镇居民人均可支配收入26071元,较上年增加3712元,增长16.6%,城镇居民人均消费支出17066元,下降8.3%;年末辖区内参加城镇医疗保险人数20.9万人,较上年增长5.1%。参加养老保险人数8.9万人,增长17.5%。参加失业保险人数5.5万人,增长2%。参加生育保险人数7.9万人,增长6.7%。参加工伤保险人数12.2万人,增长1%。新农合参合人数31.8万人,参合率96%。城乡居民社会养老保险参保人数15.2万人;全区有敬老院10所,供养319人。儿童福利院1所,收养320人。全年累计发放低保金及各类补助7611万元,城乡居民最低生活保障实现"应保尽保"。其中,城市低保对象8603户、19529人,月人均补助水平提高为277元。农村低保对象9744户、17760人,月人均补助水平提高到120元。

【招商引资】 举办首届招商引资暨汽车博览会;组团参加西洽会、煤博会、农高会及香港、北京招商会等招商活动,引进项目30个,引资总额370.6亿元,主要涉及能源化工、装备制造、农业加工、建材物流、文化旅游等产业。

【安全生产】 全年发生各类安全生产事故351起,死亡58人,受伤72人,直接经济损失309.2万元,事故起数较上年上升27.6%,死亡人数上升3.6%,受伤人数下降29.4%,直接经济损失下降27.3%。亿元GDP生产安全事故死亡人数0.14人,同比下降17.6%。

(王世录)

榆阳区委、人大、政府、政协

区委书记	王成继	
副书记	苗　丰	王海洋
常委	霍凤莲	高生耀
	刘亚忠	杨伟才
	雷亚成	寇福英
	赵贵波	任向军
区人大主任	常思义	
副主任	段云飞	贺德飞
	高振华	高秋芳
区长	苗　丰	
副区长	刘亚忠	雷亚成
	薛建文	雷亚雄
	李建林	王新刚
区政协主席	纪生荣	
副主席	高继祥	韦明珠
	张崇厚	刘侯义
	欧阳佳	

神木县

【概况】 神木县位于陕西省北部,晋、陕、蒙三省(区)接壤地带,是国家级陕北能源化工基地的核心区域。全县总面积7635平方公里,是陕西省面积最大的县。全县辖15镇4乡664个行政村,总人口37.8万。2012年,实现GDP1003.89亿元,增长15%,成为西北地区第一个跨进千亿元门槛的县;完成财政总收入220.70亿元,增长

21.9%，其中地方财政收入53.60亿元，增长27.5%；完成固定资产投资347.40亿元，增长26.7%；城镇居民人均可支配收入29316元，农民人均纯收入12537元，分别增长12.5%和16.1%。在第十二届全国县域经济基本竞争力评价中，神木县排名进位到第26位，稳居西北第1位。

【工业经济】 2012年，面对复杂低迷的经济形势，全区积极稳妥应对经济下行压力，加强对重点行业和企业的运行调控和服务，采取促销奖励、贷款贴息等20条促销增产稳市场措施，工业经济运行平稳。煤炭资源整合加快推进，基本淘汰房柱式采煤。兰炭行业规范发展，大兰炭全部建成污水处理、烟气脱硫等环保设施，"神木兰炭"注册国家地理标志证明商标，煤干馏技术研发和兰炭应用试验取得突破性进展。电石产业规模化发展，电石集团120万吨综合利用项目加快建设，完成投资25.80亿元；锦界锦源、神木电化、神木能源等一批规模电石企业基本建成。北元化工循环产业链效益明显，年产值45.90亿元；天元化工依靠核心技术，在企业经营普遍低迷的情况下实现年利润6亿元。建材产业循环发展态势明显，银丰陶瓷项目加快建设，瑞诚玻璃余热发电项目建成投产。全县实现规模以上工业总产值1176亿元，增长35.5%；原煤产量2.03亿吨，生产兰炭1316.20万吨、电石72.60万吨、聚氯乙烯52.70万吨、金属镁8.90万吨、发电量253.30亿度。工业园区项目承载能力进一步增强，锦界工业园被评为全国循环经济先进单位和全市招商引资工作先进单位，全年引进项目15个、总投资233亿元，完成工业总产值258亿元；柠条塔、燕家塔两个园区管理机构基本健全，基础设施进一步完善；二村、石窑店、上榆树峁等园区加快建设。

【农业产业】 2012年，全年农作物播种面积18万亩，其中粮食播种面积76万亩，粮食总产量17万吨，农业增加值17亿元。完成"八大"强农支农富农工程。一是高产创建示范片，8个高产示范样板，8个万亩核心攻关田；二是"一区十园百社"建设，重点建设以尔林兔为中心的万亩现代特色农业示范区，以四卜树、赵家沟、王家洼等以蔬菜和小杂粮为主的10个农业示范区。100个农民专业合作社；三是地膜覆盖工程，实施地膜覆盖10万亩，重点抓好五万亩（玉米、绿豆、马铃薯、大豆、花生）地膜覆盖示范样板田；四是引进推广玉米、马铃薯、小杂粮、瓜菜新品种20个，推广面积50万亩，建立良种基地5000亩；五是农村能源工程。建设户用沼气池2000户，推广节柴灶1000户，建立后续服务体系，重点建设乡村沼气服务网点20个；六是设施蔬菜工程。新建阳光温室1000亩，塑料大棚1000亩；七是农机推广工程。提升农机作业水平，提高农业生产率。创建农机示范镇2个，示范村15个，示范户150户。全年推广购置补贴农机具4000台（套）；八是农民培训工程。以青年农民为主要培训对象，开展农业实用技术培训1万人，农村劳动力转移"阳光工程"培训3000人。

【转型经济】 抓住转型升级的大势契机，加快转型升级。累计策划储备100余个重大产业项目，一批科技含量高、资源综合利用的煤炭深度转化项目落地。第十次陕北能化基地座谈会期间集中开工的融和集团聚四氢呋喃、延长安源100万吨煤焦油加氢、鑫义化工15万吨石油重整项目加快建设，累计完成投资25亿元；富油12万吨中低温煤焦油综合利用项目基本建成，泰安化工4万吨三氯乙烯、天元化工2.20万吨精酚等项目加紧建设。国华墩梁神木风电、大唐新能源乔岔滩风电等项目带动新能源产业起步。"金桥工程"的政策效应进一步显现，全年向6173户涉农企业（农户）发放奖励资金5680万元，户均9200余元；尔林兔现代特色农业示范园加快建设，西沟丰禾被认定为省级农业示范园，神木县被命名为"中国黑豆之乡"；四妹子小杂粮、通海羊绒、麟州酒业等龙头企业不断发展壮大，品牌效益进一步增强。文化旅游产业发展势头良好，杨家将文化产业园总体规划编制完成，成立陕西青年文学协会，国内最大史前遗址石峁遗址考古取得重大成果，红碱淖和二郎山升级为国家4A景区，陕北民俗文化大观园被认定为全国休闲农业与乡村旅游示范点；全年共接待国内外游客255.30万人次，实现旅游综合收益8亿元。开源证券、西安银行、交通银行和浦发银行入驻本县。

【城镇化建设】 新型城镇化建设加快推进。按照统筹城乡发展"3+3"模式（工业化富裕农民，产业化发展农业，城镇化繁荣农村和农民市民化，农业生态化，农村集约化），加快推进新型城镇化进程。2012年开工建设县城市政项目22个，完成投资5亿余元。市政公用设施进一步完善，城区供水普及率100%，集中供热普及率69%，供气普及率和污水、垃圾处理率均为85%。实施滨河路街景改造、滨河北路及河堤改造、橡皮坝、过街天桥等一批市容市貌工程，新增绿化面积1.70万平方米，城区绿化覆盖率36%。新村完成年度基础设施投资4.57亿元，滨河路拓宽改造、二期供热管道等项目完工；专科医院、九年制学校、青少年活动中心等社会事业项目基本建成；星级酒店、住宅小区等房地产项目加快建设。二村、西沙、铧山基础设施日趋完善，城市框架进一步拉大。锦界重点镇完成年度投资7.7亿元，保障性住房、供水管网、学校等一批民生项目加快建设，被评为全省重点示范镇建设先进镇；大柳塔、店塔、大保当等重点镇基础设施和市政功能进一步完善，集聚人口能力增强。新农村社区建设扎实推进，锦界镇沙母河、孙家岔镇水井湾等7个移民小区加快建设，黄河沿岸土石山区移民搬迁工程有序实施，被评为全省农村社区建设先进县。全县城镇化率66.6%。

【民营经济】 民营经济整体规模持续扩大，全年实现总产值623亿元，同比增长36.9%；实现增加值285亿元，增长13.5%；新增民营企业606户、个体工商户4065户；规模以上企业新增29户，达到205户，年产值超过亿元的有90户，超过10亿元的有6户，超过30亿元的有2户。北元化工形成“煤、电、电石、聚氯乙烯、水泥”一体化的循环生产模式，利用兰炭尾气作为燃料的银丰陶瓷项目以及银泉煤化、汇能煤化等一批兰炭尾气综合利用项目加快建设。民营企业科技创新，全年申请专利60件，授权19件，其中，北元化工新获4项国家专利，恒源煤化“小粒煤低温干馏及干熄兰炭节能减排技术”获国家专利并荣获全市科技一等奖，天元化工通过“中高温煤焦油加氢裂化工艺”获得技术性收益2.40亿元。“神木兰炭”成功注册国家地理标志证明商标，成为全国第二个以一次性能源为原料的工业产品地理标志商标；新增陕西省著名商标2件、总数7件，四妹子小杂粮、通海羊绒、麟州酒业等知名品牌带动效应进一步增强。民营经济发展环境持续改善，举办第六届民营经济博览会，创新实施企业结对帮带、县级领导联系民营企业制度；民营企业融资难问题得到缓解，县国有资产运营公司全年累计为56户企业发放借款20亿元，借款额历年最多；进一步放宽民营企业准入领域，县内首家由民营资本投资的保障性住房项目加快建设。

【交通建设】 出境通道建设提速，神佳米高速完成前期工作，店塔至红碱淖一级公路加快推进，神盘公路控制性工程石窑大桥完工；县域路网结构进一步优化，神锦大街至西站一级公路、沿黄公路和赵家梁至石窑店、燕家塔至陈家湾等园区连接线建成，县城东、西过境线前期规划设计完成；镇村公路建设力度加大，李家畔过境公路完工，新建通村油路8条121.70公里，全县公路通达率、通畅率分别为100%和65%。

【生态建设】 投资3.46亿元实施十大造林绿化工程，完成植树造林25.40万亩，全县森林覆盖率38.4%；红碱淖被列入全国湖泊生态环境保护项目；采煤沉陷区综合治理有序推进，治理土地3089亩，新造耕地2790亩。水资源保障能力进一步提高，完成各类水利投资2.30亿元，采兔沟水库锦界南区供水工程建成投运。锦界南区污水处理厂签订BOT协议，县城污水处理厂二期基本建成，全县二氧化硫、氮氧化物、化学需氧量、氨氮均完成核减任务。

【民生事业】 全县民生领域的财政投入48.8亿元，较上年增加14.3亿元。县民生慈善基金会挂牌成立，投入6000万元实施“养老、健康、助幼、扶残、义工服务”五大民生慈善公益金项目。“两优”教育深入实施，“学前三年行动”提前落实，教育教学质量稳步提升。医药卫生体制改革深入推进，启动实施大病医疗救助，实行药品零差率销售和“三统一”管理，建立完善医疗纠纷第三方调处机制。社会保障水平不断提高，城乡居民养老保险金由每人每月125元提高到200元，城市低保由每人每月365元提高到395元。劳动就业成效明显，累计培训农民18000人，新增城镇就业、再就业岗位2540个，城镇登记失业率控制在3.5%以内。保障性安居工程稳步推进，开工建设各类保障性住房4510套，发放廉租住房补贴274.5万元。公共交通有序发展，新增公交车20辆、公交营运线路2条，改造港湾式候车站20个，建成公交专用线2.2公里，群众出行更加便捷。图书馆、博物馆免费开放，老干部活动中心等公共设施建成投用，群众文体活动蓬勃开展。启动实施了放心早餐、便民蔬菜点等惠民工程。出生人口性别比综合治理成效明显，人口自然增长率控制在6.4‰以内。

（张志明）

神木县委、人大、政府、政协

县委书记　雷正西
副书记　黄建军　郝海东
常委　温建刚　雷江声
王志雄　高云霄
贺利贵　杨晓琦
郑秀宏　双亚萍
县人大主任　高崇飞
副主任　杨玉林　刘生志
刘志明　郝彦刚
县长　黄建军
副县长　贺利贵　杨晓琦
高景林　王　斌
孙　彬　刘亚萍
县政协主席　张宏智
副主席　刘国富　高振国
李桂琴　白枝堂

府谷县

【概况】 府谷县位于陕西省最北端，秦晋蒙三省（区）交界的黄河“金三角”地带，东与山西省河曲县、保德县隔河相望，北与内蒙古自治区准格尔旗、伊金霍洛旗接壤，西南与神木县毗邻。全县总面积3229平方公里，辖15镇，总人口24.38万。县域经济综合竞争力居全国百强第67位，是全国文明县城和省级平安县、省级卫生县城、省级园林城市。2012年，实现生产总值450.52亿元，增长10.8%；完成固定资产投资335.71亿元，增长23.9%；完成财政总收入85.98亿元，增长0.9%，其中地方一般预算收入27.42亿元，增长16%；城镇居民人均可支配收入29083元，增长14.9%；农民人均纯收入11783元，增长18.7%。

【工业经济】 2012年，为应对经济下滑压力，不断加大工业经济调控力度，及时出台政策，采取规费减免、电价补贴、贷款贴息等措施，帮助企业渡过难关，推动工业经济持续稳定增长。全县实现工业总产值618亿元、增加值392.25亿元，同比分别增长4.8%和9.9%。按照“促投产、抓续建、推前期、保开工”的要求，加快项目建设进度。截至12月底，恒源工业小区（西区）万源集团综合利用项目，累计完成投资2.6亿元，电厂和铁合金项目主体工程开工建设，电厂和铁合金项目设备完成订购；恒源工业小区（东区）综合利用项目，累计完成投资13.5亿元；东山工业小区综合利用项目累计完成投资2.7亿元，电石炉建进入调试阶段；黄河工业小区综合利用项目累计完成投资2亿元，电厂锅炉技改完成，一台30000KVA电石炉技改投产，新开粉煤灰制砖项目，设备安装基本完成。民企转型稳步推进。按照“建立全省民营企业转型升级试验区”工作的总体部署，与有关院校合作完成试验区规划报告。报送省政府常务会议研究待批。狠抓重大项目建设，69个能化产业及配套项目完成投资189亿元，占289个实施项目总投资额的70%以上；清水川两大电厂、煤炭资源整合等项目快速推进，“3052”、大兰炭等资源综合利用项目部分生产线建成投产。

【三农工作】 加快推进园区建设，墙头、碛塄两大农业园区规划工作取得突破性进展，高庄则园区被确定为省级现代农业园区。按照“围绕产业抓特色、围绕特色抓园区”的总体思路，合理配置农业生产要素，重点培育优势农产品和优势产区，推进四个特色农业园区和“五个万亩”示范基地建设；推进新农村建设，把新农村建设与地域特色文化、城镇化建设、农业产业化发展结合起来，引进和培育富民强村项目，夯实农村基础，发展特色产业，确保农民持续稳定增收致富；建设农业科普示范基地，建立健全县农业科技网络；实施惠民工程，创新扶贫工作思路，完善扶贫产业发展规划，按照“政府主导、社会参与、自力更生、开发扶贫”的原则和“逐级负责、狠抓落实、工作到村、扶贫到户、一村一策、一户一法”的要求，实施“3331”扶贫工程（即利用“3年时间”，每年帮扶“3000余户”，做到帮扶项目和措施到村、到户、到人“3个到位”，实现全县贫困人口真正脱贫“一个目标”）。全年粮食总产量6.84万吨，生猪、羊子、家禽饲养量分别为8万头、29.2万只和67.3万只；海红果系列酒生产线建成投产，府谷被誉为“中国黄米之乡”。农田水利基本建设完成投资6.02亿元，落实“双百”帮持资金2.12亿元，农村生产生活条件进一步改善。启动实施“3331”扶贫工程，推进扶贫重点村建设、板块开发、贫困户产业发展，帮助2729户8319名贫困人口脱贫致富。

【基础设施建设】 新区44个重点项目完成投资24.4亿元。编修完成县城总体规划和交通专项规划，城市、村镇规划覆盖率分别为100%和85%。开工建设高家湾二桥，完成河滨路2.6公里沥青路面铺设，对16条背街巷道进行拓宽绿化，城区路网结构进一步优化。为更好的方便服务群众出行，将汽车站搬迁到新址运营，“创模”和“创国卫”工作取得突破性进展。破解交通瓶颈制约，府谷支线机场进入预可研报批阶段，煤炭铁路专用线、大石一级公路等项目进展顺利，野大、府准公路改造全面完工。

【环境保护】 以企业绿化、环县城绿化和绿色通道建设为重点，推进“五年植绿大行动”和陕西北大门绿化，建成神府高速、班家塔、香炉山等生态绿化亮点工程，全年完成投资3.4亿元，造林27.6万亩、种草15万亩，投资数量和实施规模创历史新高。以矿业秩序整顿为契机，加快推进煤矿采空塌陷区和煤田自燃隐患区综合治理，矿区生态环境进一步改善。推进节能减排，万元GDP能耗下降1.3吨标准煤，二氧化硫、化学需氧量、氨氮三项主要污染物指标完成年度削减任务。

【民生事业】 2012年全县安排50.1亿元实施十大惠民工程，提升全县百强幸福指数。坚持教育优先发展，加强教师队伍建设，培养一批名教师；推进教育教学改革，探索与国内省内名校联合办学的有效途径，打造几所名校；改善办学条件，加快府中高中部、职教中心、第六小学和城乡公办幼儿园建设进度，缓解入学难题，努力办人民满意的教育，年内建成全省教育强县；完善“双补双管四结合”的医改模式，重点抓好县级公立医院改革，在全县公立医疗机构全面实行药品“零差率”，为全国医改创造更加成熟的经验。强化公共卫生服务功能，针对不同人群，开展常见病跟踪检查，提高全县百姓健康水平；把社会就业和自主创业作为解决就业问题的主要途径，全面实施“大学生蓝领派遣计划”，引导大中专毕业生转变就业观念，到基层锻炼、到企业发展，多渠道缓解日趋增大的就业压力；加大政府保障性住房建设力度，完成年度计划任务，确保年内新区经济适用房一期入住，二期完工，新府山35栋保障房主体完工，按计划解决全县基层干部职工和城镇低收入家庭的住房困难；完善城乡60岁以上老人养老补贴制度，适当提高补贴标准。健全城乡居民医疗保险体系，落实低保、社保、工伤、生育、五保供养等惠民政策，发挥教育、大病医疗救助、慈善三大基金的作用，建立从少年到老年、从农村到城市的全民社保体系；巩固全国文明县城创建成果，开展“书香府谷”活动，不断提高城乡文明程度和居民素质。打造特色文化旅游品牌，高标准规划七星庙、府州古城等历史文化古迹。动员社会力量投资文化旅游产业，创作一批体现地方文化元素的小说和影视精品。加强文化基础设施建设，健全覆盖城乡的公共文化服务体系，满足群众追求高尚文化生活的需求。

【创安工作】 围绕“平安府谷”创建目标，完善和深化村企联建机制，强化“双百”帮扶、煤炭资源开发补偿、采空区塌陷区恢复治理、矿区移民搬迁等工作，引导企业为群众参股分红、就近劳务、发展三产服务提供更多的便利，形成组织共建、发展共赢、利益共享的长效机制；建立社会稳定风险评估机制，掌握维护大局稳定的主动权。加强社会治安综合治理，打击刑事犯罪和黑恶势力，始终保持对违法犯罪的高压态势，提升社会治安满意度和平安创建知晓率。坚持“5+4”信访工作领导机制，发挥县委群众工作部的职能作用，加强和改进信访工作。落实安全生产责任制，加强工矿企业、道路交通、食品药品等领域不断健全治安防控体系，开展交通秩序、入室盗窃等专项整治活动，全年共办理各类案件2307起，处理违法犯罪人员3041人。开展“三问三解”活动，加大矛盾纠纷排查调处力度，办结信访案件109件，化解矛盾纠纷1124件。

（王星明）

府谷县委、人大、政府、政协

县委书记	张惠荣
副书记	辛耀峰　杨成林
常委	贺文元　温子斌 焦延平　刘　健 杨艾霞　蔡文东 刘咏康
县人大主任	王乃延
副主任	刘王留　白守和 周艳华　孙云林 陈广平　王改凤
县长	辛耀峰
副县长	贺文元　温子斌 吴占林　杨培林 雷晴初 王　平
县政协主席	白雪梅
副主席	张向君　董金海 田乃飞

定边县

【概况】　定边县位于陕西省西北部、榆林市最西端，陕、甘、宁、蒙四省区交界处。全县辖15镇5乡、335个行政村，县域总面积6920平方公里。总人口33.67万人，其中农业人口28.64万人。2012年，全县实现地区生产总值291.01亿元，较上年增长8.1%；财政总收入24.98亿元，增长12.5%，其中地方财政收入16亿元，增长21.2%；全社会固定资产投资166.71亿元，增长26.9%；城镇居民人均可支配收入25271元，增长16.7%；农民人均纯收入9492元，增长18.5%；社会消费品零售总额17.41亿元，增长15.2%。全县经济社会保持持续健康较快发展态势。

【三农工作】　落实各项强农惠农政策。全年支出各类涉农资金6.98亿元。全县农作物播种面积199.7万亩，粮食总产量28.22万吨，农业总产值24.97亿元，农业生产再获丰收。特色产业不断壮大。3万亩水地马铃薯、1.2万亩旱地全膜玉米、7万亩双垄沟播玉米、1000亩水地玉米均创全国单产纪录；生态绿色种植的8个产地、21个农产品获得农业部无公害产品认证；重点扶植、培育陈学魁、高海宽两个全国种粮大户；现代农业园区建设持续推进。白泥井综合型示范区和梁湾、张寨子、十里沙等11个种植、养殖类分园建设的规模不断扩大，建设水平不断提高，辐射带动能力明显增强。全年新建日光温室、塑料大棚9000亩；开工建设2个5万头生猪养殖场、1个5万只养羊场，在十里沙建成西北地区最大的马铃薯组培中心；畜牧产业加快发展。全县种草保留面积105万亩，羊子饲养量123.56万只，畜牧业总产值9.76亿元；农业基础设施进一步改善；治理生态流域面积142.7平方公里，新建基本粮田和改造中低产田4.7万亩。“三年植绿大行动”全面推进。完成城郊防护林带、县乡道路、千里绿色长廊等15个林业项目，造林面积11.5万亩；推进扶贫开发工作。完成6个扶贫开发整村推进项目，建成衣食梁一期等17个移民社区，可安置搬迁群众4269户、20372人，超额完成省市下达搬迁任务。启动包括乡村道路、文化休闲广场、标准化养殖、小型农田水利等10类社会主义新农村市级预算内基建项目，项目总投资891万元。储备新农村建设项目80个，争取新农村项目资金385万元。2012年，新建、续建村综合服务中心8处，新建村民文体活动广场6处，扶持农业专业合作社4个，扶持养殖场4个。

【工业经济】　全年实现规模以上工业总产值330.4亿元、增加值234.9亿元，分别增长6.4%和7.3%。全县原油产量780万吨，其中地方原油产量205万吨，天然气产量2.6亿立方米，定边县成为全国油气产能第一大县。“气化定边”进程进一步加快。长庆50亿立方米天然气处理厂建成投运，新建天然气管网46公里，新增燃气锅炉2460户，新增天然气用户5648户，城区供气普及率42.6%，县城小区供气普及率90%，城区企事业单位、居民用气基本得到保障；盐化工业园区启动建设。投资8200万元，实施盐化工项目和盐湖综合利用工程，改造卤渠500米、盐硝田400亩；新能源产业加快发展。编制完成太阳能光伏产业园区规划，进一步完善风能产业园区规划，山东昂立等3家光伏企业入园开展前期工作，引进大唐、国电、华能等6家世界500强企业；启动建设陕西电子信息集团100兆瓦、深圳拓日、江苏振发各50兆瓦的光伏发电站；建成大唐张家山、国电繁食沟二期、国电草山梁一期、华能狼尔沟分散式二期风电场，全县风能发电量4.5亿千瓦时；工业新区基础设施逐步完善。启动建设定莲路扩建工程，完成创业路景观绿化和定边发展展馆主体工程，新入园企业24家，6家开工建设。节能减排工作扎实推进。全年减排二氧化硫71.2吨、化学需氧量2500吨，氨氮7.4吨，城区空气质量好于二级以上天数305天，完成市上下达的节能减排任务；全年新增私营企业105家，新增个体工商户1568户，1000万元以上的纳税大户3户，非公经济增加值占地区生产总值的比重19.5%。

【城乡一体建设】　按照“工业化强县、农业产业化富民、城镇化改善民生”的战略思路，不断提高城市规划和城市建设管理水平。推进住房和城乡建设工作进程，城乡建设事业、人居环境逐步优化。城乡一体化进程明显加快。坚持基础先行，推进城乡交通、电力、水利、通讯等基础设施建设。路网建设取得新进展。投资3.5亿元，新修贺圈至红柳沟、薛坬至吊玉咀等4条乡镇连接线通车；新修通村水泥路

16.5公里，改造定铁公路14公里，养护农村公路3077公里。争取省市交通部门立项，307国道县城过境段改线工程顺利开工。电网主网结构得到改善。新建武峁子、砖井、安边等一批输变电工程和配网升级改造工程，年度售电量17.5亿千瓦时。饮水安全进一步保障。实施水资源普查与勘探、农村安全饮水、病险库坝加固、水保生态和水源地保护等水利建设工程，城乡居民生活用水和工农业生产用水得到进一步保障。通信服务功能全面提升。2012年全县城乡广电、电信、邮政、移动、联通等网络建设进一步完善。

【城市建设】 推进城镇化建设，全年累计投入建设资金3.8亿元。完善城市规划。规划面积由24平方公里增扩到51平方公里，城镇化率41.7%。新建西环路与火车站、307国道与贺纪公路两条连接线；改造升级307国道贺圈集镇段道路；打通明珠路、东十路、英华路、木业北街、新华街5条“断头路”；改造居民巷道3条，硬化面积2.3万平方米，解决城区重点路段交通拥堵和群众出行难的问题。初步规划鼓楼南北大街拆迁改造，建成安置房5.9万平方米；启动国家卫生县城、省级园林县城和省级文明县城创建工作；完成火车站公园、迎宾大道景观绿化等重点市政工程；湿地公园完成评审工作，4C机场完成预选址评审。一批城镇亮化、绿化、净化、美化工程建成投入使用。重点镇建设步伐加快。安边、白泥井等5个重点镇的小城镇建设规划、产业发展规划逐步完善，基础设施建设全力推进，城镇功能进一步提升，人居环境明显改善。

【民生事业】 加快民生事业建设，全年民生支出1.7亿元，占全县新增财力80%以上。在教育、医疗、就业、住房等领域实施多项惠民政策，提升百姓福祉，人民群众得到更多实惠。全年累计投入建设资金17.7亿元。教育事业优先发展。全县参加高考一、二、三个本次上线率均居全市第一。全面实施义务教育“零收费”和学前一年免费教育，将全县教师绩效工资提高10%；投资1.3亿元，新建六中、四中等一批城乡教育基础工程，白湾子、砖井等6个乡镇通过省级教育强乡镇验收；全县高考二本以上上线率位居全市第一位。提高医疗卫生服务保障水平。县级公立医院综合改革铺开，县医院、妇幼保健院医疗条件改善，中医院完成资源整合、实现高效运营；为农村育龄妇女免费体检7638人次，3231名农村产妇免费住院分娩。人口计生工作扎实推进。多措并举稳定低生育水平，人口自然增长率控制在6.69‰以内，巩固国家级计生优质服务县成果。文化体育事业全面发展。举办第三届马铃薯文化节暨招商引资大会，节日文化、广场文化、社区文化蓬勃发展；体育场馆、文化广场、农家书屋、站所建设等一批文化基础工程相继建成，为全县精神文明建设提供保障。社会保障体系进一步健全。新开工建设各类保障性住房2500套，已建成的362套保障性住房全部分配到户；改造棚户区2.1万平方米、农村危房2650户；将2.3万困难群众纳入低保，城乡居民社会养老保险参保人数14.1万人；向70周岁以上老人发放生活保健补贴815.8万元；新农合参合率96.9%，人均筹资标准提高到350元；全年新增城镇就业2312人，城镇登记失业率控制在3.9%。

【社会管理】 平安定边创建深入开展，矛盾排查化解、领导包案、干部接访下访和责任追究等机制不断完善，实现“一控三降”目标；安全监管力度得到强化，处置一批突发事件；社会治安综合治理成效明显，公众社会治安满意率进一步提高。坚持依法行政，政府自身建设不断加强，履行政府职能，自觉接受人大、政协、人民群众和新闻媒体的监督；全年共办理人大代表建议案63件、政协提案84件。深入推进廉政建设和反腐败斗争，坚决维护经济社会秩序，社会管理工作进一步加强，全县社会大局和谐稳定。

（韩　瑛　钟之岳）

定边县委、人大、政府、政协

县委书记　张凯盈
副书记　杨志先　蒋亚东
常委　张增平　高明伟
杨树森(9月离任)
黄鹏飞　孟春伟
刘　伟
刘建平(9月离任)
苗　云(9月任)
毛　晔
齐艳萍(3月任)
贺安刚(9月任)
县人大主任　马保珍
副主任　刘思翔　刘志伦
张　跃　王道虎
县长　杨志先
副县长　高明伟　刘　伟
艾先明　苗　云
任学友　刘静妮
县政协主席　贺子明
副主席　张　斌　丁海山
高晓云

靖边县

【概况】 靖边县位于陕西省北部偏西，地处毛乌素沙漠南缘。全县总土地面积5088平方公里，按地形地貌分为三个区域，即北部风沙滩区、中部梁峁涧区、南部丘陵沟壑区。全县辖17个乡镇、1个国有农场，214个行政村，10个社区，总人口34.2万。2012年，靖边县加快推进新型能源化工基地、现代特色农业基地、陕北第三大区域中心城市、区域商贸物流中心、区域交通枢纽“两基地、两中心、一枢纽”建设步伐，2012年，实现地区生产总值317亿元，增长8.8%；完成全社会固定资产投资216.5亿元，增长30.7%；完成财政总收入96亿元，增长30.4%，其中地方财政收入17.01亿元，增长20.6%；完成全社会消费品零售总额39亿元，增长17.9%；城镇居民家庭人均可支配收入28652元，增长15%；农民人均纯收入11413元，增长

17.8%。县域经济继续保持持续快速的发展势头。

【现代农业】 围绕农业增产、农民增收这一主线,以农业园区建设为载体,以推广良种良法为支撑,现代农业发展迈出新步伐,全年粮食产量24万吨,实现农业增加值16.2亿元,同比增长10.2%。全县建成16万亩蔬菜(其中设施蔬菜5.1万亩)、55.6万亩马铃薯、45.4万亩玉米、12.4万亩小杂粮、194万只羊子、61万头生猪六大生产基地。全县推广旱地玉米全膜双垄沟播技术5.5万亩,其中千亩旱地玉米创造平均亩产954.9公斤的全国纪录。全年累计投入资金2亿元,加大水、电、路、田等农业基础设施建设力度,解决2.4万人安全饮水问题;新建和加固淤地坝78座;建设户用沼气1110座,新建及改造输变电线路390公里;启动建设毛窑至王渠则等3条乡村道路;新增和改造基本农田3万多亩,节水灌溉2.3万亩,新修农村道路53.6公里,改造120多公里。新建日光温室4012亩,拱棚7060亩;全年累计推广各类新品种45个,推广应用新技术15项;拥有农民专业合作社241家,各类农业产业龙头企业30多家;"大漠"牌蔬菜、"三秦统万"牌马铃薯等新品牌不断涌现;全县启动建设各类现代农业园区近40个,建成省级现代农业示范园区4个,市级园区5个,基本实现县有综合园区、乡有专业园区、村有示范点的目标;5万头养猪场和5万只养羊场项目加快建设,畜牧业规模化发展水平进一步提升;全年推广各类农机具5950台(部),农业机械化综合水平53%。

【工业经济】 2012年,全县实现工业增加值242.22亿元,增长10亿元。全年生产原油354万吨,其中靖边采油厂98万吨;生产天然气25.7亿立方米;加工原油338万吨,同比增长12%;榆炼500万吨/年常压装置(A)技改工程实现中交,榆炼原油加工能力1000万吨/年,跃居千万吨级石油炼化企业行列。延长煤油共炼试验示范项目开始安装设备,全年完成投资9.3亿元。2012年能化园区完成投资88亿元,一期启动的180万吨甲醇等五套装置项目施工任务过半,2013年将建成试运行。园区道路、办公大楼等投入使用,基础设施更加完善。铁路集运站、供水管线和渣油管线等厂外工程加快建设。三是新能源产业加快开发。太阳能方面,陕光伏一、二期20兆瓦、国电一期5兆瓦、华电5兆瓦和国华一期20兆瓦太阳能发电项目全部实现并网发电,形成50兆瓦太阳能发电规模。风能方面,华能龙洲一、二期、国电草山梁一期风电正式并网发电,大唐元梁山风电变电站建成。华能龙洲三期、国电祭山梁一、二、三期等风电项目加紧建设。风力发电装机容量65万千瓦,发电超过3.5亿度。

【招商引资】 举办第二届招商引资大会,吸引全国300多家企业(客商)来靖考察投资,全年累计签订招商引资项目41个,落地资金110亿元,招商引资总量和引资额均创历史最高。中小企业创业园入驻企业44家,其中建成或投产18家,全年完成投资4.4亿元。商贸物流园区开园,部分项目启动建设,完成招商引资2.6亿元。全县民营经济增加值64.9亿元,同比增长39.1%,占GDP的比重升至20.5%。

【城乡建设】 以建设"陕北第三大区域中心城市"和"打造宜居宜业县城"为目标,以"三城联创"为抓手,按照"规划、建设、改造、提升"八字方针,加大城乡基础设施建设,统筹城乡一体化发展。委托规划设计单位编制完成滨河路等6个片区控制性详细规划和东坑镇新区修建性详细规划,县城详细规划覆盖率59%。完成林荫路南段和芦河路南段续建工程。实施西新区红柳路、民生路等6条市政道路和芦河仿古景观带建设工程。启动龙升路、龙城路、南二环等6条市政道路建设前期规划设计等准备工作。新开发恒丰苑、方正公寓等7个房地产项目,开发面积23万平方米,累计投资5.75亿元。东新区延长生活基地建设、海则畔移民社区二区和西新区"一场、三馆、一中心"项目加快实施,以县城中心区为主体,以东西两大新区为两翼的"一体两翼城市发展格局"正在形成。改造城区危旧房屋7.5万平方米,拉设文化墙4800多米,实施教堂巷等10条居民巷道改造工程。完成307国道过靖段的补修、铺设工程,城市环境进一步美化。龙山路拓宽改造征地拆迁工作基本完成,兑付征收补偿款1.5亿元,2013年底建成通车。垃圾无害化处理厂建成试运营,城市污水处理厂二期工程顺利启动,县城污水处理率70%。五台森林公园、西草滩湿地公园、综合文化广场等公共设施加紧建设,省级文明县城创建工作通过验收。城区绿化覆盖率、主干道亮化率、自来水普及率、天然气覆盖率分别为35%、100%、98%、50%。实施白于山区移民搬迁工程和东坑省级重点示范镇建设。白于山区移民搬迁工程建成海则畔二区30栋1164户移民房及600多套集镇、中心村移民房。东坑省级重点示范镇坚持"新区建设与旧区改造"的原则加快建设步伐,累计完成投资5.58亿,实施幸福路、富强路、创业路等市政道路和东坑二小、东坑第二幼儿园、垃圾填埋场、污水处理厂等公共设施建设工程。共建成公租房、经济适用房540套,总建筑面积8万平方米。全年建成星级社会主义新农村30个,有条件农民进城落户11687人,城镇化水平60.8%。

【生态环境建设】 推进植树造林工程,完成造林12.6万亩,全民义务植树90万株,治理水土流失面积199.4平方公里,全县森林覆盖率37.3%。推进城区生态环境建设,全面实施"万棵大树进县城"活动,全年栽植3米以上大树(苗)10136株,进一步提高城区绿化水平,城区绿化率37.5%。全面推进油气开发区环境治理,清洁文明井场3100多个。累计节能减排二氧化硫2900吨、化学需氧量1500吨,全县单位GDP能耗控制在0.59吨标煤/万元,下降2.08%。空气环境质量优于二级天数保持在280天以上,地表水环境质量和声环境质量均达到二级标准。

【社会事业】 2012年,全县民生投入不断加大,全年安排民生工程10个类别144个项目,投资15.5亿元。全年完成12项中小学校及幼儿园新建、改扩建工程,进一步完善县城14所小学、6所初中、3所高中、6所公办幼儿园及农村学校的设施设备。实现学前一年免费教育和义务教育零收费,高考二本上线率35%。医疗卫生体制改革进一步深化。药品"三统一"工作实现乡镇卫生院全覆盖,县医院住院大楼建成投用,改扩建周河等乡镇卫生院3所,医疗条件进一步改善。推进计生家庭创业、母亲健康和优生促进三大工程。人口自然增长率控制在6.69‰以内。文化旅游事业加快发展,中共中央小河纪念馆正式开馆,统万城入选《中国世界文化遗产预备名单》。建成乡镇文化站2个、农民体育广场9处,广播、电视信号覆盖率均98%以上。各类社会保障逐步完善,累计新增城镇就业3050人,转移农村剩余劳动力6万人,累计发放创业贷款713笔5396万元,实现创业带动就业。社保体系不断完善。新农合参合率96.5%,城镇居民医疗保险和城乡居民养老保险参保人数分别为4万人、11.7万人,城、乡居民最低生活保障和五保户供养标准分别为每人每年4200元、2020元和4700元,县救助站正式投入使用,东坑敬老院和靖边爱心老年公寓建成,具备入住条件。保障房建设快速推进。建成保障性住房3000套,其中500套经济适用房全部分配到户,完成农村危旧房改造800户。

【平安创建】 开展"三问三解"和"万民干部下基层"活动,关注社情民意。重视信访工作,全年解决各类遗留和突出信访问题20多件,本县成为唯一连续三年保持信访"三无"的县份。推进"平安靖边"创建活动,打击"两抢一盗"等违法犯罪行为,全县刑事案件立案2657起。全年未发生一起较大以上安全事故。

(王江宏)

靖边县委、人大、政府、政协

县委书记	马宏玉	
副书记	李永奇	白春阳
常委	王志琴	周建国
	王武	温建斌
	贺耀东	马俊飞
	邬晓君	贺秉禄
县人大主任	李作厚	
副主任	柳建国	周子岳
	闫秀兰	张广德
县长	李永奇	
副县长	周建国	王武
	冯成文	胡荣芳
	刘波	折小利
	赵少毅	桑学义
	郝明如	
县政协主席	贺启鹏	
副主席	靳忠	刘培金
	谢红静	

横山县

【概况】 横山县位于陕西省北部、榆林市中部偏西,地处毛乌素沙漠与黄土高原过渡地带。全县地貌以芦河、无定河为界,北部为风沙草滩区,占总面积的32.2%;南部为丘陵沟壑区,占51.3%;中部为河谷川地,占16.5%。是正在建设的国家能源化工基地以及"西气东输、西煤东运、西电东送"的重要组成部分,也是著名古边塞重镇和革命老区。全县辖12镇2乡1个国有农场,361个行政村,总面积4333平方公里,总人口36.1万。2012年,全县生产总值104.2亿元,同比增长10.7%;财政总收入10.6亿元,增长29.6%,其中地方财政收入3.74亿元,增长28.1%;城镇居民人均可支配收入23920元,增长16.6%;农民人均纯收入7860元,增长17.3%。

【特色农业】 按照"规划先行、板块开发"的思路,2012年,全县编制全县农业发展总体规划,重点围绕现代农业、生态环境示范区和无定河、芦河沿线,发展设施农业和观光农业。以羊、豆、薯为三大主导产业,在北部风沙草滩区重点发展林草畜牧业,南部丘陵沟壑区重点发展羊豆薯产业,芦河、无定河沿线全面振兴水稻产业,加快推进规模化、机械化发展。通过大面积流转土地,扶持农业龙头企业,走产、加、销一体化路子,抓好万亩水稻示范样板田生产,抓好羊、豆、薯等农副产品精深加工,强化地理产品保护申请和商标注册,注重"横山羊肉""大明绿豆"等名优品牌保护,带动特色种植、养殖业发展。通过科技强农,推动现代特色农业大发展,着力打造榆林中心城市的后勤保障基地。全年完成农业总产值20.6亿元、增加值12.2亿元,分别增长11.6%、6.7%。粮食产量17.6万吨。羊子饲养量162万只,实现产值7亿元,养羊收入占到农民人均纯收入的30%以上。举办全国羊产业交流会,建成全国一流的陕北白绒山羊狄青塬种羊场。发展省市级农业龙头企业26家、农民专业合作社131家,辐射带动农户2.4万户,实现销售利润4.60亿元。出台土地流转实施方案,累计流转2.3万亩,打造小杂粮、水稻、葡萄、山地苹果、池塘养鱼等多个农业示范基地。

【工矿园区】 完成工业总产值86.3亿元、增加值59.1亿元,全社会固定资产投资155.4亿元,分别增长15.5%、10.9%和36.7%。村矿和谐共建机制全覆盖,兑付资金10.2亿元,提取利益共享基金6000多万元。主要工业品产量稳步增长,全年生产原煤859万吨、原油18万吨、天然气32亿立方米、甲醇6.8万吨、醋酸4.4万吨,发电3.6亿千瓦小时;明确"市县共建、以县为主"的西南新区建设机制。西南新区统征土地6300多亩,形成"四纵四横一线"路网格局,启动首批8个入园项目,稳步实施水、电、气等公用配套设施。三产服务区一期市政道路、管网和二期市政道路工程招投标全部完成；限价房项目凤凰新城一期主体完工、二期销售完毕；综合公园商业街项目建成投用。中小企业创业园区统征土地5400多亩，规划一批镁合金产业基地及一批轻纺工业项目。

【非公经济转型】 实现非公经济现价总产值128亿元、增加值56.6亿元，社会消费品零售总额24.9亿元，分别增长18.5%、13.7%和24.5%，非公经济占GDP比重54.3%。引进项目25个，引资136.6亿元，到位95.7亿元，获得全市招商引资考评第三名。风能、太阳能等新能源项目加快启动。波罗古堡、通用机场和一批乡村旅游项目同步推进。

【城乡建设】 编制出台《横山县城市规划管理技术规定》，城镇化率44.7%。投资1亿元，实施中心区、影剧院、环城路、人民路改造和大坝沟、东门沟治理等重点工程，被评为“全市城市建设先进县”。成功创建省级卫生县城。强化乡镇环境治理，投资2500万元，集中改造殿市、雷龙湾等5个乡镇。投入1.4亿元，建成乡村道路19条，启动实施怀远大道桥梁、路基工程，交通体系日趋完善。多年未解决的城区横山花炮厂周边居民无自来水可用的安全饮水问题正在协商如何铺设供水管线，由谁出资等问题。

【生态建设】 生态环境在注重治理中持续改善。深入推进“三年植绿大行动”，投资1.2亿元，完成植树造林16.1万亩，森林覆盖率32.8%。新建、加固淤地坝74座，治理水土流失124平方公里。城市垃圾无害化处理率100%，污水处理率70%，化学需氧量、氨氮和二氧化硫排放量分别下降6.6%、26%和25%。

【民生事业】 全年投入10亿元用于民生改善。建成各类保障房5190套44万平方米、移民搬迁房10.72万平方米，先后5次荣获中省市表彰奖励；居民最低生活保障城镇有1万人、农村2.8万人；发放救灾款193.4万元；医后救助1180万元；新农合参合率97.2%；城乡养老保险参保率99%；城镇医疗、工伤、失业保险参保人数分别为1.62万、1.66万、1.23万；高龄老人生活补贴909.8万元；城镇新增就业2110人，再就业455人，招聘事业单位人员126人；农村居民进城落户1.1万人，农村劳动力转移就业6.7万人，就业培训1.5万人。科技工作成绩突出，技术市场交易额360万元，被授予全省科技特派员示范县和科技养羊示范县。教育事业优先发展，校安工程、学前教育、标准化学校等项目建设全面推进；县三完小即将投用，三产服务区北大附属学校项目启动；高考一、二本上线1062人。文化产业增加值增长27.3%，横山民歌、说书、腰鼓等陕北文化得到进一步弘扬。公立医院改革稳步推进，取消药品加成，实行零差率销售。加强计生规范管理，出台6个政策文件，投入1300多万元，创建国家级计划生育优质服务县，人口自然增长率6.2‰。

【社安工作】 “打非治违”成效明显，处置青银高速路天然气泄漏等突发性事件43起，连续5年全市安全生产考评第一。深入开展严打整治行动，侦破各类案件1100多起，完成各项安保维稳任务，群众对社会治安满意率为90.4%。落实县级领导值班、接访制度，化解信访突出问题，实现“一控三降”目标。

（刘彦军）

横山县委、人大、政府、政协

县委书记　王效力
副书记　刘维平　周锦峰
常委　崔渊　侯进亮
许君　张向东
刘克忠　安璐
王三义（3月任）
黄永旺（9月任）
杨尚伟（9月离任）
县人大主任　韩树伟
副主任　贾生堂　崔青
孙占山　牛清国
县长　刘维平
副县长　崔渊　张向东
杜修洲　王乃彪
李晓晴　高志钧
县政协主席　王振华
副主席　曹樾翊　苗飞
张海燕

绥德县

【概况】 绥德县位于榆林市东南部，东邻吴堡，西邻子洲，南接清涧，北连米脂，东南与山西柳林县隔（黄）河相望。县境东西长56公里，南北宽约51.6公里，总土地面积1853平方公里。全县辖4乡12镇，661个行政村，总人口36万人，农业人口30万人。2012年，全县围绕“1661”发展思路，完成年初确定的各项目标任务。完成地区生产总值47.6亿元，增速11.5%；完成全社会固定资产投资37.6亿元，增速23.8%；完成财政总收入1.88亿元，增速14%，其中地方财政收入6198万元，增速19.5%；城镇居民人均可支配收入2.27万元，增长16.5%；农民人均收入6630元，增长17.9%；完成社会消费品零售总额38.6亿元，增速20.5%，全县经济社会各项事业保持良好发展态势。

【农业产业】 2012年，抢抓全省“现代农业建设年”发展机遇，发展现代特色农业，裴家峁现代农业园区、华东现代农业示范园成功申报省级现代农业示范园区，中角白家山旱作农业科技示范园申报为市级农业示范园区，并被省政府列为全省山地苹果基地县。加强农业生产，全县播种各类农作物57万亩，其中粮食播种面积38.23万亩，单产230公斤，较上年增长7.9%；总产87932吨，增长9.1%，实现粮食生产“九连增”。建成小杂粮、马铃薯等3个千亩高产示范园和1个百亩新作物栽培技术示范区；建设旱地地膜玉米核心示范样板田1000亩，平均亩产364亩；引进脱毒紫花白马铃薯原种10万斤，平均单产2582公斤，增产83%；全县羊子、生猪、家禽饲养量分别为25.3万只、14.1万头、77.6万只；实施“三年大植绿”2万亩，新栽果树1万亩，建设提质增效苹果示范园3000亩，辐射带动2.3万亩。发展特色产业，芝麻密香瓜、山地苹果、苗木培育3项产业，实现产值3.43亿元，农民人均增加收入1140元。成功获批水利水保项目90多处，总投资近2亿元，改善灌溉面积0.67万亩；完成总投资近600亿元的吕梁山片区区域规划编制工作；涉及5个村的整村推进、连片开发工作成效显著，被市委、市政府评为先进县；完成通村水泥路建设里程42公里。农民工转移就业8.25万人，连续五年被授予“劳务输出示范县”、“劳动力转移就业先进县”等称号。

【重点项目】 2012年，全县安排重点项目83个，总投资200.76亿元，年内实际完成投资20.81亿元。其中总投资5.16亿元的中角工业园区道路建设、十里铺搬迁工程等20个项目完工，占总数的35%；开工建设51个，占总数的89.5%。推进投资6114万元的物流园区基础设施建设，对物流园区整体功能重新定位，重新规划园区布局，有5个签约项目落户园区。年度计划投资2.6亿元的新奥交通清洁能源综合服务项目完成投资1.58亿元，购置部分设备，土建工程开始施工；总投资超过10亿元的基泰液化气项目、知全物流和臻梦镁合金项目完成各项前期审批工作；协调完成枣林坪取水工程水文地质勘探，完成投资198万元；绥德火车站小区完成投资5080万元，完成1400米河堤工程和1.7公里进站道路；丁家沟搬迁工程完成投资3000万元，完成基础设施建设，剩余村民自建工程；307国道过境线完成投资4073万元，隧道工程掘进250米；市一院医技综合楼建设项目完成投资1.2亿元，完成二层建设，住宅楼完成拆迁、安置等工作；疏属山汉画像石馆完成主体建筑、上山道路改造、和供电设施建设等，完成投资1000万元。

【城市建设】 《绥德县城总体规划》完成评审和城乡一体化规划、城市出入口景观规划、名州文化旅游古镇规划，详规覆盖率由2011年85%提高到90%。名州广场、文化广场、街心花园、阿林大厦建设有序推进。启动创建省级园林城市、省级文明城市、省级环保模范县城和国家级卫生县城为主要内容的“四城联创”工作；投资4300万元，实施“五化”工程、210国道沿线集中整治以及高速公路出口到城区亮化、硬化工程，完成龙湾山体亮化。提高城市管理水平。开展清理整顿建筑市场和土地专项执法行动，拆除违建房屋90孔间，拆除面积2750平方米，遏制违法违章修建行为。强化城市综合治理工作。县城垃圾无害化处理率100%。

【企业改革】 继续推进国企改革，完成油脂厂、名州影院和农机公司的资产清查、产权界定、资产评估、确认和核实工作；推进百货公司和物资公司改制，启动电影院、福利公司改制。发挥国有资产运营公司、国有资产矿业投资开发有限责任公司职能优势，完善征购辛店、裴家峁两村65亩国有建设用地和收回雕山村5亩建设用地相关产权手续。推行非公有制重点企业挂牌保护、县级领导和部门包扶制度，通过发展中小企业创业园区引导中小企业二次创业。加强银企沟通，为企业引资、融资提供服务。2012年，全县中小企业和非公有制企业完成增加值21.56亿元，其中完成工业增加值4.12亿元较上年增加33%；实现营业收入52.70亿元，增加16%；实现利润3.85亿元，增加22%；实交税金6500万元。

【社会事业】 开展就业援助月、春风行动等专项就业服务活动，新增就业人数1872人，下岗失业人员再就业412人，其中就业困难人员再就业180人；超额完成城镇职工基本养老保险扩面任务，基本医疗保险参保率95%；社会养老、城镇基本医疗、失业、工伤、生育保险参保人数19.4万人，城乡居民保险参保人数13.8万人，农民工就业转移8.25万人。开展救灾救济工作，累计下达救灾资金235万元，全县干部职工和社会各界捐款273万余元，确保受灾群众的生产、生活稳定。全面规范城乡低保业务，取消低保对象561户959人，新批城市低保对象513户651人、农村低保对象693户742人，累计发放五保补助资金324万元，启动城乡医疗救助“一站式”服务，下拨医疗救助资金482万元，缓解困难群众的医疗难问题。按照每人1000元标准，累计救助城镇低保家庭考录大学生224人，下拨160万元，救助农村贫困家庭大学生2230人，对三级以上贫困残疾人和部分四级残疾人实行生活补贴，对300名重度残疾人实行居家安养，办理补助卡。保障性安居工程顺利推进，开工建设保障房1700套(户)，竣工各类保障性住房1288套。爱民小区第三期廉租房已分配入住。城区中心敬老院完成装修工程，义合镇区域敬老院投入使用。

【社会维稳】 安全生产继续以行业管理为主线，以安全监督管理为重点，落实安全生产责任制，抓好重点部位和薄弱环节的监管和整治，开展安全专项整治活动，消除重大事故隐患，建立健全基层监管网络，四项主要考核指标“两上升一下降一持平”，总体形势平稳。全年发生各类安全生产事故47起，死亡14人，受伤8人，经济损失26.3万元，未发生一次死亡3人以上较大安全生产责任事故，各项安全指标持续下降，控制在市上下达的控制指标以内。社会综治工作出台《进一步深化“平安绥德”活动，切实提高“两率一度”的实施意见》、《进一步加强全县政法综治宣传工作的意见》，开展综治维稳和平安建设工作；以打击毒品犯罪为突破口，全警种参与大收戒行动，实现打击毒品违法犯罪“常态化”。在深入开展“四打击三整治三防范”等一系列严打专项行动基础上，结合社会治安防控体系“853”工程建设，加强街面巡逻守控工作力度，整治治安乱点和重点区域；严厉打击各类违法犯罪，刑事案件发案率与上年相比下降21%，“两抢两盗”案件发案率月最高降幅86%；全县75%的行政村实现“零发案”。

（郭宇卓）

绥德县委、人大、政府、政协

县委书记	崔　博
副书记	李晓媛（女）
	高小峰
常　委	叶庆隆　强有生
	万　勇　张培艺
	杨树森　杨汉元
	慕晓玲　郝海安
	宋东茹
县人大主任	张少生
副主任	王报社
	高春风（女）
	慕探建　马开元
县　长	李晓媛（女）
副县长	叶庆隆　万　勇
	李永国　王明生
	马飞云
县政协主席	吴亚雄
副主席	韩学亮
	赵　青（女）
	高胜利

米脂县

【概况】　米脂县位于陕西省北部东侧，无定河中游，地处东经109°49′—110°29′，北纬37°40′—38°06′，东邻佳县，南接绥德，北界榆林，西连子洲、横山。2012年，全县地区生产总值实现40.12亿元，增长8.7%；全社会固定资产投资32.60亿元，增长23.4%，其中县本级完成18.90亿元，增长24.4%；财政总收入1.48亿元，增长2.4%，其中地方财政收入4876万元，增长9.7%；争取省、市转移支付补助7.50亿元，较上年增加1.76亿元，较年初预算数增加2.26亿元，消化年初预算赤字6500万元，确保当年财政收支平衡；社会消费品零售总额完成9亿元；城镇居民人均可支配收入、农民人均纯收入分别为2.32万元、7509元，增长15.9%、17.2%，两项收入均居南六县第一。

【三农工作】　2012年，全县粮食总产量实现8.31万吨，谷子亩产再创全国高产纪录。在第二届中国绿色生态农业发展论坛上，本县获得“中国绿色生态小米之乡”称号。加快山地苹果标准化示范基地建设，新增苹果栽植面积1万亩，实现从零星种植到大面积推广的重要突破，被省果业管理局命名为全省优质苹果基地县。畜牧业生产形势良好，羊子、生猪、笼养鸡饲养量分别为22万只、5万头、65万只。农业产业化水平进一步提升，省级现代农业示范园区形成规模，沙店益农示范园区建设顺利推进；培育成功1个省级、11个市级农业龙头企业，组建农村专业合作社99个，推广“孟岔模式”26个，流转土地1万亩。实施通村水泥路8.7公里，建成马湖峪防洪工程，启动银州镇、龙镇等6个移民搬迁集中安置工程，新建、加固淤地坝82座，完成沼气池1670口，造林1.2万亩，栽植核桃2万亩，发展设施蔬菜462亩。

【工业项目建设】　贯彻中、省、市各级工业经济会议精神，县域工业经济运行总体稳健发展。全县规模以上工业企业完成总产值17.2亿元，同比增长2.3%；实现增加值10.8亿元，增长8.5%。重点工业项目取得新进展，安排重点建设项目6个，总投资36.16亿元，年度计划投资14.85亿元，完成投资1.1亿元。金泰氯碱二期项目开工建设，完成土建工程和部分设备安装；60万吨真空盐和20万吨高效液体切割气项目完成场平工程。12万吨三氯氢硅项目和20万吨小苏打项目完成项目备案和环评等手续，进入探矿权申报和土地预审报批工作阶段。招商引资成绩明显，引进冀东100万吨水泥和西蓝集团40万吨LNG天然气等项目，总投资55.3亿元。工业园区道路建设加快推进，东山梁工业园区环线道路工程完成招标工作，工业大道工程进入项目预审阶段，张家湾工业园区至榆绥高速公路连接线工程完成征地工作。米脂县官庄物流中心项目占地497亩，完成水土保持方案、铁路专用线可研报告评审、消防选址、安评报告。铁路专用线环评编制完成评审。项目总投资3.22亿元，年度计划投资2.2亿元，完成投资50万元。非公有制经济发展加快，全县民营企业433家，个体工商户5800户，从业人员4.21万人，非公有制经济增加值占全县生产总值的50.1%。

【城市建设】　不断提升城市建设管理水平，创卫工作通过验收。全年投入9500万元，完成无定河河堤工程和福安路、翔凤路、自强路、静安路、孙家沟道口改造工程，对210国道城区段进行硬化、绿化、亮化改造。城区天然气输配工程完成1970户安装任务，实施锅炉及餐饮行业煤改气30户，城区天然气普及率85%。银州综合农贸市场建成投用。城市自来水水质软化、管网改造和米西区应急水源井建设工程启动实施，城区居民用水困难问题得到彻底解决。银南新区（卧虎湾）建设规划通过评审，完成前期征地协调工作。全面加大环境卫生整治力度，购置道路清扫车1台，新建公厕1座，安放流动公厕4个。城区设置统一广告信息栏，更换沿街商户门头牌匾。实现省级卫生县城创建达标。

【民生事业】　义务教育阶段“零收费”、“营养餐计划”等政策落实到位。累计争取教育经费4784万元，城区4所完小校建工程建成投用，乡镇中心幼儿园建设工程启动。深入推进医疗卫生体制改革，面向社会公开招聘医技人员27名，启动县医院住院楼和急诊楼建设项目；推行药品零差率销售政策，患者门诊、住院费用大幅下降，药品一项直接让利患者1150万元。城市低保标准由每人每月300元提高到350元，农村低保标准由每人每年1840元提高到2020元，农村“五保”供养补助标准由每人每年4200元提高到4700元,高龄老人生活保健补贴由80周岁下延至70周岁。全年共发放各类社保资金1.5亿元。稳定低生育水平,抓“三查”、“两术”等关键措施和各项奖励扶助政策的落实,全县人口出生率9.3‰,计划生育率98.8%,人口自然增长率5.2‰。争取国家开发银行贷款1.2亿元,推进保障性住房工程建设,200套廉租住房和200套棚户区改造项目完成主体工程,418套限价房顺利竣工,82套经济适用房和100套公租房完成年度建设任务。保障性住房(四期)全面开工建设。项目总投资1亿元,年度计划投资5000万元,完成投资1200万元。

【文化事业】 投资1007万元,完成古城北门恢复工程。实施杨家沟红色旅游影视基地建设工程;举办《延安电影团》首映仪式,“八一电影制片厂杨家沟影视拍摄基地”挂牌成立,米脂古城老街入选第四批“中国历史文化名街”,李自成行宫通过国家3A级景区验收。民俗博物馆征集不同时期民俗文物10000余件,由文化部门保存。

【创安工作】 开展平安米脂建设。重视安全生产和信访维稳工作,全年未发生一起重特大安全生产责任事故;公安基层基础建设得到加强,公安业务综合大楼和公安消防119指挥中心主体封顶,公安巡警大队迁入新址,城区“天眼”工程全面开工建设,设置5个治安检查站。打击“两抢一盗”等各类违法犯罪行为,公众安全感调查满意度达到91.34%,居全省第56名,较上年提升22个位次。

(姬 斌)

米脂县委、人大、政府、政协

县委书记	姚 宏
副 书 记	温江城 高 苗
常 委	刘绍金 刘 焕 高 登 高 翔 魏 国 惠宽和 冯继艳(女)
县人大主任	杨巨山
副 主 任	常升旺 高建国 朱剑鸣 艾长生
县 长	温江城
副 县 长	刘绍金 高 翔 任静波 朱 云
县政协主席	马生光
副 主 席	常庆武 高辰开 李金凤(女) 毕华勇

佳 县

【概况】 佳县位于陕西省东北部、榆林市东南部,东临黄河与山西临县隔河相望,北与榆阳、神木接壤,西与绥德、米脂交汇,南与吴堡相连。县辖11镇5乡4行政服务中心、653个行政村,总人口26.6万人,其中农业人口占88%。县境南北长85公里,东西宽23.9公里,总土地面积2028平方公里,榆佳高速、沿黄公路并列纵贯南北,规划建设的神佳米高速横穿东西,区位优势日益凸显。2012年,佳县以科学发展、富民强县为主题,以“建设一基地两中心三园区”为主线,实现县域经济社会平稳较快发展。全年完成地区生产总值31.86亿元,同比增长14.1%。完成固定资产投资42.39亿元,增长40.5%。财政总收入1.26亿元,同比增长37.1%,其中地方财政收入7625万元,增长40.4%。城镇居民人均可支配收入21412元,增长17.2%;农民人均纯收入6408元,增长17.4%。社会消费品零售总额5.03亿元,增长18.9%。

【三农工作】 围绕建设“百万亩红枣基地”目标,实施“东枣西进”战略,新栽红枣6.27万亩,改造低产枣园5.25万亩,枣林栽植面积78万亩,实现产值6亿元;全面推进红枣品牌化、科技化发展。域内油枣皮薄、肉厚、个大、核小,营养价值丰富,成功注册“佳县油枣”地理商标,启动红枣多糖项目研究开发,建成智能红枣烤炉116座,新成立枣农协会15个,枣业合作社27个。新修建基本农田8900亩,发展节水灌溉4500亩,新建日光温室100亩,塑料大棚200亩,农作物总播面积稳定在76万亩,粮食总产12.2万吨。引进东奥牧业5万头生猪养殖项目,益民现代农业开发有限公司和东奥牧业有限责任公司被省政府授予“2012年省级现代特色农业示范区”,羊子、生猪、家禽饲养量分别为42.4万只、28.7万头、46万羽,畜牧业实现产值4.1亿元。全年劳务输出6.15万人次,实现劳务收入4.3亿元。实施以工代赈项目60个,新建农村安全饮水工程51处、通村公路35公里,维修、新建加固淤地坝93座,建成沼气池1000座,完成改厕2400座;完成栽植侧柏20.5万株、樟子松基地1万亩,义务植树68万株,人工种草3.8万亩;完成8个村的绿化工程。

【工业经济】 榆佳工业园区基础设施和服务配套进一步完善。建成4.2公里工业大道和配套亮化、管网工程,打通华创、天宝、天宏等路基,110千伏变电站具备投用条件,泥河沟调水工程水源地1号、2号井主体工程完工,管线工程和融资工作加快推进。园区新征土地7382.8亩,获得用地指标10200亩。出台《佳县招商引资优惠政策》等制度,招回项目6个,总引资额35.5亿元,完成市下达招商引资目标任务的154%。榆佳工业园区形成196万吨兰炭、5000吨金属镁、6万吨煤焦油等生产规模,入驻企业14户,项目总投资超300亿元,完成投资23亿元。全县共有各类中小企业212户,其中规模以上企业13户,新发展企业26户,从业人员1.73万人,实现增加值16.19亿元,占生产总值的50.8%。7月17日,在榆佳工业园区举办总投资261亿元的陕西有色天宏新能源有限责任公司一期建设年产2.4万吨多晶硅项目、榆林东冠化工有限公司建设年产60万吨纯碱120万吨真空盐项目、榆林佳县天宝科工贸有限公司建设日处理100万方液化天然气项目、榆林华创化工有限责任公司建设年产60万吨兰炭尾气配套新建1×30兆瓦机组发电项目、榆林市佳县明盛服装有限公司建设年产120万套服装项目、佳县东奥牧业有限责任公司建设年出栏5万头生猪养殖项目、榆林春辉房地产开发有限责任公司四星级金龙大酒店项目,七大重点项目集中开工仪式。

【旅游产业】 “关西名胜”白云山是西北地区最大的明清古建筑群和道教圣地,也是榆林市第一个国家AAAA级旅游景区。2012年继续巩固白云山国家级AAAA景区创建成果,启动省级旅游示范县创建工作。冠名“2012年白云山杯全国武术散打冠军赛”,举办白云山庙会。白云山、云岩寺、木头峪古民居、赤牛洼民俗文化村等景区基础和服务设施进一步完善,“佳州风情两日游”精品线路深入推进。全县有文物景点276处,其中国保单位2处、省保单位9处,佳县是省级历史文化名城,民歌、剪纸、雕刻等各具特色,农民歌手李有源编唱的《东方红》、李思命编唱的《天下黄河九十九道湾》,闻名天下。精心制作《旅游交通地图》和《陕西画册》佳县篇。“红星璀璨--全国媒体陕北行”来佳采访、晋陕蒙优秀秧歌伞头交流等活动,旅游文化知名度不断提升。东方红文化产业园区完成设计、征地及水电路等基础工程。2012年,入境游客突破260万人次,旅游综合收入2亿元,同比增长31.6%。

【重点项目建设】 2012年安排50个重点项目,完工23个,在建20个,推进前期工作7个,突出体现在城建、市政、交通等领域。榆佳高速公路工程建设加快推进,沿黄公路路基全线贯通,通古路改建全面完工;天然气气化工程首次实现部分居民营运;县城粮贸大厦主体工程完成封顶;校舍新建、改造工程及中天大厦建设项目加快推进;完成保障性住房350套和乌镇敬老院、7个农村社区建设;实施农村危房改造1000户,榆佳新区一期集中移民搬迁点建设完成场平,推进中心敬老院前期工作。完成15.1万亩的国家森林公园规划设计和农民进城任务8907人,城镇化率34.5%。

【民生工程】 投资78亿元组织实施八大民生建设项目,涉及54个具体项目,其中基础设施类48个、产业类6个;实施重大前期项目31个,其中基础设施类26个、产业类5个。交通方面,投资17.4亿元,推进榆佳高速公路、沿黄公路建设,新建麻王通乡公路,改造通古路,建设通村公路140公里,建设县城二级客运站和5个乡镇客运站。电力方面,投资800万元,升级改造农村电网25个村。农业方面,投资400万元,新建“一池三改”户用沼气池1000座。林业方面,投资1500万元,完成樟子松造林1万亩,义务植树造林65万株,嫁接改良山杏4000亩,建设榆佳路绿色长廊42.4公里,绿化村庄8个。水利方面,投资9700万元,建设农村安全饮水工程146个,改造县城供水管网、水源工程及水源地保护工程,新建口粮田2000亩、节水改造4000亩,建设粗泥沙集中来源区拦沙工程62座、加固淤地坝50座,完成盐沟河项目区小流域治理20平方公里。扶贫方面,投资2.5亿元,实施整村推进9个、世行项目35个村,移民搬迁1147户、4588人。教育方面,投资1.1亿元,建设县城、王家砭、通镇幼儿园,建设王家砭中学宿办楼、坑镇中学综合楼、黄维蕾学校食堂。实施“名师工程”,以年薪20万元为佳中聘请名师9名,新招聘免费师范生和硕士研究生17名、小学幼儿教师50名;落实“两免一补”和“蛋奶工程”等专项经费4844万元,发放贫困助学贷款1555.2万元。投资7800万元,加快校舍项目新建、改建,完善学校硬件设施设备。有74个学校实现宽带上网,远程教育实现全覆盖。把文化建设放在关键环节,新建农家书屋385个。完成《李有源陕北民歌集》初稿编撰,成功申报佳县手工挂面和佳县剪纸为省级非物质文化遗产、佳县唢呐为市级非遗保护项目,佳县公共文化场所实现免费全面开放。卫生方面,建设20个乡镇卫生院供暖工程,新建村卫生室25个。民政方面,建设县社会福利院、中心敬老院和乌镇、通镇敬老院。安装农村广播电视“户户通”7500套,配备安装文化共享数字设备616套;把社会就业放在工作的核心,发放小额贷款3774万元,开发公益性岗位超60个,新增就业岗位810个,新增就业人员1600人次,城镇失业登记率控制在3.9%以内。惠民政策全面落实,启动成立佳县工伤保险办公室、佳县生育保险办公室。发放城乡低保金6624万元,下拨临时救助金972万元,落实五保专款780万元,城乡医疗救助1981万元,发放残疾人生活补贴378万元。农村养老保险参保率99.9%,发放养老金3253万元;城镇职工新参加养老保险790人,完成年度任务数的790%;城镇职工医疗保险实现全覆盖,城镇居民医疗保险参保率95%。

【创安工作】 落实县级领导包抓重点信访案件“五个一”工作制度,全面推行“5+4+X”联合接访化解模式,化解一批重点难点信访案件,全年排查矛盾纠纷360件,化解353件,化解率98%,上访273件1743人次,无群体性事件发生,实现“一控三降”目标。开展平安创建活动,深化治安专项治理,全年破获刑事案件88起,抓捕网上逃犯72人,行政拘留145人,群众对社会治安满意率为99.8%。安全生产形势平稳,全年发生各类安全生产事故29起,死亡3人,受伤57人,直接经济损失31万元,全年未发生重大安全事故。

【重大灾情】 7月27、28日,佳县遭受有气象记录以来特大暴雨灾害,全县基础设施严重损毁,受灾群众10万余人,直接经济损失10.89亿元。面对突发灾害,县委、县政府及时制定《佳县7.27特大暴雨灾后恢复重建实施意见》,按照查灾、规划、重建三个阶段,重点围绕恢复城乡受损道路、供水设施、电力通信设施等10个方面开展灾后重建工作。截至年底,灾后重建完成投资9317万元,发放救灾资金

1518万元，全县水毁道路、电力通讯全部抢通，受灾村庄安全饮水工程全部恢复，受灾群众得到稳妥安置。

（康永生）

佳县县委、人大、政府、政协

县委书记　孙守洋
副书记　刘生胜　杨政
常委　李胜元　杨鹏程　王志强　王忠文　白会武　强建国　成继民　刘云霞（女）
县人大主任　贺玉德
副主任　刘学奎　强国生　尚飞雕　高艳梅（女）
县长　刘生胜
副县长　杨鹏程　白会武　杨文慧　田再兴　张琼（女）
县政协主席　符永昊
副主席　刘春华　董慧英（女）　张志鹏

子洲县

【概况】　子洲县位于陕北黄土高原丘陵沟壑区腹地，榆林市南缘。1944年从绥德、米脂、清涧、横山等县划地建县，为纪念革命烈士李子洲而命名。全县总面积2042平方公里，总耕地面积137万亩，总人口30.9万，其中农业人口27.88万。全县辖10镇8乡，550个行政村，11个居民委员会。2012年，全县生产总值40.20亿元，同比增长9.4%；全社会固定资产投资26.10亿元，增长23.2%，其中县本级固定资产投资13.10亿元，增长44.4%；财政总收入1.48亿元，增长19.5%，其中地方财政收入4550万元，增长17.9%；社会消费品零售总额11.60亿元，增长18.7%；城镇居民人均可支配收入21967元，增长16.1%；农民人均纯收入6582元，增长17.1%。

【现代农业】　狠抓旱作节水农业示范县建设。累计投入资金1913.20万元，新建标准化核心示范区6万亩。辐射示范推广旱作农业集成技术54.71万亩，全县粮食产量11.1万吨。淮宁湾现代农业园区被省农业厅和榆林市农业局分别认定为“陕西省现代农业科技实训基地”和“榆林市旱作农业科技实训基地”；扶持畜牧产业化建设。县财政投入专项扶持资金500万元，引导群众投资2000多万元。新建规模化羊、猪、鸡、兔及稀特畜禽养殖场91个，建成养殖示范村4个。全县人工种草5万亩，羊子饲养量46.12万只、生猪10.13万头、家禽48.09万只、獭兔3.5万只，畜牧业产值突破4亿元，占到农业总产值的28.43%；狠抓扶贫开发工作。编制完成吕梁山连片特困地区子洲片区区域发展与扶贫攻坚规划，全面推进扶贫工作。白于山区移民搬迁项目、整村推进连片开发项目、板块扶贫连片开发项目和水地湾5000亩小流域治理项目按计划推进。启动中央专项彩票公益金支持革命老区项目，全县1.39万人实现脱贫；推进农村基础设施建设。新修、改造基本农田7200亩，新建、加固、维修淤地坝75座，开发土地1361亩，改造渠道19.4公里，实施淮宁河和驼耳巷沟防洪工程7.2公里。解决1.48万人的饮水困难。建成冯槐路18公里矿区专用线，全县道路好路率县道72%、乡道68%、村道65%。改造10千伏线路51.66公里、低压线路19.39公里。

【工业经济】　推进煤、油、气资源开发转化。金源集团20万吨天然气液化项目建成投产；城区集中供热项目启动输气管线工程。元嘉糠醛生产线、富华油脂葵二酸生产线技改完成正式投产；正泰饲料、瑞正酿造扩建工程完工；成立子洲县大理河小件石雕有限责任公司，同数十家公司合作签单。全县非公有制经济实现增加值21.80亿元，占生产总值的54.3%。工业园区建设推进。园区入驻企业11家，初步形成具有地域特色的中药材、农副产品深加工产业群和天然气综合利用产业体系，累计完成固定资产投资8.45亿元，创产值5.03亿元，实现利税1.07亿元。工业大道1号大桥和2号大桥主体完工。工业园区配套项目消防大队营房建设项目、110千伏输变电工程按期完工。深入调研淮宁湾工业园区产业调整配置方案，马蹄沟物流园区货运场具备货物上站发运条件。招商引资工作取得新成绩。西安榆商大会与在外创业的子洲籍企业家签订马蹄沟小城镇改造建设项目、体育场及地下商城建设项目和工业园区水源工程等8个项目，总投资7.54亿元。

【城镇化建设】　省级卫生县城创建工作顺利通过验收。第二轮《子洲县城总体规划》修编通过评审，调研编制姚家砭村、双湖峪老城区等片区的修建性详规。改造实施大理路人行道、人民街排水设施及旧县委院；垃圾中转站建成投入使用；投资300万元更新环卫设施；投资320万元，新建、改建11座水冲式公厕；城区清扫保洁面积30万平方米，清运垃圾2万多吨，县城垃圾处理率70%。加强市容市貌和市政管理，实施临街机关单位屋面亮化工程，亮灯率98%。完成体育场及地下商城建设项目和中心广场基础设施建设项目前期工作。2011年300套保障房主体竣工，2012年保障房565套主体封顶。完成700户农村危房改造、200户棚户区改造主体工程，兑现1034户廉租住房租金补贴。实施老君殿镇、砖庙镇的集镇建设，完成马蹄沟镇重点小城镇建设项目前期规划工作，全县城镇化率31.9%。

【生态环境】　开展三年植绿大行动，实施退耕还林工程荒山造林2000亩、补植补造工程1.45万亩；实施天然林资源保护工程二期人工造林1.2万亩、公益林管护45.5万亩，防护林工程五期人工造林1万亩；千里绿色长廊建设工程绿化吴定高速公路马蹄沟段两侧坡面10公里，栽植侧柏54.52万株；大理河护岸林绿化67.25公里；县乡公路绿化73.5公里，新栽杨树、圆柏3.40万株；县城街道绿化新栽侧柏3.12万株、新植草皮8.76万平方米、城区大理河河坡绿化240亩；完成千村万户绿化工程4500亩、栽植各类苗木60.7万株、义务植树76万株；山杏改优9000亩、低产红枣改造2000亩、核桃园建设7000亩、新栽植仁用杏3000亩；森林抚育面积4万亩。全年用于绿化投资4000万元。环境保护工作进一步加强。加强县城饮用水源地环境监管，饮用水源地水质达标率98%以上。县城污水处理厂提标改造工程和中水回用工程全面完成，污水收集率和处理率分别为69%和98%。投资110万元，实施村容村貌整治工程。油气"清洁文明"井场达标率和含油废水回注率分别为100%。实施"蓝天工程"，居民天然气用户5600户。建成县级大气自动监测站。建成1个生态镇、5个生态村。县城大气环境质量好于二级以上天数290天以上。

【民生事业】 民生投入力度进一步加大。财政支出11.55亿元用于民生项目，占到财政总支出的71.8%；新增财力1.82亿元，其中用于民生项目1.66亿元，占新增财力的91.3%。2012年民生满意度调查中，子洲县名列全市第三，南部县第一。不断加强学校基础设施建设。子洲中学综合楼、特殊教育学校主体竣工，第三中学师生餐饮楼投入使用。老君殿镇中心小学综合楼等5个项目即施工建设中。裴家湾中学等4所学校食堂建设完成投入使用。砖庙镇等9所幼儿园新建、改建任务全部完工；社会保障投入大幅增加。马蹄沟区域敬老院投入使用，南川区域敬老院改造工程开工建设。累计发放城市低保金1595万元、农村低保金4095万元、农村医疗救助731万元。城乡居民养老保险被列入国家试点县，实现全覆盖；重点突出就业工作。开发城镇新增就业岗位1664个，安置高校毕业生、下岗职工、复转军人及城镇新增就业人员1560人。全县劳务输出6.9万人次，其中新增转移农村劳动力就业5600人，劳务输出净收入5.2亿元；不断加强医疗卫生工作。中医院综合大楼建成；第二人民医院综合大楼投入使用，13所乡镇卫生院安心工程通过初验。推行公立医院改革，乡镇卫生院和县级公立医院实行药品"三统一"、"零差率"销售。新农合参合率96.3%。推进公共卫生服务，继续加强疾控和妇幼保健工作、食品药品安全监管工作；编制完成金鸡山公园、佛殿堂生态公园详规。建成农家书屋300个。完成国家级陕北文化生态保护实验区榆林市子洲县规划编制工作。文化"三下乡"活动送戏下乡411场、电影6600场、书40余万册。全县广播电视覆盖率分别为92.24%和90.87%；人口计划生育控制指标全面完成。年度人口出生率为10.23‰，符合政策生育率98.8%，死亡率4.30‰，自然增长率5.93‰。实行流动人口计划生育动态化、网络化管理，全县全员人口个案信息入库率99.2%。

【维稳工作】 加强和创新社会管理，东街社区网格化管理模式，得到省市肯定，基层服务水平和管理能力有新的提高。加强信访工作，稳妥化解太中银铁路拖欠地方承包商债务和农民工工资等信访难题，"一控三降"目标得以实现。加强社会治安综合治理，打击各类违法犯罪活动，群众对社会治安的满意度由全省2011年101位提升到64位。建成并启用县政务服务中心和乡镇便民服务中心，增强服务意识和能力，促进全县稳定发展。

（李　娜）

子洲县委、人大、政府、政协

县委书记　雒凤翔
副书记　王　华　吴浪廷
常委　王　毓　王明智　康锦宏　王道山　王　鑫　常彦林　杜芳霞　张培谦
县人大主任　白春莲
副主任　刘晓红　李永雄　高　宁　李俊忠
县长　王　华
副县长　王明智　康锦宏　刘晓明　任文国　贺湘如　崔　飞
县政协主席　王玉朴
副主席　马润庆　李永飞

清涧县

【概况】 清涧县位于榆林市最南端，黄河、无定河在境内交汇，神延铁路、210国道穿境而过，自古有"全秦要户"之称。全县总面积1881平方公里，总人口22万。2012年，全县实现生产总值30.68亿元，增长12.7%；地方财政收入4150万元，增长26.4%；全社会固定资产投资21.74亿元，增长28.3%；城镇居民人均可支配收入21675元，农民人均纯收入6500元，分别增长15.8%和18.9%；全社会消费品零售总额7.5亿元，增长16.8%。县域经济增长提速，主要经济指标增速均高于全市平均水平。

【产业建设】 红枣产业进一步发展，"土地集中流转、大户承包经营"模式得到推广，新栽红枣7万亩，改造低产园7.3万亩，枣林面积83万亩，年产枣21万吨、产值14.3亿元；"清涧红枣"成功注册国家地理标志证明商标。石材和粉条产业加快技改步伐，销售市场进一步拓展，实现产值3.8亿元。新布能源探井31口，天然气开发取得突破性进展。枣林则沟会议旧址、王宿里唐王寨、笔架山生态园等景点建设有序推进，全年旅游接待量8万人次，实现文化旅游增加值2494万元，增速全市第一，获得"中国十佳最具投资潜力文化旅游县"称号。

【重点项目建设】 实行项目包抓"五个一"工作机制，全力破解土地、环境、资金等制约因素。年初确定的70个重点建设项目开工48个、建成投用18个、具备开工条件6个，完成投资11.02亿元。清石黄河大桥建成通车，清石二级公路全面开工，沿黄公路二期路基基本贯通，白家川至寨沟通乡油路改造全面完工，综合考评位居全市前列。清涧公园、宽州阁、虎头峁大桥等标志性建筑建成投用，县城供水工程纳入延安市引黄工程同步实施，改造供水管网35公里，天然气入户4000余户。"创卫"工作取得较好成效，城乡居民生产生活环境得到改善，被省政府命名为"省级卫生县城"。

【工业经济】 以结构调整为主线，以科技进步为动力，严格执行工业经济运行计划，采取五项举措推进工业经济增长。一是扶持规模以上工业企业，增强企业综合竞争力；二是加强对企业的分层梯队管理，引导成长型企业向规模以上企业发展；三是培植20户有发展潜力的成长型企业作为规模以上工业企业的储备力量；四是鼓励微小型企业科学扩大生产，逐步向成长型企业迈进；五是强化对工业企业的统计监测，促进工业经济全面健康增长。商品混凝土搅拌站和120万吨洗煤项目竣工投产；乐堂堡集气站、永吉煤化公司生产线改造基本完工。工业经济稳步增长，实现工业总产值25亿元，增加值8亿元；其中规模以上工业完成产值11.5亿元，增加值5亿元。园区建设有序推进，康家圪台食品工业园区规划征地等工作基本完成，具备开工条件；高杰村能化工业园区列入全市重点项目盘子；折家坪天然气液化项目开工建设，县城直接供气工程有序推进。非公经济发展加快，增加值14.5亿元，占到全县生产总值的45.8%，被市委、市政府评为"发展非公经济先进县"。狠抓西洽会、农高会、煤博会招商签约项目的跟踪落实，全年到位资金1.59亿元。

【民营经济】 结合生态资源特色、县域经济结构特征和民营经济发展特点，创新发展理念和发展模式，推动转型升级，红枣、粉条、石板加工和特色小杂粮加工民营企业进一步做精、做强、做大，民营经济成为推动清涧经济快速发展的主动力。清涧是全省红枣产业"一县一业"建设县，也是国家级马铃薯标准化示范区，现有87万亩红枣基地和20余万亩优质马铃薯种植基地。发挥食品加工企业的龙头带动作用，走以食品加工业为主、石材加工业等为辅的循环经济发展路子，构建以红枣产业为主的新型循环工业经济框架。规划打造康家圪台食品加工工业园区、宽州现代农业示范园区和折家坪物流工业园区，兴建陕北红枣粉条贸易服务中心，建设特色经济林果示范区、设施农业示范区、循环农业示范区、农作物高产示范区和农产品加工区等5个功能区和1个科技服务中心，培育非能源产业化龙头企业，为"绿色生态型"民营企业发展打造服务平台和良好创业发展基地。全县有民营企业367家，全县民营企业从业人数3万余人，民营经济总产值30.2亿元，红枣、粉条、石材加工业年产值分别为14.35亿元、2.05亿元和1.44亿元，民营经济增加值占到全县生产总值的45.2%。枣木加工、苦菜茶生产、精品小杂粮以及物流业等民营企业得到发展。县民营企业中拥有中国著名品牌1个，陕西省名牌产品1个，陕西省著名商标3个，地方知名品牌5个。其中巨鹰枣业公司被认定为榆林市首家"国家级农业产业化重点龙头企业"，人和仙枣业公司获得第二届"中国绿色食品博览会最畅销产品奖"，宏祥枣业、百城木雕等公司连获省市殊荣。

【农业经济】 贯彻中央1号文件精神，农业农村经济保持持续快速发展势头。在各项强农惠农富农政策支持下，开展科技兴农工作，新建农村专业合作社75个，农民专业合作社232个，推广各类补贴农机具2800台。形成合作社+基地+农户的生产经营模式，为全县农业增效、农民增收发挥重要作用。粮食产量取得新突破，粮食生产实现"九连丰"，播种面积52.5万亩，总产量10万吨。省级宽州现代特色农业示范园辐射带动作用明显，玉米、大豆、马铃薯再创高产纪录。其中马铃薯最高亩产3662.6公斤、玉米最高田块亩产1160.5公斤、大豆最高亩产365公斤。农民人均纯收入6500元，增长18.9%；新发展养殖大户97个，肉蛋奶产量全面增长。动物疫病防控和农作物病虫害防治工作取得较大成效。农村基础设施进一步改善，新建和改造口粮田1.6万亩，治理水土流失面积67.2平方公里，完成农村安全饮水工程51处。红枣基地建设取得新突破。通过土地集中流转、大户承包经营和联户承包经营模式结合"三年植绿大行动"全面推进红枣基地建设，2012年全年新建红枣基地7万亩，低产园改造7.3万亩，补植补造3.5万亩，红枣面积83万亩。"三年植绿大行动"全面推进，完成绿化造林9.1万亩，林草覆盖率43%，获得"全省林业强县"称号。

【民生工程】 实施教育强县战略，为全县中小学招聘55名优秀大学毕业生（硕士研究生9名）；高考二本以上上线人数同比增长52%。体育竞技水平不断提高，清涧选手杨倩出战伦敦残奥会，获得金银奖牌各一枚。科技创新与推广取得较大成效，创建"国家林业总局枣工程技术研究中心"项目通过国家林业总局评审。公立医院改革全面铺开，城乡医疗卫生条件和服务质量进一步改善，被评为"全市深化医改工作先进集体"。出生人口性别比综合治理成效明显，人口自然增长率控制在5.1‰以内。社会保障体系日益完善，养老、医疗、失业、工伤、生育保险参保率稳步提高，城乡低保水平大幅度提升。保障性住房建设稳步推进，累计开工建设廉租房628套、分配入住264套；累计改造农村危房2108户。居民幸福指数位居全市前列。

【创安工作】 开展"三问三解"和"万名干部下基层"活动，关注社情民意，群众反映强烈的问题得到解决。重视信访工作，信访形势总体平稳，实现

"一控两降"目标,综合考评全市第一。深入推进平安清涧建设,严厉打击"两抢一盗"等违法犯罪行为,全县刑事案件发案率下降30%,公众社会治安满意率92%,位居全市前列。开展"六五"普法工作,全民法律意识不断提高;在全市率先成立矛盾纠纷调解中心,各类矛盾纠纷得到及时有效化解,被省司法厅评为"全省法律援助工作先进单位"。落实安全生产责任制,开展安全专项治理和食品药品专项整治,全年未发生重大安全事故。

(李　未)

清涧县委、人大、政府、政协

县委书记	马治东
副书记	杨怀智　王龙生
常委	王建华　彭树旺　符慧杰　李华林　李进斌　白春田　闫晓宇　刘　斌(女)
县人大主任	张文忠
副主任	韩海燕　黄如恩　惠清俊　刘建华
县长	杨怀智
副县长	符慧杰　李华林　米　劲(女)　白晓强　武　静
县政协主席	刘光忠
副主席	徐　静　曹　利　居时进(女)

吴堡县

【概况】　吴堡县位于陕西省东北部,榆林市东南部,黄河中游之西滨,与山西省隔河相望。全县国土面积420.85平方公里,辖6镇221个行政村,年末全县总人口8.7万人,其中农业人口7.2万人,常住人口7.6万人。全县总面积420.85平方公里,其中耕地面积22.82万亩,人均耕地3.01亩。2012年,全县生产总值13.77亿元,较上年增长8.1%。其中第一产业增加值2.21亿元,增长5%,第二产业增加值5.81亿元,增长7.2%,第三产业增加值5.75亿元,增长9.9%。全年全部工业总产值85676万元,增长20.5%。农业总产值完成34571亿元,增长9.3%,全社会固定资产投资16亿元,同比增长20.1%,其中县本级完成投资98081万元,下降13.2%。财政总收入完成6224万元,增长17.1%,其中:地方财政收入完成2441万元,增长21.1%。全年社会消费品零售总额5.26亿元,同比增长18%,城镇居民人均可支配收入2.2万元,增长15.9%。农民人均纯收入6558元,增长17.5%。存款余额14.28亿元,较上年增长24.7%;各项贷款余额10.75亿元,增长30.9%。人口出生率12.8‰,人口死亡率6.7‰,人口自然增长率6.1‰。

【工矿园区】　全年实现工业总产值85676万元,较上年增长20.9%。其中,规模以上工业总产值47494万元,增长3.8%;规模以下工业总产值38182万元,增长18.9%。工业实现增加值42600万元,增长7.1%。坚持把能源开发作为加快工业化进程的着力点和突破口,组建吴堡县工业发展有限公司,全面强化工业发展的工作协调和组织领导。柳壕沟矿区场平工程接近尾声,工业园区专用二级公路完成项目备案,矿区救护队办公楼完成基础工程,新征工业拓展用地60亩。启动总投资3.70亿元的矿区园区供水工程,完成寇家塬至柳壕沟35千伏供电线路架设。推进配套项目建设,榆林恒邦化工有限公司120万吨洗煤厂完成项目选址、备案、环评等前期工作。与北京国电联合动力技术有限公司签订总投资5亿元49.50兆瓦风力发电项目协议,2座测风塔加紧测试风力数据。黄河水泥有限公司与唐山冀东水泥股份有限公司合作,实现企业增资扩股、整合升级。

【项目建设】　全县全年500万元以上投资项目56个,其中新开工项目37个,全部投产项目50个。项目建设以"新四大工程"为重点,加大项目争资和建设力度,设立重大项目建设指挥部。全年确定的36个重点项目中,有10个续建和新开工项目完成年度计划任务,13个前期项目进展良好,全年完成投资6.67亿元。沿黄公路、黄河大道二期、清裴路、火车站连接线路基工程基本完成,张岔路改造进度过半,站前广场建设接近尾声,县示范幼儿园进入主体施工阶段,吴堡中学高中部建设项目完成"三通一平",县医院住院大楼建设进展顺利。

【特色农业】　全年农业总产值完成3.46亿元,较上年增长9.3%,其中:农业产值27792万元,增长8.7%;林业产值920万元,增长4.7%;牧业产值5104万元,增长12.9%;农林牧服务业产值755万元,增长16.2%。全年秋收农作物播种面积115194亩,粮食总产量为17754吨．其中,谷物产量36817吨,豆类产量2024吨,薯类产量5614吨。农业产业建设按照"促流转、扶龙头、建园区"的思路,加大扶持力度,加强基地建设。新建红枣示范基地500亩,完成低产枣园改造9266亩,新栽核桃7000亩,生猪、羊子、蛋(肉)鸡饲养量分别为3.6万头、6.72万只、25.5万只。创建农民专业合作社12个,亨通现代农业园区被确定为省级农业示范园区,张家山农业生态示范园区被确定为市级农业示范园区。全县劳务输出2.43万人次,实现收入1.81亿元。将新农村建设、扶贫开发和行业专项资金整合安排、捆绑使用,引导农民加大自筹力度,加快农村基础设施建设和农业特色产业培育,夯实农业农村发展基础。投资2300万元,完成通村水泥路40公里,农村公路通畅率75%;新建农村户用沼气池700口,推广节能太阳灶800套,发展农机示范户200户;新建农村人饮工程34处,7610人的饮水安全问题得到解决。落实农民进城安置380户1506人,实施681户2700多人的移民搬迁项目,安排信贷扶贫资金1000万元,促进农村基础设施和产业建设。完成2011年3个村整村推进的尾留任务,启动叶家塬沟等5个村的整村推进项目,建成冯家峁、桥则沟等"六位一体"型新农村示范村5个,全县新农村总数发展为36个。在巩固退耕还林和封山禁牧成果的基础上,全年新增造林面积1.08万亩,龙凤山森林公园和"千村万户绿化"工程全面启动。建成省级生态示范村1个、市级生态示范村4个,全年新修骨干坝2座,加固维修淤地坝40座,治理水土流失面积43.8平方公里。红枣方面以光大、四海、巨人、红满园、黄河红为龙头覆盖全县、辐射周边的购产销一体化新格局;以山蛋蛋粉条、老霍家手工挂面为代表的农副产品加工企业,扩大生产规模,提高工艺水平,典型带动效应进一步显现。

【民营经济】 全年落实财政扶持资金428.5万元,争取省市专项资金460万元,撬动中小企业项目完成投资近8000万元,新增规模以上企业2户、民营企业34户,全县民营企业和个体户分别为244户、4256户,带动就业1220人,民营经济增加值占GDP比重54.07%。全县新增企业22户,其中规模以上企业5户。全县中小企业244户,个体工商户4256户。全县中小企业、非公有制经济完成总产值21.7亿元,同比增长18%,完成增加值7.92亿元,占全县GDP的57.5%。建成天城、聚香源、黄土地等小杂粮加工企业,提高小杂粮生产标准化水平。成立利民蚕桑专业合作社,填补县蚕桑产业生产加工的空白。帮扶4户企业办理QS认证,光大枣业、巨人枣业荣获"陕西省著名商标"称号,吴堡红枣地理标志通过农业部专家评审。金融服务业发展持续加快,全县各类存款余额14.3亿元,发放贷款10.8亿元。

【交通邮电】 2012年,全县交通运输业发展迅速。全年客运周转量2939万人千米,货运周转量25141万吨千米。实现公路总里程578.9公里。其中太中银Ⅰ级双轨电气化铁路过境,境内长20公里,干线公路(307国道)境内长17公里,高速公路境内长18.2公里,有县乡级公路10条,总长162.6公里,三级路31.4公里,四级油路504公里,境内公路密度超出全市平均水平;邮电通讯业发展迅速。截至2012年底全县有电信企业3家,服务网点142个;固定电话用户8755户,较上年增加93户,电话用户普及率25.2%,较上年提高1.1个百分点;移动电话用户7.9万户,比上年增加20300户,宽带接入用户6631户,比上年增加1654户。全年电信主营业务收入1046万元;移动主营业务收入3150万元;联通主营业务收入889万元。

【城乡建设】 围绕打造"黄河之滨、能源新城、魅力吴堡"的战略定位,按照"扩容、美化、改造、提升"的发展思路,加大投入、加快建设,提升城镇发展水平。县城总规和县城周边详规经县人大批复,上报市政府待批,县城排水专项规划通过专家评审。县城建成区面积扩展到3.2平方公里,规划区面积扩展到65平方公里。加大违规违章建设整治,全年查处违章建筑案件10起,依法拆除违章建筑1500多平方米。城镇建设不断加快。全年累计完成投资1.5亿元。全面完成城区河堤除险加固任务,完成县城供气工程"三通一平",西区开发新增建筑面积约2万平方米,新建改造防洪排污渠12处3260米,硬化道路1230米。"两场"提标改造进展顺利,水毁抢险工程按时完工,污水和垃圾处理率分别为76%和75%。全县城镇化率38%。城市管理不断强化。以创建省级卫生县城为抓手,制定详细城市管理办法,开展建筑工地、交通秩序、市容市貌等方面的集中整治,加大日常保洁和市容管理。

【社会事业】 全县有普通高中1所、初中2所、小学26所、幼儿园8所。小学在校生4553人,招生861人,毕业677人;初中在校生2004人,招生557人,毕业生835人;高中在校生1561人,招生480人,毕业生532人。落实学前一年幼儿免除保教费、义务教育阶段"零收费"、"营养餐计划"等政策,开展高中贫困生救助和大学生生源地助学贷款工作,城区学校现代教学设备和校园平安保险实现全覆盖。加强教师队伍建设,新聘特岗教师25名;全县拥有卫生机构24个,床位366张,卫生专业技术人员243人,其中执业医师81人,执业助理医师11人,注册护士48人。全年发放各类低保、五保金及救灾款2608万元;城乡社会养老保险参保人数44545人,参保率95%,被列为"国家级城乡居民社会养老保险试点县",城镇居民医疗保险参保人数7114人,覆盖率97%。2012年大病救助170人,救助资金149.9万元,缓解群众看病难、看病贵的问题。2012年城镇已参加社会保障18332人,其中参加医疗保险12704人,参加养老保险2783人,参加失业保险2071人,参加工伤保险774人。农村参加社会保障人数55498人,其中农村已参加养老保险42057人,农村参加低保13441人。新型农村合作医疗参保人数63676人,参合率97.6%;各镇卫生院"安心工程"、7所村卫生室建成投用。县级公立医院改革全面展开,药品"三统一"深入推进。进一步加强医院内部管理和医疗队伍建设,招聘本科以上医疗卫生专业技术人才6名;6个镇文化广播电视站全部启动运行,完成90个农家书屋和197个村级文化信息资源服务点建设,实现全县221个行政村农家书屋全覆盖。不断丰富人民群众娱乐活动,新修农民健身广场4处。古城综合旅游景区项目完成可行性报告、土地征用等前期工作,毛主席东渡旅游景区和横沟温泉黄河水利风景区开发的前期准备工作有序推进;落实计划生育政策,组织实施母亲健康工程、优生促进工程和计生家庭创业工程,创建1个市级新型人口文化示范基地、2个市级人口计生信息化先进镇、2个诚信计生示范镇,全县人口出生率9.42‰,自然增长率5.01‰,生育政策符合率97.78%;加强就业再就业工作。安置2008年度退伍军人,招录行政机关公务员15名,基层人才振兴计划12人,全年城镇新增就业1307人,其中公益性岗位488个,城镇登记失业率3.75%。审核发放小额担保贷款5186万元,发放金额居南六县之首,带动创业就业800余人;进一步加强保障性安居工程建设。完成投资5943万元,新建廉租房100套、公租房50套、经济适用房91套、限价商品房199套,保障性住房的配售工作全面开展;完成200套棚户区改造和600户农村危房改造任务;加强安全生产和食品监管工作。落实安全生产责任制,深入开展安全专项治理和食品药品专项整治,全年未发生重大安全事故;加强社会治安综合治理。全年破获各类刑事案件91起,刑事拘留45人,逮捕26人,抓获网上逃犯31人。

(曹秀琴)

吴堡县委、人大、政府、政协

县委书记　王　勇
副书记　方虎城　焦利民
常　委　常少海　苏国强
　　韩金华(女)
　　吕亚伟　尚建林
　　郑有高
县人大主任　李永明
副主任　王锦文
　　贾小琴(女)
　　田树昌　贾宏喜
县　长　方虎城
副县长　常少海　吕亚伟
　　冯文斌　寇俊仁
　　谢恩莲　张雷威
县政协主席　薛利民
副主席　薛改香　李锦平
　　薛永升

周边地市概况

西安市

【概况】 西安市位于我国内陆腹地陕西省关中平原中部，介于北纬33°42′—34°45′和东经107°40′—109°49′和之间。东西长约204公里，南北宽约116公里。土地总面积10108平方公里，其中主城区840平方公里，建成区面积403平方公里。南经秦岭与商洛、安康、汉中市接壤，东、西、北三面分别与渭南、宝鸡、咸阳市相连。区内地势起伏，土壤肥沃，物产丰富，交通方便，地理环境优越。全市辖新城、碑林、莲湖、雁塔、未央、灞桥、阎良、临潼、长安9个区及周至、蓝田、户县、高陵4个县和沣东新城。共有街道、乡、镇176个，其中街道办事处106个、镇69个、乡1个。

2012年，西安市经济发展保持了稳中求进的增长态势。实现生产总值4369.37亿元，比上年增长11.8%。其中第一产业增加值195.59亿元，增长6.0%；第二产业增加值1893.79亿元，增长11.8%；第三产业增加值2279.99亿元，增长12.2%。全社会固定资产投资完成4243.43亿元，增长26.6%。全市民间投资完成2116.3亿元，增长36.8%，成为支撑全市投资稳定增长的主力。万元生产总值能耗降低3.51%，万元生产总值二氧化碳排放降低3.8%。五大主导产业实现增加值2276.38亿元。地方财政一般预算收入396.96亿元，增长24.6%。外贸进出口总额完成130.14亿美元，增长3.3%。居民收入水平稳步增长，城镇居民人均可支配收入达到29982元，农村居民纯收入达到11442元，分别增长15.4%和16.9%。物价总水平基本稳定，居民消费价格指数上涨2.8%。

【固定资产投资】 2012年，西安市完成全社会固定资产投资4243.43亿元，比上年增长26.6%。其中，不含农户，完成固定资产投资4165.99亿元，增长27.0%。在全市固定资产投资中，第一产业投资99.34亿元、增长37.5%，第二产业投资671.92亿元、增长38.9%，第三产业投资3394.73亿元、增长24.6%。全年新增固定资产1765.05亿元，增长28.8%。全年房地产开发投资1281.90亿元、增长28.6%，商品房销售面积1538.91万平方米，减少13.4%；商品房竣工面积1063.70万平方米，增长68.6%。

【工业经济】 2012年，西安市规模以上企业完成工业总产值4023.14亿元，比上年增长15.1%；完成工业增加值1144.29亿元，增长13.0%；完成工业固定资产投资578.17亿元，增长44.9%；净增规模以上工业企业80户，超出全年目标任务40户；新增世界500强、国内500强企业9家，一期投资70亿美元的三星电子项目成功落户。全市393个工业项目争取中、省财政扶持资金5.68亿元，创历史新高。央企、省企、民企进市工作首战告捷，共签订工业项目52个，总投资838.55亿元。全年组织实施各类技术创新计划项目789项，总投资28亿元。西安市再次入选中国城市信息化50强。全市非公有制经济实现增加值2245.75亿元，占GDP比重达51.4%，名列全省第一。

【农业经济】 2012年，西安市农业稳定发展，实现增加值195.59亿元，比上年增长6%。粮食生产实现“九连丰”，全年粮食总产192.54万吨，单产5044.5公斤/公顷。蔬菜总产277.8万吨，水果总产93万吨，肉、蛋、奶总产分别达到15.17万吨、13万吨和66.64万吨。启动实施扶贫开发20个整村推进项目，解决了6万人脱贫问题。农民人均纯收入11442元，增长16.9%，连续6年保持15%以上增速。农业产业化进程逐步加快，规模以上农产品加工企业160家，农产品加工销售企业年销售收入210亿元。全市建成各类农业园区290个，组织实施农业科技创新项目30个，新建农业标准化示范基地13个，建成乡镇或区域农产品监管站159个。农业基础设施得到加强，改造中低产田0.527万公顷，发放农机具购置补贴资金6990万元，补贴各类农机具21486台(件)，粮食生产综合机械化水平达到75%。新建户用沼气池 8610 口。农村改革发展取得新成效，全市累计流转土地 2.84 万公顷，农民专业合作经济组织 516 个，其中新增 53 个。

【商贸经济】 2012 年，西安市实现社会消费品零售总额 2236.06 亿元，比上年增长 15.5%。继续推进"万村千乡市场工程""镇超工程""家电下乡"等，全年共建设标准化农家店 297 个、镇超工程超市 5 家，销售冰箱、彩电等家电下乡产品 37.5 万台、10.05 亿元，财政补贴兑现金额 1.26 亿元。招商引资成果丰硕，全市实际利用外商直接投资 24.78 亿美元，增长 23.6%；实际引进内资额 1201 亿元，增长 17.3%。扎实推进"放心早餐工程""惠民肉菜进社区""放心豆制品工程"等便民、惠民工程，全市放心早餐设立网点 1100 多个，设立蔬菜进社区直销网点 376 个，放心豆制品设立销售网点 234 家。西安市被确定为全国第三批肉类蔬菜流通追溯体系建设试点城市。

【旅游业】 2012 年，西安市接待海外游客 115.35 万人次，比上年增长 15.08%；接待国内游客 7863 万人次，增长 20%。旅游业总收入 654.39 亿元，增长 23.43%。在中央电视台投放西安旅游广告，拍摄 7 集专题宣传片，在全国 217 家电视台播出。开展以"接力世园 · 乐游西安"为主题的系列大型宣传活动，发放价值 150 余万元的景区门票和优惠券；举办了以温泉、踏青、赏花等为主题的"幸福生活天天游"系列活动。针对暑期客源市场，组织本市主要景区以近 2000 万元的优惠幅度，分别举办暑期幸运学生游西安和八个景区暑期半价游活动，通过全球 50 余家知名网站、社交平台集群发布等手段，使游客数量增长 30%—50%。规范旅游市场秩序，加大旅游市场治理力度，西安游客满意度排名从全国第三十七位提升至第十四位，西安市荣获"2012 中国十大特色休闲城市""2012 最佳绿色会议目的地城市"称号。

【交通邮电业】 2012 年，西安市货物运输总量 4.49 亿吨，比上年增长 14.5%；货物运输周转量 595.87 亿吨公里，增长 14.3%。旅客运输总量 3.62 亿人次，增长 5.3%；旅客运输周转量 338.74 亿人公里，增长 4.8%。年末全市机动车保有量达 160.82 万辆，比上年末增长 13.2%，其中私人汽车保有量 139.96 万辆，增长 15.0%。

全年邮政业务总收入 9.58 亿元，增长 7.9%；电信业务总收入 116.23 亿元，增长 12.8%。年末全市固定电话用户 311.02 万户，移动电话用户 1803.54 万户，其中 3G 移动电话用户 394.97 万户。

【对外经济】 2012 年，西安市对外经济保持了平稳较快发展态势。实际利用外资 24.78 亿美元，比上年增长 23.6%；实际引进内资 1201 亿元，增长 17.3%，三星电子项目落户西安。先后组团参加了第十六届中国东西部合作与投资贸易洽谈会、第 111 届中国进出口商品交易会、中美城市经济和合作投资会等活动，招商引资规模进一步扩大。全市外贸进出口总额完成 130.14 亿美元，高新、机电产品占全市出口总额的 66.9%，外贸出口基地等产业聚集区进出口突破 100 亿美元。先后与天津、青岛、连云港口岸办签署了《跨区域合作框架协议》，口岸工作取得积极进展。全年对外承包工程、外派劳务营业额 16.77 亿美元，增长 23.7%；期末在外人数 6483 人；新设境外投资企业 24 家，协议投资总额达 8.78 亿美元。炎兴科技、交大博通、西北发电运行集团等三家企业获"2012 年中国服务外包 100 强企业"称号。全市承接国际服务外包离岸合同金额 5.45 亿美元，增长 40.46%。

【科技发展】 2012 年，西安市实现技术市场交易额 300.19 亿元，比上年增长 47%；科技研发投入 222.8 亿元，实现高新技术产业产值 2010 亿元，增长 17.8%。全年发明专利申请量 1.26 万件，实施科技创新和科技产业化项目 118 项。建设农业科技示范园（基地）11 家，培育农业科技示范户 151 家，累计为科技企业融资 6.11 亿元。科技大市场实现入网设备 3026 台套，为企业提供加工、检测等共享服务 2303 次，加盟企业和机构达 10304 家，组织实施重点节能减排和节水型社会建设示范项目 7 项。制定《西安市现代服务业创新发展示范城市建设实施方案》，支持西安曲江新区、西安高新技术产业开发区的 13 个重点项目，推动现代服务业创新发展。出台《西安市建设国家级文化和科技融合示范基地规划》，在动漫设计、文化创意等领域遴选一批重点项目予以扶持，文化和科技融合产业发展实现新突破，西安国家级文化和科技融合示范基地被认定为首批国家级文化和科技融合示范基地。制定出台《西安市知识产权战略纲要》，西安市被国家知识产权局列为首批 29 个国家知识产权示范城市之一。

【文化产业】 2012 年，西安市实现文化产业增加值 334.68 亿元，比上年增长 30.6%，超额 3.6 个百分点完成省考目标，文化产业占生产总值的比重为 7.7%，提高 1.2 个百分点。组织参加中国（深圳）国际文化产业博览交易会、中国西部文化产业博览会等展会，积极推介西安市优势项目。规范统计口径，按照国家统一部署，扩大了文化产业统计范围，规范了各区县的统计口径，做到应统尽统、不遗缺漏报，为省考任务的顺利完成提供全面翔实的数据统计和梳理分析。

【社会事业】 2012 年，西安市社会事业稳步发展，教育、文化、卫生等惠民工程财政投入加大。市本级下达各级各类财政性教育专项资金 20.53 亿元，比上年增长 34%，其中市级资金 9.16 亿元，保障了全市教育改革和发展各项工作的顺利实施。在新城、碑林、莲湖、雁塔 4 个区开展了大学区管理制改革试点，共有 283 所学校组建成为 72 个大学区。制定出台了民办学校"小升初"招生改革办法，有力遏制了"奥数班"乱象，群众对教育的满意度明显提升。启动实施139所义务段标准化学校建设项目,投入5065万元用于63所学校建设项目,开工32所学校。全市运营的政府配备校车124辆,惠及3个区县、36所学校、7390名学生。全市建成农家书屋1005个、提前3年实现行政村农家书屋全覆盖,农村电影放映工程扩大到3096个行政村,实现了全覆盖。为全市8个乡镇综合文化站、5个社区文化中心、33个社区文化室、176个农村文化室配送了活动器材。西安图书馆全年接待读者50万人,开通免费移动阅读平台。西安市非遗博物馆正式对公众开放,建立了市级非物质文化遗产数据库,命名了38名第二批市级非遗项目代表性传承人、6人入选省级名录。全年完成农村基层医疗卫生机构基础设施建设投资2139万元,建设了3所乡镇卫生院和365所村卫生室,配备基本医疗设备3151台件,完成了村卫生室清理整顿工作。31所社区卫生服务中心创建成为市级示范社区卫生服务中心,碑林区柏树林和未央区汉城社区卫生服务中心荣获"全国示范社区卫生服务中心"称号。对1244家民办医疗机构按照卫生部的标准重新核准,吊销医疗机构执业许可证10家,停业整顿127家。63个国家和地区2814名运动员参加西安城墙国际马拉松赛,参赛国家和人数创历届之最。新建市级农民体育健身工程760个、社区全民健身路径50个,更新50个。实施省级农民体育健身工程104个、社区全民健身器材配送工程45个、乡镇农民体育健身工程2个。2012环中国国际公路自行车赛始发城市活动的圆满举行。西安市运动员彭飞代表中国摔跤队参加2012年世界青年摔跤锦标赛,并夺得铜牌。

【劳动就业和社会保障】 2012年,西安市城镇新增就业12.41万人,农村劳动力转移就业93.33万人,城镇登记失业率为3.49%,控制在年目标任务4.5%以内。城镇企业职工基本养老保险扩面235476人,完成省考指标的210.35%,连续五年居全省第一。城镇基本医疗保险参保率达到98%,超过省考指标3个百分点。截至年底,全市参加职工基本养老保险、城乡居民养老保险、医疗保险、失业保险、工伤保险和生育保险人数分别达到241.63万人、246.93万人、413.15万人、139.84万人、133.47万人和97.19万人。及时妥善解决三星项目等境外人员就业参保问题,在西安市尚属首次。社会保险待遇水平稳步提高,企业退休人员月人均养老金达到1879元,高于全国平均水平;将西安市最低工资标准从860元/人·月调整为1000元/人·月。将职工大额医疗补助引入商业保险,开展了工伤保险费率浮动工作,调整了失业保险待遇。全市参加养老保险(含城镇职工基本养老保险、城乡居民社会养老保险、机关事业单位养老保险)515.97万人,比上年末增加18.6%。

【体制改革】 2012年,西安市继续深入推进重点领域和关键环节制度建设,深化体制改革。制定了《关于加强工程建设项目招标投标和标后管理工作的暂行规定》,将所有政府投资项目统一纳入招投标平台,全面推进远程网上招投标,促进了招投标工作公开透明。政务服务中心建设进一步规范,全市11个区县、7个开发区、132个乡镇(街道)、1578个村(社区)建立了政务(便民)服务中心,四级政务服务体系基本形成,提升了政务服务和便民服务水平。市属厂办大集体改革工作任务基本完成。中省企业公安移交工作全面完成,分六批与40户中省企业签署了移交协议,移交干警703名。将西安方欣食品有限公司、市汽车客运总公司、市十九粮贸有限公司等32户企业代管的非经营性资产划归西安华衡实业发展有限公司管理;将市天然气总公司部分非经营性资产划转西安城市基础设施建设投资集团有限公司下属物业公司管理;将省纺织品公司所属中纺站家属区非经营性资产划转给西安纺织新区管委会列入纺织城统一规划改造。改制重组后的8家渣土车新公司全部挂牌运营,渣土车改制重组工作圆满完成。

【城市建设与环境保护】 2012年,西安市城建投资计划共安排维护和建设项目102项(类),投资总规模235亿元,其中市本级投资规模为100亿元。城市轨道交通项目一号线、二号线南段、三号线一期、四号线试验段进展顺利;东门里过街地下通道等11处人行过街设施建设投入使用;全市新增绿地面积142.6万平方米,新建街头小绿地广场39个,完成屋顶绿化145处、绿化面积16.8万平方米、拆墙透绿14362延米、垂直绿化12.3万延米。编制《西安市缓解城市交通拥堵三年行动方案(2012—2014年)》,全年累计下达了四批次147处交通拥堵点改造计划,完成西延路等65项道路和交叉口改造,以及丈八北路科技一路丁字口等64处公交港湾改造。在高新四路等路段施划公交专用道43.8公里。全年共开工建设公共停车位8928个。

完成13家企业、35台燃煤锅炉共384蒸吨燃煤锅炉关停或拆炉并网工作。7月1日起向社会发布了PM2.5监测研究性数据,设备运行良好。第四污水处理厂二期等7家污水处理厂建成投运,4家污水处理厂完成提标改造工程,污水处理能力比上年增加22.5万吨/日。环境空气质量优良天数为290天,与上年持平。下发《西安市渭河水污染防治三年行动方案(2012—2014年)》,治污项目建设取得进展。43家国控、省控工业企业中,已有35家达到《黄河流域(陕西段)污水综合排放标准》要求,达标率为81.4%。城市饮用水源水质达标率100%。完成了6家造纸企业的关闭退出任务。秸秆禁烧再次实现"零火点"目标。对城中村和城乡结合部环境安全集中整治,捣毁取缔土炼油、废旧塑料颗粒加工、小电镀等非法污染企业250家,拆除燃煤设施31台,切实改善了区域环境质量。

【五项重点工作】 2012年,西安市将渭北工业区建设、汉长安城遗址保护、秦岭北麓生态环境建设、“八水润西安”工程、公路交通枢纽建设作为事关全局的“五项重点工作”，进行重点推进。渭北工业区开发建设领导小组及其办公室以及高陵装备工业组团、阎良航空工业组团、临潼现代工业组团三个管委会正式挂牌，全年三个组团共申报省市共建大西安专项资金项目15个，总投资157.4亿元。加快水、电、路、气、通信等基础设施建设，渭北大横线项目开工建设，总投资193亿元的38个重点项目集中开工。成立西安市汉长安城国家大遗址保护特区建设领导小组，组建了相关开发建设公司。《秦岭北麓西安段保护利用总体规划》颁布实施，浅山区保护利用工作全面启动。完成《大秦岭西安段生态环境保护规划(2011—2030)》和《大秦岭西安段保护利用总体规划(2011—2030)》的报批审查，编制完成大秦岭主要道路入口节点方案及秦岭标识系统的设计。开展对乱采乱挖、乱搭乱建、乱排乱放、乱砍滥伐等违法行为的专项执法检查。着力打造秦岭保护示范工程，完成长安区乔村、团结村，户县蔡家坡村为代表的沿山村庄城乡统筹朵丽农村模式规划等工作。“八水润西安工程”完成了《八水润西安规划》编制，并通过中共西安市委、市政府审查，将实施“571028”工程(即规划布局5引水、7湿地、10河系、28湖池)，确保到2020年达到“八水润西安”的目标。启动国道绕城连接工程、G108及S107一级公路改建工程。其中，国道绕城连接工程—G310西安过境公路已完成项目规划、施工图设计等上报审批工作，11月底已动工；G108一级公路改建工程完成立项、工可批复及环评手续，施工图设计、预算及土地审批等手续待批；S107一级公路改建工程取得项目环评批复，施工可研报告陕西省交通运输厅审查。编制《西安市公交都市建设示范工程实施方案》等规划。城南客运站投资5479.5万元，主站楼竣工并投入运营。纺织城客运枢纽投资5200万元，客运大楼主体顺利封顶。

【开发区建设】 2012年，西安高新技术产业开发区成功获批国家文化和科技融合示范基地、国家电子商务示范基地。实现在册营业收入6810.44亿元、实现规上工业增加值185.2亿元，比上年增长17.2%；实现全社会固定资产投资418.44亿元，增长25.1%；54个省市重点建设项目完成投资166.85亿元；完成外贸进出口总额89亿美元，增长20%；完成财政一般预算收入57.75亿元，增长25.6%；实际引进外资8.18亿美元，增长25.9%；实际引进内资338亿元，增长19.3%。三星高端闪存芯片项目、美光三期测试生产扩容项目等项目成功入驻，全年吸引世界500强投资项目11个。西安高新综合保税区正式获批。草堂基地、长安通讯产业园、软件新城等板块建设不断提速。西安科技大市场全年完成技术交易额135.19亿元，增长25%，促进全市技术交易额突破300亿元；完成入库共享仪器设备3026台套，为企业节省设备投入4亿元，加盟服务机构累计达230余家，组织举办各类产学研对接活动350多场次，16万人次参与。

2012年，西安经济技术开发区实现技工贸总收入2675亿元，比上年增长32%；工业总产值1560亿元，增长30%；规模以上工业增加值239.36亿元，增长17.5%；外贸进出口总额20.1亿美元，增长16.8%；实际利用外商直接投资6.82亿美元，增长25.8%；引进内资228亿元，增长20.8%。先后引进德国博世、美国GE等6家世界500强企业，以及总投资65亿元的西北有色院稀有金属新材料产业园、38亿元的陕汽产业园等一批重大项目。泾渭新城实现工业总产值650亿元，其中规模以上工业总产值633亿元，增长17.3%。城市建设不断加快，完成拆除30.08万平方米，新开工安置楼面积69.27万平方米；新增、改造绿化面积30.55万平方米，新建26个绿化景观项目，城市人居环境进一步提升。

2012年，西安曲江新区完成全社会固定资产投资356.10亿元，增长32.8%；实际引进内资156亿元，增长20.8%；实际利用外资2.64亿美元，增长25.9%；大口径财政收入突破162亿元，增长55.8%；一般预算收入21.12亿元，增长47.4%；实现文化产业增加值36.20亿元，增长40.3%。全年接待海内外游客累计超过4500万人次。国家级文化产业聚集区(QCIC)开工奠基，西安文化商务区(CCBD)全面启动，入区文化企业达2002家，总注册资本达437亿元。大明宫博物馆建成开放，大明宫国家遗址公园晋升国家AAAA级景区。第六届中国西部文化产业博览会和第一届西安楼观·中国老子文化节成功举办。临潼度假区大唐华清城建成开放。全年新建3850套保障房，续建3950套保障房全部竣工，总面积达380万平方米。生态建设成果显著，被环保部评定为国家级生态示范区。

2012年，西安浐灞生态区实现全社会固定资产投资150.67亿元，增长50.5%；完成财政收入41.68亿元，地方一般预算收入8.2亿元，增长26.1%；实际利用外资4837.2万美元，增长25.4%；实际引进内资完成48.52亿元，完成服务业增加值18.97亿元，15个市级重点项目完成投资64.07亿元，其中年投资过亿元项目13个。新建廉租房528套，续建保障性住房竣工500套，建设城改安置房5.25万平方米。引进西部证券、光大金控、陕煤金融中心等5个金融类项目，累计引进各类金融机构20家，完成投资41.54亿元，全年组织参与各类推介活动12次，引进项目31个，总投资额超过187.6亿元。西安世博园组织各类演出2500余场，累计接待游客506万人次，国家湿地公园建设快速推进。浐灞一中建成，区域商业配套有序推进，“数字浐灞”系统建设完成，社会管理职能趋于完善。

2012年，阎良国家航空高技术产业基地完成全社会固定资产投资48.39亿元，增长35.9%；实际引进内资21.02亿元，增长43.8%；实际利用外资2072万美元；实现工业总产值16.74亿元，增长101%；规模以上工业增加值达到2.97亿元，增长35.5%；实现大口径财政收入3.51亿元，其中财政一般预算收入4489万元，增长43.0%。成功举办第一届中国民营航空产业发展论坛和第三届西安航空转包生产与国际合作论坛。4万吨大型模锻液压机项目正式投产。完成西安蓝田机场地面选址及飞行程序设计委托工作，启动机场选址报告编制工作。以蒲城、凤翔通用机场为基础，协助神木县、横山县启动通用机场建设程序，打造贯穿陕北、关中、陕南的通用航空网络。

2012年，西安国家民用航天产业基地完成全社会固定资产投资62.94亿元，增速36.3%。其中工业固定资产投资15.92亿元，增长35.1%。实现地方一般预算收入2.26亿元，增长32.9%。完成重点建设项目投资23.14亿元。实际利用内资13.77亿元，增长46.7%。实际利用外资2403万美元，增长18.4%。实现规模以上工业增加值22.23亿元，增长20.3%。净增规模以上工业企业4家。新引进军民融合项目21个，实际开工10个。入驻孵化器卫星应用类企业14家。航天产业产值占基地产业产值比重上升到42%。新引进LED产业化项目2个，西安隆基硅材料股份有限公司成功上市。组建了科技大市场航天基地服务中心，新增高新技术企业7家、省级工程中心1家、专利154件。孵化器公司被工信部批准为“西安市卫星应用产业集群窗口服务平台”，被中国全球定位系统技术应用协会授予“北斗产业优秀园区”称号。

2012年，西安国际港务区完成全社会固定资产投资总额58.16亿元，增长65.1%；完成大口径财政收入11.35亿元，财政总收入1.84亿元，地方一般预算收入8639万元，增长66.3%；实际利用外资2082万美元，增长32.5%，引进内资21.64亿元，增长50.9%；实现进出口贸易额3.5亿美元；实现集装箱吞吐量7.75万标箱；西安保税物流中心进出口贸易额突破6亿美元，实现税收1.4亿元。全年共签订各类招商引资合同25个，总投资332.62亿元，塔塔特钢、日通国际等世界500强企业入驻园区；东盟国民国际产业园、台湾MIT科学园等12个项目落户综合保税区，总投资额达212亿元。“陕西省太阳能光伏产业进出口基地”正式挂牌，临潼产业园和高陵耿镇产业园规划建设工作启动。完成基础设施投资15.16亿元，累计开工建设项目55个，西安综合保税区验收区顺利开工，华南城项目一期封顶，建成道路15条，建成公园3个，新增绿地10.38万平方米，园区形象和影响力大幅提升。

2012年，陕西省西咸新区沣东新城完成全社会固定资产投资77.72亿元；完成地方财政一般预算收入1.34亿元；实际引进内资12.15亿元；实际利用外资1876万美元，增长25%；重点项目建设完成投资68.5亿元，增长107.6%。沣东新城第一学校和项目涉及5个村的安置小区开工建设。国家文物局正式审批通过了《阿房宫遗址保护规划》，完成了阿房宫广场的建筑设计工作。三桥街区综合改造项目基本完成拆迁工作，全面启动建设。启动了3个110千伏变电站及水厂、热源、气源等配套建设，率先完成了城市地下管网综合信息系统建设。

（郑红波）

延安市

【概况】 延安市位于陕西北部黄土高原丘陵沟壑区，辖1区12县，距西安以北371公里，北连榆林，南接关中，东隔黄河与山西相望，西与甘肃庆阳为邻，东西最大横距257.85公里，南北最大纵距239.12公里，总面积3.7万平方公里，总人口291.81万。平均海拔1000米左右，年均无霜期170天、气温9.2℃、降水量500多毫米。

延安是中华民族重要发祥地和中国革命圣地。人文初祖轩辕黄帝的陵寝位于延安市黄陵县桥山之巅，是海内外华夏儿女寻根祭祖的民族圣地。清明节公祭黄帝活动是唯一的国家级祭祀大典。1935年至1948年，中共中央在延安，指挥全国人民取得抗日战争、解放战争的伟大胜利，培育了伟大的延安精神，确立了毛泽东思想在中国共产党内的指导地位，为中华人民共和国的建立奠定了坚实的基础。

延安矿产资源富集，已探明石油储量14亿吨，煤炭115亿吨，天然气2000多亿立方米，紫砂陶土5000多万吨，岩盐资源储量可观，是国家能源的重要战略接续地。延安是中国石油工业的发祥地，大陆第一口油井位于延安市延长县，石油开发已有百年历史。“延长石油”被授予中国驰名商标。

延安是联合国计划开发署认定的世界最佳苹果优生区和设施蔬菜优生区，发展现代生态农业具有良好条件。人均土地面积达27亩，土层深厚，光照充足，昼夜温差大，所产苹果、红枣、酥梨、羊肉、小杂粮等农产品品质优良，远销海内外。延安市被农业部命名为国家现代农业示范区，“洛川苹果”被授予中国驰名商标。

延安人文旅游资源独具魅力，发展旅游业具有广阔前景。以中华民族圣地黄帝陵、中国革命圣地延安、黄河壶口瀑布、黄土风情文化为主体的旅游资源驰名中外，陕北民歌、陕北大秧歌、安塞腰鼓、农民画、剪纸等民间艺术久负盛名。市内有历史遗迹5808处，革命旧址445处，珍藏文物近7万件，是国务院首批命名的24个历史文化名城之一，是全国爱国主义、革命传统和延安精神三大教育基地，中国优秀旅游城市。

【经济概况】 2012年全市生产总值1271亿元，按可比价计算比上年增长10.5%，人均生产总值57876元，折合9172美元；全社会固定资产投资1032.06亿元，增长26.6%；财政总收入444.3亿元，增长10.9%；财政支出264.24亿元，增长18.1%；农民人均纯收入7655元，增长16.6%；社会消费品零售总额150.74亿元，增长16.2%；居民消费价格指数102.6（上年=100），商品零售价格指数101.14（上年=100）；接待国内外游客2190万人次，增长6.8%，实现旅游综合收入 118 亿元,增长 7.2%。

【农业】 2012 年全市农林牧渔业总产值 169.69 亿元,按可比价计算比上年增长 5.6%;耕地总资源面积 678.53 万亩;年末拥有蔬菜大棚 14.58 万座;粮食连续九年丰收,粮食总产量 76.58 万吨,增长 11.8%,蔬菜产量 100.03 万吨,增长 7.6%,苹果 260.02 万吨,增长 6.6%。建成 13 个现代农业示范园区,新启动建设 30 个。引进本香、秦宝等 7 家龙头企业,新组建 264 个农民专业合作社。洛川西北畜牧产业科技城开工建设。"延川红枣"、吴起"胜利山"醋荣获中国驰名商标,"延安小米"成功注册国家地理标志产品。

【工业】 2012 年规模以上工业增加值 887.83 亿元,按可比价计算比上年增长 10.3%。建成投产 3 个天然气液化项目和 2 条煤焦化生产线。县域工业集中区入驻企业 219 户,实现营业收入 239.5 亿元,增长 21%。组建开发区、新区、旅投、车村煤业等融资平台,交通、长安等 3 家银行在延安市设立分支机构,发行城投债券。签订融资合同 52.3 亿元,到位资金 40.1 亿元。开展"央企省企民企进延安"活动,积极组团参加西洽会、农高会、陕粤港澳等招商活动,与一批央企、省内外大企业和沿海城市建立合作关系。招商项目总投资突破千亿元,到位资金 307.6 亿元,增长 51%。设立海关和检验检疫机构获得国家批准,外贸进出口总额达到 6622.8 万美元,增长 80%。

【文化事业】 2012 年编制完成十大革命旧址景区保护提升规划,启动西北局、凤凰山、黄帝文化园、黄土风情文化园等建设改造项目,《延安颂》、《信天游》等剧目实现常态化演出,举办首届红色旅游季。持续推进旅游环境综合整治,游客满意度排名不断进位。举办送戏下乡、戏曲公演、秧歌过街演出、电影公映、元宵节秧歌展演和元宵节灯谜晚会等活动,展示"延安过大年"的独特魅力;举办大型演出"我要去延安"、大型舞蹈诗剧《延安记忆》、"中国戏剧家延安行"、大型秦腔现代剧《蒙汉游击队》、江苏省获得梅花奖艺术家赴延安参加 5.23 等系列纪念活动;成功举办延安市第五届小戏调演、广场文艺演出、陕西电视艺术系列大赛秦腔比赛延安分赛区活动、文化部艺术家"三下乡"小分队赴延慰问演出。组织参加"花儿朵朵向太阳"第三届陕西省少儿艺术节、第二届陕西省民族器乐大赛、"陕西精神"美术书法作品展、陕西省群众美术书法摄像大赛、全省群众文化论文评奖等赛事活动,获得各类奖项 34 个。安塞腰鼓表演参加由中宣部、文化部等主办的《纪念毛泽东在延安文艺座谈会上的讲话发表 70 周年》大型文艺晚会"为人民放歌"演出。"国家级陕北文化生态保护实验区"2012 年 5 月授牌成立,延安市黄陵、吴起、志丹 3 个县被授予"省级文化先进县"。

【社会民生】 2012 年延安在全省率先实现城乡居民医疗保险制度一体化,建立大病医疗统筹基金制度。新农合参保率达到 97.5%。城乡低保标准分别提高 20 元和 180 元,农村五保集中和分散供养标准分别提高 1000 元和 700 元,建立市直企业困难职工生活补贴制度。及时足额发放残疾人、孤儿生活补贴,高龄老人生活补贴发放范围扩大到 70 岁。全市敬老院入住率达到 60%。建成保障房 2.4 万套,新增租赁补贴 2500 户,解决 2.1 万户群众住房困难。31 个扶贫移民搬迁安置点全部开工,1912 户迁入新居。开展千名领导干部包扶低收入村活动,5.8 万人实现脱贫。开工建设幼儿园 101 所,建成 61 所,在全省率先实现学前三年免费教育和"蛋奶工程"全覆盖。完成县级公立医院综合改革,成为全国首个县级公立医院改革全覆盖地级市。建立全民健康档案,免费为 45 岁以上农村居民进行健康体检。落实信访各项制度,深入排查化解矛盾纠纷。开展平安延安创建活动,全面落实"六五"普法规划,开展严打专项整治,群众社会治安满意率达到 92.7%。加强道路交通、消防、煤矿、危化品、森林防火、食品药品等重点行业和领域安全整治,及时处置突发事件,社会大局保持稳定。

【生态治理】 2012 年延安完成造林 77.2 万亩,治理水土流失面积 1100 平方公里。治沟造地工程列入国家土地整治重点项目,新造地 10.6 万亩。3 月 7 日,延安市人民政府命名子长县李家川流域等 6 条退耕还林流域和宝塔区临镇任家源村等 23 个村为延安市第二批市级退耕还林精品流域和退耕还林生态文化村;加强重点耗能企业监管,建立主要污染物减排预警制度,万元生产总值能耗降低 3.5%,化学需氧量、氨氮、二氧化硫排放分别下降 2.2%、1.6%、3%,城区空气质量优良天数达到 314 天。

【城镇建设】 中心城市改造,搬迁黄蒿洼、南关街等山体居民近 3 万人,新建成一批市政项目。新区建设上山建城全面启动,一批大中型企业投资参与新区建设,国土资源部将延安市列为低丘缓坡综合开发利用试点市,一期平山造地 10170 亩,完成投资 27.9 亿元。建成数字化城市管理平台,配备网格监督员,城市环境卫生持续改善。开展"两违"集中整治,查处违法用地项目 143 个、违法建设项目 89 个,追缴土地出让金和税费 5 亿元,拆除违法建筑 5.2 万平方米,清理收回闲置土地 9188 亩。完成公交车、客运车和出租车资源整合,全面实行公司化管理经营。县城、重点镇、新型农村社区建设完成投资 178.3 亿元,建成一批基础设施和公共服务项目。5.2 万农民进城落户,城镇化率达到 52.27%。

(杨丽华)

吕梁市

【概况】 吕梁市组建于 2003 年,辖一区十县,代管二市,总面积 21143 平方千米，位于山西省中部西侧，介于北纬36°43′—38°43和东经110°22′—112°19′之间，西隔黄河与陕西相望，东与太原市和晋中市相邻，南与临汾市接壤，北与忻州市为邻。2012年，面对经济增长下行压力和市场持续疲软的不利形势，在山西省委、省政府的坚强领导下，全市上下深入贯彻落实科学发展观，以“打基础、利长远、惠民生”为总指导，在宏观形势趋紧的大背景下，迎难而上，积极应对，企稳进位，着力推动转型跨越发展稳中求进，经济保持健康有序地发展。社会各项工作都取得了新的成绩，经济保持稳定增长。全市地区生产总值完成1230.4亿元，增长10.8%，总量由全省第四位上升到第三位；全年全市生产总值完成1230.4亿元，比上年增长10.8%。其中，第一产业增加值55.7亿元，增长5%；第二产业增加值900.3亿元，增长11.9%；第三产业增加值274.4亿元，增长8.6%。人均地区生产总值32709元，按2012年平均汇率计算为5182美元。工业增加值完成892.1亿元，增长13.5%，总量全省第一；固定资产投资完成690.4亿元，全市财政总收入完成341.7亿元，增长23.4%，总量全省第二，增幅全省第一；财政总收入的大幅增长，支撑全市各项工作的正常运行。城镇居民人均可支配收入突破2万元，达到20006.06元，增长14.8%。农民人均纯收入5346元，增长13.1%；全社会消费品零售总额完成301.4亿元，增长15.5%。

【三农建设】 不断加强强农惠民力度。全市全年“三农”投入112.1亿元，同比增长29.5%。粮食生产实现“八连增”，全年全市粮食种植面积35.39万公顷，粮食总产量110.55万吨，比上年增加4.44万吨，增产4.2%。全年全市猪牛羊肉总产量2.52万吨，比上年增加0.15万吨。年末生猪存栏51万头，生猪出栏70.28万头。牛奶产量0.63万吨，增加0.05万吨。禽蛋产量2.24万吨。水产品产量0.15万吨，增长4.68%。农业“六大工程”成效显著，新发展设施蔬菜2.22万亩；建成千井富民工程200眼；完成造林56.11万亩，新植核桃林51.8万亩；开工2.28万人易地扶贫搬迁工程；孝义大象集团1亿只肉鸡屠宰加工及60万吨饲料生产项目建成投产，离石、临县大象两个4500万只肉鸡养殖项目正式启动；完成350个重点村、12个集中连片示范区建设和100个贫困村整村推进任务，减少贫困人口11.1万人。省“五个全覆盖”超额完成。“方便农民五件实事”年度任务超额完成，共投资3.13亿元，建成幼儿园540所、澡堂706个、理发室671个、磨面房724个、红白理事厅746个，安装太阳能路灯868个村，部分县三年任务一年完，农民生活条件得到较大改善。参加农村养老保险、城镇养老保险、基本医疗保险达到249.6万人，参保人数均超额完成年度任务。农村低保提标扩面，每人每月提高22元，全市农村低保人数30万人。

【项目建设】 全市全年上马重点项目473个，总投资5456亿元，当年完成投资1550亿元，其中市里主抓的“百项重点工程”完成投资972.7亿元，全市重点工程完成额居全省第二。部分项目基本建成或投产，兴县西山1500万吨煤矿建成投产，兴县华电1000万吨、临县霍电1000万吨、文水金地300万吨大矿全面建成，柳林凌志960万吨洗煤建成投产，孝义金州、鹏飞焦化一期建成。中钢1780m3高炉、文水海威1380m3高炉建成，岚县太钢750万吨精矿粉、200万吨球团建成投产，交口信发240万吨氧化铝建成投产，兴县中铝、孝义信发两个项目建设顺利。柳林联盛煤矸石电厂建成，交城国锦电厂抓紧建设；汾阳汾酒城建成并部分投产。庞泉沟果老峰水上乐园建成。本市与国防科技大学合作的军民融合协同创新研究院正式成立，柳林李家湾光电子园、离石无人机等高科技产业项目顺利建设。

【民生事业】 社会事业全面进步。坚持教育优先发展，学前教育三年毛入园率达到65%，义务教育巩固提高，高中阶段毛入学率达到92.5%，中职教育免学费入学实现全覆盖。吕梁学院在校生达到18900人，排全省高校第6位。汾阳医学院护理学成为全国特色专业、省级重点学科和品牌专业。医药卫生体制改革扎实推进，基层基本药物制度实现常态化，1177个基层医疗卫生机构全部参加网上采购，县级公立医院改革试点取得实质性进展，企业职工基本养老保险参保完成18.4万人，比2011年净增5.3万人。新农合制度覆盖全市287万农民，参合人数达到277.26万人，参合率提高到97.79%，参合率97.79%，比2011年97.25增加0.54个百分比。年末全市共有卫生机构（含诊所）3866个。全市13个县（市、区）的181个政府办基层医疗卫生机构和3112个行政村卫生室继续实施基本药物制度，全部实施零差率销售，完成率100%。文化事业繁荣发展，一批文艺作品获得全国大奖，《红肚兜》、《杏花酒翁》先后荣获“全国戏剧文化奖”。《刘胡兰》和神话木偶剧《孙悟空三打白骨精》获“第七届全国儿童剧优秀剧目展演”优秀演出奖；年末全市共有公用图书馆14个，博物馆4个，群众艺术馆14个，档案馆14个。广播电台7座，电视台13座。共有4个图书馆和6个文化馆达到国家等级馆要求，全市所有的“两馆”实现免费开放；148个乡镇的综合文化站全部建成；20户以下村村通，完成20793套设备的安装调试任务。年末有线电视用户32.3万户，全市广播电视混合覆盖率达到98.04%；农村电影放映场次37308场，受益群众390万人次，覆盖率达99%，实现了“一村一月一场”电影的放映目标。各文艺院团积极开展“文化惠民、送戏下乡”活动，下乡演出达到4000余场。市局围绕“三大活动”，组织“和谐吕梁”专场文艺晚会10场。市直文艺表演院团送戏下乡572场，观众人数近140万人次。全市非遗项目总计达到116个，有183人分别被命名为国家、省、市级非遗项目传承人。市直经营性文化事业单位及文艺院团转企改制全面完成。组织实施科技计划项目80个，消化吸收科技成果130个，争取省以上各类科技计划57项，申报专利1202项。新增城镇就业5.6万人。由市财政出资，让47户市属国有特困企业2992名职工和1557名退休人员全部参加了城镇职工基本医疗保险。开工建设保障性住房13185套，超额完成省下达任务。投入抗灾救灾资金2.33亿元，发放救灾衣物17.23万件，有力保证了临县灾区群众的正常生产生活。

【环境保护】 节能减排任务如期完成，万元生产总值综合能耗、工业用水量、主要污染物排放量等约束性指标均控制在计划之内。吕梁城区煤气置换天然气完成40%，全市10个县（市、区）城区居民用上了清洁天然气。全市二级以上天数达到4596天，同比增加21天，空气质量优良率达到96.6%。

【新城建设】 加快吕梁新城建设。吕梁新城正式开工建设。由上海同济大学用一年的时间进行整体规划，聘请国内外知名的设计单位进行组团和单体设计，并同步规划改造老城区和同步规划产业发展布局，做到新老城区功能互补、共同发展。在离石北川河大桥以北、方山峪口镇以南，规划出约30平方公里共11个组团。从南到北依次是南部综合组团、火车站综合组团、学院教育组团、南部生活组团、金融商业组团、行政中心组团、北部生活组团、总部基地组团、物流商贸组团、休闲娱乐组团和军事组团。新城所有的规划、设计基本完成。方山、离石开始拆迁。基础设施建设快速推进。加快建设十大交通道路工程，即3纵、20横、15座桥、100条街巷、209国道改线、大武到交城高速、有轨电车、十大停车场、环城高速新城连接线、飞机场新城连接线；吕梁民用机场即将建成。西纵高速、环城高速基本建成。农村街巷硬化完成7505公里，超出省下达任务3097公里。中南出海大通道、太兴铁路、吕临铁路等建设步伐加快。柏叶口水库建成蓄水，龙门供水按期推进，中部引黄、沿黄提灌等骨干水利工程加快建设。一批输变电和电网项目相继建成并投入运行。

【安全建设】 安全稳定持续好转。深入开展以煤矿为重点的各行业各领域安全生产专项整治行动，实现安全生产事故起数、较大事故起数、主要相对指标“三下降”，杜绝了重特大事故的发生。食品安全保障水平进一步提高。深入开展领导干部大接访、矛盾纠纷大排查、信访问题大化解“三大活动”，共排查矛盾纠纷和群众诉求55.54万件，化解55.52万件。加强公共安全管理，健全社会治安防控体系，依法打击违法犯罪，妥善应对和处置各类突发事件。

（李又春）

忻州市

【概况】 忻州市位于山西省中北部，素有“晋北锁钥”之称。北邻大同、朔州，南毗太原，西隔黄河与陕西、内蒙古相望，东以太行山与河北接壤。位于山西省北中部，辖忻府区、原平市和定襄、五台、代县、繁峙、宁武、静乐、神池、五寨、岢岚、河曲、保德、偏关一区十三个县，185个乡镇，4971个行政村，总面积25472平方公里。2012年，面对经济大环境下行的压力，忻州市贯彻落实党的十八大精神，全面实施“3581”发展战略，紧扣主题主线，继续坚持稳中求进的工作总基调，力争好中求快。加大经济结构调整步伐，深入开展“项目落地年”、“大干城建年”、“走出去年”活动，推进各项工作，全市经济保持平稳发展态势，较好地完成年初确定的各项任务。全年全市生产总值620.9亿元，比上年增长11.5%。其中，第一产业增加值58.7亿元，增长5.6%，占生产总值的比重为9.4%；第二产业增加值319.0亿元，增长14.9%，占生产总值的比重为51.4%；第三产业增加值243.2亿元，增长9.1%，占生产总值的比重为39.2%。固定资产投资完成653.3亿元，同比增长26.6%；规模以上工业增加值完成301.6亿元，同比增长16.4%；社会消费品零售总额完成215.5亿元，同比增长16.2%；财政总收入完成144.2亿元，同比增长18%；一般预算收入完成65.2亿元，同比增长21.6%；外贸进出口总额21800万美元，同比增长15.2%；城镇居民人均可支配收入18318元，同比增长15%；农民人均纯收入4776元，同比增长15.5%。多项经济指标增幅高于全省平均水平，各项约束性指标年度任务全部完成。被评为全省目标责任考核优秀市。

【项目建设】 项目攻坚收效显著。狠抓重点工程，推动投资增长。省、市重点工程投资完成854.76亿元，投资完成率111.4%；重点项目落地657项，落地金额1384.5亿元，同比增长1倍多；中博会、首届晋商大会等13次招商活动签约项目339个，投资额3190亿元，到位资金378亿元，同比增长80%。狠抓重点产业，夯实发展基础。兼并重组煤矿标准化建设顺利推进；风电装机突破100万千瓦；静乐“1830”、河曲同德化工项目竣工投产；定襄昊坤不锈钢等装备制造企业改造升级步伐加快；代县全向实业等农业产业化龙头企业发展壮大，百万元以上龙头企业销售收入达44亿元；五台山景区提升改造工程取得阶段性成果，芦芽山景区汾源公园全面开工，原平天涯山生态修复治理和宁武恢河治理进展顺利；忻州瑞新物流中心等一批现代商贸物流项目获批，煤炭物流业成为神池、五寨、偏关、岢岚等县财政增收、经济发展的重要支撑；涉及7大产业的70个转型发展重点项目有40个竣工投产、20个正在建设、10个开展前期工作，全市工业新兴产业投资增幅28%以上。攻坚重大项目，加快核准进度。河曲电厂二期2×660MW、神华河曲一期2×300MW项目获得核准，忻州广宇电厂二期热电联产、繁峙华茂二期、代州钢铁等项目获批。实施县（市、区）长联系“一园六企”制度。建设“一园”11个，入驻项目39个；建设“六企”84个，建成19个、在建48个、开展前期的17个。原平煤化工循环经济园区列入省级新型工业化示范基地培育园区。充分发挥观摩项目示范带动作用，迅速落实全省重点工作忻州观摩检查点评意见，努力推动项目建设向更高层次发展。

【三农建设】 农民脱贫增收势头较好。全年全市农作物种植面积47.6万公顷，比上年增加0.27万公顷，增长0.6%。全年粮食产量163.42万吨，总产达到32.68亿斤，再创历史新高。比上年增加14.88万吨，增产10%。全年完成造林40.7千公顷，增长1.7%。年末全市农业机械总动力236.71万千瓦，增长4.7%。机械耕地面积28.61万公顷，增长5%；机械播种面积26.7万公顷，机械收获面积12.13万公顷，分别增长8.8%和47.9%。全市农机化经营总收入9.56亿元，增长9.3%。实施“两增三建”工程，推动“三农”更好发展。建设219万亩杂粮核心产业区，新增设施农业面积1.46万亩。引进江苏雨润等一批大型企业，全市农产品加工转化率达到48%。发展“一村一品”专业村275个，新认证“三品一标”产品88个，忻府区糯玉米获国家地理标志认证。加强农业基础建设，实施8大水利工程，河曲引黄灌溉工程通水到县城试验成功。500个新农村建设重点推进村和12个新农村连片区全部完成村级规划和“四化四改”、“五个一工程”建设任务。农村新“五个全覆盖”工程全面完成，农村面貌和生产生活条件显著改善，当年减贫8.5万人。贫困县农民人均纯收入4264元，同比增长22%。事关3.2万人的扶贫移民搬迁工程全部开工，共建房8629套，超过省里70%进度要求12.8个百分点。

【城镇化建设】 城镇化建设取得重大进展。抢抓城镇化历史机遇，认真落实“大干城建年”各项任务。中心城市实施“7451”城建重点工程，“七路”、“三桥”全部竣工通车，“五馆一院”奠基开工，火车站广场改造工程完工，城中村改造工作启动。13个县（市）城镇扩容提质明显加速，建成一批各具特色的亮点工程。繁峙砂河、宁武阳方口等13个全省百镇建设重点镇完成年度计划投资的5倍。加强规划和建设管理，编制《忻州市城市总体规划》、《忻定原组群规划》和《市区扩容提质实施方案》，建成忻州市数字化城管系统。大力支持依法建设，及时查处违法建设，深入整顿土地建筑市场秩序。敲响城区国有土地依法拍卖第一槌。

【生态环境治理】 生态环境持续改善。强化节能管理。开展对列入全省“千家企业”的61户企业和全市105户重点企业的节能目标考核评价，淘汰13户企业145万吨落后产能和4台2.4万千瓦小火电机组，实施40个重点节能改造项目。全面治理工业源、农业源、生活源污染，严格控制重点区域和主要流域的污染排放。15座污水处理厂正常运行，五台山污水处理厂按照世界遗产地标准升级扩建，五台、静乐、神池、五寨、岢岚、偏关6县垃圾处理场全部完工。实施农村连片整治示范工程，成功创建3个省级生态乡（镇）、25个省级生态村。19个县级以上集中饮用水源保护地水质达标率全部稳定在100%，提前5个月实现消灭劣五类水目标。积极推进中心城市创建全国环保模范城市、省级园林城市、国家可再生能源应用示范城市“三城同建”工作，城区绿化覆盖率提高5个百分点，建筑节能综合排名全省第一。推动县（市）创建山西省环保模范城市。神池县通过验收，保德等8个县“创模”工作扎实推进。全市14个县（市、区）及五台山风景区二级以上天数总计达到5455天，其中忻州城区达到356天。积极开展国家卫生城镇创建活动，定襄县城、河曲县城和忻府区奇村镇、宁武县东寨镇通过国家验收。狠抓造林绿化。营造林面积68.67万亩，超全年计划任务4.64万亩。实施大运高速、忻阜高速通道绿化工程，建立健全了有效的林木管护新机制。

【民生事业】 民生和社会事业全面发展。全市普通高等学校2所。全市高中阶段毛入学率89%。实施农村义务教育学生营养改善工程，惠及6县680所学校79500名学生。强化科技支撑。全年专利申请739件，争取国家级科技项目4项、省级科技项目56项。全年签订各类技术合同6项，新登记科技成果3项。狠抓医改重点工作。巩固基本药物制度和基层医药卫生体制综合改革成果。全市共有卫生机构（含诊所、村卫生室）5149个，全市卫生机构（含诊所）共有床位12177张。全市卫生机构共有卫生技术人员14209人。全市14个农业县（市、区）全部开展了新型农村合作医疗试点工作，210.77万农民参加了合作医疗。为444个村建设饮水安全工程455处，解决21.28万农村人口的饮水安全问题。开工建设各类保障性住房19836套、竣工2887套。全面完成6963户农村危房改造年度任务。加强社会保障和就业工作。认真落实城镇企业退休人员养老金增长政策，继续提高城市低保、农村低保和农村五保保障标准。年末参加城镇职工基本养老保险37.53万人；参加新型农村社会养老保险148.82万人；参加城镇基本医疗保险64.80万人，增加4.50万人。全市共有城市最低生活保障对象10.9万人、农村最低生活保障对象23.5万人，全年共发放最低保障资金5.4亿元。城镇登记失业率控制在3.27%。巩固文化体制改革成果。出台《支持改制后国有文艺院团发展的意见》，推进“十大文化工程”，本市被评为全国文化体制改革工作先进市。实施文化惠民工程。启动“周末大戏台”和“乡村大舞台”，举办忻州市第二届“梨花奖”舞台艺术大赛，为全市农村放映公益电影6万余场。设立政府重点文艺作品扶持资金，扶持市、县两级文化产业开发“十项基础行动”。《情悟五台山》摘取第二届全国戏剧文化奖调演7个奖项，《徐向前返晋》、二人台省城大拜年汇演引起强烈反响，北京“陈巨锁墨迹展”、“洛阳·忻州书画联展”获得圆满成功。文化基础设施建设力度加大，年末全市共有群众艺术馆1个，文化馆14个，博物馆12个。有艺术表演团体16个。公共图书馆14个。县级"三馆一院"纳入规划，一些地方开始启动实施。加快广电网络整合。山西广电信息网络集团忻州分公司挂牌，市广电融入全省网络，县级广电网络整合有序推进。全民健身活动蓬勃开展。成功举办第六届中国忻州摔跤节。2012年本市运动员在国内外重大比赛中获银牌2枚（包括非奥运项目比赛）。

【安全建设】 坚持把安全生产作为最大的民生工程，一以贯之，常抓不懈。实行安全隐患举报重奖和安全隐患事故重罚制度，狠抓安全生产培训和安全事故警示教育，针对重点领域和薄弱环节出台了一系列规定，把安全工作的触角向一线延伸，把安全工作的责任向基层传递，从源头上防范事故，努力推动本质安全。全年安全生产目标任务圆满完成，全年共发生各类安全事故295起，下降35.87%；死亡159人，下降2.45%。未发生特别重大事故。全年全市煤炭百万吨死亡率0.031。安全生产形势继续稳定好转，连续第三年位居全省先进行列。公路治超工作实现全省五连冠。

（李又春）

鄂尔多斯市

【概况】 鄂尔多斯市位于内蒙古自治区西南部，地处鄂尔多斯高原腹地，下辖七旗二区，是一个以蒙古族为主体，汉族占多数的地级市。2012年，面对复杂的国际国内经济形势和改革发展稳定任务，鄂尔多斯市坚持以科学发展观为主题，以加快转变经济发展方式为主线，牢牢把握稳中求进的总基调，全力以赴保增长、调结构、惠民生，经济运行平衡有序，社会事业全面进步，人民生活持续改善。在比较困难的情况下，实现了稳中求进。2012年鄂尔多斯市地区生产总值完成3656.8亿元，扣除价格因素，较上年增长13%。第一产业完成增加值90.14亿元，增长3.6%；第二产业完成增加值2213.13亿元，增长15.4%；第三产业完成增加值1353.53亿元，增长9.8%，三次产业增加值比例为2.5：60.5：37。全市全社会固定资产投资完成2570.58亿元，同比增长14.6%。受煤炭价格下跌和房地产市场低迷的影响，财政收入增速趋缓，全市地方财政总收入完成820.0亿元，同比增长3%。公共财政预算收入增长8.5%。全市实现社会消费品零售总额501.39亿元，城镇居民人均可支配收入达到33140元，农牧民人均纯收入为11416元，城乡居民收入分别增长13.2%和13.5%。

【农林水牧】 全年实现农林牧渔及服务业总产值151.98亿元，按可比价格计算比上年增长2.9%。农业生产稳定增长，全市农作物总播种面积572.25万亩。其中粮食作物播种面积361.12万亩，油料播种面积47.82万亩，蔬菜播种面积11.65万亩，全年粮食总产量145.04万吨，同比增长1.8%。全市拥有农业机械总动力278.8万千瓦，同比增长4.5%。拥有大中型拖拉机2.45万台，增长8.3%；农用排灌机械10.4万台（套），增长4.4%。

【工业经济】 规模以上工业企业385家，总产值3967.56亿元，较上年减少八家。双百亿工程稳步推进，本市营业收入超百亿的企业10家。开复工亿元以上重大项目155项，奇瑞汽车、德晟特种钢、鄂绒PVC等一批重点项目建成试产，伊泰精细化学品、富士康精密仪器等项目开工建设，化工、装备制造、电子信息等产业投资占到工业总投资的88%，结构调整迈出重要步伐。出台了税费减免、电价补贴等一系列扶持措施，争取自治区用电补贴企业63户，补贴1.45亿元。市级工业用电补贴4户企业，补贴1.5亿元。煤电油气运基本得到保障，工业企业用电总量增长18%，铁路运输量增长3%，汽柴油销售、天然气用量与上年基本持平。加强节能和资源综合利用工作。完成"国家万家企业"91户节能考核，累计节能量18.3万吨标煤，超额完成年度8.1万吨标准煤目标任务。全年完成16户企业清洁生产审核工作；9户企业（园区）被列入国家和自治区级循环经济试点示范；3户电厂被国家认定为资源综合利用电厂。全面推进东西两线工业园区，供水工程建设新增供水能力1亿立方米。积极推动银企对接，努力缓解资金紧张局面，新增银行贷款366亿元、直接融资203亿元，伊泰H股成功上市。

【城市建设】 2012年，鄂尔多斯市把城市建设的重点放在优化布局、完善功能、彰显特色、提升品位、强化管理上，加快推进城市化进程。通过多项措施精心打造宜居宜业现代化城市。一是科学理性推进城市改造建设。积极推动东胜与阿康片区相向发展，全面加快阿康一体化进程。全市建成区面积达到250.21平方公里，道路面积5034.94万平方米。二是全面完善城市配套服务设施。增加中心城区基础设施，提高城市便捷性和舒适度。全市供热面积达到7189.30万平方米。燃气普及率达78.13%，污水处理率达93.22%。生活垃圾无害化处理率为93.69%。加快重点工程建设，进一步完善中小城镇基础设施建设，提升中小城镇综合承载能力。市体育中心等一批重大基础设施项目开工建设。三是不断提升城市内涵品位。打造一批有文化内涵和品位的精品工程。推进城区绿化，新增绿地面积2800万平方米，全市建成区绿地率达36.48%，建成区绿化覆盖率达40.51%，人均公园绿地面积29.05平方米。启动城市核心区百万亩防护林生态圈建设工程，精心打造城市亮化、美化工程，年内建成18条精品街区。四是努力提高城市管理水平。实现城市中心区和重点城镇镇区范围内可视化管理全覆盖。加大城市及镇区周边环境综合整治力度，提高社区管理服务水平，新建、改扩建标准化社区服务中心60个。

【城乡一体化建设】 加快建设城乡一体,区域统筹协调发展的新格局。全面推进自治区统筹城乡综合配套改革试点建设:一是加强新农村新牧区建设,继续加快已开工的21处中心居民点建设进度,全面完善18个精品移民小区配套设施,不断加大农村牧区基础设施改造力度。二是大力发展现代农牧业,全年新增土地规模经营面积33万亩,新建设施农业基地2万亩,不断调整农牧业结构,推进农市产品,精深加工,强化市场流通体系建设。三是切实加大扶贫开发力度,把扶贫作为民生的一号工程来抓,坚持扶贫开发与现代农牧业相结合,实施整村扶贫开发工程,加大贫困家庭大学生安置就业力度。四是创新统筹发展的体制机制,深化土地草木场经营制度改革,完善集体人权制度改革,逐步设立城乡一体的户籍管理制度。

【交通建设】 2012年全市共营运航线38条,通航城市41个。铁路通车里程1280公里。全市公路总里程18102公里。全年各种运输方式完成货运量58564.6万吨。全市有69个新建、续建、大中修公路项目开工建设,其中重点项目12个,农牧区公路项目56个,大中修项目1个。沿黄高等级公路、省道兰家梁至嘎鲁图、杭锦旗阿门其日格至乌审旗小壕图、嘎鲁图至大草湾一级公路建成通车;省道215线乌审旗境内查干淖至察汗什巴图50公里大中修改造项目及农村牧区公路建设项目均完成;续建重点项目十七沟至大饭铺、东胜至机场客运铁路、东胜至阿康中心物流园区高速公路等工程,按计划顺利实施;新开工重点项目省道216线察汗淖至盐池一级公路工程、锡尼镇至独贵特拉一级公路工程顺利开工建设。截至年底,全市累计完成公路建设投资140亿元,其中,重点公路项目完成投资125.8亿元,大中修及农村公路项目完成投资14.2亿元,新改建公路1566公里。

【对外经济】 全年新批准外商投资企业5家,利用外资新签项目数达13个,实际使用外商直接投资15.2亿美元,同比增长19.7%。全市完成进出口总额(不含煤炭)42260万美元,同比下降31.4%。

【民生事业】 2012年,鄂尔多斯继续集中为百姓办一批实事好事,涉及住房保障、社会保障、养老服务、医疗卫生等12个方面54件惠民实事。

新增就业38510人,比上年增加1686人。其中安置鄂尔多斯籍大学生1万人。实施大学生再培训计划,培训大学生5000人。发放小额担保贷款2.5亿元,支持自主创业。完成就业培训5万人次;新建6个标准化菜市场和100家放心粮油店,培育50个社区商业示范店,新建160个平价便民店、2个商品配送中心、200个农家店;继续提高各类社会保障标准,全市参加城镇职工基本养老保险24.89万人,参加城镇居民养老保险2.50万人,参加农牧民养老保险48.63万人,参加城镇基本医疗保险60.25万人。城乡居民低保标准每人每月各提高40元,补助水平每人每月各提高30元;五保户集中、分散供养标准每人每年分别提高1000元和450元;“三无人员”和孤儿集中、分散供养标准每人每月各提高300元,重点优抚对象生活补贴标准每人每月提高100元。对城乡低保人员参加养老保险的每人每年分别给予1000元和400元补贴,对城镇45周岁以上无业计划生育家庭参加养老保险的财政给予30%的补贴。对60周岁以上城乡居民参加养老保险缴费困难的实行财政先代缴后扣还政策。在落实国家和自治区增资政策的基础上,为企业离退休人员每人每月增加100元生活补贴。大力改善环卫工人生活条件,免费为中心城区当班环卫工人提供早餐,逐步解决符合条件环卫工人保障性住房问题。提高医疗保障水平,将农村牧区合作医疗筹资标准由292元提高到412元,并实现市级统筹;将城镇居民成年人医疗保险筹资标准由310元提高到500元,未成年人筹资标准由190元提高到280元。加强基层医疗基础建设,新建、改扩建一批乡镇(社区)中心卫生院(室)。为全市65周岁以上老年人免费进行体检。全市享受城市最低生活保障2.35万人,享受农村最低生活保障5.48万人。城镇最低生活保障标准提高到每人每年5916元,农村最低生活保障标准提高到每人每年4277元。全市各类收养性福利事业单位42家,床位3354张,收养各类人员2176人。社会福利企业8家,职工95人,社区服务单位141家,职工人数568人。

【科教文卫】 全市有普通高校2所,普通高等教育本专科招生903人。普通中等专业学校5所,普通高中22所,普通初中42所,职业高中8所,普通小学122所,幼儿园256所,特殊教育学校3所,各级各类学校共有在校生28.79万人。全市共取得各类科技成果24项,全年提交专利申请404件,同比增长31.2%。授权专利219件。年内新认定国家级高新技术企业5家。

全市拥有文化馆、群众艺术馆9个,组织文艺活动912场次,乡镇文化站69个,公共图书馆9个,博物馆13个,综合档案馆9个,向社会开放档案11.6万卷(件、册),同比增长10%。艺术表演团体9个,组织开展演出活动1837场次。广播、电视综合覆盖率分别达到98.5%和96.1%。有线电视用户数达25.6万户,同比增长9.4%。全市农牧区的MMDS(多路微波分配系统)用户达到213330户,直播卫星用户达9260户,完成广播电视信号全面入户,实现广播电视“户户通”。农牧区免费放电影13230场次,观众人数达164.7万人次。全市共有公立医院23家,社区卫生服务中心28个,社区卫生服务站49个,乡镇卫生院105个,农村牧区卫生室745个,疾病预防控制中心9个,妇幼保健机构9个,卫生监督所9个。公立医院床位数5305张,乡镇卫生院床位数1452张。卫生技术人员13674人,其中注册医师6427人,注册护士4595人。年内成功举办14项次国际国内重要体育赛事,在第二届国际那达慕大会上,鄂尔多斯市代表团取得了20枚金牌。全民健身体系日趋完善。社区全民健身示范点12个,社区公共运动场67处。

【环境保护】 节能减排取得新成效,大力实施节能减排重点工程,鼓励发展循环经济,严格控制高耗能项目,加快淘汰落后产能,初步降耗目标任务0.44个百分点。城市环境空气质量全年好于国家二级标准优良天数340天,轻微污染20天,轻度污染3天,中度污染2天,重度污染1天。全市二氧化硫均值为0.034mg/m,二氧化氮均值为0.033mg/m,比上年分别下降26%、23.3%。吸入颗粒物的年平均浓度0.072mg/m,比上年上升24%。全市集中式饮用水源地的水质达标率达100%。区域环境噪声等效声级均值为51.5分贝,道路交通噪声等效声级均值为62.7分贝。全年完成造林面积134.99千公顷,森林覆盖面积2177.3千公顷,森林覆盖率为25.06%,退耕还林面积15.25千公顷,退牧还原面积226.7千公顷。全市有自然保护区9个,其中国家级自然保护区2个,总面积897.85千公顷。

【旅游事业】 2012年,鄂尔多斯市成功举办了第二届国际那达慕大会等重大活动,并以那达慕大会为契机,围绕"成吉思汗长眠地,鄂尔多斯蒙古风"旅游总体形象,深入推进"天骄圣地、大漠风光、民族风情和休闲旅游文化名城"四大类主题旅游产品建设,旅游产业体系日趋完善,旅游市场监管和旅游服务质量不断提升,旅游业实现又好又快发展。全年共接待旅游者592.91万人次,同比增长17.1%,其中入境旅游者34315人次。旅游总收入首次突破百亿元大关,达到125.39亿元,同比增长31.96%。地区形象和影响力进一步提升。2012年,鄂尔多斯市成功创建4家国家AAAA级旅游景区,2家国家AAA级旅游景区,截止2012年底,全市A级旅游景区和全国工农业旅游示范点增至43家,并成功创建了中国西部首个以城市核心区为中心的国家AAAA级旅游景区——康巴什新区旅游区,鄂尔多斯市高A级旅游景区的总量和质量继续稳居自治区第一。

(李文春)

银川市

【概况】 银川市位于黄河上游宁夏平原中部。东与盐池县接壤;西依贺兰山,与内蒙古自治区阿拉善盟为邻;南与同心县、吴忠市利通区、青铜峡市相连;北接平罗县与内蒙古自治区鄂托克旗相邻(以明长城为界)。地域范围在北纬37°29′~38°53′,东经105°49′~106°53′,总面积9555.38平方公里。银川市为自治区首府,下辖三区两县一市,兴庆区、金凤区、西夏区;永宁县、贺兰县;灵武市。全年全市实现生产总值1140.83亿元,按可比价格计算,比上年增长12.5%。第一产业完成增加值51.06亿元,增长5.5%;第二产业完成增加值624.91亿元,增长15.1%;第三产业完成增加值464.86亿元,增长10.1%。三次产业结构比为4.5:54.8:40.7。2012年,完成地方财政收入187.26亿元,比上年增长5.9%。公共财政预算收入113.13亿元,增长20.7%。2012年,城镇居民人均可支配收入21901元,比上年增加2420元,增长12.4%。农民人均纯收入8068元,比上年增加998元,增长14.1%。全年实现社会消费品零售总额316.02亿元,比上年增长15.1%。

【工业经济】 2012年,面对国际国内错综复杂的经济环境,市委、政府认真贯彻科学发展观,强力实施"兴工强市"战略,狠抓工业"保增长",着力解决工业突出矛盾和深层问题,工业经济在连续下滑的严峻形势下筑低回升,稳健运行。全市规模以上工业实现增加值430亿元,比上年增长16.0%。其中大中型企业完成增加值363.34亿元,增长14.0%。按行业分,电力、热力的生产和供应业完成增加值98.14亿元,增长5.3%;石油加工、炼焦,完成增加值87.45亿元,增长80.5%;煤炭开采和洗选业完成增加值81.80亿元,增长1.7%;化学原料及化学制品制造业完成增加值26.08亿元,增长46.0%;纺织业完成增加值15.81亿元,增长4.0%。全市规模以上非公有制工业企业完成增加值121.39亿元,增长11.9%。全年规模以上工业企业实现销售产值1609.07亿元,比上年增长38.2%,工业产品销售率98.1%;工业企业主营业务收入1335.1亿元,比上年增长31.3%;

银川市具有资质等级建筑业企业331个,实现建筑业总产值280.37亿元,增长4.7%;建筑装饰和其他建筑业实现产值6.17亿元,下降22.4%。房屋建筑施工面积2367.8万平方米,增长10.7%;房屋建筑竣工面积935.5万平方米,增长6.5%。具有资质等级的建筑企业实现利润总额7.11亿元,增长15%;实现税金总额9.26亿元,增长2.7%。

【农业与农村经济】 2012年,完成农林牧渔业总产值95.26亿元,按可比价格计算,比上年增长5.6%。其中农业产值59.67亿元,增长4.9%;畜牧业产值22.73亿元,增长3.1%;渔业产值6.61亿元,增长16.5%;农林牧渔服务业产值2.96亿元,增长11.5%。全年农作物总播种面积16.03万公顷,其中粮食作物播种面积11.96万公顷,小麦播种面积2.4万公顷。蔬菜播种面积3.19万公顷,比上年增长4.9%;园林水果播种面积2.79万公顷,增长7.7%。全年有效灌溉面积14.05万公顷,比上年下降4.8%。年末荒山荒沙造林面积1.6万公顷,增长6%,其中人工造林0.84万公顷,增长5%。全市农业机械总动力183.26万千瓦,比上年增长3.6%;安排资金7000万元。新建、改建农村公路200公里,完成24座农村危旧险桥改造,做好庄点绿化,创建国家级生态村1个，自治区生态乡镇2个。推进农村环境集中连片整治，加大农村饮用水水源地保护，推广适合农村实际的生活污水收集处理技术，建立乡村现代生活垃圾收运系统，全市90%以上乡镇的环境基础设施得到明显改善。

【交通·邮电】 全年铁路货运量542万吨，增长66.3%；铁路客运量328万人次，增长0.1%。铁路货运周转量28.56亿吨公里，铁路客运周转量21.32亿人公里，分别增长66.2%和0.1%。公路货运量1.30亿吨，增长13.1%；公路客运量3201.15万人次，增长9.4%。公路货运周转量172.8亿吨公里，公路客运周转量27.95亿人公里，分别增长15.4%和11.0%。民航货运量0.79万吨，下降2.7%，民航客运量179.76万人次，增长14.3%；民航货运周转量1179万吨公里，下降1.8%，客运周转量23.68亿人公里，增长16.9%。年末全市各种民用汽车保有量37.02万辆，增长24.9%，私人汽车保有量30.72万辆，增长28.2%。

全年完成邮电业务总量29.31亿元，比上年增长11.0%。其中邮政业务总量1.23亿元，增长13.9%；电信业务总量28.08亿元，增长10.9%。全年订销报刊3005.67万份，增长3.8%；完成邮政函件业务828.05万件，增长38.1%。年末邮政储蓄余额52.17亿元，增长15.8%。年末本地固定电话用户50.81万户，增长2.7%；移动电话用户310.23万户，增长27.7%；计算机互联网用户33.96万户，增长10.6%。

【科教文卫】 2012年，全市投入科技三项费用1800万元，比上年增长20%；实施各类科技计划项目147项。获得国家科技进步奖1项。拥有宁夏名牌产品140种。2012年，全市有研究生培养单位3个，毕业生1114人，普通高等院校14所，在校生8.24万人，增长11.2%。成人高校1所，中等职业技术教育19所，普通高中23所，初中44所，小学209所，特殊教育招生43人，幼儿园190所，农村小学、初中阶段适龄人口入学率均100%。"三免一补"安排资金1.4亿元，资助困难学生3536人。2012年，全市拥有艺术表演团体6个，文化馆5个，公共图书馆5个，博物馆5个，全国重点文物保护单位7处，广播电台2座，电视台6座，广播综合人口覆盖率、电视综合人口覆盖率均达到100%。有线广播电视用户40.1万户，增长0.4%。全年地方出版报纸14种，出版杂志37种。2012年，全市有卫生机构903个，其中医院和卫生院91个。卫生机构床位11313张，其中医院、卫生院床位10659张。卫生技术人员1.6万人。疾病预防控制中心8个，卫生技术人员348人；妇幼保健机构5个，卫生技术人员757人；乡镇卫生院38个，床位数379张，卫生技术人员687人。卫生监督检验机构8个，卫生技术人员215人。全市认定医疗保险定点医疗机构185个，定点零售药店391个。全市儿童"五苗"报告接种率达到99.6%。2012年，体育健儿获得亚洲冠军1个。在全国比赛中获得金牌6块，银牌3块，铜牌1块。成功举办全国传统风筝系列赛暨万名市民风筝大放飞活动、全国钓鱼精英赛。

【城市建设】 2012年，宁夏银川市实施基础设施建设项目48个，完成投资12.5亿元。重点完成了友爱中心路、六盘山路等34条城市主次干道续建新建和康居保障性住房周边配套设施建设任务，进一步完善了城市路网结构。同时建设完成BRT1号线，改造10条小街巷，安装11条老旧街巷路灯，实施5条特色街区亮化美化，加快实施国内首创全封闭自行车站亭建设任务，开展市政基础设施集中整治活动，全力实施道路畅通工程，顺利完成了南薰路、永安巷等拓宽改造，进一步方便和服务民生。进一步完善了城市防汛体系，经受住了"7·29"严峻汛情的考验。精心实施城市亮化一、二期工程，顺利完成首次采用BT模式建设的环城高速一期路灯安装任务。建设第六污水处理厂BOT项目、第五污水处理厂中水回用项目，进一步提升银川市污水处理、中水回用能力。2012年城市建成区面积165.74平方公里，市区公用设施敷设范围110平方公里。建成区绿化覆盖面积5632公顷。园林绿地面积5656公顷，其中公共绿地面积1780公顷。全市公共汽车线路发展为72条，公交标准运营车辆1762标台；出租汽车运营车辆5278辆。全年城市公共交通共运送乘客2.54亿人次，比上年增长27.7%。

【民生事业】 银川市把2012年作为民生建设年，将深化全国文明城市创建，作为群众广泛参与、普遍受益的民生工程抓紧抓实，进一步巩固提升创建成果。市财政安排17亿元，实施惠民工程，倾力保障和改善民生。2012年，全市新增就业6.35万人，完成自治区全年任务2.5万人的254.16%，其中就业困难人员再就业3716人，完成全年任务的123.87%。城镇登记失业率控制在3.59%以内。实现农村劳动力转移就业12.26万人，完成全年任务的122.6%，实现工资性收入9.9亿元，完成全年任务6.5亿元的153.69%。农村劳动力转移培训1.38万人，完成全年任务的138%（2958人用于创业园区培训，完成目标任务的118.32%）；城镇劳动力职业技能培训1.16万人，完成全年任务的191%。（3249人用于创业园区，完成银川市目标任务的134%），组织各类人员职业技能鉴定11258人，其中农村劳动力转移培训人员鉴定5076人，完成目标任务0.38万人的134%。

全市参加基本养老保险53.48万人，比上年增长2.6%，其中参保职工40.85万人，参保离退休人员12.63万人。参加基本失业保险职工34.42万人。参加城乡医疗保险88.37万人，参加城镇职工基本医疗保险56.77万人。

全市拥有中心敬老院、敬老院、老年公寓12个，共有床位1448张；收养性社会福利单位1个，床位数150张，收养各类人员83人。全市享受政府最低生活保障人数3.1万人，发放城镇居民最低生活保障金0.84亿元；农村享受最低保障人数2.08万人，发放农村最低生活保障金0.34亿元。发放城乡医疗救助金3530万元，接受城乡医疗救助9.43万人次。城镇建立各种社区服务设施478个，其中市民服务中心22个。全年销售社会福利彩票1815万元，筹集社会公益资金376万元，直接接受社会捐赠180万元。

【环境保护】 2012年平均气温接近常年，降水显著偏多，日照时数大部偏少。SO2质量优、良级日数为357天，比2011年少8天，轻微污染日数9天，比2011年多9天。NO2质量优级日数比2011年增加6天，良级日数比2011年减少5天，轻微污染以上的日数为零。PM10质量优、良级日数为333天，较2011年减少1天，轻微污染为33天，比2011年增加2天。区域噪声平均值53分贝，交通干线噪声平均值68.1分贝。城市饮用水源水质达标率100%，黄河银川段水质达到Ⅲ类。2012年银川市空气质量优良等级持续稳定性好。农民人均生活消费支出7089元，增长5.7%。农村居民恩格尔系数35.9%。农村居民人均住房使用面积44.69平方米，下降3.3%。

【旅游经济】 2012年，继续稳定旅游业作为稳增长、扩内需发展的重要引擎地位。"塞上江南·神奇宁夏"的形象宣传进一步深入人心。首届冬季文化旅游节和各大景区开展的一系列独具特色和风格迥异的宣传促销活动使本区民族区域特色文化的美誉度和影响力不断攀升，全区旅游经济呈现出稳步发展的良好态势。2012年，本市获得"中国十大休闲城市"荣誉称号，在中国国际广播电台发起的"全球网民推荐的中国旅游城市"评选活动中，银川市在参评的80多个城市中脱颖而出，进入前20名2012年，全区国内旅游和入境旅游发展平稳有序，主要旅游经济指标实现稳步增长。全区接待国内外旅游者总人数达340.89万人次，比上年增长14.6%；实现旅游总收入103.39亿元，增长22.8%。其中，接待外国人14300人次，增长4.7%。我国的台湾地区、香港特别行政区、美国、日本、韩国、德国、法国、新加坡、马来西亚、意大利、英国、澳大利亚、泰国等成为宁夏入境游主要客源地。全区实现旅游外汇收入545.10万美元（折合3443.39万元人民币）。2012年，银川市接待入境旅游者13931人次，占全区接待入境旅游者总人数的73.3%。2012年，全区共有A级景区34家，其中：五A级旅游景区3家、四A级景区10家、三A级景区15家、二A级景区6家。

【安全生产】 2012年，发生各类生产安全事故2120起，死亡116人，比上年下降6.5%。亿元GDP生产安全事故死亡人数0.1人，道路交通万车死亡人数1.94人，煤矿百万吨死亡人数0.09人。

【湖泊湿地】 银川历史上由于黄河不断改道，湖泊湿地众多，古有"七十二连湖"之说，现有"塞上湖城"之美称。全市有湿地面积3.97万公顷，主要为湖泊湿地和河流湿地，其中天然湿地占湿地面积的60%以上，自然湖泊近200处，面积100公顷以上的湖泊20多处。较著名的有鸣翠湖、阅海、鹤泉湖、宝湖、西湖等。银川湿地有丰富的动植物资源，湿地植物约190多种，湿地野生动物有150多种，其中有国家一级保护动物黑鹳、中华秋沙鸭、白尾海雕、小鸨、大鸨5种，国家二级保护动物大天鹅等19种，自治区级保护动物24种。银川湿地是中国西北地区重要的鸟类栖息地之一。

（陈　璞）

吴忠市

【概况】 吴忠市地处宁夏平原腹地，是宁夏沿黄城市带核心区域。毗邻陕、甘、蒙，引黄灌区的精华地段。辖利通区、青铜峡市、盐池县、同心县和红寺堡区，总人口127万，其中回族65.9万人，占总人口51.76%，是中国回族主要聚居区之一。2013年吴忠市处在一个发展较为困难的关键时期。面对复杂严峻的国内外经济形势，全市人民在市委、政府的坚强领导下，紧扣科学发展主题和加快转变经济发展方式主线，坚持稳中求进的工作总基调，着力推进稳增长、控物价、调结构、惠民生、抓改革、保稳定的各项工作。全市呈现出经济社会平稳较快发展、民生事业不断进步的良好态势。2012年完成地区生产总值312.05亿元，按可比价计算，比上年增长13.7%。其中，第一产业增加值47.33亿元，增长5.9%；第二产业增加值171.27亿元，增长18.6%；第三产业增加值93.45亿元，年增长8.8%。三次产业增加值比重为15.2∶54.9∶29.9。全市完成固定资产投资380.46亿元，比上年增长45.7%，全市完成公共财政预算收入28.74亿元，比上年增长31.2%，增幅居全区五市第一位；完成公共财政预算支出144.39亿元，比上年增长32.1%。全市城镇居民可支配收入17844.5元，比上年增长13.3%，增幅居全区五市第一位。全市农村居民人均纯收入6370.3元，比上年增长14.3%，增幅居全区五市第三位。全市实现社会消费品零售总额68.43亿元，比上年增长14.7%。

【农业经济】 2012年全市完成农林牧渔业总产值92.4亿元，比上年增长6.5%。全年粮食播种面积312.2万亩，比上年下降7.7%，粮食综合单产288.4公斤/亩，比上年增长8.0%。全年粮食总产量90万吨。农林牧渔服务业产值3.4亿元，增长9%。实现"九连增"。"十大基地"示范带动效应增强。建成自治区级以上农业示范基地16个。孙家滩国家现代农业示范区成为全区节水农业样板，金银滩奶牛核心区成为国家农业产业化示范基地，红寺堡、青铜峡成为全国重要的酿酒葡萄种植基地。建设4个小拱棚示范基地（分别是玉池村、沙泉村、龙泉村、沙草墩村），面积5000亩；建设7

个大拱棚示范基地(分别是弘德新村、龙泉村、玉池村、红塔村、杨柳村、沙草墩村、石子沟),面积1.5万亩;扶持群众养殖基础母牛5683头,建设标准化棚圈1060栋6万平方米,建设“三贮一化池”810座2.43万立方米。全区13个优势特色产业发展规模,本市保持着优质粮食、奶牛等8个第一和肉牛、红枣等5个第二的优势。塞外香大米、盐池甘草、同心圆枣、御马葡萄酒成为“农字号”知名品牌。累计认证无公害、绿色、有机农产品305个,认定国家地理标识18个。培育市级以上农业产业化龙头企业154家,农民专业合作组织506个。流转土地66万亩。农村公路266.4公里,硬化村庄道路16条24公里。上源规模化节水灌溉增效综合示范区项目抓紧建设,2012年成投资350万元,年底顺利竣工;小型农田水利重点县节水灌溉改造工程于7月初开工建设,完成投资500万元,预计2013年4月初完工。

【工业经济】 加快推进新型工业发展,不断优化经济结构,切实转变发展方式,产业支撑带动能力明显增强。工业经济逆势突破。2012年实现规模以上工业增加值98.5亿元。全市亿元以上重大项目完成投资228.8亿元,占固定资产投资总额的60.1%。“两城五园”成效显著。能源化工、装备制造、清真食品、乳制品、烟草等产业不断壮大,风光电装机容量、煤炭开采能力分别达到137万千瓦和680万吨。培育年销售收入过亿元、10亿元企业分别达到61家和8家。自主创新步伐加快。建成国家级、自治区级企业技术研发中心6家、市级19家,培育“中国驰名商标”8个,“宁夏著名商标”43个。

【城市建设】 城乡建设实现重大突破,彰显“滨河回乡·水韵吴忠”特色。全市城市建成区面积扩展到125平方公里。新月广场、“两馆一中心”、黄河文化园、滨河体育运动公园等23个黄河金岸标志性工程建成。黄河文体会展中心、滨河新区商业城等顺利推进。金岸美地、恒大名都、黄河外滩等一批高品质居住区拔地而起。滨河大道、世纪大道、慈善大道、东兴大街、同心大街等建成通车,新修银川路、团结村纬二路、慈善大道、小康街、弘德街等市政道路35.5公里。累计新建扩建市区城市道路160条360公里。实施黄河过境段综合整治、城市防洪排涝及清宁河、罗家河生态景观水道等重点工程,城市水面增加到8万亩。东南部建设工程完成投资70亿元,城市框架进一步拉大。市区建成区面积由30平方公里扩展到80平方公里,城市化率由45%提高到56%。城镇建设展现新姿。红寺堡城市道路与城南生态综合整治、盐池城市西区与城南新区开发、同心旧城拓改提升与新区建设等大县城建设全面推进,县城功能不断完善,面貌大为改观。金积、叶升、王团、惠安堡等特色小城镇旧貌换新颜。

【基础设施建设】 基础设施日臻完善。太中银铁路、盐中、滚红、古青、211高速、城市黄河大桥、京藏高速吴忠出口改建等重大项目相继建成,截至2012年底全市公路通车里程达到5600公里,高等级公路突破1000公里,新修改造农村公路突破5000公里,大交通路网格局已经形成。刘家沟水库、花马池水库、清水河同心段治理等水利工程全面建成。城乡供热、供排水、供气、污水及垃圾处理、电网、通讯等基础设施建设取得重大进展。大力实施土地治理项目,耕地得到切实保护。高标准推进农田水利基本建设,农业基础不断夯实。利通区、青铜峡市、盐池县被评为全国农田水利基本建设先进县,本市农田水利建设创造了在全区“黄河杯”竞赛中五次夺冠、五次县县得奖、五获组织奖的历史最好成绩。

【民生事业】 2012年吴忠市坚持“为民、利民、惠民、亲民”的宗旨,集中解决了一批广大群众最关心、最直接、最现实的民生问题:10所标准化村卫生室全面完成,人民医院住院综合楼、卫生监督所、鲁家窑移民区卫生院等项目主体工程全面完工,人民医院信息化管理系统资金全部到位,等待卫生厅统一招标安装;在人民医院开展医德医风整治行动和“名院长、名医师、名护士、名科室”创建活动,进一步提升了医院整体管理和服务水平;2012年城乡居民医疗保险参保率达93.3%,社会保障卡发放率达80.7%;与北方民族大学合作共建两个科技研究(咨询)中心和六大培训试验基地;新建了燕宝小学、三中二期和2所幼儿园(弘德一村幼儿园和弘德二村幼儿园),迁建了红寺堡镇中心小学;开展了幼儿园安全隐患整治行动,集中实施了营养早餐和免费午餐工程,为红寺堡区30所边远学校配备了供暖设备;投入运营残疾人照料中心,将44名残疾人纳入日间照料;率先实施重度残疾人津贴制度,2012年为1328名重度残疾人发放津贴191.2万元;为残疾人配备康复器材243件,发放机动车辆燃油补贴25.2万元、学生补贴1.6万元、种养殖补贴3万元、个体创业补贴3万元,实施残疾人家庭无障碍改造144户、危房改造30户、技能培训200人,有效改善了残疾人生产生活条件;2012年投资类建设项目农民工工资实现零拖欠,非政府投资类建设项目农民工工资清欠率达97%;政府投资类农民工工资保证金收缴率达85%,建立了农民工工资应急周转金,并对高危行业从业人员全部进行了安全生产教育;农民工劳动合同签订率达91%;农民工技能培训3100人,解决就业5027人。全年举办了30场次广场文化活动,在南川乡沙草墩村、大河乡大河村各建设1个文化示范大院,配备相应的文化器材。健身馆项目预计年底竣工投入使用,移民博物馆布展工程顺利推进;城乡环境整治工程成效明显。集中开展城乡环境综合整治工程,实施农村环境连片整治示范项目、新区生态公园和鲁家窑生态移民区绿化项目,对综合市场和罗山商城进行了改造治理,彻底消除了城乡环境脏乱差现象;在弘德新村为移民群众免费安装1540套太阳能热水、采暖设施,在农村推广安装了840台太阳能热水器,人居环境得到了明显改善。集中供热改造提升工程有序推进。

【旅游经济】 2012年吴忠市共接待185.93万人次。成功举办第二届宁夏(红寺堡)航空旅游节,接待区内外游客近5万人次,有力推进了红寺堡区文化旅游产业快速发展。

【生态环境建设】 生态环境显著改观。三北防护林、退耕还林、封山禁牧、防沙治沙、天然林保护、湿地治理保护、山区小流域综合治理等工程深入实施,森林覆盖率、林木绿化率大幅提高。五年生态建设投入31亿元,营造林222万亩。全市有林面积达到520万亩,森林覆盖率达到13%,比2007年末增加3个百分点。城市绿化6.4万亩,城市绿地率、绿化覆盖率和人均公园绿地面积分别达到31%、36%和15平方米。生态建设群众发动程度、推进力度、投入资金、呈现效果实现历史性突破。吴忠市和青铜峡市、盐池县荣获国家园林城市(县城)称号。加大节能减排和水源地保护力度,淘汰关闭了一批污染企业和落后产能,实施农村环境连片整治和面源污染治理项目。"十一五"和各年度节能减排任务全面完成。

(李又春)

庆阳市

【概况】 庆阳市位于甘肃省东部,习称"陇东"。北部与宁夏回族自治区银南地区和陕西省榆林地区接壤,南部与陕西省咸阳市、铜川市和甘肃省平凉地区接界,东部与陕西省延安市相逢,西部与宁夏回族自治区固原地区毗邻。介于东经106度45′—108度45′与北纬35度10′—37度20′之间,东西横跨208公里,南北纵贯207公里,总面积2.7万平方公里。全市辖西峰区、庆城县、镇原县、宁县、正宁县、合水县、华池县、环县8县(市),146个乡(镇),1487个行政村,11066个自然村。2012年,是实施"十二五"规划承上启下的重要年份,面对世界经济复苏明显放缓和国内经济下行压力加大的严峻形势,庆阳全市上下坚持以实现经济社会转型跨越发展为主题,全市干部群众凝心聚力、奋发进取,攻坚克难,扎实工作,经济呈现良性增长,民生持续改善,社会和谐稳定,整体经济社会保持了增长较快、结构优化的良好态势。2012年全市实现生产总值530.29亿元,比上年增长16.1%。其中,第一产业增加值73.93亿元,增长9.2%;第二产业增加值329.50亿元,增长18.2%;第三产业增加值126.87亿元,增长14.5%。三次产业的比重为13.9:62.1:24。2012年,全市大口径财政收入完成129.96亿元,比上年增长23.0%;一般预算收入完成53.11亿元,增长19.8%。各项税收完成113.48亿元,增长31.1%,占财政收入的87.3%。全年财政支出158.79亿元,比上年增长17.5%。全年招引项目280个,到位资金268亿元,增长119%。

【农业经济】 2012年,庆阳市粮食生产喜获丰收,优势产业发展良好。庆阳市农村工作认真贯彻落实中央、省、市农村工作会议及一号文件精神,以科技创新、促农发展、惠民富民为主线,深入实施"十大惠民工程"和促农增收"十大行动",开展"联村联户、为民富民"行动,农产品价格稳中有增,农民收入保持较快增长,农村经济呈现出提质增效的新态势。一是产量和面积双增。全市完成农作物播种面积679.64万亩,增长4.3%,其中粮食播种面积679.64万亩,比上年增加28.04万亩,增长4.3%。粮食总产量155.75万吨,增加33.34万吨,增长27.2%。年末有效灌溉面积达到71.91万亩,增长3.2%,占年末耕地面积的10.7%;全年完成农业总产值129.30亿元,按可比价格计算,增长8.8%。二是特色产业不断壮大。全市玉米播种面积257.35万亩,增加31.66万亩,增长14.0%;蔬菜面积120.38万亩,增加0.21万亩,增长0.2%;蔬菜总产量79.75万吨,增加4.06万吨,增长5.4%;肉类总产量6.26万吨,增加0.33万吨,增长5.0%;水果产量52.06万吨,增加4.42万吨,增长9.3%。三是畜牧业稳步增长。全市大牲畜存栏58.94万头,增长0.3%。其中,牛存栏36.07万头,下降2.2%,牛出栏15.43万头,增长7.1%;羊存栏169.8万只,增长0.8%,羊出栏65.67万只,增长1.6%;猪存栏40.39万口,增长4.2%,猪出栏37.34万口,增长4.9%。农业结构调整取得新突破。新建专业合作经济组织216个,新建、改扩建龙头加工企业41户。2个农产品品牌被认定为中国驰名商标。新农村建设和扶贫开发力度持续加大,减少贫困人口12.4万人。农业机械总动力154.55万千瓦,比上年增长7.4%。完成造林面积26.59万亩,比上年增长18.0%。2012年,全市共落实扶贫资金22870万元,比上年增加5687万元,增长33.1%。新增安全饮水17.7万人、灌溉面积2.5万亩。

【工业产业经济】 2012年工业生产平稳发展,重点行业稳定增长。全市上下有效应对工业生产环境不稳定、不确定性因素增多、原油价格波动较大、庆阳石化停产检修等诸多不利因素的影响,工业经济总体保持了稳定发展。全市规模以上工业企业累计完成工业增加值281.23亿元,增长19.0%。规模以上工业完成销售产值752.29亿元,产品销售率为97.5%。

重点行业保持稳定增长。优势资源开发取得新突破。原油产量575.9万吨,增长27.5%,加工量310万吨,庆阳石化600万吨升级改造项目前期工作全面启动。煤炭勘查快速推进,累计探明煤炭储量180亿吨;刘园子煤矿试生产,7个矿井加快建设;正宁电厂取得"路条",40万吨合成氨、60万吨尿素等煤电化冶材项目取得突破性进展。天然气、煤层气勘探开发进展顺利。环县南湫10万千瓦风电场提前并网发电,填补了本市新能源建设的空白。工业集中区基础设施不断完善,入驻企业累计达到405户,创办小微企业802户。重点项目进展良好,项目建设取得新突破。投资规模持续扩大。园区发展定位进一步明确,工业集中区规划、建设和管理不断加强。2012年,庆阳市认真贯彻落实国家各项宏观调控政策,认真组织落实"3341"项目工程实施意见,高标准、严要求、快速度推进重大项目建设。实行重点项目"三个一"包抓工作责任制,紧盯项目谋划、储备、争引和报批等关键环节,形成一批产业大项目和配套项目群。《陕甘宁革命老区振兴规划》经国务院批准实施,全市11类120多个重点项目纳入国家战略层面。全市投资500万元以上的施工项目1926个,比上年增长40.7%。其中当年新开工项目1669个,本年投产项目1429个,新增固定资产56.72亿元。城市建设、油田煤田开发、高等级公路等一批重点项目为全市投资提速增量奠定了基础。

【交通、邮电】 交通建设取得重大进展。庆阳机场实现复航;银西铁路列入铁道部计划实施的重点项目,上报国家发改委待批;雷西高速路基工程基本完成;国道211线甜罗高速前期工作取得重大进展;3条二级公路建设进展良好,建成通乡通村油路570公里。2012年,全市货物运输量3363万吨,比上年增长35.0%,货物周转量550689万吨公里,比上年增长38.1%;旅客运输量3483万人,比上年增长3.3%,旅客周转量134283万人公里,比上年增长3.0%。

全年完成邮政通信业务总量13.45亿元,比上年增长13.6%。其中,邮政业务总量0.84亿元,增长20%;电信业务总量3.33亿元,增长9.5%;移动通信业务总量8.30亿元,增长13.9%;联通业务总量0.98亿元。固定电话用户年末累计达到24.85万户;移动电话年末累计达到203.52万户,互联网用户年末达到11.06万户。年末全市各类电话普及率达到102.9部/百人,每百人比上年增加19.9部。

【旅游事业】 举办第二届"敦煌行——丝绸之路国际旅游节"等活动、日本、韩国新闻发布会暨甘肃旅游推介会、2012中国(青岛)国内旅游交易会、第十八届兰洽会等国际、国内重大旅游推介活动7次。庆阳市是甘肃唯一的革命老区。针对红色旅游发展中的不足和薄弱点,深度挖掘红色文化内涵,加强红色旅游景区基础设施建设,开展区域红色旅游合作,举办了"全国红色旅游开发管理培训班"。通过全方位、多角度、深层次的宣传推介,红色旅游蓬勃发展,势头强劲,成效明显。2012年,接待国内外旅游人数290万人次,实现旅游收入12.21亿元,分别比上年增长20.8%和22.1%。

【环境保护】 2012年,全市用于环境保护的资金3.3亿元。重点抓好七个污水处理厂建设,抓好13个规模化畜禽养殖场(小区)的污染治理。对全市12个饮用水源地和子午岭自然保护区以及庆阳石化、油田气站、管线,对环境风险隐患进行全面排查和整改。及时解决各类环境问题,确保不出现大的环境安全事件。全市废水排放量2824.5万吨。废水中主要污染物化学需氧量排放量15763吨,比上年增加2.45%;氨氮排放量1756吨,比上年下降4.41%;大气中主要污染物二氧化硫排放量14805吨,比上年增加2.61%;氮氧化物排放量14723吨,比上年增加3.68%。全市完成人工造林44.3万亩,封山育林4.9万亩,流域治理420平方公里,新修梯田39.6万亩。

【城市建设】 按照"改造旧城、建设新区、强化管理、提升品位"的总体思路,全力打造"文化、文明、生态、休闲"城市,实施城镇建设项目368个,城市展览馆、市区南北大街、九龙路提质改造工程全面完成,东湖公园改扩建、城市防洪排水等68个重点基础建设项目取得新进展;县城新区开发、旧城改造和重点小城镇建设力度加大;城乡环境综合整治取得新成效。中国爱心城市正式命名,省级文明标兵城市、省级卫生城市创建通过验收。

【社会事业】 各项社会事业全面加强。教育质量稳步提升,普通高考进线率高于全省13.7个百分点;教育布局结构进一步优化,改造薄弱学校433所,新建、改扩建幼儿园129所,农村小学全部附设了学前班;庆阳卫校并入陇东学院成立了岐伯医学院。全年共组织实施农业、工业、医疗卫生和社会公益事业等各类国家、省、市科技计划项目192项,其中国列10项,省列33项,投入科技经费1718万元。评出市级科技进步奖77项,其中一等奖12项,二等奖58项,三等奖7项。科技推广应用不断加强,引进和实施科研项目230项。文化事业快速发展,2012年末,全市共有专业文化艺术表演团体9个,全年演出1876场(次),观众161.94万人次;年末共有公共图书馆9个,藏书62.50万册;博物馆、纪念馆16个,文物藏量3.11万件;综合性档案馆9个,馆藏各类档案43.28万卷、13.81万件,资料11.44万册,照片1.88万张;文化站9个。西峰民俗文化产业园创建工作启动实施,周祖农耕文化产业园和南梁红色小镇建设顺利推进。32万户广播电视"户户通"和13.8万户"村村通"工程建设任务全面完成。全市有线电视用户增加到54635户,电视人口覆盖率达到100%。广播人口覆盖率达到100%。群众体育活动蓬勃发展,成功举办市第十二届运动会。在市级以上运动会上本市体育健儿共夺得243枚金牌,142枚银牌,145枚铜牌。医疗卫生基础设施建设项目协调推进,药品价格监督、药品配送和采购管理制度不断健全,基本实现市、县、乡、村医疗机构药品零差率销售全覆盖,医改工作受到省政府表彰奖励。2012年末,全市医疗卫生机构总数1841个,其中,医院24个,乡镇卫生院127个,社区卫生服务中心(站)27个,妇幼保健院(站)9个,疾病预防控制中心9个,卫生监督所(中心)9个;年末实有医疗床位7811张,人口与计划生育工作水平明显提升,稳定了低生育水平。创业就业行动计划稳步推进,开发公益性岗位3657个,招考安置3590名高校毕业生到基层单位工作,新增城镇就业4.6万人,被评为“全国创业先进城市”。社会保障覆盖面进一步扩大,城乡居民社会养老保险实现全覆盖。年末全市参加城镇企业基本养老保险人数7.50万人,比上年末增加0.17万人。其中参保职工5.15万人,参保离退休人员2.35万人。参加城镇基本医疗保险人数27.98万人,增加0.30万人。其中,参加城镇职工基本医疗保险人数13.85万人,参加城镇居民基本医疗保险人数14.13万人。参加失业保险人数8.28万人,增加0.17万人。参加工伤保险人数4.77万人,增加1.11万人。参加生育保险人数8.61万人,增加0.04万人。8县(区)开展了新型农村合作医疗工作,新型农村合作医疗参合率97.64%。新型农村合作医疗基金支出总额6.57亿元,累计受益278.04万人次。开工建设保障性住房6365套,占省上下达任务的129%;有效缓解群众就医、入学、行路、饮水和住房等方面的实际困难。

【创安工作】 社会管理不断加强,治安秩序持续好转,安全生产形势总体稳定。2012年全市共发生各类安全生产事故697起,比上年增长86.4%,死亡109人,下降27.8%;受伤444人,下降5.1%;造成直接经济损失344.9万元,下降31.2%。亿元生产总值生产安全事故死亡率0.21人,下降0.12个百分点;道路交通万车死亡率5.46人,下降3.55个百分点。

(李又春)

行政区划与土地面积(2012年)

县(区)	街道办事处(个)	镇(个)	乡(个)	居民委员会(个)	村名委员会(个)	土地面积	
						面积(平方公里)	比重(%)
全　市	7	137	39	113	5395	43578	100.0
榆阳区	7	14	7	45	487	7053	16.2
神木县		15	0	8	639	7635	17.5
府谷县		15	0	10	232	3212	7.4
横山县		12	2	6	361	4084	9.4
靖边县		11	6	5	215	5088	11.6
定边县		14	6	5	336	6920	15.9
绥德县		12	4	6	663	1878	4.3
米脂县		8	2	4	396	1212	2.8
佳　县		11	5	4	656	2144	4.9
吴堡县		6	0	5	221	428	1.0
清涧县		8	4	4	639	1881	4.3
子洲县		11	3	11	550	2043	4.7

分县区人口变动(公安年报数)2012年

地区	总户数(户)	总人口(人)	#非农业人口	#男性	出生率(‰)	死亡率(‰)	自然增长率(‰)
合计	1309565	3745535	805627	1954692	11.39	6.09	5.30
榆阳	212910	545706	196961	278923	11.77	6.45	5.32
神木	167314	422100	185582	223027	11.60	5.72	5.88
府谷	92595	243873	69216	128260	10.42	5.13	5.29
横山	106387	370803	50374	193836	12.68	7.17	5.51
靖边	103771	342036	49246	176580	10.89	5.53	5.36
定边	97916	336744	50304	174787	10.99	6.16	4.83
绥德	134535	365238	62128	190001	11.91	6.07	5.84
米脂	80366	224330	38928	116905	10.34	6.66	3.68
佳县	98642	268833	33108	142414	11.13	5.71	5.42
吴堡	34760	86897	14270	45120	9.90	5.81	4.09
清涧	64689	220298	29886	117256	10.76	6.13	4.63
子洲	115680	318677	25624	167583	11.97	6.47	5.50

主要工业产品产量(2012年)

产品名称	单位	产量	产品名称	单位	产量	产品名称	单位	产量
原煤	万吨	32004.80	天然气	亿立方米	128.2	发电量	亿千瓦时	438.3
原油	万吨	1161.30	白酒	千升	1907.0	火电	亿千瓦时	437.4
原盐	万吨	104.80	兰炭	万吨	1961.0	水电	亿千瓦时	0.9
精甲醇	万吨	132.30	电石	万吨	145.4	金属镁	万吨	30.6
原油加工量	万吨	338.40	合成氨	万吨	2.0	烧碱	万吨	50.7
汽油	万吨	10.0	氮肥	吨	1.5	中成药	吨	101.0
柴油	万吨	10.4	水泥	万吨	390.5	醋酸	吨	44643.0
燃料油	万吨	5.2	平板玻璃	万重量箱	793.0	食用植物油	吨	46187.0
液化石油气	吨	0.0	铁合金	万吨	25.2	聚氯乙烯树脂	万吨	52.7

生产总值

单位:亿元

	2012 年	2011 年	2012 年比 2011 年增长(%)
生产总值	2769.22	2292.26	12.0
第一产业	125.88	111.91	5.9
第二产业	2027.87	1629.66	13.6
工业	1991.41	1597.96	13.6
建筑业	36.46	31.70	11.1
第三产业	615.47	550.68	8.8
交通运输、仓储及邮政业	101.01	90.05	8.0
批发和零售业	277.36	255.10	6.3
住宿和餐饮业	21.72	18.68	11.6
金融业	45.80	35.13	26.8
房地产业	13.29	11.88	9.6
营利性服务业	27.67	28.92	(4.9)
信息传输、计算机服务业及软件业	15.38	14.31	7.5
其他营利性服务业	12.29	14.61	(17.6)
非营利性服务业	128.63	110.93	12.7
公共管理和社会组织	76.76	63.83	16.9
其他服务行业	51.87	47.09	7.0

平均每天主要经济活动

	单　位	2012 年	2011 年
每天创造的财富			
国内生产总值	万元	75869	62801
第一产业	万元	3449	3066
第二产业	万元	55558	44648
工业	万元	54559	43779
建筑业	万元	999	868
第三产业	万元	16862	15087
交通运输仓储业	万元	2767	2467
批发和零售业	万元	7599	6989
地方财政收入	万元	6027	4938
财政支出	万元	10912	8661
粮食	吨	4219	3891
油料	吨	0	191
猪牛羊肉	吨	470	423
原煤	万吨	88	78
水泥	吨	10699	8252
精甲醇	吨	3625	3619
原油	吨	31816	29660
发电量	万千瓦时	12008	10871
每天消费			
消费总额	万元		
居民消费	万元		
农业居民	万元		
非农业居民	万元		
社会消费品零售总额	万元	7650	6601

国民经济主要指标

指　标	单　位	2012 年	2011 年	2011 年比 2010 年增长(%)
一、人口、劳动力和土地面积				
(一)年末总人口	万人	374.55	370.69	1.0
#农业人口	万人	293.99	266.35	10.4
非农业人口	万人	80.56	104.34	-22.8
人口自然增长率	‰	5.30	5.02	
(二)年末社会从业人员数	万人	191.68	194.41	-1.4
#在岗职工人数	万人	24.31	25.25	-3.7
#第一产业	万人	80.62	86.01	-6.3
第二产业	万人	48.67	47.67	2.1
第三产业	万人	62.39	60.73	2.7
(三)土地面积	平方公里	43578	43578	
二、生产总值(当年价格)	万元	27692190	22922550	12.0
第一产业	万元	1258800	1119130	5.9
第二产业	万元	20278700	16296600	13.6
第三产业	万元	6154690	5506820	8.8
人均生产总值	元	82549	68358	20.8
三、全社会固定资产投资	万元	17712300	13787344	28.5
#国有经济单位	万元	7697200	8114717	-5.1
集体经济单位	万元	364700	326026	11.9
四、财政、金融	万元			
(一)地方财政收入	万元	2200000	1802500	22.1
#各项税收	万元	1283900	1414144	
(二)地方财政支出	万元	3983000	3161366	26.0
(三)年末金融机构各项存款余额	万元	22528188	18445100	22.1
#储蓄存款	万元	9546300	7963700	19.9
(四)年末金融机构各项贷款余额	万元	15480800	11793900	31.3
#短期贷款	万元	8314700	6346200	31.0
中长期贷款	万元	7005100	5262300	33.1
五、物价(以上年为100)				
商品零售价格总指数	%	-	105.1	

指　标	单　位	2012 年	2011 年	2011 年比 2010 年增长(%)
居民消费价格指数	%	-	106.6	
六、人民生活				
(一)城镇居民可支配收入	元	24140	20721	16.5
(二)农民人均纯收入	元	7681	6520	17.8
(三)城镇职工工资总额	万元	1290669	1125503	14.7
#国有经济单位	万元	1071951	893432	20.0
城镇职工平均工资	元	52875	45053	17.4
七、农、林、牧、渔业				
(一)总产值	万元	2097172	1870555	5.9
农业	万元	1094828	927822	6.9
林业	万元	59426	42655	13.2
牧业	万元	855971	823397	4.3
渔业	万元	8354	7451	-1.4
(二)主要农产品产量				
粮食	万吨	153.99	142.03	8.4
油料	吨	84884	69821	21.6
水果	吨	716014	701276	2.1
肉类	吨	171509	164523	4.3
禽蛋	吨	49900	48101	3.7
水产品	吨	6491	5908	9.9
(三)大牲畜年末存栏	头	264534	276157	-4.2
猪年末存栏	头	1003764	965917	3.9
羊年末存栏	只	5986898	5881690	1.8
(四)年末耕地面积	千公顷	580.63	574.999	1.0
#有效灌溉面积	千公顷	137.96	133.446	3.4
八、工业				
(一)规模以上工业企业单位数	个	621	535	16.1
#大中型企业	个	106	52	103.8
#国有经济	个	83	39	112.8
集体经济单位	个	25	38	-34.2
(二)全部工业总产值(当年价格)	万元	-	26616000	
#规模以上工业总产值	万元	29991667	25569000	17.9

指 标	单 位	2012 年	2011 年	2011 年比 2010 年增长(%)
#国有经济	万元	12361724	10967000	15.4
集体经济	万元	186208	161000	-19.5
#轻工业	万元	398000	281000	36.7
重工业	万元	29594000	25288000	17.7
(三)主要工业产品产量				
原煤	万吨	320048	28355	16.7
原油	万吨	1161.3	1083	7.3
原盐	万吨	104.8	41.9	150.3
原油加工量	万吨	338.4	305	11.0
水泥	万吨	390.5	301.2	29.6
发电量	亿千瓦时	438.3	396.77	9.9
九、运输、邮电业				
(一)公路货运量	万吨	9613	7924	21.3
公路客运量	万人	7533	7251	3.9
(二)邮电业务收入	万元	381800	328035	16.4
(三)市话、农话用户	万户	51.3	49.35	4.0
十、批发零售贸易业				
社会消费品零售总额	万元	2792171	2409538	15.9
十一、教育、卫生				
(一)各类学校在校学生数	人	605825	609114	-0.5
#高等学校	人	15703	13511	16.2
中等专业学校	人	13417	14204	-5.5
普通学校	人	194983	225322	-13.5
小学	人	218110	243914	-10.6
学龄儿童入学率	%	99.81	99.82	0.0
(二)卫生机构数	个	4993	5198	-3.9
#医院	个	92	89	3.4
床位数	张	15762	14390	9.5
#医院	张	11814	10749	9.9
技术人员卫生	人	17791	15785	12.7
#医院	人	11946	10550	13.2

2012年全国、全省及各周边地市主要经济指标

名　称	常住人口（万人）	生产总值（亿元）	第一产业	第二产业	第三产业	生产总值比上年增长（%）	人均生产总值（元）	地方财政收入（亿元）	固定资产投资（亿元）	社会消费品零售总额（亿元）	城镇居民可支配收入（元）	农民人均纯收入（元）
全　国	135404	519322	52377	235319	231626	7.8		61077	364835	207167	24565	7917
陕西省	3753.09	14451.18	1370.16	8075.42	5005.60	12.9	38557	1600.69	12840.13	4330.75	20734	5763
西安市	855.29	4369.38	195.59	1893.79	2279.99	11.8	51215	396.96	4243.43	2236.06	29982	11442
铜川市	84.08	282.92	19.47	186.43	77.02	15.8	33701	21.00	201.81	62.46	21929	7134
宝鸡市	373.67	1409.87	143.26	932.65	333.96	15.1	37778	64.85	1311.69	409.93	25777	7373
咸阳市	492.86	1616.21	283.10	919.31	413.80	14.5	32847	69.17	1616.47	398.48	25758	7464
渭南市	532.10	1212.45	180.00	669.32	363.13	14.5	22820	55.06	1172.21	318.62	21808	6602
延安市	219.81	1271.02	97.06	934.85	239.11	10.5	57878	139.26	1032.06	150.74	24748	7655
汉中市	341.84	772.26	159.47	338.11	274.68	15.2	22602	30.08	534.86	215.98	19827	6181
榆林市	335.69	2769.22	125.88	2027.87	615.47	12.0	82549	220.00	1771.23	270.22	24140	7681
安康市	263.00	513.02	80.95	259.58	172.49	15.2	16930	21.66	380.27	151.34	20300	5815
商洛市	234.19	439.00	79.43	210.83	148.74	14.8	18768	21.50	391.60	107.28	19998	5425
杨凌示范区	20.20	72.54	6.00	39.50	27.05	14.7	35938	4.91	76.08	9.65	29925	10841
鄂尔多斯市	200.42	3656.80	90.14	2213.13	1353.53	13.0	182680	375.55	2570.58	501.39	33140	11416
银川市	204.63	1140.83	51.06	624.91	464.86	12.5	56032	113.13	918.73	316.02	21901	8068
吴忠市	131.20	312.05	47.33	171.27	93.45	13.7	23029	48.03	380.46	68.42	17845	6370.3
吕梁市	377.16	1230.40	55.70	900.30	274.40	10.8	32709	141.90	690.38	301.40	20006	5364
忻州市	309.90	620.90	58.70	319.00	243.20	11.5	20081	65.20	653.30	215.50	18318	4776
庆阳市	221.84	530.29	73.93	329.50	126.87	16.0	23882	53.11	889.91	130.64	16662	4262

重要文件·规范性文件

陕西省人民政府关于公布 2012年第二批关闭煤矿名单的通知

陕政函〔2012〕82号

榆林市人民政府，省煤矿整顿关闭和资源整合工作领导小组各成员单位：

根据《国务院办公厅转发安全监管总局等部门关于进一步做好煤矿整顿关闭工作意见的通知》(国办发〔2006〕82号)和《陕西省人民政府关于印发陕西省煤炭资源整合实施方案的通知》(陕政发〔2006〕26号)、《陕西省人民政府关于榆林市煤矿整顿关闭和资源整合方案的批复》(陕政函〔2011〕1号)，经研究，决定对榆林市纳入资源整合的19处煤矿实施关闭。现将关闭煤矿名单予以公布，并就有关事项通知如下：

一、煤矿关闭工作由县级政府(市属煤矿由市政府)负责组织实施。关闭煤矿中按整合方案不再利用的井筒必须彻底闭毁。

二、各有关部门应立即暂扣19处关闭煤矿的采矿许可证，吊(注)销其工商营业执照、安全生产许可证、煤炭生产许可证、民用爆炸物品储存和使用许可证，并停止供给生产用电。

三、自公布之日起，关闭煤矿必须停止一切生产活动。市、县政府要加强对公布关闭煤矿的安全监管工作，切实落实关闭煤矿巡回检查和派驻安全监督员制度，严防违法组织生产。

四、请榆林市政府于2012年4月30日前将煤矿关闭情况书面报省政府，同时抄送省煤矿整顿关闭和资源整合工作领导小组办公室。

2012年第二批关闭矿井名单(19处)

一、神木县(11处)
1. 神木县店塔镇黄土湾煤矿
2. 神木县店塔镇石砭煤矿
3. 神木县店塔镇石窑店煤矿
4. 神木县段家沟煤矿
5. 神木县大柳塔镇石圪台大渠一矿
6. 神木县大柳塔镇布袋壕村炭窑渠煤矿
7. 神木县永兴乡店沟煤矿
8. 神木县大柳塔镇白家湾煤矿
9. 神木县店塔镇打井沟村办煤矿
10. 内蒙古伊泰集团公司神木二道峁煤矿
11. 神木县西沟乡碱房沟煤矿

二、府谷县(8处)
12. 府谷县老高川乡西耳煤矿
13. 府谷县府铁联营煤矿
14. 府谷县新民镇芦草畔煤矿
15. 府谷县新民镇前沙洼煤矿
16. 府谷县新民镇新阳煤矿
17. 府谷县新民镇大高梁煤矿
18. 府谷县新民镇新华煤矿
19. 府谷县新民镇府新煤矿

(来源：陕西省政府门户网)

陕西省人民政府关于公布 2012 年第三批关闭煤矿名单的通知

陕政函〔2012〕205 号

榆林市人民政府,省煤矿整顿关闭和资源整合工作领导小组各成员单位:

根据《国务院办公厅转发安全监管总局等部门关于进一步做好煤矿整顿关闭工作意见的通知》(国办发〔2006〕82 号)、国家安全监管总局等十四部委《关于深化煤矿整顿关闭工作的指导意见》(安监总煤监〔2009〕157 号)精神,以及《陕西省人民政府关于"十二五"期间深入开展煤矿整顿关闭资源整合和淘汰落后产能工作的通知》(陕政发〔2012〕42 号)要求,经研究,决定对榆林市神木县永兴乡七里庙一矿等 31 处煤矿实施关闭(名单附后)。现将有关事项通知如下:

一、煤矿关闭工作由县级人民政府负责组织实施。关闭煤矿凡未列入整合方案或按整合方案不再利用的井筒必须彻底闭毁。

二、各有关部门应立即暂扣 31 处关闭煤矿的采矿许可证,吊(注)销其工商营业执照、安全生产许可证、煤炭生产许可证、民用爆炸物品储存和使用许可证,并停止供给生产用电。

三、自公布之日起,关闭煤矿必须停止一切生产活动。市、县政府要加强对公布关闭煤矿的安全监管工作,切实落实关闭煤矿巡回检查和派驻安全监督员制度,严防违法组织生产。

四、请榆林市政府 2012 年 11 月 10 日前将煤矿关闭情况书面报省政府,同时抄送省煤矿整顿关闭和资源整合工作领导小组办公室。

2012 年第三批关闭矿井名单(31 处)

一、神木县(21 处)

1. 神木县永兴乡七里庙一矿
2. 神木县大柳塔昌盛煤矿
3. 神木县贺川镇母河沟煤矿
4. 神木县大柳塔镇后柳塔煤矿
5. 神木县沙峁乡哈拉沟煤矿
6. 神木县店塔镇小蒜沟联办煤矿
7. 神木张家渠煤炭有限责任公司张家渠煤矿
8. 神木县大柳塔镇白家渠煤矿
9. 陕西神木县孙家岔镇后塔煤矿
10. 神木县店塔镇打井沟二矿
11. 神木县永兴乡马连塔煤矿
12. 神木县西沟乡三道河村大清壕煤矿
13. 神木县西沟乡三道河村上榆树峁煤矿
14. 神木县西沟乡蛇圪达村办煤矿
15. 神木县西沟乡三道河村前阳湾矿
16. 神木县西沟乡三道河村沙渠煤矿
17. 神木县西沟乡沙沟峁联办煤矿
18. 神木县西沟乡沙沟峁乡办煤矿
19. 神木县西沟乡胶泥圪崂煤矿
20. 神木县永兴乡曹庄煤矿
21. 神木县永兴乡茂泉煤矿

二、府谷县(10 处)

22. 陕西省府谷县京府八尺沟煤矿槐树塔井口
23. 府谷县新民镇蛇口湾煤矿
24. 府谷县庙沟门镇宏盛煤矿
25. 府谷县庙沟门镇砖场梁东泰煤矿
26. 府谷县庙沟门镇二道沟煤矿
27. 府谷县庙沟门伙盘沟恒基煤矿
28. 府谷县庙沟门镇永胜煤矿
29. 府谷县庙沟门镇大路峁煤矿
30. 府谷县新民中大煤矿
31. 府谷县木瓜乡古城煤矿

陕西省人民政府

2012 年 10 月 25 日

(来源:陕西省政府门户网)

陕西省人民政府关于命名省级卫生城市卫生县城的通报

陕政字〔2012〕33 号

各市、县、区人民政府,省人民政府各工作部门、各直属机构:

近年来,在省委、省政府领导的重视支持下,在各级党委、政府和有关部门的精心组织和全社会广泛参与下,我省通过开展创建卫生城市、卫生县城、卫生镇村活动,不断加快各项卫生基础设施建设,推动健康教育、公共卫生管理、环境保护、除害防病、农村改厕等工程顺利实施。在优化城乡环境、改善投资环境、促进经济社会又好又快发展和保护人民群众身体健康等方面取得了显著成效,城乡面貌焕然一新,涌现出一批先进典型。

经省爱卫会专家组考核验收,并经 2012 年省政府第 6 次常务会议研究决定,命名华阴市、兴平市为"省级卫生城市",并各奖励 10 万元;命名永寿县、定边县、绥德县、宜川县、旬阳县为"省级卫生县城",并各奖励 5 万元,现予以通报。

希望被命名的市、县珍惜荣誉,戒骄戒躁,与时俱进,开拓创新,进一步加强市容环境卫生管理,完善基础设施建设,加大爱国卫生工作力度,健全长效管理机制,巩固创卫成果。

省爱卫办要按照省政府办公厅《关于进一步加强卫生城市卫生县城监督管理工作的意见》，切实加强对命名为国家、省级卫生城市、卫生县城的监督管理，坚持“市县联创、以城带乡、以乡促村、整体推进”的爱国卫生工作新模式，推进爱卫和创卫工作由市向县、县向乡镇、乡镇向村深入开展，力争更多市、县、镇迈入国家卫生城市、县城、镇行列，努力实现所有设区市卫生县城全覆盖，为提高城乡环境卫生质量，促进城乡经济社会统筹发展作出新的贡献。

陕西省人民政府

2012年5月1日

（来源：陕西省政府门户网）

陕西省人民政府关于榆商线神木至府谷高速公路收取车辆通行费等有关问题的批复

陕政字〔2011〕256号

省交通运输厅、省发展改革委、省财政厅：

你们《关于榆商线神木至府谷高速公路收取车辆通行费有关问题的请示》（陕交字〔2011〕103号）收悉。现就有关问题批复如下：

一、原则同意在神木至府谷高速公路设立神木北（K7+655）、永兴（K18+962）、石马川（K46+128）、府谷南（K55+486）等4个匝道收费站和陕西府谷（陕晋界，K56+085）1个主线收费站。

二、收费车辆座位核定，依据中华人民共和国机动车辆行驶证核定的座位数为准；载货类汽车，执行我省计重收费规定。

三、收费标准如下：

类别车型及规格客车费率标准

（元/车公里）窟野河大桥

加收标准

（元/车次）第1类≤7座0.6010第2类8座～19座1.0620第3类20座～39座1.3630第4类≥40座1.6340货车计重收费基本费率0.14元/吨·公里2.5元/吨·车次四、收费范围：除国家规定免缴通行费的机动车辆外，其他任何机动车辆须按规定标准缴纳通行费。

五、通行费收支要严格执行国家和我省有关收费还贷管理规定，所收资金全额上缴省财政厅车辆通行费收入专户，实行收支两条线管理；公路收费站要严格按照《陕西省公路车辆通行费票证暂行规定》，使用省财政厅统一印制、省交通运输厅统一发放的陕西省高速公路车辆通行费票证。

六、根据国务院《收费公路管理条例》和《陕西省收费公路管理办法》的相关规定，神木至府谷高速公路最终收费期限为20年，自2011年12月16日起至2031年12月15日止。若提前偿清贷款或遇国家公路收费政策调整，须立即停止收费或从其规定。

七、收费站为临时机构，神木至府谷高速公路收费站定员412人，人员在内部调剂，不足部分面向社会招聘，实行全员聘用合同制管理。

请切实加强管理，严格控制开支，降低管理费用，加大还贷工作力度。

陕西省人民政府

2011年12月15日

（来源：陕西省政府门户网）

陕西省人民政府关于榆商线榆林至绥德段高速公路收取车辆通行费等有关问题的批复

陕政函〔2012〕197号

省交通运输厅、省发展改革委、省财政厅：

你们《关于榆商线榆林至绥德高速公路收取车辆通行费的请示》（陕交字〔2012〕84号）收悉。根据《中华人民共和国公路法》和国家有关规定，现就有关问题批复如下：

一、原则同意在榆商线榆林至绥德段高速公路设立牛家梁（K0+510）、古城滩（K5+959）、榆林南（K31+727）、鱼河（K52+725）、镇川（K71+940）、米脂（K98+132）、四十里铺（K108+572）等7处匝道收费站和史家湾（K118+740）1处临时主线收费站。

二、收费车辆座位核定，依据中华人民共和国机动车辆行驶证核定的座位数为准；载货类汽车，执行我省计重收费规定。

三、收费标准如下：类别车型及规格客车费率标准

（元/车公里）袁家砭隧道群

加收标准

（元/车次）第1类≤7座0.6010

第2类8座～19座1.0620

第3类20座～39座1.3630

第4类≥40座1.6340

四、收费范围：除国家规定免缴通行费的机动车辆外，其他任何机动车辆须按规定标准缴纳通行费。

五、通行费收支要严格执行国家和我省有关收费还贷管理规定，所收资金全额上缴省财政厅车辆通行费收入专户，实行收支两条线管理；公路收费站要严格按照《陕西省公路车辆通行费票证暂行规定》，使用省财政厅统一印制、省交通运输厅统一发放的陕西省高速公路车辆通行费票证。

六、根据国务院《收费公路管理条例》和《陕西省收费公路管理办法》的相关规定，榆林至绥德段高速公路最终收费期限为20年，自2012年10月11日起至2032年10月

10日止。若提前偿清贷款或遇国家公路收费政策调整,须立即停止收费或从其规定。

七、收费站为临时机构,榆林至绥德段高速公路收费站定员388人,人员在内部调剂,不足部分面向社会招聘,实行全员聘用合同制管理。

请切实加强管理,严格控制开支,降低管理费用,加大还贷工作力度。

陕西省人民政府

二〇一二年十月十日

(来源:陕西省政府门户网)

中共榆林市委　榆林市人民政府关于表彰2012年度榆林市五一劳动奖状和五一劳动奖章获得者的决定

(榆字〔2012〕22号　2012年4月24日)

在市委、市政府的正确领导下,全市干部职工积极投身榆林改革开放和现代化建设的伟大实践,各行各业、各条战线涌现出一大批品德高尚、业绩卓著、贡献突出的先进集体和先进模范人物,他们为我市的经济发展和社会进步做出了突出贡献,是我市广大干部职工的杰出代表,是社会主义物质文明、政治文明、精神文明与和谐社会建设的时代先锋。为了全面贯彻落实科学发展观,彰显模范人物的先进思想和模范事迹,弘扬劳动光荣、人才宝贵、创造伟大的社会风尚,进一步调动全市人民建设"中国经济强市、西部文化大市、塞上生态名市"的积极性和创造性,市委、市政府决定授予榆林市清洁大队等10个单位"榆林市五一劳动奖状",颁发奖牌、证书;授予贺伟等30名同志"榆林市五一劳动奖章",颁发奖章、证书和5000元奖金。

市委、市政府希望获得榆林市五一劳动奖状的单位和五一劳动奖章的同志,珍惜荣誉,再接再厉,继续在改革开放和社会主义现代化建设中发挥模范表率作用,为实现榆林"十二五"发展目标再立新功。

市委、市政府号召全市各单位和广大干部职工,弘扬劳模精神,尊重劳动、尊重知识、尊重人才、尊重创造,以全市五一劳动奖状和五一劳动奖章获得者为榜样,胸怀全局、报效祖国,立足本职、甘于奉献,积极进取、争创一流,与时俱进、求真务实,振奋精神、扎实工作,锐意进取、开拓创新,为建设富裕、民生、生态、文化、和谐的幸福新榆林而努力奋斗!

附:2012年度榆林市五一劳动奖状和五一劳动奖章获得者名单

2012年度榆林市五一劳动奖状获得者名单

榆林市清洁大队
榆林市水务集团有限责任公司
神木县医院
府谷县恒源煤焦电化公司
定边中学
榆林市第十中学
榆林公路局清涧公路管理段
榆林供电局
陕西省电力公司榆林市供电公司
榆林市治沟骨干工程办公室

2012年度榆林市"五一劳动奖章"获得者名单(共30名)

贺　伟　定边县人民医院副院长
郑　莲(女)　米脂县第二中学教师
张永斌　榆林中学教研组长
屈永文　佳县邮政局峪口邮政所乡邮员
李喜斌　吴堡县红枣服务中心干事
滕忠山　榆林公路局定边公路段蒙海子道班班长
高　强　神木县公安局刑警大队副大队长
吴　怿　子洲县第二中学校长
李海涛　榆林市王成商贸有限公司收购员
万　雷　榆林市榆神煤炭公司生产发展部部长
焦　锐　中国移动榆林分公司综合部经理
康钰海　榆林炼油厂机动科科长
李志雄　榆林市市政管理所所长助理
邢庆东　榆林市东源公司工程部主任
王　飞　榆林市煤炭出口公司运销部经理
陈庆忠　靖边县人民医院院长
叶生明　榆林市第一医院科主任
黑登照　榆林市园艺工作站站长
狄　龙　榆林市林产业开发办公室主任
贺玉胜　榆林市动物卫生监督站站长
徐壮阔　中国联通榆林市分公司副总经理
高　岚　榆林市地方税务局副局长
燕小军　榆林市民间艺术团有限公司总经理
贺　忠　清涧县红枣技术推广站站长
李亚光　陕西基泰能源化工有限公司总经理
高　杰　陕西煤业化工集团孙家岔龙华矿业有限公司总经理
党　忠　陕西兴茂侏罗纪煤业镁电有限公司总经理
高培宏　陕西宏安建设工程有限公司总经理
温永民　府谷瑞丰煤矿有限公司董事长
闫　磊　绥德县老闫家炒货食品有限公司总经理

中共榆林市委　榆林市人民政府 关于表彰2011年度社会主义新农村建设工作先进集体和先进个人的决定

（榆字〔2012〕12号　2012年2月24日）

2011年，在市委、市政府的正确领导下，全市各级党委、政府和广大基层干部群众，坚持以邓小平理论和“三个代表”重要思想为指导，全面落实科学发展观，以现代特色农业基地建设为抓手，认真实施“千村推进”工程，开拓创新，真抓实干，促进了农村经济健康发展，农民收入稳步提高，农村改革进一步深化，农村社会和谐稳定，社会主义新农村建设取得了新的成效。为了进一步调动和激励各级党委、政府和基层广大干部群众建设社会主义新农村的积极性，市委、市政府决定，对2011年新农村建设中做出显著成绩的吴堡县等3个先进县、榆阳区古塔镇等24个先进乡（镇）、榆阳区王沙洼村等24个先进村，市委办公室等28个先进部门和28名先进个人予以表彰奖励。

市委、市政府希望受表彰的先进集体和先进个人，戒躁戒骄，再接再厉，在深入推进社会主义新农村建设工作中再创佳绩。全市各级党委、政府和广大基层干部群众，要以先进典型为榜样，深入贯彻中央一号文件精神，尽职尽责，扎实工作，努力开创我市社会主义新农村建设的新局面。

附：2011年度社会主义新农村建设工作先进集体和先进个人名单

2011年度社会主义新农村建设工作先进集体和先进个人名单

一、新农村建设先进集体名单

1. 先进县区（3个）

吴堡县米脂县定边县

2. 先进乡镇（24个）

榆阳区：古塔镇马合镇

神木县：神木镇乔岔滩乡

府谷县：三道沟镇大昌汗镇

定边县：杨井镇盐场堡镇

靖边县：宁条梁镇小河乡

横山县：横山镇塔湾镇

绥德县：石家湾镇义合镇

米脂县：沙店镇印斗镇

佳县：王家砭镇店镇

子洲县：驼耳巷乡双湖峪镇

清涧县：宽州镇郝家也办事处

吴堡县：宋家川镇郭家沟镇

3. 先进村（24个）

榆阳区

鱼河镇王沙洼村

小壕兔乡东奔滩村

神木县

栏杆堡镇折家寨村

孙家岔镇水井湾村

府谷县

三道沟乡新庙村

老高川镇李石畔村

定边县

杨井镇秦湾村

樊学镇李庄科村

靖边县

东坑镇伊当湾村

席麻湾乡东高峁村

横山县

石窑沟乡阳道沟村

双城乡王梁村

绥德县

白家硷乡白家硷村

薛家峁镇崔家圪崂村

米脂县

杨家沟镇巩家沟村

桃镇后王坪村

佳　县

王家砭镇程家沟村

坑镇赤牛土瓜村

子洲县

苗家坪镇徐家河村

周硷镇后双庙湾村

清涧县

折家坪镇白家峁村

宽州镇下七里湾村

吴堡县

宋家川镇郭家腰村

郭家沟镇齐家山村

4、先进部门、单位（28个）

市委办

市委政法委

市科协

市科技局

市民政局

市住建局

市建规局

市交通局

市水务局

市农业局

市林业局
市审计局
市畜牧局
市扶贫办
市农垦总站
市农干校
市供电公司
市矿业集团
榆林煤炭进出口(集团)有限责任公司
榆阳区委农工部
神木县扶贫办
定边县委农工部
靖边县委农工部
靖边县财政局
米脂县财政局
清涧县公安局
吴堡县发改局
吴堡县财政局

二、新农村建设先进个人名单(28 人)

李　永　环市委政研室副调研员
李能飞　市委政研室科长
霍志勇　市财政局干部
闫　锐　市流动办科长
靳守平　市司法局干部
白　亮　榆天化科长
高小宝　榆阳区委农工部小康办副主任
付　振　榆阳区古塔镇党委书记
屈应超　神木县委农工部干部
刘　涛　神木县锦界镇党委书记
党治飞　府谷县碛塄工业园区郝家寨村党支部书记
薛志福　定边县学庄乡罗山村党支部书记
李忠山　定边县樊学镇李庄科村党支部书记
王建华　靖边县发改局局长
双振军　靖边县土地治理中心副主任
白彦明　横山县水务局局长
陈　镇　横山县石窑沟乡乡长
郭宗东　米脂县委农工部小康办副主任
常东飞　米脂县水政水资源办公室主任
贺　建　德绥德县农财所副所长
常瑞光　佳县县委农工部副主任
代　玲　子洲县委农工部干部
高兴忠　子洲县宗教局干部
贺　萌　清涧县委宣传部干部
张建雄　清涧县委农工部干部
白小龙　清涧县财政局干部
刘　飞　吴堡县计生局干部
王伟军　吴堡县卫生局干部

中共榆林市委　榆林市人民政府关于通报表彰府谷县建成全国文明县城的决定

(榆字〔2012〕4 号　2012 年 2 月 11 日)

2011 年,府谷县委、县政府高举中国特色社会主义伟大旗帜,以邓小平理论和"三个代表"重要思想为指导,深入贯彻落实科学发展观,稳步推进群众性精神文明创建活动,特别是在文明县城创建活动中,县委、县政府高度重视,县文明委统筹协调,各相关部门齐抓共管,广大干部群众积级参与,使文明县城创建活动又取得新的成绩,在 2010 年建成省级文明县城后,2011 年又顺利通过中央文明委验收达标,被中央文明委命名为全国文明县城,成为全市第一个省级文明县城和全国文明县城。市委、市政府决定,对府谷县在创建文明县城活动中所取得的显著成绩,给予通报表彰。市委、市政府希望,府谷县要发扬成绩,戒骄戒躁,再接再厉,乘胜前进,在全市群众性精神文明创建活动中继续发挥示范带头作用,做出新的成绩。各县区一定要认真学习府谷县文明县城创建活动的先进经验,扎实开展文明县城创建活动,高举旗帜、围绕大局、服务人民、改革创新,为实现中国经济强市、西部文化大市、塞上生态名市奋斗目标,建设富裕、民生、生态、文化、和谐的幸福榆林做出新的更大的贡献,以优异的成绩迎接党的十八大胜利召开。

中共榆林市委　榆林市人民政府关于命名表彰 2011 年度社会主义精神文明建设先进集体的决定

(榆字〔2012〕5 号　2012 年 2 月 10 日)

2011 年,全市精神文明建设高举中国特色社会主义伟大旗帜,坚持以邓小平理论和"三个代表"重要思想为指导,全面贯彻落实科学发展观,紧紧围绕全市中心工作,以纪念建党九十周年和全国道德模范、文明城市文明村镇评选表彰为契机,坚持围绕大局、服务人民、改革创新,贴近实际、贴近生活、贴近群众,以建设社会主义核心价值体系为根本,大力加强思想道德建设,深入开展群众性精神文明创建活动,有力促进公民文明素质和社会文明程度的进一步提高,为促进经济社会全面进步和构建和谐榆林提供了强大的精神动力,营造了良好的社会环境。在全市城乡、各行各业涌现出了一批成绩突出的先进典型。为表彰先进、弘扬正气,充分展示精神文明创建活动成果,进一步调动全社会参与精神文明创建活动的积极性,推动我市精神文明建设深入发展,市委、市政府决定:

绥德县、清涧县在爱国主义教育活动中，榆阳区、子洲县在“讲文明、树新风”活动中，府谷县、靖边县、定边县在文明县城创建活动中，吴堡县、佳县在文明行业创建活动中，神木县在农村精神文明创建活动中，横山县、米脂县在未成年人思想道德建设中，成绩显著，分别予以表彰。

命名榆林市环境保护局榆阳分局等25个单位为市级文明单位标兵；榆阳区计划生育服务站等77个单位为市级文明单位；榆阳区崇文路街道办事处机关等10个机关为市级文明机关；榆林市第十中学等15所学校为市级文明校园；榆阳区古塔镇等16个乡镇为市级文明乡镇；榆阳区古塔镇黄家圪崂村等21个行政村为市级文明村；神木县神木镇继业路街道办事处兴神路社区等4个社区为市级文明社区。

授予榆林市地方税务局等11个局（公司）为2011年度文明行业创建活动先进局（公司）；中国移动通信集团陕西有限公司子洲分公司等28个单位为2011年度文明行业创建活动先进单位；神木县第四小学等13个单位为2011年度全市未成年人思想道德建设工作先进单位；神木县杨家城等2个单位为市级爱国主义教育基地。

被命名为2011年度的市级文明单位、文明单位标兵、文明机关、文明校园、文明乡镇；荣获文明行业创建活动先进局（公司）、先进单位和全市未成年人思想道德建设工作先进单位及全市爱国主义教育基地，在本单位经费许可的情况下，一次性发给干部职工一个月工资的奖金予以奖励。

根据《榆林市文明单位管理办法》规定，凡命名的2007年度市级各类文明单位届期已满，其荣誉称号自行取消，需重新申报。

市委、市政府要求，受表彰的单位要谦虚谨慎，戒骄戒躁，发扬成绩，再接再厉，在推进我市经济建设、政治建设、文化建设、社会建设及生态文明建设和党的建设中，在促进经济社会全面进步和人的全面发展中，发挥示范带头作用，作出新的成绩。各县区、各部门和各单位要以建设社会主义核心价值体系为根本，扎实推进思想道德建设，不断深化精神文明创建工作，以先进典型为榜样，求真务实，奋发进取，为实现中国经济强市、西部文化大市、塞上生态名市奋斗目标，建设富裕、民生、生态、文化、和谐的幸福榆林，做出新的更大的贡献，以优异的成绩迎接党的十八大胜利召开。

附：榆林市2011年度精神文明建设先进集体名单

榆林市2011年度精神文明建设先进集体名单

一、市级文明单位标兵（25个）

榆林市环境保护局榆阳分局
榆林市食品药品监督管理局
榆阳区气象局
榆阳区烟草专卖局
神华神东文体中心
神木县人民法院
神府煤田烟草专卖局
府店公路收费管理处店塔收费站
府谷县工业园区供电分局
府谷县公安局交警大队
府谷县自来水公司
定边县国家税务局城区税务分局
定边县国土资源局
靖边县看守所
中共横山县委党校
绥德县国家税务局田庄税务所
陕西省307国道辛店超限运输检测站
米脂县疾病防控中心
佳县地方税务局
中国移动通信集团陕西有限公司佳县分公司
吴堡县烟草专卖局
吴堡县国家税务局城区税务分局
清涧县邮政局
陕西省210国道九里山超限运输检测站
子洲县地方税务局

二、市级文明单位（77个）

榆阳区计划生育服务站
榆林市住房公积金管理中心榆阳区管理部
榆林市接待办公室
榆阳区供电分公司东沙供电所
榆林市环境工程评估中心
榆阳区森林资源林政稽查队
榆林市路灯管理所
陕西省电力公司榆阳区供电分公司
中盐榆林盐化有限公司
陕西新华发行集团榆林市新华书店有限责任公司
榆林市煤炭运销管理站
中国人民财产保险股份有限公司榆林市分公司
榆横煤化工业园区国家税务局
陕西省煤田地质局一八五队
榆林市地方税务局直属征收分局
榆林神华能源有限责任公司
中国移动通信集团陕西有限公司榆阳分公司
神木县安全生产监督管理局
神木县大柳塔公安消防大队
陕西神木农村商业银行股份有限公司城区支行
神木县公安局中鸡派出所
神木县财政局
中国工商银行股份有限公司大柳塔支行
神华神东电力有限责任公司物资采购中心
神木县农业局
陕西神木农村商业银行股份公司大柳塔支行
陕西省301省道碾房峁超限运输检测站

长安银行股份有限公司神木支行
神木县公安局店塔派出所
神木县公安局高家堡派出所
府谷县烟草专卖局
府谷县邮政局
府谷县沙沟岔煤矿
府谷县财政局
府谷县公安局巡警大队
府谷县供电分公司麻镇供电所
府谷县供电分公司新区供电所
府谷县新区开发建设管理委员会
府谷县煤炭运销管理站
定边县人力资源市场管理办公室
定边县国家税务局稽查局
靖王分公司定边管理所砖井收费站
定边县发展改革局
定边县审计局
定边县治沙造林展览馆
定边县工商行政管理局安边工商所
定边县供电分公司城南供电所
定边县地方税务局稽查局
靖王分公司靖边管理所梁镇收费站
靖边县烟草专卖局(公司)
陕西省交通建设集团公司吴靖分公司
靖边县国家税务局城区税务分局
陕西新华发行集团靖边县新华书店有限责任公司
靖边县张家畔国土资源所
榆林经济开发区汇通热电有限公司
横山县人口和计划生育局
横山县干部职工计划生育办公室
陕西新华发行集团横山县新华书店有限责任公司
横山县人民法院
绥德县国家税务局稽查局
绥德县邮政局
米脂县邮政局
米脂县地方税务局
米脂县国家税务局办税服务厅
米脂县工商行政管理局城关工商所
佳县人口和计划生育局
佳县农村信用合作联社
清涧县解家沟老区医院
陕西省榆林公路管理局清涧县公路管理段
清涧县国家税务局
清涧县公安局石咀驿派出所
中国电信股份有限公司清涧县分公司
陕西省榆林公路管理局吴堡公路管理段
黄河水利委员会吴堡县水文站
子洲县林业局
延长油田股份有限公司子洲采油厂
子洲县国家税务局
三、市级文明机关(10 个)
榆阳区崇文路街道办事处机关
榆林市民政局机关
榆阳区航宇路街道办事处机关
中国人民政治协商会议神木县委员会机关
府谷县黄甫镇党委政府机关
中共定边县委机关
中共米脂县委机关
佳县财政局机关
中国人民政治协商会议吴堡县委员会机关
中共子洲县委、县人大常委会、县政协委员会机关
四、市级文明校园(15 个)
榆林市第十中学
榆林市第十二中学
榆林市第七中学
神木县第七小学
神木县大柳塔第一小学
神木县第二幼儿园
神木县第八中学
府谷县木瓜九年制学校
定边县星星幼儿园
定边县姬塬中学
横山县响水中学
米脂县桃镇中学
佳县南关小学
吴堡县第二完全小学
子洲县东关小学
五、市级文明乡镇(16 个)
榆阳区古塔镇
神木县高家堡镇
神木县店塔镇
府谷县古城镇
府谷县孤山镇
定边县冯地坑乡
定边县堆子梁镇
靖边县杨桥畔镇
靖边县红墩界镇
横山县横山镇
米脂县杨家沟镇
佳县通镇镇
清涧县高杰村镇
吴堡县辛家沟镇
子洲县老君殿镇
子洲县周家硷镇
六、市级文明村(21 个)
榆阳区古塔镇黄家圪崂村

榆阳区榆阳镇沙河口村
神木县锦界镇瑶渠村
神木县神木镇王渠村
神木县栏杆堡镇栏杆堡村
府谷县古城镇五道河村
府谷县黄甫镇黄甫村
府谷县碛塄乡郝家寨村
定边县贺圈镇五兴庄村
定边县贺圈镇小巨滩村
靖边县席麻湾乡东高峁村
靖边县宁条梁镇黄蒿塘村
横山县波罗镇龙泉墩村
横山县武镇三丰则村
米脂县郭兴庄乡李兴庄村
米脂县沙店镇马渠村
佳县坑镇赤牛土瓜村
佳县康家港乡康家港村
吴堡县辛家沟镇呼家塔村
子洲县苗家坪镇苗家坪村
子洲县水地湾乡后湾村

七、市级文明社区(4个)

神木县神木镇继业路街道办事处兴神路社区
神木县神木镇人民路街道办事处铧山路社区
靖边县统万路社区
米脂县银州镇办事处银城社区

八、文明行业创建活动先进局(公司)(11个)

榆林市地方税务局
榆林市国家税务局
榆林市文化广电新闻出版局
榆林市教育局
榆林市交通运输局
榆林市住房和城市建设局
榆林市工商行政管理局
榆林市司法局
榆林供电局
中国移动通信集团陕西有限公司榆林分公司
中国联合网络通信有限公司榆林分公司

九、文明行业创建活动先进单位(28个)

中国移动通信集团陕西有限公司子洲分公司
中国移动通信集团陕西有限公司靖边分公司
府谷县地方税务局
榆阳区地方税务局
佳县环境保护局
吴堡县环境保护局
榆林市急救指挥调动中心
榆林市第二医院
榆林市公路管理局
榆林市城市客运管理办公室
定边县工商行政管理局
府谷县工商行政管理局
佳县供电局
横山县国家税务局
清涧县国家税务局
中国联合网络通信有限公司靖边县分公司
中国联合网络通信有限公司大柳塔分部
陕西文星律师事务所
榆阳区司法局
榆林市第十中学
榆林市教育局教学研究室
榆阳区商务局
榆林市广场管理所
榆林市老街管理所
榆林市住房公积金管理中心
中国电信股份有限公司定边分公司
中国电信股份有限公司府谷分公司
榆阳区供电分公司

十、未成年人思想道德建设工作先进单位(13个)

神木县第四小学
府谷县妇女联合会
共青团定边县委员会
靖边县关心下一代工作委员会办公室
靖边县第四中学
横山县文明办
佳县金明寺镇政府
清涧县赤土沟小学
子洲县实验中学
清涧县文明办
共青团榆林市委员会
榆林市第五中学
榆林市妇女联合会

十一、市级爱国主义教育基地(2个)

神木县杨家城
榆林市档案馆

中共榆林市委　榆林市人民政府
关于加快建设教育强市率先基本实现
教育现代化的决定

(榆发〔2011〕5号　2011年6月14日)

为全面贯彻落实《国家中长期教育改革和发展规划纲要(2010—2020年)》(以下简称《教育规划纲要》)和陕西省实施意见,进一步确立教育优先发展的战略地位,加快建设教育强市,率先基本实现教育现代化,推动榆林经济社会持续跨越发展,特作出如下《决定》。

一、在新的起点上全面推进教育事业科学发展

榆林素有尊师重教的优良传统。进入新世纪以来特别是“十一五”以来,全市教育事业取得了长足发展。教育投入持续增长,办学条件显著改善,教育改革深入推进,教育质量稳步提高,教育服务经济社会的能力明显提升。“两基”目标全面实现,小学、初中净入学率分别达到99.81%、99.63%,城乡免费义务教育全面实施,中小学布局日趋合理,现代远程教育工程项目实现了全覆盖,全面完成普及中小学实验教学任务;学前教育发展取得新进展,“十一五”期间新增幼儿园220所;高中阶段教育快速发展,毛入学率达到81.5%;高等教育发展取得新突破,建成榆林职业技术学院,填补了我市高等职业教育的空白;终身教育体系基本形成,劳动人口受教育年限逐步提高,教育为提高劳动者素质,推动经济社会发展做出了重要贡献,为未来教育改革和发展奠定了坚实的基础。与此同时,必须清醒地看到,我市教育事业与经济社会发展还存在诸多不适应,还不能很好地满足人民群众对教育的多样化和优质教育资源的需求。教育优先发展的战略地位尚未全面落实,教育投入依然不足,教育资源总量短缺,区域之间、城乡之间、学校之间办学条件和教育质量存在着较大差距,择校和大班额问题依然存在;学前教育还很薄弱,职业教育基础能力不强;教师队伍年龄结构、学科结构不够合理,整体素质不高;教育观念相对滞后,中小学生课业负担仍然过重,素质教育推进缓慢,加快教育改革和发展成为全社会的共同心声。

兴榆必先兴教,强市必先强教。未来十年,是榆林抢抓新一轮西部大开发历史机遇、实现全面建设小康社会宏伟目标的关键期,是实施“科教引领、创新转型”战略、加快转变发展方式的攻坚期,也是大幅度提升综合实力、阔步迈向中国经济强市的重要时期。榆林要实现“三大目标”,完成区域中心城市、能源化工基地和现代特色农业基地三大任务,关键在人才,基础在教育。教育在现代化建设整体格局中的基础性、全局性、先导性战略地位更加凸显,加快建设教育强市,率先基本实现教育现代化,是榆林未来发展的战略选择。

因此,榆林教育既要面对严峻的挑战,又面临难得的发展机遇,教育担负着特殊而崇高的历史使命。全市各级党委和政府必须坚定不移地把教育放在优先发展的战略地位,推动教育事业在新的历史起点上率先发展、科学发展,实现更高水平的普及教育,形成惠及全民的公平教育,提供更加丰富的优质教育,构建完备的终身教育,不断丰富和充实我市人力资源,满足人民群众对教育的新期盼、新要求,为推动榆林经济社会又好又快发展、实现富民强市作出更大贡献。

二、加快建设教育强市

(一)指导思想。以邓小平理论和“三个代表”重要思想为指导,深入贯彻落实科学发展观,坚持教育优先发展,全面贯彻党的教育方针,努力办好人民满意的教育。大力实施“科教引领、创新转型”战略,以建设教育强市、率先基本实现教育现代化为目标,以促进人的终身发展为根本,以改革创新为动力,以实施素质教育为主题,以促进公平为重点,以提高质量为核心,全面推进教育事业科学发展,为推动榆林经济社会持续跨越发展提供强有力的人才保障和智力支持。

(二)工作方针。坚持优先发展、育人为本、改革创新、促进公平、提高质量的工作方针,全面推进教育事业科学发展。把教育摆在优先发展的战略地位,做到经济社会发展规划优先安排教育发展,财政资金优先保障教育投入,公共资源优先满足教育和人力资源开发的需要。把育人为本作为教育工作的根本要求,深入推进素质教育,以促进学生健康成长作为学校一切工作的出发点和落脚点。把改革创新作为教育发展的强大动力,以体制机制改革为重点,大力推进教育综合改革,加快重点领域和关键环节的改革步伐,走出一条具有榆林特色的教育改革发展之路。把促进公平作为教育工作的基本政策,统筹区域教育协调发展并向贫困地区倾斜,统筹城乡教育协调发展并向农村倾斜,统筹县域内学校协调发展并向薄弱学校倾斜,统筹不同群体教育协调发展并向弱势群体倾斜。把提高质量作为教育改革发展的核心任务,树立科学的质量观。加强教师队伍建设,强化常规管理,注重内涵发展,提高教育质量,提升教育促进人的全面发展和服务经济社会发展的能力。

(三)战略目标。到2020年,建成教育强市,在陕西率先基本实现教育现代化、基本形成学习型社会,进入人力资源强市行列。

全面普及学前到高中阶段十五年教育。学前三年教育毛入园率达到95%以上;巩固提高义务教育水平,实现县域内义务教育基本均衡;高中阶段教育毛入学率达到98%以上,普通高中教育和中等职业教育统筹发展;高等教育进入普及化阶段,对经济社会发展贡献率明显提高;建成灵活开放的终身教育体系,主要劳动年龄人口平均受教育年限达到13.2年,新增劳动力平均受教育年限达到14.9年。

(四)战略主题。坚持以人为本、全面实施素质教育是教育改革发展的战略主题。坚持德育为先。把立德树人作为教育最重要的工作,将德育渗透于教育教学的各个环节,贯穿于学校、家庭和社会的各个方面,构建中小学有效衔接的德育体系,增强德育工作的针对性和实效性,提高德育工作的吸引力和感染力。坚持能力为重。建立学生社会实践保障体系,着力增强学生的社会责任感,努力提高学生的学习能力、实践能力、创新能力。坚持全面发展。加强体育,培养学生良好的体育锻炼习惯和健康的生活方式;加强艺术教育和心理健康教育,培养学生良好的审美情趣、人文素养和健康人格;加强校园文化建设,努力打造书香校园;加强语言文字工作,说普通话,写规范字,提高语言文字应用能力;重视劳动教育、环境教育、国防教育、

民族团结教育、热爱家乡教育，提高学生综合素质，培养适应时代发展要求的合格人才。

三、大力发展学前教育

（五）加快普及学前教育步伐。坚持学前教育的公益性和普惠性原则，建立政府主导、社会参与、公办民办并举的办园格局。组织实施“学前教育推进工程”，大力发展公办幼儿园，积极扶持民办幼儿园，鼓励大中型企业、事业单位和社会组织举办幼儿园，加强城镇小区配套幼儿园建设。采取多种形式扩大农村学前教育资源，充分利用中小学布局调整后的富余校舍、教师举办幼儿园（班），鼓励村集体或个人举办村级幼儿园（班）。2015 年，全面普及学前一年教育，城镇基本普及学前两年教育，有条件的县区基本普及学前三年教育；2020 年，全面普及学前三年教育。重视 0—3 岁婴幼儿教育。

（六）强化政府发展学前教育的职责。加大各级政府对发展学前教育的统筹力度，将学前教育纳入城镇和新农村建设总体规划，纳入基本公共服务体系。实施学前教育三年行动计划，2011—2013 年，全市新建、改扩建公办幼儿园 244 所，用三年时间基本解决公办幼儿园数量不足的问题。五年内每个县区建成 1—2 所示范性公办幼儿园，每个乡镇建成 1 所公办中心幼儿园，幼儿园（班）覆盖全部行政村，构建学前教育县、乡两级骨干体系和县、乡、村三级服务网络。市级财政设立幼儿园建设专项经费，实行以奖代补的办法，重点支持城区和乡镇中心幼儿园建设。各县区要加大投入力度，设立幼儿园建设专项经费。

（七）加强学前教育管理。各级教育行政部门设立专门机构，对学前教育实行统一归口管理。加强对新建幼儿园的审批和管理，规范办园行为。严格执行幼儿教师资格标准，将幼儿教师纳入中小学教师培养培训体系。充分发挥教师培训机构的作用，对现有中小学教师中适合幼儿教育的教师进行转岗培训。加强学前教育与小学教育的有机衔接，防止和纠正幼儿教育“小学化”倾向。发挥公办幼儿园的示范、引领作用，组织示范幼儿园与农村幼儿园结对帮扶，促进优质学前教育资源共享。

四、均衡发展义务教育

（八）建立健全义务教育均衡发展机制。根据城镇化要求和人口变化趋势，

科学规划与调整义务教育学校布局，将城区义务教育基础设施建设纳入城区建设总体规划，城镇改造和开发建设中，依法规划和优先建设中小学校，保证学校增容用地。建设单位或开发商要按学校建设标准，统一向当地政府缴纳教育建设补偿金。探索建立县域内教育资源均衡配置机制，实行优质学校与薄弱学校结对帮扶制度，建立和完善县域内教师和校长定期交流服务机制，促进薄弱学校建设。完善控辍保学机制，落实义务教育资助政策，保障所有学生都能平等接受义务教育。

（九）推进义务教育学校标准化建设。继续推进中小学校舍安全工程，确保 2012 年中小学校舍全面达到安全标准。启动实施“义务教育学校标准化建设工程”，将中小学校舍维修改造、农村寄宿制学校建设等中省教育项目统筹于标准化学校建设之中，提高学校建设综合效益。建立与义务教育均衡发展相适应的财政拨款、师资配置、校舍建设、条件装备等保障机制。2015 年，全市 60% 的义务教育学校达到省颁标准，2020 年全部达到省颁标准。

（十）巩固提高义务教育水平。加快缩小区域、城乡、校际差距，2015 年，全市 60% 的县区达到“双高普九”标准；2020 年，全面实现“双高普九”目标。加强城区及其周边学校建设，减轻城区学校办学压力，着力解决“择校”问题，逐步推行小班化教学。“十二五”期间，榆林城区新建、改扩建 27 所中小学，力争在五年内基本消除榆林城区学校“大班额”现象。坚持以输入地政府管理为主，以全日制公办学校为主，确保进城务工人员随迁子女平等接受义务教育。深化义务教育课程改革，全面落实国家课程方案，建立和完善义务教育质量监测制度和教学指导体系，加强体育、音乐、美术、科学、综合实践等薄弱学科建设。重视地方课程和校本课程的开发与实施，编写地方教材《可爱的家乡—榆林》，设置地方课程，进行热爱家乡教育。实施学生营养餐计划，逐步扩大“蛋奶工程”覆盖范围，大力开展学生“阳光体育”运动，不断增强学生体质健康。充分运用教育信息化和现代教育技术手段，使每个学生都能享受到优质教育资源。

（十一）重视发展特殊教育。关心残疾儿童少年成长。完善以特殊教育学校为骨干，以随班就读为主体，以送教服务等形式为补充的特殊教育办学体系，切实保障残疾儿童少年的受教育权利。加大特殊教育投入力度，设立财政特殊教育专项资金，保障特殊教育学校建设和发展。残疾人就业保障金中安排一定比例的资金用于特殊教育学校开展各种职业培训；福彩公益金中安排一定经费资助特殊教育学校（班）学生。加强特殊学校教师培养培训，提高特殊教育教师待遇。新建、改扩建 8 所特殊教育学校，同时抓好普通学校特殊教育班和残疾学生随班就读工作，确保残疾儿童少年平等接受教育。2020 年，全市三类残疾儿童少年义务教育阶段入学率达到 95% 以上。

（十二）切实减轻中小学生过重课业负担。积极改革考试评价制度，坚决制止以考试成绩和升学率为主要依据评价学校和教师的行为。开展减轻义务教育阶段学生过重课业负担改革试点，建立中小学课业负担监测、举报、督查、公告和问责制度。完善督学责任区制度，规范中小学办学行为和教师从教行为，重点治理乱办班、乱补课、乱征订教辅资料等现象，严格规范各种社会补习机构和教辅市场，切实减轻学生过重的课业负担。认真开展课堂教学研究，促进学生学习方式和教师教学方式的根本转变，开齐课程、开足课时，并逐步开好课程。不得随意增加课时和提高难度，严格控制学生在校时间、学生作业量、考试频次及难度。引导家长尊重孩子的兴趣爱好，合理安排孩子的课余生活，配合学校共同减轻学生课业负担。加强校外活

动场所建设和管理,丰富学生课外及校外生活。

五、优质发展高中教育

(十三)提高高中教育普及水平。统筹发展普通高中教育和中等职业教育,逐步使两类教育招生规模大体相当,高中阶段教育毛入学率达到98%以上。优化普通高中布局,按每20万人口设置一所、主要设置在县城的原则,整合教育资源,提高办学效益。严格控制学校规模和班额,新建高中原则上不超过60个教学班。2015年,全市75%的学校达到省级标准化高中,其中15%的学校达到省级示范高中,班额控制在54人以内;2020年,普通高中全部达到省级标准化高中,其中25%的学校达到省级示范高中,班额控制在50人以内。

(十四)全面提升普通高中教育质量。实施"高中教育质量提升工程"。深化课程改革,全面落实国家课程方案,保证学生全面完成国家规定的各门课程的学习,防止和克服文理偏科现象,促进学生全面发展。加大投入,配齐师资和设备,为学校开好体育、艺术及通用技术、探究实验、综合实践课程提供条件。积极开展研究性学习、社区服务和社会实践活动,创造条件开设丰富多彩的选修课程,落实学生自主选课制度。建立全市学生综合素质评价电子信息系统。促进学校办学模式和育人方式多样化、个性化,支持鼓励普通高中立足学校传统和优势,在培养目标、课程设置、教学方法、培养模式等方面形成自身办学特色,满足不同潜质和志趣学生的发展需要。总结和推广普通高中特色办学经验,发挥优质普通高中的示范和引领作用。探索综合高中发展模式,引导普通高中因地制宜开设职业教育课程,鼓励普通高中与职业学校资源共享。

六、创新发展职业教育

(十五)健全现代职业教育体系。各级政府要切实履行发展职业教育的责任,把发展职业教育纳入经济社会发展和产业发展规划,建立职业教育与普通教育互通融合、中等职业教育与高等职业教育相互衔接、学历教育与职业培训并举、适合终身教育需要的开放性现代职业教育体系,为榆林经济转型升级、建设能源化工基地输送实用性人才。严格执行就业准入资格制度,大力开展各种形式的职业培训,认真执行"先培训、后就业,先培训、后上岗"的规定,并将之纳入劳动监督范畴。加强市级统筹,打破县域、行业、部门、学校类型界限和保护壁垒,通过"合并、共建、联办、划转"等方式,优化整合职教资源。根据发展需求将部分中专学校或专业合并到榆林职业技术学院。各县区要按照统一管理,资源共享的要求,统筹整合电大工作站、教师进修学校(函授站)、农业广播学校、农业机械化学校、卫生(职业)学校等教育资源,有条件的县区重点建设好一所综合性职教中心,其他县办好一所职业中学。

(十六)加强职业教育基础能力建设。推进中等职业学校标准化建设,2015年,全市90%的中等职业学校达到国家设置标准;2020年,省级示范性中等职业学校达到9所,国家级示范性中等职业学校到达3所。启动实施"职业教育基础能力提升工程",重点加强职业教育实训基地、"双师型"教师队伍建设。2015年,建成榆林职业技术学院综合性实训基地,每个中等职业学校建好1个专业实训基地;全市建成35个省级示范(精品)专业,"双师型"教师达到职业学校教师总数的50%。

(十七)创新技能型人才培养模式。构建多元化职业教育培养模式,建立适应不同群体需求的灵活多样的技能型人才培养机制。以服务为宗旨,以就业为导向,实行工学结合、校企合作、顶岗实习的人才培养模式。创新教学方式,增强职业教育教学的针对性和实效性,更好地适应我市经济发展方式转变和产业结构调整需要。加强对人才培养的质量监控,完善具有职业教育特点的人才培养、选拔与评价体系,将毕业生职业道德、职业技能水平、就业率、就业质量、用人单位满意程度等作为衡量人才培养质量的重要指标,构建学校、行业、企业和其他社会组织多方参与的职业教育人才培养质量评价模式。大力推进职业教育集团建设,积极构建职业学校与企业一体化办学模式。组建以榆林职业技术学院为龙头的区域性职业教育集团。

(十八)增强职业教育服务"三农"功能。以服务"三农"为目标,加强农林中专学校和县区职教中心涉农专业建设。全面提升中等职业教育服务现代特色农业发展、服务新农村建设和农民技能培训的能力。建立以榆林职业技术学院为龙头,以县区职教中心为骨干,以乡村成人文化技术学校为辐射点的职业教育为农服务网络,深入推进"人人技能工程",积极实施"一网两工程"、"农村劳动力转移培训阳光工程",大力开展新型农民、农村实用人才和进城务工人员培训。

七、加快发展高等教育

(十九)提升高等教育综合实力。支持榆林学院的建设和发展,促进以能源化工为主的学科专业结构转型,支持申请举办医学本科和研究生教育,实现以培养本科生为主,适量招收研究生的培养层次升级,把榆林学院建成特色优势明显,以工为主,多学科协调发展的区域性应用型大学。加快榆林职业技术学院建设步伐,完善教学及生活设施,科学、合理设置专业。2011年秋季榆林校区开始招生,逐步推行中职毕业生注册入院学习制度。2015年,完成总体规划的全部建设项目,在校生达到5000名左右。2020年,努力把榆林职业技术学院建成设施优良、专业齐全、师资雄厚、特色鲜明的西部一流的职业技术学院。

(二十)提高服务经济社会发展的能力。充分发挥高等院校思想库、智囊团作用,利用其人才优势积极开展紧扣榆林经济社会发展的重点项目、重大课题攻关,加强运用研究,提供决策咨询,提高服务能力。积极推进产学研结合和科技成果转化,整合高等院校、科研院所、企业科技资源,完善自主创新与科技成果转化体系,逐步建立以政府为引导、企业为主体、高等院校和科研院所为支撑的产学研合作模式,服务和助推榆林经济社会持续发展。

八、积极发展继续教育

（二十一）构建终身教育服务平台。以加强人力资源建设为核心，大力发展非学历继续教育，稳步发展学历继续教育，重视老年教育。调动全社会发展继续教育的积极性，充分发挥学校教育、行业企业教育、社区教育、现代远程教育的作用，促进各种教育资源的整合与共享，构建社会化、信息化，覆盖城乡的继续教育网络，使城乡劳动力和社区各类人群都能得到生活和发展所需要的教育服务。2020年，全市从业人员继续教育年参与率达60%以上。

（二十二）创新继续教育推进机制。各级政府将继续教育发展纳入区域发展规划，强化跨部门的继续教育协调机制，统筹指导继续教育发展。建立成人继续教育学分积累与转换制度，推进不同类型继续教育学习成果的互认与衔接，构建通过各种学习渠道成才的"立交桥"。整合各类成人教育资源，办好广播电视大学榆林分校开放教育。以建设书香榆林为抓手，加快社区教育网络建设，推进学习型社区、乡镇和学习型家庭创建工作，丰富教育内容和学习形式，形成城乡一体化的社区教育发展格局。加快发展面向农村的成人教育，培养有文化、懂技术、会经营的新型农民。支持面向企业职工开展全面、持续的文化教育和技术培训，提高岗位适应能力和对新知识、新技术、新工艺的学习能力和实践水平。

九、加强教育改革创新

（二十三）创新人才培养模式。更新人才培养观念，树立全面发展观念，努力造就德智体美全面发展的高素质人才；树立人人成才观念，面向全体学生，促进学生成人成才；树立多样化人才观念，尊重个人选择，鼓励个性发展；树立终身学习观念，顺应时代发展，与时俱进；树立系统培养观念，推进小学、中学、高校有机衔接。构建多样化人才培养体系，推进各级各类学校纵向衔接、横向沟通，促进学校、家庭、社会密切配合，加强校际之间、校企之间、学校与科研机构之间的合作，形成体系开放、机制灵活、渠道互通、选择多样的人才培养体制。加强教育对外交流合作，构建榆林教育与教育发达地区和国家教育交流与合作平台，深化合作内涵，提高合作成效。

（二十四）深化教育管理体制改革。市政府统筹规划全市教育事业发展，合理确定各类学校办学规模，切实保障教育经费投入。建立"省市统筹、分级管理、分工负责、以县为主"的学前教育管理体制，注重发挥乡镇政府在发展农村学前教育中的作用。依法完善"以县为主"的义务教育管理体制，落实各级政府责任。撤销乡镇一级的教育管理机构，教育教学业务管理由乡镇中学校长或中心小学校长负责。乡镇政府要认真做好义务教育阶段学生控辍保学工作，统筹协调有关部门维护学校的治安、安全和正常教育教学秩序，多渠道筹措教育经费，改善农村中小学办学条件。完善"市县两级办学、分级管理、以县为主"的普通高中教育管理体制。健全"政府统筹、以市为主、行业参与、社会支持"的职业教育管理体制。转变政府教育管理职能，建立健全公共教育服务体系，提高公共教育服务水平。各级政府要改变直接管理学校的单一方式，综合运用拨款、规划、信息服务、政策指导和必要的行政措施管理学校。依法保障学校行使办学自主权，减少对学校不必要的行政干预。建立教育决策公示听证制度，重大教育政策出台前要公开讨论，广泛征求社会各界的意见。

（二十五）推动办学体制改革。坚持教育公益性原则，健全政府主导、社会参与、办学主体多元、办学形式多样、充满生机与活力的办学体制。建立依法办学、自主管理、民主监督、社会参与的现代学校制度。在部分公办学校推行合作办学、委托管理等改革试点，探索优秀学校托管薄弱学校、优秀校长管理多所学校改革试验，提高薄弱学校办学水平。鼓励和引导社会资金参与各级各类教育发展，满足人民群众多层次、多样化的教育需求。

（二十六）创新民办教育管理。坚持"积极鼓励、大力支持、正确引导、依法管理"的工作方针，积极发展民办学前教育，稳步发展民办中小学教育，规范发展民办中等职业教育，促进民办教育事业健康发展。严格民办学校准入制度，健全民办教育登记、变更、退出机制。建立民办学校办学风险防范机制和督导评估、信息公开制度。支持各类民办学校创新体制、机制和育人模式，提高质量，办出特色。依法落实民办学校、学生、教师与公办学校、学生、教师平等的法律地位，保障民办学校办学自主权。各县区根据实际情况，设立专项资金，支持民办教育发展。

（二十七）完善招生考试和评价制度改革。完善义务教育学校免试就近入学制度。完善中考制度改革和高中学业水平考试、理化生实验考核及综合素质评价制度。逐步推行优质普通高中招生计划向薄弱初中分配的办法，实行中等职业教育注册入学制度。深入实施招生考试"阳光工程"，公开名额分配，公开招生政策，公开程序和结果，自觉接受社会监督。加强考试制度建设，规范招生录取程序，强化诚信制度建设，坚决防范和严肃查处考试招生舞弊行为。建立科学、多样的教育质量和人才评价标准。开展由政府、学校、家长及社会各方面参与的教育质量评价活动。探索促进学生发展的多种评价方式，激励学生乐观向上、自主自立、努力成才。

（二十八）加强教育科学研究。强化教育创新意识，树立科研兴教、科研兴校观念，紧紧围绕区域经济社会发展需要，针对教育改革发展重大理论和现实问题，针对人民群众关注的教育热点难点问题，组织开展教育宏观政策和发展战略研究，提高教育决策科学化水平。加强教学研究，以课堂教学为主阵地、以有效教学为主题，深入推进基础教育课程改革。重视教育质量监测、分析和研究，改进教育质量监测内容和形式，定期发布监测报告。积极引进推广先进教科研成果，服务学校教学，提高教育质量。建立专、兼、群相结合的高素质教科研队伍。加强市、县、校三级教研机构和队伍建设，充分发挥教研机构研究、指导、服务的职能。成立榆林市教育科学研究所。

十、加强教师队伍建设

(二十九)加强师德师风建设。加强教师职业理想和职业道德教育,增强广大教师教书育人的使命感、责任感,引导和促使广大教师爱岗敬业、关爱学生、严谨笃学、自尊自律。建立有效的师德专项督查机制,把师德表现作为教师资格定期登记、岗位聘用、业绩考核和奖励惩戒的重要依据,实行师德一票否决制。定期开展师德标兵评选表彰活动,广泛宣传师德标兵的先进事迹,着力建设一支师德高尚、业务精湛、结构合理、充满活力的高素质教师队伍。

(三十)实施教师素质提升工程。加强各级教师培训基地建设,重点建成一批示范性县级教师进修学校。构建以继续教育中心(教师进修学校)为主阵地、教研和其他院校参与、职前与职后教育贯通、学历与非学历教育并举的教师教育体系,促进教师专业发展和终身学习。着力提高教师的学历层次和专业素质,2020 年,幼儿、小学教师专科及以上学历达到 95%,初中教师本科及以上学历达到 90%,普通高中、职业高中教师研究生及以上学历达到 15%,高等院校教师研究生及以上学历达到 80%。坚持五年一轮的教师培训制度,每个教师五年内应接受不低于 360 课时的培训。为适应教育国际化要求,选派骨干教师出境、出国培训,引进高水平外籍教师,吸引优秀留学人员来榆从教。

(三十一)创新教师管理体制。中小学和幼儿园教师实行“以县为主、县管校用”的管理体制,由市、县两级教育行政部门按照各自权属实行统一管理、聘用和调配。执行各级各类教师编制标准,不断优化教师资源配置,确保学校开齐开足课程。建立和完善老龄教师提前离岗休息制度,解决教师年龄结构、学科结构不合理问题。凡男年满 55 周岁、女年满 50 周岁,因身体原因不能坚持从事教育教学工作的教师,可自愿申请提前离岗,享受在职工资待遇,不再占编占岗(含专业技术职务岗位),到规定退休年龄时办理退休手续。建立教师职业良性流动机制,对不能适应教学工作的教师予以分流、转岗,保持教师新进、退出数量基本平衡。继续实施农村义务教育学校教师特设岗位计划,创新和完善农村教师补充机制,鼓励高校毕业生到农村边远地区任教。健全面向农村、边远地区和薄弱学校的帮扶机制和教师合理流动机制。完善城镇中小学教师到农村学校任教服务期制度,城镇中小学教师在评聘高级职称时,原则上要有两年以上在农村学校或薄弱学校任教经历。新任教师必须到农村中小学任教两年,并作为其职称评审、岗位聘用的必备条件。落实校长归口管理政策,中小学校长的选拔、任用、培训、考核、交流由教育行政部门负责。坚持中小学校长任职资格、业务培训和年度考核制度。全面落实中小学校长负责制、聘任制,按城乡、学段有序推行校长公开选拔和竞聘制度。完善和落实校长任期制,校长每届任期不超过 4 年,在同一学校任期时间不得超过 2 届。满 2 届后一般应予以转任或在辖区内同层次学校间交流。

(三十二)完善教师激励机制。鼓励教师和学校在实践中大胆探索,创新教育思想、教育模式和教育方法,形成教学特色和办学风格,造就一批地方教育家。大力表彰在教育教学中做出突出成绩的教师和教育工作者,在全社会形成浓厚的尊师重教良好氛围。开展“好校长、好教师、好学生”评选活动,组织实施名师、名校长培养计划,促进骨干教师梯队建设。健全教师职业保障机制。依法保障教师平均工资不低于或高于当地公务员平均工资水平,并逐步提高。从 2012 年起,全市中小学教师绩效工资总量提高 10%。中小学班主任津贴实行财政预算单列。对农村工作的教师,给予一定的交通补贴,并在工资、职务、职称晋升等方面实行倾斜政策。鼓励教师终身从教、世代从教。推进教师“安居工程”,优先为无住房教师提供廉租房、经济适用房等保障性住房。建设农村学校教师周转宿舍,改善农村教师工作、生活条件。

十一、大幅度增加教育投入

(三十三)保证教育投入稳定增长。各级政府把教育作为财政支出的重点领域予以优先保障,优化财政支出结构,年初预算和预算执行中的超收收入分配都要体现法定增长要求,依法确保教育经费“三个增长”。2011 年起,市、县区财政都要严格按照省上核定教育支出占财政支出的比例安排教育经费预算,并保持稳步提高。提高预算内计划投资用于教育支出的比例,从 2011 年起,市、县区预算内基本建设项目安排教育的比例不低于 20%。足额征收城市教育费附加,专项用于教育事业。开征地方教育费附加,制定地方教育费附加市、县区分成比例。土地出让金、城市基础设施配套费等政府性基金收入,按年初预算确定的教育支出占财政支出的比例分配用于教育。城市新建小区收取的中小学、幼儿园建设费用于教育基础设施配套建设。残疾人就业保障金按一定比例用于特殊教育学校开展培训。完善财政、税收、金融和土地等优惠政策,鼓励和引导社会力量捐资、出资办学。完善捐赠教育激励机制,落实个人教育公益性捐赠支出在所得税税前扣除的规定。落实教育建设项目减免收费的优惠政策。创新教育投入机制,成立榆林市教育基金会,积极引导企业和社会各界捐资助教。鼓励有条件的县区成立教育基金会。

(三十四)提高教育经费保障水平。依据国家规定和教育教学基本需要,核定并逐步提高各类学校生均公用经费基本标准和生均财政拨款标准,到 2015 年达到省内前列。实行城乡一体的公用经费核拨政策,到 2012 年,全市义务教育阶段生均公用经费补助标准达到小学 800 元、初中 1000 元,特殊教育学校高于初中标准。2012 年起,给城市义务教育阶段学生免费提供教科书;给全市义务教育阶段学生免费提供教辅资料、学具、寒暑假作业等。2011 年秋季学期起,实施学前一年免费教育,逐步扩大免费范围。加大对职业教育经费投入,认真执行城市教育费附加 30% 用于职业教育的规定。实施“百亿教育强市工程”,合理配置公共教育资源,集中解决教育改革发展中的突出问题,促进各类教育协调发展。市、县区要设立教师培训、教科研、教育督导、教育信息化和职业教育等专款，形成教育投入长效机制。完善经济困难学生资助体系，加大对家庭经济困难学生的资助力度。对农村家庭经济困难和城镇低保家庭子女接受学前教育予以资助，逐步提高农村义务教育家庭困难寄宿生生活费补助标准。建立健全普通高中家庭经济困难学生资助制度，并逐步扩大资助面。完善中等职业学校、高等职业学校和普通高校家庭经济困难学生资助政策体系，推进生源地助学贷款。鼓励各县区根据经济发展水平和财力状况，探索试行更加普惠的资助政策。

（三十五）加强教育投入和经费使用监督管理。建立责权一致，事权和财权统一的教育经费管理体制，教育经费安排使用由教育行政部门拟订意见，商同级财政等相关部门下达。建立政府教育经费增长考核制度，将教育投入纳入市委、市政府对县区党委、政府的年度目标任务考核体系，并把落实情况作为政绩考核、干部任用和分配教育专项资金的重要依据。建立教育经费统计公告制度，主动接受社会监督。严格执行国家财政资金管理法律制度和财经纪律，加强财务监管。完善学校投融资和财务风险预警机制，严格控制各级各类公办学校举债办学。建立学校年度审计制度，确保经费使用安全、规范、有效。建立经费使用绩效评价制度，加强重大项目经费使用考评，提高经费使用效益。创新学校财务资产管理模式，建立健全学校国有资产配置、使用、处置管理制度，防止国有资产流失，提高资产使用效益。规范学校收费行为和收费资金使用管理，加强对教育投入和经费使用的监督检查，坚决查处截留、挤占、挪用教育经费和学校资源等违法违规行为。坚持勤俭办学，建设节约型学校。

十二、加快教育信息化进程

（三十六）加快教育信息化基础设施建设。加快基础教育专网建设，推动覆盖城乡各级各类学校信息化基础设施建设。推进各级教育局域网和数字化校园建设，乡镇中心小学以上学校建成局域网或校园网，并实现多种方式接入互联网。推进农村中小学网络环境下的“班班通”建设，逐步实现每个班都能开展多媒体教学。积极构建教育信息化公共服务体系，推进综合电子政务管理平台和教育科研服务平台建设，不断提高教育管理和服务的现代化水平。

（三十七）提高教育技术现代化资源开发和应用水平。完善教育资源规划、研究、开发、应用体系。加强网络教学资源库建设，引进优质数字化教学资源，实现数字化资源共享。开发网络学习课程，建立数字图书馆和虚拟实验室。加强电教机构建设，将市电化教育馆由科级升格为副县级建制。加强电教队伍建设，足额配置各级教育信息专业技术人员。加强教师教育技术能力培训，提高教师运用现代教育技术能力，推动学科教学与信息资源的有机整合，提高教学效率。加强学校信息技术课教学，鼓励学生利用信息技术手段主动学习、自主学习，提高运用信息技术分析和解决问题的能力。

十三、全面推进依法治教

（三十八）全面推进依法行政。各级政府要按照建设法治政府的要求，依法履行教育职责。探索教育行政执法体制机制改革，落实教育行政执法责任制，及时查处违反教育法律法规、侵害受教育者权益、侵害教师、扰乱教育秩序等行为，依法维护学校、学生、教师、校长和举办者的权益。完善教育信息公开制度，保障公众对教育的知情权、参与权和监督权。

（三十九）大力推进依法治校。学校要建立和完善符合法律规定、体现自身特色的学校规章和制度，切实履行教育教学和管理职责。依法建立健全教职工代表大会制度，凡涉及学校改革发展的重大问题和教职工的切身利益问题，都要提交教职工代表大会或教职工大会讨论，不断提高学校管理的科学化、民主化水平。保障学生的受教育权，对学生实施的奖励与处分要符合公平、公正原则。开展校园普法教育，不断提高师生法律素质和公民意识。

（四十）加强教育督导和监督问责。完善教育督导管理体制，设置相对独立的教育督导机构，将榆林市教育督导室更名为榆林市人民政府教育督导室。推进各级政府教育督导机构的标准化建设。建立专兼职教育督导队伍，市、县区设立一定数量的专职督学，选聘一定数量的兼职督学。进一步落实教育督导制度，坚持督政与督学、评估与监测、监督与指导并重。建立对各级政府教育管理目标的考核制度，实行对县区党委、政府优先发展教育五年一轮的责任考核。强化对政府落实教育法律法规和政策情况的督导检查，建立督导检查结果公告制度和限期整改制度。完善督学责任区制度，构建规范办学行为和促进义务教育均衡发展、控辍保学等教育难点热点工作督导检查的长效机制。建立社会督察员制度，强化社会监督。

十四、实施重点项目和改革试点

（四十一）组织实施重点项目。根据我市教育发展目标，着力加强教育事业的重点领域和薄弱环节，组织实施“百亿教育强市工程”，完成一批重点项目建设。

——学前教育推进工程。实施学前教育三年行动计划，新建、改扩建公办幼儿园 244 所，按标准配齐教学及活动设施设备。基本形成覆盖城乡、布局合理、适度超前、充满活力的学前教育公共服务体系。

——义务教育学校标准化建设工程。新建、改扩建 149 所中小学，使学校的校舍、师资、教学仪器设备、图书、体育场馆等达到省颁标准。

——高中教育质量提升工程。集中改善普通高中学校尤其是薄弱高中的办学条件，重点加强实验室、图书馆、通用技术教室等建设。加强学校管理，深化课程改革，完善综合素质评价和学业水平考试制度；确立区域教育品牌发展战略，推动学校特色发展。

——榆林城区学校建设工程。制定榆林城区学校建设实施方案，新建、改扩建 42 所中小学和幼儿园。优化榆

林城区教育资源均衡配置，着力解决城区“上学难”、“大班额”问题

——职业教育基础能力提升工程。重点建设开放共享的职业教育综合性、专业性实训基地；加强“双师型”教师培训。支持中等职业教育改革示范校和优质特色校建设；支持榆林职业技术学院建设；推进职业教育集团建设。

——特殊教育学校建设工程。新建4所聋哑学校，使全市特教学校达到8所；重点装备特教学校的教学、康复训练设施设备。

——中小学教师素质提升工程。开展中小学教师、班主任和校长全员培训，提高教师业务水平；加强农村中小学薄弱学科教师队伍建设。推进市级教师培训机构标准化和省级示范性县区教师进修学校建设。

——教育信息化建设工程。建设和完善全市基础教育专网、教育局域网；建设覆盖各级各类教育的数字化教学资源库和公共服务平台；提高中小学每百名学生计算机拥有量，为农村中小学班班配备多媒体远程教学设备；建成全市学生综合素质评价电子信息系统、市级教育基础信息库以及教育质量、学生流动、资源配置和毕业生就业状况等监测分析系统。

（四十二）开展教育改革试点工作。成立市教育改革和发展领导小组，统筹指导教育体制改革工作。试点改革坚持全市整体推进与部分县区、学校先行先试相结合的原则，统筹安排，分步实施。

——学前教育办园体制改革。建立政府主导、社会参与、公办民办并举的办园体制，大力发展公办幼儿园，积极扶持民办幼儿园。完善学前教育成本合理分担机制。积极探索民办公助、公有民办、购买服务等办园模式。

——统筹城乡教育一体化改革。科学制定学校布局调整规划和基本建设规划。统筹配置城乡教育资源，在财政拨款、学校建设、教师配置等方面向农村倾斜。

——减轻义务教育阶段学生过重课业负担改革。坚持统筹规划、整体推进、标本兼治、综合治理的原则，探索政府、学校、家庭、社会共同减轻学生过重课业负担的方法和途径。

——职业教育集团化办学模式改革。探索建立学校联合、行业指导、企业参与、资源共享的集团化办学模式，形成行业性和区域性职业教育集团互相补充、共同发展的办学机制。

——中小学教师全员培训模式改革。完善省、市、县、校四级教师培训机制，采取集中培训与送教下乡相结合、理论培训与课例研讨相结合、系统培训与专题研训相结合、专家讲授与展示交流相结合的培训方式，建立和完善校本研训制度，形成促进教师专业发展的长效机制。

——教育人事制度改革。建立以激励为导向，重师德、重业绩的教师绩效考核机制，探索吸引优秀人才从教的政策措施，完善中小学岗位设置管理制度，探索建立教师定期交流、支教服务机制，完善教师准入和退出机制。

十五、切实加强组织领导

（四十三）加强对教育工作的领导。百年大计，教育为本。加快建设教育强市、率先基本实现教育现代化，是全市各级党委、政府的一项重要任务，也是全社会的一件大事。各级党委、政府和有关部门及各级各类学校必须把推动教育优先发展、科学发展作为重要职责，全面贯彻落实《教育规划纲要》、陕西省实施意见和本《决定》，解放思想、勇于创新，结合当地实际，制定本县区、本部门、本单位的实施方案，并认真组织实施。

（四十四）加强学校党建工作。加强各级各类学校党组织的思想建设、组织建设、作风建设、制度建设和廉政建设，充分发挥学校党组织在学校工作中的政治核心作用。加强学校领导班子和干部队伍建设，不断提高思想政治素质、办学治校和驾驭复杂局面的能力。重视学校工会、共青团、少先队和学生会工作。加强民办学校党建工作。加强教育系统党风廉政建设和行风建设，完善体现教育系统特点的惩治和预防腐败体系，积极推行政务公开、校务公开，加强民主监督，坚决惩治腐败，坚决纠正损害群众利益的各种不正之风。

（四十五）积极构建平安和谐校园。加强师生安全教育和学校安全管理，深入开展文明校园、绿色校园、和谐校园、平安校园等创建活动。落实校园安全稳定工作责任制，完善矛盾纠纷排查化解机制和学校突发事件应急处理机制，妥善处置各种事端。加强学校安全基础能力建设，完善人防、物防、技防措施。学校、幼儿园设置治安保卫机构，配备专、兼职安保人员。做好教职工的安全培训和学生的应急演练，提高预防灾害、应急避险和防范违法犯罪活动的能力。加强校园和周边环境治安综合治理，坚决消除影响校园安全稳定的因素，严肃查处学校安全责任事故。

附件：榆林市教育事业发展主要目标

榆林市教育事业发展主要目标

指标	2010年	2015年	2020年
学前教育			
幼儿在园人数（万人）	7.97	10.30	11.40
学前三年毛入园率（%）	61.10	85.00	95.20

指标	2010年	2015年	2020年
九年义务教育 在校生(万人) 巩固率(%)	41.30 98.20	41.20 99.50	41.25 99.90
高中阶段教育 在校生(万人) 毛入学率(%)	14.09 81.50	12.30 96.0	12.60 98.00
职业教育 中等职业教育在校生(万人) 高等职业教育在校生(万人)	4.90 0.03	4.60 0.50	4.50 1.00
高等教育 毛入学率(%)	27.80	49.10	60.10
继续教育 从业人员继续教育(万人次)	38.60	45.00	65.00
人力资源开发 主要劳动年龄人口平均受教育年限(年) 新增劳动力平均受教育年限(年)	12.50 14.22	12.88 14.45	13.20 14.90
教师队伍建设 幼儿教育专科及以上学历(学位)(%) 小学教师专科及以上学历(学位)(%) 初中教师本科及以上学历(学位)(%) 普通高中教师研究生学历(学位)(%) 职业高中教师研究生学历(学位)(%) 高等院校教师研究生学历(学位)(%)	62.20 81.90 69.70 0.02 0.01 48.05	85.00 85.00 80.00 8.00 7.00 65.00	95.00 95.00 90.00 15.00 15.00 80.00

中共榆林市委印发《关于中国共产党成立90周年纪念活动的安排意见》的通知

榆发〔2011〕3号

各县区委，市委各部门，市级国家机关各部门党组，各人民团体党组：

《关于中国共产党成立90周年纪念活动的安排意见》已经市委同意，现印发给你们，请结合实际，认真贯彻落实。

中共榆林市委　2011年5月11日

关于中国共产党成立90周年纪念活动的安排意见

2011年是中国共产党成立90周年，也是实施“十二五”规划的开局之年。隆重热烈地纪念中国共产党成立90周年，大力宣传党的光荣历史和丰功伟绩，充分展示我市新时期各条战线基层党组织和广大共产党员的精神风貌和良好形象，对于高举中国特色社会主义伟大旗帜，坚持马克思主义、毛泽东思想、邓小平理论和“三个代表”重要思想为指导，深入贯彻落实科学发展观，着力实施“十二五”规划战略部署，全面推进党的建设新的伟大工程，全面推进我市经济社会发展，具有十分重要的意义。根据《中共陕西省委关于中国共共产党成立90周年纪念活动的安排意见的通知》(陕发〔2011〕4号)精神，结合我市实际，现就我市中国共产党成立90周年纪念活动提出如下安排意见。

一、召开榆林市纪念中国共产党成立90周年大会

2011年6月29日，市委在市委会议中心召开榆林市纪念中国共产党成立90周年大会。市委书记发表重要讲话；市委、市人大、市政府、市政协、榆林军分区的领导同志，市委各部门、市级国家机关各部门和各人民团体的负责同志，党内老同志代表，市级各民主党派、无党派人士和工商联代表以及各界群众代表约400人出席。会上对先进基层党组织、优秀共产党员、优秀党务工作者进行表彰。大会的组织工作由市委办公室负责，表彰的组织工作由市

委组织部负责。

二、召开建党90周年理论研讨会

2011年7月1日前后，由市委宣传部、市委组织部、市委党校、市委党史研究室、榆林军分区政治部联合召开纪念中国共产党成立90周年理论研讨会。会议筹备和组织工作由市委宣传部牵头负责。

三、召开相关座谈会

2011年7月1日前后，由市委组织部召开优秀共产党员代表纪念中国共产党成立90周年座谈会；由市委统战部商市级各民主党派、无党派人士和工商联召开各界人士纪念纪念中国共产成立90周年座谈会。

四、举办建党90周年文艺晚会

2011年6月28日晚，市委宣传部、市文广局、榆林军分区和榆阳区联合举办榆林市纪念中国共产党成立90周年文艺晚会。市委、市人大、市政府、市政协、榆林军分区的领导同志，市委各部门、市级国家机关各部门和各人民团体的负责同志，党内老同志代表，市委表彰的先进基层党组织、优秀共产党员和优秀党务工作者代表，市级各民主党派、无党派人士和工商联代表以及各界群众代表出席。晚会筹备组织工作由市委办公室、市委宣传部、市文广局负责，榆林电视台负责晚会的全程录像。

五、开展纪念建党90周年系列文化教育活动

1. 2011年5月份开始，举办“纪念建党90周年书香榆林书画展”，邀请省内外著名书画家来榆林办展。市委宣传部、市文广局、市文联负责。

2. 组织开展“唱红歌”系列活动。2011年五一劳动节前后，广泛动员各大企业组建“职工红歌合唱队”，举行榆林市职工红歌演唱会。书香榆林建设指导委员会、榆林市总工会负责。2011年5—7月份，市直各部门组建“机关干部合唱队”，在“七一·建党节”组织唱红歌比赛。书香榆林建设指导委员会、市直机关工委负责。2011年5—9月份，在学校和少年宫组建“红歌合唱团”和“红领巾小社团”，开展“歌唱祖国庆六一”、“祖孙三代唱红歌”、“妈妈教我一支歌”等少儿红歌会活动。团市委、市妇联、市教育局负责。2011年4—12月份，组建“业余红歌合唱队”，在社区活动中心和广场、公园等公开场所定期彩排演练，扩大“唱红歌”活动的辐射力和影响力。市妇联负责。

3. 组织开展以“总结党的历史经验，推动经济社会全面发展“为主题的纪念建党90周年征文活动、知识竞赛。市委党史研究室、榆林日报社负责。

4. 2011年“七一·建党节”前，推出纪念建党90周年献礼片—电视系列片“光辉的足迹—重走转战陕北之路”。该片以毛主席和党中央当年转战陕北期间在我市战斗生活过的地方为线索，通过重温历史，全面展示我市各县区的发展变化，感受中国共产党的光荣、正确与伟大。市委宣传部、市文广局、榆林电视台负责。

六、新闻媒体要集中开展宣传活动

5至8月份，市上主要报刊要集中组织发表一批纪念中国共产党成立90周年的文章，包括请党内老同志撰写的回忆文章，对优秀共产党员的采访文章和有关理论文章等。市级各媒体普遍开设“党旗飘飘”、“我身边的共产党员”等专题专栏；开辟《红歌展播》特别专栏，制作主题栏目《红色音乐人》。

七、广泛开展群众性纪念活动

各县区、各部门要按照中央、省委和市委要求，以纪念中国共产党成立90周年为主题，开展丰富多彩、生动活泼的宣传教育活动。在“七一”前夕，普遍开展走访老党员、老干部活动。以迎接建党90周年为契机，在全市各条战线党的基层组织和广大共产党员中深入开展“为民服务、五比五争”主题实践活动。立足城市社区、农村、企业、学校、机关等基层单位，在党员、群众、青少年特别是大中小学生中，大力开展各具特色的宣传教育活动，吸引广大群众积极参与。有针对性地开展纪念征文、知识竞赛、群众歌咏、报告会、座谈会、红色旅游、主题实践等群众喜闻乐见的活动，充分利用互联网、手机等新兴媒体进行宣传教育，加深干部群众对党的历史、党的知识和党的理论路线方针政策的认识。工会、共青团、妇联等群众团体，要结合各自的特点，广泛开展多种形式的群众性宣传教育活动。

市上纪念活动的协调工作由市委办公室负责，宣传报道工作由市委宣传部负责，所需经费由各部门专项报市财政局解决。

纪念中国共产党成立90周年的活动，要按照隆重热烈、注重效果、勤俭节约的原则进行，突出活动的教育意义和感染力、说服力。各县区、各有关部门可根据实际情况，将纪念活动与书香榆林建设有关活动相结合进行。任何部门和单位不得借纪念活动的名义从事商业性活动，不得制作涉及纪念活动的金箔、金币等贵重纪念品，坚决防止形式主义和铺张浪费。

中共榆林市委关于贯彻落实党的十七届六中全会精神推动文化大发展大繁荣的实施意见

（榆发〔2012〕4号　2012年9月21日）

为深入贯彻党的十七届六中全会精神，全面落实《中共中央关于深化文化体制改革、推动社会主义文化大发展大繁荣若干重大问题的决定》（以下简称《决定》）和《中共陕西省委关于贯彻落实＜中共中央关于深化文化体制改革、推动社会主义文化大发展大繁荣若干重大问题的决定＞的实施意见》，结合我市实际，提出如下实施意见。

一、推动我市文化大发展大繁荣的总体要求

（一）指导思想。全面贯彻党的十七届六中全会、省十二次党代会和市第三次党代会精神，深入贯彻落实科学发展观，坚持社会主义先进文化前进方向，以科学发展、富民

强市、建设幸福榆林为主题,以改革创新为动力,以社会主义核心价值体系建设为根本任务,以满足人民精神文化需求为出发点和落脚点,提高全市人民思想道德素质和科学文化素质,加快推进西部文化大市建设。

(二)主要目标。到2020年,建成与我市经济社会发展水平相适应的文化发展格局,文化建设的各项主要指标处于全省前列。社会主义核心价值体系建设深入推进,公民思想道德素质明显提高;文化产品更加丰富,书香榆林建设深入推进,红色文化建设卓有成效;公益性文化事业进一步繁荣,覆盖全市城乡的公共文化服务体系全面建立;文化产业快速发展,2015年实现增加值占全市GDP力争达到1.2%,为成为国民经济重要的支柱性产业奠定基础。2020年文化产业增加值在"十二五"的基础上再翻一番,文化管理体制和文化产品生产经营机制充满活力、富有效率;文化交流更加活跃,榆林文化对外影响力不断扩大;文化繁荣发展的人才保障更加有力。

(三)基本原则。一是坚持"二为"方向和"双百"方针,在全社会形成积极向上的精神追求和健康文明的生活方式。二是坚持以人为本,发挥人民群众在文化建设中的主体作用,坚持文化发展为了人民、依靠人民,文化发展成果由人民共享。三是把社会效益放在首位,努力实现社会效益和经济效益有机统一。四是坚持改革开放,大力推动体制机制创新,不断解放和发展文化生产力。五是坚持统筹兼顾,统筹文化建设,实现协调发展。

二、实施建设文化大市"十大工程"

(一)核心价值引领工程。把社会主义核心价值体系融入国民教育、精神文明建设和党的建设全过程,体现到精神文化产品创作生产传播各方面。坚持以社会主义核心价值体系主导文化建设,引领社会思潮,不断巩固全市人民团结奋斗的共同思想道德基础。

1. 开展"信仰、信念、信心"系列宣传教育。全面贯彻《社会主义核心价值体系建设实施纲要》。开展坚定马克思主义信仰、坚定社会主义和共产主义信念、坚定走中国特色社会主义道路信心的"三信"宣传教育活动。开展社会主义核心价值体系进教材、进课堂、进机关、进企业、进社区、进乡村、进家庭活动。大力弘扬陕西精神、延安精神,凝练、宣传"榆林精神"。深入开展"热爱榆林、建设榆林、奉献榆林"系列主题教育实践活动,增强全市人民的自信心、自豪感。

2. 深化公民道德建设活动。深入开展社会主义荣辱观宣传教育,深化群众性精神文明创建活动,加强志愿者服务队伍建设,评选表彰道德模范,学习宣传先进典型。促进学雷锋活动常态化。2013年底榆林建成省级文明城市。加强诚信榆林建设。全面推进学校德育体系建设,构建学校、家庭、社会紧密协作的教育网络,每年办一批有利于青少年健康成长的实事好事。

(二)宣传舆论导向工程。把握正确导向,提高舆论引导能力,使各类宣传文化阵地,各种文化产品和服务始终弘扬社会主义核心价值观念,传播社会主义先进文化,为建设幸福榆林营造良好舆论氛围。

1. 加强和改进新闻舆论工作。提高舆论引导水平,加强和改进舆论监督。建立完善重大突发事件新闻应急体系,完善党委政府新闻发布制度,健全新闻发布工作机构。建立完善新闻通气会、新闻阅评、新闻队伍培训、舆情信息监测和报送制度,推动各类媒体准确传播信息,自觉抵制错误观点,坚决杜绝虚假新闻。

2. 发展现代传播体系。加大投入,重点扶持榆林日报、榆林广播电视台、榆林新闻网等做大做强,着力打造一批精品栏目和节目,充分发挥主流媒体的优势和作用。推动传统媒体与新兴媒体融合,发展多媒体广播电视。加快有线电视双向化改造和农村数字广播电视网络建设,大力发展农村数字广播电视用户。

3. 推进网络文化建设。加强网上思想文化阵地建设,支持重点新闻网站发展,开展文明网站创建活动,组建网络协会。加强对社交网络和即时通信工具等的引导和管理,规范网上信息传播秩序,培育文明理性的网络环境。健全网上舆情监测和应对联动机制,正确引导突发事件和社会热点。进一步建立健全市、县互联网综合管理协调机构,加强工作力量和经费保障。

4. 扩大对外宣传和文化交流。制定并落实对外宣传和文化交流规划,每年推出一批优秀的外宣图书、音像制品等。准确定位城市形象和精神风貌,积极搭建多层次、多渠道的展示平台,加强城市形象的营销推介,提高榆林的知名度和美誉度。组织好各级媒体榆林行活动。举办榆林文化周等文化交流展示活动,推动榆林文化走向陕西、走向全国。

(三)书香榆林提升工程。以"书香机关、书香企业、书香校园、书香社区、书香新村、书香军营、书香家庭、书香广场、书香公园、书香门店"十大载体为重点,努力形成"人人读书学习,处处崇尚知识"的社会文化氛围。

1. 继续建设十大书香阵地。充分发挥"书香榆林"建设指导委员会的作用,通过开展"阅读·进步·和谐"、"书香榆林伴我成长成才"、"职工素质工程"、"新农村·新农民"、"与孩子一起阅读"等主题读书教育活动,推动书香榆林十大阵地建设。

2. 推进书香榆林"物化"工作进程。紧紧围绕全市中心工作,加快推进书香榆林"物化"工作进程,有效提高读书学习成果转化,加强学习力,提升软实力,增强竞争力。

3. 以学习型党组织建设带动书香榆林建设。以各级领导班子、领导干部为重点,深化学习型党组织建设,推动马克思主义学习型政党建设。创新形式,完善制度,进一步加强党委(党组)中心组学习。及时推出善于学习、学用结合的先进典型。建立书香榆林考评制度,提高干部群众的科学文化素质,形成重视学习、崇尚学习的浓厚风气。

(四)文化精品繁荣工程。全面贯彻"二为"方向和"双百"方针,推出更多具有中华气派、榆林特色的精品力作,发挥文化引领风尚、教育人民、服务社会、推动发展的作用。

1. 繁荣哲学社会科学。加强市社科联组织机构建设，建立“榆林市哲学社会科学人才库”，加大对服务榆林经济社会发展研究项目的支持力度，推出更多有分量、有影响的哲学社会科学优秀成果。建立市级哲学社会科学规划年度专项经费稳定增长机制。开展社科知识普及宣传，推进党的社科创新理论成果大众化、普及化。

2. 创作生产更多的文化精品。充分利用丰富的文化资源优势，挖掘打造边塞文化、红色文化、能源文化、黄土风情文化等品牌。实施文艺精品战略工程，力争每年推出一批有较大影响的文学、戏剧、电影、电视等文化艺术精品。

3. 建立完善文化产品激励机制和评价体系。加大对文化精品支持力度，出台文化精品项目扶持奖励办法。规范和改进评奖活动，发挥好引导、激励作用，开展榆林文化艺术奖评选活动。主流媒体、公共文化场所要主动为优秀文化产品宣传推介和展演展映展播展览提供支持。

（五）文化遗产保护工程。坚持保护利用、普及弘扬并重，进一步挖掘和阐发优秀传统文化的思想价值，使优秀传统文化成为新时代鼓舞全市人民前进的精神力量。

1. 提高文物保护利用水平。启动榆林长城保护工程和统万城申报世界文化遗产工作。设立文物保护专项资金，全面修复榆林卫城城墙，积极实施国家级文物保护单位抢救性保护工程、省级文物保护单位维修工程，加大对市级文物的维修力度。加快推进榆林博物馆建设，积极扶持民办博物馆发展。实施“历史文化名城、名镇、名村”保护建设工程。

2. 加强非物质文化遗产保护。加大投入，做好陕北民歌等非遗项目的保护传承与开发利用工作。设立市县“非遗保护工程”专项资金，加大古城步行街改造力度，在步行街建设一批重点非遗展示馆、传习馆（所）。完善市、县（区）非物质文化遗产保护名录体系和传承机制。

3. 落实陕北文化生态保护实验区保护工作。建设陕北文化生态保护实验区——榆林区，建立健全领导、协调机制，成立由市政府主要领导担任组长，市委、政府分管领导任副组长，各有关单位和县区为成员的榆林市陕北文化生态保护区工作领导小组。制定《陕北文化生态保护——榆林区建设规划》、《榆林市非物质文化遗产保护规划》、《榆林市各级代表性传承人保护规划》等陕北文化生态保护实验区—榆林区科学保护系列规划。市县（区）两级政府设立陕北文化生态保护实验区专项资金。

4. 推进优秀传统文化教育普及。广泛开展优秀传统文化教育普及活动，与有关科研院校合作，建立一批优秀传统文化教学研究基地。加强爱国主义教育基地建设，设立市级爱国主义教育基地陈列布展、文物征集专项经费。传承中华民族的传统文化，积极组织开展“我们的节日”主题活动。出台扶持民间剧团、农村业余演出队、自乐班、文学社团等群众性文化团体的发展政策措施。

（六）公共文化服务工程。把加强公共文化服务作为实现人民基本文化权益的主要途径。坚持以政府为主导，按照公益性、基本性、均等性、便利性的要求，加强文化基础设施建设，完善公共文化服务网络，让群众广泛享有优惠或免费的基本公共文化服务。

1. 完善文化基础设施。按照“在建一批、储备一批、预研一批”的原则，开展全市文化基础设施项目库建设。加快实施榆林文化艺术中心、博物馆、图书馆、新闻大厦、镇北台长城博物馆、科技馆、广播电视发射塔、镇北台文化广场、榆林民俗博物馆、榆林文艺家之家等一批重大文化设施项目。合理规划县级文化馆、图书馆、文化站、村文化室建设布局规模，防止造成资源浪费。

2. 提高公共文化服务水平。2015 年前基本建成覆盖城乡、结构合理、功能健全、实用高效的公共文化服务体系。坚持把公共文化设施建设纳入国民经济和社会发展规划、城市（镇）总体规划、近期建设规划和年度计划。加强公共文化馆、图书馆、博物馆、纪念馆、科技馆、工人文化宫、青少年宫、乡镇（街道）综合文化站、村（社区）文化活动室等公共文化服务设施建设，2015 年前各县（区）实现建有较高标准的文化馆、图书馆、博物馆，实现乡乡（街道）有综合文化站、村村有文化活动室，不断扩大向社会免费开放，提高服务质量和水平。深入推进农村广播电视“户户通”服务机构建设。鼓励其他国有文化单位、教育机构等对社会开放各类文化体育设施，开展公益性文化活动。

3. 加强农村基层和城市社区文化建设。落实省、市加强农村精神文明建设的《实施意见》，优化农村环境，繁荣农村文化，提高农民文化生活质量。把支持农村文化建设作为创建文明城市的基本指标。把农民工纳入城市公共文化服务体系。市县（区）两级设立农村文化建设专项资金。组织示范性、导向性、普及性群众文化活动。

（七）文化产业发展工程。把文化产业作为我市转变发展方式和调整产业结构的突破口，按照全面协调可持续的要求，推动实现跨越式发展，力争保持年均增速 30% 以上，使文化产业成为我市国民经济新的增长点。

1. 构建现代文化产业体系。加快推进文化产业的市场化进程，通过政府推动，构建文化产业发展平台。建立文化产业发展基金，每年安排一定数额的资金支持文化产业发展，适时成立榆林市文化产业投资公司。市政府出台鼓励文化产业发展的优惠政策，通过贴息、补助、奖励等方式，支持重大文化产业项目建设。2015 年前榆林城区、各县建成 1—2 个有一定规模的演出场所。建立完善文化及相关产业统计指标体系和工作机制。制定鼓励和支持区县发展文化产业的意见。

2. 培育骨干文化企业。做大做强榆林市广电（集团）传媒有限公司、榆林民间艺术团有限公司、榆林文工团有限公司、榆林电影传媒有限公司、榆林日报社印务有限责任公司等国有文化企业。扶持一批民营骨干文化企业，积极落实支持非公有制文化企业发展的各项政策措施。进一步发展与国内外知名文化企业的战略合作伙伴关系。

3. 实施项目带动战略。全面实施《榆林市"十二五"规划》中列入的各类文化建设项目，建立文化项目领导包抓机制。加大文化产业招商引资力度，把文化产业项目纳入各级政府对外招商引资工作。支持各县区发展各具特色的区域文化产业。以打造特色文化品牌为引领，重点建设八大文化园区，建设陕北文化影视基地等文化产业基地。2015 年前，策划建成 1—2 个具有集聚效益、特色鲜明的重点文化产业园区。各县区也要结合实际，实施一批重点文化产业项目。

4. 扩大文化消费。创新文化产品和服务，优化文化消费意识，在旅游、休闲、教育、科技、健身等服务业中增加文化内涵，培育新的消费热点。加快培育城市社区、农村文化消费市场，引导文化企业投资兴建大众文化消费场所。发挥旅游对文化消费的促进作用，大力发展特色文化旅游项目，做大做强民俗文化旅游。

（八）红色文化建设工程。以"政府引导、社会动员、载体推动、全民参与"为运行机制，全面推进红色文化阵地建设，开展红色文化教育，大力弘扬延安精神。

1. 全面开展红色文化教育。利用我市各种红色资源，建立长效机制，在党员干部中深入持久地开展延安精神再教育。通过弘扬延安精神和开展红色文化教育，全面提升干部群众思想道德素质。

2. 积极推进红色文化阵地建设。搞好总体规划和教育基地建设，加大资金投入力度，打造榆林红色名片、文化品牌。财政设立专项资金，尽力抢救、保护、利用好革命旧址、历史遗址、文化遗产。尽快启动"榆林革命纪念馆"建设工作。

3. 大力发展红色文化产业。加快红色文化产业发展，制定红色文化发展优惠政策，鼓励社会办文化，培养一批红色文化经营实体。大力发展红色文化旅游业。

（九）文化改革创新工程。深化文化体制改革，解放和发展文化生产力，加快形成科学有效的宏观文化管理体制和富有效率的文化微观运行机制，形成有利于出精品、出人才、出效益的文化发展环境。

1. 深化国有文化单位改革。继续深化和完善文化体制改革的各项工作。全面建立规范的现代企业制度，培育合格市场主体。指导推进县区文化体制改革继续深化。

2. 创新文化管理体制。加快政府职能转变，强化政策调节、市场监管、社会管理、公共服务职能，推进政企、政事分开，理顺政府与文化企事业单位的关系。建立、完善管人管事管资产管导向相结合的国有文化资产管理体制。市上成立由宣传、财政、文广等有关行政主管部门组成的国有文化资产监督管理领导机构，办公室设在市财政局，履行国有经营性文化单位国有资产监管职责，确保国有文化资产保值增值。

3. 推动文化科技创新。加快发展文化创意等新兴文化业态。促进文化与旅游、体育、信息、物流、建筑等产业的融合发展，提高相关产业的文化含量。依托高新技术园区、经济开发区、文化产业园区建立文化和科技融合示范基地。推动文化创新，设立榆林文化创新奖，营造崇尚文化创新的社会氛围，推动文化创新成果的运用和推广。

4. 编制文化建设发展规划。立足文化大市建设目标，和国内外知名战略咨询研究机构合作，编制榆林市文化产业发展规划、榆林市"十二五"文化大市建设规划等发展战略。依托高等院校、文化创意研究机构、知名文化企业等组建榆林文化产业研究中心，为我市发展文化产业提供规划策划、人才培养、文化品牌设计、决策咨询、项目创意、文化产品推介等服务。

（十）文化人才建设工程。实施人才兴文战略，全面贯彻党管人才原则，培养一支德才兼备、锐意创新、结构合理、规模宏大的文化人才队伍，把榆林打造成富有吸引力、竞争力、创造力的文化人才聚集地。

1. 培育文化领军人物和高素质文化人才队伍。实施塞上文化名家创新工程和"四个一批"人才培养工程，建立专业文化人才、文化经营管理人才库，完善培养、流动、任用、激励等机制，深化职称评审改革，为优秀人才脱颖而出、施展才干创造有利制度环境。创新人才培养模式，实施高端紧缺文化人才培养、引进计划，培养一批层次高影响大的理论家、名记者名编辑名主持人、出版家、作家艺术家、文化经营管理专家、文化专门技术专家等，重点培养、重点管理、重点使用、重点资助。积极探索建立民间艺人等体制外文化人才管理机制，充分发挥其作用。推进高校、文化企事业单位共建文化人才培养基地。

2. 壮大基层文化人才队伍。全面落实中省市《加强县级和城乡基层宣传文化队伍建设实施意见》，健全乡镇宣传文化工作机构，配好配齐乡（镇）、街道党委专职宣传委员、宣传干事和乡镇综合文化站专职人员。把基层文化人才培养纳入全市基层人才振兴规划。完善市、县区分级负责的基层宣传文化干部培训体系，每三年轮训一遍。定期表彰优秀基层宣传思想文化干部。

3. 加强职业道德建设和作风建设。建立文化名家、中青年文艺创作骨干深入基层制度，深化新闻宣传、社科理论、文艺出版等系统"走基层、转作风、改文风"活动。建立新闻

行风社会监督和道德评议制度。

三、完善文化改革发展的政策保障体系

1. 建立健全财政文化投入政策。建立健全文化投入稳定增长机制，每年对文化建设与发展的投入不低于财政总支出的 3%，各级每年新增财力中用于文化建设与发展的资金比例不低于 2%。保证公共财政对文化建设的投入增长幅度高于财政经常性收入增长幅度，提高文化支出占财政支出的比例，确保各级宣传文化工作经费逐年增加。扩大公共财政覆盖范围，把主要公共文化产品和服务项目、公益性文化活动纳入公共财政经常性支出预算，保障

公共文化服务体系建设和运行。市财政设立专项资金，主要采取以奖代投、以奖代补等方式，支持文化创新，支持文化精品创作，支持具有示范性、导向性文化产业项目建设，支持文化产业基地、园区和文化事业发展。

2. 落实和完善文化经济政策。认真贯彻中省有关文化经济政策，抓紧制定实施细则。参照高新技术产业开发区、经济技术开发区建设有关政策，制定更加优惠的文化产业园区和基地建设招商引资、土地使用、财税支持、人才引进等综合性配套政策。继续执行文化体制改革配套政策，延长对转企改制国有文化单位的扶持和优惠政策期限。

四、加强党对文化改革发展的领导

各级党委和政府要切实担负起推进文化建设的政治责任，把文化建设纳入经济社会发展

总体规划，与经济社会发展一同研究部署、一同组织实施、一同考核。加强对宣传文化领域领导干部的选拔、任用和管理。健全党委统一领导、党政齐抓共管、宣传部门组织协调、有关部门分工负责、社会力量积极参与的文化工作体制和工作格局，形成文化建设的强大合力。

建立完善督查落实机制。围绕西部文化大市建设目标，分解任务，明确责任，制定文化建设综合评价指标体系，纳入全市年度目标责任考核。建立市级领导联系重大文化项目制度，督办建设进展，协调解决建设中的问题。各县(区)也要参照建立相应机构和机制，推动工作开展。

各县(区)委，市委和市级国家机关各部门，各人民团体结合实际，按照本《实施意见》和《建设文化大市"十大工程"任务分解表》，制定贯彻落实的具体举措。

中共榆林市委办公室
榆林市人民政府办公室
关于从严从紧控制新购置公务车辆的通知

榆办字〔2012〕8 号

各县区委、县区人民政府，市委和市级国家机关各部门，各人民团体：

中央《关于开展党政机关公务用车问题专项治理工作的实施意见》(厅字〔2011〕6 号)明确规定："在本实施意见下发之日起至各地区和有关部门重新核定编制和配备标准前，原则上暂停新购置车辆；确需购置的，须报上一级公务用车主管部门批准，并报上一级纪检监察机关备案"。陕西省《关于开展党政机关公务用车问题专项治理工作的实施方案》(陕办〔2011〕48 号)规定："2011 年 4 月 25 日(中纪委电视电话会议)以后购置的违规车辆按顶风违纪处理"。我市公务用车治理工作开展以来，个别单位仍存在新购置超标车或不按照规定程序审批问题。为了认真落实中省公车治理工作指示，进一步严明公车治理纪律，切实加强我市公车购置使用管理，现就从严从紧控制新购置公务车辆，通知如下。

一、严禁换届之后新购置车辆

依据中办、国办厅字〔2011〕6 号文件"凡是提拔、交流干部，必须优先使用单位现有车辆，严禁占用其他单位车辆，严禁违规新购置车辆"的规定，我市各级换届工作相继结束，新一届领导同志到岗上任后，无论是在原班子留任还是新提拔新调整任职，都必须优先使用现有车辆，或从现有超编车辆中调剂解决，不得新购超编超标车辆，要做到换届不换车。

二、严格控制新购置车辆

在我市行政事业单位车辆新编制核定之前，各级各单位不得新购置公务车辆。新设立单位以及因工作、生产、工程施工等特殊原因确需配备车辆的，先从现有超编车辆中调剂解决；无法调剂的，要坚持从严从紧的原则，依据《党政机关公务用车配备使用管理办法》(中办发〔2011〕2号)、《党政机关执法执勤用车配备使用管理办法》(财行〔2011〕180 号)规定的配备标准，按规定程序申报审批。

三、规范新购置车辆审批程序

依据中办发〔2011〕2 号文件和国有资产配置管理规定，新购置车辆，按如下程序审批：

各县区所属部门单位新购置车辆，由购车单位向县区公车主管部门提交书面申请，经县区公车主管部门审核、公车购置审批领导小组审批后，报市公车主管部门审核、市公车购置审批领导小组批准；市直部门单位新购置车辆，向市公车主管部门(市机关事务管理局)提交书面申请并经审核同意后，由市公车主管部门报市公车购置审批领导小组审批，并报省公车购置审批领导小组批准。经批准购置的车辆，由财政部门安排或核实经费后，列入政府采购，交管部门予以登记注册。

四、新购置车辆报纪检监察机关备案

各县区、市直部门凡新购置车辆，经公车主管部门报公车购置审批领导小组审批后，报本级纪检监察机关备案。

五、严肃新购置车辆工作纪律

各级各部门要坚决贯彻执行公务用车管理使用规定，严格遵守公车购置工作纪律。对于未按照审批程序审批车辆的，对于未按照相关规定超标准、超编制审批车辆的，对于未经审批、部门单位擅自购置车辆的，对于按照审批程序审批后部门单位擅自超标准购置车辆的，对于给未按照审批程序审批的车辆安排经费、注册登记的，一经发现，由公车主管部门协同纪检监察机关追究相关责任人(审批领导、公车主管部门、财政部门、交管部门、单位负责人)的责任。所购违规车辆由公车主管部门收缴处置。

中共榆林市委办公室　榆林市人民政府办公室关于调整市人口和计划生育工作领导小组成员的通知

榆办字〔2011〕41 号

各县区委、县区人民政府，市委和市级国家机关各部门，各人民团体：

由于人事变动，市委、市政府决定对市人口和计划生育工作领导小组组成人员进行调整，调整后的成员如下：

组　长：胡志强　市委副书记、市长

副组长：陆治原　市委副书记

艾保全　副市长

郭应正　市人口和计划生育局局长

成　员：秦康健　市公安局局长

任怀业　市长助理、市委政法委副书记、市信访局局长

沈明志　市委副秘书长

贾占狮　市委副秘书长、榆林日报社社长

王文斌　市委副秘书长、市直工委书记

杜如九　市政府副秘书长

赵榆生　市纪委副书记、监察局局长

黄志宏　市委组织部副部长、基层办主任

崔志平　市委组织部副部长、市人社局局长

刘仲平　市委宣传部副部长、市文明办主任

白少峰　市委政法委副书记、市综治办主任

张林科　市总工会常务副主席

崔　渊　团市委书记

刘茂芳　市妇联主席

常少明　市教育局局长

高登峰　市工信局局长

呼延刚　市民政局局长

卢　林　市财政局局长

高永东　市住建局局长

高德树　市文广局党组书记、副局长、电视台台长

王存田　市卫生局局长

张海强　市统计局局长

王维明　市药监局局长

韩志平　市扶贫办主任

惠前洲　市发改委副主任

薛成胜　市工商局局长

领导小组下设办公室，设在市人口和计划生育局，主任由郭应正同志兼任

中共榆林市委办公室　榆林市人民政府办公室印发《关于加强农民工管理服务工作的意见》的通知

榆办字〔2012〕40 号

各县区委、县区人民政府，市委和市级国家机关各部门，各人民团体：

《关于加强农民工管理服务工作的意见》已经市委、市政府同意，现印发给你们，请结合实际，认真贯彻落实。

关于加强农民工管理服务工作的意见

农民工是我国改革开放和工业化、城镇化进程中涌现出的一支新型劳动大军，为城市繁荣、农村发展和国家现代化建设做出了重大贡献。近年来，市委、市政府高度重视农民工问题，并制定了一系列相关的政策措施，取得了明显成效。但是，在对农民工的管理、协调、务以及社会保障、安全生产、就业培训等方面还存在一些亟待解决的问题。为了加强我市农民工的管理和服务工作，根据胡锦涛总书记的指示和有关法律、法规，结合实际，现就加强我市农民工的管理和服务工作提出如下意见：

一、加强农民工管理服务工作的重要性和必要性

随着我市经济的跨越发展和城镇化进程的加快，大批农民工进城务工经商，成为我市经济建设的重要力量。据初步统计，我市现有农民工 70.05 万人，几乎遍及各行各业。农民工一头连着城市和北部县区，一头连着农村和南部县区，为解决“三农”问题、南北互动发展和社会主义新农村建设闯出了一条新路，是工业带动农业、城市带动农村、北部县区带动南部县区的有效途径。农民工在创造大量社会财富、为榆林的经济建设做出巨大贡献的同时，也正逐步融入榆林，在我市的政治建设、文化建设、社会建设中发挥着越来越重要的作用。因此，加强农民工管理与服务工作，依法维护他们的合法权益，充分调动他们创新创业和投身我市现代化建设的积极性、创造性，引导他们依法依规广泛参与我市各类群团组织、工会组织和基层党组织，在全社会形成共建共享、和谐稳定的良好局面，既是统筹城乡发展、加快榆林经济社会发展的迫切需要，又是维护社会公平正义、保持社会和谐稳定的必然要求，也是全面落实科学发展观，加快建设幸福榆林，构建社会主义和谐社会的具体要求。

二、指导思想和基本原则

以邓小平理论和“三个代表”重要思想为指导，以科学发展观为统领，按照正确引导、广泛参与，完善制度、加强服务，保障权益、强化激励，推动发展、促进和谐的要求，引导农民工广泛融入榆林，充分激发农民工的创造活力，共

同参与经济、政治、文化、社会建设，营造和谐劳动关系，促进农民工与本地居民和谐共进，共建共享发展成果，形成农民工与企业同进步、与榆林同发展的良好氛围。

1. 激励引导，促进发展。通过政策引导和激励机制，充分调动农民工的积极性和创造性。创新机制，建立多层次、可持续的激励体系和政策导向，激励农民工努力学习、提高素质、爱岗敬业、奋发向上，实现自我价值与社会价值的统一服从服务于经济社会发展这个中心，把促进农民工的自身进步、企业提升、榆林发展、社会和谐作为管理服务工作的根本出发点和归宿，让农民工在幸福榆林的建设中发挥更大的作用。

2. 强化服务，完善管理。坚持服务为先，大力提升管理水平。逐步加强和理顺对农民工的管理和服务工作。完善公共服务体系，以服务促管理，寓管理于服务之中，实现从管理型向服务型转变。各级党委、政府和工会组织要完善组织领导，加强政策保障，设计有效载体，不断探索创新，调动全社会力量共同参与农民工管理与服务工作，形成党委政府统一领导、劳动保障部门和工会主要负责，各部门齐抓共管、社会多方联动、工作重心下移、管理服务高效的工作格局。

3. 以人为本，构建和谐。切实保障农民工的合法权益，完善工作支付保障制度，推进社会保险工作，保障劳动安全卫生权益，加大依法维权力度，逐步解决农民工最直接、最关心、最现实的问题。逐步改善生产生活条件，建设和谐劳动关系，促进和谐社会建设。

三、管理服务的主要工作

1. 教育农民工不断提高思想道德素质和科学文化素质。依托社区、村、企业、行业协会，有针对性地开展社会公德、法制宣传、科普知识、诚实守信等素质教育活动。引导农民工遵纪守法，爱岗敬业，争当模范，增强法制观念，履行社会义务，实现体面劳动。培养他们科学、文明、健康的生活方式和积极向上的精神风貌。

2. 充分利用培训资源，有目的、有计划地开展农民工岗前培训。采取长期、短期、现场、就近等方式，为企业提供在岗农民工的培训服务。建立完善党委、政府支持、企业主导、个人自愿、社会参与的培训机制，鼓励用人单位、教育培训机构及社会力量开展农民工职业技能培训。支持用人单位加大培训投入，用好用足培训政策。

3. 帮助和指导农民工与企业签订劳动合同，并代表农民工与企业进行平等协商，签订集体合同。积极创造条件，指导和帮助企业依法开展工资集体协商工作，并逐步建立农民工工资正常增长、保障、共决机制。

4. 引导农民工积极参政议政，代表和组织农民工积极参与企业的民主管理工作。督促企业健全职代会制度，保障农民工平等享有参与本企业民主管理、评选劳动模范及先进工作者等各项民主权利。组织农民工积极开展合理化建议，技术革新活动，为企业发展出谋献策。引导农民工确立与企业同进步的价值取向，实现企业发展与员工进步的双赢。促进农民工稳定就业、提高素质、多作贡献，推动企业转变增长方式、全面提升发展水平。

5. 重视培养、积极发展优秀农民工加入党、团组织，在村（社区）组织建设中，把特别优秀的农民工纳入培养、使用范围。推荐符合条件的优秀农民工担任各级人大代表、政协委员和社区民意代表。按条件逐步吸纳优秀农民工在职代会、妇代会和基层社区、综合治理、文明创建等组织和活动中担任骨干。提高农民工在各级劳动模范、优秀党员、先进工作者等评比中的比例。

6. 充分利用文化资源，积极组织农民工开展文娱、体育活动。把农民工纳入企业文化、社区文化、村落文化等群众文化的组织体系，重视多样文化的交流融合，促进文化认同。逐步将丰富农民工精神文化生活统一纳入全市文化事业发展规划和公共文化服务体系范围，推动街道、镇村、社区公益性文化体育设施面向农民工开放。根据农民工文化层次和实际需求，组织开展电影、戏剧进农村、进社区、进工地、进单位等活动，引导和调适农民工保持良好心理状态，扎实推进文化大市建设。

7. 加大依法维权力度。强化工会组织维权作用，开展群众性的劳动保障法律监督活动。充分发挥共青团、妇联等群团组织在农民工维权中的积极作用。健全举报投诉制度，加强劳动争议调解、仲裁工作，严厉查处侵犯农民工合法权益的违法行为。工会困难职工援助中心应当为申请支付劳动报酬、工伤待遇以及其他劳动争议的农民工提供法律援助。完善法律援助网络，强化县（区）法律援助中心窗口建设，切实提高对农民工法律援助工作的水平。

四、加强组织领导

1. 各级党委和政府要将农民工的培训教育、求职就业、子女入学、签订劳动合同、劳动安全、劳动卫生、社会保险和维护自身权益等工作纳入当地公共服务和管理范围，为农民工进城就业提供帮助和创造条件。要成立相关的领导小组和组织机构，负责领导农民工管理与服务工作。坚持上下联动、属地为主，构建市、县（区）、镇乡（街道办）、村（社区）、企业的工作网络。

2. 各级有关部门，如财政、建设、教育、民政、卫生、安全生产监管、人口与计划生育、公安、司法行政和统计等有关行政部门，要根据本意见精神，结合各自职能，制订完善相关的制度和措施，如出租房屋管理、优秀农民工落户及户籍制度改革、农民工劳动保障、计划生育、公共卫生、子女教育、社区服务管理、劳动安全卫生督查和信息统计管理等有关政策措施。各级有关部门要自觉围绕全局，通力协作，密切配合，齐抓共管，尽快理顺并强化农民工管理与服务工作。同时，要逐步建立和完善综合服务管理机制、协同配合机制、执行评估机制、监督检查机制、情况反馈机制等，形成对农民工管理与服务工作的整体合力。

3. 各企业及用人单位必须依法成立工会组织，把所有农民工都吸收到工会组织中来，并办理工会会员证。工会会员证相当于农民工的就业身份证，跨公司有效。各用人单位应当依法建立和完善各项规章制度,保障劳动者享有劳动权利和履行劳动义务。

4. 各劳务派遣单位要率先成立工会组织,做好派遣农民工源头入会的工作和教育培训工作。

中共榆林市委办公室　榆林市人民政府办公室印发《中共榆林市委、榆林市人民政府关于贯彻落实第十次能化基地建设座谈会精神的意见》的通知

榆办字〔2012〕89 号

各县区委、县区人民政府,市委和市级国家机关各部门,各人民团体:

现将《中共榆林市委、榆林市人民政府关于贯彻落实第十次陕北能源化工基地建设榆林座谈会精神的意见》印发你们,请认真贯彻落实。

中共榆林市委　榆林市人民政府关于贯彻落实第十次陕北能源化工基地建设榆林座谈会精神的意见

4 月 18 日至 19 日,省政府在榆林召开了第十次陕北能源化工基地建设榆林座谈会,会上赵正永省长围绕“优化发展环境,实现可持续发展”的主题作了重要讲话。

赵正永省长指出,十年来,按照可持续发展的要求,陕北能源化工基地建设水平进一步提升,实现了四大历史性转变:一是实现了由工业化水平很低的地区到全国现代能源化工基地的转变;二是实现了资源利用从无序开发比较严重到有序科学管理的转变;三是实现了区域经济社会发展从全省落后地区到第一增长方阵的转变;四是民营经济已经实现了质的转变。回顾能化基地十年建设,有三条经验要特别珍惜:一是“三个转化”是基地科学发展的坚实基础;二是政府引导和市场配置资源相结合是基地可持续发展的重要前提;三是生态优先和惠民富民的理念是基地更好发展的重要保障。

赵正永省长强调,要继续加大“三个转化”力度,加快基地产业优化升级步伐。一是以“央企进陕”为契机,不断扩大榆林经济对外开放;二是围绕“化工产业高端化、电源建设大型化、载能工业特色化”谋项目,突出“三化”提高速度;三是围绕神华陶氏项目落地,努力创造投资高地;四是加快发展非能源化工产业,着力培育新的经济增长点;五是继续突出生态建设和保护,努力建设绿色能源产业;六是以“十大园区”和“十大工程”建设为抓手,提高园区承载能力和项目建设水平。

赵正永省长要求,要进一步优化发展环境,为基地持续发展创造更加良好的条件。一是要倍加珍惜资源,管好用好资源;二是要坚持以优质服务为先导,全面优化投资环境;三是要继续坚持政府引导和市场对接相结合,最大限度提高资源利用率。

赵正永省长的重要讲话,高瞻远瞩,内涵丰富,任务具体,措施有力,在肯定基地建设成就的同时,指出了发展中的问题和不足,提出了具体工作要求,对当前和今后一个时期榆林能源化工基地建设具有重要的指导意义。为贯彻落实本次座谈会精神,特提出如下贯彻意见。

一、着力打造良好的投资环境

围绕本次座谈会“优化发展环境”的总体要求,在维护好当地群众合理需要的同时,切实保障投资人的合法权益,形成支持基地发展的良好氛围。

(一)扎实开展干部作风整顿。

1. 重点整治吃拿卡要,提高政府行政效率。大力开展以整治吃拿卡要、政令不畅、懒散漂浮等为主要内容的集中整治活动,纠正部门行业不正之风;进一步规范涉企执法检查,解决“乱收费、乱摊派、乱罚款”等问题。加快政务服务中心建设,扎实推进“两集中、两到位”改革,在市县两级层面简化审批程序,减少审批环节,压缩办理时限,规范工作流程,提高办事效率。

2. 集中解决阻工现象严重的问题,优化项目建设环境。建立市县乡村四级维护项目环境工作责任制,严格落实县乡政府责任,对辖区内重点项目制定防止阻工工作预案;做好群众法律政策宣传教育工作,让群众依法合理表达诉求,保护群众合法权益;依法查处敲诈勒索投资企业的违法犯罪活动和无理刁难、阻拦道路、阻碍施工等不法行为;对偷盗破坏、围堵阻挠企业正常生产经营和项目建设的行为,一律从快依法处置。对连续出现阻工问题的地方,严肃追究相关县乡政府负责人的责任。

3. 启动县区和部门主要领导约谈制度。完善领导干部包抓重点项目和重点工作制度,对包抓工作不力、项目推进迟缓的县区和部门主要领导,由市委、市政府、市纪检委、市委组织部主要领导联合进行约谈,要求认真整改,并在新闻媒体公开报道。约谈后工作仍无进展的视情节给予通报批评、作出检查或组织处理。

(二)转变观念,提高开放意识。

以“央企进陕、省企进榆”为契机,解放思想,转变观念,主动跟进,对接服务,不断扩大榆林经济对外开放。和中省企业、项目主体多沟通、多交流,共同发展,互利共赢。服从大局,按政策办事,依法依规办事,保证群众利益,保证项目进度。进一步谋划和推动招商引资工作,6 月份召开全市招商引资工作大会,出台新政策、新机制,发挥招商引资对促进经济发展的作用。强化诚信教育,在全市积极营造包容开放、合作共赢的人文环境。

(三)加大项目推进力度。

1. 全力推进能源化工项目建设。强化环境保障,扎实推进杭来湾等大型煤矿、中煤煤制烯烃等煤化工、有色铝

镁合金和一批新能源等续建项目建设，集中开工相对成熟的项目，确保上半年新开工项目开工率突破60%，力争9月底全部开工，年内49个能源化工重点建设项目完成投资337亿元，新增产能煤炭800万吨、煤制芳烃1万吨、铝镁合金60万吨、预焙阳极35万吨、合成氨30万吨、尿素52万吨、电力装机160万千瓦。

2. 落实市级领导包抓项目机制。继续深化"五个一"工作机制，细化工作任务，按月调度，按季分析，强化管理；针对每个项目存在的问题和矛盾，制定切实可行的对策措施。研究出台副县级后备干部包抓重点项目具体考核办法，落实相关人员责任，定期通报项目进展情况和存在问题。抓好神华陶氏等项目和第十六届西洽会我市签约项目落地工作，搞好项目跟踪服务，6月底召开重点项目观摩会。建立在榆投资企业信用评估机制，实现重大项目由目标管理向过程管理转变。建立健全企业与地方、企业与部门的沟通协调机制，构建和谐地企关系。

3. 加快高效的行政服务体系建设。坚持急事急办、特事特办、快事快办，凡是事关榆林发展的项目优先办理，为企业和项目提供良好的服务，提升企业在榆发展信心。责成专人协助业主完善相关手续，特别是对于"路条"已上报国家发改委的项目，加大"跑部进京"力度，争取国家能尽快出具同意开展前期工作的"路条"；对已取得"路条"和核准申请报告已上报国家发改委的项目，加强汇报衔接，争取尽快核准。特别是在规划选址、环境保护、土地征用等方面加大协调服务力度，为项目开工建设创造条件。积极争取国家和省上政策支持，采取盘活资源、挖掘潜力、合理调剂、重点单列等措施，破解土地供应矛盾。

（四）开展"四城联创"。

动员全社会参与到"四城联创"中来，政府在创建过程中完成好引领、协调、管理任务，动员广大市民人人参与，共同创建。

1. 创建国家卫生城市。明确责任主体，建立长效机制，加大综合执法力度，综合整治乱摆乱放、广告牌匾、饮食卫生、工地扬尘和环境卫生。

2. 创建省级文明城市。加强宣传，提高市民认识，营造舆论氛围。扎实开展创建文明城市十大行动，引导全民参与。夯实工作责任，开展督导检查，确保"创文"工作开局良好，为顺利通过省级文明城市验收打下扎实基础。

3. 创建省级环保模范城市。完善各项软硬件措施，做好迎检准备，确保年内通过省级环保模范城市验收。

4. 创建省级园林城市。结合"三年植绿大行动"，深入推进城区绿化工作，扎实搞好东沙生态公园等重点项目建设和道路绿化工程，彰显特殊文化魅力，提升城市品位。

二、推进体制机制改革创新

（一）着力破解融资难题。采取市场多元化的融资渠道，有机融合产业资本与金融资本、国有资本与民间资本。加强与金融机构的合作，支持金融机构创新，构筑银企合作平台，积极帮助项目单位争取银行贷款；加强榆林民间资本的研究工作，积极引导民间资本进入实体经济、基础设施、社会事业等领域，支持采取BOT、TOT、BT等模式推进项目建设，千方百计留住榆林雄厚的民间资本；加强资本市场建设，充分发挥城投、能投公司融资平台作用，通过发行企业债券、设立创投基金、促进有条件企业上市等方式解决项目融资问题。

（二）提升工业园区承载力。按照新型化工业园区示范基地建设标准，提升园区综合水平，突出园区特色，培育1个国家级新型工业化产业示范基地和锦界工业园区、府谷清水川工业园区等3个省级示范基地，力争将榆林高新区升格为国家级高新开发区，将榆神工业区升格为国家级经济技术开发区。加大开发区、工业区基础设施建设力度，为项目建设搭建良好平台，提高园区承载能力和项目建设水平。

（三）扶持民营企业发展。进一步完善促进非公经济发展的政策体系，鼓励和引导更多的非公企业进入公用事业、高新产业、基础设施建设以及资源综合开发利用领域。加强政府同非公企业有效沟通，推行市级领导联系非公企业制度。继续实施"千家培育百家成长工程"，支持非公企业战略重组，建立以行业为主的大型企业集团，引导非公企业加快建立现代企业制度，增强市场竞争力。加快建立中小企业服务体系，落实好小微企业减税扶持政策。

（四）大力推进农业产业化。做大特色农业规模，加快推进杨凌农业高新示范区定靖示范基地和其他10个县区农业科技示范园区建设，充分发挥科技示范引领作用。加大对重点龙头企业的扶持力度，打造陕北红枣、横山羊肉、大明绿豆、大漠蔬菜、米脂小米等特色农业品牌，增强市场竞争力。加强农民专业合作社建设，推进农机农技推广、农产品质量安全等社会化服务体系建设，搞好产销衔接，帮助农民拓展市场，实现增产增收。完善农村土地承包经营权证发放工作，促进农村土地流转，提高规模化、集约化经营水平。探索农村产业发展模式，放大金融的力量，由合作社牵头，龙头企业、大户、农户参与，采取法人联保、政府贴息、土地集中、金融扶持的办法，打包带动农业产业化发展。

（五）组建大型能源企业集团。以榆神煤炭公司等6户能源类企业为基础合并组建榆林能源集团有限公司，重点围绕资源勘查、煤炭开采与运销、发电与供应、煤炭出口等板块，打造具有重大影响力的大型煤电能源产业集团。以市政府为主成立筹备领导小组，抓紧时间办理公司相关审批、登记等手续，力争6月中上旬挂牌。

三、加快推进政府投资项目建设

（一）加快基础设施项目建设。加快建设神佳高速，府谷、小纪汗等煤炭专用铁路，建成榆绥高速、准神、朔准铁路专用支线，沿黄公路一期路基工程，争取参股建设蒙西至华中地区煤运通道；基本建成王圪堵水库主体工程及供水管线、佳县泥河沟黄河引水一期工程，开工建设榆神工业园区供水工程；协调推进延长靖边－榆林成品油管道复线工程，加快建设110千伏包西铁路供电工程，新建330千伏榆横至绥德、大锦线路工程。

（二）加快城建项目建设。扎实推进中心城区基础设施建设，全力推进榆横一体化，实施159个城建项目，完成投资209亿元，加快新区开发、老城改造，提升中心城区服务功能。建设“数字榆林”和“智能城市”。

（三）加快民生项目建设。坚持新增财力的百分之八十用于民生，加大资金筹措力度，以投入增长促进民生项目建设。不断提高城乡居民生活水平和质量。切实加快民生项目建设进度，确保促进就业、增加收入、安居工程以及科技、教育、文化、卫生、体育、计生等社会事业等民生项目早日建成发挥效益。从中、省“十二五”规划和国家宏观政策中去对接项目，抓好项目前期工作，加强项目初可研、初设计，努力使我市更多的民生项目纳入国家、省上大盘子。

（四）搞好生态环境建设。全面推进“三年植绿大行动”，加快建设里绿色长廊，强化单位、企业绿化责任，完成植树造林100万亩。推动煤矿采用“保水开采”技术，开展全市煤矿采空区普查治理规划编制工作，建立健全全市采空区调查资料，在试点基础上加大采空区综合治理。

四、科学谋划未来发展

（一）认真研究有关重大规划。尽快组织专门力量，潜心研究西部大开发“十二五”规划、煤炭工业发展“十二五”规划和陕甘宁革命老区振兴规划，以及鄂尔多斯盆地、呼包银榆经济区规划，从中寻求国家对我市产业政策扶持、项目倾斜审批、基础设施建设的机遇，发掘规划中的“含金量”，提出有针对性的实施意见，并积极对接，实现规划对榆林发展支持效益的最大化。

（二）争取省委省政府出台继续支持榆林加快发展的优惠政策。认真学习研究国家有关政策，结合榆林实际深入调研，向省委常委会提出下一阶段支持榆林发展的政策性建议，进一步取得省委、省政府的支持。加强资源型地区主动转型研究，借鉴外地转型发展经验，力争将我市列为资源型地区主动转型省级综合配套改革试点市，条件成熟后可申请国家级试点市。认真谋划国家可持续发展实验区、循环经济试点市推进措施，向纵深发展。

（三）抓好项目包装策划。以省市两级签订陕西省“十二五”能源化工“十大园区”和“十大工程”建设推进协议书为契机，加强与省级有关部门的沟通衔接，共同推动重大项目建设。抓住“央企进陕”的有利时机，策划包装重大转化项目，吸引一批大型国企来榆投资，提高对外开放水平。充分发挥榆神、榆横两个龙头工业园区的示范带动作用，尽早谋划明年的能化项目，力争更多的大项目、好项目开工。

（四）加快发展文化旅游产业。实施文化项目带动战略，积极发展新闻出版、文艺演出、印刷包装等传统文化产业，加快发展现代传媒、创意动漫、广告会展等新兴文化产业，规划建设一批文化产业基地和特色文化产业园区，引进培育一批文化龙头企业，打造产业集群。实施文化精品工程，创作一批在全国有影响力的优秀作品，推出一批文化名人、文化名品，打响边塞文化、民俗文化、红色文化、宗教文化品牌，提升榆林文化知名度。推动文化产业建设和旅游项目开发深度融合，组建旅游集团，集中精力建设白云山、统万城、红碱淖等重点景区，启动榆林古城北郊文化旅游产业园建设，加快神木杨家将、府谷府州古城、绥德黄土文化旅游产业园区前期工作，打造榆林文化旅游核心景区。

（五）推进人才工程建设。实施人才强市战略，加大人才开发投入，健全人才培养、引进、评价和激励机制，不断优化人才发展环境。大力引进高层次紧缺人才，积极培养使用本土人才，在建设高层次人才队伍上取得突破。大力推进产学研合作，依托优势企业、重大项目、重点领域，加快培养和引进一批掌握核心技术、擅长技术攻关和技术集成的科技领军型人才，形成一支自主创新能力强的骨干力量。

附件：《关于贯彻落实第十次陕北能源化工基地建设榆林座谈会精神的任务分解方案》

关于贯彻落实第十次陕北能源化工基地建设榆林座谈会精神的任务分解方案

4月18日至19日，省政府在榆林召开第十次陕北能源化工基地建设座谈会，会上赵正永

省长、李金柱副省长作了重要讲话，会议认真回顾了陕北能化基地建设十年历程和取得的经验，并围绕“优化发展环境，实现可持续发展”的主题，全面安排部署了2012年及今后一个时期能化基地建设工作。为了落实好这次会议精神，夯实工作责任，市委、市政府把本次会议确定的各项目标任务细化分解为十二大类55项具体工作，制定如下工作方案。

一、产能项目建设

1. 产能目标。原煤产量达到3.1亿吨、原油1200万吨、原油加工量352万吨、天然气140亿立方米、发电量480亿度、兰炭2500万吨、精甲醇195万吨、聚氯乙烯90万吨、电石130万吨、金属镁34万吨。能化产业总产值达到3100亿元，增加值达到1820亿元。（牵头单位：市能源局、市工信局；配合单位：榆横工业区、榆神工业区、市统计局、有关县区）

2. 实施项目。以“十大工程”建设为抓手，实施重点能化产业项目49个，完成投资337亿元。（牵头单位：市发改委；配合单位：榆横工业区、榆神工业区、有关县区）

3. 续建项目。推进榆横煤洁净综合利用、中煤甲醇醋酸系列深加工及综合利用、靖边能化园区启动项目等24个续建项目。（牵头单位：市发改委；配合单位：榆横工业区、

榆神工业区、有关县区）

4. 开工项目。力争6—7月份在神木、府谷、榆阳、靖边和榆横、榆神两个工业区再举行一批重大产业项目开工仪式，确保上半年新开工项目开工率突破60%，10月份全部开工，争取全年计划的25个能化项目年内全部开工建设。（牵头单位：市发改委；配合单位：有关县区，榆横工业区、榆神工业区）

5. 建成项目。提高项目建设水平，力争府谷30万吨合成氨及52万吨尿素、华电榆横电厂一期、省有色铝镁合金等13个项目建成或基本建成。（牵头单位：市发改委；配合单位：榆横工业区、榆神工业区、有关县区）

6. 前期项目。做好大保当煤矿、神华陶氏循环经济煤炭综合利用、华能绥德产业园项目等38个项目的前期工作。（牵头单位：市发改委；配合单位：榆横工业区、榆神工业区、市能源局、市工信局、市国土局、有关县区）

7. 招商引资。利用一个月时间，排查解决来榆投资企业项目推进困难和问题。以“央企进陕、省企进榆”为契机，做好项目对接工作，不断扩大榆林经济对外开放水平，努力建设投资高地。强化诚信教育，在全市积极营造包容开放、合作共赢的人文环境。进一步做好项目策划、包装、储备工作，创新招商引资方式，加大招商引资力度，6月份召开全市招商引资工作大会，抓好第十六届西洽会我市签约项目落地工作。（牵头单位：市发改委、市招商局；配合单位：榆横工业区、榆神工业区、各部门、各县区）

二、一次能源开发

8. 资源勘探。积极争取上级资金支持，加强我市资源勘探工作。（牵头单位：市国土局；配合单位：市能源局、有关县区）

9. 资源利用。继续坚持政府引导和市场对接相结合，倍加珍惜资源，合理控制能源消费总量，提高产业准入门槛，最大限度提高资源利用率，管理利用好资源。完成第二轮煤炭资源整合。（牵头单位：市能源局；配合单位：市国土局、有关县区）

10. 企业重组。以榆神煤炭公司等6户能源类企业为基础，合并组建榆林能源集团有限公司，力争6月中上旬挂牌。（牵头单位：市国资委；配合单位：市工信局、市能源局）

11. 民营经济。推行市级领导联系非公企业制度，发挥榆林民间资本优势，积极支持和引导建立大型民企集团。（牵头单位：市中小企业局；配合单位：有关县区）

12. 技术改造。推进煤矿安全质量标准化建设，新开工一批现代化矿井，争取单独保留煤矿6月底前淘汰非壁式采煤，大型煤矿掘进机械化程度达到90%以上。在油气行业推广应用注水、注气等新技术。（牵头单位：市能源局；配合单位：市工信局、市科技局）

三、深化“三化”战略

13. 煤电装机。坚持电源建设大型化，力争榆横电厂2台机组投运，加快清水川电厂二期、神木店塔电厂改建，推动锦界电厂三期、庙沟门电厂二期等工程前期工作，做大煤电装机容量。（牵头单位：市发改委；配合单位：市工信局、市能源局、榆横工业区、榆神工业区、有关县区）

14. 产业升级。坚持载能工业特色化，探索面煤制兰炭工业化路径，加快煤焦油深加工技术升级推广，推动电石、金属镁等特色产业升级改造，支持镁合金产业做大做强。争取省上对我市载能工业和新型产业实施电价优惠政策，打造低电价区。（牵头单位：市工信局；配合单位：市能源局、市科技局、榆横工业区、榆神工业区、有关县区）

15. 高端化工。坚持化工产业高端化，力争华电煤制芳烃示范项目年内联动试车，加快推进中煤煤制烯烃、延长靖边煤油气综合利用、神华MTO等具有世界领先技术的现代煤化工项目。（牵头单位：市发改委；配合单位：市科技局、市能源局、市工信局、榆横工业区、榆神工业区、有关县区）

四、其他产业发展

16. 新兴能源。建成大唐靖边小河、国华神木墩梁等5个风电场和国华靖边20兆瓦太阳能光伏发电项目，新增新能源装机27.7万千瓦。（牵头单位：市发改委；配合单位：有关县区）

17. 装备制造。依托产业优势，大力推进白云机械钻机等7个装备制造项目，建成中煤煤机制造一期项目。（牵头单位：市发改委；配合单位：榆横工业区、榆神工业区、有关县区）

18. 第三产业。围绕工业化、城镇化，积极发展现代服务业、文化旅游产业。（牵头单位：市商务局、市文广局、市旅游局；配合单位：有关县区）

19. 现代农业。在推动产业工业发展的同时，不断发展壮大现代农业。（牵头单位：市农业局；配合单位：有关县区）

五、工业园区建设

20. 基础建设。以“十大园区”建设为抓手，加大开发区、工业园区基础设施建设力度，提高园区承载能力。（牵头单位：市发改委；配合单位：榆横工业区、榆神工业区、有关县区）

21. 示范基地。培育1个国家级新型工业化产业示范基地和锦界工业园区、府谷清水川工业园区等3个省级示范基地。（牵头单位：市工信局；配合单位：榆横工业区、榆神工业区、有关县区）

22. 园区升格。力争将榆林高新区升格为国家级高新开发区，将榆神工业区升格为国家级经济技术开发区。（牵头单位：榆林高新区、榆神工业区；配合单位：市发改委、市科技局、市商务局）

六、城乡统筹发展

23. 城市建设。投资209亿元实施159个榆林中心城区项目，加快新区开发、老城改造，提升中心城区服务功能。（牵头单位：市住建局；配合单位：市建规局、市执法局、市国土局、榆林高新区、榆阳区、横山县）

24. 四城联创。扎实推进国家级卫生城市、省级环保模范城市、省级园林城市、省级文明城市“四城联创”活动，为集聚人气创造良好条件。(牵头单位:市创建办;配合单位:各部门、榆林高新区、榆阳区、横山县)

25. 榆横一体。全力推进榆横一体化，增强城市的承载力和带动力。(牵头单位:市政府办;配合单位:市住建局、市建规局、市执法局、市国土局、榆林高新区、榆阳区、横山县)

26. 城镇建设。将矿区建设与城镇化相结合，重点搞好神木镇和王家砭镇两个全国发展改革试点镇建设，加快锦界、东坑两个省级重点示范镇建设。(牵头单位:市建规局;配合单位:市国土局、有关县区)

27. 矿区移民。新建矿井实行先集中搬迁安置村民后开采煤炭，保证集中安置区地下不再采煤;加快榆神工业区大保当现代小镇移民安置项目建设。(牵头单位:市国土局;配合单位:榆神工业区、有关县区)

28. 扶贫移民。实行市级领导包抓扶贫移民搬迁工作，推动白于山区和黄河沿岸土石山区移民搬迁工作。(牵头单位:市扶贫办;配合单位:有关县区)

29. 和谐矿区。深入开展和谐矿区建设，健全资源开发共建共治共享机制;加强和谐矿区建设研究，总结经验在全市坚持推广。(牵头单位:市能源局;配合单位:市委政研室、市发改委、市国土局、有关县区)

七、区域协调发展

30. 项目振南。实施产业和项目振南，打造一批造血翻身项目，做好徐矿清涧工业园、华能绥德产业园等一批振南项目前期工作。争取省上优先配给南六县煤炭资源，用于南六县发展。支持中省企业和其他大型企业在重大项目布局上向南部县倾斜照顾。(牵头单位:市发改委;配合单位:南部六县)

31. 资金扶持。加大资金投入，从今年起，市财政在每年投入1.5亿元振南专项资金基础上，每年再增加2.4亿元贷款贴息资金，向基础设施、工业产业、现代农业倾斜。(牵头单位:市财政局;配合单位:市发改委、南部六县)

32. 对口帮扶。建立帮扶长效机制，南北县区对口帮扶纳入年终考核，北部县区年帮扶资金达到上年度该县区地方财政收入的1%以上;建立中省企业对口帮扶南六县机制;南部县要主动与北部县区和中省企业对接。(牵头单位:市考核办;配合单位:市发改委、市财政局、市工信局、各县区)

八、基础设施建设

33. 铁路方面。建成准神、朔准铁路专支线，加快推进府谷、小纪汗煤炭专用铁路建设，力争开工建设府谷至兴县、蒙西至华中运煤通道榆林段以及榆佳铁路红石峡至麻黄梁段。争取我市参股建设蒙西至华中铁路运煤通道，推进神木—靖边铁路前期工作，争取省上协调开通榆林—西安和榆林—神木—大同—北京的动车。(牵头单位:市交通局、市铁路办;配合单位:市发改委、市国土局、有关县区)

34. 公路方面。榆绥高速建成通车，加快榆佳高速和神木至盘塘等3条一级公路建设，力争开工建设绥德—清涧—延川和定边—吴起高速公路，争取我市民间资本采取“BT”、“BOT”等形式投资神木—米脂高速公路建设，努力将沿黄公路纳入省级补助范围。(牵头单位:市交通局;配合单位:市发改委、市国土局、各县区)

35. 供水方面。建立健全全市水资源调查资料，基本建成王圪堵水库主体及供水工程、佳县泥河沟黄河引水一期工程，开工建设榆神工业园区供水工程，加快推进黄河大泉引水工程报批和建设进度，协调省上通过引汉济渭置换用水，增加我市引黄指标，努力解决12个县区及工业园区用水问题。(牵头单位:市水务局;配合单位:榆横工业区、榆神工业区、水务集团、各县区)

36. 电力方面。加快建设110千伏包西铁路供电工程，新建330千伏榆横至绥德、大锦线路工程。创新机制，在陕北电力系统探索成立一个股份公司。协调落实新能源发电项目电力接入系统问题。(牵头单位:市工信局;配合单位:市国土局、市国资委、榆林供电局、榆林供电公司、有关县区)

九、生态环境保护

37. 植树造林。继续突出生态建设和保护，强化单位、企业、社区、市民绿化责任，全面推进“三年植绿大行动”，加快建设千里绿色长廊，加强矿区绿化，完成植树造林100万亩。(牵头单位:市林业局;配合单位:各县区)

38. 矿区治理。推动煤矿采用“保水开采”技术，开展全市煤矿采空区普查治理规划编制工作，建立健全全市采空区调查资料，在试点基础上加大采空区综合治理，力争两年内基本消除采空区、自燃区隐患。(牵头单位:市国土局;配合单位:市能源局、市环保局、有关县区)

39. 生态保护。争取省上尽快出台《陕西省煤炭石油天然气开发环境保护条例》实施细则，对煤炭、石油、天然气开发单位开征生态环境综合治理补偿费，提取环境治理保证金;争取省上协调部分中省企业按时足额缴纳水土流失补偿费。(牵头单位:市环保局;配合单位:市能源局、市国土局、有关县区)

40. 节能减排。加强面源污染治理，大力实施乡村清洁工程，加强农村环境保护工作。实施30万千瓦以上发电机组脱硝工程，完成锦界工业园区等4个污水处理厂提标改造，已建成投用的污水处理厂实现达标排放。加快小城镇污水和垃圾无害化处理设施建设，努力完成节能减排任务。(牵头单位:市环保局、市发改委;配合单位:榆横工业区、榆神工业区、各县区)

十、支持企业发展

41. 项目报批。属市内办理的，由相关职能部门限期办理;属中省层面办理的，由各职能部门协助企业，积极协调上级对口部门予以办理。(牵头单位:市发改委;配合单位:有关部门、各县区)

42. 项目用地。积极争取国家和省上政策支持，并采取盘活资源、挖掘潜力、合理调剂、重点单列等措施，优先保障重点项目建设用地。争取省上实行土地差别化管理政策，适当增加我市建设用地指标；对省级重大能化项目单列用地指标，并建立用地审批“绿色通道”；优先安排我市城乡用地增减挂钩指标，将县城和重点镇列入全省建设用地增减挂钩试点；努力将我市列为工矿废弃地复垦调整利用和低丘缓坡荒滩等未利用地开发试点市。同时，进一步加强沟道治理，加大造地力度，为全省建设用地占补平衡做出贡献。（牵头单位:市国土局；配合单位:各县区）

43. 环境扩容。按照“存量调结构腾空间、增量优结构扩空间”的思路，实施总量控制计划，严格执行排污许可制度，挖掘自身潜力；力争省上通过规划、计划和排污权转让等手段，增加我市节能降耗和环境总量指标，争取对中省重大项目试行节能减排指标单列。（牵头单位:市发改委、市环保局；配合单位:各县区）

44. 资金支持。加强与金融机构的合作，构筑银企合作平台，积极帮助项目单位争取银行贷款；对符合政策支持的项目，帮助建设单位争取中省产业专项资金支持。（牵头单位:市金融办；配合单位:市发改委、市人行、市银监分局、各县区）

十一、优化发展环境

45. 问责机制。完善领导干部包抓重点项目和重点工作制度，对包抓工作不力、项目推进迟缓的县区和部门主要领导实行约谈制度，并在新闻媒体公开报道。（牵头单位:市委组织部、市纪检委；配合单位:各县区、各部门）

46. 投诉办理。充分发挥市县两级行政效能投诉机构和投资环境110办公室职能，公布投诉电话，坚持投诉一宗、受理一宗、查处一宗、问责一宗。（牵头单位:市监察局、市效能办、市招商局；配合单位:各部门、各县区）

47. 预防阻工。建立市县乡村四级维护项目环境工作责任制，严格落实县乡政府责任，对辖区内重点项目制定防止阻工工作预案；做好群众法律政策宣传教育工作，教育群众顾全大局，让群众依法合理表达诉求，教育企业充分考虑照顾群众利益，保护群众和企业合法权益。（牵头单位:市发改委、市司法局；配合单位:有关部门、各县区）

48. 阻工治理。尽快研究制定整治优化投资发展环境的实施意见，依法查处敲诈勒索投资企业的违法犯罪活动和无理刁难、阻拦道路、阻碍施工等不法行为；对偷盗破坏、围堵阻挠企业正常生产经营和项目建设的行为，一律从快从重依法处置；对连续出现阻工问题的地方，严肃追究相关县乡政府负责人的责任。（牵头单位:市委组织部、市发改委、市监察局、市公安局；配合单位:各部门、各县区）

49. 政务服务。7月份开工建设市级集行政审批、公共资源交易、便民服务和电子监察四位一体的政务服务中心，并组织领导干部考察学习兄弟地市的先进管理经验；用1至2年时间建成所有县级行政服务中心；用1年时间建成所有乡镇便民服务中心，扎实推进“两集中、两到位”改革。（牵头单位:市政府办；配合单位:有关部门、各县区）

50. 下访接访。开展领导干部下访接访活动，抓好矛盾纠纷排查化解。（牵头单位:市信访局；配合单位:各部门、各县区）

51. 作风整治。开展以整治吃拿卡要、政令不畅、懒散漂浮等为主要内容的集中整治活动，纠正部门行业不正之风；进一步规范涉企执法检查，解决“乱收费、乱摊派、乱罚款”等问题。（牵头单位:市监察局；配合单位:各部门、各县区）

十二、经济发展研究

52. 市域经济。分析我市一季度GDP下行、增幅低于全省平均水平的原因，寻求破解对策。（牵头单位:市发改委；配合单位:有关部门、各县区）

53. 县域经济。研究推动神木县2012年地区生产总值突破1000亿元的对策和措施，争取省上优惠政策。（牵头单位:神木县；配合单位:有关部门）

54. 转型研究。加强资源型地区主动转型研究，在2012年“二十七”条政策到期后，力争将我市列为资源型地区主动转型省级综合配套改革试点市，争取省上出台进一步加快榆林发展的优惠政策，条件成熟后申请国家级试点市。认真谋划国家可持续发展实验区、循环经济试点市推进措施，向纵深发展。（牵头单位:市发改委；配合单位:市发展研究中心、各县区）

55. 规划研究。研究对接西部大开发“十二五”规划、陕甘宁革命老区振兴规划和国家“十二五”煤炭工业规划，以及鄂尔多斯盆地、呼包银榆经济区规划，发现机遇，抓住机遇，制定我市实施意见。加强吕梁山片区（榆林）区域发展与扶贫攻坚调查研究，完成我市规划编制工作（牵头单位:市发改委；配合单位:市工信局、市扶贫办、市发展研究中心、各县区）各县区、各部门要将工作任务细化分解到乡镇、科室，抓紧研究制定工作措施，严格落实责任。各责任单位要按月向市委、市政府反馈工作任务完成情况。市考核办要将各项分解任务纳入年度责任考核目标体系，定期检查督促，及时掌握工作动态，推动工作落实。

中共榆林市委办公室
榆林市人民政府办公室
关于吸取府谷县特大洪灾教训
切实做好当前防汛工作的紧急通知

榆办字〔2012〕102号

各县区委、县区人民政府市委和市级国家机关各部门，各人民团体:7月20日20时至21日22时，我市自西向东出现了一次明显降雨过程，其中神府两县部分乡镇出现多年罕见的强降雨天气，府谷县哈镇最大降雨量达142毫米。

截至目前,这次暴雨已导致府谷县1人死亡,16人失踪,陕投集团冯家塔煤矿、清水川电厂等重点项目受灾严重,部分地区道路被损、交通受阻、人员被困、农田被毁、房屋倒塌,给人民生命财产安全带来严重损失。

灾情发生后,省委、省政府和市委、市政府高度重视,省委书记赵乐际、省长赵正永,副省长娄勤俭、李金柱、祝列克分别就府谷暴雨灾情做出重要指示,对主汛期防大汛、抢大险工作提出明确要求。市委书记胡志强、市政府市长陆治原、市委副书记赵政才分别作出重要批示,要求府谷县全力做好搜救和善后相关工作,并就全市当前防汛和救灾等工作进行再安排、再部署。市委书记胡志强、市政府市长陆治原、分管副市长王长安第一时间带领市防汛指挥部相关成员单位主要负责人赶赴灾情现场,组织指挥指导干部群众全力开展抢险救灾工作。

这次洪灾暴露出我市个别区域城防、河防、农防隐患排查不力,防范意识不高,防范措施不强,预案落实不到位等多方面的问题。对此,市委、市政府再次要求各级各部门务必汲取教训、高度警惕,坚决克服麻痹思想,对近期防汛工作进行再部署、再动员、再排查,确保主汛期不出现大的问题,确保人民生命财产安全。

一、提高认识,积极主动防范。各级要充分认识当前防汛形势的严峻性,高度重视防汛工作,以对党和人民高度负责的精神,以防患于未然的工作态度,未雨绸缪,切实增强做好防汛工作的责任感和紧迫感,把防汛工作作为当前的一项重点工作抓实、抓好。要立足防大汛、抗大灾,准确分析和全面把握防汛形势,牢牢把握防汛工作的主动权,坚决克服麻痹思想,扎实做好各项防汛准备工作。

二、加强领导,层层落实责任。各级领导要站在保障人民群众生命财产安全的高度,切实加强对防汛工作的组织领导。各县区要进一步明确责任,把防汛工作作为"一把手"工程提上重要议事日程,层层落实防汛责任制,切实把各项防汛责任贯穿于防汛工作全过程,把各项防汛措施落实到人、落实到位。要树立防汛责任重于泰山的思想,对重点部位、重点人群、重点环节责任到位,确保人民群众生命财产安全。

三、加强值班,确保信息畅通。各级各部门要严格执行24小时值班制,带班领导、值班人员必须24小时坚守在岗,保证防汛专用电话24小时畅通,发生险情立即处理并及时向有关部门报告。各级各部门特别是各级防汛指挥部成员单位主要负责人手机必须24小时开机,确保防汛信息、指令上下畅通。防汛值班期间,要加强与气象部门紧密联系,及时掌握降水情况,根据天气变化有针对性地部署和调整防汛工作,提前做好迎汛的各项准备工作。

四、突出重点,狠抓工作落实。各级各部门要把学校、煤矿、在建重大工程、农村危房、河道库坝作为山洪灾害防御的重点,全面开展拉网式隐患排查,逐村、逐户、逐点落实好山洪灾害防御预案,早防早避,确保人员安全。一是要加强城市防汛工作,对居民区以及城市排污、排洪等重点部位进行安全检查,对危房等薄弱地段的居民要及时疏散,妥善安置,确保城区安全度汛。二是要加强煤矿、非煤矿山、危险化学品、建筑施工工地及吊装作业、道路交通等生产经营单位防汛工作,在暴风雨期间立即停产、停工或采取紧急措施,防止矿区塌陷、道路塌方、山体滑坡等次生灾害。三是要加强河道库坝防洪安全管理,对全市所有河道的行洪安全、库坝的度汛安全进行隐患再排查,及时发现问题,坚决堵塞漏洞,对影响行洪安全的临河建筑物及行洪障碍物,一律拆除、清理,对存在安全隐患地段的居民,及时转移、搬迁;对全市所有工矿企业、临河建筑物及涉河建设工地进行再排查,对存在度汛安全隐患、防洪安全不达标的,该停产的停产,该停工的停工,限期予以整改,确保人民生命财产安全。

五、完善应急预案,科学防汛抗灾。各级各部门要紧绷防汛工作这根弦,制定和完善快捷高效的防汛应急预案,落实防洪物资储备,确保发生险情快速反应,做到科学防汛、有序抗灾。一旦发现险情隐患,防汛指挥部和各有关单位主要领导要在第一时间赶赴现场,及时组织人员撤离到安全地带,救灾庇护中心要及时组织做好受灾群众的救灾庇护工作,做到防范在前、科学转移、确保安全。

六、举一反三,做好善后工作。级要不折不扣落实省委、省政府领导的重要批示精神,认真汲取教训,引以为戒,举一反三,全力抓好防汛工作。要切实对防汛工作做到常抓不懈,警钟长鸣;要加强防洪工程建设,强化防汛隐患排查治理;要切实把防汛工作的刚性制度落实到生产、管理的每一个环节,加强对职工的防汛教育,提高全市上下的防汛意识;要加强对气候变化、降雨情况、河水情况、地质灾害隐患点的监测,及时做好险情预警预报;要认真做好伤员救治、受灾房屋修复等善后工作,确保社会安全稳定;要毫不放松地抓好安全生产工作,严防各类安全事故的发生。

七、严肃防汛工作纪律。防汛工作事关经济发展大局,事关社会和谐稳定。各级各部门必须严明防汛纪律,凡因工作不力,导致预报不准确、预案不科学、储备不充分、排查不到位、信息不畅通、搬迁避让不及时造成重大灾情的,以及缓报、瞒报、漏报、不报造成重大社会影响的,在善后工作中有渎职、受贿、牟取私利侵害群众利益的,要坚决严格按照有关规定,严肃查处,决不姑息迁就。

中共榆林市委办公室　榆林市人民政府办公室关于印发《幸福榆林指标体系编制工作方案》的通知

榆办字〔2012〕21号

各县区委、县区人民政府,市委和市级国家机关各部门,各人民团体:

《幸福榆林指标体系编制工作方案》已经市委、市政府同意,现印发你们,请认真贯彻执行。

中共榆林市委办公室　榆林市人民政府办公室

2012 年 2 月 29 日

幸福榆林指标体系编制工作方案为深入践行科学发展观,全面贯彻落实市三次党代会提出的“加快大转型、实现新跨越、建设幸福榆林”战略部署,加快推进幸福榆林建设,根据市委、市政府安排,结合榆林实际,制定本工作方案。

一、指导思想

以科学发展观为指导,坚持以人为本、突出特色的原则,结合小康社会指标体系、全市“十二五”规划、年度考核任务和先进地区实践经验,立足榆林发展实际,突出科学性、导向性、客观性和可操作性,广泛征求民众意见,凝聚社会共识,构建符合榆林实际、体现社情民意、促进转型跨越、推动幸福榆林建设的指标体系。

二、编制原则

1. 坚持以人为本。指标体系构建应突出以人为本的指导思想,努力反映人民的物质和精神生活需求。客观指标设置要着重反映人民群众普遍关心、需要政府主抓的重要工作,主观指标设置要侧重反映人民群众的主观感受和精神层面的诉求。

2. 注重可比可得。指标的选取以综合性和代表性指标为主,着重选取具有较强普适性和可得性、能够充分反映民众“幸福感”的关键指标,严格控制指标数量,避免重复评价。

3. 强化统筹衔接。指标体系应充分借鉴国内外有关幸福指标体系的相关成果和工作经验,并与我市目标责任考核体系、全面小康社会评价指标体系和“十二五”规划纲要指标体系相衔接,确保目标导向的一致性。

4. 确保群众认可。指标体系的编制过程要高度重视群众参与,利用多种渠道和方式广泛汇集民意。指标的选取和评价体系的构建上,要集中体现大多数民众的幸福意愿和需求,切实加强同人民群众的互动交流,在最大范围内凝聚社会共识。

三、方法步骤

本次编制采取自行编制为主、邀请专家参与为辅的方式,首先通过无框架征询,在广泛征集民众意见、全面征询市直有关部门建议的基础上,形成幸福榆林指标体系基本框架;再通过新闻媒体公布指标体系基本框架,征求人民群众、社会各界和县区、部门意见,委托第三方专业机构进行问卷调查,开展指标体系符合性调查;最后,在充分体现民众意愿、吸纳社会各界意见的基础上,形成幸福榆林指标体系报审稿,经市委、市政府研究审定后,正式发布执行。

四、进度安排

指标体系编制分为四个阶段。

第一阶段:无框架征询阶段(3 月 1 日—3 月 15 日)

1. 目标任务

组建专门工作机构,全面启动指标体系编制工作,开展“我心目中的幸福指标”无框架征询活动。

2. 主要工作内容

(1)成立幸福榆林指标体系编制工作领导小组,明确工作职责,落实办公场所,抽调专门人员,组建领导小组办公室。

(2)在《榆林日报》、《榆林晚报》以及榆林电视台、榆林市政府网、榆林新闻网、市发改委网等网站开展“我心中的幸福指标”无框架征询活动;在各县区政府和市直部门开展无框架征询活动;在 12 个县区部分中小学校对学生家长进行问卷调查,广泛获取社会各领域、各阶层关注热点,为指标选取和权重设置提供依据。

(3)汇总分析各方面意见和建议,形成无框架征询分析报告。

第二阶段:指标框架形成阶段(3 月 16 日—3 月 31 日)

1. 目标任务

根据征询意见,结合目标责任考核、“十二五”规划指标体系,在试算试评及征求县区、部门意见的基础上,研究提出指标体系框架征求意见稿。

2. 主要工作内容

(1)结合全市目标责任考核体系、全面小康社会评价指标体系和“十二五”规划纲要指标体系,按照可比、可得、便于量化考核的原则,研究提出指标体系框架;

(2)进行试评试算,并再次征求县区政府和市级有关部门意见,在此基础上研究提出《幸福榆林指标体系(征求意见稿)》。

第三阶段:符合性调查阶段(4 月 1 日—5 月 15 日)。

1. 目标任务

通过报纸、电视、网络等媒体和第三方问卷调查以及召开各层面讨论论证会,公布《幸福榆林指标体系》(征求意见稿),开展“我选择的幸福指标”符合性调查活动,形成指标体系报审稿。

2. 主要工作内容

(1)开展指标体系符合性调查工作。在《榆林日报》、《榆林晚报》以及榆林电视台、榆林市政府网、榆林新闻网、市发改委网站开展“我选择的幸福指标”符合性调查活动;在各县区政府和市直部门开展征求意见活动;委托第三方专业机构开展入户问卷调查,通过指标设置的满意度分析,为指标增删和权重调整提供依据。

(2)召开不同层次的讨论会,邀请人大代表、政协委员、各界人士、群众代表进行座谈讨论,听取各方面意见和建议。

(3)在充分吸纳各方面意见和建议的基础上，对指标体系进行修改完善，并进行第二轮试算试评，形成专家评审稿。

(4)组织召开专家评审会，邀请国内相关领域知名专家对《幸福榆林指标体系》进行论证，在吸收专家建议的基础上，研究提出《幸福榆林指标体系》(报审稿)。

第四阶段：审定发布阶段(5月16日—5月31日)。

1. 目标任务

提交市委、市政府研究审定，发布幸福榆林指标体系。

2. 主要工作内容

(1)经领导小组研究同意，提请市委、市政府专题会议审定。

(2)市政府正式印发幸福榆林指标体系。

五、组织机构

编制幸福榆林指标体系时间紧、涉及范围广、工作要求高，需要强有力的组织领导。市委、市政府决定成立幸福榆林指标体系编制工作领导小组。领导小组组成人员如下：

组　长：赵政才　市委副书记
副组长：马维骥　市委副秘书长、政研室主任
张生平　市政府副秘书长
郭培才　市发改委主任
张海强　市统计局局长
李怀珠　市发展研究中心主任
刘万忠　市考核办常务副主任
成　员：刘仲平　市委宣传部副部长
朱飞云　市委政法委副书记
惠前洲　市发改委副主任、市医改办主任
樊小兵　市教育局副局长
王文斌　市财政局副局长
辛建华　市文广局副局长
王为东　市工信局副局长
郝康林　市科技局副局长
罗云龙　市民政局副局长
高崇东　市住建局副局长
贺晓强　市建规局副局长
张玉团　市农业局副局长
吕学斌　市林业局副局长
薛占山　市环保局副局长
白映洲　市人社局副局长
高　军　市交通局副局长
薛治安　市公安局副局长
张文林　市安监局副局长
郭彦强　市水务局副局长
郝文辉　市卫生局副局长
雷存军　市药监局副局长
冯　波　市体育局副局长

编制工作领导小组下设办公室，办公室设在市发改委。市发改委副主任惠前洲兼任办公室主任，市发改委副调研员杨扬兼任办公室常务副主任，市统计局总统计师贺晓京、市考核办副主任石剑、市发展研究中心副调研员郝维林兼任副主任。工作人员抽调市发改委、统计局、考核办、发展研究中心、宣传部、教育局等单位业务骨干，并聘请国内从事相关研究或有类似经历或经验的知名专家担任顾问。

制定幸福榆林指标体系是市委、市政府确定的重要任务，是贯彻落实市三次党代会精神的主要抓手，是实现转型发展、持续跨越的战略举措。开展幸福榆林指标体系的研究和编制，将对深入贯彻落实科学发展观、引导各级各部门以提高群众幸福感为工作导向、凝聚建设幸福榆林共识都将起到积极而深远的影响。各级各部门都要高度重视，全力做好各项配合工作，切实使指标体系编制成为一个问政于民、问计于民、问需于民的过程，构建一个操作性强、符合榆林实际、充分代表民意的指标体系，为推进幸福榆林建设奠定坚实基础。

中共榆林市委办公室　榆林市人民政府办公室关于印发《榆林市杰出人才贡献奖评选办法》(试行)的通知

榆办字〔2012〕153号

各县区委、县区人民政府，市委和市级国家机关各部门，各人民团体：

《榆林市杰出人才贡献奖评选办法》(试行)已经市委、市政府同意，现印发给你们，请认真贯彻执行。

中共榆林市委办公室榆林市人民政府办公室
2012年12月30日

“榆林市杰出人才贡献奖”评选办法(试行)

第一章　总　则

第一条　为加快推进人才强市战略的实施，进一步营造“尊重劳动、尊重知识、尊重人才、尊重创造”的良好社会氛围，根据市委、市政府《关于进一步加强人才队伍建设的意见》精神，制定本办法。

第二条　“榆林市杰出人才贡献奖”是榆林市人才奖励的最高荣誉奖。

第三条　“榆林市杰出人才贡献奖”的评选，坚持德才兼备、注重实绩的原则，围绕榆林市重点发展领域，主要以人才为榆林经济社会发展做出的贡献为依据进行评选。

第四条　“榆林市杰出人才贡献奖”的评选，严格遵循公开、公平、公正、择优的原则。

第五条　“榆林市杰出人才贡献奖”每两年评选一次，

每次评选不超过10人。

第二章 对象和条件

第六条 评选对象:榆林市杰出人才贡献奖评选对象为榆林市行政区域内的各级各类人才。不包括党政机关工作人员。

第七条 参评对象必须热爱祖国,拥护中国特色社会主义,遵守我国宪法和法律,职业道德良好,具有强烈的事业心、进取心和不断创新的能力,为榆林经济社会发展做出重大贡献。具体应具备下列条件之一:

(一)在管理领域有一套行之有效、具有较高推广价值的现代化管理理论或实践经验,或在重大管理创新项目中取得优秀成果,对推动科技进步和促进生产力发展成效显著,所管理的企业连续三年产值、利润增长超过30%,或所在企业近三年年均纳税在5000万元以上,社会贡献巨大。

(二)有重大发明创造或技术革新,解决了经济建设和社会发展中的重大技术难题,为我市技术创新、产业经营和行业发展做出重要贡献;或其成果获国家技术发明奖、科技进步奖(一等奖以上前五位、二等奖前三位)、省部级技术发明奖、科学技术奖(一等奖前三位、二等奖前两位、三等奖第一位);或拥有两项以上(含两项)国家授权专利(其中一项为发明专利)的首位发明人,在转化后取得了重大的经济和社会效益。

(三)在农业基础研究领域中有重大科学发现,或者在理论、方法上有重大创新,研究成果获得国家科技进步奖(一等奖以上前五位,二等奖前三位),或获得省部级科技进步奖(一等奖前三位、二等奖前两位、三等奖第一位),并对农、林、水、畜牧等行业整体发展产生重大经济和社会影响;在农业应用研究技术领域,能够完成重大科技工程、计划和项目,大胆创新,或拥有自主知识产权并获得国家科技进步奖(一等奖以上前五位,二等奖前三位),或获得省部级科学技术奖(一等奖前三位、二等奖前两位、三等奖第一位)的重大科技成果;在科技成果转化、先进适用技术推广应用、高新技术产业化等方面做出突出贡献,成果推广普及率高,经济、社会和生态效益显著,或获得国家科技进步奖(一等奖以上前五位,二等奖前三位),或省部级科技进步(农业推广、丰收计划)成果奖(一等奖前三位、二等奖前两位、三等奖第一位);在社会主义新农村建设中做出巨大贡献的带头人。

(四)在教育理论、教育思想、教学内容、教学方法等方面能够不断创新,对学科建设、人才培养、推进事业发展发挥了重大作用;被授予全国、全省教育优秀教师称号;获得国家或省级教学名师;省特级教师;获国家级教学成果奖项(特等奖前四位、一等奖前三位、二等奖前两位),省级教学成果奖(一等奖前三位、二等奖前两位);在教育管理领域,工作成效突出、影响重大。

(五)医疗技术精湛,能够成功诊治疑难、危重病症,或在临床实践工作中有重大创新,对医疗事业的整体发展有积极的推进作用,得到同行专家和社会的普遍认可;或在较大范围多次有效预防、控制、消除疾病,社会影响大;或在农村基层医疗保健领域贡献突出并得到国内同行公认;在医药、医学实践和理论研究中,能够创造出具有显著社会、经济效益的重大研究成果,作为主要完成人,获得国家自然科学奖、技术发明奖、科技进步奖(一等奖以上前五位,二等奖前三位),获得省部级科学技术奖(一等奖前三位、二等奖前两位、三等奖第一位);能够运用现代科学管理理论,在医疗卫生领域创造出科学的管理方法,取得显著的社会效益和经济效益,在国内同行业中处于领先地位。

(六)在文化艺术、新闻出版、广播电影电视等社会科学领域中,获得国家级或省部级奖励;创作有相应作品或专著,在社会上产生重大影响;或在本专业领域造诣较深,在区域内处于学术领先地位并为榆林宣传文化建设做出重要贡献。

(七)在我市经济社会的其他领域中做出重大贡献或有重要创新,得到本行业领域或社会的广泛认可。

第八条 参评对象荣获的各类奖项、荣誉或取得的成果,必须是近5年内在榆林工作期间所取得的,或在榆林得到转化应用并取得显著效益。

第三章 组织机构

第九条 为做好榆林市杰出人才贡献奖评选工作,在市委人才工作领导小组领导下,成立榆林市杰出人才贡献奖评选工作办公室,具体负责评选表彰的组织协调工作。评选工作办公室设在市委组织部。

第十条 评选工作办公室负责组建榆林市杰出人才贡献奖评审委员会。评审委员会由专家和市委人才工作领导小组成员单位的主要负责人组成。评审委员会的专家根据当年度有效候选人涉及的专业范围确定。评审委员会的职责是向市委人才工作领导小组推荐"榆林市杰出人才贡献奖"获奖人选。

第四章 推荐程序

第十一条 由市委组织部、市委人才办联合下发通知,安排部署推荐候选人工作,并通过媒体向社会公告。

第十二条 候选人的推荐以组织推荐、专家推荐两种方式进行。

(一)组织推荐。各县区委组织部,榆横工业区管委会、榆神工业区管委会、市直各有关部门作为组织推荐部门,可推荐本地区、本系统内符合条件的申报人。各县区、工业园区推荐人选1名,市直各有关部门推荐人选不超过2名。

(二)专家推荐。申报人需经同行业或同领域具有正高职称5名专家联名推荐。每名专家只可推荐1名人选。

经组织推荐和专家推荐的人选材料按隶属关系或管理权限统一由各县区委组织部、工业区管委会和主管部门报榆林市杰出人才贡献奖评选工作办公室。

第十三条 组织推荐候选人时,各推荐部门应对候选人进行资格审查。专家推荐候选人时,推荐专家应对候选人相关信息资料的真实性、准确性负责。

第五章 评审和表彰

第十四条 评选工作办公室负责对推荐候选人的材料进行审查,凡符合参选条件的,确定为有效候选人。

第十五条 由榆林市杰出人才贡献奖评审委员会对有效候选人进行评审。在充分酝酿讨论基础上,进行无记名投票,根据投票结果综合平衡后初步提出获奖人选名单报市委人才工作领导小组审定。

第十六条 评选工作办公室负责对初步确定的获奖人选进行考察,并将获奖人选名单及有关成果和实绩在媒体公示,公示期7天。评选工作办公室受理对获奖人选的来电、来信或来访举报,并负责进行调查核实。公示期间,任何单位或个人对获奖人选有异议,应署名或实名向评选工作办公室提出,逾期或匿名不予受理。

第十七条 公示结束后,最终确定的获奖者名单报市委人才工作领导小组同意后由市委、市政府表彰奖励。

第十八条 榆林市杰出人才贡献奖获奖者由市委、市政府颁发荣誉证书,并一次性发放奖金20万元人民币。

第六章 违纪处理

第十九条 组织榆林市杰出人才贡献奖评选的相关职能部门工作人员、评审委员会成员应严格遵守工作纪律。对在评选活动中有收受贿赂、弄虚作假、徇私舞弊及存在违反评审制度、影响评选公正等违法违纪行为的,根据情节轻重,由有关部门追究其相应责任。属评审委员的,取消其评审委员会成员资格,终止其评审活动;属相关职能部门工作人员的,通报工作人员所在单位,并建议给予相应处分。对触犯法律的,依法追究法律责任。

第二十条 参评人员剽窃、侵夺他人成果或以其他不正当手段弄虚作假骗取杰出人才贡献奖的,经查属实,尚在评审阶段的,取消其参评资格;已获得奖励的,经市委人才工作领导小组同意后,报请市委、市政府撤销其荣誉称号,追回荣誉证书和奖金。

第七章 附 则

第二十一条 榆林市杰出人才贡献奖的奖金在榆林市引进培养高层次紧缺人才专项资金中列支。

第二十二条 本办法由市委人才工作领导小组办公室负责解释。

第二十三条 本办法自发布之日起施行。

中共榆林市委办公室
印发《关于进一步深化万名干部下基层活动的实施方案》的通知

榆办发〔2012〕2号

各县区委,市委各部门,市级国家机关各部门党组,各人民团体党组:

《关于进一步深化万名干部下基层活动的实施方案》已经市委同意,现印发你们,请认真贯彻执行。

关于进一步深化万名干部下基层活动的实施方案

为认真贯彻落实省委"问政于民、问需于民、问计于民,解民忧、解民怨、解民困"(简称"三问三解")活动要求和全市干部作风整顿动员大会精神,切实推动全市"基层组织建设年"和"作风建设年"深入开展,现就进一步深化万名干部下基层活动安排如下:

一、目标任务

坚持以访民情、解民忧、顺民意、帮民富、促和谐为主线,实现干部转变作风、基层晋位升级、群众得到实惠的目标。

1. 化解矛盾纠纷。帮助建立矛盾问题台账、设立矛盾问题信息员、建成以党组织牵头的矛盾纠纷调处委员会,使群众信任、威望高的同志进入调委会。对群众反映比较集中的问题和疑难信访,及时调处化解,维护和谐稳定。

2. 加强基层组织。以建设"五好党支部"为目标,打造过硬书记、建设过硬队伍、完善管用制度。帮助基层党组织改进工作、带领发展,实现晋位升级,发挥核心作用。帮助两委换届有遗留问题的村子查找根源、解决问题。建立流动党员信息库,向流入(出)地党组织和党委组织部门反馈。

3. 推动科学发展。公开承诺,切实帮助基层解决一些群众想办、发展有效、作用长远的实事。农村围绕"升级晋档",推动落实"一定三有",突出帮民致富、促进和谐。社区围绕"三有一化",创建"文明社区、和谐家园",突出服务群众、凝聚人心。单位围绕"三亮三比三争创",突出为民服务、创先争优。

二、活动部署

参与人员:市、县区领导班子成员;市、县区各部门主要领导、班子成员、后备干部和业务骨干;乡镇(街道)全体干部。

活动范围:全市农村、社区、非公组织、学校、国有企业、新社会组织、医疗卫生等基层组织,其中农村、社区实现全覆盖,市直部门和各县区县级领导重点联系四类村和矛盾村。市工商联、市教育局、市工信局、市民政局、市卫生局等主管部门的下基层活动，分别在非公组织、学校、国有企业、新社会组织、医疗卫生等基层组织中开展，要认真制订方案，做好安排部署。其他基层组织均由各县区具体安排。

三、方法步骤

这次活动时间为2012年3月到2012年7月，分三个阶段进行。

1. 了解民情、建立台账阶段（2012年3月1日—3月20日）。

分别召开党员座谈会、群众大会或代表会议，介绍来意，听取意见，统一思想。开展一次大走访活动，听心声、拉家常、议发展，问政于民、问需于民、问计于民，明晓群众所需、了解群众所怨、掌握群众所盼。不足100户的全部走访，超过100户的，走访不少于100户。在此基础上，建立矛盾台账、明确帮扶对象、确定拟办实事。

2. 组织实施、深入推进阶段（2012年3月21日—6月30日）。

按照既定任务，逐一推动，认真落实。带着责任干好工作，带着感情为民办事，想群众所想、急群众所急、做群众所需，把实事办理到位、把矛盾化解彻底、把发展谋划长远。引进的项目、资金必须公开透明。建立挂账销号制度，明确负责人员、实施目标、完成时限。坚持边做边查边改，及时倾听、掌握新的群众诉求，排查、化解新的矛盾问题。

3. 总结回顾、评估考核阶段（2012年7月1日—7月31日）

组织开展“回头看”，着重查看实事是否办理到位、支部是否晋位升级、矛盾纠纷是否化解、群众是否得到实惠。没有完成的，要认真补课，确保活动实效。认真总结活动中的好做法、好经验，撰写好工作总结。以群众评价为基础，完成评估考核工作。

四、组织领导

1. 领导带头，深入推进。市、县领导班子成员带头深入各个联系点，把联系点打造成县级以上党建示范点，下基层不少于10天，每人结对帮扶困难群众2户以上。市、县部门主要领导带头深入对口四类、矛盾村，扶贫、小康点，下基层不少于20天，每人结对帮扶困难群众1户以上。选派干部下基层不少于30天，每人结对帮扶困难群众1户以上。各级干部每月下基层不少于1次。

2. 上下联动，真抓实干。深入开展万名干部下基层活动由市委组织部统筹安排，指导开展。市直部门下基层前，要积极主动和县区委组织部门做好对接，自觉接受所在县区委、乡镇（街道）党委指导，乡镇（街道）党委书记同时作为联络员，共同开展工作。民情台账、工作方案要及时征求县区委意见，排查出来的矛盾纠纷和各类不稳定因素，要详细列出单子提供给县区委和乡镇（街道）党委。具体问题的解决，以县区、乡镇（街道）为主，市县通力合作、全力推动。县区委根据问题解决进展，定期不定期召开会议，听取各方意见，共同研究措施。下基层干部的生活补助、工作用品、交通问题等，一律由派出单位解决，坚决做到“五不准”：不准优亲厚友；不准增加负担；不准收受馈赠；不准娱乐消费；不准借机徇私。

3. 严格考核，做好督查。市、县两级实行分类督查、考核，市上由市委组织部牵头，市委督查室、市考核办配合，重点督查四类村、矛盾村和县处级以上领导活动情况。督查、考核结果作为创先争优、考核奖惩的重要依据。下基层干部必须翔实记录深入基层工作情况，形成“工作日志”。下基层期间，所在基层单位发生重大社会问题或重大信访事件的，要进行问责。完不成目标任务的，单位不能脱钩，干部不能撤离，必须继续工作，直至任务完成。

4. 强化宣传，营造氛围。宣传部门负责整个活动的宣传工作。要牵头组织协调各类媒体，开辟专栏，编发简报，对活动情况、鲜活经验、取得成效及时报道宣传，营造浓厚氛围。要重视发现、深刻挖掘先进典型，争取中、省主流媒体进行报道，形成良好导向。

中共榆林市委办公室　榆林市人民政府办公室关于印发《榆林市创建省级文明城市活动实施方案》的通知

榆办发〔2012〕1号

榆阳区委、榆阳区人民政府，市委和市级国家机关各部门，各人民团体，中、省驻榆各有关单位：

《榆林市创建省级文明城市活动实施方案》已经市委、市政府同意，现印发你们，请结合实际，尽快制定出具体实施方案，夯实责任，抓好落实，全面完成创建省级文明城市的各项目标任务。

榆林市创建省级文明城市活动实施方案

（2012年2月13日）

文明城市是指在全面建设小康社会，加快推进社会主义现代化新的发展阶段，坚持以邓小平理论和“三个代表”重要思想为指导，深入贯彻落实科学发展观，经济建设、政治建设、文化建设和社会建设全面发展，精神文明建设成绩显著，市民文明素质和社会文明程度较高的城市。文明城市称号，是反映城市社会文明水平的综合性荣誉称号。文明城市创建活动，对于塑造城市精神、树立文明形象、统筹城乡共同发展、促进经济社会全面进步，建设富裕、民生、生态、文化、和谐的幸福榆林，有着十分重要的现实意义。为了更好地开展文明城市创建活动，努力实现榆林创建省级文明城市目标，根据《全国文明城市测评体系（地级城市）》和《陕西省创建省级文明城市测评体系（地级城

市)》,特制定以下实施方案:

一、指导思想和总体目标

以邓小平理论和"三个代表"重要思想为指导,深入贯彻落实科学发展观,认真贯彻落实党的十七大精神和市委各项重大决策部署,紧紧围绕建设中国经济强市、西部文化大市、塞上生态名市奋斗目标,以提高城市文明程度、提高市民文明素质、提高群众的幸福指数为目的,不断加大领导力度、管理力度、创建力度、宣传力度,动员全市各方面力量投入到省级文明城市创建活动中来。努力营造廉洁高效的政务环境、民主公正的法治环境、公平诚信的市场环境、健康向上的人文环境、有利于青少年健康成长的社会文化环境、舒适便利的生活环境、安全稳定的社会环境和可持续发展的生态环境,推进物质文明、政治文明、精神文明和生态文明建设协调发展,促进经济社会全面进步和人的全面发展,提高城市整体文明水平,展示"绿色、现代、和谐、奋进"的榆林新形象。力争2013年底建成省级文明城市,并启动全国文明城市创建活动。

二、基本原则

(1)坚持科学发展。实施"科教引领、创新转型"战略,推进经济社会转型升级,增强新的竞争力。在注重经济快速发展的同时,更加注重社会事业发展,大力促进区域、城乡的协调发展,促进城市软、硬环境建设的共同推进,努力推动创建工作上新水平、新台阶。

(2)坚持以人为本。把服务人民群众、满足人民群众利益需求、实现人的全面发展作为创建工作的出发点和落脚点,切实解决好人民群众普遍关注的热点、难点问题,不断提高人民群众的幸福感和满意度。

(3)坚持群众路线。把创建工作的着力点放在基层,贴近实际、贴近生活、贴近群众,打造更多群众乐于参与、便于参与的新载体,最大限度地吸引全民参与,使人们在活动中实现自我教育、自我提高。

(4)坚持长效管理。严格按照《陕西省文明城市测评体系》的具体标准落实各项创建工作,协调联动,齐抓共建,巩固成果,狠抓整改,把弱项做强,强项做优,努力实现标本兼治、长效管理,创新内容、创新形式、创新体制和机制,不断开创文明城市创建工作新局面。

(5)坚持地方特色。在努力实现创建工作全面达标的同时,突出榆林特色,力求在经济发展、社会进步、人文精神、生态环境、城市面貌、文明创建等方面增创新优势、形成新品牌。

三、主要任务

(一)廉洁高效的政务环境

(1)干部学习教育。把用中国特色社会主义理论体系武装全党作为思想理论建设第一位的任务,深入学习实践科学发展观,加强干部理想信念、从政道德教育。切实加强建设学习型党组织的领导,形成学习型党组织建设的长效机制。广泛开展创先争优活动,精心安排部署,取得较大成效。继续深化书香榆林建设,不断提高广大干部的整体素质。党风廉政和反腐败教育工作经常化、制度化。

(2)政务行为规范。坚持科学民主决策,实行重大问题和重要事项集体决策制度。实行决策责任制、决策过错责任追究制。实行专家咨询制度、社会公示和听证制度。建立政务公开制度,利用政府网站有效开展公共服务。健全党政领导接待群众来访制度。严格按照法律法规制定地方性法规、政府规章和行政规范性文件。规范行政行为、行政审批事项,政府部门、执法单位,严格按照法律法规公正、文明执行公务。纪检、监察部门要及时处理有关违规行政的投诉。各级政府要自觉接受人大、政协的民主监督、新闻舆论和社会公众的监督。

(3)勤政廉政的满意度。群众对反腐倡廉的满意度和党政机关行政效能的满意度>90%。(责任单位:市纪委、市委办、市人大办、市政府办、市政协办、市委组织部、市委宣传部、市直机关工委、榆林日报社、市文广局、市信访局)

(二)民主公正的法治环境

(4)法制宣传教育与法律援助。积极实施法制宣传教育第五个五年规划,全民法制宣传教育的普及率≥80%。司法和行政执法人员带头学法守法用法,做到严格、公正、文明执法。设有12348法律服务专线或其他法律服务热线。街道、社区居委会设有人民调解委员会。建立有政府财政保障的法律援助机构。

(5)公民权益维护。维护劳动者合法权益,无重大侵害劳动者合法权益的违法案件发生。各级政府及其派出机构设立负责维护未成年人和老年人合法权益的专职部门。做好孤残儿童、弃婴的救助及其合法权益保护工作。建立流浪未成年人救助保护机构。有妇女维权机构并发挥作用,保障妇女基本权益。保障进城务工人员基本权益,并改善其居住条件。市民对政府保障人民基本文化权益的满意度>85%。

(6)基层民主政治。加强和完善城市社区、机关、学校、企业和新经济组织、新社会组织等基层党、团、群组织建设。整合社区资源,发挥党、团员的模范带头作用,积极推进社区居委会民主建设。建立和完善社区事务的民主决策、民主管理和民主监督制度。新建居民小区依法实施物业管理,旧居民小区创造条件积极推行物业管理。

(责任单位:市委组织部、团市委、市妇联、市残联、市总工会、市中级法院、市民政局、市住建局、市司法局、市文广局、市人社局、市建规局、市关工办、市工商局)

(三)公平诚信的市场环境

(7)社会诚信。加快政府诚信体系建设,形成社会对政府部门承诺的监督网络,政府在经济社会活动中遵守法律法规。市民对政府诚信的满意度≥90%。经常开展集中性的诚信主题教育和实践活动,培养市民诚信观念和规则意识,建立企业信用供求机制。积极开展企业社会责任的宣传教育活动。开展"百城万店无假货"活动,并建成全国活动示范街。

(8)市场监管。有打击假冒伪劣违法行为的监督、投诉和处置机制。无影响恶劣的侵犯知识产权、假冒伪劣产商品和走私贩私案件。维护公平竞争,不搞地方保护主义。审批、执法部门热心为企业服务,无乱摊派等增加企业负担现象。对公务人员违纪行为坚决惩处。

(9)"窗口"行业服务。"窗口"行业要遵守职业道德,服务标准和程序公开,服务规范,诚信守法,有高效的投诉处理机制。群众对行业风气满意度>85%。

(责任单位:市纪委、市政府办、市文明办、市商务局、市药监局、市物价局、市国税局、市地税局、市质监局、市人行、市工商局)

(四)健康向上的人文环境

(10)思想道德建设。努力把社会主义核心价值体系体现到党员干部教育以及日常工作学习生活中,并融入国民教育和精神文明建设全过程。广泛宣传和普及社会主义荣辱观,弘扬民族精神和时代精神。倡导并自觉遵守爱国、敬业、诚信、友善等社会基本道德规范。大力弘扬榆林精神,并为广大市民熟知。设立市、区两级爱国主义教育基地,能正常开展活动。大力开展红色旅游,拓展革命传统教育新阵地。开展多种形式的形势政策教育、国情教育、国防和国家安全教育。制定、宣传市民文明守则等文明规范,加强公民意识教育。广泛开展民族团结进步的宣传教育活动。对进城务工人员的教育形成制度,并得到落实。利用多种形式宣传普及优秀传统文化,并形成制度。以书香榆林建设为载体,开展全民阅读活动。

(11)国民教育。人均教育经费支出>420(元)。按照国家办学标准,推进义务教育阶段学校办学条件标准化。均衡配置公共教育资源,有具体的扶持弱校的措施。推行校务公开和收费公示制度,建立健全各项安全管理制度和校园意外伤害事件应急管理机制。开展和谐校园创建活动。采取有效措施,切实减轻学生课业负担。市民对义务教育的满意度≥75%。

(12)文化事业与文化产业发展。对文化的投入增幅不低于同级财政经常性收入的增长幅度,文化事业费占财政总支出的比重高于全省平均水平。公共文化馆、博物馆、纪念馆、图书馆、美术馆实现向社会免费开放。国有经营性文化单位完成转企改制。

(13)文体活动与文体设施。积极开展全民健身活动,经常参加文体活动人数的比例>60%。人均体育场地面积>1.08平方米。建立市、区、街道各级体育组织并经常开展活动。市辖区内有面向社会的二级以上图书馆。建有文化信息资源共享工程支中心和基层服务点。市群众艺术馆(文化馆)为一级馆,所属区文化馆100%达到三级馆以上标准,其中60%以上为二级馆。每个街道都有综合性多功能的室内文化活动场所,并正常开展活动。市档案馆为国家一级档案馆,所属区档案馆30%为国家二级以上档案馆。物质文化遗产、非物质文化遗产保护管理制度完善。

(14)科学普及。市辖区内有综合性科技活动场所或科普场馆。≥80%的街道、乡镇有科普活动场所,经常开展活动。定期开展全市性科普志愿者活动。主要新闻媒体设有科普宣传栏目、节目。市政府网站设有科普网页。围绕《全民科学素质行动计划纲要》举办全市性科普教育活动≥3次/年,确保科普活动经费。

(15)市民文明行为。公共场所无乱扔杂物、随地吐痰、损坏花草树木、吵架、斗殴等不文明行为。所有室内公共场所和工作场所全面禁烟,并有明显的禁烟标识。影剧院、图书馆、纪念馆、博物馆、会场等场所安静、文明、秩序良好。组织开展文明交通行动计划,并建立长效机制。交通守法率达标,无酒后驾车现象。已设的公用电话、邮箱、报栏、座椅、窨井等公共设施得到精心保护。公交车排队上、下车,并为老、弱、病、残、孕及怀抱婴儿者主动让座。友善对待外来人员。单位劳动关系和谐,社区人际关系融洽。

(16)社会道德风尚。鼓励市民见义勇为,保障见义勇为者的利益。宣传表彰见义勇为的先进个人与集体。市民对见义勇为行为的赞同与支持率≥90%。有专门的慈善捐助机构,有经常性的社会捐助活动,特殊困难人群普遍得到救助。广大市民积极参与救灾捐赠和慈善捐助活动,形成机制。建立全市的志愿服务组织协调机构,组织实施各项志愿服务活动。建立市民广泛参与的各类志愿服务组织,并实行注册登记制度,注册志愿者人数占城市常住人口总数的比例≥10%,市民对志愿服务活动的认同和支持率≥90%。党政机关带头参加帮扶活动。市民种绿、护绿活动参与率≥70%。临床用血100%来自自愿无偿献血,或千人口献血人次>100。市民对捐献骨髓、器官等行为的认同率≥50%。道德模范评选表彰活动规范化、制度化,社会各界对评选表彰结果的认同率≥80%。大力宣传道德模范的先进事迹,形成学习、崇尚道德模范的浓厚氛围,市民对本市道德模范的知晓率≥85%。

(责任单位:市纪委、市委办、市政府办、军分区政治部、市委宣传部、市委组织部、市直工委、榆林日报社、团市委、市妇联、市科协、市工会、市文明办、市综治办、市公安局、市司法局、市民政局、市体育局、市住建局、市卫生局、市文广局、市教育局、市旅游外事局、市建规局、市宗教局、市档案局、市执法局、市交通局、市人社局、市工商局、市电信公司、市邮政局)

(五)有利于青少年健康成长的社会文化环境

(17)网吧整治。成立网吧管理工作协调机构,认真执行网吧管理制度,严厉查处网吧违法违规经营行为。建立网络文化市场监管平台,切实发挥监管作用。落实信息安全保护技术措施达到100%。加强网吧行业自律。严格控制网吧总量,调整存量,优化结构,推动网吧经营连锁化。建立网吧实名上网登记核查制度。市民对本地网吧行业形象的满意度≥70%。

(18)网络环境。有效利用行政手段加强对电信企业、网络服务企业和网络视听节目的管理。深入开展净化网络的专项整治行动。加强对本地医疗卫生和药品信息服务网站的监管。深入开展文明办网、文明上网活动。互联网企业要落实安全管理责任,加强行业自律,积极开展精神文明创建活动。在网吧、学校、家庭、社区大力推广绿色上网软件。

(19)荧屏声频净化。建立健全严格的节目审查制度和节目播出程序,有高素质的节目审查人员队伍。加强对市属广播电视综艺类节目的管理,有效遏制低俗媚俗之风。建立健全广告刊播审查制度,及时清理含有不良内容及提供不良服务的各类短信、声讯服务广告和电视点播节目。市属报纸、期刊、广播、电视和在本地注册的网站上没有不利于未成年人身心健康的广告。

(20)出版物市场和校园周边环境。加强对图书、电子、音像、报刊等出版物以及印刷、复制企业的管理。定期组织开展校园周边环境专项检查,加强对中小学校周边网吧、娱乐场所和商业网点的管理。加大工作力度维护校园及周边安全。

(21)文化产品和文化服务。鼓励扶持优秀少儿文艺产品的创作生产。积极宣传推介优秀少儿精神文化产品,促进适合未成年人精神文化需求的优秀文化产品数字化、网络化传播。所属爱国主义教育基地和公益性文化设施免费向未成年人开放。未成年人校外活动场所坚持公益性原则,活动经费纳入同级政府财政预算予以保障。依托中小学校网络教室和社区活动中心建设公益性电子阅览室,对未成年人开放。市属电台、电视台开设少儿栏目。

(责任单位:团市委、市文广局、市体育局、市民政局、市公安局、市卫生局、市药监局、市工商局、市电信公司、市移动公司、市联通公司)

(六)舒适便利的生活环境

(22)经济发展方式。人均 GDP 水平高于本省同类城市平均水平。单位 GDP 能耗低于省年度控制目标。第三产业贡献率、第三产业增长率大于 GDP 增长率。城镇居民可支配收入高于本省同类城市平均水平。研发(R&D)经费支出占 GDP 比重 >1.2%。国际互联网用户普及率 >42%。

(23)公共设施与公共交通。开展数字化城市管理模式建设工作。城市主要道路、各类公共建筑以及新建住宅设有无障碍设施。主干道路名称、公共图形标志符合国家标准。主干机动车道无被侵占、毁坏现象。自行车道连续、平整、畅通。人行道平整畅通,道板、护栏等设施完好。主干道装灯率100%,亮灯率99%。主干道上行人过街、机非分离、人车分离等安全设施完善。街巷路面硬化,排水设施完善,路灯功能完好。万人拥有公共汽(电)车数量和城市公共交通分担率,分别为 >8(标台)和 >15%。公交站点分布合理,斑马线、隔离栅栏设置科学,方便乘客上下车、过马路。市民对公交站点布局与交通便捷的满意度≥60%。

(24)公共场所秩序。主要大街和重点地区无违章搭建现象,门前责任制落实到位。无违规违章占道经营现象,卫生状况良好。无盯人拉客、盯人散发小广告现象。无乱张贴、乱涂写、乱设广告牌和单位铭牌现象。交通事故死亡率≤年度控制目标。交叉路口阻塞率≤2%。

(25)医疗与公共卫生。每 3－10 万居民或每个街道至少拥有 1 个社区卫生服务中心,≥95%的社区卫生服务中心纳入城镇职工医疗保险定点机构,居民对社区卫生服务中心的满意率≥80%。经营性公共场所证照齐全,亮证经营。从业人员持健康证明、卫生知识培训证明上岗,"五病"调离率100%。公共用品、用具消毒制度落实。集中式饮用水水源按规定划分保护区,水质达标。供水单位依法取得卫生许可证,管理规范。

(26)人口与生活质量。符合政策生育率 >93%。平均预期寿命 >74(岁)。恩格尔系数 <38%。

(27)社会保障。建立健全城市居民最低生活保障制度、城市医疗救助制度和生活无着的流浪乞讨人员救助制度。社会保险参保计划完成率100%。城镇登记失业率低于年度控制目标。零就业家庭占家庭总数的比例低于年度控制目标。住房保障制度纳入当地国民经济与社会发展规划,加快推进保障性安居工程建设,完成上级下达的住房保障目标任务。

(责任单位:市民政局、市人社局、市执法局、市建规局、市发改委、市住建局、市统计局、市公安局、市执法局、市交通局、市计生局)

(七)安全稳定的社会环境

(28)公共安全。主要公共场所和重点要害部位安装电子视频监控系统。城市公共消防设施达到国家标准。社会面、重点单位及社区物防、技防、人防、消防水平符合安全要求。社区警务室建设和治安辅助力量配备到位,并充分发挥作用。全面实施食品卫生监督量化分级管理制度,餐饮单位量化分级管理覆盖率≥95%。严格实施药品经营许可制度,规范药店经营行为。建立减灾、防灾、救灾综合协调机制和灾害应急管理机构,建立健全救灾应急预案。建立突发公共事件应急指挥系统和事件报告、通报、信息发布制度及事件领导问责制。群众对政府预防和处置突发公共事件能力的满意度≥75%。加强安全生产宣传教育、安全诚信建设和安全文化建设。各类生产事故死亡总人数控制在政府下达的控制指标以内。

(29)社会治安。加强流动人口、刑释解教人员、闲散青少年等重点人群的服务管理。预防和打击涉众型经济犯罪、各种刑事犯罪成效明显。将社会治安防控体系建设纳入经济社会发展总体规划,保障有力。充分发挥综治工作优势,积极开展平安创建活动,基层综治组织健全。社区居委会普遍建立治保会、调委会等群防群治队伍,并充分发挥作用。扎实做好矛盾纠纷排查调处工作,集中排查整治治安混乱地区和突出治安问题。无影响较大的群体性事件发生。

(30)社会稳定。邪教活动得到有效控制,每年开展全市性的反邪教宣传教育活动，把防范处理邪教工作纳入社会综合治理体系。群众安全感 > 85%。

（责任单位：市综治办、市 610 办、市公安局、市药监局、市民政局、市卫生局、市安监局、市文广局、市工商局、市质监局）

（八）可持续发展的生态环境

（31）城市绿化。市内建成区绿化覆盖率 > 35%。绿地率 > 30%。人均公共绿地 > 8（平方米）。

（32）环境管理与环境质量。生活垃圾无害化处理率 > 85%。工业和医疗危险废弃物处置率为 100%。城市生活污水集中处理率 > 80%。环境保护投资指数 > 2.0%。空气质量优良天数 > 310 天。重点工业企业污染物排放稳定达标率≥90%。区域环境噪声平均值 < 60dB（A），交通干线噪声平均值 < 70dB（A）。城市水环境功能区水质达标。建立节能减排工作责任制，完成上级下达的年度节能减排任务。公众对城市环保的满意率 > 75%。

（33）土地资源管理。耕地保有量和基本农田数量不低于上级下达的规划指标。新增建设用地不超过上级下达的计划指标。单位征用林地定额不超过上级下达的规定指标。国土资源管理规范，土地利用秩序良好。本年度内违法占用耕地面积占新增建设用地占用耕地总面积的比例≤5%。

（责任单位：市发改委、市国土局、市住建局、市卫生局、市环保局）

（九）扎实有效的创建活动

（34）组织领导。党政一把手亲自抓精神文明创建工作，有创建文明城市的中长期规划和年度计划。精神文明建设的主要指标纳入城市发展规划、年度工作目标和年度考核。市、区、街道建立精神文明建设（指导）委员会，有健全的工作制度。各级文明委成员单位职责明确，形成合力，实现齐抓共管。文明办有单列的行政编制，机构健全，职级明确，人员落实。

（35）城乡基层创建工作。组织开展各种主题的“讲文明树新风”活动，形成长效机制。开展各种宣传教育活动，大兴文明礼仪之风。以书香榆林建设为载体，开展“全民阅读”活动，大兴读书学习之风。开展“低碳经济和低碳生活”等方面的宣传教育活动，大兴勤俭节约之风。科教、文体、法律、卫生进社区活动覆盖率达 80% 以上。扎实开展多种形式的邻里互助、社区联谊活动，促进社区和谐。在机关、企事业、学校和社区等基层单位普遍开展创建文明单位活动，并建立健全创建工作机制。通过多种途径和方式，对文明单位实行社会监督，发挥文明单位的示范作用。开展文明家庭创建活动，群众对家庭美德的知晓率≥80%，区级以上（含区级）文明家庭的比例≥20%。注重培育、宣传先进典型，坚持开展学习先进活动。主要新闻媒体设有精神文明创建专题或专栏，主要公共场所设有大型宣传创建活动和道德建设的公益性广告，数量≥广告总数的 20%。公共场所广告、招牌等用字规范，内容健康。社区居委会的宣传栏定期刊登精神文明创建内容。对于农村基础设施建设和公益性投资逐年增加，农村社会事业发展水平明显提高。各相关职能部门把文化、科技、卫生“三下乡”活动列入经常化的工作。组织文明单位，结对帮扶农村开展创建活动，成效明显。市民对创建工作的支持率 > 80%。

（36）创建管理。明确各类精神文明创建活动的工作标准、实施办法和长效管理措施。建立完善的评选、考核、奖励制度。精神文明建设绩效纳入领导班子和领导干部的考核内容。创建文明城市形成长效管理机制，定期向人大代表、政协委员通报创建工作，并按规定办理相关的议案、提案。新闻媒体要发挥监督作用，对不文明现象进行曝光。地方财政对精神文明建设的投入随财政收入增长逐步提高，创建活动经费列入财政预算。

（责任单位：市委组织部、市委宣传部、市委政研室、市妇联、市科协、榆林日报社、市文明办、市文广局、市发改委、市卫生局、市司法局、市民政局、市住建局、市财政局、市工商局）

四、阶段步骤

根据省级文明城市考核评比、检查验收办法，结合我市实际，2012 年 2 月，由市、区同时启动省级文明城市创建活动，力争 2013 年底建成。

省级文明城市创建活动分为以下四个阶段。

第一阶段：全市宣传动员，分解任务（2012 年 2 月—2012 年 3 月）

1. 向省文明办提出创建省级文明城市申请。

2. 根据市委常委会决定，成立文明城市创建活动领导小组和指挥部及指挥部办公室（简称“创建办”）。

3. 制定出台《榆林市创建省级文明城市指标测评表》和《任务分解表》。

4. 由市委、市政府召开市、区干部参加的动员大会，进行安排部署，市上主要领导做动员报告。

5. 组织各责任部门、单位，对《榆林市创建省级文明城市指标测评表》和《任务分解表》进行认真学习、培训，并考察学习中央文明委和省委、省政府命名的全国文明城市和省级文明城市的创建工作经验。

6. 各相关部门单位要按照《指标测评表》和《任务分解表》进一步明确任务，细化工作责任，并制定本部门、本单位的创建工作计划、安排和完成任务时间表，报市创建办审查备案。榆阳区要制定出各相关部门、街道办事处的具体实施方案。

7. 对创建硬件方面的要求和任务，各相关部门、单位要尽快确定项目，会同市创建办报市发改委和市财政局，及早列入全市财政预算。

8. 榆阳区也要成立创建活动领导小组和指挥部及办公室，根据市上《实施方案》制定出区上的《实施方案》。

第二阶段：分步实施，整体推进（2012 年 4 月—2013 年 7 月）

1. 根据工作任务,对照创建标准,进一步夯实部门单位责任,全力实施推进创建工作。

2. 突出重点,从硬件和软件两方面寻找薄弱环节,限期达标。

3. 召开创建阶段工作任务推进会,督促创建工作全面推进。

4. 加强创建工作督查,开展自测自评。

第三阶段:对照标准,提高完善(2013 年 8 月—2013 年 9 月)

1. 再次对照创建标准,逐条逐项进行提高完善。

2. 对硬件和软件方面尚未完成的任务,攻坚克难,全力以赴,完善提高。

3. 组织学生、居民、干部、职工等,进行问卷调查,掌握了解创建工作和社会满意度。

4. 进一步加强创建工作督察,落实创建工作责任追究制。

第四阶段:自测自查,迎接验收(2013 年 10 月—2013 年 11 月)

1. 再次进行自测自评,查漏补缺,及时改进达标。

2. 做好迎接创建检查验收的各项准备工作。

3. 向省文明办汇报,提出进行正式验收的申请。

4. 总结创建工作,表彰奖励,宣传先进典型。

五、保障措施

(一)加强组织领导。创建文明城市是一项"一把手工程"。成立由市委书记胡志强、市政府市长陆治原任组长,市委、市人大、市政府、市政协相关领导任副组长,各相关责任部门主要领导任成员的创建活动领导小组。领导小组下设指挥部,由市委副书记赵政才任总指挥,市委常委、宣传部长陈宁任常务副总指挥,市人大、市政府、市政协相关领导及榆阳区委和区政府主要领导任副总指挥,全面负责创建工作。指挥部下设创建工作办公室(简称创建办),负责创建活动的具体组织实施工作。创建办设主任 1 人、常务副主任 1 人、专职副主任 3 人,工作人员从宣传部、文明办和相关责任部门抽调 15 人,组成精干高效的创建办公室。榆阳区也要成立相应的创建活动领导小组和指挥部及办公室,由区委书记、区长任领导小组组长,为创建活动的顺利开展提供强有力的组织保证。市、区创建办要充分发挥职能作用,切实加强组织协调和督促检查,及时对创建工作各项指标任务的完成情况进行跟踪督办,确保创建工作任务和措施落到实处,取得实效。

(二)部门齐抓共建。创建文明城市是一项部门工程。是所有部门都必须参与的系统工程。市和榆阳区各相关部门、单位要严格按照市、区创建活动指挥部及办公室的统一安排部署,成立由"一把手"任组长的创建活动领导小组及办公室。实行条块结合、市区联动,密切配合、齐抓共建。市、区创建办要将《指标测评表》中列出的 9 大创建目标(含 36 项、126 小项、370 条和特色指标 8 条)测评内容,制定出《任务分解表》,分解到市上的 57 个部门、单位和区上的 41 个部门、单位。市、区各相关部门、单位要制定具体的实施方案,分解细化任务,确定专人负责,逐项落实到位。特别是对排查筛选出的重点项目,要明确责任主体和标准要求,抓紧组织实施,限期完成。市、区各相关责任部门、单位要按照正规档案管理规定,建立完整、系统的创建活动档案。市、区各部门、单位要切实增强大局观念,牢固树立"一盘棋"思想,主动衔接配合,共同做好创建工作。对一些重点工作和难点问题,特别是涉及多个部门的工作以及在创建工作中临时增加的职能,要通力协作,整体推进,形成强大合力。要理顺体制,创新机制。在建立健全各项长效管理制度的同时,进一步完善理顺相关管理和执法体制,不断强化市、区、街办和社区管理责任,着力构建两级政府、三级管理、四级网络的管理机制。

(三)社会广泛参与。创建文明城市是一项社会系统工程,需要全社会共同参与,需要最大限度地调动一切积极因素,在充分发挥党政机关、事业单位、人民团体、学校和驻军的骨干作用的同时,还要动员其他一切社会力量共同参与到创建工作中来。市、区创建办要制定切实可行的方案和措施,充分发挥各行业、企业、社会团体和各界人士的优势,引导它们积极参与到创建活动之中。

(四)深入宣传动员。创建文明城市是一项全民工程。市、区创建办要精心策划,层层宣传动员,以"让群众参与,使群众受益,受群众监督"为要求,教育和引导广大市民积极投身创建活动,形成全党动员、全民动手、人人参与创建工作的良好局面,真正体现"创建为民、群众创建",不断夯实创建活动的群众基础。报社、电视台、广播电台等新闻媒体要充分发挥优势,开设创建专题或专栏,广泛宣传创建工作的重要意义、目标任务和工作措施,宣传我市干部职工和广大市民积极参加创建工作的生动实践以及涌现出的先进典型,营造浓厚的舆论氛围。由市创建办公室负责,建立榆林市文明城市创建活动志愿服务管理中心,组建文明城市创建活动志愿服务队伍。并充分发挥榆林市慈善志愿者总会和榆林市志愿者协会的作用,发动广大志愿者积极参加文明城市创建活动。要切实加强舆论监督,对工作不到位,措施不落实,影响创建工作全局的人和事要公开曝光,以强大的舆论监督促进工作落实,推动创建工作顺利进行。

(五)加大投入力度。创建文明城市是一项必须有充分资金保障的工程。市、区财政局要将创建办公室日常办公和各项大型宣传教育经费列入财政预算,按时足额拨付。每个年度都要设立专项奖励资金,对创建活动中成绩突出的单位和个人给予奖励。根据创建标准确需实施的建设项目,由项目责任部门会同创建办报市发改委和市财政局,由财政局纳入年度计划,尽早拨付,为创建工作顺利开展提供财力支持。

(六)强化督查考核。创建文明城市是一项必须严格督查考核的工程。建立三个督查组,负责督查市上有关责任部门、单位。由市委办牵头,市纪委、市委政法委、市考核办、市政府办、市公安局、市民政局、市创建办参加,负责督查廉洁高效的政务环境、民主公正的法制环境、安全稳定的社会环境;由市双创办牵头,市监察局、市考核办、市执法局、市住建局、市环保局、市卫生局、市创建办参加,负责督查舒适便利的生活环境、可持续发展的生态环境;由市委宣传部牵头,市文明办、市考核办、市文广局、市教育局、市工商局、市商务局、团市委参加,负责督查健康向上的人文环境、有利于青少年健康成长的社会文化环境、公平诚信的市场环境。三个督查组由市创建办统一协调,定期进行督查,以增强督查考核力度。榆阳区也要建立若干督查组,负责督查区上有关责任部门、单位。市、区创建办要制定出督查考核奖惩实施办法,组织好对创建工作分阶段、分时段进行督查考核工作,考核结果在新闻媒体上公布。连续两次排在考核结果最后的单位予以通报批评。对工作整改不力、不能按时按质完成任务的部门、单位,给予黄牌示警,并分别由市委、市政府领导和区委、区政府领导对其主要领导进行诫勉谈话。连续两次受到黄牌警告的单位,实行一票否决。被否决的单位不得评为市级和区级以上先进。市考核办要根据市创建办提供的督查考核结果,把文明城市创建工作列入市、区年度目标责任考核之中,以强力推进目标责任的落实。在通过创建考核验收后,按照"失分重罚、保分有奖、超分重奖"的原则,对市、区项目相关部门单位进行奖惩。

(七)规范协调程序。创建文明城市是一项必须建立科学、规范工作机制的工程。要实行创建工作重大事项报告制度,重点项目进展通报制度,健全市创建活动领导小组专题会和指挥部例会,定期研究创建工作制度。同时,严格创建工作分级管理,认真执行创建决定事项。市创建办对各相关部门和榆阳区、中省驻榆单位、项目包抓部门以及相关市级单位创建工作有不定期进行检查督查职能。包抓项目部门对所包项目涉及的单位有直接督查职能。以强有力的督查,保证创建工作按时达标。

榆林市人民政府办公室关于进一步加强残疾人文化建设的实施意见的通知

榆政办发〔2012〕78 号

各县区人民政府,市政府各工作部门、直属机构:

《关于进一步加强残疾人文化建设的实施意见》经市政府同意,现印发你们,请认真贯彻执行。

榆林市人民政府办公室

2012 年 8 月 15 日

关于进一步加强残疾人文化建设的实施意见

为了深入贯彻党的十七届六中全会精神,全面落实中、省关于加强残疾人文化建设的要求和《中共榆林市委榆林市人民政府关于促进残疾人事业发展的实施意见》、《榆林市残疾人事业"十二五"发展纲要》,现就进一步加强我市残疾人文化建设,特制定本实施意见。

一、充分认识残疾人文化建设的重要意义

残疾人文化是社会主义文化的重要组成部分,彰显人道主义内涵,承载人类社会平等友爱、包容互助、自强共享价值取向,是构建社会主义核心价值体系,营造文明和谐社会环境,建设"西部文化大市"的重要内容。加强残疾人文化建设,促进残疾人文化与社会文化同步发展与繁荣,有利于残疾人改善和丰富精神文化生活,提高自身综合素质,陶冶道德情操,改善生活状况,实现自我解放;有利于培养自强自信,积极进取的生活态度,推进残疾人融入社会、促进和谐友爱的人际关系建立;有利于加强社会公德、职业道德、家庭美德和个人品德教育,进一步凝聚包括残疾人在内的广大人民群众的精神力量,促进社会主义精神文明建设。各级党委、政府及有关部门要从建设和谐社会、改善残疾人民生、保障残疾人权益、公共服务均等的高度充分认识加强残疾人文化建设的重要意义,增强紧迫感和责任感,采取切实有效措施,进一步建立和完善残疾人公共文化服务体系,加强残疾人公共文化服务设施建设,不断推进残疾人个性化文化服务,满足残疾人文化需求,推动我市残疾人事业发展、文明城市创建和幸福榆林建设。

二、指导思想、基本原则和目标任务

(一)指导思想。以科学发展观为指导,全面贯彻党的十七届六中全会、省委第十二次党代会和市委第三次党代会精神,坚持以残疾人为本,不断构建社会主义核心价值体系,加强残疾人文化服务,维护残疾人文化权益,为残疾人提供均等化的文化服务,满足广大残疾人精神文化需求,以提升残疾人生活品质和幸福指数为出发点和落脚点,优化残疾人文化建设环境,促进我市残疾人文化事业快速发展。

(二)基本原则。加强对残疾人文化事业发展工作的领导,建立专门的工作机制和考核体系,充分发挥各相关部门的职能作用,同时加强社会参与建设,引导社会各界关心,支持并积极参与残疾人文化建设,形成党委政府主导、部门配合、社会参与的残疾人文化事业工作机制。深入贯彻落实中、省、市促进残疾人事业发展各项方针政策和保障措施,对残疾人文化事业予以优先发展。根据地区差异和各类残疾人的特点,坚持从实际出发,突出重点,建立长效机制,制定科学发展规划,促进残疾人文化事业科学发展。

(三)目标任务。以加快推进残疾人文化大发展大繁荣为主线,使残疾人文化事业能够融入全市社会文化事业和"西部文化大市"建设之中,基本实现残疾人平等参与、均等享有公共文化服务;以建立和完善残疾人文化服务体系为抓手,加强面向残疾人的文化服务设施建设,为残疾人提供基本文化服务,使残疾人参与文化生活的环境得到较大改善;以发展残疾人文化产业为突破口,扶持、培育残疾人文化产业和文化艺术品牌,推动残疾人文化事业发展,提高残疾人的思想道德和科学文化素质,弘扬自强不息的民族精神和扶残助残的社会风尚。

三、强化工作措施

(四)广泛深入开展残疾人文化服务活动。以“书香榆林”建设为载体,积极组织开展“残疾人文化周”、“文化助残”、“残疾人文化艺术展示”、“残疾人自强健身”等活动,丰富残疾人文化生活,提升残疾人自身文化素质和修养,增强残疾人热爱生活,奋发向上的信心和勇气,激发残疾人参与社会的热情和潜能,为残疾人提供充分展示才华,参与社会的舞台。

(五)加大对残疾人文化建设的投资力度。各级政府要将残疾人文化建设经费纳入各级财政预算,并根据工作任务和经济发展水平逐年增加投入。要积极拓宽残疾人文化产业融资渠道,引导多种资本投入建设残疾人文化基础设施,带动残疾人文化产业发展,减少审批环节,简化审批手续。要建立扶持残疾人文化产业发展资金,积极为残疾人搭建文化创业平台,扶持、帮助、鼓励残疾人进行文化创业,帮助残疾人将文化作品推向市场。确保残疾人文化建设的基本需求,推动残疾人文化事业有目标、有保障地发展。

(六)加强残疾人人才队伍建设。要加强残疾人文化事业工作者队伍建设,将残疾人文化人才队伍培养纳入基层人才振兴规划和宣传文化干部培训体系,强化培训教育,努力造就一支专业化的残疾人文化工作者队伍。各级政府及有关部门要建立健全残疾人文化体育人才培养、选拔和激励保障机制。全面摸清残疾人文体骨干的底数,建立残疾人文化、体育人才注册登记制度,完善残疾人文化、体育人才基础信息数据库和优秀文体人才库建设,为残疾人文化事业的繁荣储备人才。要依托市、县区特殊教育学校和残疾人服务机构建立7个残疾人特殊艺术人才培训基地,12个残疾人群众体育活动示范点和1个残疾人竞技体育训练基地。

(七)加强残疾人文化基础设施建设。各级政府及有关部门要进一步建立和完善残疾人文化基础设施建设发展规划,加大投入力度,针对残疾人的特点,采取多种形式加快我市残疾人文化基础设施建设。到2015年,市县区都要建有残疾人文化体育活动场所,乡镇(街道)、社区和60%的村建立残疾人精神文化生活圈。继续加大公共场所无障碍设施的建设力度,在公共服务机构和公共娱乐场所要提供语音、文字提示、盲文、手语等无障碍服务,逐步改善无障碍条件,为残疾人提供优质便利服务,切实保障残疾人参与文化活动的权利。

(八)加快残疾人文化产业发展。各级政府和有关部门要制定完善的残疾人文化产业发展规划,并认真落实残疾人文化产业发展的各项优惠政策,加大对残疾人文化产业发展投入力度,扶持、帮助、鼓励公共文化机构创作和推出反映残疾人生活和残疾人事业的文化艺术作品,为广大残疾人提供更多更好的精神文化产品。

四、加强组织领导

(九)加强对残疾人文化建设的组织领导。各级党委、政府及有关部门要重视残疾人文化事业发展,切实将残疾人文化建设纳入“西部文化大市”和“公共文化服务体系”建设发展总体规划,纳入全市残疾人事业发展大局,加强领导,统筹安排,并结合实际,全面规划残疾人文化事业发展方向,制定残疾人文化事业发展扶持优惠政策,推进残疾人精神文化生活圈建设,使残疾人文化建设与全市社会文化建设同步发展与繁荣,使残疾人精神文化生活与物质生活同步改善与提高。

(十)建立部门协调联动机制。各级政府残疾人工作委员会要充分发挥组织领导作用和协调联动机制,调动各方力量,全力支持残疾人文化事业建设。各级宣传文化部门在推进社会文化建设过程中,要广泛听取残疾人组织和残疾人的建议,吸纳残联组织共同推进。加大残疾人文化事业发展的宣传力度,消除对残疾人的偏见,营造全社会理解、尊重、关心、帮助残疾人的良好氛围。要将残疾人文化建设内容纳入文明城市和文明单位、文明村镇、新农村建设评估指标,推动残疾人文化事业发展,让残疾人过上更加幸福、更有尊严的生活。

榆林市人民政府办公室关于开展县级公立医疗机构药品三统一工作的实施意见

榆政办发〔2012〕97 号

各县区人民政府,市政府各工作部门、各直属机构:

为进一步深化医药卫生体制改革,推进县级公立医院综合改革,根据陕西省人民政府政府办公厅《关于开展县级公立医疗机构药品三统一工作的指导意见》(陕政办发〔2012〕83 号)文件精神,结合我市实际,现就全市开展县级公立医疗机构“三统一”工作提出如下实施意见。

一、指导思想

以科学发展观为指导,坚持县级公立医院公益性和政府主导性,落实政府监管责任。进一步规范县级公立医疗机构药品采购、配送、使用、销售和结算等重点环节管理,保证药品质量安全,促进药品合理使用。改革以药补医机制,减轻广大人民群众就医负担,维护广大人民群众生命健康。

二、主要内容

(一)实施范围

在全市县级公立医疗机构(包括县级综合医院、中医医院和妇幼保健院)实行药品统一采购、统一价格、统一配送。其他县级非营利性医疗机构(包括中西医结合医院、专科医院、康复医院等)实行统一采购和统一价格。市级以上医疗机构药品暂不实行统一配送。

（二）统一采购

1. 县级公立医疗机构药品遴选必须通过省级药品集中采购平台，从县级及以上医疗机构集中采购目录中采购。对于抢救危重病人、特殊人群、特殊病种、医学科研项目等确需的目录外药品，应按照有关规定实行备案采购。目录内未中标的药品，由各县区组织制定补充采购目录，从基层医疗卫生机构采购中标目录或2008年药品集中采购中标目录中遴选，数量不得超过上年度实际采购品种的15%，并实行统一配送，零差率销售。国家实行特殊管理的药品和中药材、中药饮片，仍从原有渠道采购配送。

2. 县级公立医疗机构应严格审核药品采购发票，禁止标外采购、违价采购或从非规定渠道采购药品，不得再次议价。

3. 为满足临床用药需求，在"三统一"药品采购配送正式启动之前，县级公立医疗机构药品仍按原渠道采购配送，但要从严控制药品采购量，原则上累计库存量不得超过本单位2个月的临床使用量。2012年10月1日起均不得采购、使用目录外药品，并实行统一配送。

（三）统一价格和结算

1. 县级公立医疗机构要按照药品零加成销售政策，执行统一的药品零差率销售价格。其他县级非营利性医疗机构逐步实行零差率销售。药品价格和物价等部门监督电话均要在服务场所显著位置公示。

2. 县级公立医疗机构按现行药品"三统一"有关规定执行货款结算，严格按照采购合同约定的时限和额度，统一由县级药品采购与结算管理中心集中归集、划转支付药品采购货款。

（四）统一配送

1. 县级综合医院的药品由原确定的药品配送企业实行统一配送；县中医院、县妇幼保健院的药品配送由市药品"三统一"领导小组遴选新的药品配送企业实行统一配送。

2. 市医疗机构药品集中采购"三统一"工作领导小组依据《陕西省县级公立医疗机构药品"三统一"配送企业遴选办法》，遴选不超过12家配送企业。

3. 各县区医疗机构药品集中采购"三统一"工作领导小组负责在市级遴选的企业范围内选定1—3家作为本县区中医院、妇幼保健院的配送企业。

4. 县级公立医疗机构的药品必须实行统一配送。有下列情形之一的除外：

（1）因自然灾害等，需进行紧急采购的；

（2）发生重大疫情、重大事故等，需进行紧急采购的；

（3）国务院、省、市人民政府另有规定的。

5. 县级公立医疗机构药品"三统一"工作启动后，各方要按照规定的合同范本及时签订合同，并严格按照合同约定履行职责。

6. 因突发伤亡事件或者突发公共卫生事件不能满足临床急需的，可就近从其他配送企业或者医疗机构调剂，并应在10日内将所调剂药品名称、数量、价格报当地县级药品"三统一"办公室备案。

7. 鼓励药品配送企业通过兼并、重组等方式进行资源优化整合，搞好药品配送工作的协调衔接和平稳过渡。承担基层医疗卫生机构药品配送的企业，在原配送县区兼并、联合重组1家及以上企业的，可直接承担该县区中医院和妇幼保健院的配送工作。严禁配送企业擅自将药品配送业务转让、委托。

三、保障措施

实施药品"三统一"是一项政策性强、涉及面广的改革性工作，工作难度大、操作要求高。各县区、各部门要高度重视、加强领导、分工协作、密切配合，确保工作顺利推进。

（一）明确职责，分工协作

药品"三统一"办公室负责工作的组织协调，制定相关政策、规定，监督各项工作落实；卫生行政部门负责对县级公立医疗机构药品使用情况进行监督管理；药品监督管理部门负责对药品质量和配送工作进行监督管理；财政部门负责经费、补偿资金的落实，对统一结算进行监督管理；工商行政管理部门负责对违反合同的行为以及商业贿赂等不正当竞争行为进行监督查处；物价部门负责药品价格的审核备案，对价格执行情况监督检查；监察、纠风部门负责对县级公立医疗机构药品"三统一"工作进行全程监督，对违规违纪行为进行查处。

各县区政府及相关部门要加强对药品"三统一"工作的组织领导，依据职责制定相关配套政策和规定，督促各项工作落实，确保县级医疗机构正常运行。

（二）强化考核，责任追究

各县区、各部门应将药品"三统一"工作纳入目标考核内容，建立健全各项工作定期通报制度和考核机制，并与财政补偿资金、创优评差、等级评定等工作挂钩。完善药品配送企业考核评价机制，加强动态管理，加强对县级公立医疗机构药物使用的检查指导，定期通报检查结果。完善报告制度，对工作中的重大问题应及时报告，加以研究解决。

各县区、各部门及其工作人员未履行或履行职责不到位，药品配送企业及医疗机构违反相关规定的，依照有关规定予以严肃处理。

（三）加强宣传，营造氛围

实施药品"三统一"工作是从源头上遏制医药购销领域不正之风的机制创新，各县区、各部门，特别是药品"三统一"领导小组办公室要做好宣传工作，使县级公立医疗机构及广大医务人员充分认识实施药品"三统一"工作的重大意义和改革面临的重大机遇，争取广大人民群众和社会各界的理解和支持。要坚持正确的舆论导向，加强舆情监测，合理引导，营造良好的舆论氛围。

榆林市人民政府办公室

2012年9月19日

榆林市人民政府办公室关于进一步加强农村危房改造工作的通知

榆政办发〔2012〕100 号

各县区人民政府,市政府各工作部门、各直属机构:

为了认真贯彻落实中省农村危房改造工作会议精神,进一步加强农村危房改造工作,不断提高农村危房改造水平,切实保障和改善民生,促进我市经济社会的可持续发展,现将有关事项通知如下:

一、充分认识农村危房改造工作的重大意义。

农村危房改造工作是党中央、国务院实施的一项惠民工程,是保障性安居工程的重要组成部分,也是今后一个时期改善民生、扩大内需、拉动投资的一项重大举措,对于促进经济社会健康发展、和谐稳定具有重要的意义。近年来,全市各级把实施农村危房改造作为保障和改善民生的重大举措,精心组织实施,全力加以推进,农村住房困难家庭的居住条件得到了明显改善,有力地促进了全市经济社会的又好又快发展。但是,由于历史、自然等原因,我市部分农村居民的居住条件还不高,存在一定数量的危旧房屋,抗灾能力十分脆弱,对人民群众生命财产安全造成一定威胁,农村危房改造的任务非常繁重。对此,全市各级各部门要认真贯彻落实中省农村危房改造工作会议精神,切实增强做好农村危房改造工作的紧迫感、责任感,从广大农民群众最关心、最直接、最现实的利益问题入手,继续秉承"帮助住房最危险、经济最贫困的农户,解决最基本住房"的理念,积极组织实施农村危房改造工作,切实解决农村困难群众的基本居住安全问题,为我市加快大转型、实现新跨越、建设幸福榆林做出贡献。

二、加快农村危房改造规划编制工作。

(一)认真开展调查摸底。开展农村危房摸底调查,是做好农村危房改造工作的前提。按照省住房和城乡建设厅《关于开展农村困难群众危房普查工作的通知》(陕建函〔2010〕246 号)和《农村危险房屋鉴定技术导则(试行)》要求,各县区政府要抽调精干力量组成调查工作队,坚持实事求是、细致全面的原则,抓紧开展农村危房普查工作,深入到村、到户、到人,逐户调查、登记造册、建好台账,凡是符合农村危房标准的,全部纳入农村危房档案,确保不漏一户、不虚报一户、摸清底数。各县区政府要在 2012 年 10 月底前完成农村危房普查工作,并将汇总数据上报市农村危房改造领导小组办公室(市建规局)。

(二)加快改造规划编制。为了进一步明确农村危房改造目标,市建规局要抓紧开展全市农村危房改造规划的编制,确保在 2012 年 11 月底前完成规划编制任务,为改造工作的顺利实施提供科学指导。规划编制要与城镇化发展规划、新农村建设规划、移民搬迁工程规划等相结合,制定当前和今后一个时期的农村危房改造目标,规划年限至2020 年,其中要把 2013 年至 2015 年作为重点,分年度提出各县区改造目标任务,做到既有长期的规划,也有短期的计划,确保工作有方向、实施有目标。各县区要根据全市农村危房改造规划,组织编制各县区农村危房改造计划,将改造任务分解落实到乡镇、到村、到户。

(三)扎实做好项目储备。为了加快农村危房改造进度,积极争取中省项目配套资金,各县区政府要抓紧动快,及早储备一批农村危房改造项目,对下一年度实施的项目,要在当年底前完成项目立项、用地审批、资金投入、配套建设等前期和项目申报工作,确保改造项目计划下达后立即开工建设。

三、严格农村危房改造政策和标准要求

(一)严格农村危房改造补助对象。要按照《农村危险房屋鉴定技术导则(试行)》,严格农村危房改造政策,确保农村危房改造工作的公平、公正。补助对象是居住在被确定为整栋危房(D 级)和局部危房(C 级)的农村分散供养五保户、低保户、贫困残疾人家庭和其他贫困户等。同时,将农村危房改造与移民搬迁相结合,给予重点支持。对今年遭受洪水灾害的重点县区及受灾倒塌和损坏的房屋给予倾斜并优先安排。

(二)严明农村危房改造审核程序。各级各有关部门要坚持公开、公平、公正的原则,严格补助对象的审核、审批程序,实行农户自愿申请、村民会议或村民代表大会民主评议、乡镇审核、县区审批。要进一步建立健全公示制度,补助对象基本信息和审查的结果要在村务公开栏公示,接受村民的监督。同时,对已经批准改造的危房改造对象,各县区政府要认真组织签订合同或协议工作,明确补助标准与工程竣工时间、质量、面积等要求。

(三)严格农村危房改造标准。农村危房改造要在满足最基本居住功能和安全的前提下,严格控制建筑面积和总造价。原则上拟改造农村危房属整体危险(D 级)的拆除重建,属局部危险(C 级)的修缮加固。重建的原则以农户自建为主,农户自建确有困难且有统建意愿的,各县区建设部门要帮助农户选择有资质的施工队伍统建。凡翻建、新建或修缮加固住房,建筑面积原则上控制在 40 至 60 平方米,防止出现盲目攀比超标准建房。对改造户数较多、危房较集中村庄,各县区要优先安排改造,督促指导编制村庄建设规划,统筹实施道路、供水、沼气、环保、扶贫开发、改厕等项目,推动村庄居住环境的整体改善。

四、加强农村危房改造资金筹措和管理。

(一)明确资金补助标准。目前,中央补助标准为每户平均 7500 元,农村危房改造建设节能示范户每户再增加 2500 元。省级补助标准为户均 1900 元。市、县区政府户均配套 4500 元,其中,神木县、府谷县、定边县、靖边县、佳县市级不配套(即县级全额配套 4500 元),榆阳区、横山县、绥德县、米脂县、吴堡县、清涧县、子洲县按市、县区 4:6 的比例配套(即市级配套 1800 元,县区配套 2700 元)。市财政局要会同发改委、建规局,根据改造任务分解情况和中省市补助标准，及时分配下达中省市农村危房改造补助资金。各县区在确保完成改造任务的前提下，要依据财力情况、改造方式、建设标准、建造成本和补助对象自筹资金能力等情况，合理确定不同类型、不同档次的分类补助标准，并适当向特困户和农村危房改造建筑节能示范户倾斜。

（二）整合各类项目投资。多元化筹建农村危房改造建设资金，为项目实施提供有力保障。各县区政府和市建规局、发改委、民政局、扶贫办、残联、交通局、环保局等部门单位，要加强工作联动，整合各类项目投资，把自然灾害倒损危房恢复重建、扶贫项目、以工代赈异地扶贫搬迁、村庄整治、乡村公路、贫苦残疾人危房改造、生态示范村创建等与农村危房改造项目有机衔接，统筹规划、捆绑实施，推动我市农村危房改造工作的顺利实施，让老百姓更好地享受党和政府的温暖和改革开放的成果。同时，各县区政府要安排农村危房改造工作经费，用于组织协调、督促检查、信息录入等项目管理。

（三）加强资金监督管理。按照省财政厅、省发改委、省住建厅《陕西省农村危房改造补助资金管理暂行办法》（陕财办社〔2011〕102 号）要求，进一步强化农村危房改造资金监管，实行专项管理、专账核算、专款专用，严禁挤占、截留和挪用。要建立健全资金违规使用责任追究制度，严肃查处、严厉打击冒领、克扣、拖欠等违法行为，依法追究有关责任人员的责任。各县区建设、发改、财政部门要在每年 12 月底前联合上报本县区当年农村危房改造进展情况、绩效考评情况以及补助资金使用管理情况。市财政、审计、监察、建规等部门要定期不定期检查各县区农村危房改造补助资金管理使用情况。

五、强化农村危房改造质量安全管理

（一）加强质量安全监督管理。农村危房改造工程质量关系到人民群众的生命财产安全，而且关系到党和政府的形象。要坚持质量第一、安全第一的原则，建立农村危房改造质量安全管理制度，加强项目规划设计审查，严格执行抗震设防标准与要求，严格施工质量安全监管，引导帮助群众建造具有减灾抗灾能力、造价适中和安全适用的房屋，真正建成放心房、满意房，确保危房改造施工质量。各级建设部门要组织相关专业技术力量，对危房改造施工现场开展质量安全巡查与指导监督，及时纠正问题，限期整改落实。同时，要加强对农村危房改造施工人员的培训，促进施工技术水平的提高。

（二）强化项目竣工验收管理。各县区政府要把竣工验收作为检验工程质量的重要手段，严格竣工验收程序，严明竣工验收标准。农村危房改造完成后，县区建设部门要组织发改、财政、审计、监察、乡镇政府和村委会等部门单位，逐户进行竣工验收，验收内容包括改造任务完成情况、改造工程质量、改造档案建立与管理情况、配套资金使用管理情况等，形成验收报告。对验收不合格的，责令限期整改，整改仍达不到标准要求的，不予拨付补助资金。

（三）加强建筑节能户改造。各级建设部门要认真总结经验做好，制定和完善建筑节能示范户改造技术方案与措施，加强技术指导与巡查，推动建筑节能示范工作的开展。充分利用当地建筑材料，借鉴当地传统工法，加强农房建筑节能适用技术研究，积极开发和筛选成本低、效果好、施工容易的地方性节能技术，结合本地实际，重点完善外墙、门窗、屋面、地面等围护结构节能措施。加大推广和使用新型墙体材料的力度，提高农村危房改造工程建设的科技含量。

（四）建立农村危房改造档案。各县区建设部门要按照《原建设部关于全国扩大农村危房改造试点农户档案管理信息系统的通知》、《陕西省住建厅关于加强农村危房改造农户档案信息系统建设的通知》要求，建立健全农村危房改造农户纸质档案表信息化录入制度，指派专人负责组织农村危房改造农户信息录入校核工作，确保农户档案及时、全面、真实、完整、准确录入系统。对工作不积极、不能按时完成录入任务的，市建规局要给予通报批评，并核减下一年度危房改造任务。

六、全面完成 2012 年农村危房改造任务。

2012 年，省上第一批下达我市农村危房改造任务 5800 户，其中节能示范户 800 户，第二批下达我市改造任务 2200 户，其中节能示范户 800 户，两批共下达我市改造任务 8000 户，其中节能示范户 1600 户。市建规局要抓紧分解下达各县区第二批农村危房改造任务。各县区政府要切实加强组织领导，认定补助对象，尽快将改造任务落实到乡镇、村、户，抓紧有效施工时间，切实加快施工进度，确保全面完成 2012 年度改造任务。市财政局要尽快足额拨付市本级今年农村危房改造配套资金。

七、切实加强农村危房改造工作的领导

（一）加强组织领导。为了加强对农村危房改造工作的领导，市政府成立了分管副市长任组长，相关部门负责人为成员的市农村危房改造工作领导小组，领导小组办公室设在市建规局。各县区政府作为农村危房改造工程建设工作的责任主体，要把农村危房改造工作列入重要议程，切实加强组织领导，成立工作机构，制订实施方案，落实工作责任，推动农村危房改造工作顺利开展。要加强农村危房改造工作领导力量，配备必要办公设备，安排必要的工作经费，为农村危房改造工作提供有力保障。

（二）形成工作合力。各级建规、发改、财政、国土、民政、扶贫、监察、审计、住建、环保、交通、水利、农业、卫生、残联部门要增强大局意识，认真履行职责，密切协作配合，合力推进农村危房改造建设工作。建规部门负责会同有关部门编制农村危房改造工程规划计划，组织实施建设项目，做好指导协调和监督检查工作；发改部门负责牵头申请中央补助资金投资计划，积极争取上级资金支持；财政部门负责做好农村危房改造建设资金筹措和补助资金下达工作，强化资金的使用管理；审计部门负责对农村住房改造建设资金的筹集使用开展审计监督；监察部门负责开展农村危房改造工作的监督检查;国土资源管理部门负责做好农村危房改造工程建设用地保障工作,及时为涉及项目的农户办理用地批准手续;住建部门负责将农村危房改造纳入保障性安居工程的考核体系;民政、扶贫、环保、水务、卫生、农业、残联部门负责负责整合自然灾害倒损危房恢复重建、扶贫项目、移民搬迁、生态示范村创建、村庄整治、乡村公路、贫苦残疾人危房改造、人畜饮水、通村道路、沼气池建设等涉及农村项目资金用于农村危房改造工作,安排年度投资计划。

(三)加强监督考核。市建规局、发改委、财政局、监察局、审计局等部门要加强对各县区农村危房改造的监督检查和考核,主要从政策执行、管理措施、工程进度、督察检查、信息系统、资金使用及监管等方面,督促各县区切实做好农村危房改造各项工作。同时,对危房改造工作成效突出的县区将在年底表彰奖励,对工作不积极,不能按时按要求完成任务的,采取通报、约谈等方式,严肃追究相关单位和工作人员的责任,并将年底考核结果作为明年项目安排的重要依据。

榆林市人民政府办公室
2012年9月26日

榆林市人民政府办公室关于印发榆林市机动车污染减排工作方案的通知

榆政办发〔2012〕113号

各县区人民政府,市政府各工作部门、各直属机构:

《榆林市机动车污染减排工作方案》已经市政府同意,现印发给你们,请认真贯彻执行。

榆林市人民政府办公室
2012年11月22日

榆林市机动车污染减排工作方案

为了贯彻落实《省环保厅、省公安厅、省财政厅、省交通运输厅、省商务厅关于印发陕西省机动车污染减排管理办法的通知》(陕环发〔2012〕94号)精神,加强机动车排气污染防治,加快"黄标车"、老旧机动车淘汰步伐,促进氮氧化物减排,改善大气环境质量,结合我市实际,现制定如下工作方案。

一、工作目标

以邓小平理论和"三个代表"重要思想为指导,深入贯彻落实科学发展观,进一步加强机动车污染减排工作,通过强化在用车污染控制,严格执行新车准入标准、实施高排放车辆逐步淘汰和加强监管能力建设等措施,逐步建立机动车排气污染防治体系,切实改善空气质量,保障广大人民群众身体健康,推动全市经济社会的可持续发展。

二、主要任务

(一)强化在用车监管,确保机动车排放达标。

1. 严格执行机动车排气定期检测制度,加强机动车排气检测机构管理。市环保局要对排气检测机构资质委托、运行和质量管理、检测设备使用和维护、检测人员技术水平等进行监督检查。市质监局负责对机动车排气污染检测机构开展计量认证,确保检测结果科学、公正。市物价局负责对机动车尾气检测收费进行监督,规范收费行为,公示收费价格。市交警支队要严格执行车辆年检有关规定,对排气超标、检测数据无效以及未进行尾气检测的车辆不得通过年审。

2. 全面开展机动车尾气污染抽检工作。市环保局要会同市交警支队定期组织开展机动车尾气抽检工作,对城市道路行驶的高排放车辆及排放明显可见污染物的机动车进行抽检,对抽检不合格的车辆,由环保部门责令车主或使用者限期实施尾气治理,确保实现达标排放。

3. 严格实施机动车环保分类标志管理。在用机动车上线检测率达到100%,环保检验合格标志发放率达到90%以上。市交警支队要会同市环保局制定机动车限行管理办法,对未取得绿色环保分类标志的高排放车辆,从2013年1月1日起,在榆林市中心城区采取限制时间、限制路段行驶的交通管制措施。

(二)切实采取有力措施,报废淘汰超标机动车。

1. 鼓励淘汰老旧机动车。老旧机动车是指未达到现行国家第三阶段排放标准(国Ⅲ标准)的营运汽车、未达到现行国家第四阶段排放标准(国Ⅳ标准)的非营运车辆。市商务局、各县区政府要积极落实汽车"以旧换新"政策,按照《国务院办公厅关于转发发展改革委等部门促进扩大内需鼓励汽车家电以旧换新实施方案的通知》(国办发〔2009〕44号)和财政部等10部门《关于印发〈汽车以旧换新实施办法〉的通知》(财建〔2009〕333号)的要求,因地制宜制定老旧机动车提前报废财政补贴政策,鼓励提前报废老旧机动车。

2. 严格执行机动车强制报废制度。强制报废达到报废年限的机动车和2005年以前注册营运的"黄标车"。"黄标车"是指排放达不到国家第一阶段排放标准(国Ⅰ标准)的汽油车和达不到国家第三阶段排放标准(国Ⅲ标准)的柴油车。根据省上下达的目标任务,到2015年底前要全部淘汰2005年以前注册营运的"黄标车"(详见附件2),今年必须完成129辆的淘汰任务。市交警支队要按照国家有关规定,及时办理注销登记,并按照国家减排考核要求,及时注销2005年以前注册营运的肇事受损、自然灾害受损、丢失、遗弃以及连续两个审验期未审验车辆。

3. 加强报废车辆回收拆解监督管理。市商务局要加强对回收拆解企业的监管,建立拆解车辆档案,确保报废车辆能够按时全部回收。同时,市商务局要对机动车拥有量多的县区,责令回收拆解企业合理增设回收点。

(三)严格新车登记管理,提高机动车准入门槛。市交警支队要按照中、省关于机动车阶段性排放标准的要求，新车注册登记全面执行国Ⅳ排放标准，对污染物排放水平达不到国家阶段性排放标准的新车和转入小型车辆，一律不予注册登记。市交通局要鼓励客运公交营运车辆提前执行国家下一阶段排放标准，削减客运公交车辆的排气污染。市商务局、市质监局要进一步加强在售汽车环保监督管理，确保我市销售汽车达到国家排放标准要求。

（四）加强成品油市场监管，推进油气回收综合治理。2013年起，全市加油站要全面销售国Ⅳ排放标准油品，在重点区域供应国Ⅴ排放标准油品。市商务局要加强对车用燃油销售企业的日常监督管理，确保清洁车用成品油的供应，并制定我市油气回收综合治理工程的工作方案，稳步推进我市油气回收综合治理工作。市质监局要定期对流通领域的油品质量进行抽查，对销售不符合规定成品油的企业按相关法律法规进行查处，并将抽查结果向社会公布。

（五）加强机动车维修企业监督管理。机动车维修企业必须按照《机动车维修管理规定》（交通部令2005年第7号）获得所在地交通运输行政主管部门的经营许可，并按照技术规范进行机动车维修，确保在用机动车达到规定的污染物排放标准。市交通局要加强机动车维修行业管理，严肃查处弄虚作假的维修企业。

（六）完善机动车排气污染管理体系。市环保、公安交管、交通运输等部门要依托现有资源，加快建立机动车排气污染防治综合信息数据库和传输网络，加强机动车安全检验、环保检测、车辆维修维护等信息的统一管理，实现资源整合、信息共享、实时监控。

三、保障措施

（一）加强领导，精心组织。为加强对机动车污染减排工作的领导，市政府成立了全市机动车污染减排工作领导小组，市政府分管领导任组长，市环保、商务、交通、财政、发改、监察、公安、交警等部门单位为成员单位，领导小组办公室设在市环保局，具体负责组织、协调、分解、督办机动车污染减排工作。各县区政府、市直有关部门要切实加强组织领导，将这项工作列入重要议事日程，成立专门组织机构，建立联席会议制度，制定细化工作方案，设立专项资金，严格落实责任，确保机动车污染减排工作的顺利实施。

（二）强化宣传，营造氛围。各级新闻媒体要充分发挥优势，大张旗鼓地宣传机动车排气污染的危害性，宣传机动车排气污染防治的重要意义，宣讲机动车污染减排的法规、标准、政策，不断增强广大市民的环保意识和参与意识，形成全社会支持机动车污染治理、改善城市空气质量工作的良好氛围。

（三）加强督查，严格考核。从2012年起，市政府将机动车污染减排工作纳入年度环保工作目标责任考核体系进行考核，并结合创模整改任务的完成，由市监察局、环保局、创建办和市委督查室、市政府督查室进行专项督查。从2013年起，市政府还要将改善城市环境空气质量的各项工作任务纳入年度目标考核体系。对工作突出，按时完成任务的予以表彰奖励，对工作懈怠、不能按时完成任务的严肃追究责任，对因行政不作为而未按要求完成任务的县区政府和部门负责人进行责任追究，对拒不执行机动车辆强制淘汰或干扰执法等违法行为，公安等有关部门要依法处置。

榆林市人民政府关于印发榆林市重大行政决策规定的通知

榆政发〔2012〕25号

各县区人民政府，市政府各工作部门、直属机构：

《榆林市重大行政决策规定》已经2012年6月14日市政府第7次常务会议研究通过，现印发给你们，请遵照执行。

榆林市人民政府

二〇一二年六月十九日

榆林市重大行政决策规定

第一条 为规范全市重大行政决策行为，提高决策质量，根据《中华人民共和国地方各级人民代表大会和地方各级人民政府组织法》、国务院《全面推进依法行政实施纲要》和《关于加强市县政府依法行政的决定》等有关规定，结合我市实际，制定本规定。

第二条 市人民政府重大行政决策的作出、执行、监督等活动，适用本规定。

市政府规范性文件的制定和突发事件的应对，按照有关法律、法规、规章的规定执行。

第三条 本规定所称的重大行政决策是指市人民政府作出的涉及全市经济社会发展全局、社会涉及面广、专业性强、与人民群众利益密切相关的下列行政决策事项：

（一）市人民政府贯彻落实党中央、国务院，省委、省人民政府和市委重要指示、决定的实施意见和措施；

（二）全市经济和社会发展重大政策措施的制定，国民经济和社会发展规划、年度计划的编制和调整；

（三）市各类总体规划、重要的区域规划和专项规划及控制性详规的编制和调整；

（四）市本级财政预决算的确定和调整，重大财政资金安排；

（五）研究政府重大投资项目和重大国有资产处置；

（六）与市经济社会发展密切相关的工业、农业、商贸、旅游、科教文卫、城建等重大建设项目的确定和调整；

（七）市内土地、矿山、水等有限资源的大规模开发和利用，以及环境保护、劳动就业、社会保障、教育、医疗卫生、住宅建设、安全生产、交通管理等方面重大措施的制定；

（八）重要的行政事业性收费以及政府定价的重要商品、服务价格的确定和调整；

（九）行政管理体制改革重大措施的制定；

（十）其他需由政府决策的重大事项。

第四条 重大行政决策坚持依法、科学、民主的原则，实行公众参与、专家论证、风险评估、合法性审查和集体决定相结合的行政决策机制。

第五条 重大行政决策建议的提出，可以通过下列途径：

（一）市政府领导依照各自的职责，提出重大行政决策建议；

（二）市政府所属工作部门、下一级人民政府认为需要市政府决策的重大事项，向市政府提出重大行政决策建议；

（三）人大代表、政协委员可以通过建议（议案）、提案方式或者其他方式向市政府提出重大行政决策建议；

（四）公民、法人或者其他组织认为某些重大事项需要市政府决策的，可以向市政府提出重大行政决策建议。

第六条 市政府确定的重大决策事项，由指定的单位负责调研、方案起草与论证等决策前期工作。

重大行政决策事项承办单位依照下列原则确定：

（一）市政府领导直接提出决策事项的，依照政府部门法定职权确定承办单位。涉及若干部门、职能交叉难以界定的，由政府行政首长指定承办单位；

（二）政府办公室、政府部门提出决策事项的，提出部门为承办单位；

（三）下一级政府向本级政府提出决策事项的，下一级政府为承办单位；

（四）公民、法人或者其他组织向政府提出决策事项的，由政府行政首长指定承办单位。

第七条 实行重大行政决策听取意见制度。

重大行政决策在讨论决定前，决策前期工作承办单位应当进行调查研究，通过座谈会、听证等方式充分听取相关方面的意见和建议，听取决策事项的执行、监督等有关部门的意见和建议。

凡是与公民、法人或者其他组织利益有直接利害关系的重大行政决策，都应当在作出决策前通过政府门户网站、新闻媒体等向社会公开征求意见，公开征求意见时间不得少于7日。

第八条 实行重大行政决策听证制度。

法律、法规和规章规定应当听证或重大行政决策事项涉及重大公共利益和群众切身利益的，应当进行听证。听证应当按照下列要求进行：

（一）听证会由决策前期工作承办单位组织；

（二）听证会由听证主持人、听证陈述人、听证参加人组成；

（三）除依法不得公开的事项外，听证会应当公开举行，决策前期工作承办单位应当至少提前20日，公布听证会举行时间、地点、内容、听证参加人的数量和条件；

（四）拟作出重大行政决策的内容、理由、依据和背景资料等，应当在听证会举行10日前送达听证参加人；

（五）听证会应当制作听证笔录，并交由听证参加人签字或者盖章。

决策前期工作承办单位根据听证笔录制作的听证报告，应当作为市政府决策的重要依据。

第九条 实行重大行政决策风险评估制度。

涉及经济社会发展和人民群众切身利益的重大行政决策事项，决策前期工作承办单位应当开展社会稳定、生态环境、社会效益、经济效益等方面的风险评估；对可能引发的各种风险进行科学预测、综合研判，确定风险等级并作出风险评估报告。

决策前期工作承办单位应当邀请市人大代表和市政协委员参与重大行政决策的论证和评估。

第十条 实行重大行政决策专家论证制度。

重大行政决策需要专家论证的，决策前期工作承办单位应当邀请相关领域至少三名以上专家或者委托专业研究机构对重大行政决策的必要性、科学性、可行性等问题进行论证，并形成论证报告。

第十一条 提请市政府审议重大行政决策事项时，决策前期工作承办单位应当向市政府办公室提供下列材料：

（一）提请政府审议的请示；

（二）决策方案及说明；

（三）决策方案的法律和政策依据；

（四）有关部门和社会公众意见采纳情况说明、风险评估报告、专家咨询意见、听证报告及省内外相同或相似事项的有关材料；

（五）应当提供的其他材料。

市政府办公室应当将决策方案及其相关材料及时报送市政府分管市长。

第十二条 实行重大行政决策合法性审查制度。

市政府法制工作机构应当按照市政府分管市长的要求，自收到决策方案及其相关材料之日起，20个工作日内组织完成合法性审查。特别重大、疑难、复杂的决策方案，审查期限可以延长10日。

政府法制机构在合法性审查中，可以要求承办单位补充提供相关材料、补充征求公众意见、补充邀请相关专家论证。补充相关材料、补充论证的时间不计入合法性审查期限。

未经合法性审查或者经审查不合法的，市政府不予审议。

第十三条 实行重大行政决策集体决定制度。

重大行政决策应当经市政府全体会议或者常务会议审议决定。

市政府召开全体会议或者常务会议讨论决定重大行

政决策事项时,根据需要可以邀请人大代表、政协委员、政府法律顾问以及与重大行政决策事项相关的专家或公民代表列席会议。

第十四条 市政府全体会议或者常务会议讨论重大行政决策事项时,应当记录会议讨论情况及决定,并形成会议纪要。对不同的意见,应当在会议记录中载明。

决策前期工作承办单位应当依照《中华人民共和国档案法》等有关规定,将决策过程中形成的有关材料及时整理归档。

第十五条 市政府重大行政决策需要报上一级政府批准或者依法应当提请市委、人大审议决定的,按照有关规定程序办理。

第十六条 除涉及国家秘密、商业秘密外,重大行政决策应当在作出10日内,通过政府门户网站、新闻媒体等向社会公布。

第十七条 实行重大行政决策实施效果评价制度。

重大行政决策实施后,市政府应当适时组织决策执行、监督单位和有关方面对决策实施效果进行评估,由组织牵头部门做出实施效果评估报告。

第十八条 评估报告建议停止执行、暂缓执行或者修改决策方案的,经报请市长同意后,提交市政府全体会议或者常务会议审议决定。

第十九条 政府作出重大行政决策调整、暂缓执行、停止执行的决定后,执行单位应当立即采取有效措施,避免、减少可能产生的损失和社会影响。

第二十条 公民、法人或者其他社会组织有权监督重大行政决策制定和执行工作,可以向市政府或决策前期工作承办单位或决策执行单位提出意见和建议。

人大代表、政协委员依法对重大行政决策制定和执行工作进行监督。

第二十一条 实行重大行政决策责任追究制度。

本办法所称行政决策责任追究(以下简称决策责任追究),是指对行政机关及其工作人员在承办政府重大决策事项时不履行或者不正确履行职责,或者在本单位重大事项决策中,不履行职责或不正确履行职责,造成国家和人民生命财产重大损失或者其他不良社会影响的行为,按照本办法追究行政机关及有关责任人员行政责任的活动。

前款所称不履行职责,包括拒绝、放弃、推诿职责等情形;不正确履行职责,包括无合法依据以及不依照规定程序、规定权限和规定时限履行职责等情形。

第二十二条 按政府要求负责承办政府重大决策事项的调研、方案起草与论证等前期工作的行政机关,有下列情形之一的,应当追究行政机关或者有关责任人员的行政责任:

(一)应当提请政府审议的重大决策事项,未按规定提请审议擅自决定的;

(二)制定重大决策事项方案时未认真进行可行性研究,或者未按规定提供决策备选方案的;

(三)重大决策事项方案未按规定进行社会稳定风险评估的;

(四)未按决策事项涉及范围,征求各有关部门意见的;

(五)涉及城乡规划、城市交通、生态环境、文化教育、医疗卫生、公共服务价格调整等关系市民切身利益的重大决策事项方案,未按规定通过报纸、电台、电视台或互联网等媒体进行公示或组织召开听证会,广泛征求社会各界和公众意见的;

(六)涉及经济社会发展规划、城乡规划、水矿山土地等重要资源利用、生态环境、产业发展、重大改革举措和政府重大建设项目等涉及面广、专业性和技术性较强的重大决策事项方案,未按规定开展衔接协调、公开咨询以及组织专家进行咨询论证的;

(七)未依法经合法性审查或者审查不合格的;

(八)征求意见分歧较大的重大决策事项方案,未按规定进行协调的;

(九)提请政府审议时,提供的重大决策事项有关材料不真实的;

(十)政府重大决策事项承办过程中有其他违法违规行为的。

第二十三条 负责办理政府重大决策事项审议会议的行政机关,有下列情形之一的,应当追究有关责任人员的行政责任:

(一)未认真审查行政机关报送的重大决策事项有关材料,或者对报送的不符合要求的材料,未及时通知报送的行政机关补正或者退回报送的行政机关的;

(二)未按规定做好政府重大决策事项会议记录、形成会议纪要印发会议组成人员和有关行政机关,或者未按规定形成和保存政府重大决策会议档案的;

(三)政府重大决策事项审议会议办理过程中有其他违法违规行为的。

第二十四条 行政机关在本单位重大事项决策中,有下列情形之一的,应当追究行政机关或者有关责任人员的行政责任:

(一)未按规定建立重大事项决策议事规则的;

(二)超越权限决策的;

(三)违反法律、法规、规章或者政府决定、命令决策的;

(四)按照议事规则应当由领导集体讨论决定的重大事项,以传阅会签或个别征求意见等形式代替集体议事和会议表决的;

(五)研究决定重大事项的会议,未按规定达到半数以上领导集体成员到会或者分管此项工作的领导集体成员未到会又未在会前征求其意见的;

(六)研究重大事项,未按规定做好会前协调等会前准备工作的;

(七)集体讨论时,行政首长未听取领导集体其他成员的意见决策的；

（八）未按规定做好重大事项决策会议记录、形成会议纪要印发领导集体成员和有关部门，或者未按规定形成和保存重大事项决策会议档案的；

（九）重大突发事件和紧急情况，没有充足时间集体议事和会议表决，领导集体成员处置后，未及时向行政首长或领导集体报告的；

（十）行政机关在本单位重大事项决策中有其他违法违规行为的。

第二十五条 对应当听证而未听证的、未经合法性审查或者经审查不合法的、未经集体讨论做出决策的，要依照《行政机关公务员处分条例》第十九条第（一）项的规定，对负有领导责任的公务员给予处分。对依法应当做出决策而不做出决策，玩忽职守、贻误工作的行为，要依照《行政机关公务员处分条例》第二十条的规定，对直接责任人员给予处分。

行政机关或者行政机关工作人员有本办法规定其他应当追究行政决策责任情形的，按照《关于实行党政领导干部问责的暂行规定》、《中华人民共和国监察法》、《中华人民共和国监察法实施条例》、《行政机关公务员处分条例》等有关规定，追究责任。

第二十六条 各县区人民政府、市政府所属工作部门应当参照本规定，制定本级政府、本部门重大行政决策程序规定。

第二十七条 本办法自2012年7月19日起施行。有效期从2012年7月19日起至2017年7月19日止。

文摘·书摘·报摘

战争年代的蝗蜊峪水手工会

中国共产党领导的工会是中国工人阶级的群众组织，是联系职工群众的桥梁和纽带，是中华人民共和国的重要社会支柱之一。

20世纪40年代前，葭县工业落后，从业人员较少，而隶属于中华全国总工会、西北总工会的葭县工会，只在境内黄河沿岸有渡口的荷叶坪、谭家坪、螅蜊峪、大会坪、小会坪等村创建了船员水手工会。在1927年至1949年期间，工会组织在敌统区主要配合农村武装斗争；在革命根据地则主要是直接支持革命战争。

早在民国廿三年（1934）土地革命的洪流中，螅蜊峪就组建起了水手工会。当时离街三四里的曹家沟村，大部分人家吃洋烟把水旱地全卖光，无地耕种的群众就到螅蜊峪街上找活路，他们与外来谋生的穷苦人经商无本钱，只好爬河滩当搬运工和搬渡口，以苦力赚钱糊口养家。开始由老船头曹闯负责。1926年暑假，葭县旅外学生在店镇、螅镇、乌镇三所完小建立了中共临时支部，后来水手工会组建即以共产党员为核心。当时工会以军事编制，选曹有地为指导员，任树枝为连长，曹有桐为文书。工会中半脱产委员有：任桂荣、马文俊、任有益、张月升（山西嘴头）、高长大（山西高家塌）、曹永起、张士英、任德位等。共编为十个排，排长分别是：高生有、张宏亮、曹有林、曹有玉、曹云福、任国翠、张继恩（山西嘴头）、李金胜、曹有和、曹永海。特别任命曹有山为通讯员兼侦察员。

据史料记载，战国时期葭县人民就利用黄河搞运输，秦朝开始使用摇橹式木船。明、清时期黄河航运兴盛，内蒙古的皮毛、晋北的煤、瓷、食盐及葭县的土特产品通过航运供给两岸及周边人民，直至潼关再转运江南沿海。从包头至葭县航运的木船达数百艘。繁忙季节，百舸争流，十分壮观。清嘉庆年间（1796—1820），县境内黄河沿岸有大会坪、桃花渡、木头峪、荷叶坪、关口、螅蜊峪渡口6处。桃花渡、螅蜊峪渡口历来为交通枢纽，是县内最大的两个渡口。

螅蜊峪渡口即螅镇渡口，因其所处秦晋黄河峡谷特殊的地理位置，自古有“水旱码头”之美称。它不但是西北、西南地区东货西输的黄金口岸，也是西北地区东部的货物集散地。民国初年，螅蜊峪成为通商口岸。货物由包头、碛口水运回来，除三四十家商号店铺销售外，再由几十家驮队，驴马帮运往全国各地。尤其是在抗日战争时期，陕甘宁边区的物资大都通过黄河运输，大会坪、桃花渡、螅镇是沿岸较大的码头，每天各停船40余艘，装卸货物400多吨。

螅蜊峪是通往山西的重要关口之一。民国初年起，常有国民党井岳秀、净锡山、李仙洲及葭县河防游击队等驻军。民国33年（1944），山西晋军7个团经常从大会坪、桃花渡入陕开往葭县南区，再到螅镇渡口返回山西，循环轮转，以虚张声势。

螅蜊峪水工会成立后，主要负责黄河两岸货物、人员的摆渡和共产党部队的往来与物资运输。当时螅镇常驻区政府、市政府、派出所、税务局等单位。特别是抗日战争时期，物资极端困难，党政军都搞生产，在螅镇街上还有共产党18兵站、贺龙120师后勤部、教二旅、独一旅，警备七团、五团等部队及和平医院、兵工厂、商社十几处。

水手工会开展工作，当时交通信息闭塞，选用曹有山任通讯员（侦察员）是慧眼识珠。他当时虽然只有十三四岁，可身强体健，聪明机灵，胆大心细，水性超凡，绰号“水贼”。他自小爱在黄河中玩耍，练就了一手水上轻功。不论白天黑夜，春夏秋抱着浑筒（羊皮熟制的渡河器具），打着伞往来黄河如履平地。而在开春黑凌刚起几天，有紧急情况，则用几斤热糕托在胸腹、抱着浑筒过河侦察。有时过去到了河滩冻得浑身打战，解不开浑筒。

抗日战争爆发，日本兵驻在山西嘴头等村，螅镇区、市政府和驻地部队经常委派曹有山过河侦察或驻地部队经常委派曹有山过河侦察或传递情报，只身以三颗手榴弹保护安全。为防日兵渡河侵陕,政府和工会命令曹有山紧急通知,把宋家川、军渡、碛口、荷叶坪及螅镇的48支船140多个水手集中在螅镇统一隐蔽管理,还经常遭到日本飞机轰炸和机枪扫射。日本投降后,胡宗南匪兵又到螅镇捣乱,螅镇区、市政府各单位及部队都迁到山西嘴头办公,又多次派曹有山过河到离螅镇十至二十里的青瓜崖、小社等地爬山察或送信。

过河的山西日驻地侦察往往要深入到20里的前堳、高家塌和30里的索达干、碛口等地。一次按约定鸣枪三声,到山西嘴头去接应从碛口上来的三个八路军,不知道日本人已到前堳。曹有山带曹有和的船,把人和马装上船流到河中,见日本兵已从嘴头山追下来,大家拼命把船搬到岸边,日本机枪已开始扫射。曹有山叫大家不要管马,叫众人快速下船分头跑,看见日本兵架起60炮把船打烂,八路军和大家都脱离危险。还有一次是解放军战争期间,共产党在螅镇的新华商店存一窑麦子,被人挑唆一些不明真相的群众开仓抢吃。曹月山急忙制止不听,就立即过山西报告区、市政府,及时采取措施保住了麦子。

1949年3月9日,米脂杨家沟的中央前委决定由汪东兴副参谋长具体组织东渡黄河前十天的准备工作。3月11日上午8时,汪率“亚洲部”(实际是党中央的直属部队)包括警卫团二连全体官兵和骑兵连一个班,一部电台,一名报务员,一名译电员与一个有线电台组出发,下午5时到绥德吉征店宿营。12日下午6时到螅镇,由警卫部队在进山路口和山头设哨,对外封锁消息。当晚,受陕甘宁边区林伯渠主席指示,边区保卫处、社会处、吴堡县委书记、公安局长等人来到螅镇研究部署:在葭、吴两县找船和船工;并购买大量桐油、麻绳、撑船杆、木料、水桶;并筹集150多人10多天的粮食和几十匹牲口中的原料。这次中央前委东渡的重任就落在了螅蜊峪水手工会肩上。他们虽不知是共产党的什么大人物,但从工作安排上极不平常。工会干部日夜上班,首先指示曹有山水陆兼程夜以继日通知,很快集中了上至荷叶坪、下至吴堡宋家川的晋陕两省沿黄渡口的48支船和140多名船工。工会挑选最好的水手,经地方政府政治审查合格后,交由汪东兴集体渡河演练。3月13日,大家分头准备,汪东兴到螅镇渡口查看了地形,选择了一个较高的位置搭帐篷,挖灶架锅,安置电台,架起有线电话,并在“指挥部”周围构筑了掩体。3月16日起,渡河所需物资基本准备就绪,为确保万无一失,汪东兴策划每天上下午指挥各船进行一次来回演练。每船准备木制救生捆各4个,撑杆两条以上。开春没起黑凌水,河宽水缓。但以绝对安全,大家随汪选择了最好的渡河地点是吴堡川口则塔渡口,挑选两省最好的船只与水手。有15支好新船先派到川口,其余船只在螅镇待命。为了安全渡河并从山西保德调来了老艄公贾有有。警卫部队在螅镇后山和山西嘴头山上站哨,一个保卫首长东渡的战役在两省沿黄河渡口紧张而有序地拉开。

3月22日(农历二月十二日),天气晴朗,又一部分“亚洲部”队到达螅镇,当地政府干部和先头部队领导战士忙着安排住宿。区政府把螅镇最好的任老五的四合院腾开让首长居住和办公。大家看着首长与战士都穿清一色的粗布灰色军装,警卫战士身材结实,人人身带手提冲锋枪、手枪和大刀三大件警戒。战士们簇拥着几位骑马的首长在区公所大门外下马。各位首长向周围的干部群众挥手致意。特别有一位骑白马的首长身材魁梧,下巴有一特殊的瘊子,战士们围着走进院中。区、市政府及工会的干部常见区公所办公室贴的毛主席像,一回忆一模一样,大家不约而同的猜想是毛主席来到了螅镇,当时部队向外称呼各位首长是李德胜(毛泽东)、胡必成(周恩来)、史林(任弼时)。这惊天的喜讯不胫而走,可乐坏了水手工会的干部和船工。毛主席住正窑中间一孔,周副主席和任弼时住右第三孔。警卫部队换岗,先头部队撤至川口一带,区政府脑畔上架起密密麻麻的电话线,窑内灯火通明,电话不停。任弼时召集区干部开会,主要讲了“目前的形势”等。

3月23日一大早,在螅镇待命的船工接到命令,将先期到达的一部分警卫部队搬到山西担任保卫工作。上午10时许,大家欢送毛主席和各位中央首长离开区政府,水手工会的干部和曹有山在铺湾大成商店门前接应。当时廿四五岁的曹有山胸佩侦察员白布条,见毛主席过来亲切地握住了手,毛主席边走边问,指着山西问:“小鬼,对面的那是个什么地方”曹有山激动地一时说不出话来。主席说:“慢慢说,不要急。”曹有山说:“哪叫嘴头。”毛主席点点头,和各位首长一同步行,当走近螅镇寺院圪堵到槐树沟后才上马,由工会干部、共产党员马文俊和曹有山引着各位首长与部队,11时来到川口河边。由于各级领导与水手工会的安排,毛主席与县委的同志们和渡口送行的老乡们一一握手告别,曹有山因还有任务及时返回螅镇。毛主席和江青及警卫上了一条新船,这船的老艄是李乐则,船工是马喜顺、马山则、高宝贵、张继恩、马九仁,还有一人共7人,他们大都是山西马家塌一个村的,水手搬船技术与水性均上好。周副主席和任弼时,四名卫士,两个马夫,八匹牲口同乘一条船。陆定一、胡乔木和剩下的机票人员、马夫等人同乘一条船。在统一指挥下,船一只接一只地快速驶向对岸。船在临县高家塔以南的冉峁靠岸,毛主席回头望着陕北说:“陕北是个好地方!”螅镇人民望着毛主席率中央前委在水手工会组织的直接配合下,在元则塔平安渡过黄河。

毛主席东渡的第二天,又有一大批部队到螅镇,由工会把部队送到山西。曹有山邻家发现警卫战士丢下一双翻毛皮鞋,曹有山飞快跑去,把鞋送给了正在上船的战士。

螅蜊峪水手工会从土地革命战争时期到中华人民共和国成立后,始终不渝地活跃在黄河两岸,先后运输共产党和贺龙的部队,如120师、新四旅、教二旅、独一旅、358旅、359旅以及兵工厂、炸弹厂和大量军需物资过往黄河。他们还专门给潼关送炮弹。特别是安全护送毛主席率领的中央前委直接东渡,踏上新的征程。螅蜊峪水手工会为中华人民共和国的成立做出了平凡而伟大的贡献，在共和国丰碑和社会主义大厦中功不可没！

战火纷飞的年代虽然过去了，可我们应该骄傲地书写螅蜊峪水手工会奋斗的光辉历史，作为永久的纪念。

曹有山口述，陈彦周记录，王焕立采编撰文

《大摆队——陕北大唢呐传统曲牌精选》出版发行

2012年8月，从佳县采录，榆林市文化广电新闻出版局和西安黄钟音乐文化传播有限公司联合出品，陕西省音乐家协会支持，李博任总策划并作序，薛九英任制作人，许浚封面题字，高万飞、乔建中、康勇等任学术顾问和出版顾问的陕北唢呐制作、研究的新成果《大摆队——陕北大唢呐传统曲牌精选》（双CD），由中国唱片深圳公司出版发行。

专辑的出版，对于陕北民间音乐文化的保护和传承具有十分积极的意义。对专业工作者而言，它是一份宝贵的音响资料，对唢呐爱好者和传承者而言则可起到示范和引导的作用。

作为国家非遗项目的陕北唢呐，也称“陕北大唢呐”，在陕西北部及周边省区具有深厚的群众基础和广泛的影响。它是陕北地域文化中生存和发展至今、最多使用的器乐品种，是北方唢呐颇具代表性的组成部分，在中国音乐史上留下了极不寻常的足迹，形成了中国乃至世界音乐史上一个独特的类别。

专辑有以下几个突出的特点，显示了不可低估的价值。一是汇集了《大摆队》、《出鼓子》、《狮子令》、《撒白银》和《一马三条箭》等30多首唢呐曲牌，数量丰富，为历次音响出版之最，是以往的盒式录音带容纳不了的。二是以传统的“老五班”组合（即由五个人组成的吹打乐班）和乐曲结构（包括牌子曲、联曲和“老三鼓”套曲诸种），展现地道的原生态的传统曲牌，意在让这一古老的民间艺术不断传承下去，在年轻艺人们的生产性表演中得到保护。三是在音响出版物中首次从学术角度对陕北唢呐予以总体介绍后，主要对曲牌的名称来源、音乐内涵做了简要的解释和探讨，于听众欣赏音乐是有所帮助的。四是对陕北唢呐东、西路不同流派做了A碟（马家班唢呐，主奏系民间艺人马继星）、B碟（康家班唢呐，主奏系民间艺人康文善）之分，首次录制了以康家班唢呐为代表的东路派的传统曲牌，可使人们在比较中全面了解这一艺术。

在经济全球化时代，各国各民族文化彼此交流融合，而传统音乐受到现代音乐的冲击，陕北唢呐的发展无疑面临着挑战。可喜的是，国家重视非遗保护，为传统艺术的传承与发展带来了极好的机遇。在这种情形下，专辑的面世可谓欣逢其时，契合了中华文化复兴的深切期待。

（康长青）

府谷县审计局属于政府负责审计监督业务的职能部门，下设领导干部任期经济责任审计办公室和基建审计办公室两个正科级事业单位。全局现有在岗人员57名，离、退、提前离岗人员12名，担负着全县财政财务收支情况的审计监督，领导干部任期经济责任的审计监督，政府投资项目和基本建设的审计监督任务。同时负责全县的审计工作，监督检查国家财经法律、法规和规章的贯彻实施，查处违法、违归、违纪行为和经济活动财务收支中的不当事项，保障全县经济健康有序的发展。

2012年，在县委、政府以及上级审计机关的正确领导下，府谷县审计局紧紧围绕县委、县政府中心工作，坚持“依法审计，服务大局，围绕中心，突出重点，求真务实”的原则，积极履行审计监督职能，较好的完成了全年任务，全年共开展审计项目271个。查处各类违纪违规资金11389万元，管理不规范资金23221万元，审计促进整改落实有关问题资金5011万元，核减投资 10836万元，审计提出建议364条，被采纳359条。被评为全市2011年度投资项目审计先进单位、深化创建五型机关标兵单位、全县支持重点项目建设先进单位，今年，被县政府纳入财政收支监管奖励单位，为县域经济又好又快的发展做出了一定的贡献。

局长　王小林

省审计厅副厅长张海成一行来府调研

省审计厅徐宗一副厅长对本县农村中小布局调整进行审计调查

省审计厅汪迎杰巡视员一行检查指导本局审计工作

省审计厅总审计师王志高来府调研基层审计工作

全体审计人员

府谷县司法局

府谷县司法局成立于1981年，是府谷县人民政府的职能部门，科级单位。内设办公室、社会法律服务股、基层股、宣传股4个股室。下属公证处、法律援助中心、普法办、济众律师事务所、华庸律师事务所5个事业单位和23个司法所，其中有14个司法所被陕西省司法厅评为“省级示范所”。全局共有干警127人，其中80%以上具有本科及本科以上学历。

近年来，在县委、县政府的坚强领导下，在上级业务部门的指导下，府谷县的司法行政工作取得了较好的成绩，2011年被陕西省司法厅评为“全省人民调解先进县”；2011年年度目标责任考核被市司法局评为“全市第一”；2011年被市司法局评为“司法所规范化建设示范县”；2011年被中共陕西省委依法治省领导小组评为“全省普法依法治理先进集体”；2011、2012年被中华全国人民调解员协会评为“人民调解宣传工作先进单位”；2012、2013年被中华人民调解协会评为“先进集体”。

法律进校园

企业管理人员法律培训

省司法厅社区矫正工作督查组组长曹高虎检查社区矫正工作

2013年度司法行政工作会

局长李瑞华检查指导新民镇工作

岗位大练兵

府谷县人力资源和社会保障局

人社系统开展干部作风整顿民主评议会

局长　刘彦卿

府谷县人力资源和社会保障局，属县政府主管人力资源、劳动就业和社会保障的工作部门，内设人才交流服务中心、工改办、考试服务中心、劳动争议仲裁办4个科室。下属8个正科级事业单位：分别是劳动服务科、医保中心、养老保险经办中心、退休干部管理中心、工伤保险经办中心、劳动监察局、进城办、城乡居民社会养老保险经办中心。下辖23个劳动保障事务所，配备了专职劳动保障工作人员。局领导班子成员共5人，由局长和四名副局长组成。

全体人员学习党的十八大精神

本科及以上学历毕业生到民营企业见习见面会

人社局保险法颁布一周年宣传活动

在全县反腐倡廉诗歌朗诵比赛中获得一等奖

府谷县教育局

局长　郭兴林

府谷县教育局是府谷县人民政府主管全县教育工作的职能部门，担负着对全县教育事业的宏观调控、统筹规划、协调指导职责。全县共有中小学56所，公民办幼儿园40所，特殊教育学校1所。在校（园）学生、幼儿43034人，教职工3328人。

2012年，投入1.52亿元创强专项经费，用于完善指标体系建设、充实设施设备，办学条件得到改善，教育手段基本实现了现代化。完成了府谷三中由民办向公办的改制，完成了原同创中学向职业中学的合并。中考文化课成绩各科平均分均位居全市第一；高考二本以上上线人数达933人，7名同学进入全市前十名。教育基金会拿出1428万元基金收益对568名好校长、好班主任、好教师、先进教育工作者和2612名好学生进行了表彰和奖励，对1683名贫困师生进行了资助。9月份，府谷县被省政府授予“双高双普”县，并顺利通过省级教育强县初期评估验收。11月份，榆林市2012年

府谷县教育强县前期评估反馈会

教育基金奖励资助大会

招生考试精细化管理现场会在我县召开。年前，完成了2013年榆林市县级党政领导优先发展教育府谷现场会的前期准备工作。

全县先后有16所中小学、幼儿园获得25项省级标准化称号；教育督导室、教研室、教育后勤管理服务中心、学生资助管理中心顺利通过省级标准化验收；县教育局先后被授予全省教育系统精神文明建设最佳单位、全省普及中小学实验教学工作先进单位、全省师德建设先进集体、全省农村中小学现代远程教育工程先进集体、全省教育系统“五五”普法宣传教育先进单位、全省会计基础工作规范化合格单位、全省教育督导先进单位等7项省级荣誉称号，在榆林市教育局年度目标责任考核中，本局2011、2012连续两年位居第一。

省政府总督学曹普选向榆林市委常委、府谷县委书记张惠荣颁发”双高双普“奖牌

县委常委杨艾霞检查指导幼儿园工作

副县长杨培林检查指导府谷中学工作

人大副主任周艳华调研教育工作

府谷县中小学内涵发展推进会

府谷县交通运输局

府谷县交通运输局是负责全县交通工作的政府行政主管部门，下辖农村公路管理站、道路运输管理所、航运管理站（海事处）3个事业单位，另指导府谷县交通建设集团有限责任公司的工作。市直属代管单位有路政执法大队、汽车站、公路段、孤山超限站。全系统共有干部职工247人，其中在职175人，离岗18人，退休54人。

近年来，县交通事业在县委、县政府的正确领导下，在省、市交通部门的大力支持下，全县交通运输系统深入贯彻落实科学发展观，抢抓机遇，开拓创新，全面加快交通建设，2009年全县20个镇、农业园区、办事处实现了乡乡通油路。2011年所有行政村，全部实现“村村通”砂石路，有70%的行政村达到通畅标准（水泥路或油路）。截止2012年底，全县农村公路总里程达2650公里，其中高速公路43公里，省道S301一级油路55公里，县、乡二级油路237公里，三级油路142公里，四级公路2125公里（含村道1966公里）。

拟订全县交通发展战略、方针、规章，并监督实施；编制全县公路、水路交通行业发展规划和年度发展计划，组织实施；负责全县公路、水路交通行业管理、运输市场管理；负责全县公路、水路设施的建设、管理和维护；负责全县道路运输生产、水上交通的安全管理工作；负责实施交通行业技术政策、标准和规范；负责铁路工程勘测统计、协调服务、征地拆迁及境内地方铁路运输计划的申报、管理工作。

县长辛耀峰（左二）调研沿黄公路

安全生产月宣传活动

府谷、保德两县共同研究过境公路建设

正在修建的大柳塔至石马川一级公路大桥

沙梁至墙头公路皇甫川大桥

府准公路大修改造

新建成通车的府准公路

府谷县投入使用的新能源公交车

DING BIAN XIAN

县委书记　张凯盈

定边县位于陕西省西北部、榆林市最西端，陕、甘、宁、蒙四省区交界处，自古以来就是西北地区重要的商品物资集散地，素有“旱码头”之称。全县辖15镇5乡、335个行政村；总人口33.47万人，其中非农业人口5万人；总土地面积6920平方公里，居全省第三。

全县地貌以长城为界，北部为风沙盐碱滩区，占全县总土地面积的39%；南部为黄土丘陵沟壑区，占全县总土地面积的61%。县域海拔1303—1907米，属典型的温带半干旱大陆性季风气候。2011年降雨量418.8毫米，平均气温8.6℃；无霜期221天，绝对无霜期110天。

定边区位优势明显，地理位置独特，交通四通八达，青银高速公路和307国道横贯东西，303省道纵跨南北，已建成的太中银铁路穿境而过。县城东距榆林市240公里，南距西安570公里，西距银川159公里，北距北京1270公里。

定边，是块富有传奇色彩的土地，历史悠久，文化独特，北枕大漠，南临秦陇，东依榆靖，西接宁夏，黄土文化与草原游牧文化在这里汇聚交融。因其早在1936年就已经解放，故被人们称为革命的红土地；因其特色文化悠久，故被称为神奇的黄土地；生态环境建设发生巨大变化，而被称为绿土地；产业开发，方兴未艾，而被称为金土地。

定边历史悠久，人杰地灵。自西魏起设郡县，北宋时著名政治家、诗人范仲淹在此筑城，命名“定边”，取“底定边疆”之意。定边是1936年解放的革命老区。革命战争年代是中央工农红军由甘入陕的第一站，是陕甘宁边区根据地的重要组成部分，老一辈无产阶级革命家毛泽东、彭德怀、刘志丹等曾在这里战斗和生活过。定边也是明末农民起义领袖张献忠的故乡。定边民风淳朴，勤劳善良，近年来涌现出了三位全国劳模，分别是治沙英雄石光银和石油劳模张林森、郭永宏。

定边县

DING BIAN XIAN

县长　杨志先

定边境内地上地下资源富集，是陕北能源重化工基地的重要组成部分。石油、天然气、原盐等矿产资源颇具优势。县境内石油资源分布广泛，已探明储量3亿吨，集中分布在17个乡镇的5000平方公里范围内，全县已形成年产700万吨的原油产能基地。天然气已探明储量3500亿立方米，含气面积4992平方公里。定边县也是陕西唯一的湖盐产地，共有大小盐湖14个，盐田总面积98平方公里，已探明储量3100万吨，年产原盐20万吨。风能、太阳能等可再生资源优势明显，年平均风速3.2米／秒以上，是陕西省两个大范围风速区之一；2011年日照时数2681.4小时，年太阳总辐射能为6000兆焦耳，具备建设大型太阳能、风能发电场的基本条件。此外，芒硝、硫酸镁、沙石、粘土等也较为丰富，有很好的开采价值。

定边地域广阔、土层深厚、宜耕性强，光照充足，光、热、水基本同季，昼夜温差大，有利于农作物生长和糖分的积累，生物资源丰富多样，农副土畜产品资源丰厚，发展潜力巨大。食盐、皮毛、甜甘草被誉为定边的“老三宝”，石油、荞麦、马铃薯被誉为定边的“新三宝”。

“十一五”期间，全县经济总量年均递增20%以上，提前两年实现了“十一五”计划指标。2011年，全县地区生产总值完成232.77亿元，同比增长17.6%；财政总收入22.2亿元，同比增长30.0%，其中地方财政收入13.2亿元，同比增长23.4%；全社会固定资产投资131.34亿元，同比增长18.0%；城镇居民人均可支配收入21655元，同比增长18.1%；农民人均纯收入8010元，同比增长28.5%；社会消费品零售总额15.1亿元，同比增长15.8%。县域经济综合竞争力位居全省第13位，“西部百强县”第40位，全国排名第262位，属“中国新能源产业百强县”、“国家首批绿色能源示范县”、“中国农业发展百强县”。

国务院扶贫办副主任郑文凯一行深入定边县检查世行五期扶贫项目执行情况

原省委书记赵乐际视察指导定边工作

省委书记赵正永询问定边山区农民收入情况

县委书记张凯盈向副省长祝列克介绍定边移民搬迁工作

省现代农业园区建设启动仪式上定边县委书记张凯盈向副省长姚引良、李金柱等领导介绍定边园区情况

市委书记胡志强视察生态建设工作

市长陆治原视察定边保障性住房工作

县长杨志先检查马铃薯生长情况

白水县党政代表团交流考察调研定边城市建设

糜　子

定边三北防护林区

向日葵

盐湖风光

位于定边境内的长城烽火台安边五里墩

风力发电

采油设备

定边境内靖王高速公路

万亩马铃薯种植基地

定边县人大常委会

主任　马保珍

定边县人大常委会自1981年2月设立以来，历经9届，走过了32年的历程。县十七届人大常委会由主任1人、副主任4人（其中一人非党）、委员20人组成。常委会下设办公室、人事代表工作委员会、财经工作委员会、法制工作委员会、教科文卫工作委员会、信访室和老干办，现有干部职工35人（男30人，女5人），各委办室有正副科领导12人。

本届人大常委会在中共定边县委的领导下，以邓小平理论和“三个代表”重要思想为指导，深入贯彻落实科学发展观，始终保持求真务实、锐意进取、大胆开拓的良好精神状态，不断探索做好新形势下人大工作的新方法，新路子。通过听取和审议“一府两院”工作报告，组织执法检查，开展视察调研和工作评议等活动，认真履行宪法和法律赋予的各项职权，较好地发挥了地方国家权力机关的职能作用，为推动全县经济建设、政治建设、文化建设、社会建设和生态文明建设做出了重要贡献。

市人大常委会主任会议成员视察本县现代农业示范基地

市人大常委会主任会议成员视察定边县扶贫移民工作

定边县人大常委会视察教育教学工作（图为在定边县第五中学视察）

定边县第十七届人大常委会举行第六次会议

定边县交通运输局

局长　纪凤智

定边县交通运输局是定边县人民政府的行政职能部门，是贯彻执行国家、省、市关于交通工作方针、政策、法律、法规并监督实施的机构，具体负责全县交通规划、公路建设、公路养护和道路运输管理等工作。交通运输局直属4个事业单位：定边县农村公路管理站、定边县道路运输管理所、定边县地方铁路建设领导小组办公室、定边县城市客运管理办公室；下属4个代管单位：陕西省307国道王圈梁超限检测站、定边公路管理段、榆林市公路管理局定边县收费管理处、榆林市恒泰运输集团定边汽车站。本局的有关业务受榆林市交通运输局的直接管理、指导和监督。

在历届县委、县政府的正确领导和全县人民群众共同努力下，本县的公路建设事业有了长足的发展。“十一五”以来，我局紧紧抓住国家加快农村公路建设的机遇，以科学发展观为统领，坚持“建、养、管”并重的指导思想，实现了全县农村公路快速、健康发展。“十一五”期间共修建县乡村油路665.49公里，仅2010年就修建了220公里，占“十一五”期间的33.2%。截止2010年底，全县公路总里程为3528公里，其中油路1570公里，砂砾石路1900公里，共投入资金111238万元，“一横三环九条连接线”路网骨架全部连通，基本形成以县城为枢纽连接各乡村的公路网络。2005年全县实现了乡乡通油路目标，2010年底油路通村率达62.4%，通村公路通达率达98%。交通运输为全县经济和社会发展，起到了强劲支撑。

省交通厅厅长魏培斌视察定边县农村公路

县委书记张凯盈深入公路现场调研

县长杨志先视察农村公路建设

定边县国土资源局

局长　姬怀亮

原定边县土地管理局成立于1986年10月，根据中、省、市、县国土资源体制改革的实施方案，于2002年12月更名为定边县国土资源局，2006年元月将原定边县矿产资源管理局人员职能划入整合到国土资源局。县局下设地质环境监测站、国土资源执法监察大队、国土统征储备中心、国土开发整理中心4个正科级建制事业单位和定边镇所等10个副科级建制的基层国土资源所（2008年11月，经市编办批准，将定边县国土资源局基层国土资源所由12个整合为10个，并升格为副科级建制）。县局内设10个股室，各单位和股室的人财物均属县局直管。全局现有干部职工182人，其中局机关51人，局属各队、站、中心、所114人，离退休人员17人。大专以上学历128人，副科级以上领导43人。全局共有党员90人。

2012年，被榆林市委、市政府评为2012年–2016年文明单位标兵，被榆林市人民政府评为全市油气工作先进单位，被榆林市国土资源局评为国土资源管理工作先进单位、全市五好国土资源所创建先进集体，被榆林市总工会、县总工会授予我局阅览室为“职工书屋”，被定边县委、县人民政府评为目标责任考核优秀单位、文明行业创建先进局，万名干部下乡包村工作先进集体，创卫工作先进单位，深化创建“五型机关”标兵单位，安全生产责任书考评第一名，信访工作目标管理考核第二名，被中共定边县直属机关工作委员会评为先进基层党组织。

领导班子讨论工作

国家土地督察西安局来定边检查工作

定边县住房和城乡建设局

定边县住房和城乡建设局成立于1977年，内设办公室、建设工程股、城市管理股、物业市场监管股、房政房产股、党支办、信访接待股、档案室、计生股、统筹办、招标办、政策法规股12个股室，下辖市政所、环卫所、房管所、质监站、城市管理执法大队、燃气管理所、园林绿化所、路灯管理所、房屋征收与补偿办公室、保障性住房管理中心10个正科级事业单位，共有干部职工428人。

① 国家建设部王建平处长检查定边县保障房建设

② 副省长江泽林视察定边县保障房建设

③ 市委书记胡志强视察定边县保障房建设

④ 市长陆治原、市住建局局长高永东在县长杨志先等领导陪同下视察保障房和移民搬迁建设

⑤ 常务副市长高中印视察定边县保障房建设

⑥ 县委书记张凯盈、县长杨志先等主要领导视察保障房建设

定边县地方税务局

定边县地方税务局成立于1994年9月，现有在岗干部职工80名，其中公务员72人，党员58人，研究生3人、本科30人、大专40人，大专以上学历占全局人员的91.25%，平均年龄43岁。局机关设办公室、政治工作股、工会、计划财务股、税收政策股、征收管理股（税收风险评估中心）、监察室（风险防范监督中心）、信息股（数据处理中心）、基金股。定边县地税局自组建以来，在省局、市局和定边县委、县政府的正确领导下，在社会各界及纳税人的理解、支持和配合下，坚持“聚财为国，执法为民”的工作宗旨，紧紧围绕市局提出的工作思路，不断推进依法治税，连年超额完成税收任务。定边县地税局自成立以来，多次受到上级的表彰奖励，曾被授予“全国税务系统先进集体”、全国“巾帼文明示范岗”、“陕西省地税系统先进集体”、省、市、县“‘创佳评差’最佳单位”、陕西省“基层建设达标单位”、“文明单位”、党风廉政建设先进单位、政风行风先进单位等各级各类奖励130多项。

省地税局局长姚炬一行视察指导定边县局工作

市文明办主任姬跃飞一行检查指导本县创文工作

全市反腐倡廉观摩团在定边县局观摩指导工作

定边县地税局2013年春季税收培训班

广场税法宣传活动

定边县卫生局

书记　沈效亮

局长　扈僚锋

定边县共有公办医疗机构34个，其中县级医疗机构4个，中心卫生院10个，一般卫生院15个，卫生分院5个；有民营医院2个，厂校医务室6个，城镇个体诊所21个，村卫生室348个；全县共有卫生技术人员865人；全县医疗机构设有病床995张。

全民动员，全员参与，圆满完成9大项168支项创建任务，保证我县创建省级卫生县城通过验收；协同县妇联等单位开展了“整洁城乡，促进健康”等大型宣传活动；会同双创等部门开展交通秩序、“六小”行业、市容市貌、门前五包、门店牌匾等专项整治；在县电视台和《新三边》报开辟了爱卫专题栏目，及时通报全县爱卫工作动态；在县城主街道设立健康教育宣传栏20块，在12个公交站牌上开办健康教育专栏；印发健康教育手册10000册；发放禁烟标志牌2000个；县、乡建立42个健康教育宣传站、建立健康教育宣传栏78个。

县人大常委会领导到卫生局视察调研

饮用水卫生宣传

5.12国际护士节庆祝大会

定边县盐场堡

盐场堡镇位于定边县西北部。东临定边镇，南接红柳沟镇，西连宁夏盐池县，北依白泥井镇。307国道、靖王高速公路、“二海”路、“北周”路和太中银铁路穿境而过，交通便捷。镇政府驻地西梁湾村，距县城6公里。

全镇辖17个行政村，87个村民小组，2815户，11812人，总面积70.86万亩（472.4平方公里），其中耕地8.45万亩，林地14.4万亩，天然草场22.4万亩。农业生产主要以洋芋、地膜玉米、荞麦、大葱、西小瓜为主。草畜业、劳务输出是全镇主导优势产业。全镇羊子饲养量达9万多只，猪饲养量达26471只，牛存栏1628头，其中奶牛1230头。

境内有隋明长城遗址5公里，天然盐湖9个，是陕西省最大的天然日晒盐生产基地，本镇依托工业园区、307国道、定莲路和定红路穿境而过的区位优势，积极实施招商引资战略，招商引资成效显著。2013年，完成招商引资项目6个，引进资金2000多万元。

盐场堡镇属温带半干旱季风气候。主要特点是：春多风，秋多雨，冬严寒，全年降水量320毫米左右。干旱、风沙、霜冻、气候资源以太阳能、风能较为丰富，盐碱是制约农业生产的主要灾害。

党委书记刘玉祥陪同县委书记张凯盈检查指导工作

镇人民政府

慰问贫困户

检查防汛工作

定边县冯地坑乡人民政府

冯地坑乡位于定边县西南白于山区腹地，乡政府所在地距县城50公里，全乡总土地面积218平方公里（合32.7万亩），耕地面积6.4万亩，林（草）保留面积52641亩，全乡辖11个行政村，60个村民小组。全乡现有1407户，9634人，其中流动人口3743人，常住人口5891人。全乡2011年贫困人口1229人，2012年脱贫120人，返贫10人，全乡现有贫困人口1119人。低保人口142户365人。乡属企事业单位6个，一所完全制小学，即乡中心小学和中心幼儿园，现有教职工45人，在校学生272名。全乡有党支部12个，其中农村党支部11个，机关党支部1个，党员314名，其中女党员38名。2012年全乡羊子饲养量35600只，生猪饲养量3850头，家禽饲养量15270只。

冯地坑乡境内土地广阔，土层深厚，资源丰富。地形地貌复杂多样，梁、塬、塘、沟纵横交错，蕴藏着丰富的石油和天然气等矿产资源。农作物主要以洋芋、荞麦、小杂粮为主，畜牧业以舍饲养羊为主。气候属中温，年平均气温6℃左右，无霜期110天左右，年降雨量不足260毫米左右，海拔1500米。

冯地坑乡党委、政府紧紧围绕以“经济建设为中心”，以“三个代表”重要思想为指导，坚持深入科学发展观统揽全局，全面建设小康社会，依托小城镇建设、发展农村、工农联动、整体推进，切实将工作重点转移到调整经济结构、转变增长方式、提高质量和增长效益上来。大力发展非公有制经济，扩大招商引资，以洋芋、荞麦、羊子、石油为主导产业，以小城镇建设为目标。2012年在全乡人民的共同努力下，农民人均纯收入达9153元。

县长杨志先一行调研本乡新农村建设进展情况

党委书记屈彦智看望老村干部

乡党委副书记王飞慰问困难群众

定边县贺圈镇人民政府

贺圈镇位于定边县城南郊，素有定边县城“南大门”之称，镇政府所在地贺圈集镇已于定边县城西环路、长城街、东环路连为一体，已纳入县城总体规划。全镇辖28个行政村，67个自然村，108个村民小组，有驻镇及镇属事业单位16个。总农业人口22234人，5129户，集镇现住人口11678人（其中流入人口5640人）。全镇总土地面积275平方公里。东西长23公里，南北宽11.9公里。人口密度81人/km^2。地形地貌大体可分为三个类型：一是南部半山沟壑区，分布9个行政村（其中：马沟泉、狼尔沟、何梁、新墩、薛洼、木瓜沟、红庄、五兴庄、土桥子）；二是中部盐碱滩区，分布12个行政村（其中：石沟、彭滩、田倪圈、上暗门、下暗门、三友、马团庄、井沟、张圈、石井子、辛圈、郑尔庄）；三是北部半沙区，分布7个行政村(其中：红墩梁、梁圈、郑圈、耿尔庄、白尔庄、王来滩、小巨滩)。太中银铁路、靖王高速公路、307国道、延定公路（省道）、定铁、定刘张、贺纪公路（县道）纵横穿越境内。

近年来，本镇大力实施“生态立镇、农业富镇、科教兴镇、非公经济强镇”战略，以“洋芋、荞麦、油料、红葱”四大主导产业为基础，初步形成以马铃薯、荞麦、玉米、油料、枸杞等为主的现代特色农业。在建省级新农村建设示范村1个，市级新农村建设示范村1个。同时依托集镇区位优势，大力发展非公有制经济和劳务经济。2012年，全镇农民人均纯收入为11680元。

市长陆治原与新墩村民代表召开座谈会议

市委组织部副部长霍东平到本镇开展“三问三解”活动

县纪委书记张增平到贺圈镇慰问贫困农民

定边县砖井镇人民政府

书记　赵治安

镇长　白启胜

砖井镇北部为毛乌素沙漠的南缘，中部为白于山洪漫滩区，南部为白于山北麓斜坡区。镇政府驻地位于县城东23公里处，镇域总面积680.79平方公里，是定边县地域面积最大的乡镇。全镇辖20个行政村、162个自然村，有人口5932户26403人（有劳动力19161人）；全镇共有耕地28万亩（其中水浇地4.2万亩），林地41万亩（其中人工柠条20万亩），牧草地22万亩。镇区建成面积5平方公里，镇区人口4000余人，驻镇单位20家，个体工商户308家。

书记赵治安慰问困难群众

镇领导向县政协汇报工作

基层走访调研

定边县纪畔乡人民政府

纪畔乡地处定边县白于山区北部，与贺圈、砖井、白湾子、红柳沟、油房庄五乡镇毗邻，定铁公路穿境而过，贺纪公路全线贯通。乡政府驻地距县城20公里，全乡辖11个行政村，34个村民小组，总人口7021人，总土地面积20.96万亩，其中林草地面积7.8万亩，耕地8万亩。地形地貌为两梁一涧三道沟（两梁：纪畔梁、范圈梁；一涧：杜涧；三道沟：高岔沟、赵大沟、张畔沟），属典型的雨养农业乡。乡党委、政府下设3办5组（即党政综合办，社会事业发展办，农业产业开发办，维稳工作组，财税工作组，计划生育工作组，集镇建设工作组，扶贫开发工作组）。有干部职工59人，大学本科以上学历21人，大专以上学历30人，高中以上文化程度8人。乡政府下辖5个企事业单位。

书记　王学瑞

乡长　党晓琳

靖边县

JING BIAN XIAN

市委常委、县委书记　马宏玉

靖边县是1935年解放的革命老区，位于陕西省北部偏西，地处毛乌素沙漠南缘。全县总土地面积5088平方公里，按地形地貌分为三个区域，即北部风沙滩区、中部梁峁涧区、南部丘陵沟壑区，分别约占全县总面积的三分之一。全县海拔介于1123米—1823米之间，年平均气温7.8℃，年平均降雨量395.4mm。全县辖17个乡镇、1个国营农场，214个行政村，10个社区，总人口34.2万。

靖边历史悠久，文化灿烂。靖边史称“夏州”、“朔方”，明太祖年间（1373年）设“靖边卫”（取“绥靖边疆”之义），清雍正九年（1731年）设“靖边县”。1600年前的东晋十六国时期，匈奴贵族赫连勃勃建立“大夏国”，大夏国都统万城历史遗址经历1600年的风雨仍然基本保存完好，是匈奴族在人类历史上遗留下的唯一都城遗址，1996年被国务院公布为国家级重点文物保护单位。革命战争时期，毛泽东、周恩来等老一辈无产阶级革命家转战陕北时，在靖边的小河、天赐湾、青阳岔等地生活战斗了65个日夜，期间召开了著名的“小河会议”，拉开了全国解放战争由战略防御转向战略反攻的序幕，治沙英雄牛玉琴几十年如一日，艰苦奋斗，顽强拼搏，植树造林11万亩，是中国妇女的楷模。靖边县剪纸、信天游等民间艺术，风格独特，久负盛名，被誉为“民间剪纸之乡”、“信天游故里”，极具民族特色和传统意蕴，是蒙汉文化的有机交融，是草原文化与中原文化的有机结合。

靖边交通便利，区位优越。青银、包茂两条高速公路在县城交汇，穿靖而过的太中银铁路已投入运营。蒙西至华中铁路和神木至靖边铁路正在规划建设。靖边县形成了承东启西、联南通北、通江达海的大交通格局，成为连通华北、西北的重要交通枢纽，被誉为“陆上旱码头”。两条高速公路和一条高速铁路同时在一个县城交汇，全省独一无二，靖边至延安、榆林机场只需1小时，到银川机场只需2小时，三座机场拉近了靖边与世界的距离，架起了靖边与世界联通的空中走廊，使靖边成为真正意义上的区域交通枢纽。

靖边资源富集，物华天宝。靖边境内天然气、石油、煤炭和岩盐等矿产资源丰富。以靖边为中心的陕甘宁盆地中部天然气田，探明储量4666亿立方米，是中国发现最早的陆上最大世界级整装大气田，被誉为“中国气都”。县内建成了年净化能力达50亿立方米的目前亚洲最大的天然气净化厂。靖边县承担着向北京、西安、银川、上海等全国20多个大中城市供气的

靖边县

JING BIAN XIAN

县长　李永奇

重任，是“西气东输”的枢纽。南部山区蕴藏着丰富的石油资源，已探明储量约在3亿吨以上，被誉为“中国的科威特”。县境内北部煤炭资源分布面积达800多平方公里，是神府煤田连接部分，已探明储量达50亿吨以上，总储量预测在150—200亿吨。岩盐资源也十分丰富，预计岩盐储量在1500—2000亿吨。煤油气盐四大资源同时在一个县境内富集，世界罕见。目前，由陕西延长石油集团投资267亿元建设的靖边能源化工综合利用产业园区初具规模，一期启动项目即将投产，园区最终将建成投资过千亿、产值过千亿、甲醇年产量过千万吨的国内一流、国际知名的新型能源化工基地。此外，靖边太阳能和风能资源十分丰富，年太阳辐射达5500兆焦耳每平方米以上，年平均风速达到6米每秒以上，发展太阳能和风能等新能源产业具有得天独厚的自然条件。已有中国国电、华电、国华、山东鲁能等众多国内大型太阳能光伏和风力发电企业来靖发展，形成了50兆瓦太阳能和100兆瓦风能年并网发电能力，靖边将努力在全省率先建成百万千瓦新能源发电示范县。同时，靖边县水资源、土地、林地资源也较为丰富。全县水资源总量为3.53亿立方米，境内有芦河等六大河流，共建成大中型水库35座，总库容量8.8亿立方米，居陕西省之首。靖边土地资源丰富，全县人均土地面积31亩，是陕西省平均值的3.3倍，有耕地资源168万亩，人均耕地5亩，其中水浇地2亩。全县林草保存面积345万亩，森林覆盖率为37.5%，居陕北前列，是黄河流域基本不向黄河输送泥沙的第一县。

靖边发展迅速，实力较强。全县始终坚持“生态立县、工业强县、城镇带动、产业富民、文化引领”五大战略，深入推进新型能源化工基地、现代特色农业基地、陕北第三大中心城市、区域商贸物流中心、区域交通枢纽“两基地、两中心、一枢纽”建设，能源化工综合利用产业园区、中小企业创业园区、现代农业示范园区、新能源产业园区、商贸物流园区“五大园区”加快建设，县域经济综合实力大幅提升。2012年，全县完成地区生产总值317亿元以上，增长8.8%；完成财政总收入96亿元，增长30.4%；完成地方财政收入17.01亿元，增长20.6%；完成全社会固定资产投资216.5亿元，增长30.7%；完成社会消费品零售总额39亿元，增长17.9%；城镇居民家庭人均可支配收入达28652元，增长15%，农民人均纯收入达11413元，增长17.8%。县域经济综合实力位居西部百强县第11位，陕西十强县第3位，呈现出强劲的发展势头。

原省委书记赵乐际视察靖边能化园区建设

省委书记赵正永视察靖边风力发电场建设

副省长祝列克调研靖边移民搬迁工作

市委书记胡志强调研靖边白于山区移民搬迁工作

市长陆治原调研靖边设施农业

书记马宏玉、县长李永奇调研靖边中小企业创业园区

县长李永奇调研职业教育

植树活动

榆林炼油厂

靖边县城一角

靖边县人民医院

靖边东坑敬老院

小河纪念馆

清洁文明石油开采

基础设施建设初具规模

保障性住房建设

太阳能光伏产业

靖边龙洲丹霞地貌

陕北白绒山羊

退耕还林

风能并网发电

靖边县公安局

靖边县公安局位于靖边县统万路中段南侧，正科级单位。内设机构14个，分别为：政工监督室、工会、监察室、指挥中心、法制大队、警务保障室、国内安全保卫大队、刑事侦查大队、治安大队、巡逻警察大队、交通管理大队、禁毒大队、经济犯罪侦查大队、石油保卫大队（全部为正科级建制）。2008年至2011年，连续四年在全市公安机关和省公安厅的目标责任考核中荣获“夺杯县局”和“全省优秀公安局”，实现“四连冠”。

2012年，靖边县公安局在县委、县政府和市公安局的坚强领导下，认真贯彻落实全市公安工作会议精神，本着再完善、再巩固、再创新、再提高的思路，以维护社会稳定为首要任务，以提高群众安全感和满意度为根本目的，以“创西部一流，争全国先进”为目标，以深化“三项重点工作”和“三项建设”为载体，以加强公安机关能力建设为主线，以实现“五大提升”（维护国家安全和政治稳定能力大提升，驾驭动态社会治安能力大提升，社会管理服务效能大提升，公安行政管理能力和水平大提升，人民群众安全感和满意度大提升）为工作思路，坚持社会管理创新，深化创先争优，较好地完成了各项目标任务，有效地维护了全县社会治安大局持续稳定发展。

省公安厅治安管理局局长王玉成莅临本县公安局检查指导工作

公安部监管局副巡视员刘秀琴一行莅临靖边督导检查监管场所安全工作

常务副市长高中印一行视察指导本局监管工作

政法委书记钱劳动一行莅临县公安局检查指导工作

市公安局局长张明调研指导本县公安工作，并看望慰问了广大公安民警

靖边能源化工综合利用产业园区

2012年是靖边能化园区建设的攻坚之年，也是园区规划建设以来最为困难的一年，管委会立足本职，站在全县发展的大局，克服了管理运行体制不顺，财政投入不足，外围环境保障困难等诸多不利因素，在县委、县政府的正确领导下，在各有关部门和乡镇的大力支持配合下，强化制度建设，加大协调力度，改进基础设施，优化投资环境，全力协调保障各入园企业项目顺利建设。

2012年，管委会制定出台《入园项目管理办法》，完善各项制度建设，强化日常管理，先后制定学习、考勤、财务、车辆、灶务、公文收发传阅等相关管理制度，出台各相关岗位的工作职责和工作要求，管委会日常管理运行有章可循、有据可依，运行规范。县委相继配备管委会党委、纪委、工会领导成员，全面开展党、工、群等相关工作。在党务建设、工会建设、依法行政、机关建设、精神文明建设、党风廉政建设、计划生育、社会治安综合治理、信访、安全等工作方面组建专门机构，制定出台实施意见，明确职责要求。

原省委书记赵乐际在延长石油集团董事长沈浩陪同下，到靖边能化园区调研

能化园区开园暨榆能化公司开工奠基仪式

西延长中煤榆林能源化工有限公司DCC装置区施工现场

靖边能化园区管委会主任杨忠带领班子成员在建设现场进行工作调度

靖边县交通运输局

局长　苗小平

靖边县交通运输局位于县城东环路南段，现有职工36名，内设政秘股、工程计划股、运输管理股、财务股、质检股、法规股等股室，拥有下属单位4个，分别是靖边县地方道路运输管理所、靖边县农村公路管理站、靖边县城市客运管理所、靖边县地方海事管理处。全系统共有干部职工266人。

靖边县交通运输局紧紧围绕“发展现代交通，奉献一流服务”目标，不断加快公路建设步伐，稳步提高公路管养水平，切实加强行政执法能力建设，努力提升道路运输服务能力，全面推进交通运输各项工作，圆满地完成了各项工作任务，为全县交通运输“十二五”规划目标的全面实现打下了坚实基础，进一步加快了“区域交通枢纽”建设步伐。

县委书记马宏玉等领导出席农村公路建设开工仪式

县长李永奇等领导调研农村公路建设工作

靖边县教育局

靖边县教育局位于靖边县南大街，是靖边县人民政府主管全县教育工作的职能部门，担负着对全县教育事业的宏观管理、统筹规划、协调指导职责。全局设9个股室，即：办公室、人事股、内审股、教育一股、教育二股、安监股、校建股、财务股、劳资股。有局属单位8个，即：教研室、招生考试办公室、成人教育与职业教育办公室、中小学后勤管理服务中心、教育工会、电化教育中心、学生资助管理中心、青少年活动中心。近年来，全县教育工作坚持以科学发展观为指针，按照“盘活存量，整合资源，优化结构，规范管理，提高质量”的工作思路，突出“改革、创新、质量、效益”四大主线，着力深化改革，改善办学条件，基本形成了较为完善的基础教育体系和多样化的办学体制。继2001年“两基”验收达标后，2007年普及了实验教学，2008年实现了“双高普九”，2010年建成省级教育强县，2011年建成省级现代农业职业教育发展工程示范县，2012年被评为“榆林市推进学前教育三年行动计划工作先进单位”。

市委常委、县委书记马宏深入靖边一小，与小朋友们欢度六一国际儿童节

县长李永奇到靖边九小调研

县教育局局长闫志功向市教育局局长常少明介绍靖边教育发展状况

『第一期靖边教育大讲堂培训』与『塞北名师工作室』成立大会暨启动仪式

靖边县中学

校长　郝学利

靖边中学创建于1956年，1959年发展成为一所完全中学，1978年被确定为县级重点中学，同年被列为榆林地区十三所重点中学之一。2004年7月，被省教育厅命名为“陕西省重点中学”。2007年3月，靖边中学迁往新校区，校园占地200.6亩，建筑面积52965平方米，总投资1.4亿元。学校教学设施功能齐全、配备完善，完全能满足学校的教育教学需求。

学校现有教职工297人，其中专任教师249人。专任教师中，特级教师2人，高级教师70人，中级教师102人，研究生9人，参加陕师大研究生课程班培训学习并取得结业证书的有114人，专任教师的学历达标率100%。学校现有66个教学班，在校生4553人。

靖边中学先后获得“陕西省绿色文明示范学校”、“陕西省文明校园”等50多项殊荣。2004年顺利晋升为“陕西省重点中学”，2005年我校与香港巴克兰海外教育集团联合创办了“双语教学实验学校”，2006年，省教育厅又授予“陕西省《高中艺术》课程实验学校”和“陕西省现代教育技术实验学校”，2007年8月15日，陕西师范大学在我校设立“教育教学实践基地”，2009年6月本校被清华大学确定为“教育扶贫远程教学站”，2011年6月被西北大学确定为“优质生源基地”,2012年被北京师范大学确定为“生命教育实验学校”。

高效课堂掠影

“学习雷锋”演讲比赛

军训汇演

校园大门

靖边县东坑镇

靖边县东坑镇按照“生态立镇、产业富镇、工业强镇、商贸活镇、人才兴镇、文化塑镇”的工作理念和“靠调整起家、靠蔬菜当家、靠科技兴家、靠市场发家”的经济工作思路，紧紧围绕现代农业、农业园区、重点示范镇、白于山区移民工程“四位一体”工程建设规划，在县委、县政府的正确领导下，在上级各部门的大力支持和指导下，精心组织，严密部署，狠抓落实，圆满完成了全年各项工作任务，经济社会各项事业实现新的跨越。

2011年，全镇地区生产总值达10.53亿元，较上年的9.1亿元，增长了15.7%，社会固定资产投资2.6亿元，较上年的1.8亿元增长了30.7%，粮食总产量达10.8万吨，较上年的9万吨增长了20%，农民人均纯收入达14837元，较上年的12358万元增长了20%。

全镇进一步转变观念，及时调整工作思路，以科学发展观统领经济社会发展全局，以发展现代农业建设社会主义新农村为主线，大力发展“菜、畜、薯”三大主导产业。

原省委书记赵乐际视察东坑现代农业发展

副省长李金柱视察东坑现代农业发展

市委书记胡志强视察东坑现代农业发展

市长陆治原视察东坑育苗中心

智能化育苗中心

大田蔬菜

靖边采油厂

厂长　高振东

靖边采油厂前身为靖边石油钻采有限责任公司，于2003年5月成立，同年9月并入延长油矿管理局，2005年10月重组到陕西延长石油（集团）有限责任公司，并更名为“延长油田股份有限公司靖边采油厂”。现内设机关职能科室20个、生产单位6个、辅助生产单位6个、党群部门4个、临设机构1个（榆炼选油站）。

全厂共有职工6296人，其中：正式职工1999人、劳务派遣工4071人、聘用工226人；现有生产油井3988口、注水井930口，日产油2666.77吨，日注水能力2.19万方，水驱面积243.3km^2，占开发面积的57.8%，油田采出程度约4.5%。油田综合含水率80%，油井利用率95%，油田自然递减率11.9%、综合递减率9.8%。有大型集油站2座、联合站7座、注水站6座、撬装注水站44座、点式注水站25座、供变电站3座（35KV 2座、110KV 1座）。

靖边县地域面积5088平方公里，截止2012年底我厂控制资源面积2261平方公里，主要分布在县域中部区域。目前探明（叠合）含油面积394.3平方公里，探明地质储量17454万吨，技术可采储量2269.02万吨。

2012年生产原油98万吨，实现销售收入23.48亿元，上缴税费10.33亿元。经过多年努力奋斗，先后制订出台了60多项管理制度和办法，实现了管理制度化、系统化、规范化。先后荣获省级文明单位，油田公司先进单位，榆林市税利“百强企业”、重点项目建设“先进单位”、技改项目建设“先进单位”、“贡献财政总额百强企业”，靖边县“先进企业”、“优秀企业”、“诚信纳税户”等荣誉称号，成为延长石油发展较快的企业之一。

厂长高振东深入一线检查勘探开发工作

厂长高振东检查指导一线工作

上级领导查看天四接转站

陪同上级领导查看53337井场

听取汇报现场

厂长高振东深入油区调研

花丛中的原油集输站

小河现代集输站

宏伟的办公大楼

110千伏变电站

靖边县芦河酒业有限责任公司

靖边县芦河酒业有限责任公司（原靖边县芦河酒厂）始建于1970年，建厂时国家总投资114万元，截止到2011年底，企业为国家上缴税利5000万元，是国家总投资的50倍。是陕西省生产名优白酒的骨干企业和榆林市最大的白酒生产企业。企业占地3.3万平方米，建筑面积1.6万平方米，年生产白酒3000余吨，拥有员工160人，固定资产3000万元，资产总值8000万元，为国家中二型企业。

董事长　宋文树

靖边县芦河酒业有限责任公司生产的“芦靖”牌芦河系列白酒，精选当地日照周期长，淀粉含量高的优质高粱为主要原料，以大麦、小麦、豌豆作曲，开采深层富含多种矿物质的沙漠泉水，利用传统的生产工艺精酿而成，经自然存放两年以上，酒体老熟后，保留原酒的口味，用现代微机技术，勾评、检测、灌装，使产品具有醇香馥郁，凤浓协调，绵柔甜爽，余味悠长兼香型酒的独特风格。企业生产的三个系列三十多个品种的芦河酒倍受消费者的青睐，产品俏销陕北各地和周边省区。

多年来芦河系列产品先后荣获首届中国食品博览会金奖，国际国内大赛金奖，陕西名牌产品，陕西消费者信得过品牌和中国消费者基金会推荐知名品牌。企业曾连续三年被中华酒文化研究会分别授予全国酒行业和明星企业，连续11年被榆林市政府评为榆林市“百强企业”并于2000年顺利通过ISO9001—2000国际质量管理体系认证，“芦靖”注册商标被省工商局评为陕西省著名商标。

芦河酒业以其40多年优良品质和良好的信誉一如既往的为三秦父老生产芦河美酒，为广大消费者创造香飘塞北的玉液琼浆 。

总经理　白云波

米脂闯府宏远酒业有限公司系米脂籍在外打拼多年的白飞等人士于2009年返乡创业租赁陕西闯王酿酒总厂后组建的非公有制企业。陕西闯王酿酒总厂始建于上世纪七十年代中期，是陕北地区最早的国有酿酒厂家之一。产品曾先后荣获“第五届亚洲及太平洋国际贸易博览会金奖”、“受消费者欢迎的最佳产品”等殊荣。2010年荣获“诚信中国口碑榜” 2010信用中国百强企业、“信用中国·重合同守信用”企业和中国企业诚信建设推动奖。闯府商标在2011年12月被陕西省工商总局授予“陕西省著名商标”。“老窑洞”酒已在2011年11月第十八届中国.杨凌农业高新科技博览会荣获全国白酒行业唯一“后稷”奖。我公司2011年被中国企业合作促进会、中国企业国际合作年会组织委员会评为“中国最具成长潜力民营企业”。2011年被榆林市人民政府评为“市级龙头企业”。2012年“闯府”牌白酒系列产品被中国轻产品质量保障中心授予“中国著名品牌”。“老窑洞”、“闯府宴”外观设计获得中华人民共和国国家知识产权局“十二项专利”。企业通过ISO9001：2008质量管理体系认证。公司被评为国家“AAA”级企业。市、县级文明企业和卫生企业。

米脂闯府宏远酒业有限公司投入资金5000余万元。现有固定资产3000余万元，员工100多人，专业技术人员20人，国家级白酒大师顾问3人，年生产白酒能力1000余吨，基础设施齐全，技术力量雄厚，是一家集产品研制开发、生产经营于一体的科技型、浓香型白酒企业。新产品于2011年9月7日在家乡米脂试销，2012年7月中旬推向榆林市场。在榆林市区、神木县、府谷县、横山县、绥德县设有代理经销商，销售势头良好。公司的经营目标是：做好本市、带动周边。迅速将公司做强做大。

米脂闯府宏远酒业精选当地优质红高粱及深井泉水（矿物质水）为原料，采用470多年前明朝嘉靖年间延续下来的黄土高原独特的“陈年老窖池固态发酵”和“双重窖藏”，“老五甑续渣”高温蒸馏，截头去尾，分级摘酒，长期贮藏、精心酿制而成。公司采取传统工艺和现代科技相结合工艺，选用茅台、泸州、宜宾等地高档调味酒，南北结合，精心勾调制作“老窑洞”、“闯府宴” 两大系列白酒。闯府宏远酒业以不懈追求，始终秉持“潜心酿酒、诚信经营”的理念生产纯粮白酒，传承中国白酒文化，开创美好未来。

吴堡县

WU BU XIAN

吴堡县位于陕西省东北部，榆林市东南部，与山西省柳林县、临县隔河相望。县境东西宽26.8公里，南北长30.4公里，国土总面积420.85平方公里。地势西北高东南低，海拔627—1204米，属黄土高原丘陵沟壑区。年均降雨量为444.1毫米，年平均气温11.5摄氏度，位于中温带亚干旱区。全县辖6镇221个行政村，总人口8.4万人，县城居住人口3万人。

2012年，在市委、市政府的正确领导下，全县上下认真贯彻落实中、省、市的决策部署，按照掀起“新热潮、新突破”的工作要求，齐心协力，共克时艰，社会经济保持平稳较快发展。全县生产总值达到13.77亿元，增长19.5%；全社会固定资产投资完成16亿元，增长20.1%；财政总收入6224万元，增长17.1%，其中地方财政收入2441万元，增长21.1%；城镇居民人均可支配收入和农民人均纯收入分别达到2.2万元、6558元，分别增长15.9%、17.5%；完成社会消费品零售总额5.26亿元，增长18%。

县长方虎城在宋家川镇杨家店调研农村工作

迎宾大道夜景

六位一体新农村

榆林西南新区

主任　王双孝

西南新区位于榆林城区西南部，与榆林高新区毗邻，是榆林城市发展扩容的接续地和承载地。2006年榆林市第四版城市总体规划将西南新区纳入榆林中心城市400平方公里规划用地范围，新区规划控制总面积58.1平方公里，横山县境内控规面积43. 8平方公里，区内现有人口28062人，其中常住人口13674人，流动人口14388人。

新区是榆林市建设百万人口大城市的重要组成部分，是陕北能源化工基地的核心城市，也是未来榆林市本级公共设施服务中心和周边能源企业的城市综合性服务次中心。按照榆林城市总体规划，新区的发展功能定位主要以商住办公、医疗科教、商业会展及旅游观光、休闲度假为主的沙漠生态园林城市。新区功能构建由“一脊、五心”组成，即由民俗公园、中央公园、山庄公园、艺术公园、运动公园和生态公园为战略节点、顺山形地势而形成城市绿色屋脊，按功能布局打造创意之心、活力之心、文化之心、幸福之心和运动之心，打造生态、活力、智慧新城区。

根据市委、市政府关于加快推进榆横一体化，建设百万人口中心城市的重大决策部署以及市委、市政府主要领导的指示精神，横山县委、县政府经过充分论证确立了西南新区开发建设总体思路，一是加快基础设施建设进度，提升发展功能。全面加快道路、给排水、污水和垃圾处理、供热、供气、通信、绿化等基础和配套设施建设；二是积极推进重大项目建设，增强发展活力。重点推介、引进、包装、打造一批商贸科教、商业会展、仓储物流、高端住宅等项目；三是切实强化区域社会事务管理，提高公共服务水平。通过加大行政执法监管、设立街道社区、组建公益事业运营公司等多种手段，采取横向与纵向、政府主导与社会化运作相结合的社会事务管理模式，全面提升新区社会事务管理水平。

市委书记胡志强在县委书记王效力、县长刘维平的陪同下视察新区市政工程建设

市长陆治原在县委书记王效力、县长刘维平的陪同下视察新区市政工程建设

市人大副主任曹世玉在县人大主任刘仲瑜、副县长崔渊陪同下视察新区开发建设情况

国土资源部领导在副市长艾保全的陪同下视察新区土地利用现状

县委常委、县委副书记周锦峰检查新区开发建设情况

延长油田股份有限公司横山采油厂

党委书记　刘建设

厂长　高向东

延长油田股份有限公司横山采油厂前身为横山石油钻采公司，2003年5月29日经县政府授权接管全县原招商引资开发的油井，进行统一管理，成为国有独资企业；同年9月20日加入延长油矿管理局，取得了石油开采的合法资质。2005年9月14日省内石油企业重组上划，更名为延长油田股份有限公司横山采油厂。

全厂现开生产井395口、注水井204口，日产油530吨，综合含水69%。设机关部门10个，即办公室、生产计划科、企业管理科、财务资产科、人力资源科、勘探开发科、基建工程科、党委工作室、安全环保机动科、保卫科；设纪委、工会和团委3个党群部门；设后勤服务单位1个，即后勤服务科；设原油生产单位2个，即采油一大队、采油二大队；设辅助生产单位3个，即井下作业大队、集输站、注水大队。

横山油田主要分布在县域东南部500km^{2}范围内，目前初步建成白狼城、大水沟、双城和魏家楼四个采油区。主力产油区在石湾的白狼城—阳岔16.87 km^{2}的范围内，该区域探明长2油层含油面积16.87km^2，探明石油地质储量1181.6×104t。县域内累计探明石油地质储量2738×104t，控制含油面积83.5 km^2，控制石油地质储量600×104t，开发的油层主要有长2、长6两油层组。2013上半年生产原油9.09万吨，实现销售收入2.51亿元，上缴税费1.19亿元，实现利润5375.95万元。取得了未打井、产量增、效益好的可喜成绩。

横山采油厂大力实施“以人为本抓管理、科技兴油促发展、科学开发增实力、党建创新谋跨越及拓展文化塑形象”的五大战略工程，着力打造“数字油田”、“绿色油田”和“管理效益型企业品牌”，逐步向科技含量高、经济效益好、资源能耗低、环境污染少、人才优势得到充分发挥的新型工业化路子迈进，力争在2014年底基本建成油区道路干线黑色化、区队建设标准化，油田数字化、信息化，集安全、环保、节能为一体的标准化油田，“十二五”建成年产20万吨以上标准化油田，为推进横山油田标准化建设，为地方经济社会又好又快发展，为延长油田做长做强做出新的贡献。

注水示范站

领导视察地埋罐建设情况

领导视察

油井计量比赛

视察地埋罐建设情况

丛式井场

光盘行动

机关办公楼

指挥部办公楼

横山县公安局

横山县公安局共设有12个室队、16个派出所（城区所2个，农村所14个）和1个看守所；在册人员586人，男454名，女132名，正式人员中研究生3名，本科104名，专科83名，中专、高中51名，高中以下12名；协警人员中，本科145名，专科184名，中专、高中5名。

2012年8月31日新一届局党委班子组建以来，全县公安局在县委、县政府和市公安局的正确领导下，以人民群众满意为目标，以深入贯彻落实党的十八大精神为契机，围绕全县"发展、稳定、和谐"的主基调，推进各项严打整治行动，全力做好各项公安工作，维护社会大局持续稳定，为全县经济社会发展营造良好的社会治安环境。

党委书记、局长　马　锐

市委常委、政法委书记刘春桥观摩本局警务督察监控

市委常委、政法委书记刘春桥认真听取社区民警工作汇报

市公安局党委书记、局长张明检查工作

市公安局副局长马维东检查工作

县人大领导成员检查工作

横山县供电分公司

总经理　张志平

横山县电力局成立于1974年12月15日，全称为陕西省横山县“革命委员会”电业管理局，是横山县“革命委员会”管辖的一个行政机构，1978年1月1日榆林地区五县（榆林、府谷、神木、横山、米脂）电力联网时，收归榆林供电局管辖，改名为横山县电力局。

截止2012年底，公司有职工321人（不含退休），公司本部下设7个管理部门，分别为：办公室、市场营销部、生产技术部、财务经营部、安全监察部、警务室、工程服务中心。公司本部下设7个生产班组，分别为：计量所、修试所、调度所、保线站、96789客服中心、收费班、小车班。公司12个供电所分布横山城乡，分别为：城关供电所、城郊供电所、石马洼供电所、樊河供电所、高镇供电所、响水供电所、武镇供电所、塔湾供电所、石湾供电所、殿市供电所、韩岔供电所、党岔供电所。公司拥有6座35KV变电站，分别为：35KV石马洼变电站、35KV樊河变电站、35KV高镇变电站、35KV武镇变电站、

榆林分公司书记张怀德陪同省公司党委书记王鹏莅临衡山公司进行调研

副县长高志钧春节期间莅临公司慰问

志愿服务队发安全知识宣传单

为陕西电视台拍摄“陕北横山人民喜气洋洋过大年”宣传片保电

35KV石湾变电站、35KV韩岔变电站。为提高公司的服务水平公司另设5个服务站，分别为：石峁服务站、石窑沟服务站、雷龙湾服务站、赵石畔服务站、郭兴庄服务站。服务客户75171户，其中低压73577户，高压1594户。公司供电区域分布广、供电半径大，担负着全县15个乡镇工农业生产与居民生活的供电任务。公司管理8条35KV线路，总长度为201.222KM，6座35KV变电站总容量为50.55MVA，最大负荷38000KW。有44条10KV线路，总长度为2172.218KM。

“十一五”期间售电量由6124.64万 KWH增长为14207.77万KWH，年均增长率为26.4%。线损率由9.30%降到7.88%。售电收入由3073.61万元增长为7845.91万元，年均增长率为31.05%。

“十一五”以来共投资13542万元先后完成了网改工程，新建110KV变电站3座，总容量83MVA,改造增容35KV变电站2座，新增主变容量16MVA,新建、改造10KV线路113.98千米；新增配电变压器1001台，总容量5.4MVA；改造16个乡镇所在地和290个行政村低压电网，新建改造线路779.51千米。

总经理张志平慰问困难职工并送去慰问金

“安全生产月”动员大会

技能比武大赛开幕式

横山县教育局

横山县教育局以办人民满意教育为目标，实施“科教兴县”和“人才强县”战略，实施1234计划，加大教育投入，改善办学条件，深化教育改革，提高教育质量，教育事业取得长足发展。

围绕一个中心。以提高教育教学质量为中心，推进课程改革。加强薄弱学科建设，学习先进课改经验，开展校本研修活动，提高教育教学质量。组织好各类考试，建立科学质量评价体系，义务教育阶段质量稳步提升。

突出两个重点。突出教师队伍建设和德育工作两个重点。一是查处顶岗和不上岗教师856人次，扣除金额1612万元，用于学校绩效考核和中小学质量检测奖励。按照“凡进必考，择优录用”的原则，招录特岗教师338名、人才振兴计划28名，高中教师60名、公开考试招聘195名，基本解决全县教师缺编、学历偏低和结构不合理等问题。推进名优教师队伍建设工程，提高教师待遇。二是加强德育工作。以诚信教育、感恩教育和行为习惯养成教育为重点，以加强校园文化建设为抓手，育人环境不断优化，育人方式不断丰富，育人效果明显。完善三大体系。完善人事制度改革体系、校园安全防控体系和督导评估体系。一是完善人事制度体系。推进人事制度改革，建立和完善学校领导公开选拔聘用和能上能下的用人制度。重视校长交流挂职培训，开展“校长大讲堂”活动，完善校长考核办法，促进学校管理由粗放型向精细化转变。二是完善校园安全防控体系。健全和完善学校门卫值班、夜间巡逻、隐患排查整改等安全管理制度，配齐视频监控、消防等设施设备，形成人防、物防、技防于一体的校园治安防控体系。三是完善督导评估体系步修订完善校长和教师两个督导评估方案，开展常规督导和年终督导评估工作，提高学校的办学水平。

实施四大工程。就是实施学前教育推进工程、义务教育标准化建设工程、高中教育内涵发展工程、职业教育提升工程。一是实施学前教育推进工程。根据《学前三年行动计划》安排，计划用三年时间在全县新建、改扩建公办幼儿园27所，投资1.5亿元，完成园舍面积6万多平方米。加强幼儿教师队伍建设，逐步解决幼儿教育小学化问题。二是实施义务教育标准化建设工程。投资9000多万元，新建横山县第三小学，改扩建中小学教学楼、综合楼和师生生活用房，学生食堂面积46781平方米。邀请设计院对全县长期保留的学校进行全面规划。在城区和开发区新建1所中学、4所小学。三是实施高中教育内涵发展工程。完成横中操场塑化和四中餐饮楼建设工程，横山四中通过省级标准化高中验收。优化师资队伍，强化学校内涵发展，提高教学质量。四是职业教育提升工程。夯实联合办学基础，加大招生力度，拓宽就业渠道，加快职业教育的提升进度，增强职业教育的活力。

局长张忠厚陪同副县长李晓晴视察学校工作

教育局局务会

榆林市公安局榆横工业园区分局

局长　王殿玺

经市政府和省公安厅批准，在市公安局和高新区管委会的帮助与支持下，榆林市公安局榆横工业园区分局挂牌成立仪式于2011年12月20日上午隆重举行。榆林市委常委、市委政法委书记钱劳动，市政府副市长、高新区管委会主任李文明为分局成立揭牌。

分局下设有政工监督室、指挥中心、法制室、刑警大队、治安大队、沙河口派出所6个部门，实有警力87人，管辖面积276.2平方公里。辖区内现入驻有市委、市人大、市政协、高新区管委会党政机关4家，大型国企、金融税务以及关系国计民生的电力、石油等重点单位和企业事业单位96家，宾馆酒店26家，学校9所，居民小区39个，人口约10万。

自2012年6月20日开展业务工作以来，坚持"以打开路、以巡促防、宣传推进"的工作思路，针对辖区恶势力犯罪，砸车玻璃盗窃、入室盗窃等案件高发的状况，先后启动了网格化巡逻，组织开展了"四打击、四整治"集中行动、打击"两抢一盗"专项行动、"654"大会战、"大打击、大整治、大防范"冬季严打整治等一系列专项行动，成功摧毁了从佳县、子洲、清涧、横山等地窜至榆林城区的7个"棒棒队"、"砍刀队"、"讨债队"寻衅滋事犯罪团伙，抓获团伙作案成员51人，逮捕16人，劳教23人，行政拘留12人。先后打掉以闫飞飞为首的延安籍、以黄志海为首的广西籍、以张福林为首的河南籍、以辛小龙为首的清涧籍、以闫小洋为首的子长籍5个砸车玻璃盗窃犯罪团伙，抓获作案成员19人，破获砸车玻璃盗窃系列案件190余起，破获以王向东为首的入室盗窃系列案件30余起，抓获作案成员17人，为群众挽回经济损失160余万元。在全力破大案、保稳定的同时，坚持办小案、暖民心，成功破获利用被盗车牌敲诈勒索系列案119起，破获盗窃摩托车系列案件20余起，同时10余次对高新区娱乐场所、特种行业、治安乱点进行了清查整治，确保了社会稳定，群众安全感和满意度明显提升。先后取得了2012年度全市公安机关维护稳定工作先进集体、全市公安机关冬季严打整治行动第三名、高新区管委会2012年度先进集体、高新区管委会2012年度安全生产工作先进集体的优异成绩。

副市长高中印慰问沙河口派出所民警

市委常委钱劳动，副市长、高新区管委会主任李文明为分局成立揭牌

榆横公安分局揭牌仪式

清涧县

QING JIAN XIAN

县委书记　马治东

清涧县位于榆林市最南端，黄河、无定河在境内交汇，神延铁路、210国道穿境而过，自古有“全秦要户”之称。全县总面积1881平方公里，总人口22万。2012年，全县实现生产总值30.68亿元，地方财政收入4150万元，全社会固定资产投资21.74亿元。一是以红枣为主导的特色产业成效初现。清涧红枣品质精良，可溶性糖及维生素含量很高，是世界红枣原产地之一，已成功注册国家地理标志证明商标，享有“中国红枣之乡”、“中国优质红枣基地重点县”、“全国食品工业强县”等美称。目前，全县枣林面积达83万亩，年产枣21万吨，农民人均红枣收入达3800元。清涧也是著名的“粉条之乡”、“石板之乡”，石材和粉条产业年实现产值3.8亿元。二是以盐化工和煤电为主的能化产业极具开发潜力。清涧地下岩盐、天然气等资源储量可观，开发前景较好。高杰村能化工业园区、康家圪台食品工业园区和折家坪物流园区项目有序推进；县城供水工程纳入延安市引黄供水工程同步实施；绥清高速公路正式立项，清石黄河大桥建成通车，清石二级公路顺利开工，沿黄公路二期路基基本贯通，境内交通运输网趋于完善。三是以生态和人文为依托的旅游产业蓄势待发。境内有令人神往的许多革命遗址、气象万千的黄河风光、特色鲜明的枣乡风情。袁家沟革命旧址、枣林则沟会议旧址、路遥纪念馆、王宿里民俗村、笔架山等景点相继建成开放，高家洼毛泽东诗词园项目完成征地及规划设计等前期工作。以路遥纪念馆为中心的“西线一日游”和毛泽东诗词园为中心的“东线一日游”旅游线路初步形成，荣获“中国十佳最具投资潜力文化旅游县”称号。

今后一段时期，清涧县将围绕建设“绿色、活力、人文、魅力”幸福清涧目标，集中精力实施“七个一百”工程，即实施重点建设项目100个，完成100万亩红枣基地建设任务，扶持组建100户成长型民营企业，建成年产100万吨以上农副产品加工基地、100万吨以上真空盐项目、100万吨煤焦化项目、100万吨天然气液化项目。力争用3到5年的时间，实现“1113”目标，即GDP100亿元，财政总收入10亿元，农民人均纯收入1万元，城镇居民人均可支配收入3万元。

清涧，魅力无限，活力无限。

清涧，生机无限，商机无限。

勤劳、淳朴的清涧人民热忱欢迎海外有识之士与我们携手同心，共创美好未来！

清涧县

QING JIAN XIAN

县长　杨怀智

原省委书记赵乐际视察袁家沟村新农村建设

省委书记赵正永视察陕西红枣工程研究中心

市委书记胡志强视察清涧红枣基地建设

市长陆治原视察清涧高杰村能化工业园区

清涧县供电分公司

清涧县电力局成立于1979年，1989年清涧电网并入榆林电网运行，1995年上划省农电局管理（目前陕西省地方电力集团公司）。2009年公司化改造后清涧县电力局又名为清涧县供电分公司，一套人马两块牌子。公司管辖全县1881平方公里，4乡8镇3个办事处，639个行政村的供电业务。固定资产 9737.88万元，2010年主营业务收入8400多万元，年售电量突破2.6亿KWH。局现有职工109人，主业职工96人，工程公司13人，临时工2人，聘用农民合同工71人，离退人员45人，其中大专文化程度44人，中级职称3人，初级职称83人，技师24人。公司内设四部一室（生产技术部、市场营销部、安全保卫部、财务经营部、办公室）。

近年来荣获省公司“先进集体”称号、公司创建成市级文明标兵单位、2010年获省公司辉煌“十一五”地电之光“售电量增长十佳企业”、获辉煌“十一五”地电之光“节能减排十佳企业”。

办公大楼

清涧县教育局

省委书记赵正永检查指导教育工作

清涧县位于晋陕峡谷西岸，榆林市最南端。全县总面积1881平方公里，总人口21.7万人，辖4乡8镇3个街道办事处、640个行政村、4个社区居委会，是闻名遐迩的“红枣之乡”、“粉条之乡”、“石板之乡”、“道情之乡”。

全县有各级各类学校48所，其中高级中学1所、职业中学1所、初级中学3所、九年制学校6所、小学32所、幼儿园5所，共有教职工1812人、在校学生14423人。近年来，我县紧紧围绕“科教兴县”战略，进一步加快推进基础教育课程改革和实施素质教育步伐，取得了不少新成绩。普及实验教学工程顺利通过省教育厅评估验收，乐堂堡九年制学校被评为“全国教育系统先进集体”，清涧中学被省教育厅评估验收为省级标准化高中，城内学校实现了电子白板班班通工程，成功召开了全县教育工作会议，全面推行了中小学年度目标责任管理和定期教育教学视导制度，建立了折生阳教育奖励基金100万元、“月亮花儿开”教育奖励基金60万元。职业中学已形成了“校中有厂，厂中有校”的职业教育新模式，校办企业“聚广艺雕厂”走上了标准化、规模化生产道路，各类产品供不应求。

市教育局局长常少明检查指导学前教育工作

县委书记马治东、县长杨怀智检查指导课改工作

局长贺永林检查指导教科研工作

全县教育工作会议

榆林国家高新技术开发区

榆林高新区位于榆林市区西南部，是在1999年省政府批准设立的省级榆林经济开发区的基础上，于2010年更名为省级高新区，2012年8月经国务院批准升级为国家高新技术产业开发区。园区规划面积914平方公里，其中城市功能区28.4平方公里，是榆林建设国家能源化工基地的核心区和城市综合配套服务区。园区入驻各类企业500多家，累计完成固定资产投资600多亿元，初步形成了以能源化工、装备制造、新能源、传统特色产业为主导的产业体系。“十二五”以来，园区各项主要经济指标每年增长幅度均超过20%以上。2012年实现营业总收入450亿元，同比增长30%以上；地区生产总值220亿元，增长29.67%；工业总产值190亿元，增长37.8%；固定资产投资125亿元，增长20.6%；财政总收入45亿元，增长89.7%，科技对经济增长的贡献率达到50%左右。

区位优势明显。榆林高新区居于国家正在规划的陕甘宁蒙能源“金三角”、陕甘宁革命老区和呼包银榆重点经济区的核心区域。园区紧连老城区，外接包茂高速、西包铁路复线、太中银铁路、陕西第二大航空港榆阳机场等陆空交通大动脉。区内榆林口岸办、榆林海关正在建设当中，是对外贸易的直通口岸。

基础设施完备。榆林高新区累计投入70亿元用于基础设施建设，建成区面积13.2平方公里，全部实现“七通一平”。建成市政道路108公里，形成了“四纵四横”的道路网骨架。建成的榆横铁路（西包铁路支线），成为园区对外运输重要通道。日供水能力10万吨的净水厂及一期处理规模4万吨/天，中水回用2.4万吨/天的污水处理厂建成投运，4座110千伏变电站及地下管网建成投运。建成供热管网30.9公里，换热站20座，集中供热面积近260万m^2，覆盖率100%。完成绿化面积6000多亩，建成区绿地率达到30.8%。工业区垃圾处理场、工业废渣处理场和规划1.5亿立方米/年的王圪堵水库正在建设。

产业集群迈进。园区入驻各类企业500多家，工业企业超过100家，其中规模以上企业16家。累计引进项目300多个，投资规模1500多亿元，完成投资600多亿元，其中建成项目96个，完成投资200亿元。榆林石化物资转运站、榆林汇通2×5万千瓦热电、青岛10万千升啤酒、榆林卓越15万吨醋酸、榆林煤化科技20万吨甲醇、羊老大服装、树天玻璃钢夹砂管、西京科技1500吨单晶硅等一批支柱性产业项目建成运营，中煤煤化机械制造项目、华电集团榆横电厂和煤制芳烃项目、方圆煤

榆林高新区夜景

高新区街景